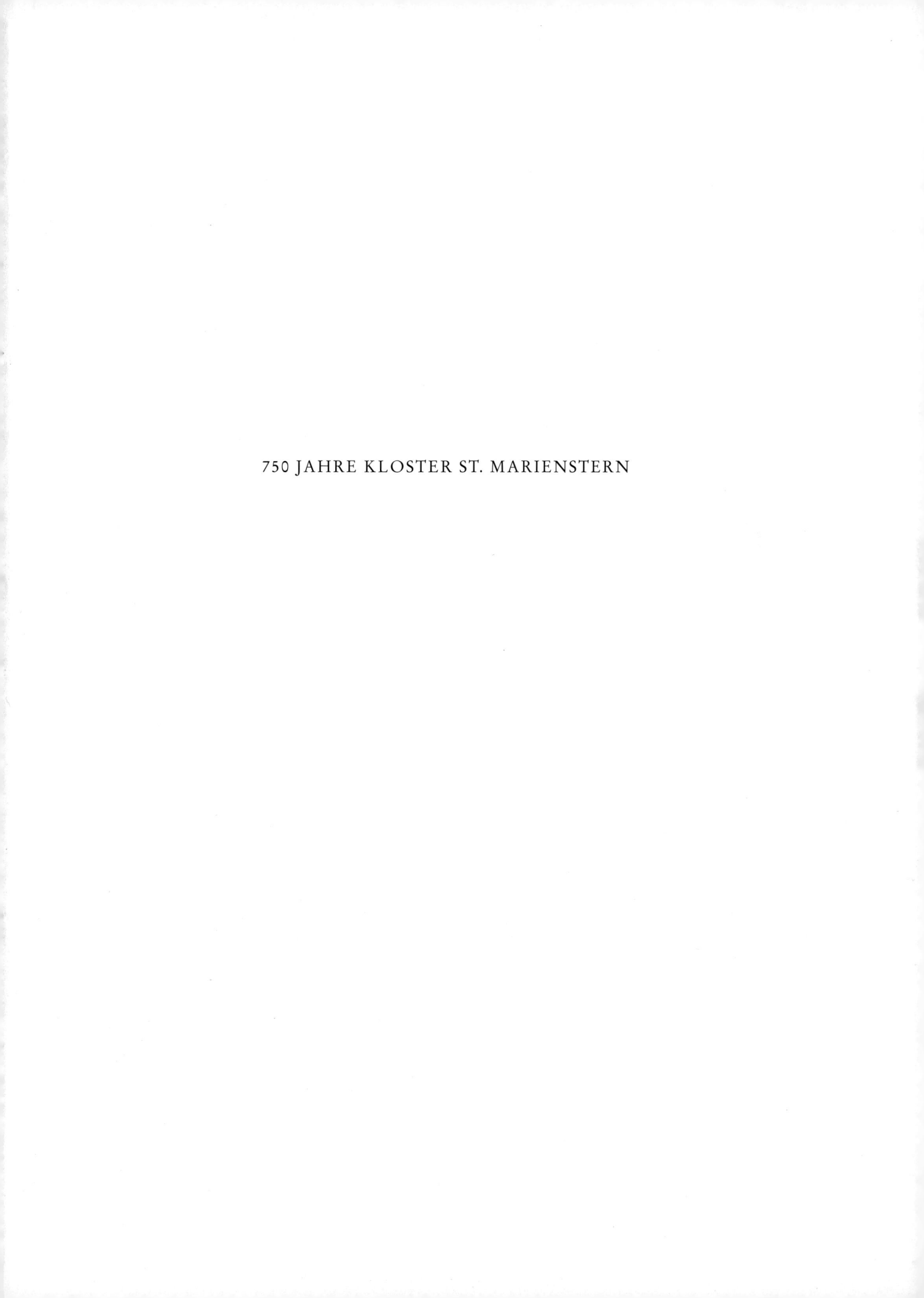

750 JAHRE KLOSTER ST. MARIENSTERN

Kloster St. Marienstern, Klosterkirche. Westfassade von Nordwesten

750 JAHRE KLOSTER ST. MARIENSTERN

FESTSCHRIFT

HERAUSGEGEBEN IM AUFTRAG VON
FRAU ÄBTISSIN M. BENEDICTA WAURICK
UND DEM KONVENT DER
ZISTERZIENSERINNENABTEI ST. MARIENSTERN
DURCH

KARLHEINZ BLASCHKE
HEINRICH MAGIRIUS
SIEGFRIED SEIFERT

VERLAG JANOS STEKOVICS
HALLE AN DER SAALE

Die Deutsche Bibliothek - CIP-Einheitsaufnahme

750 Jahre Kloster St. Marienstern : Festschrift / hrsg. von Karlheinz Blaschke ... -
Halle an der Saale : Stekovics, 1998
　ISBN 3-929330-96-2

Redaktion: Daniel Magirius
Plandigitalisierung und -bearbeitung: Tim Kellner
Druck: Druck- und Verlagshaus Erfurt seit 1848 GmbH
Buchbinderische Weiterverarbeitung: Kunst- und Verlagsbuchbinderei GmbH, Leipzig
Layout: Janos Stekovics, Daniel Magirius
© 1998, bei den Autoren für die einzelnen Beiträge und
Verlag Janos Stekovics, Halle an der Saale
ISBN 3-929330-96-2

INHALT

Vorwort der Herausgeber, Gruß- und Geleitworte ... 7

Übersetzung der Gründungsurkunde von 1248 ... 14

ZUR GESCHICHTE

Karlheinz Blaschke
Geschichte der Oberlausitz im Überblick ... 31

Siegfried Seifert
Die Geschichte des Klosters St. Marienstern 1248–1998. Ein Überblick ... 57

Markus Bauer
Die zwei Gründungen des Klosters St. Marienstern ... 65

Anne-Katrin Köhler
Aspekte der Wirtschaftsgeschichte des Klosters St. Marienstern im 13. und 14. Jahrhundert ... 87

Matthias Knobloch
Klosterherrschaft und Untertanen in der Neuzeit ... 99

Schwester M. Gabriela Hesse OCist.
„Mein Aufgang ist dahin gericht, wo ein bestendig Sonnenlicht." –
Die Äbtissin Cordula Sommer ... 111

Dieter Rothland
Schulgeschichte in der Klosterlandschaft ... 125

Manfred Kobuch
Zisterzienser zwischen Saale und Neiße ... 129

Peter Pfister
Morimond und seine Erben ... 147

ZUR BAU- UND KUNSTGESCHICHTE

Heinrich Magirius
Beobachtungen zur Architektur der Zisterzienserinnenklöster in den Bistümern Merseburg,
Naumburg und Meißen im 13. Jahrhundert ... 157

Jiří Kuthan
Die Zisterzienserinnenklöster in den böhmischen Ländern ... 187

Marian Kutzner
Die Zisterzienserklosterkirche in Kamenz/Kamieniec Ząbkowicki als Beispiel für einen
eigenen Entwicklungsweg der mitteleuropäischen Architektur zur Spätgotik ... 205

Ewa Łużyniecka
Bauvorgänge an mittelalterlichen Zisterzienserklöstern in Schlesien ... 215

Susanne Geck, Thomas Westphalen
Forschungen zum Zisterzienserkloster Altzella ... 223

Daniel Jakob, Wilfried Stoye, Wolfgang Nitsche
Vorbericht zu den bauarchäologischen Untersuchungen im Kirchenbereich des
Zisterzienserklosters in Grünhain   231

Marius Winzeler
Das „Opus Sumptuosum" des Bernhard III. von Kamenz. Zur mittelalterlichen
Baugeschichte der Klosteranlage von St. Marienstern   243

Angelica Dülberg
Die „sieben Fälle Christi"– Eine seltene Darstellung im Kreuzgang des Klosters St. Marienstern   261

Klöster und Stifte in der Lausitz im Barock

Siegfried Seifert
Klöster und Stifte in der Lausitz im Barock   271

Siegfried Seifert
Das Domstift St. Petri in Bautzen   283

Heinrich Magirius
Sankt Marienthal   299

Heinrich Magirius
Sankt Marienstern   321

Ernst Badstübner
Neuzelle   337

Ute Schwarzzenberger
Liturgische Ausstattung der Stifte und Klöster in der Lausitz   361

Heinrich Douffet
Das Fräuleinstift Joachimstein, eine Erinnerung   379

Hartmut Ritschel
Aspekte zur Barockplastik in der Oberlausitz   385

Pavel Preiss
Die böhmische Barockmalerei in der Lausitz   403

Zur Kulturgeschichte

Schwester M. Bernarda Helm OCist., Marius Winzeler
„Zum Trost der Seelen" – Die Bibliothek des Zisterzienserinnenklosters St. Marienstern   415

Hans Grüß
Vorläufige Nachrichten über einige Musikhandschriften und -drucke
aus der Bibliothek des Klosters St. Marienstern   425

Rudolf Kilank
Sorbische Volksfrömmigkeit im Umfeld des Klosters St. Marienstern   439

Abkürzungen, Abbildungsnachweis   448

VORWORT

Die Gründung des Zisterzienserinnenklosters Marienstern vor 750 Jahren ist ein begründeter Anlaß zur Veröffentlichung einer Festschrift. Sie hat die Aufgabe, den gegenwärtigen Wissensstand über die Geschichte des Klosters darzustellen. Das geschieht zum einen dadurch, daß als Ausgangspunkt die bisher vorliegenden Arbeiten verwendet werden, denen darüber hinausgehende neue Forschungen anzuschließen sind. Die drei Herausgeber haben sich bemüht, in der vorliegenden Festschrift alle wesentlichen und wünschenswerten Themen aus der Geschichte von Marienstern zu berücksichtigen und dafür sachkundige Bearbeiter zu gewinnen.

Die Herausgeber danken dem Freistaat Sachsen, der im Rahmen der Ersten Sächsischen Landesausstellung die Drucklegung der Festschrift ermöglicht hat. Der Dank der Herausgeber gilt ebenso der Landesarchäologin Frau Dr. Judith Oexle, die als Projektleiterin der Landesausstellung die Drucklegung der Festschrift vorbereitet und begleitet hat. Weiterhin danken die Herausgeber Herrn dipl. theol. Daniel Magirius von der Arbeitsgruppe Landesausstellung für die hervorragende Redaktionsarbeit an der Festschrift.

Das Kloster Marienstern verdient es wegen seiner herausragenden Bedeutung, im Anschluß an das anstehende Jubiläum durch eine dem Ereignis angemessene Darstellung seiner Geschichte vor einer größeren Öffentlichkeit vorgestellt zu werden. Es stellt in der Anlage und Ausdehnung seiner Baulichkeiten ein großartiges Zeugnis mittelalterlicher Frömmigkeit dar, das in seiner barocken Überformung und Weiterentwicklung dem heutigen Betrachter den Eindruck von Dauerhaftigkeit vermitteln kann. In einem Lande wie der Oberlausitz, das sich abseits der großen geschichtlichen Ereignisse und Veränderungen bis zum 19. Jahrhundert seine altertümliche Verfassung bewahrt hat, konnte sich das Kloster gegen die Herausforderungen und Gefährdungen der Zeit behaupten und aus der stetigen Besinnung auf das Bleibende und das Eigentliche des christlichen Glaubens die Kraft zum Weiterleben auch unter jeweils neuen Bedingungen schöpfen. Es hat diese Beständigkeit auch dadurch erreichen können, daß es in die größeren Zusammenhänge seiner Landschaft, seiner politisch-territorialen Umweltbedingungen im Königreich Böhmen und seines Ordens fest verwurzelt blieb. Aus diesem Grunde bietet die Festschrift mehrere Aufsätze, in denen dieser größere Horizont bewußt gemacht wird.

Diese Festschrift steht in einer doppelten Pflicht, indem sie einerseits Beiträge mit hohem wissenschaftlichem Anspruch darbietet, wie sie dem Anlaß angemessen sind. Andererseits erfordert es die Verwurzelung des Klosters in seiner Landschaft und seiner konfessionellen Vereinzelung, daß seine Bedeutung und seine Leistung für die Bewahrung katholischer Frömmigkeit inmitten einer lutherisch geprägten Umwelt in allgemeinverständlicher und volksnaher Weise dargestellt werden. Die drei Herausgeber sind seit Jahrzehnten in einer allein an der Sache ausgerichteten Gemeinsamkeit von Kirchengeschichte, Denkmalpflege und Landesgeschichte in einem vertraulichen ökumenischen Sinne verbunden. Wir dürfen es für uns in Anspruch nehmen, unter den schwierigen Bedingungen der vergangenen Jahrzehnte für die geschichtliche Eigenart und die christliche Prägung unseres Landes in vielfacher persönlicher Verbundenheit eingetreten zu sein. Wir übergeben der Öffentlichkeit die Festschrift mit einem Gefühl der Genugtuung und in der Absicht, mit ihr am Beispiel des Klosters Marienstern ein lebendiges Zeugnis treu bewahrter Geschichte in unsere Gegenwart einzubringen.

Karlheinz Blaschke   *Heinrich Magirius*   *Siegfried Seifert*

ABBAS GENERALIS ORDINIS CISTERCIENSIS

SUCCISSA VIRESCIT

Die Jahrhundertfeier eines Klosters ist nicht nur die Feier eines historischen Monumentes, sondern es ist die Geschichte eines Dialoges dieser Gemeinschaft mit der Gesellschaft. Solange eine gesunde Wechselwirkung zwischen den Zisterziensern und der Gesellschaft erhalten bleibt, solange der Orden fähig ist, ein ausdrucksvolles Beispiel der Ideale zur christlichen Vollkommenheit darzubieten, wird es immer möglich sein, ein neues Kapitel in der Geschichte der Weißen Mönche hinzuzufügen.

Dieses Buch ist das Zeichen der Lebendigkeit des Klosters von Marienstern, eines Klosters, das durch äußere Umstände ein halbes Jahrhundert praktisch vom Orden getrennt lebte. Nun, nachdem die Beziehung zu den anderen Klöstern wieder hergestellt ist, wünscht sich die Gemeinschaft auch die Wiedererweckung der Kongregation, der sie sich anschließen kann, um so wieder ganz in den Orden eingebunden zu sein. Das Kloster müht sich unter Einsatz aller Kräfte darum, daß es aus der Asche des Vergangenen zu neuer Lebendigkeit ersteht und so wie ein gefällter Baum von neuem zu grünen beginnt.

Ein Kloster, das nach der Regel des hl. Benedikt lebt, ist ein Haus Gottes, ist eine Familie Gottes, eine Kirche, wie sie uns in den alten liturgischen Schriften dargestellt wird; es ist eine Schule des Herrendienstes, d. h., es ist ein Ort, wo der Dienst erlernt wird, den Gott selbst uns erwies, als er sein Leben für die Brüder hingab. Dieser Dienst wird geleistet in dieser Schule der guten Werke, von der Benedikt im 4. Kapitel seiner Regel spricht. Die Bewohner dieses Hauses sind die Mönche bzw. Nonnen, die dem Herrn unter der Führung des Evangeliums folgen wollen. Eine monastische Gemeinschaft besteht aus Gläubigen, die getragen von der Kraft und Lebendigkeit der Ortskirche, Nachfolge Christi in dieser konkreten Weise leben wollen und die kleine kirchliche Gemeinden bilden, ähnlich der christlichen Urgemeinde in Jerusalem, von der wir in der Apostelgeschichte lesen und an der sich alle monastischen Gesetzgeber, auch der hl. Benedikt, orientieren.

Im Zeichen dieses Verlangens nach dem Wiederaufblühen des monastischen Lebens an diesem Ort und auch im Zeichen einer tiefen Verbundenheit mit dem Orden hat die Hochw. Frau Äbtissin vom Generalabt einen Brief erbeten, der die Leser dieses Buches grüßt, das die Erinnerung an die 750-Jahrfeier der Gründung dieses geliebten Klosters von Marienstern bewahren soll.

Rom, November 1997

Maurus Esteva
Generalabt

Sehr geehrte Leserinnen und Leser, liebe Schwestern und Brüder!

Das 750jährige Bestehen der Abtei St. Marienstern sei uns Anlaß zu Dank und Besinnung.

Dank – weil es ein Geschenk ist, daß ein Kloster 750 Jahre im Auf und Ab der Geschichte bestehen konnte, ohne aufgelöst zu werden.

Besinnung – weil sie immer Not tut – bei jeder Institution und bei jedem Menschen.

Bei einem Institut wie dem Zisterzienserinnenkloster St. Marienstern muß immer wieder die Frage ins Bewußtsein treten: „Was wollten die Gründerväter des Zisterzienserordens? Was bewegte sie, einen neuen Orden zu gründen?" Die Besinnung auf das Charisma der Gründer wird sowohl vom 2. Vatikanischen Konzil wie in dem großartigen Schreiben des Hl. Vaters über die Orden, der VITA CONSECRATA, mit großem Nachdruck empfohlen.

Das ist mein Segenswunsch für St. Marienstern zum 750jährigen Jubiläum: Dank und Besinnen!

Auf die Fürbitte unserer Kongregationspatronin Maria – vertieft dargestellt in ihrem Reinsten Herzen – segne der dreifaltige Gott das von mir so sehr geliebte St. Marienstern.

Viele Jahre haben die Äbte und Patres von Osek in brüderlicher Liebe St. Marienstern geholfen, und umgekehrt haben Gebet und Opfer der Schwestern Osek Segen und Hilfe gebracht.

Osek, 13.11.1997

+fr. Bernhard Thebes
Abt von Osek, CZ

In herzlicher Verbundenheit grüße ich Äbtissin und Konvent zur Feier des 750jährigen Bestehens der Zisterzienserinnenabtei St. Marienstern.

Die 750 Jahre, die das Kloster St. Marienstern besteht, begleiten nicht nur die über 1000 Jahre Geschichte des Bistums, sondern haben für unsere Diözese und darüber hinaus für das Land eine besondere Bedeutung.

Am 13. Oktober 1248 stiftete mein Vorgänger auf dem Bischofsstuhl des hl. Benno von Meißen, Bischof Bernhard von Kamenz, „zum Lobe und zur Ehre Gottes des Herren, seiner heiligen Mutter der Jungfrau Maria und aller Heiligen" dieses Zisterzienserinnenkloster, das zur tieferen Verwurzelung des christlichen Glaubens in dieser Landschaft und deren religiös-kultureller Durchdringung viel beigetragen hat. Von diesen vielfältigen Bezügen der Geschichte des Klosters mit der Geschichte des Landes, seiner Kunst und Kultur berichten die Beiträge dieser Festschrift.

Seit 750 Jahren beten und arbeiten die Schwestern von St. Marienstern nach der Regel des hl. Mönchsvaters Benedikt und der charta caritatis des hl. Bernhard von Clairvaux.

Für unser Bistum ist ein solches Haus der Gemeinschaft in Christus wie die „Stadt auf dem Berg", die den Menschen die Kirche Christi anschaulich macht als die Gemeinschaft der von Christus Erlösten und Gerufenen, die seinen Auftrag durch die Zeiten weiterträgt.

Deshalb danken Bischof und Bistum mit dem Kloster St. Marienstern dem Dreifaltigen Gott, daß er in der wechselvollen Geschichte der vergangenen Jahrhunderte das Kloster bis auf den heutigen Tag bewahrt hat und feiern voll Freude dieses Jubiläum mit.

Dresden, am Hochfest der Gottesmutter Maria,
1. Januar 1998

Mit Segensgruß

Joachim Reinelt
Bischof von Dresden-Meißen

Verehrte Besucherinnen und Besucher!

Erstmals findet in der Geschichte Sachsens eine Landesausstellung statt. Schon das wäre Grund genug, dieses Ereignis zu würdigen.

Daß diese Ausstellung im historisch gewachsenen Raum der Lausitz und aus gegebenem Anlaß der 750-Jahrfeier der Gründung des Klosters St. Marienstern in und auf dem Klostergelände stattfindet, ist jedoch in mehrfacher Hinsicht bemerkenswert. Noch heute, nach über tausend Jahren, kann nahezu unverfälscht die Besiedlungsgeschichte der Slawen, aber auch der Einfluß nachdrängender deutscher Stämme sowie kirchlicher und weltlicher Gewalten nachvollzogen werden.

Erhaltene dörfliche Strukturen, eine in der Tradition des christlichen Glaubens sich darstellende Landschaft und die augenfällige Zweisprachigkeit sind äußere Zeichen, die die Menschen anrühren und ein Gefühl wecken, das hinführt auf eine geistig emotionale Tiefe, die in der Oberlausitzer Kulturlandschaft ihre Spuren hinterlassen hat.

Eine bis zum heutigen Tag selbstbewußte Bauernschaft ist Träger einer nur hier heimischen sorbischen Volkskultur, deren Wurzeln weit in die Vergangenheit reichen und Kraft aus einem unerschütterlichen Glauben an Gott schöpft.

In dieser Tradition steht auch das Kloster St. Marienstern, das sich als wahrer „Morgenstern" im Auf und Ab der Geschichte für die Menschen der Landschaft des Klosterwassers erwiesen hat.

Ich bin sicher, daß die Ausstellung zur Geschichte unseres Landes Ihnen viel Neues, aber auch Nachdenkliches vermitteln und so Wirkung über die Grenzen Sachsens hinaus entfalten wird.

Erich Iltgen
Präsident des Sächsischen Landtages

Grußwort für die Festschrift zur 750-Jahrfeier des Klosters St. Marienstern

Das Jubiläum zum 750jährigen Bestehen des Klosters St. Marienstern ist ein Ereignis von besonderem geschichtlichen und kulturellen Rang. Es gibt nur weniges bei uns, das über eine solch lange Zeit die Stürme der Zeit hat überdauern können. Gerade dieser Teil Deutschlands und Europas ist durch die Schrecken und Verwüstungen der Kriege und durch die Brüche und Zerstörungen im Gefolge politischer Umstürze so oft gleichsam umgepflügt worden, daß das unbeschädigte Erbe der Vergangenheit ein um so kostbareres Gut ist. Das Kloster St. Marienstern steht für den treuen Dienst an den christlichen Werten, die zu den unverzichtbaren Grundlagen Europas gehören, und für den großen Beitrag zu unserer Kultur, den Kirchen und Klöster über Jahrhunderte geleistet haben. Auch wer sich anderen geistigen Werten verpflichtet fühlt, wird erkennen, welch eine innere Kraft an diesem Ort lebt und bewahrt wird, die uns alle bereichert.

Es ist mir eine besondere Freude, daß das Jubiläum des Klosters zum Anlaß dient, in einer repräsentativen Ausstellung darzustellen, wie das geistige und gesellschaftliche Leben in der Oberlausitz und darüber hinaus in ganz Sachsen durch die Kirche und die Christen über Jahrhunderte geprägt und beeinflußt worden ist. Das gilt gleichermaßen für das gemeinsame christliche Erbe aus der Zeit vor der Reformation als auch für das Wirken der beiden christlichen Konfessionen, die in der Oberlausitz früher als anderswo den Weg vom Nebeneinander zum Miteinander gegangen sind. Der Titel der Ausstellung „Zeit und Ewigkeit" unterstreicht das ökumenische Anliegen, das katholische und evangelische Christen verbindet, und ist zugleich offen für Menschen, die nach dem Sinn des Lebens fragen, ohne sich zur christlichen Deutung der Welt zu bekennen.

Das Jubiläum des Klosters St. Marienstern ist uns ein guter Grund zum geschichtlichen Erinnern. Wie die Landesausstellung „Zeit und Ewigkeit" bietet uns diese Festschrift dafür Anregungen und Möglichkeiten. Ich wünsche daher dem Buch viele interessierte Leser.

Prof. Dr. Hans Joachim Meyer
Sächsischer Staatsminister
für Wissenschaft und Kunst

GELEITWORT

Das 750jährige Gründungsjubiläum unserer Abtei erfüllt uns mit Freude und tiefer Dankbarkeit gegen Gott. Seiner weisen und gütigen Führung danken wir es, daß seit 1248 ununterbrochen das Gotteslob in unserem Hause erklingt, Gott angebetet, gepriesen und verherrlicht wird.

Wie viele Generationen von Schwestern hier ein ganzes Leben lang Gott gedient haben, ist wohl kaum zu zählen und wie viele Heilige aus diesem Haus hervorgegangen sind, weiß nur Gott allein. Große Freude und Dankbarkeit ergreift unsere Herzen, wenn wir der wunderbaren Führung und Fügung Gottes in siebeneinhalb Jahrhunderten gedenken, die Gottes Größe, Macht, Liebe und Güte sowie Seinen besonderen Schutz und Seine Hilfe deutlich offenbaren. In wieviel Stürmen, Verfolgungen, Kriegen, leiblichen Nöten und seelischen Ängsten haben Generationen von Menschen bis in unsere Zeit immer wieder in St. Marienstern die Hilfe der Gottesmutter sowie die Hilfe der heiligen Engel und vieler Heiliger erfahren.

Danken möchte ich auch den vielen guten Menschen, die in den 750 Jahren innerer und äußerer Geschichte unseres Klosters mitgeholfen haben, daß St. Marienstern „Stätte des geistlichen Lebens" in allen Situationen war und ist.

Ein Kloster ist ein Gotteshaus. Gott nimmt Wohnung bei den Menschen. Wo Gott wohnt, da werden Ströme lebendigen Wassers fließen. Wie viele Menschen gibt es in unserem Land, die in der Wüste und Leere ihres gottfernen Lebens zugrunde gehen? Wer zeigt ihnen die Quelle oder den Weg zum sprudelnden Wasser?

Jährlich kommen viele Tausende von Menschen aus Nah und Fern in unser Kloster. Sicherlich sind die Motive der Menschen recht unterschiedlich, doch sind sie alle, ob bewußt oder unbewußt, auf der Suche nach Gott und ihrem wahren Glück.

Gottes große Liebe den Menschen zu vermitteln, ist heute und jetzt unsere Aufgabe für die Umgebung, unser Land und die Welt.

Von Herzen bitte ich alle Leser dieses Buches mit uns zu beten, daß St. Marienstern nicht nur eine äußere, sondern vor allem auch eine innere Erneuerung im Jubiläumsjahr erfahren darf und viele junge Menschen den Weg der vollen Hingabe an Gott mutig wagen.

Sr. M. Benedicta

ÜBERSETZUNG DER GRÜNDUNGSURKUNDE DES ZISTERZIENSERINNENKLOSTERS ST. MARIENSTERN VON 1248

Im Namen unseres Herrn Jesus Christus. Amen

Der Herr spricht in seinem Evangelium: Wo zwei oder drei in meinem Namen versammelt sind, bin ich mitten unter ihnen. Wenn der Herr es nicht verschmäht, unter einer Anzahl von wenigen Personen zugegen zu sein, so ohne Zweifel, wenn nicht mit noch größerer Gewißheit, wo eine größere Zahl geistlicher Personen versammelt ist. Denn durch die Lobpreisungen vieler mehren sich Lob und Ehre des Herrn.

Was in der Zeit entstanden ist, schwindet mit der Zeit dahin, wenn es nicht durch schriftliche Erinnerung oder durch die mündliche Bestätigung der Zeugen Dauerhaftigkeit erhält. Der Gegenwart und der Zukunft wollen wir daher zur Kenntnis geben: Wir, Witego von Kamenz, mit unseren Brüdern Bernhard und Bernhard, mit unseren Schwestern und mit unserer geliebten Mutter, der Frau Mabilia, haben uns vorgenommen, mit der Hilfe Gottes ein Nonnenkloster des Zisterzienserordens zu bauen, zur Ehre Gottes, seiner heiligen Mutter, der Jungfrau Maria, und aller Heiligen und zum Seelenheil unseres Vaters, des verstorbenen Herrn Bernhard frommen Angedenkens, und all unserer Vorfahren. Das Kloster soll auf unserem Erb und Eigen bei dem Dorfe Wittichenau errichtet werden, an einer Stelle, die wir als besonders geeignet ansehen werden.

Damit die Frauen, die an diesem Orte dauernd wohnen sollen, dem Herrn um so williger dienen und der Regel ihres Ordens folgen können, um ferner zu verhindern, daß sie wegen der Notdurft des Lebens sich mit weltlichen Geschäften zerstreuen, haben wir ihnen die Pfarrei in Crostwitz übereignet mit Wiesen, Weiden, Fischteichen, Wäldern, Erträgen und allen Einkünften, die zu der Pfarrei gehören. Diese sollen auf alle Zeit rechtmäßig ihnen gehören. Die Kirche [in Crostwitz] ist mit folgenden Einkünften ausgestattet: Das Dorf Nausslitz, das aus zwölf gerodeten Hufen besteht, von denen jede einen jährlichen Zins von einer halben Mark Silber abwirft; im Dorf Crostwitz eine Hufe und im Dorf Kuckau eine weitere, die denselben Zins entrichten. Außerdem haben wir den Frauen in demselben Dorf ein Freigut von vier zinsfreien Hufen zur Selbstbewirtschaftung übertragen. Ferner sollen die Frauen ein Talent Pfennige vom Zoll zu Königsbrück erhalten, das der Kirche zu Crostwitz gehört. Desgleichen wollen wir, daß ein Wald, den die Crostwitzer Kirche seit ihrer Gründung bis zum heutigen Tage besitzt, den Frauen dauerhaft gehören soll. Sie können ihn zur Erbauung des Klosters oder zu anderen Zwecken und Lebensbedürfnisse nutzen.

Ebenso haben wir in der uns gehörenden Stadt Kamenz die Pfarrei mit all ihrem jetzigen und zukünftigen Besitz den Nonnen, den jetzigen und ihren Nachfolgerinnen, übertragen, auf daß sie die Pfarreinkünfte für immer genießen mögen. Die Kapläne, die in diesen Pfarreien in Zukunft nach dem Willen der Nonnen und ihrer Nachkommen und nach Wahl der Parochianen eingesetzt werden, sollen freilich nicht Jahr um Jahr wechseln, sondern sie sollen mit einem angemessenen Pfründeinkommen als ständige Pfarrverweser angestellt sein. Was an zusätzlichen Pfarreinkünften anfällt, soll dem Bedarf der Nonnen zugewandt werden und ihnen jederzeit zur Verfügung stehen. Allerdings fügen wir diese Klausel ein: Der Bischof der Diözese und der Archidiakon dürfen im Hinblick auf die beiden Pfarreien in ihren Rechten nicht eingeschränkt werden.

Ebenso soll den Nonnen dauerhaft, rechtmäßig und unwiderruflich gehören: das Hospital bei unserer Stadt mit zwei Freihufen und einer Mühle, die vom Hospital abgesondert liegt, mit dem Strauchwerk im Umkreis um das Hospital, mit bebauten und unbebauten Äckern, sodann zwei Fleischbänke auf dem Markt und ein Talent vom Zoll in Königsbrück.

Wir wollen, daß die Nonnen die Güter, die wir ihnen überwiesen haben, mit derselben Freiheit gebrauchen wie sie uns zunutze waren. Außerdem ist es unsere feste Absicht, das Kloster mit frommer und väterlicher Liebe zu umfangen und, so lange wir leben, die dort in Armut lebenden Personen samt ihrer Habe gegen jeden zu verteidigen, der diesen Ort bedroht, mit aller Beherztheit, derer wir fähig sind: Der Hergott, der Vergelter alles Guten, möge es uns lohnen, die wir so oft in die Übel dieser Zeit verstrickt sind, und unserer Seele Trost spenden nach unserem Tode.

Diese unsere Stiftung haben wir und unsere Brüder feierlich vollzogen und in Gegenwart ehrbarer Männer, deren Namen unten niedergeschrieben sind, in frommer Gesinnung auf dem Altare niedergelegt. Damit sie rechtskräftig und unverbrüchlich gelten soll, haben wir die Vorgänge in der hier vorliegenden Urkunde niederschreiben lassen und mit unseren anhangenden Siegeln bekräftigen lassen.

Zeugen dieser Handlung waren: Bruder Stephanus vom Orden des Hl. Franziscus, Bruder Günter von demselben Orden und der Priester Friedrich; sodann die ehrbaren Ritter Richard von Dahme, Dietrich von Hain, Grabisius, Konrad von Gelenau, Walter von Reichenbach, Gunzelin von Prautitz; sodann die Kaufleute Konrad von Brück, Hermann von Hain und Hermann von Radeburg, Gottschalk von Wiese, Bertold Wolf und noch andere wahrheitsliebende Personen. Diese Verhandlung fand statt in unserer Stadt Kamenz im Jahre des Heils 1248, den 13. Oktober.

Kloster St. Marienstern, Klosterkirche von Südosten

Kloster St. Marienstern. Ansicht des Klosters von Westen

Kloster St. Marienstern, Klosterkirche. Innenansicht nach Südosten

Kloster St. Marienstern. Ostflügel des Kreuzgangs nach Süden

Kloster St. Marienstern. Südflügel des Kreuzgangs nach Osten

Kloster St. Marienstern. Wandmalereien im Nordflügel des Kreuzgangs mit der Darstellung von drei der "sieben Fälle Christi", 16. Jahrhundert

Kloster St. Marienstern. Großes Vesperbild, um 1360/70

Kloster St. Marienstern. Holzskulptur des Klosterstifters Bernhard III. von Kamenz, 1706

Kloster St. Marienstern. Büstenreliquiar des hl. Johannes des Täufer, um 1320/40

Kloster St. Marienthal. Bibliothekssaal nach Nordwesten

Kloster St. Marienthal. Deckengemälde von Franz Karl Palko im Bibliothekssaal

Kloster St. Marienthal. Kreuzkapelle von Westen

Kloster Neuzelle, Klosterkirche. Innenansicht nach Osten

Kloster Neuzelle, Klosterkirche. Kuppel der Josephs-Kapelle

Fronleichnamsprozession in Crostwitz

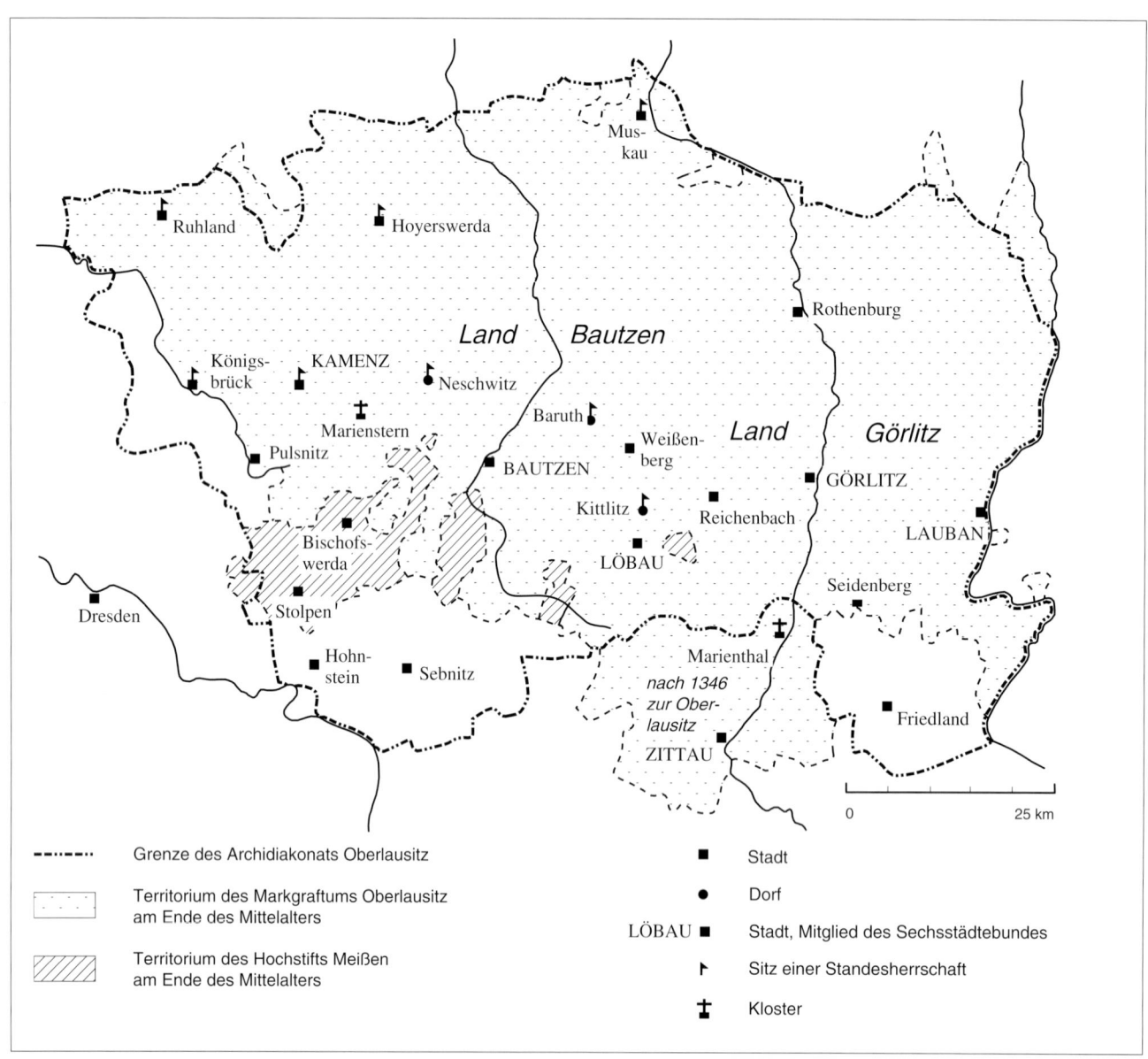

1 Die Oberlausitz im Mittelalter

Geschichte der Oberlausitz im Überblick

Karlheinz Blaschke

Der östliche Teil des Landes Sachsen stellt eine Landschaft eigener Prägung dar, die seit mehr als 500 Jahren den Namen Oberlausitz trägt. Sie läßt sich als Naturraum gegen ihre Nachbargebiete klar abgrenzen und zeigt vor allem in ihrer geschichtlichen Entwicklung auffallende Besonderheiten, zu denen noch die mundartliche Eigenart und die Anwesenheit des sorbischen Volkes in diesem Raum kommt.[1] Die folgenden Ausführungen stellen sich die Aufgabe, den heutigen Zustand dieser Landschaft und ihre inneren Verhältnisse aus ihrer Geschichte zu erklären.

In ihrer historischen Ausdehnung erstreckt sich die Oberlausitz zwischen der Pulsnitz im Westen und dem Queis im Osten, im Norden wird sie vom flachen Lausitzer Höhenrücken, im Süden vom Lausitzer Gebirge begrenzt. Hier bewegten sich schon in ur- und frühgeschichtlicher Zeit verschiedene Völker und Kulturen. Zuletzt waren es germanische Stämme, die während der Völkerwanderung nach Westen abzogen und das Land in einem weithin leeren Zustand zurückließen.

So konnte seit etwa 600 n. Chr. eine neue Besiedlung erfolgen, die seitdem nicht wieder unterbrochen worden ist.[2] Damit begann die eigentliche Landesgeschichte der Oberlausitz. An ihrem Anfang steht die Einwanderung des slawischen Stammes der Milzener, der aus dem polnisch-schlesischen Raum nach Westen zog und die fruchtbaren, vom Klima begünstigten Gebiete um Bautzen besiedelte. Die Gefildelandschaft zwischen Kamenz und Löbau lag wie eine Insel eingebettet in den Gebirgswald im Süden und den lichten Heidewald im Norden. Auch um Zittau und um Görlitz gab es kleine Siedlungsinseln mit den Namen „Zagost", was zu deutsch „hinter dem Walde" heißt, und „Besunzane", woran noch der Dorfname Biesnitz bei Görlitz erinnert.

Die Milzener lebten als Stamm des sorbischen Volkes in einer altertümlichen Gesellschaftsordnung, deren Grundlage von der Großfamilie gebildet wurde. Herrschaftliche Formen des Zusammenlebens mit einem Adel oder Fürsten gab es anfangs noch nicht, sie scheinen sich erst in den letzten Jahrzehnten des freien sorbischen Volkes ausgebildet zu haben. Eine Großfamilie bewohnte ein Dorf, das aus einigen wenigen Bauernstellen bestand und seinen Namen vom „Groß-Vater" der Familie erhielt. Die vielen Ortsnamen mit der Endung -itz deuten heute noch darauf hin. Sie entstanden dadurch, daß dem Namen eines Dorfoberhauptes die slawische Endung -ici angehängt wurde. Wenn der Groß-Vater den Namen Malot trug, nannte man die im Dorf wohnenden Angehörigen die „Malotici", d.h. die zum Malot gehörenden Leute. Daraus entstand der Ortsname Maltitz. So ergab sich eine eigenartige Siedlungsstruktur mit kleinen weilerartigen Dörfern, die heute noch als Ortskerne gut zu erkennen sind. Die Flurauffteilung entsprach dem technischen Entwicklungsstand des Ackerbaues, für den die Milzener den hölzernen Hakenpflug benutzten. Die Feldstücke konnten daher klein und blockförmig sein, weshalb die Fluren als Blockfluren bezeichnet werden.

Als Mittelpunkte des Volkslebens waren Volksburgen errichtet worden, die bei kriegerischer Bedrohung ebenso genutzt wurden wie im Frieden. Ein um die Mitte des 9. Jahrhunderts in Regensburg aufgeschriebenes Verzeichnis vermerkt im Gau Milzane dreißig und in Besunzane zwei Burgen.[3] Als sich die gesellschaftliche Ordnung auf eine herrschaftliche Schichtung hin umzuformen begann, wurden manche Volksburgen in Herrenburgen umgewandelt, was auf die Ausbildung einer Adelsschicht hindeutet. Bevor aber eine feste Herrschaftsordnung entstehen konnte, gerieten die slawischen Bewohner der Oberlausitz unter den Druck der Herrschergewalten, die sich in den benachbarten Gebieten Deutschlands, Böhmens und Polens bereits entwickelt hatten.

In dieser Zeit häufiger Bedrohung wandelte sich die alte Volksordnung der Milzener allen Anzeichen nach in Richtung auf einen herrschaftlichen Aufbau, denn die Notwendigkeit, sich verteidigen zu müssen, erhöhte die Bedeutung des Militärischen. In den Volksburgen entwickelten sich die Anfänge einer feudalen Herrschaft und demzufolge einer sozial gehobenen Adelsschicht. Es gibt jedoch nur eine einzige in der schriftlichen Überlieferung greifbare Gestalt dieser Art.[4] Der von Thietmar von Merseburg zum Jahre 1013 genannte „venerabilis senior Dobromirus" (der verehrungswürdige Älteste Dobromir) war zwischen 965 und 975 mit einer sächsischen Grafentochter verheiratet, seine Tochter Emnilda war mit dem Polenherzog Boleslaw Chrobry, deren Tochter Reglindis mit Markgraf Hermann, dem Sohn des meißnischen Markgrafen Ekkehard I. ehelich verbunden. Wahrscheinlich war Dobromir ein Fürst der Lusizer oder der Milzener, der in der damals üblichen Weise auf dem Wege der Heiratspolitik zwischen den Deutschen und den Polen seine Stellung zu befestigen suchte. Diese vermutliche Anbahnung einer sorbischen Eigenentwicklung konnte sich jedoch nicht durchsetzen.

Im Jahre 932 wurde über den Gau Milska, wie das Land um Bautzen damals genannt wurde, die Botmäßigkeit des deutschen Königs errichtet. In einem jahrzehntelangen kriegerischen Ringen zwischen Deutschen und Polen erhielt zunächst Herzog Boleslaw 1018 die umstrittenen Marken der Lusizer und Milzener, erst der Friede von Bautzen 1031 zwischen dem deutschen Reich und Polen beendete einen längeren kriegerischen Zeitabschnitt. Seitdem gehört die spätere Oberlausitz dauerhaft und unangefochten zum deutschen Reich, dessen Ostgrenze nun der Queis bildete. Wie alles eroberte Land stand sie unter der Herrschaft des deutschen Königs, der schon im Jahre 1006 drei Burgwarde an den Bischof von Meißen schenkte, von denen nur jener in Göda einwandfrei zu bestimmen ist. König Heinrich IV. gab ihm 1071 noch das Dorf Görlitz dazu, das im Gau Milska lag und unter die gräfliche Gewalt des Markgrafen Ekbert von Meißen gehörte.

So befand sich nun die slawische Bevölkerung dieses Landes unter deutscher Herrschaft, zu deren Sicherung die Burgwarde errichtet wurden. Das waren Bezirke mit vielen Dörfern, die einer deutschen Burg zugeordnet waren, dorthin ihre Abgaben und Dienste zu leisten hatten und von dort beaufsichtigt wurden.[5] Der große Slawenaufstand von 983 hatte das Gebiet der Sorben, Milzener und Lusizer zwischen Saale und Oder nicht erfaßt, offenbar waren diese slawischen Stämme wegen ihrer noch altertümlichen Sozialordnung zu einem Widerstand nicht fähig. Die Milzener lebten als ein Bauernvolk unter fremder Herrschaft ohne eine eigene zusammenfassende Organisation, so daß sie etwa mit den baltischen Völkern jener Zeit verglichen werden können. Eine auf siedlungsgeschichtlichen Tatsachen aufgebaute Schätzung kommt zu dem Ergebnis, daß um das Jahr 1100 der Gau Milska von etwa 10.000 Einwohnern bevölkert war.[6]

Dieses Volk kam nun auch in kirchlicher Hinsicht unter deutsche Botmäßigkeit. Das im Jahre 968 gegründete Bistum Meißen dehnte seine geistliche Zuständigkeit bis zur Jahrtausendwende auf die ganze spätere Oberlausitz aus. Bei den Burgwarden wurden Kirchen erbaut, die slawische Bevölkerung wurde mit der christlichen Botschaft vertraut gemacht, getauft und von den Burgwardkirchen aus seelsorgerlich betreut. Die Sprengel der auf

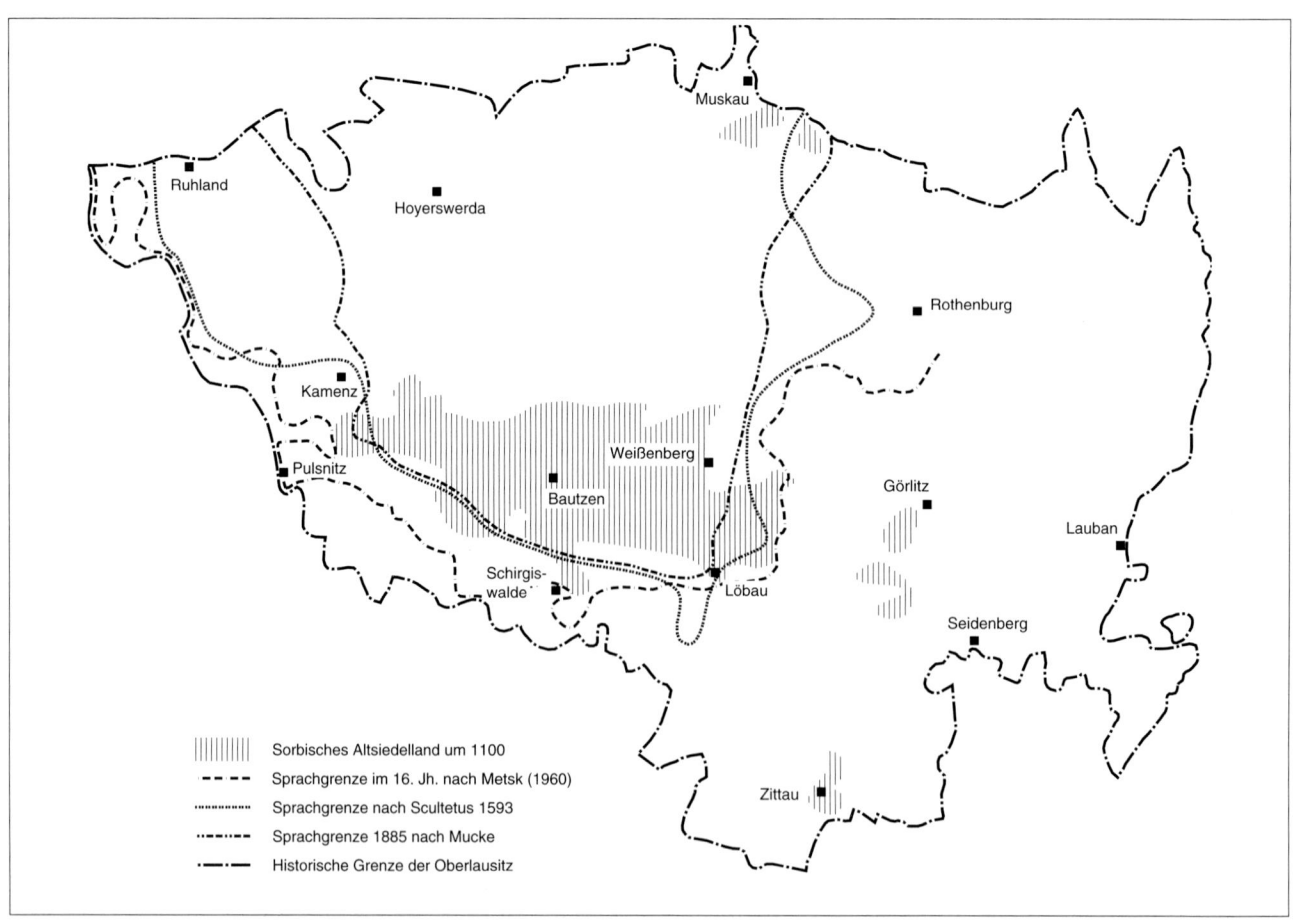

2 Das sorbische Siedelgebiet in der Oberlausitz

diese Weise entstandenen Urpfarreien deckten sich im allgemeinen mit den Burgwarden, Burgen und Kirchen stellten sich in den Augen der Milzener als eine Einheit dar. Deswegen verwendeten sie das von den Deutschen übernommene Wort „Kastel" (lat. castellum) auch für die Kirche, die deswegen im Sorbischen bis heute „kostol" heißt. Während die Polen, die Tschechen und auch die Ungarn ihr eigenes nationales Kirchenwesen aufbauen konnten, das von einem Bistum (Prag) oder Erzbistum (Gnesen, Gran) zusammengefaßt wurde, gehörten die Slawen in den beiden Lausitzen in das deutsche Reichskirchensystem, so daß ihnen die Entwicklung zu einer selbständigen Nation abgeschnitten war.[7] Da im Mittelalter die Herausbildung einer geistigen Führungsschicht nur im Rahmen der Kirche möglich war, konnten sich zu jener Zeit auch keine eigenen sorbischen Führungskräfte auf geistigem Gebiet entwickeln.

Im 12. Jahrhundert wurden große Teile Europas von einem Aufbruch aller gesellschaftlichen Kräfte erfaßt, der von einer starken Zunahme der Bevölkerung ausging und zur Besiedlung von bisher unbewohnten Gebieten führte. Bäuerliche Siedler drangen in Gebirgswälder vor, Sumpfgebiete wurden trockengelegt, um sie landwirtschaftlich nutzen zu können, und an der Nordseeküste wurde durch Eindeichung neues Ackerland gewonnen. Da es in den Teilen des deutschen Reiches, die erst im 10. Jahrhundert erobert worden waren, ebenso wie im weiten Osten Europas noch viele unbesiedelte Räume gab, zogen Hunderttausende deutscher Bauern aus den dichter bevölkerten alten Stammesgebieten westlich von Elbe und Saale nach dem Osten, um sich hier durch Rodung eine neue Heimat zu schaffen. Diese deutsche Ostbewegung des hohen Mittelalters erreichte etwa um 1200 die Oberlausitz und setzte sich nach Schlesien und Polen fort, wo sie schließlich im späten Mittelalter endete. Die Sorben blieben in ihren Wohngebieten unbehelligt, sie wurden sogar in das große Siedelwerk einbezogen und in neugegründeten Dörfern im Norden der Oberlausitz angesetzt. So entstand neben dem Dorf Deutschbaselitz bei Kamenz das von Sorben gegründete Dorf Wendischbaselitz, neben Deutschpaulsdorf bei Löbau das sorbische Wendischpaulsdorf. Beide Völker lebten friedlich nebeneinander.[8]

Als gegen Ende des 13. Jahrhunderts die deutsche Ostbewegung in der Oberlausitz abgeschlossen war, weil das ganze besiedlungsfähige Land mit Dörfern bebaut war und alle Städte ihre volle Ausbaustufe erreicht hatten, ergab sich für die Sorben eine völlig neue Lage. Sie machten jetzt inmitten einer zahlenmäßig überlegenen deutschen Bevölkerung nur noch etwa 10 % aus und stellten somit im eigenen Lande eine Minderheit dar, die fast ausschließlich aus Bauern bestand.

Gleichzeitig mit der bäuerlichen Kolonisation wurden nach 1200 die Städte angelegt, die sich zum Teil an die im 12. Jahrhundert entstandenen Kaufmannssiedlungen anlehnen konnten.[9] Vor allem entlang der großen, von West nach Ost ziehenden Fernstraße, der via regia oder königlichen Straße, hatten sich in Kamenz, Bautzen, Görlitz und Lauban solche Kaufmannssiedlungen entwickelt. Auch die Anfänge der Städte Löbau, Zittau und Bischofswerda dürften in diese Zeit zurückreichen. Im frühen 13. Jahrhundert kamen die kleineren Städte Hoyerswerda, Wittichenau, Elstra, Pulsnitz, Königsbrück, Ruhland, Weißenberg, Reichenbach und Muskau hinzu. Auch an der Stadtentwicklung sind frühzeitig Sorben beteiligt gewesen, wie der Straßenname „Wendische Gasse" in Bautzen zeigt. In den kleineren Städten im Norden der Oberlausitz stellten aller Wahrscheinlichkeit nach die Sorben von Anfang an einen stärkeren, wenn nicht überwiegenden Anteil an der Bevölkerung dar.

Die geographische Verbreitung der beiden Volksgruppen zeigte um 1300 ein bemerkenswertes Bild. Als die Besiedlung der heutigen Oberlausitz um 1250 abgeschlossen war, kann mit einem rein sorbischen Siedelgebiet im alten Gau Milska, einem rein deutschen Gebiet im Gebirge und einem Gebiet mit deutsch-sorbischer Mischbevölkerung in der Oberlausitzer Heide gerechnet werden, wo es nun deutsche und sorbische Dörfer gab. Siedler aus Thüringen legten das Dorf Dörgenhausen bei Hoyerswerda an, das von den Sorben „Nemcy" genannt wird, also „Dorf der Deutschen". In späteren Jahren war es rein sorbisch besiedelt, was nur darauf zurückgeführt werden kann, daß die ursprünglich deutschen Bewohner im Laufe des späten Mittelalters in der mehrheitlich sorbischen Bevölkerung der nördlichen Oberlausitz aufgegangen sind. Auch Buchwalde bei Weißenberg, Buchwalde bei Wittichenau, Hermsdorf an der Spree, Dürrbach bei Niesky, Reichwalde bei Weißwasser und Weigersdorf bei Weißenberg tragen deutsche Ortsnamen, die erst später lautlich an die sorbische Sprache angepaßt wurden. Im 19. Jahrhundert waren sie ebenso wie Dörgenhausen/Nemcy rein sorbisch besiedelt. Das läßt den Schluß zu, daß das Heidegebiet im Norden der Oberlausitz bei Abschluß der Kolonisation deutsch und sorbisch bewohnt war, wobei allerdings die Deutschen die Minderheit darstellten.[10]

Im alten Gau Milska, d.h. in der altbesiedelten Gefildezone zwischen Kamenz und Löbau, gab es weiterhin die geschlossene sorbische Siedlung in ihren alten Siedlungsformen und ihrer traditionellen Wirtschaftsweise. Im südlich angrenzenden Gebirgsland erstreckten sich die großen Waldhufendörfer mit deutscher Bevölkerung, während im nördlichen Heidegebiet eine deutsch-sorbische Mischbevölkerung in neuerrichteten Dörfern nach deutschem Recht und deutscher Wirtschaftsweise lebte. Allen Anzeichen nach kam es im Laufe des späten Mittelalters zu einer ethnischen Entmischung, indem die hier gelegenen ursprünglich deutsch bevölkerten Dörfer, sei es infolge von Wanderungsbewegungen, sei es infolge von Assimilation, sich zu rein sorbischen Dörfern entwickelten. Das Ergebnis dieses Vorganges war das geschlossene sorbische Siedelgebiet, das auf der ältesten Sprachgrenzenkarte der Oberlausitz von Bartholomäus Scultetus aus dem Jahre 1590 ausgewiesen wird.[11]

Umgekehrt sind wohl auch sorbische Bevölkerungsteile in der deutschen Bevölkerung aufgegangen. Es ist jedoch nirgends und zu keiner Zeit etwas von Vertreibung oder gar Ausrottung sorbischer Bevölkerung überliefert. Im Gegenteil zeigen die angeführten Vorgänge, daß sich die Sorben einzeln und als Volk weiterentwickeln konnten. Sie lebten in vielen Fällen zusammen mit den Deutschen im gleichen Kirchspiel, besuchten in ihrer Kirche den gleichen Gottesdienst und wurden mit ihnen auf dem gleichen Kirchhof begraben. Das alltägliche Zusammenleben von Deutschen und Sorben ist seit den Tagen der Ostbewegung des 13. Jahrhunderts eine für die Oberlausitzer Landes- und Volksgeschichte wesentliche Tatsache. Mit den deutschen Bauern und Bürgern kamen auch deutsche Adelsgeschlechter in die Oberlausitz und gründeten hier ihre Herrensitze als Mittelpunkte kleiner oder größerer Herrschaftsgebiete.[12] Neben den vielen kleinen Rittersitzen überall im Lande bildeten sich im Neusiedelland des nördlichen Heidegebietes die großen Herrschaften Baruth, Hoyerswerda, Kamenz, Königsbrück, Kittlitz, Muskau, Neschwitz und Ruhland. Die Ausbildung flächenhafter Herrschaftsgebiete machte schließlich eine klare Grenzziehung zwischen dem unter königlich böhmischer Hoheit stehenden Gebiet und dem zum Bistum Meißen gehörenden Teil der Oberlausitz notwendig. Das geschah in der berühmten Oberlausitzer Grenzurkunde vom Jahre 1241, die auf der damals böhmischen Burg Königstein an der Elbe abgefaßt wurde.[13]

Ungeachtet des Wechsels herrschaftlicher Gewalten im Lande war die spätere Oberlausitz im 12. Jahrhundert fest in den Verband des deutschen Reiches einbezogen. Das aus der Frühzeit des staufischen Königtums stammende, um 1152/53 abgefaßte Tafelgüterverzeichnis des deutschen Königs weist die Königshöfe in Bautzen und Görlitz nach. Damit zeigt es sich, daß die Herrschaft des deutschen Königs schon vor der deutschen Besiedlung weit nach Osten ausgriff und an der Neiße ihren östlichsten Stützpunkt besaß.[14] Zugleich wird dadurch die Bedeutung der Hohen Straße ersichtlich, auf der neben den deutschen Fernhändlern auch der deutsche König reiste oder zumindest eine derartige mögliche Reise vorsah.

Das Land Bautzen besaß von Anfang an und auch in seiner seit dem 12. Jahrhundert bedeutend erweiterten Gestalt eine auffallende Besonderheit: Es gab zu keiner Zeit eine Herrscherdynastie oder einen im Lande ansässigen Landesherrn, vielmehr war das Land immer an benachbarte Territorialfürsten angeschlossen. Die Zugehörigkeit zur Markgrafschaft Meißen im Jahre 1071 ist bereits erwähnt worden. Bald darauf gelangte das Land Bautzen an den böhmischen Herzog Wratislaw, der es 1084 seinem Schwiegersohn Wiprecht von Groitzsch übergab. Als das Haus Groitzsch 1135 ausstarb, fiel das Land wieder an Böhmen, befand sich 1143 bis 1156 in der Hand des Markgrafen von Meißen und wurde 1158 als Reichslehen wieder an Böhmen übergeben. Von 1253 bis 1318 befand es sich unter der Herrschaft der Markgrafen von Brandenburg. Seitdem war wieder der böhmische König Herr über das Land, der im 14. Jahrhundert für kürzere Zeit Teile davon an andere Fürsten übergab. Dieser vielfache Wechsel in der herrschaftlichen Zugehörigkeit darf jedoch nicht an den Verhältnissen gemessen werden, wie sie im modernen Staatensystem bestehen. Er bedeutete nämlich nicht, daß das Land jedesmal einem anderen Lande einverleibt worden wäre, sondern drückt lediglich die Tatsache aus, daß ein anderer Herrscher im Sinne einer Personalunion die Herrschaft über das Land innehatte, ohne daß sich dadurch an dessen Einheit und inneren Verhältnissen irgend etwas geändert hätte. Es läßt sich im Gegenteil denken, daß gerade der mehrfache Wechsel der Herrscher zur Ausbildung einer um so stärkeren Geschlossenheit der einheimischen Gewalten geführt hat. Unter diesen Bedingungen hat sich jedenfalls die besondere Eigenart der Oberlausitzer Landesverfassung herausgebildet.[15]

Diese Verfassung kann auch als eine wesentliche Ursache für die Bewahrung der sorbischen Eigenständigkeit in Sprache und Volkstum angesehen werden. Im Altsiedelgebiet der Oberlausitz war beim Abschluß der Kolonisation der sorbische Bevölkerungsteil offenbar stärker als der deutsche, so daß es hier nicht wie unter den umgekehrten Verhältnissen im meißnischen Lande zu seiner Assimilation kommen konnte. Während aber im meißnisch-sächsischen Raum eine starke Landesherrschaft mit monarchischer Spitze eine straffe Verwaltung eingerichtet hatte, die sich auch gegen die Bewahrung der sorbischen Sprache richtete, war die Oberlausitz eine Ständerepublik ohne einen Landesherrn im Lande und mit einer weitgehenden Selbständigkeit der grundherrlichen Gewalten in ihren Herrschaften. Die Verteilung der öffentlichen Gewalt auf vier Klöster und Stifter, vier adlige Standesherrschaften, rund vierhundert Rittergüter und die sechs großen landsässigen Städte mit ihrem ländlichen Besitz konnte einfach nicht dieses Zentralisierungspotential zustandebringen wie in einem monarchisch regierten Territorialstaat. Hier dürfte eine wesentliche Ursache für die Bewahrung des sorbischen Volkstums in der Oberlausitz liegen.

So kann man für das späte Mittelalter von einer Stabilisierung des sorbischen Volkstums sprechen, zumal es in der politisch wenig dynamischen Oberlausitz keine Kräfte gab, die an einer Zurückdrängung oder gar Beseitigung des sorbischen Anteils interessiert gewesen wären. Die Sorben lebten auf einer sozial niederen, aber anerkannten Ebene als ein schriftloses Bauernvolk ohne ein ausgeprägtes Nationalbewußtsein. Sie hatten keine Führung, aber vielleicht war es gerade diese politische Bedeutungslosigkeit, die ihnen das unbehelligte Weiterleben gestattete. Sie zeigten auch innerhalb ihrer ethnischen Gemeinschaft keine soziale Differenzierung und ertrugen als arbeitsame Bauern die Unterordnung unter ihre deutschen Grundherren, mit der sie leben konnten.

Die politische und gesellschaftliche Verfassung des Landes beruhte auf zwei Säulen: dem Adel und dem Bürgertum der großen königlichen Städte. Gerade weil es keine Landesherren im Lande gab, nahmen die adligen Inhaber der Standesherrschaften und der Rittergüter mit Hilfe ihres Zusammenschlusses zu einer Körperschaft selbst die Landesherrschaft wahr. Darin wurden sie jedoch seit dem 14. Jahrhundert vom Bürgertum der großen Städte eingeschränkt, das im Interesse des ungehinderten Handelsverkehrs auf den Landstraßen zu einem Bunde zusammentrat, um mit vereinter Kraft und mit der Macht seines Geldes den gefährlichen, nicht selten räuberischen Adel in die Schranken zu weisen. In diesem Territorium sind zwei Typen von Städten entstanden: die königlichen und die grundherrlichen Städte, die auch als Immediat- und als Mediatstädte bezeichnet werden können. Die königlichen Städte verfügten im 16. Jahrhundert über eine Einwohnerzahl zwischen 1.200 und 10.000, sie lagen an den großen Fernstraßen, lebten von Fernhandel, Bierbrauerei, Tuchmacherei und dem allgemeinen Handwerk. Die grundherrlichen Städte besaßen weniger als 1.000 Einwohner, lagen zumeist abseits der Fernstraßen, so daß ihre Wirtschaft nur auf den örtlichen Bedarf der landschaftlichen Umgebung eingestellt war. In beiden Fällen aber wurde durch das städtisch-bürgerliche Leben die Geldwirtschaft vorangebracht, die im späten Mittelalter immer stärker ihre revolutionierende Wirkung auf die Wirtschaft, die Gesellschaft und die Herrschaft erkennen ließ.

Unter diesen Umständen kam es seit dem 14. Jahrhundert zu einer Umschichtung im gesellschaftlichen Gefüge, wobei das städtische Bürgertum als Besitzer von Bargeld begünstigt und der Adel als Empfänger von Diensten und Naturalabgaben benachteiligt war. Es wurde jetzt deutlich, daß nur diejenigen Gruppen der Gesellschaft eine gesicherte Zukunft besaßen, die in die Geldwirtschaft eingebunden waren. Die Fürsten gehörten von ihrer Herkunft aus der Feudalordnung nicht dazu, aber sie verbanden sich mit diesen Städten und verschafften sich durch die Erhebung von Steuern Einkünfte in Bargeld. Gleichzeitig waren die Städte bemüht, ihre Rechtsstellung zu verbessern und ihre Autonomie auszubauen, indem sie von ihren fürstlichen Stadtherren die Gerichtsbarkeit abkauften oder gegen eine Geldsumme pachteten. Mit diesen Beziehungen setzte eine Entwicklung ein, die schon im späten Mittelalter zu Keimformen früher Staatlichkeit führten.

Der niedere Adel war von dieser Entwicklung ausgeschlossen und somit vom Fortschritt abgedrängt. Seine wirtschaftlichen Grundlagen bestanden vorwiegend in Naturaleinkünften, zum Erwerb von Bargeld hatte er nur wenige Möglichkeiten. Wenn er den Anschluß nicht verpassen und seine gesellschaftlich führende Stellung nicht verlieren wollte, mußte er sich Zugang zu Bargeldeinkünften verschaffen. Bei diesem Stand der Dinge kam es in vielen Gegenden dazu, daß der Landadel die einzige Fähigkeit, die er gelernt hatte, nämlich den Gebrauch der Waffen einsetzte und sich mit Gewalt das Geld verschaffte, das er anders nicht erwerben konnte. Die Gestalt des Raubritters ist keine Erfindung der Sage, sondern ein Stück Wirklichkeit des späten Mittelalters. Auf den Landstraßen wurden Kaufleute von Rittern überfallen, ausgeplündert und auf die Burgen geschleppt, wo sie erst gegen ein Lösegeld wieder freigelassen wurden.

Gegenüber dieser zügellosen Anwendung von Gewalt war es eine der wichtigsten Aufgaben der fürstlichen Landesherren, in ihrem Herrschaftsgebiet den Landfrieden zu sichern, der vor allem im Interesse der Kaufleute in den Städten lag. Sie brauchten in erster Linie die Sicherheit der Straßen. In Gebieten mit einer starken Landesherrschaft wurde der Adel in die Schranken gewiesen und der Landfriede gewährleistet. In der Oberlausitz gab es aber keinen Landesherrn, der diese Aufgabe hätte wahrnehmen können, so daß sich hier im 14. Jahrhundert ein wildes Raubrittertum ausbreitete, über das die Geschichtsquellen aus den Kanzleien der großen Städte viele Klagen enthalten.

Unter diesen Umständen gab es für die Städte nur den Ausweg der Selbsthilfe. Da aber die einzelne Stadt zu schwach war, um im ganzen Lande für die Sicherheit ihrer Kaufleute zu sorgen, war der Zusammenschluß zu einem Bunde die angemessene Lösung. Städtebünde waren im späten Mittelalter eine verbreitete Erscheinung, wobei in erster Linie an die deutsche Hanse, an den Schwäbischen und den Rheinischen Städtebund zu denken ist, daneben aber auch an kleinere Zusammenschlüsse weniger Städte im regionalen Bereich. Sie standen zumeist gegen die Fürsten, um ihre Selbständigkeit zu wahren. Die Konfliktlage zeigt sich daran, daß der deutsche König Wenzel im Jahre 1389 alle Städtebünde im Reich verbot, was allerdings keine allgemeine Wirkung hatte. Da der König gleichzeitig einen Reichslandfrieden verkündete, wird es deutlich, daß die Städtebünde als Alternative zu einem nicht gewährleisteten Landfrieden angesehen wurden.

Die Oberlausitz lag von den Vorgängen in Schwaben und am Rhein weit entfernt, ihre wirtschaftlich und politisch führenden Kräfte mußten im landschaftlichen Rahmen und mit eigenen Mitteln für die Sicherheit der Straßen sorgen. Das besondere Merkmal des hier gegründeten Städtebundes war seine enge Verbindung zum böhmischen König als dem für das Land zuständigen, aber im Lande selbst nicht anwesenden Landesherrn. So kam es hier zu einem Einvernehmen zwischen den Städten und dem fürstlichen Landesherrn gegen den Adel. Was der böhmische König nicht leisten konnte, nahmen die Bürger der Oberlausitzer Städte in ihre eigenen Hände.[16] Am 21. August 1346 schlossen sich Bautzen, Görlitz, Lauban, Kamenz und Löbau und die damals noch zu Böhmen gehörige Stadt Zittau auf ausdrückliches Geheiß des vom König eingesetzten Landvogtes zum Sechsstädtebund zusammen. Es gelang ihnen in gemeinsamer Anstrengung und mit förmlicher Billigung und Unterstützung des Landesherrn, ihr Ziel zu erreichen, indem sie mit bewaffneter Hand das Raubritterunwesen in die Schranken wiesen, die Raubschlösser brachen und die Landstraßen für den friedlichen Handel und Wandel freimachten. Im Jahre 1355 gebot König Karl IV. den Sechsstädten, sie sollten die „Höfe und Vesten" brechen und brennen, als ob er selbst dabei anwesend sei. Den Besitzern der zerstörten Wehranlagen wurde es verboten, sie wieder aufzubauen, so daß die Oberlausitz seitdem ein Land ohne Burgen geblieben ist.

Im 14. und 15. Jahrhundert legten die fürstlichen Landesherren überall den Grund für die Entwicklung von der Landesherrschaft zum frühneuzeitlichen Staat. Das geschah dadurch, daß sie neben das kraftlos werdende Lehnssystem Elemente von Staatlichkeit stellten, wie sie in der Einrichtung einer Lokalverwaltung in Gestalt von Vogteien und Amtsbezirken und in der Einführung der Steuer zu sehen sind. Die Gewährleistung des Landfriedens war dabei eine der wichtigsten Aufgaben des werdenden Staates. Da es in der Oberlausitz infolge der bereits dargelegten besonderen Landesverfassung nicht zur Ausbildung staatlicher Frühformen kommen konnte, übernahmen die sechs königlichen Städte diese Aufgabe und wurden somit zu Trägern einer frühen Staatlichkeit ersatzweise für den nicht vorhandenen Landesherrn. Was normalerweise in den deutschen Territorien des späten Mittelalters die Fürsten gemeinsam mit dem Bürgertum der Städte zu bewirken hatten, fiel hier den Städten allein zu. Darin drückt sich die Interessengemeinschaft von Landesfürstentum und Bürgertum in jener Zeit aus. Der Oberlausitzer Sechsstädtebund hatte in seinem Lande alles das zu leisten, was anderwärts ein Landesherr mit Hilfe von Zentralbehörden, Landsteuern und einer Lokalverwaltung zuwegebrachte.

Der Sechsstädtebund von 1346 war ein Element der Modernisierung in einem Territorium, das unter ganz bestimmten Bedingungen auf einem mittelalterlichen Verfassungsstand stehenblieb. Er war eine Antwort auf die Herausforderung der Zeit, die in dem Zwang zur Weiterentwicklung von Geldwirtschaft, Städtewesen, Bürgerlichkeit und Staatlichkeit zu erblicken ist. Das Bürgertum ergriff zum Schutz seiner wirtschaftlichen Interessen die Initiative, indem es sich im Zuge einer Neugestaltung der Kräfteverhältnisse an die Spitze der geschichtlichen Bewegung stellte. Es verfügte über die Geldmittel, die dazu nötig waren, die aber in anderen Territorien von der Landesherrschaft aufgebracht wurden. Es stellte mit Hilfe dieser Geldmittel Streitkräfte auf, mit denen es adlige Burgen zerstörte. Der König kam ihm dabei zu Hilfe, indem er adligen Burgenbau schlechthin verbot, so daß auch in dieser Hinsicht die Interessengemeinschaft von Landesherrn und Bürgertum zum Tragen kam. Im städtischen Dienst stehende Söldner kämpften gegen Ritter, die neue Kampfesweise stand gegen die alte, womit sich die militärischen Unternehmungen der Oberlausitzer Sechsstädte in die weltgeschichtliche Umformung einordnen lassen, wie sie in den für die Fußkämpfer siegreichen Schlachten von Crécy 1346, von Murten 1476 und in den Hussiten-Kriegen von 1419 bis 1436 greifbar wurde. Es ist dabei besonders bemerkenswert, daß dieses tatsächliche Übergewicht der Städte bei einer fortdauernden Führungsrolle des Adels in formaler Hinsicht zustandekam, denn in der sich nun ausbildenden Oberlausitzer Ständeverfassung nahmen die adligen Standesherren und die Besitzer der Rittergüter den höheren Rang gegenüber den Städten ein, auch stand an der Spitze der Stände stets ein aus dem Adel stammender Landeshauptmann. Der feudale Rahmen der Landesverfassung blieb bestehen, aber die Machtverhältnisse wurden von den bürgerlichen Kräften beherrscht. Diese Tatsache wird durch die während des späten Mittelalters neu sich ausbildende Gerichtsverfassung der Oberlausitz unterstrichen. Auf dem Wege von der dezentralisierten Ausübung von Herrschaft im Mittelalter zum frühneuzeitlichen Staat mit seiner zentralisierten Form von öffentlicher Gewalt kam der Entwicklung der Gerichtsverfassung eine erhebliche Bedeutung zu. Der Landesherr zog die Gerichtsbarkeit im Lande immer mehr an sich, bzw. an sein Hofgericht und legte über die herkömmlichen Gerichte der adligen Herrschaften und der Städte eine letztinstanzliche Zuständigkeit seiner eigenen Gerichte, wie es im Kurfürstentum Sachsen in der Einrichtung des Oberhofgerichts in Leipzig 1483 und des Appellationsgerichts in Dresden 1559 zum Ausdruck kam. In der Oberlausitz konnte wegen des Fehlens einer zentralen Landesverwaltung eine solche Entwicklung nicht eintreten, aber die Sechsstädte nahmen auch in dieser Hinsicht ersatzweise staatliche Aufgaben wahr. Sie bildeten jeweils im Umkreis einer Stadt ein „Weichbild" aus, das ein Gebiet städtischer Strafgerichtsbarkeit darstellte, in das auch der darin angesessene Adel einbezogen war. Der mehrdeutige Begriff des Weichbildes erhielt hier eine in anderen deutschen Ländern nicht übliche

Bedeutung und vor allem einen weiten flächenhaften Umfang. So gehörten zum Görlitzer Weichbild etwa 200 Dörfer, deren sämtliche Bewohner der Strafgerichtsbarkeit des Görlitzer Stadtgerichts unterworfen waren.

In diesen Zusammenhang gehört auch das Oberlausitzer Femegericht.[17] Es wurde bald nach der Gründung des Sechsstädtebundes aller Wahrscheinlichkeit nach auf Veranlassung König Karls IV. ins Leben gerufen, worauf sich wohl eine Urkunde König Wenzels von 1381 bezieht, in der den Städten die Abhaltung des Femegerichts gemäß den Anordnungen seines Vaters gestattet wird. Dieses Gericht fand jeweils bei den Versammlungen der Städtevertreter unter Vorsitz eines Femerichters und Mitwirkung von Schöppen statt, die nur über schwere Unrechtstaten, d. h. über Raub, Brand und Mord auf den Landstraßen zu urteilen hatten. Es handelte sich folglich um ein Landfriedensgericht, das sich ebenso wie der Städtebund selbst gegen den Adel richtete. Wenn im Jahre 1390 erstmals ein dem Adel angehörender Femerichter an der Spitze des Gerichts erscheint, so läßt sich das aus dem Bemühen der Städte erklären, dem Gericht gerade gegenüber den adligen Angeklagten eine größere Autorität zu verschaffen. Die Wirksamkeit des Gerichts erlosch mit dem Beginn der Hussitenkriege im Jahre 1419, die für die Sicherheit im Lande ganz neue Maßregeln erforderten. Das Oberlausitzer Femegericht war ein aus bürgerlicher Selbsthilfe geschaffenes, auf kommunal-ständischer Grundlage tätiges, mit der Autorität des Landesherrn versehenes Gericht zur Aburteilung schwerer Strafsachen, das als ein Ersatz für das nicht vorhanden gewesene zentrale landesherrliche Gericht tätig war. Welche hohe Bedeutung der Sechsstädtebund für die Oberlausitz gehabt hat, zeigt sich an der territorialen Erweiterung, die er dem Lande mit der Aufnahme der Stadt Zittau brachte. Zittau Stadt und Land gehörten im hohen Mittelalter unmittelbar zu Böhmen, was sich auch an seiner Zuordnung zum Erzbistum Prag bis zur Reformationszeit erkennen läßt. In geographischer Hinsicht war Zittau durch das Lausitzer Gebirge von Böhmen getrennt, während es durch das Neißetal mit der Oberlausitz und besonders der Stadt Görlitz verbunden war. Seine wirtschaftlichen Interessen neigten sich offenbar in stärkerem Maße den Oberlausitzer Städten zu, zumal es auch von den Friedensstörungen des hiesigen Landadels spürbar betroffen war. So war der Anschluß der königlich böhmischen Stadt Zittau an den Bund der Oberlausitzer Städte eine durchaus naheliegende Folge der tatsächlichen Gegebenheiten. Es ist allerdings erstaunlich, daß der ansonsten so hellwache und machtbewußte König Karl IV. den Beitritt der böhmischen Stadt zum Oberlausitzer Städtebund gestattet hat, obwohl damit eine politische Grenze überschritten wurde. Er hat wohl die Zugehörigkeit der Oberlausitz zur Krone Böhmen als eine so unumstößliche Tatsache angesehen, daß ihm keine Bedenken gegen die Zittauer Mitgliedschaft aufkamen. Er konnte nicht voraussehen, daß in den Zeiten seiner schwachen Nachfolger im frühen 15. Jahrhundert die praktischen Bindungen der Stadt Zittau an den Sechsstädtebund sich als so stark erweisen sollten, daß sich daraus ein Anschluß der Stadt und ihres Umlandes an das Markgraftum Oberlausitz und eine völlige Entfremdung vom Königreich Böhmen ergab. Diese Entwicklung unterstreicht aber nur die hohe Bedeutung des Städtebundes, den man geradezu als das feste Rückgrat des Territoriums bezeichnen kann. Als während des 15. Jahrhunderts in der landesherrlichen Kanzlei der Könige von Ungarn die Gewohnheit aufkam, das Land der Sechsstädte als Lusatia superioris zu bezeichnen, womit der ursprünglich nur an der Niederlausitz haftende Landesname Lausitz bis ins Gebirge hin ausgedehnt wurde, war es unbestritten, daß Zittau dazugehörte.

In diesem Territorium war der Städtebund neben dem Landvogt und dem Landtag das einzige verbindende Element und die einzige dauerhafte Organisation der Landeseinheit. Allerdings ist die Verfassungsgeschichte der Oberlausitz noch nicht so weit aufgeklärt, daß sich das Verhältnis der Städte zum Adel befriedigend darlegen ließe. Die wirtschaftliche Überlegenheit der Städte ist unbestritten, die militärische Überlegenheit ist eine vielfach erwiesene Tatsache, und die Weichbildverfassung in Verbindung mit der Femegerichtsbarkeit verschaffte den Städten auch auf dem Gebiet der Rechtspflege das Übergewicht. Trotzdem erscheint es bedenklich, von einer politischen Führungsrolle der Sechsstädte in der Oberlausitz zu sprechen, weil der Adel immerhin in formaler Hinsicht auf den Landtagen den Vorrang einnahm und der weitaus größere Teil des Landes sich in den Händen des grundherrlichen Adels befand. Das Verhältnis zwischen den beiden ständischen Gruppen wird man sich vom 14. bis zur Mitte des 16. Jahrhunderts nur recht schwierig und konfliktreich vorstellen können, wobei sich der Adel nur zähneknirschend mit der dargelegten Überlegenheit der Städte abgefunden haben dürfte. Aber die städtefreundliche Haltung der böhmischen Könige hat ihn zu jener Zeit dazu gezwungen, sich in das Unvermeidliche zu fügen. Der städtische Einsatz gegen adlige Landfriedensbrecher ging bis weit in das 15. Jahrhundert hinein weiter, weil er notwendig war.

Während dieser Konflikt innerhalb des Landes unvermindert anhielt, wurde die Oberlausitz von den Hussitenkriegen hart betroffen, weil sie als ein Nebenland der Krone Böhmen enger in die Angelegenheiten dieses Landes verwickelt war als das benachbarte meißnisch-sächsische Gebiet. Die Bedrohung begann schon 1419, als sich die Stände für Kaiser Sigmund und gegen die Hussiten erklärten, so daß sie sich diese zu Feinden machten. Man traf Maßnahmen zur Verteidigung, die Städte rüsteten, 1424 stieß ein erster Angriff in Richtung Zittau vor, das

1427 gegen einen Großangriff erfolgreich verteidigt werden konnte. Aber das flache Land war dem Zugriff der Hussiten schutzlos ausgesetzt. Bis nach Görlitz hin wurden Dörfer verbrannt und Bauern getötet. Mehrfach beunruhigten die Kriegszüge bis 1434 das Land, Löbau wurde 1428 vergeblich bestürmt, aber 1431 vom Feind eingenommen. Aus Kamenz floh die Bevölkerung 1429 und gab die Stadt den herannahenden Hussiten preis. Dreimal standen sie vor Görlitz, aber die Stadt konnte sich ebenso wie Bautzen und Zittau halten, nur die Vorstädte wurden zerstört. Bernstadt und Reichenbach wurden geplündert und eingeäschert. Die Hussitenheere zählten bis zu 14.000 Mann, umgekehrt boten die Oberlausitzer Stände Streitkräfte von mehreren tausend Mann zum Zuge nach Böhmen auf. Für die Städte machten sich vor allem schwere Opfer an Geld notwendig, um die Söldner bezahlen zu können.

In welch starkem Maße die Oberlausitz von den sechs großen Städten zusammengehalten wurde, zeigt sich in den seit etwa 1370 auftretenden Bezeichnungen: Land der Sechsstädte, Sechslande, Sechsstädteland. Die Einheit des Landes wurde von der Gesamtheit der Landstände repräsentiert, die sogar das Recht in Anspruch nahmen, nach dem Tode eines Landesherrn aufgrund eigener Entscheidung einen neuen zu wählen. Als 1319 die brandenburgischen Askanier ausstarben, denen die Oberlausitz seit 1253 zugestanden hatte, erkoren sich die Landstände den böhmischen König Johann zu ihrem neuen Landesherrn. Vom Hause Luxemburg ging die Landesherrschaft 1437 an den Habsburger Albrecht und zwei Jahre später

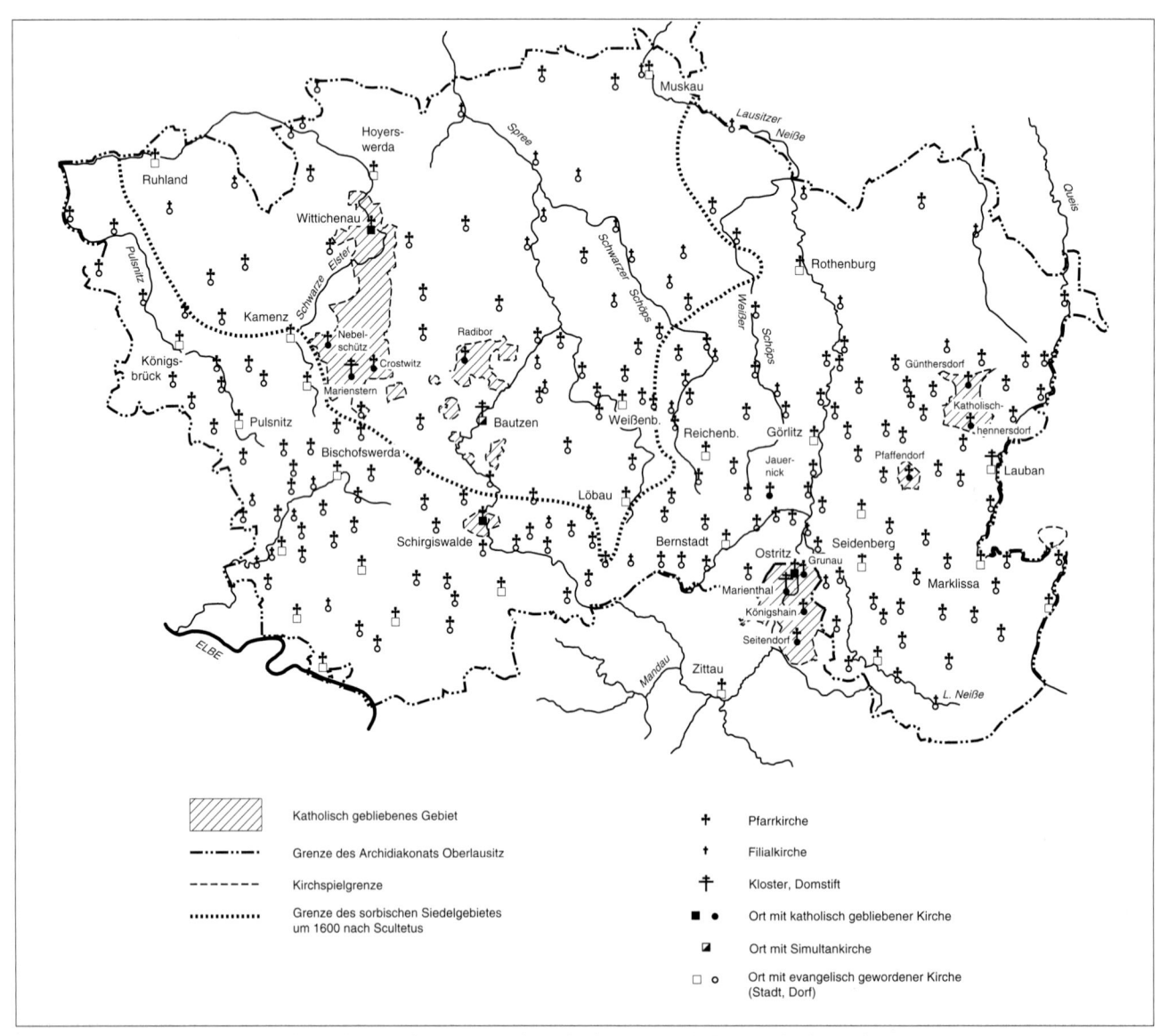

3 Verteilung der Konfessionen in der Oberlausitz nach dem Ende der Reformation

an dessen Sohn Ladislaus Postumus über. Als dieser 1469 starb, lösten sich die Oberlausitzer Landstände von der Zugehörigkeit zu Böhmen und übertrugen die Landesherrschaft dem ungarischen König Matthias Corvinus. Die Vereinigung der ungarischen und der böhmischen Krone unter dem polnischen Jagiellonen Wladislaw im Jahre 1490 brachte dann wieder die Anlehnung an Böhmen, bei der die Oberlausitz auch nach dem Übergang der böhmischen Krone an die Habsburger 1526 verblieb. Sie ist jedoch niemals als ein Bestandteil der betreffenden Königreiche in diese eingegliedert worden, sondern stets ein selbständiges Territorium im Verbande des deutschen Reiches mit einer eigenen Verfassung geblieben, die von den auswärtigen Landesherren jedesmal aufs Neue respektiert und garantiert wurde.

Auch die Verfassung des Landes und seine verwaltungsmäßige Gliederung sind vom mehrfachen Wechsel der Landesherrschaft nicht betroffen worden, sie blieben seit dem 14. Jahrhundert bis in das 19. Jahrhundert gleich. Die vier Standesherrschaften Hoyerswerda, Muskau, Königsbrück und Reibersdorf, die vier geistlichen Stiftungen in Gestalt des Domstifts Bautzen, der Zisterzienser-Nonnenklöster Marienstern und Marienthal und des Magdalenerinnen-Klosters Lauban, der landsässige Adel auf seinen Rittergütern und die Sechsstädte waren die Bestandteile des politisch-administrativen Gefüges, das auch in der Neuzeit auf seinem mittelalterlichen Entwicklungsstand stehenblieb. Im Vergleich zum Kurfürstentum Sachsen wurde hier niemals eine den Bedürfnissen des modernen Staates entsprechende Lokalverwaltung eingeführt, es gab keine Amtsbezirke und keinen Domänenbesitz, Gebiete unter landesherrlicher Grundherrschaft waren nur in Spuren vorhanden, so daß Landesherrschaft und Staat in diesem Lande über keine materiellen Grundlagen verfügten. Das Lehnsprinzip wurde bis in das frühe 19. Jahrhundert hinein radikal durchgehalten. Das gesamte Land war restlos an ständische Grundherrschaften ausgetan, die Landesherrschaft hatte sich keine „Krondomäne" vorbehalten. Das auf der Bautzener Ortenburg seit dem Beginn der Neuzeit eingerichtete Oberamt konnte die fehlende Zentralverwaltung nicht ersetzen, es reichte gerade aus, um die Geschäftsführung der ständischen Angelegenheiten auf den Landtagen zu regeln. Die dreimal jährlich stattfindenden Landtage stellten die eigentliche Regierung dar, deren Entscheidungen und Beschlüsse von jedem einzelnen Mitglied in seinem Herrschaftsbereich umzusetzen waren. Bei dieser völlig dezentralisierten Struktur kam dem Bund der Sechsstädte eine zusammenfassende, stabilisierende Wirkung zu.

Sie zeigte sich namentlich im Bereich der Kultur, wie es sich schon im Blick auf die kirchlichen Verhältnisse erkennen läßt. Jede Sechsstadt war im Mittelalter Sitz eines Erzpriesters, zu dem ein weiter Sprengel gehörte, so daß die Städte zentrale Funktionen in geistlicher Hinsicht ausübten. In jeder dieser Städte und nur in ihnen bestand ein Franziskanerkloster mit seiner Ausstrahlungskraft im Sinne spätmittelalterlicher Frömmigkeit. Auch die Anfänge des Lateinschulwesens in der Oberlausitz sind ausschließlich in den Sechsstädten zu finden. So war es nur natürlich, daß sich das ganze Land in seiner Stellung zur Reformation weitestgehend nach dem Vorbild der Städte richtete. Dort begann Luthers Lehre 1521 Fuß zu fassen und breitete sich dann auf das ganze Land aus.[18] Da es keine landesfürstliche Zentralgewalt gab, die von oben her wie im benachbarten Sachsen die Reformation eingeführt hätte, sank die an sich nur den Fürsten zustehende Entscheidung über die Konfession, das sogenannte ius reformandi, eine Stufe tiefer und kam den Inhabern der Grundherrschaft und des Kirchenpatronats zu. Auch an dieser Stelle zeigt es sich, daß die Sechsstädte staatliche Aufgaben anstelle des fehlenden Landesfürsten wahrgenommen haben.

Da sich die Klöster der Bettelorden in den meisten Fällen unter dem Einfluß der einsetzenden Reformation schnell zu leeren begannen und die Reformation überhaupt eine vorwiegend städtisch-bürgerliche Bewegung war, lagen ihre Anfänge auch in der Oberlausitz in den sechs großen Städten des Landes. 1521 begann Lorenz Heidenreich in Zittau mit der lutherischen Predigt, 1540 übernahm der evangelisch gewordene Rat die Johanniter-Kommende und trat damit in deren Patronatsrechte ein. Ebenfalls 1521 setzte in Görlitz mit dem neuen Pfarrer Franz Rotbart die lutherische Predigt ein, die vor allem bei den Tuchmachern und anderen Handwerkern Anklang fand, verbanden sie doch ihre alten sozialen Forderungen mit den neuen Gedanken Luthers, was den noch längere Zeit altgläubigen Rat zur Absetzung des Pfarrers veranlaßte. Dem Zwang der Verhältnisse folgend mußte der Rat jedoch 1525 Rotbart erneut berufen, so daß dieses Jahr für die offizielle Einführung der Reformation in Görlitz steht. In Bautzen sind seit 1523 Michael Arnold und ein weiterer lutherischer Prediger tätig gewesen. Die evangelisch gewordene Gemeinde hielt ihre Gottesdienste weiterhin in der Hauptkirche zu St. Petri ab, die dem altgläubig bleibenden Domstift gehörte, das sich mit seinen geistlichen Handlungen auf den Hohen Chor zurückzog. Seitdem wird das Gebäude als Simultankirche von beiden Konfessionen genutzt. In Löbau kam lutherisches Kirchenwesen 1527 in Gang, doch dauerte es bis zur vollen Durchsetzung bis 1565. Auch Kamenz erhielt seinen ersten lutherischen Prediger 1527, nachdem schon drei Jahre vorher ein Laie in diesem Sinne tätig geworden war. In Lauban wurde die erste evangelische Predigt 1525 in der Stadtkirche gehalten, die seit 1527 als Simultankirche für getrennte Gottesdienste beider Konfessionen genutzt wurde.

Die Vorgänge in den Sechsstädten wirkten sich mit Rücksicht auf deren führende gesellschaftliche und kulturelle Stellung beispielgebend auf das Land aus. In den Landstädtchen werden die folgenden Angaben für den Beginn der Reformation gemacht: Schönberg bei Görlitz 1524, Rothenburg 1525, Marklissa 1529, Elstra 1530, Muskau und Seidenberg 1534, Königsbrück 1535, Hoyerswerda, Pulsnitz und Ruhland 1540, Reichenbach 1548. Es dauerte folglich mehr als 20 Jahre, bis die Reformation ihren endgültigen Ausbreitungsstand erreicht hatte.

Im Gegensatz zu den staatlich durchgebildeten Territorien wie den benachbarten Kurfürstentümern Sachsen und Brandenburg gab es folglich in den beiden Lausitzen keine vom Landesherrn in einem staatlichen Akt, in einer Kirchenvisitation von oben eingeführte Reformation, vielmehr setzte sich die neue Lehre hier von unten durch, weil die Stadträte und die Herrschaftsinhaber sich für sie entschieden. Nicht die Landesherrschaft, sondern die Grundherrschaft war die Ebene, auf der die reformatorische Entscheidung fiel. So war es auch folgerichtig, daß die Stände nach der Auflösung der alten Kirchenordnung das ius episcopale für sich beanspruchten. Die Inhaber der Landesherrschaft versuchten zwar, mit Hilfe von Verboten die Ausbreitung der Reformation zu verhindern, aber dieses Mittel war zu schwach, um wirksam zu sein. In den Entscheidungsjahren zwischen 1517 und 1555 war der bis 1526 regierende König Ludwig von Ungarn und Böhmen viel zu sehr mit der Türkenabwehr und der ihm folgende König Ferdinand I. mit der Türken- und Reichspolitik beschäftigt, als daß sie den fernab gelegenen Markgraftümern Nieder- und Oberlausitz die entsprechende Aufmerksamkeit hätten widmen können. Es dürfte ein in der deutschen Reformationsgeschichte ziemlich einmaliger Fall sein, daß die Grundherrschaften den Grundsatz „cuius regio, eius religio" für sich in Anspruch nahmen. Die Möglichkeit dazu gab ihnen die ständische Landesverfassung. Es ist nicht einmal zu Landtagsbeschlüssen in den Religionsfragen gekommen, die das ganze Land auf eine konfessionelle Linie festgelegt hätten, sondern es war jedem Landstand selbst überlassen, ob und wann er in seinem Gebiet die Reformation einführen wollte. Diese Tatsache war deshalb wichtig, weil sie eine vollständige Durchführung der Reformation in beiden Ländern nicht zwingend erforderte und somit das Überleben katholischer Kirchen und Klöster möglich machte.

In der Oberlausitz blieben alle vier landständischen geistlichen Einrichtung katholisch: die Zisterzienser-Nonnenklöster Marienstern und Marienthal, das Kloster der Magdalenerinnen in Lauban und das Domstift St. Petri in Bautzen. Allerdings gelang es nicht, alle ihrem Patronat unterstehenden Gemeindekirchen zu halten. Hier kam es zu einigen langanhaltenden Konflikten, die besonders den unter der Herrschaft des Klosters Marienstern stehenden, aber weit abgelegenen Eigenschen Kreis um Bernstadt betrafen. Bereits 1547 war den Klagen der Äbtissin zufolge der größte Teil der Bewohner dem neuen Glauben zugetan. Ein evangelischer Pfarrer wurde 1577, 1584, 1596 und 1613 jeweils nur für kurze Zeit nach Bernstadt gerufen, wobei einer von ihnen von der Gemeinde gewaltsam in die Kirche geführt wurde. Erst mit dem Jahre 1619 begann die ununterbrochene Reihe der evangelischen Pfarrer, nachdem sich die Gemeinde bereits angeschickt hatte, eine neue evangelische Kirche zu bauen, wenn ihr die alte weiterhin verschlossen bleiben sollte. Nach Berzdorf a. d. E. wurde 1552 ein evangelischer Pfarrer ordiniert, 1571 beginnt die lückenlose Reihe der lutherischen Pfarrer. Schönau a. d. E. erhielt 1577, das benachbarte Dittersbach 1588 den ersten evangelischen Pfarrer. Die späten Zeitpunkte sprechen für die langen Kämpfe zwischen der Äbtissin und den Gemeinden um die Durchsetzung der Reformation, aber auch für die Beharrlichkeit der Gemeinden. Demgegenüber scheint es im unmittelbaren Umfeld des Klosters keine Konflikte gegeben zu haben. Die Pfarrkirchen zu Nebelschütz und Crostwitz blieben unangefochten katholisch, ebenso jene zu Radibor bei Bautzen unter dem Patronat des Domstifts, während die unter domstiftlichem Patronat stehende Kirche zu Cunewalde um 1540 einen evangelischen Pfarrer erhielt. In dem Klosterstädtchen Wittichenau neigte allerdings der katholische Pfarrer mit seiner Gemeinde dem Luthertum zu, so daß der Ort um 1570 fast ganz evangelisch war. Gegenüber der Grund- und Patronatsherrschaft des Klosters konnte sich das evangelische Leben jedoch nicht auf die Dauer behaupten. Ohne Schwierigkeiten scheint auch das Verbleiben der dem Kloster Marienthal zugehörigen Pfarrkirchen bei der alten Kirche verlaufen zu sein, so weit sie in dem geschlossenen Gebiet der klösterlichen Grundherrschaft lagen. Das betrifft die Kirchen zu Ostritz, Grunau, Königshain und Seitendorf, während die davon abgelegenen Kirchen in Oberseifersdorf bei Zittau und Niederseifersdorf bei Reichenbach evangelisch wurden, was auch die Kirche in dem anteilig dem Rat zu Zittau zuständigen Reichenau betraf. Um die Kirche zu Jauernick wurde ein langer Kampf geführt: Die Bewohner der Parochie wandten sich 1530 der Reformation zu, aber die Äbtissin setzte 1539 wieder einen katholischen Pfarrer ein, während die Gemeinde evangelisch blieb. Die Gemeindemitglieder mußten fortan alle Kasualien vom katholischen Pfarrer besorgen lassen, während sie sich zu den Gottesdiensten gastweise zu den rundum liegenden evangelischen Kirchen hielten. Aus diesem wie aus anderen angeführten Fällen wird es deutlich, daß sich in einem Lande ohne landesherrliche Einführung der Reformation an vielen Orten „Reformation von unten" ereignete, indem die Gemeinden in den Städten und mehrfach auch auf den Dörfern sich selbständig für diesen Schritt entschieden, selbst wenn sie sich dabei gegen ihre grundherrliche oder Patronatsobrigkeit wenden mußten.

In die historische Oberlausitz ragte zu einem guten Teil das Hochstift Meißen hinein, dessen um Stolpen und Bischofswerda gelegenes Territorium geradezu aus der alten Oberlausitz herausgeschnitten war. Im Gefolge der Carlowitzischen Fehde wurde der Meißner Bischof 1559 gezwungen, das Gebiet im Tausch gegen das Amt Mühlberg an den Kurfürsten von Sachsen abzutreten, der es als Amt Stolpen in das Kurfürstentum eingliederte und sofort eine Kirchenvisitation durchführte. Die Reformation konnte daher hier erst zu diesem späten Zeitpunkt Fuß fassen. Da die nunmehr sächsische Urpfarrei Göda sehr viele politisch zur Oberlausitz gehörige Orte einschloß, drang die Reformation auch auf diesem Wege in das Markgraftum ein. Die sächsischen Visitatoren versuchten auch, die im Markgraftum gelegene Kirche zu Gaußig zu reformieren, weil der Pfarrer zu Göda die Kollatur besaß. Der katholische Pfarrer widersetzte sich jedoch ebenso wie seine Nachfolger, so daß jahrzehntelang ein katholischer Pfarrer in der mittlerweile evangelisch gewordenen Gemeinde wirkte. Der Streit ging bis auf die diplomatische Ebene zwischen dem Kurfürsten und dem Kaiser, die Kirche wurde von beiden Parteien mit Schlössern versehen und somit unbenutzbar. Erst der böhmische Ungehorsam gegen den neuen Kaiser Ferdinand II. im Jahre 1619 ergab die Möglichkeit, den Streit in Gaußig zu beenden und die Kirche der Reformation zu öffnen.

Schließlich muß noch die Frage angeschnitten werden, in welcher Weise die Reformation in den Lausitzen mit dem sorbischen Volk in Beziehung stand. Die Sorben waren als ein Bauernvolk unter deutsche Herrschaft gekommen und hatten diese Eigenart größtenteils behalten. Sie bewohnten in einem geschlossenen Siedlungsgebiet die Dörfer und die kleinen Landstädtchen, während sie in den großen deutschen Städten nur eine Minderheit darstellten. Die bürgerliche Oberschicht, die herrschenden Adelsfamilien und die Priesterschaft gehörten dem deutschen Volk an. Für die kirchliche Betreuung der Sorben in Seelsorge und Verkündigung, wie sie in den anspruchslosen Formen des Mittelalters üblich war, standen Priester mit sorbischen Sprachkenntnissen zur Verfügung. Unter diesen Umständen war von sorbischer Seite kein eigenständiges Handeln für oder gegen die Reformation zu erwarten. Der Kultgottesdienst kam mit einer nur geringen sprachlichen Gestaltung aus. Nun aber brachte der lutherische Gottesdienst zwei neue Elemente in das kirchliche Leben ein, die der Sprache eine hohe Bedeutung verschafften: die Predigt und den Gemeindegesang, und die Bibel wurde zum Mittelpunkt des geistlichen Lebens. Die sorbische Sprache war bis dahin nur eine gesprochene Sprache, erst im Zusammenhang mit der Reformation mußte sie in die Form einer Schriftsprache gebracht werden. Die erneuerte Kirche war eine Kirche des Wortes, weshalb auch die sorbische Sprache zur Trägerin und Vermittlerin des Wortes Gottes werden mußte. Biblische Texte, Gebete und Lieder mußten in die sorbische Sprache übersetzt und zum Zweck der Verbreitung gedruckt werden. Dabei ergab sich die Schwierigkeit, die gegenüber dem Deutschen ganz anderen Laute mit den im Deutschen gebräuchlichen Buchstaben auszudrücken, was nur mit Hilfe diakritischer Zeichen möglich war.

So begann erst unter den Anforderungen der Reformation die Ausbildung einer geistlichen Literatur in sorbischer Sprache. Das Neue Testament wurde 1548 von dem niedersorbischen Pfarrer Miklaws Jakubica übersetzt, ohne jedoch gedruckt zu werden. In Bautzen wurde 1574 eine von dem Pfarrer Albin Moller zusammengestellte Ausgabe des Kleinen Katechismus und einiger Kirchenlieder gedruckt. Luthers Katechismus folgte 1597 in der Übersetzung des Gödaer Pfarrers Wenzeslaus Warichius. Für den Gemeindegesang wurden handschriftlich vervielfältigte Liedzettel verteilt, erst 1710 erschien das erste sorbische Gesangbuch. In Göda wurde nach Einführung der Reformation ein Seminar für sorbische Knaben eingerichtet, das nach Art einer Lateinschule auf das Universitätsstudium vorbereiten sollte. Auch in die Gymnasien von Bautzen, Cottbus und Görlitz wurden junge Sorben zu diesem Zweck aufgenommen. Die Stände der Oberlausitz riefen schon seit den 40er Jahren wiederholt die Sorben auf, ihre Söhne zum Studium zu schicken. Daraufhin wurden von 1540 bis 1546 in Wittenberg 40 junge Sorben für das Pfarramt ordiniert. Aus Hoyerswerda gingen von 1542 bis 1572 elf und aus Wittichenau von 1551 bis 1567 sechs evangelische Theologen hervor. Damit war der Anfang zur Entwicklung einer wenn auch zunächst noch kleinen geistigen Führungsschicht im sorbischen Volk gemacht, die bei der Lage der Dinge nur innerhalb der Kirche entstehen konnte.

In der Oberlausitz ist der Anteil der evangelischen Sorben an ihrem Volk nach Abschluß der Reformation auf neun Zehntel einzuschätzen. Der dafür notwendige Nachwuchs an Gemeindepfarrern wurde auf den Universitäten Leipzig und Wittenberg herangebildet, wobei es unvermeidlich war, daß er wissenschaftlich und kulturell von der deutschen Umwelt geprägt wurde. Ein Zehntel der Oberlausitzer Sorben lebte in den fünf sorbischsprachigen, katholisch gebliebenen Parochien Bautzen, Crostwitz, Nebelschütz, Radibor und Wittichenau. Der Nachwuchsbedarf war gering, mußte aber bedacht werden. Da die Oberlausitz mit Böhmen verbunden war, lag es nahe, die sorbisch-katholischen Priester in Anlehnung an die tschechischen kirchlichen Einrichtungen in Böhmen heranzubilden. Ein förmliches sorbisches Seminar kam jedoch erst 1727 in Prag zustande.

Luthers Lehre setzte sich in den beiden Lausitzen zügig und letzten Endes erfolgreich, aber doch nicht widerstandslos durch. Während aber in den straff regierten Territorialstaaten das Ringen zwischen der alten Kirche und den reformatorischen Kräften auf einen Punkt, in der Regel auf den Fürsten mit seiner persönlichen Entscheidung konzentriert war, zog die dezentralisierte Verfassung der lausitzischen Ständerepubliken eine weitgehende Auffaserung der konfessionellen Auseinandersetzungen nach sich. Sie wurden an vielen Stellen ausgetragen und erstreckten sich über einen längeren Zeitraum, der in seinen Ausläufern bis in den Anfang des Dreißigjährigen Krieges reichte.

Man kann dabei von einer weitgehenden Aufnahmebereitschaft für die neue Lehre bei der Bevölkerung, dem Bürgertum und den Inhabern der Grundherrschaft ausgehen, die mehrfach auch dörflich-bäuerliche Bereiche einschloß. Alle weltlichen Gewalten im Lande selbst schlossen sich früher oder später der Reformation an. Widerstand kam dagegen aus den Reihen der römischen Kirche und von den böhmischen Landesherren. Ein frühes Zeichen für das Ringen zwischen dem Alten und dem Neuen ist die Tatsache, daß im Frühjahr 1525 die Pfarrer der Erzpriesterstühle Görlitz, Seidenberg und Reichenbach ihrem Bischof den Gehorsam und die Zahlungen aufkündigten. In Kamenz kam es zu einem jahrelangen Kampf zwischen Bürgerschaft und Rat auf der einen, dem Kloster Marienstern als Kirchenpatron auf der anderen Seite. Der erste Versuch des Kaplans Johann Ludwig, im Jahre 1527 lutherische Predigt in der Stadtkirche einzuführen, wurde vom Kloster durch seine Absetzung vereitelt. Ein zweiter 1530 berufener lutherischer Prediger wurde zunächst geduldet, unter dem Vorwand seiner Verheiratung aber ebenfalls abgesetzt. Als der altgläubige Stadtpfarrer 1535 starb, ergriff der Rat die Gelegenheit, um unter Nichtachtung der klösterlichen Patronatsrechte das Kirchenregiment in der Stadt an sich zu bringen. Der vom Kloster eingesetzte Gegenkandidat wurde von der Bürgerschaft in offenem Widerstand durch gewalttätige Selbsthilfe vertrieben. Spätestens seit 1541 übte der Rat das Patronatsrecht praktisch aus. Auch in Zittau war die Verheiratung des ersten evangelischen Predigers Lorenz Heidenreich nach zehnjährigem Wirken in der neuen Lehre für den Komtur als Inhaber des Kirchenpatronats der Anlaß, ihn 1530 im Alter von 50 Jahren abzusetzen. Erst nachdem der Rat durch Vertrag mit dem Komtur die Kollatur über die Stadtpfarrerstelle erlangt hatte, konnte Heidenreich 1545 nach Zittau zurückkehren.

Die auswärtigen Landesherren waren trotz ihrer schwachen Stellung in der Landesverfassung der beiden Lausitzen für das allgemeine Reformationsgeschehen in Deutschland von hoher Bedeutung. Von König Ludwig ist aus dem Jahre 1524 eine Verordnung an die Stände in Schlesien und in den Lausitzen bekannt, die sich gegen die Verbreitung der neuen Lehre wandte. König Ferdinand I. wiederholte das 1528 und gebot 1531 den Landvögten beider Markgraftümer, das lutherische Bekenntnis auszurotten. 1538 ließ er dem in Bautzen versammelten Landtag seinen Entschluß mitteilen, sich „des heiligen Glaubens halben christlichen und wohl zu verhalten und nicht der neuen verdammten Lehre anzuhangen". Aber die Stände erklärten dem König, sie könnten von der Wahrheit nicht abgehen, so daß dieser schließlich den evangelischen Gottesdienst gestattete. Ein hartes Vorgehen war schon deshalb unmöglich, weil der Habsburger brennendere Probleme zu bewältigen hatte und er nicht über die Machtmittel verfügte, in den Lausitzen mit ihrer ständischen Verfassung etwas auszurichten. Die adligen Herren, die hier als Repräsentanten ihres Landes auftraten, waren selbst für die lutherische Bewegung eingenommen, so daß von ihnen auch nicht durch königliche Befehle ein Einschreiten gegen sie erreicht werden konnte. Daß unter diesen Bedingungen die Versuche des Meißner Bischofs, in den frühen 20er Jahren durch scharfe Verbote sich der Reformation entgegenzustellen, zum Scheitern verurteilt waren, liegt auf der Hand.

An der Bautzener Hauptkirche St. Petri war 1221 ein Kollegiatstift gegründet worden, das sich im späten Mittelalter zum Domstift weiterentwickelt hatte. Es war dem Domstift am Sitz des Bischofs in Meißen nachgeordnet, der Propst des Bautzener Kapitels gehörte dem Meißener Domkapitel als einfacher Kanonikus an. Da er ständig in Meißen residierte, fiel die tatsächliche Leitung in Bautzen dem Domdekan als dem im Range folgenden Mitglied des Kapitels zu. Es ist bereits dargelegt worden, daß bei der Ausbreitung der Reformation in den Lausitzen kein einheitlicher Wille maßgebend war, daß aber das alte Kirchenwesen sich im Zuge einer viele Einzelaktionen umfassenden Bewegung mehr und mehr auflöste. Dazu kam die Führungsschwäche an der Spitze des Bistums Meißen, das in dieser Zeit äußerster Bedrängnis nicht die starken Persönlichkeiten als Bischöfe aufzuweisen hatte, die sich den drohenden Gefahren eindrucksvoll entgegenstellen konnten. Seit 1539 war der Bischofssitz Meißen evangelisch, die Mitglieder des dortigen Domkapitels gingen nach und nach aufgrund persönlicher Entscheidungen zur neuen Lehre über, ohne deshalb ihre Ämter zu verlieren. Der Meißener Domherr Hieronymus von Komerstadt, der das Amt des Propstes zu Bautzen innehatte, trat im Mai 1559 öffentlich zum lutherischen Glauben über.

Die Bettelklöster hatten sich bis zur Mitte des Jahrhunderts völlig geleert, die Bevölkerung der beiden Länder war bis dahin zum überwiegenden Teil evangelisch geworden, die noch verbliebenen altkirchlichen Institutionen waren gefährdet. Im Jahre 1559 war das zum

Hochstift Meißen gehörende Amt Stolpen an Kursachsen übergegangen und damit jede Hilfe aus dem benachbarten Bischofsterritorium für die bedrängten Katholiken in der Oberlausitz hinfällig geworden. Der 1558 gewählte Bischof Johann IX. von Haugwitz erwies sich nicht als unbedingt zuverlässiger Anwalt katholischer Interessen, war schwankend und nachgiebig, 1581 sollte er dann selbst evangelisch werden und nach Eintritt in den Ehestand sein Amt aufgeben. Auch der Fortbestand der noch intakten Klöster und des Bautzener Domstifts war nicht gesichert. Bautzen war zum Zufluchtsort für katholische Priester geworden, die Sachsen hatten verlassen müssen.

In dieser Lage wurde 1551 der aus Olmütz in Mähren stammende Johann Leisentrit zum Mitglied des Bautzener Domkapitels bestellt, 1559 wurde er zum Dekan gewählt und trat damit an die Spitze des Bautzener Domstifts. Er muß die kirchenpolitischen Verhältnisse im meißnisch-sächsisch-lausitzischen Raum und die damit verbundene Gefährdung des Bistums Meißen klar erkannt haben, weshalb er eine Loslösung der Lausitzen vom Bistum anstrebte, um in dem allgemeinen Auflösungsprozeß wenigstens die noch erhalten gebliebenen Bestandteile zu retten. Es war abzusehen, daß die Wettiner bei ihrer starken Stellung im Reich und ihrer unaufhaltsamen Reformationspolitik das Ende des Bistums Meißen herbeiführen würden. Es waren schwierige Überlegungen und Verhandlungen, in die auch der Naumburger Bischof Julius Pflug einbezogen wurde, aus denen schließlich ein für die katholische Sache gutes Ergebnis hervorging. Leisentrit erstrebte eine Lockerung der Bindungen der Lausitzen an das Bistum Meißen, wodurch sich wiederum der Bischof in seinen Rechten verletzt fühlte, doch wurde eine Lösung gefunden, die für beide Seiten annehmbar war. Der Bischof ernannte Leisentrit zum Generalvikar des Bistums Meißen in Ober- und Niederlausitz, als „episcopatus Misnensis commissarius generalis" erhielt er das Amtssiegel und ein Jahresgehalt. Kaiser Ferdinand I. unterstützte als Landesherr diese Regelung und bestimmte den Bautzener Domdekan 1562 zu „des Bistums Meißen in Ober- und Niederlausitz Administrator, Römischer Kaiserlicher Majestät in geistlichen Sachen Commissarius generalis". Die Kurie inkorporierte 1570 die geistliche Gerichtsbarkeit in den Lausitzen dem Bautzener Domkapitel und unterstellte den Administrator in seiner bischöflichen Amtsführung unmittelbar dem Papst.

Weitere Bemühungen Leisentrits, die bis auf die Errichtung eines selbständigen Bistums in den Lausitzen hinausliefen, ließen sich nicht verwirklichen. Auf jeden Fall war es der klugen Politik des Domdekans, der dabei auch seine weitreichenden Beziehungen in der kirchlichen Hierarchie des Habsburgerreiches einsetzen konnte, gelungen, einen Restbestand des Bistums Meißen in kirchen- und staatsrechtlich einwandfreier und anerkannter Weise zu sichern. Als Bischof Johann IX. 1581 resignierte und die geistliche Autorität des Bischofs zu Meißen zu bestehen aufhörte, blieb die auf den Bautzener Domdekan übertragene bischöfliche Funktion in den Lausitzen unangefochten erhalten.[19]

Für die Autorität dieses Amtes war es wichtig, daß es sowohl vom letzten Bischof, wie auch vom Kaiser als dem Landesherrn eingerichtet und von der Kurie anerkannt worden war. So wurde die Kompetenz des Domdekans natürlich von allen im Lande verbliebenen katholischen Einrichtungen anerkannt. Das betraf die Pfarrkirchen, aber auch die beiden Zisterzienser-Nonnenklöster, die bisher dem Brauch ihres Ordens entsprechend von der bischöflichen Oberaufsicht frei gewesen waren. Das Kloster Marienstern hatte mit der Säkularisierung des Klosters Altzella 1540 den dortigen Abt als seinen Visitator verloren und schloß sich nun der neu eingerichteten geistlichen Obrigkeit in Bautzen an. Ebenso verhielt sich das Kloster Marienthal, obwohl es in der Erzdiözese Prag lag und somit nicht unter die Nachfolgeeinrichtung des Bischofs zu Meißen gehörte. Das Kloster Lauban unterstand sowieso seit alters dem Ordinarius der Diözese. Lediglich Neuzelle in der Niederlausitz wurde nicht dem Domdekan unterstellt, dem es doch gelungen war, die katholischen Reste in den Lausitzen zu sammeln und sich Anerkennung zu verschaffen.

Darüber hinaus ist es erstaunlich, daß auch unter der evangelisch gewordenen Mehrheit des Landes sein Wort etwas galt. Aus seinem doppelten, vom Bischof und vom Kaiser herrührenden Auftrag leitete er die Vollmacht ab, auch in den evangelischen Kirchen die Geistlichen zu prüfen, zu ordinieren und sie in ihr Amt einzuführen. Damit hatte es allerdings seine Schwierigkeit, denn die in den Jahrzehnten der Reformation gewachsene Selbständigkeit der Kirchenpatrone und der neue Brauch, die Theologen nach dem Studium in Wittenberg zu ordinieren, ließen für entsprechende Handlungen des Domdekans keinen Raum. Dagegen wurde die neue, in Bautzen eingerichtete geistliche Behörde im Sinne eines Konsistoriums in Ehesachen auch von Protestanten und bei Streitigkeiten zwischen evangelischen Pfarrern in Anspruch genommen. So blieb zumindest während der Amtszeit von Leisentrit dem katholischen Administrator ein gewisser Bestand an Befugnissen auch über die evangelisch gewordenen Kirchen der Oberlausitz. Er war dazu wegen seiner ganz persönlichen Eigenschaften befähigt. Die Überlieferung zeigt ihn bei aller Zielstrebigkeit als einen sanftmütigen, besonnenen, zum Nachgeben bereiten und versöhnlichen Menschen, der gerade dadurch auch die Achtung der konfessionell Andersdenkenden gewann. Er war kein religiöser Fanatiker. In seinem Bemühen, den status quo als Voraussetzung für den Religionsfrieden im Lande zu erhalten, trat er verschiedentlich auch für die Bewahrung des evangelischen Konfessionsstandes ein. Deshalb mußte er sich seitens katholischer Eiferer gelegentlich den Vorwurf allzugroßer Kompromißbereitschaft gefallen lassen. In seinen zwei Dutzend Schriften hat er seine pastoralliturgischen Fähigkeiten dargelegt, sein 1567 erschienenes Gesangbuch verwendet auch viele evangelische Kirchenlieder, es gilt als eine der bedeutendsten Leistungen des 16. Jahrhunderts auf diesem Gebiet. Mit seinem Versuch, die deutsche und die sorbische Sprache bei der Ausspendung des Abendmahls einzuführen, hatte er keinen Erfolg.

Es war ein Glück für die katholischen Kräfte in der Oberlausitz, daß dieser Mann zur rechten Zeit nach Bautzen gekommen war, um den verbliebenen Restbestand zu konsolidieren. In der Niederlausitz konnte er sich dagegen trotz seines Auftrages für die beiden Markgraftümer nicht durchsetzen. Obwohl der Administrator jahrelang beharrlich für die Rechte seines Amtes focht, beharrten die Stände allen kaiserlichen Mandaten zum Trotz auf ihrer Weigerung. Sie beriefen sich auf alte königliche Privilegien, daß sie vor kein ausländisches Gericht gezogen werden sollten. Das ist ein bemerkenswertes Lehrstück für die tatsächlichen Machtverhältnisse zwischen dem kaiserlichen Landesherrn und der lausitzischen Ständerepublik. In der Oberlausitz blieb das Amt erhalten, doch verlor es nach dem Tode seines ersten Inhabers 1586 unter den Evangelischen seine Autorität.

Spätestens um die Wende zum 17. Jahrhundert waren die Konfessionsverhältnisse in den beiden Lausitzen entschieden. In der Oberlausitz konnte die römische Kirche nicht zuletzt infolge des erfolgreichen Wirkens von Johann Leisentrit einen größeren Restbestand erhalten, der sich aus den drei Nonnenklöstern Marienstern, Marienthal und Lauban und dem Bautzener Domstift zusammensetzte. Auch unter diesen geistlichen Grund- und Patronatsherrschaften gingen mehrere Gemeindekirchen dem alten Glauben verloren, doch blieben schließlich von den insgesamt 200 Pfarrkirchen im Archidiakonat der Oberlausitz 13 einschließlich der Bautzener Simultankirche für die römisch-katholische Konfession erhalten. Es handelte sich um die Kirchen zu Crostwitz, Nebelschütz und Wittichenau unter dem Kloster Marienstern, die Kirchen zu Grunau, Jauernick, Königshain, Ostritz und Seitendorf unter dem Kloster Marienthal, die Kirche zu Radibor unter dem Patronat des Bautzener Domstifts und die Kirchen zu Katholischhennersdorf und Pfaffendorf unter der Herrschaft des Klosters Lauban. Die Dörfer Schirgiswalde südlich von Bautzen und Günthersdorf nordwestlich von Lauban waren zwar ringsum in das Gebiet der Oberlausitz eingebettet, unterstanden aber unmittelbar der Krone Böhmen und blieben daher auf Dauer katholisch. Die ständische Verfassung der beiden Markgraftümer und die hier möglich gewesene Verlagerung des ius reformandi auf die grundherrschaftliche Ebene waren die Ursache für das Überleben der geistlichen Institutionen.

Das Zusammenleben der beiden Konfessionen in einem Territorium hat zu bemerkenswerten Erscheinungen der Toleranz geführt, die sich auch in rechtlichen Regelungen ausdrückte. So wurde den beiden Zisterzienser-Nonnenklöstern der Oberlausitz je ein Angehöriger des evangelischen Adels als Klostervogt zugeordnet, der die Interessen des Klosters zu besorgen hatte, andererseits aber auch bei der Aufnahme von Novizinnen mitwirkte. Mit der Reformation stand auch der Pönfall der Sechsstädte als das einschneidendste Ereignis der oberlausitzischen Geschichte in der frühen Neuzeit in unmittelbarem Zusammenhang.[20] Da sich das Land und die Stände weitgehend der lutherischen Lehre angeschlossen hatten, ergab sich ein konfessioneller Widerspruch zum böhmischen König als ihrem Landesherrn, der aber bis zum Schmalkaldischen Krieg von 1546/47 ohne Folgen blieb. Jetzt aber kam die Stunde der Wahrheit, denn König Ferdinand forderte von den Oberlausitzer Ständen zur Unterstützung seines Bruders, des Kaisers Karls V., militärische Hilfe für den Feldzug gegen den evangelischen Schmalkaldischen Bund. Das brachte die durchweg evangelisch gewordenen Städte in einen Gewissenskonflikt: Als Untertanen des katholischen Königs waren sie ihm als ihrer Obrigkeit zu Gehorsam verpflichtet, aber der biblische Grundsatz, man solle Gott mehr gehorchen als den Menschen, mußte sie von einem Einsatz gegen ihre Glaubensbrüder fernhalten. Schließlich war ihnen das königliche Hemd doch näher als der konfessionelle Rock, so daß sie sich schweren Herzens zu einer Hilfeleistung für König Ferdinand entschlossen. Sie verpflichteten sich auf die Dauer von zwei Monaten zur Stellung von 500 Fußknechten, während die Oberlausitzer Ritterschaft 1.000 Reiter aufbrachte. Am 25. Februar 1547 rückte das Kontingent der Sechsstädte dem kaiserlichen Heere entgegen. Kurz vor Ablauf der vereinbarten Frist spitzte sich das Kriegsgeschehen mit dem Vordringen des Kaisers gegen die mittlere Elbe zu, wo sich der sächsische Kurfürst Johann Friedrich mit seinem Heere aufhielt. Am 23. April verlangte Ferdinand von den Städten eine zweimonatige Verlängerung ihres Truppeneinsatzes, aber da war ihr Kontingent schon wieder auf dem Heimweg, so daß es in der Schlacht bei Mühlberg am 24. April nicht zum Einsatz kam. Bei einer Gesamtstärke des kaiserlichen Heeres von 30.000 Mann spielten die 500 kaum kriegsgeübten Söldner keine entscheidende Rolle. Trotzdem nahm der König das Verhalten der Städte zum Anlaß, ihnen Ungehorsam und Untreue vorzuwerfen und ein Strafgericht über sie abzuhalten, das als der Pönfall in die Oberlausitzer Geschichte eingegangen ist. Den nach Prag befohlenen Abgeordneten wurden am 7. September die Strafartikel verkündet, die tiefe Bestürzung auslösten. Die Städte mußten alle in Jahrhunderten erworbenen Privilegien herausgeben, ihre Geschütze abliefern und eine Geldstrafe von 100.000 Gulden zahlen. Das Recht der freien Ratswahl wurde ihnen genommen, die Zunftordnung und das Bierbraumonopol aufgehoben, der Rechtszug nach Magdeburg wurde ihnen verboten und stattdessen eine oberste Gerichtsbehörde in Prag für sie zuständig gemacht. Besonders schwer traf sie der Verlust ihres reichen Besitzes an Dörfern, über die sie die Grundherrschaft erworben hatten.

Der Pönfall war ein schwerer Einbruch in der Geschichte der Oberlausitzer Sechsstädte. Sie waren plötzlich verarmt, entrechtet, entwaffnet und moralisch gedemütigt. Allein die zu zahlenden Strafgelder betrugen für Görlitz 40.000, für Bautzen und Zittau je 20.000, für Lauban 10.000 und für Kamenz und Löbau je 5.000 Gulden. Dabei verwundert vor allem die ungewöhnliche Härte des Königs, die gegen alle Tradition in dem sonst so guten Verhältnis zwischen dem Sechsstädtebund und den böhmischen Königen stand. Die Ursachen dafür liegen in dem Haß, den der aus dem Oberlausitzer Adel stammende altgläubige Landeshauptmann Dr. Ulrich von Nostitz und sein Standesgenosse, der Hofrichter Nickel von Metzrad gegen die Städte des Landes jetzt an den Tag legten. In diesen beiden Vertretern rächte sich der Oberlausitzer Adel für alle Zurücksetzungen, die er seit der Gründung des Städtebundes vor 200 Jahren durch das Übergewicht der Städte hatte erfahren müssen.

Die tiefgreifenden Folgen des Pönfalls konnten in den nächsten Jahren zu einem guten Teil wieder überwunden werden. Nach dem bald erfolgten Tode der beiden adligen Gegner wandte sich die Gnade des Königs den Städten wieder zu, 1559 wurde ihnen wieder die freie Ratswahl, 1562 die Obergerichtsbarkeit zugestanden. Auch ihre Privilegien und die umfangreichen Landgüter konnten sie zurückkaufen, wobei freilich die Frage stehenbleibt, wo die Städte nach ihrem schweren finanziellen Aderlaß von 1547 das Geld hernahmen. Sie haben sich damals offensichtlich in einer wirtschaftlichen Blütezeit befunden, so daß es ihnen möglich war, die durch den Pönfall ihnen auferlegten schweren Opfer bald wieder auszugleichen.

Aus den Jahren kurz vor dieser Katastrophe liegt ein eindrucksvolles Zeugnis über die Stellung der Sechsstädte innerhalb des Landes und über das Gewicht ihrer wirtschaftlichen Kraft vor. Nachdem im Jahre 1529 die Türken vor Wien gestanden hatten, ließ König Ferdinand im Jahre darauf eine Schätzung für den Türkenkrieg veranstalten, in der das steuerpflichtige Vermögen anzugeben war.

In den Sechsstädten wohnten 17,4 %, im übrigen Land 82,6 % der gesamten Landesbevölkerung, aber die steuerpflichtige Summe der Städte war fast ebenso groß wie diejenige des ländlichen Anteils. Die weit überlegene Wirtschaftskraft der Sechsstädte war eine Tatsache, die zu Disproportionen im Verhältnis von Bürgertum und Adel, zu Spannungen und Konflikten führen mußte. Die in Geld ausgedrückte wirtschaftliche Leistungsfähigkeit und der formale Rang in der politischen Struktur waren nicht paßfähig, bürgerlicher Stolz und adliges Gefühl der Unterlegenheit entluden sich im Pönfall von 1547. Seitdem gab eindeutig der Adel den Ton in der Oberlausitzer Landesverfassung an.

Auch die Folgen der Auflösung der Zunftverfassung ließen sich nicht mehr rückgängig machen, denn von nun an war die städtische Monopolstellung in bezug auf die handwerkliche Produktion gebrochen, so daß sich die ländliche Leineweberei in den Dörfern entwickeln konnte. Dadurch entstand im südlichen Gebirgsland ein breiter Gürtel von Weberdörfern, in denen sich jetzt neben den Bauernhöfen die kleinen Häuslerstellen zumeist in der Bachaue ansiedelten, deren Bewohner sich von der Leineweberei ernährten. Das führte zu einer starken Bevölkerungszunahme im ländlichen Raum. Es kam vor, daß wie im Falle von Eibau auf den Feldern eines im Jahre 1602 an den Zittauer Rat verkauften Rittergutes eine Häuslersiedlung angelegt wurde, worauf am Ende des 17. Jahrhunderts auf einem weiteren Teil der Dorfflur der Ortsteil Neueibau mit 102 Häusern entstand. Bereits im Jahre 1580 waren zu den seit der Kolonisation bestehenden 40 Bauernhöfen schon 246 Gärtner- und Häuslerstellen hinzugekommen, deren Zahl sich bis zur Mitte des 18. Jahrhunderts auf 440 erhöhte. Dieses Beispiel zeigt, daß es vor der eigentlichen Industrialisierung des frühen 19. Jahrhunderts in der südlichen Oberlausitz zur Ausbildung eines umfangreichen ländlichen Industriegebietes gekommen war, dessen Leinwandproduktion von

Görlitz	523.000 fl	35 %	9.100 Ew.	58 fl
Zittau	363.000 fl	23 %	5.000 Ew.	67 fl
Bautzen	244.000 fl	17 %	5.000 Ew.	49 fl
Lauban	155.000 fl	11 %	2.000 Ew.	78 fl
Löbau	107.000 fl	7 %	1.200 Ew.	84 fl
Kamenz	106.000 fl	7 %	2.000 Ew.	51 fl
Sechsstädte	**1.471.000 fl**	**100 %**	**24.000 Ew.**	**61 fl**

Für das Land außerhalb der Sechsstädte ergeben sich folgende Werte:

Land	1.600.000 fl		114.000 Ew.	14 fl

Die Tabelle gibt (Schätzung 1530) Auskunft über die absolute Höhe des Vermögens in jeder Stadt und über den Anteil, den jede Stadt am Gesamtvermögen der Sechsstädte aufzuweisen hatte. Zusätzlich sind die ungefähren Einwohnerzahlen und das Durchschnittsvermögen auf den Kopf der Bevölkerung angegeben.

den Zittauer Handelsherren organisiert und auf den europäischen Markt gebracht wurde. Mit dem Beginn der Damastweberei in Großschönau um 1666 erreichte die Herstellung kunstvoller Leinenstoffe einen Höhepunkt mit weiter Ausstrahlung des Export bis nach England und Holland. 1729 arbeiteten hier 782 Webstühle, so daß die Weberdörfer mit ihren kennzeichnenden Umgebindehäusern nach Größe und Siedlungsstruktur städtisches Aussehen annahmen.

Ein ganz anderer Entwicklungsgang zeigte sich dagegen in dem benachbarten Dorf Ruppersdorf, das einem Rittergut unterstand. Hier zog die adlige Herrschaft in größerem Umfang alte Bauerngüter an sich, vergrößerte durch dieses „Bauernlegen" die Wirtschaftsfläche der Gutswirtschaft und legte auf dem eingezogenen Bauernland den „Neuen Hof" an. Dieser Vorgang war beispielhaft für die Gestaltung der Agrarverhältnisse in der Oberlausitz, weil es hier nicht wie im benachbarten Kurfürstentum Sachsen eine Bauernschutzpolitik gab und die starke Stellung des Adels in der Landesverfassung ihm keine Schranken auferlegte. Die Rechtsstellung der Bauern war hier in der frühen Neuzeit ungünstiger als in Sachsen. Sie war zwar nicht mit Leibeigenschaft wie in anderen ostdeutschen Territorien zu vergleichen, unterschied sich aber in der Form der Erbuntertänigkeit von jener in Sachsen.

Die Grundlage des bürgerlichen Wohlstands in den Sechsstädten bildete die Tuchmacherei, die als ein nur in der Stadt möglicher Produktionszweig seit dem Mittelalter betrieben wurde. Görlitz besaß darüber hinaus noch das Monopol des Handels mit Waid, einer aus dem thüringischen Becken stammenden Pflanze zum Tuchfärben, die in den schlesischen Tuchmacherstädten benötigt wurde. Ansonsten zogen diese führenden Städte reichen Gewinn aus dem Fernhandel, der sich auf der Hohen Straße im Westostverkehr und auf der von Böhmen zur Ostsee führenden Straße entlang der Neiße vollzog. Die kleinen Landstädtchen unter grundherrlicher Obrigkeit dienten als wirtschaftliche Mittelpunkte für den Austausch zwischen Dorf und Stadt und für die Versorgung der ländlichen Gebiete mit handwerklichen Leistungen und Waren des täglichen Bedarfs.

Auch im Bildungswesen waren die großen Städte mit ihren seit dem 14. Jahrhundert nachweisbaren städtischen Schulen führend. In der Reformationszeit nahmen die Stadträte das Lateinschulwesen in ihre Hände, wobei vor allem die Bautzener Ratsschule von 1527 und das 1565 im ehemaligen Görlitzer Franziskanerkloster eingerichtete Gymnasium Augustum sich zu namhaften Bildungseinrichtungen entwickelten. In dieser zuletztgenannten Stadt sind auch Einflüsse von Humanismus und Renaissance am stärksten gewesen, wie es sich am Auftreten des Meistersingers Adam Puschmann, des Humanisten Bartholomäus Scultetus und an den nach dem Stadtbrand von 1525 neu errichteten Bürgerhäusern zeigt. Das Auftreten des aus dem oberlausitzischen Altseidenberg stammenden Schuhmachers Jakob Böhme als „Theosoph" brachte einige Unruhe in das geistige Leben der Stadt.[21]

Als er 1624 starb, befand sich die Oberlausitz gerade in einem für ihre Geschichte bedeutsamen Übergang in bezug auf die politische Herrschaft. Mit dem Beginn des Dreißigjährigen Krieges gerieten die Konfessionsfronten im böhmischen Herrschaftsbereich, zu dem die Oberlausitz gehörte, erneut in Bewegung. Mit Rücksicht auf den evangelischen Konfessionsstand in den Markgraftümern war es nur folgerichtig, daß sich die Stände nach jenen in Böhmen und Schlesien von ihrem Landesherrn das Recht der freien Religionsausübung verbriefen ließen. Das geschah durch die Religions-Assekuration des Kaisers Matthias vom 12. September 1611. Im Jahre 1619 schlossen sich die hiesigen Stände mit den aufständischen Kräften in Böhmen dem neuen König Friedrich von der Pfalz an. Der Gefahr, nach dessen Sturz in gleicher Weise wie Böhmen und Schlesien einer gewaltsamen Rekatholisierung ausgesetzt zu werden, entgingen die beiden Lausitzen nur dadurch, daß sie vom sächsischen Kurfürsten Johann Georg I. besetzt und danach in Personalunion mit dem evangelischen Kurfürstentum Sachsen zusammengefügt wurden.

Über die Haltung des sächsischen Kurfürsten in dem großen Krieg läßt sich viel Kritisches sagen. Er hat die auf ihn gesetzten Hoffnungen der böhmischen Protestanten enttäuscht, indem er sich nicht den Aufständischen anschloß, sondern auf die Seite des Kaisers trat, in dessen Auftrag er im Sommer und Herbst 1620 die böhmischen Nebenländer Oberlausitz, Niederlausitz und Schlesien besetzte. Aber nun nutzte er seine Stellung dazu aus, in diesen Gebieten die evangelische Konfession weiterhin zu gestatten und auch den Kaiser zu deren Anerkennung zu nötigen. Bereits am 6. Juni 1620 gab Kaiser Ferdinand II. dem Kurfürsten eine Assekuration wegen der Markgraftümer, die mit der Auflage verbunden war, die Geistlichkeit bei ihren Privilegien zu schützen und auf keiner Seite eine Neuerung in Religionssachen einzuführen. So blieb hier der Protestantismus erhalten, während in Böhmen selbst die Gegenreformation kräftig voranschritt. Die Besetzung der Länder blieb bestehen, sie verursachte Kosten, zu deren Erstattung der Kaiser nicht in der Lage war, so daß er im Juni 1623 die Lausitzen dem Kurfürsten als Pfand überließ. Daran änderte sich auch in den wenigen Jahren nichts, in denen Kursachsen an der Seite der Schweden gegen Habsburg kämpfte.

Als am 30. Mai 1635 in Prag der Friede zwischen dem sächsischen Kurfürsten und dem Kaiser geschlossen wurde, war an eine Erstattung der Kriegskosten und an eine Einlösung der Lausitzen durch den Kaiser nicht zu denken, so daß er beide Markgraftümer an den Kurfür-

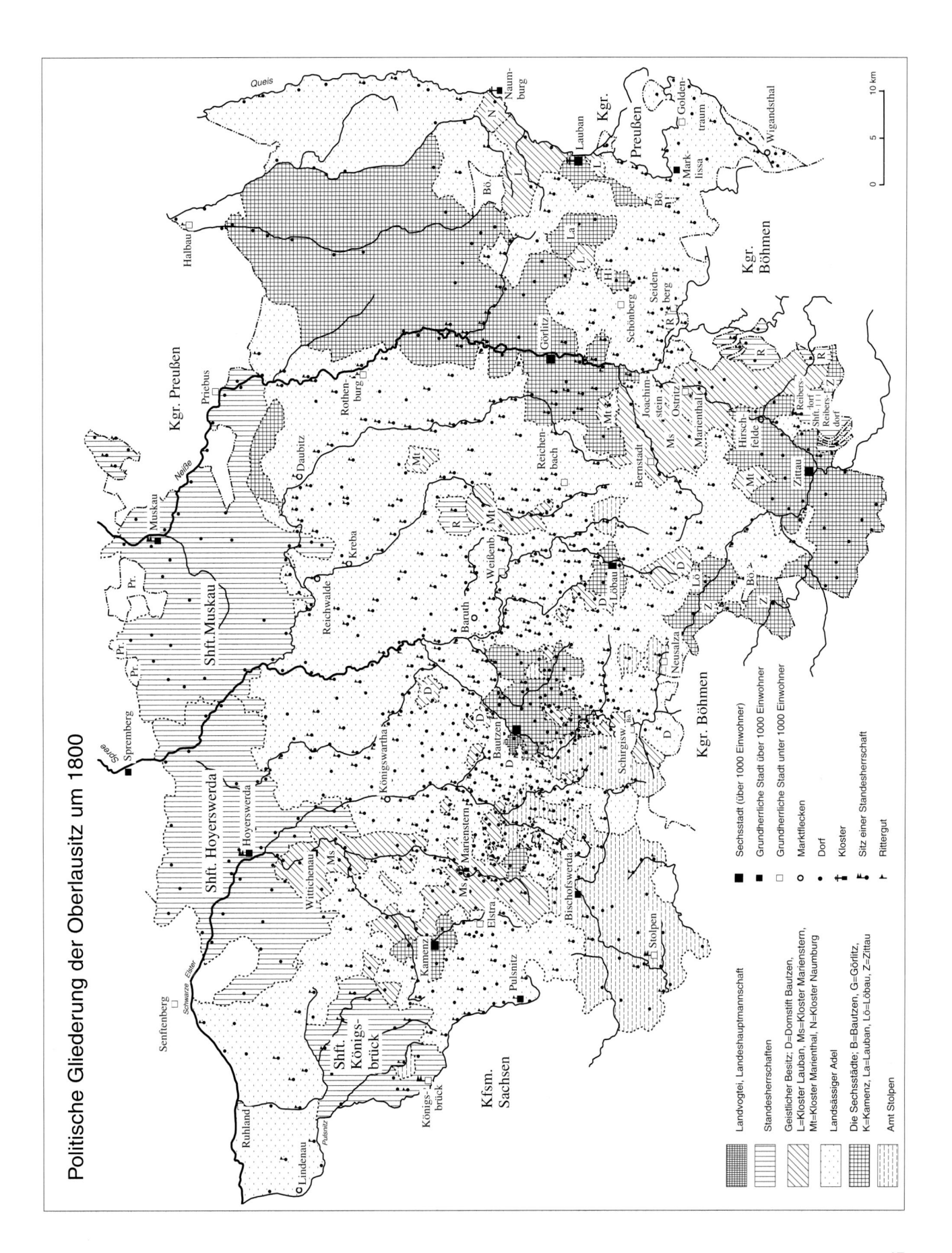

Politische Gliederung der Oberlausitz um 1800

Sechsstadt (über 1000 Einwohner) ■
Grundherrliche Stadt über 1000 Einwohner ■
Grundherrliche Stadt unter 1000 Einwohner □
Marktflecken ○
Dorf ·
Kloster
Sitz einer Standesherrschaft
Rittergut

Landvogtei, Landeshauptmannschaft
Standesherrschaften
Geistlicher Besitz; D=Domstift Bautzen, L=Kloster Lauban, Ms=Kloster Marienstern, Mt=Kloster Marienthal, N=Kloster Naumburg
Landsässiger Adel
Die Sechsstädte: B=Bautzen, G=Görlitz, K=Kamenz, La=Lauban, Lö=Löbau, Z=Zittau
Amt Stolpen

47

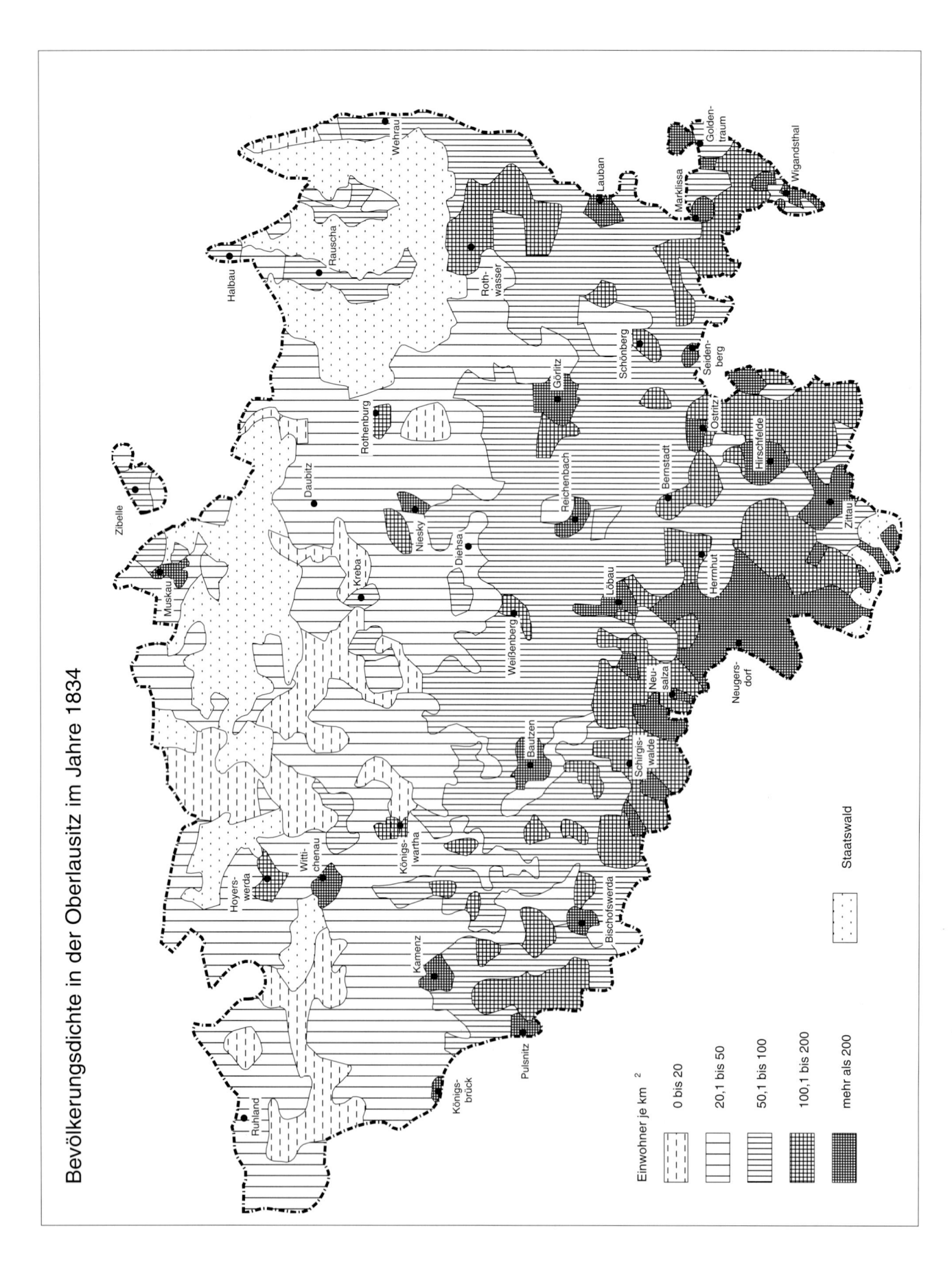

Bevölkerungsdichte in der Oberlausitz im Jahre 1834

Einwohner je km²
- 0 bis 20
- 20,1 bis 50
- 50,1 bis 100
- 100,1 bis 200
- mehr als 200

Staatswald

Die Zerreißung der Oberlausitz im Jahre 1815

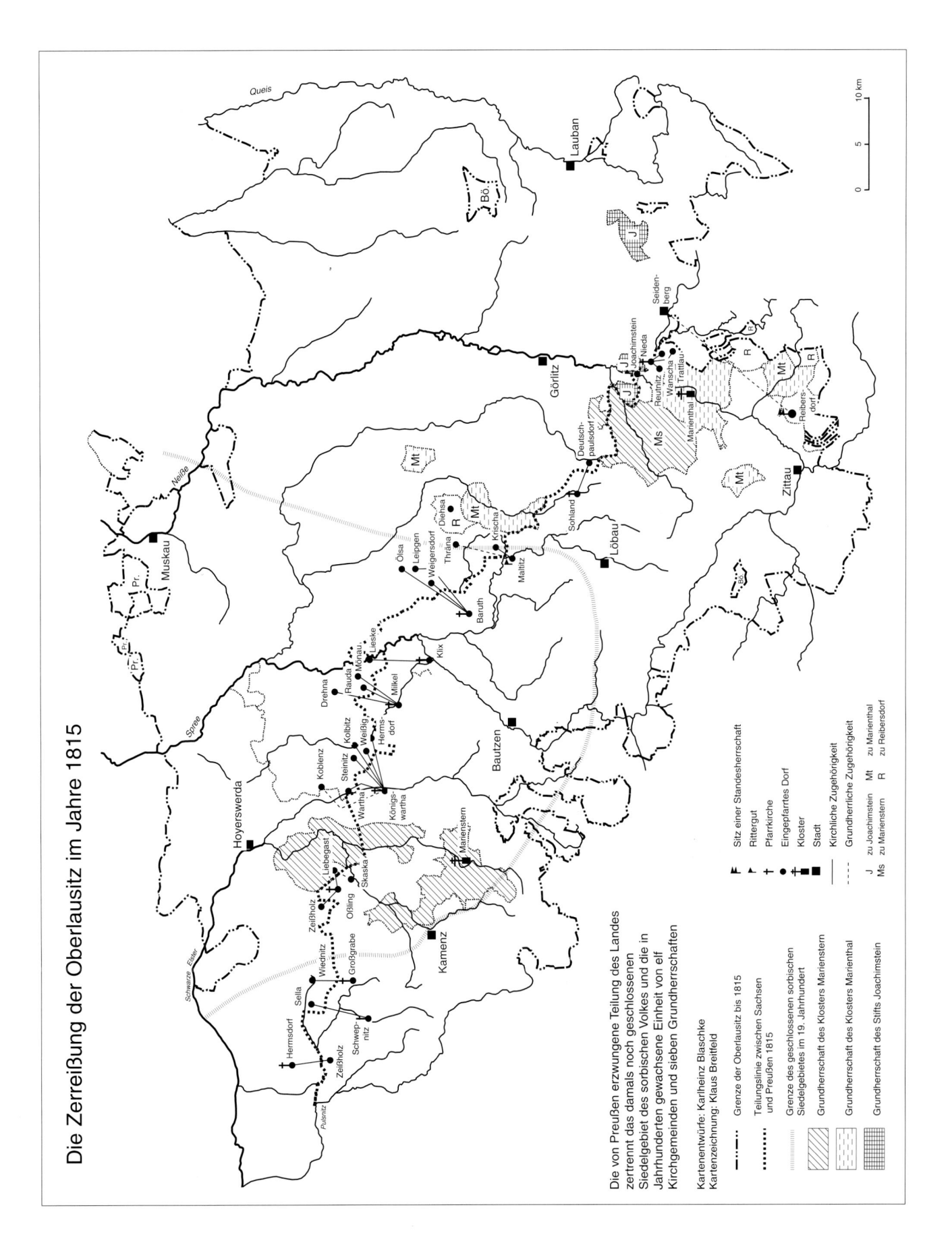

Die von Preußen erzwungene Teilung des Landes zertrennt das damals noch geschlossene Siedelgebiet des sorbischen Volkes und die in Jahrhunderten gewachsene Einheit von elf Kirchgemeinden und sieben Grundherrschaften

Kartenentwürfe: Karlheinz Blaschke
Kartenzeichnung: Klaus Breitfeld

Legende:
- Sitz einer Standesherrschaft
- Rittergut
- Pfarrkirche
- Eingepfarrtes Dorf
- Kloster
- Stadt
- Kirchliche Zugehörigkeit
- Grundherrliche Zugehörigkeit
- J zu Joachimstein / Mt zu Marienthal
- Ms zu Marienstern / R zu Reibersdorf
- Grenze der Oberlausitz bis 1815
- Teilungslinie zwischen Sachsen und Preußen 1815
- Grenze des geschlossenen sorbischen Siedelgebietes im 19. Jahrhundert
- Grundherrschaft des Klosters Marienstern
- Grundherrschaft des Klosters Marienthal
- Grundherrschaft des Stifts Joachimstein

49

sten von Sachsen übergab. In dem darüber ausgehandelten Traditionsrezeß wurde die Oberlehnsherrlichkeit der Krone Böhmen aufrechterhalten, so daß die beiden Länder nicht in das Kurfürstentum einverleibt werden konnten. Sie behielten ihre altüberlieferte ständische Verfassung in vollem Umfang. Der Kurfürst verpflichtete sich, in Religionssachen keine Neuerungen einzuführen, ob diese nun die katholische oder die Augsburgische Konfession betreffen mochten. Dabei wurden die verbliebenen Klöster und das Domstift namentlich genannt. Damit war der Bestand der noch vorhandenen katholischen Gemeindekirchen und Klöster in der Lausitz für alle Zukunft gesichert.

Mit der Übergabe des Landes an den sächsischen Kurfürsten wurde es nicht in den sächsischen Staatsverband eingegliedert, sondern behielt seine volle Selbständigkeit unter ständischer Verwaltung. Die für das Kurfürstentum geltenden Gesetze mußten in der Oberlausitz ausdrücklich übernommen werden, bevor sie in Kraft treten konnten. Die kursächsischen Zentralbehörden hatten über das Land keine Verfügungsgewalt, die kursächsische Ämterorganisation wurde nicht übernommen, vielmehr blieb die aus dem Mittelalter stammende Landesgliederung mit ihren ständischen Herrschaftsbereichen bestehen. Diese Tatsache erlaubte es dem Grafen Nikolaus von Zinzendorf, auf seinem oberlausitzischen Rittergut Berthelsdorf im Jahre 1722 böhmische Brüder anzusiedeln, die hier die brüderische Siedlung Herrnhut anlegten. In den kursächsischen Erblanden wäre eine solche, von der lutherischen Kirchenverfassung abweichende Religionsgemeinschaft nicht zugelassen worden, aber in der Oberlausitz gab es keine Landeskirche, jeder Patronatsherr konnte über den Konfessionsstand in seinem Gebiet frei entscheiden. Von Herrnhut aus hat die Brüdergemeine mit ihren Tochtergründungen in Deutschland und anderen europäischen Ländern, aber auch in Grönland, Nord- und Südamerika eine segensreiche Tätigkeit entfaltet. In der Oberlausitz entstanden die Niederlassungen der Herrnhuter in Niesky 1742 und Kleinwelka 1751.[22]

Während des 18. Jahrhunderts entfaltete sich das wirtschaftliche und kulturelle Leben in der Oberlausitz unter den sächsischen Kurfürsten im gleichen Takte wie in den sächsischen Erblanden. Die barocken Bürgerhäuser in den großen Städten des Landes und die zahlreichen Adelsschlösser aus der gleichen Zeit sind Zeugnisse für diese Epoche eines allgemeinen Wohlstandes im Lande, das allerdings von den Wirren des Siebenjährigen Krieges nicht verschont wurde. Die blutige Schlacht bei Hochkirch am 14. Oktober 1758 wurde auf Oberlausitzer Boden von den Österreichern gegen Friedrich II. von Preußen gewonnen. Ungeachtet der inneren Selbständigkeit war das Land 120 Jahre nach seiner Übergabe an den sächsischen Kurfürsten nun doch auch ein Teil des sächsischen Kurfürstentums geworden, was durch die vereinheitlichenden Maßnahmen unter Kurfürst Friedrich August I. befördert wurde. Die 1706 in Sachsen eingeführte Akzise wurde auch in den Lausitzen erhoben und die kursächsische Militärverfassung machte nicht an ihren Grenzen halt. Der im Jahre 1635 vereinbarte böhmische Lehnsvorbehalt wurde infolge des weiteren Ausbaus des neuzeitlichen Staates mehr und mehr gegenstandslos.

Für die Leistungsfähigkeit der kulturellen Kräfte im Lande ist die Gründung der Oberlausitzischen Gesellschaft der Wissenschaften im Jahre 1779 ein bemerkenswertes Zeugnis.[23] Unter Führung von Karl Gottlob Anton, der einer aus Lauban nach Görlitz eingewanderten Familie des Handels- und Bildungsbürgertums entstammte, und des Rittergutsbesitzer Adolf Traugott von Gersdorf fand sich hier eine geistig regsame Gruppe von Gymnasiallehrern, Ärzten, Pfarrern, Beamten und Landadligen zusammen, die sich den Gedanken der Aufklärung verpflichtet fühlten. Die Gründung der Gesellschaft unterstrich die führende Rolle der Stadt Görlitz im geistigen Leben des Landes. In wirtschaftlicher Hinsicht erhob sich Zittau nächst Leipzig zur zweitgrößten Handelsstadt Kursachsens. Die ländliche Leineweberei des Hinterlandes mit 6.250 Webstühlen im Jahre 1729 machte die Stadt zum Mittelpunkt des Bleichwesens und des Leinenexporthandels.[24] In Löbau versammelten sich weiterhin regelmäßig die Vertreter der Sechsstädte, Bautzen war als traditionelle Hauptstadt des Landes der Tagungsort der Landtage.

Diese Verfassung erscheint im 18. Jahrhundert im territorialen Rahmen des kursächsischen Staates in ihrer vollen Ausprägung. Ein Landvogt wurde jetzt nur noch selten vom Landesherrn eingesetzt, das Land blieb der Regierung und Verwaltung durch seine eigenen ständischen Kräfte überlassen. An der Spitze stand ein Landeshauptmann, der vom auswärtigen Landesherrn aus mehreren, von den Oberlausitzer Ständen vorgeschlagenen Kandidaten ausgewählt wurde. Er gehörte stets dem einheimischen Adel an. Er repräsentierte die Ständeherrschaft, die auf den jährlich dreimal stattfindenden Landtagen in der Bautzener Ortenburg ausgeübt wurde. Ihnen gehörten an: die Besitzer der vier Standesherrschaften Hoyerswerda, Königsbrück, Muskau und Reibersdorf, die Vertreter der Klöster Marienstern und Marienthal und des Domstifts zu Bautzen, das zugleich auch für das Kloster Lauban eintrat, die Besitzer der 406 Rittergüter und die Abgesandten der Sechsstädte.

Auf diesen Landtagen wurden die Entscheidungen über die Regierung und Verwaltung des Landes getroffen, die somit nicht durch die Willensäußerungen eines Fürsten, sondern durch Beratung und Abstimmung unter einem aus mehreren hundert Mitgliedern zusammengesetzten Gremium hervorgegangen sind. Auch die Verwaltungsgliederung der Oberlausitz wich von jener der fürstlich regierten Territorialstaaten völlig ab. Es gab hier nicht eine flächendeckende, landesherrlich-staatliche Organisation von Amtsbezirken unter der Leitung von Amtleuten, sondern jeder Inhaber von Grundherrschaft setzte in eigener Zuständigkeit die Beschlüsse, die er auf den Landtagen mitgetragen hatte, in die Praxis der Verwaltung um. Deshalb konnte sich hier niemals eine straffe Ämterorganisation wie in Sachsen entwickeln. Die auf mittelalterlichen Grundlagen und lehnsrechtlichen Vorstellungen beruhende politische Struktur blieb erhalten, Formen neuzeitlicher Staatlichkeit wurden nicht ausgebildet. Immerhin machte die unvermeidliche Zunahme des Schriftverkehrs in der Verwaltung die Einrichtung einer Amtsstelle auf zentraler Ebene notwendig, die sich in Gestalt des Bautzener Oberamtes ausbildete. Sie war die einzige Einrichtung, die als ein büromäßig organisiertes Regierungsorgan, wenn auch ohne Entscheidungsbefugnis, bezeichnet werden kann.

Für die Lösung bestimmter Aufgaben, die nicht das ganze Land betrafen, war ein Bautzener Kreis mit den Städten Bautzen, Kamenz und Löbau und ein Görlitzer Kreis mit den Städten Görlitz, Lauban und Zittau eingerichtet. An ihrer Spitze stand je ein adliger Kreishauptmann mit Sitz auf der Ortenburg bzw. im Görlitzer Vogtshof. So hatte sich die Oberlausitz bis zur Schwelle des 19. Jahrhunderts ihre eigentümliche Verfassung bewahrt. Sie stellte sich damals als eine sinnvolle funktionsfähige Einheit dar, als ein gewachsener Organismus, wie er sonst nirgends im deutschen Reich zu finden war. Sie war selbst kein Staat, sondern war auf der Entwicklungsstufe eines Territoriums stehengeblieben. Sie war aber in den kursächsischen Staat eingegliedert, der ihre Eigenart voll respektierte und nicht in ihre innere Verfassung eingriff. Die Rücksichtnahme auf das Recht war ein Grundzug sächsischer Staatspolitik im 18. und 19. Jahrhundert.

Es kann kein Zweifel daran bestehen, daß diese Sonderverfassung der Oberlausitz sich auf die Erhaltung des sorbischen Volkes günstig ausgewirkt hat. Während in den benachbarten Ländern Sachsen und Brandenburg und in gewissem Sinne auch in der Niederlausitz die staatlichen Maßnahmen zur Zentralisierung der öffentlichen Gewalt die sorbische Sprache zurückgedrängt haben, wurde sie in der dezentralisierten Regierungsweise der Oberlausitz nicht durch Eingriffe der Verwaltung angefochten, sondern sogar durch ständische Verfügungen und Maßnahmen gefördert.

Dieser in Jahrhunderten gewachsene Zustand der Einheit des Landes mit seiner altüberlieferten Verfassung, mit dem garantierten Nebeneinanderleben deutscher und sorbischer Bevölkerung und der unbedingten Gültigkeit des überkommenen Rechts wurde durch den Einbruch einer auswärtigen Macht jäh abgebrochen. Der preußische Staat befand sich seit dem Beginn des 18. Jahrhunderts in einem Zustand dauernder Ausdehnung, wodurch seine Nachbarn beunruhigt und gefährdet wurden. Schlesien wurde im Jahre 1740 ein erstes Opfer dieser mit militärischer Gewaltanwendung geführten aggressiven Territorialpolitik, so daß die Oberlausitz an ihrer Ostgrenze am Queis ein Nachbar Preußens wurde. Im Rahmen der unersättlichen preußischen Eroberungspolitik stellte der preußische König Friedrich II. schon 1752 in seinem politischen Testament seinen Nachfolgern die Aufgabe, bei nächster Gelegenheit das Kurfürstentum Sachsen dem preußischen Staat einzuverleiben.

Diese Gelegenheit ergab sich während der Befreiungskriege gegen Napoleon. Als im Frühjahr 1813 die verbündeten Russen und Preußen bis an die mittlere Elbe vorrückten, während die französische Armee in Sachsen stand, konnte sich der sächsische König Friedrich August I. nicht so schnell wie die übrigen Rheinbundstaaten vom Bündnis mit Frankreich lösen, weil in diesem Falle Napoleon Sachsen als Feindesland behandelt hätte. Um seinen Untertanen dieses schwere Schicksal zu ersparen, blieb Sachsens König im Bündnis mit Napoleon und wurde deshalb am Tage nach der Völkerschlacht bei Leipzig am 19. Oktober 1813 von den siegreichen Verbündeten als Feind behandelt und in Gefangenschaft geführt. Damit hatte Preußen den Vorwand gefunden, um das längst verfolgte Ziel zu erreichen und Sachsen als Staat auszulöschen. Am Kamm des Erzgebirges wollte es sich in seiner rein militärisch ausgerichteten Politik eine günstige strategische Grenze gegen seinen Hauptrivalen Österreich schaffen. Die völlige Beseitigung Sachsens wurde zwar auf dem Wiener Kongreß 1815 von den europäischen Mächten verhindert, aber der sächsische König mußte mehr als die Hälfte seines Staates an Preußen abtreten. Davon wurde auch die Oberlausitz betroffen.[25]

Preußen legte eine neue Grenze fest, die mitten durch die Oberlausitz hindurchging, so wie es den militärischen Interessen seiner Politik entsprach. Dabei wurde keine Rücksicht auf die gewachsenen Lebenszusammenhänge genommen. In elf Fällen lief die Staatsgrenze jetzt mitten durch ein Kirchspiel, so daß die eingepfarrten Dörfer nicht mehr zum gleichen Staat gehörten wie ihre Pfarrkirche. Die umfangreichen Grundherrschaften der Klöster Marienstern und Marienthal wurden zerschnitten, so daß deren Besitzungen jetzt in zwei Staaten gelegen waren. Das gleiche traf für die sächsisch gebliebenen Rittergüter Königswartha, Maltitz und Skaska und das Stift Joachimstein zu, die von ihren preußisch gewordenen Beidörfern getrennt wurden. Das sorbische Siedelgebiet wurde in zwei Teile auseinandergerissen, die Sorben in der nunmehr preußischen Oberlausitz waren einem stärkeren Druck zur Eindeutschung unterworfen. Dort konnte sich auch im weiteren Verlauf des 19. Jahrhunderts die erwachende sorbische Nationalbewegung nicht in dem gleichen Maße entfalten wie in der sächsischen Oberlausitz, wo Bautzen zum Mittelpunkt des Sorbentums mit Ausstrahlung auch in das preußische Gebiet wurde.

Verwaltungsmäßig wurde der preußisch gewordene Teil der Oberlausitz der preußischen Provinz Schlesien und dem Regierungsbezirk Liegnitz angeschlossen, weil er zu klein war, um eine selbständige höhere Verwaltungseinheit zu bilden. Die Oberlausitzer Landesverfassung wurde im preußischen Teil beseitigt, der somit seine Eigenständigkeit verlor und in den straff zentralisierten preußischen Staat eingegliedert wurde. Die Bevölkerung hatte dieses Schicksal abzuwenden versucht und auf einen Verbleib bei Sachsen gehofft. Aus Görlitz ging im März 1815 eine Abordnung zum Wiener Kongreß ab, um dort in diesem Sinne vorstellig zu werden Aber die Bewohner dieses Landesteils wurden nicht gefragt, ihr Übergang an Preußen wurde vollzogen. Lediglich der Adel in dem abgetretenen Gebiet nahm für sich die Freiheit in Anspruch, sich nicht dem Adel des Herzogtums Schlesien anzuschließen, sondern sich als selbständige Gemeinschaft innerhalb der preußischen Oberlausitz zu organisieren. Er bestand als öffentlich-rechtliche Körperschaft bis 1945 weiter, wobei er u. a. die Landständische Sparkasse des preußischen Markgraftums Oberlausitz unterhielt. Auch die 1779 in Görlitz gegründete Oberlausitzische Gesellschaft der Wissenschaften wirkte weiterhin für die gesamte Oberlausitz, ebenso wie das von ihr herausgegebene Neue Lausitzische Magazin, das für die ungeteilte Oberlausitzer Geschichte eintrat. Sein über viele Jahrzehnte tätig gewesener Herausgeber Prof. Dr. Richard Jecht hat als Ratsarchivar zu Görlitz stets die geschichtliche Einheit des Landes im Auge gehabt. Sie wurde auch dadurch unterstrichen, daß im 19. und 20. Jahrhundert 17 Orte in der preußischen und 10 Orte in der sächsischen Oberlausitz mit ihren post- und bahnamtlichen Bezeichnungen ausdrücklich auf ihre Lage in der Oberlausitz hinwiesen.

In dem sächsisch gebliebenen Teil der Oberlausitz änderte sich die Landesverfassung nach 1815 nicht. Erst im Zuge der Staatsreform von 1831, die im Anschluß an eine Volksbewegung zustandekam, verzichteten die Stände der sächsischen Oberlausitz aufgrund langdauernder Verhandlungen auf die Sonderstellung des Landes, das dann im Jahre 1835 durch Vertrag voll in den sächsischen Staat eingegliedert wurde. Die Stände übten seitdem keine staatlichen Funktionen mehr aus, sie beschränkten sich, ebenso wie ihre Standesgenossen in der preußischen Oberlausitz, auf eine Rolle als Körperschaft mit wirtschaftlichen und sozialen Aufgaben. In kirchlicher Hinsicht wurde die volle Einbeziehung in die Organisation der sächsischen Landeskirche sogar erst 1926 vollzogen. Die Wirtschaftsgeschichte der Oberlausitz wurde seit dem Beginn des 19. Jahrhunderts von der allgemeinen Industrialisierung beeinflußt. In den großen Städten entwickelten sich aus der handwerklich betriebenen Tuchmacherei die Tuchfabriken, in den Weberdörfern der südlichen Oberlausitz formte sich die Hausweberei zu einer ausgedehnten Textilindustrie um. Bautzen und Görlitz wurden zu Standorten des Waggonbaus. Mit dem Bau der Linie Dresden-Breslau wurde für Bautzen, Löbau, Görlitz und Lauban der Anschluß an das entstehende Eisenbahnnetz vollzogen, das durch Nebenlinien weiter verdichtet wurde: Zittau 1848, Weißwasser 1867, Hoyerswerda 1870, Kamenz 1871. Im Gegensatz zum südlichen Landesteil war die nördliche Oberlausitz bis weit in das 19. Jahrhundert hinein ein rein landwirtschaftliches Gebiet geblieben.

Die wenigen kleinen Landstädtchen Ruhland, Hoyerswerda, Wittichenau und Muskau reichten zur Versorgung mit gewerblichen Waren und Dienstleistungen aus. Die sehr geringe Städtedichte führte in den Dörfern Baruth, Daubitz, Königswartha, Kreba, Lindenau und Reichwalde zur Entstehung von Marktflecken. Die stauende Nässe in den sumpfigen Heidegebieten hatte zur Bildung von Raseneisenstein geführt, der schon im Mittelalter von Hammerwerken genutzt wurde. Der deutsche Ortsname Hammerstadt für eine Werksiedlung in der Muskauer Heide und der sorbische Ortsname Hamor für den nahebei gelegenen Ort Boxberg deuten auf diese Tätigkeit hin. Die im 16. Jahrhundert aufgekommene Nachfrage nach Speisefischen gab den Anstoß für die ausgedehnte Fischzucht, so daß die zu diesem Zweck angelegten Teiche die Landschaft in größerem Maße umgestalteten. Der geringwertige Sandboden eignete sich für die Anlage von Truppenübungsplätzen, die nach 1900 bei Königsbrück und nach 1945 bei Nochten entstanden.

Gegenüber diesen geringen Eingriffen des Menschen in die Kulturlandschaft führte der nach der Mitte des 19. Jahrhunderts beginnende Abbau von Braunkohle zu tiefgreifenden Zerstörungen. Bei dem bescheidenen Heidedorf Weißwasser setzte 1860 der Kohlenabbau ein, der die Energie für die Glasherstellung auf der Grundlage des hier anstehenden Quarzsandes lieferte. Seit 1873 entwickelte sich der Ort zum größten Glasindustriestandort Europas, seine Einwohnerzahl stieg von 300 im Jahre 1830 auf 28.000 im Jahre 1970. In den Zeiten der DDR wurde die nördliche Oberlausitz in die gigantisch gesteigerte Ausbeutung der Braunkohlenlager im Lausitzer Revier einbezogen. Das Kraftwerk Boxberg, die Tagebaue Nochten und Reichwalde und das für die Wasserversorgung benötigte Speicherbecken an der Spree nördlich von Bautzen veränderten die Landschaft und führten zu einer ganz einseitig ausgerichteten, unausgeglichenen Wirtschaftsstruktur des ganzen Raumes. Abseits von diesen Großbetrieben ist in dem Heidedorf Bernsdorf seit

1793 eine gewerblich-industrielle Entwicklung in Gang gekommen, die mit dem Abbau von Raseneisenstein begann. Es folgte im Jahre 1815 ein Pechofen, nach dem Eisenbahnanschluß 1874 kam eine Eisengießerei hinzu, Maschinenbau und Glasherstellung bereicherten den Industriestandort. Am stärksten wurde die Stadt Hoyerswerda von der Großindustrie geprägt. Sie war 1885 noch ein Städtchen mit 2.700 Einwohnern, von denen ein Viertel Sorben waren. Der Ausbau der DDR-Energiewirtschaft brachte die Neustadt als Wohngebiet für das Kombinat Schwarze Pumpe hinzu, so daß die Bevölkerungszahl von Hoyerswerda auf 69.000 Einwohner anstieg.

Als im frühen 19. Jahrhundert die romantische Geistesbewegung ein neues Gefühl für Geschichte, Tradition und Volkstum hervorbrachte, wurde davon auch das sorbische Volk betroffen. In der vorangegangenen Zeit der Aufklärung hatten sich die geistigen Leistungen in sorbischer Sprache noch durchaus im Bereich von Kirche und Pfarrerschaft bewegt. Die Ausgabe des sorbischen Neuen Testaments durch Michael Frencel 1706 war ein Grundstein für die Entwicklung der obersorbischen Schriftsprache. Um die Mitte des 18. Jahrhunderts waren Schriften zur Geschichte und Volks- und Landeskunde und schließlich die Anfänge einer sorbischen Dichtung gefolgt, die sich zunächst in Übersetzungen an die deutsche Literatur anlehnte. An der Universität Leipzig war 1716 zur Förderung sorbischer Predigt die Lausitzer Predigergesellschaft gegründet worden, aus der im 19. Jahrhundert namhafte Repräsentanten des sorbischen Geisteslebens hervorgingen.

Nun förderte die Romantik auch die nationale Bewegung der Sorben. Über der Masse der sorbischen Bauern bildete sich zusätzlich zu den Pfarrern eine intellektuelle Führungsschicht mit weltlichen Berufen. Ihr hervorragender Vertreter war Jan Arnošt Smoler (1816–1884), der als Philologe und Volkskundler die sorbische wissenschaftliche Arbeit befruchtete und 1845–1847 die wissenschaftliche Gesellschaft Macica Serbska begründete. Neben ihm wirkte Handrij Zejler (1804–1872) als Sammler sorbischer Volkslieder und Dichter in sorbischer Sprache.

In dieser Zeit einer sorbischen „Wiedergeburt" gingen wesentliche politische und gesellschaftliche Veränderungen vor sich. Nach der Teilung der Oberlausitz im Jahre 1815 war die zentralistisch ausgerichtete, mit Bestrebungen zur Germanisierung verbundene Politik im preußisch gewordenen Teil für die Bewahrung des sorbischen Volkstums nicht günstig, zumal die dort lebenden Sorben durch eine Staatsgrenze vom sorbischen Kerngebiet um Bautzen abgeschnitten waren. Dennoch entwickelten sich die neuen sorbischen Institutionen in Bautzen und strahlten von hier auf die ganze Oberlausitz aus; in der preußischen Oberlausitz entstand kein eigenes sorbisches Zentrum. Der Lebensweg von Smoler ist hierfür kennzeichnend: Er wurde in Merzdorf bei Hoyerswerda in der preußischen Oberlausitz geboren, wirkte aber in Bautzen in der sächsischen Oberlausitz, wo er auch starb.

Mit dem sächsischen Volksschulgesetz von 1835 und der damit verbundenen allgemeinen Schulpflicht war die Voraussetzung für die durchgehende Alphabetisierung des sorbischen Volkes geschaffen, die von einer eigenen sorbischen Lehrerschaft bewirkt wurde. Aus ihr ging u.a. Arnošt Muka (1854–1932) hervor, der in den siebziger Jahren die literarisch-kulturelle Jungsorbische Bewegung mitbegründete und mit seinen Veröffentlichungen für die Bewahrung der sorbischen Kultur eintrat. Mit seiner „Statistik der Sorben" von 1886 setzte er seinem Volk ein bleibendes Denkmal.

Damit ist die Frage nach der Volkszahl angesprochen. Zu Beginn der Neuzeit umfaßte das sorbische Volk in der Oberlausitz nach einer für 1550 angestellten Schätzung etwa 50.000 Menschen. Um die Mitte des 18. Jahrhunderts dürften es etwa 60.000 gewesen sein, was damals rund 20 % der Gesamtbevölkerung der Oberlausitz ausmachte. Um die Mitte des 19. Jahrhunderts kann mit 73.000 Sorben in der Oberlausitz gerechnet werden, was einem Sechstel der Oberlausitzer Bevölkerung entsprach. Die Zählung von Muka fand somit gerade am Höhepunkt der demographischen Entwicklung des sorbischen Volkes statt, der gegen Ende des 19. Jahrhunderts erreicht war.

Das im 19. Jahrhundert in Deutschland stark aufgeblühte Vereinswesen gedieh auch unter den Sorben, wo 1912 die Domowina als Dachverband sorbischer Vereine mit dem Sitz in Bautzen gegründet wurde. Auf der Versailler Friedenskonferenz 1919 versuchten sorbische Abgeordnete, den Anschluß ihres Gebietes an die neu entstandene Tschechoslowakei zu erreichen, hatten damit aber keinen Erfolg. Im Dritten Reich war das sorbische Volk einem gefährlichen Druck ausgesetzt, der 1937 zum Verbot der Domowina und zur Einstellung aller sorbischen Presseorgane führte. Pläne für die Aussiedlung der Sorben in den osteuropäischen Raum wurden während des 2. Weltkrieges entworfen, aber nicht verwirklicht. Auf jeden Fall wurde die deutsche Niederlage von 1945 verständlicherweise als Befreiung von einer drohenden Gefahr empfunden. Der in Prag gegründete Sorbische Nationalausschuß betrieb erneut den staatlichen Anschluß der Lausitz an die Tschechoslowakei, während die Domowina eine weitgehende Autonomie für die Sorben innerhalb des künftigen Deutschland anstrebte. Das im Jahre 1948 vom Sächsischen Landtag beschlossene Gesetz über die Wahrung der Rechte der sorbischen Bevölkerung war eine Frucht dieser Bemühungen.

Die kommunistische Führung in der DDR hatte zu den Sorben ein gespaltenes Verhältnis. Einerseits war sie bestrebt, am Beispiel der Sorben eine vorbildliche Minderheitenpolitik zu demonstrieren, zumal es sich um ein slawisches Volk handelte, das den „sozialistischen Brudervölkern" in der ČSSR, Polen, Bulgarien und in der Sowjetunion verwandt war. So wurde das sorbische Schulwesen großzügig ausgebaut, das sorbische Kulturleben mit eigenen Institutionen gefördert und das Institut für Sorbische Volksforschung in Bautzen gegründet. Andererseits aber gab es unter dem alles beherrschenden Gesichtspunkt des Klassenkampfes kein Verständnis für die Lebensäußerungen einer nationalen Minderheit, die mit ihren bäuerlichen Traditionen und mit ihrer durchaus konservativen Gesinnung ihre nationale Eigenart auch in einem Staat zu bewahren suchte, der nach Meinung seiner herrschenden Funktionäre durch die Macht der Arbeiterklasse alle nationalen Unterschiede bedeutungslos machte. So mußte die sorbische Minderheit die öffentlich zur Schau gestellten Fördermaßnahmen mit einer unbedingten Unterordnung unter die Politik der SED bezahlen. In den fünfziger und sechziger Jahre kam es sogar zu Haftstrafen und Berufsverboten für nationalbewußte Sorben.

Viel stärker als der ideologische Druck, die Zensur des sorbischen Schrifttums und die Besetzung von Leitungsämtern mit SED-Funktionären wirkte sich der gewaltig gesteigerte Braunkohlenabbau in der Lausitz auf den Bestand des sorbischen Volkes aus. Ganze Dörfer versanken in den Tagebauen, in die riesig aufgebaute Braunkohlenindustrie strömten Zehntausende deutscher Arbeitskräfte, so daß die Struktur des sorbischen Gebietes an mehreren Stellen tiefgreifend umgestaltet wurde und seine ethnische Geschlossenheit sich auflöste.

Als nach dem Zusammenbruch Deutschlands im Jahre 1945 die deutsche Ostgrenze entlang der Oder und Neiße gezogen wurde, fiel der östlichste Teil der Oberlausitz mit der Stadt Lauban an Polen, während der westlich der Neiße gelegene Teil der preußischen Oberlausitz wieder in den sächsischen Staatsverband zurückkehrte, da die preußische Provinz Schlesien zu Polen geschlagen und der preußische Staat 1947 in aller Form aufgelöst wurde. So war der größte Teil des alten Markgraftums im Rahmen des Landes Sachsen wieder vereinigt. Die Verwaltungsreform der SED von 1952 löste die Länder auf und schuf eine neue Bezirksgliederung, wobei die Oberlausitz erneut geteilt wurde: Ein breiter nördlicher Landstreifen wurde mit den Kreisen Senftenberg, Hoyerswerda und Weißwasser dem Bezirk Cottbus zugewiesen, der als Gebiet des verstärkten Braunkohlenabbaus diesen ganzen Wirtschaftszweig im Interesse der SED-Herrschaft zusammenfassen sollte.

Trotz einer fast 40jährigen erzwungenen Trennung vom Hauptteil der Oberlausitz vergaßen die Bewohner dieses Landstrichs ihre alte Verbundenheit nicht. Als nach der friedlichen Revolution von 1989 die Bürger zum ersten Mal in der Geschichte über ihre künftige Zugehörigkeit zu einem Lande abstimmen konnten, erklärten sich im Kreis Weißwasser 82 % und im Kreis Hoyerswerda 88 % für die Rückkehr zu Sachsen und damit für die Wiederherstellung der Einheit der Oberlausitz. In den Oberlausitzer Gemeinden des Kreises Senftenberg lagen die Ergebnisse zwischen 72 und 99 % für Sachsen. Trotzdem wurden sie durch einen Beschluß des Kreistages mit einer Stimme Mehrheit daran gehindert, in den Verband der Oberlausitz zurückzukehren. Sie wurden dem Land Brandenburg zugeschlagen.

Immerhin ist der größte Teil des alten Markgraftums Oberlausitz, so weit dieses Land heute zur Bundesrepublik Deutschland gehört, innerhalb des Freistaates Sachsen vereint. Es ist in diesem politischen Rahmen eine Region mit eigener Prägung, die in einer vielhundertjährigen Entwicklung entstanden ist.

Anmerkungen

1 KÖHLER, JOHANN AUGUST ERNST: Die Geschichte der Oberlausitz von den ältesten Zeiten bis zum Jahre 1815. Görlitz 1867; Geschichte der Sorben. Gesamtdarstellung. Autorenkollektiv unter Leitung von JAN ŠOLTA. 4 Bde., Bautzen 1977ff.; BLASCHKE, KARLHEINZ: Das Markgraftum Oberlausitz und das sorbische Volk. Eine regionale und ethnische Einheit seit 1.400 Jahren. In: Nationale, ethnische Minderheiten und regionale Identitäten in Mittelalter und Neuzeit. Hrsg. von ANTONI CZACHAROWSKI. Toruń 1994, S. 17–29; REUTHER, MARTIN: Die Oberlausitz als Geschichtsraum. In: Blätter für Deutsche Landesgeschichte 93 (1957).
2 BLASCHKE, KARLHEINZ: Geschichte Sachsens im Mittelalter. Berlin, München 1990, S. 43–52.
3 GERHARD BILLIG: Zur Rekonstruktion der ältesten slawischen Burgbezirke im obersächsisch-meißnischen Raum auf der Grundlage des Bayerischen Geographen. In: NASG 66 (1995), S. 57–66.
4 LUDAT, HERBERT: An Elbe und Oder um das Jahr 1000. Köln, Wien 1971.
5 SCHLESINGER, WALTER: Burgen und Burgbezirke im mitteldeutschen Osten. In: Von Land und Kultur. Festschrift für Rudolf Kötzschke. Hrsg. von WERNER EMMERICH. Leipzig 1937, S. 77–105.
6 BLASCHKE, KARLHEINZ: Bevölkerungsgeschichte von Sachsen bis zur industriellen Revolution. Weimar 1967, S. 65.
7 DERS.; WALTHER HAUPT und HEINZ WIESSNER: Die Kirchenorganisation in den Bistümern Meißen, Merseburg und Naumburg um 1500. Weimar 1969.
8 DERS.: Zur Siedlungs- und Bevölkerungsgeschichte der Oberlausitz. In: Oberlausitzer Forschungen. Hrsg. von MARTIN REUTHER. Leipzig 1961, S. 60–80.
9 DERS.: Bautzen. In: Deutscher Städteatlas. Hrsg. von HEINZ STOOB. Lieferung 4, Dortmund 1989, Nr. 3; DERS.: Die Anfänge der Stadt Görlitz. In: DERS.: Stadtgrundriß und Stadtentwicklung (Städteforschung A 44). Hrsg. von PETER JOHANEK. Köln, Weimar, Wien 1997, S. 329–341.
10 DERS. 1961 (wie Anm. 8).
11 DERS. 1967 (wie Anm. 6), S. 204–218.
12 HELBIG, HERBERT: Die Oberlausitz im 13. Jahrhundert. Herrschaften und Zuwanderung des Adels. In: Jb. für die Geschichte Mittel- und Ostdeutschlands. Bd. 5, S. 59–128.

13 KLECKER, CHRISTINE: Die Oberlausitzer Grenzurkunde. Landesausbau im Spannungsfeld von Landschaft und Herrschaftsbildung. In: Landesgeschichte in Sachsen, Tradition und Innovation. Hrsg. von RAINER AURIG u.a. Dresden 1997, S. 29–40.

14 KOBUCH, MANFRED: Zur Lagebestimmung der Wirtschaftshöfe des staufischen Tafelgüterverzeichnisses im meißnischen Markengebiet. In: Deutsche Königspfalzen. Beiträge zur ihrer historischen und archäologischen Erforschung. Hrsg. von LUTZ FENSKE. Göttingen 1996, Bd. 4, S. 356–368.

15 BLASCHKE, KARLHEINZ: Das Markgraftum Oberlausitz – Eine Ständerepublik im sächsischen Staatsverband. In: 700 Jahre politische Mitbestimmung in Sachsen. Begleitheft zur Ausstellung. Hrsg. von DEMS. Dresden 1994, S. 71–74; REUTHER, MARTIN: Verfassung und Verwaltung in der Oberlausitz bis zum Beginn des Sechsstädtebundes 1346. In: Oberlausitzer Forschungen. Hrsg. von DEMS. Leipzig 1961, S. 81–107.

16 BLASCHKE, KARLHEINZ: Der Oberlausitzer Sechsstädtebund als bürgerlicher Träger früher Staatlichkeit. In: 650 Jahre Oberlausitzer Städtebund 1346–1996. (= Mitteilungen des Zittauer Geschichts- und Museumsvereins 25 (1997), S. 17–27.)

17 FRANCKE, GERHARD: Das Oberlausitzer Femgericht. Jur. Diss. Leipzig 1937.

18 BLASCHKE, KARLHEINZ: Lausitzen. In: Die Territorien des Reichs im Zeitalter der Reformation und Konfessionalisierung. Land und Konfession 1500–1650. Nr. 6 Nachträge. Münster 1996, S. 92–113.

19 GERBLICH, W.: Johann Leisentritt und die Administration des Bistums Meißen in den Lausitzen. Leipzig 1959.

20 BLASCHKE, KARLHEINZ: Der Pönfall der Oberlausitzer Sechsstädte in seiner Bedeutung für die Verfassungsgeschichte der Oberlausitz. Vortrag auf dem Kolloquium der Oberlausitzischen Gesellschaft der Wissenschaften in Kamenz am 25. 10. 1997, Veröffentlichung ist vorgesehen; KÖHLER 1867 (wie Anm. 1), S. 163–170.

21 JECHT, RICHARD: Jakob Böhme. Gedenkgabe der Stadt Görlitz zu seinem 300jährigen Todestage. Görlitz 1924.

22 REICHEL, G.: Die Anfänge Herrnhuts. Ein Buch vom Werden der Brüdergemeine. Herrnhut 1922.

23 JECHT, RICHARD: 150 Jahre Oberlausitzischer Gesellschaft der Wissenschaften 1779–1929. Görlitz 1929; LEMPER, ERNST-HEINZ: Zur Geschichte und Bedeutung der Oberlausitzischen Gesellschaft der Wissenschaften zu Görlitz. In: NASG 64 (1993), S. 85–95.

24 WESTERNHAGEN, W. VON: Leinwandmanufaktur und Leinwandhandel der Oberlausitz in der zweiten Hälfte des 18. Jahrhunderts und während der Kontinentalsperre. Phil. Diss. Leipzig, Görlitz 1932.

25 BLASCHKE, KARLHEINZ: Die häßliche Grenze von 1815. Wie unsere Oberlausitzer Heimat zerrissen wurde. In: Oberlausitzer Hausbuch 1996, S. 43–46.

1 Kloster St. Marienstern, Kirche. Stiftergrabplatten von Bernhard III. und Heinrich von Kamenz aus dem Jahr 1629

Die Geschichte des Klosters St. Marienstern 1248–1998. Ein Überblick.

Siegfried Seifert

Von der neunhundertjährigen Geschichte des Zisterzienserordens, gegründet 1098 in Cîteaux (Cistercium) in Burgund, teilt die Frauenzisterze St. Marienstern 750 Jahre. Die größte Ausbreitung fand der Orden durch den hl. Bernhard von Clairvaux. Das erste Zisterzienserinnenkloster auf dem Boden des alten deutschen Reiches entstand 1143 in der Diözese Metz in Petit Clairvaux. In den zehn Jahren von 1230 bis 1240 wurden in diesem Gebiet sechs Männer- und 53 Frauenklöster des Ordens errichtet, nach 1240 bis zum Ausgang des 13. Jahrhunderts weitere drei Männer- und 52 Frauenklöster. Bis zur Reformationszeit bestanden in dem Territorium, das im Osten durch die Oder, im Süden durch die Donau, im Westen durch die Elbe und im Norden durch die Ostsee begrenzt wird, schließlich 165 Männer- und Frauenklöster des Zisterzienserordens. Davon sind zwei Frauenklöster übriggeblieben: das 1234 gestiftete St. Marienthal an der Neiße bei Zittau und das 1248 gegründete St. Marienstern.[1]

Die Stiftung von St. Marienstern

St. Marienstern, lat. Mariae Stella, sorb. Marijina Hwězda, ist eine Stiftung der Familie von Kamenz[2], die sich ursprünglich „von Vesta" nach ihrem Sitz an der Saale in der Nähe von Weißenfels nannte und enge Beziehungen zu den dort bestehenden Zisterzienserklöstern unterhielt.[3] Als ein Zweig der Familie den ursprünglichen Sitz verließ und an der Schwarzen Elster zur Familie „von Kamenz" wurde, sollte auch in ihren neuen Besitzungen ein Zisterzienserkloster entstehen. Bereits 1225 wurde auf dem Generalkapitel des Ordens ein Antrag Bernhards II. von Kamenz für eine Klostergründung verhandelt. Seine Söhne verwirklichten 1248 das Vorhaben. In der Gründungsurkunde vom 13. Oktober 1248[4] bezeugen Witego, Bernhard III., Bernhard IV. und deren nicht namentlich genannten Schwestern im Einverständnis mit ihrer Mutter Mabilia, daß sie „ad laudem et gloriam dei ac sanctae matris eius virginis Mariae nec non sanctorum omnium" – „zum Lobe und zur Ehre Gottes des Herrn und seiner Mutter, der Jungfrau Maria, und aller Heiligen" – ein Zisterzienserinnenkloster errichten. Der Hauptakteur der Stiftung war Bernhard III. von Kamenz, der spätere Bischof von Meißen (1293–1296), der noch heute im Kloster als der Fundator verehrt wird.[5] 1249 bestätigte der Meißner Bischof Konrad I. (1240–1258), in dessen Diözese die neue Gründung lag, das Kloster.[6]

Die Wahl des Ortes

Die Stifter wollten ursprünglich das Kloster auf ihrem Eigengut in der Nähe von Wittichenau errichten. Sie änderten aber ihren Entschluß und bauten das Kloster an dem heutigen Ort, der nicht Eigen-, sondern Lehnsgut der Familie war. Über die Wahl dieses Ortes berichtet eine Gründungslegende, daß sich Bernhard III. bei einer Jagd im sumpfigen Gelände verirrte. Die Nacht überraschte ihn, als er mit seinem Pferde immer mehr im Morast versank. In seiner Not rief Bernhard Gott und Maria um ihre Hilfe an und gelobte, bei Errettung aus der Not an dieser Stelle ein Kloster zu errichten. Nach langer Nacht erschien im Glanze des Morgensterns das mit schwarzen und weißen Schleiern verhüllte Haupt Mariens am Himmel. Der Boden unter den Füßen Bernhards wurde fest. Seinem Gelübde treu, erbaute er an dieser Stelle das Kloster, das in Urkunden auch „Morgenstern" genannt wird. Die Stelle, wo Bernhard im Sumpf versunken sein soll, wird durch die Kreuzkapelle im Osten des Kreuzganges bezeichnet.[7]

Die wirtschaftliche Ausstattung

Das Kloster wurde durch seine Stifter mit den Einkünften aus drei von der Familie gestifteten geistlichen Einrichtungen, den Pfarreien Crostwitz und Kamenz sowie des Spitals nordöstlich von Kamenz (Kamenz-Spittel), ausgestattet. Dazu kamen am Klosterwasser gelegene Besitzungen. In der Folgezeit erwarb Bernhard III. alle von Kamenzschen Familiengüter im Veräußerungsfall für Marienstern, gleichzeitig entäußerte er sich seines Erbes zugunsten der Familienstiftung, so daß Marienstern beim Tode Bernhards III. auch die ehemals von Kamenzschen und von Schönburgschen Güter auf dem Eigen besaß: Bernstadt und acht Dörfer. Bernhard III. war es auch, der die Mariensterner Ausstattung von Zehnt- auf Zinseinkünfte umstellte.[8]

Herkunft und Zahl der Schwestern

Von den ersten Schwestern für Marienstern, 16 an der Zahl, wird berichtet, daß sie aus dem Kloster Marienthron in Nimbschen bei Grimma nach einem kurzen Aufenthalt im Spital bei Kamenz in das neue Kloster kamen. Vieles spricht für die Echtheit eines solchen Zusammenhanges. Die Gründungsgeschichte von Nimbschen beginnt in Torgau an der Elbe. Dort wird 1243 ein Zisterzienserinnenkloster erwähnt. Noch vor 1250 siedelten die Nonnen nach Grimma über, fanden aber erst im nahen Nimbschen die endgültige Bleibe. Die Verlegung von Torgau nach Grimma fällt etwa mit der Gründung von Marienstern zusammen. Torgau und Marienstern gehörten in die Diözese Meißen, Grimma und Nimbschen in das Bistum Merseburg. So könnte es sein, daß sich bei der Auflösung von Torgau Schwestern für die neue Gründung im Osten der Diözese Meißen zur Verfügung stellten.[9] Für die Zahl 16 spricht, daß für Marienstern von Anfang an eine Äbtissin bestellt wird. Das setzt nach Ordensrecht mindestens zwölf Schwestern voraus. Die ersten beiden Äbtissinnen, Amabilia und Agnes, stammen der Überlieferung nach aus der Familie von Kamenz; in den Urkunden werden sie nicht erwähnt. Nach Ordensgepflogenheit wird die erste Äbtissin aus der Sendegruppe gewählt worden sein. Die beiden Frauen müßten also bereits in Torgau eingetreten sein.[10] Den Hinweis auf die Zwischenstation in Kamenz-Spittel liefert ein Bericht, wonach die erste Äbtissin, Amabilia, dort verstorben sei. Die Namen Amabilia und Agnes finden sich auch sonst in der Familie von Kamenz.[11] Bis ins 15. Jahrhundert war die Mindeststärke des Frauenkonvents 21 Schwestern, sonst bis zu 30, im 18. Jahrhundert waren es 35, im 19. Jahrhundert und der ersten Hälfte des 20. Jahrhunderts 50 bis 60 Schwestern. Heute zählt der Konvent die Äbtissin und 19 Schwestern.

Die kirchliche Exemtion des Klosters

Der Bau des Klosters und der Kirche zu Ehren der Himmelfahrt Mariens, Johannes des Täufers sowie der hl. Ursula und ihrer Gefährtinnen war 1259 vollendet.[12] 1264 wurde St. Marienstern durch die vom Orden beauftragten Äbte Albero von Pforte und Gieselbert von Ossegg in den Verband des Zisterzienserordens aufgenommen.[13] Der Abt der Mutterabtei Cîteaux war der Abbas generalis (Generalabt). Die Äbte der ersten vier Tochterklöster von Cîteaux: La Ferté, Pontigni, Clairvaux und Morimond waren der Beirat des Generalabtes. Die Frauen- und Männerklöster des Ordens in Böhmen, der Lausitz, Mähren, Österreich, Polen, Sachsen und Schlesien stammen von Morimond ab. Im selben Jahr wurde der Abt von Altzelle zum Visitator für Marienstern bestellt, um die Mittelsperson zwischen der Ordensleitung und Marienstern zu bilden. Mit der Aufnahme in den Verband des Ordens 1264 ist auch die geistliche Exemtion, die kirchliche Selbständigkeit, von St. Marienstern und die Herauslösung des Klosters aus dem Verband des Bistums, in dem es liegt, verbunden. Zu den päpstlichen Exemtionsprivilegien, die dieses Kloster als Teil des Zisterzienserordens innehatte, kamen weitere eigens für Marienstern ausgestellte Privilegien.[14] Im 16. Jahrhundert hätte Marienstern seine Exemtion fast verloren. Der Bautzner Domdekan Johannes Leisentrit (1527–1586) war 1560 Apostolischer Administrator des Bistums Meißen in den Lausitzen geworden. Mit dieser Maßnahme wollte Rom in dem Teil des Bistums Meißen, der zur böhmischen Krone gehörte, einige noch bestehende Klöster und katholische Pfarreien retten. Im Jahre 1570 wurde die Jurisdiktion des Meißner Bischofs dem Domkapitel St. Petri in Bautzen übertragen und damit die Apostolische Administratur des Bistums Meißen in den Lausitzen geschaffen. Leisentrit erhielt 1577 durch Papst Gregor XIII. die Jurisdiktion, wie sie vorher die Äbte von Altzelle und die Meißner Bischöfe besaßen, noch einmal bestätigt für die Zeit, bis diese Gewalten wieder entstehen würden. Im Kloster stieß diese päpstliche Bulle auf Widerstand. Als Visitator wirkte seit 1540 der Abt von Neuzelle. Leisentrit wollte 1586 im Kloster visitieren. Aber der Kaiser verordnete eine Kommission, zu der auch der Abt von Neuzelle gehörte. Danach waren nur noch Ordensangehörige als Visitatoren tätig. 1615 bat die Äbtissin Catharina Kodizin (1607–1619) den Prager Erzbischof in Rom zu beantragen, daß das Privileg für den Bautzner Domdekan und Apostolischen Administrator zurückgezogen werde, denn „die Visitation ist stets bei besonderen uralten Exempten Cistercienserorden gewesen".[15] Im 19. Jahrhundert entstanden bezüglich der Visitation neue Schwierigkeiten. Von 1823–1830 hatte sich der Bautzner Domdekan und Apostolische Administrator Bischof Franz Georg Lock (1796–1831) darum bemüht, die Exemtion der Klöster St. Marienthal und St. Marienstern aufzuheben und sie unter die Jurisdiktion von Bautzen zu stellen. Doch es blieb bei der bestehenden Exemtion. Im Jahre 1848 stellte der Landtagsabgeordnete der 2. sächsischen Kammer Tzschirner in der genannten Kammer den Antrag, die Klöster St. Marienthal und St. Marienstern aufzuheben und deren Stiftung zugunsten der katholischen Kirchen und Schulen sowie für Staatszwecke zu verwenden. Die 2. Kammer ging auf diesen Antrag ein, die 1. Kammer lehnte ihn aber ab. Schließlich kam es 1849 zu einem Übereinkommen zwischen dem Bautzner Domdekan und Apostolischen Administrator Bischof Joseph Dittrich (1845–1853) und dem Abt und Ordensvisitator Klemens Zahradka von Ossegg (1843–1853), das die beiderseitigen Zuständigkeiten regelte.[16] Nach 1871 entstanden neue Probleme durch die Reichsgründung und das Ausscheiden Österreichs aus dem Deutschen Bund, denn damit war das in Böhmen liegende Ossegg Ausland geworden. 1876 erschien ein sächsisches Kirchenregulativ, das die Landstände der sächsischen Lausitz 1877 annahmen. Damit wurde jedem Ausländer die Ausübung kirchlicher Jurisdiktionsakte in Sachsen untersagt. Der Abt von Ossegg, der päpstliche Nuntius in Wien und der Generalabt des Ordens fanden eine Lösung. 1877 wurde der Mariensterner Propst Johann Chrysosthomus Eiselt, der das sächsische Indigenat besaß, zum Visitator der beiden sächsischen Frauenklöster bestellt. Nach diesem Modus wurde bis 1919 verfahren.[17] Danach waren wieder die Äbte von Ossegg als Visitatoren tätig. Der erste Bischof des 1921 wiedererrichteten Bistums Meißen, Christian Schrei-

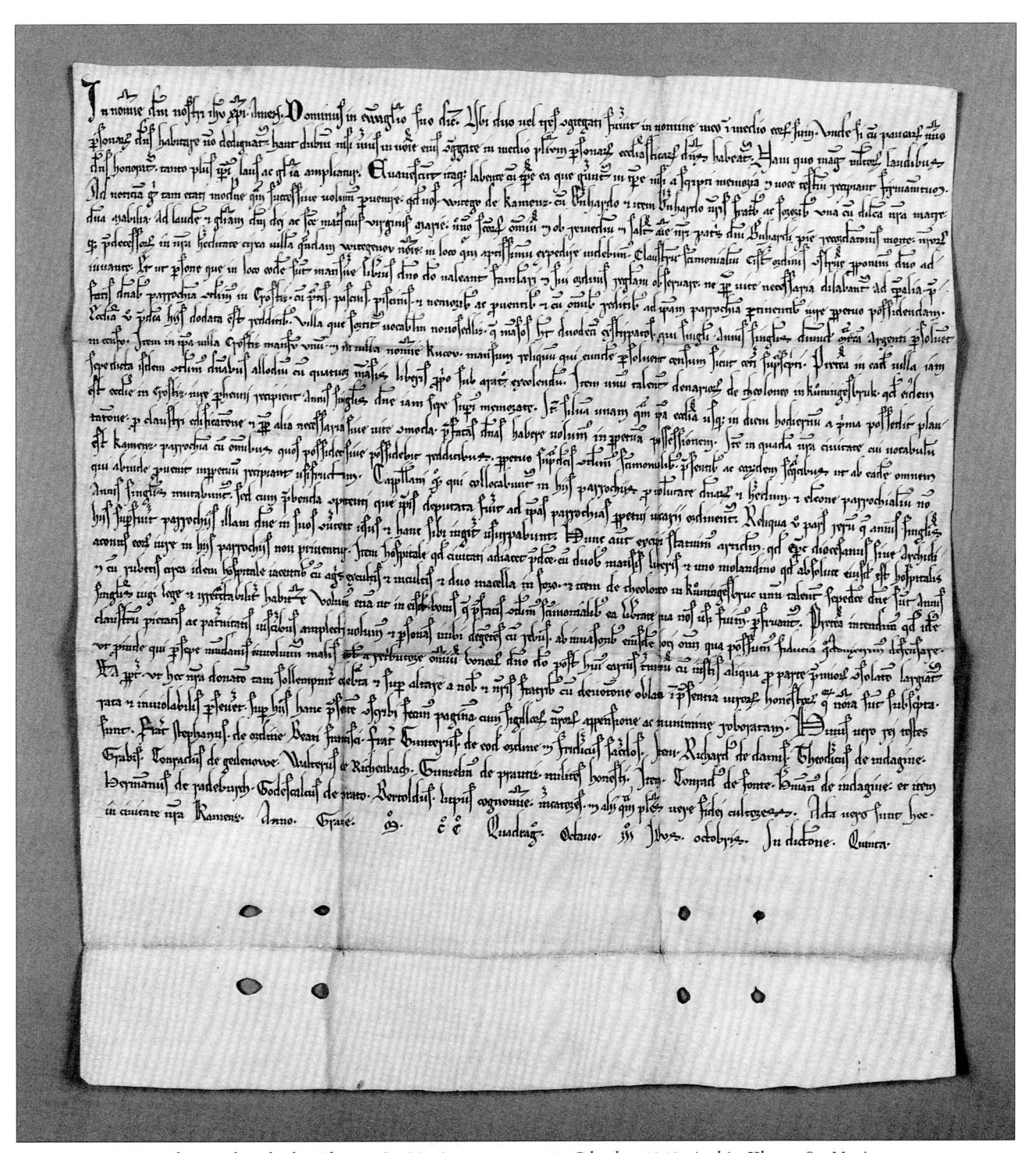

2 Gründungsurkunde des Klosters St. Marienstern vom 13. Oktober 1248. Archiv Kloster St. Marienstern

ber (1921–1930), versuchte die Exemtion aufzuheben und wollte 1926 das Kloster visitieren. Aber der Generalabt entschied, daß es bei der bestehenden Praxis bleibe.[18] Nach dem 2. Weltkrieg, der Aufhebung des Klosters Ossegg und der Teilung Deutschlands stellten verschiedene Zisterzienserklöster den Visitator. Manchmal nahm auch der Generalabt des Ordens aufgrund der schwierigen politischen Situation das Amt des Visitators selbst wahr.

Die weltliche Exemtion des Klosters

Weltlicherseits hatte Marienstern seine Bestätigung und Unabhängigkeit durch die Brandenburger Markgrafen Johann I. und Otto III. durch eine Urkunde vom 17. März 1264 erhalten.[19] Die Askanier sagten der „novella plantatio" ihren Schutz, Freiheit von aller Advokatie, Steuern und Diensten sowie eigene Gerichtsbarkeit zu. Die jeweiligen Landesherren der Lausitz haben diese weltliche Exemtion immer wieder bestätigt und erneuert.[20] In Wirklichkeit mußte Marienstern um jedes seiner Privilegien kämpfen. Gerichtshoheit und Steuerfreiheit wurden von den Ständen der Lausitz und den Landesherren immer wieder bestritten. Dennoch konnte Marienstern bis ins 19. Jahrhundert im Prinzip seine weltliche Exemtion bewahren. Den besonderen Schutz des Klosters übertrugen bereits die Brandenburger Markgrafen nach dem Tode Bernhards III. von Kamenz zwei Adligen aus der Nachbarschaft des Klosters, die als Schirmvögte fungierten, wenn sie auch nicht so hießen. Dann ging die Verpflichtung auf die Landvögte der Lausitz über. Seit 1365 hatte Marienstern eigene Klostervögte, die es sich aus dem Adel der Umgebung wählte. Mit dem Ende der Monarchie 1919 war das Amt erledigt. Der letzte Klostervogt von Marienstern war Georg von Posern.[21]

Die innere Verfassung des Klosters

An der Spitze der Klostergemeinde steht die Äbtissin, die vom Konvent frei gewählt wird. Als Zeichen ihres Amtes bedient sie sich bei besonderen kirchlichen Feiern der kirchlichen Insignien Stab und Ring. 1737 verlieh das Generalkapitel den Äbtissinnen des Ordens die Auszeichnung, ein Brustkreuz samt Kette tragen zu dürfen. Die erste Äbtissin, die dieses Recht erhielt, war Cordula Sommer (1710–1746). Bis heute zählt Marienstern 39 Äbtissinnen. Dabei sind die beiden ersten, Amabilis und Agnes von Kamenz, nicht mitgezählt, die keine urkundliche Erwähnung finden. Dasselbe gilt von zwei Äbtissinnen, die in einem Sterbebuch des 16. Jahrhunderts erwähnt werden: Elisabeth von Schreibersdorf und Anna von Loeben. Was die soziale Herkunft der Nonnen anbelangt, so ist aus einem Beichtprivileg von 1458[22] zu erfahren, daß von 35 Chorfrauen 21 adlig gewesen sind. Der Konvent setzte sich vor der Reformation gleicherweise aus Töchtern des Adels, des Bürgertums und der Bauernschaft zusammen. In nachreformatorischer Zeit trat die adlige Herkunft zurück. Die Schwestern kamen aus der Lausitz, Böhmen, Sachsen, Schlesien und anderwärts. Im Kloster verstand man gleicherweise Deutsch, Latein und Sorbisch. Wie in anderen Frauenklöstern auch, stehen der Äbtissin andere Schwestern bei der Leitung des Klosters zur Seite: Priorin, Subpriorin, Novizenmeisterin usw. Die Schwester, die der Äbtissin besonders zur Hand ist, wurde bis in das 20. Jahrhundert hinein als Kaplanin bezeichnet. Als Berater in äußeren Angelegenheiten des Klosters war früher der Äbtissin der Propst zur Hand. Ihm oblag die Verwaltung der äußeren Güter des Klosters, er war der Geistliche der Klosterkirche und Seelsorger des Klosters. Ihm halfen Kapläne bei der Arbeit. Propst und Kapläne stammten bis zur Reformation aus Altzelle, dann aus Neuzelle und verschiedenen böhmischen Klöstern. Nach der Aufhebung der meisten Klöster Böhmens unter Kaiser Joseph II. und der Säkularisierung Neuzelles 1817 kamen die Geistlichen aus Ossegg. Das Amt des Propstes existiert heute nicht mehr. Die Seelsorge nehmen die Zisterzienserpatres des Priorats Rosenthal wahr. In den Anfangszeiten gab es in Marienstern auch Laienbrüder, Konversen genannt. Sie waren die Verwalter der Klosterhöfe und verrichteten die notwendigen Handwerkerarbeiten, seit der Mitte des 14. Jahrhunderts starb diese Einrichtung aus.

3 Kloster St. Marienstern. Siegel der Äbtissin Adelheid an der Urkunde Nr. 91 von 1336

Das Wappen des Klosters

Das Wappen des Klosters ist ein rundlicher Schild, durch einen Längs- und einen Querbalken in vier Felder geteilt. Die vier Enden dieses weißen Balkenkreuzes sind bezeichnet mit vier schwarzen Buchstaben: M O R S (mors = Tod), sie verweisen auf das Kloster Morimond, auf das Marienstern zurückgeht. Im Felde links oben erscheint das Zeichen für Marienstern: drei Sterne – ein Hauptstern mit zwei Begleitsternen, das rechte obere Feld wird durch einen Schrägstreifen in roten und weißen Quadern geteilt, entnommen aus dem Wappen der Familie des hl. Bernhard von Clairvaux, den Rittern von Fontaine. Das Feld rechts unten zeigt den schwarzen Adlerflügel aus dem Wappen der Familie von Kamenz, das vierte Feld, links unten zeigt die weißen Lilien aus dem Wappen der Könige von Frankreich, da der Zisterzienserorden in Frankreich entstanden ist und zur Zeit seiner Entstehung unter dem Schutz der französischen Könige stand. Als Herzschild des Wappens wird der Wappenschild der jeweiligen Äbtissin genommen.[23]

Marienstern im Wandel der Zeiten

In den Urkunden erscheint als erste Äbtissin Elisabeth von Crostwitz (1264–1282).[24] Sie vermehrte durch Güterkäufe vom Bistum Meißen den Besitz des Klosters. Auf der anderen Seite mußte das Kloster um den Bestand seiner Besitzungen kämpfen. Äbtissin Kunigunde Berka von der Duba (1301–1317) sorgte dafür, daß die Brandenburger Markgrafen 1306 die Rechte des Klosters erneut bestätigten,[25] und Papst Bonifatius VIII. 1301 das Kloster unter päpstlichen Schutz nahm.[26] Von der Sorge um die Verschönerung der Kirche zeugt noch heute das sogenannte „Hussitenfenster", das unter den Äbtissinnen Mofka von Colditz (1365–1374) und Amabilia von Colditz (1374–1385) gefertigt wurde. Unter Äbtissin Anna von Kamenz (1382–1388), der letzten Äbtissin aus der Stifterfamilie, wurde Marienstern und die Lausitz von der Pest heimgesucht. In dieser Zeit beginnt die Sebastiansverehrung, der als Schutzheiliger gegen die Pest gilt. Es entstanden die Sebastiansbruderschaften in Crostwitz, Kamenz, Nebelschütz und Wittichenau. Der Sebastianstag wird noch heute vom Kloster und den umliegenden katholischen sorbischen Pfarreien als Gelöbnistag gefeiert. Die erste Hälfte des 15. Jahrhunderts ist durch die Hussitenkriege gekennzeichnet. 1421 begann sich Bautzen zur Abwehr der Hussiten durch die Ausbesserung der Stadtbefestigung zu rüsten. Äbtissin Sophia von Leisnig (1405–1426) stellte 240 Klosteruntertanen für die Arbeiten zur Verfügung. Als aber der Landvogt Beteiligung an der Heerfahrt durch das Kloster wünschte, lehnte dies Äbtissin Sophia unter Berufung auf die Befreiung des Klosters von Kriegsdiensten ab. 1429 wurde Marienstern von den Hussiten heimgesucht und teilweise zerstört. Äbtissin Eneda von Waldow (1426–1435) floh mit den Schwestern nach Bautzen. Die Mauern der Kirche, der Kreuzgang und der massive Teil der Klosteranlage blieben erhalten. Selbst das Fenster nördlich des Hochaltars mit den Glasmalereien überstand den Hussitenansturm, es wird seitdem als „Hussitenfenster" bezeichnet. Der Gefahr einer erneuten Verwüstung durch die Hussiten im gleichen Jahr konnte das Kloster nur durch Zahlung von 300 Schock Groschen entgehen.[27] In dieser Zeit verbreitete sich die Verehrung des hl. Mauritius und der Märtyrer der thebaischen Legion im Kloster. Die Klostertradition berichtet, daß beim Ansturm der Hussiten der heilige Krieger mit seinen Soldaten am Himmel erschien, bei seinem Anblick ließen die Hussiten von der weiteren Belagerung des Klosters ab. Auch sein Tag wird im Kloster als Gelöbnistag gefeiert. Die schwerste Zäsur in der Geschichte von Marienstern ist die Reformation. Der Beginn der Bewegung war unter Äbtissin Elisabeth von Temritz (1515–1519) festzustellen. Unter Äbtissin Margareta von Metzrad (1524–1554) wandten sich die Bewohner der entfernteren Besitzungen des Klosters sowie um Kamenz, Bernstadt und Burkau der

4 Kloster St. Marienstern. Porträt der Äbtissin Benedikta Göhler (1830–1856), um 1850, Öl auf Leinwand

reformatorischen Bewegung zu. Die unverbürgte Klostertradition weiß zu berichten, daß man die Nonnen von Marienstern durch Hungern zur Annahme der Reformation bewegen wollte. In den Bereich des Legendären reicht die Überlieferung, nach der Martin Luther in der Klosterkirche gepredigt haben soll, da zwei seiner Verwandten als Nonnen im Kloster waren. Die geistlichen Auseinandersetzungen gingen durch den Konvent, wie auch durch die Familien der Lausitz. Blieb Margareta von Metzrad beim alten Glauben, so waren andere Mitglieder ihrer Familie eifrige Förderer der Reformation. Unter den Äbtissinnen Katharina von Baudissin (1554–1558) und Christina von Baudissin (1558–1574) schlossen sich viele Klostergemeinden der Reformation an, u. a. Schönau auf dem Eigen, Berzdorf, Dittersbach. Versuche der Äbtissin Lucia Günther (1577–1583), den Gemeinden auf dem Eigen katholische Priester zu geben, schlugen fehl. Die Auseinandersetzungen der Zeit waren wohl auch der Grund dafür, daß Äbtissin Christina Kromer (1584–1592) resignierte. Nonnen verließen das Kloster in der Überzeugung, daß es bald mit dessen Existenz zu Ende sei. Äbtissin Katharina Kodizin (1607–1619) versuchte, die katholische Kirche in Wittichenau und in Gemeinden auf dem Eigen zu erhalten.[28] Als 1619 der reformierte Friedrich von der Pfalz zum König von Böhmen gewählt wurde, fürchtete das Kloster um seinen Bestand und daß das Kloster in ein Damenstift umgewandelt werde. Als Äbtissin Katharina Kodizin im ersten Jahr des Dreißigjährigen Krieges 1619 starb, wurde sie in aller Stille in der Kreuzkapelle beigesetzt. Bereits 12 Tage nach ihrem Tode erfolgte die Wahl von Ursula Weishaupt zur Äbtissin (1619–1623). Sie scheint den bei ihrer Wahl in den Klosterpfarreien vorgefundenen Religionsstatus als Faktum anerkannt zu haben, denn sie bestätigte evangelische Pfarrer in ihrem Amt in der Überzeugung, daß diese Klosterpfarreien für die katholische Kirche verloren sind. Das führte zu ihrer Absetzung.[29] Die Bemühungen ihrer Nachfolgerin Dorothea Schubert (1623–1639), im Gebiet der Klosterherrschaft die lutherischen Geistlichen durch katholische Priester zu ersetzen, mißlangen. Besondere Bedeutung hatte sie dabei der Stadt Wittichenau beigemessen. Die dort ansässigen Lutheraner forderte sie 1631 auf, katholisch zu werden oder den Ort zu verlassen.[30] In ihrer Regierungszeit kam die Lausitz, nachdem sie bereits seit 1623 an den sächsischen Kurfürsten verpfändet war, 1635 an das sächsische Kurhaus. Das Haus Habsburg behielt sich im Traditionsrezeß, dem Übergabevertrag an Sachsen, das Protektionsrecht über die katholischen Einrichtungen des Landes vor und legte fest, daß in Religionssachen alles beim Status quo zu verbleiben habe. 1639 floh die Äbtissin mit den Schwestern vor den anrückenden Schweden in das Zisterzienserkloster Blesen/Bledzew bei Posen. Äbtissin Dorothea Schubert starb auf der Rückreise im gleichen Jahr, die Schwestern kehrten 1640 nach Marienstern zurück. Der Krieg hatte die Klostergebäude zerstört und vor allem auf den Klosterbesitzungen große Verwüstungen angerichtet. Äbtissin Anna Margareta Dorn (1640–1664) begann mit den Aufbauarbeiten, errichtete Propstei und Kaplanei des Klosters. Unter ihr wurden auch Katholiken aus Dresden, wo es weder eine öffentliche katholische Kirche noch einen katholischen Friedhof gab, in der Marienster Klosterkirche begraben. In dieser Zeit kamen das tridentinische Konzil und die barocke Frömmigkeit in Marienstern zur Entfaltung. Die Wallfahrt nach Rosenthal begann zu blühen. Ihren Höhepunkt erlebte sie nach dem Sieg über die Türken bei Wien 1683 unter Äbtissin Katharina Benada (1664–1697). Diese Äbtissin war nach der Klostertradition die erste Äbtissin, die in der Klosterkirche bestattet wurde. Vorher sind die Äbtissinnen in der Regel im Kreuzgang begraben worden.[31]

Die in den Jahrzehnten nach dem Dreißigjährigen Krieg einsetzende Bautätigkeit wurde auch nicht durch den Nordischen Krieg aufgehalten. Als 1706 König Karl XII. von Schweden mit seinem Heer in der Lausitz einrückte, flohen die Schwestern nach Leitmeritz/Litoměřice. Die letzten kehrten Anfang 1707 von dort zurück. Ihre Blüte erreichte die Erneuerung des Klosters sowie der Kirchen

5 Kloster St. Marienstern. Wappen der Äbtissin Anna Martha Meier (1954–1987)

und Pfarrhäuser auf den Klosterbesitzungen unter den Äbtissinnen Cordula Sommer (1710–1746), Josepha Elger (1746–1762) und Klara Trautmann (1762–1782), obwohl der Siebenjährige Krieg (1756–1763) durch Truppeneinquartierungen und Kriegskontributionen große Belastungen für das Kloster und seine Besitzungen brachte. Die Klostertradition berichtet, daß König Friedrich II. von Preußen selbst in Marienstern gewesen sei und seine Forderung in die elegante Form eines Honorars für ein Flötenkonzert kleidete, das er, auf dem Ast eines Baumes an der Klostermauer sitzend, spielte.[32] Unter Äbtissin Bernharda Kellner (1782–1798) erfolgte die Aufhebung zahlreicher Klöster in den habsburgischen Ländern durch Kaiser Joseph II. Auch Marienstern bangte um seinen Fortbestand. Im ausgehenden 18. und in den ersten Jahrzehnten des 19. Jahrhunderts machten sich die Einflüsse der böhmischen katholischen Aufklärung durch die Zisterzienserpatres aus Ossegg in Marienstern bemerkbar. Unter diesen Einflüssen nahm sich Marienstern in besonderer Weise des Schulwesens an. Unter Äbtissin Vinzentia Marschner (1799–1828) entstand 1824 ein Mädchen-Erziehungsinstitut im Kloster, eine Art höhere Töchterschule, das 1826 eröffnet wurde und von 1899 an die Bezeichnung St. Joseph-Mädchen-Erziehungsinstitut trug. Bereits 1802 war die Mädchenschule im Kloster für die Mädchen des Ortes eingeweiht worden, 1819 die Schule im Klosterdorf Kuckau. Unter Äbtissin Benedikta Göhler (1830–1856) wurde die Gründung und Einrichtung von Schulen fortgesetzt.[33] Das geschah, obwohl die Napoleonischen Kriege dem Kloster große Lasten auferlegten: 1807 6.000 Reichstaler Kriegskontribution, 1813 standen große Heeresmassen in der Lausitz, Besitzungen des Klosters wurden geplündert. Seit dem Wiener Kongreß 1815 und den Gebietsabtretungen von Sachsen an Preußen lagen Teile der klösterliche Besitzungen nunmehr in Preußen: Wittichenau, Sollschwitz, Kotten, Salau, Hoske, Dubring, Keula, Neudorf, Dörgenhausen. Unter Äbtissin Benedikta Göhler versuchten 1848 die Klosteruntertanen zu erreichen, daß Abgaben und Dienstleistungen aus der Feudalzeit abgeschafft werden, was dann 1851 durch die Ablösungsgesetze erfolgt ist.[34] Unter Äbtissin Edmunda May (1856–1874) wurde die Klosterkirche in den Jahren 1860/61 renoviert und erhielt eine neugotische Innengestaltung. Ein Zisterzienserkirchenbau sollte erstehen, der die barocke Ausstattung beseitigte. Die Renovierung geschah vor dem Hintergrund der Bemühungen um eine Gesamtreform des Zisterzienserordens.[35] Auch der Deutsch-Österreichische Krieg 1866 brachte dem Kloster durch Ablieferungen und Stellung von Spannvorwerken Belastungen. In der Kriegszeit richteten die Schwestern ein Lazarett im Kloster ein.[36] Hart wurde das Kloster durch den 1. Weltkrieg, die Inflationszeit und Wirtschaftskrise betroffen. In dieser Zeit leitete Äbtissin Anna Franziska Lang (1909–1927) das Kloster. Große Lieferungen verlangte die Heeresverwaltung in den Jahre 1915 bis 1917. Es handelte sich um 13.987 Zentner Getreide, 1.010 Zentner Heu und Stroh sowie 3.755 Zentner Kartoffeln. Das Kloster mußte 1917, wie andere Gemeinden auch, die Prospektpfeifen der Orgel für Kriegszwecke abliefern. Schwere Not brachte die Geldentwertung. Den Bedürftigen der Umgebung versuchte das Kloster durch Essenausteilung zu helfen. Im Jahre 1923 hielt Bischof Christian Schreiber die 1. Diözesansynode des 1921 wiedererrichteten Bistums Meißen in Marienstern. Äbtissin Bernarda Elisabeth Sterz (1927–1935) konnte 1932 mit Hilfe vieler Wohltäter eine Renovierung der Klosterkirche durchführen. Unter Äbtissin Catharina Emma Pischel (1935–1954) erlebte das Kloster die Zeit der Naziherrschaft, des 2. Weltkrieges und der schweren Nachkriegsjahre. Die Klosterschule wurde von den Nazis geschlossen und die Aufnahme von Novizinnen war untersagt. Am Ende des Krieges wurde auch das Gebäude des St. Joseph-Instituts zerstört. Angesichts der anrückenden Truppen verließ der größte Teil der Schwestern kurz vor Kriegsende das Kloster. Ein Teil der Schwestern ging in das Zisterzienserkloster Ossegg, ein Teil zu Verwandten. Im Mai 1945 kehrten sie zurück. Neue Aufgaben brachte die Nachkriegszeit. Heimatvertriebene, oft Verwandte der Schwestern, suchten Unterkunft im Kloster. Bauarbeiten waren erforderlich, um die Kriegsschäden zu beseitigen. Die kirchlichen Einrichtungen, die trotz der Enteignung des Großgrundbesitzes ihre Ländereien behalten hatten, schlossen sich in der Lausitz 1952 zu einer kirchlichen Land- und Forstwirtschafts-GmbH zusammen. Zu ihr gehörte auch das Kloster St. Marienstern. Mit großer finanzieller Hilfe der Diözesen der Bundesrepublik Deutschland und hohem Einsatz der in Land- und Forstwirtschaft Tätigen konnten so die Besitzungen an Feld und Wald in den kommenden Jahrzehnten erhalten werden. Unter Äbtissin Anna Martha Meier (1954–1986) wurde die Klosterkirche renoviert. 1965 begannen die Restaurierungsarbeiten und 1973 wurden die Arbeiten an der Abtei fortgesetzt. Anliegen der Restaurierung der Klosterkirche war Rückkehr zu den Ursprüngen, die Wiederherstellung des mittelalterlichen Zisterzienserbaus im Innern der Kirche. Bereits kurz nach dem Krieg hat das Kloster mit Hilfe großzügiger Spenden, vor allem der katholisch-sorbischen Gemeinden, die 1945 zerstörte Wallfahrtskirche Rosenthal wieder hergestellt. Aus dem zerstörten St. Joseph-Institut wurde in Zusammenarbeit mit der Diözesancaritas des Bistums Meißen das Maria-Martha-Heim, ein Zuhause für 80 geistig behinderte Mädchen geschaffen. Gleichzeitig ist das Haus mit arbeitstherapeutischen Einrichtungen verbunden. 1987 übernahm die Leitung des Klosters Äbtissin Benedikta Waurick, sie setzt seitdem das Erneuerungsprogramm der Klosteranlage fort.[37]

Anmerkungen

1. HAUCK, ALBERT: Kirchengeschichte Deutschlands. 6. Aufl. Berlin 1953, Bd. 4, S. 340–355 u. 975–1030.
2. KNOTHE, HERMANN: Geschichte der Herren von Kamenz. In: NLM 43 (1866), S. 81–111.
3. HUTH, JOACHIM: St. Marienstern in der Oberlausitz – 700 Jahre im heiligen Orden Zisterz, 1264–1964. In: Unum in veritate et laetitia. Bischof Dr. Otto Spülbeck zum Gedächtnis. Leipzig 1970, S. 170–204.
4. KNOTHE, HERMANN: Drei auf die Gründung des Klosters Marienstern bezügliche Urkunden. In: NLM 43 (1866), S. 383–386, hier S. 386.
5. KNOTHE, HERMANN: Bernhard von Kamenz, der Stifter des Klosters Marienstern. In: ASG 4 (1866), S. 82–114.
6. KNOTHE, HERMANN: Drei auf die Gründung des Klosters Marienstern bezügliche Urkunden. In: NLM 43 (1866), S. 386.
7. [HITSCHFEL, ALEXANDER]: Chronik des Cisterzienserinnenklosters Marienstern in der Königlich sächsischen Lausitz. Warnsdorf 1894, S. 45–46.
8. HUTH 1970 (wie Anm. 3), S. 180–181.
9. SCHLESINGER, WALTER: Kirchengeschichte Sachsens im Mittelalter. Köln, Graz 1962, Bd. 2, S. 292–294.
10. KNOTHE, HERMANN: Urkundliche Geschichte des Jungfrauenklosters Marienstern. Dresden 1871.
11. KNOTHE 1866 (wie Anm. 2), S. 108.
12. CD Lus. II, 6.
13. CD Lus. II, 60.
14. Die einzelnen Privilegien sind aufgezählt bei HUTH 1970 (wie Anm. 3), S. 194.
15. HUTH 1970 (wie Anm. 3), S. 195–196.
16. [HITSCHFEL] 1894 (wie Anm. 7), S. 224.
17. [HITSCHFEL] 1894 (wie Anm. 7), S. 530.
18. HUTH 1970 (wie Anm. 3), S. 196.
19. HUTH 1970 (wie Anm. 3), S. 200–203.
20. HUTH 1970 (wie Anm. 3), S. 192.
21. Verzeichnis der Klostervögte bei [HITSCHFEL] (wie Anm. 7), S. 543–547.
22. abgedruckt bei HUTH 1970 (wie Anm. 3), S. 204.
23. MAGIRIUS, HEINRICH und SIEGFRIED SEIFERT: Kloster St. Marienstern. Leipzig 1974, S. 17–18.
24. [HITSCHFEL] 1894 (wie Anm. 7), S. 66.
25. [HITSCHFEL] 1894 (wie Anm. 7), S. 74; HUTH 1970 (wie Anm. 3), S. 74–79.
26. HUTH 1970 (wie Anm. 3), S. 194.
27. [HITSCHFEL] 1894 (wie Anm. 7), S. 103–105.
28. [HITSCHFEL] 1894 (wie Anm. 7), S. 153.
29. [HITSCHFEL] 1894 (wie Anm. 7), S. 155.
30. [HITSCHFEL] 1894 (wie Anm. 7), S. 158–161.
31. [HITSCHFEL] 1894 (wie Anm. 7), S. 169–173.
32. [HITSCHFEL] 1894 (wie Anm. 7), S. 198.
33. [HITSCHFEL] 1894 (wie Anm. 7), S. 566–583.
34. [HITSCHFEL] 1894 (wie Anm. 7), S. 220.
35. [HITSCHFEL] 1894 (wie Anm. 7), S. 281.
36. [HITSCHFEL] 1894 (wie Anm. 7), S. 288.
37. Die Reihe der Äbtissinnen ist insoweit beglaubigt, als sie in bestimmten Jahren in Urkunden des Klosters ausdrücklich genannt werden:

1	1264–1292	Elisabeth von Crostwitz
2	1301–1317	Kunigunde
3	1333	Utha
4	1334–1355	Adelheid von Colditz
5	1365–1374	Mofka von Colditz
6	1374–1377	Amabilie von Colditz
7	1382–1388	Anna von Kamenz
8	1405–1416	Sophie von Leisnig
9	1426–1433	Eneda von Waldow
10	1435–1444	Elisabeth von Lungkewitz
11	1456–1487	Barbara von Nostitz
12	1491–1515	Elisabeth von Haugwitz
13	1515–1519	Elisabeth von Temritz
14	1524–1554	Margaretha von Metzrad
15	1554–1558	Anna von Budissin
16	1558–1574	Christina von Budissin
17	1577–1583	Lucia
18	1584–1592	Christina Kromer
19	1592–1607	Lucia Günther
20	1607–1619	Katharina Kodizin
21	1619–1623	Ursula Weishaupt
22	1623–1639	Dorothea Schubert
23	1640–1664	Anna Margaretha Dorn
24	1664–1697	Katharina Benada
25	1697–1710	Ottilia Hänztschel
26	1710–1746	Cordula Sommer
27	1746–1762	Josepha Elger
28	1762–1782	Clara Trautmann
29	1782–1798	Bernarda Keller
30	1799–1828	Vinzentia Marschner
31	1830–1856	Benedikta Göhler
32	1856–1874	Edmunda May
33	1874–1882	Cordula Ulbrich
34	1883–1909	Bernarda Karolina Kasper
35	1909–1927	Anna Franziska Lang
36	1927–1935	Bernarda Elisabeth Sterz
37	1935–1954	Catharina Emma Pischel
38	1954–1987	Anna Martha Meier
39	1987–	Benedikta Waurick

Die zwei Gründungen des Klosters St. Marienstern

Markus Bauer

Die Überlieferung

Über Gründung und Frühzeit des Klosters St. Marienstern herrscht, so hat es den Anschein, weitgehende Klarheit. Die Quellenlage ist günstig: Zahlreiche Urkunden im Klosterarchiv enthalten präzise Informationen über die ersten Jahrzehnte der Klostergeschichte und erlauben eine fast lückenlose Rekonstruktion der Besitzentwicklung in diesem Zeitraum. Daneben existiert eine noch immer lebendige klösterliche Überlieferung, erwachsen aus dem Totengedenken an die Stifter des Klosters und die Vorfahren des Konvents, die gleichfalls von den Anfängen des Klosters erzählt. Es muß freilich beunruhigen, daß zwischen den Berichten aus der Klostertradition und dem Bild, das die Geschichtswissenschaft von denselben Vorgängen zeichnet, einige Diskrepanzen bestehen.

Nach Auffassung der Historiker ist das Kloster St. Marienstern als Familienstiftung der Herren von Kamenz 1248 entstanden. Dagegen kennt und verehrt der Konvent bis auf den heutigen Tag nur einen einzigen Gründer: Bernhard (III.) von Kamenz. Neben dieser beherrschenden Gestalt steht Bernhards Neffe Heinrich, der als Vertrauter und Helfer des Stifters gilt.[1] Diesen beiden Männern wurden 1629, nach der Öffnung ihrer Gräber und der Erneuerung der Gruft, Grabsteine in der Kirche gesetzt. Nur sie erscheinen als Stifter im Totenbuch von 1637, das die älteren, im Dreißigjährigen Krieg untergegangenen Nekrologien ersetzte. Die urkundlich gesicherte Äbtissinnenreihe setzt 1264 mit Elisabeth ein. Die klösterliche Überlieferung weiß aber noch von zwei Vorgängerinnen dieser Äbtissin, die beide Schwestern des Stifters gewesen sein sollen. Das Totenbuch berichtet, die erste Äbtissin sei Amabilia gewesen, „und ist im Spittel begraben"; die zweite habe Agnes geheißen. Die älteste Darstellung der klösterlichen Gründungsgeschichte, die bislang im Klosterarchiv aufgefunden werden konnte, ist undatiert und stammt der Schrift nach aus dem 17. Jahrhundert.[2] Zweifellos fußt sie auf chronikalischen oder annalistischen Aufzeichnungen des Mittelalters; denn die Mitteilungen sind zu präzise, als daß sie lediglich aus vager mündlicher Weitergabe erwachsen sein könnten. Das Verdienst der Klostergründung wird in diesem Bericht einer einzigen Person, Bernhard von Kamenz, dem nachmaligen Bischof von Meißen, zugeschrieben. Es heißt, man habe mit dem Bau des Klosters am heutigen Standort 1264 begonnen und sei 1284 damit zu Ende gekommen. Erst damals seien die Nonnen aus einem alten, vor der Stadt Kamenz gelegenen Kloster nach Marienstern übersiedelt. Bernhard habe die Vollendung seines Werkes um 37 Jahre überlebt und sei 1321 gestorben. In ähnlicher Form findet sich die Gründungsgeschichte in dem 1661 zu Prag gedruckten Buch „TODES-Seuffzer, Sampt Christlicher Zubereitung zu einem seligen Hinscheiden.[3] Christian Augustin Pfaltz, Domherr zu Prag und zu Bautzen, Dekan zu Friedland und ein bedeutender Theologe seiner Zeit, hat dieses Werk der Mariensterner Äbtissin Anna Margaretha Dorn gewidmet und vermutlich in ihrem Auftrag verfaßt. Pfaltz war die Quelle für fast alle Darstellungen des 17. und 18. Jahrhunderts.[4] In seinem Buch ist auch erstmals in gedruckter Form die Gründungslegende überliefert. Danach soll Bernhard, auf der Jagd in die Irre geraten, im Morast versunken sein und in Todesnot das Gelübde abgelegt haben, im Falle seiner Rettung ein Kloster zu gründen. Da sei ihm der Morgenstern erschienen, das Zeichen der Jungfrau Maria, und er habe wieder festen Grund unter den Füßen gefunden. Von historischem Interesse ist diese Legende zum einen, weil sie den wichtigsten zisterziensischen Gründungstopos – denjenigen von der Errichtung der Zisterze in unwegsamer Wildnis[5] – aufgreift und variiert, zum anderen, weil sie ganz auf die Person eines einzigen Gründers, eben Bernhards von Kamenz, zugeschnitten ist. Gegenüber diesem erst im 17. Jahrhundert faßbaren, zweifellos aber älteren Traditionsbestand bietet der Kamenzer Chronist Caspar Haberkorn einige bemerkenswerte Zusätze. In seiner 1589 entstandenen Chronik entspricht die Darstellung der Ereignisse von 1264 und 1284 ganz der Klostertradition. Darüber hinaus aber weiß er zu berichten, daß das alte, vor Kamenz gelegene Kloster 1249 von Mabilia, der Witwe Bernhards von Kamenz, und ihren Söhnen Witego und Bernhard von Kamenz gegründet worden sei. Es habe an der Stelle gelegen, wo jetzt das Kamenzer Spital und die Maria-Magdalenen-Kirche zu finden seien. Dieses Spital habe Bernhard, der Stifter von St. Marienstern, 1295 gegründet, nachdem er den Platz von Marienstern gekauft hätte.[6]

Eine Kritik an der mit Legenden umrankten klösterlichen Überlieferung setzte schon im 18. Jahrhundert ein.

Johann Benedikt Carpzov wies 1719 darauf hin, daß nicht Bernhard allein das Kloster St. Marienstern gegründet habe, sondern daß er in einer Urkunde der Markgrafen von Brandenburg von 1264 lediglich als einer von drei Stiftern genannt werde. Er stellte auch mit Berufung auf meißnische Quellen als erster richtig, daß Bernhard nicht 1321 – wie es auf seiner Grabplatte und in allen älteren Darstellungen heißt –, sondern bereits 1296 gestorben war.[7] Eine neue Epoche wissenschaftlicher Beschäftigung mit der Klostergeschichte eröffnete 1871 Hermann Knothe mit seiner schon im Titel programmatischen „Urkundlichen Geschichte des Jungfrauen-

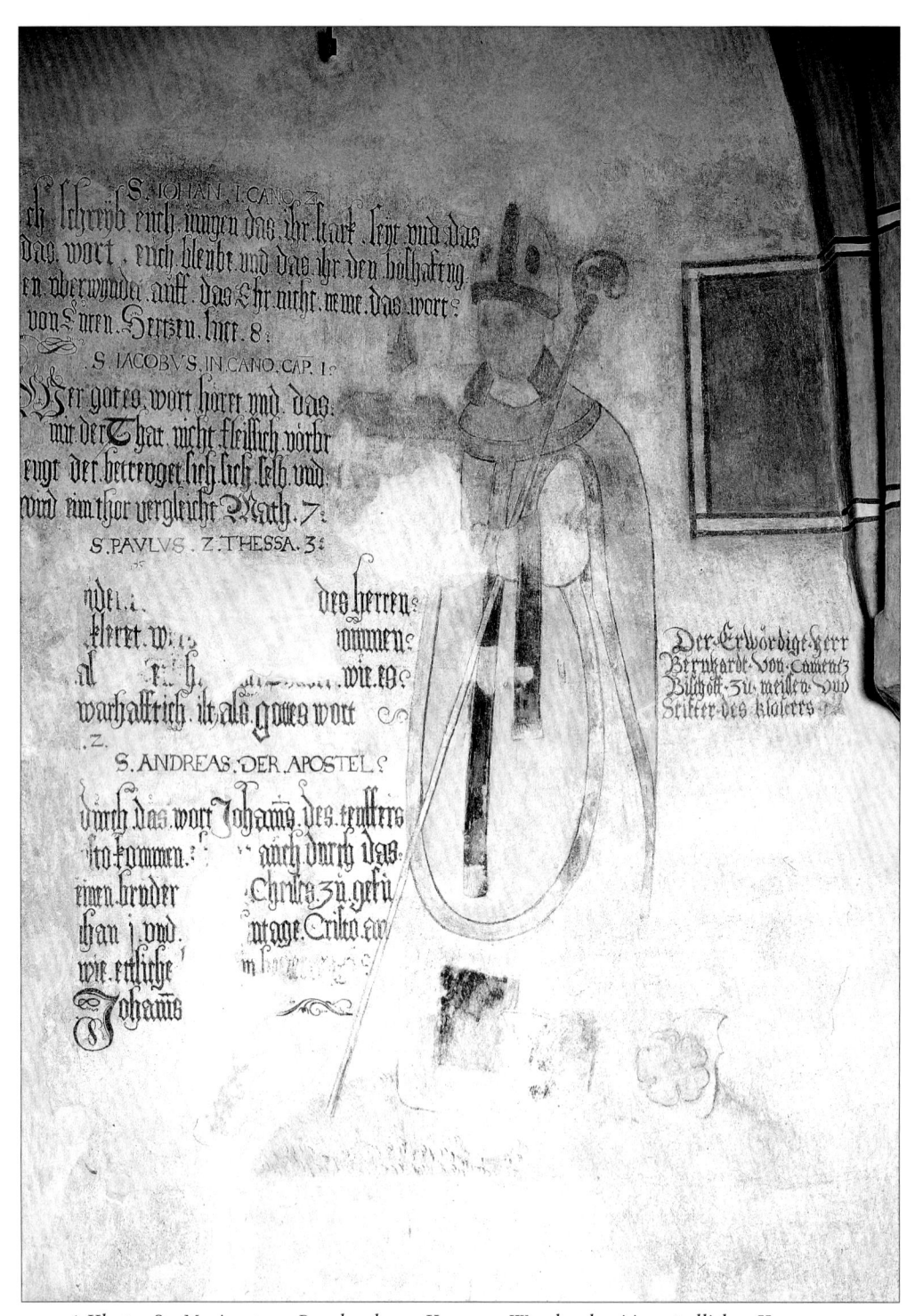

1 Kloster St. Marienstern. Bernhard von Kamenz. Wandmalerei im nördlicher Kreuzgang

klosters Marienstern". Knothe wertete erstmals die reiche urkundliche Überlieferung im Klosterarchiv aus. Seine Darstellung der Gründungsgeschichte stellt die von ihm sogenannte „Stiftungsurkunde" von 1248 in den Mittelpunkt, die jahrhundertelang im Kloster gelegen hatte, ohne Beachtung zu finden. Nach Knothes Ansicht, die seitdem Allgemeingut der Forschung[8] geworden ist, wurde das Kloster 1248 von den Brüdern Witego, Bernhard (III.) und Bernhard (IV.) im Verein mit ihrer Mutter Mabilia und ihren Schwestern als eine Familienstiftung der Herren von Kamenz gegründet. Bereits 1259 war es baulich weitgehend vollendet. Wesentliche Verdienste um St. Marienstern kommen Bernhard III. von Kamenz zu, der die Ausstattung des Klosters um einiges erweiterte und ihm als Propst, später Bischof von Meißen zahlreiche Wohltaten erwies. Er war, so Knothe, „die eigentliche Seele, von welcher die Gründung ausging"[9], und so sei es durchaus berechtigt, wenn das Kloster in ihm den eigentlichen Stifter verehre. Die Überlieferung, daß die Nonnen aus einem vor den Mauern der Stadt Kamenz gelegenen Kloster erst 1284 nach Marienstern übersiedelt seien, wies Knothe mit Berufung auf die Urkunden zurück. Allenfalls sei es denkbar, daß sie sich bis etwa Mitte der fünfziger Jahre in dem dortigen Spital (das ihnen seit 1248 gehörte) aufgehalten hätten.[10]

Die Urkunden des Klosterarchivs sind bis auf den heutigen Tag nur unvollständig publiziert.[11] Manche Nachrichten sind lediglich in der gekürzten, nacherzählenden Wiedergabe in Knothes „Urkundlicher Geschichte" allgemein greifbar. Ein Vergleich mit den Originaltexten, der meinem Kollegen Marius Winzeler und mir in den letzten Monaten ermöglicht wurde, bietet nun doch einige interessante Ergänzungen. Die Durchsicht des Bestandes ergibt zudem, daß Knothe nicht alle Urkunden aus der Frühzeit des Klosters kannte bzw. für seine Darstellung ausgewertet hat. Die Quellenfunde lassen es geraten erscheinen, die Angelegenheit noch einmal aufzurollen, die Handlungen und Motive der beteiligten Personen neu zu untersuchen und namentlich zu prüfen, ob nicht doch in der klösterlichen Überlieferung mehr historische Wahrheit steckt, als man ihr bislang zuerkennen wollte.

Die Familienstiftung in Kamenz

Die Geschichte des Klosters St. Marienstern beginnt nicht erst mit der Gründungsinitiative der drei Brüder von Kamenz von 1248. Bereits über zwanzig Jahre früher hatte ihr Vater Bernhard II. Verbindung mit dem Zisterzienserorden geknüpft. Er hatte ein Bittgesuch („petitio") an das Generalkapitel gerichtet, dort vermutlich vorgetragen von einem ihm befreundeten Abt, und seine Absicht bekundet, ein Zisterzienserkloster gründen zu wollen.[12] Die Angelegenheit wurde auch befaßt, und man trug den Äbten von Doberlug und von Altzella auf, sich in eigener Person an den vorgeschlagenen Platz zu begeben und zu prüfen, ob dieser für den Klosterbau geeignet sei. Beim folgenden Generalkapitel sollten sie Bericht erstatten. Das Kloster Bernhards II. wäre das erste in der Oberlausitz gewesen. Zweifellos war an ein Männerkloster gedacht; die Angelegenheit wäre sonst kaum in dieser Form auf dem Generalkapitel behandelt worden.[13]

Die Beteiligung des Abtes von Doberlug spricht dafür, daß damals ein Ort im nördlichen Kolonisationsgebiet ins Auge gefaßt war, in einer Gegend, die ähnliche Wirtschafts- und Siedlungsvoraussetzungen bot wie diejenigen, unter denen das stark im Landesausbau engagierte Kloster Doberlug existierte. Wahrscheinlich war ein Platz in der Gegend von Wittichenau im Gespräch; auch noch 1248 dachte man an diese Gegend. Es wäre ferner daran zu denken, daß die beiden Äbte nicht nur als Sachverständige gefragt waren, sondern daß das geplante Kloster eine Filiation entweder von Altzella oder von Doberlug werden sollte. Beide Klöster waren in der ersten Hälfte des 13. Jahrhunderts stark genug, Mönche für eine Neugründung abzugeben, in beiden wurden damals entsprechende Pläne gehegt. Wenige Jahre später (vor 1239) erhielt Doberlug von Herzog Wladislaw von Großpolen 500 Hufen an der Obra mit dem Auftrag, hier einen Marktflecken nach deutschem Recht, Dörfer und ein Kloster zu gründen. Hieraus entstand, nach einer Verlagerung des Ortes, das Kloster Blesen. In Altzella scheiterten 1255 Pläne, eine Filiation in Seußlitz zu gründen; aus dieser Initiative ging am Ende Neuzelle hervor, ein gleichfalls in unbesiedeltem Land ausgesetztes Kloster.[14]

Um den Ehrgeiz der Absichten Bernhards II. ermessen zu können, muß man sich die damaligen Verhältnisse in der Herrschaft Kamenz vor Augen führen.[15] Diese bestand damals erst seit etwa dreißig Jahren. Kurz vor 1200 war Bernhards gleichnamiger Vater ins Land gekommen. Die Familie von reichsministerialischem Stand hatte ihren namensgebenden Sitz im osterländischen Vesta, gelegen neun Kilometer saaleabwärts von Weißenfels. Sie war wahrscheinlich ein Seitenzweig der Kiesling, eines aus Oberfranken stammenden Geschlechts, das in den Jahrzehnten um 1200 gleichfalls an der Saale, im Raum Merseburg – Naumburg – Zeitz, wiederholt nachzuweisen ist.[16] Die Herren von Vesta haben sich in der zweiten Hälfte des 12. Jahrhunderts in der Markgrafschaft Meißen ausgebreitet; sie haben Güter bei Colditz, Lommatzsch und Meißen erhalten, Lehen von den Markgrafen und wohl auch von den Bischöfen von Meißen angenommen. Den Grundstock ihres Besitzes in der Oberlausitz dürften sie als Lehen von König Ottokar I. von Böhmen, dem damaligen Landesherrn des Landes Bautzen, erlangt haben. Sie fanden das slawische Dorf Kamenz vor, gelegen an der Hohen Straße, an einer vielbegangenen Furt über die Schwarze Elster. Die Siedlung ist wohl als Mittelpunkt des 1225 erwähnten Burgwards anzusprechen und hatte vielleicht schon erste niederlassungswillige Kaufleute angezogen.[17] Hier errichtete Bernhard I. seine Burg, baute eine neue Kirche[18] und gründete eine Stadt, nach welcher seine Nachkommen ihren Namen trugen. Die Urkunde, die uns hierüber informiert,[19] schweigt über Bernhards zweifellos größte Verdienste. Unter seiner Herrschaft, dann der seiner Söhne und Enkel, ist der Landesausbau im Kamenzer Raum mächtig vorangetrieben worden. Hiervon künden unmittelbar Ortsnamen, die aus den Personennamen der Herren von Kamenz Bernhard, Witego und Konrad und mit ihrem alten Familiennamen Kiesling gebildet sind,[20] ferner die umfangreichen Eigenbesitzungen, die sie – neben ihren landesherrlichen Lehen – um die Mitte des 13. Jahrhunderts besaßen. Wahrscheinlich sind die Herren von Vesta nicht allein, sondern im Verein mit anderen Reichsministerialen in die Oberlausitz gekommen. Erst nach der Mitte des 13. Jahrhunderts lassen die Quellen die Besitzstruktur in den Kamenzischen Landen erkennen. Damals lagen die Güter der Herren von Kamenz in den Ausbaugebieten am Klosterwasser und auf dem Eigen in dichtem, fast unentwirrbarem Gemenge mit den Besitzungen der Herren von Schönburg. Diese Verhältnisse werden sich teilweise auf Erbteilungen, hauptsächlich aber auf gemeinsame Siedeltätigkeit zurückführen lassen.[21] Am Werk der Kolonisation waren auch die Herren von Burg Liebenau beteiligt, die freilich bald wieder aus den oberlausitzischen Quellen verschwinden und in ihr Ursprungsgebiet zurückgekehrt zu sein scheinen.[22]

Bernhard I. ist zwischen 1216 und 1220 gestorben. Er mag noch die Brandkatastrophe in Kamenz erlebt haben, deren Folgen zu beseitigen seinem Sohn Bernhard II. aufgegeben war. In wenigen Jahren hat dieser tatkräftige Mann die Stadt an anderer Stelle wiederaufgebaut, die Kirche neu errichtet, ihren Sprengel und ihre Ausstattung erweitert. 1225 war eine wichtige Etappe erreicht. Bernhard ließ sich vom Meißner Bischof die neue Einrichtung der Kamenzer Pfarrei urkundlich bestätigen und ging gleichzeitig daran, sein Lebenswerk mit der Gründung eines Klosters zu krönen, ein Vorhaben, das vermutlich schon seit längerem, vielleicht seit Generationen in der Familie umgegangen war.[23] Beeindruckend ist die Zielstrebigkeit und die Geschwindigkeit, die er dabei an den Tag legte. Schon bei der geradezu üppig zu nennenden Ausstattung der Kamenzer Pfarrei dürfte daran gedacht worden sein, einen Teil dieser Einkünfte für die Klostergründung nutzbar zu machen. Und dennoch ist diese gescheitert; wir wissen nicht, warum. Vielleicht haben die inspizierenden Äbte die Zustimmung für eine Klostergründung an dem ins Auge gefaßten Platz verweigert. Vielleicht hat das Siedelwerk, das in diesen Jahren auf seinem Höhepunkt angelangt sein dürfte, alle Kräfte der Herrschaft Kamenz beansprucht. Das Projekt hat Bernhard aber zweifellos zeitlebens nicht aufgegeben. Daß bereits 1248, wenige Jahre, wenn nicht nur Monate nach seinem Tod,[24] die Beurkundung einer Klosterstiftung dann doch vorgenommen werden konnte, läßt vermuten, daß er die Planungen bis unmittelbar zur Verwirklichung weitergeführt und auf dem Totenbett seinen Erben anheimgegeben hatte. Aus der Reihe der Vorfahren, deren Seelenheil das Kloster dienen sollte, wird sein Name in der Urkunde hervorgehoben. Er dürfte auch dafür gesorgt haben, daß ein Gründungskonvent bereitstand. Denn zur ersten Ausstattung des 1248 geplanten Zisterzienserklosters gehörte das Kamenzer Hospital, das vermutlich von Bernhard II. gegründet worden war, und die weitere Entwicklung läßt kaum Zweifel daran, daß es von Anfang an als Keimzelle und Sammelort für einen klösterlichen Konvent gedacht war.

1248 also gingen Bernhards Erben ans Werk. Im März trafen seine drei Söhne eine Vereinbarung mit dem Pfarrer ihrer Kirche in Crostwitz und entschädigten ihn mit einer lebenslänglichen Rente dafür, daß seine Pfarreinkünfte künftig an ein Kloster fallen würden.[25] Im Oktober wurde dann die sogenannte Stiftungsurkunde ausgestellt.[26] Diese Urkunde weist nun eine Reihe von Merkwürdigkeiten auf:

1. Während die Gründung eines Klosters in der Regel erst beurkundet wird, wenn das Gründungswerk bereits weitgehend vollendet ist, war hier mit dem Bau noch nicht begonnen worden. Ja, nicht einmal die Frage nach dem Standort war vollständig geklärt: Das neue Kloster sollte in der Nähe von Wittichenau errichtet werden, an einer Stelle, welche die Stifter noch als geeignet ausweisen würden. Die Urkunde enthält, genau betrachtet, nicht mehr als eine feierliche Absichtserklärung („claustrum ... construere proponimus"). Noch ein knappes Jahr später, im Juli 1249, als Bischof Konrad von Meißen dem Vorhaben seinen Segen gab,[27] war über den Ort des geplanten Baus nicht entschieden. Der Bischof ließ die Frage offen, ob das Kloster auf Eigen- oder Lehngut errichtet werden solle.

2. Bei der Ausstattung des Klosters steuerten die Erben Bernhards II. keinerlei Beiträge aus eigenem Besitz bei. Es wurde lediglich eine Vermögensübertragung von bereits bestehenden kirchlichen Einrichtungen vorgenommen, indem das Kamenzer Spital, die Kirchen von Crostwitz und Kamenz zu einem Stiftungskapital zusammengefaßt wurden.

3. Nicht nur die Söhne und Erben waren an dem Stiftungswerk beteiligt, sondern auch ihre Mutter Mabilia und ihre Schwestern. Dieser Umstand ist um so bemerkenswerter, als die Frauen gleichberechtigt mit den männlichen Erben als aktive Mitstifter erscheinen. Ihre formale Zustimmung aus erbrechtlichen Gründen war nicht erforderlich, da ja das Familienvermögen überhaupt nicht angegriffen wurde. Als sich die Stifter ein

Jahr später mit der Bitte um Bestätigung ihrer Absicht an den Bischof wandten, wird Mabilia sogar als erste, noch vor ihren Söhnen, genannt.

4. Zweifellos damit im Zusammenhang steht, daß man sich nun in Abänderung der Pläne Bernhards II. von 1225 zur Gründung eines Frauenklosters entschieden hatte.

5. Obwohl man noch nicht einmal wußte, wo das neue Kloster liegen sollte, war ausgemacht, daß es dem Zisterzienserorden angehören sollte. Die Klarheit und Eindeutigkeit dieser Absicht überrascht, wenn man bedenkt, wie zögerlich das Generalkapitel damals bei der Aufnahme von Frauenklöstern verfuhr. Außer Marienthal hat keine der mitteldeutschen Frauenzisterzen von Anfang an dem Orden angehört. Die übrigen zisterziensisch orientierten Konvente haben sich erst lange, oft Jahrzehnte nach ihrer Gründung dem Orden zugewandt; die meisten von ihnen schwankten in ihrer Ordenszugehörigkeit und waren als zisterziensisch formal nie anerkannt.

Zusammengefaßt ergibt sich folgendes Bild: Hinter dem Gründungsunternehmen stand der Geist des verstorbenen Bernhards II. Es war sein Vermächtnis zu vollenden, was ihm mißglückt war, nämlich ein Kloster zu gründen, das dem Zisterzienserorden angehören sollte. Seine Söhne trugen wenig, jedenfalls nichts Materielles dazu bei. Umso deutlicher tritt der Anteil seiner Witwe und seiner Töchter an dem Unternehmen hervor. Die Gründungsinitiative von 1248 dürfte daher zu den zahlreichen mitteldeutschen Klosterfundationen zu rechnen sein, bei denen Frauen, erfaßt von der Frömmigkeitsbewegung der Zeit, die treibenden Kräfte waren. In mehreren dieser Fälle gingen die klösterlichen Konvente aus freien, zisterziensisch gesonnenen Frauenvereinigungen hervor, mit denen weibliche Angehörige der Stifterfamilie in Verbindung standen,[28] und daß ein Hospital den Ausgangspunkt der Klostergründung bildete, ist gleichfalls nicht ohne Beispiel.[29] Denn dies war bei Marienstern der Fall. Die Beweise für die Stichhaltigkeit der Mariensterner Überlieferung, das Kloster sei ursprünglich beim Kamenzer Spital gegründet worden, sind überwältigend. Das Spital in Kamenz war nicht nur ein vorübergehender Zwischenaufenthalt des Konvents; es hat als regelrechtes Kloster lange, wahrscheinlich bis in die 1280er Jahre gedient. Noch um 1375 wußte der Rat der Stadt Kamenz von seinem Spital zu sagen, „das zcum irsten aussatcze eyn closter doselbyns hat gelegen".[30] 1315 teilte Witego II. in einer Urkunde mit, das jetzige Spital habe seinen Ursprung im Kloster Marienstern („predictum hospitale a claustro Stelle sancte Marie sue fundacionis usque in hunc diem habuit originem et assumpsit").[31] Letzte Zweifel aber zerstreut die Aussage Bernhards III. von Kamenz, des wohl berufensten Zeugen. Dieser teilte in

2 Kamenzer Spital. Ansicht um 1830, Lithographie aus der Oberlausitzer Kirchengalerie

einer bislang unpublizierten Urkunde von 1295 mit, er habe ein neues Spital vor den Mauern der Stadt Kamenz gegründet und diesem das Grundstück übereignet, auf dem dereinst das alte Kloster stand („extra muros civitatis Kamenz hospitale fundavimus infirmorum, cui aream in qua claustrum antiquum situm fuerat ... comparavimus ... et dedimus").[32]

Neubeginn am Klosterwasser

Zwischen 1249 und 1259 fehlen Nachrichten über den Fortgang der Gründungsinitiative. Nichts spricht dafür, daß es zu Bauarbeiten am Klosterwasser, beim nachmaligen Kloster St. Marienstern, unmittelbar nach 1248 schon gekommen ist. Die damals bereitgestellte Ausstattung kann – nach Abzug der Mittel für den Bedarf der Pfarreien Kamenz und Crostwitz – allenfalls ausgereicht haben, einen schon behausten Konvent mit bescheidenem Aufwand zu erhalten. Zum Neubau einer Klosteranlage und einer Kirche hätte die Stifterfamilie erhebliche zusätzliche Mittel zur Verfügung stellen müssen. Dies unterblieb offenbar zunächst. Den weiteren Gang der Dinge wird man sich so vorzustellen haben: Als sich die Haltlosigkeit des Planes erwies, bei Wittichenau ein Kloster zu bauen, verblieb die Frauengemeinschaft beim Kamenzer Spital oder sie wurde – sollte der Konvent erst 1248 versammelt worden sein – nun dort angesiedelt. Der Zisterzienserregel folgend schlossen sich die Frauen ab. Die Stätte wurde zum claustrum; das Spital ging ein. Schon 1264 ist es – bei der Zusammenstellung der Besitzungen des Klosters Marienstern – nicht mehr erwähnt, und als 1295 Bernhard III. den Spitalbetrieb an der alten, nun ganz verwaisten Stelle wieder aufleben ließ, bezeichnete er dies als Neugründung. Die Initiative von 1248 hatte lediglich dazu geführt, daß, wie vielerorts zu dieser Zeit, vor den Mauern der Stadt eine zisterziensisch gesonnene Frauengemeinschaft sich gebildet und bescheidene, klosterähnliche Unterkünfte bezogen hatte. Hier dürften die beiden 1248 erwähnten Schwestern, die nach der klösterlichen Überlieferung Mabilia und Agnes hießen, eingetreten sein und nacheinander die Leitung übernommen haben. Sie führten bereits den Titel von Äbtissinnnen.[33] Es hat den Anschein, als hätten sich Witego und der jüngere Bernhard mit dem Stand der Dinge abgefunden. Alle weiteren Schritte gingen nun von dem mittleren der drei Brüder aus, von Bernhard III.

Bis in die 1250er Jahre lassen die Quellen eigene, über das Familieninteresse hinausgreifende Handlungen und Absichten Bernhards III. nicht erkennen. Dies mag vorwiegend wirtschaftliche Gründe gehabt haben. Denn vermutlich lebten die Brüder nach dem Tod ihres Vaters zunächst in Gütergemeinschaft. Wohl erst nach 1250 kam es zu einer Aufspaltung des Familienbesitzes. Wie die Erbteile zusammengesetzt waren, läßt sich aus späteren Nachrichten in etwa erschließen.[34] In der zweiten Hälfte des 13. Jahrhunderts zerfiel der vordem einheitliche Kamenzer Besitz in drei große, räumlich getrennte Komplexe: das Kamenzer Land, in dem die Söhne Witegos herrschten, das Eigen, das den Söhnen des jüngeren Bernhards zugefallen war, und das Land am Klosterwasser, das sich – so weit es ehemals den Herren von Kamenz unterstanden hatte – jetzt im Besitz des Klosters befand. Danach zu urteilen, hat man bei der Erbteilung unter den drei Söhnen Bernhards II. die geographische, historische und rechtliche Gliederung des Familienbesitzes zugrunde gelegt. Witego, der älteste, erhielt die Stammherrschaft im Westen, mit Burg und Stadt Kamenz, die zum größten Teil Lehen des Landesherrn war. Den Kern dieses Besitzes bildete der Sprengel der Kamenzer Kirche, umgeben von einem Kranz von Vasallengütern. Der jüngere Bernhard erlangte das Eigen, ein geschlossenes, ehemals dem Bischof von Meißen zuständiges, weit östlich im Görlitzer Landesteil gelegenes Gebiet. Den herrschaftlichen Mittelpunkt stellte Bernsdorf (später: Bernstadt) dar, das von Bernhard I. oder II. gegründet worden war und das sich damals zur Stadt entwickelte. Im Umkreis von Bernstadt wurden in großen Waldhufendörfern deutsche Siedler angesetzt und eine ältere slawische Besiedlung völlig überformt.[35] Der jüngere Bernhard hat hier eine selbständige Herrschaft errichtet; seine Söhne legten den Namen „von Kamenz" ab und nannten sich „von Bernsdorf". Das Land am Klosterwasser, das Bernhard III. zugesprochen wurde, bildete geographisch gleichfalls eine geschlossene Einheit. Dieses Gebiet besaßen die Herren von Kamenz zu freiem Eigen. Lediglich eine altbesiedelte Zone im Süden an der Hohen Straße unterstand der Lehnsherrschaft des Landesherrn. Zwar fand auch am Klosterwasser eine deutsche Zuwanderung statt, die sich etwa im Namen des Dorfes Dörgenhausen niedergeschlagen hat, doch scheint die Kolonisation überwiegend aus Kräften der autochthonen Bevölkerung gespeist worden zu sein. Ältere slawische Siedlungskerne blieben kenntlich, slawische Rechtsverhältnisse erhielten sich zum Teil noch bis an das Ende des Mittelalters.[36] Auch dieser Teil des Kamenzer Besitzes hatte mit Wittichenau ein vorstädtisches Zentrum, das als Herrschaftssitz eines eigenständigen Kamenzer Familienzweiges prädestiniert gewesen wäre.

Der ältere Bernhard muß zuerst sein Erbe und danach eine geistliche Laufbahn angetreten haben; denn als geweihte Person wäre er nicht erbberechtigt gewesen. Erst jetzt tritt er, der damals wohl schon ein Mann mittleren Alters war,[37] als eigenständig handelnde Persönlichkeit aus dem Familienverband hervor. Etwa gleichzeitig mit seiner Hinwendung zum geistlichen Stand entschied er, seinen Teil des Erbes darauf zu verwenden, die im Ansatz steckengebliebene Klostergründung doch noch zu bewerkstelligen. Nicht erst die Klostertradition des 17. Jahrhunderts billigt alle Verdienste um die Gründung des Klosters St. Marienstern Bernhard III. zu. Schon in einer Urkunde von 1261 wird er „monasterii fundator" genannt. Ausdrücklich sagten Bischof Albert von Meißen 1263 von ihm, er habe das Kloster erbaut, und 1264 die Äbte von Pforta und Ossegg, er habe es erbaut und ihm den Namen Marienstern gegeben.[38] Bernhard selbst hat sich dessen gerühmt.[39] Man darf vermuten, daß seine Brüder diese Entscheidung zwar notgedrungen hinnahmen, nicht aber begrüßten; denn damit war der zentral gelegene Teil der kamenzischen Ländermasse, der andernfalls bei Bernhards Tod an sie oder ihre Söhne zurückgefallen wäre, herausgebrochen und ein für allemal für die Familie verloren. Witego, der jüngere Bernhard und ihre unmittelbaren Nachkommen haben zum Kloster eine auffällige Distanz gehalten, die zu Zeiten in offene Feindschaft, ja gewaltsame Übergriffe auf klösterliche Besitzungen umschlug. Die einzige Ausnahme stellt Heinrich dar, der jüngere Sohn Witegos I., der wiederholt in Mariensterner Urkunden als Zeuge auftritt und zu Beginn des 14. Jahrhunderts zwei, freilich bescheidene Schenkungen tätigte.[40] Die Klosterüberlieferung, die in Heinrich den engsten Vertrauten Bernhards und einen Wohltäter des Klosters sehen will, hat zweifellos hierin ihre Ursache und historische Berechtigung. Außer Heinrich hat keiner der Herren von Kamenz aus der Generation Bernhards III. oder aus der folgenden dem Kloster nach 1248 irgendwelche Zuwendungen gemacht.[41] Namentlich zu seiner Neuausstattung und zweiten Gründung, jetzt am Klosterwasser bei Kuckau, haben sie nichts beigesteuert.

Der Vorgang dieser Gründung wird in zwei Urkunden von 1264 dargestellt, die komplementären Inhalt bieten und die man zusammen lesen muß. Aussteller der einen waren die Markgrafen von Brandenburg als Landesherren der Oberlausitz, die der anderen die Äbte von Ossegg und Pforta als Bevollmächtigte des Generalkapitels.[42] Die Urkunde der beiden Äbte behandelt die Aufnahme von St. Marienstern in den Zisterzienserorden. Sie spricht den vorliegenden Sachverhalt unmittelbar aus: Es sei Bernhard gewesen, der das Kloster erbaut und ihm den Namen Marienstern gegeben habe („quod nobilis vir dominus Bernardus senior de Khamenz coenobium construxit, Stellam quod Sanctae Mariae nominavit"); seine beiden Brüder hätten lediglich ihre Zustimmung erteilt. Bernhard allein hatte denn auch die Aufnahme des Klosters ein Jahr zuvor beim Generalkapitel beantragt.[43] Dagegen sprechen die Markgrafen Johann und Otto von Brandenburg in ihrer Urkunde von der Neugründung der drei Brüder von Kamenz, die sie auf deren Bitten unter ihren Schutz genommen hätten („novellam planta-tionem eorum quod Stella sancte Marie dicitur"). Auf den individuellen Anteil der Brüder an diesem Stiftungswerk wird nicht näher eingegangen. Daß Witego und der jüngere Bernhard zusammen mit dem eigentlichen Klosterstifter genannt werden, war nun aus zwei Gründen unerläßlich. Zum einen war das Kloster bei Kuckau ja keine völlig neue Einrichtung, sondern lediglich die Fortführung des Kamenzer Spittelklosters an anderem Ort. Erst jetzt wurde die 1248 gemachte Zusage eingelöst und ein neues Kloster gebaut, in welches der nun schon lange bestehende Konvent einziehen würde und das die 1248 ausgesetzte Dotierung übernehmen sollte. Die Stifter von 1248, soweit sie noch lebten, waren also hinzuzuziehen. Zum andern bedurfte es der Mitwirkung aller drei Brüder, damit die Markgrafen dem Kloster diejenigen der ihm zugedachten Besitzungen rechtmäßig zustellen konnten, die landesherrliche Lehen waren. Denn dies war das wichtigste Element in dem beurkundeten Rechtsvorgang. Die Belehnung der Herren von Kamenz durch den Landesherrn dürfte „zu gesamter Hand" ergangen sein,[44] d.h. Lehnsempfänger waren nicht nur einzelne, sondern alle erbberechtigten männlichen Angehörigen des Geschlechtes. Sie alle – und nicht nur derjenige von ihnen, der auf Grund familieninterner Vereinbarungen zur Zeit über den Besitz verfügte – mußten das Lehen dem Lehnsherrn auflassen, bevor dieser es neu vergeben konnte.

Daß die Gründung des Klosters am Klosterwasser tatsächlich ausschließlich das Werk des älteren Bernhard war, ergibt sich aus der Herkunft der nun dem Kloster neu übertragenen Güter, die in der Markgrafenurkunde vollständig aufgelistet sind. Dieser Besitz gliederte sich geographisch in drei Gruppen:

1. Die Güter am Klosterwasser (Wittichenau mit dem dabeigelegenen Neudorf und jeweils die Hälfte der Dörfer Dörgenhausen, Kotten, Kunnewitz, Ralbitz, Crostwitz, Kuckau und Tschaschwitz sowie einige Zehnte aus diesen Orten) bildeten eine zusammenhängende Einheit und die Hauptmasse des Klosterbesitzes. Man wird hierin den Erbteil Bernhards III. sehen können, den er – wie die Urkunde der beiden Zisterzienseräbte bezeugt – in Gänze dem Kloster übereignet hatte („nobilis Bernardus omnia bona tam mobilia quam immobilia que ad se iure hereditario pertinebant, quin etiam et illa que propriis sumptibus vel pecunia comparaverat accedente consensu fratrum et coherendum suorum contulit sollempniter et appropriavit cenobio memorato").

2. Einige kleinere verstreute Besitzungen lagen im Kamenzer Land, dem Erbteil Witegos (ein Vorwerk und Zinse im Dorf Wiesa, Zins von einer Mühle in Reinhardsdorf, vier Fleischbänke in Kamenz und das ganze Dorf Jesau). Doch auch bei diesen Gütern dürfte es sich um Erbstücke oder spätere Erwerbungen Bernhards gehandelt haben. Denn wir erfahren aus einer späteren

Urkunde⁴⁵, daß es Bernhard war, der das Dorf Jesau, gerade den wertvollsten Klosterbesitz im Kamenzer Land, für Marienstern käuflich erworben hatte.

3. Einen räumlich zusammenhängenden, kleinen, aber hochwertigen Komplex besaß das Kloster auf dem Eigen, im Herrschaftsbereich des jüngeren Bernhard (jeweils 20 Hufen in Schönau und den beiden Kiesdorf sowie einen Wald). Die Güter waren aber nicht durch Schenkung an das Kloster gelangt, sondern dieses hatte sie mit eigenem Geld von den Herren von Kamenz gekauft („que vero nunc subsecuntur, memoratum cenobium sua pecunia a dominis sepedictis comparavit iure proprietatis liberrime possidenda"), mit Geld, das nach Lage der Dinge freilich nur unmittelbar von Bernhard oder aus Zinseinkünften von dessen Gütern stammen konnte.

Der Konvent war jetzt auf eine völlig neue wirtschaftliche Grundlage gestellt. Denn darum hatte es zuvor nicht zum besten gestanden. 1263 hatten Bischof Albert und das Domkapitel von Meißen die Einnahmen des Konvents empfindlich beschnitten, indem sie die 1248 vollzogene Inkorporation der Pfarrei Kamenz in das klösterliche Stiftsvermögen zum Teil wieder aufhoben und einen bestimmten Teil der Pfarreinkünfte, wohl etwa die Hälfte, dem Pfarrer zusprachen.⁴⁶ Eine ähnliche Regelung muß auch hinsichtlich der Kirche in Crostwitz getroffen worden sein.⁴⁷ Gegenüber dem solcherart verminderten Altvermögen des Konvents hatte die 1264 beurkundete Neudotierung einen etwa dreifachen Wert.⁴⁸ Von noch größerer Bedeutung dürfte freilich gewesen sein, daß der Konvent nicht mehr wie zuvor fast ausschließlich auf Zehnteinkünfte angewiesen war, zu deren Eintreibung immer die Mitwirkung der weltlichen Herrschaft nötig war. Das Kloster verfügte nun selbst über Zinshufen in erheblichem Umfang und erst jetzt über Geldeinkünfte in nennenswerter Höhe. Es besaß ganze Dörfer, einschließlich der Niedergerichtsbarkeit, und Halbteile von Dörfern, deren vollständiger Erwerb für die Zukunft zu hoffen stand. Die Landesherren gewährten ihm die hohe Gerichtsbarkeit über seine Güter. Marienstern hatte sich aus der Abhängigkeit von der Stifterfamilie gelöst; das Kloster war selbst Herrschaft geworden.

Die Großzügigkeit, die Bernhard gegenüber seiner Stiftung an den Tag legte, mag den Orden veranlaßt haben, ihm ein bemerkenswertes Zugeständnis zu machen: Er solle auch nach Vollzug seiner frommen Stiftung über Zinserträge aus dem Stiftungsgut in Höhe von jährlich 100 Mark nach freiem Belieben („pro beneplacito suo et dispositione") verfügen dürfen. Damit war die gerade gewonnene Selbständigkeit des Klosters wieder eingeschränkt, denn Marienstern würde auf Lebenszeit Bernhards kaum über eigene Geldeinkünfte verfügen und von ihm wirtschaftlich abhängig bleiben.⁴⁹ Freilich hat Bernhard, wie sich aus den späteren Ereignissen ablesen läßt, die ihm zur Verfügung stehenden Mittel nicht für seine Zwecke verbraucht, sondern wohl in Gänze für das Kloster nutzbar gemacht. Denn hier gab es noch viel zu tun. Wenn die Klosterüberlieferung die Geschichte des Klosters St. Marienstern erst mit den beurkundeten Ereignissen des Jahres 1264 beginnen läßt, so hat dies eine gewisse Berechtigung. Zwar müssen schon damals einige bauliche Voraussetzungen, namentlich die Existenz eines Oratoriums, erfüllt gewesen sein, um es den Äbten von Pforta und Ossegg zu erlauben, das Kloster in den Ordensverband aufzunehmen. Kloster und Kirche dürften freilich noch weit von ihrer baulichen Vollendung entfernt gewesen sein.

Wann mögen die Bauarbeiten begonnen haben? Eindeutig läßt sich der Zeitpunkt nicht benennen. Der in Frage kommende Zeitraum kann aber eingegrenzt werden, ja es ist sogar möglich, ein bestimmtes Jahr wahrscheinlich zu machen. Noch 1249 beabsichtigte die Familie, gemeinschaftlich ein neues Kloster zu bauen. Als diese Pläne, wahrscheinlich nicht lange danach, endgültig scheiterten, wurde das Kamenzer Spital, in dem der Konvent wohl schon länger seiner weiteren Bestimmung harrte, förmlich zum claustrum erhoben. Gewisse Umbauten werden auch hier notwendig geworden sein. Erst jetzt war der Weg frei für das Gründungsprojekt Bernhards. Allerdings mußte vor der Verwirklichung seiner Pläne die Güterteilung zwischen den drei Brüdern vollzogen sein, die es ihm gestattete, frei über seinen Erbteil zu verfügen und den Standort für das neue Kloster eigenmächtig zu bestimmen. Man darf sich die Aufspaltung der bislang einheitlich verwalteten Herrschaft Kamenz in drei selbständige Gebiete nicht als einen spontanen Akt vorstellen. Umständliche Verhandlungen, die die Anwesenheit der drei Vertragspartner bedingten, dürften ihr vorausgegangen, eine längere Phase der Reorganisation der Verwaltung ihr gefolgt sein. Witego hielt sich in den Jahren 1249–1251 offenbar dauerhaft in Schlesien auf, am Hofe Herzog Boleslaws II.,⁵⁰ vielleicht in der Absicht, hier sein weiteres Auskommen zu finden. Wahrscheinlich hat die Erbteilung erst nach seiner Rückkehr stattgefunden; sie würde demnach in die Mitte der 1250er Jahre rücken. Bauarbeiten in St. Marienstern könnten dann in der zweiten Hälfte begonnen haben, freilich kaum später. Denn schon einige Jahre vor der Beurkundung von 1264 hatte die „fundatio" des Klosters begonnen.⁵¹ Erstmals im September 1259 ist von einem Kloster St. Marienstern die Rede („monasterium sanctimonialium iuxta Camentz quod dicitur Stella sancte Marie"), und da – wie aus der Zisterzienserurkunde von 1264 zu entnehmen – erst Bernhard seiner Stiftung diesen Namen gab, kann damit unmöglich das claustrum beim Spital in Kamenz gemeint sein. Seitdem Knothe mit der wissenschaftlichen Untersuchung der Angelegenheit begann, hat die Urkunde von 1259 stets als Nachweis gedient, daß das Kloster zu diesem Zeitpunkt bereits baulich vollendet gewesen sein muß.[52] Bei genauerer Betrachtung gibt sie eine solche Interpretation aber nicht her. Ihr Aussteller war Bischof Albert von Meißen, dessen Anliegen es war, das Begräbnisrecht des Klosters zu regeln. Es solle, so bekundete der Bischof, Laien gestattet sein, wenn sie denn zeitlebens so verfügten, auch bei einer anderen Kirche bestattet zu werden, als bei derjenigen, in der sie vor ihrem Tod eingepfarrt waren und die Sakramente empfingen, wenn nur die Rechte der zuständigen Pfarrei geachtet würden. Dieser Grundsatz solle auch auf Kloster Marienstern Anwendung finden. Weder wird auf bestimmte Vorfälle noch auf konkrete Baulichkeiten des Klosters Bezug genommen. Der Bischof wollte vielmehr einem möglichen Streit in dieser Angelegenheit zuvorkommen und von vornherein verhindern,[53] daß Pfarrer – wie dies andernorts in der Vergangenheit häufig vorgekommen sei – gegen das Kloster Beschwerde führten (es ist vor allem an Klagen wegen ausgebliebener Stolgebühren und entgangener Vermächtnisse zu denken). Bereits 1249, als noch nicht einmal der Standort für das damals geplante Kloster der Herren von Kamenz gefunden war, hatte Bischof Alberts Vorgänger Konrad die Mahnung ausgesprochen, das demnächst zu errichtende Kloster dürfe freilich die Rechte der Pfarreien nicht beeinträchtigen („parochiis et parochianis pleno iure in omnibus reservato"). Die Rechte des neuen Klosters gegen die althergebrachten Rechte der Pfarreien abzugrenzen, war denn auch die Sorge Bischof Alberts; er konzentrierte sich dabei auf eine Frage, die besonders häufig zu Konflikten führte.[54] Unmittelbare Rückschlüsse auf den baulichen Zustand des Klosters und der Kirche im Jahre 1259 gestattet die Urkunde nicht. Da der Bischof aber den vorbeugenden Charakter seiner Verfügung hervorhebt, ist an ein frühes Stadium des klösterlichen Gründungsprozesses zu denken. Freilich muß es einen Anlaß, einen Präzedenzfall, gegeben haben, der den Bischof zur Tat schreiten ließ: vielleicht die erste tatsächlich durchgeführte Bestattung in Marienstern oder, eher noch, da der Bischof gerade diese Frage in den Mittelpunkt seiner Darlegungen stellt, das erste Vermächtnis eines Menschen von Rang und Bedeutung, der wünschte, dereinst in Marienstern bestattet zu werden. Nach dieser Interpretation wäre der Zeitpunkt, da Bernhards Klosterprojekt konkrete Formen annahm, sehr nahe an oder vielleicht sogar gerade in das Jahr 1259 zu rücken. Es ist nun bemerkenswert, daß man auch durch gänzlich andere Überlegungen auf 1259 als das Jahr der Gründung des Klosters kommen kann. Wie schon erwähnt, behauptet die Klostertradition, in schreiendem Widerspruch zur historischen Wahrheit, Bernhard III. habe die Gründung des Klosters um 37 Jahre überlebt und sei 1321 gestorben. Der Irrtum ist leicht aufzuklären, wenn man die beiden Nachrichten nicht als gleichgeordnet betrachtet, sondern die zweite aus der ersten ableitet. Der alte Kern der Überlieferung besteht darin, daß Bernhard 37 Jahre nach der Gründung des Klosters starb. Zu einem späteren Zeitpunkt, vielleicht erst im 17. Jahrhundert, hat man den Vorgang der Gründung mit der Übersiedlung des Konvents aus Kamenz und dem Anfang klösterlichen Lebens in St. Marienstern gleichgesetzt, Ereignisse, die nach der Tradition in das Jahr 1284 datieren. Hieraus schloß man, Bernhard müsse dann wohl 1321 gestorben sein. So irrig die von späteren Generationen angestellte Berechnung ist, so vertrauenswürdig wirkt dagegen die Nachricht über den Zeitraum, den Bernhard nach der Gründung des Klosters noch zu leben hatte – um so mehr, als der Zahl 37 keine biblische oder symbolische Bedeutung zukommt und es keinen Grund gibt, sie als erfunden zu disqualifizieren. Demnach wäre das Kloster 1259 gegründet worden, 37 Jahre vor Bernhards Tod im Jahre 1296.

Es gilt festzuhalten: Erste Baumaßnahmen für das Kloster St. Marienstern können frühestens um die Mitte, spätestens am Ende der 1250er Jahre stattgefunden haben. Ein Baubeginn im Jahre 1259 ist wahrscheinlich. In jedem Fall kann das Kloster baulich noch nicht vollendet gewesen sein, als es 1264 in den Zisterzienserorden aufgenommen wurde. Da der Orden seine Zustimmung nicht versagte, muß es damals bereits ein Oratorium gegeben haben, und es müssen die wichtigsten Funktionsbauten eines Klosters zumindest rudimentär vorhanden gewesen sein.[55] Dies führt zu der Frage, welche Gründe Bernhard bewogen haben könnten, sein Kloster an dieser Stelle zu errichten, und welche Gebäude und Einrichtungen er dort möglicherweise schon vorfand. Der ursprünglich geplante Standort Wittichenau, der ja ebenfalls zu seinem Erbteil gehörte, überhaupt das nördliche Kolonisationsgebiet, kamen offenbar nicht in Frage. Für ein Frauenkloster war zweifellos die Lage im Altsiedelland geeigneter, in geziemendem Abstand, aber in nicht allzu großer Entfernung von einer schutzbietenden Stadt. Den Ausschlag für den Bau gerade in Kuckau müssen aber örtliche Gegebenheiten gegeben haben. Überall, wo die Hohe Straße ein Gewässer kreuzt, sind im 12. und 13. Jahrhundert Siedlungen aufgeblüht, unter ihnen Städte wie Kamenz, Bautzen, Görlitz, Bunzlau und Breslau. Es ist kaum vorstellbar, daß gerade der Übergang am Klosterwasser um die Mitte des 13. Jahrhunderts lediglich von einem bedeutungslosen sorbischen Dorf besetzt gewesen sein sollte. So erfahren wir denn auch aus der Markgrafenurkunde von 1264, daß es hier, außerhalb des Dorfes Kuckau, zwei Mühlen, Gärten, Wiesen, Weiden, Fischereien, ja sogar einen Weinberg und schließlich ein herrschaftliches Vorwerk („allodium") gab. Ein weiteres allodium lag in Kuckau selbst; es kam erst im Jahr 1304 an das Kloster.[56] Diese Einrichtungen zeugen von intensivem herrschaftlichem Engagement; sie werden kaum in den wenigen Jahren vor 1264 völlig neu entstanden sein, die seit dem Beginn erster Bauarbeiten am Kloster allenfalls verstrichen sein können. Man wird eher damit zu rechnen haben, daß es hier schon länger ein befestigtes herrschaftliches Anwesen der Herren von Kamenz gab, das zur Sicherung des Flußüberganges diente und dem ein Wirtschaftshof, vielleicht auch eine Herberge angegliedert waren. Diese Anlage oder bestimmte Teile von ihr könnten für den Klosterbau oder für eine provisorische Unterbringung der Nonnen genutzt worden sein. Wie lange mag es nun aber gedauert haben, bis der 1264 noch in seinen Anfängen stehende Bau vollendet war? Der klösterlichen Tradition zufolge hat der Konvent erst zwanzig Jahre später, im Jahre 1284, das Kamenzer Kloster verlassen und ist nach Marienstern übersiedelt. Eine neuerliche Überprüfung der alten und die Beiziehung bislang unbekannter schriftlicher Quellen ergeben, daß diese Überlieferung Vertrauen verdient. Hierfür sprechen drei Gründe:

1. Als am 1. Mai 1268 die beiden Linien der Markgrafen von Brandenburg die Oberlausitz unter sich aufteilten, befand sich unter den vier Zeugen nur ein einziger, der aus dem zur Verhandlung stehenden Land stammte, nämlich „Bernhardus prepositus in Kamentz".[57] Mit der Propstei, die der Zeuge Bernhard bekleidete, kann nicht die Dompropstei gemeint sein; denn dieses Amt trat Bernhard erst acht Jahre später an. Auch gab es damals keine weitere geistliche Gemeinschaft in Kamenz, die von einem Propst geleitet wurde. Es kommt also nur der Propst des Klosters St. Marienstern in Frage. Mariensterner Pröpste stammten in späterer Zeit überwiegend aus Kloster Altzella.[58] Es ist freilich kaum vorstellbar, daß Markgraf Otto V. bei diesem wichtigen Rechtsvorgang ausgerechnet einen Mönch aus dem markmeißnischen Hauskloster Altzella herangezogen hat. Zweifellos ist mit „Bernhardus prepositus" Bernhard III. von Kamenz gemeint, der hier die mächtigste oberlausitzische Vasallenfamilie der Markgrafen vertrat. Bernhard, der damals schon Kleriker, aber noch nicht Dekan von Meißen war, hat sich in diesen Jahren offenbar als Propst des von ihm gegründeten Klosters bezeichnet. Ob er dieses Amt zu Recht und mit Zustimmung des Vaterabtes in Altzella bekleidete, sei dahingestellt. Für unsere Frage allein wichtig ist die Ortsbezeichnung „in Kamentz", die doch dafür spricht, daß der Konvent sich damals in dieser Stadt und nicht in dem 12 km entfernten Kuckau aufhielt.

2. In der Sprache deutlicher ist die Aussage einer Urkunde von 1280, in der König Rudolf dem Konvent den Erwerb von Gütern aus dem Besitz von Reichsministerialen oder Reichsvasallen gestattete. Hier werden die Nonnen von St. Marienstern als „sanctimoniales in Kammentz" bezeichnet.[59]

3. Eine Reihe bislang unbekannter Urkunden geben ein unzweideutiges Zeugnis, daß der Klosterbau in St. Marienstern in den Jahren um 1280 noch nicht vollendet, sondern gerade damals in vollem Gange war. Im Klosterarchiv liegen 41 für Marienstern ausgestellte Ablaßbriefe aus mittelalterlicher Zeit, der älteste von 1267, der jüngste von 1473, die neuen Aufschluß über die Baugeschichte des Klosters bieten. Auffällig ist hier nun vor allem die Massierung dieser Briefe in den Jahren zwischen 1278 und 1296. Den Anfang machen drei im Februar 1267 zu Breslau erteilte Ablässe, ausgestellt von Bischof Witego von Meißen, Bischof Zanusius von Gnesen und Bischof Salvius Tribuniensis.[60] Man wird hier vielleicht noch einen Zusammenhang mit der ersten, Ende der 1250er Jahre begonnenen Bauphase sehen können. Es folgt, zeitlich isoliert, ein Ablaß des Camminer Bischofs Hermann von Gleichen, eines Verwandten der Markgrafen von Brandenburg, aus dem Jahre 1274.[61] 1278 setzt mit zehn Ablaßbriefen, die zwischen April und Juli 1278 in Viterbo und Rom ausgestellt sind,[62] eine dichte Reihe von Ablässen ein, die erst mit dem Tod Bernhards abreißt. In der Summe wurden im letzten Drittel des 13. Jahrhunderts 33 Ablässe für Kloster Marienstern erteilt; 96 Bischöfe aus Deutschland, Böhmen, Polen, Italien, Frankreich, Spanien und Portugal haben hierzu ihren Segen gegeben! Es ist nicht übertrieben zu sagen, daß Bernhard die Unterstützung der gesamten Christenheit einforderte, um seine Klostergründung zu Ende zu führen. Denn daß es stets nur Bernhard war, der die Erteilung der Ablässe bewirkte, steht außer Frage. Etliche von ihnen sind in Breslau ausgestellt; die Ordinarien der polnischen und böhmischen Bistümer, zu denen Bernhard als Kanzler in Breslau enge Beziehungen pflegte, sind fast vollständig vertreten. Unmittelbar sprach es Bischof Johannes von Posen 1287 aus: die Bitten Bernhards von Kamenz hätten ihn bewogen, seinen Ablaß zu erteilen.[63] Nur drei der Urkunden, davon eine von ihm selbst erlassene, stammen aus Bernhards Zeit als Bischof von Meißen, als er am ehesten die Möglichkeit gehabt haben dürfte, den Episkopat Europas für eine Unterstützung seines Klosters zu gewinnen. Vielmehr sind die meisten, 26 von 33, in den Jahren 1278 bis 1290 ausgestellt worden, während Bernhard in Diensten des Herzogs von Schlesien fernab in Breslau weilte. Daraus wird man schließen können, daß gerade in diesen Jahren die größten Bauaufwendungen zu tätigen waren. Die meisten Briefe geben den Zweck der Ablaßerteilung nur in allgemeinen Worten an: Ein Nachlaß von 40 Tagen von Bußstrafen wird all denen erteilt, die bußfertig und zerknirscht zu bestimmten Festtagen nach Marienstern pilgern, um dort zu beten und dem Konvent „eine hilfreiche Hand zu bieten" („manus porrigere adiutrices"). Mehrfach wird angeregt, das Kloster in letztwilligen Verfügungen zu bedenken. Einige Urkunden aber gehen

deutlicher auf die Situation ein, in der sich St. Marienstern damals befand: Das Werk der Klostergründung sei in lobenswerter Absicht begonnen worden, nun aber fehle es dem Konvent an eigenen Mitteln, es zu vollenden. Daher sei man auf die Hilfe der Gläubigen angewiesen.[64] Als Ergebnis sei zusammengefaßt: Der Bau des Klosters St. Marienstern, der um 1260 begonnen worden war und eine erste Etappe 1264 erreicht hatte, wurde aller Wahrscheinlichkeit nach in den folgenden Jahren nicht oder allenfalls sehr schleppend weitergeführt. Der Konvent war jedenfalls 1268 und noch 1280 in Kamenz anzutreffen; gewiß hat er weiterhin im dortigen Spital gelebt. Es gibt keinen Grund, an der Überlieferung zu zweifeln, daß die Übersiedlung im Jahre 1284 stattgefunden hat.

Unter dem Schutz der Markgrafen von Brandenburg

Welches mögen nun die Gründe gewesen sein, die dazu führten, daß das Gründungswerk Bernhards ins Stocken geriet und erst mehr als zwanzig Jahre später abgeschlossen werden konnte? Letzte Sicherheit wird hierüber nicht zu erlangen sein. Es könnten äußere Zufälle eingetreten sein, von denen wir freilich nichts hören, ein Brand oder der Einsturz eines schon halb vollendeten Baus.[65] Solange es hierfür keine Anhaltspunkte gibt, wird man sich um eine Erklärung aus den historischen Umständen bemühen müssen. Hiernach suchte bereits im 16. Jahrhundert der Kamenzer Chronist Caspar Haberkorn. Er wollte den „großen unwillen der underthanen" für die jahrzehntelange Bauverzögerung verantwortlich machen.[66] Wir wissen nicht, aus welchen Quellen Haberkorn Nachrichten über die Klostergründung empfing. Doch dürften seine Informationen in irgendeiner Form aus dem Kloster stammen, da seine Angaben sich weitgehend mit der klösterlichen Überlieferung decken. Diese freilich weiß von einem Widerstand der Untertanen nichts. Es ist daher anzunehmen, daß der Chronist die ihm bekannt gewordenen dürren Tatsachen durch eine eigenständige Deutung erweitert hat. Seine Interpretation dürfte sich aus jüngeren historischen Erfahrungen speisen, etwa aus den Konflikten zwischen Stadt und Kloster während der Reformation oder aus ihm vorliegenden Zeugnissen im städtischen Archiv über den jahrzehntelangen Streit um die Eigentumsrechte am Kamenzer Spital: Der „unwille" von dem er schreibt, war noch frisch und stammte nicht aus dem 13. Jahrhundert. Um die Bauverzögerung erklären zu können, wird man sich an die damals lebenden Personen und agierenden Parteien halten und ihre Handlungen und Intentionen prüfen müssen: die Herren von Kamenz, d.h. Bernhards Brüder und Neffen, die Markgrafen von Brandenburg und schließlich Bernhard selbst.

Die Rolle der Herren von Kamenz ist dabei am schwersten zu beurteilen; denn sie haben gegenüber dem neuen Kloster bei Kuckau eine ausgesprochen zwiespältige Haltung eingenommen. Bernhards Brüder hatten ihre Zustimmung zur Gründung und Ausstattung von St. Marienstern zwar erteilt, sich aktiv aber nicht beteiligt. Von dreien ihrer vier Söhne sind wiederholte Übergriffe auf Güter und Rechte des Klosters urkundlich verbürgt. Es mag zunächst Widerstände gegen eine Aufgabe der Familienstiftung beim Kamenzer Spital und die Überführung des Konvents ans Klosterwasser gegeben haben. Freilich haben zumindest die weiblichen Angehörigen der Familie wohl von Anfang an zur Neugründung gestanden. Schon Agnes, nach der Klosterüberlieferung die zweite Äbtissin des Konvents und wie ihre Vorgängerin Mabilia eine Schwester Bernhards, soll in St. Marienstern bestattet worden sein, während Mabilia noch im Kamenzer Spital ihre Grabstätte fand.[67] Agnes muß vor 1264 gestorben sein; denn damals amtierte bereits ihre Nachfolgerin Elisabeth. Zehn Jahre später starb auch der jüngere Bernhard (IV.) und wurde, wie vermutlich auch seine Frau, bei der Klosterkirche bestattet.[68] Vielleicht war Bernhard III. erst jetzt gegenüber dem Kloster völlig frei in seinen Handlungen; denn er war der einzige Überlebende aus dem Stifterkreis von 1248 und damit unangefochten Sachwalter der Familienstiftung. Bernhard V. wollte wohl dies zum Ausdruck bringen, als er 1285 sagte, sein Onkel übe in väterlicher Erbfolge eine Pflegschaft über das Kloster aus.[69] Nach dem Tode seines Bruders übernahm Bernhard III. die Vormundschaft über dessen Nachkommen, die Angehörigen des bald völlig verarmten Bernstädter Familienzweiges. Daß seine vier Nichten nacheinander in Marienstern den Schleier nahmen, dürfte nicht ohne seine Einwirkung geschehen sein; jedenfalls finanzierte er ihre Ausstattung.[70] Erste Zerwürfnisse zwischen seinen beiden Neffen und dem Kloster scheint er geschlichtet zu haben. Auch wenn diese bald darauf einen neuen, nun jahrzehntelang währenden Streit mit dem Kloster vom Zaun brachen, ist doch unverkennbar, daß eine Annäherung der Familie an das Kloster inzwischen stattgefunden hatte. Vorbehalte, die anfangs möglicherweise bestanden, waren spätestens um die Mitte der 1270er Jahre ausgeräumt, das Kloster als Grablege der Familie anerkannt. Die Herren von Kamenz mögen dem Klosterbau materielle Unterstützung versagt und seinen Fortgang dadurch verzögert haben; daß sie aktiv zu seiner Unterbrechung beitrugen, ist dagegen kaum anzunehmen.

Die Markgrafen von Brandenburg spielten in der Gründungsgeschichte des Klosters St. Marienstern eine wichtigere Rolle, als man bislang gesehen hat. 1253 oder kurz danach war ihnen die Oberlausitz vom böhmischen König verpfändet worden.[71] Erst ein Jahrzehnt später gingen sie daran, ihre Landesherrschaft nachdrücklich zur Geltung zu bringen. Sie hielten sich nun häufig im Land auf, entfalteten eine rege Beurkundungstätigkeit und bildeten eine im Land gesessenen Ministerialität, die sich aus einheimischen und aus den askanischen Kernlanden zugewanderten Familien zusammensetzte. Die ihnen vor 1268 zugefallene Herrschaft Hoyerswerda haben sie nicht wieder verlehnt, sondern zur eigenen Verfügung einbehalten. Sie haben schließlich die Auseinandersetzung mit den einzig wirklichen Konkurrenten um die Landesherrschaft, den Bischöfen von Meißen, gesucht und – mit freilich nur mäßigem Erfolg – geführt. Das Wirken der Markgrafen von Brandenburg in der Oberlausitz beginnt mit der Schutzurkunde für Marienstern von 1264. Diese erste überlieferte Maßnahme stellte nun sogleich eine kraftvolle und ehrgeizige Intervention dar. Denn der Anspruch eines Landesherrn, seine Schutzherrschaft über ein Kloster auszudehnen, das nicht er selbst gegründet hatte, war im 13. Jahrhundert neu und überraschend.[72] Es ist nun allerdings zu fragen, ob die Askanier nicht in stärkerem Ausmaß und in einem früheren Stadium am Prozeß der Klostergründung Anteil hatten, als dies zunächst den Anschein hat. In der Urkunde von 1264 treten die Markgrafen Johann und Otto vor allem als Lehnsherren in Erscheinung. Sie übertrugen dem Kloster diejenigen der zuvor Kamenzischen Güter, die landesherrliche Lehen waren, und sie leisteten auf das ihnen zustehende Obereigentum („proprietas") Verzicht. Diese Tätigkeit wollten sie als Schenkung („donatio") verstanden wissen. Hiervon zu unterscheiden sind die Vergünstigungen, die sie dem Kloster auf Grund ihrer Landesherrschaft erwiesen: die Befreiung aller seiner jetzigen und zukünftigen Besitzungen, gleich welchen rechtlichen Status, aus der Vogtei, von Steuer und Dienstbarkeit, die Gewährung der hohen und niederen Gerichtsbarkeit über alle Güter des Klosters. Aufgrund ihrer „donatio" waren sie am Stiftungswerk unmittelbar beteiligt. Auf diesen Aspekt wiesen 1306 noch einmal die Markgrafen Otto IV. und Woldemar hin: Ihre Vorfahren hätten dem Kloster in Erwartung himmlischen Lohns das Patronatsrecht über die Kirche in Kamenz geschenkt, das zuvor den Landesherren gehört hatte.[73] Bemerkenswert ist nun in jedem Fall die Entschiedenheit, mit der die Markgrafen sich gleich zu Beginn der Klostergeschichte ins Spiel brachten. Die in der Urkunde gegebene Begründung, sie seien auf Bitten der Brüder von Kamenz aktiv geworden, ist wenig glaubhaft. Denn es muß den Interessen einer aufstrebenden, auf Ausbau ihrer Souveränität bedachten regionalen Herrschaft zuwider gelaufen sein, daß der Landesherr seine Schutzherrschaft über ihr als Familienstiftung geplantes und mit Familiengütern ausgestattetes Kloster ausdehnte. Freilich hatte bereits die Wahl des Standorts für das neue Kloster einem Zugriff der Landesherrschaft Tür und Tor geöffnet. Denn obwohl im Besitz umfangreicher Eigengüter, zu denen etwa Wittichenau gehörte, wo das Kloster ursprünglich errichtet werden sollte, oder Crostwitz, das nahe bei Kuckau gleichfalls an der Hohen Straße liegt, oder sogar das Dorf Kuckau selbst, fiel Bernhards Wahl ausgerechnet auf eine Stelle, die Lehen der Landesherren war. Zweifellos hat er nicht erst nachträglich 1264 die Zustimmung der Markgrafen eingeholt, sondern stand von Anfang an, seitdem er sich entschieden hatte, das ursprüngliche Familienprojekt in eigene Hände zu nehmen, wegen dieser Angelegenheit mit ihnen in Verbindung.

Einen deutlichen Beleg für die Beteiligung der Markgrafen von Brandenburg an der Gründung von St. Marienstern[74] bieten die eigentümlichen Besitz- und Rechtsverhältnisse, die im Umkreis um das Kloster herrschten. Die meisten der hier liegenden Orte erscheinen in den Jahren um 1300 zum erstenmal in den Quellen. Sie hatten sämtlich den Status landesherrlicher Lehen, waren aber nicht an die Herren von Kamenz vergeben. Vielmehr saßen in ihnen markgräfliche Dienstleute aus orts-, teilweise landesfremden Familien, die den Schwerpunkt ihrer Besitzungen in anderen Gegenden der Oberlausitz hatten. Ihre Namen sind aus den Zeugenlisten markgräflicher Urkunden wohl bekannt. Zumindest zwei von ihnen, Renzko von Guzk (= Reinhard von Gaußig) und Tyzo von Pannewitz, gehörten zu den wichtigsten Stützen der askanischen Macht in der Oberlausitz. Renzko von Guzk war bis 1296 Besitzer des Dorfes Schweinerden, im Südosten des Klosters gelegen. Er ist seit 1284 ständig in der Umgebung der Markgrafen Otto IV., Konrad, Otto V. und Woldemar in der Oberlausitz und in Brandenburg anzutreffen,[75] erscheint zwischen 1286 und 1290 als Landvogt der Markgrafen in Bautzen und tritt häufig in markgräflichen Urkunden für Marienstern in Erscheinung.[76] Der Familie von Guzk gehörte auch das Dorf Caseritz im Nordosten des Klosters.[77] In Jauer, südwestlich von Kuckau, saß bis um 1300 Tyzo von Pannewitz. Diese Familie stellt einen Zweig des märkischen Geschlechtes von Wusterbusch dar,[78] war den Markgrafen in die Oberlausitz gefolgt und hatte hier den neuen Namen angenommen. Die Pannewitz haben im Dienste der Markgrafen hohe Ämter bekleidet. Im letzten Drittel des 13. Jahrhunderts haben sie im nördlichen Kolonisationsgebiet umfangreichen Güterbesitz erworben, der am Ende Königswartha, Lohsa, Bärwalde und Merzdorf und für einige Jahrzehnte sogar die Herrschaft Muskau umfaßte. Dietrich von Wusterbusch war bis 1272 Vogt in Bautzen; unter dem Namen Tyzo von Pannewitz begegnet er, meist zusammen mit Renzko von Guzk, zwischen 1282 und 1305 in Urkunden der Markgrafen von Brandenburg.[79] Eine andere rund um Marienstern begüterte Familie waren die Penzig. Sie wurden 1268, bei der askanischen Landesteilung, zu den zwölf großen Vasallen des

Landesherrn gerechnet. Der Schwerpunkt ihres Besitzes lag in der Görlitzer Heide, östlich der Neiße. Sie erscheinen schon vor der Jahrhundertmitte als Vasallen der böhmischen Könige; ein Familienzweig ist in askanische Dienste übergetreten.[80] Zu diesem zählte Reinsko von Penzig, der 1280 um Piskowitz, Räckelwitz und Schmeckwitz im Nordwesten des Klosters begütert war[81] und 1290 in Anwesenheit der Markgrafen Otto IV. und Konrad für Marienstern zeugte.[82] Erst spät liegen Nachrichten für den Ort Miltitz vor. Hier saß 1348 der Ritter Johann von Rackel, ein Ministeriale des Landesherrn, der auch eine Wiese im Nordosten von Kuckau besaß.[83] Den Ort Höflein nördlich des Klosters hatten im frühen 14. Jahrhundert die Ritter Peter von Penzig, Gerhard von Bolberitz und Günther Schaff von den Markgrafen zu Lehen.[84] Gerhard von Bolberitz ist zweimal in Urkunden des Klosters Marienstern als Zeuge genannt, die 1296 von den Markgrafen Otto IV. und Konrad und zu Beginn des 14. Jahrhunderts von Tyzo von Pannewitz ausgestellt sind.[85] Günther Schaff dürfte seinen Besitz von seinem Vorfahr, vielleicht Vater, Ulrich Schaff übernommen haben. Dieser war 1280 Landvogt der Markgrafen in der westlichen Oberlausitz. Er hatte seinen Hauptsitz in Niederkaina bei Bautzen und tritt 1290 in einer Markgrafenurkunde für Marienstern in Erscheinung.[86]

Es zeigt sich: Lehngüter der Landesherren der Oberlausitz schlossen im letzten Drittel des 13. Jahrhunderts einen festen Ring um das Kloster St. Marienstern. Sie bildeten einen Puffer nicht nur gegen die bischöflichen Besitzungen im Süden,[87] sondern auch gegen die Lehn- und Eigengüter der Herren von Kamenz im Norden und Osten. Im Umkreis um das Kloster gab es, außer in Kuckau selbst,[88] keinerlei Besitz, der den Herren von Kamenz zuständig war. Diese Situation muß Bernhard bereits angetroffen haben, als er den Bauplatz für das Kloster bestimmte. Offensichtlich hat er die Nähe und den Schutz der Markgrafen gesucht. Diese haben in der Folge ihnen besonders ergebene Ministeriale rund um das Kloster angesetzt. Aus diesem Kreis stammen sämtliche Zuwendungen, die das Kloster in den ersten drei Jahrzehnten seines Bestehens erhielt, sieht man von den Erwerbungen ab, die Bernhard von Kamenz tätigte. Stück um Stück ist der Gürtel landesherrlicher Lehen, der sich um Kuckau legte, an das Kloster übergegangen. Jedesmal nahmen die Markgrafen Anteil, indem sie dem Kloster das Lehen übertrugen und diesem zugleich das volle Eigentum am neuen Besitz schenkten. Es verkauften dem Kloster 1280 Reinsko von Penzig einen Teil des Lugewaldes, 1296 Renzko von Guzk sein Dorf Schweinerden, um 1300 die Ritter von Bolberitz, von Penzig und Schaff Teile von Höflein.[89] Etwa zur selben Zeit schenkte Tyzo von Pannewitz diejenigen Teile von Jauer, die er vom Landesherrn zu Lehen hatte. Er verband damit den Wunsch, der Konvent, zu dem seine Töchter Katharina und Elisabeth gehörten, solle das Totengedächtnis für seine Familie pflegen; namentlich sind vierzehn Personen genannt. Die Markgrafen Otto, Johann und Woldemar vervollständigten 1304 diese Schenkung, indem sie dem Kloster auch den verbliebenen Dorfteil überließen.[90] 1312 schließlich vermachte Renzko von Guzk auf dem Sterbebett dem Kloster sein Dorf Rauschwitz bei Elstra und bat seinen Lehnsherrn, Markgraf Woldemar, zum Dank für lebenslangen Dienst diese Schenkung zu bestätigen. Er selbst, der ohne Söhne starb, wünschte im Kloster bestattet zu werden, wo seine Tochter Margarethe Nonne war.[91]

Die 1264 übernommene Schutzverpflichtung gegenüber St. Marienstern haben die Askanier mit Nachdruck und Eifer erfüllt. So haben die Markgrafen in die jahrzehntelangen Auseinandersetzungen des Klosters mit den Söhnen des jüngeren Bernhard von Kamenz um die Klostergüter auf dem Eigen immer wieder vermittelnd, fordernd und gebietend zugunsten des Klosters eingegriffen; Markgraf Otto V. war beim Abschluß vertraglicher Vereinbarungen zur Beilegung des Streits persönlich zugegen.[92] Als das Kloster beim Tode Bernhards von Kamenz seinen wichtigsten Fürsprecher verlor, verstärkte sich der schützende Zugriff der Askanier. 1299 wiederholten die Markgrafen Otto (IV.), Konrad, Heinrich (I.) und Johann in aller Form das 1264 gegebene Schutzversprechen und setzten zwei Bevollmächtigte ein, die in ihrem Namen die Rechte des Klosters wahren sollten, ein Vorgang, der der Einsetzung einer landesherrlichen Klostervogtei schon sehr nahe kam.[93] Mit der Aufgabe betraut wurden der nun schon häufig genannte Renzko von Guzk, ferner Luther von Schreibersdorf. Diesem gehörte die Herrschaft Neschwitz, den Mariensterner Gütern am Klosterwasser benachbart. Er war – neben Renzko – der wohl engste Vertraute der Askanier in der Oberlausitz, kommt in zahlreichen markgräflichen Urkunden vor und diente den Markgrafen später als Landvogt im Görlitzer Landesteil.[94] Wohl etwa zur selben Zeit wurde die 1264 verliehene Immunität auf die neuen Güter des Klosters auf dem Eigen ausgedehnt.[95] In einer Serie von vier Urkunden der Jahre 1305–1307[96] bekräftigten die Markgrafen ihre Schutzgarantie für das Kloster und alle seine Besitzungen. Zusätzlich zu den 1299 bestellten Schutzbeauftragten – sie erscheinen als Zeugen in der Urkunde von 1306, dürften also nicht aus der Pflicht genommen worden sein – werden nun die Landvögte in Bautzen und Görlitz ermahnt, den Besitz des Klosters zu hüten, als handele es sich um Eigentum der Landesherren. Offenbar gab es Anlaß für die reichlich gewährte Protektion, und wo wir die Namen derjenigen erfahren, die das Kloster bedrohten, handelt es sich stets um Herren von Kamenz. Die ehedem zu Bernstadt gesessenen Brüder Bernhard V. und Otto konnten den Verlust ihrer Güter nicht verschmerzen und ließen sich immer wieder zu gewaltsamen Übergriffen[97] auf diese, nun dem Kloster gehörenden Besitzungen hinreißen. Aber auch mit dem am Stammsitz verbliebenen Zweig der Herren von Kamenz ist es zu Auseinandersetzungen gekommen; auch hier mußten die Askanier dem Kloster gegen die Familie seines Stifters beistehen. Wenn die Markgrafen dem Kloster 1304 Entschädigung gewährten für Schäden, die möglicherweise sie selbst, ihre Vögte und Dienstleute angerichtet hätten,[98] so ist wohl vor allem an Witego II. von Kamenz zu denken, der 1301 als Landvogt nachzuweisen ist.[99] 1306 erinnerten die Markgrafen Otto IV. und Woldemar daran, daß einzig die Äbtissin von Marienstern über die Besetzung der Pfarrei Kamenz zu entscheiden habe; schließlich sei das Patronatsrecht dieser Kirche als Schenkung ihrer Vorfahren an das Kloster gekommen.[100] Die Mahnung kann sich nur an die Stadtherren von Kamenz gerichtet haben, fruchtete aber nichts. Der Streit um die Kamenzer Pfarrei zog sich bis 1317 hin, bis zuletzt Witego II. auf die Collatur verzichtete und sich bereit erklärte, dem Kloster die durch seine Söhne zugefügten Schäden wiedergutzumachen.[101] Es ist zu fragen, ob nicht der Streit um Kloster Marienstern den Anlaß geboten hat, daß die latente Rivalität zwischen den Herren von Kamenz und den Markgrafen von Brandenburg schließlich zu einem gewaltsamen Austrag kam. 1318 führte Markgraf Woldemar einen Feldzug gegen seine ungetreuen Vasallen. Die Herren von Kamenz wurden besiegt und mußten auf Herrschaft, Stadt und Burg Kamenz Verzicht leisten. Ihre Macht war gebrochen, auch wenn sie wenig später, nach dem Aussterben der Askanier, die Burg und, jedenfalls dem Titel nach, die Herrschaft Kamenz wiedererlangten.[102] Das Kloster St. Marienstern dürfte von diesen Auseinandersetzungen unmittelbar berührt worden sein: Es fällt auf, daß nur vier Wochen nach dem Ende der Feindseligkeiten Markgraf Woldemar eine Stiftung für Marienstern tätigte, und zwar mit ausdrücklichem Hinweis auf Schäden, die das Kloster jüngst erlitten habe.[103]

Um 1300 war St. Marienstern, ursprünglich die Familienstiftung der Herren von Kamenz, ganz unter den Einfluß der Landesherren geraten. Die Markgrafen von Brandenburg behandelten das Kloster wie eine ihrer eigenen Stiftungen; es spielte bei der Ausübung ihrer Herrschaft in der Oberlausitz eine offenbar nicht unwichtige Rolle. Dieser Befund ist überraschend für die oberlausitzischen Nebenlande, paßt aber sehr gut zu den Verhältnissen, die in den brandenburgischen Stammlanden anzutreffen waren. Im Rahmen ihres Konzeptes einer „modernen", straff geführten Landesherrschaft haben die Askanier immer wieder die in ihrem Gebiet aktiven Ordensgemeinschaften, vor allem die Zisterzienser, für ihre Zwecke eingespannt. Man hat ihnen eine regelrechte „Ordenspolitik" attestiert.[104] Die von den Markgrafen gegründeten Klöster dienten als Zentren der Mission und Kolonisation, als Grablegen und als Kapitalgeber. Sie wurden häufig an der Grenze des von den Landesherren kontrollierten Gebietes errichtet, wo sie dessen Interessen gegen Nachbarn und Konkurrenten wahren sollten. Zweifellos bestimmten politische Motive auch die Haltung der Markgrafen gegenüber St. Marienstern. Das Kloster bildete den sakralen Mittelpunkt einer Zone verdichteter Herrschaft am Rande des landesherrlichen Einflußgebietes. Hier waren auf engem Raum markgräfliche Ministeriale und Vertraute zusammengezogen. Sie scharten sich um das Kloster, strebten an, hier bestattet zu werden; einige ihrer Töchter nahmen in Marienstern den Schleier. Dem Stützpunkt der Landesherrschaft am Klosterwasser kam eine um so größere Bedeutung zu, als sich in diesem Gebiet die Interessensphären der Markgrafen, der Herren von Kamenz und des Bischofs von Meißen kreuzten. Diese konfliktreiche Situation dürfte am ehesten für die bald nach 1264 eintretende Bauverzögerung verantwortlich zu machen sein. Denn als die Markgrafen von Brandenburg daran gingen, ihre Landesherrschaft in der Oberlausitz geltend zu machen, kam es alsbald zum Zusammenstoß mit dem Bischof von Meißen. Anlaß scheint gewesen zu sein, daß die markgräflichen Vögte zu Bautzen gerichtliche Rechte im Territorium des Bischofs geltend machten, daß ferner dem Bischof zustehende Zehntzahlungen aus landesherrlichen Gebieten verweigert wurden. Nach langwierigen Auseinandersetzungen verständigten sich die Parteien in einem Vertrag von 1272, in welchem die Markgrafen die gerichtliche Hoheit des Bischofs in seinem Territorium grundsätzlich anerkannten.[105] Es blieb aber nicht dabei. Nicht näher bezeichnete „invasores" drangen in der Folge raubend und brennend in das Land des Bischofs ein. Dieser mußte sich bereit erklären, jedenfalls für diejenigen seiner Güter, die an markgräfliches Gebiet grenzten, die Schutzherrschaft der Landesherren anzuerkennen, indem er ihnen ein symbolisches Schutzgeld von 50 Mark entrichtete. Es muß offen bleiben, ob die Markgrafen sich die Übergriffe auf das Bischofsland in der Oberlausitz lediglich zunutze machten, oder ob sie sie selbst initiierten. So viel ist der hierüber erstellten, undatierten Urkunde zu entnehmen, daß es zu gewaltsamen Auseinandersetzungen vor allem an der Grenze zwischen dem markgräflichen und dem bischöflichen Territorium gekommen war, d.h. also in dem Gebiet, in dem St. Marienstern lag. Der Klosterbau wird hiervon nicht unberührt geblieben sein. Wenn die Markgrafen, vielleicht ein wenig heuchlerisch, ihre „homines" aufforderten, zu Schutz und Verteidigung des bischöflichen Gutes bereitzustehen, so werden hiermit nicht zuletzt die rund um das Kloster sitzenden landesherrlichen Vasallen angesprochen gewesen sein. An zwei von ihnen, Tyzo von Pannewitz und Luther von Schreibersdorf, richtete sich der namentliche Auftrag.[106]

Die Vollendung: Bernhard von Kamenz

Die jahrelangen Auseinandersetzungen zwischen den Markgrafen von Brandenburg und dem Bischof von Meißen dürften Bernhard von Kamenz in eine schwierige Lage gebracht haben. Als Dekan, dann Propst von Meißen war er wohl der Sache des Bistums verpflichtet. Zu den Markgrafen von Brandenburg, unter deren Schutz er die Gründung seines Klosters gestellt hatte, unterhielt er lebenslang vertrauliche Beziehungen. In ungewöhnlich herzlichem Ton haben ihn die Markgrafen Otto (IV.) und Konrad 1286 ihren „lieben Kaplan und besonders engen Freund" genannt.[107] Auch sein Dienst bei Herzog Heinrich IV. von Breslau, dann bei König Wenzel II. in Prag brachte ihn immer wieder mit den Markgrafen in Verbindung, denn die schlesischen Piasten und die böhmischen Přemysliden waren durch enge verwandtschaftliche Beziehungen und gemeinsame politische Interessen mit den brandenburgischen Askaniern verbunden.[108] Die sich zuspitzende Situation in der Oberlausitz könnte dazu beigetragen haben, daß er sich damals endgültig nach Schlesien wandte. Schon seit vielen Jahren hatte die Familie dorthin Verbindungen gepflegt. Offenbar haben die kolonisationserfahrenen Herren von Kamenz seit den 1240er Jahren die Etablierung eines Familienzweiges in Schlesien betrieben. Bernhards älterer Bruder Witego trat 1249 in Urkunden Herzog Boleslaws II. von Liegnitz auf, als über die Anlage neuer Siedlungen und die Ansetzung deutscher Kolonisten verhandelt wurde.[109] 1251 hat Bernhard seinen Bruder nach Schlesien begleitet.[110] In ihrer Gesellschaft befanden sich etliche weitere Angehörige Oberlausitzer Adelsfamilien, darunter auch Ministeriale der Herren von Kamenz, von denen bekannt ist, daß sie später in Schlesien ansässig wurden, wie die von Swavisdorf, die ursprünglich in Schwosdorf bei Kamenz gesessen waren, oder die von Ziegelheim, deren im Kamenzer Raum verbliebener Familienzweig noch im 15. Jahrhundert nachzuweisen ist.[111] Tatsächlich hat sich eine Seitenlinie der Herren von Kamenz in Schlesien niedergelassen, in Greiffenstein/Gryfów bei Löwenberg. Sie benannte sich nach ihrem neuen Wohnsitz, hielt aber am alten Familienwappen fest. Zusammen mit etlichen Kamenzischen Ministerialen tritt der jüngere Bernhard von Kamenz 1254 in zwei zu Lauban und zu Naumburg/Queis ausgestellten Urkunden Witegos von Greiffenstein als Zeuge auf.[112] Die Verbindungen Bernhards III. zu Schlesien sind seitdem nicht mehr abgerissen. Allein oder gemeinsam mit seinem jüngeren Bruder erscheint er wiederholt in Urkunden der Piastenherzöge, zunächst Boleslaws II. von Liegnitz, dann Heinrichs III. von der Breslauer Linie.[113] Wann er den Schwerpunkt seines Lebens ganz nach Schlesien verlegte, ist nicht zu sagen. 1276 wurde er zum Propst von Meißen erwählt; es ist doch anzunehmen, daß er in dieser Zeit häufig in Meißen weilte, während er sich später zumeist durch einen Vikar vertreten ließ. Bereits eine Urkunde von 1279[114] zeigt ihn als Kaplan Herzog Heinrichs IV. und im Besitz der reichen Pfarrpfründe Brieg. Wenige Monate später ist er Kanzler des Herzogs.[115]

Diese Jahre stellen offenbar eine Wende im Leben Bernhards wie auch in der Geschichte des Klosters dar – es ist nicht zu verkennen, daß zwischen beidem ein enger Zusammenhang bestand. Sein Einvernehmen mit den Markgrafen von Brandenburg, seine hohen Ämter in Meißen, Breslau, dann Prag und nicht zuletzt seine damals geknüpften Beziehungen zur römischen Kurie hatten ihm eine singuläre Machtstellung und zweifellos auch finanzielle Mittel beschert, die es erlaubten, die steckengebliebene Klostergründung mit neuer Kraft fortzuführen. Die Serie von Ablaßbriefen aus den Jahren 1278–1288 dürfte den Zeitraum neuer, intensiver Bautätigkeit anzeigen. In denselben Jahren vollzog sich eine sprunghafte Entwicklung im Besitzstand des Klosters. Es ist nicht zu sagen, welchen Anteil die Spenden der Pilger und Gläubigen hieran hatten. Doch dürfte Bernhard aus seinem mittlerweile bedeutend angewachsenen Vermögen das meiste wohl selbst beigesteuert haben. Der letzte für Marienstern getätigte Kauf lag mittlerweile zwanzig Jahre zurück;[116] jetzt setzte mit einem Schlag eine dichte Reihe von Erwerbungen ein, sämtlich getätigt von Bernhard selbst, in deren Folge sich der Besitz des Klosters innerhalb von wenigen Jahren mehr als verdoppelte.[117] 1280 erwarb Bernhard den etwa vier Kilometer nördlich des Klosters gelegenen Lugewald (um Bauholz zu gewinnen?).[118] Im selben Jahr erlaubte König Rudolf von Habsburg dem Kloster, es dürfe über Renten mit einem Jahresertrag von 200 Mark aus dem Besitz von Ministerialen oder Vasallen des Reichs verfügen.[119] Offenbar waren die in den folgenden Jahren getätigten, umfangreichen Erwerbungen von den Reichsministerialen von Schönburg und Kamenz bereits damals ins Auge gefaßt. 1284 überstellten Bernhard (V.) und Otto von Kamenz, Bernhards Neffen, die ihrem Onkel hoch verschuldet waren, dem Kloster ihren Anteil am Patronat über die Kirche in Bernstadt und stärkten damit entscheidend dessen Stellung auf dem Eigen.[120] Ein Jahr später reisten die mittlerweile völlig ruinierten Brüder nach Breslau, um auch das restliche ihnen verbliebene väterliche Erbe auf dem Eigen ihrem Onkel zu verkaufen. Für einen Preis von 700 Mark gelangten auf diese Weise Stadt und Herrenhof Bernstadt, ein Wald bei Friedersdorf und die Lehnsherrschaft über etliche Dörfer an das Kloster.[121] Erst jetzt konnte Bernhard daran gehen, einen seit den Anfängen des Klosters bestehenden Mangel in der klösterlichen Besitzstruktur zu beseitigen: Bis zu diesem Zeitpunkt präsentierten sich die Klostergüter als ein Flickenteppich vereinzelter Besitzungen, die überall durchsetzt und umlagert waren von den Gütern der Herren von Schönburg. Als erstes erwarb Bernhard 1286 von einem Schönburgischen Ministerialen das Dorf Keula, dessen Fluren mit denen der Klosterstadt Wittichenau im Gemenge lagen.[122] 1290 schließlich brachte er sein Werk zu Ende: Für die gewaltige Summe von 1.420 Mark verkaufte Friedrich von Schönburg sämtliche Besitzungen seiner Familie am Klosterwasser und auf dem Eigen, von denen das Kloster bereits die komplementären Anteile besaß, teils seit seiner Ausstattung von 1264, teils in Folge der jüngsten Erwerbungen von der Bernstädter Linie der Herren von Kamenz. Drei ganze Dörfer, die Halbteile von sechs weiteren, so wie die Schönburgische Hälfte von Stadt und Kirche Bernstadt wechselten an einem einzigen Tag den Besitzer.[123] Damit war die Ausstattung des Klosters St. Marienstern abgeschlossen. Es folgten noch der bereits geschilderte Übergang der markgräflichen Lehnsdörfer im Umkreis um Kuckau, der Erwerb der beiden hochstiftischen Dörfer Prischwitz und Leutwitz 1292, bei welchem Bernhard selbst in seiner Eigenschaft als Propst von Meißen der Verkäufer war,[124] schließlich einige Zugewinne der nächsten Jahrzehnte. Der Besitzstand des Klosters, der im Urbar von 1374/82 festgehalten wurde und der sich im wesentlichen bis in das 19. Jahrhundert erhielt, dürfte zu etwa zwei Dritteln auf die Schenkungen und Erwerbungen Bernhards von Kamenz zurückgehen.[125] Im Spätmittelalter besaß St. Marienstern 2 Städte und 59 Dörfer. Es war damit das reichste Frauenkloster im Bistum Meißen, reicher auch als die Männerzisterzen Doberlug, Neuzelle und Buch, hinsichtlich der Zahl von Klosterdörfern und -städten lediglich von Altzella übertroffen.[126]

Solange er lebte, hat Bernhard von Kamenz die Geschäfte des Klosters geführt und seine wirtschaftlichen Belange energisch wahrgenommen. Die gute urkundliche Überlieferung zeigt, daß er es verstand, seinen Einfluß auch aus weiter Entfernung geltend zu machen. Er mag Vertraute vor Ort gehabt haben, die ihn auf dem Laufenden hielten, etwa den Pfarrer Heinrich von Kamenz[127] oder seinen Neffen Heinrich, die in zahlreichen für das Kloster ausgestellten Urkunden erscheinen. Mehrfach ist er in Rechtsangelegenheiten des Klosters zu Breslau tätig geworden; er hat von dort aus, in eigener Person oder durch hochgestellte Mittelsmänner, eingegriffen, wenn er den Eindruck hatte, daß Rechte des Klosters nicht gewahrt wurden oder der Konvent selbst leichtfertig mit seinem Besitz umging.[128] Mehrere Reisen nach Italien hat er für die Zwecke des Klosters zu nutzen verstanden. Dort soll er – der Klosterüberlieferung zufolge – einen erheblichen Teil des klösterlichen Reliquienschatzes erworben haben. Zwar wird man nicht bei jedem der zahlreichen in Italien ausgestellten Ablässe der späten 1270er und der 80er Jahre seine persönliche Anwesenheit zwingend voraussetzen können. Doch zumindest zweimal ist diese sehr wahrscheinlich. Den Auftakt der großen Serie von Ablässen für Marienstern mit zehn derartigen Briefe, ausgestellt in Viterbo und Rom zwischen April und Juli 1278, dürfte er doch wohl selbst vor Ort initiiert haben. Ein zweiter Aufenthalt muß im Zeitraum 1282 bis 1284 stattgefunden haben. In diese Jahre fallen zwei Briefe des Papstes Martin IV. an den Abt von St. Vinzenz von Breslau mit dem Auftrag, sich um die Angelegenheiten des Klosters St. Marienstern zu kümmern, ferner das Privileg, das derselbe Papst dem Kloster erteilte,[129] und schließlich zwei große Ablaßbriefe, der eine ausgestellt vom Patriarchen von Aquileja und sechzehn weiterern Bischöfen, der andere vom Erzbischof von Tarent zusammen mit zwölf Bischöfen.[130]

Angesichts der Fülle von Wohltaten, die Bernhard dem Kloster erwies, fällt ein Fall besonders ins Gewicht, da er dessen Rechte beschnitt und ihm etwas wegnahm. Er tat dies 1295, ein Jahr vor seinem Tod, als er das Kamenzer Spital gründete. Mit keinem Wort verrät die hierüber ausgestellte Urkunde[131], daß es sich in Wahrheit um die Erneuerung einer früher schon bestehenden Einrichtung handelte. Bernhard kaufte das Areal vor den Mauern der Stadt, auf dem zuvor das alte Kloster gelegen hatte und das inzwischen von St. Marienstern an einen Kamenzer Bürger zu Erblehen vergeben worden war, richtete hier ein Hospital für Kranke ein und gab diesem eine neue Ausstattung. Hierzu gehörten die beim Spital liegenden Äcker, Hopfen- und Obstgärten und Mühle, ferner das Dorf Jesau, das er selbst dereinst für Marienstern erworben hatte. Die Eigentumsrechte aller dieser Güter lagen beim Kloster. Bernhard kaufte sie auf und übertrug sie dem neuen Spital. Auf seinen dringenden Wunsch hin („nostrum affectum sincerius intuentes") stimmten Äbtissin und Konvent zu. Nach Bernhards Vorstellungen sollte das Spital eine selbständige Stiftung mit eigenem Vermögen sein. Die einzige Beziehung zum Kloster bestand darin, daß der Konvent im Einvernehmen mit dem Pfarrer von Kamenz für die Einsetzung eines geeigneten Verwalters Sorge zu tragen hatte. Mit diesem Rechtsakt stellte Bernhard die Stiftung seiner Familie am alten Platz wieder her und gab ihr die Funktion als Spital für Kranke zurück, die sie vor der Einrichtung des Spittelklosters gehabt hatte. Es ist bezeichnend, daß die Stiftung von der Familie sofort angenommen wurde: Etliche im frühen 14. Jahrhundert getätigte Schenkungen der Herren von Kamenz an das Spital sind urkundlich überliefert.[132] Das Kloster allerdings hat sich in der Folge an den eindeutig bekundeten Wunsch seines Stifters nicht gehalten. Schon zwanzig Jahre nach Bernhards Tod war die von diesem durchgeführte strikte Vermögenstrennung zwischen Kloster und Spital wieder aufgehoben.[133] 1348 erscheint der Besitz des Spitals bereits arg dezimiert,[134] trotz der zahlreichen urkundlich bezeugten Zustiftungen, die in den ersten Jahrzehnten des 14. Jahrhunderts erfolgt waren. Das dem Spital geschenkte Dorf Jesau wird im Urbar von 1374/82 wieder unter den Klosterbesitzungen geführt. In einem undatierten Schreiben aus den 1370er Jahren, gerichtet wohl an den Stadtherrn, Karl IV., beklagte sich der Kamenzer Rat bitter über den Zustand des Spitals, das in den letzten Jahrzehnten völlig ruiniert worden sei.[135] Jahrelang hätten das Kloster und die Herrschaft Kamenz um den Besitz des Spitals gestritten. Die Äbtissin habe das Spital zu einem Vorwerk gemacht, Borso von Kamenz seine Einkünfte unterschlagen, der Klosterpropst Nikolaus von Milstrich schließlich die letzten Kranken vertrieben und einem elenden Schicksal preisgegeben.[136]

Die Eigenmächtigkeit, mit der sich der Konvent im 14. Jahrhundert über die Verfügung des Stifters hinwegsetzte, wäre zu seinen Lebenszeiten undenkbar gewesen. Bernhard von Kamenz hat die Geschicke des Konvents stets mit fester Hand geleitet. Die Äbtissin des Klosters wird in den Urkunden selten genannt, allenfalls als konsenserteilende Instanz. Von der Beteiligung eines Propstes ist nirgends die Rede. Bernhards Stellung im Kloster Marienstern war weder aus weltlichem noch aus kirchlichem Recht noch gar aus der Ordensregel zu begründen. Wie schon erwähnt, hat er sich selbst 1268 als Propst des Klosters bezeichnet, wollte sein Neffe ihn 1285 als eine Art Pfleger sehen. Der Bischof von Posen nannte ihn 1287 den „patronus" von St. Marienstern[137]. In der selbstverständlichen Art, wie Bernhard über seine Stiftung verfügte, mag man einen Nachhall eigenkirchlicher Vorstellungen erkennen. Freilich hat er davon Abstand genommen, in der Art der alten Eigenkirchenherren zuweilen auch zu eigenen, stiftungsfremden Zwecken über das Anstaltsvermögen zu verfügen, sieht man von dem Sonderfall seiner Spitalgründung 1295 ab. Seine persönlichen Absichten und das Stiftungsinteresse kamen offenbar völlig zur Deckung. Nachdem die 1248 geplante Familienstiftung ins Stocken geraten und der Bau eines neuen Klosters nicht zustande gekommen war, hatte er sich von jeder Rücksichtnahme auf familiäre und dynastische Interessen gelöst. Im Gegenteil, er machte sich die wirtschaftliche Not des Bernstädter Familienzweiges zu Nutze und nahm dessen Ruin in Kauf, um den Klosterbesitz zu vermehren. Der Unterstützung seitens seiner Familie weitgehend entblößt, begab er sich unter den Schutz der Landesherren, die ihm für sein Vorhaben offenbar weitgehende Freiheiten gewährten. Ein neues Kloster am Rande ihres Einflußgebietes, als geistliches Zentrum landesherrlicher Macht und Kristallisationspunkt ihrer Ministerialität, kam den Markgrafen von Brandenburg gelegen, zumal der Stifter keine Erben haben würde und die Erwartung bestand, daß sie ihre Schutzherrschaft über das Kloster nach dessen Tod unbeschränkt würden ausüben können. So kam es zur Gründung des Klosters bei Kuckau, vermutlich im Jahre 1259. Bernhard führte nun die Stiftung von 1248 weiter. Er widmete sein persönliches Erbe in ein Stiftungsvermögen um, brachte die Ausstattung des Spittelklosters ein und begann, ein Kloster zu bauen, in das der in Kamenz harrende Konvent, geleitet von seiner Schwester, übersiedeln sollte. Schon kurze Zeit, nachdem das noch unfertige Kloster 1264 in den Zisterzienserorden aufgenommen worden war, kamen die Bauarbeiten zum Erliegen. Wahrscheinlich sind Kriegswirren dafür verantwortlich zu machen. Der Konvent kehrte nach Kamenz zurück, wenn er überhaupt bis zu diesem Zeitpunkt an das Klosterwasser gekommen war. Erst am Ende der 1270er Jahre konnte Bernhard einen neuen Anlauf wagen. Er war jetzt ein mächtiger Mann, Propst von Meißen, Kanzler des Herzogs von Breslau mit guten Verbindungen zur römischen Kurie und zu den Höfen zahlreicher weltlicher und kirchlicher Fürsten. Jetzt erfolgte der dritte Anlauf zur Gründung von St. Marienstern, der zur Vollendung des Klosterbaus führte. Zur selben Zeit gelang es Bernhard im Zuge einer konsequenten Erwerbspolitik, den Besitz des Klosters erheblich zu vermehren. Er beschloß sein Lebenswerk, indem er das Spital in Kamenz, die Gründung seines Vaters, wiederherstellte – das einzige Projekt seines Lebens, das ihm mißlang.

Die Hingabe, mit der Bernhard die Gründung und Ausstattung seines Klosters verfolgte, die Konsequenz, mit der er seinen Lebensweg immer wieder auf das Kloster ausrichtete, erwecken noch heute Erstaunen. Es ist nicht daran zu zweifeln, daß Bernhard in Marienstern sein persönliches Vermächtnis sah, eine Stätte seines Totengedenkens und der Sorge für sein individuelles Seelenheil, während die weltlichen Interessen, aber auch die immateriellen Belange seiner Familie ganz in den Hintergrund getreten waren. Hier kündigen sich individualistische Formen spätmittelalterlicher Frömmigkeit an, ein überraschender Zug von Modernität. Am 11. Oktober 1296 ist er gestorben und fand im Kloster St. Marienstern seine Grablege. Er war der einzige Bischof von Meißen vor der Reformation, der im Amte starb und es verschmähte, in den Domkirchen zu Meißen, Wurzen oder Bautzen bestattet zu werden.[138]

Ich danke der Frau Äbtissin und dem Konvent des Klosters St. Marienstern herzlich dafür, daß sie meinem Kollegen Marius Winzeler und mir freien Zugang zum Klosterarchiv gewährten und dabei Störung und allerlei Unbill auf sich nahmen. Ein besonderer Dank gilt den Schwestern Sr. M. Bernarda Helm und Sr. M. Elisabeth Gäbler, die uns mit Rat und Tat zur Seite standen.

Anmerkungen

1 Auf seiner Grabplatte wird Heinrich nicht als Stifter, sondern als dessen „sehr naher Verwandter" bezeichnet („ ... qui illustris et reverendissimi domini fundatoris huius monasterii ex domesticis ac intimis familiaribus fuit."). Über besondere Verdienste Heinrichs schweigt die klösterliche Tradition.

2 Unter der Überschrift „Das Kloster Marienstern ist aufferbauhet." lautet der Text: „Anno incarnati verbi millesimo ducentesimo sexagesimo quarto fundari coeptum est hoc coenobium virginum Stellae Sanctae Mariae sub piis principalibus Joanne et Ottone, marchionibus Brandenburgensibus, pro tunc dominis superioribus Lusatiae per reverendum patrem ac dominum Bernardum episcopum Misnensem. Aedificatum est autem viginti annis; quia anno millesimo ducentesimo octogesimo quarto venerunt in hoc monasterium moniales de antiquo claustro, quod situm fuit olim extra oppidum Camentz. Quae subfatus reverendus dominus et pater Bernardus episcopus Misnensis post completam fundationem subdicti monasterii Stella Sanctae Mariae triginta septem anni supervixit atque anno dominicae incarnationis 1321 tertia die post festum divorum martyrum Dionisii et sociorum eius; hoc est undecima die mensis Octobris, viam universae carnis ingressus est, cuius anima felici pace requiescat. Amen." (KlAM, Fach 270, Nr.1, fol. 6)

3 dort fol. 5.

4 Vor allem: TICINUS, JACOBUS: Epitome historiae Rosenthalensis. Prag 1692, S. 46; SARTORIUS, ANTONIUS: Cistercium bis tertium sive Historia Ordinis Cisterciensis. Prag 1700, S. 1072.

5 EPPERLEIN, SIEGFRIED: Gründungsmythos deutscher Zisterzienserklöster westlich und östlich der Elbe im hohen Mittelalter und der Bericht des Leubuser Mönches im 14. Jahrhundert. In: Jb. f. Wirtschaftsgeschichte 3 (1967), S. 303–335.

6 Die Haberkornsche Stadtchronik. Hrsg. von GERHARD STEPHAN, Kamenz 1934, S. 14. Haberkorn war offenbar – aus eigener Anschauung oder über eine ältere, vielleicht im Umkreis des Spitals entstandene Quelle – der Inhalt zweier Urkunden des Klosterarchivs zu Kenntnis gelangt: die Bestätigung einer beabsichtigten Klostergründung, die Mabilia von Kamenz und ihre Söhne von Bischof Witego 1249 erlangten (KlAM, Urkunde Nr. 3, NLM 43 (1866, S. 386), und die Gründungsurkunde des Kamenzer Spitals von 1295 (KlAM, Urkunde Nr. 38), die seit Haberkorns Zeiten im Verborgenen geblieben ist und auf die noch einzugehen sein wird.

7 CARPZOV, JOHANN BENEDIKT: Neueröffneter Ehren-Tempel merckwürdiger Antiquitäten des Marggraffthums Ober-Lausitz. Leipzig und Budissin 1719, Bd. 1, S. 329–338.

8 Als wichtigste Titel seien genannt: [HITSCHFEL, ALEXANDER]: Chronik des Cisterzienserinnenklosters Marienstern in der königlich Sächsischen Lausitz. Warnsdorf 1894; SCHMIDT, EVA: Die Zisterzienserinnenabtei St. Marienstern und die Wallfahrtskirche zu Rosenthal. Leipzig 1959; HUTH, JOACHIM: St. Marienstern in der Oberlausitz – 700 Jahre im Heiligen Orden von Zisterz 1264–1964. In: Unum in veritate et laetitia. Bischof Dr. Otto Spülbeck zum Gedächtnis. Leipzig 1970, S. 170–204; MAGIRIUS, HEINRICH und SIEGFRIED SEIFERT: Kloster St. Marienstern. 2. Aufl. Bautzen 1982.

9 KNOTHE, HERMANN: Urkundliche Geschichte des Jungfrauenklosters Marienstern. Dresden 1871, S. 16.

10 KNOTHE 1871 (wie Anm. 9), S. 6f. Dabei war es Knothe durchaus bewußt, daß es einige seiner Interpretation entgegenstehende Quellenhinweise gibt.

11 Ältere Mariensterner Urkunden finden sich verstreut im Urkundenbuch der Sechsstädte Kamenz und Löbau. (= CDSR II/7. Hrsg. von HERMANN KNOTHE, 1882); im CD Lus, Bd. I, Hrsg. von G. KÖHLER, 1856 sowie in KNOTHE, HERMANN: Urkundliche Geschichte des Eigenschen Kreises, nebst Urkundenbuch. NLM 47 (1876). Siehe auch KNOTHE, HERMANN: Drei auf die Gründung des Klosters Marienstern bezügliche Urkunden. In: NLM (43) 1866, S. 383–386.

12 Statuta Capitulorum Generalium Ordinis Cisterciensis. (= Bibliothèque de la Revue d´ Histoire ecclésiastique 9–14b). Hrsg. von: JOSEPH MARIA CANIVEZ. Louvain 1933–1941, Bd. 2, S. 47. Der Antrag könnte über die Äbte von Altzella oder Buch vermittelt worden sein. Mit beiden Klöstern standen die Herren von Vesta/Kamenz und namentlich Bernhard selbst seit längerem in Beziehung. (Vgl. BEYER, EDUARD: Das Cistercienser-Stift und Kloster Alt-Zelle in dem Bisthum Meißen. Dresden 1855, S. 288/vor 1187, S. 535/1225, S. 539/1230. CDSR I/3, Nr. 14/1197, Nr. 78/1204, Nr. 96/1206, Nr.158/1211, Nr. 260/1219; Nr. 275/1220, Nr. 292/1221. SCHÖTTGEN, CH. und G. CH. KREYSIG: Diplomataria et scriptores historiae Germanicae medii aevi. Altenburg 1753ff. Bd. 2, S. 176/1221, S. 184/1241, S. 184f./1245).

13 Gerade in diesen Jahren nahm der Orden gegenüber dem Aufnahmebegehren weiblicher Konvente eine harte ablehnende Haltung ein. Es kam in diesem Zeitraum kaum zu Neuaufnahmen; 1220 und noch einmal 1228 wurden diese gänzlich untersagt. Vgl. KRENIG, ERNST-GÜNTHER: Mittelalterliche Frauenklöster nach den Konstitutionen von Cîteaux unter besonderer Berücksichtigung fränkischer Nonnenklöster. In: ASOC 10 (1954) Fasc. 1–2, S. 1–105, hier S. 17.

14 SCHLESINGER, WALTER: Kirchengeschichte Sachsens im Mittelalter (= Mitteldeutsche Forschungen Bd. 27). 2 Bde. Köln, Graz 1962, Bd. 2, S. 227, 266, 325.

15 HELBIG, HERBERT: Die Oberlausitz im 13. Jahrhundert. Herrschaften und Zuwanderungen des Adels. In: Jb. für die Geschichte Mittel- und Ostdeutschlands 5 (1956), S. 59–127, hier S. 87ff.; SCHIECKEL, HARALD: Herrschaftsbereich und Ministerialität der Markgrafen von Meißen im 12. und 13. Jahrhundert. Untersuchungen über Stand und Stammorte der Zeugen markgräflicher Urkunden (= Mitteldeutsche Forschungen Bd. 7). Köln, Graz 1956, S. 31f.; BOELCKE, WILLI: Verfassungswandel und Wirtschaftsstruktur, die mittelalterliche und neuzeitliche Territorialgeschichte ostmitteldeutscher Adelsherrschaften als Beispiel. Würzburg 1969, S. 22ff.; KLECKER, CHRISTINE: Befestigte und unbefestigte Herrensitze der Oberlausitz. 3 Bde., Dresden Päd. Hochschule, Diss. A 1989, Bd. 1, S. 39f.; HERZOG, STEFFEN: Kamenz-Königsbrück. Bemerkungen zum Verhältnis von Burg, Stadt und Straße während des Mittelalters. AFD 3 (1989), S. 309–356; HERZOG, STEFFEN und CHRISTINE KLECKER: Die Herren von Kamenz – Versuch des Aufbaus einer Landesherrschaft. Beiträge zur Heimatkunde der Westlausitz 6 (1995), S. 3–18.

16 SCHIECKEL 1956 (wie Anm. 15), S. 82f.

17 HERZOG 1989 (wie Anm. 15), S. 315–320.

18 In der Urkunde der Markgrafen von Brandenburg von 1264 (HUTH 1970 (wie Anm. 8), S. 200ff.) erscheint das Patronat der Kirche von Kamenz als Lehen der Landesherren, während dasjenige der Kirche von Crostwitz freies Eigen der Herren von Kamenz war. Die Crostwitzer Kirche dürfte demnach von den Herren von Kamenz gegründet worden sein, während die landesherrlichen Rechte an der Kirche von Kamenz dafür sprechen, daß sie eine Gründung der Könige von Böhmen war.

19 CDSR II/7 - Kamenz, Nr. 1.

20 KLECKER 1989 (wie Anm. 15) Bd. 1, S. 47.

21 HELBIG 1956 (wie Anm. 15), S. 75f.

22 KLECKER 1989 (wie Anm. 15) Bd. 1, S. 42.

23 HUTH 1970 (wie Anm. 8), S. 172ff.

24 Zweifellos ist er (und nicht einer der beiden jüngeren Bernharde) der Zeuge bei der Beurkundung der Grenzvereinbarungen zwischen dem Bischof von Meißen und dem böhmischen König von 1241 (CDSR II/1, S. 111) – wäre er schon tot gewesen, wäre sein

ältester Sohn Witego als neuer Familienvorstand aufgetreten. Wohl auch der Verkauf der curia in Bautzen 1245 (CD Lus. I/1, Nr. 41) dürfte noch von ihm beurkundet worden sein.

25 Knothe 1866 (wie Anm. 11), S. 385.
26 Knothe 1866 (wie Anm. 11), S. 383.
27 Knothe 1866 (wie Anm. 11), S. 386.
28 Ähnliche Gründungskonstellationen wie im Falle von Marienstern finden sich in einiger Zahl. Das Georgenkloster bei Leipzig entstand 1230 aus der Verlegung eines freien Konventes aus Hohenlohe. Dieser war vermutlich getragen von Frauen der Familie von Teuchern, die in der Frühzeit des Georgenklosters dessen wichtigste Förderer waren. Das Kloster galt im 13. und 14. Jahrhundert als zisterziensisch, ohne freilich dem Orden je anzugehören. Zum Entstehen des Klosters Beuditz (1220/30), einer Stiftung der Meinheringer, hatte wesentlich Mechthild, die Tochter Meinhers von Werben, beigetragen, die eine von zisterziensischen Idealen inspirierte Frauengemeinschaft um sich geschart zu haben scheint. Daß Klostergründungen von bereits bestehenden Gemeinschaften frommer Frauen ausgingen bzw. von weiblichen Angehörigen der Stifterfamilie initiiert wurden, ist ferner nachzuweisen oder zu vermuten bei den Klöstern Lausnitz (um 1130), Langendorf bei Weißenfels (kurz vor 1230), Petersberg bei Eisenberg (13. Jahrhundert) und Dörschnitz (vor 1233). Vgl. SCHLESINGER 1962 (wie Anm. 14) Bd. 2, S. 172ff., ferner S. 234ff., 271f., 276f., 278f., 282f.
29 So setzte Kloster Beuditz vermutlich eine Spitalgründung von 1218 fort. Kloster Dörschnitz, später nach Sitzenroda verlegt, ging aus einem Spital hervor, bei dem eine domina Gepa einen zisterziensisch orientierten Konvent versammelt hatte (1233 bezeugt). Im Elisabeth-Spital zu Grimma sammelte sich kurz vor 1250 ein aus Torgau kommender Konvent, der später im Kloster Nimbschen seinen endgültigen Sitz finden sollte. Vgl. SCHLESINGER 1962 (wie Anm. 14), Bd. 2, S. 276f., 282f., 273ff.
30 CDSR II/7-Kamenz, Nr. 19. Zu Datierung und Aussteller dieser Urkunde s.u. Anm. 135.
31 CDSR II/7-Kamenz, Nr. 9.
32 KlAM, Urkunde Nr. 38. Einige bemerkenswerte Parallelen zu Marienstern bietet die Gründungsgeschichte des Klosters Nimbschen (vgl. SCHLESINGER 1962 (wie Anm. 14), Bd. 2, S. 273–276). Auch hier hat sich ein Konvent in einem Spital gesammelt, das für diese Zwecke umgebaut wurde (vgl. MAGIRIUS, HEINRICH: Beobachtungen zur Architektur ... in diesem Band) und später unter dem Namen „antiquum claustrum" erscheint. KNOTHE 1856 (wie Anm. 9), S. 5 und ihm folgend spätere Autoren berichten von einer Marienster Tradition, nach der die Geschichten der beiden Klöster unmittelbar miteinander verflochten gewesen sein sollen: Die ersten Nonnen des Marienster Konvents seien ursprünglich aus Kloster Nimbschen gekommen. Nun wäre natürlich denkbar, daß einige Frauen aus der zunächst Torgauer, dann Grimmaer Vereinigung, die schließlich in Nimbschen ihr Ziel erreichte, die Wanderschaft ihres Konventes nicht mitmachten und stattdessen in das Kamenzer Spittelkloster oder später in Kloster Marienstern eintraten. Die „ersten" werden sie schwerlich gewesen sein und eine förmliche Filiation, wie sie HUTH 1970 (wie Anm. 8) S. 174f. annimmt, hat es sicher nicht gegeben. Eine schriftliche Fassung dieser angeblichen Klosterüberlieferung hat sich im Klosterarchiv übrigens nicht finden lassen.
33 Als der Konvent 1263 Aufnahme in den Zisterzienserorden begehrte, nannte er sich „abbatia de Cames" (CANIVEZ 1933 (wie Anm. 12), Bd. 3, S. 16).
34 KNOTHE, HERMANN: Geschichte der Herren von Kamenz. In: NLM 43 (1866), S. 101–103; HELBIG 1956 (wie Anm. 15), S. 87–90; BOELCKE 1969 (Anm. 15), S. 22.
35 HUTH, JOACHIM: Slawische Siedlungen und Burgen im Eigenschen Kreis. In: AFD 11–12 (1963), S. 69–109; COBLENZ, WERNER: Die archäologischen Befunde zur slawischen Besiedlung des Eigenschen Kreises. In: AFD 11–12 (1963), S. 110–118; HUTH, JOACHIM: Zu mittelalterlichen Siedelvorgängen in der sorbisch-deutschen Kontaktzone der Oberlausitz, dargestellt am Beispiel von Dittersbach auf dem Eigen. In: Lětopis. Jahresschrift des Instituts für sorbische Volksforschung. Reihe B 11 (1964), S. 181–203.
36 HUTH, JOACHIM: Der sorbische Landesausbau klosterwasserabwärts. In: Lětopis. Jahresschrift des Instituts für sorbische Volksforschung. Reihe B 12 (1965); vgl. auch BLASCHKE, KARLHEINZ: Zur Siedlungs- und Bevölkerungsgeschiche der Oberlausitz. In: Oberlausitzer Forschungen. Hrsg. von MARTIN REUTHER. Leipzig 1961, S. 60–80.
37 Über Bernhards Geburtsjahr liegen keine Nachrichten vor. In den beiden Urkunden von 1248 findet sich die erste Erwähnung seines Namens. Als er 1296 starb, heißt es, er sei hochbetagt und altersschwach gewesen. Seine Geschwister hat er sämtlich um mehr als zwanzig Jahre überlebt. Erstmals in einer Urkunde von 1266 wird er als „clericus" bezeichnet (CD Sil. VII/2. Hrsg. von C. GRÜNHAGEN. Breslau 1875, Nr. 1227). Vgl. KNOTHE, HERMANN: Bernhard III. von Kamenz. In: ASG 4 (1865), H. 1, S. 82–114.
38 KNOTHE 1876 (wie Anm. 11) Nr. 1 (1261). CDSR II/7-Kamenz, Nr. 5 (1263). CD Lus. I/2 Nr. 60 (1264).
39 „monasterium ... per nos institutum et constructum" (im Ablaßbrief KlAM, Nr. 10 von 1295, 14. 9.). Nur in zwei Urkunden werden andere Angehörige der Familie von Kamenz mit der Stiftung des Klosters Marienstern in Verbindung gebracht: in der „Markgrafenurkunde" von 1264 (bei der besondere rechtliche Rücksichtnahmen galten (es wird hierauf sogleich zurückzukommen sein) und in der Urkunde Bernhards V. und Ottos von 1284 (KNOTHE 1876 (wie Anm. 11), Nr. 3). Damals begehrten die beiden Neffen Bernhards III., sie wollten wie ihre Vorfahren bei der Klosterkirche Marienstern bestattet werden, „quae donationibus eorundem est fundata". Offenbar hatte man ihnen dieses Recht bislang nicht zugestehen wollen, so daß es ihnen geraten schien, an die ursprüngliche Ausstattung von 1248 zu erinnern, an welcher ihr Vater Anteil gehabt hatte.
40 KlAM, Urkunde Nr. 47 (1303) und Nr. 52 (1304).
41 Auch daß die Brüder Bernhard V. und Otto von Kamenz dem Kloster 1284 das Patronat über die Kirche von Bernstadt überließen (KNOTHE 1876 (wie Anm. 11), Nr. 3), wird man schwerlich als Schenkung bezeichnen können. Es hat sich wahrscheinlich um eine Sühne gehandelt für die dauernden Übergriffe auf Güter des Klosters, die sich die beiden zuschulden kommen ließen. Ihr Onkel, von dem sie damals wirtschaftlich völlig abhängig waren, dürfte sie zu diesem Verzicht genötigt haben.
42 HUTH 1970 (wie Anm. 8), S. 200ff.; CD Lus. I/2 Nr. 60 (1264).
43 CANIVEZ 1933 (wie Anm. 12), Bd. 3, S. 16 („inspectio abbatiae de Cames quam petit incorporari nobilis vir Bernardus dominus Cames ..."/ 1263).
44 Dieses Vorrecht der großen Adelsherrschaften ist für die Oberlausitz zwar erst für die frühe 14. Jahrhundert urkundlich nachzuweisen, hat aber wohl auch im 13. Jahrhundert bereits bestanden (BOELCKE 1969 (wie Anm. 15), S. 332).
45 KlAM, Urkunde Nr. 38 (1295).
46 CDSR II/ 7-Kamenz, Nr. 5.
47 HUTH 1970 (wie Anm. 8), S. 178f.
48 Zu diesem Ergebnis kommt man, wenn man die Zins- und Zehnteinkünfte für 1248/63 einerseits und nach der Neudotierung von 1264 andererseits mit Hilfe der im Klosterurbar von 1374/82 für die entsprechenden Dörfer gemachten Angaben rekonstruiert. Vgl. die Zinsen-Gesamtliste in HAUPT, WALTHER und JOACHIM HUTH (Hrsg.): Das Zinsregister des Klosters Marienstern. Bautzen 1957 und HUTH 1970 (wie Anm. 8), S. 184.
49 Zur Zeit des Urbars von 1374/82 bezog das Kloster Geldzinse in

Höhe von rund 230 Schock Groschen aus 624 Zinshufen. Die Geldeinkünfte aus den 192 Zinshufen, die dem Kloster 1264 zur Verfügung standen, müßten demnach sogar unter 100 Mark gelegen haben (Literatur wie Anm. 48).

50 CD Sil. VII/1, Nr. 689, 696, 698, 702, 752, 778.
51 1263 hatte das Generalkapitel in Cîteaux die Äbte von Pforta und Ossegg bevollmächtigt, Marienstern in den Orden aufzunehmen (CANIVEZ 1933 (wie Anm. 12), Bd. 3, S. 16). Im selben Jahr heißt es in einer Urkunde des Bischofs von Meißen, Bernhard von Kamenz habe es erbaut (CDSR II/7-Kamenz, Nr. 5). Doch bereits 1261 wird er als „fundator" des Klosters bezeichnet (KNOTHE 1876 (wie Anm. 11), Nr. 1).
52 CD Lus. I/1, Anhang Marienstern Nr. 3; KNOTHE 1871 (wie Anm. 9), S. 5 (und alle späteren Autoren sind ihm darin gefolgt) schloß aus dieser Urkunde: „Die Vollendung des Baues und die Einweihung des Klosters fällt also jedenfalls schon in die Mitte der fünfziger Jahre des dreizehnten Jahrhunderts."
53 „ne deinceps locum habeat apud nos nostrorum vetus questio sacerdotum ..."
54 Vgl. etwa entsprechende, teilweise mit der Mariensterner Urkunde von 1259 wortgleiche Verfügungen Bischof Brunos von Meißen für Kloster Altzella von 1223 (BEYER 1855 (wie Anm. 12)), S. 532 und für Kloster Buch von 1225 (SCHOETTGEN/KREYSIG 1753 (wie Anm. 12), Bd. 2, S. 177). Auch Bernhard von Kamenz hatte sich als Bischof mit dieser Frage auseinanderzusetzen. Vgl. RITTENBACH, WILLI und SIEGFRIED SEIFERT: Geschichte der Bischöfe von Meißen 968 bis 1581. (= Studien zur katholischen Bistums- und Klostergeschichte Bd. 8). Leipzig 1965, S. 210.
55 Allerdings wäre zu fragen, ob die „abbatia de Cames", die von den Inspektoren des Ordens 1263 in Augenschein genommen wurde (CANIVEZ 1933 (wie Anm. 12), Bd. 3, S. 17), nicht eher das Kamenzer Spittelkloster war. Interessant sind auch hier die Parallelen zum nachmaligen Kloster Marienthron: Dieser Konvent erhielt 1250 vom Papst das Zisterzienserprivileg zugesprochen, nachdem er erst kürzlich in das Spital in Grimma eingezogen war und lange vor Vollendung des Klosters Nimbschen, in welches er wohl erst in den 1260er Jahren übersiedelte.
56 KlAM, Urkunde Nr. 52.
57 CDSR II/7-Kamenz Nr. 3.
58 Die erste sichere Erwähnung eines Klosterpropstes fällt in das Jahr 1336 (Propst Thizo als Zeuge der Urkunde Nr. 90, KlAM). Ein vager, nicht zu verifizierender Hinweis auf einen Propst Heinrich liegt für 1286 vor (KNOTHE 1871(wie Anm. 9), S. 94).
59 CD Lus. I/1, Anhang Marienstern Nr. 7. Die beiden Erwähnungen eines Propstes und Konventes „in Kamenz" waren auch Knothe bekannt. Er tat sie ab als „ungenaue Bezeichnungen für das neue **bei** Kamenz gelegene Kloster" (KNOTHE 1871 (wie Anm. 9), S. 7, Anm. 1) und berief sich auf seine Interpretation der Urkunde von 1259, die seiner Meinung nach bewies, daß der Konvent 1268 und 1280 schon lange an das Klosterwasser übersiedelt war. Es sollte aber aufmerken lassen, daß diese „ungenauen Bezeichnungen" genau in die Zeitspanne fallen, in der nach der Klosterüberlieferung der Mariensterner Konvent im Kamenzer Spital gesessen war, während sonst in keiner der über 200 Mariensterner Urkunden des Mittelalters – soweit ich sehe – vom Kloster Marienstern „in", sondern stets nur „apud" Kamenz die Rede ist.
60 KlAM, unnummeriert, Kiste 29.
61 KlAM, unnummeriert, Kiste 29.
62 KlAM, Ablaßbriefe Nr. 29, 32, 45, 46 und sechs weitere unnummerierte Urkunden in Kiste 29
63 „nobilis viri et discreti viri domini Bernhardi de Camenz precibus inclinati ..." (KlAM, unnummeriert, Kiste 29).
64 „Cum itaque monasterium sanctimonialium stelle Sancte Marie Cisterciensis ordinis Misnensis diocesis ad honorem gloriose virginis Marie sit laudabiliter inchoatum nec ad consumationem ipsius proprie supetant facultates ..." – so fast wortgleich in den zehn Ablaßbriefen des Jahres 1278; „claustrum dominarum ordinis Cisterciensis Stella sancte Marie Misnensis diocesis de novo opere sumptuoso atque laudabili inceptum et faculate propria finem debitum consomationis non valet nisi ad hoc fidelium elemosine tribuentur" – so in den beiden undatierten Ablaßbriefen der Bischöfe Heinrich von Havelberg und Heinrich von Basel, vermutlich aus demselben Jahr (KlAM, unnummeriert, Kiste 29).
65 Die Hypothese einer Brandkatastrophe brachte schon NEUMANN in: NLM 36 (1860), S. 207 ins Spiel, dem die Diskrepanz zwischen urkundlicher und historiographischer Überlieferung aufgefallen war.
66 „Es ist aber der baw mit großem unwillen der underthanen gefördert und erst über 20 jar, nach dem es angefangen, nemlich anno 1284, verbracht worden." (HABERKORN 1934 (wie Anm. 5), S. 14)
67 Weder Mabilia noch Agnes sind urkundlich bezeugt. Für die historische Existenz einer Äbtissin Agnes von St. Marienstern im 13. Jahrhundert lieferte VŠETEČKOVÁ, ZUZANA: The Cistercian origin of the Osek lectionary and the mural paintings in the Royal Chapel of the Cistercian monastery of Plasy. In: Cîteaux Commentarii Cistercienses 47 (1996), S. 285–300 jüngst ein neues Argument: Vermutlich stellt die Miniatur einer betenden Zisterzienseräbtissin im ehemals Marienstern gehörenden Lektionar des Arnold von Meißen (heute: Prag, Nationalbibliothek) Agnes von Kamenz dar. Die Handschrift stammt aus dem 13. Jahrhundert; die Äbtissin erscheint in einer Initiale, zusamen mit der Hl. Agnes von Rom.
68 Diese beiden, die Äbtissin Agnes, vielleicht auch Bernhards ältester Bruder Witego (der letztmals 1264 erwähnt ist) müssen gemeint sein, wenn es 1284 heißt, die „progenitores" der Brüder Bernhard V. und Otto von Bernstadt seien in Marienstern bestattet (KNOTHE 1876 (wie Anm. 11), Nr. 3).
69 „ex succesione paterna idem claustrum in procuratione retinet" (KNOTHE 1876 (wie Anm. 11), Nr. 4).
70 KNOTHE 1876 (wie Anm. 11), Nr. 4 und Nr. 7 (1285).
71 JECHT, RICHARD: Der Übergang der Oberlausitz an die brandenburgischen Askanier. In: NLM 96 (1920), S. 102–129.
72 „Wenn aber 1264 die Markgrafen von Brandenburg das Kloster Marienstern auf Bitten der Stifter in ihren Schutz nahmen, ein Kloster, mit dem sie niemals vorher etwas zu tun gehabt hatten, so ist das deutlich der Ausfluß der neuen, den Frieden schützenden, ja den alleinigen Friedensschutz beanspruchenden landesherrlichen Gewalt, die sich einheilich über das gesamte Territorium auszudehnen suchte." SCHLESINGER 1962 (wie Anm. 15), Bd. 2, S. 573.
73 „... iure patronatus parochyalis ecclesie in civitate Camens, quod a nostris progenitoribus intuitu divine remuneracionis ipsis (d.i.: Äbtissin und Konvent) liberaliter est donatum" (CDSR II/7, Kamenz Nr. 7).
74 Ein sinnfälliges Zeichen für die enge Beziehung, die Teile der askanischen Herrscherfamilie in den 1260er Jahren zu St. Marienstern unterhielten, ist der Doppelhenkelkelch, der bis 1945 im Besitz des Klosters war und heute verschollen ist. Dieser stellt – wie jüngst Wolfgang Erdmann (in einem unveröffentlichten Manuskript) aufzeigte – in formaler und ikonographischer Hinsicht eine unmittelbare Parallele zum Choriner „Askanierkelch" dar; Silberblechbilder, die den beiden Kelchen appliziert wurden, sind über die gleichen Model geschlagen worden. Der Mariensterner Kelch trägt an der Zarge des Kelchfußes die Stifterinschrift „Jutta". Bei der Donatorin muß es sich um die Gemahlin Markgraf Johanns I. handeln, einer der beiden Aussteller der Markgrafenurkunde von 1264. Erdmann interpretiert den Marienstern Kelch als Bestandteil einer Memorialstiftung für Markgraf Johann, der 1266 gestorben ist.
75 Regesten der Markgrafen von Brandenburg aus askanischem

Hause. Bearb. v. HERMANN KRABBO und GEORG WINTER. 12 Lieferungen 1910–1955, Nr. 1.354, 1.612, 1.690, 1.753, 1.787, 1.812, 1.985, 1.987, 1.989, 2.028, 2.068, 2.202. Vgl. KNOTHE, HERMANN: Geschichte des Oberlausitzer Adels und seiner Güter vom 13. Jahrhundert bis gegen Ende des 16. Jahrhundert. Leipzig 1879, S. 254f.
76 KRABBO/WINTER (wie Anm. 75), Nr. 1.386, 1.387, 1.407, 1.660, 1.772, 1.930, 1.949, 2.229.
77 KlAM, Urkunde Nr. 82 von 1327.
78 BOELCKE 1969 (wie Anm. 15), S. 44f.
79 KRABBO/WINTER (wie Anm. 75), Nr. 1.303, 1.354, 1.520 außerdem in Verbindung mit St. Marienstern: Nr. 1.387, 1.660, 1.928, 1.930, 1.949.
80 Vgl. KRABBO/WINTER (wie Anm. 75), Nr. 892, 1.018, 2.157; KNOTHE 1879 (wie Anm. 75), S. 412ff.; BOELCKE 1969 (wie Anm. 15), S. 58ff.
81 KRABBO/WINTER (wie Anm. 75), Nr. 1.215, 1.815. 1400, 12. 6. Noch 1400 besaß Czaslaus von Penzig ein „Sträuchlein" bei dem hier gelegenen Lugewald, das Lehen des Landesherrn war (KlAM, Urkunde Nr. 136; KNOTHE 1871 (wie Anm. 9), S. 62f.
82 KRABBO/WINTER (wie Anm. 75), Nr. 1.499.
83 Domstiftsarchiv Bautzen Loc. V Nr. 12 (1348); CD Lus. I, S. 28; KlAM, Urkunde Nr. 103 (1350). Die hier genannte Wiese „sub monte castri prope villam Kuckow" ist wohl bei der Kuckauer Schanze zu verorten, die in ca. 1 km Entfernung von Kuckau nördlich der Hohen Straße in Richtung Crostwitz gelegen ist.
84 KRABBO/WINTER (wie Anm. 75), Nr. 1.815 (1301), Nr. 2.661 (1318). Die Penzig hatten hier noch 1373 Besitz (KNOTHE 1871 (wie Anm. 9), S. 57; KALM Urkunde Nr. 122).
85 KRABBO/WINTER (wie Anm. 75), Nr. 1.660 und Nr. 1.928 (vor 1304, 26. 9.).
86 KRABBO/WINTER (wie Anm. 75), Nr. 1.499; vgl. KNOTHE 1879 (wie Anm. 75), S. 471.
87 KNOTHE, HERMANN: Die Besitzungen des Bistums Meißen in der Oberlausitz. In: ASG 6 (1868), S. 159–201; KLECKER, CHRISTINE: Herrensitze bischöflicher Landesherrschaft um Göda-Bischofswerda-Stolpen. In: AFD 35 (1992), S. 149–157. Nördlicher Vorposten des bischöflichen Territoriums gegen das Kloster dürfte das Dorf Ostro gewesen sein, das in der ersten Hälfte des 14. Jahrhunderts den bischöflichen Ministerialen von Haugwitz gehörte (KlAM, Urkunde Nr. 76 und 77 von 1319, Nr. 84 von 1330, Nr. 85 von 1331; KNOTHE 1871 (wie Anm. 9), S. 40, 44. Unklar sind die Verhältnisse in Cannewitz, dem Dorf unmittelbar im Süden von Panschwitz-Kuckau. 1355 hatte Ulrich von Kuppritz hier Besitz (KlAM, Urkunde Nr. 109). Die Kuppritz sind als Angehörige der landesherrlichen, namentlich brandenburgischen Ministerialität vielfach nachgewiesen; es wurden aber auch bischöfliche Lehen angenommen (vgl. KLECKER 1989 (wie Anm. 15), Bd. 2, S. 115f.). Am Ort scheinen freilich auch Lehen von den Herren von Kamenz vorhanden gewesen zu sein: 1365 erwarb Marienstern 3 Hufen in Cannewitz von den Kamenzischen Ministerialen Ziegelheim (KlAM, Urkunde Nr. 119).
88 Kamenzisch waren die in der Urkunde von 1264 genannten Pertinentien des Klosters am Ort, zu denen auch die Hälfte des Dorfes Kuckau gehörten. Die andere Hälfte scheint den Herren von Kamenz verblieben zu sein. Drei Hufen, einen Garten und eine Wiese, die wohl aus dem Erbteil seines Vaters Witego stammten, schenkte Heinrich I. von Kamenz dem Kloster 1304 (KlAM, Urkunde Nr. 52).
89 CD Lus. I/1-Anhang Marienstern Nr. 5. KlAM, Urkunden Nr. 40/41; Nr. 45; Nr. 75 (KRABBO/WINTER (wie Anm. 75) Nr. 1.215, 1.660, 1.815, 2.661).
90 KlAM, Urkunde Nr. 48, 51 (KRABBO/WINTER (wie Anm. 75), Nr. 1.928, 1.930).
91 KlAM, Urkunde Nr. 64 (KRABBO/WINTER (wie Anm. 75), Nr. 2229).
92 KNOTHE 1876 (wie Anm. 11), Nr. 5 (1285), Nr. 7 (1285), Nr. 8 (1285), Nr. 9 (1290), Nr. 13 (1305), Nr. 16 (1307).
93 KlAM, Urkunde Nr. 43; KRABBO/WINTER (wie Anm. 75), Nr. 1772).
94 HELBIG 1956 (wie Anm. 15), S. 74; BOELCKE 1969 (wie Anm. 15), S. 43f., 56f. Luther von Schreibersdorf bzw. sein gleichnamiger Sohn erscheinen in den Mariensterner Urkunden Nr. 27/1286, Nr. 62/1306, Nr. 75/1318, unter dem Namen „de Palowe" Nr. 40/1296 und Nr. 45/1301. Die Familie blieb dem Kloster jahrhundertelang verbunden, stellte im 14. Jahrhundert eine Priorin, im 16. Jahrhundert eine Äbtissin.
95 Der Zeitpunkt ist aus KNOTHE 1876 (wie Anm. 11), Nr. 17 abzuleiten.
96 KlAM, Urkunde Nr. 54 (= KNOTHE 1876 (wie Anm. 11), Nr. 13), Nr. 55 (= KRABBO/WINTER (wie Anm. 75), Nr. 1986), Nr. 62 (= CDSR II/7-Kamenz, Nr. 7); KNOTHE 1876 (wie Anm. 11), Nr. 16.
97 „angarii et oppressiones" (KNOTHE 1876 (wie Anm. 11), Nr. 13/1305); „invasiones, gravamina, molestiae" (KNOTHE 1876 (wie Anm. 11), Nr. 16/1307).
98 „propter restaurationem seu refusionem dampnorum, si que forsan per nos aut nostros advocatos sive officiales bonis Ecclesiae Stelle sancte Mariae ... illata" (KlAM, Urkunde Nr. 50).
99 CD Lus. I/1, S. 107.
100 CDSR II/7-Kamenz, Nr. 7.
101 CDSR II/7-Kamenz, Nr. 10.
102 Vgl. HERZOG/KLECKER 1995 (wie Anm. 15), S. 10f.
103 KlAM, Urkunde Nr. 75 (KRABBO/WINTER (wie Anm. 75), Nr. 2661), 11. 8. 1318. Witego und Heinrich beurkundeten ihre Kapitulation am 12. 7. 1318 (CDSR II/7, Nr. 11 und 12).
104 RIBBE, WOLFGANG: Zur Ordenspolitik der Askanier, Zisterzienser und Landesherrschaft im Elbe-Oder-Raum. Zisterzienser-Studien I, 1975, S. 77–96; vgl auch KUHN, WALTER: Kirchliche Siedlung als Grenzschutz 1200–1250 (am Beispiel des mittleren Oderraumes). Wiederabgedruckt in: DERS.: Vergleichende Untersuchung zur mittelalterlichen Ostsiedlung. 1973, S. 369–418.
105 CDSR II/1, Nr. 215. Zur Sache vgl. SCHLESINGER 1962 (wie Anm. 14) Bd. 2, 102f.
106 CDSR II/1, Nr. 243 unter dem Datum „um 1276". Besser begründet ist der Zeitansatz „1281–91" und am ehesten: 1282, den Krabbo vorschlägt (KRABBO/WINTER (wie Anm. 75), Nr. 1.520). Luther von Schreibersdorf erscheint hier unter dem Namen „de Palowe" (über die Identität: s. BOELCKE 1969 (wie Anm. 15), S. 56f. Noch 1284 waren die Unstimmigkeiten zwischen dem Bischof und den Markgrafen nicht bereinigt (CDSR II/1, Nr. 260).
107 „capellanus noster dilectus, amicus noster specialis ac familiaris" (CD Lus.I/2, Anhang Marienstern, Nr. 12); als Kaplan Markgraf Ottos V. wird Bernhard schon 1280 bezeichnet (CD Lus. I/2, Anhang Marienstern, Nr. 5).
108 Der Lebensweg Bernhards von Kamenz, eine der bemerkenswertesten ostmitteleuropäischen Karrieren des 13. Jahrhunderts, bedürfte dringend einer modernen monografischen Bearbeitung. Vorläufig ist man auf die 130 Jahre alte Darstellung HERMANN KNOTHES 1866 (wie Anm. 34) angewiesen. Einige Ergänzungen bieten SCHLESINGER 1962 (wie Anm. 14) Bd. 2, 106ff. und RITTENBACH/SEIFERT 1965 (wie Anm. 54), S. 197–214. Bernhards Rolle beim Kampf zwischen Herzog und Bischof um die Landesherrschaft im Herzogtum Breslau in den 1280er Jahren, beim Übergang Oberschlesiens und des Herzogtums Krakau an die böhmische Krone 1290/92, bei der Gründung des Klosters Königssaal 1292, als einer der „Königsmacher" Adolfs von Nassau 1292, schließlich als böhmischer Parteigänger auf dem Meißner Bischofsstuhl 1293–96 ist noch keineswegs ausgeleuchtet.

109 CD Sil. VII/1, Nr. 696, 698, 702.
110 CD Sil VII/2, Nr. 778. Witego als Zeuge für Herzog Boleslaw ferner in CD Sil VII/1, Nr. 689 (1249) und Nr. 752 (1251).
111 Diesen für die Geschichte der Siedlung und Adelswanderung in der Oberlausitz und Schlesien aufschlußreichen Zusammenhang hat KLECKER 1989 (wie Anm. 15), Bd. 1, S. 41f. aufgedeckt. Auch die in Schlesien nachweisbaren Bischheim, Nebelschütz, Prautitz und Prietitz stammen ursprünglich aus der Kamenzischen Ministerialität.
112 CD Sil. VII/2, Nr. 879, 883. KLECKER 1989 (wie Anm. 15), Bd. 2, S. 17.
113 CD Sil VII/2, Nr. 995 (1258); Nr. 1.128 (1262); Nr. 1.222, Nr. 1.227f., Nr. 1.230. Nr. 1.237 (1266). Auch Familienverbindungen scheinen geknüpft worden zu sein: Angeblich war eine Schwester Bernhards mit Dirizlaus von Bycen, einem in Schlesien begüterten böhmischen Adligen verheiratet. (Liber fundationis claustri sanctae Marie virginis in Heinrichow. Hrsg. von ROMAN GRODECKI. Wrocław 1991, S. 162ff.).
114 KlAM, Urkunde Nr. 9 (= CD Sil. VII/2, Nr. 1606).
115 erstmals so bezeichnet am 27. 5. 1280 (CD Sil. VII/2, Nr. 1633).
116 KNOTHE 1876 (wie Anm. 11), Nr. 1 (1261).
117 Nach den Berechnungen HUTHS 1970 (wie Anm. 8), S. 184 besaß das Kloster 1264 192 Zinshufen, 1296 417.
118 CD Lus. I/1, Anhang Marienstern Nr. 5.
119 CD Lus. I/1, Anhang Marienstern Nr. 7.
120 KNOTHE 1876 (wie Anm. 11), Nr. 3.
121 KNOTHE 1876 (wie Anm. 11), Nr. 4–8 (1285); KlAM, Urkunde Nr. 28 (1286).
122 CD Lus. I/2, Anhang Marienstern, Nr. 12.
123 CD Lus. I/1 Nr. 83; sowie Anhang Marienstern Nr. 13 (= KlAM, Urkunden Nr. 29 und 31).
124 KlAM, Urkunde Nr. 34.
125 Vgl. die Berechnungen über den Zinshufenbesitz des Klosters bei HUTH 1970 (wie Anm. 8), S. 185.
126 HUTH 1970 (wie Anm. 8), S. 184.
127 KNOTHE 1865 (wie Anm. 37), S. 112.
128 CD Lus. I, Anhang Marienstern, Nr. 8 (1281); ebd. Nr. 15. (1284); Urkundenbuch Eigen Nr. 4 (1285).
129 CD Lus. I. Anhang Marienstern, Nr. 9, 10, 11 (Okt. bis Nov. 1284).
130 KlAM, Ablaßbrief Nr. 11 (1282), Nr. 12 (1. 10. 1283).
131 KlAM, Urkunde Nr. 38.
132 CDSR II/7, S. 5 (1313); KlAM, Urkunde Nr. 68 (1314: Übereignung einer Mühle zu Schwosdorf, die Heinemann von Bloschdorf dem Spital vermacht hatte, durch Heinrich von Kamenz). CDSR II/7, S. 5f. (1315). KlAM, Urkunde Nr. 73 (1317: Heinrich von Kamenz überträgt dem Spital Einkünfte aus dem Dorf Wiese und aus der Bibersteinschen Mühle). KlAM, Urkunde Nr. 70 (1317: Witego von Kamenz schenkt dem Spital Einkünfte aus der Mühle unter dem Schloß und aus der „Gensemühle").
133 Der 1317 von Heinrich von Kamenz dem Spital geschenkte Zins sollte zunächst dem Spitalskaplan zugute kommen, nach dessen Tod an das Kloster fallen (KlAM, Urkunde Nr. 73). Ein Garten beim Spital war 1334 schon seit längerem im Besitz des Klosters (KlAM, Urkunde Nr. 91).
134 CDSR II/7-Kamenz Nr. 18.
135 Die im Stadtarchiv Kamenz überlieferte Abschrift dieses Briefes (OU 277, abgedruckt: CDSR II/7, Nr. 19) ist sicher nicht, wie Knothe meinte, von der Äbtissin in Marienstern verfaßt worden und auch nicht um 1348 zu datieren. Als der Brief, enthaltend die heftigsten Vorwürfe gegen das Kloster, geschrieben wurde, lag die dort geschilderte Abmachung zwischen Kloster und Stadt über die gemeinsame Bestellung eines Hospitalverwalters von 1348 schon lange Zeit zurück. Der im Brief erwähnte Propst Nikolaus von Milstrich erscheint urkundlich zwischen 1365 und 1370 (KlAM, Urkunde Nr. 118, Nr. 119 (= KNOTHE 1876 (wie Anm. 11), S. 69). Das Schreiben an den Stadtherrn dürfte in zeitlichem und sachlichem Zusammenhang mit einer Klage stehen, die der Hospitalverwalter bei Papst Urban einreichte. Dessen Antwort, mit der Aufforderung an den Dekan von Liegnitz, sich um die Rückerstattung von entfremdetem Spitalgut zu kümmern, datiert 1378 (CDSR II/7, Nr. 34; StA Kamenz OU 38).
136 „Des seyn arme enelende leuthe diß jaris uff der gassen irfroren unnd vortorben, die man vor unlust in den heusern nicht gleiden mochte." Schon 1348 hatte die Äbtissin zugegeben, das Spital sei nicht länger ein Haus der Armen, sondern den Verschwendern frommer Gaben anheimgefallen („non domus pauperum sed quasi allodium dilapidatorum res in pios usus erogatas videretur" – CDSR II/7-Kamenz Nr. 18).
137 Ablaßbrief im KlAM, Kiste 29.
138 Eine weitere Ausnahme stellt Bischof Eid (†1015) dar, freilich aus ganz anderen Gründen. Er suchte einen anderen Bestattungsplatz (den man ihm dann freilich nicht gewährte), da er die Verwüstung des Doms für die nächste Zeit befürchtete (RITTENBACH/SEIFERT, 1965 (wie Anm. 54), S. 38)

Aspekte der Wirtschaftsgeschichte des Klosters Marienstern im 13. und 14. Jahrhundert

Anne-Katrin Köhler

Für den hier zu behandelnden Ausschnitt aus der Geschichte des Zisterzienserinnenklosters Marienstern wurden die Jahre von 1225 bis ca. 1374 als Eckdaten gewählt. Diese Daten ergeben sich aus den ersten Belegen einer beabsichtigten Klostergründung Bernhards I. von Vesta[1] und der Entstehungszeit des Mariensterner Zinsregisters.[2] Insgesamt können ca. 130 Urkunden herangezogen werden, die allerdings nicht sämtlich Gütererwerbungen oder -vergaben betreffen.[3] Das Zinsregister bietet im Gegensatz zur Mehrzahl der Urkunden die Möglichkeit eines tieferen Einblicks auch in die Wirtschaftsverhältnisse des Klosters und informiert nicht nur über das Ausmaß und die Art der Besitzungen Mariensterns, sondern auch über die Größe der bewirtschafteten dörflichen Gebiete, die Anzahl der Stelleninhaber, Abgabenhöhe und -leistungen an das Kloster, über den Anbau verschiedener Getreidearten und vieles mehr. Allerdings wird bei der Beschreibung der Klosterwirtschaft anhand des Zinsregisters stets zu beachten bleiben, daß es sich zum einen nicht um den tatsächlichen wirtschaftlichen Stand handeln muß, sondern durchaus nur um die Niederlegung von Ansprüchen seitens des Klosters, zum anderen werden lediglich Besitzungen angeführt, die vom Kloster nicht selbst bewirtschaftet wurden und aus denen Abgaben verschiedener Art an das Kloster flossen. Nicht in die Aufzeichnung eingegangen sind Angaben über die klösterlichen Vorwerke, da deren Erträge voll an das Kloster gingen und nicht als Abgaben verstanden wurden.

Die Rechnungsbücher Mariensterns haben sich nicht erhalten. Dieses gegen Ende des 15. Jahrhunderts verstärkt einsetzende, die klösterliche Wirtschaft unter Umständen recht anschaulich illustrierende Aktenmaterial wurde im Dreißigjährigen Krieg vor Abzug des Konventes nach Blesen/Bledzew in das nahe Bautzen ausgelagert und ist dort fast vollständig verbrannt.[4]

Aus der geschilderten Quellenlage ergibt sich folgende Gliederung: In einem ersten Abschnitt wird der Klosterbesitz der Gründungszeit aufgenommen. Die Zeit von 1280 bis zum Jahr 1374 ist Gegenstand des zweiten Abschnittes,[5] der einen Überblick über den längerfristigen Ausbau der klösterlichen Wirtschaft anhand von Grundbesitzerwerb, -verkäufen und -verleihungen gibt. Dieser Teil erfährt gemäß der aus der Urkunde von 1264 ablesbaren Unterteilung des klösterlichen Besitzes eine Gliederung in fünf Abschnitte: zunächst das Gebiet der Pfarre von Kamenz (1), die Gegend um Wittichenau (2), des weiteren das Kirchspiel Crostwitz (3), der Besitz des Hospitals zu Kamenz (4) und schließlich der Komplex des Eigens (5). Der dritte Abschnitt schließt die Betrachtung der klösterlichen Besitzgeschichte mit der Darlegung einzelner Aspekte des Zinsregisters ab.[6]

I.

Von den im 13. Jahrhundert im meißnisch-sächsischen Raum gegründeten Frauenklöstern, die dem Zisterzienserorden zuzurechnen sind, ist Marienstern eines von drei Klöstern, dessen Zugehörigkeit zum Zisterzienserorden sich zweifelsfrei nachweisen läßt. Bei den anderen dem Zisterzienserorden inkorporierten Klöstern handelt es sich um Marienthal bei Zittau, eine Gründung des Königs Wenzel I. von Böhmen und seiner Frau Kunigunde aus dem Jahr 1234[7] und um Torgau/Nimbschen (Marienthron), gegründet 1243 durch den Markgrafen von Meißen, Heinrich den Erlauchten.[8] Allen diesen Klöstern ist es eigen, daß sie zum einen durch Personen des höheren Adels oder im Fall Mariensterns durch die Herren von Kamenz, die als Reichsministeriale durchaus regionale Bedeutung hatten,[9] gegründet wurden und zum anderen umfängliches Ausstattungsgut erhielten.

Marienstern wurde im Jahr 1264 durch die Äbte von Pforta und Ossegg dem Orden inkorporiert.[10] In dieses Jahr fällt auch die erste Urkunde der Markgrafen von Brandenburg, mit der die Gründungsphase des Klosters zu einem ersten Abschluß gebracht und in diesem Zusammenhang eine umfassende Besitzbestätigung vorgenommen wurde. Die Markgrafen unterstellten das Kloster ihrem Schutz und übertrugen ihm die niedere und hohe Gerichtsbarkeit, die auf allen Gütern und Mühlen lag, und sicherten dem Kloster die Steuerfreiheit zu. Damit war Marienstern auch eigener Gerichtsherr. Im Urkundentext wird der klösterliche Besitz unterteilt nach Lehensbesitz der Herren von Kamenz, den sie von den Markgrafen innehatten, und den Erbgütern der Familie von Kamenz. Danach waren folgende Güter zum Lehensbesitz zu zählen: das Gebiet, in dem das Kloster errichtet worden war, mit zwei Mühlen, Gärten, Wiesen, Weiden und Fischteichen und einem nahe gelegenen

Allod mit allem Zubehör;[11] worunter wahrscheinlich das Gebiet des heutigen Klosterstandortes zu verstehen ist;[12] des weiteren einen Weinberg auf dem Kunigundenberg, ein Allod in Wiesa gleichfalls mit allem Zubehör und vier Mark und sechs Schillinge (Zins); von der in diesem Dorf gelegenen Mühle sieben Schillinge (Zins); von einer gegen Osten gelegenen Hufe eine halbe Mark (Zins); das Dorf Jesau mit allem Besitz; von der Mühle in Möhrsdorf vier Schillinge (Zins).[13] Alle in diesem Abschnitt genannten Güter stellen gegenüber der Gründungsurkunde von 1248 eine Besitzerweiterung dar,[14] da sie 1248 nicht als Ausstattungsgut angeführt wurden. Die Pfarre der Stadt Kamenz mit allem Zubehör, wozu auch vier Fleischbänke in der Stadt gehörten, wurde von den Markgrafen ebenfalls als Klosterbesitz bestätigt. Diese Pfarre war Marienstern schon 1248 seitens der Kamenzer übertragen wurden, jedoch bezeichneten sie die Pfarrei als ihren Eigenbesitz, während die Markgrafen von Brandenburg diese als Lehensbesitz der Familie von Kamenz ansahen: Item in civitate Kamenz parrochia cum omnibus attinenciis ... tres fratres a nobis in feodo habuerunt.[15] Der Umfang der Kamenzer Pfarrei läßt sich jedoch aus beiden Urkunden nicht ablesen. Er ergibt sich aus einer Urkunde von 1225.[16] Der Pfarre, die infolge eines Brandes zerstört worden war, wurden bestätigt: vier Hufen bei der Stadt Kamenz mit allem jetzigen und zukünftigen Nutzen; der Zehnt vom Herrenhof und der zehnte Pfennig vom Zins und Zoll der Stadt; der Honigzehnt des Burgwardbezirks; ein Hof in Kamenz; je ein Scheffel Weizen von allen im Ausbau begriffenen Hufen; die Meßpfennige vom Markt; 20 Hufen Wald bei dem Dorf Biehla; je ein Scheffel Weizen von jeder Hufe der 16 der Kirche Kamenz eingepfarrten Dörfer, die in folgender Reihung angeführt werden: Lückersdorf, Schwoosdorf, Petershain, Brauna, Liebenau, Cunnersdorf, Schönbach, Großgrabe, Straßgräbchen, Biehla, Bernbruch, Zschornau, Schiedel, Jesau, Deutschbaselitz, Dürrwicknitz. Die aufgezählten Dörfer dürften die damalige Ausdehnung des Pfarrsprengels Kamenz widerspiegeln.[17] Durch eine Urkunde des Bischofs von Meißen wurde im Jahr 1263 das Einkommen des Kamenzer Pfarrers festgelegt.[18] Danach standen dem Pfarrer 20 Malter Korn, die Opfergaben, die Meßgelder und die Einnahmen seines Pfarrhofes zu. Die Kornabgaben setzten sich aus den Leistungen folgender Dörfer zusammen: Kamenz hatte 23 Scheffel zu erbringen, Wiesa 18, Hennersdorf 19 1/2, Gelenau 18 1/2, Lückersdorf 22, Schwoosdorf 16, Petershain acht, Rohrbach zehneinhalb, Brauna 26 1/2, Liebenau 20, Cunnersdorf 40 und Dürrwicknitz zwölfeinhalb Scheffel.[19] Über die Urkunde von 1225 hinaus werden 1263 die Dörfer Wiesa, Hennersdorf, Gelenau und Rohrbach als zur Kamenzer Pfarre gehörend angeführt. Insgesamt entzog der Bischof dem Kloster Scheffelabgaben aus sieben der 16 Dörfer. Diese sieben Ortschaften wurden folgerichtig im Zinsregister nicht mehr angeführt.[20] Mit dem 1248 noch als Klosterstandort vorgesehenen Wittichenauer Gebiet setzt die Beschreibung der Eigengüter der Herren von Kamenz ein. An Wittichenau selbst schließen sich die Hälfte der Dörfer Neudorf, Ralbitz, Crostwitz, Kuckau und Tschaschwitz an; ebenso die Hälfte der Dörfer Dörgenhausen, Kotten und Cunnewitz, diese alle mit dem gesamten Zehnten des jeweiligen Ortes zuzüglich des Zehnten von Weinstöcken in Lessanewiz.[21] Unklar bleibt, zu welcher Pfarrei die genannten Zehntortschaften zu zählen sind. Dörgenhausen und Kotten gehörten in späterer Zeit zu der Pfarre Wittichenau,[22] Cunnewitz zu Crostwitz.[23] Alle anderen in diesem Urkundenabschnitt aufgezählten Dörfer gehörten dem Kirchspiel Crostwitz an. Obwohl in den Urkunden von 1248 und 1264 keine Kirche von Wittichenau erwähnt wird, ist wahrscheinlich, daß der Ort bereits eine Kirche besaß, welchen Status diese jedoch innehatte, läßt sich nicht sagen.[24] Die Pfarre Crostwitz, die das Kloster schon 1248 erhalten hatte, findet in der Huthschen Version der markgräflichen Urkunde von 1264 an keiner Stelle als solche ausdrücklich Erwähnung. Lediglich die Version A der beiden älteren Urkundendrucke, die jedoch als nicht mit aller Sicherheit auf ein einstmals im Klosterarchiv vorhandenes zweites Exemplar dieser Urkunde zurückgehend angesehen werden kann, bringt eine entsprechende Urkundenstelle: Item in Crostwitz villa dimidia et ecclesia ibidem cum omnibus attinenciis.[25] 1248 wurden zur Pfarre Crostwitz gezählt: zwölf gerodete Hufen des Dorfes Naußlitz, wovon jede jährlich eine halbe Mark zinste; eine Hufe in Crostwitz und ebenso eine Hufe in Kuckau mit demselben Jahreszins; das Pfarrgut in Crostwitz mit vier Freihufen, die dem Eigenanbau dienten; ein Talent vom Zoll in Königsbrück und nicht zuletzt ein Wald, den die Kirche Crostwitz besaß und der nun zum Klosterbau genutzt werden sollte. Nach den in der markgräflichen Urkunde um Crostwitz gruppierten Dörfern und deren hauptsächlicher Pfarrsprengelzugehörigkeit läßt sich jedoch auf die Beschreibung der Kirche Crostwitz schließen.

An die Aufzählung der Besitzungen im Crostwitzer Gebiet knüpft die Bestätigung von 18 Hufen, zwei Mühlen und 16 Schillingen Zins in Schönau und 20 Hufen und der Mühle in den beiden Dörfern Kiesdorf sowie des bei diesen Orten gelegenen Waldes an. Auch dieser zuletzt genannte Komplex ist in der Gründungsausstattung des Klosters nicht enthalten. Wann genau er an das Kloster gelangte, läßt sich nicht ermitteln. Bemerkenswert ist jedoch, daß hiermit erstmals dem Kloster ein Gebiet bestätigt wurde, das weit von dem Klosterstandort entfernt lag. Schon 1261 hatte Marienstern wohl über seine Stifter auf das 40 km weit entfernt gelegene Gebiet des sogenannten Eigens ausgegriffen, wie aus der ersten überlieferten Kaufurkunde des Klosters hervorgeht. Danach verkauften die den Herren von Kamenz verwandten Herren von Schönburg durch Bartholomäus von Liebenau, der sich als Bruder Friedrichs von Schönburg bezeichnet, das Dorf Dittersbach mit allem Zubehör für 136 Mark an das Kloster.[26] Dittersbach aber erfährt in der Urkunde der Markgrafen von 1264 keine Erwähnung. Obwohl man meinen sollte, daß es sich für ein Zisterzienserinnenkloster schwierig gestalten könnte, ein solch entfernt gelegenes Gebiet zu bewirtschaften, baute Marienstern gerade dieses Gebiet von Anbeginn aus, wie den weiteren Klosterurkunden zu entnehmen ist. In der noch vorhandenen Urkunde von 1264, Urkundenversion C, werden dem Kloster in Kiesdorf neben den bereits angeführten 20 Hufen, der Mühle und dem Wald gleichfalls villicationes bestätigt. Möglicherweise sind unter diesen villicationes eigenbewirtschaftete Betriebe oder Höfe Mariensterns zu verstehen.[27]

Ein weiterer 1248 dem Kloster zugesprochener Besitz, der des Kamenzer Hospitals, findet 1264 keine Erwähnung.[28] Das ist insofern interessant, als 1295 Bernhard von Kamenz, nunmehr Bischof von Meißen, dieses Hospital mit dem gesamten Dorf Jesau, einer Mühle in Jesau und der weiteren Mühle bei Kamenz dem Kloster abkaufte.[29] Gleichzeitig wird aus der Urkunde von 1295 ersichtlich, daß das Kloster das Hospital nicht mehr selbst bewirtschaftete oder betrieb, sondern bereits an einen Kamenzer Bürger ausgegeben hatte. Die Urkunde von 1264 bietet unter Hinzuziehung aller ihrer Versionen ein geschlossenes Bild des klösterlichen Besitzes. Man kann deshalb hinter der Weglassung des Kamenzer Hospitals schon den Beginn einer Loslösung des Hospitalbesitzes aus dem Kloster vermuten. 1295 wird diese durch Bernhard von Kamenz manifestiert, jedoch behielten die Nonnen das Recht, den Hospitalrektor einzusetzen. Damit wurde das Hospital letztlich nie ganz vom Kloster getrennt, was sich in seinem weiteren Schicksal, auf das im folgenden noch einzugehen sein wird, auch widerspiegelt.

Marienstern war so ein von Beginn an gut ausgestattetes Kloster, das neben dem Wittichenauer Gebiet, in dem es ursprünglich angesiedelt werden sollte, über zwei Pfarren und ein Hospital als hauptsächlichen Ausstattungsbesitz verfügte. Im Fall der Pfarre Crostwitz läßt sich deren Umfang kaum ermitteln, der des Kirchspiels von Kamenz aber läßt sich ableiten und umfaßte ca. 20 Dörfer.[30] Vor diesem Hintergrund gelang es Marienstern in den folgenden Jahren, seine Herrschaft zu festigen, auszubauen und zu arrondieren. Dies erfolgte nicht zuletzt durch das anhaltende Interesse des Hauptstifters, Bernhards III. von Kamenz.

II.

(1) Im Kirchspiel Kamenz war es Marienstern lediglich in Jesau, Hausdorf und Schönbach möglich, die Zehnteinkünfte durch Erwerb weltlicher Vermögenswerte zu erweitern. In einigen Fällen geschah dieser Gewinn durch den Eintritt adliger Töchter in das Kloster. In Jesau und Hausdorf umfing die Ausstattung der Tochter Heinrichs von Kamenz im Jahr 1352 das Anrecht, das dieser in den Dörfern Jesau und Hausdorf an Dienstbetten, Geschoß und Zwangsdienst besaß.[31] Ein Talent Zins in Kamenz erwarb das Kloster 1336 durch einen Tausch mit dem Pfarrer von Neukirch.[32] 1368 kaufte Marienstern ein Schock Groschen Zins in Bischheim für zehn Groschen von Balthasar von Kamenz.[33] In Schönbach erwarb das Kloster 1374 neun Hufen und die dortige Mühle, was der Hälfte des Dorfes entsprach, für 72 Prager Groschen.[34] Auch dieser Kauf wird unter Bedingung der Aufnahme zweier Töchter des verstorbenen Ottos von Luckau zustande gekommen sein, da das Eintrittsgeld auf die Kaufsumme anzurechnen war. Eine weitere Ausdehnung des Klosterbesitzes im Kirchspiel Kamenz läßt sich anhand der Urkunden nicht feststellen. Zu bemerken bleibt jedoch, daß der Gewinn an klösterlichem Besitz nur in einem frühen Fall durch Schenkung geschah: 1303 übereignete Heinrich von Kamenz dem Kloster ein halbes Talent Zins von einigen vor der Stadt Kamenz gelegenen Gärten.[35] Die andere Vergrößerung des Klostergutes bzw. -einkommens erfolgte durch direkte Käufe seitens des Klosters oder durch Ausstattungsgaben der in das Kloster eintretenden adligen Frauen der näheren Umgebung.[36]

(2) Mit einer Urkunde des Jahres 1286 traten die beiden brandenburgischen Markgrafen Otto und Konrad ihr Lehnsrecht über das vom Kloster für 70 Mark von Gunther von Nigradow abgekaufte Dorf Keula bei Wittichenau ab.[37] Als Vermittler dieses Kaufes wird Bernhard III. von Kamenz genannt, der 1290 ebenfalls einen weiteren größeren Herrschaftszuwachs vermitteln konnte. Im September dieses Jahres verkaufte Friedrich von Schönburg dem Kloster die Hälfte der Dörfer Crostwitz, Cunnewitz, Dörgenhausen, Kotten, Ralbitz und Tschaschwitz für 300 Mark und Sollschwitz und Saalau für 120 Mark.[38] Dörgenhausen, Kotten, Saalau, Sollschwitz liegen in unmittelbarer Umgebung Wittichenaus, wobei Sollschwitz seiner späteren Pfarrzugehörigkeit nach den Übergang in die Göda-Crostwitzer Gegend anzeigt. Das Datum, zu dem das Kloster Einkünfte in Dubring erlangte, ist wie im Fall der oben schon genannten Hausdorfer Besitzungen nicht mehr zu ermitteln, allerdings lassen auch diese sich zum Jahr 1308 urkundlich nachweisen.[39] Eine über den dargelegten Besitzzuwachs der Jahre 1286, 1290 und vor 1308 hinaus führende Erweiterung des Klostervermögens in der Wit-

tichenauer Umgebung hat den Urkunden nach nicht stattgefunden. Freilich war es dem Kloster gelungen, hier mit den ganzen Dörfern Dörgenhausen, Keula, Kotten, Neudorf, Saalau und Sollschwitz einen recht geschlossenen Besitz zu erwerben.

(3) Etwas anders gestalteten sich die Verhältnisse im Pfarrsprengel Crostwitz. In dessen Gebiet und darüber hinaus im Gebiet des Kirchspiels Göda gelang Marienstern eine kontinuierliche Besitzerweiterung. Die Verfestigung des Klosters in der unmittelbaren Umgebung setzt mit einer am 25. Mai 1280 in Görlitz ausgestellten Urkunde des Markgrafen Otto von Brandenburg ein. Mit dieser Urkunde tritt der Markgraf sein Lehnsrecht an dem Lugholz mit allem Zubehör an das Kloster ab.[40] War dieser Kauf auch noch durch die unmittelbaren Bedürfnisse des Klosters zum Bau der Klostergebäude und deren Unterhaltung sowie zur Nutzung für den Eigenversorgungsbedarf motiviert, so lassen sich in den folgenden Besitzerweiterungen des Klosters gezielte Arrondierungsbestrebungen erkennen. Für die Jahre 1290, 1292 und 1296 ist der Erwerb von Crostwitz, Cunnewitz, Ralbitz und Tschaschwitz,[41] Prischwitz, Leutwitz und Schweinerden zu verzeichnen.[42] 1292 verkaufte das in Finanznöte geratene Meißner Domkapitel dem Kloster Prischwitz und Leutwitz für 234 Mark Freiberger Silbers und Meißner Gewichtes. Den noch durch Bernhard, Bischof von Meißen, zustande gekommenen Kauf des in unmittelbarer Klosternähe gelegenen Dorfes Schweinerden bestätigen im Dezember 1296 die Markgrafen von Brandenburg. 1301 wurde der Äbtissin des Klosters Marienstern durch den Markgrafen der Kauf von vier Hufen und dem Gasthof in Höflein bestätigt.[43] Gleichzeitig trat der Markgraf damit sein Lehnsrecht an diesem Besitz ab. Ebenfalls dem Klostergelände benachbart lag das Dorf Kuckau, in dem Marienstern schon seit seiner Gründung Anteile besaß und dessen Hälfte ihm 1264 bestätigt worden war. Zu dieser Hälfte gelang es dem Kloster, im Jahr 1304 durch eine Schenkung des Heinrich von Kamenz drei Hufen, einen Garten und eine Wiese zu bekommen.[44] Weitere drei Hufen und einen Garten, die nahe dem heute wüsten Ort Praskau (Prazkowe) gelegen waren, vermachte derselbe Marienstern im darauf folgenden Jahr.[45] Noch im Jahr 1304 erhielt das Kloster durch eine Schenkung Dietrichs von Pannewitz auch Anteile an dem Dorf Jauer.[46] Diese Schenkung wurde im darauf folgenden Jahr durch die Markgrafen von Brandenburg unter Hinzufügung weiterer Güter in diesem Dorf bestätigt, so daß das Kloster letztlich das gesamte Dorf Jauer innehatte.[47] 1312 vermachte Reinhard von Gaußig dem Kloster das gesamte Dorf Rauschwitz bei Elstra mit der Bestimmung, daß seine Tochter Margarethe, die Nonne in Marienstern war, jährlich drei Talente Pfennige von den Einkünften aus diesem Dorf erhalte.[48] Besitzerwerb in bisher nicht im Zusammenhang mit dem Kloster genannten Gebieten erfuhr Marienstern 1317 durch Bischof Witego von Meißen, der Einkünfte in Kubschütz und Weißnaußlitz bestätigte;[49] und 1318 durch eine markgräfliche Schenkung von vier Talenten Zins, die zukünftig in Gaußig zu beziehen waren.[50] Für die Schenkung von drei Talenten Zins in Caseritz durch die Herren von Gaußig stellte der König Johann von Böhmen, unter dessen Herrschaft das Kloster zwischenzeitlich stand, 1327 eine Bestätigungsurkunde aus, ohne daß der genaue Schenkungstermin ersichtlich wird.[51] Ebenfalls mit einer Urkunde des böhmischen Königs aus dem Jahr 1332, mit der dieser die Ausstattung einer Tochter und dreier Enkelinnen des Ulrich von Kopperitz in Höhe von drei Mark Zinsen in Liebon bekräftigte,[52] wurden dem Kloster Einkünfte in einem bisher noch nicht durch das Kloster berührten Ort eröffnet. Aus einer Mitgift gingen an Marienstern 1332 auch Einkünfte in Höhe von zwei Mark und vier Groschen in Eiserode über.[53] Eine Wiese unterhalb des Burgberges Kuckau konnte das Kloster im Jahr 1350 von dem Bautzner Domdekan Nikolaus kaufen.[54] In Jiedlitz war das Kloster 1355 über verschiedene Schenkungen des Ulrich von Kopperitz schließlich in den Besitz von neun Mark abzüglich neun Groschen gelangt,[55] die ebenfalls im Jahr 1357 durch Kaiser Karl IV. bestätigt wurden.[56] Zum Ausstattungsgut der Töchter der Familie von Kopperitz gehörten desgleichen Zinseinkünfte in Cannewitz, die mit denen von Jiedlitz an das Kloster fielen. Zu diesen Zinsen kaufte Marienstern 1365 drei Hufen in dem Dorf für zehn Groschen von Henzil von Ziegenhain.[57] In der schon angeführten Urkunde Karls IV. aus dem Jahr 1357, durch die er Marienstern im großen Rahmen Einkünfte bestätigte, läßt sich auch erstmals Klosterbesitz belegen, von dem keinerlei Erwerbsurkunden überliefert sind. Dies trifft auf Einkünfte in Höhe einer halben Mark Zins in Bocka zu, auf drei Mark und neun Groschen in Zescha, 18 Groschen in Gurig (?), zwei Schock Groschen in (Groß-)seitschen, vier Schillinge in Säuritz.[58] 1365 schenkte Ulrich von Kopperitz an das Kloster Marienstern sieben Schillinge Zins in Auschkowitz.[59] Eine weitere, umfassende Besitzbestätigung Karls IV. macht 1374 eine Zunahme der Einkünfte in Auschkowitz deutlich, indem hier dem Kloster 40 Groschen Zins von eineinhalb Hufen bestätigt wurden.[60] In der Urkunde werden darüber hinaus detailliert elf Schillinge Zins von fünfeinhalb Hufen in Dürrwicknitz, zwei Schock Groschen, fünfeinhalb Scheffel Weizen und elf Scheffel Roggen von fünfeinhalb Hufen in Glaubnitz und sechs Scheffel Roggen von der dortigen Mühle, in Wetro elf Schillinge und 18 Scheffel Roggen von elf Hufen und dem Erbgericht und schließlich fünfeinhalb Schock Groschen und 14 Scheffel Weizen von neuneinhalb Hufen in Ostro[61] aufgezählt. Insgesamt läßt sich feststellen, daß das Kloster Marienstern in der Crostwitzer Gegend kontinuierlich bestrebt

war, seinen Besitz zu erweitern. Dies ergab sich zum einen sicher aus der Anziehungskraft des Klosters auf den umliegenden Adel, der dem Kloster zum eigenen Gebetsgedenken Schenkungen übereignete und dessen eintretende Töchter letztlich dem Kloster ihr Ausstattungsgut übergaben, zum anderen ist das Kloster selbst als Käufer aufgetreten. Bei diesen Käufen wird deutlich, daß das anfängliche Potential nie wieder erreicht wurde, das Kloster nur noch im geringeren Umfang einzelne Hufen oder Zinsen erwerben konnte. Jedoch hat Marienstern gerade in der Crostwitzer Gegend dieses Bestreben nie abreißen lassen.

(4) Das Hospital der Stadt Kamenz wurde 1248 in der Stiftungsurkunde des Klosters als Mariensterner Besitz angeführt. Für die Frühphase der Geschichte Mariensterns ist davon auszugehen, daß die Nonnen ein erstes Unterkommen in dem Gebäude des Hospitals fanden. Bis zum Jahr 1295 lassen sich keinerlei Nachrichten über dessen Schicksal ausmachen. Die Ereignisse des Jahres 1295 wurden bereits unter I. dargelegt und kamen zusammenfassend einer erneuten Gründung des Hospitales mit der um Jesau erweiterten Ausstattung gleich. Die Zunahme des Hospitalbesitzes fand in der folgenden Zeit zum größten Teil durch Schenkungen der Herren von Kamenz und benachbarter Adliger, durch Stiftungen Kamenzer Bürger und durch Käufe der Hospitalverwalter statt. So vergrößerte sich das Hospitalvermögen durch Schenkungen um eine Mühle in Schwoosdorf,[62] verschiedene Güter in Bernbruch, die bis dahin Witego von Kamenz in Besitz hatte,[63] um sechs Schillinge Zins von der Mühle am Schloß und der Geusemühle,[64] 13 Schillinge Zins in Wiesa und sechs Schillinge Zins von der Bibersteiner Mühle,[65] 13 Schillinge und neun Pfennige Zins in Milstrich.[66] Landkäufe von Geistlichen sind in zwei Fällen zu dokumentieren und umfaßten insgesamt vier Hufen,[67] wovon der Kauf dreier Hufen in Rosenthal hervorzuheben bleibt. Obwohl alle Schenkungen an das Hospital gingen, ist doch das Kloster als Hospitalinhaber und damit mittelbarer Empfänger dieser Güter zu verstehen, wie dies auch 1315 durch Witego von Kamenz betont wurde, wonach alle seine dem Hospital geschenkten Güter an das Kloster Marienstern überzugehen hätten, falls das Hospital eingingе.[68] Diese Gefahr schien durchaus bestanden zu haben, denn auch der bischöfliche Eingriff von 1295 hinderte das Kloster nicht, das Hospital wiederum in Form eines Vorwerkes zu bewirtschaften.[69] Der desolate Zustand desselben spitzte sich bis zur Mitte des Jahrhunderts weiter zu, so daß schließlich 1348 die Stadt Kamenz, die die ursprüngliche Hospitalfunktion nicht mehr erfüllt sah, mit dem Kloster um die Wiedererrichtung des Hospitals in Verhandlungen trat. Dem stimmte das Kloster zu, wobei das Hospital zugleich unter die Schutz- und Schirmherrschaft der Kamenzer Bürger gestellt wurde, die ebenfalls ein Zustimmungsrecht bei der Wahl des Hospitalrektors haben und bei der jährlich zweimal stattfindenden Rechnungslegung zugegen sein sollten. Als Hospitalausstattung wird seitens des Klosters eine naheliegende Mühle, eine Mark Zins von der Mühle an der Tränke, zweieinhalb Hufen und ein Unterholz angeführt.[70] Bei dem Vergleich des Hospitalgutes der Jahre 1248 und 1348 fällt die annähernde Übereinstimmung auf. Der bis 1350 zu verzeichnende Zugewinn scheint vom Kloster als Eigenbesitz ausgeklammert worden zu sein, finden sich doch Anteile desselben im Zinsregister wieder.[71] So waren dem Kloster letztlich Einkünfte aus dem Potential einer möglichen Schenkungs- und Stiftungsklientel zugute gekommen, die ihm zuvor im Vergleich mit der Crostwitzer Gegend durch die Existenz einer weiteren Institution, die stiftungsgeeignet war, scheinbar entzogen blieben.

(5) Die Ansätze zum Ausbau der Herrschaft auf dem Eigen gehen wie unter I. beschrieben bis in das Jahr 1261 zurück, in dem es dem Kloster gelang, hier erstmals Fuß zu fassen. Die Erweiterung des Besitzes auf dem Eigen und der Aufbau einer recht umfänglichen geschlossenen Herrschaft setzte um das Jahr 1280 ein. Im gleichen Jahr traten Bernhard und Otto von Kamenz dem Kloster die Hälfte der Pfarre des hier erstmals als Stadt bezeichneten Bernstadt mit allen zugehörigen Rechten und Besitzungen ab.[72] Da diese beiden Brüder, die bis ca. 1280 unter der Vormundschaft ihres Onkels Bernhard von Kamenz, Dompropst von Meißen, standen, es nicht vermochten, die eben angetretene Herrschaft gewinnbringend zu verwalten und mit dem Kloster Marienstern in einen ihrerseits ausgelösten Streit geraten waren, mußten sie 1285 aufgrund ihrer hohen Schuldenlast aus ihrem Eigentum die (Hälfte der) Stadt Bernstadt und ein Lehngut (in dieser Stadt), den dortigen gegen Friedrichsdorf gelegenen Wald[73] und alle umliegenden lehnsweise ausgegebenen Güter für 700 Bautzner Mark wiederum über den Meißner Dompropst Bernhard von Kamenz an das Kloster Marienstern verkaufen.[74] Diesen Verkauf bestätigte im selben Jahr der Markgraf Otto von Brandenburg unter genauerer Angabe der verkauften Güter.[75] Demnach waren Schönau, Teile Berzdorfs, Ober- und Niederkiesdorf, Deutschpaulsdorf und Teile Dittersbachs in klösterliches Eigentum übergegangen. Mit dem Jahr 1290 gelangte das Kloster Marienstern schließlich durch den Kauf der anderen Hälfte der Stadt Bernstadt mit dem Pfarrecht der dortigen Kirche und des gesamten, nahegelegenen Dorfes Altbernsdorf mit dem gegen Dittersbach gelegenen Wald und allem an den Gütern haftenden Recht für 1.000 Mark in den vollständigen Besitz der Pfarre und der Stadt Bernstadt.[76] 1312 schenkte Frizco von Schönburg dem Kloster 18 Talent Zins in Kunnersdorf[77] und 1317 die Brüder von Schönburg alles weitere, was ihnen in Kunnersdorf gehörte, sowie das Patronatsrecht der Kirche von Berzdorf und sechs Mark Zins

91

ebenda.⁷⁸ 1320 gab Heinrich, Herzog von Schlesien, seine Anteile an Kunnersdorf an das Kloster ab.⁷⁹ Auch in Berzdorf suchte das Kloster stetig, seinen Besitz abzurunden. Dazu kaufte es weitere Güter, was 1339 durch den Landeshauptmann Otto von Bergow beurkundet wurde.⁸⁰

Im Gegensatz zu den Gebieten um Kamenz, Wittichenau und Crostwitz war das klösterliche Eigentum hier konzentriert und in kurzer Zeit vorrangig durch Kauf zusammengekommen. Die Aussicht, einen solch abgerundeten Besitz zu erlangen, die durch die verwandtschaftliche Konstellation der Herren von Schönburg zur Stifterfamilie der Herren von Kamenz gegeben war, stellte sicher einen ersten, entscheidenden Antrieb dar, ein räumlich abgelegenes Gebiet zu erlangen. Weitere Anreize dürfen in den guten Bodenverhältnissen gesehen werden,⁸¹ wie auch in der Siedellandschaft. Das später sogenannte Eigen war deutsches Siedelgebiet, in dem die ursprüngliche slawische Siedelform völlig überlagert wurde, was dem Kloster erlaubt hätte, ein eigenes Wirtschaftssystem aufzubauen, das sich nicht in tradierte, vorgegebene Strukturen einpassen mußte.

Es läßt sich zusammenfassend feststellen, daß Marienstern den gesamten Untersuchungszeitraum hindurch versuchte, den mit seiner Gründungsausstattung vorgegebenen Aktionsradius nicht in großem Umfang zu erweitern, sondern einmal erlangten Teilbesitz durch Vervollständigung zu intensivieren. So ist das Bestreben, möglichst ganze Dörfer innezuhaben, deutlich zu erkennen. Noch im 16. Jahrhundert ist das Wissen um den Wert geschlossenen Dorfbesitzes deutlich zu spüren, als in Zeiten einer wesentlich schlechteren Finanzlage anläßlich des zwingenden Verkaufs eines wüsten Hofes bei Jauer angemerkt wurde: Und ist besser also, denn dörfer zu vorkewffen, ecker und wesen mag man wol wider bekommen, sonder nicht alzo dörfer.⁸²

Das Bemühen um Abrundung des Klosterbesitzes gestaltete sich in den einzelnen Gegenden unterschiedlich. Um Kamenz waren die Nonnen Eigentümer der ganzen Dörfer Biehla, Jesau und Hausdorf, im Wittichenauer Gebiet neben der Stadt Wittichenau der Dörfer Dörgenhausen, Keula, Kotten, Ralbitz, Saalau und Sollschwitz. In der Umgebung des Klosters, also dem erweiterten Pfarrsprengel Crostwitz, besaßen diese von 25 Dörfern acht vollständig, nämlich: Crostwitz, Cunnewitz, Leutwitz, Naußlitz, Prischwitz, Schweinerden, Tschaschwitz und Wetro. Auf dem Eigen hatte das Kloster die Stadt Bernstadt, die Dörfer Altbernsdorf, Berzdorf, Dittersbach, beide Kiesdörfer, Kunnersdorf und Schönau gänzlich inne. Eine Konzentration vollständig besessener Dörfer um die Städte Wittichenau und Bernstadt ist wahrzunehmen. Darüber hinaus ist hervorzuheben, daß sich auf dem Eigen keinerlei vereinzelte Dorfanteile finden. Dem entgegen steht das Crostwitzer Areal, daß eine weite Ausdehnung hatte, in der das Kloster verhältnismäßig gering geschlossenen Besitz akkumulieren konnte.

Bei der Betrachtung der Mariensterner Erwerbspolitik der ersten Jahrzehnte fällt auch der anscheinend außerordentliche Wohlstand des Klosters auf. Denn obwohl nicht in allen Fällen die Kaufsumme überliefert ist und der Kaufpreis auch von der Bodengüte und sicher hinzutretenden, nicht mehr zu ermittelnden Faktoren abhängig war, bleibt festzustellen, daß das Kloster ziemlich schnell in der Lage war, größere Gütergeschäfte zu tätigen. Der Grundstein für die Finanzkraft mag mit der reichlichen Erstausstattung gelegt worden sein. Anzunehmende andere Geldquellen aus Schenkungen⁸³, Stiftungen und nicht zuletzt aus dem Eintritt verschiedener Frauen in das Kloster sind für dessen Frühzeit bisher nicht belegt. Einen gewiß nicht unbedeutenden Einfluß dürften die Einkünfte der vom Kloster besessenen Pfarren gehabt haben.

In der Hochzeit der Besitzerwerbungen, die von der Klostergründung bis in das erste Drittel des 14. Jahrhunderts anzusetzen ist, läßt sich zunehmend auch ein selbständiges klösterliches Handeln feststellen, das allerdings wiederum seinen Anschub durch Bernhard III. von Kamenz erfuhr. Über Vermittlung desselben verpfändete 1280 Bernhard der Jüngere dem Kloster die Dörfer Lamprechtswalde, Raswitz, Dithmarsdorf, Bertholdisdorf auf sieben Jahre.⁸⁴ Die aus ihnen gezogenen Einkünfte mögen dem Kloster zur Finanzierung anderer Käufe der ersten Jahre gedient haben. Die Dörfer scheinen angesichts ihrer zu breiten Streulage abgelöst oder nach der abgelaufenen Verpfändungszeit vom Kloster nicht mehr gehalten worden zu sein.

Schon recht schnell scheint das Kloster fernerhin Land gegen Zins ausgegeben und nicht selbst bewirtschaftet zu haben, wie sich aus einer Urkunde von 1281 ableiten läßt, nach der Wilhelm, Bischof von Lebus, dem Kloster bestätigte, daß Konrad von Tettau den von ihm innegehabten Zins, da dieser Leibgedinge des Klosters sei, lediglich auf Lebenszeit besitze.⁸⁵

III.

Da das Zinsregister im Gegensatz zu den Urkunden einen genauen Überblick über die Ausmaße des klösterlichen Besitzes bietet wie auch über die zu leistenden Abgaben, die Natural- und Geldzinsen, Arbeitsleistungen und auch Zehnte umfassen, wäre besser von einem Urbar als der Form der systematischen, schriftlichen Besitzaufzeichnung durch eine Herrschaft zu sprechen, die alle Angaben über Einkünfte und Abgaben an diese enthält,⁸⁶ was jedoch im Hinblick auf die von Haupt/Huth einmal gewählte Bezeichnung unterbleibt. Erst eine Gegenüberstellung der verzeichneten, beanspruchten Abgaben mit den tatsächlichen Einnahmen unter Hinzuziehung der eben nicht mehr vorhandenen Rechnungsbücher des Klosters gäbe ein wirklich abgerundetes Bild der Klosterwirtschaft. Da dies hier verwehrt bleibt, soll über eine punktuelle Betrachtung einiger Angaben des Zinsregisters eine abschließende Charakteristik der Güter Mariensterns, deren Zusammenkommen in den vorangegangenen Abschnitten beschrieben wurde, gegeben werden. Nochmals sei jedoch hervorgehoben, daß die Eigenwirtschaften oder Vorwerke des Klosters, Kuckau und besonders Panschwitz, im Zinsregister nicht aufgenommen wurden, da hier keine Abgaben im eigentlichen Sinne einzuholen waren, sondern direkt für die Bedürfnisse des Klosters produziert wurde.[87]

Das Zinsregister gliedert sich hauptsächlich in ein vermischtes Zins- und Zehntregister und ein reines daran anschließendes Zehntregister.[88] Aus diesen beiden Verzeichnissen ergibt sich, daß dem Kloster Marienstern Leistungen aus insgesamt 62 Dörfern zustanden, wovon 13 Dörfer reine Zehntdörfer waren,[89] von elf Dörfern waren sowohl Zins- als auch Zehntleistungen zu erbringen,[90] insgesamt zinsten 48 Dörfer und zwei Städte. Die Gesamthufenzahl, die sich in klösterlichem Besitz befand, läßt sich nicht ermitteln, da zum einen innerhalb der verschiedenen Listen unterschiedliche Hufenangaben vorgenommen wurden,[91] zum anderen bei einzelnen Dorfanteilen überhaupt keine Hufenangaben erfolgten.[92] Deshalb wurde lediglich die Zahl der entsprechenden Hofstellen aufgenommen. Danach hatte das Kloster von 778 1/2 dörflichen Hofstellen Leistungen zu erhalten,[93] was einer Geldsumme von ca. 210 Schock entsprach. Da Bernstadt und Wittichenau zusammen ca. 21 Schock zinsten, ergibt sich eine gesamte Einnahme an Zinsen in Höhe von ca. 230 Schock.[94]

Die Städte stellten darüber hinaus Zentren wichtiger Wirtschaftsgebiete für das Kloster dar. Dies wird auch aus der Anlage des Zinsregisters ersichtlich. Während der Eigensche Kreis mit dem Mittelpunkt Bernstadt am Anfang des Zins- und Zehntregisters steht,[95] bildet die Aufzählung der Wittichenauer Abgaben den Schluß. Diese beiden Eckpunkte umschließen den näher am Kloster liegenden Besitz. Die unter II. getrennt dargestellten Gebiete der Pfarre von Kamenz, des Hospitals Kamenz und der Pfarre Crostwitz werden hier gemäß der Systematik des Zinsregisters zusammenfassend behandelt.

Die Abgaben wurden vom Kloster hauptsächlich zu zwei Zinsterminen, am 1. Mai (Walpurgis) und am 29. September (Michaelis), eingenommen. Naturgemäß fielen dabei die Naturalzinsen auf den Septembertermin, allerdings lagen auch die Geldeinkünfte im September mit acht Schock etwas über denen des Frühjahrs. Marienstern nahm jährlich insgesamt Getreidezinsen in Höhe von ca. 2.080 Scheffel ein. Die Einnahmen an Hafer stellten mit ca. 806 Scheffel den größten Posten. Darauf folgten Roggeneinnahmen mit ca. 660 Scheffel, Viererlei Korn mit 518 Scheffel, ca. 81 Scheffel Weizen und ca. sieben Scheffel Dreierlei Korn.[96] Diese Getreideeinkünfte stellen lediglich einen Teil des gesamten Getreides des Klosters dar. Sie wären um die für den behandelten Zeitraum nicht zu ermittelnden Einnahmen aus der klösterlichen Eigenwirtschaft zu ergänzen.[97] Daß eine solche Eigenwirtschaft in nicht geringem Umfang stattgefunden hat, läßt sich auch aus der Einnahme von 700 Sicheln aus verschiedenen Dörfern, ausgenommen denen des Eigens, ersehen. Weitere Einnahmen waren Abgaben von 60 1/2 Scheffel Honig aus der Gegend um das Schwarzwasser, 60 Scheffel Hopfen aus Gaußig, 28 1/5 Scheffel Flachs aus den unmittelbar am Kloster gelegenen Dörfern Cannewitz, Caseritz, Ostro und dem nahe Wittichenau gelegenen Sollschwitz und von ca. vier Scheffel Mohn, die in kleinen Mengen aus allen Gebieten außer dem Eigen an das Kloster kamen.[98] An tierischen Produkten konnte das Kloster Hühner, Eier, Käse und Schultern einnehmen.[99] Möglicherweise aufgrund der weiten Transportwege wurde das Eigen nicht zur Leistung der Abgaben an Eiern und Käse herangezogen. Knapp neun Schock an Geld flossen aus Sonderabgaben, die Leistungen wie Ding-, Schnitter- und Ackerdienste oder kleinere Naturalabgaben abgelöst hatten.[100] Diese Abgaben an das Kloster stellen einen Ausschnitt aus dem Bedarf des Klosters an Geld- und vor allem an Lebensmitteln dar. Die gesamte Breite der Einnahmen und der Wirtschaft spiegeln sie nicht wider. So ist davon auszugehen, daß das Kloster, nicht zuletzt um die Vorschriften der Benediktsregel und die Fastenzeit einhalten zu können, einen hohen Verbrauch an Fisch hatte, der zum Teil aus eigener Fischzucht gedeckt worden sein dürfte. Daneben wird man aber auch Rinder-, Schweine-, Schafs- und Geflügelzucht vermuten dürfen. Auch an eigenes Bierbrauen seitens des Klosters ist zu denken. Diese gesamte Palette der klösterlichen Wirtschaft wie auch der Handel in den Städten Mariensterns und über diese hinaus zur Abdeckung des Bedarfs an Waren, die das Kloster nicht selbst erwirtschaften bzw. herstellen konnte, hat man sich vorzustellen.

Für die Besitzgeschichte Mariensterns ist es interessant, daß über die anhand der Urkunden in Mariensterner Besitz nachweisbaren Dörfer und Städte hinaus im Zinsregister neun Dörfer verzeichnet sind, deren Herkunft und Umstände der Inbesitznahme durch Marienstern nicht überliefert sind. Dies sind Bulleritz, Miltitz, Nebelschütz, Räckelwitz, Schmeckwitz und Wendischbaselitz, die nur Zehntabgaben leisteten und lediglich in die zweite, reine Zehntliste aufgenommen wurden, und Demitz, Neundorf und Weißnaußlitz[101], die Zinsdörfer waren. Bei einem Vergleich beider Zehntverzeichnisse fällt die doppelte Nennung verschiedener Dörfer auf. Dies betrifft Bernbruch, Crostwitz, Cunnersdorf, Dürrwicknitz, Hausdorf, Höflein und Jesau, wobei der angeführte Zehnt weniger, gleich oder mehr beträgt. Andere Dörfer sind in die zweite Zehntliste nicht mehr aufgenommen worden, wie Caseritz, Jesau, Leutwitz und Schweinerden. Die in der Zehntliste nachgetragenen, schon früher mit Marienstern in Verbindung stehenden Orte Dürrwicknitz, Großgrabe, Straßgräbchen, Wendischbaselitz, Wiesa und Zschornau stellen eine umfassendere Beschreibung des Kirchspieles Kamenz dar, als sie aus dem vermischten Zins- und Zehntverzeichnis hervorgeht. Diese zweite Liste nähert sich der Beschreibung der Pfarre Kamenz von 1225 an.[102] Die Pfarre Crostwitz wird als solche im Zinsregister nicht genannt, jedoch erbrachte der Ort Zehntzahlungen. Im Gegensatz dazu leistete das gesamte Eigen nach den Angaben der Register keinerlei Zehntzahlungen.

Im folgenden soll die schon mehrfach angedeutete Sonderstellung des Eigens innerhalb der Besitzungen Mariensterns anhand einiger Daten des Zinsregisters eine Erklärung erfahren. Die Dörfer des Eigenschen Kreises sind mit einem Ausmaß von 14 Hufen (Neundorf) bis 52 Hufen und elf Ruten (Schönau) zu den größten des Mariensterner Besitzes zu zählen. Die Hufenzahl der Dörfer um Wittichenau lag mit zwischen acht und maximal 20 Hufen deutlich niedriger. Eine Größe von 20 Hufen erreichten ebenfalls die Dörfer Biehla, Jesau und Hausdorf bei Kamenz. Das Dorf Crostwitz umfaßte 18 Hufen, während sich in seiner näheren Umgebung nur noch Bulleritz mit zwölf Hufen, Cunnewitz mit 16, Demitz mit 18, Miltitz mit 14 und Wetro mit 14 Hufen als größere Dörfer ausmachen lassen. Ein Vergleich der durchschnittlichen Einwohnerzahl der Dörfer der Wittichenauer, der Kamenzer und der Crostwitzer Gegend mit den Eigenschen Dörfern zeigt ein Verhältnis von ca. 17 zu 25[103], wozu wiederum die Hufenzahl und damit Größe der einzelnen Dörfer in Verhältnis zu setzen wäre. Für die Dörfer um das Kloster läßt sich der durchschnittliche Ackerbesitz eines Bauern von 0,86 Hufen errechnen. Dem gegenüber steht ein ähnlicher durchschnittlicher bäuerlicher Ackerbesitz von 0,83 Hufen auf dem Eigen.[104] Da allein diese stark nivellierenden Zahlen keine direkte Aussage über die Wirtschaftskraft zulassen, sind sowohl der prozentuale Anteil der Stelleninhaber gegenüber der Zahl aller Klosteruntertanen als auch der verschiedenen Abgaben zur Gesamtabgabemenge in Verhältnis zu setzen. Ca. 33 % der Stelleninhaber des Klosters verteilten sich auf die neun Eigenschen Dörfer und Bernstadt.[105] Diese zahlten Walpurgis 59 Schock 16 Groschen und elf Pfennige. Gegenüber 41 weiteren Orten, die 47 Schock 34 Groschen und elf Pfennige zinsten, entspricht dies ca. 50 % der Geldzinsen zu diesem Termin. Ähnlich stellt sich das Verhältnis bei den Michaeliszinsen dar. Hier erbrachte das Eigen mit 58 Schock 59 Groschen und sieben Pfennigen rund 40 % der gesamten Geldzinsen.[106] Einen großen Aktivposten bildeten die zwölf Mühlen, die das Kloster auf dem Eigen besaß[107] und denen 21 Mühlen in der näheren Klostergegend gegenüberstanden, die sich wiederum verstärkt um Wittichenau[108] konzentrierten. Bei den Getreideabgaben traten die Dörfer des Eigens etwas zurück, leisteten aber bei Roggen noch 29 % und bei Hafer 25 % des Gesamtaufkommens. Die Einkünfte an Gerste wurden mit knapp sieben Scheffel vollständig von Dittersbach und Deutschkiesdorf erbracht. Lediglich bei Weizen gingen nur 0,75 Scheffel von Dittersbach an das Kloster, was 0,9 % der gesamten Weizenabgaben entsprach. Des weiteren zinste das Eigen rund 304 Hühner und 146 Schultern jährlich, damit jeweils 30 % und 83 % der Gesamtabgaben. Die Zahlung von Geldabgaben dominierte jedoch auf dem Eigen eindeutig.[109] Sicher muß die hohe Geldsumme, die von den Bewohnern des Eigens gezahlt wurde, auch als Äquivalent zu anderen nicht erbrachten Leistungen verstanden werden, generell wird aber hier die Tendenz zur Ablösung von Natural- durch Geldabgaben am deutlichsten. Marienstern war es durch kontinuierliche Erwerbspolitik in den ersten Jahrzehnten gelungen, sich einen abgerundeten Besitz zu schaffen, der vollständig unter seiner Herrschaft stand und der durch die Geldzinsen ein flexibleres Wirtschaftsgebaren ermöglichte. Der sich im Abschnitt I. abzeichnende Versuch des Aufbaus einer klösterlichen Eigenwirtschaft auf dem Eigen kann jedoch durch den Blick auf die Angaben des Zinsregisters als gescheitert angesehen werden, wenn ein solcher überhaupt jemals zielstrebig forciert worden war und nicht lediglich den Versuch der Umsetzung eines zisterziensischen Ideals darstellte.

Ein Schwergewicht innerhalb der Wirtschaft Mariensterns bildeten nicht zuletzt die beiden Städte Bernstadt und Wittichenau. In Wittichenau nahm das Kloster von 103 Häusern und Höfen sowie einer Mühle ein Schock 24 Groschen und zwei Pfennige jährliche Zinsen ein. Von vier Gärten, etlichen Hainen und Wiesen, den umliegenden Äckern und Hufen samt dreier Mühlen, die alle nur zu Michaelis zinsten, flossen vier Schock 29 Groschen und zehn Pfennige dem Kloster zu. Darüber hinaus waren von den Äckern und Hufen der Stadt jährlich rund 200 Eier abzugeben. In dieser Stadt hatte Marienstern sieben Fleischbänke inne, die zweimal jährlich zinsten und dem Kloster 27 Groschen einbrachten. Insgesamt ergibt sich eine jährliche Zinssumme von sechs Schock und 21 Groschen. Aus den neun Fleischbänken, einer Brotbank, einem Hof, elf Hufen und einer Mühle in Bernstadt flossen zuzüglich der pauschal für die gesamte Stadt bezeichneten Abgaben aus jährlich zwei Zinsterminen 14 Schock und 54 Groschen an das Kloster. Die beiden städtischen Abgaben entsprechen ca. neun

Prozent der jährlichen Geldeinnahmen.[110] Damit läßt sich ein abschließendes Bild der Staffelung der klösterlichen Wirtschaftskraft zeichnen. Das Eigen sticht in seiner Bedeutung klar hervor. Ein weiterer Schwerpunkt ist mit der Stadt Wittichenau anzunehmen, die über die hier skizzierten Geldmittel hinaus dem Kloster als Handelsplatz von Bedeutung gewesen sein dürfte[111]. Während nochmals Orte der engeren Klosterpflege einen Wirtschaftsschwerpunkt bildeten, vereinzelte sich der Mariensterner Besitz in die weiteren Richtungen deutlich. So stellte das Zisterzienserinnenkloster Marienstern zwar eine große Herrschaft mit ca. 778 Stelleninhabern in 48 Dörfern, 39 davon in vollständigem Klosterbesitz, neun Dorfanteilen und zwei Städten dar, geschlossener, abgerundeter und durchdrungener Besitz konnte in der Umgebung des Klosters allerdings vollständig nicht erlangt werden,[112] dies ließ sich nur auf dem später sicher nicht ohne Grund so bezeichneten Eigen erreichen.

Anmerkungen

1 Statuta Capitulorum Ordinis Cisterciensis ab anno 1116 ad annum 1786. Hrsg. von JOSEPH MARIA CANIVEZ. Louvain 1933–1941, im folgenden unter der Bandangabe, dem Jahr und der Nummer des Generalkapitelsbeschlusses zitiert, hier: CANIVEZ II, 1225, 61. Herzlichen Dank für wertvolle Hinweise schulde ich Thomas Ludwig M.A., Universität Leipzig.

2 HAUPT, WALTER und JOACHIM HUTH (Hrsg.): Das Zinsregister des Klosters Marienstern. Bautzen 1957. Für das Kloster Marienstern liegen bisher zwei umfangreiche Monographien vor: KNOTHE, HERMANN: Geschichte des Jungfrauenklosters Marienstern in der Königlich Sächsischen Oberlausitz. Dresden 1871; [HITSCHFEL, ALEXANDER]: Chronik des Cistercienserinnenklosters Marienstern. Warnsdorf 1894. Aus der Zahl der Aufsätze, die wie die chronologisch nach der Reihung der Äbtissinnen angelegten Monographien die klösterliche Besitzgeschichte eher am Rande berühren, sei nur eine Auswahl angeführt: KNOTHE, HERMANN: Geschichte der Herren von Kamenz. In: NLM 43 (1866), S. 81–111; DERS.: Urkundliche Geschichte des Eigenschen Kreises in der Königlich Sächsischen Oberlausitz nebst Urkundenbuch. In: NLM 37 (1860), S.1–86; HELBIG, HERBERT: Die Oberlausitz im 13. Jahrhundert. Herrschaften und Zuwanderung des Adels. In: Jahrbuch für Geschichte Mittel- und Ostdeutschlands. Bd. 5, Tübingen 1956, S. 59–127; HUTH, JOACHIM: St. Marienstern in der Oberlausitz – 700 Jahre im heiligen Orden von Zisterz 1264–1964. In: Unum in veritate et laetitia. Bischof Dr. Otto Spülbeck zum Gedächtnis. Leipzig 1970, S. 170–204; DERS.: Slawische Siedlungen und Burgen im Eigen'schen Kreis. In: AFD Bd. 11/12, Berlin 1963, S. 89–109. Desweiteren unterzieht BRANKAČK, JAN: Landbevölkerung der Lausitzen im Spätmittelalter. Hufenbauern, Besitzverhältnisse und Feudallasten in Dörfern großer Grundherrschaften von 1374 bis 1518. Bautzen 1990 das Zinsregister Mariensterns einer näheren Betrachtung. Allerdings steht für ihn, wie sich schon aus dem Titel ergibt, nicht allgemein die klösterliche Wirtschaft im Vordergrund, sondern nur jene der Klosteruntertanen, ebd. S. 15.

3 Bis auf wenige Ausnahmen lagern alle Mariensterner Urkunden im Klosterarchiv und sind nicht zusammenhängend ediert. Im folgenden wird nach dem entsprechenden Druckort und unter Angabe der jeweiligen Signatur der im Mariensterner Archiv chronologisch durchnumerierten Urkunden zitiert. Bei nicht gedruckten Urkunden wird die Mariensterner Archivsignatur angegeben.

4 Diese Information wie auch zahlreiche weitere Auskünfte vermittelte mir Sr. M. Elisabeth Gäbler, für deren Hilfsbereitschaft, mit der sie die Benutzung des Klosterarchivs umsichtig vorbereitete, begleitete und damit erleichterte, ich mich herzlich bedanken möchte.

5 In der Zeit zwischen 1264 und 1280 liegen für Marienstern keine Urkunden vor.

6 Auf eine Schilderung Mariensterns als Rechtsherr und die Umsetzung der klösterlichen Gerechtigkeit gegenüber seinen Untertanen wird weitgehend verzichtet.

7 Diplomatarium vallis S. Mariae monasterium sanctimonialium ord. cist. Die Urkunden des königlichen Jungfrauenstifts und Klosters Cistercienser-Ordens zu St. Marienthal in der kgl. sächs. Oberlausitz nach den sämtlichen Originalen des Archivs in ausführlichen Regesten. Hrsg. und erl. von RICHARD DOEHLER. In: NLM 78 (1902), S. 1–138, hier S. 11. HUTH, JOACHIM: Eine neue Geschichte der Bischöfe von Meißen. In: Herbergen der Christenheit 6 (1967), S. 243, nimmt, ohne dies zu belegen, als Gründer die Herren von Dohna an.

8 CDSR II/15, Urkundenbuch der Stadt Grimma und des Klosters Nimbschen. Hrsg. von LUDWIG SCHMIDT. Dresden 1876, Nr. 248. Eine Dissertation zum Kloster Nimbschen wird durch die Verfasserin erarbeitet (vermutliche Fertigstellung zum Ende des Jahres 1998).

9 Vgl.: HELBIG 1956 (wie Anm. 2), S. 87 und SCHIECKEL, HARALD: Herrschaftsbereich und Ministerialität der Markgrafen von Meißen im 12. und 13. Jahrhundert. Untersuchungen über Stand und Standort der Zeugen markgräflicher Urkunden. Köln, Graz 1956, S. 5 u. öfter.

10 SächsHStAD O. U. 644. Die Inkorporation erfolgte gemäß den Weisungen des Generalkapitels des Jahres 1263. CANIVEZ 1933–1941 (wie Anm. 1), hier Bd. II, 1263, 46 und 60 (!).

11 Nach KNOTHE 1871 (wie Anm. 2), S. 9 ist dies das Vorwerk in Panschwitz. Sicher leitete er diese Bezeichnung aus den späteren Zuständen ab, nach denen das Kloster in Panschwitz ein Vorwerk unterhielt. Ob zu diesem frühen Zeitpunkt unter dem Vokabel allodium tatsächlich ein Vorwerk zu verstehen ist, bleibt eher fraglich. Besser sollte man bei der Bezeichnung Allod oder Freihof bleiben.

12 Der feste Klosterstandort muß bereits 1259 gefunden gewesen sein, da in diesem Jahr Albert, Bischof von Meißen, dem Kloster die Erlaubnis erteilte, in seiner Kirche Begräbnisse vornehmen zu dürfen, KlAM, Nr. 4.

13 Meinhardisdorf = Möhrsdorf, nach: EICHLER, ERNST und HANS WALTHER: Ortsnamenbuch der Oberlausitz. Studien zur Typonymie der Kreise Bautzen, Bischofswerda, Görlitz, Hoyerswerda, Kamenz, Löbau, Niesky, Senftenberg, Weißwasser und Zittau. (= Deutsch-Slawische Forschungen zur Namenkunde und Siedlungsgeschichte) Bd. 28, Teil I: Namenbuch. Berlin 1975, hier S. 189. Nach KNOTHE 1871 (wie Anm. 2), S. 9 als Reinhardsdorf aufzulösen, was allerdings fraglich ist.

14 NLM 43 (1866) S. 383–385, zugleich CDSR II/7: Urkundenbuch der Städte Kamenz und Löbau. Hrsg. von HERMANN KNOTHE, Nr. 4, nur in verkürzter, unvollständiger Fassung. KlAM, Nr. 1.

15 Dies wird nochmals betont in einer markgräflichen Urkunde des Jahres 1306, CDSR II/7/7 = KlAM, Nr. 62: iu[s] patronatus parrochyalis ecclesie in civitate Camenz, quod a nostris progenitoribus intuitu divine remuneracionis ipsis liberaliter est donatum.

16 CDSR II/7/1 = KlAM, b, nicht numeriert.

17 Entgegen HUTH 1970 (wie Anm. 2), S. 177f., muß unter der erweiterten Ausstattung der Kamenzer Pfarre nicht zwangsläufig eine wirkliche räumliche Vergrößerung des Kirchspiels zu verstehen sein. Möglicherweise ließen sich als solche auch die Einkünfte aus dem Stadtzoll, dem Honigzehnten oder dem Marktzoll fassen.

18 CDSR II/7/5 = KlAM, Nr. 6.

19 Rechnet man zwölf Scheffel auf einen Malter entspricht dies mit einer Summe von 239 1/2 Scheffel den angegeben 20 Malter Roggen.
20 In einigen Orten, beispielsweise in Wicknitz, gelang es dem Kloster, in späterer Zeit wieder Besitz zu erwerben, der sich dann auch im Zinsregister findet, aber nicht mit den Pfarreinkünften aus den Orten identisch ist. Die Vorgehensweise des Bischofs war nicht unüblich und muß nicht zwangsläufig als Eingriff in klösterliche Rechte gewertet werden. Man kann darin durchaus auch umgekehrt eine Sicherung der Pfarrgemeinderechte sehen, die zu den bischöflichen Pflichten gehörte und die durch den Bischof angesichts der bevorstehenden Ordensaufnahme des Klosters und der damit zusammenhängenden Herauslösung der in Klosterbesitz befindlichen Pfarre vorgenommen wurde. Mit der Urkunde von 1263 bricht die Reihe der bischöflichen Urkunden ab. Eine stärkere Beurkundung der Bischöfe von Meißen setzt erst wieder in der Mitte des 14. Jahrhunderts ein.
21 Lessanewiz von HUTH 1970 (wie Anm. 2), S. 188 als Leschwitz bei Görlitz identifiziert, wo es noch heute einen „Weinhübel" gibt. Daß es sich bei den Dörfern Crostwitz, Tschaschwitz, Ralbitz, Cunnewitz, Kotten und Dörgenhausen um halbe Dörfer gehandelt haben muß, geht aus einer Urkunde Friedrichs von Schönburg aus dem Jahr 1290, NLM 35 (1858), Nr. 13 = KlAM, Nr. 29, hervor, mit der er dem Kloster die Hälfte der genannten Dörfer verkaufte. Vgl. Abschnitt II. (2) und (3).
22 BLASCHKE, KARLHEINZ: Historisches Ortsverzeichnis von Sachsen, Teil 4: Oberlausitz. Leipzig 1957, S. 42 u. 44.
23 BLASCHKE 1957 (wie Anm. 22), S. 52.
24 Wittichenau wird 1248 als Dorf benannt. 1264 erfährt es keine nähere Kennzeichnung. 1286 wurde in einer Urkunde der Markgrafen Otto und Konrad von Brandenburg Wittichenau erstmalig als Stadt bezeichnet, was eine Pfarre voraussetzt. NLM 35 (1858), Nr. 12 = KlAM, Nr. 27.
25 HUTH 1970 (wie Anm. 2), S. 203.
26 NLM 37 (1860), Nr. 1 = KlAM, Nr. 5. Da die Schönburger, ebd. S. 4, die andere Hälfte dieses Dorfes besaßen, muß es sich hier wohl um die Hälfte Dittersbachs handeln. Dittersbach findet in der markgräflichen Urkunde von 1264 keine Erwähnung. Die von HUTH 1970 (wie Anm. 2), S. 203 vorgenommene Zuordnung von Dittersbach zu Resehnsdorf, das in den Urkundenversionen A und B, nicht aber C erwähnt wird, erscheint nicht ganz abwegig, da 1264 von 18 Hufen, drei Mühlen und einem dazugehörenden Wald und nicht von dem gesamten Dorf gesprochen wird. Der sprachliche Befund läßt jedoch keine Rückschlüsse zu.
27 Eine Villikation im eigentlichen Sinn ist nach RÖSENER, WERNER: Einführung in die Agrargeschichte. Darmstadt 1997, S. 112 die „markanteste Form ... [der] frühmittelalterliche[n] Grundherrschaft ... oder [die] Fronhofsverfassung, die ... auch als 'zweigeteiltes' Grundherrschaftssystem ... charakterisiert wird" und die durch einen eigenbebauten Fron- oder Herrenhof als Mittelpunkt und von diesem abhängigen Bauernhufen gekennzeichnet war. Das zum Fronhof gehörende Land wurde vom Hofgesinde und durch Frondienste der Hufenbauern bewirtschaftet. Nach RÖSENER, S. 114–119, setzte sich diese Form der Grundherrschaft in abschwächender Form von West nach Ost durch, löste sich aber bereits mit dem Hochmittelalter zunehmend auf. Die typische Wirtschaftsform der Zisterzienser war jedoch entgegen dieser knapp skizzierten Entwicklung aufgrund der Ordensideale an Eigenwirtschaft orientiert.
28 Marienstern erhielt 1248 das Hospital mit zwei Freihufen, einer Mühle, einem Unterholz, bewirtschafteten und unbewirtschafteten Feldern, zwei Fleischbänken auf dem Markt (von Kamenz) und mit Einkünften vom Zoll in Königsbrück in Höhe eines Talentes.
29 KlAM, Nr. 38.
30 Unter Umständen kann man auch ein weiteres Dorf, Gottschdorf, hinzuzählen, in welchem der Pfarre Kamenz in der Urkunde von 1225 vier Hufen zugesprochen wurden. Da sich der Pfarrumfang in der Zeit ohnehin veränderte, dürfte diese Zählung jedoch nicht grundsätzlich entscheidend sein. Das ebenfalls dem Zisterzienserorden voll inkorporierte Kloster Nimbschen/Marienthron erhielt 1243 als Gründungsausstattung die Pfarreien Altbelgern und Weßnig mit der Kirche Torgau, deren gemeinsamer Umfang 23 Filialkirchen betrug, sowie das Dorf Polbitz und einen See. Nach der Verlegung dieses Klosters nach Grimma vor 1250 wurde die Pfarre von Grimma mit den Filialkirchen Großbardau und Grethen hinzugefügt. Die Ausstattung Marienthals umfaßte neben dem Dorf Seifersdorf, nach dem das Kloster z.T. auch benannt wurde, acht weitere Dörfer. Sie war also im Vergleich zu Marienstern und Nimbschen/Marienthron eher gering. Marienthal war nicht im Besitz der Hochgerichtsbarkeit, bei der sie den landesherrlichen Vögten unterstellt blieb, die Niedergerichtsbarkeit lag beim Kloster. Außerdem durften alle Fuhrwerke des Klosters, die notwendige Gegenstände transportieren, das Land zollfrei passieren.
31 KlAM, Nr. 105. In Hausdorf schien das Kloster schon vor 1352 Besitz in unbekannter Größe gehabt zu haben, wie aus einer Urkunde des Jahres 1308, KlAM, Nr. 59, hervorgeht, nach der Reinhard von Reedern auf einen von ihm mit der Äbtissin abgeschlossenen Güterkauf auf Lebenszeit an das Kloster verzichtet.
32 KlAM, Nr. 90.
33 KlAM, Nr. 120.
34 KlAM, Nr. 126.
35 KlAM, Nr. 47.
36 Die Einkünfte in Höhe von 3 Schilling Zins in Gelenau, KlAM, Nr. 116, von einer im Jahr 1357 gestifteten Johannes- und Magdalenenkapelle durch eine Bürgerin der Stadt Kamenz, KlAM, Nr. 112, die zwar dem Kloster durch den Meißner Bischof im Zusammenhang mit der Bestätigung des Kirchenpatronats unterstellt wurde, KlAM, Nr. 115, flossen nicht an Marienstern, sondern kamen direkt der Kamenzer Kirche zugute.
37 NLM 35 (1858), Nr. 12 = KlAM, Nr. 27.
38 NLM 35 (1858), Nr. 13 = KlAM, Nr. 29. Crostwitz, Cunnewitz, Ralbitz und Tschaschwitz liegen in der näheren Umgebung von Crostwitz und gehörten diesem Pfarrsprengel an.
39 Vgl. Anm. 34.
40 NLM 35 (1858), Nr. 5 = KlAM, Nr. 10. Dieser Wald, der die Luge genannt wurde, liegt zwischen den Dörfern Piskowitz, Räckelwitz und Schmeckwitz. Eine nochmalige markgräfliche Bestätigung des Waldbesitzes datiert in das Jahr 1301, KlAM, Nr. 45. 1357 wird dem Kloster durch Kaiser Karl IV. ein Zins von zwei Mark von diesem Wald bestätigt, KlAM, Nr. 111.
41 Für diese vier Dörfer vgl. Anm. 38.
42 1292 Prischwitz und Leutwitz: KlAM, Nr. 34. Die Bekräftigung des Kaufes erfolgte im Jahr 1313, KlAM, Nr. 66. Mit einiger Sicherheit lassen sich darunter die gesamten Dörfer vermuten, da zumindest bei Leutwitz HAUPT/HUTH 1957 (wie Anm. 2), S. 144, Abgaben des gesamten Dorfes geführt werden. Im Fall von Prischwitz wird HAUPT/HUTH 1957 (wie Anm. 2), S. 147, von „denen" von Prischwitz geschrieben, was nicht erklärt, ob darunter das ganze Dorf oder nur Teile seiner Bewohner gemeint waren. 1296 Schweinerden: KlAM, Nr. 40 und 41.
43 KlAM, Nr. 45.
44 KlAM, Nr. 49.
45 KlAM, Nr. 52.
46 KlAM, Nr. 48. Nochmalige Schenkungsbestätigung 1305, KlAM, Nr. 53.
47 KlAM, Nr. 52.
48 KNOTHE 1871 (wie Anm. 2), S. 39. Dieses Dorf ist nicht im Zinsregister enthalten.

49 KlAM, Nr. 72. Ebenso bestätigte der Bischof jährliche Einkünfte in Naußlitz, einem Ort in dem das Kloster schon seit seiner Gründung Einkünfte besaß. Beide Orte liegen räumlich weit auseinander, könnten aber dadurch, daß die dem Kloster bestätigten Einkünfte aus dem Besitz des Bautzner Kapitels herrührten, hier zusammengeführt worden sein.
50 KlAM, Nr. 75. Das hier mit EICHLER 1975 (wie Anm. 13), S. 75 als Gaußig aufgelöste Dorf, sorbisch Hoske, wird auch im folgenden unter jener Bezeichnung geführt.
51 KlAM, Nr. 82.
52 KlAM, Nr. 86. Diese Schenkung zur Aufnahme der Verwandten des von Kopperitz wird von demselben 1355, KlAM Nr. 108, und durch Kaiser Karl IV. 1357, KlAM Nr. 11, bestätigt.
53 KlAM, Nr. 94, Ausstattungsgelder der Anna von Lautitz, die 1357, KlAM, Nr. 111, und wiederum 1374, KlAM, Nr. 134, als allgemeine Einkünfte durch Kaiser Karl IV. bestätigt wurden. Eiserode liegt nahe dem Gebiet des Eigens, allerdings wird es nie direkt dazu gezählt.
54 NLM 35 (1858), Nr. 22 = KlAM, Nr. 103.
55 Ausstattung seiner Tochter und seiner Enkelinnen im Jahr 1355, KlAM, Nr. 108; Schenkung weiterer Zinsen 1355, KlAM, Nr. 109.
56 KlAM, Nr. 111.
57 KlAM, Nr. 119.
58 KlAM, Nr. 111. Für Säuritz ist eine weitere Zinsschenkung Ulrichs von Kopperitz aus dem Jahr 1365 zu verzeichnen, KlAM, Nr. 118.
59 KlAM, Nr. 118.
60 KlAM, Nr. 134.
61 Ebd. Schon 1330 und 1331 war es Marienstern über das Eintrittsgeld der Tochter Theodericus' von Haugwitz gelungen, ersten Besitz in Ostro zu erlangen, der in diese Besitzbestätigung mit eingeflossen sein dürfte.
62 KlAM, Nr. 68.
63 KlAM, Nr. 69.
64 KlAM, Nr. 70.
65 KlAM, Nr. 73.
66 KlAM, Nr. 99. Die Urkunde ist undatiert und nach dem klösterlichen Urkundenrepertorium zwischen 1348 und 1350 anzusetzen.
67 1313 bestätigt Heinrich von Kamenz den Kauf einer Hufe Landes, KlAM, Nr. 67. Die Bestätigung des Kaufes der Hufen in Rosenthal erfolgte 1350 durch König Karl IV., KlAM, Nr. 104.
68 S. Anm. 63.
69 CDSR II/7/19.
70 CDSR II/7/18.
71 Dies trifft auf den Besitz in den Dörfern Bernbruch, Jesau, Rosenthal und Wiesa zu. Der übrige Besitz läßt sich im Zinsregister nicht nachweisen.
72 NLM 37 (1860), Nr. 3 mit Datum zu 1284 = KlAM, Nr. 13 und auch Nr. 14, allerdings mit dem Datum 1280. Daß es sich hierbei um die Hälfte des Patronats handelte, geht aus der Urkunde Friedrichs von Schönburg aus dem Jahr 1290 hervor, NLM 35 (1858), Nr. 13 = KlAM, Nr. 29.
73 KNOTHE 1871 (wie Anm. 2), S. 27: der sogenannte Nonnenwald an der Landkrone gegen Friedrichsdorf gelegen.
74 NLM 37 (1860), Nr. 4 = KlAM, Nr. 26.
75 NLM 37 (1860), Nr. 6 = KlAM, Nr. 23.
76 Daß das Kloster als Stadtherr Bernstadts fungierte, geht aus der im Jahr 1352 erfolgten Bestätigung der Wollweberinnung seitens der Äbtissin Adelheid hervor. NLM 37 (1860), Nr. 24. Eine nochmalige Bestätigung der Innungssatzung datiert von 1370, NLM 37 (1860), Nr. 25.
77 NLM 37 (1860), Nr. 18 = KlAM, Nr. 63.
78 NLM 37 (1860), Nr. 20 = KlAM, Nr. 74.
79 KlAM, Nr. 79.
80 NLM 37, Nr. 23 = KlAM Nr. 93.
81 BRANKAČK 1990 (wie Anm. 2), S. 132.
82 HAUPT/HUTH 1957 (wie Anm. 2), S. 96.
83 Mit der ersten Königsurkunde, die für Marienstern vorliegt, gestattete 1280 König Rudolf von Habsburg den Zisterzienserinnen zu Kamenz alle bereits erfolgten oder noch erfolgenden Schenkungen in Höhe von bis zu 200 Mark Zins anzunehmen. Ausgestellt Tätzschwitz 1280 Dezember 12, NLM 35, Nr. 7 = KlAM, Nr. 11. Regesta Imperii IV.: Die Regesten des Kaiserreiches unter Rudolf, Adolf, Albrecht, Heinrich VII. 1273–1313, 1. Abt. (Rudolf I.). Neu hrsg. und erg. von OSWALD REDLICH. Innsbruck 1898, Nachdruck 1969, führen diese Urkunde nicht an.
84 NLM 37 (1860), Nr. 2 = KlAM, Nr. 12. Die Lokalisierung der Dörfer wurde bisher recht unterschiedlich vorgenommen. Während man Bertholdisdorf als Berzdorf auf dem Eigen glaubte identifizieren zu können, ordnete man Raswitz Rauschwitz in der Nähe von Kamenz zu. Dithmarsdorf und besonders Lamprechtswalde blieben in ihrer Lage unsicher und wurden bei Kamenz liegend vermutet. Nicht nur daß damit die verpfändeten Dörfer außerordentlich weit auseinander gelegen hätten, nahmen die Brüder von Kamenz in der Urkunde von 1285 selbst eine ungefähre Lokalisierung vor: ... pro bonis nostris circa Albeam sitis, videlicet in Lamprechswalde et in Raschewitz, in Dithmarsdorf et Bertholdisdorf, quae claustro Stellae Sanctae Mariae fuerunt obligata. NLM 37 (1860), Nr. 4 = KlAM, Nr. 26. Damit fällt auch die Zuordnung von Bertholdisdorf zu Berzdorf auf dem Eigen aus.
85 NLM 35 (1858), Nr. 8 = KlAM, Nr. 16. Eine erneute Bestätigung dieses Tatbestandes erfolgte 1295 durch den Bischof Bernhard, NLM 37 (1860), Nr. 12 = KlAM, Nr. 35.
86 Vgl. BÜNZ, ENNO: Probleme der mittelalterlichen Urbarüberlieferung. In: Grundherrschaft und bäuerliche Gesellschaft im Mittelalter. Hrsg. von WERNER RÖSENER, Göttingen 1995, S. 31–75, hier S. 35f. Eine regelrechte Überschrift, die eine Selbstbezeichnung anzeigt, hat das Mariensterner Zinsregister nicht.
87 Beide finden im Zinsregister lediglich mittelbar eine Erwähnung. Kuckau: der alde Hentzsch ader Bytka genant, etwan des closters hofemeister zw Kocko gewest, HAUPT/HUTH 1957 (wie Anm. 2), S. 97. Panschwitz: im Zusammenhang mit einer magistra curie und Abgaben von deren Privateigentum, HAUPT/HUTH 1957 (wie Anm. 2), S. 76, und im Zusammenhang mit dem Erbe einer hoffevrouw, HAUPT/HUTH 1957 (wie Anm. 2), S. 96. Derartige Beurkundung von Erbangelegenheiten machen neben Verkäufen einen Großteil der Nachträge aus.
88 Die Handschrift enthält insgesamt 97 foll. Zur genaueren Codexbeschreibung sei auf das Vorwort der Edition verwiesen, HAUPT/HUTH 1957 (wie Anm. 2), S. 9. Das vermischte Zins- und Zehntregister umfaßt foll. 1r–67r, daran schließen sich auf foll. 68r–82r die Angaben des reinen Zehntverzeichnisses an, die bereits innerhalb der Zinsaufzeichnung vorgenommene Nennungen der Zehnte einzelner Dörfer teilweise überschneiden und erweitern. An den Zehntnachtrag knüpfen weitere Nachträge, die vereinzelte Abgaben enthalten (foll. 82v–83r). In diesem Teil finden sich zahlreiche Dörfer, die zuvor noch nicht in Zusammenhang mit Marienstern dokumentiert worden waren. Da diese jedoch lediglich im Nachtrag zum eigentlichen Zinsregister stehen, werden sie hier vernachlässigt, was im Hinblick auf die von Haupt/Huth vorgenommene Datierung gerechtfertigt scheint. Auf foll. 84r–88r folgen die Abgaben der Deditzer. Die Handschrift endet mit einem größeren Komplex urkundenartiger Nachträge über Kauf- und Erbangelegenheiten.
89 Biehla, Bulleritz, Deutschbaselitz, Großgrabe, Miltitz, Nebelschütz, Räckelwitz, Schmeckwitz, Straßgräbchen, Wendischbaselitz, Wiesa und Zschornau. Die Städte Bernstadt und Wittichenau werden in keinem der beiden Zehntverzeichnisse geführt.
90 Bernbruch, Caseritz, Crostwitz, Cunnersdorf, Dürrwicknitz,

Hausdorf, Höflein, Jauer, Jesau, Leutwitz und Schweinerden.
91 Vgl. Bernbruch, HAUPT/HUTH 1957 (wie Anm. 2), S. 61–63 und 81f.
92 Beispielsweise bei Eiserode, Höflein, Liebon, Nebelschütz und Weißnaußlitz. Diese Angaben lassen sich auch nicht mit denen der Urkunden ergänzen, denn während für Liebon eine Schenkung von drei Mark Zins drei Erbstellen entspricht, lassen sich zwei Mark und vier Groschen in Eiserode nur schwer auf 13 Stellen umrechnen. Aufschlüsse über die Hufenzahl sind damit in keinem Fall zu gewinnen. Eine Zählung der gesamten Hufenzahl durch Zusammenziehung exakt angegebener und errechneter Hufen bliebe immer zu ungenau und somit nahezu aussagelos.
93 Die Berechnung erfolgte abzüglich der beiden Städte Bernstadt und Wittichenau.
94 Das Zisterzienserinnenkloster Nimbschen nahm zu Beginn des 16. Jahrhunderts jährliche Zinsen in Höhe von ca. 180 Schock ein. ThHStAW Reg. Bb 3767. Allerdings befand sich dieses Kloster auch nie im Besitz ganzer Städte.
95 Innerhalb des Abschnittes, in dem die Marienstern zustehenden Abgaben des Eigens beschrieben werden, ist keine Rangfolge bei der Aufzeichnung auszumachen. Von Kunnersdorf ausgehend wird das Eigen nahezu in einem Kreis abgefahren. An letzter Stelle des Eigenschen Areals wird die Stadt Bernstadt aufgenommen. Der von späterer Hand zu Bernstadt vorgenommene Eintrag ADMCCLXX, der, wie schon HAUPT/HUTH 1957 (wie Anm. 2), S. 17, bemerkten, keine Rückschlüsse auf das Entstehungsdatum des Zinsregisters zuläßt, ließe sich möglicherweise auf das Erwerbsdatum erster Anteile an Bernstadt durch das Kloster erklären, da über das eigentliche Erwerbsjahr keine Quellen vorliegen und lediglich Urkunden jüngerer Zeit überliefert sind, in denen dem Kloster dieser Besitz bestätigt wird. KNOTHE in: NLM 37 (1860), S. 5 u. 29, geht davon aus, daß Teile Bernstadts schon vor 1274 an das Kloster gelangten. Folgt man der Vermutung, daß sich hinter der Jahreszahl 1270 das Erwerbsdatum zumindest erster Teile Bernstadts verbirgt, hieße dies allerdings auch, daß vermutlich schon im 14. Jahrhundert dem Kloster die entsprechenden Aufzeichnungen fehlten und man zur eigenen Erinnerung das Datum eintrug.
96 Unter den Begriffen Dreierlei und Viererlei Korn hat man die Zusammenfassung verschiedener Getreidearten zu verstehen. Diese Art der Abgabe läßt auf ältere Abgabeformen schließen, die zu 100 % aus dem Eigen, Berzdorf, Deutsch- und Wendischkiesdorf und Schönau, an das Kloster flossen. Vernachlässigbar ist die Einnahme des Klosters an Hirse, die ein Viertel Scheffel aus Sollschwitz umfaßte.
97 Das Kloster Nimbschen erwirtschaftete zu Beginn des 16. Jahrhunderts jährlich durchschnittlich 2.700 Scheffel Getreide derselben Arten, wovon allerdings lediglich 844 Scheffel aus Zinseinnahmen flossen. Der Anteil des eigenwirtschafteten Getreides war demzufolge sehr hoch.
98 Die ebenso dem Kloster zustehenden ca. fünf Metzen Hanf sind geringfügig.
99 Die einzelnen Posten werden im Zinsregister (HAUPT/HUTH 1957 (wie Anm. 2)) jeweils nach Stücken gezählt. Danach standen dem Kloster jährlich ca. 1.130 Hühner, 6.790 Eier, 54 Käse und 170 Schultern zu.
100 Von diesen Abgaben war das Eigen bis auf 16 Groschen von den Fleischbänken Bernstadts frei.
101 Möglicherweise lassen sich die im Zinsregister (HAUPT/HUTH 1957 (wie Anm. 2)) auftauchenden Naußlitze (villa Nozedlicz in dem gebirge, HAUPT/HUTH 1957 (wie Anm. 2), S. 63, Nossedlicz, HAUPT/HUTH 1957 (wie Anm. 2), S. 78 und Noussedlicz, HAUPT/HUTH 1957 (wie Anm. 2), S. 89) in Weiß- und Rothnaußlitz unterscheiden. Vgl. dazu EICHLER/WALTHER 1975 (wie Anm. 13), S. 196f. Hier werden alle drei Varianten unter Weißnaußlitz zusammengefaßt.
102 Ausgefallen sind in der zweiten Liste: Brauna, Dürrwicknitz, Lückersdorf, Liebenau, Petershain, Schiedel, Schönbach, und Schwoosdorf. Mit der umfassenderen Beschreibung ließe sich die (erneute) Inkorporation der Pfarre von Kamenz, die durch den Meißner Bischof Nikolaus vorgenommen und im August 1382 durch den Kardinalpresbyter Pileus bestätigt wurde, in Verbindung bringen. CDSR II/7/36. Im Jahr 1400 erfolgte auch die päpstliche Bestätigung der Inkorporation, die jetzt allerdings auch die Pfarre Bernstadt umschloß, CDSR II/7/45. In der päpstlichen Urkunde finden sich zusätzlich Angaben über die schlechte Finanzkraft des Klosters, aufgrund derer dem Kloster die Pfarreien inkorporiert wurden. Das jährliche Einkommen des Klosters belief sich danach auf 100 Mark Feinsilber, die um 50 (Mark) der beiden Pfarren ergänzt werden sollten. Nach HAUPT/HUTH 1957 (wie Anm. 2), S. 21f. lassen sich bei entsprechender Umrechnung diese Angaben mit denen des Zinsregisters in Höhe von 230 Schock Groschen annähernd gleichsetzen.
103 BRANKAČK 1990 (wie Anm. 2), S. 139.
104 Bei der Berechnung wurden Wittichenau und Bernstadt ausgeklammert. BRANKAČK 1990 (wie Anm. 2) errechnete, einen Durchschnittswert von 0,8303 (!) Hufen für die Dörfer der engeren Klosterpflege. Diese sind für ihn: Caseritz, Crostwitz, Dürrwicknitz, Jauer, Schweinerden, wobei seine Zahlen im einzelnen nicht immer nachvollziehbar sind. Auffällig ist, daß im Vergleich zu den anderen Dörfern und Dorfanteilen in Klosterbesitz die Dörfer des Eigens prozentual mehr Rutenanteile aufweisen, was auf eine größere Zerstückelung der Flur schließen und damit Spuren älterer sorbischer Besiedlung annehmen läßt, auch wenn späterhin das Eigen rein deutschsprachiges Gebiet war, HAUPT/HUTH 1957 (wie Anm. 2), S. 283, Karte 2.
105 In die Berechnung dieses Verhältnisses wurden die Gartennahrungen nicht einbezogen.
106 Bei beiden Zinsterminen wurde die Stadt Bernstadt und deren Zahlungen außer acht gelassen.
107 Allein in Schönau gehörten dem Kloster vier Mühlen, HAUPT/HUTH 1957 (wie Anm. 2), S. 31–34.
108 In Wittichenau zählte das Kloster drei Mühlen zu seinem Besitz.
109 Zweifellos bleibt bei der Einordnung der Abgaben der Eigenschen Dörfer immer zu beachten, daß die Güter über eine große Strecke zum Kloster transportiert werden mußten. Zum einen ist ein Stadthof in Bernstadt nach dem Zinsregister nicht auszumachen. Zum anderen läßt sich im Vergleich mit dem Zisterzienserinnenkloster Nimbschen, das seinen ebenfalls entfernt an der Elbe gelegenen Gründungsbesitz Zeit seines Bestehens halten konnte, sagen, daß die Nimbschner Äbtissin einmal jährlich die Abgaben vor Ort einnahm und diese mit einem größeren Troß an Personal direkt nach Nimbschen brachte, wie aus den für das Kloster überlieferten Rechnungsbüchern hervorgeht. Handel mit den Einnahmen läßt sich für Nimbschen kaum und nur im direkten Warenaustausch feststellen.
110 In der näheren Umgebung Mariensterns zahlten allein die Dörfer Crostwitz, Jauer, Jesau und Naußlitz Geldzinsen von über zwei Schock zu den beiden Zinsterminen Walpurgis und Michaelis. Von allen mit hohen Geldabgaben belasteten Dörfern nahm das Kloster gleichzeitig auch verstärkt Getreidezinsen ein, was in den Städten nicht der Fall war. Bernstadt zahlt lediglich jeweils zwei Scheffel Roggen und Hafer. Wittichenau leistete gar keine Getreideabgaben.
111 Zur Stellung Wittichenaus innerhalb der Oberlausitzer Städte vgl. HUTH 1970 (wie Anm. 2), S. 185. Nach diesem rangiert Wittichenau seiner Größe nach hinter Kamenz, stand mit Löbau gleich vor Hoyerswerda, Muskau und Königsbrück.
112 Vgl. dazu BRANKAČK 1990 (wie Anm. 2), S. 132.

Klosterherrschaft und Untertanen in der Neuzeit

Matthias Knobloch

„Dancken Sie sämbbtliche Gemeinden arm undt reich, Gott dem Allmächtigen, daß der Selbe, ihnen eine solche Gnädige, Christliche undt Mildtreiche Herrschafft bescheret, welche sie in gutter Ruhe, Schutz undt Frieden in das Gotteshaus zu gehen erhält. Wünschen Ihrer Hochwürden und Gnaden undt all deroselben Herren Officianten, alles erspriesliche Wohlergehen, Langes Leben, Glückliche Regierung undt bestendige Gesundheit.
Rügen der Gnädigen Herrschafft Alte Ober- und under gerichte, undt können Ihre Hände, So weit undt breit Ihr Revier gehet ausstrecken, zu Hals, Handt undt bauch das Böse zu kräncken undt das Gute zu sterken, So Vollkömmlich als in einer Sechsstadt dieses Marggraffthumbs Oberlausitz."[1]

Die Formelhaftigkeit der hier getroffenen Aussagen ist deutlich zu erkennen und zeigt das konkrete Rechtsverhältnis zwischen der Herrschaft und den Untertanen des Klosters St. Marienstern auf, dem im folgenden Beitrag nachgegangen werden soll.

Das 1248 gegründete Zisterzienserinnen-Kloster St. Marienstern gehörte Ende des 17. Jahrhunderts zu den größten Grundherrschaften in der Oberlausitz. Es zählte 1672 zwei Landstädte, 46 Dörfer ganz und 14 Dörfer teilweise sowie sechs Vorwerke zu seinem Besitz.[2]

Der anhand der Karte[3] aufgezeigte Umfang des klösterlichen Besitzes wurde durch Schenkung, Tausch und Ankauf erworben und blieb seit dem ausgehenden 14. Jahrhundert nahezu konstant.[4] Die Anzahl der dem Stift ganz oder teilweise gehörenden Dörfer ist beeindruckend. Größe und Umfang des Mariensterner Besitzes kann auch im direkten Vergleich aller landwirtschaftlich geprägten Stellen der großen Städte, Standesherrschaften und geistlichen Gestifte der Oberlausitz aufgezeigt werden. So wurden 1777 im Gebiet der Stiftsherrschaft 1.816 Stellen gezählt. Für Zittau wurden 3.681, Görlitz 2.352 und Bautzen 708 Bauerngüter registriert. Die großen Standesherrschaften der Oberlausitz, Hoyerswerda und Muskau, nannten im gleichen Jahr 1.079 und 847 Stellen ihr Eigentum. In ähnlichen Größenverhältnissen bewegte sich der Besitz der geistlichen Stifte. Das Zisterzienserinnenkloster St. Marienthal konnte auf 2.170 und das Domstift St. Petri in Bautzen auf 1.441 Stellen verweisen.[5] Größe und Umfang von Besitz wird besonders ersichtlich, wenn fiskalische Zeugnisse, hier die Mundgutbesteuerung des 16. Jahrhunderts, zum Vergleich herangezogen wird. Zittau erlegte 705 Taler, währenddessen Görlitz 940 und Bautzen 627 Taler zu entrichten hatten. Die Standesherrschaften Hoyerswerda und Muskau hatten 195 und 127 Taler aufzubringen. Bei den geistlichen Stiften betrug die Steuerquote für das Domstift St. Petri nur 62 Taler und für St. Marienthal 180 Taler. Das Kloster St. Marienstern hatte den höchsten Steuersatz mit 300 Taler abzuführen.[6]

Wie bereits angeführt, zählte man 1777 innerhalb des Besitzes von St. Marienstern 1.816 bäuerliche Stellen. Diese Angabe kann jedoch nicht als konstante Größe betrachtet werden, da bis 1810 die einzelnen Wirtschaften auf die beachtliche Anzahl von insgesamt 2.121 Stellen unterschiedlicher Größe anwuchsen.[7] Als Grund für diese Steigerung wären die Teilung bereits vorhandener bäuerlicher Güter sowie deren Neuanlegung zu nennen. Im Rahmen dieser Arbeit kann jedoch nicht näher darauf eingegangen werden. Dieses wäre Aufgabe der speziellen Geschichtsschreibung für jedes einzelne klösterliche Dorf. Als Beispiel, wie diese Veränderungen verliefen, soll das Dorf Kuckau, in der Nähe des Klosters gelegen, dienen. Werden im Urbarium von 1672 30 Stellen erbzinspflichtig genannt, so sind in einer Bevölkerungsliste des Jahres 1787 bereits 58 aufgezählt und 1810 wurden 63 Stellen verzeichnet.[8]

Die hier wiedergegebenen Zahlenbeispiele weisen darauf hin, daß Herrschaft ihre Grundlage im Besitz an Grund und Boden hatte, welcher verwaltet und bearbeitet, sprich bewirtschaftet werden mußte.

Für das Kloster St. Marienstern lassen sich zwei Wirtschaftsformen nachweisen, die Gutswirtschaft in den Vorwerken Burkau, Kriepitz, Kuckau, Laske, Panschwitz, Spittel vor Kamenz und im Kloster selbst sowie die auf Abgaben und Dienstleistungen der erbuntertänigen Bauern, Gärtner und Häusler beruhende Grundherrschaft in den Klosterdörfern. Ausgehend von der Größe und Umfang des Besitzes erstaunt der für heutige Verhältnisse geringe Verwaltungsaufwand. So werden in der Zeit von 1673–1709 lediglich der Klostervogt, der Kanzler und der Kornschreiber im Ausgabenbuch als Bediente des Klosters erwähnt, welche Verwaltungsaufgaben wahrzunehmen hatten.[9] In keiner der zahlreich vorhandenen Wirtschaftsrechnungen des Klosters können weitere Beamte in der Kanzlei nachgewiesen werden. Bestätigt wird diese Feststellung auch durch Quellen, die nicht zur klösterlichen Provenienz gehören.[10] Der in den Ausgabenbüchern erwähnte Syndikus hatte keine Verwaltungsaufgaben wahrzunehmen. Seine Aufgaben umfaßten vor allem die Wahrnehmung der unteren Gerichtsbarkeit, auf welche noch eingegangen werden wird. Weiterhin gilt es als wahrscheinlich, was jedoch nur in einem konkreten Fall nachgewiesen werden kann, daß größere Schreibarbeiten in Auftrag gegeben und gesondert bezahlt wurden.[11]

An der Spitze der Verwaltung stand der Klostervogt, dessen Aufgabengebiet in der oberlausitzischen Rechtsliteratur des 18. Jahrhunderts wie folgt beschrieben wird: „Was ein Klostervoigt täglich zu beobachten hat. Sie müssen vor Augen haben viererley: 1) Gott und wahre Gottesfurcht, 2) ihren Landesherrn, 3) das ihnen anvertraute Kloster, 4) und des Klosters Unterthanen."[12] Eine sehr allgemeine Umschreibung, die keineswegs das Aufgabengebiet, welches ein Klostervogt wahrzunehmen hatte, wiedergibt. Grob umrissen kann gesagt werden, daß er die Äbtissin und den gesamten Konvent, welche in der ständischen Verfassung der Oberlausitz zu dem Stand der Herren und Prälaten gehörte, auf den Landtagen vertrat. Ihm oblag es auch, im Namen des Klosters bei auftretenden Streitigkeiten mit anderen Grundbesitzern, hier vor allem in Grenzfragen, dessen Rechte zu wahren. Weiterhin war er für die gesamte Wirtschaftsführung des Klosters verantwortlich. Er hatte den Vorsitz bei den sogenannten Tagfahrten, Verhör-, Ding- und Gerichtstagen und übte so im Namen der Äbtissin die hohe und niedere Gerichtsbarkeit über die Untertanen des Klosters aus und war gleichzeitig beauftragt, die Streitigkeiten, die sich zwischen den Untertanen ergaben, zu schlichten.[13] Ihm zur Seite stand der Kanzler, welcher in den Archivalien auch als Sekretär bezeichnet wird. Dieser, meist ein ausgebildeter Jurist, sollte: „an denen Tagfarten undt verhör Tagen, Ding und Gerichts Tagen auch Gränzbesichtigungen dem Herrn Clostervoigt allzeit beysizen, undt darauff bedacht sein daß aller mißverstand undt Different So sich zwieschen den Unterthanen ereignen möchten So viel möglich durch güttlichen undt Rechtlichen mitl beygeleget" wurde.[14] Er hatte darauf zu achten, daß bei allen zu verhandelnden Fällen, ganz gleich ob sie das bürgerliche oder peinliche Recht betrafen, die gültigen Rechtsbestimmungen genauestens eingehalten wurden. So zeichnete der Kanzler letzten Endes für die Höhe der auszusprechenden Strafe oder für einen Freispruch verantwortlich, obwohl kein Urteil im peinlichen Prozeß ohne Konsens der Äbtissin ausgesprochen werden konnte.[15] Dem Kanzler war weiterhin die Sorge dafür aufgetragen, daß keine Veränderungen bei den Grenzen des Stiftsgebietes und der einzelnen bäuerlichen Besitzungen vorgenommen wurden. Weil das Anlegen neuer Wege und Stege verboten war, hatte er auch darauf zu achten, daß diese Bestimmungen eingehalten wurden. Weiterhin gehörte zu seinem Aufgabengebiet die Kontrolle darüber, daß sich ohne die Erlaubnis der Äbtissin keine fremden Untertanen auf Klostergebiet niederlassen konnten oder Klosteruntertanen sich unter eine andere Herrschaft begaben. Er hatte darüber zu wachen, daß die Inhaber der Bauerngüter und Gartennahrungen sich nicht in einem so großen Umfang verschuldeten, daß eine Verpfändung der Grundstücke zur Schuldentilgung unumgänglich wurde oder daß diese ohne Erlaubnis der Herrschaft geteilt wurden, um die entstandenen Verpflichtungen abzutragen. Zu seinem Verantwortungsbereich gehörte weiterhin die Aufsicht darüber, daß alle zur Herrschaft gehörenden Bauerngüter besetzt und bewirtschaftet wurden.

Innerhalb der klösterlichen Verwaltung oblag es dem Kanzler, daß alle notwendigen Schriftstücke angefertigt und in Ordnung gehalten wurden. Er war für das Verwaltungsarchiv verantwortlich, in dem die Kaufbriefe, Testamente der Untertanen, Gunst- und Losbriefe, Schuldscheine, Verzeichnisse der Steuern, Abgaben und Strafgelder, Gerichtsurteile aufbewahrt wurden. Wie die anderen Klosterbeamten war er verpflichtet, darauf zu achten, daß die Untertanen regelmäßig die Gottesdienste besuchten und hatte die Oberaufsicht über das Gesinde, welches im Kloster und auf den Vorwerken arbeitete, wahrzunehmen.[16] Ihm zur Seite stand der Kornschreiber. Dieser war dafür verantwortlich, daß alle landwirtschaftlichen Arbeiten auf den Klostervorwerken termingerecht durchgeführt wurden. Er beaufsichtigte die Fütterung des Viehs zur Winterszeit, welches in den Klosterstallungen stand und achtete darauf, daß die umfangreichen Bestimmungen zum Hüten des Viehs der Klosteruntertanen eingehalten wurden. Während der Erntezeit war der Kornschreiber für die Einteilung der zu Sicheldiensten verpflichteten Untertanen zuständig, auch hatte er darauf zu achten, daß alle Hofdienste ordentlich verrichtet wurden. Wichtigstes Aufgabengebiet war jedoch die Einholung des Zins- und Dezemgetreides sowie dessen ordnungsgemäße Lagerung auf den klösterlichen Schüttböden. Weiterhin hatte er die Aufgaben eines Steuereinnehmers zu erfüllen. In seinem Verantwortungsbereich lag es, daß alle ausgeschriebenen Steuern pünktlich eingenommen und an das Oberamt in Bautzen abgeführt wurden.[17]

Dem Klostervogt, dem Kanzler und dem Kornschreiber stand zur Erfüllung ihrer umfangreichen Pflichten der Landreiter zur Seite, welcher erstaunlicherweise zum Gesinde des Klosters gerechnet wurde.[18] Er hatte ausschließlich die polizeilichen Aufgaben, wie die Beaufsichtigung der Gefangenen im Stockhaus, die Vermahnung säumiger Steuer- und Abgabenzahler, wahrzunehmen. Weiterhin oblag ihm die Aufsicht über die ordnungsgemäße Durchführung aller durch die Klosteruntertanen zu leistenden Bau-, Lehn-, Holz-, Fisch- und Weinfuhren.[19]

In ähnlicher Weise war die Verwaltung des Besitzes auf dem Eigenschen Kreis organisiert, wobei dort der Klostervogt durch einen Amtmann vertreten wurde.[20] In

Fragen der Ausübung der Gerichtsbarkeit und des Braurechts bestanden jedoch andere Bestimmungen, wie in den Ortschaften, die zum Bautzener und Kamenzer Kreis gezählt wurden.²¹

Wie aber waren die konkreten Lebensumstände der Untertanen des Klosters St. Marienstern? Das Bild, welches in der heutigen Zeit darüber allgemein existiert, wurde wesentlich durch die Literatur des ausgehenden 18. Jahrhunderts bestimmt. Knothe zitiert hierzu in seiner Arbeit über die Gutsuntertanen²² jene Textpassagen, die immer wieder in der nach ihm folgenden Literatur als Beleg herangezogen wurden.²³ „Ich kam als Fremdling in die Lausitz." schrieb 1792 der Görlitzer Oberamtsadvokat Andreas Tamm in der Lausitzischen Monatsschrift „In meinem Vaterlande, wo der dort wie überall gehudelte Bauer doch so wohlhabend und muthig ist, daß er selbst in Patrimonialdörfern nur den Landesherren fürchtet, kennt man weder Leibeigenschaft noch Erbunterthänigkeit. Ich fand die wendischen Menschen, die man in anderen Gegenden Sachsens für eine Art Tataren hält, nicht besser und nicht schlechter, als meine lieben Landsleute deutscher Nation. Ich sah sie oft in ihren Hütten, wo sie nicht bequemer, als anderswo das Vieh wohnen. Ich fragte manchmals vergebens in Bauernhöfen nach einem Stück eßbaren

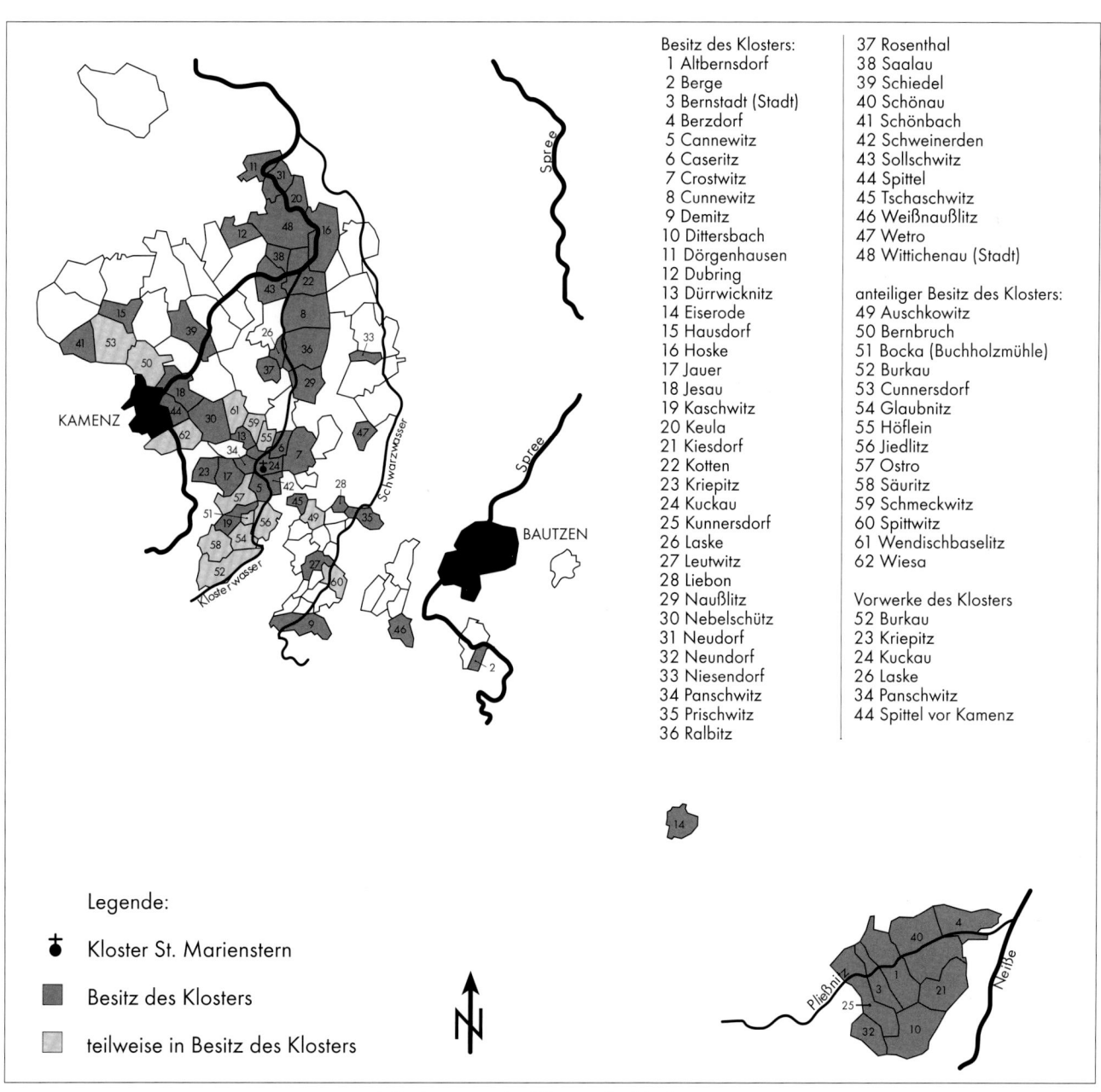

1 Besitzungen des Klosters St. Marienstern

101

Roggenbrotes. Ich sah alle Wochen ganze Herden Landleute und unter diesen sogar Besitzer von Bauerngütern in mein Haus kommen, um sich einen Pfennig zu erbetteln. Ich sah die Dörfer, zusammengesetzt von alten, halb zerfallenen, bloß hölzernen Hütten. Unter einigen dreißig traf ich nur zwei, in denen hin und wieder ein Fruchtbaum stand. An vielen Orten sah ich große wüstliegende Strecken Feld, ein in meinem Vaterlande unbekannter Anblick. Ich sah, daß der Bauer viel und erbärmliches Vieh, viel Feld, keine Dünger, keine Wiesen und doch nie ein einziges Beet mit Futterkräutern bebaute. Die Landleute selbst fand ich in der tiefen Roheit. Ich erschrak und dachte: in irgend etwas muß doch die Ursache davon liegen"[24] Ein weiterer Text, Knothe zitiert ihn ebenfalls, wird hier wiedergegeben, da er vor allem die Vorstellungen über das Alltagsleben der Sorben Ende des 18., Anfang des 19. Jahrhunderts wesentlich prägte. Hier gewinnt er deswegen an Bedeutung, da der größte Teil der Klosteruntertanen dem Volk der Sorben angehörte. „ ... ihren (der Sorben. Anm. des Autors) moralischen Karakter bezeichnet fast durchgängig etwas tückisches, trotziges und ein eingewurzelter, unaustilgbarer Haß gegen die Deutschen, den sie freilich, da sie unter Druck leben, in sich verschließen müssen, der aber doch oft genug sichtbar wird. Die Ursache ist, daß sie leibeigen (glebae addicti) sind und daher die Deutschen als Tyrannen ansehen ... Der Bauer hat nichts eigenthümliches; er selbst mit Weib und Kind, sein Haus, Feld, Geschirr und Vieh gehört eigentlich der Herrschaft, die ihn auch von einem Gute auf das andere setzen oder davon jagen kann, wenn es ihr beliebt ... Es ist nichts kläglicher, als wenn man früh die armen Bäuergen mit mißmutigen Gesicht hinter ein paar mageren Ochsen (denn ein Pferd ist eine seltene Erscheinung) zu Hofe schleichen und mit sichtbaren Widerwillen und Trägheit die gezwungene Arbeit machen sieht. Der dritte Teil bezahlter freudiger Arbeiter würde mehr und besser arbeiten als ein ganzes solches verdroßnes Heer ... Der Sklaverei von Jugend an gewont, läßt der Wende immer beim Alten, frönt und arbeitet, soviel er muß ... Zu seinem und aller seiner Herren Glück scheint er die allgemeinen Rechte der Menschheit nicht zu kennen."[25]

Für den Historiker ergibt sich die Frage, inwieweit die hier getroffenen Aussagen tatsächlich Quellenwert haben, zumal er in erster Linie von der vorhandenen Urkunden- und Aktenlage jener Zeit, die er erforscht oder darzustellen versucht, auszugehen hat, ehe er sich der damaligen Literatur zuwendet. Haben wir, so lautet die Frage, es in der Oberlausitz und hier im konkreten Fall, im Bereich der Stiftsherrschaft St. Marienstern mit Untertanen zu tun, die leibeigen waren? Die oben angeführten Texte, aber auch die darauf fußende Literatur, Boelcke bezeichnet die Neuzeit in diesem Zusammenhang als „Periode der zweiten Leibeigenschaft"[26] und schreibt gar: „Mit dem 17. Jahrhundert war die Nacht der Leibeigenschaft über dem Oberlausitzer Landvolk hereingebrochen",[27] machen es glaubhaft.

Sicher ist, daß Erbuntertänigkeit nicht Leibeigenschaft bedeutet. Deutlich wird dies, wenn man die Rechtsprechung der Oberlausitz des 17. Jahrhunderts betreffs der Stellung der Untertanen betrachtet. Die Untertanenordnung von 1651 definiert in ihrem 1. Artikel den Charakter der Erbuntertänigkeit wie folgt:

„Was der Unterthanen uffm Lande Zustand, Thun und Wesen sey.

Erstlichen, nachdeme sichs befindet, daß zuweilen von denen Herrschafften der Sachen bald zuviel, bald zuwenig beschiehet, öffters auch die Unterthänigkeit mit der Dienstleistung bißhero unnöthig vermenget worden, gleichwohl aber die Unterthanen, wie bey diesem Marggraffthum Ober=Lausitz beständig hergebracht, uffm Lande nicht nach Art und Weise, wie die Knechte in den Römischen Rechten dienstbar und leibeigen, sondern ihren Grund und Boden dergestalt besitzen, daß sie hiervon denen Herrschafften ihre schuldige Dienste zuleisten, dargegen ihren nothdürfftigen und gebührenden Unterhalt von dem Grunde, so sie besitzen, zusuchen schuldig; Und weiln sie gestalten Sachen nach denen uffm Grund gewiedmeten gleich zuachten, und dahero weder gäntzlich frey, noch gäntzlich dienstbar seynd; So soll ihnen zwar zuheyrathen, das Ihrige zuverkauffen, Testamenta zumachen, und andere in gemeinen Rechten zugelassene Handlungen zuverüben, nicht verboten, sondern nachgelassen seyn, darneben aber ohne Vorbewußt einer jedwedern Erb=Herrschafft sich an andere Orte zubegeben in keinerley Wege freystehen, sondern, weilen sie wegen der Dienste, die sie denen Gütern, uff welchen sie gebohren, oder sich sonsten dahin seßhaft gemacht, zuleisten schuldig, vor ein zugehörig Stück derselben zuachten, müssen sie vielmehr bey solchen verbleyben, und seynd, sich anderer Orte zuwenden, oder ihr Hauswesen eigenes Willens, unbegrüßt der Herrschafft, zuverändern, keinesweges befugt."[28]

So gesehen, kann Erbuntertänigkeit als ein Abhängigkeitsverhältnis betrachtet werden, welches aus der Nutzung von Grund und Bodens entstand und das, folgt man Knothe, seinen Ursprung in der deutschen Kolonisation des oberlausitzischen Gebietes hat.[29]

Wesentlichstes Merkmal von Herrschaft ist die Ausübung der hohen und niederen Gerichtsbarkeit. Die Obergerichtsbarkeit über alle gegenwärtigen und zukünftigen Besitzungen in der Oberlausitz hatte das Kloster St. Marienstern bereits 1264 durch die damaligen Landesherren, die Markgrafen von Brandenburg erhalten.[30] Auseinandersetzungen betreffs die Ausübung ihrer gab es lediglich auf dem Eigenschen Kreis, weil die Stadt Görlitz die klösterlichen Besitzungen zu ihrem Weichbild gehörig betrachtete. Jedoch konnte das Kloster St. Marienstern seit 1562 auf seinen Besitzungen auf dem Eigen die volle Gerichtsbarkeit ausüben.³¹ Anhand der bereits dargestellten Aufgabengebiete für die Klosterbeamten wird der Vollzug der hohen Gerichtsbarkeit ersichtlich. Den Vorsitz übte im Namen der Äbtissin der jeweilige Klostervogt aus, dem mit juristischer Sachkompetenz der Klosterkanzler zur Seite stand. Diesem oblag es, alle schriftlichen Unterlagen, die bei einem Prozeß benötigt wurden, anzufertigen und darauf zu achten, daß alle Verhandlungen ordnungsgemäß verliefen. Ein Urteilsspruch jedoch konnte nur im Einverständnis mit der Äbtissin erfolgen.³² Natürlich interessiert es, welche Fälle behandelt wurden. In den Mariensterner Gerichtsakten finden sich zahlreiche Protokolle, die von Mord, Totschlag, Abtreibung und Schlägerei, verbunden mit tödlichen Ausgang oder schweren körperlichen Verletzungen berichten. Alles Fälle, welche mit dem Blutbann verbunden waren.³³ In die Zuständigkeit der hohen Gerichtsbarkeit fielen weiterhin alle Fälle von Rebellion gegen die Obrigkeit, Kirchenraub, Gotteslästerung, Zauberei, Wegelagerei, Desertion vom Militär und Vergewaltigung. Anzumerken gilt, daß alle Untertanen des Klosters St. Marienstern verpflichtet waren, strafwürdige Vergehen anzuzeigen.³⁴ Da ein einzelner Fall die Ausübung der hohen Gerichtsbarkeit nicht ausreichend dokumentieren kann, wird auf die Darstellung eines solchen verzichtet.

Entscheidender für die Untertanen war die Ausübung der sogenannten unteren Gerichtsbarkeit durch die Klosterherrschaft. In ihrem Rahmen wurde das Alltagsleben der Bevölkerung geprägt, wobei das wichtigste Ereignis die jährlich dreimal gehaltenen Dinggerichte waren.³⁵ An diesen durften nur die Inhaber von bäuerlichen Stellen teilnehmen, welche auch verpflichtet waren zu erscheinen. Selbst Verspätungen wurden, wie 1685 ausführlich dokumentiert, mit Geldstrafe belegt.³⁶ Dem Gesinde war der Zutritt verwehrt.³⁷ Anhand des Dinggerichtsbuches von 1685 läßt sich der Verlauf eines Dinggerichtes genau rekonstruieren.³⁸ Den Vorsitz führte ein Notar, in diesem Fall der Bautzener Clemens Peucer, als Gedingrichter. Seine Aufgabe war es, die Schöppen zu vereiden und die Schöppenbank weiterhin mit dem „regierenden Rügenmeister" zu besetzen.³⁹ Daneben wird die Herrenbank angeführt, auf der im Namen der Äbtissin der Propst, der Klostervogt, der Sekretär und der Kornschreiber Platz nahmen. Der Dingrichter war beauftragt, das Geding „wie gewöhnlich zu hegen", indem er zuerst die Gebote und Verbote der Herrschaft verlas. Dem folgte durch den Rügenmeister die Verlesung der jeweiligen Rügen der betreffenden Orte. Anschließend wurden sämtliche Einwohner mit ihren Kindern und ihrem Gesinde registriert, wobei festgehalten wurde, wer von den Kindern der Untertanen sich im Ort aufhielt oder wer in fremde Dienste gegangen war. Nach dieser Registrierung fand die Überprüfung sämtlicher seit dem letzten Dinggericht erfolgten Erbkäufe statt, wobei ebenfalls genau verzeichnet wurde, ob die Abzüge, eine Art Steuer, an die Herrschaft entrichtet wurden. Anschließend waren die jeweiligen Richter verpflichtet anzuzeigen, ob sich in ihren Dörfern wüste Stellen befanden, ehe dann durch die Richter die angezeigten Übertretungen der herrschaftlichen Gebote und Verbote verhandelt wurden, wobei der Dingrichter, wenn der Fall offensichtlich war, umgehend ein Urteil fällte. Zum Abschluß des Dinggerichts wurden die verschiedenen Klagesachen der Untertanen untereinander vorgebracht und auch diese durch Urteilsspruch entschieden.⁴⁰ Die Ausübung der unteren Gerichtsbarkeit durch die Klosterherrschaft wird neben der Abhaltung von Dinggerichten besonders durch die an die Untertanen erlassenen Gebote und Verbote deutlich. Diese Verordnungen bilden letzten Endes die Rechtsgrundlage für alle Entscheidungen, welche in den unterschiedlichsten Klagesachen getroffen wurden. Sie bestimmten wesentlich das Alltagsleben der Klosteruntertanen.⁴¹

Maßgebend war in allen Dingen die Anordnung zum allgemeinen Gehorsam gegenüber der Herrschaft, welche sich unter anderem in der Pflicht zur termingerechten Abgabe von Steuern, Zinsen und des Ableistens der verschiedenen Dienste dokumentierte. Erscheinungspflicht bestand bei Gerichtsladungen. Über die Bewirtschaftung der Güter galt folgende Bestimmung: „Undt soll auch ein ieder bauer sein Gutt, wie recht besäen, solches in gutter Düngung halten, daß Er es nicht über bedürffende brachung wüste liegen laßen, auch sol ein ieder Bauer, jährlich aufs wenigste zwey Kälber anbinden, welche solches thun undt also befunden werden, sollen der Herrschaft Hülffe zugenüßen haben, so aber unfleißig undt Ihre Güter nicht richtig befunden werden, sollen alsbald als böse Wirthe verkäuffen, undt ihn kein Gedinge verstattet werden. Da auch das Gut zu Bezahlung der Schulden nicht zurichten, sollen sie mit ihrem andern Vermögen, so sie haben oder noch erwartten, davor haften."⁴² Für alle Untertanen war das Fischen, das Jagen, der Vogelfang, das Pilzesammeln, das Holzfällen in den herrschaftlichen Wäldern und das Hüten von Vieh auf herrschaftlichen Grund und Boden verboten. Auch Enten zu halten war nicht gestattet. Wer gegen diese Verbote verstieß, war sofort der Herrschaft anzuzeigen. Es gab Verordnungen, die unter anderem die Schäden regelten, welche durch das Vieh anderer verursacht wurden. Zum Beispiel mußten Schweine in der Nacht eingetrieben werden, jeder Bauer durfte nur eine Ziege und vier Paar Tauben halten. Wer Gänse hatte, sollte diese nur durch einen Hirten hüten lassen. Das dörfliche Leben wurde durch weitere umfangreiche Bestimmungen geregelt. Wege, Auen, Wasserläufe und Zäune durften durch die Untertanen nicht verändert werden, um so Streitigkeiten untereinander zu vermeiden. Hinzu kam das Verbot des Anlegens neuer Straßen und Wege. Auch sicherte das Kloster jeder Gemeinde seinen besonderen Schutz bei der Erhaltung ihrer Gemeindegrenzen zu. Kein Untertan durfte fremdes Mehl, Brot und andere Waren in das Dorf einführen. Dagegen waren die Kretschmer verpflichtet, ständig Brot, Semmeln und Fleisch anzubieten. Es bestand das ausdrückliche Verbot, falsche Maße und Gewichte zu benutzen. Strenge Bestimmungen bestanden auch in bezug auf den Feuerschutz. So war jeder Hausbesitzer für die Brandsicherheit in seinem Haus verantwortlich. Es war verboten, Hanf oder Flachs in der Stube zu dörren. Jeder hatte Leitern und Brandhaken zur Feuerbekämpfung zu besitzen. Weiterhin war er dafür verantwortlich, daß sich seine Gebäude in einem baulich ordentlichen Zustand befanden. Für die Bewirtschaftung der Bauerngüter ist weiterhin anzumerken, daß eine Anordnung die Bauern und Halbhüfner verpflichtete, jährlich drei Bäume zu pflanzen. Kein Untertan des Klosters durfte ohne Erlaubnis der Klosterherrschaft Teile seines Besitzes zur Schuldentilgung verpfänden, wie es auch verboten war, ohne Erlaubnis in fremden Gerichten Bürgschaften zu leisten. Strengstens war es untersagt, daß Klosteruntertanen mit Untertanen aus einer anderen Herrschaft um den Erwerb, bzw. Verkauf von Grundstücken verhandelten, es sei denn, daß es die Klosterherrschaft vorher erlaubte.

Wichtig waren jene Verbote, die das Aufenthaltsrecht der Klosteruntertanen regelten. Ohne Erlaubnis der Herrschaft konnte kein Untertan in einer anderen Herrschaft einen Beruf erlernen, geschweige denn sich dort niederlassen. Prinzipiell war für das Verlassen des Stiftsterritoriums die Erteilung des Los- oder des Gunstbriefes notwendig. Flüchtige Untertanen aus anderen Herrschaften durften weder aufgenommen, noch verpflegt oder mit Zuwendungen versorgt werden. Das Kloster hatte das Vorkaufsrecht bei allem zu veräußerndem Groß- und Kleinvieh sowie bei Getreide. Weiterhin übte es den Bierzwang aus, auch war es den Klosteruntertanen strengstens untersagt, in fremde Schenken zu gehen. Für alle Untertanen bestand der Mahlzwang. Gleichzeitig wurde aber sehr genau darauf geachtet, daß die Müller keine unrichtigen Maße und falsche Gewichte anwendeten. Interessant ist auch die Tatsache, daß es ein Wucherverbot gab. Der Geldleiher durfte einen Zinssatz von höchsten sechs Prozent verlangen. Umfangreiche Bestimmungen galten auch bezüglich des Gesindes. Keiner der Untertanen durfte einem anderen dessen Gesinde abwerben, noch durfte das Gesinde sich abwerben lassen. Entlaufenes Gesinde zu beherbergen war verboten. Es mußte der Herrschaft zur Bestrafung übergeben werden. In den zahlreich dokumentierten Streitigkeiten zwischen Gesinde und Untertanen, meist ging es um den Lohn, traf die Stiftsherrschaft die Entscheidung. Wer aus dem Dienst flüchtete, erhielt gar keinen Lohn und verfiel der herrschaftlichen Strafe. Weiterhin durfte niemand sein Gesinde anderweitig vermieten, wenn er es vorher nicht dem Kloster zur Verwendung angeboten hatte.

Umfangreiche Bestimmungen prägten auch das kirchliche Leben im Territorium der Klosterherrschaft. Ausdrücklich verboten waren abergläubische Handlungen, Gotteslästerung und Fluchen. Verboten war die Sonn- und Feiertagsarbeit, denn es bestand die ausdrückliche Verpflichtung der Untertanen zum Besuch der Gottesdienste an den Sonn- und Feiertagen. Großer Wert wurde auf die Teilnahme an den Katechismusexamen gelegt. Jeder Untertan war weiterhin verpflichtet, mindestens zweimal im Jahr zu beichten und zu kommunizieren. Tat er dies nicht, wurde ihm im Todesfall das kirchliche Begräbnis verwehrt. Genau geregelt war die Abführung der kirchlichen Zinse und des Dezems. Weiterhin bestand für alle Untertanen die Verpflichtung an vier Tagen im Jahr ein besonderes Opfer an den jeweiligen Ortspfarrer abzuführen. Die Bestimmungen der Klosterherrschaft für die Untertanen regelten weiterhin das familiäre Leben. So gab es ein Verbot heimlicher Verlobungen und eine Anordnung betreffs der Aussteuer. Selbst der Ablauf der Hochzeitsfeiern wurde genauestens geregelt. Eltern waren verpflichtet, ihre Kinder gottesfürchtig erziehen. Sie sollten sie zum Kirchbesuch anhalten und sie zur Arbeit anleiten. Für den Fall, daß die Eltern ihre Kinder nicht in der eigenen Wirtschaft als Gesinde einsetzen konnten und sie im Heimatdorf ebenfalls keine Arbeit fanden, mußte dies dem Kloster angezeigt werden. Dort wurde entschieden, ob sie in den Klostervorwerken eingesetzt werden oder auswärts

Abgabe von	Naußlitz	Kriepitz
Zinskorn	24 Scheffel	keine Abgabe
Zinshafer	48 Scheffel	keine Abgabe
Zinsweizen	keine Abgabe	keine Abgabe
Zinsgerste	keine Abgabe	keine Abgabe
Zinsgeld Martini	keine Abgabe	9 Gr. 8 Pf.
Dezem	keine Abgabe	keine Abgabe
Korngarben	45 Gebinde	keine Abgabe
Hafergarben	45 Gebinde	keine Abgabe
Hufengeld Trium Regum	10 Tlr. 2 Gr. 8 Pf.	keine Abgabe
Erbzins Walpurgis	4 Tlr. 8 Gr. 10 Pf.	3 Tlr. 7 Gr. 4 Pf.
Hufengeld Bartholomäus	10 Tlr. 2 Gr. 8 Pf.	keine Abgabe
Erbzins Michaelis	4 Tlr. 8 Gr. 10 Pf.	5 Tlr. 3 Gr. 9 Pf.
Erbsen	keine Abgabe	keine Abgabe
Robottgeld	keine Abgabe	keine Abgabe
Schutzgeld	keine Abgabe	keine Abgabe
Branntweinzins	keine Abgabe	keine Abgabe
Honig	keine Abgabe	keine Abgabe
Zinsschultern	keine Abgabe	keine Abgabe
Schweinekaufgeld	keine Abgabe	keine Abgabe
Weinfuhrengeld	keine Abgabe	keine Abgabe
Hühner	48 Stück	34 Stück
Eier	420 Stück	1190 Stück
Mohn	keine Abgabe	16 Maßel
Hanf	keine Abgabe	keine Abgabe
Hirse	keine Abgabe	keine Abgabe
Käse	keine Abgabe	keine Abgabe

Abgaben der Dörfer Naußlitz und Kriepitz, 1672.

| | **Naußlitz** | | | **Schweinerden** | |
Abgabe von	1374	1672	Abgabe von	1374	1672
Zinskorn	22 Scheffel	24 Scheffel	Zinskorn	13 Scheffel	19 Scheffel
Zinshafer	44 Scheffel	48 Scheffel	Zinshafer	16 Scheffel	16 Scheffel
Zinsweizen	–	–	Zinsweizen	13 Scheffel	13 Scheffel
Korngarben	45 Gebinde	–	Korngarben	–	–
Hafergarben	45 Gebinde	–	Hafergarben	–	–
Hühner	44 Stück	48 Stück	Hühner	26 Stück	26 Stück
Eier	330 Stück	420 Stück	Eier	195 Stück	210 Stück
Mohn	7 Metze	2 Mäßchen	Mohn	11 Metze, 2 Mäßchen	2 Viertel
Hufengeld Trium Regum	2 Schock / 10 gr.	10 Tlr. / 2 gr. / 8 pf.	Hufengeld Trium Regum	–	6 Tlr. / 11 gr. / 8 pf.
Hufengeld Bartholomäus	–	10 Tlr. / 2 gr. / 8 pf.	Hufengeld Bartholomäus	–	6 Tlr. / 14 gr. / 8 pf.
Erbzins Walpurgis	2 Schock / 10 gr.	4 Tlr. / 8 gr. / 10 pf.	Erbzins Walpurgis	1 Schock / 18 gr.	2 Tlr. / 13 gr. / 2 pf.
Erbzins Michaelis	2 Schock / 11 gr.	4 Tlr. / 8 gr. / 10 pf.	Erbzins Michaelis	1 Schock / 41 gr.	3 Tlr. / 15 gr. / 11 pf.
Zins St. Gallus	11 gr.	–	Zins St. Gallus	–	–
Mohngeld	–	–	Mohngeld	–	6 gr.
Sicheldienste (2 Sicheldienste = 1 Sensendienst)	11 Sensen, 50 Sicheln	–	Sicheldienste (2 Sicheldienste = 1 Sensendienst)	38 Sensen, 41 Sicheln	–

Abgaben der Dörfer Naußlitz und Schweinerden 1374 und 1672.

dienen konnten. Die Kinder dagegen waren verpflichtet, ihre Eltern zu ehren und sie im Falle von Not oder im Alter zu versorgen. Waren Kinder verwaist, war es der Herrschaft zu melden. Erbstreitigkeiten wurde dadurch aus dem Weg gegangen, indem sich keine Witwe oder Witwer erneut verheiraten durfte, wenn nicht vorher die Erbansprüche mit den Kindern aus erster Ehe abgeklärt waren. In diesem Zusammenhang muß auf die Aufgaben der Richter und Schöppen eingegangen werden. Sie hatten gleich dem Klosterkanzler darauf zu achten, daß die Untertanen ihre Besitzungen ordentlich bewirtschafteten. Zweimal im Jahr war es ihre Pflicht, die Schul- und Pfarrhäuser auf ihren baulichen Zustand hin zu begutachten, dreimal im Jahr mußten sie das Biermaß in den Kretschams eichen. Den Waisen war durch die Richter ein Vormund zu stellen, welcher durch die Herrschaft bestätigt wurde. Die Vormünder selbst waren verpflichtet, jährlich einmal die Verwaltung des Mündelgutes der Klosterkanzlei nachzuweisen. Richter und Schöppen waren verpflichtet, bei Todesfall eines Hausbesitzers dessen Nachlaß innerhalb von 24 Stunden schriftlich zu verzeichnen, um so Erbstreitigkeiten und dem Vorwurf des Diebstahls von Erbgut entgegentreten zu können. Von erhaltenen Erbgeldern durfte solange kein Geld ausgegeben werden, bis jeder der Erbnehmer den Teilschilling entrichtet hatte. Erfolgte die Zahlung innerhalb einer bestimmten Frist nicht, so war er seines Erbes verlustig.

Über die Käufe und Verkäufe von Häusern und Grundstücken hatten die Richter genau Buch zu führen. Alle Erb- und Güterkäufe konnten nur dann in das Schöppenbuch eingetragen werden, wenn die Herrschaft diesen gestattet hatte und durch den Käufer eine Anzahlung der Kaufsumme als Bürgschaft hinterlegt worden war. Der Käufer hatte die Kaufsumme im Beisein des Richters an den Verkäufer auszuzahlen, damit dieser es im Schöppenbuch vermerken und beim nächsten Dinggerichtstag der Herrschaft zur Kenntnis bringen konnte. Die Richter waren auch dafür verantwortlich, daß an den gesetzten Tagen die Dorfbewohner ihre Steuern und anderen Abgaben dem Kornschreiber übergaben.[43] Eine weitere wichtige Aufgabe für die Richter war das Erscheinen mit dem arbeitsfähigen jungen Gesinde bei der jedes Jahr im Januar im Klosteramt durchgeführten Gesindeschau.[44] Insgesamt 85 Personen wurden für die Arbeiten in den Vorwerken und im Kloster selbst benötigt, welche zum größten Teil auf dem Weg des Gesindezwangs verpflichtet wurden.[45]
Ein weiteres Merkmal von Herrschaft ist die Einnahme von Abgaben. Wie bereits angeführt, basierte der größte Teil der Wirtschaft des Klosters St. Marienstern auf den Abgaben und Dienstleistungen der erbuntertänigen Bauern, Gärtner und Häusler in den Klosterdörfern.[46] Die im Urbarium verzeichneten 26 Abgabetitel waren nicht im gleichen Umfang für alle Untertanen verbindlich. Ein Vergleich zwischen zwei Dörfern, hier Naußlitz, das dem

Kloster schon bei seiner Stiftung zufiel,⁴⁷ und Kriepitz, das vom Kloster 1661 angekauft wurde,⁴⁸ zeigt diesen Sachverhalt auf.

Als gemeinsame Abgabe hatten Naußlitz und Kriepitz lediglich die Erbzinsen sowie die Lieferungen von Hühnern und Eiern zu leisten. Im Urbarium werden auch Abgaben aufgeführt, die aus einem einzigen Ort geliefert wurden. So hatten nur die Untertanen aus Wendischbaselitz Käse an das Kloster zu liefern und die Erbsenabgabe war auf Burkau beschränkt. Eine Sonderstellung nahmen die Lehnbauern zu Cannewitz, Crostwitz, Höflein, Jauer, Nebelschütz und Ralbitz sowie die Lehnrichter in Cunnewitz, Hoske, Kotten und Sollschwitz ein, was unter anderem in der Abgabe der Weinfuhrengelder, die nur sie zu erbringen hatten, dokumentiert wird. Die Frage, wie sich die Abgabenleistungen der Klosteruntertanen über einen längeren Zeitraum entwickelten, kann anhand des umfangreichen Mariensterner Quellenmaterials beantwortet werden. Wesentliche Änderungen zu Ungunsten der Bevölkerung sind nicht ersichtlich. Der Vergleich der Abgaben aus den Dörfer Naußlitz und Schweinerden, die hier stellvertretend als Beispiel angeführt werden, zeigt es auf. Die Frage, wieso es kaum zu einer Wertsteigerung der Abgabeleistungen innerhalb der Mariensterner Herrschaft gekommen ist, läßt sich am ehesten damit beantworten, daß das Kloster seine Wirtschaft vor allem auf Erhalt und Unterhaltung seiner geistlichen Verpflichtungen und nicht für den Verkauf auf dem Markt ausrichtete. Insgesamt gesehen, war die Abgabenleistung dennoch beachtlich. So bezog das Kloster jährlich, konkret läßt es sich für den Zeitraum 1672–1709 belegen:⁴⁹

Abgabe von	Menge
Zinskorn	877 Scheffel, 2 Viertel, 1 Achtel
Zinsweizen	211 Scheffel, 1 Viertel
Zinshafer	951 Scheffel, 2 Viertel, 1 Achtel
Zinsgerste	133 Scheffel, 2 Viertel, 1 Achtel
Erbsen	3 Scheffel
Hirse	1 Scheffel
Mohn	45 Maßel, 2 Viertel, 1 Achtel
Hanf	2 Maßel, 2 Viertel, 2 Achtel
Eier	8837 Stück
Hühner	1231 Stück
Käse	34 Stück
Schultern	219,5 Stück
Honig	64 Eimer

Die Summe der Geldleistungen, die jährlich durch das Kloster eingenommen wurde, betrug 2.136 Taler, 22 Groschen und 4 Pfennige. Natürlich ergibt sich sofort daraus die Frage, wozu das Kloster dieses Geld verwandte. Auch hierüber geben die Wirtschaftsbücher genaue Auskunft, wobei gesagt werden muß, daß hier an dieser Stelle nur ein kleiner Einblick gewährt werden kann, der keineswegs den Anspruch des Repräsentativen erhebt. Im Jahre 1672, also in dem Jahr, in dem das Urbarium neu angelegt wurde, verzeichnete man in der Klosterverwaltung als „die völlige außgabe deß 1672. Jahres" die Summe von 2.101 Talern und 11 Pfennigen.⁵⁰

Den größten Anteil an den Ausgaben machten Baukosten aus, wobei hier die Entlohnung zahlreicher Handwerker mit erfaßt wurde. Wesentliche Kosten waren Lohngelder für die Beamten und das Gesinde des Klosters. Auch bezogen die Klostergeistlichen ein jährliches Gehalt. Einen nicht unerheblichen Teil der Ausgaben des Klosters stellte der Ankauf von Rindfleisch für den Eigenverbrauch dar. Verständlich wird diese Ausgabe durch den Sachverhalt, daß das Kloster keine Abgabe an Rindfleisch einnahm. Immer wieder tauchen Ausgaben die Anschaffung von Kirchengerät, Andachtsbildern, aber auch für Bücher in den Abrechnungen auf. Unbedingt erwähnt werden müssen die zahlreichen Notizen über die Vergabe von Almosen.⁵¹ Von dem abgelieferten Getreide benötigte das Kloster jährlich, hier muß auf Zahlenmaterial des ausgehenden 18. Jahrhunderts zurückgegriffen werden, 157 Scheffel Weizen, 175 Scheffel Gerste, 95 Scheffel Hafer, 5 Scheffel Erbsen und 745 Scheffel Roggen zum Eigenverbrauch. Von diesen insgesamt 1.177 Scheffel Erträgnissen wurden 222 Scheffel für das Vieh und 955 Scheffel für den menschlichen Verbrauch verwendet. Hierzu zählt aber nicht nur die Kost für die Schwestern, sondern auch die Deputate der Klosterbeamten, der Geistlichen sowie des Gesindes und die Verpflegung der Hofdienst leistenden Untertanen. Nicht zu vergessen sei das Almosenwesen.⁵² Somit ist der hohe Verbrauch erklärbar. Untertänigkeit dokumentiert sich auch in der Ableistung verschiedener Arbeiten für die Herrschaft. Bereits mehrmals wurden die Hofdienste erwähnt, also jene Arbeiten, welche die Untertanen nicht auf ihrem eigenen Gut, sondern auf dem Gutshof/Vorwerk zu verrichten hatten. In den Quellen taucht oft der Begriff Sicheln oder Sicheldienste als Umschreibung für diese zu leistenden Dienste während der Erntezeit auf. Ein Sichelregister, das den Zeitraum von 1592–1715 umfaßt, gewährt einen hervorragenden Einblick in das Wirtschaftsleben des Klosters.⁵³ Nicht alle Vorwerke werden aufgeführt. Über Laske, Kriepitz und Burkau fehlen die Angaben. Das deutet auf Verluste hin. Erkennbar wird dies am Beispiel der Angaben zu den Dörfern Hausdorf, Schiedel und Schönbach. Im Zeitraum 1630–1641 sind in das Spittelvorwerk von Kamenz durch Untertanen aus Hausdorf und Schönbach je vier und aus Schiedel je ein Tag Sicheldienst zu leisten. Im Urbarium von 1672 werden nur Hausdorf und Schönbach als Robottgeld zahlende Orte erwähnt. Sie haben also den Hofdienst gegen eine Geldzahlung abgelöst.⁵⁴ Wären die Unterlagen vollständig, so müßten die Dienste der Schiedeler weiterhin vermerkt sein, was nicht der Fall ist. Ein weiterer Beleg für die Unvollständigkeit des Materials besteht darin, daß lediglich für die Dörfer Crostwitz, Kuckau, Schweinerden und Tschaschwitz die Auflistung lückenlos ist. Aber auch die Angaben zu Kotten werfen einige Fragen auf. Von dort sind insgesamt 44 Tage Sicheldienst in das Vorwerk Kuckau zu leisten. Am 6. November 1674 werden diese durch die Zahlung des Robottgeldes in Höhe von 55 Talern abgelöst.[55] Trotzdem werden für den Zeitraum von 1711–1715 die Kottener mit insgesamt 44 Sicheltagen angeführt.[56]

Ungeachtet der offenen Fragen können einige Rückschlüsse gezogen werden. Eine Steigerung der Sicheldienste kommt vor allem im Jahr 1595 vor. Besonders Sollschwitz ist davon betroffen, das ein Mehr von 22 Tagen zu erbringen hat. Ursache für das Ansteigen der Dienste war mit großer Wahrscheinlichkeit die schwierige wirtschaftliche Situation, in der sich das Kloster im ausgehenden 16. Jahrhundert befand. So erhielt am 30. März 1598 die Äbtissin Lucia Günther durch Kaiser Rudolf II. die Bestätigung und Erlaubnis, daß sie dem Rat der Stadt Kamenz das Klosterdorf Jesau sowie Stiftsuntertanen in Bernbruch und Wiesa für die Summe von 5.600 Talern, bei einem Zinssatz von sechs Prozent, auf sechs Jahre verpfänden durfte. Die Summe wurde benötigt, um die bereits verpfändeten Klosterdörfer Berge, Kiesdorf, Niesendorf, Spittwitz, Weißnaußlitz, Wetro und Zescha wieder auszulösen.[57] Ob es hier zur Neuerrichtung von Bauernstellen kam, die mit Sicheldiensten belastet wurden, erscheint fraglich. Die größte Anzahl von Sicheln hatte allerdings Cunnewitz zu leisten. Diese Dienste verteilten sich auf alle Stellenbesitzer des Ortes. Im Jahre 1672 weist Cunnewitz 22 Stellen auf. So hat ein jeder nur drei Tage Dienst zu leisten. Dabei mußte der Stelleninhaber gar nicht selbst erscheinen, er konnte auch seinen Knecht nach Kuckau schicken. Ein Dokument aus dem Jahr 1685 belegt, daß dies möglich war: „Diesen Gemeinden (Cannewitz, Jauer und Ostro. Anmerkung des Verfassers) ist alles Ernstens anbefohlen worden, daß Sie Ihre Hofe Dienste beßer, alß bißher geschehn verrichten … des Sommers glock 6. frühe, winterszeit aber umb 8. uhr Zu Hofe kommen, So nicht weiber undt jungen, wie bißhero geschehn, sondern Starck Gesinde zu Hofe schicken sollen, bey Straffe eines Schock oder sol einen gantzen Tag dafür arbeiten, allzeit wenn einer hier wieder gehandelt."[58] Die Klosterherrschaft verzichtete manchmal auch auf die Hofdienste. In diesem Fall mußte der Bauer, Gärtner oder Häusler „aber wenn er seine Hofe Dienste in der Woche nicht thue 1/2 Klaffter Holz schlagen."[59]

Bleiben wir aber bei Cunnewitz. Bei einem Umfang der Arbeitswoche von sechs Tagen wären pro Jahr zehn Wochen Sicheldienst im Kuckauer Vorwerk zu verrichten. Die Berechnung erweist sich als notwendig, denn die Cunnewitzer Dienste können, neben denen von Hoske und Ralbitz auch für den Zeitraum von 1787–1799 belegt werden. Hier ergibt sich jedoch ein ganz anderes Bild, wobei davon ausgegangen werden muß, daß neben den Sicheln weitere Dienste, hier Pflügearbeiten und Mistfuhren, ohne daß sie genauer beschrieben werden, mit aufgeführt sind.[60]

Jahr	Dienstwochen		
	Cunnewitz	Hoske	Ralbitz
1787	12	6	k.A.
1788	24	10	k.A.
1792	21	11	k.A.
1793	18	12	k.A.
1794	20	k.A.	4
1795	18	k.A.	9
1796	25	k.A.	9
1797	29	13	k.A.
1798	28	15	k.A.
1799	29	16	k.A.

Dienstverzeichnis für die Dörfer Cunnewitz, Hoske und Ralbitz. 1787–1799.

Die Auflistung zeigt, daß die zu leistenden Dienste sich jährlich in ihrem Umfang ändern konnten. Die Gründe sind zum jetzigen Zeitpunkt nicht belegbar. Auch die Verzeichnisse über die Baufuhren weisen Differenzen zwischen den zu leistenden und den tatsächlich verrichteten Diensten auf, die im Baufuhrenregister von 1765/66 sorgsam verzeichnet wurden.[61]

Die Orte, welche mehr als die erforderten Baufuhren verrichten, überwiegen. In vier Orten entspricht die Anzahl der Pflichtfuhren denen der getätigten. Erstaunlich ist die Tatsache, daß die Dörfer Naußlitz, Kotten, Ralbitz, Sollschwitz, Schiedel und Jesau weniger Fuhren verrichten, als gefordert. Das verwundert nicht. In den Rügenprotokollen der einzelnen Dörfer ist immer wieder die Verpflichtung der Untertanen zur Mehrleistung festgeschriebener Fuhrdienste verzeichnet worden, die dann zu verrichten waren, wenn im oder beim Kloster gebaut wurde. Es bestand aber weiterhin die Möglichkeit, daß das Kloster auf diesen Dienst verzichtete, wie es zum Beispiel in Crostwitz der Fall war, welches 1765/66 nicht in den Listen aufgeführt wird. „Rügen der Gnädigen Herrschaft schuldigen Gehorsam, mit Robotten Fuhren, und wie sie solche vor alters gethan hätten, als wöchentlich sieben vierspandigte Fuhren, oder schlagen statt dessen, wie es die Gnädige Herrschaft verlanget Vierzehen Clafftern Holtz, thun auch auf bedurffenden Fall und wenn gebauet wird, jedes mahl, sieben dergleichen Bau Fuhren."[62] lautet hierzu die Verpflichtung der Crostwitzer. Ein Blick auf die Karte zeigt auch, daß die Anzahl der geleisteten Fuhren nicht von der Entfernung vom Kloster abhängig war. Ursache für die hier dokumentierten Mehrleistungen war in diesem Fall der Bau des Gasthofes in Schweinerden gewesen, dessen Kosten sich auf insgesamt 5.658 Reichstaler beliefen.[63]

Für den Zeitraum 1787–1799 lassen sich aber auch gleichbleibende Dienste, hier Pflugarbeiten einzelner Gemeinden nachweisen. Leutwitz verrichtet konstant 48 Pflüge, während Auschkowitz und Liebon je 12 solcher Dienste zu verrichten hatten. Wie diese Dienste konkret verrichtet wurden kann belegt werden:[64]

„ano 1787

Leutwitz	48 Pflug
den 18. May zu gerste geackert	3
– 22. dito zu Gerste geackert	3
– Gersten gehauen	24
– 12. Septtr zu Korne geackert	2
– 19. dito zu Korne geackert	6
– im Novembr. großen ack geß.	10
	48.

Auschkowitz	12 Pflug
den 18. May zu Gerste gea.	3
– 22. dito zu Gerste geackert	3
– 12. Sept. zu Korne geackert	2
– dito zu Korne geackert	1
– großen Acker gesäet	3
	12.

Liebon	12 Pflug
den 18. May zu Gersten gea.	2 Pflug
– 22. dito zu Gersten geack.	2 –
– 12. Septbr. zu Korne gea.	2 –
– 19. dito zu Korne gea.	2 –
– 31. Octobr. großen acker geßä.	2 –
– großen Acker gesäet	2 –
	12."

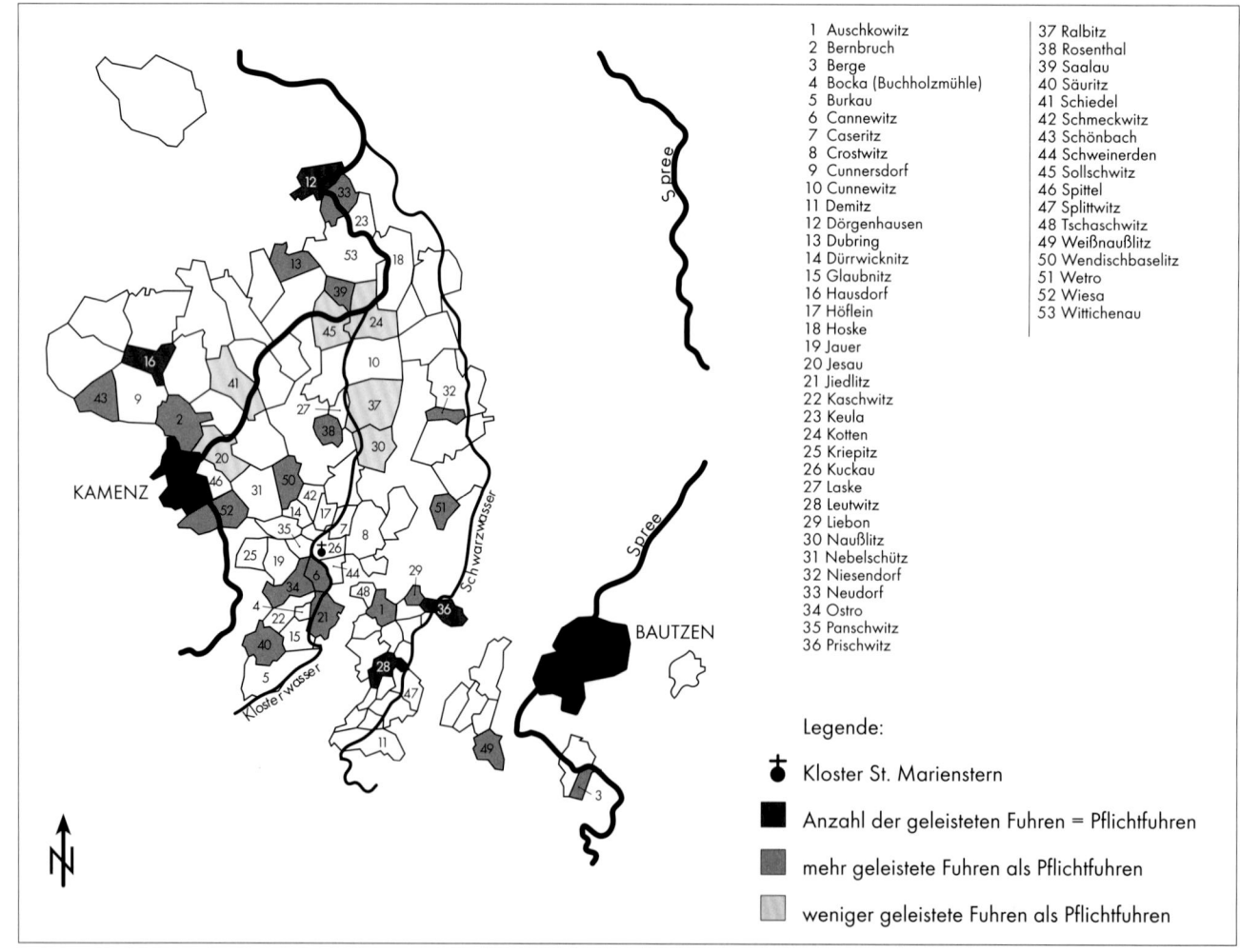

2 Geleistete Fuhren für das Klosters St. Marienstern

Abschließend sei nochmals darauf hingewiesen, daß das hier gebotene Material es keineswegs gestattet, endgültige Aussagen über die Dienste der Klosteruntertanen zu treffen. Auf viele von diesen konnte nicht eingegangen werden. Zu groß ist die Anzahl, die man in den Archivalien des Klosters St. Marienstern antrifft. So werden unter den Spanndiensten die Bau- und Holzfuhren erwähnt. Man kennt lange und kurze Fuhren. Die Lehnbauern verrichten Mühlstein-, Kalk-, Fisch-, und Fleischfuhren. Aufgezeichnet sind Dienste, welche in den Weinbergen des Klosters zu verrichten waren, Hopfen mußte gepflückt, die Felder bestellt und abgeerntet werden. Auch Leistungen wie Heumahd und Schafschur sind, neben Holzschlagen, Teiche besetzen und Karpfen ernten in den Unterlagen vermerkt.[65]

Ort	Pflichtfuhren	Getätigte Fuhren
Auschkowitz	1	4
Berge	2	4
Bernbruch	2	4
Cannewitz	2	4
Dörgenhausen	4	4
Dubring	3	4
Hausdorf	4	4
Jesau	5	4
Jiedlitz	3	4
Kotten	5	4
Leutwitz	4	4
Liebon	1	4
Naußlitz	5	4
Neudorf	3	4
Niesendorf	1	4
Ostro	3	4
Prischwitz	4	4
Ralbitz	6	4
Rosenthal	3	4
Saalau	3	4
Säuritz	1	4
Schiedel	5	4
Schönbach	2	4
Sollschwitz	7	4
Weißnaußlitz	2	4
Wendischbaselitz	3	4
Wetro	2	4
Wiesa	1	4

Baufuhren 1765/66

Anmerkungen:

1 KlAM, Rügenprotokoll Nr. 52. Hier die Rügen der Gemeinde Panschwitz vom 13. Februar 1645, Artikel 1 und 2.
2 KlAM, Wirtschaftsbuch 8a: „Urbarium über All vnd iede Ordinarr Einkünfften Deß Jungfrawlichen Closters St. Marienstern vndt werden die Dorffschafften, vndt daß Urbarium in zwey theil abgetheilet. Erster Theill Umb daß Closter liegender Dorffschafften So die Hochwürdige Jungfer, Jungfer Catharina Benadin dießeß Stiefftes Fraw und Abbatissin auß Denen Alten Registern zußammen tragen, vndt in Ordentliche Form Bringen Laßen geschehen den 15 Septembr. Anno 1672" (KlAM, Urbarium 1672). Grundlage für die Berechnungen bildeten die im Urbarium enthaltenen Erbzinsregister.
3 Vgl. Karte S. 101.
4 Quellen: HUTH, JOACHIM: St. Marienstern in der Oberlausitz. 700 Jahre im heiligen Orden von Zisterz. 1264–1964. In: Unum in Veritate et Laetitia. Gedächtnisband für Bischof Dr. Otto Spülbeck. Leipzig 1970, S.184; KNOTHE, HERMANN: Die geistlichen Güter in der Oberlausitz. In: NLM 66 (1890), S.187; KlAM, Erbzinsregister.
5 Nach: ŠOLTA, JAN: Die Ertragsentwicklung in der Landwirtschaft des Klosters Marienstern. Bautzen 1958, S. 58.
6 HUTH 1970 (wie Anm. 4), S.185.
7 ŠOLTA 1958 (wie Anm. 5), S. 66–70. Ein weiteres interessantes Dokument im Archiv des Klosters, welches diese Entwicklung belegt, ist die Akte Rep. III. Litt. H. Nr. 26. Register der neuaufgebauten Häuser, über ihre schuldigen Hofdienste, Grund-Zins und Garnspinnen, nebst Brandweinzins. 1777–1792.
8 ŠOLTA 1958 (wie Anm. 5), S. 66; KlAM, Erbzinsregister; KlAM, Zivilakten Nr. 37. Fach 124. Personenverzeichnisse 1602–1790.
9 KlAM, Wirtschaftsbuch 10a. fol. 31. Specification. Jährlicher Besoldung der Bedinten im Closter.
10 So nennt Christoph Gotthelf Schümann in seiner Schrift „Das zur Zeit ... lebende Marggrafthum Ober=Lausitz", Bautzen 1760, S. 73, als Klosterbeamte den Klostervogt, den Syndikus, den Sekretär und einen Kanzlisten.
11 KlAM, Buch 41. Dort heißt es: „1672, 3. Oktober. Dem jungen Herichen daß Er alle vndt jede befindl. Register zusammen getragen, überschriebn und eingebunden geben 8 thlr. 6 gl." (hier handelt es sich um das Urbarium 1672).
12 LEUBER, BENJAMIN: Erklärung des TraditionsRecesses der darinn gelegenen Stifter und Klöster, der Exemtion wegen, auf Churfürst Johann George II. gnädigste Verordnung vom 10 Jan. 1669. unterthänigst abgestattet; oder: Information und Bericht von den Klostervoigten in oberlausitzischen Stand und Amte und was die Voigte zu verrichten haben. In: WEINART, BENJAMIN GOTTHOLD: Rechte und Gewohnheiten der beyden Marggrafthümer Ober= und Niederlausitz. Teil 1, Leipzig 1793, S. 403f.
13 KlAM, Sammelakten Verwaltung. Nr. 155, Fach 192. Klostervögte: Confirmation des Klosters 1580–1671. Instruktion für den Klostervogt Valten Nickel von Ponickau vom 9. Februar 1651.
14 KlAM, Sammelakten Verwaltung. Nr. 41, Fach 187. Beamte betr. Secretär des Stiftes betr. 1683, 1689, 1807. Hier die Instruktion für den Kanzler Anton Günther Wehsemann vom 4. Juni 1689.
15 KlAM (wie Anm. 13).
16 KlAM (wie Anm. 13).
17 KlAM, Sammelakten Verwaltung. Nr. 123, Fach 190. Instruktion f. den Kornschreiber u. Bestallung. 1667–1828. Hier die Vorlage für eine Instruktion des Kornschreibers. Der Name wurde ausradiert.
18 KlAM (wie Anm. 9). Gesindl Lohn im Closter.
19 KlAM (wie Anm. 17). Instruktion f. den Kornschreiber u. Bestallung. 1667–1828. Des Landtreuters bestallung Anno 1639.
20 KlAM (wie Anm. 13).
21 Vgl. Urkunde über die Gerichtsbarkeit und Ausübung des Braurechts auf dem Eigen vom 15. April 1621 im Bestand der Städtischen

Museen Zittau. Inv. Nr. 15.742/3.110. Mein Dank gilt den Mitarbeitern der Städtischen Museen Zittau, die mich auf dieses Dokument aufmerksam machten. Herrn Dr. Dudeck sei für die Übersendung eines Fotos der Urkunde gedankt.
22 KNOTHE, HERMANN: Die Stellung der Gutsuntertanen in der Oberlausitz zu ihren Gutsherrschaften von den ältesten Zeiten bis zur Ablösung der Zinsen und Dienste. In: NLM 61 (1885), S. 159–308.
23 so PALM, ERNST: Beiträge zur Geschichte des Klassenkampfes des Oberlausitzer Landvolks zur Zeit des Spätfeudalismus. In: Lětopis. Jahresschrift des Instituts für sorbische Volksforschung. Reihe B. 1 (1953), S. 3–120; BOELCKE, WILLI: Zur Lage der Oberlausitzer Bauern vom ausgehenden 16. bis zum ausgehenden 18. Jahrhundert. In: Lětopis. Jahresschrift des Instituts für sorbische Volksforschung. Reihe B. 2 (1955), S. 5–124.
24 zitiert nach KNOTHE 1865 (wie Anm. 22), S. 296–297.
25 SCHMIDT, C. G: Briefe über Herrnhuth und andere Orte in der Oberlausitz. Winterthur 1787, S. 178–180.
26 BOELCKE 1955 (wie Anm. 23), S. 111.
27 BOELCKE 1955 (wie Anm. 23), S. 120.
28 Chur=Fürstl. Durchl. zu Sachsen, Marggraffens in Ober=Lausitz, und Burggraffens zu Magdeburg, Gnädigste Confirmation, d.d. 4. Jul. 1651. über dem, von denen gehorsamsten Ständen von Land und Städten des Marggraffthums Ober=Lausitz unterthänigst eingeschickten Bedencken, die Unterthanen, deren Kinder und Gesinde besagten Marggraffthums betreffende; So zu männigliches Wissenschafft in offenen Druck ausgefertiget und publiciret worden. (Im weiteren Text als Untertanenordnung 1651 angeführt) In: Collection derer den Statum des Marggraffthums Ober=Lausitz in Justiz= Policey= ... und anderen die Landes=Verfaßung betreffenden Sachen ... Tomus I. Bautzen 1770. (Im weiteren Text als Collektionswerk angeführt), S. 615–624.
29 KNOTHE 1865 (wie Anm. 22), S. 174.
30 KlAM, Urkunde Nr. 7.
31 KNOTHE, HERMANN: Urkundliche Geschichte des Eigenschen Kreises. In: NLM 47 (1870), S. 22–28.
32 KlAM (wie Anm. 13).
33 KNOTHE 1865 (wie Anm. 22), S. 209.
34 KlAM, Sammelakten Verwaltung, Verordnungen für die Untertanen, Akte 232, Fach 196. Alte herrschaftliche Gebothe undt Verbothe. 1598. Artikel 97.
35 KlAM (wie Anm. 1). Rügen der Gemeinde Panschwitz vom 13. Februar 1645, Artikel 3.
36 KlAM, Rügenprotokoll Nr. 49. Der Titel ist etwas irreführend, denn es ist das Dingerichtbuch aus dem Jahr 1685. vgl. KNOBLOCH, MATTHIAS: Die Untertanenordnung des Klosters St. Marienstern von 1685. In: Lětopis. Zeitschrift für sorbische Sprache, Geschichte und Kultur 43 (1996) H. 1, S. 113–122.
37 KlAM (wie Anm. 34), Artikel 90.
38 KlAM (wie Anm. 36).
39 KlAM (wie Anm. 36).
40 KlAM (wie Anm. 36).
41 KlAM (wie Anm. 34).
42 KlAM (wie Anm. 34), Artikel 84.
43 KlAM (wie Anm. 34).
44 KlAM, Rep. III. Lit. G. Nr. 5. Gesindelstellung betr. et Consignatio derer Unterthanen von 18. bis 60. Jahre alt, zur Defension. 1663–1672.
45 KlAM (wie Anm. 9), Gesindl Lohn im Closter; (wie Anm. 17), Instruktion f. den Kornschreiber u. Bestallung. 1667–1828. Des Landtreuters bestallung Anno 1639. In dieser Akte befinden sich weitere Dienstverträge und Instruktionen für verschiedene im Kloster angestellte Personen, die im Wirtschaftsbuch 10a unter dem Gesinde mit aufgeführt werden.
46 ŠOLTA 1958 (wie Anm. 5); HUTH, JOACHIM: Die Ertragsentwicklung in der Landwirtschaft des Klosters Marienstern. In: Protokoll der wissenschaftlichen Jahrestagung 1956 des Forschungsauftrages Klassen- und nationale Kämpfe in der Oberlausitz im Zeitraum von etwa 1300 bis 1600. Dresden 1957, S. 94.
47 KlAM, Urkunde Nr. 1.
48 KlAM, Urkunde Nr. 277.
49 KlAM (wie Anm. 2. und Anm. 9), Hufenregister. 1673–1709.
50 KlAM (wie Anm. 11), Wirtschafts-Rechnungen. Monatliche Ausgaben von 1666–1693.
51 KlAM (wie Anm. 11), Wirtschafts-Rechnungen. Monatliche Ausgaben von 1666–1693. und Wirtschaftsbuch 40a. Wirtschafts-Rechnungen von 1665–1716
52 HUTH 1956 (wie Anm. 46), S. 96.
53 KlAM, Ökonomieakten Nr. 112. Fach 301. Sicheln-Register.
54 KlAM (wie Anm. 2), Teil I. fol. 210–211.
55 KlAM (wie Anm. 2 und Anm. 9), Hufenregister. 1673–1709.
56 KlAM (wie Anm. 53).
57 KlAM mehrere Urkunden, die unter der Nr. 241 zusammengefaßt sind.
58 KlAM (wie Anm. 36), fol. 213.
59 KlAM (wie Anm. 36), Punkt 8. der Schweinerdner Rügen von 1786.
60 KlAM, Ökonomieakten Nr. 111. Fach 301. Lose Zettel, zum Teil bezeichnet mit „zu leistende Pflüge".
61 KlAM (wie Anm. 60), Blatt: „Bau=Fuhren haben nachstehende Dorfschafften zu verrichten ordinarie:".
62 KlAM (wie Anm. 36), Punkt 9 der Crostwitzer Rügen von 1786.
63 KlAM, Wirtschaftsbuch Nr. 51. Ausgaben 1766.
64 KlAM (wie Anm. 60), Zettel 1 „zu leistende Pflüge".
65 Auf den quellenmäßigen Beleg der hier aufgeführten Dienste wird an dieser Stelle verzichtet. Einzelne Dienste, auf die im Text näher eingegangen wurde, sind belegt. Allgemein ist anzumerken, daß eine genaue Darstellung der Dienste von Klosteruntertanen nur dann möglich ist, wenn sämtliche Rügenprotokolle und die Ablösungsakten für jede einzelne Ortschaft ausgewertet sind.

„Mein Aufgang ist dahin gericht, wo ein bestendig Sonnenlicht."
Die Äbtissin Cordula Sommer

Schwester M. Gabriela Hesse OCist.

In der langen Reihe der Äbtissinnen von St. Marienstern ragt eine Persönlichkeit besonders hervor: Es ist die Äbtissin Cordula Sommer, die von 1710–1746 die Geschicke des Klosters leitete. In den 36 Jahren ihres Wirkens hat sie vor allem das äußere Bild unseres Klosters geprägt, denn sie gilt als die große Bauherrin schlechthin in seiner Geschichte. Cordula Sommer war Domina – Herrin eines großen bedeutenden Klosters –, aber auch eine mütterlich sorgende Frau. Äußere Fakten lassen sich rasch aufzählen, ich möchte in diesem Aufsatz aber versuchen, auch eher unscheinbare Dinge aufzuzeigen, Hintergründe zu beleuchten, soweit mir das von meinem Wissensstand aus möglich ist. Am Beispiel dieser Frau möchte ich zeigen, wie erfülltes Leben aussehen kann – gerade auch in einem abgeschlossenen Kloster –, erfülltes Leben, das hineinwirkt bis in unsere Zeit.

Herkunft und Jugendzeit

In dem 1637 unter der Äbtissin Dorothea Schubert angefangenen Totenbuch steht folgende Eintragung: „Am 3. Juni 1746 ist im Herrn selig verschieden, die hochwürdige Jungfrau Cordula Sommerin, Abbatissin, im 90. Jahre ihres Alters, als sie 36 Jahre ihrer Regierung, in Kriegs- und Friedenszeiten diesem Stifte treu und nützlich ist vorgestanden."[1]
Das Licht der Welt erblickte Cordula Sommer am 20. Mai 1657 im nordböhmischen Reichenberg, dem heutigen tschechischen Liberec. Ihr Taufname war Anna Catharina – den Vornamen Cordula erhielt sie erst bei der Aufnahme in den Konvent von St. Marienstern. Anna Catharina war die Tochter des Elias Sommer und seiner Frau Apollonia. Als früherer Stadtschreiber und nunmehriger Syndicus, Justitiar des Stadtrates, hatte Elias Sommer eine einflußreiche Position inne; die Familie gehörte zum Bürgertum von Reichenberg.[2]
Ihre ersten Lebensjahre waren gekennzeichnet von den Folgen des Dreißigjährigen Krieges, der acht Jahre vor ihrer Geburt zu Ende gegangen war. Von den drei Millionen Einwohnern, die Böhmen 1618 zählte, waren 1648 nur noch 800.000 übrig. Das Land war verbrannt, verwüstet, ausgeraubt. Auch in Reichenberg waren große Teile der Stadt zerstört. Dennoch folgte nun eine Zeit des Aufbruchs, des Neubeginns und wirtschaftlichen Aufschwungs. In Böhmen kam eine starke und umfassende Rekatholisierung dazu – Adel, Bürgertum und Bauern, die zu einem großen Teil reformatorischen Bewegungen gefolgt waren, wurden nach der Niederlage am Weißen Berg bei Prag 1620 bis zum Ende des Jahrhunderts fast vollständig zur katholischen Kirche zurückgebracht.
Überschattet war die Epoche jedoch schon bald wieder von Kriegen. Unter der Regierung des habsburgischen Kaisers Leopold I. (1658–1705) brachen die muslimischen Türken 1662 in Ungarn ein und drangen bis Mähren und Schlesien vor. Der gesamten Bevölkerung des Reiches, auch den Bewohnern von Reichenberg, ja auch dem Kloster St. Marienstern, wurden schwere Opfer abgefordert an Menschenleben, Steuern, Kriegskontributionen. Nachdem die Türken 1664 durch die kaiserlichen Truppen und ihre Verbündeten in der Schlacht von St. Gotthard in Ungarn zurückgeschlagen worden waren, erfolgte 1683 ein erneuter Türkeneinfall. Vor den Toren Wiens gelang dann jedoch unter dem polnischen Heerführer Jan III. Sobieski am 12. September der entscheidende Sieg. Die türkische Gefahr wurde gebannt, das christliche Abendland, Glaube, Kultur und europäisches Leben waren gerettet.
Über die Eltern und Geschwister Cordula Sommers weiß man bisher wenig. Bekannt ist, daß eine Schwester mit gleichem Taufnamen Anna Catharina zehn Jahre vor Cordula geboren wurde, offenbar aber bald verstorben ist. Und von einem Bruder ist überliefert, daß er als Pater Stanislaus Priester der Societas Jesu war und an einem 10. Februar während der Regierungszeit Cordulas zwischen 1710 und 1746 starb.[3] Zur näheren Verwandtschaft gehörte wahrscheinlich auch eine Schwester Theresia Sommer im Zisterzienserinnenkloster St. Marienthal, die 1639 gleichfalls in Reichenberg geboren war, 1664 ihre Profeß abgelegt hatte und am 26. Juli 1690 zur Äbtissin in St. Marienthal gewählt wurde, jedoch bereits am 28. Januar 1693 verstarb. Vielleicht hatte ihr Vorbild Cordula bewogen Zisterzienserin zu werden – wenn auch nicht im selben Kloster, da dies für nahe Verwandte kirchenrechtlich bis in unser Jahrhundert nicht erlaubt war. Eine Äbtissin desselben Namens, Sabina Sommer, leitete übrigens die Geschicke des Kloster St. Marienthal bereits in den schweren Zeiten des Dreißigjährigen Krieges (regierend 1623–1649). Woher sie stammte, ist jedoch nicht überliefert. Ich erwähne sie dennoch, weil die Häu-

fung des Namens Sommer bei Äbtissinnen in den Lausitzer Frauenklöstern auffallend ist. Zumindest kann man daraus und aus der Tatsache, daß der Bruder Cordulas Jesuit war, annehmen, daß in der Familie ein lebendiger und intensiver Glaube gelebt wurde.

Vom Eintritt in das Kloster bis zur Äbtissinnenwahl

Am 30. November 1674 legte Cordula Sommer nach der Überlieferung in den Mariensterner Totenbüchern mit 17 Jahren ihre Profeß ab. Da auch damals die Regel galt, daß der Profeß eine Zeit des Postulates und mindestens ein Jahr Noviziat vorausgegangen sein mußten, kann man annehmen, daß sie 1673, wahrscheinlich in der ersten Hälfte des Jahres, in das Kloster St. Marienstern eingetreten war. Seit jeher lebten in Marienstern viele Schwestern aus Böhmen. Das Kloster, das mit der Lausitz bis 1635 der böhmischen Krone unterstanden hatte, war in ihrer Heimat gut bekannt, gehörte es doch zusammen mit St. Marienthal an der Neiße und dem Prämonstratenserinnenkloster Doxan zu den drei größten und reichsten Frauenklöstern in einem weiten Umkreis.

Der Eintritt Cordulas erfolgte unter Katharina Benada, die den Äbtissinnenstab vom 25. November 1664 bis zum 25. Oktober 1697 trug. In diesen 32 Jahren erlebte das Kloster, nachdem die Wirren der Nachreformationszeit und des Dreißigjährigen Krieges überstanden waren, seine erste barocke Blüte. Äbtissin Katharina Benada stärkte die innere Stabilität des Konventes, unter ihr wurde die Klosterwirtschaft vorangebracht und im Klosterland der Katholizismus gefördert. So bemühte sie sich besonders um die Rekatholisierung des Klosterstädtchens Wittichenau und um die Wallfahrt nach Rosenthal. Letztere erreichte nach 1683 einen Höhepunkt, schrieb man doch den damaligen Sieg über die Türken bei Wien der Fürbitte Mariens zu, weswegen Papst Innozenz XI. in der ganzen Kirche das Fest Mariä Namen einführte, das auch in Marienstern und Rosenthal besonders gefeiert wurde und immer noch gefeiert wird. Zudem ließ Katharina Benada verschiedene Bauarbeiten durchführen, z.B. den Neubau der Abtei, die Erneuerung des Kirchturmes und die Verlängerung der Kirche in Rosenthal.[4] Die Innenausstattung von Stiftskirche und Kloster wurde unter ihr um kostbare silberne Gefäße für Liturgie und Alltag ergänzt, die mit ihren Initialen versehen sind und noch heute von der Frömmigkeit und vom Kunstsinn dieser Äbtissin und ihrer Zeit sprechen.

Nach dem Tod Katharina Benadas wählten die Schwestern am 4. November 1697 Ottilia Hentschel zu ihrer Nachfolgerin. Sie war wie ihre Vorgängerin in Bautzen geboren. Cordula Sommer war zu diesem Zeitpunkt 41 Jahre alt, stand also in der Blüte ihres Lebens. Kurz zuvor war im selben Jahr der sächsische Kurfürst Friedrich August I. zum katholischen Glauben übergetreten, um als König August II. die polnische Krone zu tragen. Seither verfestigten sich die Bande zwischen dem nun katholischen Herrscherhaus in Dresden und Marienstern. Zunächst brachte dies für das Kloster jedoch keine Vorteile: König August riß sein Land als Verbündeter von Dänemark und Rußland in den Nordischen Krieg gegen Schweden, in dessen Verlauf 1706 König Karl XII. von Schweden in Sachsen einfiel und das Land ein Jahr lang besetzte. Beim Eimarsch der Schweden flohen die Schwestern am 4. September 1706 nach Leitmeritz/Litoměřice in Böhmen und kehrten erst nach über zwei Jahren in drei Abteilungen nach St. Marienstern zurück: am 26. September 1706, am 7. Januar 1707 und am 25. Januar 1707. Die Äbtissin befand sich in der letzten Abteilung.[5] Keine Chronik vermeldet uns die Ängste und Nöte, die die Schwestern damals ausgestanden haben. Dennoch gelang es der Äbtissin Ottilia Hentschel, das Werk ihrer Vorgängerin fortzusetzen. Mit kleineren Baumaßnahmen, der Erwerbung einer neuen Orgel (1701) und der Verschönerung und Ausziierung der Kirche, ihrer Altäre und Heiligenbilder hat sie ebenfalls Zeugnisse ihrer Regentschaft hinterlassen, die heute zum Teil noch erhalten sind.

1 Kloster St. Marienstern. Bildnis der Äbtissin Cordula Sommer von Anton Hampisch, 1753

Von unserer Cordula Sommer wissen wir aus dieser Zeit nur, daß sie kunstvolle Andachtsbildchen fertigte. Siegfried Seifert hat sich in der Vorbereitung einer Ausstellung in der Domschatzkammer St. Petri in Bautzen intensiv mit dem Thema „Christliches Vergiß mein nicht" beschäftigt.[6] Bei der Vorbereitung und Suche nach geeigneten Bildern konnte er auf verschiedenen Darstellungen eindeutig auf die Autorschaft von Cordula Sommer schließen. Andachtsbildchen wurden in vielen Frauenklöstern als Geschenke unter den Schwestern, für Pröpste und andere Geistliche, aber auch sonstige Wohltäter und Verwandte geschaffen, weswegen sie häufig Widmungen tragen. Einige davon sagen aus, daß Cordula Sommer diese Bildchen für ihre Mitschwestern geschaffen hat. Auf Grund der bestimmten Technik und des Malstiles der Miniaturen und Schriftkartuschen kann man auf die Anfertigung durch Cordula Sommer bei Bildern schließen, die nicht einen solchen Widmungsvermerk tragen. Schauen wir uns heute diese Spitzenbildchen an, so haben wir sicherlich verschiedene Empfindungen, wir sehen sie vielleicht als Spielerei und gar Kitsch an, haben aber auch Bewunderung für die kunstvollen Arbeiten, freuen uns daran. Andachtsbildchen sind jedoch immer auch ein Ausdruck barocker Spiritualität, die eine andere war als die unsrige. Sie zeugen von einer tiefen Frömmigkeit und einer großen Liebe zu Gott und den Menschen, für die diese Bilder angefertigt wurden. Und sie sind Ausdruck einer besonderen Kultur des Frauenklosters, der engen Verbindung von Andacht und Kunst. Wieviel Mühe und Geduld brauchte es, um ein solches Andachtsbild herzustellen! Die feinen, an Tüllspitzen erinnernden Spitzenbildchen der Cordula Sommer und ihrer Mitschwestern, die aus Pergament mit Schere, Punzen und Federmessern geschaffen und dann

2 Kloster St. Marienstern. Bestätigungsurkunde der Wahl von Cordula Sommer durch Kaiser Joseph I., 1710

bemalt wurden, setzten höchste Kunstfertigkeit voraus und eine ganz lebendige Gottesbeziehung. Vielleicht kann man von der großen äußeren Fingerfertigkeit Cordula Sommers ein großes inneres Feingefühl für Menschen ableiten?

Die Äbtissin in ihrer Zeit

Die Äbtissin Ottilia Hentschel starb am 27. Januar 1710. Schon am 16. Februar wählte man die damals 53jährige Cordula Sommer zu ihrer Nachfolgerin. Im Archiv unseres Klosters befindet sich eine Urkunde, die Kaiser Joseph I. am 7. Juni 1710 ausfertigen ließ.[7] In dieser Urkunde bestätigt er die Wahl Cordula Sommers zur Äbtissin von St. Marienstern. Es stellt sich die Frage, warum die Wahl einer Äbtissin von Marienstern vom Kaiser bestätigt wurde oder bestätigt werden mußte? Durch den Traditionsrezess von 1635 wurde die Lausitz, seit 1373 dem böhmischen Reich inkorporiert, an Kursachsen abgetreten. Der Kurfürst wurde aber durch den Kaiser verpflichtet, die katholischen Stifter sowie überhaupt den Katholizismus bei allen seinen Rechten und Privilegien und in seinem damaligen Bestande zu belassen und zu erhalten. Der Traditionsrezess sicherte also den ansässigen Katholiken in Sachsen ihre Religionsfreiheit und den Klöstern ihre Unabhängigkeit und ihr Weiterbestehen zu. Von Kaiser Joseph I. (regierend 1705–1711) ist bekannt, daß er sich bei aller Anhänglichkeit an die Lehren der katholischen Kirche doch gegen Andersdenkende tolerant verhielt. Die Bestätigung der Wahl durch den Kaiser könnte eine zusätzliche Absicherung gegenüber dem protestantischen Kursachsen und Sicherung der Unabhängigkeit bedeutet haben, wenn auch das Herrscherhaus katholisch geworden war.

In dieser Zeit wurde Cordula Sommer Äbtissin eines großen Klosters und konnte trotz vieler Belastungen, Steuerzwänge und Abgaben dank umsichtiger Regierung das Werk ihrer Vorgängerinnen kraftvoll fortsetzen, ja steigern und es übertreffen.

Das Wappen als Spiegel

Zumindest seit der 27. Äbtissin von Marienstern, Anna Margareta Dorn von Dornfeld aus Reichstadt/Zakupy in Böhmen (regierend 1649–1664), war es üblich, daß die Mariensterner Äbtissinnen sich selbst ein Wappen aus ihnen wichtigen Symbolen zusammenstellten. Cordula Sommer wählte sich ein wunderbares Wappen, das heute noch an vielen Baulichkeiten unseres Klosters als steinerner Schild zu sehen ist, jeweils versehen mit Datum und Monogramm – z.B. am Bernhardhaus, am alten Eiskeller (Konradhaus), am Neuen Konvent, über dem Eingang zum Refektorium oder an verschiedenen Stuckdecken sowie auf Gemälden und Prunkgläsern. Dieses Wappen zeigt in der Mitte eine goldene Sonne, die von zwei Sonnenblumen umrahmt ist. Hier kann man bereits ein ganzes Stück ihres Wesens erkennen, beredter könnte kein Wahlspruch sein. Bestimmt von ihrem Familiennamen Sommer abgeleitet, hat Cordula Sommer die Sonne in den Mittelpunkt gestellt. In einem lesenswerten Buch von Gerhard Voss, einem Benediktiner der Abtei Niederaltaich, fand ich sehr gute Gedanken zur Sonne und zum Sommer, die ich im folgenden ausschnittsweise wiedergeben möchte.[8]

Im Buch Maleachi lesen wir: „Für euch, die ihr meinen Namen fürchtet, wird die Sonne der Gerechtigkeit aufgehen, und ihre Flügel bringen Heilung" (Mal 3,20).

3 Kloster St. Marienstern. Spitzenbild des Hl. Franziskus,

„Sonne der Gerechtigkeit" – vielleicht kann die konkrete Erfahrung der Sonne dazu beitragen, uns eine Ahnung von der Gerechtigkeit Gottes zu vermitteln: die Erfahrung ihres Lichtes und ihrer Wärme, täglich neu, wenn auch oft erst nach grauen Nebeltagen wieder strahlend.[9] Christliche Mystik, wie sie uns in vielen altkirchlichen Hymnen wie auch in neueren Liedern begegnet, konzentriert sich auf die Sonne und sieht in ihr vor allem Christus. Bei Lukas 1,78 heißt es: „Durch die barmherzige Liebe unseres Gottes wird uns besuchen der Aufgang aus der Höhe". Der Gesang des Zacharias, in dem dieser Vers steht, wird im Stundengebet der abendländischen Kirche täglich im Morgenlob gesungen. Und in Psalm 19,5f. steht: „Dort (an den Enden der Erde) hat Er (Gott) dem Sonnenball ein Zelt gebaut. Er tritt aus seinem Gemach hervor wie ein Bräutigam; er frohlockt wie ein Held und läuft seine Bahn!" Die aufgehende Sonne ist ein kosmisches Symbol der Auferstehung Christi, weswegen denn auch der folgende Vers im Morgenlob am Ostersonntag als Antiphon zum Benedictus gesungen wird: „Am ersten Tag der Woche kamen die Frauen zum Grab, als eben die Sonne aufging" (Markus 16,2). In der kirchlichen Tradition weitergewirkt hat besonders das „große Zeichen am Himmel: eine Frau mit der Sonne bekleidet; der Mond unter ihren Füßen und ein Kranz von zwölf Sternen auf ihrem Haupt" (Offenb. 12,1) – es ist das Bild

4 Kloster St. Marienstern. Detail aus einem Pokal für Cordula Sommer, Nordböhmen, nach 1710

115

des Apokalyptischen Weibes, das sich in Kunst und Theologie typologisch mit jenem der Muttergottes verbunden hat.[10]

Ob sich Äbtissin Cordula um all diese Dinge Gedanken gemacht hat? Ich bin überzeugt davon, hatte doch die Beterin vom Stundengebet und der Meditation her genaue Kenntnis der Heiligen Schrift und konnte Vergleiche zu ihrem eigenen Leben ziehen, zu ihrer „Sonne im Herzen" und ihrem „sonnigen Gemüt", wie zwei passende deutsche Redewendungen sagen.

Im Wappen der Äbtissin wird die Sonne von zwei Sonnenblumen umrahmt. Dies ist das zweite wichtige Symbol für Cordula Sommer, in dem die barocke Lust beredt zum Ausdruck kommt, Erscheinungen und Bilder der Natur immer wieder neu zu entdecken, zu erklären und theologisch zu verstehen. Die Sonnenblume, auch Heliotropium – Sonnenwender – oder spanisch Girasol – Sonnendreher – genannt, wendet ihre leuchtenden Blüten stets der Sonne zu; sie wurde deswegen im Barock als ein Sinnbild der Seele gedeutet, die sich in unablässiger Liebe und Anbetung auf Gott richtet. In Emblembüchern des 17. Jahrhunderts wurde die Sonnenblume immer wieder mit dieser Bedeutung abgebildet und in Versen wie dem folgenden erklärt: „Solis ut hunc florem radiantia lumina versant; / Dirige sic mentem Christe benigne meam" (Wie der Sonne leuchtende Strahlen diese Blumen reizen, sich zu ihr zu kehren, so lenke meinen Sinn, gnädiger Christus).[11] Das Bild wurde aber auch gerne in Predigten aufgegriffen. In Abwandlung des Verses aus Psalm 27 „Sucht mein Angesicht! Dein Angesicht, Herr, will ich suchen", interpretiert der Praemonstratenserprediger Michael Steinmayr 1679 bei der Auslegung des Namens Jesu das S als „die Sonnenblum, das ist, daß wir uns sollen jederzeit in Glück, und Unglück, in Wolfahrt, und Widerwärtigkeit zu dem wahren Heliotropium des süssen Namen JEsus wenden".[12] In der Bedeutung als Zeichen für die Nachfolge Christi kann man die Sonnenblume auch als Symbol des klösterlichen Gehorsams verstehen. Erkennt man die Sonne im Wappen Cordula Sommers als Zeichen für Christus, so stehen die beiden Sonnenblumen für die Äbtissin und ihren Konvent, sind Aufforderung, sich immer wieder Gott hin zu wenden.

Erläutert wird die Symbolik des Wappens zudem durch den Spruch auf einem wertvollen Trinkpokal, der um 1720 aus erstklassigem böhmischem Kristallglas geschliffen wurde. Auf der einen Seite des Pokals hat der unbekannte Glaskünstler das Wappen und den Namen der Äbtissin wiedergegeben, angeordnet zwischen verspielten Engeln mit Girlanden und Blumenkörben, auf der anderen Seite ist eine blühende Landschaft dargestellt und darüber heißt es: „Mein aufgang ist dahin gerichtet, wo ein bestendig Sonnenlicht." Nicht das Diesseits, die weltliche Vergänglichkeit ist es, auf welche der Sinn des Menschen gerichtet sein soll, nein, auf das Jenseits, auf himmlische Seligkeit. Es könnte dies der Wahlspruch Cordulas gewesen sein.

Diese Geisteshaltung, die von tiefem Glauben und froher Überzeugung spricht, kommt auf schöne Weise auch in dem Grabmal zum Ausdruck, das Cordula Sommer ihrer verstorbenen Vorgängerin Ottilia Hentschel errichten ließ. Das Denkmal steht heute auf der Nordseite des Altarraumes in der Klosterkirche. Über einem gegliederten Sockel kniet im Relief die Äbtissin mit auf der Brust gekreuzten Händen. Vor ihr erscheint über dem Betpult das Christuskind mit dem Kreuz, links sieht man Engelsköpfe, in der Bekrönung das Wappen, darüber einen Totenkopf. Auf dem Postament lesen wir die Inschrift: „Den 27. Januar Anno 1710 ist in dem Herrn früh um 3 Uhr die Hochwürdige Wohl-Edle in Gott andächtige Jungfrau Ottilia Hänztschelin gebürthig aus Budissin ihres Alters 45 entschlafen, nachdem sie 13 Jahr lobwürdig dem hiesigen Closter vorgestanden. So sey Ihr nun bereith. dann des Menschen Sohn wird zu der Stund kommen, do ihre nit meint (Luk. Cap. 12)." Die Gestalt und das Wappen sind farbig, das übrige in Grau und Gold gehalten. Auf der Konsole stehen die Worte: „Cuius non tam in ore ac semper in corde fuit S. Pauli 2. Tim. 4 (Welche er nicht nur im Munde, sondern auch im Herzen trug).[13] Cordula Sommer als Auftraggeberin dieses Werkes gibt damit preis, wie sie zum Tod steht und zeigt, wie sie selbst von anderen gesehen werden möchte. Dieses Grabmal umfaßt eine Theologie des Vertrauens. Das Christuskind mit dem Kreuz sagt uns: Dir kann ich mich anvertrauen. Ein Kind ist nicht stark. Es vertraut darauf, daß es hindurchgetragen wird. Auch der leidende Christus in Gethsemane ist nicht stark; wenn er „Dein Wille geschehe" sagt, so im Vertrauen, daß der Wille des Vaters ihn durch das hindurchführen wird, was menschlich untragbar erscheinen muß. Die Kindesgebärde „in Deine Hände empfehle ich mein Leben" (Ps. 31) ist ein vollkommener Vertrauensakt. Kind und Tod sind einander sehr verwandt, denn ihrer beider Wesensgeheimnis heißt schlicht: Über-gabe. Die Menschen des Barocks haben den Tod nicht verdrängt. Gerade deshalb verstanden sie zu leben.

Das Wirken als Domina

Im und am Kloster, im alten Herrschaftsgebiet von St. Marienstern und natürlich auch im Archiv sind Hinweise auf das äußere Werk von Cordula Sommer als Domina unübersehbar. Eine ausführliche Zusammenstellung ihres Wirkens findet man in der Klosterchronik von Pater Alexander Hitschfel von 1894: Nachrichten über Landkäufe und -verkäufe, Landtausch, Anschaffungen verschiedenster Art, besondere Ereignisse. Darunter nimmt die Aufzählung von Um- und Neubauten unter ihrer Regentschaft den größten Platz ein. Cordula Sommer ging als große Bauherrin in die Klostergeschichte ein, sie prägte das Erscheinungsbild von Kirche und dem ganzen Klosterhof bis heute. Ich möchte im folgenden diese Werke etwas näher betrachten und versuchen, einiges Wichtige herauszugreifen und tiefer zu beleuchten. Unzweifelhaft ist die Umgestaltung der Klosterkirche eine der herausragendsten Unternehmungen während der langen Regierungszeit unserer Äbtissin. Nach einer Handschrift des Klosterarchives begann die Renovierung im September 1717 mit dem Aufbau der Westfassade. Baumeister war wahrscheinlich Zacharias Hoffmann aus Hainspach/Lipová in Nordböhmen.[14] 1721 schloß man die Arbeiten an der Fassade mit der Aufstellung der Salvatorfigur ab. Seither leuchtet der goldene Stern am Giebeldreieck von weither und kündet vom Namen des Klosters. Die strenge Form dieses Giebels erinnert den kundigen Betrachter an die Kirche St. Maria de Victoria in Prag, die zunächst als evangelisches Gotteshaus gebaut, nach der Schlacht am Weißen Berg jedoch zu einem Symbol der katholischen Gegenreformation wurde und seit 1628 Heimstätte des auch in St. Marienstern hochverehrten Prager Jesuleins ist.[15] Im Inneren der Mariensterner Klosterkirche ließ Äbtissin Cordula den Schwesternchor umbauen und verlängern und 1720 auf der Brüstung der Chorgasse zwölf überlebensgroße, aus Holz geschnitzte und weiß-gold staffierte Figuren aufstellen. Es sind heilige Schutzpatrone und Vorbilder der Kirche, des Ordens und speziell des Klosters.

Noch vor der Kirchenumgestaltung beauftragte die Äbtissin 1716 denselben Baumeister Hoffmann mit dem Um- und Neubau des Refektoriums, des Speisesaales der Schwestern, und der Küche mit Nebenräumen. Es war dies eine Modernisierung von wichtigen Räumen des klösterlichen Alltags, welche den Küchen- und den Tischdienst erleichterte. Eine praktische Verbesserung war auch die Anlage von neuen Wasserleitungen. Auch damit erleichterte die Äbtissin ihren Schwestern und Angestellten das Leben und die Arbeit. In diesem Zusammenhang ist auf den „neuen Röhrkasten" hinzuweisen, den sie 1720 vor der Kirche erbauen ließ. Als Brunnenfigur erhebt sich dort über dem sechseckigen Becken ein aufrecht sitzender, recht gemütlich ausschauender Löwe, der das Wappen der baufreudigen Äbtissin mit der Jahreszahl 1739 hält. Mit dem Wappentier, dem böhmischen Löwen, stellte sie eine Verbindung zu ihrer böhmischen Heimat her. Zudem bekannte sie sich damit zur traditionellen, schon damals seit über hundert Jahren nicht mehr bestehenden Zugehörigkeit zum Königreich Böhmen, der das Kloster seinen Bestand über das Reformationszeitalter hinaus verdankt. Meiner Ansicht nach zeigt diese Aufstellung eines sozusagen fremden Wappentieres in der nunmehr sächsischen Lausitz, daß Cordula Sommer eben auch Mut hatte, gegen den Strom zu schwimmen.

Mehrere Verwaltungs- und Wirtschaftsbauten des Klosters wurden unter ihr um- oder neugebaut. So entstand 1723/24 die Kanzlei, der Sitz der Klosterverwaltung. Diese Kanzlei ist der heutige sogenannte Rote Saal, der für besondere Festlichkeiten und Konzerte genutzt wird. Darunter wurden damals zwei Keller angelegt, wovon der eine mir besonders interessant erscheint. Nach Hitschfel soll es sich dabei um den Erdäpfelkeller, also einen Kartoffelkeller gehandelt haben.[16] Die ersten Kartoffeln wurden unter August dem Starken von Generalleutnant von Milkau aus Brabant nach Sachsen gebracht und zwar 1717 nach Würschwitz im Vogtland. Innerhalb kurzer Zeit konnten sie sich auch hier als Nahrungsmittel der einfachen Leute durchsetzen. Offensichtlich erkannte auch Äbtissin Cordula ihren Nutzen

5 Kloster St. Marienstern. Brunnenfigur „böhmischer Löwe" mit Wappen von Cordula Sommer, 1739

schnell, wenn sie schon 1723 einen Keller für dieselben bauen ließ! Sie setzte sich jedoch nicht nur baulicherseits für die Verbesserung der klösterlichen Versorgung ein.
In einem Zeitungsartikel fand ich durch Zufall eine kleine Kulturgeschichte des Eßbestecks.[17] Beim Lesen war ich sehr erstaunt, wie schwer es die Gabel hatte, als Eßbesteck vollste Verwendung zu finden. Selbst der Sonnenkönig, Ludwig XIV., pflegte „mit den Pfoten ins Ragout" zu fassen, wie ein Hofchronist vermerkte. Und auch Martin Luther, der beim Essen gern derb zufaßte, jammerte 1518: „Gott behüte mich vor Gäbelchen". Es ist ein Kuriosum, daß sich dieses zinkenbewehrte vielseitige Eßwerkzeug, mit dem alles aufgespießt werden kann, erst in der Neuzeit größere Verbreitung fand. In Marienstern stammen die ältesten Gabeln aus der Zeit Cordula Sommers; ich fand sie zusammen mit gleichfalls aus Silber geschmiedeten Messern in einzelne Lederschatuellen verpackt – ein ganzes Sortiment. Und alle weisen die eingravierten Initialen CS auf. Von ihrer Größe her sind sie wirklich nur zum Aufspießen geeignet. Allerdings wurden diese Bestecke, wie auch das weitere erhaltene wertvolle Tafelgeschirr, nur für die Gäste des Klosters verwendet. Die Schwestern aßen bescheiden aus zinnernem Geschirr und verwendeten nur Löffel und Messer.
Gegen Ende der Regierungszeit von Cordula Sommer erfolgte ihre nach Umfang und Anspruch größte Baumaßnahme – der Bau des Neuen Konventes 1731/32. Es handelt sich dabei um einen stattlichen, schloßartiger Gebäudetrakt, der südlich an das Alte Schlafhaus angebaut ist. Die Räume des Erdgeschosses wurden schon immer als Gemeinschafts- und Arbeitsräume genutzt, in den beiden Obergeschossen entstanden 22 Zellen, die gegen den Garten auf der Ostseite ausgerichtet sind. Nötig war dieser Erweiterungsbau einmal, weil sich die Zahl der geistlichen Jungfrauen unter Cordula Sommer erhöht hatte: waren es 1719 28 Konventualinnen und drei Kandidatinnen,[18] so lebten 1742 außer der Äbtissin 36 Schwestern hier.[19] Zum andern führten aber wohl hauptsächlich die gestiegenen Ansprüche der Schwestern dazu, die zumeist aus wohlhabenden bürgerlichen Verhältnissen stammten. Sie bewohnten zwar schon vor dem Bau des Neuen Konventes Einzelzellen im Alten Schlafhaus, doch waren diese beengt und nicht heizbar. Neue Räume waren nötig, schon um den persönlichen Besitz der einzelenen Schwester unterzubringen.
Daß dieser nämlich mittlerweile nicht mehr in einer kleinen Truhe Platz fand, zeigt die Aufzählung auf dem Substanzzettel der Schwester Bernarda Müller (Profeß 23. November 1698, † 12. März 1742) aus dem Jahre 1714. Auf diesem Substanzzettel verzeichnete sie alles, was sie besaß und nutzte – bis auf den heutigen Tag werden diese Zettel am Lätaresonntag in der Fastenzeit von der Äbtissin ausgeteilt und müssen dann in den nächsten Tagen von den Schwestern dem gegenwärtigen Stand nach vervollständigt oder neu geschrieben und wieder abgegeben werden. In der Regel des hl. Benedikt ist im 55. Kapitel aufgezählt, was der Mönch – die Nonne – besitzen darf: „Der Abt soll alles Notwendige zur Verfügung stellen, nämlich Kukulle, Tunika, leichtes und schweres Schuhwerk, Gürtel, Messer, Griffel, Nadel, Tüchlein, Täfelchen, damit sich keiner entschuldigen kann, es fehle ihm etwas Notwendiges." 1714 erscheint diese Aufzählung umfangreicher: Schwester Bernarda Müller besaß nicht nur warme und dünne Kleidung, sondern sogar einen Strohhut und einen Bademantel, was nicht heißt, daß sie im Sommer einfach so ein Erfrischungsbad genommen hat. Wohl aber schon damals die Möglichkeit bestand, daß die Schwestern auch etwas für ihr leibliches Wohlbefinden tun konnten, wofür ein Badehaus im Kloster vorhanden war. Daneben sind einige Arbeitsmaterialien wie Scheren, verschiedene Messer und Nadeln, Fadenseide, Zwirn, eine Elle, silberne Spitzen, Draht und anderes mehr genannt. Interessant ist auch, daß sie eine Handuhr besaß, ein „Clavecordium" (ein im 18. Jahrhundert beliebtes Hausmusik- und Studierinstrument) und ein Stimmhämmerle. Erklärt wird letzteres dadurch, daß Schwester Bernarda wohl zeitweise Organistin des Klosters war, worauf auch eine Inschrift auf einer kleinen Holzfigur der hl. Cäcilia hinweist.[20] Bei aller Fülle der verzeichneten Besitztümer ist doch das Ideal des hl. Benedikt noch erkennbar – angepaßt auf die Bedürfnisse ihrer Zeit befanden sich im Besitz der Schwester Bernarda Müller keinerlei unnötige Dinge.
Noch wichtiger als der größere Raum in den Zellen war jedoch der Einbau der Öfen. Bisher gab es im Kloster nur wenige beheizbare Räume: das Refektorium, das Noviziat, das Krankenzimmer, die Wärmestube der Schwestern und das Abteizimmer. Nun erhielten alle neuen Zellen einen eigenen Ofen – dies stellte eine Erleichterung dar, die wir uns als verweichlichte Mitteleuropäer kaum vorstellen können! Wie hart die Kälte im Kloster vorher war, veranschaulicht die mündliche Überlieferung, die besagt, daß im Winter vor dem Eingang zum Chor eine Flasche Branntwein stand. Wenn die Schwestern am Morgen nach vielen Stunden des Gebetes das Chor verließen, konnten sie ein „Gläsel Branntwein" zum Aufwärmen trinken. In der kalten Kirche und wohl auch in den nicht heizbaren Zellen hatte sich manche Schwester eine tödliche Krankheit zugezogen, oder es waren ihr Gliedmaßen erfroren, etwa das Gesicht und die Nase. In diesem Zusammenhang sei auf eine Handschrift von 1653 hingewiesen, die ich in unserem Archiv fand. In diesem Schreiben bittet die Priorin Euphemia Böhm (Profeß 1.September 1636, † 8. Juli 1681) einen gewissen Herrn Hans Henrich um Lieferung von Branntwein und Wachs: „... die arme schwarze lange Nase bittet gar demütig um ein Futter, weil es schonoben frisch ist, sonderlich des morgens, wenn sie aufsteht ist

der armen Nase so kalt, wenn sie aus der Metten kommt, daß sie möchte abfrieren, sie sehet wohl in allen Flaschen, ob davon ein Branntwein möchte vorhanden sein, findet aber nichts. Muß also die arme lange Nase leer abziehen. Bitte also gar demütig der Herr wolle sich der armen schwarzen langen kalten Nasen erbarmen und ihr ein Flaschel Branntwein bei dieser so guten Gelegenheit mitschicken, solche große Gnad und Wohltat, wie ich mit meinen geringen Diensten wiederum zu Roß und Fuß, zu vier Gulden bereit und willig sein ...".

Als letzten großen Bau ließ Cordula Sommer von 1740 bis 1743 die Kirche in Nebelschütz errichten, die, ähnlich wie die Klosterkirche, weithin sichtbar ist und in ihrem charaktervollen Erscheinungsbild sehr anziehend wirkt. Wenn wir heutigen Menschen all die vielen Bauunternehmungen Äbtissin Cordulas darstellen, von denen ich hier ja nur einen Teil erwähnt habe, so fragen wir sofort nach den Kosten, scheint doch der finanzielle Aufwand enorm gewesen zu sein. Dabei muß man jedoch wissen, daß alle diese Bauten hauptsächlich aus Materialien errichtet wurden, die vorhanden waren – Holz aus den Klosterwäldern, Granit- und Sandsteine aus den Klostersteinbrüchen, Ziegel aus der klösterlichen Ziegelhütte. Zudem wurde ein Hauptteil der Arbeit von Untertanen geleistet, z.B. wurden festgeschriebene Fuhren („Spanndienste") für das Kloster gefahren, wie es in den Untertanenordnungen festgeschrieben war. Von Ausbeutung kann jedoch keine Rede sein – verschiedene Untersuchungen haben nachgewiesen, daß das Regiment im Klosterland wesentlich milder war als in den umliegenden Adelsherrschaften.[21] Wenn man zudem bedenkt, daß Marienstern zu dieser Zeit die zweitgrößte Grundherrschaft der Lausitz war, nach Zittau, jedoch noch vor Neuzelle und Marienthal, so erscheinen auch die großen Baumaßnahmen unter Cordula Sommer bescheiden – etwa im Vergleich zu den prunkvollen barocken Klöstern in Süddeutschland, deren Herrschaftsgebiet durchaus nicht größer sein mußte als das Mariensterner! Äbtissin Cordula baute zum Wohle des Konventes und des Klosters, ohne übertriebene Pracht und Zier, jedoch immer mit großer Sorgfalt in Formgebung und Ausführung – zur Ehre Gottes.

Hier seien einige kurze Bemerkungen zu den Pröpsten jener Zeit angefügt. Der Propst war quasi der Minister der Regentin, ihm unterstand die Klosterwirtschaft und -verwaltung. Er vertrat nach außen hin die Äbtissin, wobei eine mündliche Überlieferung besagt, daß die Pröpste mit großem Respekt und gemischten Gefühlen zur „Gnädigsten" gingen, wenn Äbtissin Cordula sie zu sich rief. Als sie ihr Amt antrat, amtierte seit 1698 Pater Wilhelm Seemüller II. aus Plaß in der Mariensterner Propstei. Nachdem er am 20. Juni 1714 gestorben war, kam am 8. August 1714 Pater Karl Breunel aus dem Kloster Ossegg nach St. Marienstern, wo er bis zu seinem Tod am 4. November 1726 blieb. Dieser Propst muß großen Einfluß ausgeübt haben. Zunächst ließ er die noch vorhandenen Dokumente des Klosters ordnen,[22] dann richtete er seine Wohnung vollständig neu ein. Auf sein Betreiben gehen verschiedene Baumaßnahmen zurück, so z.B. die Stuckdecke im Tafelzimmer (heute Klosterstübel), der Bau einer Kapelle in der Propstei und eines Krankenzimmers sowie einer Kapelle am Konvent. Mit ihm reiste Cordula Sommer 1717 gemeinsam mit vier geistlichen Jungfrauen nach Teplitz ins Bad.[23] Der Grund für diese außergewöhnliche Kurreise in den berühmten, nahe von Ossegg gelegenen Badeort, der vor allem bei rheumatischen und Gichtleiden, Lähmungen und Geschwüren aufgesucht wurde, ist nicht bekannt. Der Nachfolger von Pater Karl Breunel, Pater Adalbert Misner, stammte aus dem gleichfalls böhmischen Kloster Königssaal/Zbraslav bei Prag und war von 1726 bis zu seinem Tod am 27. Oktober 1754 Propst in St. Marienstern.

Daß sich die Äbtissin Cordula als Führungspersönlichkeit auch außerhalb der Klostermauern durchsetzen konnte und ihre Rechte einforderte, zeigt das Beispiel eines langjährigen Streites. „1716 wurde zwischen der Äbtissin Cordula Sommer und dem Domdekan Just von Friedenfels zu Bautzen ein Vertrag wegen der Erneuerung der Pfarrei zu Ralbitz abgeschlossen, infolgedessen für die beiden Filialen von Crostwitz, nämlich Rosenthal und Ralbitz, ein Pfarrer namens Georg Just in Ralbitz eingesetzt wurde. Doch entspann sich daraus ein Streit mit der Pfarrei Crostwitz. Und als Georg Just 1719 daselbst Pfarrer wurde, blieb die Pfarrei in Ralbitz unbesetzt bis 1734. Bereits 1739, als der Expositus Nikolaus Pech starb, wurde unter der Zustimmung des Pfarrers Georg Just Rosenthal dem Kloster Marienstern inkorporiert und zu einer Administratur erhoben. Dagegen protestierte der Dekan von Bautzen beim päpstlichen Nuntius in Wien."[24] Bei diesem Streit ging es also darum, daß das Kloster, das Patronatsherrschaft von Rosenthal genau wie von Crostwitz gewesen ist, nicht mehr nur die Patronatsrechte für sich einforderte (Präsentation eines Priesters für die dortige Kapelle gegenüber dem zuständigen Ortsordinarius), sondern die Wallfahrtskapelle aus dem Diözesanverband der Apostolischen Administratur der Lausitz herausgelöst wissen und dem Kloster inkorporieren wollte. Demgegenüber bemühten sich die Domdekane als Apostolische Administratoren, den alten Status aufrechtzuerhalten und Rosenthal als eine Kapelle damals in der Pfarrei Crostwitz, später in der Pfarrei Ralbitz und damit in der Zuständigkeit der Administratoren zu belassen. Obwohl Cordula Sommer den endlichen Ausgang der langwierigen Verhandlungen nicht mehr erlebt hat, hat sie sich mit ihrer Hartnäckigkeit schließlich durchgesetzt: Durch einen Vertrag vom 28. Januar 1754 wurde die Sache unter ihrer Nachfolgerin Josepha Elger beigelegt.

Ursula und Cordula, die Herzgeberin

Unter den Brüstungsfiguren auf der Chorgasse der Kirche, die Cordula Sommer 1720 aufstellen ließ, befinden sich neben der Darstellung der Gottesmutter Maria links das Standbild der hl. Ursula mit einem Pfeil und einem Schiff zu ihren Füßen und rechts jenes der hl. Cordula. Nach der Legenda Aurea des Jacobus de Voragine war die christliche Königstochter Ursula einst mit 11.000 Jungfrauen auf Schiffen zu ihrem Bräutigam gefahren und wurde unterwegs bei Köln zusammen mit ihren Gefährtinnen wegen ihres Glaubens getötet. Nur ihre Begleiterin Cordula erlitt das Martyrium erst am folgenden Tag. Daß diese beiden Heiligen den wichtigen Platz neben der Hauptpatronin der Kirche und des Zisterzienserordens einnehmen, hängt mit ihrer großen Bedeutung für St. Marienstern zusammen.

Durch die Visionen der Benediktinerin Elisabeth von Schönau (ca. 1129–1164) war die Verehrung der hl. Ursula und ihrer Gefährtinnen bei den Zisterziensern weit verbreitet. Ihre Schriften waren im Mittelalter sehr bekannt, wurden aber nie offiziell anerkannt.[25] In unserem Kloster werden viele Reliquien der hl. Ursula und ihrer Gefährtinnen aufbewahrt, insbesondere über 50 von ehemals 72 Häuptern, die kunstvoll mit Stoffhüllen versehen sind und z.T. Namensangaben tragen, darunter auch „Cordula", ferner zwei Schiffsreliquiare und ein Fingerreliquiar der hl. Ursula. Die bis ins 16. Jahrhundert zurückzuverfolgende Haustradition sagt, daß unser Stifter, Bernhard der III. von Kamenz, diese Reliquien von seinen Studien aus Rom mitgebracht und dem Kloster geschenkt hat.[26] Es ist aber auch denkbar, daß diese Reliquien vom Zisterzienserkloster Altenberg bei Köln vermittelt wurden, das selbst 1.000 Häupter aus der Märtyrerschar der hl. Ursula besaß und als Verteilungsstätte fungierte, indem es die Gründungsklöster und andere Abteien im ostdeutschen und südostdeutschen Raum mit Reliquien versorgte.[27] Wie dem auch sei, die Reliquien standen und stehen nicht nur bei den Schwestern, sondern auch bei den Gläubigen in hohem Ansehen und sind fromm verehrt.[28]

Das Fest der hl. Ursula und ihrer Gefährtinnen (21. Oktober) wird in unserem Kloster bis auf den heutigen Tag ganz besonders festlich begangen. Am Vigiltag und die folgende Oktav hindurch werden nicht nur die Ursulareliquien, sondern alle im Kloster vorhandenen Reliquien ausgestellt. Bei der Aussetzung am Festtag selbst und in der Oktav werden das sogenannte Ursularesponsorium, Antiphonen und besondere Gebete gesungen und gesprochen. Das Responsorium singen wir aus alten handschriftlichen Büchern, die immer wieder weitergereicht oder z.T. auch neu abgeschrieben wurden. Als ich zum ersten Mal Kompositionen der hl. Hildegard von Bingen hörte, kam mir sofort unser Ursularesponsorium in den Sinn. Diese Melodien sind wirklich ergreifend. Es sind wunderbare Worte, die zum größten Teil auf Bibelstellen des Hohenliedes bzw. auf das 5. Gesicht des Propheten Sacharja (4,1–14) anspielen.

Die deutsche Übersetzung des Textes, den wir bei der Aussetzung der Reliquien singen, lautet:

„Vorsängerin (V.:): O selige Jungfrauenschar, die die göttliche Gnade erleuchtet hat! O ihr immer lebendigen Ölbäume, welche Güte ausströmen!
Responsorial (Resp.:): Machet, daß wir mit Wahrheit und Aufrichtigkeit euer Lob singen;/:damit wir würdig werden, nach dem Tode das heilige Los zu erlangen.
V.: O Gütige! Tuet, um was wir euch bitten, daß wir in ewiger Wonne uns erfreuen mögen /: damit wir würdig werden, nach dem Tode das heilige Los zu erlangen.
Resp.: Gütige Jungfrauen /: Öffnet uns Bittenden den Schoß der Barmherzigkeit /:
V.: und erbittet uns Gnade des himmlischen Segens. /: Öffnet uns Bittenden den Schoß der Barmherzigkeit."

Am Festtag nach der Vesper:
„So komm nun, o Gottesschar! Komm vom Libanon, komme, um gekrönt zu werden! Von dem Gipfel Sanir, Hermon und Amana, von den Lagerstätten der Löwen und von den Burgen der Parder."

In der Oktav beim Reponieren der Reliquien:
Resp.: „Segne, o Herr, dieses Haus durch der Jungfrauen Verdienste und alle, die darin wohnen. Es sei in ihm Gesundheit, Demut, Heiligkeit, Keuschheit, Stärke, Sieg, Glaube, Hoffnung, Liebe, Gütigkeit, Mäßigkeit, Geduld, Geistigkeit, Züchtigkeit und Gehorsam /: durch endlose Dauer.:/
V.: Bewahre, o Herr, durch sie diejenigen, die dich loben. Laß sie deine Herrlichkeit genießen. /: durch endlose Dauer."
Resp.: Gütige Jungfrauen /: öffnet uns Bittenden den Schoß der Barmherzigkeit Gottes :/
V.: Und erbitte uns die Gnade des himmlischen Segens. / Öffnet uns Bittenden den Schoß der Barmherzigkeit."

Durch die Anspielung auf das Hohelied wird die Schar der Jungfrauen als idealtypisch Liebende vorgestellt. Die Olivenbäume sind ein Lebenszeichen schlechthin und sehr symbolträchtig: Im Saft des Lebens vor Gott stehen! So hat also unsere Äbtissin nicht von ungefähr die Statuen der hl. Ursula und der hl. Cordula aufstellen lassen, sondern sie hat ihren Namen verinnerlicht und auch in die Tat umgesetzt. In der Legenda Aurea lesen wir über das Martyrium der hl. Cordula: „Nun war eine Jungfrau, Cordula mit Namen, die verbarg sich die Nacht über im Schiffe vor großer Furcht, des anderen Morgens aber bot sie sich willig dem Tod, und empfing also die Märtyrerkrone. Aber da ihr Fest nicht gefeiert ward, weil sie nicht mit den anderen zusammen gelitten hatte, erschien sie lange Zeit darnach einer Klausnerin, und tat ihr kund, daß man ihr Fest sollte begehen am Tage nach dem Fest der Elftausend Mägde."[29] Der große moderne Theologe Hans Urs von Balthasar erkannte in dem späten Entschluß Cordulas eine hohe Aktualität. Wie sich Cordula doch noch entschieden hat, das Martyrium auf sich zu nehmen und damit der Gemeinschaft der hl. Ursula zu folgen, so ist der heutige Mensch aufgerufen, sich der Wirklichkeit zu stellen: „Lieber zu spät als nie".[30]

Der Name der Heiligen ist von ihrer Tat abgeleitet, Cor-dans – das Herz gebend. Darin zeigt sich die Liebesgeschichte Gottes selbst, der sich unaufhörlich verschenkt. Wer Cordula heißt, steigt vom Namen her in diese intime Rhythmik unmittelbar ein. Cordula verschenkt sich und hat „sich" nur so, indem sie sich verschenkt. So aber, sich verschenkend, hat sie sich. Und so ist Cor-dans gleich Cordula.

Im Kirchengewölbe, dem alten Dormitorium, fand man bei Aufräumungarbeiten vor kurzem ein Emblembild auf Äbtissin Cordula Sommer. In seiner Mitte ist die hl. Cordula dargestellt, die ihre rechte Hand zum Herzen führt und in der linken einen Palmwedel trägt als Zeichen ihres Martyriums. Darum herum sind sieben ovale Embleme angeordnet, allegorische Darstellungen, die sich mit ihren Titeln und Sprüchen auf Cordula Sommer als Äbtissin von St. Marienstern beziehen. In Bild und Wort wird hier sehr geistvoll mit den mehrdeutigen Namen der Äbtissin und des Klosters gespielt. Am Rand hat der Maler verschiedene Blumenmotive wiedergegeben: rote Rosen – Inbegriff der Schönheit und bevorzugtes Symbol Mariens; gelbe Tulpen – Todessymbol; Gänseblümchen – aufgrund ihrer Heilkraft eine Marienpflanze.

Oben Mitte: Siebenzackiger Stern mit Marienmonogramm und roten Herzen über einer Sumpflandschaft. Titel: „Fulgebunt." (Sie werden leuchten [die Herzen]), Inschrift: „Cordula Corda Sibi justissima nectit et inde / Virgineae Matris fulgita Stella unicat." (Cordula verknüpft die ihr [= der Muttergottes] gerechtesten Herzen, und vereint so den glänzenden Stern [Kloster St. Marienstern] mit der jungfräulichen Mutter).

Oben links: Die Hand Gottes hält einen Sternenkranz über einer Landschaft. Titel: „Dominabitur astris." (Er [Gott] soll über die Sterne herrschen). Inschrift: „Factum, quod dictum est: sapiens dominabitur astris / Dum sapiens Stellam Cordula Virgo regit." (Es geschah, wie es gesagt worden war: Er soll weise über die Sterne herrschen, während die Jungfrau Cordula den Stern (Kloster St. Marienstern) regiert.)

Oben rechts: Stern mit Marienmonogramm, davon angezogen ein eiserner Stab, darunter eine Landschaft mit einem fruchtbaren und einem abgestorbenen Baum. Titel: „Attracta trahit" (Die Angezogene zieht [heran]). Inschrift: „Quem Stella attraxit, Magnes ferrum trahit ipse / Quam Stella attraxit, Cordula Corde trahit." (Wen der Stern angezogen hat, der zieht selbst als ein Magneteisen, und so wie der Stern anzieht, zieht Cordula die Herzen an.)

Mitte links: Auf dem Boden ein Stern mit Marienmonogramm und Patriarchenkreuz, darüber im Himmel ein Kranz aus Herzen. Titel: „Virtus unita fortior." (Vereinigte Tugend ist stärker). Inschrift: „Ut crucem portes animosè o Stella Mariae / Haec animosa Tibi Cordula Corda dabit." (So wie du mit innigem Glauben das Kreuz trägst o Marienstern, so wird Dir [Gott] die beherzte Cordula die Herzen geben).

Mitte rechts: Stern mit Marienmonogramm, Hand Gottes mit Rutenbündel, darunter sich windende Schlange. Titel: „Extirpabit." (Er wird ausrotten). Inschrift: „Est error pestis, quem fulgens stella Mariae / Extirpare cupit: Cordula junget opem." (Es ist der Irrtum, das Verderben,

6 Kloster St. Marienstern. Emblembild auf Cordula Sommer

welches der blitzende Stern Mariens auszurotten begehrt: Cordula vereint die Macht [dazu].)

Unten links: Äbtissinnenstab, überhöht vom Stern mit dem Marienmonogramm, in einer Sommerlandschaft mit Kornfeld und Storch [Zeichen für die Fruchtbarkeit]. Titel: „Vicem mens grata rependit." (Eine dankbare Seele schenkt zurück). Inschrift: „Marien = Stern hat Ehr der Sommerin gegeben:/ Auch wird die Sommerin Marienstern erheben."

Unten rechts: Üppiges Blumen- und Obstbouquet. Titel: „Hoc reficit Aestas." (Dies bringt der Sommer). Inschrift: „Gleich wie der Sommer kan der Menschen Hertze laben / Also die Sommerin Marienstern begaben."

Unten Mitte: Umschriften: „Das Edle Sommer-Hauß schreibt sich von Nemetin:/Den Wunsch Genädige Frau auch von mir nehmt hin." – „Also Bittet Die / Hochwürdige, in Gott Geistige/Jungfrau Cordula Sommerin/ /: Tituli/Abbatissin zu/Marienstern."

Das Emblembild ist um 1720–1730 entstanden. Vielleicht war es ein Geschenk zu Cordula Sommers 50jährigen Profeßjubiläum 1724? Das hervorragende „Renaissance"-Latein verweist darauf, daß die Verse von einem sehr gebildeten Verfasser stammten, vermutlich vom damaligen Propst Pater Carl Breunel. Maler des Bildes war wahrscheinlich Ferdinand Siegfried Philippi aus Schweinerden, ein Schwager der Äbtissin Ottilia Hentschel, der im Auftrag von Cordula Sommer zahlreiche Gemälde zur Ausschmückung des Klosters geschaffen hat.

Erscheinung und Wirkung

Im Parlatorium – dem Sprechzimmer der Schwestern – hängt ein großes Ölgemälde, das die Äbtissin Cordula Sommer darstellt. Der Künstler hat ganz geschickt auf zwei ineinanderverschobenen Blättern, die unter einem Regelbuch liegen, ihren und auch seinen Namen verewigt. Auf dem einen Zettel steht: „An Ihro Hochwürthen un Gnaden Frauen Frauen Cordula Sommerin des Hl. Cistertzien ordens Abbatißin Hochgebüttende in Kloster Marienstern" Auf dem anderen steht: „Antonius Hampisch pinxit humillimus ser=vus 1753" (Anton Hampisch, untertänigster Diener, hat es gemalt 1753). Von dem Maler weiß man nur, daß er aus Prag stammte. Sieben Jahre nach dem Tod der Äbtissin wurde das Bild vollendet. Die mündliche Überlieferung im Kloster sagt, daß es auf dem Totenbett gemalt wurde, weil sie sich zu Lebzeiten nie malen ließ. Allerdings schaut uns keine 90jährige alte Frau an, sondern den Betrachter trifft ein mütterlicher, warmer und gütiger Blick. Die Äbtissin wendet sich dem Betrachter ganz zu. Ihre großen braunen Augen sind ein richtiger Blickfang. Es spricht daraus Aufgeschlossenheit und Aktivität. Ihr Mund lächelt, fast möchte man meinen, etwas verschmitzt. Man erkennt aber auch ein energisches Unterkinn. Ihre ganze Gestalt drückt Vitalität und Tatkraft aus. Die faltenreiche Kukulle verstärkt diesen Eindruck. Die linke Hand liegt auf einem Buch und der ausgestreckte Zeigefinger weist auf die zwei ineinanderverschobenen Blätter. Zeichen ihrer Würde und Amtsautorität sind eine Glocke, die seitlich auf den Schriftstücken steht, der Äbtissinnenstab, ein Ring und ein reich mit Edelsteinen besetztes Brustkreuz. Das Generalkapitel von Cîteaux verlieh 1737 allen Äbtissinnen des Ordens die Auszeichnung, ein goldenes Brustkreuz tragen zu dürfen – eine Würde, die bisher nur Bischöfen und Äbten zukam. Äbtissin Cordula hatte davon zu Lebzeiten keinen Gebrauch gemacht, wie es die Chronik überliefert.[31] Das bemerkenswerte auf dem Bild ist aber, daß sie das Kreuz mit der rechten Hand scheinbar ganz lässig zur Seite schiebt, auf die Stelle, wo ihr Herz ist.

Hier möchte ich einen kurzen Bezug zur Astrologie herstellen. Der Barockzeit galt die Astrologie als Wissenschaft und wurde im Zusammenhang mit dem Glauben akzeptiert. Die mehrdeutige Einbeziehung der Sterne auf dem erwähnten Emblembild, das für Cordula Sommer geschaffen wurde, zeigt, daß dies auch für sie galt. Äbtissin Cordulas Geburtsdatum, der 20. Mai, fällt noch in das Tierkreiszeichen des Stier. Um den 21. Mai tritt die Sonne dann in das Zeichen der Zwillinge. Die Übergänge sind natürlich fließend, und die Sprache der Tierkreiszeichen ist symbolisch. Und doch, so meine ich, kann man Parallelen zum Leben Cordula Sommers ziehen. Der Stier ist ein Opfertier. Hingabe ist für die in seinem Zeichen Geborenen die Bindung an eine Sendung. Diese ist für sie die Krönung des Lebens. Als Cordula das schwere Amt der Äbtissin übernahm, war sie in einem Alter, wo andere daran denken, sich langsam zur Ruhe zu setzen oder ihr Leben in die Hände des Schöpfers zurückzugeben – die durchschnittliche Lebenserwartung lag damals bei etwa 50 Jahren. Trotzdem nahm sie die Herausforderung an und verfolgte mit Hartnäckigkeit und entsprechendem Durchsetzungsvermögen ihre Ziele. Das ist dem Stiertyp eigen. Ich erkenne bei Äbtissin Cordula aber auch Eigenschaften, die dem Tierkreiszeichen Zwilling zugeordnet werden. Der dazugehörige Planet ist der Merkur. Dieser steht mythologisch für Kombination und Kommunikation, für geschicktes Handeln, für Sinnerschließung und Wegweisung. Der Zwillingstyp zeichnet sich durch klares Bewußtsein aus. In seiner Rationalität ist er oft ungestüm suchend, aber auch fragend und drängend. Schnell läßt er sich für Neues begeistern.[32] Können wir in diesen Eigenschaften nicht ein Bild unserer Äbtissin entdecken? Kein Wunder, daß Cordula Sommer eine starke Führungspersönlichkeit war.

Sie prägte nicht nur das äußere Bild des Kloster, sondern auch die inneren Verhältnisse des Konvents. Aus dem Jahre 1742 fand ich ein Verzeichnis der Schwestern, die zu diesem Zeitpunkt in Marienstern lebten. Es werden Vor- und Zuname, Nation, Herkunftsort, Profeßjahre und einzelne Ämter aufgezählt.[33] 1742 leben außer der Äbtissin 33 Chorfrauen und drei Laienschwestern in Marienstern. Nach ihrer Nationalität teilen sie sich wie folgt auf: Aus Böhmen stammten die Äbtissin und 24 Schwestern, aus der Lausitz und aus Österreich je vier, aus Mähren zwei sowie aus Schlesien und aus der Niederlausitz je eine. Das Durchschnittsalter beträgt 42 Jahre. Von den 36 Schwestern hat Cordula Sommer selbst 31 aufgenommen. Das kann man leicht an den Profeßjahren ablesen. Vom Alter her ist die Äbtissin mit Abstand die reifste. Ihr folgt mit 69 Jahren die Priorin. Fast alle anderen sind wesentlich jünger – die jüngste Schwester zählt 22 Jahre. Wenn beinahe ein ganzer Konvent von einer einzigen Äbtissin aufgenommen wurde, so ist das natürlich für ein Kloster sehr prägend. Sie konnte ihm dadurch „ihren Stempel aufdrücken". Und wie sah dieser Stempel aus? Ich glaube, daß Äbtissin Cordula ganz aus dem Mysterium Trinitatis lebte. Gerade in der ersten Hälfte des 18. Jahrhunderts erfreute sich in den österreichisch-ungarischen Ländern und insbesondere in Böhmen die Verehrung der Heiligsten Dreifaltigkeit einer besonderen Beliebtheit. Äußere Zeichen dafür sind die vielen barocken Dreifaltigkeitssäulen – ein schönes Beispiel dafür ist jene im Klosterhof von St. Marienstern, die Cordula Sommer 1720 aufstellen ließ.

Es sei daher versucht, eine theologische Deutung von Person und Werk der Äbtissin Cordula Sommer im Hinblick auf die Heiligste Dreifaltigkeit zu geben: Das mütterliche Herz des Vaters ist der Sohn (Cor-datum). Ihn verschenkt der Vater (Cor-dans, Cor-dulus) in der Menschwerdung an die Welt. Der Sohn nimmt sich als Mensch vom Vater her entgegen und schenkt der Menschheit in Tod und Auferstehung seinen Heiligen Geist (Cor-amans). Der Kyrios – der auferstandene Herr – sammelt im Geist zeichenhaft aus den zwölf Stämmen Israels die kleine Kommunität der Apostel und sendet sie in die ganze Welt. So leuchtet die ewige Rhythmik der trinitarischen Liebe des einen Gottes in der Welt der Glaubenden auf (Con-cordantia). Das Wesen Gottes offenbart sich als communiale Selbstmitteilung. Die in Liebe geeinte Kommunität der Profeßschwestern wählt und trägt ihre Äbtissin. In der Gestalt der Äbtissin (Cordula) leuchtet in der Vielheit und Verschiedenheit des Schwesternkonventes die Einheit des Einen Gottes auf, der Vater und Mutter zugleich ist.

Christlich-klösterliche Gemeischaft wird verwirklicht im Dialog der Liebe zwischen den verschiedenen Frauen aller Altersstufen und Charaktere. So bezeugt ein Frauenkloster, im Wechsel der Jahre und Ereignisse, der Welt den einen Gott, der die Vielfalt der Schöpfung will und bejaht. Aus dem Menschen mit dem erbsündlich auf sich selbst zurückgekrümmten Herzen (Cor incurvatum in se ipsum) wird im Dienste der Communio (Kommunität) das Cor jubilans, das singende Herz, das dem Vater durch den Sohn im Heiligen Geist die Ehre gibt.

Für Cordula Sommer gilt ein Wort, das Karl Rahner einmal geschrieben hat: Wenn einmal alles brennt in der Welt, nützt es nichts mehr zu löschen. Es zeigt sich dann, wer die größere Herzensglut hinzuzuwerfen hat. Dies ist die Herausforderung an uns heute.

Für wertvolle Unterstützung danke ich Sr. M. Bernarda Helm O.Cist.; Herrn Pater Markus Wiskirchen OSB (Abtei Maria Laach); Herrn Dr. Siegfried Seifert (Bautzen) und Herrn Marius Winzeler (Dresden).

Anmerkungen

1 KlAM, Totenbuch von 1637.
2 Die Angaben sind Nachforschungen im Staatsgebietsarchiv Leitmeritz (Státní oblastní archiv v Litoměřicích) zu verdanken; Brief von Herrn Direktor prom. hist. Ladislav Dušek, Csc., vom 11. 09. 1997.
3 KlAM, Totenbuch von 1637. fol. 28v; das Todesjahr ist leider nicht vermerkt.
4 [HITSCHFEL, ALEXANDER:] Chronik des Cisterzienserinnenklosters Marienstern in der königlich sächsischen Lausitz. Warnsdorf 1894, S. 169–173.
5 [HITSCHFEL] 1894 (wie Anm. 4), S. 178.
6 SEIFERT, SIEGFRIED (Hrsg.): „Christliches Vergiß mein nicht". Andachtsbildchen und Gratulationen aus den Lausitzer Klöstern und Stiften vom 17. bis zum 18. Jahrhundert. Ausst. Kat. Domschatzkammer St. Petri Bautzen. Bautzen 1997.
7 KlAM, Urkunde Nr. 314.
8 VOSS, GERHARD: Musik des Weltalls wiederentdecken – Christliche Astralmystik. Regensburg 1996.
9 VOSS 1996 (wie Anm. 8), S. 9.
10 VOSS 1996 (wie Anm. 8), S. 14–18.
11 HENKEL, ARTHUR und ALBRECHT SCHÖNE: Emblemata. Handbuch zur Sinnbildkunst des XVI. und XVII. Jahrhunderts. Stuttgart, Weimar 1996, Sp. 311.
12 Zitiert nach: HERZOG, URS: Geistliche Wohlredenheit. Die katholische Barockpredigt. München 1991, S. 272.
13 [HITSCHFEL] 1894 (wie Anm. 4), S. 65, 67.
14 Zur kunsthistorischen Sichtweise auf die Baugeschichte des Barock vergleiche den Aufsatz von Heinrich Magirius in diesem Band.
15 FORBELSKY, JOSEF; JAN ROYT und MOJMIR HORYNA: Das Prager Jesuskind. Prag 1992, S. 52.
16 [HITSCHFEL] 1894 (wie Anm. 4), S. 185.
17 MISCHKE, ROLAND: Warum die Gabel es immer so schwer hatte. In: Die Welt. Juli 1997.
18 SKOBEL, PAUL: Die Totenbücher der Zisterzienserinnen-Abtei Marienstern. Ms. 1948 (unpubl.; KlAM), S. 104.
19 KlAM, Totenbücher, Verzeichnis von 1742.
20 Die Figur diente wohl der privaten Andacht der Schwester und befindet sich noch heute unter der stattlichen Zahl von barocken Heiligenfiguren in der Klausur des Klosters St. Marienstern.

21 Vgl. ŠOLTA, JAN: Zur Geschichte der Klosterherrschaft Marienstern vom 16. Jahrhundert bis zur Aufhebung der Leibeigenschaft. Separatum aus: Lětopis. Jahresschrift des Institutes für sorbische Volksforschung. Reihe B, Bd. 2,1. Bautzen 1956.
22 [HITSCHFEL] 1894 (wie Anm. 4), S. 181.
23 [HITSCHFEL] 1894 (wie Anm. 4), S. 183.
24 DOMASCHKA, P. ROMUALD: Tausend Jahre Gnadenort Rosenthal. Dresden 1928, S. 37.
25 Lexikon für Theologie und Kirche. Bd. 3. Freiburg 1931, S. 632.
26 Siehe SEIFERT, SIEGFRIED: Der Reliquienschatz der Zisterzienserinnenabtei St. Marienstern. In: Das Münster 49 (1996), S. 232–235.
27 ZEHNDER, FRANK GÜNTHER: Sankt Ursula. Legende – Verehrung – Bilderwelt. 2. Aufl. Köln 1987, S. 89.
28 SEIFERT 1996 (wie Anm. 26), S. 233f.
29 Zitiert nach ZEHNDER 1987 (wie Anm. 30), S. 17.
30 BALTHASAR, HANS URS VON: Cordula oder der Ernstfall. 4. Aufl. Einsiedeln, Trier 1987, S. 132.
31 [HITSCHFEL] 1894 (wie Anm. 4), S. 186.
32 VOSS 1996 (wie Anm. 8), S. 47–57.
33 KlAM, Verzeichnis im Totenbuch. Nicht richtig eingetragen ist dort das Alter der Äbtissin mit 82 statt 85 Jahren.

1 Kloster St. Marienstern. Klosteranlage, Vogelschau von Südwest

Schulgeschichte in der Klosterherrschaft

Dieter Rothland

In Panschwitz und in Kuckau – also im direkten Umfeld des Klosters St. Marienstern – gab es früher keine schulischen Einrichtungen. Dies ist auf den ersten Blick verwunderlich, denn diese Abtei hat eigentlich für Frömmigkeit, Kunst und Kultur seit ihrer Stiftung im 13. Jahrhundert sehr viel getan. Doch dabei ist zu bedenken:

1. Die Regeln für die Zisterzienserinnen sahen eigentlich keinen Bildungsauftrag für die Bevölkerung der Klosterherrschaft vor.
2. Schon im frühen Mittelalter begannen an Pfarrkirchen Priester, Diakone und Kantoren faktisch als Lehrer zu wirken, weil sie junge Menschen als „Mitgestalter" der Liturgie benötigten, und diese unterwiesen sie deshalb in Kirchengesang und lateinischer Sprache.

In den Schwesterkonventen nahmen die Chorschwestern diese liturgischen Aufgaben wahr. Eine Schule zur Ausbildung von Kindern und Jugendlichen in diesem liturgischen Sinn brauchten sie nicht. Das Noviziat samt Ausbildung war eine innere Angelegenheit der Klöster, es gehörte bereits in die Klausur; so ist es auch im Kloster St. Marienstern gewesen.

Der Anstoß dafür, daß sich eines Tages in St. Marienstern doch vieles änderte kam Ende des 18. Jahrhunderts aus Österreich bzw. aus Böhmen. Wohl gehörten die beiden Lausitzen politisch seit 1635 zu Sachsen. Doch bedeutete dies nicht, daß die Habsburger keinen Einfluß auf die katholischen Belange in der Lausitz genommen hätten. Es handelte sich um eine Art Schutzherrschaft. Je nachdem mit welcher Intention sie ausgeübt wurde, war sie für die katholische Kirche förderlich oder belastend. Fast alle künftigen Priester der Lausitz, sowohl Sorben als auch Deutsche, wurden in Prag ausgebildet. Hier gab es ein kircheneigenes Seminar, das dem Bautzener Domkapitel St. Petri unterstand und das von Spenden aus dem sorbischen Volk finanziert wurde. Durch Studenten und Priester kamen Gedanken der Aufklärung, wie sie in Böhmen verstanden wurden, in die Lausitz. Aus den Gedanken der Aufklärung erwuchs nun in Österreich und in Böhmen die Vorstellung, die Klöster müßten aufgelöst werden, da sie nicht mehr zeitgemäß wären und sich so historisch überlebt hätten. Einer der Hauptakteure dieser Verstaatlichungskampagne war Joseph II. (gest. 1790). Ein Erlaß vom 29. November 1781 leitete die Auflösung aller Klöster beschaulicher Orden ein, die weder caritative noch pädagogische noch seelsorgerische Aufgaben erfüllen. Nach Meinung des Ministers von Kaunitz waren diese „zur Beförderung des Besten des Nebenmenschen unfähig, folglich für die bürgerliche Gesellschaft unnütz …".[1]

Geplant war, daß die „Reichtümer" der säkularisierten Klöster einem „Religionsfond" für kirchliche, caritative und schulische Zwecke zugeführt werden. Die unter Umständen gutgemeinte Absicht wurde aber nur bedingt erfüllt. Der Schaden, der der Kirche durch die teilweise Verwirklichung der Ideen des sog. Josephinismus zugefügt wurde, sollte immens werden.

Gewiß, politisch hatte Joseph II. keinen direkten Einfluß auf die Lausitzer Klöster. Doch irgendwie spürten Äbtissin und Propst eine Gefahr für den Bestand des Klosters St. Marienstern. Hatte sich die Schutzherrschaft Böhmens auf Grund des Traditionsrezesses von 1635 bisher für die katholischen Stifter der Lausitz eigentlich positiv ausgewirkt, so war es plötzlich denkbar, daß alles ganz anders kommen könnte.

Clara Trautmann war von 1762 bis 1782 Äbtissin des Klosters St. Marienstern. Sie erfuhr, wie sich in Böhmen die Klosterauflösungen bedrückend auswirkten. Mehrmals wurde St. Marienstern seines Visitators beraubt. Die Ängste wegen einer Auflösung vergrößerten sich in der Zeit der Äbtissin Bernarda Keller (1782 bis 1798). Vincentia Marschner war von 1799 bis 1828 Äbtissin. Wohl war Kaiser Joseph II. inzwischen verstorben, doch ein gemäßigter Josephinismus wurde immer noch betrieben. Äbtissin Vincentia Marschner und Klosterpropst Pater Salesius Krügner sind es gewesen, die aus Sorge um den Fortbestand der Abtei und in Einsicht mit den Forderungen der Zeitentwicklung sozusagen das Startzeichen für eine moderne „Schulgeschichte in der Klosterherrschaft St. Marienstern" setzten.

So begann die Mariensterner Schulgeschichte zwar vor dem historischen Hintergrund des Josephinismus, aber das Kloster handelte souverän und klug und wirkte damit erneut – wie so oft schon in der Vergangenheit – segensreich für die Menschen der Klosterherrschaft und später weit darüber hinaus. Pater Salesius Krügner, gebürtig aus Böhmen, gehörte zum Zisterzienserkloster Ossegg, das durch geschicktes Handeln der Auflösung entgangen war. Pater Krügner war vom 31. Dezember 1817 bis zum 14. Januar 1835 Propst in St. Marienstern, danach wurde er in Ossegg zum Abt gewählt und starb im Jahre 1842.

Die Stifts-Knabenschule in Kuckau

Wie in anderen Dörfern – z.B. auch in dem reichen Bauerndorf Crostwitz – gab es schon längere Zeit in Kuckau eine Schule. Zumindest schickten Bauern, wenn es irgendwie machbar war, ihre Kinder unregelmäßig zu einem Schulmeister. Anfang des 19. Jahrhundert war in Kuckau ein alter Mann auf dem Kunigundenberg als Schulmeister tätig. Sein Haus wird 1802 „als das Häusl, die Schule genannt"² erwähnt. Hier lernten die Kinder zumindest das Lesen.

Im Jahre 1802 wurde gegenüber dem Mariensterner Klostertor auf der anderen Straßenseite – die heutige Hauptstraße wurde 1842/44 angelegt – ein Gebäude mit dem Wappen der Äbtissin Vincentia Marschner daran errichtet. Dort befindet es sich noch heute. Im vorderen Teil des Erdgeschosses dieses Hauses wurden dann bis zum Jahre 1838 Knaben und Mädchen unterrichtet. Als der Klosterbraumeister Trostmann dieser Kuckauer Schule testamentarisch 12.000 Mark vermachte, konnte sie am 22. Januar 1819 offiziell gegründet werden. Die Mariensterner Chronik berichtet: „Die Schule besteht aus zwei Klassen, für welche ein weltlicher Lehrer angestellt ist ...".³ Und weiter heißt es: „In der Schule zu Kuckau sind die Kinder von Marienstern, Kuckau, Panschwitz, Jauer, Miltitz, Schweinerden und der Alten Ziegelscheune eingeschult. Am ersten Sonntage nach Ostern wurde jährlich für die Schulkasse in Kuckau und zur Anschaffung von Gebetbüchern eine Kirchensammlung gehalten. In der Schule zu Kuckau wurde alles gelehrt, was für derartige Schulen in Sachsen vorgesehen war.

„Mit dem 5. Dezember 1875 begann in Kuckau die Fortbildungsschule mit wöchentlich 2 Stunden, die anfänglich Sonntags und ab 1885 an einem Wochentage gehalten wurde und welche jetzt seit 1891 wieder Sonntags gehalten wird. Mitte Juni 1894 waren in der kleinen Klasse 49, in der großen Klasse 40 und in der Fortbildungsschule 15 Schüler.

Am 3. Februar 1895 beschloß der Schulvorstand der Knabenschule in Kuckau die Bildung eines Fonds zu einem etwaigen Schulbau. Am 17. April 1895 sprach sich eine Kommission für die jetzige genannte Schule aus. Diese sollte nach Umbauten noch weitere 10 Jahre betrieben werden. Im Mai 1895 waren in der kleinen Klasse 40, in der großen Klasse 49 und in der Fortbildungsschule 18 Schüler.

Das Schulgeld in der Knabenschule beträgt für einen Schüler jährlich drei Mark und für den zweiten Schüler aus derselben Familie und zur gleichen Zeit eine Mark und fünfzig Pfennig, die anderen aus der Familie und zur gleichen Zeit sind frei. In der Fortbildungsschule wurde das Schulgeld für einen Schüler jährlich von drei Mark auf eine Mark und fünfzig Pfennig herabgesetzt."⁴

Als Direktoren und Lokalschulinspektoren wirkten immer die jeweiligen Stiftspröpste (in Vertretung der Äbtissin), beginnend mit dem weitsichtigen Pater Salesius Krügner. Geistliche waren als Katecheten tätig, die weltlichen Lehrer stammten anfangs oft aus Böhmen, später waren es meist Sorben, die aus der umliegenden Gegend stammten. So war neben den verpflichtenden Fächern auch die sorbische Muttersprache gesichert. Das Königreich Sachsen hatte mit dem sorbischen Volk und der Pflege seiner Sprache keine Probleme.

Ein interessantes Zeugnis für die Schule in seiner sorbischen Heimat gab ein später zum Industriellen gewordener ehemaliger Schüler der Stifts-Knabenschule, Nikolaus Trutz (1839–1917), in seiner Autobiographie. „Den ersten Unterricht genoß ich in der Dorfschule, und hier erlernte ich auch erst, wie noch heute die Wendenkinder, die deutsche Sprache. Unser Lehrer, ein Böhme, war zugleich Musikant, der seinen Instrumenten mehr Interesse entgegenbrachte, als uns Kindern. Den Religionsunterricht erteilten Patres aus der Zisterzienserabtei Ossegg, von denen immer vier im Kloster angestellt waren. Da ein Schulzwang nicht bestand, blieb ich dem Unterricht oft fern, um meinem Tatendrang in der Werkstatt des Vaters zu befriedigen ...".⁵

Wie die Mariensterner Chronik vorausschauend anzukündigen wußte, wurde 1905/06 eine neue Schule errichtet, und zwar auf der Panschwitzer Flur. An gleicher Stelle steht auch das heutige Schulgebäude, die Jakub Bart-Cisinski-Schule. Längst gehört diese Schule nicht mehr in die direkte Klostergeschichte. Doch den Anfang der Schulgeschichte von Panschwitz-Kuckau hat die Abtei St. Marienstern gesetzt.

Das St. Joseph-Institut für Mädchen

War schon die Gründung einer Stifts-Knabenschule in Kuckau ein Zeichen dafür, daß das Kloster St. Marienstern fähig und willens war, sich den Forderungen der Zeitentwicklung zu stellen, so wurde die Errichtung des St. Joseph-Institutes für die gleiche Einstellung noch bezeichnender. Denn in dieser Mädchenschule wurden Zisterzienserinnen als Lehrerinnen tätig. Das bedeutet, daß sie von da an für einen guten Zweck die Klausur verlassen mußten.

Ein Brand hatte am 22. September 1822 an der Südwestecke des inneren Klostergevierts u.a. die St. Bernhardskapelle beschädigt. An dieser Stelle wurde 1823/24 ein schlichter Neubau errichtet – das daran angebrachte

Wappen der Äbtissin Vincentia Marschner und die Jahreszahl 1824 geben davon Zeugnis.
Und wieder waren es Äbtissin Marschner und Propst Krügner, die die Initiative zur Errichtung eines Mädchenerziehungsinstitutes ergriffen. Am 1. November 1826 geschah dies mit zwölf Mädchen als Zöglinge. Direktor und Inspektor war fortan wieder der jeweilige Stiftspropst im Auftrag der Äbtissin. Den Religionsunterricht hielt ein Pater, es gab bald auch Präfektinnen, Lehrerinnen und Lehrer, unter denen vor allem viele Mariensterner Ordensschwestern waren. Der Papst als Oberhaupt der Kirche mußte seine Einwilligung geben, daß Zisterzienserinnen, um Unterricht erteilen zu können, die Klausurgrenze überschreiten durften, d.h., der Aufgabenbereich des Ordens mußte neu formuliert werden. Durch Breve vom Jahre 1835 bestimmte Papst Gregor VI., Unterricht und Erziehung der weiblichen Jugend soll ebenso Zweck des Ordens sein wie das beschauliche Leben und das Chorgebet.
Dem heiligen Joseph geweiht war das Institut dann seit dem 12. Mai 1889. Von Anfang an hatte das Mariensterner Mädchen-Institut hohe Gönner: die Bischöfe Ignaz Bernhard Mauermann und Franz Laurenz Mauermann, die königliche Familie (König Anton von Sachsen kam bereits 1829 zu Besuch) und Marie Gräfin von Stolberg-Stolberg (auf Räckelwitz).
Die Anfänge des Institutes waren bescheiden. Bis Ende Mai 1875 gab es nur eine Klasse. Die Sitten und Gebräuche von damals sind nicht mehr die unserer heutigen Zeit. Doch dies tut der Bedeutung des Institutes und dem Verdienst des Klosters keinen Abbruch. Rund um die Uhr waren die Zöglinge unter Aufsicht. Jeden Tag wurde heilige Messe gefeiert. Erholung geschah durch geordnetes Spazierengehen. Spaziergänge erfolgten „bei schöner Witterung täglich mittags von 12 bis gegen 1 Uhr und während der Sommerszeit auch abends nach 6 1/2 Uhr und an Ferialtagen nachmittags meist mit dem Schulkacheten ...".[6]
Wie bereits oben erwähnt, besuchten die (meist sorbischen) Mädchen der Umgebung St. Mariensterns ursprünglich die Stifts-Knabenschule in Kuckau, doch 1838 wurde im Institutsgebäude die (sorbische) Mädchenschule mit drei Klassen eröffnet, die Stifts-Mädchen-Freischule.
Im Laufe der Zeit wuchs im Institut die Zahl der Schülerinnen, durch größere Anforderungen wurden Erweiterungen notwendig. Am 31. Mai 1875 wurde das Mädchen-Erziehungs-Institut in zwei Klassen geteilt. Unterricht gab es in folgenden Fächern: Religion (Glaubenslehre und Biblische Geschichte), Kirchengeschichte, Deutsch, Französisch, Geographie, Mathematik, Handarbeit und Musik, später ergänzt durch Literatur, Weltgeschichte, Naturlehre und -geschichte, Turnen, Englisch, Buchführung, Stenographie und sogar Schreibmaschine.[7]

In Sachsen erlangte das Mariensterner St. Josephs-Institut einen guten Ruf. Die inzwischen „staatlich anerkannte Handels- und Haushaltungsschule stellte sich die Aufgabe, den ihr anvertrauten Mädchen eine echt christliche Erziehung zu geben und sie anzuleiten, sich durch Selbsterziehung zu charaktervollen Menschen heranzubilden. Sie werden theoretisch und praktisch in all jenen Fächern unterrichtet, die sie zur Erfüllung ihrer Pflichten im häuslichen, beruflichen und gesellschaftlichen Leben befähigen. Um diese Ziele zu erreichen, stehen drei Abteilungen zur Verfügung: Vorbereitungsklasse, Handelsschule und Haushaltungsschule. Aufnahme in die Vorbereitungsklasse finden Mädchen vom 7. Schuljahre an. Die Handels- und Haushaltungsschule kann besucht werden nach vollendetem 8. Schuljahre." So war der Stand der Dinge um das Jahr 1933. Damals war auch die sorbische Mädchenvolksschule intakt, die dem St. Josephs-Institut angeschlossen war. „Im unteren Teile des Institutsgebäudes befindet sich die wendische Mädchenvolksschule, in welcher die Kinder aus den umliegenden Ortschaften, gegenwärtig 134 Mädchen, von den geistlichen Jungfrauen kostenlos unterrichtet werden; ebenso die Mädchen der dreiklassigen Fortbildungsschule, welche in diesem Jahre (1933, Anm. d. Verf.) von 40 Schülerinnen besucht wird."[8] Damals waren im Institut und in der wendischen Volksschule 22 Ordensschwestern als Lehrerinnen tätig. „Neben dem Unterricht ist auch bei den Zöglingen hinreichend für Erholung, Sport und Unterhalten gesorgt, so daß bei der Jugend immer ein heiterer, fröhlicher Geist herrscht."[9]
Von der Zeit der Gründung des Institutes an, bis zur Erweiterung mit der Gründung der Fortbildungsschule (1916), war lange Zeit vergangen, doch die Kontinuität in der Entwicklung des Institutes war unübersehbar.
Wurde es nach 1933 sehr schwer, so war es nach dem Beginn des 2. Weltkrieges dem Kloster unmöglich, die Schule zu bewahren. Im Jahre 1939 wurde die Fortbildungsschule durch den Staat geschlossen, Ostern 1940 auch das St. Josephs-Institut mit seiner Handels- und Haushaltungsschule. Da die staatlichen Gewaltmaßnahmen auch die „Wendische Mädchen-Volksschule" betrafen, wurde damit „die Kulturarbeit, welche die Schwestern zum größeren Teil als staatlich geprüfte Lehrerinnen etwa ein Jahrhundert geleistet hatten, jäh abgebrochen."[10] Christlicher Glaube war der Nazidiktatur ebenso ein Dorn im Auge, wie die sorbische Sprache, die in der wendischen Mädchenvolksschule gepflegt wurde.
Am 14. April 1941 brach nachts ein Brand aus. Er vernichtete u. a. das bisherige Schul- und Institutsgebäude. Seitdem haben sich die Verhältnisse verändert. Doch der Verdienst des Klosters St. Marienstern auch um die Bildung sorbischer und deutscher Mädchen und Jungen ist geblieben und gereicht dem Konvent zur Ehre. Was

Schulen in Städten und Dörfern der gesamten Klosterherrschaft anbelangt, so ist dies sicher ein eigenes Thema. Denn Bernstadt und der Eigen gingen schon lange Zeit konfessionell eigene Wege. Wittichenau hatte natürlich eine eigene Stiftsschule. Und in den Dörfern wie Crostwitz gab es schon lange – in unterschiedlichen Formen – Schulmeister. Im Wallfahrtsort Rosenthal war bereits 1777 ein Schulgebäude errichtet worden, in Ostro 1820, in Ralbitz 1845 und in Storcha 1889. Im Jahre 1838 wurde vom Kloster St. Marienstern aus die katholische Schule in Spittel bei Kamenz gegründet, im Klostervorwerk brachte man sie unter. Und 1839/40 wurde in Nebelschütz auf dem Pfarrgrundstück eine Schule gebaut. Aus all diesen genannten Schulen heraus, wenn auch längst in anderen Gebäuden, entstand das heutige Schulwesen.

Maria-Martha-Heim

Zwischen 1968 und 1972 gelang es, trotz für die katholische Kirche und für das Kloster St. Marienstern schwieriger Umstände, das im Krieg ausgebrannte Gebäude des ehemaligen St. Josephs-Institutes wieder aufzubauen. Hier wurde nun 1972/73 das Maria-Martha-Heim eröffnet. Geistig behinderte Mädchen werden aufgenommen, fast ständig wird ausgebaut und erweitert. Heute erfahren mehr als 80 Kinder und Jugendliche in familienähnlicher Atmosphäre eine ihrer Behinderung entsprechende Förderung. Zum Wohnheim gehören die entsprechende Werkstatt für Behinderte und eine rehabilitationspädagogische Einrichtung samt Förderschule in freier Trägerschaft. Ein Großteil der Arbeit für die Behinderten haben die Ordensschwestern von St. Marienstern, nach entsprechender Fachausbildung, übernommen. Der Rechtsträger für alle drei Bereiche des Maria-Martha-Heimes ist das Kloster. Das Heim zählt gegenwärtig 87 Bewohner, die in drei Häusern wohnen bzw. untergebracht sind. Im St. Josephshaus leben ausschließlich Werkstattbesucher und in den beiden anderen Gebäuden überwiegend Schüler. Sie wohnen in Gruppen von 8 bis 10 Personen und sind zwischen 9 und 45 Jahre alt.

Die Förderschule gliedert sich in Unter-, Mittel-, Ober- und Werkstufe. Ziel ist es, die Schüler so weit wie möglich zu fördern und ihre Selbständigkeit zu erhöhen. Folgende Fächer umfaßt der Unterrichtsplan: Lesen und Schreiben in der Muttersprache, Mengenlehre, Musik, Religion, Sport, Spiel, Rhythmik, Umwelt, bildnerisches Gestalten, Werken, Hauswirtschaft, Schwimmen und sogar Reiten. Eine Physiotherapeutin turnt mit den körperbehinderten Schülern, dazu gehören auch Reittherapie und Schwimmtherapie. Auch eine Sprachtherapeutin gibt Unterricht.

In der Werkstatt für Behinderte sind gegenwärtig 49 Frauen und Männer tätig; einige wohnen auch im Ort oder in der Umgebung des Klosters. Die Werkstatt umfaßt verschiedene Arbeitsbereiche: Landschaftsgestaltung, Montage von Faserstiften und Farbkästen, Verpackung verschiedener Haushalttücher, Tonarbeiten, hauseigene Bäckerei, Hauswirtschaft u.a. Freude und Anerkennung zu finden, ist für die Behinderten sehr wichtig.

In Zusammenarbeit mit der katholischen Diözesancaritas und mit den staatlichen Stellen wird die Sozialarbeit ständig ausgeweitet. Nach 1990 wurde eine G-Schule (Schule für geistig Behinderte) gegründet und vom Freistaat Sachsen als staatlich anerkannte Ersatzschule bestätigt. Sie hat derzeit 56 Schüler.[11]

Ein Dankeschön an die Schwestern des Konventes von St. Marienstern und an Herrn Lehrer a. D. A. Kuring aus Panschwitz-Kuckau für ihre freundliche Hilfe.

Anmerkungen

1 Zitiert nach: Handbuch der Kirchengeschichte. Hrsg. von KURT JEDIN, Bd. V.

2 Zitiert nach: MEŠKANK, JAN: Geschichte der Schule in den sorbischen Gemeinden.

3 [HITSCHFEL, ALEXANDER]: Chronik des Cistercienserinnenklosters Marienstern in der königlich sächsischen Lausitz. Warnsdorf 1894, S. 584.

4 [HITSCHFEL] 1894 (wie Anm. 3), S. 584.

5 TRUTZ, NIKOLAUS: Vom Wanderstab zum Automobil. Paderborn 1921.

6 [HITSCHFEL] 1894 (wie Anm. 3), S. 566.

7 Angaben nach: DOMASCHKA, P. ROMUALD: Tausend Jahre Gnadenort Rosenthal. Dresden 1928, S. 55.

8 Führer durch das Cisterzienserinnen Kloster St. Marienstern. Dresden 1933, S. 25.

9 DOMASCHKA 1928 (wie Anm. 7).

10 SCHMIDT, EVA: Die Zisterzienserinnenabtei St. Marienstern. Leipzig 1959, S. 30.

11 Alles nach Angaben aus dem Kloster.

Zisterzienser zwischen Saale und Neisse

Manfred Kobuch

Als Kaiser Friedrich II. am 13. Dezember 1250 im apulischen Castel Fiorentino fieberkrank auf dem Sterbebett lag, ließ er sich in ein Zisterziensergewand hüllen. Der Onkel seines Großvaters Friedrich Barbarossa, der Zisterzienserbischof Otto von Freising, bekannt als Historiker, Philosoph und Theologe, der 1132 mit 15 adeligen Gefährten in das Kloster Morimond eingetreten und 1138 dessen Abt war, legte bis zum Lebensende (1158) sein Ordensgewand nicht ab. Fünf Jahre zuvor war Bernhard von Clairvaux gestorben, der mit mönchisch-asketischem Erneuerungswillen den Zisterzienserorden zu einer das Abendland umspannenden Organisation gemacht hat. Zu diesem Zeitpunkt zählte der Orden auf deutschem Boden bereits rund 50 Abteien, die durch ein Filiationsverhältnis mit einem Mutterkloster verbunden und dem Generalkapitel aller Äbte in Cîteaux hierarchisch unterstellt waren, für Otto von Feising Grund genug zu der Feststellung, daß die Welt zisterziensisch geworden sei.

Asketischem Lebenswandel verpflichtet, sollten die Mönche ihren Unterhalt durch eigener Hände Arbeit bestreiten, und der Bezug von Renten war, wie es die Charta Caritatis vorsah, unstatthaft. Die Handarbeit jedoch wurde nach cluniacensisch-hirsauischem Vorbild Laienbrüdern übertragen, die sie leiteten und vielfach von Lohngesinde ausführen ließen. Landwirtschaftliche Eigenbetriebe entstanden. Selbst die Gründung neuer Klöster in völliger Abgeschiedenheit ließ sich nicht kompromißlos durchhalten, wenngleich die Tallage der Abteien aus wirtschaftlichen und hygienischen Gründen stets beachtet wurde.

Der Aufstieg des Zisterzienserordens im 12. Jahrhundert fällt mit dem Landesausbau östlich von Saale und Elbe zusammen, der für die zisterziensische Wirtschaftsweise größte Bedeutung erlangte. Nicht in der vielzitierten Rodungstätigkeit, die im Markengebiet wohl nur das Kloster Doberlug betrieb, sondern in der Intensivierung bereits kultivierten Landes, im Wasserbau, in der Verbesserung der Viehzucht, im Gartenbau und in der Pflege von Obstkulturen fand die wirtschaftliche Tätigkeit des Ordens vornehmlich ihre Erfüllung; Rentenbezug, Zinseinkünfte und Geldgeschäfte gehörten bald zum Leben der von den ursprünglichen Idealen der Bedürfnislosigkeit entfernten Konvente, die über genügend Mittel verfügten, eine von gesteigerten Ansprüchen getragene Sakralarchitektur zu entwickeln.

Monastische Ausgangspunkte für die während der West-Ost-Ausbreitung des Ordens im meißnischen Markengebiet zwischen 1132 und 1268 entstandenen sechs Männerklöster waren die von der ersten deutschen Abtei Altenkamp aus gegründeten Zisterzen Walkenried und Volkenroda, die beide im nordthüringischen Altsiedelland lagen. Von Walkenried aus wurden Schmölln/Pforte und das – noch im Altreich befindliche – Sittichenbach besetzt. Ersteres wurde zum Mutterkloster für Altzelle, aus dem später Neuzelle hervorging, und Sittichenbach entsandte Konvente nach Buch und Grünhain. Von Volkenroda schließlich nahm das Kloster Doberlug seinen Ausgang.

Mit dem Einzug von Zisterziensermönchen in das vormalige Benediktinerkloster Schmölln im Jahre 1132 faßte der Zisterzienserorden knapp zehn Jahre nach der Grün-

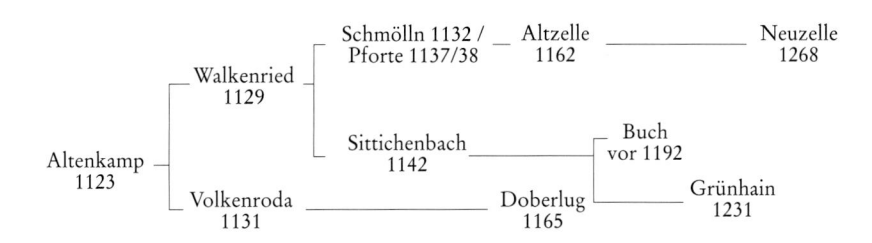

```
                              Schmölln 1132 /   Altzelle                    Neuzelle
                              Pforte 1137/38    1162                        1268
               Walkenried
               1129
Altenkamp                     Sittichenbach              Buch
1123                          1142                       vor 1192
               Volkenroda                                             Grünhain
               1131                           Doberlug                1231
                                              1165
```

Filiationen von Altenkamp in Thüringen, in der Mark Meißen und in der Ostmark (Niederlausitz)

dung des linksrheinischen Altenkamp bereits östlich der Saale Fuß und begann seine Wirksamkeit im Bereich der sorbenländischen Bistümer. Er überschritt damit die geschichtsträchtige Saalelinie und drang in das meißnische Markengebiet ein, in dem der Landesausbau gerade begonnen hatte. Die Kraft der Bendiktinergründungen strahlte nur noch wenig über die Saalelinie hinaus, und neue, aus der Reformbewegung des 11. Jahrhunderts hervorgegangene Orden, die Augustiner-Chorherren und die Zisterzienser vornehmlich sowie die Bettelorden, breiteten sich nach Osten aus.

Zu einer dauerhaften geschichtlichen Wirksamkeit gelangten nur die Männerklöster und die beiden Frauenzisterzen im böhmischen Teil des Bistums Meißen. Sie beachteten nicht nur die Zisterziensergewohnheiten wie die meisten Frauenklöster, die sich im Bistum Naumburg häufen, sondern waren dem Zisterzienserorden wirklich inkorporiert. Von ihrer Bedeutung für die Landes- und Ordensgeschichte sind ihnen wohl nur noch die Frauenzisterzen Mühlberg und Nimbschen zuzuweisen. Schon das Kreuzkloster vor Meißen ist anders einzuordnen.

Das unterschiedlich ausgeprägte Gewicht der einzelnen Zisterzienserklöster zwischen Saale und Neiße hängt vor allem vom gesellschaftlichen Rang und den Intentionen ihrer Stifter ab. Sieht man vom Kloster Pforte ab, hinter dem die Gründerkraft der Ludowinger und eines ihrer Dynastie angehörenden Naumburger Bischofs stand, sind es die von den Wettinern in ihrem Herrschaftsbereich gestifteten Männerklöster, die Bedeutung erlangten. Es waren die Söhne des Markgrafen Konrad, die für die von ihnen 1156 begründeten Linien je ein Hauskloster in Altzelle und Doberlug einrichteten, von denen dank der dynastischen Gunst – der Stifter von Doberlug, Markgraf Dietrich von der Ostmark starb frühzeitig, und sein Anteil an der Gründung des Frauenklosters Guben ist unsicher – nur Altzelle zu einem wirklichen markmeißnischen Kloster und einer traditionsreichen Stiftergrablege aufstieg. Ein Sohn und Nachfolger des Altzelle-Gründers Ottos des Reichen, Markgraf Dietrich der Bedrängte, war es dann, der gleichsam in einer zweiten Entstehungsphase zisterziensischer Niederlassungen im Markengebiet die Frauenklöster in Zwickau/Eisenberg, Leipzig und vermutlich auch Torgau ins Leben rief. Eine besondere Rolle war dem Kreuzkloster vor Meißen zugedacht, das ebenfalls auf diesen Fürsten zurückgeht; von seiner schwankenden Ordenszugehörigkeit abgesehen glich dieses reich dotierte Kloster eher einem adeligen Damenstift, dessen Konvent eine für wettinische Stiftungen ungewöhnliche rechtliche Selbständigkeit genoß. Einer späten Gründungsphase schließlich gehören im wettinischen Herrschaftsbereich die aus mehreren Anfangsverlegungen hervorgegangenen Frauenzisterze Nimbschen und das im fernen Nordosten der Niederlausitz gelegene Zisterzienserkloster Neuzelle an; Stifter beider Abteien war der bedeutendste wettinische Herrscher des 13. Jahrhunderts, Markgraf Heinrich der Erlauchte, ein Enkel Ottos des Reichen. Verwirklichte sich der geistliche Auftrag dieser Klöster mit wechselndem Erfolg, so kann doch mit Sicherheit davon ausgegangen werden, daß sie ihren Gründern Dienst- und Gastungspflichten schuldeten und ohne Ausnahme den Wettinern als Stützpunkte ihrer Landesherrschaft dienten. Besonders die in den Gebieten des Landesausbaus errichteten großen Männerzisterzen hatten daran erheblichen Anteil, zumal die bei der Gründung maßgebenden eigenkirchenrechtlichen Vorstellungen ihrer Stifter trotz ständiger Zunahme der Geltung des kanonischen Rechts nie völlig aufgegeben wurden.

Für die Zisterzen in den zu ihrer Gründungszeit nichtwettinischen Gebieten gilt sinngemäß dasselbe. Im Pleißenland, staufisches Reichsterritorium seit 1158, zeichnete sich die Abtei Buch, eine eigenklösterliche Gründung der Burggrafen von Leisnig mit Stiftergrablege, durch besondere Nähe zum staufischen Königtum aus, das die Leisniger Reichsburggrafschaft eingerichtet hatte. Ebenso war die große Abtei Grünhain im pleißenländischen Erzgebirge, ein Eigenkloster der Edelfreien von Meinweh und von Werben – auf letztere geht auch das Frauenkloster Beuditz bei Weißenfels zurück – solange eine Stütze der Zentalgewalt, bis das Pleißenland im 14. Jahrhundert in der wettinischen Landesherrschaft aufging. Das kleine, von den Edelfreien von Tegkwitz als Burggrafen von Starkenberg zunächst in Grünberg gegründete, sodann nach Frankenhausen bei Crimmitschau verlegte Nonnenkloster nahm den gleichen Weg.

Während die meisten kleinen Frauenkonvente im Herrschaftsbereich der Wettiner, teils aus freiem Zusammenschluß entstanden, teils eigenkirchenrechtliche Gründungen edelfreier oder ministerialischer Geschlechter, dem Orden gar nicht inkorporiert waren (Ausnahmen bilden Dörschnitz/Sitzenroda, Torgau/Grimma/Nimbschen; zeitweise Guben, Leipzig, Meißen-Heilig Kreuz und Sornzig), sondern nur nach Zisterziensergewohnheit lebten, hatten die noch in der ersten Hälfte des 13. Jahrhunderts gegründeten Nonnenklöster St. Marienthal und St. Marienstern eine große Zukunft vor sich. Sie liegen in jenem später Oberlausitz genannten Landesteil Sachsens, den Kaiser Friedrich I. Barbarossa 1158 der Krone Böhmen als Reichslehen übertragen hatte. Die bis 1635 andauernde, nur geringfügig unterbrochene Zugehörigkeit der Markgraftümer Ober- und Niederlausitz zur böhmischen Krone und ihr im Frieden zu Prag erfolgter Übergang an den Kurfürsten von Sachsen bilden die Voraussetzung der deutschlandweit wohl einmaligen Tatsache ihrer ununterbrochenen Existenz bis heute. Beide Zisterzienserinnenabteien sind eigenkirchenrechtliche Gründungen und wurden bald nach ihrer Entstehung dem Orden inkorporiert, wozu der hohe gesellschaftli-

1101–1150	1151–1200	1201–1250	1251–1300
• 1127/32 (Schmölln)	• 1162/75 *Altzelle*	• Anf. 13. Jahrhundert (Torgau)	• 1260/71 (Grünberg)
• 1137/38 *Pforte*	• 1165/85 *Doberlug*	• Anf. 13. Jahrhundert (Triptis)	• 1268/81 *Neuzelle*
	• 2. Hälfte 12. Jahrhundert Guben	• Anf. 13. Jahrhundert (Dörschnitz)	• 1275/85 Nimbschen
	• vor 1192 *Buch*	• 1212 (Zwickau)	• 1285/92 Frankenhausen
	• Ende 12. Jahrhundert (Hohenlohe)	• vor 1217 Heilig Kreuz	• 13. Jahrhundert Petersberg
	• 1198 Sitzenroda	• 1219 Eisenberg	
		• um 1225 Beuditz	
		• 1227/30 Mühlberg	
		• vor 1230 Langendorf	
		• vor 1230 Leipzig	
		• 1231/35 *Grünhain*	
		• 1234 St. Marienthal	
		• 1241 Sornzig	
		• vor 1247 Stadtroda	
		• 1248 St. Marienstern	
		• vor 1250 (Grimma)	
		• 1. Hälfte 13. Jahrhundert Frauenprießnitz	

Die Zisterzienser- und Zisterzienserinnenklöster zwischen Saale und Neiße in der Reihenfolge ihrer Entstehung (verlegte Klöster in Klammern, Männerklöster kursiv)

che Rang der Stifter beitrug. Königin Kunigunde von Böhmen, Tochter des deutschen Königs Philipp, gründete 1234 St. Marienthal, das seit 1258 zum Bistum Prag gehörte, und 1248 verwirklichte die Reichsministerialenfamilie von Kamenz die Gründung von St. Marienstern. Einer der Stifter, der nachmalige Meißner Bischof Bernhard III. von Kamenz, wurde 1296 in der Familiengrablege des Klosters bestattet.

Neben Arbeit und Gebet gehörte geistige Betätigung zum Lebenskreis der Zisterziensermönche, die sich in den klösterlichen Schreibstuben und Bibliotheken vollzog. Dort entstanden prachtvoll ausgestattete Codices, deren Schöpfer das dem anfänglichen Armutsideal des Ordens verpflichtete kunsteinschränkende Gebot für den Buchschmuck weit hinter sich ließen. So darf auch ein Zusammenhang zwischen den reichhaltigen Klosterbibliotheken von Pforte, Altzelle, Buch, Grünhain und Neuzelle mit leistungsfähigen Skriptorien vorausgesetzt werden, in denen künstlerisch befähigte Mönche die vom Orden vorgeschriebenen Bücher liturgisch-monastischen Inhalts abschrieben. Herausragende Leistungen der Schreibkunst und Buchillustration wurden beispielsweise in Altzelle vollbracht, die intensiv erforscht sind. Noch 1516 entstand dort ein kostbar illuminiertes Antiphonale für das Kloster St. Marienstern, dessen Visitator ein Altzeller Abt war. Berühmt war auch die Altzeller Bibliothek, die in einem 1506 eigens dafür eingerichteten Studiensaal untergebracht wurde, in dem die Bücher auf 28 Pulttischen zur Benutzung bereitlagen. Es handelte sich um eine der wertvollsten spätmittelalterlichen Zisterzienserbibliotheken Deutschlands, deren 1514 gefertigter Katalog 960 Werke theologisch-philosophischen, juristischen und medizinischen Inhalts aufweist, von denen nur wenige Bände erhalten blieben. Als beispielhafte Stätte zisterziensischer Gelehrsamkeit war Altzelle, dessen Abt Vincenz Gruner vor 1409 am Bernhardinerkolleg zu Prag wirkte und später Rektor der Universität Leipzig wurde, auch zum Vorläufer des Leipziger Bernhardinerkollegs, wo zahlreiche Zisterziensermönche Ostmitteldeutschlands seit 1427 studierten.

Auf den Umstand des ungebrochenen Bestehens der Oberlausitzer Zisterzen St. Marienstern und St. Marienthal wurde bereits hingewiesen. Er verdient insofern besondere Beachtung, als im 16. Jahrhundert nach Einführung der lutherischen Reformation in den beiden wettinischen Territorialstaaten nahezu alle klösterlichen Einrichtungen säkularisiert worden sind, und zwar vielfach von den Nachfolgern ihrer eigenen Stifter. Diesem Schicksal entging auch das Kloster Neuzelle, weil es bis 1635 unter böhmischer Hoheit stand und danach von Kursachsen nicht angetastet wurde. Das blieb erst dem preußischen Staat vorbehalten, der diese Abtei 1817 aufhob. Allerdings blieben die Klausurgebäude erhalten, und das im Stile des böhmischen Hochbarock umgestaltete Kircheninnere bewahrt den Geist des 18. Jahrhunderts.

Ortsartikel

Das nachfolgende Klosterverzeichnis erfaßt die zwischen Saale und Neiße gelegenen Zisterzienserabteien einschließlich ihrer wechselnden Standorte in alphabetischer Folge, sofern sie sich im räumlichen Zuständigkeitsbereich der drei sorbenländischen Bistümer Naumburg, Merseburg und Meißen befinden. Je ein Kloster liegt in den Diözesen Mainz und Prag. Es werden alle Konvente berücksichtigt, die dem Orden inkorporiert waren oder nur nach Zisterziensergewohnheit lebten, aber auch diejenigen Frauenklöster erwähnt, deren Ordenszugehörigkeit schwankte oder überhaupt nicht sicher überliefert ist. Die Ortsartikel sind nach der Methode des Deutschen Städtebuches in der Regel in 14 Punkte gegliedert, die alle wesentlichen Angaben zur Geschichte und Bedeutung der Klöster nach dem gegenwärtigen Forschungsstand enthalten. Besonderer Wert wurde auf die Erfassung der Rechtsstellung und der wirtschaftlichen Verhältnisse gelegt. Die einzelnen Angaben veranschaulichen bereits durch ihre unterschiedliche Ausführlichkeit den ungleichen Rang der Abteien, aus denen die Männerklöster und nur wenige Frauenkonvente, darunter die beiden oberlausitzischen Zisterzen, weit herausragen. Auf einschlägiges Schrifttum und weiterführende Literatur, sofern diese in Fachbibliographien nachgewiesen ist, wird am Schluß der Ortsartikel aufmerksam gemacht.

Altzelle, Männerkloster (Bistum Meißen)

Lage: Zwei Kilometer westlich von Nossen (Ortsteil Zella), am westlichen Ufer der Freiberger Mulde
Gründungszeit: 1162, Einzug des Konvents 1175
Gründer: Markgraf Otto (der Reiche) von Meißen
Mutterkloster: Pforte
Tochterkloster: Neuzelle
Anfangsverlegung: Von Böhrigen an der Striegis an den endgültigen Standort nicht gesichert
Verhältnis zum Orden: Dem Zisterzienserorden inkorporiert
Rechtsstellung: Gründung nach Eigenkirchenrecht mit Stiftergrablege; Vogtei im Sinne der Schutzfunktion beim jeweiligen Markgrafen; bischöfliche Diözesangewalt zugunsten allmählich erreichter Exemtion abgeschwächt; päpstliche Schutzprivilegien seit 1190; Königsschutz 1224; auf Klosterbesitz volle Gerichtsbarkeit beim Abt; seit dem 14. Jahrhundert Übergewicht der wettinischen Landesherrschaft unabwendbar
Größe und Struktur des Konvents: Nur wenige Angehörige des niederen Adels der Mark Meißen; überwiegend Mönche bürgerlicher, wohl auch bäuerlicher Herkunft; 1408 gehörten dem Konvent 48 Mönche an, vor Gründung des Tochterklosters Neuzelle (1268) war ihre Anzahl zweifellos höher; übliche Klosterämter wie in Pforte oder Buch: Prior, Subprior, Kustos, Kellermeister usw.; Konverseninstitut seit Gründung stark ausgeprägt, seit dem Anfang des 15. Jahrhunderts zahlenmäßiger Rückgang infolge gewandelter Wirtschaftsstruktur; Lohnarbeiter
Wirtschaftliche Verhältnisse: Anfangsausstattung mit 800 Kulturhufen durch den Stifter leitete die Entwicklung Altzelles zum reichsten und bedeutendsten markmeißnischen Kloster ein, für dessen Landbesitz eine Grenzumschreibung bereits von 1185 vorliegt. Laufende Besitzerweiterung erfolgte vornehmlich durch Kauf: Abrundung des geschlossenen Klosterkomplexes um Roßwein, Nossen und Siebenlehn einschließlich des Erwerbs der Stadtherrschaft über diese Orte (1293, 1430, 1500), eines Güterkomplexes um Lobositz in Nordböhmen (1252) sowie von Streubesitz bei Leipzig, Dresden und Jena. Bereits 1213 bestanden acht Grangien in ertragreichen Gegenden. Eigenwirtschaft relativ gering, statt dessen ausgedehnter Rentenbezug von den Zinsbauern; umfangreiche Geldgeschäfte; differenzierte gewerbliche Produktion im Klostergelände, dort fast alle Handwerke in dem Bestreben, autark zu sein, vertreten; Klosterhöfe in Meißen, Dresden, Freiberg und Leipzig für den Absatz der agrarischen Überschußprodukte; Getreideeinfuhr vom Klosterhof Lobositz nach Meißen per Schiff; Spezialkulturen (Wein, Obst, Hopfen); zahlreiche Mühlen, geringer Bergbau (Schmelzhütte in Böhrigen); Handel; Besitz des Klosters vor der Säkularisation: drei Städte, 75 Dörfer, elf Wirtschaftshöfe sowie der Patronat über 23 Kirchen, von denen jedoch nur vier inkorporiert waren
Wissenschaftliche Betätigung: Intensive geistige Arbeit war seit der Klostergründung betrieben worden. Nach 1200 ragt der wissenschaftlich tätige Abt Ludeger heraus, dem wohl die theologische Konzeption der Goldenen Pforte am Dom zu Freiberg verdankt wird. Die Klosterschule entwickelte sich zu einem Studienkolleg, das nach 1409 eine Art Vorstufe des 1426 an der Universität Leipzig gegründeten Bernhardinerkollegs bildete, dessen erster Leiter der Altzeller Mönch Georg war. Schaffung illuminierter Handschriften im klostereigenen Skriptorium; bedeutende, über 1.000 Bände umfassende Bibliothek, durch den humanistisch gebildeten Abt Martin von Lochau (†1522) erheblich vergrößert und in einem neu errichteten Bibliothekssaal zweckmäßig aufgestellt, darin u.a. namhafte Verfasser von Chroniken (Ekkehard von

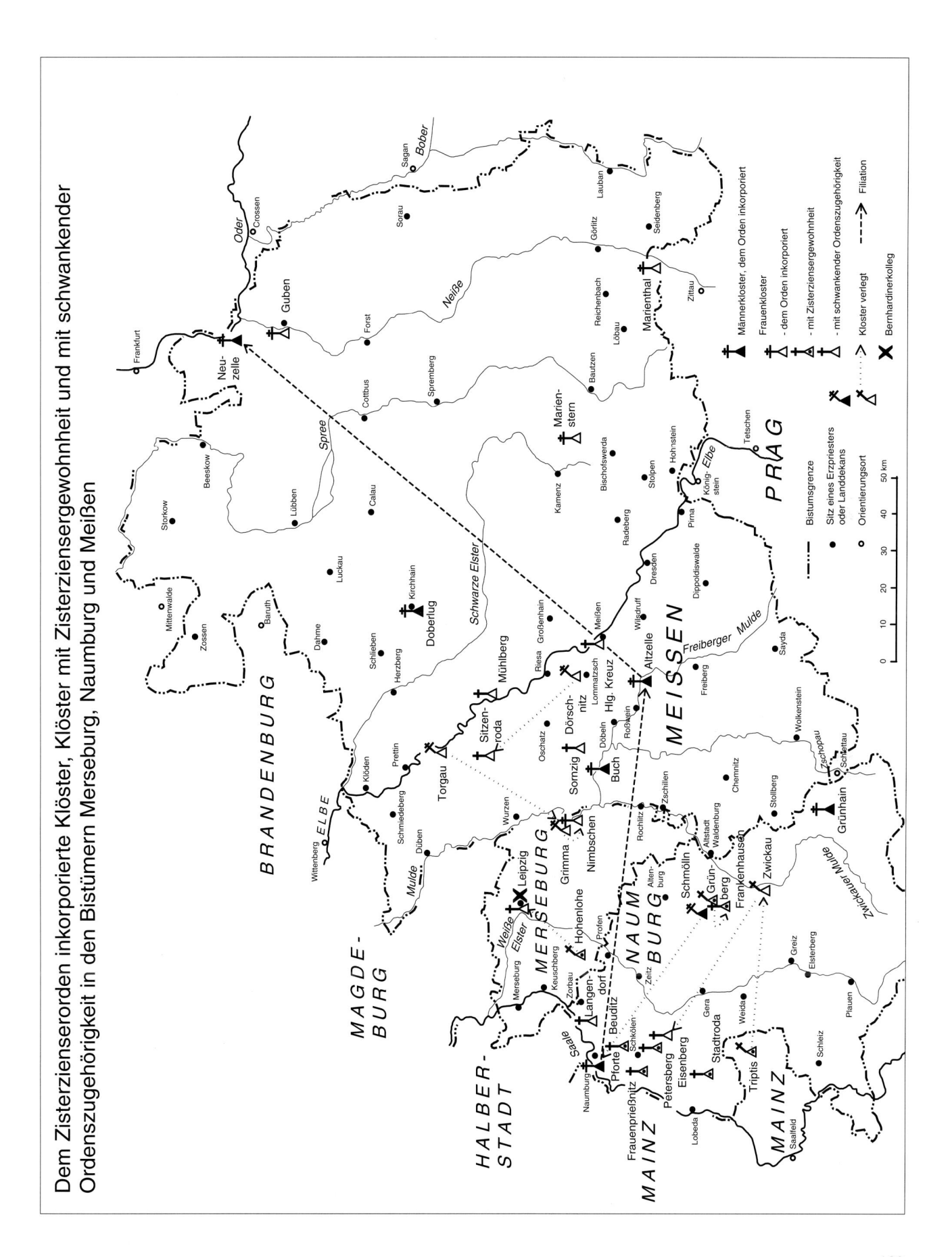

Dem Zisterzienserorden inkorporierte Klöster, Klöster mit Zisterziensergewohnheit und mit schwankender Ordenszugehörigkeit in den Bistümern Merseburg, Naumburg und Meißen

Aura, Widukind, Cosmas), antike Autoren (Seneca, Auszüge aus Cicero), Historiker wie Beda und Orosius, eine mitteldeutsche Evangelienübersetzung, Altzeller Annalen, Notenhandschriften; nach der Säkularisation der Universität Leipzig überwiesen
Auflösung: 1540 Sequestration unter Fortsetzung des landwirtschaftlichen Betriebs; 1544 Säkularisation: Umwandlung des klösterlichen Grundbesitzes um Altzelle in das landesherrliche Amt Nossen; 1545 Verpachtung des Klostergutes
Schrifttum: CREUTZ, URSULA: Bibliographie der ehemaligen Klöster und Stifte im Bereich des Bistums Berlin, des Bischöflichen Amtes Schwerin und angrenzender Gebiete. (= Studien zur katholischen Bistums- und Klostergeschichte 26) 2. Aufl. Leipzig 1988, S. 362–366; MAGIRIUS, HEINRICH: Die Baugeschichte des Klosters Altzella. (= Abhandlungen der Sächsischen Akademie der Wissenschaften zu Leipzig. Philologisch-Historische Klasse. Bd. 53, Heft 2.) Berlin 1962; SCHATTKOWSKI, MARTINA: Das Zisterzienserkloster Altzella 1162–1540. Studien zur Organisation und Verwaltung des klösterlichen Grundbesitzes. Leipzig 1985; PÄTZOLD, STEFAN: Die frühen Wettiner. Adelsfamilie und Hausüberlieferung bis 1221. Köln, Weimar, Wien 1997, S. 198–203

Beuditz, Frauenkloster (Bistum Naumburg)

Lage: Südöstlich von Naumburg, am östlichen Ufer der Wethau
Gründungszeit: Um 1225 (urkundliche Ersterwähnung 1232)
Gründer: Mechthild, Tochter Meinhers I. von Werben, Burggrafen von Meißen
Mutterkloster: –
Tochterkloster: –
Anfangsverlegung: –
Verhältnis zum Orden: Zisterziensergewohnheit
Rechtsstellung: Gründung nach Eigenkirchenrecht; vogtfrei unter Schutzherrschaft der Stifterin; Hauskloster der Burggrafen von Neuenburg und der Grafen von Osterfeld (Nachkommen Meinhers von Werben); unterstand der Diözesangewalt des Naumburger Bischofs
Größe und Struktur des Konvents: Töchter der Stifterfamilie und anderer Edelfreier, auch Angehörige des niederen Adels und einige Bürgerliche; Größe des Konvents nicht überliefert; übliche Klosterämter, auch Scholastica
Wirtschaftliche Verhältnisse: Kein geschlossener Besitzkomplex; außer der Grundausstattung mit einem 1218 gegründeten Hospital und dessen Einkünften weit über hundert Hufen durch Schenkung und Kauf erworben
Wissenschaftliche Betätigung: –
Auflösung: Nach Einführung der Reformation 1544
Bausubstanz: Vgl. MAGIRIUS, HEINRICH: Beobachtungen zur Architektur der Zisterzienserinnenklöster … In diesem Band
Schrifttum: SCHLESINGER, WALTER: Kirchengeschichte Sachsens im Mittelalter. Köln, Graz 1962, Ndr. 1983, Bd. 2, S. 276f.

Buch, Männerkloster (Bistum Meißen)

Lage: 4,5 Kilometer östlich von Leisnig (Ortsteil Klosterbuch), am westlichen Ufer der Freiberger Mulde
Gründungszeit: Vor 1192
Gründer: Burggraf Heinrich III. von Leisnig
Mutterkloster: Sittichenbach
Tochterkloster: Grünhain von Buch aus gegründet, aber von Sittichenbach besetzt
Anfangsverlegung: –
Verhältnis zum Orden: Dem Zisterzienserorden inkorporiert
Rechtsstellung: Gründung nach Eigenkirchenrecht, Verzicht darauf bereits nach Aussterben der Gründerfamilie (1203), seitdem Vogtfreiheit; formelle Übertragung des Klosters an das Reich 1192, dadurch faktische Ausübung der Schutzherrschaft durch die deutschen Könige; enge Beziehungen auch zur zweiten Dynastie der Reichsburggrafen, deren Familiengrablege das Kloster blieb; päpstliches Schutzprivileg 1228, Exemtion von der bischöflichen Diözesangewalt wahrscheinlich; im 14. Jahrhundert allmähliche Eingliederung in die wettinische Landesherrschaft
Größe und Struktur des Konvents: Wenige adlige, vorwiegend bürgerliche Konventualen; im 16. Jahrhundert bis zu 30 Mönche; übliche Klosterämter: Prior, Subprior, Kellermeister, Subkellermeister, Siechen-, Gast-, Küchen-, Pitanzmeister, Kämmerer, Bursarius, Pförtner, Kustos, Kantor; Konversen und Lohnarbeiter
Wirtschaftliche Verhältnisse: Reiche Anfangsausstattung mit dem Dorf Buch und seiner Kirche sowie mit der großen Parochie der Königskirche zu Leisnig, also vorwiegend mit Reichslehen, wofür der Gründer Eigengut an das Reich abtrat; im 13. und 14. Jahrhundert systematische Erwerbung von Grund- und Rentenbesitz durch Kauf und Schenkung (v.a. von den Markgrafen von Meißen, Reichs- und markgräflichen Ministerialen); Besitzkomplexe um Leisnig, Rochlitz, im Pleißengau, im oberen Erzgebirge und um Belgern; bei der Säkularisation besaß das Kloster außer der Stadt Belgern noch 50 Dörfer mit 22 Kirchenpatronaten; anfangs Eigenwirtschaft auf den Grangien, später Übergang zum Rentenbezug, gewerbliche Produktion
Wissenschaftliche Betätigung: Beachtliche wissenschaftliche Aktivitäten seit dem 14. Jahrhundert wahrnehmbar. Neben theologischen Traktaten entstanden mehrere Chroniken, u.a. eine meißnische Chronik (für 1438–1489

erhalten), eine Fortsetzung des Chronicon terre Misnensis (für 1431–1486 erhalten), eine Reimchronik und eine Gründungsgeschichte des Klosters (bis auf Bruchstücke verschollen) sowie eine verschollene Geschichte der Burggrafen von Leisnig aus dem 14. Jahrhundert; von den Beständen der Klosterbibliothek nur geringe Reste überliefert. Im 15. Jahrhundert bestand eine Schule beim Klosterhof in Belgern zur Ausbildung jüngerer Mönche, die 1486 in ein Studienkolleg umgewandelt wurde. Zwischen 1428 und 1517 studierten 17 Bucher Mönche in Leipzig.
Auflösung: 1526 Säkularisierung; Umwandlung des Klosters in ein Rittergut, das 1663 in den Besitz der Landesschule Grimma gelangte.
Schrifttum: HENTSCHEL, WALTER: Bibliographie zur sächsischen Kunstgeschichte. Berlin 1960, Nr. 3.158; SCHLESINGER 1962 (wie Beuditz), Bd. 2, S. 239–244. HB. HISTOR. STÄTTEN. Bd. 8. Sachsen. Hrsg. von WALTER SCHLESINGER. Stuttgart 1965, Ndr. 1990, S. 40f.

Doberlug, Männerkloster (Bistum Meißen)

Lage: Nördlich von Elsterwerda, am östlichen Ufer der Kleinen Elster
Gründungszeit: 1165 (1164) bzw. 1185 (1184)
Gründer: Dietrich von Landsberg, Markgraf der Ostmark/Niederlausitz
Mutterkloster: Volkenroda
Tochterkloster: Neu-Dobrilugk (Blesen) an der Obra, errichtet 1259 in Semmritz (Krs. Schwerin/Warthe), von dort im 15. Jahrhundert nach Blesen verlegt
Anfangsverlegung: –
Verhältnis zum Orden: Dem Zisterzienserorden inkorporiert
Rechtsstellung: Eigenkirchenrechtliche Gründervogtei der Wettiner; Hochgerichtsbarkeit beim Abt; päpstliche Exemtion von der Diözesangewalt des Meißner Bischofs 1253, über die sich der Bischof bereits im 14. Jahrhundert hinwegsetzte
Größe und Struktur des Konvents: Mönche fast durchweg bürgerlicher Herkunft aus Städten der Niederlausitz und des meißnischen Markengebiets; bereits in der 2. Hälfte des 13. Jahrhunderts erreichte der Konvent die Größe, die für die Abzweigung einer Tochtergründung erforderlich war; übliche Klosterämter, u.a. Prior, Unterprior, Kellermeister, auch Säckelmeister, Kornmeister; Mönche waren für die geistliche Versorgung der Siedler in ihren Klosterdörfern zuständig
Wirtschaftliche Verhältnisse: Die geringe Anfangsausstattung bestand aus einigen slawischen Dörfern und einem unbesiedelten Landstrich an der Kleinen Elster, auf dem durch Rodungstätigkeit der Mönche und herbeigerufener Siedler weitere acht Dörfer entstanden. 1234 besaß das Kloster bereits 18 Dörfer, dazu Streubesitz zwischen Schwarzer Elster und Elbe. Karl IV. bestätigte 1370 dem Kloster den Besitz von rund 40 Dörfern und fünf Grangien, einem Stadthof in Luckau und der Markgrafenheide. Das Klosterdorf Kirchhain erhielt noch im 13. Jahrhundert Marktrecht; Herausbildung eines geschlossenen Klostergebietes und intensiver Eigenwirtschaft; Waldbienenzucht; 1541 besaß das Kloster noch 28 Dörfer und das Städtlein Kirchhain
Wissenschaftliche Betätigung: Auf die Pflege der Wissenschaft deutet das Vorhandensein der Klosterbibliothek hin, die nach Prag gelangte und den Grundstock der Bücherei des dortigen Jesuitenkollegs und damit der Universitätsbibliothek bildete. Doberluger Mönche studierten am Bernhardinerkolleg der Universität Leipzig
Auflösung: 1541 Säkularisierung, der in den Jahren der Reformation eine innere Auflösung vorausging; Umwandlung des Grundbesitzes in ein landesherrliches Amt
Schrifttum: CREUTZ 1988 (wie Altzelle), S. 340–347; SCHLESINGER 1962 (wie Beuditz), Bd. 2, S. 225–228; HB. HISTOR. STÄTTEN. Bd. 10. Berlin und Brandenburg. Hrsg. von GERD HEINRICH. Stuttgart 1973, S. 161f.; PÄTZOLD 1997 (wie Altzelle), S. 203–207

Dörschnitz, Frauenkloster (Bistum Meißen)

Lage: Nördlich von Lommatzsch, beim Armenhospital in Dörschnitz
Gründungszeit: Anfang des 13. Jahrhunderts (urkundliche Ersterwähnung 1233)
Gründer: domina Gepa
Mutterkloster: –
Tochterkloster: –
Anfangsverlegung: Vor 1270 nach Sitzenroda verlegt
Verhältnis zum Orden: Dem Zisterzienserorden inkorporiert
Rechtsstellung: Gründung nach Eigenkirchenrecht; das Zisterzienserprivileg Papst Innocenz' IV. gewährte weitgehende Exemtion von der Gewalt des Diözesanbischofs 1250
Größe und Struktur des Konvents: –
Wirtschaftliche Verhältnisse: Übernahme des Besitzes des 1206 von dem markmeißnischen Ministerialen Konrad Spanseil gegründeten Armenhospitals, dem die Kirchen in Dörschitz und Frankenstein sowie vier Hufen übertragen waren
Wissenschaftliche Betätigung: –
Auflösung: Siehe Anfangsverlegung
Schrifttum: SCHLESINGER 1962 (wie Beuditz), Bd. 2, S. 282–284; HB. HISTOR. STÄTTEN. Bd. 8 (wie Buch), S. 63

Eisenberg, Frauenkloster (Bistum Naumburg)

Lage: Nordwestlich von Gera
Gründungszeit: 1219 von Zwickau nach hier verlegt und mit dem vor 1195 gegründeten Augustiner-Chorherrenstift vereinigt, wobei nur das Frauenkloster weiterbestand
Gründer: Markgraf Dietrich (der Bedrängte) von Meißen
Mutterkloster: –
Tochterkloster: –
Anfangsverlegung: Siehe Gründungszeit
Verhältnis zum Orden: Zisterziensergewohnheit; 1268 wurden die Nonnen als Benediktinerinnen bezeichnet
Rechtsstellung: Gründung nach Eigenkirchenrecht; unterstand der Diözesangewalt des Naumburger Bischofs
Größe und Struktur des Konvents: Nicht überliefert
Wirtschaftliche Verhältnisse: Reich bemessene Ausstattung: Stadtkirchen in Eisenberg und Camburg, fünf Dorfkirchen in der Umgebung, vier Kapellen in und bei Eisenberg, eine in Camburg, weiterer Grundbesitz: u.a. ein Herrengut in Schleuskau mit 16 Hufen und das Dorf Schmiedhausen nebst Wald von 480 Ackern Umfang, dazu die Zwickauer Besitzungen einschließlich der 1272 noch hinzugekommenen Nikolaikirche; ständige Besitzvermehrung infolge Schenkungen seitens der Wettiner, ihrer Vasallen und Ministerialien sowie einiger Eisenberger Bürger; Hospital beim Kloster zuerst 1255 erwähnt
Wissenschaftliche Betätigung: –
Auflösung: Nach Einführung der Reformation 1524
Bausubstanz: Vgl. MAGIRIUS, HEINRICH: Beobachtungen zur Architektur der Zisterzienserinnenklöster ... In diesem Band.
Schrifttum: MÖBIUS, HELGA: Bibliographie zur thüringischen Kunstgeschichte. Berlin 1974, Nr. 3.818, 3.819; SCHLESINGER 1962 (wie Beuditz), Bd. 2, S. 251–254; HB. HISTOR. STÄTTEN. Bd. 11. Provinz Sachsen. Anhalt. Hrsg. von BERENT SCHWINEKÖPER. Stuttgart 1975, S. 96f.; PÄTZOLD 1997 (wie Altzelle), S. 211–214

Frankenhausen, Frauenkloster (Bistum Naumburg)

Lage: Nördlich von Crimmitschau, am westlichen Ufer der Pleiße
Gründungszeit: siehe Grünberg
Gründer: Siehe Grünberg
Mutterkloster: –
Tochterkloster: –
Anfangsverlegung: 1285–1292 nach hier verlegt
Verhältnis zum Orden: Zisterziensergewohnheit
Rechtsstellung: Gründung nach Eigenkirchenrecht; vogtfrei; Schutzprivileg des Markgrafen Friedrich Tuta 1285 und des Königs Adolf von Nassau 1294; unterstand der Diözesangewalt des Naumburger Bischofs
Größe und Struktur des Konvents: Ausschließlich Angehörige des niederen Adels (ehemals reichsministerialische Geschlechter) des Vogt- und Pleißenlandes; der Konvent umfaßte wohl meist weniger als zehn Nonnen; 1531 lebten noch sechs Konventualinnen im Kloster; Klosterämter: Priorin, Kustodin, Kantorin, Kellermeisterin
Wirtschaftliche Verhältnisse: Zur Anfangsausstattung gehörten Güter um Grünberg; außer Frankenhausen besaß das Kloster vier weitere Dörfer in der Umgebung (das „Eigen"), die einen eigenen Gerichtsbezirk bildeten; außerdem Streubesitz in 30 Dörfern und einigen Städten des Pleißenlandes; Eigenwirtschaft auf dem Klosterhofe zu Frankenhausen; Kapitalverleih in Form des Rentenkaufs; Inkorporation der Pfarrkirchen zu Frankenhausen und Grünberg
Wissenschaftliche Betätigung: –
Auflösung: 1526 Inventarisation, 1531 Sequestration und finanzielle Abfindung der sechs Nonnen; 1541 Verkauf des Klosters an Wolf von Thumbshirn und Umwandlung in ein Rittergut
Bausubstanz: Vgl. MAGIRIUS, HEINRICH: Beobachtungen zur Architektur der Zisterzienserinnenklöster ... In diesem Band
Schrifttum: HENTSCHEL 1960 (wie Buch), Nr. 3.211; SCHLESINGER 1962 (wie Beuditz), Bd. 2, S. 281f.; HB. HISTOR. STÄTTEN. Bd. 8 (wie Buch), S. 98

Frauenprießnitz, Frauenkloster (Bistum Naumburg)

Lage: Nordöstlich von Jena
Gründungszeit: 1. Hälfte des 13. Jahrhunderts (urkundliche Ersterwähnung 1259)
Gründer: Wohl nicht, wie angenommen wird, die Schenken von Tautenburg, die erst später (15. Jahrhundert?) in Beziehung zum Kloster traten; Gründungsvorgang unklar
Mutterkloster: –
Tochterkloster: –
Anfangsverlegung: –
Verhältnis zum Orden: Zisterziensergewohnheit
Rechtsstellung: Gründung nach Eigenkirchenrecht; Erbbegräbnis der Schenken von Tautenburg seit dem 15. Jahrhundert; unterlag der Diözesangewalt des Naumburger Bischofs
Größe und Struktur des Konvents: Wohl Töchter des niederen Adels
Wirtschaftliche Verhältnisse: Besitzgeschichte weitgehend unbekannt; 1327 vom Naumburger Moritzkloster das dortige Lorenzspital übertragen erhalten
Wissenschaftliche Betätigung: –
Auflösung: 1547 von den Schenken von Tautenburg sequestriert

Bausubstanz: Vgl. MAGIRIUS, HEINRICH: Beobachtungen zur Architektur der Zisterzienserinnenklöster ... In diesem Band
Schrifttum: SCHLESINGER 1962 (wie Beuditz), Bd. 2, S. 280; HB. HISTOR. STÄTTEN. Bd. 11 (wie Eisenberg), S. 125

Grimma, Frauenkloster (Bistum Merseburg)

Lage: Südöstlich von Leipzig, am westlichen Ufer der Mulde beim Elisabethhospital
Gründungszeit: Vor 1250
Gründer: Wohl Markgraf Heinrich (der Erlauchte) von Meißen
Mutterkloster: –
Tochterkloster: –
Anfangsverlegung: Verlegung von Torgau nach hier; abermalige Verlegung von hier nach Nimbschen (nach 1275 bzw. vor 1289)
Verhältnis zum Orden: Dem Zisterzienserorden inkorporiert
Rechtsstellung: Gründung nach Eigenkirchenrecht; Schutz- und Zisterzienserprivilegien Papst Innocenz' IV. 1250, Befreiung von der bischöflichen Diözesangewalt
Größe und Struktur des Konvents: Siehe Nimbschen
Wirtschaftliche Verhältnisse: Ausstattung mit Eigengut des Markgrafen in Grimma (Hospital, Mühle), Nimbschen, Großbardau und Wolfheim (ehem. Vorwerk bei Torgau), Kirchenpatronate in Weßnig, Altbelgern und Torgau, Altbesitz um Torgau
Wissenschaftliche Betätigung: –
Auflösung: Siehe Anfangsverlegung
Bausubstanz: Vgl. MAGIRIUS, HEINRICH: Beobachtungen zur Architektur der Zisterzienserinnenklöster ... In diesem Band
Schrifttum: siehe Nimbschen

Grünberg, Frauenkloster (Bistum Naumburg)

Lage: Nördlich von Crimmitschau
Gründungszeit: Zwischen 1260 und 1271
Gründer: Burggrafen von Starkenberg (aus dem edelfreien Geschlecht von Tegkwitz)
Mutterkloster: –
Tochterkloster: –
Anfangsverlegung: 1285–1292 nach Frankenhausen verlegt
Verhältnis zum Orden, Rechtsstellung, Größe und Struktur des Konvents, wirtschaftliche Verhältnisse, wissenschaftliche Betätigung, Auflösung: Siehe Frankenhausen
Bausubstanz: Vgl. MAGIRIUS, HEINRICH: Beobachtungen zur Architektur der Zisterzienserinnenklöster ... In diesem Band
Schrifttum: SCHLESINGER 1962 (wie Beuditz), Bd. 2, S. 281f.; HB. HISTOR. STÄTTEN. Bd. 8 (wie Buch), S. 138

Grünhain, Männerkloster (Bistum Naumburg)

Lage: Nordöstlich von Schwarzenberg, am östlichen Ufer des Oswaldbaches
Gründungszeit: Dotation 1231/33; Einzug des Konvents 1235; Weihe 1236
Gründer: Edelfreie von Meineweh und Meinher II. von Werben, Burggraf von Meißen (†1235)
Mutterkloster: Sittichenbach
Tochterkloster: –
Anfangsverlegung: –
Verhältnis zum Orden: Dem Zisterzienserorden inkorporiert
Rechtsstellung: Gründung nach Eigenkirchenrecht mit Stiftergrablege; mit hoher Wahrscheinlichkeit anfängliche Exemtion, päpstliche Schutzurkunden verloren; Vogtfreiheit; vom Kloster gegründete Kirchen unterstanden der bischöflichen Diözesangewalt; kaiserliche Schutzbriefe seit Karl IV.; im 15. Jahrhundert weitgehend von der wettinischen Landesherrschaft abhängig (bede- und heerfahrtspflichtig); Hochgerichtsbarkeit auf den Klosterdörfern beim Abt
Größe und Struktur des Konvents: Angehörige des niederen Adels, später wohl nur Mönche bürgerlicher Herkunft, namentlich Zwickauer Bürgersöhne; über die Größe des Konvents fehlen exakte Angaben; im 15. Jahrhundert ist mit 20–30 Mönchen, 50 Konversen und 70–80 Dienstleuten zu rechnen; 1532 waren noch acht Mönche und zwei Konversen anwesend; Klosterämter: Prior, Subprior, Kustos, Kellermeister; Lohnarbeiter (auch Frauen)
Wirtschaftliche Verhältnisse: Anfangsausstattung mit Dorf, Kirche und Vorwerk in Grünhain; bis 1254 Erwerb von zwölf Dörfern im geschlossenen Raum um das Kloster durch Kauf, dazu Crossen bei Zwickau, vermutlich aus dem Vermögen der Grünhainer Nikolaikirche; außerordentliches, fast immer durch Kauf erfolgtes Anwachsen des Klosterbesitzes in der Folgezeit um Zwickau, um Kaaden in Böhmen, um Oberlungwitz („Abtei Lungwitz"), im Altenburger Land (Klosterhof Gardschütz) und durch die Herrschaft Schlettau (1413). Die Eigenwirtschaft in den Grangien ging zu Gunsten ihrer Umwandlung in Hebestellen allmählich zurück. Erwerb von Kuxen; Eisenbergbau, Schmelzhütten und Hammerwerke; Kohlenbergbau auf frühkapitalistischer Grundlage; Klostergrundbesitz bei Auflösung: 56 Dörfer und ebensoviel Dorfanteile, drei Städte und einen Stadthof in Zwickau; Weinbau, Wald- und Teichwirtschaft
Wissenschaftliche Betätigung: Die reichhaltige Klosterbibliothek blieb erhalten, ihre Bestände befinden sich in der Universitätsbibliothek Jena. Der von Spalatin nach

der Säkularisation verfaßte Katalog weist 650 Bände aus allen Disziplinen des Triviums und des Quadriviums nach, dazu Kirchengeschichte und Humanisten. Die Klosterchronik des Mönchs Konrad Feiner ist nur in gedruckten Auszügen erhalten, die bis 1335 reichen. Abt Johannes III. war 1426 an der Gründung des Bernhardinerkollegs in Leipzig beteiligt, der Abt Paul Morgenstern (†1507) korrespondierte mit dem böhmischen Humanisten Bohuslav von Lobkowitz. Auch der Grünhainer Stadthof in Zwickau besaß eine Bibliothek
Auflösung: 1536 Säkularisation; klösterlicher Grundbesitz um Grünhain bildete fortan ein landesherrliches Amt; Wegzug der Mönche setzte bereits 1526 ein
Bausubstanz: Vgl. NITSCHE, WOLFGANG, DANIEL JAKOB und WILFRIED STOYE: Vorbericht zu den bauarchäologischen Sondierungen im Kirchenbereich des Zisterzienserklosters Grünhain. In diesem Band
Schrifttum: HENTSCHEL 1960 (wie Buch), Nr. 1.906, 3.167–3.170; MÄRKER, MARTIN: Das Zisterzienserkloster Grünhain im Erzgebirge. Frankfurt/Main 1968.

Guben, Frauenkloster (Bistum Meißen)

Lage: Nordöstlich von Cottbus, auf dem westlichen Ufer der Neiße vor Guben
Gründungszeit: 2. Hälfte des 12. Jahrhunderts (indirekte Ersterwähnung 1235)
Gründer: Kaiser Friedrich Barbarossa und Markgraf Dietrich von der Ostmark (1156–1185); beide Angaben beruhen nur auf später chronistischer Überlieferung und sind daher unsicher, obwohl ein rationaler Kern nicht in Abrede gestellt wird
Mutterkloster: –
Tochterkloster: –
Anfangsverlegung: –
Verhältnis zum Orden: 1343 als Benediktiner-Nonnenkloster bezeichnet; 1400 dem Zisterzienserorden zugehörig angeführt
Rechtsstellung: Gründung nach Eigenkirchenrecht (?); Vogteiverhältnisse der älteren Zeit nicht erkennbar; im 15. Jahrhundert übte die Stadt Guben die Schirmherrschaft aus; päpstlicher Schutz 1400
Größe und Struktur des Konvents: Wohl Angehörige des niederen Adels; Größe und Zusammensetzung des Konvents nicht überliefert; übliche Klosterämter, u.a. Priorin, Unterpriorin
Wirtschaftliche Verhältnisse: Nicht geringer Grundbesitz zu beiden Seiten der Neiße (zeitweise über zwei Dutzend Dörfer); Patronat über die Kirchen zu Guben, Sommerfeld und Niemitzsch
Wissenschaftliche Betätigung: –
Auflösung: 1563 Säkularisierung; 1564 Tod der letzten Äbtissin und Insassin

Schrifttum: CREUTZ 1988 (wie Altzella), S. 347–350; SCHLESINGER 1962 (wie Beuditz), Bd. 2, S. 294f.; HB. HISTOR. STÄTTEN. Bd. 10 (wie Doberlug), S. 210–214

Hohenlohe, Frauenkloster (Bistum Merseburg)

Lage: Südöstlich von Lützen, am westlichen Ufer des Floßgrabens
Gründungszeit: Ende 12. Jahrhundert(?)
Gründer: Unbekannt (erwogen wird freier Zusammenschluß oder ministerialische Gründung durch die Herren von Teuchern)
Mutterkloster: –
Tochterkloster: –
Anfangsverlegung: Vor 1230 nach Leipzig verlegt
Verhältnis zum Orden: Zisterziensergewohnheit (?)
Rechtsstellung, Größe und Struktur des Konvents, wirtschaftliche Verhältnisse, wissenschaftliche Betätigung, Auflösung: Siehe Leipzig
Bausubstanz: Vgl. MAGIRIUS, HEINRICH: Beobachtungen zur Architektur der Zisterzienserinnenklöster … In diesem Band
Schrifttum: SCHLESINGER 1962 (wie Beuditz), Bd. 2, S. 271f.

Langendorf, Frauenkloster (Bistum Naumburg)

Lage: Südlich von Weißenfels, am westlichen Ufer des Dorfbaches
Gründungszeit: Vor 1230
Gründer: Unbekannt (erwogen wird freier Zusammenschluß, aber auch Stiftung durch die Ministerialen von Knut oder die Edelfreien von Vitzenburg
Mutterkloster: –
Tochterkloster: –
Anfangsverlegung: Eine 1315 beabsichtigte Verlegung nach Groitzsch unterblieb
Verhältnis zum Orden: Zisterziensergewohnheit; später galten die Nonnen als Benediktinerinnen (zuerst 1385)
Rechtsstellung: Vogtfreiheit; unterstand der Diözesangewalt des Naumburger Bischofs; 1238 bischöfliches Schutzprivileg
Größe und Struktur des Konvents: Töchter des Hauses Knut, weitere Angehörige des niederen Adels und Bürgerliche; Anzahl der Nonnen stets gering; in der Reformationszeit Zuzug des Konvents von Beuditz
Wirtschaftliche Verhältnisse: Geringer Grundbesitz; 1315 Inkorporation der Pfarrkirche zu Groitzsch
Wissenschaftliche Betätigung: –
Auflösung: Nur wenige Austritte nach Einführung der Reformation (erste Visitation 1540), die übrigen Nonnen verblieben im Kloster bis zu ihrem Tode, letzte Nonne

verstarb 1559; um 1560 Säkularisierung; Klostergut 1562 vom Rat zu Weißenfels gekauft
Bausubstanz: Vgl. MAGIRIUS, HEINRICH: Beobachtungen zur Architektur der Zisterzienserinnenklöster ... In diesem Band
Schrifttum: HARKSEN, SIBYLLE: Bibliographie zur Kunstgeschichte von Sachsen-Anhalt. Berlin 1966, Nr. 4.954, 4.955; SCHLESINGER 1962 (wie Beuditz), Bd. 2, S. 278f.; HB. HISTOR. STÄTTEN. Bd. 11 (wie Eisenberg), S. 266f.

Leipzig, Frauenkloster (Bistum Merseburg)

Lage: Petersvorstadt
Gründungszeit: Vor 1230
Gründer: Wohl Markgraf Dietrich (der Bedrängte) von Meißen
Mutterkloster: –
Tochterkloster: –
Anfangsverlegung: Verlegung von Hohenlohe nach hier unter Mitwirkung des Markgrafen Dietrich (des Bedrängten) von Meißen
Verhältnis zum Orden: Dem Zisterzienserorden inkorporiert; 1480 wurde entschieden, die Nonnen seien Benediktinerinnen
Rechtsstellung: Freie Propstwahl durch päpstliches Privileg bestätigt (1274); unterstand der Aufsicht des Merseburger Bischofs; landesherrliche Hochgerichtsbarkeit auf Klosterbesitz
Größe und Struktur des Konvents: Töchter Edelfreier und des niederen Adels, später überwogen Bürgerliche; Zahl der Insassinnen 1262 auf höchstens 40 festgesetzt; 1519 lebten einschließlich Laienschwestern über 50 Frauen im Kloster, 1540 waren es noch 20; Klosterämter: Priorin, Unterpriorin, Kellermeisterin, Küsterin, auch Seniorin und Küchenmeisterin
Wirtschaftliche Verhältnisse: Ausreichender Grundbesitz im Umkreis von Leipzig; Waldungen („Nonnenholz"), Mühlen („Nonnenmühle"), Brandvorwerk in Eigenwirtschaft; Rentenkäufe
Wissenschaftliche Betätigung: –
Auflösung: 1541 Säkularisierung
Bausubstanz: Vgl. MAGIRIUS, HEINRICH: Beobachtungen zur Architektur der Zisterzienserinnenklöster ... In diesem Band.
Schrifttum: SCHLESINGER 1962 (wie Beuditz), Bd. 2, S. 271–273

Meißen, Heilig Kreuz, Frauenkloster (Bistum Meißen)

Lage: 1,5 Kilometer nordwestlich von Meißen (Ortsteil Klosterhäuser) am westlichen Ufer der Elbe
Gründungszeit: Vor 1217
Gründer: Markgraf Dietrich (der Bedrängte) von Meißen
Mutterkloster: –
Tochterkloster: –
Anfangsverlegung: Nach 1217 Verlegung von der Wasserburg bei der Jakobskapelle unterhalb der Landesburg Meißen nach hier (1220?)
Verhältnis zum Orden: Schwankende Ordenszugehörigkeit; zunächst Benediktinerinnen, nach 1220 dem Zisterzienserorden zugehörig, seit 1249 zum Benediktinerorden zurückgekehrt
Rechtsstellung: Gründung nach Eigenkirchenrecht; Vogtfreiheit, erbliche Schutzherrschaft durch die Wettiner; wiederholt verbriefter päpstlicher Schutz bestätigt Zugehörigkeit zum Zisterzienserorden und Exemtion von der bischöflichen Gewalt; päpstliche Exemtion von Innocenz IV. auf Druck des Bischofs Konrad von Meißen 1249 zurückgenommen, dann dem Benediktinerorden wieder eingegliedert
Größe und Struktur des Konvents: Versorgungsstätte der Töchter des markmeißnischen Ministerialadels; stets niederadlige Damen und Töchter des gehobenen Bürgerstandes. Der Konvent glich eher dem eines Fräuleinstiftes als dem eines Klosters und umfaßte schätzungsweise 30–40 Nonnen, 1540 waren es noch 38. Klosterämter: Priorin, Subpriorin, Kantorin, Küsterin, Kellermeisterin
Wirtschaftliche Verhältnisse: Reiche Anfangsausstattung mit der Martins- und der Nikolaikirche vor Meißen, fünf Dörfern und zwei Herrengütern sowie weiteren Grundstücken in der Nähe Meißens, ferner mit den großen Dörfern Deutsch-Luppa bei Oschatz und – zunächst – Sommerfeld bei Leipzig sowie dem Herrengut Piestel bei Torgau; bereits im 14. Jahrhundert Erwerb von Geldzinsen und frühzeitiger Übergang zur Geldwirtschaft
Wissenschaftliche Betätigung: –
Auflösung: 1568, Aufhebung erst drei Jahrzehnte nach Einführung der Reformation
Bausubstanz: Vgl. MAGIRIUS, HEINRICH: Beobachtungen zur Architektur der Zisterzienserinnenklöster ... In diesem Band
Schrifttum: HENTSCHEL 1960 (wie Buch), Nr. 3.173, 3.174 und 3.246; SCHLESINGER 1962 (wie Altzelle), Bd. 2, S. 254–257; PÄTZOLD 1997 (wie Altzelle), S. 218–221

Mühlberg „Güldenstern", Frauenkloster (Bistum Meißen)

Lage: Nordwestlich von Riesa, am Ostrande der Stadt
Gründungszeit: 1227–1230
Gründer: Bodo I. und Otto I. von Eilenburg, markmeißnische Ministerialen
Mutterkloster: Unbekannt
Tochterkloster: –
Anfangsverlegung: –
Verhältnis zum Orden: Zisterziensergewohnheit

Rechtsstellung: Gründung nach Eigenkirchenrecht; Grablege der Stifter; Vogtfreiheit nur formal; unterlag der Diözesanangewalt des Meißner Bischofs
Größe und Struktur des Konvents: Töchter der in den Hochadel aufgestiegenen Stifterfamilie, des niederen Adels und Bürgerinnen; 1540 noch 30 Nonnen und 17 Laienschwestern im Kloster; zahlreiche Klosterämter: Priorin, Unterpriorin, Küsterin, Kellerin, Sangesmeisterin, Kämmerin, Siechmeisterin, Sacrista, Pförtnerin, Fenestraria
Wirtschaftliche Verhältnisse: Reiche Ausstattung durch die Stifterfamilie, die Markgrafen von Meißen und weitere Adelsgeschlechter; Klostergüter in Streulage nördlich bis gegen Herzberg und südlich weit in die Mark Meißen; bei Auflösung des Klosters: vier Vorwerke, neun ganze Dörfer und Nutzung in weiteren 17 Dörfern; im 15. Jahrhundert Kapitalverleih in Form des Rentenkaufs in großem Umfang
Wissenschaftliche Betätigung: –
Auflösung: 1539 Säkularisierung
Bausubstanz: Vgl. MAGIRIUS, HEINRICH: Beobachtungen zur Architektur der Zisterzienserinnenklöster ... In diesem Band
Schrifttum: HARKSEN 1966 (wie Langendorf), Nr. 2.061, 2.366–2.370; 5.026, 7.955–7.961; SCHLESINGER 1962 (wie Beuditz), Bd. 2, S. 286f.; HB. HISTOR. STÄTTEN. Bd. 11 (wie Eisenberg), S. 338f.

Neuzelle, Männerkloster (Bistum Meißen)

Lage: Nördlich von Guben, am westlichen Ufer der Oder auf einer Erhebung der Uferterrasse
Gründungszeit: 1268 (Einzug des Konvents 1281)
Gründer: Markgraf Heinrich (der Erlauchte) von Meißen
Mutterkloster: Altzelle
Tochterkloster: –
Anfangsverlegung: 1300 Verlegung von Starzeddel (Wüstung) an den jetzigen Standort
Verhältnis zum Orden: Dem Zisterzienserorden inkorporiert
Rechtsstellung: Gründung nach Eigenkirchenrecht; Zisterzienserprivileg nicht überliefert; Bestätigung aller Besitzungen, Freiheiten und Privilegien durch Kaiser Karl IV. 1370 und 1372
Größe und Struktur des Konvents: Größe des spätmittelalterlichen Konvents nicht überliefert; umfaßte 1547 26 Mönche und neun Konversen, 1731 34 Mönche und 1786 30 Mönche sowie zwei Konserven; übliche Klosterämter, u.a. Prior, Subprior, Säckelmeister
Wirtschaftliche Verhältnisse: Anfangsausstattung mit Land im Umkreis einer Meile, das wohl erst erschlossen werden mußte; die ursprünglichen acht Klosterdörfer bildeten den Kern eines späteren zusammenhängenden Besitzkomplexes westlich der Oder von der Neißemündung bis zur Müllroser Senke. 1370 umfaßte der Besitz, durch Schenkung und Kauf vermehrt, 28 Dörfer und Anteile an vier Dörfern, die Burg Schiedlo und die Stadt Fürstenberg sowie Pfarrkirche und Hospital zu Beeskow. 1312 erscheinen drei Grangien, seitdem Rückgang der Eigenwirtschaft zugunsten vermehrter Zinsbezüge, ausgedehnte Teichwirtschaft
Wissenschaftliche Betätigung: Spätmittelalterliche Bibliothek mit Sicherheit vorhanden, erste Nachricht über ein Buch 1321; im 18. Jahrhundert deutliche Belebung geistiger Arbeit und der Musikpflege; Studium Neuzeller Mönche am Bernhardinerkolleg der Leipziger Universität seit 1477
Auflösung: 1817 Säkularisierung durch den preußischen Staat, der sich zur Verwendung aller Fonds „zu kirchlichen, wohltätigen und der öffentlichen Erziehung gewidmeten Zwecken" verpflichtete. 1818–1922 Lehrerseminar, 1948–1993 katholisches Priesterseminar Bernhardinum
Bausubstanz: Vgl. BADSTÜBNER, ERNST: Neuzelle. In diesem Band
Schrifttum: CREUTZ 1988 (wie Altzelle), S. 355–361; SCHLESINGER 1962 (wie Beuditz), Bd. 2, S. 265f.; HB. HISTOR. STÄTTEN. Bd. 10 (wie Doberlug), S. 296f.

Nimbschen „Marienthron", Frauenkloster (Bistum Merseburg)

Lage: Südlich von Grimma, am westlichen Ufer der Mulde
Gründungszeit: Vor 1250 (infolge Verlegung von Torgau nach Grimma)
Gründer: Wohl Markgraf Heinrich (der Erlauchte) von Meißen
Mutterkloster: –
Tochterkloster: –
Anfangsverlegung: Nach 1275 bzw. vor 1289 von Grimma nach hier verlegt; Weihe 1291
Verhältnis zum Orden: Dem Zisterzienserorden inkorporiert
Rechtsstellung: Gründung nach Eigenkirchenrecht; Zisterzienserprivilegien (siehe Grimma) ohne völlige Befreiung von der bischöflichen Diözesanangewalt; Vogtfreiheit; allgemeine Schutzherrschaft der Wettiner, deren Landesherrschaft das Kloster bede- und heerfahrtpflichtig war; volle Gerichtsbarkeit der Äbtissin auf Klosterbesitz; Visitationspflicht beim Abt von Pforte
Größe und Struktur des Konvents: Konventualinnen stets niederadliger und bürgerlicher Herkunft; im 14. Jahrhundert überwogen Adlige; im 16. Jahrhundert mehr als 40 Nonnen und Laienschwestern; Klosterämter: Priorin, Unterpriorin, Küsterin, Kämmerin, Bursarin, Kellerin, Sang- und Siechenmeisterin

Wirtschaftliche Verhältnisse: Anfangsausstattung siehe Grimma; durch Schenkung und Kauf Hinzuerwerb umfangreichen Grundbesitzes um Torgau (u.a. drei inkorporierte Kirchen mit 23 Filialen), Nimbschen (neun Dörfer) und in Grimma einschließlich der Stadtkirche (mit zwei Filialen); insgesamt 19 Kirchenpatronate; Eigenwirtschaft nur auf dem Klosterhof zu Nimbschen; Stadthof in Torgau diente als Verwaltungs- und Hebestelle; seit 1277 im Besitz des einträglichen Haldenzehnten von den landesherrlichen Silberbergwerken
Wissenschaftliche Betätigung: –
Auflösung: Seit 1523 laufende Verringerung des Konvents, reformatorische Visitationen 1529 und 1534; Auflösung und Verpachtung der Klosterwirtschaft 1536; Abgang der letzten Nonnen 1542; Einkünfte des Klosters der 1550 von Merseburg nach Grimma verlegten Landesschule zugewiesen
Bausubstanz: Vgl. MAGIRIUS, HEINRICH: Beobachtungen zur Architektur der Zisterzienserinnenklöster … In diesem Band
Schrifttum: HENTSCHEL 1960 (wie Buch), Nr. 3.454; SCHLESINGER 1962 (wie Beuditz), Bd. 2, S. 273–276; HB. HISTOR. STÄTTEN. Bd. 8 (wie Buch), S. 252–253

Petersberg, Frauenkloster (Bistum Naumburg)

Lage: Nordwestlich von Eisenberg, am östlichen Ufer der Wethau
Gründungszeit: 13. Jahrhundert (?)
Gründer: Wohl freier Zusammenschluß
Mutterkloster: –
Tochterkloster: –
Anfangsverlegung: –
Verhältnis zum Orden: Zisterziensergewohnheit
Rechtsstellung: Vogtfreiheit; keine Verbindung mit einer Adelsfamilie
Größe und Struktur des Konvents: Niederer Adel und Bürgerliche, kleiner Konvent, bei Auflösung noch sieben Nonnen; Klosterämter: Priorin Küsterin, Kellerin
Wirtschaftliche Verhältnisse: relativ geringer Besitz; 1360 vier Wirtschaftsgebäude und fünf Weinberge, Wald, aber nur wenige Zinsbauern; Nonnen besaßen Leibrenten und Kapitalvermögen
Wissenschaftliche Betätigung: –
Auflösung: Auflösung bald nach Einführung der Reformation; 1544 Verkauf der Klostergüter
Bausubstanz: Vgl. MAGIRIUS, HEINRICH: Beobachtungen zur Architektur der Zisterzienserinnenklöster … In diesem Band
Schrifttum: PATZE, HANS u.a.: Bibliographie zur thüringischen Geschichte. Köln, Graz 1965f., Nr. 9.623; SCHLESINGER 1962 (wie Beuditz), Bd. 2, S. 279; HB. HISTOR. STÄTTEN. Bd. 11 (wie Eisenberg), S. 337

Pforte, Männerkloster (Bistum Naumburg)

Lage: Drei Kilometer südwestlich von Naumburg, am östlichen Ufer der Saale
Gründungszeit: 1137/38
Gründer: Bischof Udo I. von Naumburg
Mutterkloster: Walkenried
Tochterkloster: Leubus, Altzelle, Dünamünde (Lettland), Falkenau (Lettland), Stolpe (Pommern)
Anfangsverlegung: 1137/38 von Schmölln nach hier verlegt
Verhältnis zum Orden: Dem Zisterzienserorden inkorporiert
Rechtsstellung: Zisterzienserprivileg Papst Innocenz' II. 1138; Vogtfreiheit; Schutzherr war der deutsche König (Schutzprivilegien von Konrad III. bis Karl IV.); seit dem 14. Jahrhundert unter wettinischer Botmäßigkeit; Obergerichtsbarkeit auf den Klostergütern beim Abt
Größe und Struktur des Konvents: Vornehmlich bürgerliche Herkunft; stets umfangreicher Konvent und damit Möglichkeit, Mönche in Tochterklöster zu entsenden; Zahl der Konventualen im 12. und 13. Jahrhundert mindestens 60 bis 80; differenzierte Struktur der Klosterämter: Prior, Subprior, Kustos, Kantor, Keller-, Unterkeller-, Hospital-, Siechenmeister, Pförtner, Unterpförtner, von großer Bedeutung der Konversenmeister, daneben Schatz-, Garten-, Wein-, Web-, Schuh- und Baumeister sowie der Notar (Kanzleiverwalter). Anzahl der Konversen übertraf die der Mönche; Ämter: Hofmeister (Verwalter der Grangien), Ackermeister, Viehmeister u.a.; Lohnarbeiter
Wirtschaftliche Verhältnisse: Anfangsausstattung mit einem Besitzkomplex von etwa 50 Hufen an der Saale mit zwei Grangien, einer Mühle und einem Wald; ständige Erweiterung des Grundbesitzes, ausgedehnte Grangienwirtschaft, in deren Gefolge auch Bauernlegen eintrat; Pflege von Spezialkulturen (Obst- und Weinbau), Trockenlegung von Sumpfauen an Saale, Unstrut und Luppe sowie gewerbliche Produktion in den Klosterwerkstätten machten Pforte zu einer der reichsten Abteien im wettinischen Herrschaftsbereich. Mit der Lockerung des Verbots von Rentenbezug im 13. Jahrhundert trat eine Änderung der Wirtschaftsorganisation des Klosters ein; dem Warenvertrieb dienten Stadthöfe in Erfurt, Jena und Naumburg
Wissenschaftliche Betätigung: Bereits im 12. Jahrhundert war eine umfangreiche Bibliothek vorhanden, die nicht erhalten ist. Das Tochterkloster Altzelle wurde 1162/75 mit einer Anzahl theologischer Handschriften ausgestattet; im 15. Jahrhundert studierten Portenser Mönche in Erfurt und Leipzig
Auflösung: 1540 Säkularisierung; Ausstattung der 1543 begründeten Landesschule Pforte („Schulpforte") mit den ehemaligen Klostergütern

Schrifttum: HARKSEN 1966 (wie Langendorf), Nr. 1.959–1.961, 5.078–5.081, 5.473, 6.468, 6.567, 7.298, 7.299, 7.315, 7.319 a–b, 8.003, 8.004, 8.004a, 9.715, 9.756a, 9.797, 1.0197, 10.210–10.212; SCHLESINGER 1962 (wie Beuditz), Bd. 2, S. 212–217; HB. HISTOR. STÄTTEN. Bd. 11 (wie Eisenberg), S. 429–431

(Stadt-)Roda, Frauenkloster (Bistum Naumburg)

Lage: Südöstlich von Jena, auf dem östlichen Ufer des Rodaflusses (Ortsteil Klosterroda)
Gründungszeit: Zwischen 1228 und 1247
Gründer: Herren von Lobdeburg
Mutterkloster: Unbekannt
Tochterkloster: Michaeliskloster zu Jena
Anfangsverlegung: –
Verhältnis zum Orden: Zisterziensergewohnheit
Rechtsstellung: Gründung nach Eigenkirchenrecht; Grablege der Stifter; vogtfrei, aber in enger Abhängigkeit von den Herren von Lobdeburg, seit dem 14. Jahrhundert der Grafen von Schwarzburg; unterlag der Diözesangewalt des Naumburger Bischofs; päpstlicher Schutz 1247; Schutzbrief Kaiser Karls IV. 1358
Größe und Struktur des Konvents: Töchter des Hauses Lobdeburg, der Burggrafen von Kirchberg, des niederen Adels und einige Bürgerliche. Der Konvent umfaßte meist weniger als zehn Nonnen; Klosterämter: nur Priorin und Küsterin
Wirtschaftliche Verhältnisse: Grundbesitz im näheren Umkreis des Klosters; 1450 neun ganze und drei halbe Dörfer; umfangreiche Ländereien in Eigenbewirtschaftung
Wissenschaftliche Betätigung: –
Auflösung: 1531 Säkularisierung
Bausubstanz: Vgl. MAGIRIUS, HEINRICH: Beobachtungen zur Architektur der Zisterzienserinnenklöster … In diesem Band
Schrifttum: PATZE 1965 (wie Petersberg), Nr. 10.260, 10.261; MÖBIUS 1974 (wie Eisenberg), Nr. 286/2, 4.273–4.276; SCHLESINGER 1962 (wie Beuditz), Bd. 2, S. 279f.; HB. HISTOR. STÄTTEN. Bd. 9. Thüringen. Hrsg. von HANS PATZE. 2. Aufl. Stuttgart 1989. Hier S. 419f.

Sankt Marienstern, Frauenkloster (Bistum Meißen)

Lage: Südöstlich Kamenz, am östlichen Ufer des Klosterwassers in Panschwitz-Kuckau
Gründungszeit: 1248 Beurkundung der Gründungsabsicht, 1259 eigentliche Gründung, 1284 Einzug des Konvents
Gründer: Gründungsabsicht durch Mabilia, Witwe des Reichsministerialen Bernhards II. von Kamenz, ihre Schwestern und ihre Kinder (1248); Gründungsvollzug durch ihren Sohn Bernhard III., den späteren Bischof von Meißen (1259)
Mutterkloster: –
Tochterkloster: –
Anfangsverlegung: Umzug des Konvents aus dem Kamenzer Spital nach hier
Verhältnis zum Orden: 1264 dem Zisterzienserorden inkorporiert
Rechtsstellung: An die Stelle der eigenkirchenrechtlichen Gründervogtei trat der 1264 beurkundete landesherrliche Schutz durch die Markgrafen von Brandenburg (1253–1319), Herzog von Jauer (1319–1329) und die Könige von Böhmen (1319–1635); einfacher päpstlicher Schutz; unterstand der Diözesangewalt des Meißner Bischofs; Fortbestand aller Freiheiten und Rechte im Traditionsrezeß von 1635 durch den Kurfürsten von Sachsen garantiert, auch von der sächsischen Verfassung von 1831 respektiert; Visitationsrecht seit 1264 beim Abt von Altzelle, seit der Reformation bei den Äbten von Königsaal und Neuzelle, zuletzt Ossegg
Größe und Struktur des Konvents: Neben Töchtern des niederen Adels auch Angehörige des böhmischen Herrenstandes und von Geschlechtern, die, wie die Gründerfamilie, aus reichsministerialischem Stand in den hohen Adel aufgestiegen; seit der Reformationszeit nur noch Bürgerliche; Größe des Konvents im Spätmittelalter nicht überliefert; übliche Klosterämter; weltliche Vögte vertraten bis 1918 das Kloster in Verwaltungs- und Gerichtsangelegenheiten
Wirtschaftliche Verhältnisse: Bernhard III. von Kamenz, der eigentliche Stifter, vermachte sein gesamtes Erbgut dem Kloster, dazu gehörten die Pfarrkirchen in Crostwitz und Kamenz (reich dotiert) sowie das dortige Hospital, zwei ganze und sieben halbe Dörfer, zwei Vorwerke, sieben Mühlen, 36 Hufen in zwei weiteren Dörfern sowie Streubesitz und Zehnteinkünfte. Infolge von Schenkungen und Zukäufen entstanden vier Besitzkomplexe: um Wittichenau, um Marienstern klosterwasserabwärts, nördlich von Kamenz und um Bernstadt (mit dem größten Teil des Eigenschen Kreises). Während das Hospital zu Kamenz 1348 an die Stadt veräußert wurde, vergrößerte sich der Klosterbesitz insgesamt auf 52 Dörfer und acht Dorfteile mit rund 2.500 Untertanenstellen; Rentenbezüge auch von den Dedizern; stoff- und aussagereiches Zinsregister von 1374/82 überliefert und ediert
Wissenschaftliche Betätigung: Reichhaltige Bibliothek mit wertvollen Handschriften (u.a. aus Altzelle)
Auflösung: Kloster besteht seit seiner Gründung ununterbrochen
Bausubstanz: Vgl. MAGIRIUS, HEINRICH: Beobachtungen zur Architektur … In diesem Band
Schrifttum: HENTSCHEL 1960 (wie Buch), Nr. 1.431, 3.407, 4.461, 4.462, 6.206, 6.208, 6.227; SCHLESINGER

1962 (wie Beuditz), Bd. 2, S. 292–294; HB. HISTOR. STÄTTEN. Bd. 8 (wie Buch), S. 216–218; BAUER, MARKUS: Die zwei Gründungen des Klosters St. Marienstern. In diesem Band

Sankt Marienthal, Frauenkloster (Bistum Meißen, bis 1238/44; (Erz-) Bistum Prag, 1238/44–1783)

Lage: Nordöstlich von Zittau, ein Kilometer südlich von Ostritz, Ortsteil Marienthal, am westlichen Ufer der Neiße
Gründungszeit: 1234
Gründer: Königin Kunigunde von Böhmen
Mutterkloster: –
Tochterkloster: –
Anfangsverlegung: –
Verhältnis zum Orden: 1235 dem Zisterzienserorden inkorporiert
Rechtsstellung: Eigenkirchenrechtliche Gründervogtei; Zisterzienserprivileg Papst Innocenz' IV. 1245 verfügte Exemtion von der Jurisdiktion des Diözesanbischofs; Schutzprivilegien der böhmischen Könige seit 1238; im Traditionsrezeß von 1635 garantiert der Kurfürst von Sachsen den Fortbestand aller Freiheiten und Rechte, den auch die sächsische Verfassung von 1831 respektiert; Visitationsrecht seit 1235 beim Abt von Altzelle, seit der Reformation bei Neuzelle und anderen böhmischen Klöstern, zuletzt Ossegg
Größe und Struktur des Konvents: Konvent ursprünglich fast durchweg adeliger Herkunft, darunter Angehörige des böhmischen Herrenstandes; allmählich Verbürgerlichung; Größe des Konvents im Spätmittelalter nicht überliefert; Klosterämter: Priorin, Unterpriorin, Kellermeisterin, Küsterin; Konversenämter: Mühlmeister (in Ostritz), Hofmeister in den Grangien; seit dem 15. Jahrhundert beaufsichtigte ein adliger Vogt die Klosterwirtschaft (bis 1918)
Wirtschaftliche Verhältnisse: Anfangsausstattung mit Niederseifersdorf (Wüstung) und acht weiteren Dörfern, im Laufe des 13. und 14. Jahrhunderts kontinuierlicher Erwerb umfangreicher Liegenschaften beiderseits der Neiße, darunter Stadt und Herrschaft Ostritz und die halbe Herrschaft Rohnau; besondere Förderung durch den auf der Burg Grafenstein gesessenen Zweig der Burggrafen von Dohna; Eigenwirtschaft auf den von Konversen betriebenen Klosterhöfen in Marienthal, Schlegel und Oberseifersdorf; Rentenkäufe seit der Mitte des 14. Jahrhunderts; bis zur Agrarreform des 19. Jahrhunderts besaß das Kloster 21 Ortschaften und vier Ortsteile
Wissenschaftliche Betätigung: Die mittelalterliche Klosterbibliothek besteht nicht mehr; der neue Bibliotheksraum mit Rokokoausstattung von 1752 beherbergt wertvolle mittelalterliche Handschriften, die teilweise aus anderen Abteien stammen
Auflösung: Kloster besteht seit seiner Gründung ununterbrochen
Bausubstanz: Vgl. MAGIRIUS, HEINRICH: Beobachtungen zur Architektur ... In diesem Band
Schrifttum: SCHLESINGER 1962 (wie Beuditz), Bd. 2, S. 290–292; HB. HISTOR. STÄTTEN. Bd. 8 (wie Buch), S. 218f.

Schmölln, Männerkloster (Bistum Naumburg)

Lage: Südwestlich von Altenburg, auf dem Pfefferberg nördlich der Stadt
Gründungszeit: 1127 (?) als Benediktinerkloster, 1132 mit Zisterziensern besetzt
Gründer: Graf Bruno (ein Verwandter des Bischofs Udo I. von Naumburg)
Mutterkloster: Walkenried
Tochterkloster: –
Anfangsverlegung: 1137/38 nach Pforte verlegt
Verhältnis zum Orden: Dem Zisterzienserorden inkorporiert
Rechtsstellung: Gründung nach Eigenkirchenrecht
Größe und Struktur des Konvents: Siehe Pforte
Wirtschaftliche Verhältnisse: Reiche Ausstattung mit umfangreichem Grundbesitz im Pleißengau
Wissenschaftliche Betätigung: –
Auflösung: –
Schrifttum: PATZE 1965 (wie Petersberg), Nr. 10.117a, 10.117 b; SCHLESINGER 1962 (wie Beuditz), Bd. 2, S. 210 bis 212; HB. HISTOR. STÄTTEN. Bd. 9 (wie Roda), S. 291–294

Sitzenroda, Frauenkloster (Bistum Meißen)

Lage: Südlich von Torgau
Gründungszeit: 1198
Gründer: Luprand, Domherr zu Meißen, und seine Brüder Dieprand und Dietrich
Mutterkloster: –
Tochterkloster: –
Anfangsverlegung: Vor 1270 Vereinigung mit dem Zisterzienserinnenkloster Dörschnitz
Verhältnis zum Orden: Benediktinerinnenkloster ging in dem Zisterzienserinnenkloster Dörschnitz auf und hielt sich unter dem Einfluß der benachbarten Mühlberger Zisterze weiterhin an die Zisterziensergewohnheiten. Erst vom 14. Jahrhundert an hielt man sich wieder zu den Benediktinern
Rechtsstellung: Siehe Dörschnitz. Vogtfreiheit; Schutz-

privileg des Markgrafen Heinrich (des Erlauchten) von Meißen; unterstand der Diözesangewalt des Meißner Bischofs
Größe und Struktur des Konvents: Vorwiegend Töchter des niederen Adels, später auch Bürgertöchter; Größe des Konvents nicht überliefert; Klosterämter: Priorin, Subpriorin, Küsterin, Kantorin, Tätigkeit in der Krankenfürsorge
Wirtschaftliche Verhältnisse: Mäßiger Grundbesitz: acht Dörfer in unmittelbarer Nähe des Klosters und Streubesitz im weiteren Umkreise; Obergerichtsbarkeit auf den meisten Besitzungen. Das Klostereigen um Dörschnitz wurde bis auf den Kirchenpatronat zu Frankenstein veräußert, das Hospital St. Jürgen in Eilenburg neu erworben
Wissenschaftliche Betätigung: –
Auflösung: Im Laufe der 20er Jahre des 16. Jahrhunderts löste sich das Kloster allmählich auf; 1530 erlosch das Klosterleben
Schrifttum: HARKSEN 1966 (wie Langendorf), Nr. 5.090, 5.091; SCHLESINGER 1962 (wie Beuditz), Bd. 2, S. 282f.; HB. HISTOR. STÄTTEN. Bd. 11 (wie Eisenberg), S. 440

Sornzig „Marienthal", Frauenkloster (Bistum Meißen)

Lage: Südwestlich von Mügeln, bei der Pfarrkirche des Ortes
Gründungszeit: 1241
Gründer: Siegfried von Mügeln
Mutterkloster: –
Tochterkloster: –
Anfangsverlegung: –
Verhältnis zum Orden: Dem Zisterzienserorden inkorporiert, dennoch schwankende Ordenszugehörigkeit: 1292 und 1335 wurden die Nonnen als Benediktinerinnen bezeichnet. 1348 war wiederum der Zisterziensermönch Johannes Kule als Propst tätig
Rechtsstellung: Gründung nach Eigenkirchenrecht; das Zisterzienserprivileg von Papst Innocenz IV. gewährte Exemtion 1249
Größe und Struktur des Konvents: Töchter des niederen Adels, vereinzelt Bürgertöchter; Umfang des Konvents gering
Wirtschaftliche Verhältnisse: Reiche Anfangsausstattung durch den Stifter mit Dorf und Kirche Sornzig samt Mühlen, Gütern in sechs umliegenden Dörfern und den Pfarrkirchen zu Limbach und Naundorf; Zehnte in 17 weiteren Dörfern; volle Gerichtsbarkeit; Rentenkäufe
Wissenschaftliche Betätigung: –
Auflösung: 1539 Säkularisation; das in ein Gut verwandelte Kloster fiel 1544 an die Fürstenschule zu Meißen und gelangte 1570 auf dem Tauschwege an den letzten Bischof von Meißen

Bausubstanz: Vgl. MAGIRIUS, HEINRICH: Beobachtungen zur Architektur der Zisterzienserinnenklöster ... In diesem Band
Schrifttum: SCHLESINGER 1962 (wie Altzelle), Bd. 2, S. 285f.; HB. HISTOR. STÄTTEN. Bd. 8 (wie Buch), S. 335f.

Torgau, Frauenkloster (Bistum Meißen)

Lage: Nördlich der Stadt, nahe der Stadtmauer vor dem Bäckertor
Gründungszeit: Anfang des 13. Jahrhunderts (urkundliche Ersterwähnung 1243)
Gründer: Vermutlich Markgraf Dietrich (der Bedrängte) von Meißen
Mutterkloster: –
Tochterkloster: –
Anfangsverlegung: Vor 1250 nach Grimma und um 1275/89 von da nach Nimbschen verlegt
Verhältnis zum Orden: Dem Zisterzienserorden inkorporiert
Rechtsstellung: –
Größe und Struktur des Konvents: –
Wirtschaftliche Verhältnisse: Schenkung der Kirchen zu Weßnig, Torgau und Altbelgern mit 23 Filialkirchen, des Dorfes Polbitz und eines Sees durch Markgraf Heinrich (den Erlauchten) von Meißen
Wissenschaftliche Betätigung: –
Auflösung: –
Bausubstanz: Vgl. MAGIRIUS, HEINRICH: Beobachtungen zur Architektur der Zisterzienserinnenklöster ... In diesem Band
Schrifttum: SCHLESINGER 1962, Bd. 2, S. 273f.; HB. HISTOR. STÄTTEN. Bd. 11 (wie Eisenberg), S. 467–470

Triptis, Frauenkloster (Erz-) Bistum Mainz

Lage: Südöstlich von Stadtroda, genaue Lage unbekannt
Gründungszeit: Anfang des 13. Jahrhunderts (?)
Gründer: Vermutlich freier Zusammenschluß
Mutterkloster: –
Tochterkloster: –
Anfangsverlegung: 1212 Verlegung nach Zwickau auf Initiative des Markgrafen Dietrich (des Bedrängten) von Meißen
Verhältnis zum Orden: Ordenszugehörigkeit unbekannt, möglicherweise Zisterziensergewohnheit
Rechtsstellung, Größe und Struktur des Konvents, wirtschaftliche Verhältnisse, wissenschaftliche Betätigung, Auflösung: siehe Zwickau
Bausubstanz: Vgl. MAGIRIUS, HEINRICH: Beobachtungen zur Architektur der Zisterzienserinnenklöster ... In diesem Band

Schrifttum: SCHLESINGER 1962 (wie Beuditz), Bd. 2, S. 252; HB. HISTOR. STÄTTEN. Bd. 9 (wie Roda), S. 444f.

Zwickau, Frauenkloster (Bistum Naumburg)

Lage: Am westlichen Ufer der Mulde vor dem Oberen Stadttor, wo der ehem. Klostergarten und das obere Weidicht lokalisiert werden
Gründungszeit: 1212 von Triptis nach hier verlegt
Gründer: Markgraf Dietrich (der Bedrängte) von Meißen
Mutterkloster: –
Tochterkloster: –
Anfangsverlegung: 1219 nach Eisenberg verlegt
Verhältnis zum Orden: Ordenszugehörigkeit ungewiß, Zisterziensergewohnheit?
Rechtsstellung: Gründung nach Eigenkirchenrecht
Größe und Struktur des Konvents: –
Wirtschaftliche Verhältnisse: Anfangsausstattung mit der Parochie Osterwein sowie mit der Marien- und der Katharinenkirche und deren Zubehör in Zwickau
Wissenschaftliche Betätigung: –
Auflösung: Siehe Anfangsverlegung
Schrifttum: SCHLESINGER 1962 (wie Beuditz), Bd. 2, S. 252–254; MÄRKER 1968 (wie Grünhain), S. 58; PÄTZOLD 1997 (wie Altzelle), S. 211–214.

Literaturauswahl, soweit nicht in den Ortsartikeln aufgeführt:

BLASCHKE, KARLHEINZ: Geschichte Sachsens im Mittelalter. Berlin 1990; Die Cistercienser. Geschichte, Geist, Kunst. Hrsg. von AMBROSIUS SCHNEIDER u.a. 3., erw. Aufl. Köln 1986; DEHIO, GEORG: Handbuch der Deutschen Kunstdenkmäler. Die Bezirke Cottbus und Frankfurt/Oder. Neubearbeitung. Berlin 1987; DERS.: Dass. Der Bezirk Halle. 2. Aufl. Berlin 1978; DERS.: Dass. Die Bezirke Dresden, Karl-Marx-Stadt, Leipzig. Berlin 1965; DERS.: Dass. Sachsen I. Regierungsbezirk Dresden. Bearb. von BARBARA BECHTER und WIEBKE FASTENRATH. München 1996; SYDOW, JÜRGEN, EDMUND MIKKERS und ANNE-BARB HERTKORN: Die Zisterzienser. 2., durchges. Aufl. Stuttgart, Zürich 1991; NAGEL, BERNHARD: Norm und Wirklichkeit des Zisterzienserordens. Leipzig 1996.

1 Morimond, ehemalige Abteikirche. Reste der Nordwand des nördlichen Seitenschiffs von Südosten

Morimond und seine Erben

Peter Pfister

Einführung

In den letzten Jahrzehnten haben Tausende von interessierten Menschen Ausstellungen zur Geschichte der Zisterzienser besucht.[1] Viele Bücher und Bildbände zur Geschichte und zur Kunst der Zisterzienser wurden herausgegeben. Männer und Frauen jeden Alters besuchen die noch bestehenden Klöster der Zisterzienser und Zisterzienserinnen; ja sie leben zum Teil für kürzere oder längere Zeit sogar mit den Ordensleuten zusammen („Kloster auf Zeit"). An vielen Orten ehemaliger Zisterzienserklöster wurden Vereine und Förderkreise ins Leben gerufen, die sich um die Erforschung der Geschichte des Ordens der Weißen Mönche bemühen und sich für den Erhalt bzw. für die Restaurierung von Klöstern und Ordenskirchen einsetzen.[2]
Sicherlich hängt dies mit der allgemeinen Wiederbelebung des historischen Interesses zusammen, das sich in einem neuen Heimat- und Geschichtsbewußtsein ausdrückt.
Neben diesem äußeren Grund für das erstaunliche Interesse an der Geschichte der Zisterzienser ist wohl hauptsächlich die Tatsache zu sehen, daß man bei ihnen eher als in anderen Orden und geistlichen Institutionen des Mittelalters Lebenseinstellungen, Verhaltensweisen und Organisationsformen zu finden glaubt, die man als vorbildlich für sich selbst und nachahmenswert für die eigene Gesellschaft ansieht. Dazu zählen insbesondere: die Distanz zum Getriebe der Welt und die Besinnung auf das eigene Ich, die Freiheit von Fremdbestimmung, der Verzicht auf überflüssigen Luxus, der Sinn für Maß, Ordnung und Klarheit, vernünftiges Handeln und geplantes Vorgehen, ein freiwilliger, aus Überzeugung geleisteter Dienst, eine kompetente, in Wort und Tat vorbildliche Führungselite, eine Ordensorganisation, die genossenschaftliche und herrschaftliche, zentralistische und förderalistische Elemente miteinander verbindet und sowohl die Einheit des Ordens garantierte als auch den einzelnen Abteien ein hohes Maß an Selbständigkeit sicherte.
Es ist zugleich auf die erfreuliche Tatsache zu verweisen, daß es in der Bundesrepublik Deutschland immer mehr Menschen gibt, die am kulturellen Erbe ihres westlichen Nachbarn Frankreich interessiert sind.[3] Für viele sind Taizé, Cluny, Cîteaux oder Clairvaux zu einem Begriff geworden. Immer mehr Gruppen besuchen dieses Stätten klösterlicher Gemeinschaft und geistigen Schaffens. Es werden auch Initiativen ergriffen, um neues Leben an den alten Stätten zu erwecken, wie z.B. in Morimond.[4]

Die Entstehung der Primarabtei Morimond

Die Abtei Morimond[5] ist zugleich mit der Abtei Clairvaux aus dem Stammkloster Cîteaux hervorgegangen, das durch seine Gründungen einem neuen Orden, dem der Zisterzienser, Existenz und Namen gegeben hat. Über die Abtei Morimond sind die meisten Klöster dieses neuen Ordens in den deutschsprachigen Raum gekommen. Zur genauen Orientierung kann hier der Stammbaum aller Zisterzienserklöster, die von der Abtei Morimond aus begründet worden sind, Aufschluß geben.[6]
Der nächste Weg nach Paris führt von Mittel- und Osteuropa meist über Basel in die Senke zwischen Vogesen und dem französischen Jura.[7] Bald überquert man dann die Saone, den Grenzfluß zwischen der ehemaligen Freigrafschaft Burgund und dem fränkischen Herzogtum Burgund, im Heimatland des heiligen Bernhard. Wenn man sich ein Stück Weges aufwärts der Saone bewegt, so braucht man sich, anstatt zu ihrer Quelle östlich in die Sichelberge abzubiegen, nur nach Westen zum Plateau von Langres zu wenden, um die Waldmulde von Morimond aufzufinden.
Häufig liest man, Morimond sei ein Kloster im Burgund oder in der Champagne. Beide Bezeichnungen treffen aber für die Zeit der Gründungsphase nicht zu. Das Bistum Langres, zu dem sowohl Clairvaux als auch Morimond gehörten, war nämlich damals zugleich ein geistliches Fürstentum, das als Territorium des hl. Mammès, des Titelheiligen der Kathedrale von Langres, heute als Lingonie bezeichnet, sich bereits seit dem 10. Jahrhundert von Burgund losgelöst hatte.[8] Die für Clairvaux zuständige Grafschaft Bar-Sur-Aube war zur Zeit der Gründung des Klosters bereits in die Hände der emporstrebenden Grafen der Champagne übergegangen, blieb aber als kirchliches Archidiakonat bei der Diözese Langres, und gehört heute zum Bistum Troyes. Den Vasalleneid, der dem Bischof von Langres geleistet wurde, sah man als bloße Formalität an. Dagegen stand das im östlichen Teil des lingonischen Plateaus gelegene Bassigny, wo Morimond entstehen sollte, nicht nur als Archidiakonat, sondern auch als Grafschaft unter dem Bischof von Langres und

sollte als solche erst im 13. Jahrhundert ebenfalls unter die Herrschaft der Champagne gelangen.

Die Primarabtei Morimond

Die Zisterzienser leben nach der Regel des hl. Benedikt. Von anderen Benediktinern unterscheiden sie sich durch die Ordensverfassung, die Charta Caritatis, durch die Gewohnheiten des Ordens, die Consuetudines und durch das Filiationsprinzip. Die Benediktregel bestimmt die drei Grundpfeiler des täglichen Lebens[9]: Gottesdienst, geistliche Lesung, Handarbeit. Die Charta Caritatis als Ordensverfassung regelt die Organisation des Klosterverbandes. Besondere Kennzeichen sind: Einheit durch Gleichheit der Lebensweise, der monastischen und liturgischen Ordnung, und das Filiationsprinzip. Die Consuetudines ergänzen die Benediktregel. Sie berücksichtigen die Beschlüsse der Generalkapitel, enthalten die Vorschriften für den Gottesdienst und die Bräuche für Mönche und Laienbrüder. Nach dem Filiationsprinzip gründet jedes Kloster selbständige Tochterklöster. Jedes Kloster gehört so zu einer der fünf Linien, die von Cîteaux und den vier Primarabteien, La Ferté, Pontigny, Clairveaux sowie Morimond, ausgehen. Der Ordensverband wird also nicht zentral gelenkt wie bei den Cluniazensern. Die rechtliche Sicherung des Verbandes beruht auf dem jährlichen Generalkapitel in Cîteaux, auf dem jeder Abt erscheinen muß, und auf den jährlichen Visitationen durch den Vaterabt, den Abt des Klosters, von dem aus die Besiedelung erfolgt war.

Morimond gehört zu den ersten vier berühmten Gründungen, die bald nach dem Eintritt des hl. Bernhard und seiner Verwandten von Cîteaux aus sehr rasch gelegt wurden. Man nahm die Angebote auswärtiger Adeliger, Tochterklöster zu errichten, an. In einem Umkreis, der einer guten Tagesreise entsprach, entstanden die ersten: 1112 La Ferté im Süden, 1114 Pontigny im Westen. 1115 sandte Abt Stefan Harding den kaum 25jährigen Bernhard mit 12 Gefährten zur Gründung von Clairvaux im Norden. Im gleichen Jahr folgte im Nordosten die Gründung von Morimond durch Stefan Harding. Damit begann eine explosionsartige Ausbreitung des Ordens. Noch war die Abtei von Clairvaux im Entstehen, als Bernhard 1118 die erste Gruppe von Mönchen und Novizen zu einer Neugründung verabschiedete. Eine weitere, das jedem Burgundfahrer bekannte Fontenay, wurde im nächsten Jahr 1119 gegründet. Bis zu seinem Tod 1153 sandte Bernhard 68 Gründungskonvente, in 35 Jahren also über 800 Mönche aus. Auch bereits bestehende Klöster ließen sich Clairvaux angliedern.

Die anderen Primarabteien, wie man sie nannte, waren nicht so fruchtbar wie Clairvaux. La Ferté z.B. hatte nur ein halbes Dutzend Tochterklöster. Aber Morimond hielt Schritt. Seine Ausstrahlung ging in den Osten. Im Jahre 1120 gründete man Bellevaux auf halbem Weg zur heutigen Schweiz, 1123 erreichte man den Rhein: in Kamp am Niederrhein wurde auf Bitten des Kölner Erzbischofs, eines Bekannten, wenn nicht gar Verwandten des ersten Abtes von Morimond, ein Kloster gegründet, ein zweites 1127 in Ebrach bei Würzburg. Gleichzeitig überwand man in Morimond mit Hilfe Bernhards eine innere Krise. Der Abt von Morimond wollte gegen den Willen von Cîteaux und gegen die Mahnungen Bernhards im Heiligen Land ein Kloster gründen und verließ seine Abtei, starb aber, bevor er seinen Plan ausführen konnte. Nach diesen Anfangsschwierigkeiten wurde Morimond 1157 zur Primarabtei erhoben und wurde zum Mutterkloster von über 200 Abteien, unter anderem sämtlicher bayerischer und österreichischer Zisterzienserklöster.[10] Der Konvent von Morimond war zunächst stark mit Deutschen durchsetzt: Gründerabt Arnold, Adam von Ebrach, Konrad von Bayern, Otto von Freising und anderen. Unter der geistlichen Aufsicht von Morimond standen mehrere Ritterorden: Calatrava, Alcantara.[11] Die erste Abteikirche in Morimond wurde um 1155 fertiggestellt. Es entwickelte sich durch seine zahlreichen Tochtergründungen, aber auch durch seine geistige, literarische und künstlerische Ausstrahlung zur wichtigsten Abtei des Ordens nach Cîteaux und Clairvaux.[12]

Bischof Otto von Freising und Morimond

Die Lage von Morimond, nur wenig abseits von der Straße aus Süddeutschland über die burgundische Pforte nach Paris, die die Studenten zogen, war äußerst günstig. Deutsche Fürstensöhne traten hier ein, der Welfe Konrad, ein Bruder Welfs des IV., ohne Wissen seiner Eltern, ein Sohn des Herzogs von Kärnten und vor allem der durch die Mutter mit den Staufern verwandte Otto von Freising.[13] Otto wurde als Markgrafensohn von Österreich 1112 geboren. Sein Vater war Otto III., der als Heiliger in Kloster Neuburg verehrt wird, seine Mutter war Agnes, die 18 Kinder gebar. Otto war der fünfte Sohn; König Konrad III. sein Stiefbruder. Als 16jähriger ging er zum Studium nach Paris. Zu dieser Zeit war Frankreich unbestritten die Hochburg philosophischer und theologischer Studien. Otto kam hier mit dem regulierten Chorherrenstift St. Viktor vor den Mauern von Paris in Berührung, wo Hugo von St. Viktor lehrte. Im Frühjahr 1132 verließ Otto dann nach knapp sechsjähriger Studienzeit Paris, um mit seinen Studiengefährten die Heimreise anzutreten. Aber in Morimond, wo er übernachtete, wurde er von den Lebensformen der Zisterzienser persönlich so angerührt, daß aus der einen Übernachtung ein Aufenthalt von über sechs Jahren wurde, an dessen Ende Otto trotz seines jugendlichen Alters zum Abt gewählt wurde. Doch er konnte das Amt nicht antreten, weil er als Bischof nach Freising gerufen wurde. Dort hatte er nach den Wirren des Investiturstreites mit den ungeordneten Verhältnissen zu ringen. Wer aber erwartet, daß der Zisterziensermönch Otto auf dem Stuhl des hl. Korbinian in Freising umfangreiche Zisterzienserklostergründungen in seinem Bistum veranlaßte, der ist im Irrtum. Bischof Otto von Freising richtete kein einziges Zisterzienserkloster in seinem Bistum ein.[14]

Sobald Otto den Bischofssitz von Freising eingenommen hatte, erinnerte nichts mehr an ihn an einen weltabgeschiedenen Mönch, obwohl er das Mönchskleid ein Leben lang behielt. Als eifriger Seelsorger bereinigte er die bedrohliche Lage in seinem Bistums. So konnte Rahewin, sein Sekretär und späterer Domkapitular in Freising, sagen: „Er war uns vom Himmel gesandt. Seine Sorge, seine Werke und sein Verdienst waren so groß, daß er nicht so sehr der Erneuerer als vielmehr der Neubegründer des Bistums gewesen ist."[15]

Die alten Benediktinerklöster allerdings halfen Bischof Otto bei seiner groß angelegten Reform der Seelsorge in den breiten Volksschichten sehr wenig. Die wichtigsten Einrichtungen für seine pastoralen Zielsetzungen schuf sich Bischof Otto in den regulierten Chorherrenstiften: den Augustinerchorherren und den Prämonstratensern des hl. Norbert von Xanten. Die sechs bereits bestehenden regulierten Chorherrenstifte im Bistum Freising, allen voran das bedeutende Stift Rottenbuch, erhielten durch Bischof Otto vollste Unterstützung. Bischof Otto griff die neue augustinische Bewegung fördernd auf und machte sie seinen geistigen Zielen dienstbar.

Nach fünf Jahren im Amt des Bischofs begann Otto mit seiner großen Weltchronik, die er dem Abt Isengrim von Ottobeuren widmete. Sie entstand 1143 bis 1146. Seine Beurteilung der Weltgeschichte ist von einem unverkennbaren Pessimismus durchzogen: Der Stolz und die Herrschsucht verderben den Menschen, so daß eigentlich nur der Mönch von dem Elend des Weltkreislaufs verschont bleibt. Die große Spannung, die in diesem Lobpreis des Mönchtums als Fazit seiner Geschichtsbetrachtung liegt, ist noch heute spürbar. Er aber hat sie durchgehalten, außen ein Apostel, innen ein Mönch.

Im letzten Jahrzehnt seines Lebens wurde dies sogar leichter, weil er mit dem Stauferkaiser Friedrich I. Barbarossa eine Zeit der Befriedung angebrochen sah. Friedrich heiratete im Jahre 1156 Beatrix von Burgund, beide sind am Domportal in Freising abgebildet. Im selben Jahr gelang die Versöhnung der beiden Heinriche: Heinrich der Löwe behielt die Herzogtümer Bayern und Sachsen, im Osten wurden die Herzogtümer Österreich und Steiermark errichtet und für immer dem Heinrich Jasomirgott und den Babenbergern zugesprochen. Sein kaiserlicher Neffe Friedrich Barbarossa wünschte sich eine Fortsetzung der Chronik, die auch sehr viel optimistischer ausfiel. Otto schrieb jetzt die „Gesta Frederici", die Taten Friedrichs.

Doch traf Otto kurz vor seinem Tod noch bitteres Leid. Im Frühjahr 1158 ließ Herzog Heinrich der Löwe die Brücke des Freisinger Bischofs in Föhring, nördlich von München, in Flammen aufgehen und verlegte Straße und Brücke nach dem Dorf „Bei den Mönchen", die Geburtsstunde des heutigen München. Seither hat die Stadt München den Mönch im Wappen. Der daraufhin gefällte Reichstagsschiedsspruch von Augsburg am 14. Juli 1158 gab zwar dem Bischof grundsätzlich Recht, aber zwang ihn zu einem Kompromiß. Kaiser Friedrich nämlich hatte sich ausdrücklich auf seine Aufgabe „der friedvollen Lenkung des uns anvertrauten Erdkreises" berufen. Die Entscheidung von Augsburg wurde 1180 zwar als Unrecht erkannt und wieder aufgehoben, inzwischen hatte sie jedoch die Geschichte bestimmt.

Otto reiste, bereits krank, im Herbst 1158, wie jedes Jahr, in sein Profeßkloster Morimond und starb dort mit 46 Jahren, von denen er 20 Jahre lang Bischof war, eines gottergebenen Todes. Kurz vor seinem Tod hatte er noch seinem Domkapitel eine neue Satzung gegeben, die Geistliches und Weltliches ordnete aus „Liebe zu seinen Hausgenossen".

Morimond heute

Wer um die Bedeutung der Abtei von Morimond weiß, ist zutiefst betroffen, wenn er heute den Ort besichtigt. Zwar erschließen sich die Ruinen einem Laien nicht von selbst, seine Ruhe und seine Abgeschiedenheit, welche die Gründer wollten, sind in Morimond allenthalben spürbar geblieben. „Mori mundo", der Welt abgestorben, charakterisiert sehr gut den Ort in seiner Entferntheit und Einsamkeit. Das Wort „Mors" (Tod) und das Kreuz bilden das Wappen der Abtei.

Die im 12. Jahrhundert an der Quelle des Flambart erbaute Abtei wurde 1572 im Zuge der Konfessionskriege und dann während des Dreißigjährigen Krieges durch die kaiserlichen Truppen verwüstet, wobei die Kirche ausgespart wurde. Die zerstörten Gebäude waren erst im 18. Jahrhundert wieder vollständig errichtet worden, ehe dann während der Revolution 1791 die Abtei aufgehoben und zerstört wurde. So erheben sich an Stelle eines der bedeutendsten Zisterzienserklöster heute nur noch die mittelalterliche, im 17. Jahrhundert erneuerte Kapelle St. Ursula[16], die die Kapelle der Fremden war, sowie die Pforte und das Eingangsportal aus dem 17. Jahrhundert, die beim Abtragen unberührt blieben. Sie sind inzwischen zusammen mit der Kapelle in ein Restaurierungsprogramm aufgenommen worden. Im östlichen Teil des Areals ist ein Gebäude aus dem 17. Jahrhundert mit einigen Arkaden des Kreuzgangs wiederhergestellt und in die Kirchenmauer eingegliedert worden. Auf der anderen Seite hat man eine Wohnung angebaut und in der Mauer einige

Fragmente von Skulpturen und Kapitellen untergebracht. Ein Mauerfragment aus der Nordseite der Kirche besteht aus einem Bogenfenster und einer Säule, die einen Pilaster trägt.

Morimond hat einen großen Beitrag zur Kultur geleistet. Es war während sieben Jahrhunderten das religiöse, kulturelle, künstlerische und landwirtschaftliche Zentrum des Bassigny. Noch heute kann man die zahlreichen Scheunen sehen, von denen aus die Mönche den Boden bearbeiteten, den sie von den Grundherren erhalten hatten.

In den Kirchen der Umgebung finden sich zahlreiche Ausstattungsstücke der großen Abtei. Die Kathedrale von Langres besitzt die Orgel, das Chorgestühl, die Wandtäfelungen und die schmiedeeisernen Arbeiten aus dem Chorgestühl.[17] Die Kirche von Fresnoy beherbergt eine Reliquienbüste der hl. Ursula. Auch der letzte Pfarrer von Breuvannes, Abbé Jean Salmon, einer der besten Sachkenner von Morimond in unseren Tagen († 25. Januar 1990) besaß zahlreiche Stücke und Dokumente, die die Abtei betrafen, unter anderem die Statue der Notre Dame de Morimond aus dem 18. Jahrhundert. Sie sind inzwischen der historischen und archäologischen Gesellschaft von Langres übereignet worden und im Diözesanmuseum von Langres ausgestellt.

Die Abtei Morimond und ihre Erben

Martin Mallach, Windhagen, hatte 1989 in seiner Zeitschrift „Heisterblatt" über „Versunkene Klöster – neuentdecktes Erbe" berichtet.[18] Er verwies auf die erfreuliche Tatsache, daß es in der Bundesrepublik Deutschland immer mehr Menschen gibt, die am kulturellen Erbe ihres westlichen Nachbarn Frankreich interessiert sind. Immer mehr Gruppen besuchten diese Stätten klösterlicher Gemeinschaft und geistigen Schaffens. Es werden auch Initiativen ergriffen, um neues Leben aus den Ruinen zu erwecken. In dem Bericht wurde auch über den Versuch informiert, das ehemalige Zisterzienserkloster Morimond (Departement Haute-Marne) vor dem endgültigen Verfall zu retten. Mallach schlug vor, hier ein deutsch-französisches Zentrum für kulturelle Zusammenarbeit zu gründen. Auch der hochbetagte Pfarrer von Breuvannes, Jean Salmon, hatte sich seit langem bemüht, in Morimond zu retten, was noch zu retten war. Dafür gründete er eine Vereinigung zur Rettung von Morimond. Denn der Boden, auf dem die Abteiruinen stehen, war zwischenzeitlich verkauft worden. Das war der Aufhänger für Pfarrer Joseph Truttmann, Pfarrer in Nordheim im Elsaß, in der Zeitschrift „Christ in der Gegenwart" am 3. September 1989 über diese neue Entwicklung zu berichten.[19]

2 Morimond, die „Domaine Morimond" von Osten

Die Tradition des ersten Zisterzienserklosters im deutschen Sprachraum, des von der Primarabtei Morimond gegründeten niederrheinischen Klosters Kamp, wurde durch die Gründung der Vereinigung „Europäische Begegnungsstätte am Kloster Kamp e.V." im Jahr 1978 neu belebt. Die in Kamp wirkende Vereinigung hatte ihr Augenmerk von Anfang an nicht nur auf die Pflege der überkommenen abendländisch-europäischen Zisterziensertradition gerichtet, sondern auch versucht, deren prägende Bedeutung für die deutsche und europäische Kulturentwicklung aufzunehmen und für den Einigungsprozeß in Deutschland und Europa fruchtbar werden zu lassen. Natürlich hatte die Vereinigung auch schon früh zum burgundischen Ursprungskloster Cîteaux und zum Gründungskloster Morimond Verbindung aufgenommen, genauer zum Privatbesitzer der in der französischen Revolution säkularisierten „Domaine Morimond", Familie Brauen, und zum Pfarrer des benachbarten Ortes Breuvannes, Jean Salmon, dem „Hüter des Morimond-Erbes". Die von ihm gegründete „Association des Amis de l'abbaye de Morimond" wurde zum Jubiläumsjahr des Zisterzienserheiligen Bernhard von Clairvaux 1990 unter Leitung des Altbürgermeisters von Langres, Jean Favre, neu belebt. Auch in Kamp wurde zu dem Jubiläum der 900. Wiederkehr des Geburtstags Bernhards, am 15. September 1990 der deutsche Zweig der „Freunde der Abtei Morimond" in Anwesenheit von Präsident Jean Favre, einer Delegation des ehemaligen Zisterzienserklosters Georgental in Thüringen und des Autors dieses Beitrags (in Vertretung von Domkapitular Dr. Friedrich Fahr, München) gegründet.

Im Vorfeld der Gründungsverhandlungen des deutschen Zweiges der Freunde der Abtei Morimond hatten insbesondere Martin Mallach und Dr. Wilhelm Blum, München, weitere Anstöße gegeben. So hatte Dr. Blum in einem Schreiben an Kardinal Friedrich Wetter bereits am 15. September 1989 angeregt, Herr Kardinal möge im Blick auf die Verknüpfung des Schicksals der heutigen Erzdiözese München und Freising mit jenem der Zisterzienserabtei Morimond durch den berühmten Bischof Otto von Freising, der Abt in Moriomond war, dem Unternehmen ideelle und materielle Hilfe zukommen lassen. Die Angelegenheit wurde in der Diözesanleitung der Erzdiözese München und Freising im Oktober 1990 behandelt. Es wurde ein namhafter Betrag zur Verfügung gestellt, um die „Domaine Morimond" anzukaufen und in kirchliche Hände zurückzuführen.

Zu Gesprächen hinsichtlich des Ankaufs der „Domaine Morimond" kam es am 29. Februar und 1. März 1992. An den Gesprächen nahmen der Bischof von Langres, Leon Taverdet, der Bischofsvikar der Region Nord der Diözese Langres, Msgr. Jean-Louis de Kergommeaux, die beiden Prälaten und Domkapitulare Robert Desvoyes und Emile Vauthier, der Präsident des französischen Morimondfreunde, Jean Favre, der Schatzmeister des Vereins, Alain Kerlau, eine Beisitzerin im Vorstand des Vereins, Frau Renni Marcout, Pfarrer Hans Hüneborn und der Autor teil. Dieser unterbreitete dabei das Angebot der Erzdiözese München und Freising für den Erwerb des Grundstücks, auf dem sich das ehemalige Zisterzienserkloster Morimond befindet, einen Geldbetrag zur Verfügung zu stellen. Bischof Taverdet sagte zu, die geistliche Betreuung des Gebietes der ehemaligen Zisterzienserabtei Morimond nach einem erfolgtem Ankauf zu übernehmen.

Am 31. März 1993 konnte endlich der Ankauf einer größeren Teilfläche der ehemaligen Abtei Morimond erfolgen.[20] Dies hat dann Domkapitular Prälat Dr. Friedrich Fahr im Juni 1993 zum Anlaß genommen, die Aufstellung eines Gedenksteines auf dem Gelände der ehemaligen Abtei Morimond anzuregen. Anläßlich des Gedenktages des seligen Bischofs Otto von Freising am 7. September sollte ein Gedenkstein auf dem Areal der ehemaligen Abtei Morimond aufgestellt werden, dem die wichtigsten Daten und Fakten entnommen werden können, insbesondere die Rückführung des Geländes in kirchliche Hände.

Es sollte noch weitere zwei Jahre dauern, bis der Gedenkstein am Sonntag, dem 3. September 1995, im Rahmen einer größeren Feier gesegnet und der Öffentlichkeit vorgestellt werden konnte. Auf der Vorderseite des dreiseitigen Gedenkstein ist das Wappen der Abtei Morimond dargestellt. Auf der zweiten Seite angebracht sind die drei wichtigsten Daten der Abtei: 1115 gegründet, 1791 zerstört, 1993 wiedererworben (jeweils in lateinischer, französischer, deutscher, englischer und italienischer Sprache, während die dritte Seite an den seligen Otto, der Bischof von Freising und zuvor Abt in Morimond war, erinnert. Schließlich haben sich auf dieser dritten Seite zugleich die Diözese Langres, die Erzdiözese München und Freising und die Freunde der Abtei Morimond als Initiatoren dargestellt.

Im besonderen Auftrag des Herrn Kardinals Friedrich Wetter nahmen an diesen Feierlichkeiten Domkapitular Prälat Dr. Friedrich Fahr und der Autor teil. Bereits am Samstag, dem 2. September 1995, fand in Langres ein Festakt des französischen Zweiges der „Freunde von Morimond" statt, dem ein Empfang des Unterpräfekten von Langres vorausgegangen war. Dabei hatte Domkapitular Dr. Fahr in einem Grußwort auf die Bedeutung von Bischof Otto von Freising hingewiesen: Es sei gut, daß Morimond durch den Ankauf wieder in geistliche Hände gekommen sei. War Bischof Otto alljährlich von Freising nach Morimond geritten, um sich geistig-geistlich regenerieren zu können, ist heute die Wegstrecke wesentlich rascher zu überwinden. Otto ist in Morimond gestorben, und war mit seinen beiden Hauptwerken „Gesta Frederici" und „Chronicon de notatione rerum" der bedeutendste Geschichtsschreiber des deutschen Mittelalters. Auch brachte er von seinen Studien in Paris französische Geistigkeit und Gelehrtheit nach Freising. Das schuf eine Verbindung zwischen Freising und Paris, zwischen Frankreich und Deutschland. Domkapitular Dr. Fahr hat mit dem Wunsch geschlossen, Otto möge als großer Abt des Klosters Morimond und großer Bischof von Freising auch heute völkerverbindend wirken, nicht zuletzt durch seine geistig-geistlichen Schriften.

Bei der Hauptversammlung des französischen Zweiges der „Freunde von Morimond" am selben Tag hatte der Vorsitzende in seinem Bericht zur Lage nach dem Ankauf der „Domaine Morimond" Rückblick und Ausblick zugleich gehalten. Es sei dem Verein gelungen, eine immer größere Sensibilisierung der Öffentlichkeit für Morimond und auch den Beginn der Bauarbeiten und ihre Finanzierung in die Wege zu leiten. Der Arbeit des Vereins wurde Interesse auch aus den benachbarten Departements entgegengebracht. Die „Freunde von Morimond" gehören zur Vereinigung der Zisterzienserabteien Frankreichs, wodurch sie auch mit anderen Vereinen in Verbindung getreten sind, die im selben Geist arbeiten. Diese französische Fördervereinigung hat einen Führer und eine Straßenkarte zu allen französischen Zisterzienserklöstern erarbeitet sowie Hinweisschilder an den historischen Zisterzienserstätten aufgestellt. Auch die öffentliche Hand (Staat, Region, Departement und Stadt) konnte gewonnen werden, nicht nur ideell, sondern auch materiell bei der Sicherung der noch vorhandenen Gebäude von Morimond mitzuhelfen. So konnte die St. Ursula-Pfortenkapelle in Morimond gesichert werden. Der Plan des Architekten wurde im Rahmen einer Lehrbaustelle in Angriff genommen. Dieses französische Modell richtete sich an Arbeitslose, die sich um eine Wiedereingliederung in den Arbeitsprozeß bemühten. Der Staat und das Departement trugen die Gehälter, während der Förderverein für die Materialkosten aufkam. So arbeitete ein Gruppe von 15 Personen unter der Leitung einer Fachkraft gut vier Monate in Morimond. Im November 1995 wurde die Renovierung der Kapelle und die Sicherung der Ruinen abgeschlossen. Für die kommenden Jahre ist beabsichtigt, ein Feriendorf in der Nähe der „Domaine Morimond" aufzubauen, das all denen zur Verfügung stehen soll, die einige Tage der Ruhe in der ländlichen und beeindruckenden Gegend der Weißen Mönche des Bassigny verbringen möchten. Auch für die Glasfenster[21] in der Pfortenkapelle sind bereits die Themen benannt: das Mönchsleben, die Bearbeitung der Erde und der Steine, die Wasserkraft, Schrift und Gebet. Die Entwürfe und die Ausführung liegen bei einer jungen Künstlerin aus dem Departement Haute-Marne. Das Werk wird sowohl von mönchischer Einfachheit wie auch durch die heutige Zeit geprägt sein.

In seiner Predigt am Sonntag, dem 3. September 1995, ging der Ortsbischof Leon Taverdet beim Pontifikalgottesdienst im nahegelegenen Ort Fresnoy auf die Situation in Morimond ein. Er sah in dem Treffen, das von den „Freunden von Morimond" aus Frankreich und aus Deutschland vorbereitet worden war, ein wichtiges und bedeutsames Ereignis. Denn die Erinnerung an die geistige und kulturfördernde Tätigkeit der Mönche werde damit wieder ins Gedächtnis wachgerufen, und die zur Erinnerung an Otto von Freising errichtete Stele sei eines der ausdrucksvollsten Zeugnisse dafür. Im Blick auf die Erzdiözese München und Freising führte er aus: „Die Großzügigkeit dieser Kirche ist ein Zeichen dafür, daß die Katholiken in Bayern an ihren geistigen Wurzeln festhalten, von denen einige auf unserem christlichen Boden des Bassigny gesprossen sind. Diese Aufmerksamkeit bewegt uns tief, weit über die finanziellen Erwägungen hinaus, zu denen dadurch Anlaß gegeben werden konnte. Sie ist auch ein Schlüssel, der das Tor zur Zukunft öffnet".

Im Anschluß an den Festgottesdienst begaben sich die zahlreichen Teilnehmer, unter ihnen auch viele Gläubige der Diözese Langres, zur „Domaine Morimond". Unter Absingen der Allerheiligen-Litanei zog die Prozession vom Ort der ehemaligen Zisterzienser-Basilika zur St. Ursula-Pfortenkapelle, vor der die Gedenksäule für Otto von Freising und den Rückerwerb der „Domaine Morimond" in geistliche Hand aufgestellt worden war. Domkapitular Dr. Fahr, der die Segnung vornahm, sprach die Hoffnung aus, daß „nach soviel hartem Streit, durch viele Jahrhunderte das Bekenntnis zur Geschichte unserer Heiligen uns zusammenführen und zusammenhalten möge."

Im Rahmen der Feier auf der „Domaine Morimond" wies der Präfekt des Departements Haute-Marne auf die zahlreichen historischen Denkmäler in seinem Departement hin, die es zu restaurieren und zu unterhalten gelte. Auch Morimond sei in diese Liste aufgenommen worden und könne der weiteren staatlichen Subventionierung und Förderung versichert sein.

Ein äußeres Zeichen der Verbundenheit der deutschen Freunde von Morimond mit der „Domaine Morimond" wurde auch noch gesetzt: jedes Tochterkloster von Morimond bzw. der heutige Traditionsträger sollte aus seinen Gebäuden einen Stein für Morimond stiften, um damit die große Familie der Morimond-Zisterzienserklöster deutlich werden zu lassen. Die ersten Werksteine, die zum größten Teil aus den ehemaligen Abteikirchen stammten, wurden bereits zu den Feierlichkeiten mitgebracht. Es handelte sich um Steine aus Chorin, Michaelstein, Pforta, Rheinfeld, Stipel und Volkenroda. Mehrere Steine wurden von den Teilnehmern direkt nach Morimond gebracht, so z.B. der Stein aus Kamp, aus Altenberg, aus Marienfeld, aus Raitenhaslach und aus Fürstenfeld. Diese Steine waren als Gruß und Dank der großen Klosterfamilie an die Mutter in Morimond zu verstehen.

Es galt nun, die steingewordenen Zeugnisse der Verbindung zwischen Morimond und deutschen ehemaligen Zisterzienserklöstern umzuwandeln in lebendige Steine. Dies sollte noch weitere zwei Jahre dauern. Dann konnte der Erzbischof von München und Freising am 10. und 11. Mai 1997 nach Morimond reisen. Dort wurde die der hl. Ursula geweihte Pfortenkapelle, die in den zwei Jahren zuvor gründlich restauriert worden war, ebenfalls wieder in geistliche Hände überführt und benediziert. Mit den Feierlichkeiten in Morimond war jetzt nach mehr als 200 Jahren wieder geistiges und geistliches Leben an diesem Ort möglich geworden. Auf dem Gelände soll auch eine Begegnungs- und Meditationsstätte entstehen[22]. Der Kardinal segnete zugleich eine neue Glocke für die Ursulakapelle und die Innenausstattung dieser Kapelle.

Benediktiner, Zisterzienser und Trappisten haben an den Feiern teilgenommen. Die Zisterzienser gingen als Reformorden aus dem Benediktinerorden hervor. Die Trappisten sind wiederum reformierte und einer strengeren Regel zugewandte Zisterzienser.

Aus mehreren deutschsprachigen Zisterzienserklöstern oder deren Traditionsträgern waren Delegationen nach Morimond gereist, so auch aus dem berühmten brandenburgischen Chorin, wie auch aus fast allen ehemaligen Zisterzienserklöstern in Bayern, Baden-Württemberg und dem Rheinland. Auch aus Zisterzienserklöstern in Polen und Italien waren Abordnungen anwesend: Eine Delegation aus Morimondo, einige Kilometer südlich von Mailand gelegen, konnte auf ihre geistliche Tradition aufmerksam machen, wo heute acht Geistliche einer Priesterkongregation das Erbe von Morimond in Italien aufrecht erhalten und fördern.

Die liturgische Gestaltung der feierlichen Vesper, in deren Rahmen die Benediktionen erfolgten, hatten die Brüder der Zisterzienserabtei Acey übernommen. Andere Klöster wie Aiguebelle, der Zisterzienserabt von Hauterive in der Schweiz, der Abtpräses der deutschsprachigen Zisterzienserkongregation und der Benediktinerabt von Flavigny hatten Grußbotschaften übersandt. So waren zum ersten Mal nach 200 Jahren wieder Zisterzienser und Mönche des benediktinischen Mönchtums in Morimond anwesend, um an einem zentralen Ort des Zisterzienserordens gemeinsam zu beten.

Dieses Zusammentreffen sei, so Bischof Taverdet in seiner Begrüßung, durch die Erzdiözese München und Freising möglich geworden, die für die Erhaltung des europäischen Kulturerbes Morimond zum Schlüssel geworden sei. Dieser Schlüssel öffnete das Tor für die Zukunft. Dieser Schlüssel sei heute durch die vielen anwesenden Vertreter der verschiedenen europäischen Länder und ihrer Traditionsträger zum Ausdruck gebracht worden. Er erwähnte auch Prälat Dr. Friedrich Fahr, der bei der Anfertigung des Schlüssels mitwirkte, um bei diesem Bild zu bleiben.

Kardinal Wetter griff in seiner Ansprache die Bedeutung des burgundischen Morimond als einzigartiges europäisches Kulturerbe auf. „Wir gehen organisatorisch Schritt für Schritt dem geeinten Europa entgegen. Wodurch wird diese Einheit bewirkt? Gemeinsamer Markt und gemeinsame Politik reichen dazu jedenfalls nicht aus. Europa bedarf geistiger Grundlagen, die es eint. Europa war schon einmal geistig geeint. Diese Einheit verdankt es dem christlichen Glauben. Auf diese geistigen Werte, die wir aus dem Glauben schöpfen, müssen wir uns neu besinnen. So sei sein Bistum auf enge Weise mit Frankreich verbunden. Der erste bischöfliche Vorgänger in Freising war der hl. Korinian. Er lebte im 8. Jahrhundert und stammte aus Arpajon bei Paris. In besonderer Weise sei hier auch das Wirken des Zisterzienserordens zu nennen. Die Zisterzienser hatten dabei im frühen und hohen Mittelalter vom christlichen Frankenreich aus strahlenförmig nach allen Richtungen Europas von Cîteaux und den vier Primarabteien, darunter eben Morimond, gewirkt. Sie hatten nicht nur das Land nutzbar gemacht, sondern auch das christliche Leben in die Länder Mittel- und Osteuropas getragen." In Anspielung auf das Wappen der Morimonder Abtei brachte Kardinal Wetter ein Vortragekreuz, gefertigt von dem Münchner Künstler Max Faller, als Geschenk mit in die Pfortenkapelle St. Ursula.

Kardinal Wetter ließ den Gedanken des vereinten christlichen Europas auch bei der Predigt am Sonntag in der Kathedrale von Langres aufscheinen: „Die äußeren Grenzen sind niedergelegt, legen wir auch die Grenzen in unseren Herzen nieder! Wir reden über gemeinsame Steuern, über die europäischen Einheitswährung, wir reden über Rinderwahnsinn gemeinsam, reden wir auch über den Glauben gemeinsam." Dabei soll uns der selige Otto von Freising als völkerverbindender Apostel und das Kulturerbe der Zisterzienserabtei Morimond Leitbild sein.

Wie sehr hier auf den Spuren der Zisterzienser der gemeinsame christliche Glaube erfahrbar wird, davon konnten die mit Bussen angereisten Delegationen aus Chorin und Ebrach dem Kardinal berichten. Die zahlreichen Jugendlichen aus Chorin, die zum Großteil nicht einmal getauft sind, haben die weite Reise auf sich genommen, um von nördlich Berlins nach Morimond zu kommen, um die Wurzeln ihres ehemaligen zisterziensischen Klosters Chorin und auch des Christentums erfahren zu können. Frau Dr. Gooß, Leiterin der Gruppe: „Wir bringen kein Geld mit nach Morimond, sondern die Freude und den Enthusiasmus unserer Jugendlichen, die an einem christlichen Aufbau Europas teilnehmen wollen".

Anmerkungen

1. Vgl. hierzu: In Tal und Einsamkeit. 725 Jahre Kloster Fürstenfeld. Die Zisterzienser im alten Bayern. Katalog- und Aufsatzband. 2 Bde. Hrsg. von ANGELIKA EHRMANN, PETER PFISTER und KLAUS WOLLENBERG, Fürstenfeldbruck 1988; In Tal und Einsamkeit. 725 Jahre Kloster Fürstenfeld. Die Zisterzienser im alten Bayern. Band III: Kolloquium. Hrsg. von KLAUS WOLLENBERG, Fürstenfeldbruck 1990.
2. Anschrift des deutschen Dachverbandes der Vereine und Förderkreise: Freunde der Abtei Morimond, Pfarrer Hans Hüneborn, Pastor-Wilden-Str. 4, D-47495 Rheinberg-Borth.
Anschrift des französischen Zweiges der Freunde von Morimond: Association des Amis de l'abbaye de Morimond, Jean Favre, 4, rue Robert Schuman, F-52200 Langres.
3. PFISTER, PETER: Das Erbe Morimonds in Deutschland – insbesondere in Bayern. In: Jahrbuch der Freunde der Abtei Morimond Nr. 1 (1994).
4. PFISTER, PETER: Morimond. Straßburg 1996; DIDIER, JEAN-CHARLES: L'abbaye de Morimond. Notes historiques et bibliographiques dans Amis du Clergé 46 (1957), S. 684–687; DIEMIER, ANSELME und JEAN PORCHER: Die Kunst der Zisterzienser in Frankreich. Würzburg 1986; PFISTER, PETER: Leben aus dem Glauben. In: Das Mittelalter (= Das Bistum Freising) Heft 2. Straßburg 1989; DUBIOS, ABBÉ: Geschichte der Abtei Morimond. Münster 1855 (Nachdruck 1992); ALTERMATT, ALBERICH MARTIN: Le Rayonnemnent de L'abbaye de Morimond hier et aujourd'hui. In: Esprit et Vie 14 (1992); PEUGNIEZ; BERNARD: Routier des abbayes Cisterciennes de France. Strasbourg 1994; „Höre, neige das Ohr deines Herzens". Klosterführer aller Zisterzienserklöster im deutschsprachigen Raum. Hrsg. von PETER PFISTER, Straßburg 1997; Heisterblatt (Martin Mallach, Stockhausener Str. 53, D-53578 Windhagen).
5. GRILL, LEOPOLD: Der hl. Bernhard von Clairvaux und Morimond, die Mutterabtei der österreichischen Cistercienser-Klöster. In: Festschrift zum 800-Jahrgedächtnis des Todes Bernhards von Clairvaux. Hrsg. von Österreichische Cistercienserkongregation vom Heiligsten Herzen Jesu. Wien 1953, S. 32–118.
6. Vgl. hierzu: BECKING, GEREON CHRISTOPH MARIA: Die Filiationen der Zisterzienserabtei Morimond. In: Pfister 1997 (wie Anm. 4), S. 35–39.
7. STRITT, PASCAL und BENOIT DECRON: Haute-Marne. Chalons/Marne 1991.
8. VAUTHIER, ÉMILE: Saint Mammès. Patron de la cathédrale et du diocèse de Langres. Historie – culte – légende – iconographie. Langres 1994.
9. PFISTER, PETER: Liturgie und Klosterbau bei den Zisterziensern. In: Spiritualität und Herrschaft. Studien zur Geschichte, Kunst und Kultur der Zisterzienser Bd. 3. Hrsg. von OLIVER H. SCHMIDT, Berlin in Vorbereitung.
10. TÜCHLE, HERMANN: Die Ausbreitung der Zisterzienser in Südwestdeutschland bis zur Säkularisation. In: Rottenburger Jahrbuch für Kirchengeschichte 4 (1985), S. 23–35; WOLLENBERG, KLAUS: Die Zisterzienser in Altbayern, Franken und Schwaben. München 1988. (= Hefte zur bayerischen Geschichte und Kultur 7).
11. KRAUSEN, EDGAR: Morimond, die Mutterabtei der bayerischen Zisterzienser. In: ASOC 14 (1958), S. 334–345.
12. GRILL 1953 (wie Anm. 5) S. 43.
13. Otto von Freising 1158–1958. In: ASOC 14 (1958), fasc. 3–4; Otto von Freising. Gedenkgabe zu seinem 800. Todesjahr. Hrsg. von JOSEPH A. FISCHER (= Sammelblatt des Historischen Vereins Freising) 23 (1958); PFISTER 1989 (wie Anm. 4), S. 31f.
14. MASS, JOSEF: Das Bistum Freising im Mittelalter. München 1986, S. 157–175.
15. MASS 1986 (wie Anm. 14), S. 175.
16. Die St. Ursula-Kapelle wurde außerhalb der Ringmauer, nahe an dem Eingang in die Abtei gebaut und der hl. Ursula geweiht, zur Erinnerung und zu Ehren der Reliquien dieser heiligen Märtyrerin und deren Begleiterinnen, die von Köln nach Morimond gebracht worden waren. Im Jahre 1156 wurden vor der Stadt Köln mehrere Gräber mit Inschriften gefunden, die besagten, daß es die Gräber der hl. Ursula und ihrer Gefährtinnen seien, die man dort vor mehreren Jahrhunderten verehrte. Zwei der Heiligenleiber aus der Gefährtenschaft der hl. Ursula wurden dem Kloster Altenberg überlassen, einem Zisterziensertochterkloster von Morimond. Über diese Verbindung kam es dazu, daß das Tochterkloster Altenberg an das Mutterkloster in Morimond einige Reliquien dieser Heiligenleiber aus der Gefährtenschaft der hl. Ursula mit zwei Ordensleuten und zwei Laienbrüdern nach Morimond übersandte. So kamen die Reliquien in die Abtei Morimond, wo sie in einen Reliquienbehälter gegeben wurden. Dieser wurde in der Kapelle der hl. Ursula aufgestellt. Es soll sich sogar eine Wallfahrt des nordöstlichen französischen Volkes zu diesen Heiligenleibern nach Morimond entwickelt haben. In der Revolutionszeit wurde der Reliquienbehälter mit den Reliquien der Gefährtinnen der hl. Ursula nach Paris gebracht und dort eingeschmolzen. Die Reliquien sind verlorengegangen.
17. VIARD, GEORGES; BENOÎT DECRON UND FANG-CHEN WU: La Cathédrale Saint-Mammés de Langres. Historie-Architecture-Décor, Langres 1994.
18. Christ in der Gegenwart 25 (1989), S. 207.
19. Christ in der Gegenwart 46(1988), S. 380.
20. PFISTER, PETER: Morimond. In: Cistercienser Chronik 104 (1997), Heft 1, S. 139–143.
21. Die Glasfenster wurden im Frühjahr 1997 eingebracht.
22. Vorgesehen ist die Renovierung des sog. Bibliotheksgebäudes, an das ein Wohnhaus angebaut ist. Die St. Bernhards-Pfarrei in Köln-Longerich hat dazu ihre tatkräftige Mithilfe angekündigt und bereits begonnen (mit pensionierten Architekten, Bauarbeiten etc.).

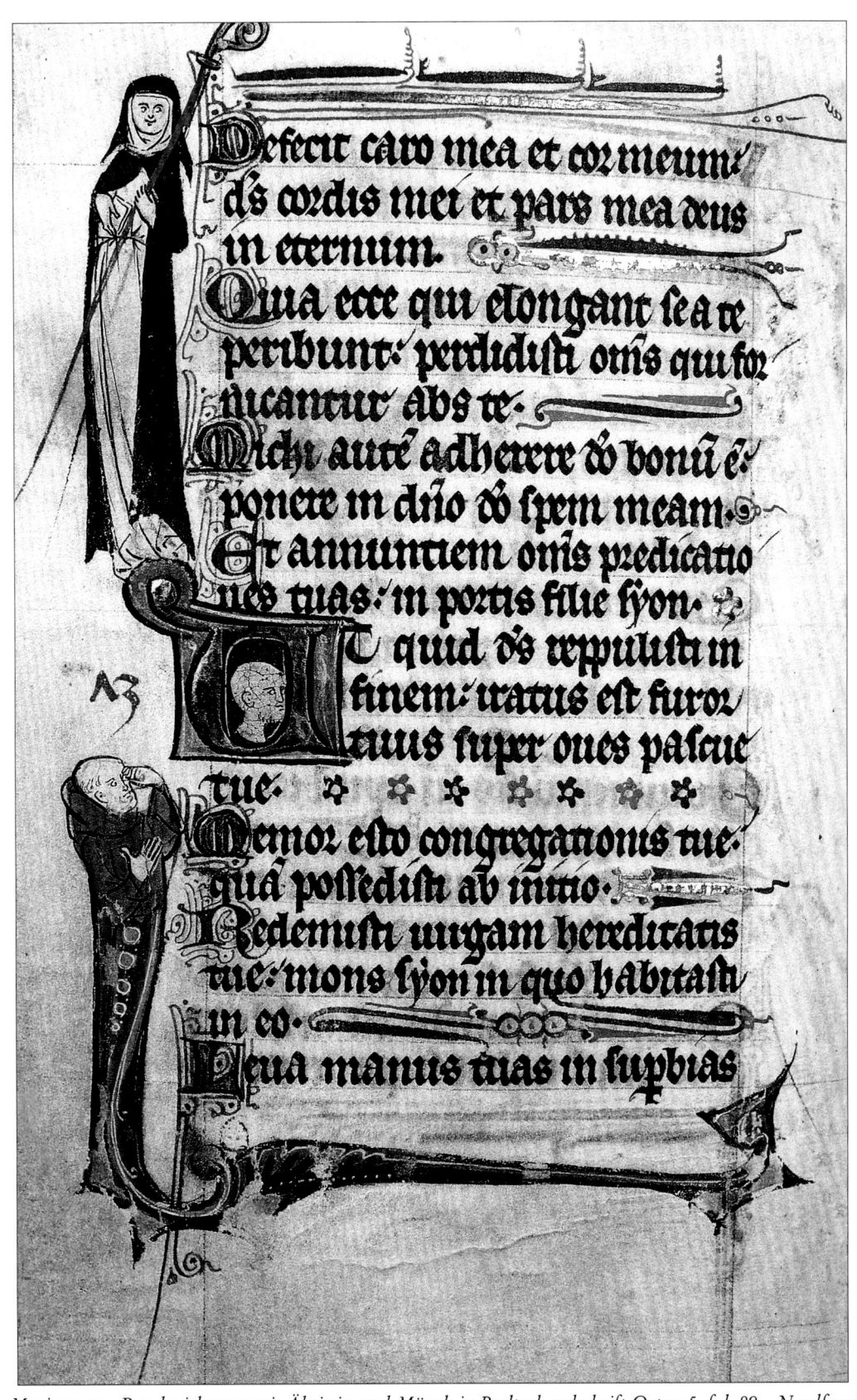

Kloster St. Marienstern. Randzeichnung mit Äbtissin und Mönch in Psalterhandschrift Octav 5, fol. 89v, Nordfrankreich oder Flandern, Ende 13. Jahrhundert

1 Kloster St. Marienstern. Zisterzienserinnenklosterkirche nach Osten

Beobachtungen zur Architektur der Zisterzienserinnenklöster in den Bistümern Merseburg, Naumburg und Meissen im 13. Jahrhundert

Heinrich Magirius

Vorbemerkung zum Forschungsstand

Die Architektur der Zisterzienserinnenklöster im östlichen Thüringen, in Obersachsen und in der Lausitz ist im Zusammenhang noch nie Gegenstand einer wissenschaftlichen Untersuchung gewesen. Das hat seinen Grund einesteils darin, daß von den dreizehn Frauenklöstern, die dem Zisterzienserorden inkorporiert waren oder seine Regel befolgten, nur zwei wenigstens zu Teilen ihren mittelalterlichen Zustand bewahrt haben, nämlich Mühlberg und Marienstern. Einige erhielten sich wenigstens in meist wenig repräsentativen Resten, andere aber sind völlig verschwunden und ihre ehemalige Gestalt ist unbekannt. In den wettinischen Landen, zu denen die Lausitz damals noch nicht gehörte, hat man zur Zeit der Reformation mit den Frauenklöstern nichts anderes anzufangen gewußt, als ihre Gutswirtschaft fortzuführen. Nicht nur ihre religiöse und soziale Funktion wurde ausgelöscht, auch ihrer kulturellen Strahlkraft wurde abrupt ein Ende bereitet. Nur die Klosterkirche von Mühlberg blieb als Stadtkirche

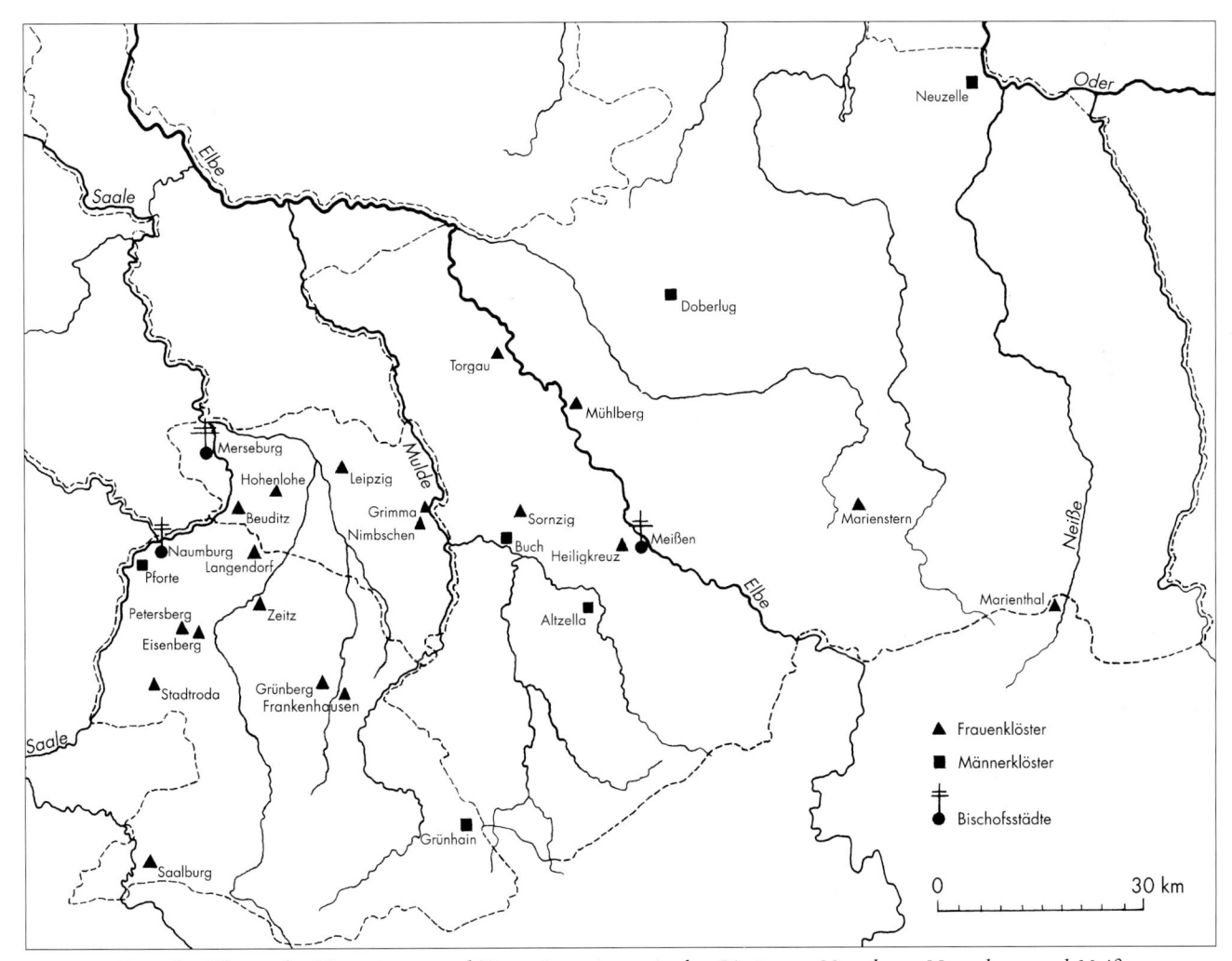

2 Lage der Klöster der Zisterzienser und Zisterzienserinnen in den Bistümern Merseburg, Naumburg und Meißen

der Altstadt erhalten. Kloster Marienthal in der Oberlausitz ist in der Barockzeit derart verändert worden, daß nur einige mit Mühe erkennbare mittelalterlichen Reste erhalten blieben. Für die Forschung – und das ist der andere Grund für die Vernachlässigung – standen die Männerklöster ihrer historischen und kunsthistorischen Bedeutsamkeit wegen stets im Mittelpunkt des Interesses. Und tatsächlich sind die Zisterzienserklöster von Pforte, Altzella, Doberlug, Klosterbuch, Grünhain oder auch Neuzelle bedeutender gewesen als die Frauenklöster. Als solche waren Mühlberg, Marienstern und Marienthal von besonderem Interesse.[1] Aber auch Nimbschen oder das Kloster St. Georg in Leipzig haben – wenigstens historisch – eine gewisse Rolle im Rahmen der Landesgeschichte gespielt, gefolgt von Heilig-Kreuz bei Meißen.[2] Andere Frauenklöster wie Langendorf, Beuditz, Roda, Frauenprießnitz, Frankenhausen, Saalburg oder Sornzig haben – historisch betrachtet – nur eine regionale Bedeutung besessen, was freilich noch nichts im Hinblick auf die bauhistorische Qualität besagt. Daß den Frauenklöstern von der Kunstgeschichte bisher weniger Interesse entgegengebracht worden ist, hat seinen Grund nicht zuletzt in der einseitigen Betonung des Avantgardistischen und der Innovation in der Entwicklungsgeschichte der Architektur, einer Kategorie, die man – mit einigem Recht – in der Architektur der zisterzienserischen Frauenklöster am allerwenigsten erwarten kann, sind diese doch nicht wie die Männerklöster an die Filiation von Frankreich her gebunden gewesen und waren somit auch nicht geeignet, als Wegbereiter neuer Bauformen – etwa denen der Gotik – in entlegenen Gebieten Europas aufzutreten. Meist werden also Frauenklöster nur im Zusammenhang der Klosterarchitektur der männlichen Zisterzienser nebenbei mitbehandelt, so z.B. im Werk von Alois Holtmeyer über die Zisterzienserkirchen Thüringens von 1906 oder von Jiří Kuthan über die Baukunst der Zisterzienser in Böhmen und in Mähren von 1982.[3] Über die historische Bedeutung der Frauenklöster im 12. und 13. Jahrhundert ist allerdings in neuerer Zeit mehrfach gehandelt worden, desgleichen über bedeutende Einzelbauten.[4] Aber erst in jüngerer Zeit ist den Klosterkirchen der Zistezienserinnen in ihrer typologischen Besonderheit speziell Aufmerksamkeit geschenkt worden, so den Kirchen in West- und Süddeutschland 1984 von Ernst Coester und in seinem zusammenfassenden Aufsatz von 1986.[5] Den besonderen Qualitäten nicht nur der Kirchen, sondern auch der Klosteranlagen der Zisterzienserinnen wurde 1990 von Hans Rudolf Sennhauser und anderen Autoren für die Schweiz in vorbildhafter Weise nachgegangen.[6] Der folgende Beitrag kann diesem hohen Anspruch schon deshalb nicht genügen, weil wissenschaftliche Arbeiten zu einzelnen Klosteranlagen in Sachsen nur in Einzelfällen vorliegen und notwendige archäologische Untersuchungen bisher nur in sehr beschränktem Umfang möglich waren. Außer der schon genannten Arbeit von Alois Holtmeyer, in der die Zisterzienserinnenklöster im Bistum Naumburg behandelt sind, ist das Buch von Fritz Rauda über die Baukunst der Benediktiner und Zisterzienser im Königreich Sachsen und das Nonnenkloster zum Heiligen Kreuz bei Meißen von 1917 noch immer der einzige, allerdings sehr unzureichende Versuch einer Gesamtdarstellung.[7] Der Autor dieses Beitrages hat in seinem Aufsatz: Zisterzienserarchitektur im Bistum Meißen von 1971 auch auf die engen Beziehungen der Zisterzienserinnenklosterkirchen von Trebnitz in Schlesien und Marienstern in der Oberlausitz zur Architektur der Männerklöster der Zisterzienser in Mitteldeutschland, Schlesien und Böhmen aufmerksam gemacht und diese Beobachtungen für Marienstern 1996 noch einmal vertieft.[8]

Mit dem vorliegenden Beitrag soll – wo möglich – wenigstens der jeweilige Typus von Kirche und Kloster der Frauenzisterzen vorgestellt werden. Am Ende wird versucht, die unterschiedliche Stilhaltung der Frauenklöster in einen kunsthistorischen Zusammenhang zu stellen.

Vorstellung der Klöster und ihrer überkommenen mittelalterlichen Baulichkeiten

Im Bistum Merseburg lagen zwei historisch bedeutende Zisterzienserinnenklöster, das Kloster Sankt Georg in Leipzig und das Kloster Marienthron in Nimbschen bei Grimma. An das südlich der Pleißenburg zu Leipzig, also außerhalb der befestigten Stadt gelegene Zisterzienserinnenkloster Sankt Georg erinnert noch heute der Name Nonnenmühlgasse.[9] Das Kloster wurde vor 1230 aus Hohenlohe nach Leipzig verlegt, wobei die Wettiner maßgeblich mitwirkten. Besonders Markgraf Heinrich der Erlauchte förderte das Nonnenkloster, das sich der Regel der Zisterzienser anschloß. Seine Baulichkeiten sind nach der Reformation spurlos verschwunden. Offensichtlich hat das Kloster aber über seine Verlegung hinaus zur Pfarrkirche des Ortes seiner Gründung in Hohenlohe Verbindung gehalten. Der große, kreuzförmige Kirchenbau war vor 1230 wohl Klosterkirche der Nonnen. Er ist für eine Dorfkirche ungewöhnlich groß.[10] (Abb. 3) Im Querwestturm befindet sich eine Empore, die sich in drei Arkaden zum Langhaus öffnet und ursprünglich als Nonnenempore gedient haben könnte. Noch in der Zeit vor 1230 wurde ein Saalkirche des 12. Jahrhunderts kreuzförmig erweitert und erhielt zwei spätromanische Portale an den Querhausarmen. Möglicherweise schlossen sich an das Sanktuarium und auch an die Querhausarm Apsiden an. Sie sind offenbar schon um die Mitte des 13. Jahrhunderts beseitigt worden. Die spitzbogige Dreifenstergruppe am glatten Chorschluß kennzeichnet den zisterzienserischen Anspruch des Nonnenkonvents an seine ehemalige Klosterkirche. Ein Nonnenkloster, das seit dem Anfang des 13. Jahrhunderts in Torgau existierte, aber erst 1243 erstmalig urkundlich genannt ist, war offensichtlich eine wettinische Stiftung. Möglicherweise war Markgraf Dietrich der Bedrängte sein Gründer.[11] Warum es 1257 nach Grimma verlegt worden ist, wissen wir nicht genau; offenbar waren Interessen des Landesherrn, Markgraf Heinrichs, im Spiel. Denn das neue Kloster, das seine Besitzungen bei Torgau behielt, sollte auf dem Eigengut des Markgrafen erbaut werden. Zunächst kamen die Nonnen im bereits bestehenden Elisabethspital in Grimma unter, dessen Besitz ihnen 1253 zufiel. Auch die Grimmaer Pfarrkirche und die Filial-Kirchen von Großbardau und Grethen gehörten zum Besitz des Nonnenkonvents, der dem Zisterzienserorden inkorporiert war. Offenbar war von vornherein geplant, das Kloster in typischer zisterziensischer Tallage in der Nähe der Stadt zu errichten; 1258 wurden Güter südlich von Grimma erworben. Ablaßbriefe von 1253, 1257, 1262, 1284 und 1266 beziehen sich aber wohl auf die Vergrößerung der Spitalkirche oder den Umbau des Spitals. Denn erst 1277 taucht der neue Name des Klosters „Thronus beate Marie virginis" auf; 1291 war die neue Klosterkirche geweiht. Nach der Verlegung nach Nimbschen hieß das Elisabethspital antiquum claustrum (1289). Der Umzug nach Nimbschen erfolgte also wohl erst in den achtziger Jahren. Der Vorgang ist sowohl für das Verständnis der Baulichkeiten des ehemaligen Elisabethspitals in Grimma als auch der Ruinenreste in Nimbschen von Belang. Nicht zuletzt wird durch den Aufenthalt der Nonnen der Neubau der Frauenkirche und der Nikolaikirche in Grimma in zisterziensischen Bauformen erklärt.

Nach den Bauuntersuchungen in der heutigen Superintendentur in Grimma 1995–1997 war die Elisabethkapelle ein flachgedeckter zweischiffiger Raum.[12] An das Hauptschiff schloß sich nördlich ein Seitenschiff an. Als Baumaterial diente Bruchstein; für die Gliederungen und Bauornamente wurde Grimmaer und Rochlitzer Porphyr verwendet. Die spitzbogigen Arkaden zwischen den Schiffen zeigten einen Stützenwechsel: Auf einen Pfeiler folgte eine Säule, dann wieder ein Pfeiler. Das kelchartige Säulenkapitell mit zwei Schilden an jeder Seite des „Würfels" und die Formen der Basen und Kämpferplatten weisen auf das zweite Viertel des 13. Jahrhunderts als Entstehungszeit hin. (Abb. 4–6) Der Triumphbogen am Ostende des Hauptschiffs ruht auf schön durchgebildeten Konsolen. An der Südwand des Hauptschiffs wurden drei spitzbogige Fenster gefunden. Ein mehrgeschossiger Bau schloß sich am westlichen Ende der Südseite an die Kapelle an. Nachträglich eingebrochen ist an der Südseite eine Spitzbogenöffnung in halber Höhe, wo sich außen ein Zugang, innen eine Empore – auf Konsolen aufliegend – befunden haben könnten. Auch am Chor, der mit Ausnahme der Südwand nur noch in Fundamentresten vorhanden ist, lassen sich Veränderungen benennen. Er war zunächst fast quadratisch angelegt, wurde beim Weiterbau aber mit einem einbeschriebenen polygonalen Schluß ausgeführt. Wenn die Datierung des Baus in die vierziger Jahre des 13. Jahrhunderts zutrifft, hätten die Nonnen nach ihrem Umzug aus Torgau 1250 den Bau nur wenig umgeformt, weil der Bau des Klosters in Nimbschen schon ins Auge gefaßt war, sich schließlich aber doch etwa dreißig Jahre verzögerte. Vom Kloster in Nimbschen erhielten sich lediglich drei Umfassungsmauern des Konventbaus.[13] Der Bruchsteinbau läßt zwei Bauphasen erkennen. Im ursprünglichen Zustand besaßen die kleinen Spitzbogenfenster im Erdgeschoß und die Rechteckfenster im Obergeschoß Porphyrgewände. (Abb. 7 und 9) In der Zeit der Spätgotik wurden die Öffnungen im Obergeschoß ver-

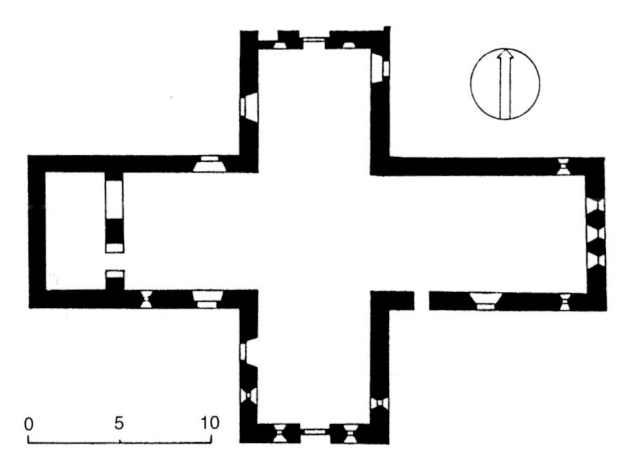

3 Hohenlohe, Kreis Leipziger Land, Kirche. Vor der Gründung des Klosters St. Georg in Leipzig von Zisterzienserinnen als Klosterkirche benutzt

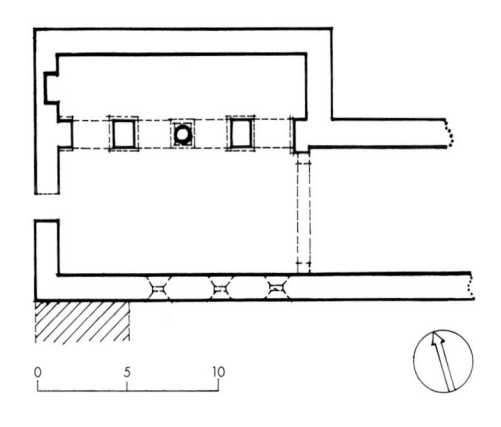

4 Grimma, Elisabethkapelle. Vor der Gründung des Klosters Nimbschen von den Zisterzienserinnen als Klosterkirche benutzt.

6 Grimma, Elisabethkapelle. Nördliche Konsole unter dem Triumphbogen von Osten

5 Grimma, Elisabethkapelle. Arkadenstellung zwischen Hauptschiff und nördlichem Seitenschiff von Südwesten

7 Nimbschen bei Grimma, ehem. Zisterzienserinnenkloster. Konventbau von Nordwesten

größert und mit Flachbögen in Backstein abgeschlossen. Die Klosterkirche schloß als wohl einschiffige Saalkirche nördlich an den Konventbau an. Der spitzbogige Zugang vom Schlafsaal der Nonnen ist in der Nordwand des Konventbaus erhalten. Der an die Kirche anschließende Raum war gewiß der Kapitelsaal; eine spitzbogige Tür führt vom Kreuzgang in diesen Raum, der wie alle Räume mit einer flachen Holzdecke abgeschlossen war. Der am südlichen Ende der Westseite im Obergeschoß zu beobachtende große Spitzbogen verband das Dormitorium mit einem Raum im abgebrochenen Südflügel des Klosters. Näheren Aufschluß über die Klosteranlage gibt ein Grundrißplan von 1810.[14] Ihm zufolge endete die Kirche etwa sieben Meter östlich des Konventbaus mit einem glatten Schluß. (Abb. 8) Im Winkel zwischen Sanktuarium und Konventbau lag die Sakristei. Die Kreuzgänge waren flach gedeckt. Einen Westflügel besaß die Klausur wohl nicht. Festzuhalten ist, daß das keineswegs arme Zisterzienserinnenkloster Marienthron, errichtet im letzten Drittel des 13. Jahrhunderts, außerordentlich karge Bauformen aufwies, die offensichtlich dem zisterziensischen Ideal Ausdruck verleihen sollten.

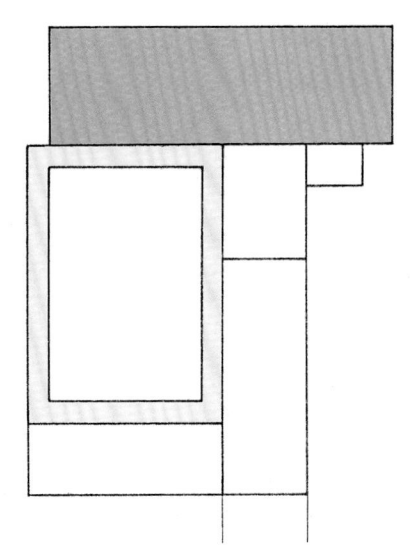

Im Bistum Naumburg lagen acht Nonnenklöster, die mehr oder weniger den Regeln des Zisterzienserordens folgten: Eisenberg, Petersberg bei Eisenberg, Langendorf, Beuditz, Frauenprießnitz, Grünberg-Frankenhausen und das Kloster Zum Heiligen Kreuz bei Saalburg. Historisch von Bedeutung ist das ursprünglich in Triptis gegründete, später – um 1212 – von dem Wettiner Markgraf Dietrich an die Katharinenkirche in Zwickau verlegte, aber seit 1219 in Eisenberg ansässige Frauenkloster, das hier an die Stelle eines Chorherrenstifts trat. Von dem reich begüterten Kloster erhielten sich nur geringe Spuren baulicher Reste.[15]

Auch vom 1232 erstmals bezeugten Kloster Beuditz, dem 1218 eine Hospitalgründung wohl in Prittitz bei Weißenfels vorausging, ist nichts erhalten.[16] Stifterin war Mechthild, Tochter des Burggrafen Meinher von Meißen aus dem Hause Werben. Beuditz wurde das Hauskloster der Burggrafen Naumburg und Grafen von Osterfeld, der Nachkommen Meinhers. Unbedeutend war offenbar das Nonnenkloster Petersberg bei Eisenberg. Das ehemalige Konventhaus des Klosters ist – zur evangelischen Ortskirche umgebaut – erhalten.[17] Von dem 1259 erstmalig genannten Nonnenkloster Frauenprießnitz bei Camburg erhielt sich eine vielfach veränderte, im Kern aber mittelalterliche Pfarrkirche, die wohl auch als Klosterkirche gedient hat.[18] Wahrscheinlich entwickelte sich die Anlage aus einem Saal mit eingezogenem, queroblongem Chorjoch, dem wohl erst im späteren Mittelalter ein gestreckter, polygonal geschlossener Chor hinzugefügt wurde. Die Rippenwölbung der Chorteile ruht auf abgekragten Diensten, die auf figürlichen und mit Laub- und Maßwerk besetzten Konsolen aufsitzen.

Für die Ordensarchitektur von Belang sind die Reste der Nonnenklöster in Langendorf bei Weißenfels, Stadtroda und vom Kloster zum Heilgen Kreuz bei Saalburg. Von

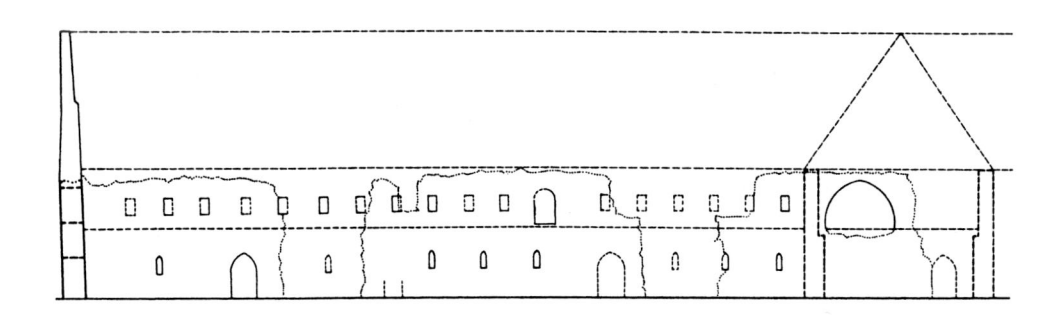

8 Nimbschen bei Grimma, ehem. Zisterzienserinnenkloster. Lageplan

9 Nimbschen bei Grimma, ehem. Zisterzienserinnenkloster. Konventbau, Westansicht

dem wohl schon vor 1220 gegründeten Kloster Langendorf erhielt sich die nach einem Brand von 1505 wiederaufgebaute Kirche aus der zweiten Hälfte des 13. Jahrhunderts, ein gestreckter einschiffiger Saal als flachgedeckter Quaderbau errichtet.[19] (Abb. 10) In der östlichen Giebelwand sitzen zwei hohe, zweigeteilte Maßwerkfenster, in der westlichen Giebelwand ein schmales Fenster und drei Schlitze darunter. Der Eingang liegt als spitzbogiges Portal an der Nordwand zwischen je drei Maßwerkfenstern. Der Konventbau schloß sich am östlichen Ende der Südseite der Kirche an. Der Zugang zur Nonnenempore im Westen der Kirche liegt in deren Höhe, was auf einen ehemals vorhandenen Übergang vom Konventbau schließen läßt. Das Untergeschoß der Nonnenempore ist dreischiffig und umfaßt zwei Joche. Die Kreuzrippengewölbe ruhen auf achteckige Pfeilern, die nach dem Schiff hin mit profilierten Kämpfern versehen sind.

Das Nonnenkloster Roda war eine Stiftung der edelfreien Herren von Lobdeburg aus dem zweiten Viertel des 13. Jahrhunderts, 1247 erstmalig erwähnt. (Abb. 11) Auch hier war die wohl aus dem dritten Viertel des 13. Jahrhunderts stammende, in Resten erhaltene Klosterkirche ein rechteckiger Saal. (Abb. 12) Der Konventbau schloß südlich im rechten Winkel an, ließ aber den Chor hervortreten. Die Kirche besaß ein schon nach einem Brand 1517 beseitigtes nördliches Seitenschiff, das mit dem Hauptraum durch sieben spitzbogige Arkaden auf Pfeilern verbunden war.[20] Im Bereich der drei westlichen Arkaden befand sich die Nonnenempore, die nicht gewölbt war, sondern auf einer Balkenlage aufruhte. Zum Schiff hin öffnete sich das Untergeschoß durch drei Pfeilerarkaden. Die beiden westlichen Spitzbogenfenster setzen oberhalb der Nonnenempore an und reichen bis ins Giebelfeld, was auf einen offenen Dachstuhl oder auf eine Holztonne im Kirchenraum schließen läßt. Der Chor wurde im Osten durch drei, im Süden durch ein Spitzbogenfenster erhellt. Gegenüber befindet sich an der Nordseite ein Rundfenster, das die Verbindung wohl zu einem Kapellenraum östlich des nördlichen Seitenschiffes herstellte. Er wird als Grabkapelle der Stifterfamilie gedeutet. Solche Paare von Spitzbogenfenstern erhellten den Raum von Norden her. Von einem ehemals wohl an der Nordseite des nördlichen Seitenschiffs befindlichen Portal stammt ein Tympanon mit einem Bildwerk der Muttergottes. Die Nonnenempore besaß einen Zugang am südlichen Ende der Westwand. Eine Mauertreppe stellte die Verbindung her.

Das Zisterzienser-Nonnenkloster zum Heiligen Kreuz bei Saalburg an der Saale wurde von den Vögten von Gera im ersten Jahrzehnt des 14. Jahrhunderts gegründet und 1311 zuerst genannt.[21] (Abb. 13) Aus der Bestätigungsurkunde von 1325 geht hervor, daß der Konvent ausdrücklich nach der Regel des Zisterzienserordens leben wollte. Einer bildlichen Darstellung des 18. Jahrhunderts zufolge lag die Klosterkirche wohl im rechten Winkel südlich des damals noch mit einem Satteldach versehenen Konventbaus, der sich als Ruine bis heute erhalten hat.[22] Die westliche Giebelwand wohl der Kirche, die auf der Zeichnung wiedergegeben ist, stürzte 1867 ein. Die Umfassungsmauern des Konventbaus zeigen im Erdgeschoß nach Westen – also zum ehemalige Kreuzgang hin – Spitzbogenöffnungen, davon die erste, dritte, fünfte und siebente als Türen. Das Erdgeschoß wurde durch eine Balkendecke abgeschlossen; darüber lag das Dormitorium, das eine dichte Reihe kleiner Rechtecköffnungen aufweist. An der südlichen Giebelwand liegen im Erdgeschoß eine Tür, im Obergeschoß die Öffnungen, die mittlere ist spitzbogig, die zwei anderen rechteckig. Im Nordgiebel befindet sich in Höhe des Schlafsaals eine spitzbogige Tür, darüber in der Höhe des Dachbodens zwei Spitzbogenöffnungen.

Das Nonnenkloster Frankenhausen bei Crimmitschau geht auf die Stiftung eines Klosters in Grünberg durch die Burggrafen von Starkenberg aus der Zeit zwischen 1260 und 1272 zurück.[23] (Abb. 14 und 15) Es wurde von dem Wettiner Dietrich von Landsberg in das eroberte „castrum Frankenhausen" verlegt. Die 1292 vollzogene Verlegung diente der Festigung der Macht der Wettiner im Pleißenlande. Als reines Adelskloster spielte Frankenhau-

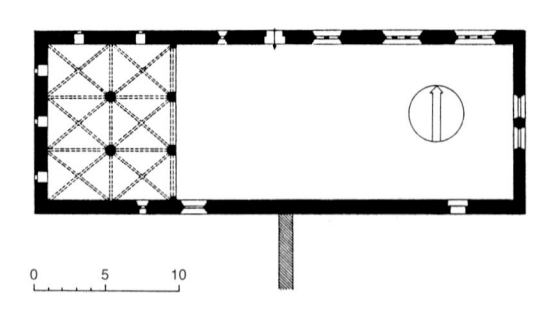

10 Langendorf bei Weißenfels, ehem Zisterzienserklosterkirche. Grundriß

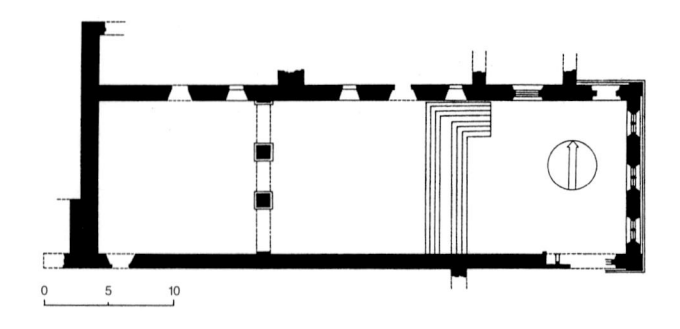

11 Stadtroda, ehem. Zisterzienserinnenkloster Roda. Grundriß der Kirche

12 Stadtrode, ehem Zisterzienserinnenkloster Roda. Kirche, West-Ost-Schnitt

sen nach einer geistlichen Reform am Ende des 15. Jahrhunderts eine besondere Rolle. Als Klosterkirche wurde wohl von Anfang an die örtliche Pfarrkirche romanischen Ursprungs mit genutzt. Es handelt sich um einen Saal mit eingezogenem, tonnengewölbtem Chor mit apsidialem Abschluß. Eine kleine Nonnenempore könnte sich über der tonnengewölbten Sakristei nördlich des Chores befunden haben. Von hier führte ein gedeckter Übergang zu einem stattlichen zweigeschossigen Gebäude, das als Konventbau anzusprechen ist. Dieses erhebt sich südöstlich der Kirche im spitzen Winkel zu derselben und auf einem tieferen Niveau, so daß die Annahme der Existenz eines ehemaligen rechtwinkligen Kreuzhofes höchst unwahrscheinlich ist. Allerdings ist der Bau, der im Erdgeschoß in fünf Jochen zweischiffig überwölbt ist, noch nicht untersucht. Die Erdgeschoßräume besitzen Rundpfeiler aus Backstein. Das Kreuzgewölbe ruht auf auskragenden Kämpfern aus Werkstein. Vielleicht steht der Bau mit der Ablaßurkunde von 1410 in Zusammenhang, in der für den Wiederaufbau des durch Feuer zerstörten Klosters geworben wird. Drei Urkunden des Jahres 1427 beziehen sich ebenfalls auf zu errichtende Gebäude des Klosters.[24] Der in Backstein ausgebildete östliche Ziergiebel mit vier Reihen flachbogiger Blenden entspricht allerdings einem Typus, der in Obersachsen erst seit den achtziger Jahren des 15. Jahrhunderts üblich wird. Ähnliche spätgotische Giebel besitzt ein kleineres Gebäude südöstlich des Konventbaus; vielleicht ehemals ein Äbtisinnenhaus.[25] Es wird später als „Schule" bezeichnet.

Im Bistum Meißen hielten sich drei Nonnenklöster mehr oder weniger streng an die Zisterzienserregel, Heilig-Kreuz bei Meißen, Mühlberg und Sornzig; dem Orden inkorporiert waren und sind noch heute Marienthal und Marienstern. Heilig-Kreuz war eine Stiftung eines Wettiners, des Markgrafen Dietrich, von 1217. Zunächst fanden die Nonnen in der Wasserburg bei der Jakobskapelle eine Stätte, bis sie – wohl schon in den zwanziger Jahren – das neu gebaute Kloster einen Kilometer elbabwärts beziehen konnten.[26] Das Kloster hielt sich zunächst – wenigstens äußerlich – an die Zisterzienserregel und wurde zeitweise vom Abt von Altzella visitiert, bis es sich seit der Jahrhundertmitte als Benediktinerinnenkloster betrachtete. Aber gerade in seine „zisterziensische" Zeit ist der Bau von Kirche und Kloster zu datieren.

Erhalten geblieben sind von der Klosterkirche die Ruinen der kreuzförmigen Ostteile, der nördlich anschließende Konventbau und Kellerräume des Nordflügels, die zeigen,

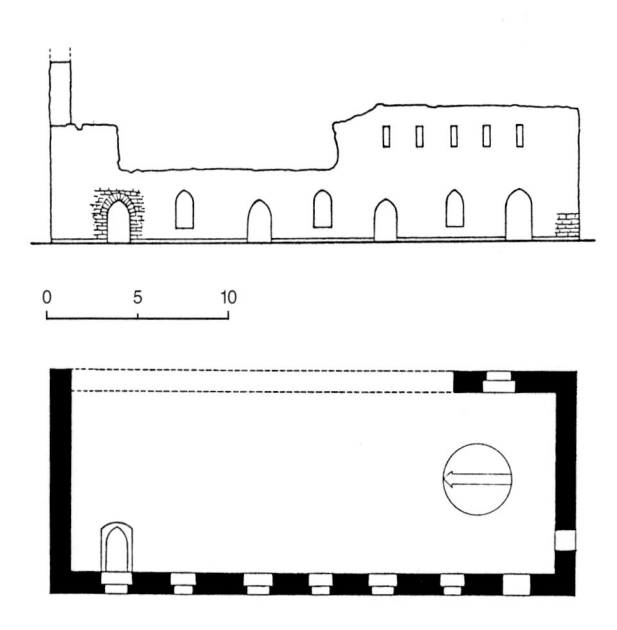

13 Saalburg bei Schleiz, ehem. Zisterzienserinnenkloster zum Heiligen Kreuz. Konventbau, Westansicht und Grundriß

daß es einen etwa quadratischen Kreuzhof gegeben haben muß.[27] Nicht erforscht sind die Länge der Kirche und deren architektonische Durchbildung, das heißt, ob sie Seitenschiffe besessen hat und wie lang die Kirche war. (Abb. 16–18, 20) Das Besondere der Grundriß- und Aufrißorganisation besteht darin, daß sich an das Sanktuarium der Kirche nördlich eine Sakristei anschließt, die – wie auch der nördliche Querhausarm mit seiner flach ausgebildeten Apsis im Obergeschoß überbaut ist, so daß die Möglichkeit der Existenz eines obergeschossigen Nonnenchors, der sich sogar weiter nach Westen erstreckt haben könnte, für diese Stelle gegeben erscheint. Es könnte sich aber auch um eine Obergeschoßkapelle gehandelt haben und die Nonnenempore lag – wie üblich – im Westteil des Langhauses. Der Konventbau schließt auch nicht an den Querhausarm, sondern an die Sakristei nördlich vom Sanktuarium an; hier ist das Obergeschoß durch eine geradläufige Mauertreppe mit dem Sanktuarium verbunden. Der Ostflügel enthält folgende Räume von Süd nach Nord: einen tonnengewölbten Raum, den Kapitelsaal – ehemals mit Mittelstütze –, einen weiteren tonnengewölbten Raum und einen quadratischen Saal, ebenfalls mit Mittelstütze. Der Kreuzgang war eine Holzarchitek-

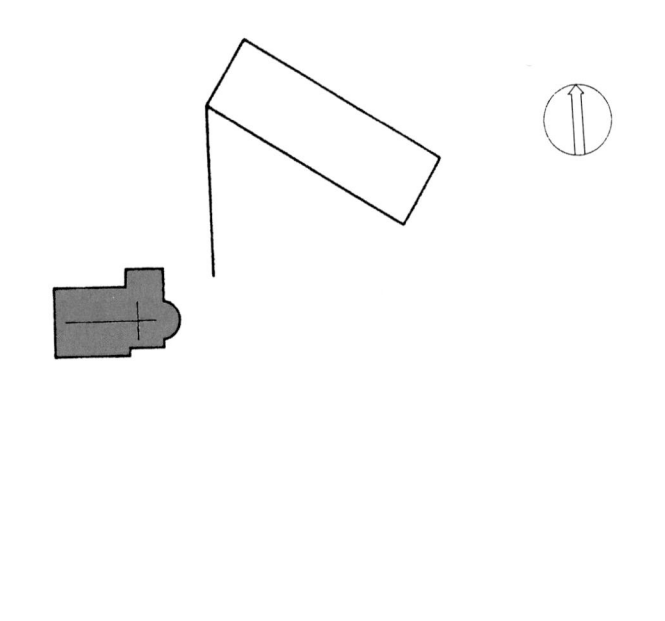

14 Frankenhausen bei Crimmtischau, ehem. Zisterzienserinnenkloster. Lageplan

15 Frankenhausen bei Crimmitschau, ehem. Zisterzienserinnenkloster. Konventbau und Kirche von SO

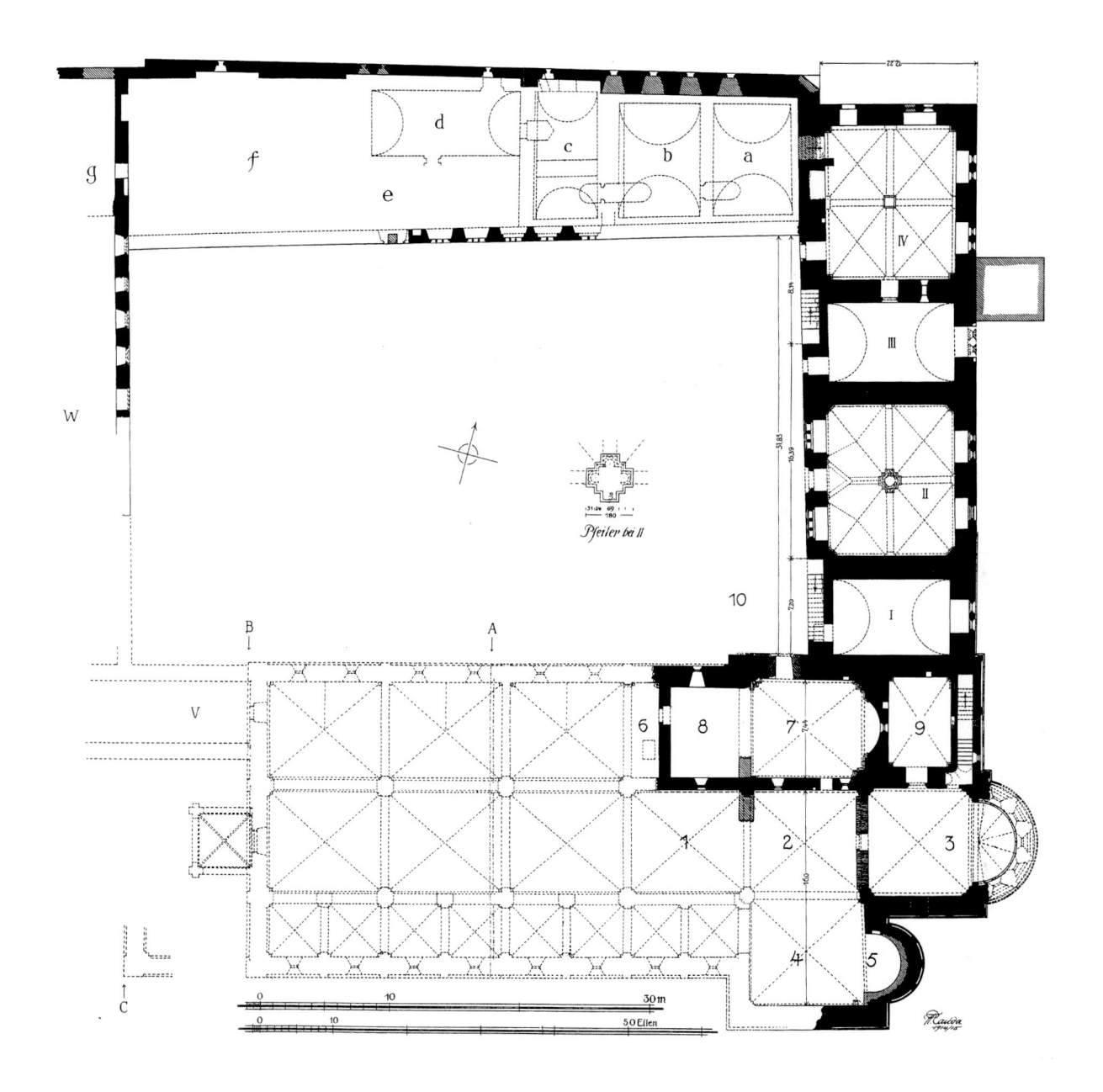

16 Heilig-Kreuz bei Meißen, ehem. Zisterzienserinnenkloster. Grundriß der Kirche und der Konventbauten

tur. Die Stilhaltung des sorgfältig in Bruchstein, Sandstein und zierhaft verwendetem Backstein errichteten Baues ist von erlesener Qualität. Die Ausbildung der kreuzförmigen Pfeiler mit eingestellten Eckdiensten in der Kirche weist auf das Vorhandensein von Kreuzrippenwölbung hin. Die zunächst halbkreisförmig angelegte Hauptapsis wurde fünfseitig und polygonal gebrochen weitergeführt. Während also an der Kirche der Wechsel von spätromanischen Details zu frühgotischen Formen – von hohen Fenstern durchlichtete Apsis, Spitzbogenfenster, Kehlkapitelle – ablesbar ist, bleiben die Formen am Kapitelsaal romanisch streng: außerordentlich reduzierte Detailformen, die aber vor allem in dem Abtragungssystem der Gewölbe über Konsolen eine hohe baukünstlerische Rafinesse aufweisen (Abb. 19 und 21).

Kloster Güldenstein in Mühlberg darf in mancher Hinsicht als jüngeres Gegenstück zum Kloster Heilig Kreuz gesehen werden.[28] Stifter waren hier 1227 die wettinischen Ministerialen Otto und Bodo von Eilenburg. Der Wettiner Heinrich der Erlauchte untertstützte 1230 die Gründung durch wertvollen Grundbesitz. Das Kloster übernahm hier aber die Sankt Leonhard geweihte Pfarrkirche

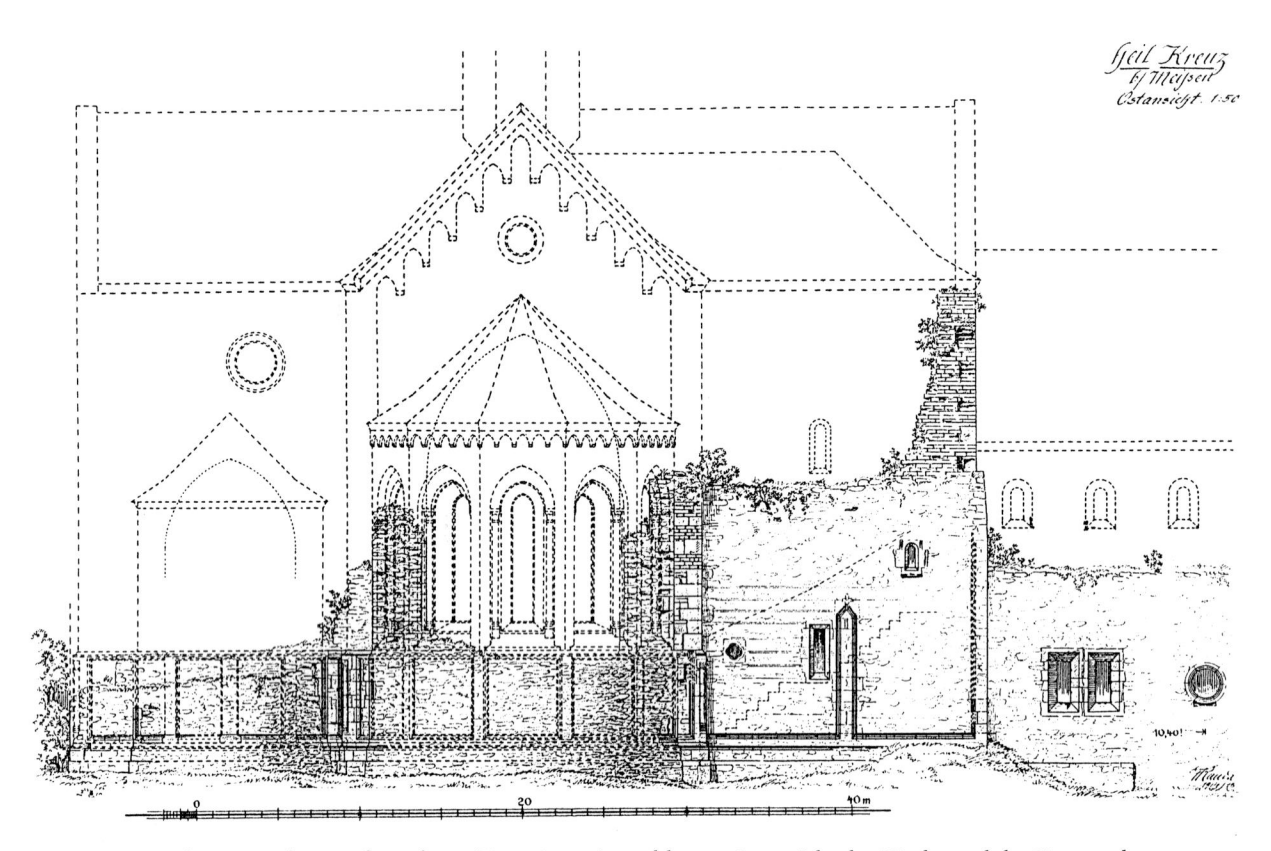

17 Heilig-Kreuz bei Meißen, ehem. Zisterzienserinnenkloster. Ostansicht der Kirche und des Konventbaus

einer bereits gegründeten Stadt, deren Pfarrer Martinus erster Propst wurde. Die Kirche wurde ausdrücklich zur Grablege der Eilenburger bestimmt. Der Konvent folgte den Zisterziensergewohnheiten, wurde zeitweise nicht nur vom Bischof von Meißen, sondern auch vom Abt von Altzella visitiert.

Die Baugeschichte des außerordentlich langgestreckten, kreuzförmigen Backsteinbaus ist noch wenig erforscht. Wir möchten der Darstellung der Bauabfolge von Edgar Lehmann und Ernst Schubert insofern folgen, als der Bau nach einem 1230 gefaßten Plan nicht ohne Änderungen, aber doch im wesentlichen ohne langzeitige Unterbrechungen mit Ausnahme der spätgotischen Westfassade bis um 1280 vollendet war.[29] (Abb. 22–27) Vielleicht wurde das rundbogige Stufenportal an der Südseite des Langhauses von der damals schon bestehenden Ortskirche übernommen. Begonnen wurde der Bau mit dem nördlichen Querhausarm, der zunächst in zwei Geschosse un-

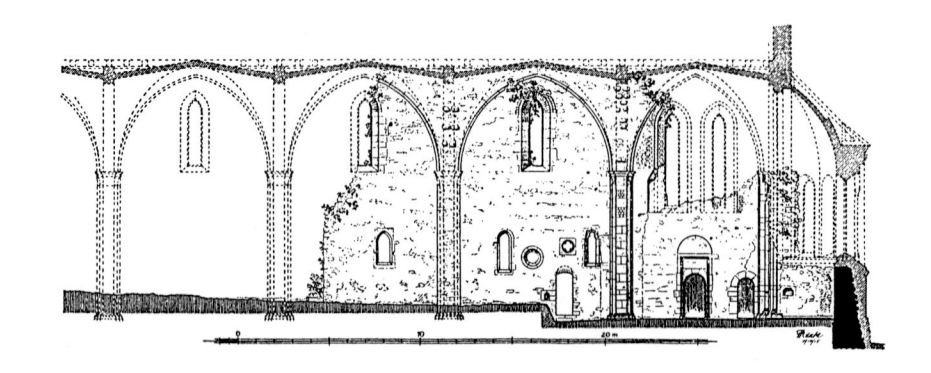

18 Heilig-Kreuz bei Meißen, ehem. Zisterzienserinnenkloster. Kirche, West-Ost Schnitt

19 Heilig-Kreuz bei Meißen, ehem. Zisterzienserinnenkloster. Nord-Süd-Schnitt durch die Konventbauten und Kirche und durch den Kreuzgang mit Westansicht des Konventhaus und Schnitt durch die Kirche

20 Heilig-Kreuz bei Meißen, ehem. Zisterzienserinnenkloster. Chorraum der Kirche nach Osten

21 Heilig-Kreuz bei Meißen, ehem. Zisterzienserinnenkloster. Kapitelsaal nach Südwesten

terteilt war. Im Obergeschoß war wohl die Nonnenempore eingerichtet. Nur so ist auch die Unterschiedlichkeit der Ausbildung der nördlichen Nebenapsis zu erklären, die im Erdgeschoß im Grundriß kleeblattförmig ausgebildet ist. Mit der Fertigstellung der großen Nonnenempore im Westen der Kirche vereinigte man die Geschosse und brach ein großes gotisches Fenster ein; der nördliche Kreuzarm blieb ohne Wölbung. Der langgestreckte Chor von zwei Jochen – wohl als Stätte der Grablege gedacht – endet in einer Apsis mit Fünfzehntel-Polygon, die Apsis am südlichen Querhausarm mit Dreiachtelschluß auf kurzen Ansatzstücken. Die Außenarchitektur ist durch die hohen Spitzbogenfenster, die in überhöhenden Blenden sitzen, und kräftige Strebepfeiler bestimmt. Die Wandarchitektur des Chors weist Blendarkaden mit allerdings erneuerten Vollsäulen aus Sandstein mit Knospenkapitellen auf. Die Hauptapsis ist mit einer rippenlosen Kalotte eingewölbt, die südliche Nebenapsis zeigt ein fünfteiliges Rippengewölbe auf Konsolen mit Knospen. Der Wechsel von Backstein und Haustein am Apsisbogen wirkt zufällig. Die Einwölbung von Chor und Vierung mit Kreuzrippen erfolgte erst im späten 13. Jahrhundert, der südliche Kreuzarm wurde erst zur Zeit der Spätgotik gewölbt.

Im Langhaus war nur das östliche Joch im Mittelalter gewölbt; der Raum über der Nonnenempore blieb flach gedeckt. Zwei Drittel des Langhauses waren von der Nonnenempore eingenommen, die sich über einem Untergeschoß erhob. Beim Bau des südlichen Querhausarmes bestand die Absicht, ein südliches Seitenschiff zu errichten, was dann aber unterblieb. An den nördlichen Querhausarm schloß sich der Ostflügel des Klosters mit den liturgisch geforderten Räumen an; erhalten hat sich nur die Sakristei. An das Langhaus und den Ostflügel schlossen sich gewölbte Kreuzgangflügel an. Überliefert ist die Existenz eines Nordflügels als Refektorium und eines etwas von der Kirche abgerückten Westflügels. In spätgotischer Zeit wurde die Nonnenempore durch einen überdachten Laufgang mit der südwestlich gelegenen Abtei und Propstei verbunden.

Das Jahr 1234 gilt als Datum der Gründung des Klosters St. Marienthal bei Ostritz an der Neiße durch König Wenzel I. und seine Gemahlin Kunigunde, eine Tochter des Stauferkönigs Philipp von Schwaben.[30] Von Anfang an war an ein dem Zisterzienserorden inkorporiertes Nonnenkloster gedacht.[31] Die Visitation übernahm, da im Bistum Meißen gelegen, der Abt von Altzella. An der Aus-

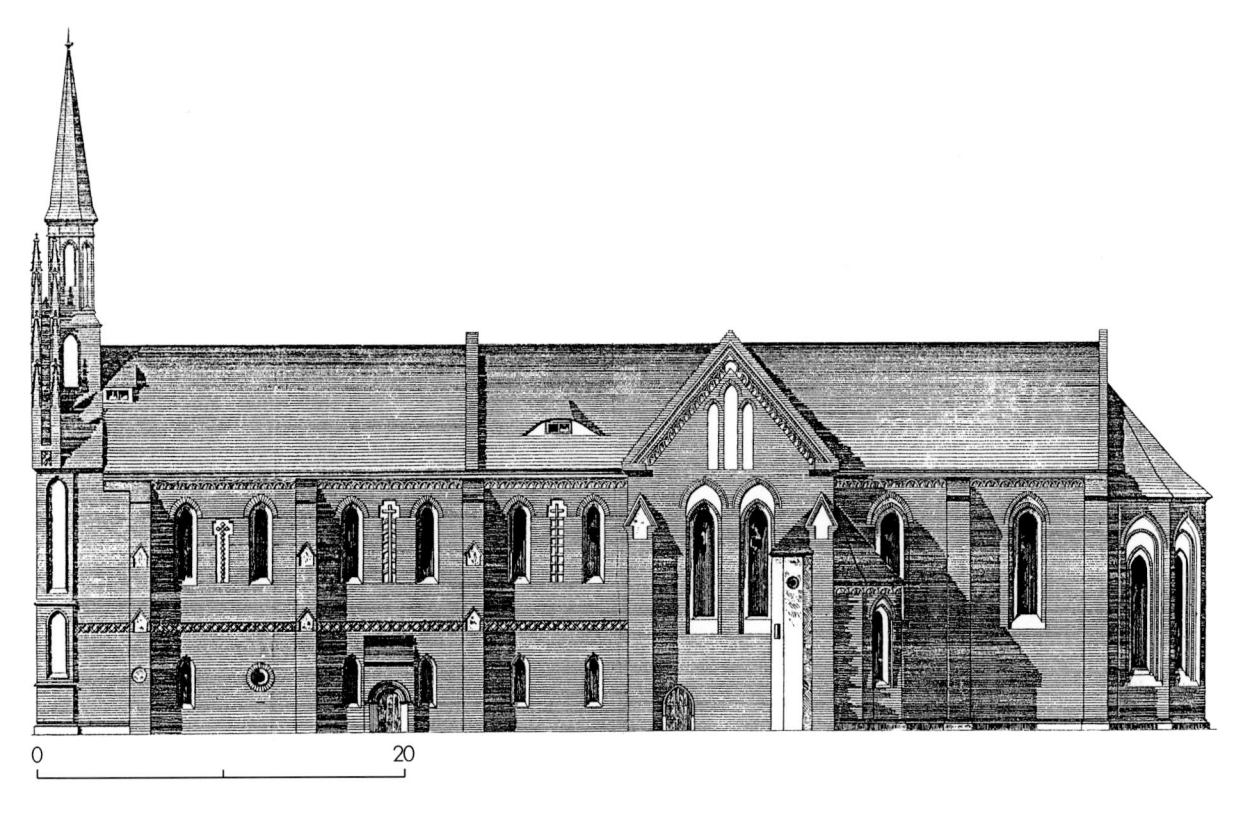

22 Mühlberg, ehem. Zisterzienserinnenkloster Güldenstern. Südansicht der Klosterkirche

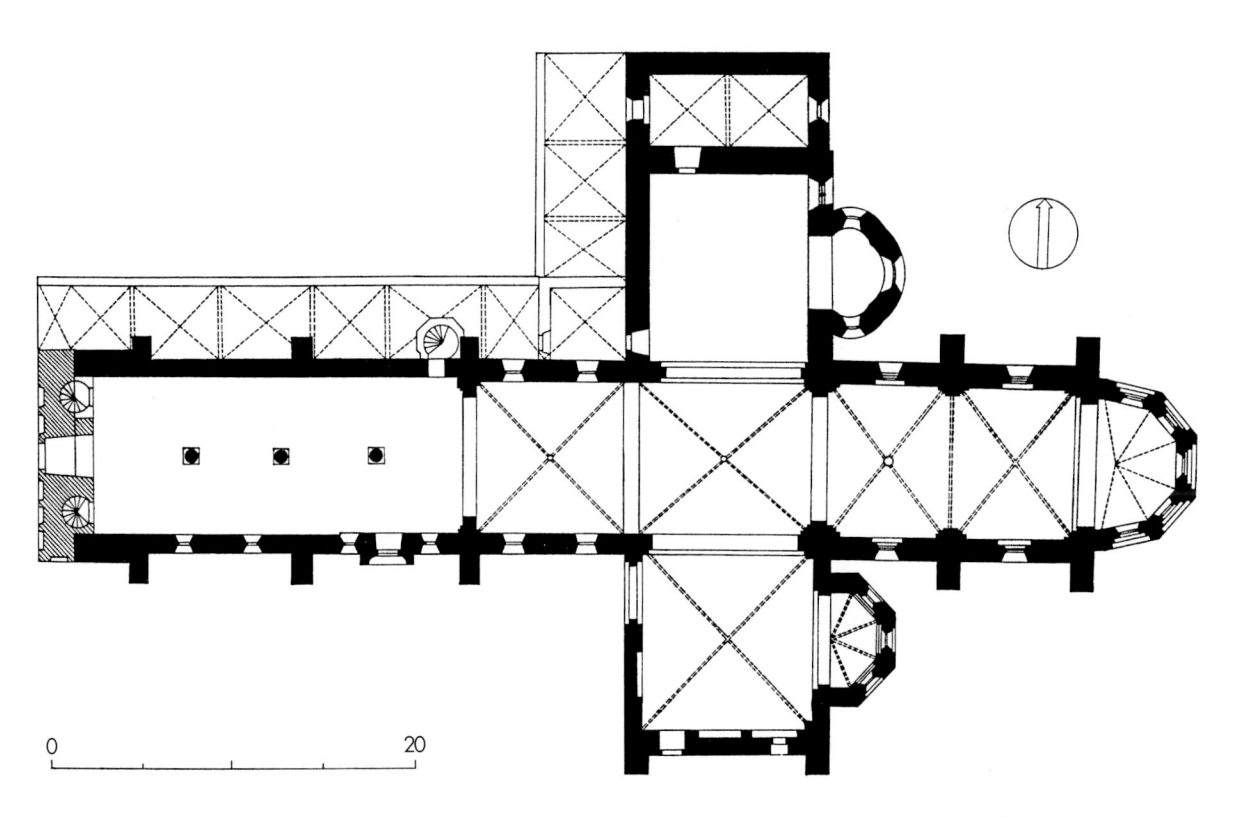

23 Mühlberg, ehem. Zisterzienserinnenkloster Güldenstern. Kirche, Grundriß

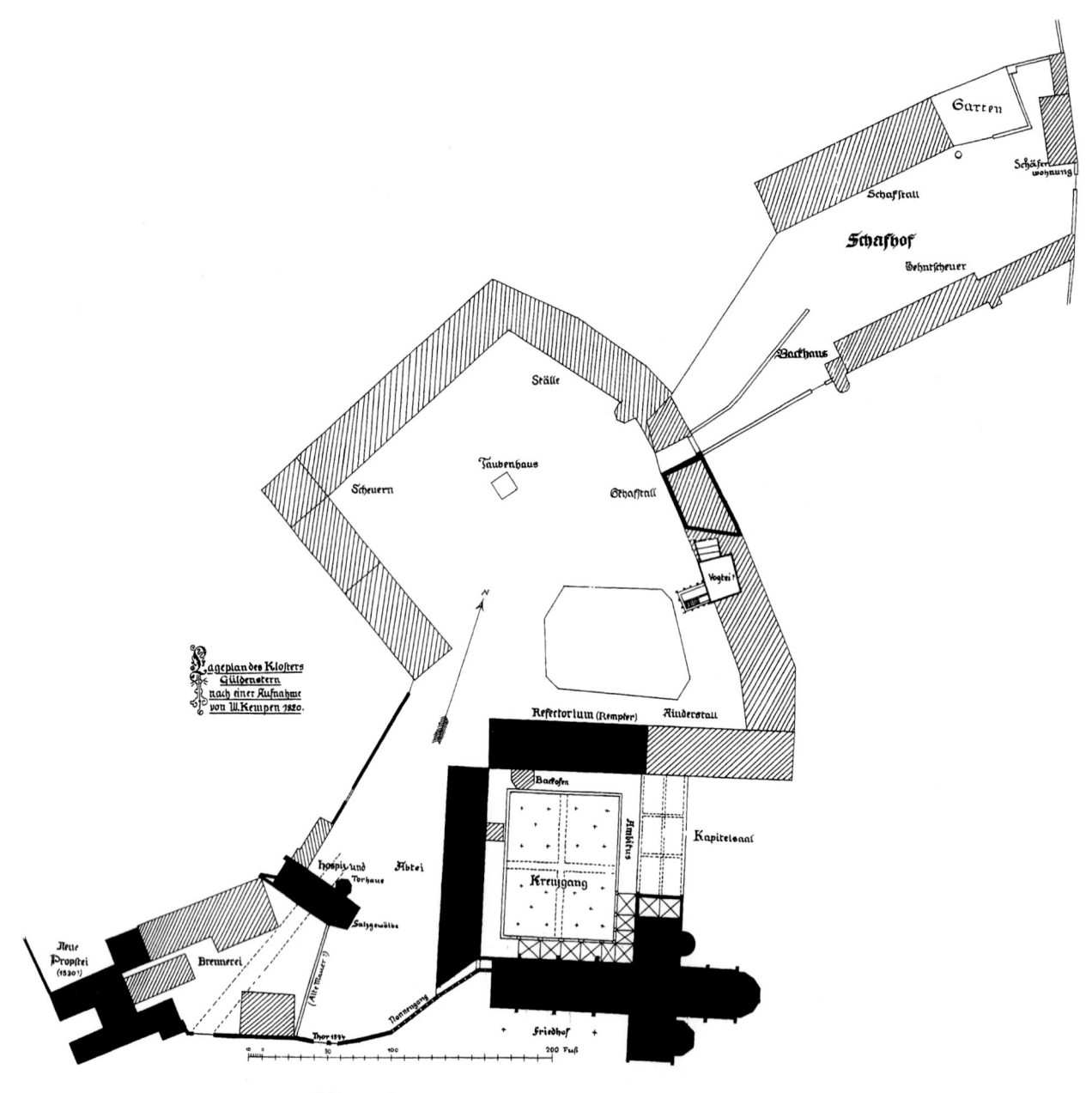

24 Mühlberg, ehem. Zisterzienserinnenkloster Güldenstern. Lageplan

stattung des 1238 beurkundeten Klosters waren die Burggrafen von Dohna beteiligt. Die Weihe der Kirche nahm 1244 Bischof Nikolaus von Prag vor, woraus man schließt, daß dem böhmischen König an der Zugehörigkeit zu seiner „Landesdiözese" gelegen war. Allerdings war Marienthal als inkorporiertes Zisterzienser-Nonnenkloster ohnehin exemt. Erst in der jüngsten Zeit ist es gelungen, anhand bildlicher Darstellungen aus dem frühen 18. Jahrhundert einiges Licht in die in der Barockzeit völlig überformte mittelalterliche Klosteranlage zu bringen.[32] Danach war der Bau der Klosterkirche ein platt geschlossener Saal mit zwei Fenstern und einem kleineren darüber im Ostgiebel. (Abb. 28–30) Dem entspricht der Befund eines etwa an der Mittelachse nach Norden gerückten Spitzbogenfensters im Westgiebel der heutigen. Das an der inneren Leibung geputzte und ornamental bemalte Fenster endet etwa zwei Meter oberhalb der Traufe. Eine nach oben hin bogenförmig endende Putzfläche liefert den Beweis, daß der Kirchensaal eine in den Dachraum hineinreichende Holztonne besessen hat. Der Konventbau schloß am westlichen Ende der Südseite an, so daß eine unmittelbare Verbindung von Dormitorium und Nonnenchor möglich gewesen sein muß. Das Quadrum eines Kreuzhofes lag also südwestlich der Kirche. Der Befund

25 links: Mühlberg, ehem. Zisterzienserinnenkloster Güldenstern. Klosterkirche, südliche Nebenapsis nach Osten
26 unten: Mühlberg, ehem. Zisterzienserinnenkloster Güldenstern. Klosterkirche von Nordosten

27 Mühlberg, ehem. Zisterzienserinnenkloster Güldenstern. Klosterkirche von Südosten

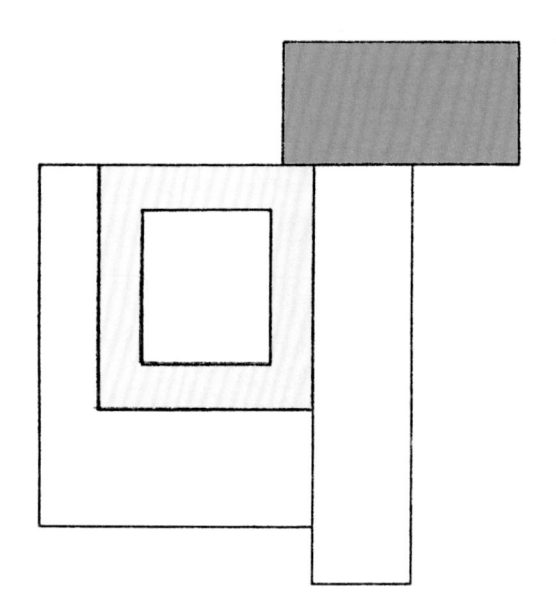

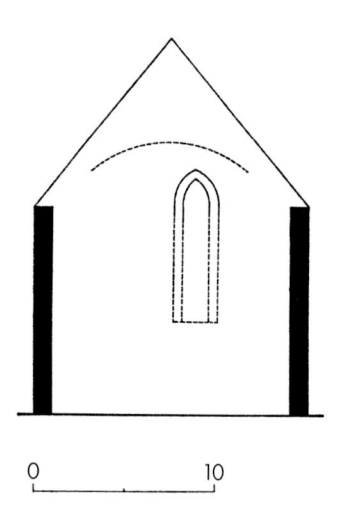

28 links: Kloster St. Marienthal. Schemazeichnung der Grundrisse von Kirche und Kloster im Mittelalter

29 oben: Kloster St. Marienthal, Zisterzienserinnenkirche. Süd-Nord-Schnitt mit mittelalterlichem Westfenster und Putzbefunden

30 Kloster St. Marienthal, Zisterzienserinnenkloster. Ansicht von Süden am Anfang des 18. Jahrhunderts

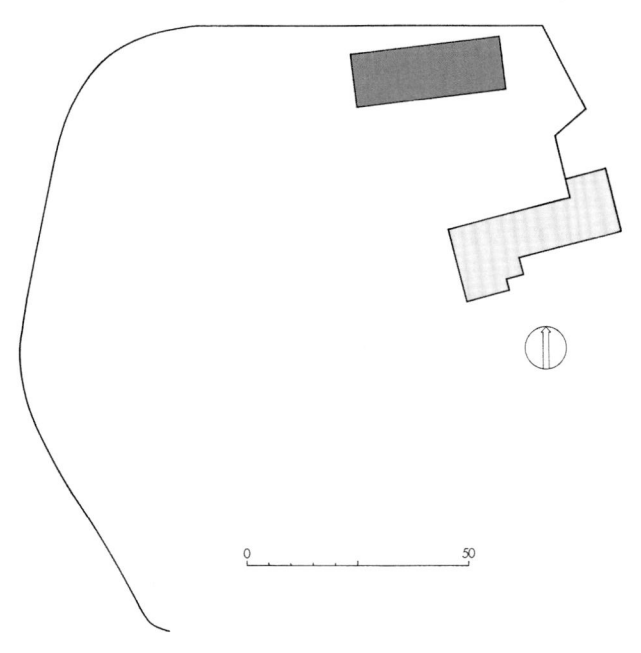

31 Sornzig bei Mügeln, ehem. Zisterzienserinnenkloster St. Marienthal. Lageplan

des aus der Achse herausgerückten Westfensters spricht dafür, daß von Anfang an ein Baukörper an das südliche Ende der Westfront anschloß. Auf der Darstellung der mittelalterlichen Anlage ist deutlich ein Refektorium im Südflügel, ausgezeichnet durch einen Dachreiter, zu erkennen. Der Westflügel könnte sich auf den heute noch vorhandenen Kellergewölben erhoben haben. Ein Wehrturm mit ausgekragtem hölzernem Wehrgang und Walmdach südöstlich der Klosteranlage unmittelbar an der Neiße und das Krankenhaus östlich davon waren wohl sicher ebenfalls mittelalterlichen Ursprungs.

Das ebenfalls Marienthal genannte Nonnenkloster Sornzig bei Mügeln war eine Stiftung eines Edelfreien Siegfried von Mügeln; es bestand bereits 1248, wird aber schon 1241 bei der bestehenden Pfarrkirche gegründet worden sein.[33] Die Zugehörigkeit des Klosters zum Orden der Zisterzienser ist nicht durchgehend sicher. Das 1278 durch Feuer zerstörte Kloster soll bis 1295 wiederaufgebaut worden sein. Von der mittelalterlichen Klosteranlage erhielten sich Teile der Ringmauer und ein in West-Ost-Richtung langgestreckter zweigeschossiger Bau, den man kaum als mittelalterlich ansprechen würde, wenn dort nicht spätmittelalterliche Wandmalereien aufgefunden worden wären. Etwa parallel dazu liegen in Ost-West-Richtung Fundamente. Ludolf Colditz, der mit dem Leipziger Architekten Oskar George 1893 Ausgrabungen in dem Gelände vornahm, deutete diese Fundamente als zur ehemaligen Kirche gehörig und rekonstruierte die Anlage so, daß der heute bestehende Bau der Südflügel des Konventbaus gewesen sei und ein Kreuzhof zwischen diesem und dem Schwesternhaus sich befunden habe.[34] (Abb. 31) So ungesichert die Rekonstruktion im Detail ist, bleibt nicht ausgeschlossen, daß Kirche und Kreuzhof wirklich an der angenommenen Stelle lagen. Die heutige Ortskirche ist ein Neubau an anderer Stelle; er wurde 1808 errichtet.

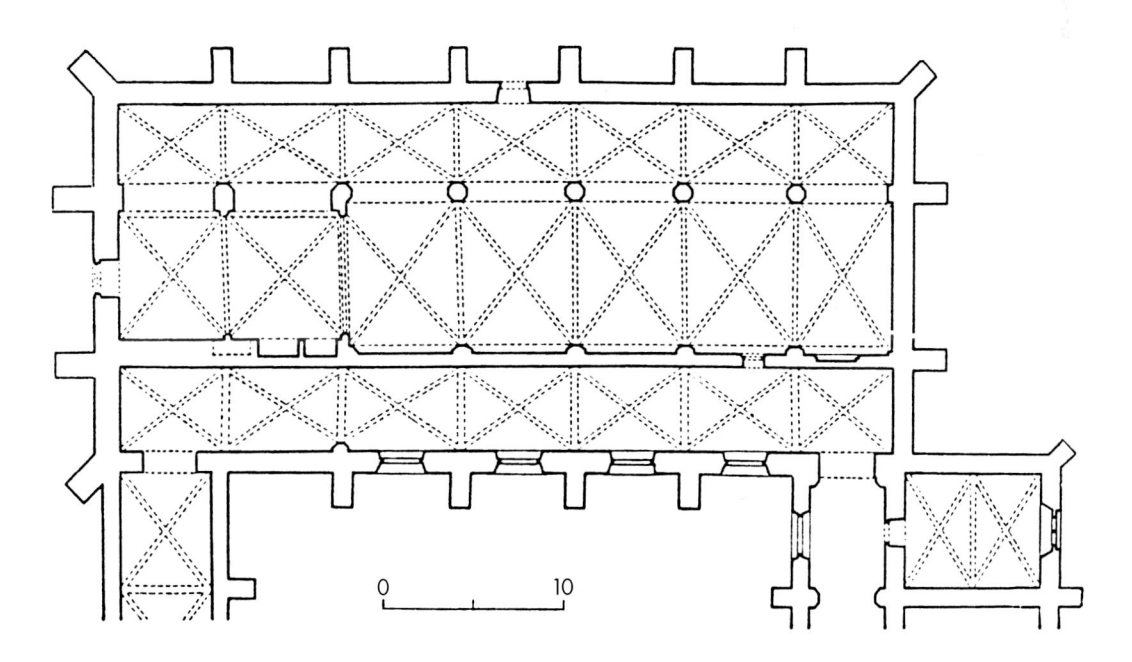

32 Kloster St. Marienstern. Zisterzienserinnenkloster. Klosterkirche, Grundriß im Mittelalter

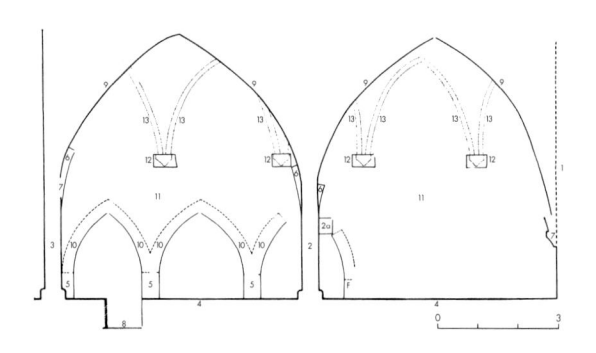

33 Kloster St. Marienstern. Zisterzienserinnenkloster. Klosterkirche, Befunde an der Südwand unter der Nonnenempore Legende: (1) Westwand der Klosterkirche, (2) Wandvorlage der jetzigen Nonnenempore (2a) Ausspringender Werkstein von (2) (3) Östliche Vorlage der jetzigen Nonnenempore (4) Heutige Fußbodenhöhe (5) In Bruchstein ausgeführte Pfeiler zwischen den Bogennischen des älteren Baues (6) Ansätze von nicht ausgeführten Schildbogen der jetzigen Nonnenempore (7) Konsole und Rippenansatz der jetzigen Nonnenempore (8) Fußbodenhöhe des ersten Baues (9) Innere Schnittkante des Gewölbes der jetzigen Nonnenempore (10) In Backstein ausgeführte Bogen der Nischen, Leibungsinnenseite geputzt (11) Bruchsteinwand (12) Sandsteinwerksteine mit abgearbeiteten Konsolen (13) Reste des in (11) einbindenden Ziegelgewölbes des älteren Baues

Das Kloster Marienstern ist eine Gründung der Herren von Kamenz, die schon um 1225 planten, ein Zisterzienserkloster in der Nähe ihres neuen Herrschaftssitzes Kamenz zu stiften.[35] Aber erst 1248 wurde durch die nächste Generation die Stiftung, die zunächst bei Wittichenau ins Werk gesetzt werden sollte, verwirklicht. 1259 waren die Nonnen, die angeblich wie die von Nimbschen aus Torgau kamen und zunächst am Hospital in Kamenz Quartier bezogen hatten, am heutigen Klosterstandort eingezogen. Im Jahr 1264 wurde das Kloster dem Zisterzienserorden in aller Form inkorporiert und fortan vom Abt in Altzella visitiert. Unsere Bauuntersuchungen von 1965 haben ergeben, daß die gotische Hallenkirche, die im letzten Drittel des 13. Jahrhunderts entstand, wohl nicht der erste Kirchenbau gewesen ist. (Abb. 32, 33) Der heutige Bau ist der besonderen Fürsorge Bernhards III., der seit 1268 Propst des Hochstifts Meißen, 1270–1290 Kanzler des Piastenfürsten Heinrichs IV. von Schlesien, 1291–1293 Kanzler König Wenzels II. in Prag und 1293–1296 Bischof von Meißen war, zu verdanken. An der Südwand der heutigen Untergeschosse der Nonnenempore fanden sich Spuren von fünf spitzbogigen Gewölbejochen und zugehöriger abgeschlagener Konsolen, die auf die Existenz einer älteren Nonnenempore schließen lassen.[36] (Abb. 33, 34) Wenn man sich diese Joche quadratisch vorstellt und eine Dreischiffigkeit der Untergeschosse

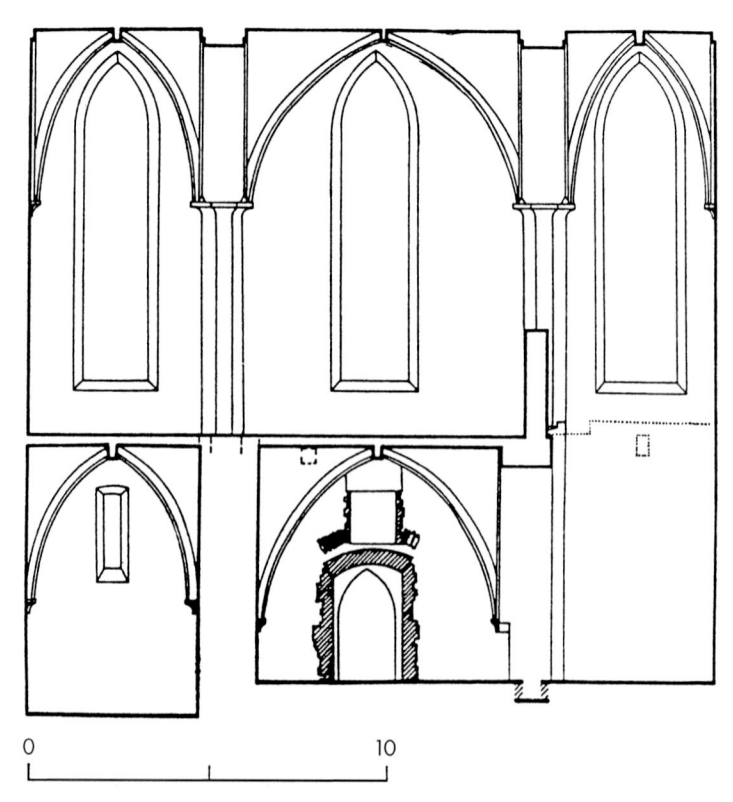

34 Kloster St. Marienstern. Klosterkirche, Süd-Nord-Schnitt mit Befunden an der Westwand

35 Kloster St. Marienstern. Klosterkirche, West-Ost-Schnitt mit Befunden an der Nordwand

voraussetzt, kommt man auf die Breite einer möglicherweise vorhandenen Saalkirche von ca. 10 Metern, das ist die Breite des heutigen Mittelschiffes einschließlich der Breite ihrer Südmauer und Stützenreihe. In der verbreiterten Südwand liegt auch eine vom Kreuzgang aus zugängliche Mauertreppe, die wohl schon zum Urzustand des Mariensterner Baues gehört hat. Seine Lage könnte auch dazu beigetragen haben, die Stelle des bereits bestehenden Kreuzgangs beizubehalten und den nördlichen Flügel in die größere, nun dreischiffige Anlage der Kirche einzubeziehen. Auch die Hallenkirche ist nicht in einem Zuge entstanden. Zu unterscheiden ist eine etwa sieben Meter hohe untere Zone, in der die Fenster bereits ca. drei Meter über dem Fußboden ansetzen sollten. (Abb. 35 und 36) Die heutige Hallenkirche ist ein Bruchsteinbau mit Gliederungen in Backstein und Haustein, einem Wechsel, der auf Materialwirkung berechnet ist und durch farbige Behandlung teilweise verstärkt, teilweise aber auch verändert wird. (Abb. 32 und 33) Der dreischiffige, platt geschlossene Raum besitzt sieben Joche. Die Außenarchitektur

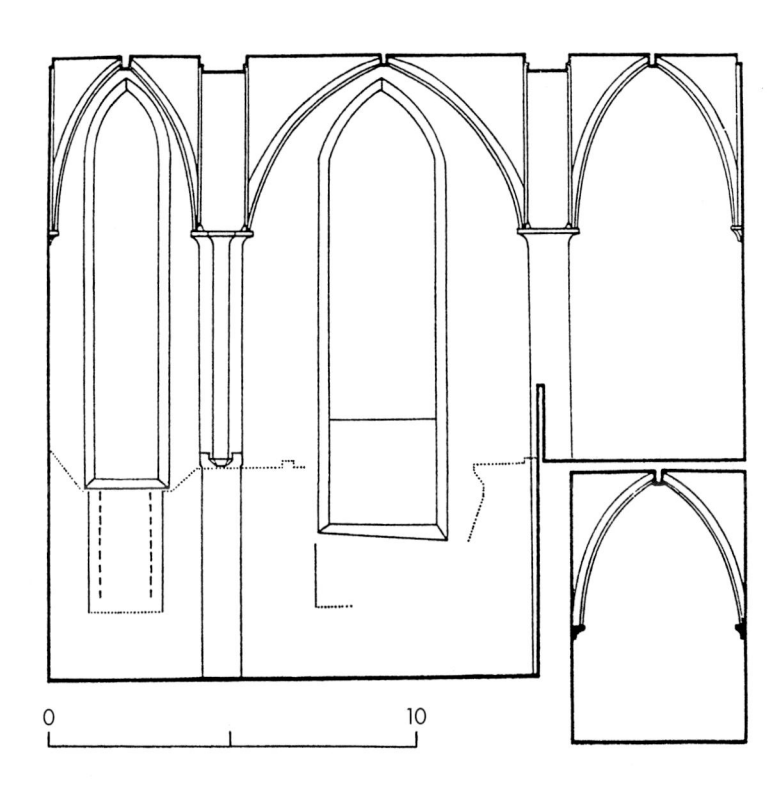

36 Kloster St. Marienstern. Klosterkirche, Nord-Süd-Schnitt mit Befunden an der Ostwand

wirkt durch den Wechsel von Strebepfeilern und Fenstern außerordentlich streng. Asketisch ist gewiß auch die Innenarchitektur mit den kräftigen Achteckpfeilern und den über auskragenden Konsolen ansetzenden Arkadenbögen und Kreuzrippengewölben gemeint. Bauschmuck tritt lediglich an den Schlußsteinen auf; auf seine stilistischen Zusammenhänge mit den Ostteilen des Meißner Domes wurde schon mehrfach hingewiesen.[37]

Kirche und Klaustrum bilden insofern eine architektonische Einheit, als die Breite der äußersten Joche des nördlichen Kreuzgangflügels vom westlichen und östlichen Kreuzgangflügel aufgenommen werden. Letztere weisen allerdings ein Joch mehr auf, so daß der Kreuzhof zum Rechteck tendiert. An der Westseite endete die Anlage offenbar mit der Westmauer des Kreuzgangs; nur dessen nördlichstes Joch ist durch ein weiteres Geschoß turmartig überbaut. Nach der Tradition des Klosters diente der Raum als Sakristei für die Gottesdienste im Nonnenchor. Der Ostflügel schloß im Mittelalter östlich an den Kreuzgang, also östlich über die Kirche hinausragend, an. Hier folgen aufeinander vom Norden nach Süden Kreuzkapelle, Kapitelsaal, ein niedriger Durchgang sowie weitere niedrigere Räume, über denen das Dormitorium angeordnet war. Wahrscheinlich waren Kreuzgang und Ostflügel gemeinsam überdacht, so daß der Weg der Nonnen von ihrem Schlafsaal über die „Chorgasse" – das ist der Raum im Seitenschiff der Kirche über dem Kreuzgang – in ihren Chor ermöglicht wurde. (Abb. 32) Bleiben im Bereich des Ostflügels noch manche archäologische Fragen offen, so erst recht im Bereich des stark veränderten Südflügels, in dessen Mitte der feierliche Eingang in das Refektorium noch ablesbar ist. Quellen zur Baugeschichte von Kirche und Kloster Marienstern liegen nicht vor. Der klösterlichen Überlieferung zufolge wurde die stets für besonders wichtig gehaltene Kreuzkapelle am Nordende des Ostflügels 1294 geweiht. Das erscheint glaubhaft. Denn die Einheitlichkeit der baulichen Anlage und die Verwandtschaft des aus dem Dombau zu Meißen anschließenden Bauschmucks legen den Schluß nahe, daß der heutige Bau weitgehend noch zu Lebzeiten des Stifters Bernhards III. von Kamenz im letzten Drittel des 13. Jahrhunderts errichtet worden ist.

37 Kloster St. Marienstern. Zisterzienserinnenklosterkirche nach Südwesten

Zu Typologie und Stil der Zisterzienser-Nonnenklöster und ihrer Bedeutung für die Architektur des 13. Jahrhunderts in Obersachsen

Bei der Suche nach Klosterstandorten für Nonnenklöster, die der Zisterzienserregel folgten, wurde in der betrachteten Region zwischen Saale und Neiße die zisterziensische Forderung, die Klöster in Tälern anzulegen, mehr oder weniger strikt befolgt. Auffällig ist, daß das Sprungbrett für die Besiedlung endgültiger Standorte mehrfach in Städten lag, so in Meißen für Heilig-Kreuz, in Torgau für Marienstern und Nimbschen mit Zwischenstationen in Hospitälern in Kamenz und Grimma. Der Wechsel von Triptis über Zwickau nach Eisenberg war wohl von der Stifterfamilie vorgegeben. Allerdings ist die Stadtnähe der Nonnenklöster deutlich größer als bei den Männerklöstern der Zisterzienser; fast alle Frauenklöster liegen dicht bei einer städtischen Siedlung. Und da die Klosterkirchen der Nonnen auch Pfarrkirchen sein können, ist das Kloster in einer kleinen Stadt wie Mühlberg durchaus möglich. Bei kleineren Ansiedlungen wie Frauenprießnitz und Frankenhausen benutzten die Nonnen die bestehenden Pfarrkirchen mit und verzichteten auf ein eigenes Kirchengebäude.

Der wichtigste Bau für ein Nonnenkloster war offensichtlich der Konventbau, der im Erdgeschoß neben anderen Räumen stets den Kapitelsaal und im Obergeschoß den Schlafsaal enthielt. In der Kirche benötigte man eine Empore zur Abhaltung der Chorgebete. Wenn ein Konventbau an das Querhaus einer kreuzförmigen Kirche anschloß, haben die Nonnen offenbar zunächst gern eine Empore in diesem eingerichtet, so in Heilig-Kreuz oder Mühlberg. Im Falle einschiffiger Kirchen, in denen stets eine Westempore als Nonnenempore vorhanden war, hätte es funktional nahegelegen, den Konventbau im rechten Winkel an den westlichen Teil einer der Langseiten anzufügen. In unserem Bereich ist das aber nur für Marienthal festzustellen. Offenbar war doch die monastische Gewohnheit, an die Längswand der Kirche einen Kreuzgang anzuschließen, meist wichtiger als die Bequemlichkeit einer unmittelbaren Verbindung von Dormitorium und Chor. So schließen die Konventbauten von Nimbschen, Langendorf, Roda und schließlich auch Marienstern an den Ostteil der Kirche an, wobei man offenbar gern den Chor ein wenig über den Konventbau hinausschob. Mit Ausnahme von Marienstern und Mühlberg waren wohl alle Kreuzgänge der Frauenklöster nur in Holz ausgeführt. Mehrschiffigkeit der Langhäuser wurde nicht für nötig gehalten. Selbst bei kreuzförmigen Anlagen wie Heilig-Kreuz ist es fraglich, ob es Seitenschiffe gegeben hat. In Roda war ein Seitenschiff gegenüber der Klausur vorhanden, in Mühlberg geplant, aber nicht ausgeführt. Wichtig war wohl stets der unmittelbare Anschluß eines Kreuzgangs an die Kirche. Denn auch von hier aus mußte man möglichst schnell auf die Chorempore gelangen können, so mittels einer Mauertreppe in Roda und Marienstern. Der eigenartige Einbezug des nördlichen Kreuzgangflügels in die dreischiffige Hallenkirche von Marienstern ist im Hinblick auf die Traditionen der Zisterzienserinnen durchaus verständlich. Der Zugang zur Kirche aus dem Kreuzgang war hier ebenso gewährleistet wie die Verbindung vom Dormitorium über die oberhalb des Kreuzgangs liegende „Chorgasse" zum Nonnenchor im Westteil des Mittelschiffs. Sicher hat es in den größeren Anlagen eigene Refektorien in dem der Kirche gegenüberliegenden Trakt gegeben, so in Mühlberg, Marienthal und Marienstern. Von eigenen Bauten für Laienschwestern ist nichts überliefert. Eigene Äbtissinnenhäuser und Propsteien gab es im späten Mittelalter in Frankenhausen und Mühlberg, wohl aber auch in Marienstern und Marienthal. Reste mittelalterlicher Wirtschaftsgebäude sind in Marienstern erhalten; bildlich überliefert ist eine Scheune in Nimbschen.[38] In jedem Falle aber wird es mehr oder weniger große Wirtschaftshöfe bei jedem der Klöster gegeben haben. Der Klosterbereich wird durch Mauern abgeschirmt. Diese haben sich in vielen Fällen noch mehr oder weniger vollständig erhalten, so in Marienstern, Marienthal, Sornzig und Nimbschen.

Im Unterschied zu den Zisterzienserkirchen, deren Schlichtheit ein mehr oder weniger anspruchsvolles architektonisches Programm darstellt, sind die Nonnenkirchen meist wirklich schlicht. Eine Ausnahme bilden die Kirchen, die einem bestimmten Anspruchsniveau von Stiftern

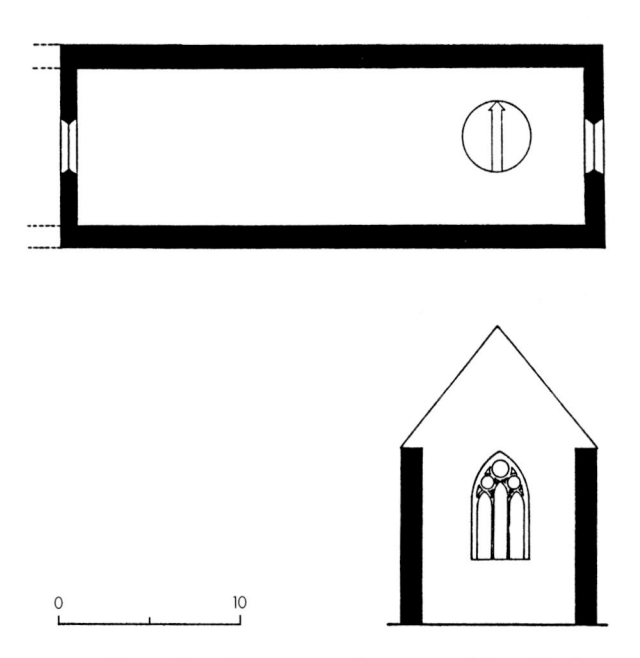

38 Seußlitz/Elbe, ehem. Franziskanerinnenklosterkirche. Grundriß
39 Süd-Nord-Schnitt mit Befund eines gotischen Westfensters

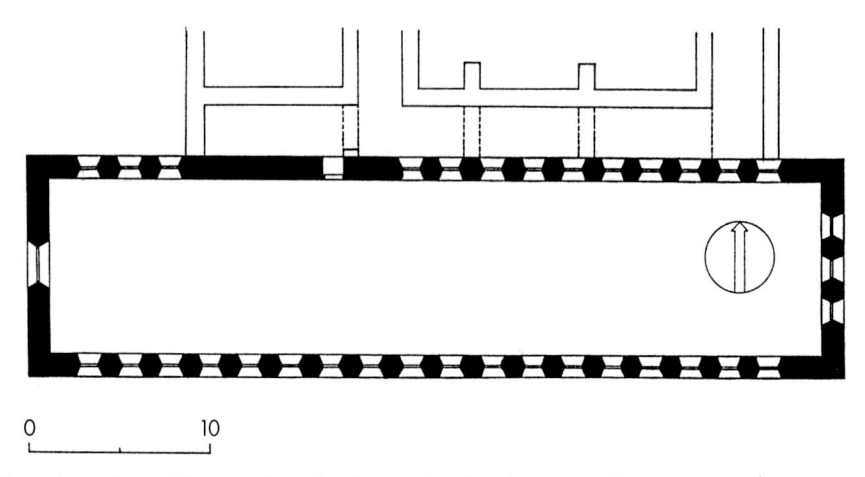

40 Dresden, ehem. Franziskaner-Klosterkirche (Sophienkirche). Grundriß im Zustand des 13. Jahrhunderts

entsprechen sollten, nämlich Heilig-Kreuz bei Meißen und als Grablege vor allem Mühlberg und Marienstern. Sie gehören zwei unterschiedlichen historischen „Schichten" an. Die erstere mißt sich an den großen Stifts- und Klosterkirchen der romanischen Zeit, einem Ideal, das erst im zweiten Viertel des 13. Jahrhunderts in Deutschland verblaßte.[39] Die Kirche des Klosters zum Heiligen Kreuz bei Meißen nimmt Bezug auf spätromanische Großbauten des späteren 12. Jahrhunderts in Obersachsen, auf die Stiftskirche der Augustiner-Chorherren in Wechselburg, auf die Zisterzienser-Klosterkirche in Altzella und auf die Marienkirche in Freiberg.[40] So im Hinblick auf den kreuzförmigen Grundriß, auf die reiche architektonische Durchgliederung, die das Rippengewölbe vorbereitenden Pfeilerformen und – was den Wechsel von Backstein und Haustein zu bestimmten Partien anlangt – auch auf bautechnische Einzelheiten. Die Klosterkirche in Mühlberg dagegen mißt sich in Grundriß und Aufriß, aber auch als Backsteinbau oberitalienischer Herkunft, mit der benachbarten Zisterzienser-Klosterkirche in Doberlug.[41] Sie ist nicht – wie jüngst wieder behauptet worden ist – ein „südlicher Ausläufer des frühen märkischen Backstein-

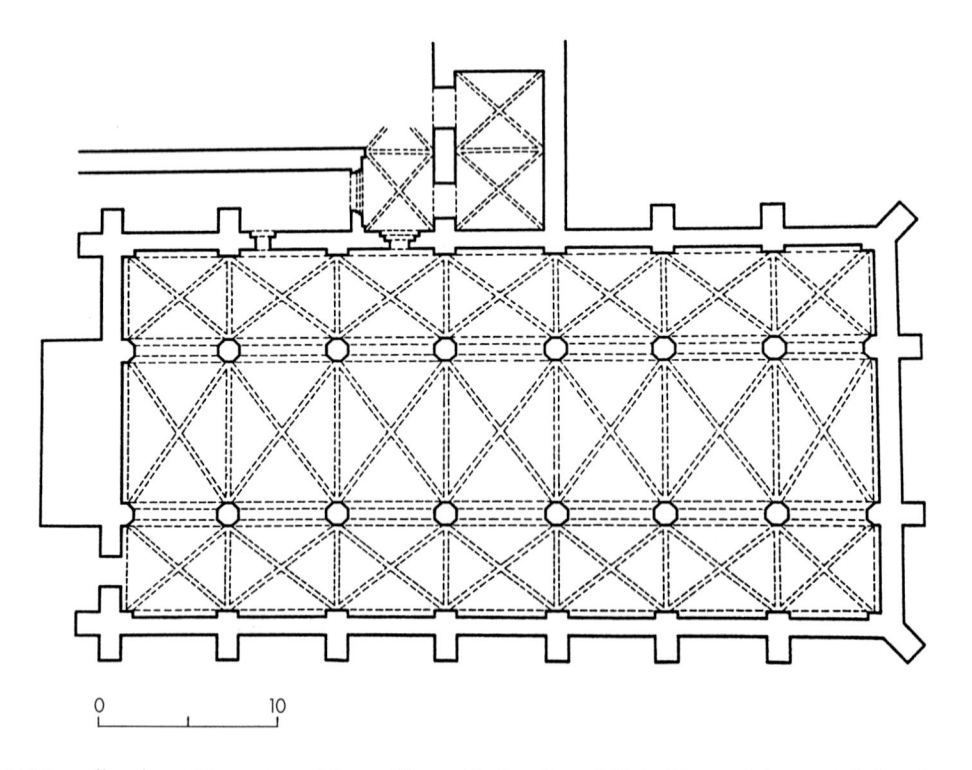

41 Neuzelle, ehem. Zisterzienserkloster. Klosterkirche, Grundriß im Zustand des 14. Jahrhunderts

baus", sondern ein Beispiel für die seit dem letzten Drittel im östlichen Mitteldeutschland gepflegte Backsteinarchitektur.[42] Der zwei queroblonge Joche umfassende Chor erinnert an die Marienkirche in Freiberg, desgleichen die Polygonalität der Apsiden. Der Fünfzehntel-Schluß tritt zeitlich parallel an der Petrikirche in Freiberg auf.

Diese ältere Schicht von Kirchen der Zisterzienserinnen-Klöster wird im zweiten Drittel des 13. Jahrhunderts durch außerordentlich schlichte, ungewölbte Säle von rechteckigen Grundrißformen abgelöst. Diesen Typus vertreten die Klosterkirchen von Marienthal, Langendorf und – um ein Seitenschiff erweitert – Stadtroda. Es ist zu vermuten, daß auch Nimbschen diesem Typus folgte. Das früheste Beispiel ist die wohl 1244 geweihte Klosterkirche in Marienthal. Vielleicht darf man als entfernte Parallele auf die von Agnes, der Schwester König Wenzels I., 1233 gestiftete und 1243 geweihte Franziskuskirche des Agnesklosters in Prag hinweisen.[43] Es war dies zunächst eine asymmetrisch zweischiffige Gewölbebasilika ohne Chor. Als Agnes, die Gemahlin des Wettiners Markgraf Heinrichs des Erlauchten und Tochter des böhmischen Königs Wenzel I., 1268 starb, gründete der Markgraf in Seußlitz an der Elbe ein Klarissenkloster.[44] Die Kirche ist in den Umfassungsmauern der von George Bähr neu ausgestatteten barocken Schloßkirche vollständig erhalten, wie die gotischen Fenster an der westlichen und östlichen Schmalseite zeigen. (Abb. 38 und 39) Die Klarissenkirche von Seußlitz entsprach also dem auch von den Zisterzienserinnen in der Mitte des 13. Jahrhunderts bevorzugten Bautypus. Um die Mitte des 13. Jahrhunderts hatten aber auch die Franziskanermönche zumindestens in Leipzig und Dresden bereits Klosterkirchen gebaut, die diesem ein-

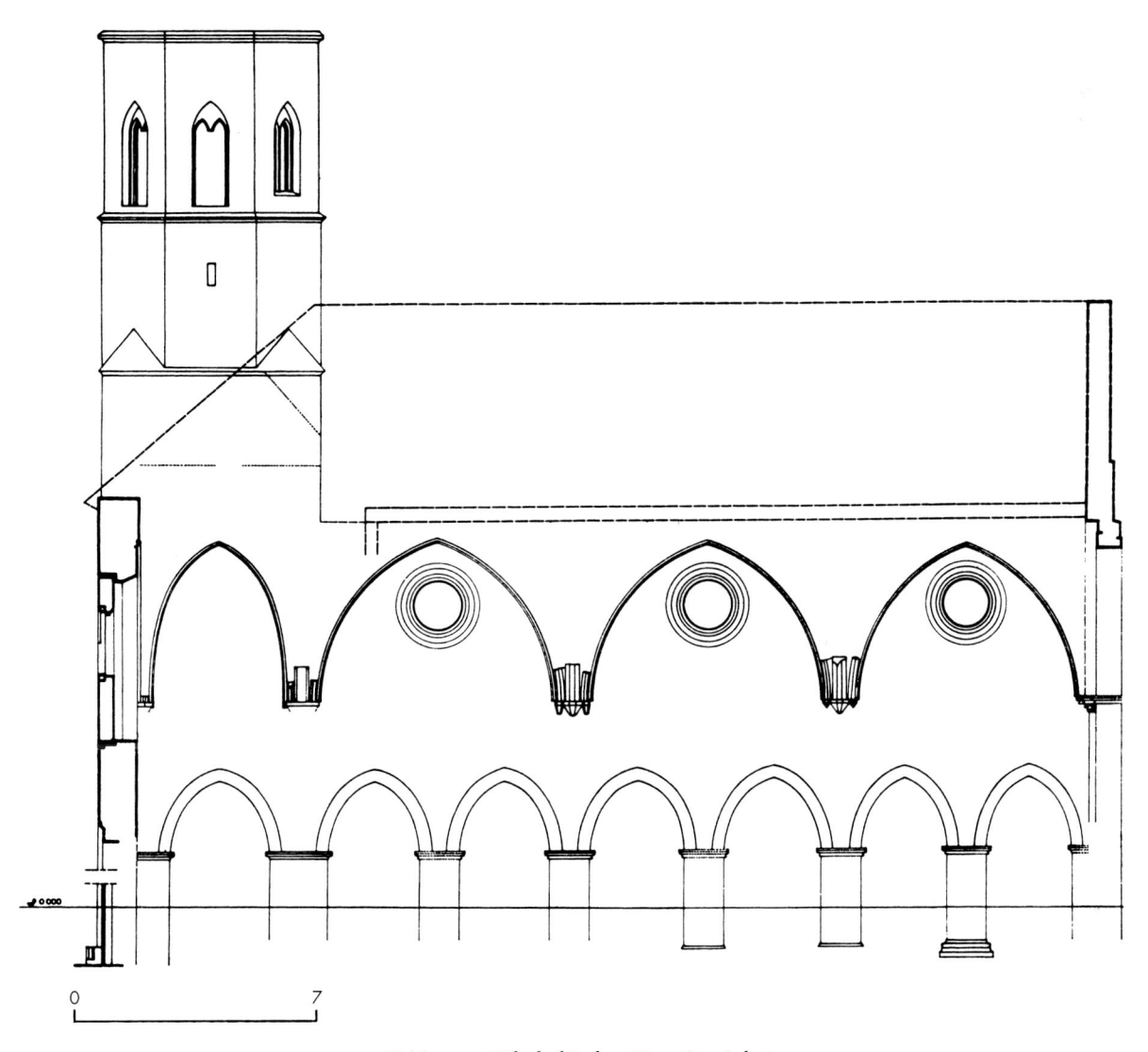

42 Torgau, Nikolaikirche. West-Ost-Schnitt

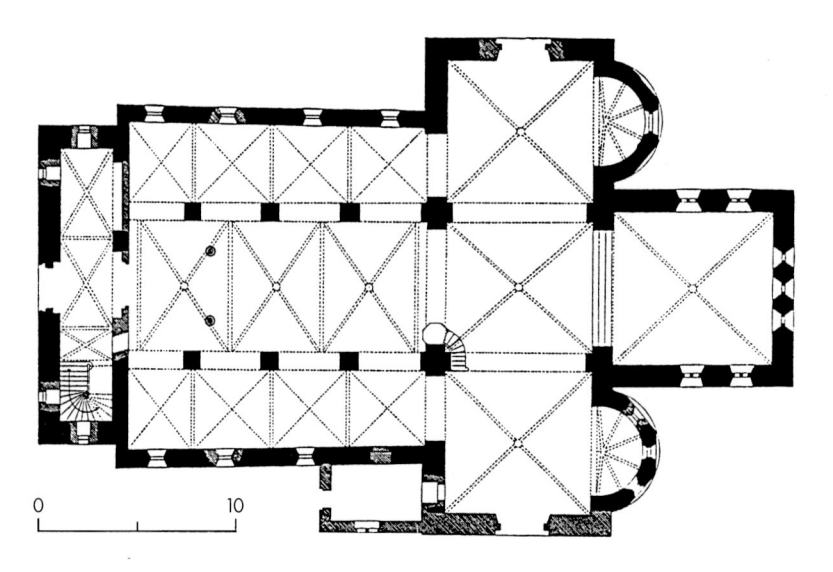

43 Grimma, Frauenkirche. Grundriß

schiffigen, ungewölbten und im platten Ostschluß endenden Typus folgten.⁴⁵ (Abb. 40)
Mit der in den sechziger Jahren des 13. Jahrhunderts begonnenen dreischiffigen Hallenkirche der Zisterzienserinnenkirche von Marienstern ist ein neuer Anspruch an Repräsentanz gestellt. Er gibt sich mit dem platten Schluß, dem Einbezug des nördlichen Kreuzgangflügels in das Südschiff und mit den Kragkonsolen, die die Arkadenbögen und Rippengewölbe tragen, außerordentlich zisterziensisch, die reiche Blattornamentik der Schlußsteine hingegen ist von der Dombauhütte in Meißen inspiriert. Die Halle mit plattem Ostschluß ist auch in der Architektur des Zisterzienserordens ein seltener Fall. Häufiger findet sich der platte Chorschluß bei basilikal gestalteten Chören, bei denen auch das Mittelschiff nach Osten durchläuft. Diese in Ossegg schon im erste Viertel des 13. Jahrhunderts angewandte Lösung findet sich bei dem Vorgängerbau von Chorin in Mariensee (1258–1270) in Hude (drittes Viertel des 13. Jahrhunderts), Neuenkamp (zweite Hälfte 13. Jahrhundert) und Pelplin (1274–1350).⁴⁶ Nur in Süddeutschland und Böhmen findet sich eine wesentlich „zisterziensisch" bestimmte Hallentradition, ausgehend von der chorlosen Zisterzienserhalle in Walderbach (letztes Viertel 12. Jahrhundert). Diese war von Bedeutung für das Hallenlanghaus der Kirche des Prämonstratenserklosters Tepl, angeblich 1232 geweiht, das Achteckpfeiler und eine Folge schmaler Joche aufweist. Fast gleichzeitig, 1230 geweiht, baute man den Chor der Zisterzienserkirche Lilienfeld mit zwei platt geschlossenen, hallenartigen Seitenschiffen und einem gerade geschlossenen Umgang, der ebenfalls als zweischiffige Halle ausgebildet ist. Die Stützen sind Achteckpfeiler. Auch das Hallenhaus sollte zunächst ein Hallenraum werden. Als zweischiffige Hallen sind wohl auch die Chorseitenschiffe der Klosterkirche Hradischt bei Münchengrätz/Hradište nad Jizeru aus dem zweiten Viertel des 13. Jahrhunderts anzusprechen.⁴⁷ Bernd Nikolai rekonstruiert die Klosterkirche von Walkenried II (1218–1253) in diesem Sinne.⁴⁸ Zisterziensische Profanräume sind Vorbild für die zweischiffige Prager Altnaisynagoge – um 1270/80 – gewesen. Die Rippen, Gurt- und Schneidebögen sitzen hier auf Laubkonsolen, die rings um die Achteckpfeiler geordnet sind. Die Tendenz zum Hallenraum läßt sich bis hin zu dem großartigen Chor von dem Kloster Heiligenkreuz, geweiht 1295, verfolgen.⁴⁹ Ein anderer Strang typologischer Vorbilder geht auf die großen dreischiffigen Refektorien der französischen Mutterklöster wie Cîteaux, Clairvaux und Vaucelles (34 x 18 m) zurück. Schon immer hat man betont, daß die Bettelordenshallenkirchen des 13. Jahrhunderts von solchen Profanräumen abzuleiten sind. Auch in Mitteldeutschland gab es solche dreischiffige Bettelordenshallen mit Achteckstützen, so bei der 1240 geweihten Dominikanerkirche in Leipzig, deren Vorbild wohl die Dominikanerkirche in Halberstadt war.⁵⁰
Der durch Bemalung gesteigerte Materialwechsel von Backstein und Haustein in Marienstern hat seine Tradition in der mitteldeutschen Backsteinarchitektur.⁵¹ Neu ist die farbige Zusammenfassung der aus Ziegeln bestehenden Rippen zu gemalten großen roten Werkstücken und die außerordentlich reiche Polychromie der Schlußsteine; hier äußern sich „hochgotische" Gestaltungsweisen.
In dem 1268 von dem Wettiner Heinrich dem Erlauchten zum Seelenheil seiner Gemahlin Agnes gestifteten Kloster Neuzelle wurde spätestens seit der Ansiedlung des Konvents 1281 eine 1330 geweihte Hallenkirche errichtet, die der Klosterkirche Marienstern architektonisch bis in die Maße hinein entspricht, als Backsteinarchitektur allerdings der „askanischen" Architektur nähersteht.⁵² (Abb. 41) In

44 Grimma, Frauenkirche. Innenraum nach Osten

45 Grimma, Frauenkirche. Inneres der nördlichen Nebenapsis nach Osten

46 Grimma, Frauenkirche. Inneres der südlichen Nebenapsis nach Osten

unserem Zusammenhang ist von Bedeutung, daß Marienstern als Nonnenkloster typologisch zum Vorbild für die Kirche eines Männerklosters werden konnte. Dem Wirken von Bernhard III. von Kamenz als Kanzler in Schlesien und Böhmen ist wohl auch die Übertragung des Typus von Marienstern auf die Zisterzienserklosterkirchen von Kamenz/Kamieniec Ząbkowicki und Königsaal/Zbraslav zuzuschreiben.[53] Auch wenn neuerdings festgestellt worden ist, daß die Chorlösung von Kamenz während der Entstehungszeit Wandlungen durchgemacht hat, es bleibt dabei: Die Kirche von Kamenz ist eine plattgeschlossene dreischiffige Hallenkirche mit einem Querhausarm. Die entwickelte hochgotische Formensprache und die steilere Proportionierung entsprechen dem Zeitstil um 1300. Eigenheiten wie die Konsolenbildung der wie „eingehängt" wirkenden Rippenwölbung sind ohne Marienstern nicht denkbar. Und daß das 1291 mit Hilfe Bernhards von Kamenz durch König Wenzel II. gestiftete Kloster von Königsaal eine Kirche mit einem dreischiffigen, platt geschlossenen Hallenchor mit in die Wand eingefügten Kapellen erhalten hat, dürfte in einer Traditionslinie mit Marienstern zu sehen sein. Der Bau wurde 1297 begonnen; die Ostteile waren 1305 fertig.

Den Bemerkungen zur Typenbildung und Verbreitung der Zisterzienser-Nonnenkirchen in Obersachsen sollen abschließend einige Beobachtungen zu ihrer Bedeutung für die Stilhaltung der Kunstlandschaft im 13. Jahrhundert angeschlossen werden.

Wie schon angedeutet, wird mit der Kirche und dem Ostflügel des Klosters Heilig-Kreuz bei Meißen ein Fazit aus der spätromanischen Architektur in Obersachsen gezogen. Gleichzeitig zeigt der besonders sorgfältig durchgebildete Bau Elemente, die auf Neues, Frühgotisches und typisch Zisterziensisches hinweisen. Dazu gehört die intelligente Wölbung des Kapitelsaals mit einer Art Dreistrahl der Wölbung über dem Mitteleingang, der der zentralen Stütze gegenüberliegt und die konsequente Anwendung von „zisterziensischen" Gewölbekonsolen. Signifikant ist weiterhin der Übergang der ursprünglich halbrunden Hauptapsis der Kirche zum Fünfzehntelschluß mit offenbar hohen Spitzbogenfenstern, die von Säulchen flankiert sind. Diesem Vorbild folgt man mit der Gestaltung der Hauptapsis in Mühlberg. Aber auch sonst ist diese Apsisgestalt in Obersachsen nach 1230 beliebt, so an der kleinen Pfeilerbasilika St. Nikolai in Dippoldiswalde, im zweiten Viertel des 13. Jahrhunderts errichtet.[54]

Den gestreckten Chor von zwei queroblongen Jochen sowie den Fünfzehntelschluß mit kurzen Ansätzen hat die Mühlberger Klosterkirche mit der Freiberger Petrikirche gemein. Mit der nördlichen Nebenapside der nach 1250 neu errichteten Frauenkirche in Grimma knüpft man noch einmal an diese Apsisform an.[55] (Abb. 46 und 48) Die gestuften Blenden über den Fenstern der Ostteile von Mühlberg geben wohl das Vorbild des Magdeburger Doms vereinfacht wieder. Anderes knüpft hier an Doberlug und Altzella an, so der Kreuzbogenfries und der Materialwechsel am Bogen zur südlichen Nebenapsis, desgleichen die Anwendung von Rippen in der Kalotte. Zisterziensisch wirken die kapitellartigen Konsolen, auf denen hier die Rippen sitzen.

Zisterziensischer Einfluß zeigt sich in der Architektur vorrangig zweier obersächsischer Städte, die mit einem Zisterzienserinnenkloster historisch in Verbindung stehen, Torgau und Grimma. In Torgau ist die Nikolaikirche eine Pfeilerbasilika mit einem konsequent auf Konsolen abgekragtem Gewölbesystem und Rundfenstern im Obergaden.[56] Der durchweg zisterziensisch geprägte Bau entstand im zweiten Drittel des 13. Jahrhunderts, als die 1251 nach Grimma übergesiedelten Nonnen das Patronat über die Torgauer Kirchen innehatten. (Abb. 42) Das gilt auch für die beiden Neubauten der Pfarrkirchen in Grimma, der Frauenkirche, die im dritten Viertel des 13. Jahrhunderts errichtet worden sein muß und der Nikolaikirche aus der Zeit von 1260/80.[57] (Abb. 43) Beide weisen einen platten Chorschluß mit einer Dreifenstergruppe auf. Sie eröffnen damit den Reigen von Pfarrkirchen dieser neuen, bei den Bettelordenskirchen und bei den Zisterzienserinnen schon vor Jahrhundertmitte vorkommenden Typus.[58] (Abb. 44 und 47) Die Frauenkirche ist ein ausgesucht schöner Werksteinbau von edlen Proportionen. Mit den polygonalen (Abb. 47 und 48) Nebenapsiden knüpft man an die beschriebenen älteren Traditionen an; die Rippen in den Apsiden ruhen auf abgekragten Diensten, in der südlichen Apsis von typisch zisterziensischer Eigenart. (Abb. 45 und 46) In der nördlichen Apsis zeigt das Blattwerk an Kapitellen und Konsolen den Einfluß des Meißner Dombaus. Sie kann nicht vor den sechziger Jahren entstanden sein. Es wäre noch näher zu untersuchen, ob nicht Markgraf Heinrich der Erlauchte, der um die Jahrhundertmitte oft in Grimma residierte und die Zisterzienserinnen auf ihrem Weg von Torgau über Grimma nach Nimbschen besonders förderte, wesentlichen Anteil an der Ausbildung dieser Architektursprache gehabt hat. Mit dem Meißner Dombau wird seit dem dritten Viertel des 13. Jahrhun-

47 Grimma, Frauenkirche. Ostabschluß von Nordosten

48 Grimma, Frauenkirche. Nördliche Nebenapsis von Osten

derts die karge Strenge dieser Schicht architektonischer Leistungen überwunden, um mit Bauten wie Marienstern auf einer neuen Ebene monastischen Idealen nachzueifern. Die Frauenklöster haben in der betrachteten Region zwischen Saale und Neiße erheblichen Anteil am Durchhalten zisterziensischer Baugesinnung.

Anmerkungen

1 Als neuere Arbeiten zu den Zisterzienserklöstern östlich der Saale seien genannt: LEOPOLD, GERHARD und ERNST SCHUBERT: Zur Baugeschichte der ehemaligen Zisterzienser-Klosterkirche in Schulpforta. In: Sachsen und Anhalt 18 (1994), S. 339–416; MAGIRIUS, HEINRICH: Die Baugeschichte des Klosters Altzella. (= Abhandlungen der Sächsischen Akademie der Wissenschaften zu Leipzig Phil.-hist. Klasse. Bd. 53, H. 2.) Berlin 1962; SCHLOPSNIES, PETER: Die Zisterzienserkirche Doberlug. (= Das Christliche Denkmal H. 42). Berlin 1962; RENTSCH, PETER und INA PATTLOCH: Ehemaliges Zisterzienserkloster Buch. Mügeln 1996; BADSTÜBNER, ERNST und HEINRICH MAGIRIUS: Das Kloster Neuzelle. (= Das Christliche Denkmal H. 125). Berlin 1985. Die neuesten Ergebnisse der Ausgrabungen im Kloster Grünhain stellt in diesem Band WOLFGANG NITSCHE vor. Die wichtigste zusammenfassende Darstellung der historischen Bedeutung der sächsischen Klöster findet sich noch immer bei SCHLESINGER, WALTER: Kirchengeschichte Sachsens im Mittelalter. 2 Bde. (= Mitteldeutsche Forschungen 27), Köln, Graz 1962.
2 Zu Nimbschen vgl. SCHLESINGER 1962 (wie Anm. 1), Bd. 2, S. 273–276; zu St. Georg Bd. 2, S. 271–273; zu Heilig-Kreuz Bd. 2, S. 254–257.
3 HOLTMEYER, ALOIS: Die Cistercienserkirchen Thüringens. (= Beiträge zur Kunstgeschichte Bd. 1). Jena 1906; KUTHAN, JIŘÍ: Die mittelalterliche Baukunst der Zisterzienser in Böhmen und Mähren. München 1982.
4 KRENIG, ERNST GÜNTHER: Mittelalterliche Frauenklöster nach den Konstitutionen von Cîteaux unter besonderer Berücksichtigung fränkischer Nonnenkonvente. In: Analecta Sacri Ordinis Cisterciensis 10 (1954), S. 1–105. Eine gute Übersicht vermittelt das Literaturverzeichnis von HANS RUDOLF SENNHAUSER speziell zu den Zisterzienserinnenklöstern in: Zisterzienserbauten in der Schweiz. Neue Forschungsergebnisse zur Archäologie und Kunstgeschichte 1. Frauenklöster. Zürich 1990, S. 54–55. Als besonders wichtig sei der Aufsatz von MAREN KUHN-REHFUS hervorgehoben: Zisterzienserinnen in Deutschland. In: Die Zisterzienser. Ordensleben zwischen Ideal und Wirklichkeit. Ausst. Kat. Aachen 3. Juli–28. September 1980. (= Schriften des Rheinischen Museumsamtes Nr. 10). Bonn 1980, S. 125–147.
5 COESTER, ERNST: Die einschiffigen Cistercienserinnenkirchen West- und Süddeutschlands von 1200 bis 1350. (= Quellen und Abhandlungen zur mittelrheinischen Kirchengeschichte Bd. 46). Mainz 1984; DERS.: Die Cistercienserinnenkirchen des 12. bis 14. Jahrhunderts. In: Die Cistercienser. Geschichte, Geist, Kunst. 3. Aufl. Köln 1986, S. 339–382.
6 Zisterzienserbauten in der Schweiz. Neue Forschungsergebnisse zur Archäologie und Kunstgeschichte. 1. Frauenklöster. Zürich 1990.
7 Vgl. HOLTMEYER 1906 (wie Anm. 3) und RAUDA, FRITZ: Die Baukunst der Benediktiner und der Zisterzienser im Königreich Sachsen und das Nonnenkloster zum Heiligen Kreuz bei Meißen. Meißen 1917.
8 MAGIRIUS, HEINRICH: Die Klosterkirche von Marienstern, ein wiedergewonnener Zisterzienserbau. In: Unum in Veritate et Laetitia. Bischof Dr. Otto Spülbeck zum Gedächtnis. Leipzig 1970, S. 287–307; DERS.: Zisterzienserarchitektur im Bistum Meißen. In: Aspekte zur Kunstgeschichte von Mittelalter und Neuzeit. Karl Heinz Clasen zum 75. Geburtstag. Weimar 1971. S. 115–165; MAGIRIUS, HEINRICH und SIEGFRIED SEIFERT: Kloster St. Marienstern 1248/1973. Leipzig 1974; MAGIRIUS, HEINRICH: Das Kloster St. Marienstern (= Das Christliche Denkmal H. 116). 2. Aufl. Berlin 1986; DERS.: Architektur der Zisterzienserklöster in der Lausitz. In: „Cîteaux" fasc. 1–4, 1996, S. 263–283.
9 SCHLESINGER 1962 (wie Anm. 1), Bd. 2, S. 272–273; Die Bau- und Kunstdenkmäler von Sachsen. Stadt Leipzig. Die Sakralbauten. Bearb. von: HEINRICH MAGIRIUS, HARTMUT MAI, THOMAS TRAJKOVITS und WINFRIED WERNER. München 1995, Bd. 1, S. 128.
10 Inventar der älteren Bau- und Kunstdenkmäler des Kreises Merseburg. Bearb. von JOHANNES BURKHARDT und OTTO KÜSTERMANN. Halle/Saale 1883, S. 54–60; MAGIRIUS, HEINRICH: Kathedrale, Stiftskirche, Klosterkirche, Burgkapelle, Stadtkirche und Dorfkirche. Zu Typologie und Stil der romanischen Steinkirchen in Obersachsen. In: Frühe Kirchen in Sachsen. Stuttgart 1994, S. 65–91, hier S. 83, 84, 86.
11 SCHLESINGER 1962 (wie Anm. 1) Bd. 2, S. 273–276; Die Denkmale der Stadt Torgau. Bearb. von PETER FINDEISEN und HEINRICH MAGIRIUS. Leipzig 1976, S. 25.
12 Beschreibende Darstellung der älteren Bau- und Kunstdenkmäler des Königreiches Sachsen. H. 19/20 Amtshauptmannschaft Grimma. Berb. von CORNELIUS GURLITT. Dresden 1898, S. 79–82.
13 Inventar 1898 (wie Anm. 12), S. 192; KOESTLER, H.: Kloster Nimbschen. In: Mitteilungen des Landesvereins Sächsischer Heimatschutz 25 (1936), S. 214–224; MAGIRIUS, HEINRICH: Die architekturgeschichtliche Bedeutung der Ruine des Klosters „Thronus beatae Mariae virginis" zu Nimbschen. In: Der Rundblick 14 (1967), H. 10, S. 497–499.
14 Vgl. das Manuskript von STEPHANUS: „Fragmente", Auszüge zu Kloster Nimbschen im Stadtmuseum Grimma, besonders S. 193–207; Kloster Nimbschen und Katharina von Bora. Beucha 1993, S. 17.
15 Bau- und Kunstdenkmäler Thüringen. H. 4 Herzogthum Sachsen-Altenburg. Amtsgerichtsbezirk Eisenberg. Bearb. von PAUL LEHFELDT Jena 1888, S. 291; SCHLESINGER 1962 (wie Anm. 1) Bd. 2, S. 252–253; KRAUSE, HANS-JOACHIM: Die Katharinenkirche zu Zwickau (= Das Christliche Denkmal H. 138). Berlin 1989, S. 2–4.
16 SCHLESINGER 1962 (wie Anm. 1) Bd. 2, S. 276–279.
17 Bau- und Kunstdenkmäler Thüringens H. 4 Herzogthum Sachsen-Altenburg. Amtsgerichtsbezirk Eisenberg. Bearb. von PAUL LEHFELDT. Jena 1888, S. 226–227; SCHLESINGER 1962 (wie Anm. 1) Bd. 2, S. 279.
18 SCHLESINGER 1962 (wie Anm. 1) Bd. 2, S. 280, weiterhin HOLTMEYER 1906 (wie Anm. 3), S. 347–354.
19 Beschreibende Darstellung der älteren Bau- und Kunstdenkmäler der Provinz Sachsen. 3. H. Der Kreis Weißenfels. Halle/Saale 1880, S. 31–32; HOLTMEYER 1906 (wie Anm. 3), S. 326–328; SCHLESINGER 1962 (wie Anm. 1) Bd. 2, S. 278–279; Dehio-Handbuch. Der Bezirk Halle. Berlin 1976, S. 245; KÖHLER, MATHIAS: Die gotische Zisterzienserinnen-Klosterkirche in Langendorf (Landkreis Weißenfels). In: Denkmalpflege in Sachsen-Anhalt 2 (1994), H. 1, Berlin 1994, S. 38–47.
20 Bau- und Kunstdenkmäler Thüringens. H. 2. Herzogthum Sachsen-Altenburg. Amtsgerichtsbezirk Roda. Bearb. von PAUL LEHFELDT. Jena 1888, S. 40–45; HOLTMEYER 1906 (wie Anm. 3), S. 314–326; SCHLESINGER 1962 (wie Anm. 1), Bd. 2, S. 279–280.
21 Bau- und Kunstdenkmäler Thüringens. H. 12 Fürstentum Reuß. Jüngere Linie. Jena 1891, S. 41; RONNEBERGER, WERNER: Das Zisterzienser-Nonnenkloster zum Heiligen Kreuz bei Saalburg a. d. Saale. Beiträge zur mittleren und neueren Geschichte. Bd. 1. Jena 1932.
22 RONNEBERGER 1932 (wie Anm. 21), Taf. II und III.
23 WIEMANN, HARM: Geschichte des Zisterzienser-Nonnenklosters Frankenhausen bei Crimmitschau. o. O. 1938; SCHLESINGER 1962 (wie Anm. 1), Bd. 2, S. 281–281.

24 WIEMANN 1938 (wie Anm. 23), S. 39–41.
25 Zur Entwicklung der spätgotischen Backsteingiebel in Obersachsen vgl. DONATH, GÜNTER und MATTHIAS DONATH: Rote Stufen 3. Ein spätgotisches Haus in Meißen. In: Denkmalpflege in Sachsen. Mitteilungen des Landesamtes für Denkmalpflege 1996, S. 24–38.
26 SCHLESINGER 1962 (wie Anm. 1) Bd. 2, S. 254–257.
27 RAUDA 1917 (wie Anm. 7); Beschreibende Darstellung der älteren Bau- und Kunstdenkmäler in Sachsen. H. 41 Amtshauptmannschaft Meißen-Land. Bearb. von CORNELLIUS GURLITT. Dresden 1923, S. 225–248.
28 BERTRAM, CARL ROBERT: Chronik der Stadt und des Closters Mühlberg. Torgau 1865; LORENZ, MAXIMILIAN: Die Klosterkirche zu Mühlberg a. E. Ihre Geschichte und Baubeschreibung. Liebenwerda, 1906; BERGNER, HEINRICH: Das Kloster Güldenstern in Geschichte und Kunst. Magedeburg 1907; Die Bau- und Kunstdenkmäler der Provinz Sachsen. H. 29. Bearb. von HEINRICH BERGNER. Halle/Saale 1910, S. 126–178; SCHMIDT, ALFRED: Geschichte des Mühlberger Marienklosters. Mühlberg 1920; LORENZ, MAXIMILIAN: Zur Erinnerung an die Gründung des Klosters in Mühlberg vor 700 Jahren: 1228–1928. Mühlberg 1928; SCHLESINGER 1962 (wie Anm. 1), Bd. 2, S. 286–287.
29 Dehio-Handbuch. Die Bezirke Cottbus-Frankfurt/Oder. Berlin 1987, S. 275–281.
30 SCHÖNFELDER, J. B.: Urkundliche Geschichte des kgl. Jungfrauen-Gestiftes St. Marienthal. Zittau 1834; Beschreibende Darstellung der älteren Bau- und Kunstdenkmäler des Königreiches Sachsen. H. 29 Zittau-Land. Bearb. von CORNELLIUS GURLITT. Dresden 1906, S. 109–126; ZIESCHANK, G.: Geschichte des kgl. Jungfraustiftes und Klosters St. Marienthal. Bautzen 1920; Zisterzienserinnenabtei St. Marienthal. Leipzig 1982; KOBUCH, MANFRED: Die gegenwärtige Überlieferung der Urkunden des Klosters St. Marienthal. In: Folia Diplomatica 12 (1963/64), S. 1–14; HÜTTER, ELISABETH: Denkmalpflegerische Instandsetzung des Zisterzienserinnenklosters St. Marienthal. In: Unum in Veritate et Laetitia. Bischof Dr. Otto Spülbeck zum Gedächtnis. Leipzig 1970, S. 308–321.
31 SCHLESINGER 1962 (wie Anm. 1), Bd. 2, S. 291–292.
32 MAGIRIUS, HEINRICH: Architektur der Zisterzienserklöster in der Lausitz. In: Cîteaux fasc. 1–4. 1996, S. 263–271. Der Frage widmete ich mich erneut gemeinsam mit Herrn Professor Dietrich Klose im Jahr 1996, dazu KLOSE, DIETRICH und BRIGITTE KLOSE: Studien zur Analyse von Umweltschäden und Erstellung einer Sanierungs- und Nutzungskonzeption über das Kloster Marienthal/Sachsen. Ms. im Landesamt für Denkmalpflege Sachsen 1996.
33 SCHLESINGER 1962 (wie Anm. 1) Bd. 2, S. 285–286.
34 COLDITZ, LUDOLF: Vergilbte Blätter, Wahres und Wahrscheinliches aus Mügelns alter Zeit. Leipzig 1893; Beschreibende Darstellung der älteren Bau- und Kunstdenkmäler des Königreiches Sachsen. H. 27 Amtshauptmannschaft Oschatz. Bearb. von CORNELIUS GURLITT. Dresden 1905, S. 288–289.
35 Zur älteren Literatur zu Marienstern vgl. MAGIRIUS 1970, 1971, 1974, 1981, 1986, 1996 (wie Anm. 8); Standardwerke bleiben Beschreibende Darstellungen der älteren Bau- und Kunstdenkmäler des Königreiches Sachsen. H. 30. Amtshauptmannschaft Kamenz-Land. Bearb. von CORNELIUS GURLITT. Dresden 1912, S. 142–220; SCHLESINGER 1962 (Anm. 1), Bd. 2, S. 292–294.
36 Dazu ausführlich MAGIRIUS 1970 (wie Anm. 8).
37 Zuerst von LEHMANN, EDGAR und ERNST SCHUBERT: Der Meißner Dom. Beiträge zur Baugeschichte und Baugestalt bis zum Ende des 13. Jahrhunderts. Berlin 1968, S. 72–73.
38 Kloster Nimbschen 1996 (wie Anm. 14), S. 17 und 19.
39 Vgl. MAGIRIUS 1994 (wie Anm.10), S. 30.
40 Vgl. MAGIRIUS 1994 (wie Anm. 10), dort auch die Literatur zu Wechselburg, Altezella und Freiberg.
41 SCHLOPSNIES 1962 (wie Anm. 1) und MAGIRIUS 1971 (wie Anm. 8).

42 Vgl. Dehio-Handbuch 1987 (wie Anm. 29).
43 BACHMANN, ERICH: Architektur bis zu den Hussitenkriegen. In: Gotik in Böhmen. Hrsg. von KARL M. SWOBODA, München 1969, S. 34–103, Agneskloster Prag S. 80; KUTHAN, JIŘÍ: Architektura v přemyslovském státě 13. století. In: Umění posledních Přemyslovců. Praha 1982, S. 181–351, Agneskloster Prag S. 280–287.
44 Beschreibende Darstellung der älteren Bau- und Kunstdenkmäler des Königreiches Sachsen. H. 38. Amtshauptmannschaft Großenhain. Bearb. von CORNELIUS GURLITT. Dresden 1914, S. 327–366; SCHLESINGER 1962 (wie Anm. 1), Bd. 2, S. 325–327.
45 Zur Franziskanerkirche in Dresden vgl. ZIESSLER, RUDOLF In: Denkmale in Sachsen. 2. Aufl., Weimar 1978, S. 387–390. Die neuerdings von Christian Hemker und Simon Savage angemeldeten Zweifel am platten Chorschluß scheinen mir vom Befund, den auch ich beobachten konnte, keineswegs gedeckt; vgl. deren Artikel: Die Sophienkirche in Dresden. Baubegleitende archäologische Untersuchungen im Bereich der ehemaligen Klosterkirche der Franziskaner. In: archäologie aktuell im Freistaat Sachsen 4 (1996), S. 303–315, zur Franziskanerkirche in Leipzig vgl. KÜAS, HERBERT: Das alte Leipzig in archäologischer Sicht. Berlin 1976, S. 111–164.
46 SCHMOLL GEN. EISENWERTH: Das Kloster Chorin und die Askanische Architektur in der Mark Brandenburg 1260–1320. Berlin 1961, S. 23–40; BADSTÜBNER, ERNST: Zur Rolle märkischer Zisterzienserkirchen in der Baukunst des Ordens und in der Backsteinarchitektur. In: Zisterzienser in Brandenburg. Berlin 1996, S. 22–37.
47 NICOLAI, BERND: „Libido Aedificandi". Walkenried und die monumentale Kirchenbaukunst der Zisterzienser um 1200. Hrsg. vom Brandenburgischen Geschichtsverein. Braunschweig 1990, S. 105–114.
48 NICOLAI 1990 (wie Anm. 47), S. 105–114.
49 MAGIRIUS 1971 (wie Anm. 8), S. 144–147.
50 HÜTTER, ELISABETH: Die Pauliner-Universitätskirche zu Leipzig. Geschichte und Bedeutung. Weimar 1993, S. 30–47.
51 MAGIRIUS 1971 (wie Anm. 8), besonders S. 152–153.
52 MAGIRIUS, HEINRICH: Baugeschichte und Baugestalt der Zisterzienser-Klosterkirche Neuzelle im Mittelalter. In: Mélanges à la mémoire du père Anselme Dimier III, 6, Pupillin-Arbois 1982, S. 609–628; BADSTÜBNER, ERNST und HEINRICH MAGIRIUS 1985 (wie Anm. 1), S. 5–16.
53 MAGIRIUS 1996 (wie Anm. 8); zu Kamieniec Ząbkowicki vgl. 900 Jahre Kamenz. Görlitz 1996; dort in diesem Zusammenhang vor allem wichtig der Aufsatz von EWA ŁUŻYNIECKA: Die Architektur der Zisterzienserkirche. S. 31–35; zu Zbraslav vgl. KUTHAN 1982 (wie Anm. 3), S. 210–221.
54 MAGIRIUS 1994 (wie Anm. 10), S. 77, 82, 83.
55 MAGIRIUS 1994 (wie Anm. 10), S. 85; Inventar 1989 (wie Anm. 12), S. 82–86.
56 Inventar Torgau 1976 (wie Anm. 11), S. 313–338.
57 Inventar 1898 (wie Anm. 12), S. 82–94.
58 Der platte Chorschluß tritt seit dem letzten Viertel des 13. Jahrhunderts bei Dorfkirchen in Sachsen, aber auch bei Stadtpfarrkirchen wie der Jakobikirche in Chemnitz und der Petrikirche in Freiberg mehrfach auf, vgl. MAGIRIUS, HEINRICH und HARTMUT MAI: Dorfkirchen in Sachsen. Berlin 1985, S. 20 und LÖFFLER, FRITZ: Die Stadtkirchen in Sachsen. Mit einer geschichtlichen Einführung von KARLHEINZ BLASCHKE und einem Beitrag zur romanischen und gotischen Architektur von HEINRICH MAGIRIUS. 2. Aufl. Berlin 1974. Eine ähnliche Vorreiterrolle für die Vielzahl plattgeschlossener Chöre mit einer Dreifenstergruppe bei Pfarrkirchen in Mecklenburg hat offenbar ebenfalls einer Zisterzienserinnenkirche, nämlich St. Maria im Sonnenkamp in Neukloster aus dem zweiten Viertel des 13. Jahrhunderts gespielt; vgl. FRIEDRICH, VERENA: Die Kirche St. Maria und Johannes Ev. des ehemaligen Zisterzienser-Nonnenklosters Sonnenkamp zu Neukloster. Peda-Kunstführer Nr. 89, Passau 1993.

1 Altbrünn/Staré Brno, Klosterkirche. Blick in den nördlichen Querhausarm

Die Zisterzienserinnenklöster in den böhmischen Landen

Jiří Kuthan

Die ersten Klöster des Zisterzienserordens in den böhmischen Ländern[1] sind schon zu Lebzeiten des heiligen Bernhard, in den Jahren der Herrschaft des Landesfürsten und – seit 1158 zweiten böhmischen Königs Vladislav I. (II.) entstanden. Die älteste böhmische Abtei in Sedletz/Sedlec war noch keine Gründung eines Herrschers – ihr Stifter war nämlich der Adelige Miroslav. Doch gleich danach gründete Fürst Vladislav in Westböhmen die Abtei Plaß/Plasy. Seit jenen Zeiten wurde das Herrschergeschlecht der Přemysliden zu einem bedeutenden Protektor und Förderer des Ordens. Mit dem Herrscherhaus war der Zisterzienserorden wohl am engsten im späten 13. und beginnenden 14. Jahrhundert, also in der Zeit König Wenzels II. († 1305) verbunden. Mehrere Zisterzienseräbte gehörten zum Kreis der engsten Ratgeber dieses böhmischen Königs, der 1300 auch die polnische Krone gewonnen hatte und sich überdies des ungarischen Königreichs zu bemächtigen suchte. Das Kloster Aula Regia in Königsaal/Zbraslav bei Prag, eine Gründung Wenzels II., wurde in jenen Jahren Begräbnisstätte der Königsdynastie.

Der weibliche Zweig des Ordens faßte in den böhmischen Ländern erst mehrere Jahrzehnte nach dem Entstehen der ersten Männerklöster Fuß. In den Jahren 1224/25 gründete die Witwe Heilwidis von Znaim[2] das Zisterzienserinnenkloster Vallis Sanctae Mariae in Oslavany in Mähren. Die Ländereien dafür erwarb sie vom Benediktinerkloster in Trebitsch/Třebíč. In einer am 26. Juni 1225 in Prag ausgefertigten Urkunde bestätigte König Přemysl Ottokar I. diese Stiftung. Unter den Zeugen wird als erster Konrad von Urach genannt, der sich 1225 als päpstlicher Legat in Böhmen aufhielt. Am selben Tag fertigte auch er eine Urkunde für das Kloster in Oslavany aus, in der auch die Verdienste des Bischofs Robert von Olmütz[3] um die Entstehung des Klosters erwähnt werden. Das neue Kloster wurde wahrscheinlich mit Nonnen aus Trebnitz/Trzebnica bei Breslau[4] besiedelt. Schon 1228 vollzog Bischof Robert von Olmütz in Oslavany die Weihe. Dabei war eine Reihe bedeutender Gäste anwesend – unter anderen König Přemysl Ottokar I. mit Königin Konstanze sowie deren Söhne Přemysl und Wenzel.[5]

Wie schon erwähnt, hatte neben der eigentlichen Stifterin Heilwidis auch Bischof Robert, der an der Wiege der ersten Zisterzienserklöster in Mähren stand, große Verdienste um die Entstehung des Klosters in Oslavany. Er stammte aus England und gehörte eine Zeitlang dem Konvent der Zisterzienserabtei von Ebrach in Franken an, wo er später – schon als Bischof von Olmütz – die Altäre der neuerbauten Klosterkirche weihte.[6] Von dort kam er in das Ebracher Filialkloster im westböhmischen Nepomuk und auf diese Weise auch in Verbindung mit König Přemysl Ottokar I. Durch ihn gelangte er schließlich auf den Olmützer Bischofsstuhl.

Das Kloster in Oslavany ging in der ersten Hälfte des 16. Jahrhunderts zugrunde. Die Kirche und die anliegenden mittelalterlichen Gebäude wurden Bestandteil einer Renaissanceschloßanlage. (Abb. 3) Die an der Nordseite der Klosterkirche gelegenen, im Laufe des zweiten Viertels des 13. Jahrhunderts erbauten Flügel des Klostergeviertes sind aber im Kern erhalten geblieben.

Der Stilcharakter der einzelnen Teile der Klosterkirche deutet darauf hin, daß der westliche, noch spätromani-

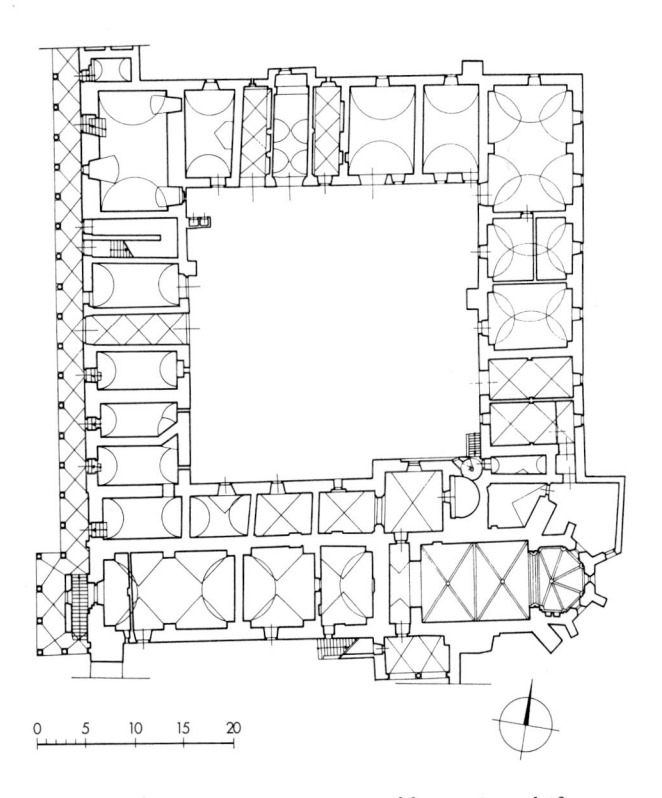

2 Oslavany, Zisterzienserinnenkloster. Grundriß

187

3 Oslavany, Zisterzienserinnenkloster. Blick von Nordwesten

sche Teil der Kirche älter ist, während sich im Osten beim Presbyterium bereits die beginnende Gotik zu Wort meldet. (Abb. 4)

Daß der Westteil der Klosterkirche von Oslavany ein dreischiffiges Langhaus war, erkannte schon V. Richter.[7] Das südliche Seitenschiff ist völlig verschwunden. Reste des Hauptschiffes und des nördlichen Seitenschiffes gingen in einem Renaissancespeicher auf, der an ihrer Stelle entstand. Im Raum des einstigen Haupt- und nördlichen Seitenschiffes wurden Kellerräume eingebaut. Dort, wo sich der Ostteil dieser beiden Schiffe befand, sind im Mauerwerk des heutigen Gebäudes noch drei Paare von Arkadenpfeilern zu sehen, die abwechselnd wuchtiger und schlanker sind. Sie hatten eine einfache prismatische Gestalt und ruhten auf oben abgeschrägten Sockeln. Im Westteil der Keller haben sich die Pfeiler nicht erhalten. Aus dem Rhythmus der teils erhaltenen Arkadenpfeiler ist zu erkennen, daß das Langhaus ursprünglich auf gebundenem Grundriß errichtet war. Im Hauptschiff waren also Kreuz- oder sechsteilige Gewölbe geplant.

Nach Forschungen von P. Borský[8] kam es hier im Laufe der Bauarbeiten zu Planänderung. Während ursprünglich ein basilikales Langhaus beabsichtigt war, gab man schließlich einer dreischiffigen Halle den Vorzug. Ungeachtet dessen wurde das Langhaus schließlich überhaupt nicht eingewölbt.

In der Westwand des einstigen Langhauses blieb der Rest eines Portals erhalten, der vieles über den Stilcharakter dieses Teils der Kirche aussagt. Dessen Gestaltung und Dekor, insbesondere das Motiv des Wellenfrieses im Tympanon und das plastisch ausgeführte Sternmotiv, erlauben eine sichere zeitliche Einordnung. Der Rest des Westportals von Oslavany steht den Portalen aus der spätromanischen Bauphase der Zisterzienserabtei im mährischen Velehrad nahe (z.B. Portal des Refektoriums), welche in die zwanziger Jahre des 13. Jahrhunderts fällt (Weihe im Jahre 1228). Der Zusammenhang zwischen Velehrad und der ältesten Bauphase in Oslavany ist keineswegs überraschend. An der Wiege beider Klöster stand der Olmützer Bischof Robert, der 1228 in beiden

Klöstern die Weihe vollzog. Überdies war bei der Weihe in Oslavany auch der Abt von Velehrad anwesend.
Der östliche Abschluß des nördlichen Seitenschiffes von Oslavany bestand aus einem quadratischen Joch und einer innen halbrunden, von einer Konche überwölbten Apsis. Da diese heute umbaut ist, wissen wir nicht, ob ihr Mantel außen rund oder polygonal war.
Im Osten schließt sich an das Hauptschiff ein kurzes Joch an, das sich nach Westen und nach Osten mittels Spitzbogen aus Terrakottaziegeln öffnet. Sie bilden die Basis für ein Türmchen, das sich über ihnen erhebt. Weiter im Osten folgt das Presbyterium mit zwei rechteckigen Jochen und einem fünfseitigen Abschluß. Diese rechteckigen Joche hatten Kreuzgewölbe mit an den Kanten gekehlten Bandrippen. An der Scheide dieser beiden Joche ruhen die Ansätze der Gewölbe auf abgekragten polygonalen Diensten, die für eine Reihe von böhmisch-mährischen (aber auch österreichischen) Bauten des 13. Jahrhunderts charakteristisch sind. Da die Umfassungsmauern über den Gewölben verputzt sind, ist anzunehmen, daß dieser Teil der Kirche anfangs nicht eingewölbt war und es dazu erst nach der Änderung des Bauplanes kam.
Im eigentlichen polygonalen Abschluß ruht das Kreuzrippengewölbe auf Runddiensten. Ganz offensichtlich verweist diese Gliederung auf das Wölbungs-, Konstruktions- und Formensystem der westeuropäischen Gotik, die wohl über den nahen Donauraums vermittelt worden ist. Die Michaelerkirche in Wien und die Kreuzgänge der Klöster in Zwettl und Heiligenkreuz zählen dort zu den ältesten Äußerungen dieser Stilepoche. Insbesondere der Ostabschluß der Klosterkirche von Oslavany hängt mit dem Baugeschehen im mährischen Tischnowitz/Tišnov zusammen. Das belegen schriftliche Quellen aus den Jahren nach der Klostergründung 1233. Deshalb fällt der Abschluß des Presbyteriums der Klosterkirche von Oslavany und die Einwölbung der beiden mit ihm zusammenhängenden Joche wohl am ehesten in die Jahre 1235–1240 oder kurz danach. Es kann nicht einmal ausgeschlossen werden, daß in Tischnowitz und Oslavany dieselbe Bauhütte tätig war.
Die Stifterin des Tischnowitzer Zisterzienserinnen-Klosters war Königin Konstanze, die Witwe des böhmischen Königs Přemysl Ottokar I. und Schwester der ungarischen Könige Emmerich (1196–1204) und Andreas II. (1205–1235).
Die Entstehung des Klosters Tischnowitz[9] fällt in die Zeit vor dem 6. März 1233, vielleicht schon in das Jahr davor. Über die Ereignisse, die der Tischnowitzer Stiftung vorausgingen, sind wir durch eine Urkunde unterrichtet, die der mährische Markgraf Přemysl 1234 in Znaim/Znojmo[10] unterzeichnet hat. Dort heißt es, daß bereits König Přemysl Ottokar I. († 1230) für die geplante Stiftung den Ort Trebow – wahrscheinlich Mährisch Trübau/Moravská Třebová – bestimmt hat. Später wurde mit Zustimmung König Wenzels I. Tischnowitz favorisiert, wo das Kloster dann tatsächlich entstanden ist.
Schriftliche Quellen belegen überzeugend, daß der Bau des Klosters unmittelbar nach der Gründung zügig vorangeschritten ist. Aus einer Urkunde, die König Wenzel I. am 4. April 1238[11] für das Kloster erlassen hat, wissen wir, daß die Königin ihre Mittel erschöpft hatte und Wenzel deshalb um Unterstützung für dieses Werk bitten mußte. In einer Urkunde vom 5. November 1238 verkündete Papst Gregor IX. König Wenzel I., daß er mit Wissen des Olmützer Bischofs dem Prager Bischof auferlegt habe, Vorbereitungen für die Weihe der Tischnowitzer Kirche zu treffen und jenen, die zu dieser Weihe pilgerten, Ablaß zu erteilen.[12]
Im Oktober 1239 starb der Bruder König Wenzels I., der mährische Markgraf Přemysl, der in der Klosterkirche bestattet wurde.[13] Im darauffolgenden Jahre – wahrscheinlich am 6. Dezember – starb in Tischnowitz Königin Konstanze und wurde dort – ihrem Wunsch gemäß –

4 Oslavany, Klosterkirche. Blick von Südosten

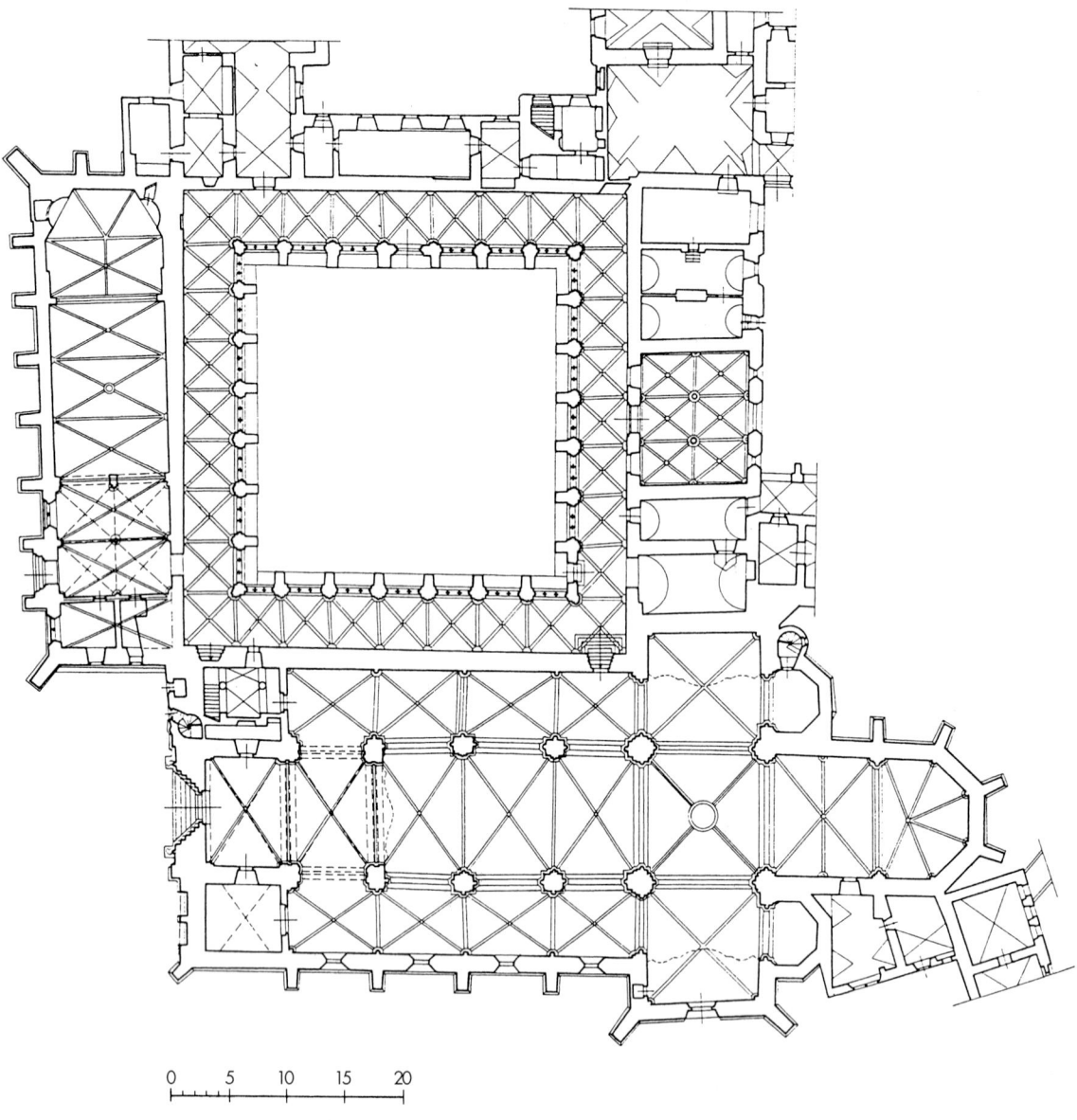

5 Tischnowitz/Tišnov, Zisterzienserinnenkloster. Grundriß

beigesetzt. Zeugnis davon gibt eine Urkunde Wenzels I., die in Tischnowitz am 7. Dezember 1240[14] ausgefertigt wurde. Mit dem Ende des vierten Jahrzehnts des 13. Jahrhunderts hören die Berichte vom Bau des Klosters auf. Der Kern des Tischnowitzer Klosters hat sich gut erhalten. (Abb. 5) Die Klosterkirche ist eine dreischiffige Basilika mit Querhaus. Die Vierung öffnet sich in ein fünfseitig geschlossenes, an der Nord- und Südseite von kleinen Chorkapellen erweitertes Presbyterium. Vor der Westfassade der Kirche wurde eine Vorhalle errichtet, oder sie war wenigstens vorgesehen. An der Nordseite schließen sich an die Kirche die Gebäude mit dem Kreuzgang an.

Überdies lag in dem Raum nordwestlich der Westfassade der Klosterkirche die schon in der Frühzeit des Klosters erbaute St.-Katharina-Kapelle, deren Reste eine archäologische Untersuchung[15] freilegte. Es ist nicht auszuschließen, daß sie ursprünglich als Privatkapelle der Klostergründerin gedient hat. Zu dieser Kapelle gehörte ein beachtenswertes Denkmal, das bis heute in Tischnowitz erhalten geblieben ist. Es ist das Tympanon des Portals mit dem Halbrelief einer Frau – vermutlich einer Königin, die in der rechten Hand ein Buch hält. Wahrscheinlich handelt es sich hierbei um die Darstellung der Klostergründerin – also der Königin Konstanze.

Der Bau der Klosterkirche und der unmittelbar anschließenden Bauten mit dem Kreuzgang erfolgte etappenweise. Wahrscheinlich wurde zuerst der Ostteil der Kirche erbaut, d.h. das Querhaus, das Presbyterium und die Chorkapellen sowie der Ostteil des Langhauses mit zwei Jochen. Zwischen dem zweiten und dem dritten Joch kam es zu irgendeiner Unterbrechung, was mit einem Wechsel der Gestalt der Gewölbedienste im Hauptschiff einherging. Im Anschluß an den Ostteil der Kirche wurden dann ihr Westteil und der Ostflügel der Klausur erbaut. Genau an dieser Stelle wurde wohl mit dem Bauen begonnen. Im Anschluß daran kamen der Nord- und Westflügel des Klostergeviertes und schließlich der Kreuzgang an die Reihe. Alles zeichnet sich durch eine bewundernswerte stilistische Geschlossenheit aus. Dieser Tatbestand zusammen mit den Berichten zeugt von einem ungewohnt raschen Fortschreiten der Arbeiten, von einer bemerkenswerten Konzentration finanzieller Mittel und einer außergewöhnlichen Menge von Arbeitskräften.

Die Klosterkirche wirkt äußerlich insgesamt einfach und dennoch edel, wie es bei Zisterzienserbauten üblich war. Eine Ausnahme von diesem maßvollen Ausdruck bildet das vor allem im mitteleuropäischen Raum ungewöhnlich reiche und prächtige Portal, das den Hauptakzent der Westfassade bildet. (Abb. 6)

In der Grundrißgestaltung der Klosterkirche ist schon deutlich die beginnende Gotik abzulesen. Erich Bachmann machte einst sogar auf die Ähnlichkeit der Grundrißlösung der Kirche von Tischnowitz mit der Kathedrale Notre-Dame in Dijon[16] aufmerksam, mit deren Bau im zweiten Viertel des 13. Jahrhunderts begonnen worden ist. Der polygonale Abschluß des Presbyteriums gehört zu den ersten dieser Art in den böhmischen Ländern. Gotisches Empfinden kommt hier auch in der Anordnung des Langhauses zum Ausdruck, bei dem im Hauptschiff rechteckige gotische Traveen verwendet wurden. (Abb. 7) Dadurch beschleunigte sich beträchtlich die Folge der Pfeiler, der tragenden Elemente und auch der Gewölbe. Der ganze Raum wurde so von einer rascheren Rhythmisierung durchdrungen, was einen Unterschied zum eher statischen Charakter der romanischen Architektur bildet.

Neben dem Westportal ist der am reichsten gestaltete Teil der Kirche das Presbyterium, dessen Stellung im Rahmen des ganzen Baus u.a. die Form der Fenster Ausdruck ver-

6 Tischnowitz/Tišnov, Klosterkirche. Westfassade

7 Tischnowitz/Tišnov, Klosterkirche. Blick in das Hauptschiff von Osten

leihen sollte. Im Unterschied zu den Fenstern in anderen Teilen der Kirche waren sie sehr viel größer und höher. Sie endeten in Spitzbögen und waren außerdem mit Maßwerk verziert, das zum ältesten in den böhmischen Ländern gehört. Ähnliches findet sich z.B. in der Liebfrauen-Kirche in Trier, am ältesten Teil der St.-Elisabeth-Kirche in Marburg und anderswo.

Das Langhaus, in dem noch romanische Rundbogenfenster eingesetzt wurden, wirkt im Vergleich zum Presbyterium konservativer. Offensichtlich fanden die „allermodernsten" Formen absichtlich nur im Zentrum des liturgischen Geschehens, also dem Bedeutungsschwerpunkt der Kirche, ihren Platz; an den weniger zentralen Plätzen dominierten weiterhin die archaischeren Gestaltungselemente.

Neben einigen romanischen Elementen überwiegen jedoch in Tischnowitz die gotischen Formen, denen wir in Nordfrankreich schon seit dem späten 12. und frühen 13. Jahrhundert begegnen (z.B. Kathedrale von Laon). In der Zeit, als der Bau in Tischnowitz begann, hatte diese Stilwelle bereits verschiedene Gebiete Deutschlands beeinflußt, wie es an Teilen des Kreuzganges im Kloster Maulbronn und der St.-Michael-Kapelle in Ebrach erkennbar ist, aber auch den österreichischen, an Mähren grenzenden Donauraum, so die Capella Speciosa in Klosterneuburg und die Kreuzgänge in Zwettl und Heiligenkreuz.

Die Kirche von Tischnowitz kommt dem Stil der Michaelerkirche in Wien sehr nahe, die schon vom zweiten Jahrzehnt des 13. Jahrhunderts im Bau war. In der Auswahl der Architekturglieder ist allerdings die Klosterkirche von Tischnowitz merklich fortschrittlicher, was auch durch ihre etwas jüngere Entstehungszeit bedingt ist.

Seine Bindung an die damalige Architektur Österreichs verrät der Kreuzgang noch deutlicher als die Kirche selbst. (Abb. 8) Durch seine Proportionen, die Gestaltung der Fenster, den Charakter des Gewölbesystems und die angewandten Formen ähnelt er den Kreuzgängen in Heiligenkreuz und Lilienfeld. Zur österreichischen Architektur bekennt sich genauso der Kapitelsaal des Tischnowitzer Klosters, bei dem die Gewölbe auf zwei polygonalen Pfeilern ruhen. Hier dürfen auch der Kapitelsaal von Heiligenkreuz und das dortige Dormitorium nicht unerwähnt bleiben, wo das dominante Element die das Gewölbe tragenden polygonalen Pfeiler sind.

Die stilistischen Einflüsse aus dem österreichischen Raum auf den Bau des Klosters Tischnowitz hatten auch ihren konkreten historischen Hintergrund. Königin Konstanze, die Stifterin des Klosters Porta Coeli, pflegte enge Beziehungen zu Wien – sie selbst hatte in Wien eine Gesellschaft frommer Frauen gegründet, die sie Porta Coeli benannte, also ebenso wie das Kloster in Tischnowitz. Zu erwähnen wären hier auch die Kontakte des großen Gönners des Tischnowitzer Klosters, Bischof Roberts von Olmütz, mit der Abtei Heiligenkreuz.[17]

Im Rahmen der damaligen mitteleuropäischen Architektur besticht die Kirche von Tischnowitz besonders durch ihr Westportal. Die reiche ornamentale Ausgestaltung wird hier durch Skulpturen ergänzt. Ins Gewände sind an jeder Seite fünf Apostelfiguren eingefügt. Je eine weitere befindet sich links und rechts von dem Portal; diese zwei Skulpturen stehen auf Säulchen, die auf den Rücken von Löwen ruhen. Das Tympanon zeigt ein figurales Relief. In der Mitte thront Christus in der Mandorla, umgeben von den Evangelistensymbolen. Daneben stehen zu beiden Seiten zwei Fürbitter-Gestalten – die Jungfrau Maria und Johannes der Täufer. Sie empfehlen Christus zwei unter der Mandorla kniende gekrönte Gestalten, die ihm ein Kirchenmodell zu Füßen legen. Rechts eine Frau – wahrscheinlich Königin Konstanze – und links ein Mann – vielleicht Konstanzes Gemahl, König Přemysl Ottokar I., der die ursprünglichen Ländereien für ein zu erbauendes Kloster gespendet hat.

8 Tischnowitz/Tišnov, Zisterzienserinnenkloster. Ostflügel des Kreuzganges nach Norden

9 Tischnowitz/Tišnov, Klosterkirche. Tympanon des Westportals

Das Portal von Tischnowitz ist eine deutliche, im mitteleuropäischen Raum des 13. Jahrhunderts sehr seltene Resonanz der großen französischen Kathedralportale. Der Reichtum des in Stein gemeißelten Dekors, der im Innern der Kirche und im Kreuzgang Anwendung fand, wird hier um ein Vielfaches übertroffen. Vom Charakter her könnte dieses Portal auf Vorstufen im deutschen Raum verweisen, zum Beispiel auf die St.-Marien-Kirche in Gelnhausen.

Im Tischnowitzer Westportal sind wahrscheinlich mehrere Bedeutungsgehalte verschlüsselt.[18] Die Konzeption des Portals repräsentiert in einer Ebene die Civitas Dei – die Gemeinde Gottes, wo von seinem Thron aus Christus Pantokrator das All beherrscht. Christus als Herrscher huldigen auch die Gründer des Klosters, Mitglieder des Königsgeschlechts der Přemysliden, denn die Königskrone wurde ganz im Geiste der mittelalterlichen Vorstellungen als Christi Lehen begriffen. Der Herrscher und die Königin treten hier in der Rolle demütiger Untertanen des himmlischen Herrschers auf.

Gleichzeitig gemahnt das Tischnowitzer Portal an das Jüngste Gericht. In diesem Sinne ist das Motiv der Kirche, das die beiden gekrönten Stifterfiguren Christus zu Füßen legen, zu interpretieren. (Abb. 9) Auch die beiden Fürbitter-Gestalten an den Seiten des Tympanons haben ihre Rolle bei der Wägung beim Jüngsten Gericht. Die Mahnung an das Jüngste Gericht erscheint auch in der Schenkungsurkunde, die der mährische Markgraf Přemysl für das Kloster Porta Coeli ausfertigte: „Eingedenk dessen, daß unser Vater rühmlichen Andenkens namens Přemysl (d.i. Přemysl Ottokar I. d.V.), an vielen Regierungs- wie Privatgeschäften beteiligt war und dabei vieles tat, was nicht der Sünde entbehrt, dünkt es uns barmherzig, daß wir durch unsere Wohltaten und besonders gegenüber besagtem Kloster (dem Tischnowitzer) irgendwie seine Strafen erleichtern, weil vor dem höchsten Richter, dem es gebührt sich zu erbarmen und zu bewahren, kein Gutes ohne Belohnung bleibt …". In dieser Formulierung wird also deutlich einer der Beweggründe ausgesprochen, die zur Gründung des Klosters

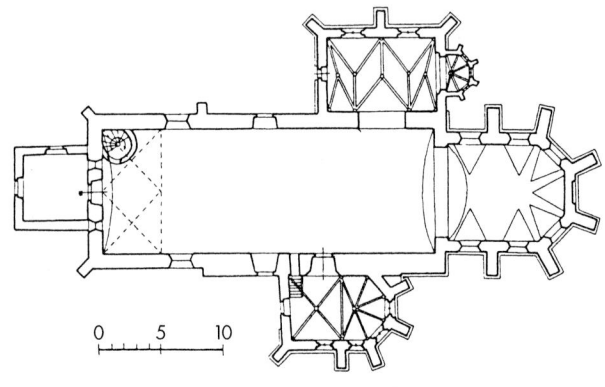

10 Sezemice, ehem. Klosterkirche. Grundriß

Tischnowitz führten, und gleichzeitig wird hier auch der Grundgedanke des ikonographischen Programms offenbart, der die Bitte der Stifter um Erlösung zum Ausdruck bringt.

Die Westfassade der Tischnowitzer Kirche und deren Portal wurden – ähnlich wie in Saint-Denis bei Paris oder bei der Kathedrale von Chartres[19] – als Himmelspforte aufgefaßt. Dadurch drückt das Portal von Tischnowitz die Bezeichnung des Klosters selbst, Porta Coeli, aus, die schon in der 1234 ausgefertigten Urkunde des mährischen Markgrafen Přemysl aufgeführt worden ist.

Portale dieser Art sind bei Zisterzienserbauten eine große Seltenheit. Als gewisse Parallele können wir hier das schlesische Trebnitz erwähnen. Das Portal von Tischnowitz scheint gleichsam zu verkünden, daß man hier nicht nur eine Zisterzienserinnenkirche betritt, sondern auch eine königliche Kirche, die das persönliche Opfer der Königsfamilie für Gott war. In dieser Auffassung ist das Portal von Tischnowitz das Tor zum himmlischen Jerusalem, in dem die Mitglieder des Königsgeschlechts die letzte Ruhestätte gefunden haben.

11 und 12 Sezemice, ehem. Klosterkirche. St.-Anna-Kapelle, Gewölbe des Schiffes und Presbyterium

13 Sezemice, ehem. Klosterkirche. Blick von Nordosten

Das große Portal der Westfassade und namentlich dessen Tympanon verleihen der Architektur des ganzen Klosters einen königlichen Akzent. Gleichzeitig belegen sie, wie weit schon im zweiten Viertel des 13. Jahrhunderts in den böhmischen Ländern eine Hofkunst konstituiert war, die die Interessen der herrschenden Dynastie zum Ausdruck brachte und ihr Repräsentationsbedürfnis befriedigte.
Königin Konstanze, die Gründerin des Klosters Tischnowitz, war zweifellos eine bedeutende Stifterpersönlichkeit, doch keinesfalls die einzige. Auf diesem Gebiet zeichnete sich auch Konstanzes und Přemysl Ottokars I. Tochter aus – die hl. Agnes von Böhmen. Agnes' Schwägerin Kunigunde, Gattin ihres Bruders Wenzel I. und Tochter König Philipps von Schwaben aus dem Geschlecht der Staufer, gesellte sich zu dieser Reihe von Frauen am böhmischen Königshof durch die Gründung des Klosters Marienthal – Vallis S. Mariae – in der Oberlausitz.[20]

Im Vergleich mit den Klöstern in Oslavany und besonders in Tischnowitz hatte das Kloster in Sezemice in Ostböhmen eine sehr viel bescheidenere Gestalt. (Abb. 10) Im Jahre 1227 vermachte der Adelige Kojata mehreren kirchlichen Institutionen einen Teil seiner Güter, darunter auch Sezemice, das an das Zisterzienserkloster in Sedletz fiel. In der folgenden Zeit überließ oder verkaufte die Abtei von Sedletz dieses Gut, damit dort ein neues Kloster errichtet werden konnte. Wer jedoch sein Gründer war, ist unbekannt geblieben. Doch offensichtlich handelte es sich nicht um eine landesherrliche Stiftung. Aus einem Vermerk in den Statuten des Generalkapitels des Zisterzienserordens von 1269 wissen wir, daß das Kloster von Sezemice diesem Orden damals inkorporiert worden ist.[21] Seine Entstehung fällt also in den Zeitraum zwischen 1227 und 1269. Im Jahre 1421 wurde das Kloster von Sezemice von den Hussiten besetzt, und später wurde es nicht mehr erneuert.
Vom einstigen Kloster ist nur die Kirche erhalten geblieben. (Abb. 13) Sie stellt jedoch kein einheitliches Werk

dar. Im Mauerwerk des Westteils des noch bestehenden rechteckigen Langhauses wurden vor einiger Zeit Überreste eines Vorgängerbaus, einer einschiffigen Backsteinkirche, festgestellt. Im Westteil ihres Langhauses befand sich eine Empore über zwei Gewölbejochen. Die Fenster in den Achsen der Schildbogen in der Westwand hatten schräge Gewände und Rundbogen. Ihre Form war noch romanisch und verweist auf die Zeit vor der Mitte des 13. Jahrhunderts. Es ist also nicht auszuschließen, daß dieses Gotteshaus noch vor der Gründung des Klosters erbaut worden ist.

Später wurde die Kirche von Sezemice umgebaut. Das ursprüngliche Langhaus wurde nach Osten verlängert. Ein neuer Triumphbogen öffnete sich hier zum Presbyterium, das aus einem rechteckigen Joch und einem fünfseitigen Ostabschluß besteht. Sein ursprüngliches Gewölbe ist jedoch nicht erhalten geblieben.

An die Südwand dieses verlängerten Langhauses wurde im zweiten Viertel des 14. Jahrhunderts oder kurz nach 1350 die St.-Antonius-Kapelle angebaut. Ein architektonisches Kleinod ist die St.-Anna-Kapelle, die im letzten Viertel des 14. Jahrhunderts – höchstwahrscheinlich um 1380 – an die Nordwand des Langhauses angebaut wurde. Ihr rechteckiges Schiff weist fünf dreistrahlige Wölbungen (Abb. 11 und 12) auf, die auf plastisch gestalteten Konsolen ruhen. Anspruchsvoller ist auch das Presbyterium gestaltet. Hier sind deutlich Einflüsse der Prager Parler-Bauhütte zu erkennen.

Zu den kleineren Gründungen des Adels gehörte auch das Kloster in Frauenthal/Pohled bei Deutsch Brod/Havlíčkův Brod. Seine Gründerinnen waren Ludmila, Gertrude, Uta und Katharina aus dem Geschlecht der Wittigonen. Am 25. Mai 1265 verkaufte Ludmila ihre Rechte und Einkünfte in Weikersdorf an das Zisterzienserkloster Zwettl.[22] Der so gewonnene Betrag war für die Ausstattung eines neuen Zisterzienserinnenklosters bestimmt. Frauenthal, das in mittelalterlichen Quellen als Vallis S. Mariae bezeichnet wird, ist als Sitz des neuen Klosters erstmals in einer Urkunde vom 17. Oktober 1267 belegt.[23]

Die heute noch erhaltene Klosterkirche hat ein rechteckiges Langhaus mit einer geräumigen Westempore. (Abb. 14) Im Osten öffnet sich das Langhaus mit einem außerhalb der Längsachse stehenden Triumphbogen in das nach Norden hin verschobene Presbyterium, das aus einem rechteckigen Joch und einem fünfseitigen Abschluß besteht. Das Fenstermaßwerk im Presbyterium deutet an, daß dieser Bau im Laufe der ersten oder zu Anfang der zweiten Hälfte des 14. Jahrhunderts enstand. Unter den böhmischen und mährischen Zisterzienserinnenklöstern gehörte Frauenthal neben Sezemice zu den am wenigsten bedeutenden und ärmsten. Und wohl deshalb übersteigen die Überreste seiner mittelalterlichen Bauten nicht den provinziellen Durchschnitt.

Alle erwähnten Klöster entstanden während der Herrschaft der Přemyslidendynastie, die sich in hervorragender Weise um den Orden verdient gemacht hatte. Nach 1306, als der letzte König aus diesem Geschlecht in Olmütz ermordet worden war, ist noch ein Kloster entstanden, dessen Gründung zweifellos in der Stiftertradition des Přemyslidengeschlechts verankert war. Es war das Zisterzienserinnenkloster in Altbrünn/Staré Brno. Dessen Gründerin war Königin Elisabeth Richenza.[24] Sie war eine Tochter der schwedischen Prinzessin Luitgard, die von ihrem eigenen Gatten, dem am 26. Juli 1295 in Gnesen zum polnischen König gekrönten Přemysl von Großpolen, getötet worden war. Auch er fand knapp sieben Monate nach seiner Krönung am 6. Februar 1296 ein gewaltsames Ende. Danach kam die siebenjährige Richenza an den Hof der brandenburgischen Askanier zu ihrer Stiefmutter, der dritten Frau Přemysls und Tochter des brandenburgischen Markgrafen Albrecht. Sie war damals mit einem Vetter ihrer Stiefmutter verlobt: mit Otto, dem jüngsten Sohn des Markgrafen Otto des Langen, der einst Vormund des böhmischen Königs

14 Frauenthal/Pohled, ehem. Klosterkirche der Zisterzienserinnen. Blick von Norden

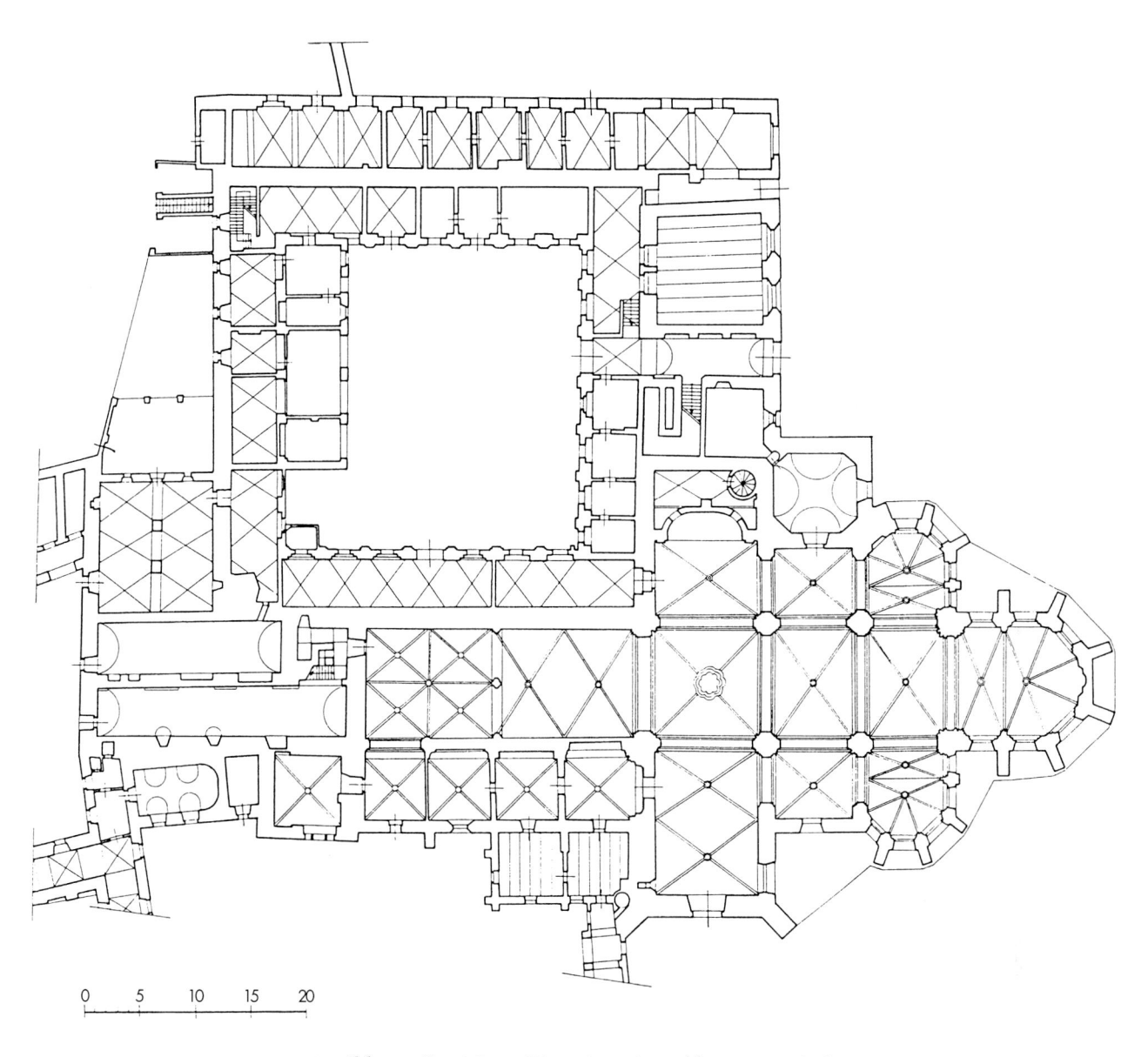

15 Altbrünn/Staré Brno, Zisterzienserinnenkloster. Grundriß

Wenzel II. gewesen war. Als Elisabeths Verlobter gestorben war,[25] begann sich der Prager Hof, der die Herrschaft in Polen anstrebte, für sie zu interessieren. Die böhmische Gesandtschaft, in der sich unter anderem auch der Abt des Zisterzienserklosters von Sedletz, Heidenreich, befand, begrüßte Elisabeth Richenza im Jahre 1300 in Zittau als künftige Gattin Wenzels II. Nach ihrer Ankunft in Böhmen wurde sie der einstigen Krakauer Herzogin Griffina – einer Schwester von Wenzels Mutter Kunigunde – zur Erziehung anvertraut. Die Heirat von Wenzel II. und Elisabeth fand erst 1303 statt. Richenza wurde bei dieser Gelegenheit im Prager St.-Veits-Dom zur böhmischen und polnischen Königin gekrönt.[26]

Schon am 21. Juni 1305 starb König Wenzel II. im Alter von nur 34 Jahren, wenige Tage nachdem seine Gattin Richenza ihr Töchterchen Elisabeth geboren hatte.[27] Vor seinem Tod vermachte er seiner Frau u.a. zwanzigtausend Pfund.[28]

Wenzels II. Sohn Wenzel III. überlebte seinen Vater nicht lange, er wurde 1306 in Olmütz ermordet. Daraufhin entbrannte ein Thronfolgestreit, bei dem schließlich Rudolf von Habsburg, der Sohn des römischen Königs Albrecht I., vor Herzog Heinrich von Kärnten, dem Gatten von Wenzels II. Tochter Anna, das Übergewicht gewann. Rudolf wurde zum böhmischen König gewählt, nachdem er versprochen hatte, die Witwe Wenzels II., Elisabeth Richenza, zu heiraten. Doch Rudolf starb schon am 3. Juli 1307 bei der Belagerung von Horažovice. Vor seinem Tod hatte er seiner Frau zwanzigtausend Pfund vermacht, die durch die Verpfändung der Städte Königgrätz/Hradec Králové, Hohenmauth/Mýto, Chrudim, Polička und Jaroměř gedeckt waren.[29] Elisabeth Richenza mußte so zum zweitenmal nach kurzer Zeit den Höhen des Königsthrons entsagen. Der Herrschaft in den böhmischen Ländern bemächtigte sich zeitweilig Heinrich von Kärnten, und Elisabeth floh unter habsburgischem Schutz nach Österreich.[30] Zuletzt kehrte sie jedoch in ihre Städte in Ostböhmen zurück.

Im Jahre 1310 verhalf eine Gruppe einflußreicher kirchlicher Würdenträger Johann von Luxemburg auf den böhmischen Thron. Um nach den Přemysliden die legitime Nachfolge zu sichern, heiratete er die Tochter Wenzels II. Elisabeth. Das Verhältnis zwischen dieser und Elisabeth Richenza war laut Zeugnis der Chronik von Königsaal haßerfüllt.[31] In jener Zeit knüpfte Elisabeth eine Beziehung zu dem mächtigen böhmischen Adeligen Heinrich von Leipa an. Der fiel zwar zeitweilig bei Johann von Luxemburg in Ungnade und wurde im Jahre 1315 in Gewahrsam genommen, doch nachdem sich die böhmischen Herren mit dem König versöhnt hatten, wurde er Landeshauptmann in Mähren. Elisabeth und Heinrich von Leipa hielten in Brünn gemeinsam einen glänzenden Hof. In die Folgezeit – ins Jahr 1322 – gehört ein Vermerk in der Chronik von Königsaal, demzufolge „Elisabeth, einst Königin ... sich großer Gunst in den Augen des Königs (d.h. Johanns von Luxemburg) erfreut nicht ohne Ärgernis vieler".[32]

Elisabeth Richenza hatte zweifellos große Verdienste um das Aufblühen der Stadt Königgrätz, wo in jener Zeit die Heiliggeistkirche emporwuchs. Aber seinen Höhepunkt fand ihr Gründerwerk in Brünn. Dort stiftete sie 1323 ein Zisterzienserinnenkloster, das Aula Sanctae Mariae genannt wurde.[33] In einer Urkunde von 1. Juni jenes Jahres wird angeführt, daß Elisabeth die Stiftung machte „zur Beruhigung ihres Gewissens und um der Vergebung ihrer Sünden willen".[34] Es steht wohl außer Zweifel, daß es sich hier um eines der wichtigsten Motive für ihre Stiftung handelt.

Am 26. August 1330 verschied Elisabeth Richenzas Freund und Gefährte Heinrich von Leipa. Der Chronik von Königsaal zufolge „starb am Tage des heiligen Märtyrers Rufus in Brünn der edle und tapfere Heinrich der Ältere, genannt von Leipa, von dem oft Erwähnung getan ... , denn er stand durch Reichtum, Macht und weltlichen Ruhm weit über den anderen Herren. Über seinen Tod weinte und barmte die Königin Elisabeth, genannt von Gräz, so sehr, daß es bei allen, die ihren Jammer sahen, Verwunderung erweckte. Und weil sie sich, wie im Leben so im Tode, nicht von ihm trennen wollte, bestimmte sie, daß sein Leib mit Ehren in ihrem neu gegründeten Kloster beigesetzt werden solle".[35]

Damals setzte Richenza ihr Testament auf und verschenkte ihren Besitz zu frommen Zwecken, größtenteils jedoch an das Kloster in Altbrünn.[36] Im Jahre 1333 unternahm Elisabeth Richenza eine Pilgerfahrt nach Trier und Köln, wo es ihr gelang, Reliquien zu erwerben.[37]

Die Lebensschicksale der Gründerin des Altbrünner Klosters waren also recht bewegt. Kurz nacheinander starben ihr erster Mann, der böhmische und polnische König Wenzel II., und auch ihr zweiter Mann, der zum böhmischen König gewählte Rudolf von Habsburg. Als Witwe lebte sie dann mit dem reichen und mächtigen Adelsherrn Heinrich von Leipa. Dieses Verhältnis kommentierte der Königsaaler Chronist mißgünstig, ebenso wie das Wohlwollen, das ihr Johann von Luxemburg entgegenbrachte.

Im Lebenslauf der Elisabeth Richenza spiegelten sich die Verbindungen zu den mitteleuropäischen Dynastien wider. Innerhalb dieser Koordinaten wuchs und erklärt sich Elisabeths Gründerwerk. Sowohl das Geschlecht der Piasten, aus dem sie stammte, als auch das der brandenburgischen Askanier, bei dem sie heranwuchs, oder das Geschlecht der Habsburger, mit dem sie durch ihre zweite Ehe in Verbindung trat und bei dem sie sich vorübergehend aufhielt, hatten eine große Stifter- und Auftraggebertradition. Alle diese Herrscherdynastien gründeten oder förderten ebenfalls Klöster des Zisterzienserordens.

Besonders beeinflußt wurde Elisabeth in dieser Hinsicht wohl von ihrem ersten Mann Wenzel II. aus dem Geschlecht der böhmischen Přemysliden, der einen überaus glänzenden Hof hielt. Wenzels Werk war die Gründung der Zisterzienserabtei Aula Regia in Königsaal bei Prag. Ihrem Aufbau widmete Wenzel II. große Aufmerksamkeit, und er beschenkte sein neues Kloster viele Male. Um das Kloster Königsaal kümmerte sich in den nachfolgenden Jahrzehnten insbesondere Wenzels Tochter Elisabeth, die aus der ersten Ehe mit Guta von Habsburg hervorgegangen und mit Johann von Luxemburg verheiratet war. Anteil daran nahm offensichtlich auch der Königsaaler Chronist Peter von Zittau.

Aber es war gerade Elisabeth Richenza, die sich entschloß, so wie einst ihr erster Gatte ein Kloster des Zisterzienserordens zu gründen – diesmal allerdings ein Frauenkloster in Altbrünn. (Abb. 1 und 15) Daß bei der Entstehung des Altbrünner Klosters auch die Erinnerung an die Stiftung des ersten Gatten der Richenza eine Rolle spielte, bezeugt schon der Name des Altbrünner Klosters selbst – Aula Sanctae Mariae, der an die Benennung des Klosters Aula Regia erinnert. Hier kommt schließlich zum Ausdruck, daß Elisabeth Richenza wohl keine Frau gewesen ist, die bereit war, ihrem Gefühl und ihrer Zuneigung ohne Rücksicht auf die öffentliche Meinung freien Lauf zu lassen – worauf die wenigen lückenhaften Berichte hindeuten könnten, die wir über ihr Pri-

16 Altbrünn/Staré Brno, Klosterkirche. Blick von Südosten

vatleben haben. Genausowenig war sie eine Frau, die nach einer hohen Stellung im Lande strebte. Es liegt klar auf der Hand, daß sie sich wie andere große Frauen jener Epoche auch geistige Lebensinhalte zu eigen machte. Davon zeugen ihre Aktivitäten als Stifter und Auftraggeber.

Neben der Gründung des Altbrünner Klosters zeugte von der Größe ihres Mäzenatentums die Beschaffung einer umfangreichen Sammlung illuminierter Handschriften. Ein Verhältnis zu Handschriften hatte schon Elisabeths erster Gatte König Wenzel II. Von ihm wissen wir, daß er dem Kloster Königsaal einen Betrag zur Anschaffung von Büchern geschenkt hat, die in Paris gekauft wurden.[38] Der älteste von ihnen entstand bereits 1315 – also einige Jahre vor der Gründung des Altbrünner Klosters. Bis heute sind neun Codices erhalten, die Elisabeth Richenza in Auftrag gab – sechs werden in der Österreichischen Nationalbibliothek aufbewahrt, drei in Brünn.[39] Berühmt für ihre Vorliebe für Handschriften wurde auch die Äbtissin des Prager St.-Georgs-Klosters Kunigunde, die eine Tochter Wenzels II. war.

Für den Bau dieses Klosters wurde ein Platz am Fuße eines Hügels gewählt, auf dem zur Zeit Přemysl Ottokars II. die Burg Spielberg/Špilberk errichtet worden war. Bereits am Anfang des 11. Jahrhunderts war hier eine Rotunde entstanden. An deren Stelle wurde in der zweiten Hälfte des 12. Jahrhunderts eine Kirche mit einem rechteckigen Presbyterium erbaut. Diese wurde am Anfang des 14. Jahrhunderts durch eine nun schon dritte Kirche mit einem polygonalen Abschluß ersetzt.[40] Als Gründungstag des Altbrünner Klosters nennt die Chronik von Königsaal den Pfingstsonntag des Jahres 1323, der auf den 15. Mai fiel.[41] Am Anfang trat als „Pater Abbas" des Altbrünner Klosters der Abt von Sedletz auf. Es wird angeführt, daß die ersten Zisterzienserinnen aus dem ostböhmischen Sezemice[42] dorthin berufen wurden, das Richenza in ihrem Testament bedachte.

Königin Richenza beschenkte ihr neues Kloster gemäß einer vom 1. Juni 1323 datierten Urkunde.[43] Die Stiftung bestätigte König Johann von Luxemburg mit einer Urkunde vom 2. Oktober 1323[44] und gab sein Einverständnis dazu, daß für den Bau des Klosters Holz aus den königlichen Wäldern genommen werden durfte. Mit einer Urkunde von 1327 genehmigte der König die Verlegung von Wegen, die das Klosterareal berührten, damit Platz für die Bauten geschaffen werde.[45] Als Königin Elisabeth im Juli 1330 in Altbrünn ihr Testament aufsetzen ließ, bedachte sie darin an erster Stelle ihr Altbrünner Kloster.[46] Im Jahre 1333 wurde die ehemalige Altbrünner Pfarrkirche der Jungfrau Maria von Königin Elisabeth zur Kapelle des von ihr gegründeten Hospitals bestimmt.[47] Da diese Kirche in der entsprechenden Urkunde als „alt" bezeichnet wird, ist anzunehmen, daß die neue Klosterkirche damals mindestens zum größten Teil schon stand und ihren Zwecken diente.

Am 19. Oktober 1335 starb Elisabeth Richenza und wurde in ihrem Altbrünner Kloster beigesetzt. Der Chronist der Abtei von Königsaal, der den Lebensweg dieser Frau mehrmals kritisch glossierte, führte zu der Notiz über dieses Ereignis den Vers hinzu:

„Deine Heilsgaben schenke, o Gott,
dieser Königin,
mach, daß sie frei ist von Schuld
und in Ewigkeit selig im Himmel!"[48]

Im Jahre 1900 wurde ihr Grab bei Instandsetzungsarbeiten der Klosterkirche gefunden. Es liegt im Schnittpunkt der Achse des Presbyteriums und des kleinen Querhauses – also inmitten des kleeblattförmigen Ostabschlusses. Diese Stelle wurde damals durch eine Fliese mit dem Buchstaben E gekennzeichnet.[49] Die Lage von Elisabeths Grab erinnert hier also deutlich an den Bestattungsort ihres ersten Gatten, König Wenzels II., dessen sterbliche Überreste in der Kirche von Königsaal „in medio sanctuario ecclesiae"[50] beigesetzt worden waren.

Aus dem Angeführten geht hervor, daß ein wesentlicher Teil der Altbrünner Klosterkirche in der Zeitspanne von 1323–1335 entstanden sein muß.[51] Andere Berichte, die wenigstens indirekt etwas über die Erbauung des Klosters schon im 14. Jahrhundert aussagen, sind nicht bekannt.

Die Klosterkirche von Altbrünn endet im Osten mit einem kleeblattförmigen Abschluß, dessen einzelne Teile fünfseitig geschlossen sind. (Abb. 16) Die Seitenarme des Abschlusses – der nördliche und südliche – sind etwas kleiner und niedriger als das eigentliche, nach Osten gerichtete Presbyterium. An die Vierung dieser kleeblattförmigen Ostanlage schließt im Westen ein gleichhohes Gewölbejoch an. An dieses grenzen im Norden und Süden niedrige Räume mit nur je einem Kreuzrippengewölbe. Es handelt sich hier um ein kurzes basilikales Langhaus, das zwischen der östlichen Dreikonchenanlage und dem weiträumigen Querhaus eingeschoben wurde, das die Konturen des Baues wesentlich überragt. Sein Mitteljoch ist annähernd quadratisch, während die Seitenarme je zwei rechteckige Joche haben. Im Westen öffnet sich das Mitteljoch des Querhauses in das Hauptschiff mit je vier Gewölbejochen, das im Süden von einem viel niedrigeren Seitenschiff begleitet wird. Den Westteil des Hauptschiffes nimmt eine große Nonnenempore ein.

An der Nordseite der Klosterkirche lagen die Klausurgebäude mit dem viereckigen Paradieshof. Im südlichen Flügel des an die Kirche grenzenden Kreuzgangs befinden sich reich mit Skulpturen versehene Gewölbekonsolen mit Pflanzen-, Tier- und figuralen Motiven.

Die Klosterkirche in Altbrünn ist kein ganz einheitliches Werk. Am auffälligsten ist das fortschreitende Wachsen des Baus und der Formenwandel bei der Gestaltung der Pfeiler und Wandpfeiler. (Abb. 17) Da verschiedenartig gestaltete Teile dieser Bauelemente an manchen Stellen unorganisch aneinander anschließen, kann man ihre gegenseitigen Beziehungen und damit auch die fortschreitenden Wachstumsphasen des Bauwerks bestimmen.[52]

Im Verlaufe seiner Errichtung kam der Stilwandel besonders deutlich in den Formen des Fenstermaßwerks zum Ausdruck. Die einfachen Formen des Fenstermaßwerks in der Nordwand des Hauptschiffes, die aus dem ersten Bauabschnitt stammen, wurden in der letzten Bauphase der Kirche durch komplizierte, dynamische Formen ersetzt. Namentlich das Maßwerk in den Fenstern der südlichen Wand des Hauptschiffes und im Ostteil der Kirche ist nicht weit entfernt von dem bewegten und einfallsreich gestalteten Maßwerk, das wir von den zeitlich jüngeren Bauten der Prager Dombauhütte kennen. Aber das Motiv der geschneusten Fischblasen, wie es für Parlers Werke charakteristisch ist, erscheint hier noch nicht. Die komplizierte Grundrißgestaltung der Altbrünner Kirche mit dem Kleeblattabschluß ist im Rahmen der Zisterzienserarchitektur außergewöhnlich. Dreikonchenanlagen gab es natürlich hier und da in der romanischen deutschen Baukunst (z.B. St. Aposteln, Groß St. Martin und St. Maria im Kapitol in Köln). Einen Kleeblattabschluß bekam auch die gotische St.-Elisabeth-Kirche in Marburg, die über dem Grab der hl. Elisabeth von Thüringen errichtet wurde. Und schließlich ist hier auch die Heilig-Kreuz-Kirche in Breslau zu erwähnen, die der Breslauer Fürst Heinrich IV. als seine Begräbnisstätte hat bauen lassen.

Elisabeth Richenza unternahm 1333 eine Pilgerfahrt nach Köln und Trier. Bei dieser Gelegenheit besuchte sie sicher die Kölner Kirchen. Es ist nicht auszuschließen, daß ihre Reise auch über Marburg führte, da sich dort das Grab ihrer Patronin befand. Damals war aber die Altbrünner Kirche einschließlich ihres dreiteiligen Abschlusses schon voll im Bau begriffen. In der Zeit, als über die Grundrißgestaltung dieser Kirche entschieden

17 Altbrünn/Staré Brno, Klosterkirche. Blick aus dem Hauptschiff ins Presbyterium

wurde, waren allerdings Dreikonchenanlagen allgemein bekannt. Vielfach fand diese Form Anwendung bei Kirchen, die als Grablege bestimmt waren – wie in Marburg oder bei der Heilig-Kreuz-Kirche in Breslau. Dies mag der Grund für die sonst in den böhmischen Ländern unübliche Anlage gewesen sein. Man darf meines Erachtens zu Recht folgern, daß die Grundrißlösung der Kirche in Altbrünn nicht von den Baugewohnheiten des Zisterzienserorden bestimmt ist, sondern von der Absicht der Klostergründerin, die den Wunsch hatte, in dieser Kirche begraben zu werden.

Die ganze Kirche wurde aus Backsteinen gebaut – einem Material, das in der Monumantalarchitektur der böhmischen Länder nicht oft anzutreffen ist. Seine Verwendung lehnt sich vielleicht an die Architektur in den von Piasten beherrschten Gebieten an, aus deren Geschlecht Königin Elisabeth Richenza stammte. Nur die Architekturglieder, Fenstergewände, Ecksteine der Strebepfeiler, Fenstermaßwerk, Portale usw. sind aus gediegen und schön bearbeitetem Naturstein ausgeführt.

Die großen Mauerflächen blieben nicht ungegliedert. Aufwendig ist namentlich die Südfassade des großen Querhauses gestaltet. In seiner Mitte befindet sich ein breites Portal und darüber ein großes Fenster mit reichem Maßwerk. Die Außenmauer ist durch Blendarkaden gegliedert und abgestuft. Dies gilt auch für dessen gesamte Nordwand, den Westgiebel des Hauptschiffes. An der Fassade des Querhauses verkündeten Wappen ostentativ die gesellschaftliche Stellung der Klostergründerin. Mit dieser Gestaltungsform wird deutlich an die Traditionen der Kathedralarchitektur angeknüpft, namentlich an die Westfassade des Straßburger Münsters. Diese übte auf die Architektur in verschiedenen Gebieten Deutschlands und weiteren Teilen Mitteleuropas einen unübersehbaren Einfluß aus.

Die Altbrünner Kirche bringt auf diese Weise wie kaum ein anderes Bauwerk in den böhmischen Ländern aus den Jahrzehnten nach dem Erlöschen der Přemyslidendynastie deutlich die großen Ansprüche ihres Stifters zum Ausdruck. In diesem Sinne ist sie nicht nur eine Klosterarchitektur der Zisterzienserinnen, sondern sie ist auch ein im wahrsten Sinne des Wortes „königliches" Bauwerk.

Die Klosterkirchen der Zisterzienserinnen sind in den verschiedenen Gebieten Deutschlands und in anderen Teilen Mitteleuropas zum Großteil recht bescheiden. Es überwiegen einschiffige Kirchenbauten.[53] Komplizierter und aufwendiger gestaltete Bauten sind verhältnismäßig selten. Man begegnet ihnen eigentlich nur dort, wo hinter der Stiftung des Klosters oder dem Bau der Klosterkirche irgendein bedeutender Protektor und Förderer des Ordens stand. Das war der Fall bei der Klosterkirche von St. Marienstern, die mit Unterstützung Bernhards von Kamenz, des Bischofs von Meißen, gebaut wurde. Er spielte darüber hinaus eine wichtige Rolle an den Höfen des Breslauer Fürsten Heinrich IV. und des böhmischen Königs Wenzel II., die zu den größten Mäzenen ihrer Zeit in Mitteleuropa gehörten. Der bescheidenen Gestalt der Klosterkirchen der Zisterzienserinnen entspricht nicht die dreischiffige Kirche im schlesischen Trebnitz – eine Stiftung der heiligen Hedwig aus dem Geschlecht der Fürsten von Andechs-Meran und ihres Gatten, des Breslauer Fürsten Heinrich des Bärtigen. Der beim Zisterzienserorden ganz ungewöhnliche Skulpturenschmuck der Klosterkirche läßt sich hier wahrscheinlich mit dynastischem Repräsentationsbedürfnis begründen. Das war wohl auch die Ursache für den Skulpturenschmuck in der Klosterkirche von Seligenthal im niederbayerischen Landshut.

Ähnlich stehen auch in den böhmischen Ländern die verhältnismäßig bescheidenen Klosterkirchen der Zisterzienserinnen von Sezemice und Frauenthal denen in Tischnowitz und Altbrünn weit nach, denn deren Entstehen ist mit den Königinnen Konstanze und Elisabeth Richenza zu verdanken. Die „Herrscher"-Dimension der Architektur ist in den beiden letzgenannten Fällen aussagekräftig.

Anmerkungen

1 Eine summarische Information über den Zisterzienserorden und seine Klöster in den böhmischen Ländern bieten: MACHILEK, F.: Die Zisterzienser in Böhmen und Mähren. In: Archiv für Kirchengeschichte von Böhmen-Mähren-Schlesien 3 (1973), S. 185–220; KUTHAN, J.: Die mittelalterliche Baukunst der Zisterzienser in Böhmen und in Mähren. München, Berlin 1982; Řád cisterciáků v českých zemích ve středověku. Sborník vydaný k 850. výročí založení kláštera v Plasech. Hrsg. von D. HOUŠKOVÁ. Praha 1994.

2 Nach MACHILEK 1973 (wie Anm. 1), S. 189, war Heilwidis die Urahne des Geschlechts der Herren von Mysliborice, das mit dem österreichischen Geschlecht Waisen/Orphani verwandt war. Heilwidis' Gatte war ein uns nicht namentlich bekannter Burggraf von Znaim.

3 CDB II. Hrsg. von G. FRIEDRICH. Pragae 1912, Nr. 272, S. 266f.; Nr. 273, S. 268f.

4 GRÜGER, H.: Der Orden der Zisterzienser in Schlesien (1175–1810). Ein Überblick. In: Jahrbuch der schlesischen Friedrich-Wilhelms-Universität in Breslau 23 (1982), S. 85. Vergl. auch GOTTSCHALK, J.: St. Hedwig, Herzogin von Schlesien. In: Forschungen und Quellen zur Kulturgeschichte Ostdeutschlands 2 (1964). H. Grüger führt an, daß das Kloster in Oslavany von Äbten aus Leubus visitiert wurde. Nichtsdestoweniger versahen das Amt des „Pater Abbas" in Oslavany Äbte aus dem mährischen Velehrad.

5 CDB II, Nr. 320, S. 317; Nr. 371, S. 321.

6 MAYER, M.: Patrozinien und Altarausstattungen der Ebracher Kirche. In: Festschrift 700 Jahre Abteikirche Ebrach 1285–1985. Hrsg. von W. WIEMER und G. ZIMMERMANN. Ebrach 1985, S. 139.

7 RICHTER, V.: K obnově Oslavan. Umění 8. Praha 1960, S. 14–24; NEUBAUEROVÁ, D.: Cisterciácký klášter v Oslavanech. K stavební historii kláštera v pozdněrománském období (Diplomarbeit an der

Philosophischen Fakultät der Universität von Brünn). Brno 1989.
8 BORSKÝ, P.: Ženské cisterciácké kláštery ve XIII. století na Moravě (Dissertation zur Erlangung des Grades des Kandidats der Wissenschaften an der Masaryk-Universität in Brünn). Brno 1992.
9 Neueste Bearbeitung der Geschichte des Klosters Tischnowitz: HLADÍK, D.: Porta Coeli. Dějiny kláštera od založení do skončení válek husitských. Tišnov 1994.
10 CDB III/1, Nr. 88, S. 97f. Siehe auch JOACHIMOVÁ, F.: Fundace královny Konstancie a pražské statky německých rytířů. Umení XVI, Praha 1968, S. 495–502.
11 CDB III/1, Nr. 180, S. 223f.
12 CDB III/2, Nr. 201, S. 258f.
13 CDB III/2, Nr. 227, S. 306.
14 CDB III/2, Nr. 259, S. 351.
15 BELCREDI, L.: Archeologický výzkum kaple svaté Kateřiny a areálu kláštera Porta coeli v Předklášteří u Tišnova, Archaeologia historica 18 (1993), S. 315–343.
16 BACHMANN, E.: Sudetenländische Kunsträume im 13. Jahrhundert. Brünn, Leipzig 1941, S. 46.
17 WATZEL, H.: Bischof Robert von Olmütz (1201–1240) und Abt Werner von Heiligenkreuz (1206–1228). In: Festschrift Franz Loidl. Wien 1970.
18 KUTHAN, J. und I. NEUMANN: Ideový program tišnovského portalu a jeho kořeny. Umění XXVII. Praha 1979, S. 107–118.
19 Das Portal als Himmelspforte stützt sich auf mehrere Stellen in der Heiligen Schrift. Vgl. Psalm 118, 20f.: Öffnet mir die Tore zur Gerechtigkeit, damit ich eintrete, um dem Herrn zu danken. Das ist das Tor zum Herrn. Nur Gerechte treten hier ein. Lukas 13,24: Bemüht euch, durch die enge Tür einzugehen. Denn ich sage euch: Viele werden einzugehen suchen, aber es nicht vermögen. Johannes 10,9: Ich bin die Türe. Wer durch mich eingeht, dem wird geholfen sein. Er wird eingehen und ausgehen und Weide finden.
20 Zur Entstehung des Klosters Marienthal vgl. CDB III/1, Nr. 86, S. 93–94; Nr. 176, S. 217–220.
21 Statuta Capitulorum Generalium Ordinis Cisterciensis ab anno 1116 ad annum 1784 tom. 3. Hrsg. von JOSEPH MARIA CANIVEZ. Louvain 1935, S. 79, Nr. 73.
22 CDB V/1, Nr. 443, S. 654f.; Nr. 445, S. 657
23 CDB V/2, Nr. 517, S. 64f.
24 Zum Leben der Königin Richenza: BALZER, O.: Genealogia Piastów. Krakow 1895, S. 255–257; KVĚT, J.: Iluminované rukopisy královny Rejčky. Praha 1931, S. 19–32; STLOUKAL, K.: In: Královny a kněžny české, Praha 1940 (reprint Praha 1996, S. 97–106); ČECHURA, J.: In: Ženy a milenky českých králů, Praha 1994, S. 59–63; BENEŠOVSKÁ, K.: Das Zisterzienserinnenkloster von Altbrünn und die Persönlichkeit seiner Stifterin. In: Cystersi w kulturze średniowiecznej Europy. Poznan 1992, S. 83–100.
25 ŠUSTA, J.: České dějiny II/1. Soumrak Přemyslovců a jejich dědictví. Praha 1935, S. 565–566.
26 Kronika zbraslavská, kniha I, Kap. LXIX.
27 ŠUSTA (wie Anm. 25), S. 662.
28 Chronik von Königsaal, Buch I, Kap. LXXIV, LXXV.
29 Chronik von Königsaal, Buch I, Kap. LXXXV.
30 Chronik von Königsaal, Buch I, Kap. LXXXVI.
31 Chronik von Königsaal, Buch II, Kap. VI.
32 Chronik von Königsaal, Buch II, Kap. XI.
33 Chronik von Königsaal, Buch II, Kap. XII: „Etwa zu jener Zeit, am Pfingsttag (er fiel auf den 15. Mai), gründete Elisabeth, genannt von Gräz, nahe Brünn ein Nonnenkloster des Zisterzienserordens und nannte es Mariensaal".
34 HLADÍK 1994 (wie Anm. 9), S. 57.
35 Chronik von Königsaal, Buch II, Kap. XXII.
36 RBM III, Nr. 1664, S. 650–652.
37 RBM III, Nr. 2017, 2018, 2019, S. 785.
38 Fontes rerum Bohemicarum. Hrsg. von J. EMLER. Prag 1883, Bd. 4, S. 55.
39 FRIEDL, A:. Malíři královny Alžběty. Praha 1930; KVĚT 1931 (wie Anm. 24); KVĚT, J.: Martyrologium a regula S. Benedicti z kláštera Aula S. Mariae na St. Brně. In: Sborník prací filosofické fakulty Brněnské univerzity F 8. Brno 1964, S. 35–41; STEJSKAL, K.: In: Dějiny českého výtvarného umení I/1. Praha 1984, S. 296–297; BENEŠOVSKÁ 1992 (wie Anm. 24), S. 89.
40 CEJNKOVÁ, D.: Archeologický výzkum starobrněnského kláštera. In: Archaeologia historica 5 (1980), S. 335–337.
41 EMLER 1883 (wie Anm. 38) Bd. 4 , S. 265.
42 SAMEK, B.: Klášter augustiniánů v Brně. Brno 1993, S. 13.
43 RBM III, Nr. 870, S. 345.
44 RBM III, Nr. 925, S. 360; auch Nr. 923, 924, S. 360.
45 RBM III, Nr. 1272, S. 495; eine weitere Urkunde Johann von Luxemburgs für das Kloster in Altbrünn vom 30. November 1331 (RBM III, Nr. 1859, S. 723).
46 RBM III, Nr. 1664, S. 650–652.
47 RBM III, Nr. 1981, S. 769.
48 Chronik von Königsaal, Buch III, Kap. X.
49 DENKSTEIN, V.: Chrámová stavba kláštera Králové na Starém Brně (Edice Akord, Výtvarné umení na Morave Bd. 1), Brno 1936, S. 23–25. Zeugnis vom Grab der Königin Richenza legt auch der barocke Historiograph Beckovský ab (Poselkyně starých příběhův českých. II, 1698, S. 328), dem zufolge das Grab mitten in der Kirche vor dem Altar des hl. Kreuzes lag.
50 EMLER 1883 (wie Anm. 38), Bd. 4, S. 99.
51 Zur Baugeschichte des Klosters: DENKSTEIN 1936 (wie Anm. 49); KUTHAN 1982 (wie Anm. 1), S. 265–272; SAMEK, B.: Dějiny a stavba. In: Starobrněnské sídlo ústavů ČSAV. Brno 1984. S. 7–18; BUKOVSKÝ, J.: Starobrněnský klášter, jeho středověká výstavba a otázky spojené s rehabilitaci objektů kolem rajského dvora kláštera Králové. In: Časopis Moravského muzea LXXIII. Brno 1988, S. 79–94; BENEŠOVSKÁ 1992 (wie Anm 24), S. 83–100.
52 Mit diesem Problem befaßte sich DENKSTEIN, V.: Chrámová stavba kláštera Králové na Starém Brně. Brno 1936. Nach ihm entstand in der ersten Bauphase der untere Teil des Mauerwerks des gesamten Hauptschiffes und der obere Teil seiner Nordwand, und angefangen war die Umfassungsmauer des Nordflügels des Querschiffes. In der zweiten Etappe entstand der Bogen zwischen Hauptschiff und Vierung, wurden die vier Eckpfeiler des zwischen dem Querhaus und dem Kleeblattabschluß liegenden Joches errichtet, und ferner entstand ein Großteil der Umfassungsmauer des Presbyteriums. In der zweiten Etappe war schon die ganze Kirche im Bau. Falls nicht schon früher, wurde also in dieser Phase die Disposition festgelegt, nach der die ganze Kirche entstanden ist. In der dritten Phase wurden das Hauptschiff und das südliche Seitenschiff vollendet, und weitergebaut wurde am Querhaus und an den Seitenflügeln des Ostabschlusses.
53 Vgl. COESTER, E.: Die einschiffigen Cistercienserinnen-Kirchen West- und Süddeutschlands von 1200 bis 1350. Mainz 1984.

1 Kamenz/Kamieniec Ząbkowicki, Klosterkirche. Innenraum nach Osten

DIE ZISTERZIENSERKLOSTERKIRCHE IN KAMENZ/KAMIENIEC ZĄBKOWICKI ALS BEISPIEL FÜR EINEN EIGENEN ENTWICKLUNGSWEG DER MITTELEUROPÄISCHEN ARCHITEKTUR ZUR SPÄTGOTIK

Marian Kutzner

Das interessanteste Beispiel für die zisterziensische Baukunst in Schlesien und zugleich das in seiner mittelalterlichen Form am besten erhaltene Bauwerk, die Zisterzienserklosterkirche in Kamenz, wurde noch bis vor kurzem von den Kunsthistorikern einfach ignoriert.[1] Daher fand der Bau auch in der Literatur über die mitteleuropäische Architektur der Gotik kaum Beachtung. An diesem Sachverhalt dürfte Hans Lutsch die Hauptschuld tragen, da er als Redakteur des „Verzeichnisses der Kunstdenkmäler der Provinz Schlesien" die Klosterkirche als Nachahmung der im Kreise um den Meister Peter von Frankenstein, den Erbauer der in der Nähe gelegenen Kollegiatkirche in Neiße/Nysa, entstandenen Werke erblickte und also viel zu spät datierte.[2] Den schlesischen Inventarisator beunruhigten gleichzeitig die im Presbyterium erkennbaren archaischen Formen des Fenstermaßwerkes und der Pfeilerbasen, die sich spätestens in die Zeit um 1350 datieren ließen. Diese Unklarheiten wurden von späteren Forschern auch nicht beseitigt, zu denen nicht nur lokale Amateurhistoriker,[3] sondern auch anerkannte Autoritäten mit großer Erfahrung auf dem Gebiet der Kunstgeschichte zählten, wie z.B. Georg Dehio, Bernhard Patzak, Alfons Märksch, Hans Tintelnot oder später Günter Grundmann, Wulf Schadendorf und Zygmunt Świechowski.[4] Sie akzeptierten die falsche Datierung des Bauwerks, das angeblich um das Jahr 1400 entstanden sein sollte.[5] Erst in letzter Zeit versuchten wir, Heinrich Grüger[6] und ich[7], – unabhängig voneinander die Entstehungszeit dieses Bauwerkes neu zu bestimmen und kamen zum Schluß, daß es mindestens ein Jahrhundert früher erbaut worden sein muß – also um die Wende vom 13. zum 14. Jahrhundert. Ein wenig später wurden ebenfalls das Kloster und dessen zahlreiche gemauerte Werkstätten und Wirtschaftsgebäude errichtet.[8] Unser Vorschlag, eine neue Chronologie der Entwicklung des Klosterkomplexes aufzustellen, stieß auf allgemeine Anerkennung und wurde von anderen Autoren widerspruchslos übernommen.[9] Wenig Gewicht maß man hingegen meinen Ausführungen über die Bedeutung dieses Bauwerkes sowohl für die lokale als auch für die mitteleuropäische gotische Architektur bei.[10]
Die Entstehungszeit des Kamenzer Klosters läßt sich am präzisesten mittels einer Vergleichsanalyse der Baudetails bestimmen. Die lakonischen historischen Quellen wiederum können bestenfalls als Hilfsmittel bei der genaueren Ermittlung der Zeit und Umstände der Erbauung des Komplexes herangezogen werden.[11]
Aus ihnen ergibt sich, daß die 1246–1249 in Kamenz angesiedelten Zisterzienser den hier seit 1207 bis 1208 bestehenden Konvent der Augustiner-Chorherren ablösten.[12] Das verlassene Kloster und die Kirche, die noch aus der Zeit stammte, als 1098 der böhmische Herzog Bretislav II. in Kamenz eine Grenzburg mit Prokopkirche hatte erbauen lassen,[13] dürften von den Grauen Mönchen eine Zeitlang bewohnt und benutzt worden sein. Laut der noch gegen Ende des 16. Jahrhunderts verbreiteten Legende sollte sich dieser ursprüngliche Bau an der Stelle der Westfassade der heutigen Kirche befunden haben.[14] Der provisorische Aufenthalt der Zisterzienser in Kamenz zog sich in die Länge. Dafür waren vermutlich gleichzeitig mehrere Umstände verantwortlich. Einerseits lagen sie lange mit den Breslauer Chorherren, die die verlorene Prälatur in ihren Besitz zu bringen suchten, im Streit. Andererseits vermochten die Zisterzienser einen freigebigen Stifter binnen kurzem nicht zu finden, denn sie wurden in Kamenz kraft eines in der Öffentlichkeit unterschiedlich interpretierten bischöflichen Erlasses angesiedelt. Die Wohltäter des Konvents der Augustiner-Chorherren, das Geschlecht von Pogarell, wie auch die anderen Ritter der Umgebung konnten sich für die neuen Besitzer des Kamenzer Klosterguts nicht erwärmen. Dem Konfirmationsdokument des Kamenzer Klosterbesitzes aus dem Jahre 1260 ist zu entnehmen, wie wenig die Zisterzienser bis zu diesem Zeitpunkt erreicht hatten. Erst danach und zwar in den siebziger und achtziger Jahren des 13. Jahrhunderts, wurden sie mit zahlreichen Zinsdörfern und Vorwerken wie auch siedlungsfähigen Wäldern beschenkt. Aber auch zahlreiche Zinsen von Märkten in näheren und ferneren Städten und die Benefizien von Nachbarpfarreien, für die die Mönche seelsorgerliche Arbeit leisteten, flossen ihnen seit dieser Zeit zu.[15] Nun wurden auch die ersten Zieleinkäufe getätigt: In den Besitz der Zisterzienser gelangte beispielsweise Taschenberg, wo sich Steinbrüche und für die Ziegelherstellung notwendige Lehmgruben befanden.[16] Sie kauften den Nachbarwald, der sie mit Bauholz versorgte.[17] Die Bauarbeiten wurden wahrscheinlich von dem 1307 namentlich erwähnten „Frater Johannes magister operis" beaufsichtigt, der im Konvent zugleich das Amt des Schaffners begleitete.[18] Er wird den Bauvertrag

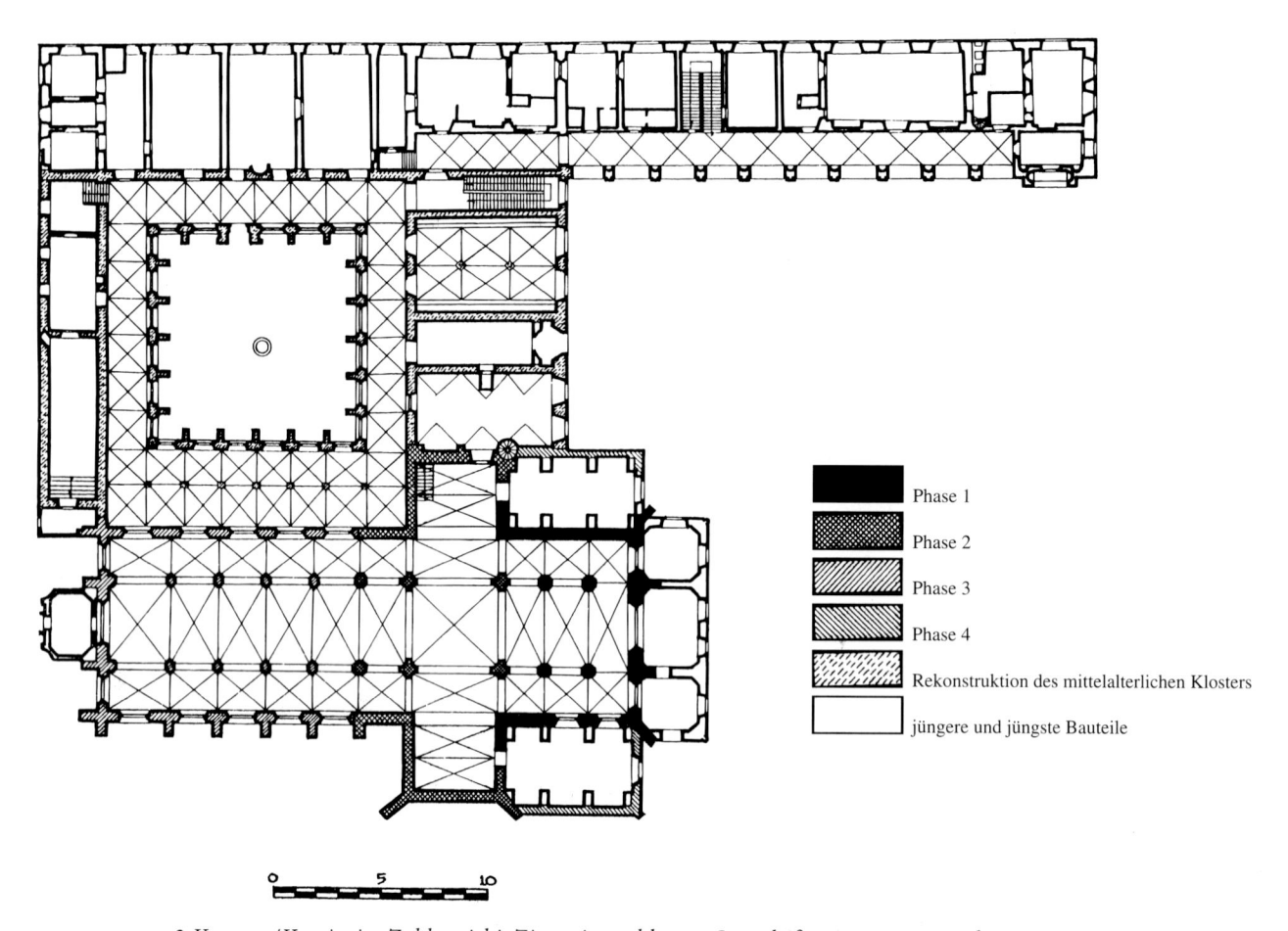

2 Kamenz/Kamieniec Ząbkowicki, Zisterzienserkloster. Grundriß mit Eintragung der Bauetappen

mit einer Gruppe von Laien als Bauarbeiter abgeschlossen haben, zu denen auch der im klösterlichen Nekrologium unter den „familiares" aufgeführte „Nycolaus lapicida" gehörte.[19] Für den Bedarf der Bauarbeiter holten die Mönche die Zustimmung des Herzogs zum freien Verkauf von Lebensmitteln, Getreide und Salz ein.[20] Alle Baukosten wurden höchstwahrscheinlich aus der Kasse des Konvents gedeckt, die nicht selten mit den Spenden frommer und gottesfürchtiger Wohltäter, wie etwa des Breslauer Bischofs Heinrich von Würben der 1318 rund 12 Mark des Jahreszinses „pro fabrica vero seu structura ipsius monasterii" überreicht hatte,[21] gefüllt werden konnte.

Die genauen Daten des Baubeginns und -endes bleiben zwar nach wie vor unbekannt, aber bereits 1359 war der Baukomplex im Ganzen voll funktionsfähig.[22] Trotz der Größe des baulichen Unternehmens schritten die Arbeiten sehr schnell voran. Aus zufälligen Nachrichten läßt sich ersehen, daß der Ostteil der Kirche schon vor 1315 fertiggestellt wurde, denn im selben Jahr adjustierte der Breslauer Bischof Heinrich von Würben sein Dokument „super summum altare in choro" dieser Kirche.[23] Im Jahre 1349 wurde die Initiative des Ritters „Nicuczho de Byczano" (Baitzen) erwähnt, der mit seiner Frau Elisabeth zur letzten Ruhe gebettet werden wünschte in „nostra capella ibidem constructa nostri progenitores et heredes sint sepulti".[24] Deren frühere Entstehung bestätigt ein Dokument aus dem Jahre 1306, in dem ein „miles Dirsco de Bicen" den Wunsch äußert, im Kamenzer Kloster begraben zu werden.[25] Der lokalen Tradition nach befand sich die Familienkapelle von Baitzen im angebauten Raum an der Ecke zwischen Presbyterium und Querschiff. Ähnlich verhielt es sich mit der Kapelle an der Nordseite, die in einem Dokument von 1325 erwähnt wurde, das die Bitte des Ritters „Johannes dictus Wsthube" (eigentlich von „Wüstenhube", Kreis Grottkau) enthält, ihn in der Kirche seine memoria aufstellen zu lassen.[26] Daraus läßt sich schließen, daß nicht nur vor 1315, sondern sogar vor 1306 der Ostteil der Kirche bestanden haben muß. Später entstand die Kirche in mehreren Bauetappen, wovon die Baufugen zwischen Chor und Querschiff sowie am östlichen Joch des Langhauses zeugen, dem man schließlich auch noch den gesamten Westteil des Langhauses anfügte. Es liegt nahe anzunehmen, daß parallel zur Errichtung des Langhauses ebenfalls Schritt für Schritt die Gebäude des nördlich gelegenen Klosters ausgeführt wurden, das allem

3 Kamenz/Kamieniec Ząbkowicki, Klosterkirche von Südosten

Anschein nach ebenfalls vor 1359 vollendet wurde.[27] Obwohl dieses groß angelegte Bauunternehmen etappenweise verwirklicht wurde, hielt man unbeirrt an dem um 1300 entstanden architektonischen Entwurf fest.
Unter diesen Umständen entstand ein ganz ungewöhnliches Bauwerk, das weder in Schlesien noch in den Nachbarländern direkte Analogien besitzt. Es wurde nämlich eine riesige Hallenkirche aufgeführt, derem sechsjochigem Langhaus ein breites Querschiff und ein dreischiffiger, dreijochiger Hallenchor folgt.[28] (Abb. 1 und 3) Den mittels dicht aufeinanderfolgender Joche rhythmisierten Innenraum teilen massige achteckige Pfeiler auf, die ihrerseits durch stark gewölbte Scheidbögen miteinander verbunden sind. Auf ihnen und auf den Lateralwänden ruhen die flachen Kalotten der Kreuzrippengewölbe. Auf Dienste ist verzichtet. Dies verleiht dem Inneren den Charakter eines „nicht-gotischen" Raumes, der die typischen Dienstgewölbe-Baldachine und den Reichtum der sich durchdringenden Profile einzelner Architekturglieder entbehrt. Ganz im Gegenteil, die flachen und dicken „Mauern" der Seitenwände, die von einfachen Fensteröffnungen „durchlöchert" sind, engen im wesentlichen den von wuchtigen Innenpfeilern rhythmisierten Raum ein. (Abb. 4) Dieser „nicht-gotischen" Architektur zum Trotze erfährt der Innenraum durch die schnelle, gleichförmige und expressive Jochflucht und durch eine ungewöhnliche Überzeichnung der Höhen eine überaus starke Dynamisierung. Diese Organisation des Inneren bestimmt auch die spezifische Gestalt des Äußeren der Kamenzer Kirche. Sie erscheint bereits von fern als ein gewaltiger geschlossener architektonischer Baukörper, der sich einerseits horizontal stark ausbreitet und andererseits in die Höhe strebt. Das hohe Satteldach intensiviert diese Wirkung noch zusätzlich.[29]

Das früher an die Nordseite an die Kirche angebaute Mönchskloster existiert heute nicht mehr, da es nach 1682[30] zu großen Teilen umgebaut und nach dem Brand von 1817 vollständig abgerissen wurde.[31] (Abb. 2) Anhand alter Entwürfe, Beschreibungen und einer Analyse der Reste des Erdgeschosses und einiger weniger architektonischer Details kann man mit einiger Sicherheit die mittelalterliche Baugestalt ermitteln und einzelne Räume ergründen.³² Die Klausur wurde zusammen mit der an die Kirche stoßenden zweischiffigen Halle – dem vermutlichen Mortuarium³³ – errichtet. Die ganze Anlage war auf dem Grundriß eines regulären Vierecks erbaut, das sich um einen quadratischen Binnengarten (viridarium) legte und dem auch die Fenster der Kreuzgänge zugewandt waren. Im Ost- und Nordflügel waren der zisterziensischen Tradition zufolge die hauptsächlichen Konventräume eingerichtet. Im Ostflügel befanden sich also der Reihe nach die Sakristei, eine Zugangshalle mit Parlatorium, das Kapitelhaus (hier geräumig zweischiffig und mit zwei Säulen) und eine zum ersten Stockwerk hinaufführende Treppe, wo das Dormitorium eingerichtet war. Der Nordflügel hingegen beherbergte vermutlich den Mönchssaal, die sogenannte „Fraterie" und ein ebenfalls zweischiffiges Refektorium mit zahlreichen Säulen, hinter dem an der Westseite eine große Küche des Konvents lag. Der sehr schmale Westflügel bot laut schriftlicher Quellen im Erdgeschoß Platz für Bier-, Wein- und Lebensmittelkeller sowie im weiträumigen Obergeschoß Kommunalsäle für 32 Konversen und zwölf Familiares des Ordens.³⁴ Auf der Gegenseite des Eingangs in das Refektorium schloß sich an den Kreuzgang ein kleines achteckiges Brunnenhaus an.

Dieser aus der Kirche und der Mönchsklausur bestehende Baukomplex war nur ein kleiner Teil des Klosterguts, das sich zwischen den Flußläufen der Glatzer Neiße, dem Pausebach und dem Mühlbach erstreckte. Der Komplex war zunächst umzäunt worden – „sepes, quibus ipsum monasterium undique circumdatur". In der Zeit der hussitischen Unruhen ersetzte man den Zaun durch eine Wehrmauer mit einigen Türmen. Den Komplex betrat man von Westen her über eine den Mühlgraben überspannende Brücke und ein Klostertor, neben dem sich bereits seit der Mitte des 14. Jahrhunderts eine der heiligen Magdalene geweihte „capella ante portam" befand, die für das klösterliche Dienstpersonal und die Bevölkerung aus der Umgebung bestimmt war. Im Nordteil des Klosterguts – am Mühlgrabenkanal und am Ufer des Pausebachs – gruppierten sich die Brauerei, die Mälzerei, die Schmiede, die Mühlen sowie die Leinen- und Tuchweberei. Den Südteil hingegen beanspruchte ein großes Vorwerk, das eine Verbindung zum Weg nach Patschkau, Frankenberg und Münsterberg hatte, wo sich die größten Landgüter des Ordens erstreckten. Hinter dem Klaustrum, also an der Ostseite der Kirche und des Klosters, lag der Friedhof des Konvents, auf dem 1396 eine private Kapelle derer von Rachenau entstand.³⁵ In dieser Gegend müssen auch die Gebäude des Armenhauses und Krankenhauses sowie das Novizenhaus und bis zum Ende des 15. Jahrhunderts ein geräumiges Abtshaus gestanden haben.

Welche künstlerischen Vorbilder lagen diesem architektonischen Unternehmen, das so zielstrebig und konsequent verwirklicht wurde, zugrunde? Man kann von der Annahme ausgehen, daß es in erster Linie die von zahlreichen Ordensnormen vorgeschriebene und von der Tradition geprägte zisterziensische Baukunst selbst war. Darauf ist übrigens die Richtlinie zurückzuführen, die besagte, daß man „ipsum monasterium in loco basso",³⁶ d.h. auf der ausgedehnten Ebene des Altwassers der Glatzer Neiße errichten solle. Die Normen waren auch auf die Spezifik der Bewirtschaftung eines großen Klosterguts ausgerichtet, auf dem neben Klausur und Kirche viele Wirtschaftsgebäude und ein imposantes Vorwerk bestanden und von den Mönchen genutzt wurden, die durch die Ordensregel zu stundenlanger schwerer Handarbeit verpflichtet waren. Dieselben Aufgaben des Gemeinschaftslebens bestimmten die Verwendung einzelner Räumlichkeiten im Klaustrum, denen man alle Eigenschaften des Standardmodells eines Klosters der Grauen Mönche anmerken kann.³⁷ Daraus versuchten viele bisherige Forscher die Gestalt der Kamenzer Kirche abzuleiten, indem sie darin ein Beispiel für die Rezeption normativer zisterziensischer Bauvorbilder erblickten. Diese Einstellung führte dazu, daß man am Kirchengebäude lediglich formale Eigenheiten der Ordensarchitektur registrierte, die angeblich aus den Beschlüssen des Generalkapitels bzw. den Vorschriften der Regel der Kongregation resultierten. Ihnen seien – so war die Meinung – das Fehlen des monumentalen Westturms und die charakteristischen Ordnungen des Grundrisses des Bauwerks, dessen Architektur darüber hinaus durch ihre Strenge auffalle, anzulasten.

Bei den Versuchen, den Weg nachzuzeichnen, auf dem diese Ideen in die Vorstellungen der Erbauer gelangt waren, wurde schon Hans Lutsch auf das durch und durch ungewöhnliche der Baulösung im Ostteil der Kamenzer Kirche aufmerksam. Er bemerkte nämlich, daß der lange dreischiffige Konventchor, der sich hinter dem breiten geräumigen Querschiff erstreckt, im letzten Ostjoch über einen Pseudoambitus verfügt, der den Hauptaltar umgibt, der wiederum – ähnlich wie noch heute – von der Giebelwand entfernt war. Aus dieser korrekten Feststellung schlossen Hans Tintelnot³⁸ und seine zahlreichen Nachfolger³⁹ darauf, daß die Kirche in Wirklichkeit das letzte Beispiel in der Entwicklung des lokalen schlesischen Zisterziensermodells des „kantigen" Chors darstellen müsse.⁴⁰ Zum ersten Mal sollte er voll ausgereift in Heinrichau zum Vorschein gekommen und danach in immer reduzierterer Form in Leubus, Grüssau(?!)⁴¹ und sogar im Breslauer Dom wiederholt worden sein, der vermeintlich auch unter dem Einfluß der lokalen Ordensarchitektur entstanden sei. Die Kamenzer Kirche dagegen vertrete als das letzte zisterziensische Bauunternehmen in Schlesien die reduzierteste Form des

Presbyteriums, das die Umgangskapellen vermissen lasse.⁴² (Abb. 5) Allen war natürlich klar, daß dieser Typus des Konventchors keine ausschließlich schlesische Erfindung, sondern lediglich ein „schwaches Echo" des gegen Ende des 12. Jahrhunderts im burgundischen cenobium der Grauen Mönche in Morimond und parallel dazu in Cîteaux II entworfenen Modells ist, das dann durch die Architekten aufgegriffen und mehrmals in England, Spanien, Deutschland, Österreich und Böhmen wiederholt wurde.⁴³ Die Verbreitung dieses Typs erfolgte nicht immer auf dem Wege der Filiationsverbindungen. Mit diesem Erklärungsversuch wird unseres Erachtens die Genese der architektonischen Lösungen der Kamenzer Kirche nur teilweise erhellt. Die Reduktion des Schemas des „kantigen" Chors war jedenfalls kein lokales Phänomen und betraf auch nicht nur zisterziensische Bauten. Möglicherweise können die Wechselbeziehungen auch umgekehrt dargestellt werden. Gerade dem Einfluß der jeweils lokalen Architektur verdankten die Zisterzienser die Idee der Modifikation der Entwürfe ihrer Kirchen – so etwa in Frankreich⁴⁴ und auffälliger in England, wo die lokalen Traditionen langer dreischiffiger Presbyterien der Kathedralen Salisbury, Lincoln, York und so weiter ihre Wirkung auf die Grauen Mönche nicht verfehlt hatten, die nun auch ihre Gotteshäuser mit ähnlich „reduzierten" Konventchören z.B. in Fonainjean, Netley, Tintern, Sawley usw. versahen.⁴⁵ Dasselbe läßt sich vielleicht über die Herkunft der Chöre in den norddeutschen Zisterzienserkirchen in Hude, Mariensee, Pelplin und Koronowo sagen. Die monumentale Hallenkirche von Neuenkamp und die Halle von Neuzelle standen möglicherweise unter dem Einfluß städtischer Pfarrkirchen, wie Rostock (Nikolaikirche), Greifswald (Marienkirche), Neubrandenburg und Friedland.⁴⁶ Als ein noch treffenderes und anschaulicheres Beispiel ist das beeindruckende Hallenpresbyterium der österreichischen Kirchen der Grauen Mönche in Heiligenkreuz (erbaut vor 1295) zu nennen, bei dem der sehr vereinfachte Konventchor „ad quadratum" dazu diente, die Idee eines „gemeinschaftlichen" Chores Wirklichkeit werden zu lassen, über den seit einiger Zeit schon das lokale Kunstmilieu, aber auch die dortigen Auftraggeber nachgedacht hatten.⁴⁷ Er wurde in einer noch nicht vollendeten Form in der Dominikanerinnenkirche in Tulln (vor 1290) bzw. in der Dominikanerkirche in Retz (Ende des 13. Jahrhunderts) ausgeführt. Von da aus verbreitete er sich in habsburgischen Prestigeobjekten, wie z.B. der Stephanskirche in Wien (1304–1340), der Zisterzienserkirche in Neuberg (1327–1344), der Wallfahrtskirche in Straßengel (nach 1346), in Mariazell (1340) usw.⁴⁸ Fast gleichzeitig wurde das Vorbild des Hallenchors in Heiligenkreuz – freilich mit den zugefügten niedrigen Umgangskapellen – in der vom böhmischen König Wenzel II. für die Familiengrabstätte Přemysliden bestimm-

4 Kamenz/Kamieniec Ząbkowicki, Klosterkirche. Maßwerk in einem Fenster der Ostwand

ten Zisterzienserkirche in Königsaal übernommen.⁴⁹ An der Grundsteinlegung im Jahre 1292 nahm der Kamenzer Abt Reinbold teil,⁵⁰ der damals mit seinem Konvent den besonderen Schutz des Böhmenkönigs genoß.⁵¹ Diese Umstände dürften die Übernahme dieser ungewöhnlichen Chorform mit einem Ambitus in der von Königsaal bekannten Form in Kamenz erklären.⁵²
Diese Feststellungen drängen die Analogie zur Lausitzer Zisterzienserinnenkirche in Marienstern in den Hintergrund,⁵³ weil es hier keinen Chor mit dem Ambitus gibt. Wir haben es hier mit einem neuen Bauschema zu tun, das einen geschlossenen Kircheninnenraum vorsah, der im 14. Jahrhundert immer populärer wurde, und zwar nicht nur in Österreich, sondern auch in deutschen Klosterkirchen wie Neuzelle. Das Kamenzer Bauwerk bildet den Abschluß des langen deutschen Entwicklungsweges des Konventchors „ad qudratum".
Es wäre allerdings ein großer Fehler, das Beispiel Marienstern aus unseren Betrachtungen auszuklammern. Ein einfacher, nur auf visuellen Eindrücken beruhender Vergleich beider Bauten veranschaulicht die formale Nähe der Kamenzer Kirche zu ihrem vermutlich unmittelbaren künstlerischem Vorbild in der Lausitz, das zweifellos vor 1294 entstanden sein muß, wie es Heinrich Magirius

präzise ermittelte.⁵⁴ In den beiden Kirchengebäuden fällt – trotz grundlegender Unterschiede im Grundriß – die selbe Tendenz, mit einer äußerst ausdrucksvollen, sensuell empfundenen architektonischen Materie zu operieren, in die Augen. Sie bestimmt im selben Grad die Ganzheit des Raumes wie seine Einzelelemente. So sind die achteckigen Pfeiler in einem engen, geschlossenem Raum untergebracht. In beiden Fällen bestehen sie aus Ziegeln und Werksteinen, die aufeinandergeschichtet wurden. Die Pfeiler verbinden sich mit Hilfe einer markanten „Montage" mit den schweren im Querschnitt rechteckigen Bögen der Arkaden zwischen den Schiffen (nur im ältesten Chorteil in Kamenz), auf denen sehr flache

5 Kamenz/Kamieniec Ząbkowicki, Klosterkirche. Presbyterium nach Südosten

6 Kamenz/Kamieniec Ząbkowicki, Klosterkirche. Die Abkragung der Rippen an den Pfeilern im Hauptschiff

Kalotten der Kreuzrippengewölbe ruhen. Ihre – in beiden Fällen unterschiedlich profilierten Rippen – dringen unterschnitten in die Flächen der Pfeiler und Seitenwände. (Abb. 6) Breite Fensteröffnungen, die jedoch nicht die gesamte Jochwand einnehmen, wurden hier wie da aus der Mauer herausgeschnitten. Die beiden Kirchen ähneln sich mit ihren schweren geschlossenen Baukörpern, die die hohen Satteldächer noch höher erscheinen lassen.

Auf der Suche nach Herkunft dieser ungewöhnlichen ästhetischen Erscheinung, die von Heinrich Magirius zutreffend als „archaisierende Sachlichkeit" bezeichnet wurde und die in gleichem Maße den künstlerischen Effekt beider Kirchen determiniert, darf man sich keinesfalls nur auf das Milieu der zisterziensischen Baumeister und die Analyse ihrer spezifischen Sprache des künstlerischen Ausdrucks beschränken, denn es läßt sich hier nichts finden, was im Ethos bzw. der Universalität des Baustils des Ordens des heiligen Bernhard von Clairvaux wurzeln würde.[55] Anders – nämlich auf zwei verschiedenen konventionellen Grundrissen – wurde in Kamenz wie in Marienstern die spezifische Architektur ins Werk gesetzt, die nur mit der Abhängigkeit von den Ideen der damaligen, mit der „königlichen Bauhütte von Přemysl Ottokar II." in Verbindung gebrachten böhmischen Baumeister erklärt werden kann.[56] Denn sie waren es, die diese ungewöhnliche lokale frühgotische, meistens etwas ungeschickt als „Donauschule" bezeichnete Stilistik bis zum Jahre 1300 fortexistieren ließen.[57] Daher muß dem Versuch, das Baukonzept des Mariensterner Langhauses auf das Vorbild der nicht ohne gewisse Zweifel in das erste Viertel des 13. Jahrhunderts datierten Prämonstratenserkirche in Tepl bei Pilsen zurückzuführen,[58] unbedingt zugestimmt werden. Dort findet sich nämlich ein ähnlich hoher Langhausraum, der durch eine dichte, schnelle Aufeinanderfolge von schmalen Jochen dynamisiert wird, deren rhythmische Abfolge durch die monolithischen achteckigen Pfeiler, auf denen flache Kalotten der Kreuzrippengewölbe ruhen, betont wird. Dieses Bauwerk hat seinen architektonischen Ursprung in gleichem Maße in älteren romanischen Hallenkirchen Regensburgs (Johanniterkirche, um 1100) und dessen Umgebung (z.B. Benediktinerkirche in Prüll und Zisterzienserklosterkirche in Walderbach, letztes Viertel des 12. Jahrhunderts) wie in der „Donauarchitektur" des 13. Jahrhunderts, in der es gelungen war, den Raum trotz des expressiv schweren Gewölbes (vgl. hier etwa die Kollegiatkirche in Wiener Neustadt, vor 1249, bzw. die Benediktinerklosterkirche in Pannonhalma, vor 1241) „manieristisch" zu überhöhen. Von dort stammt auch das ungewöhnlich Sensuelle der architektonischen Materie, das über die königliche Bauhütte von Přemysl Ottokar II. in die schöpferische Phantasie des Erbauers der Mariensterner Kirche eingedrungen ist. Er muß durch die Mitwirkung an verschiedenen böhmischen Bauvorhaben die Gelegenheit gehabt haben, dazuzulernen und dabei unterschiedlichste Bauformen und -details kennenzulernen, die er dann in seinem Lausitzer Bauwerk verwandte. Davon legt beispielsweise die flache und schwere Überwölbung des Inneren der Mariensterner Kirche Zeugnis ab, die wie eine Decke auf den Pfeilern und auf den Wänden ruht, was an die Art der Überwölbung der Minoritenkirche in Iglau, der Pfarrkirche in Kuřim und Horaždovice, der Zisterzienserkirche in Saar sowie der Altnai-Synagoge in Prag erinnert. Ähnlicher Provenienz sind die massigen monolithischen Pfeiler, denen nach dem Prinzip einer „Kontrastmontage" andersgeartete Arkaden aufsitzen, die beispielsweise den aus dem Kapitelsaal des Klarissenklosters der heiligen Anna in Prag bzw. der Pfarrkirche in Taus bekannten Bogenstellungen ähnlich sind. In einer Reihe von damals errichteten böhmischen Bauwerken stößt man auf die charakteristische Profilierung der massigen Rippen, die in die Flächen der Pfeiler und der Wände übergehen, wie z.B. im bereits erwähnten Kapitelsaal der Prager Klarissen, dem Presbyterium der Dominikanerkirche in Böhmisch Budweis, der Minoritenkirche im österreichischen Stein an der Donau und im Turmsaal des Schlosses Klingenberg und sogar im Chor der Kreuzkirche in Breslau. Bei seiner Ankunft in der Lausitz muß der Meister die Gruppe seiner Mitarbeiter auch um lokale Steinmetzen ergänzt haben, die vor allem die Fenstermaßwerke und Schlußsteine angefertigt haben, deren Genese von Magirius mit der Meißner Bauhütte in Verbindung gebracht wurde. Der Architekt der Kamenzer Kirche hingegen, der seine Lehre hauptsächlich auf den Gerüsten in Marienstern gemacht haben wird, begegnete auch anderen Bauformen, in denen sich der traditionellen lokalen Stilistik der „königlichen Bauhütte von Přemysl Ottokar II" neue Muster des expressiven Linearstils der nachklassischen Gotik zuzugesellen begannen.[59] Vom Österreich der Habsburger ausgehend, gewann jene neue formale Konvention am Ende des 13. Jahrhunderts im Königreich Böhmen sehr schnell an Boden. Neben den Beispielen der Rezeption typischer Muster der österreichischen „spiritualistischen" Architektur tauchten in Böhmen und vor allem in Mähren in großer Zahl eigenartige Hybriden auf, die auf alten lokalen architektonischen Konzeptionen gründeten, aber oberflächlichen und nur in Bezug auf einige Einzeldetails vorgenommenen, den modischen Musterstücken nachgeahmten Modifikationen unterworfen wurden. Auf diese charakteristische Eigenschaften der Bauformen wurde der Architekt der Kamenzer Kirche offensichtlich aufmerksam, so daß er dort eine „harte" und „ausdrucksvolle" Baukörperhülle mit massigen Pfeilern und schweren Gewölben im Inneren zu errichten imstande war. Er spannte sie allerdings bis an die „Zerreißgrenze", genau wie es die Baumeister im Chor der Kirche zu Königsaal und der Kollegiatkirche in Kremsier[60] schon vorher getan hatten. Er könnte dort – aber auch im Langhaus des Olmützer Doms[61] – Beispielen der Verbindung der monolithischen Pfeiler mit Arkaden zwischen den Schiffen begegnet sein. Die Form des achteckigen, auch mit einer Bogenstellung verbundenen Pfeilers dürfte er hingegen in der Iglauer Dominikanerkirche[62] und der Hohenfurter Zisterzienserkirche gefunden haben. Die dem Vorbild der eleganten Details einer „spiritualistischen" Architektur Österreichs entnommenen Elemente könnten ihn auch über die schon erwähnten Kirchbauvorhaben in Mähren erreicht haben. So

7 Neiße/Nysa, Kollegiatkirche. Innenraum nach Osten

kann er das Motiv des verlängerten und dann plötzlich unterschnittenen Rippenverlaufs sowohl in den Schiffen der Olmützer Kathedrale als auch in der Kremsierer Kollegiatkirche oder in der Minoritenkirche in Wien, der Klarissenkirche in Dürnstein, in St. Veit am Glan oder der Grazer Jakobuskapelle angetroffen haben. Im selben Umkreis muß er mit den Mustern eleganter und kurzer Rippenunterschneidung, die in den Klarissenkirchen in Dürnstein, der Dominikanerinnenkirche in Imbach und in der Vierung der Kirche von Mühlhausen/Milevsko vorkommen, in Berührung gekommen sein. Diese Muster der nachklassischen österreichischen Architektur wurden auf ihrem Weg durch Mähren und Südböhmen ebenfalls mittels eines aus einem spitzen, zweiseitig in die Hohlkehlen eingesetzten Keils bestehenden Gewölberippe verwirklicht, deren nächste Analogie in der Sakristei und im Presbyterium der Kremsierer Kirche aufzufinden sind. Dort und in Hohenfurt lassen sich ähnlich profilierte Basen der Pfeiler im Presbyterium und ähnliche Dekorationen des Maßwerks wie im Langhaus des Olmützer Doms erkennen.

All diese feinen und eleganten Detailformen – vielleicht in erster Linie dem heute nicht mehr existierenden Chor der Zisterzienserkirche in Königsaal nachgebildet[63] – verleihen der Kamenzer Architektur Eigenschaften einer sublimierten und effektvollen Architekturleistung. Dennoch blieb sie eine archaische architektonische Ausführung, die den Eindruck erweckt, als ob sie außerhalb der Hauptströmung der sich damals vollziehenden Stiländerung in der Architektur Mitteleuropas befände. Wie ist also dieses Bauwerk im Kontext der Entwicklung der damaligen mitteleuropäischen Architektur zu bewerten? Die Antwort auf diese Frage formulierten die Wissenschaftler vor, die der Kamenzer Kirche schon früher ihre Aufmerksamkeit widmeten, Hans Lutsch und Hans Tintelnot. Sie hatten ihre Entstehung allerdings falsch datiert, woraufhin sie sie der Spätgotik zuordneten und mit dem hervorragendsten Beispiel dieses Stils, der Kollegiatkirche in Neiße, zu vergleichen suchten. Die Ähnlichkeit dieser beiden Gotteshäuser springt sofort in die Augen und betrifft nicht nur die allgemeinen Raumdispositionen und -verhältnisse, sondern sie ist auf die Identität vieler Detailformen zurückzuführen. Man sollte dabei nicht vergessen, daß die Neißer Kirche hinsichtlich ihrer Stilistik weder eine epigonale noch periphäre kirchenbauliche Leistung ist.[64] (Abb. 7) Im Gegenteil: Als sie 1401–1430 erbaut wurde,[65] wies sie zahlreiche Analogien zu den repräsentativsten Kirchenbauten von damals auf, zu denen etwa die Pfarrkirche Böhmisch-Krumau oder die Werke von Hans Stetheimer in Straubing und Ingolstadt gehörten. Daraus ist zu schließen, daß sich in Folge einer langsamen Modifizierung aus der „harten" sensuellen Materie romanischer und frühgotischer Bauten gegen Ende des 13. Jahrhunderts eine neue spezifische Stilistik entwickelte, die schließlich in die lokale Ausprägung der spätgotischen Architektur mündete.[66] In der ersten Etappe dieser Entwicklung entstanden eben die Kirchen in Tepl, Marienstern und Kamenz. Infolge einer sukzessiven Abwandlung, die in Kamenz noch zusätzlich von einer „spiritualistische" Transformation verstärkt wurde, führte die Entwicklung zu einer qualitativ neuen Form, die wir heute Spätgotik nennen.[67]

Anmerkungen

1 Davon zeugt schon die Tatsache, daß es in den bedeutensten Darstellungen der schlesischen Kunst ausgelassen wird. Zum Beispiel in: Die Kunst in Schlesien. Hrsg. von A. GRIESEBACH, G. GRUNDMANN und F. LANDSBERG. Berlin 1927; FREY, D.: Kunst im Mittelalter. In: Geschichte Schlesiens. Bd. 1. Hrsg. von H. AUBIN. Breslau 1938, S. 438–479; GEBAROWICZ, M.: Architektura i rzeźba na Śląsku do schyłku wieku XIV. In: Historia Śląska. Bd. 3. Hrsg. von M. SEMKOWICZ. Kraków 1936, S. 1–84.

2 LUTSCH, H.: Verzeichnis der Kunstdenkmäler der Provinz Schlesien. Bd. 2. Breslau 1889, S. 120–123.

3 Zum Beispiel: STEPHAN, B.: Camenz. In: Schlesische Monatshefte 5 (1928) Heft 8, S. 349–355; SKOBEL, P.: Geschichte und Beschreibung der ehemaligen Cistercienserstiftskirche zu Kamenz in Schlesien. Schweidnitz 1922; KNAUER, P.: Geschichte der ehemaligen Zisterzienserabtei Kamenz. In: Am Born der Heimat. Ein Heimatbuch für jung und alt im Kreise Frankenstein. Kamenz 1923,

4 LUTSCH, H. In: Bericht des Provinzial-Konservators der Kunstdenkmäler der Provinz Schlesiens. Bd. 5 zu den Jahren 1903/04. Breslau 1905, S. 18f.; DEHIO, G.: Handbuch der Deutschen Kunstdenkmäler. Bd. 2 Nordostdeutschland. Berlin 1926, S. 217f.; PATZAK, B.: Beiträge zur Baugeschichte der Zisterzienserklöster Heinrichau und Kamenz in Schlesien. In: Zeitschrift des Vereins für Geschichte Schlesiens. 52 (1918), S. 165–170; MÄRKSCH, A.: Mittelalterliche Backsteinkirchen in Schlesien. Versuch einer stilkritischen Gruppierung. Diss. Breslau 1936, S. 35; TINTELNOT, H.: Die mittelalterliche Baukunst Schlesiens. Kitzingen 1951, S. 102, 128, 206; GRUNDMANN, G.: Schlesische Barockkirchen und Klöster. Lindau 1958, S. 112; GRUNDMANN, G. und W. SCHADENDORF: Schlesien. Berlin 1962, S. 24; ŚWIECHOWSKI, Z.: Architektura cysterska. In: Sztuka polska czasów średniowiecznych. Hrsg. von G. CHMARZYŃSKI. Warszawa 1953, S. 75.

S. 130–131; DERS.: Kloster Kamenz in Schlesien. Zeit- und Lebensbilder aus seiner Geschichte. 1210–1810. Liegnitz 1932, S. 8ff.

5 Diese allseits anerkannte Chronologie wurde von BRETSCHNEIDER, P.: Grabsteinfragment für den Abt Johann I. an der Klosterkirche Kamenz. In: Zeitschrift des Vereins für Geschichte Schlesiens 67 (1933), S. 26f., richtig korrigiert, andere Autoren haben das jedoch nicht zur Kenntnis genommen.

6 GRÜGER, H.: Die Bauentwicklung der Klosterkirche zu Kamenz. In: Archiv für schlesische Kirchengeschichte 25 (1967), S. 97–127 und später wiederholt DERS.: Die Chortypen der niederschlesischen Zisterziensergruppe. In: Zeitschrift für Ostforschung 19 (1970) Heft 2, S. 248–255; DERS.: Schlesisches Klosterbuch. Kamenz, Augustiner-Propstei, dann Zisterzienserkloster. In: Jahrbuch der schlesischen Friedrich-Wilhelms-Universität zu Breslau. 22 (1980) S. 84–109.

7 KUTZNER, M.: Cysterska architektura na Śląsku w latach 1200–1330. Toruń 1969, S. 40–43 und S. 86–88. Desweiteren: DERS.: Społeczne uwarunkowania rozwoju śląskiej architektury w latach 1200–1330. In: Sztuka i ideologia XIII wieku. Hrsg. von P. SKUBISZEWSKI. Warszawa 1974, S. 223; DERS.: Czy bitwa pod Legnicą stanowi istotną cezurę w rozwoju śląskiej sztuki wieku XIII. In: Bitwa Legnicka, historia i tradycja. Hrsg. von W. KORTA. Wrocław 1994, S. 265; DERS.: Die mittelalterliche Architektur der Zisterzienserklöster in Schlesien. In: Cîteaux. Comentari Cistercienser 47 (1996) H. 1–4, S. 257.

8 GRÜGER, H.: Das mittelalterliche Kloster Kamenz. Zu den Grabungen im Kreuzgang. In: Archiv für schlesische Kirchengeschichte 47 (1989/90), S. 249–260.

9 Zum Beispiel: KOZACZEWSKA-GOLASZ, H. und T. KOZACZEWSKI: Kościół pocysterski p. w. Najświętszej Marii Panny w Kamieńcu Ząbkowickim. In: Prace Instytutu Historii Architektury Politechniki Wrocławskiej 19 (1988), S. 235–277; ŁUŻYNIECKA, E.: Architektura średniowiecznych klasztorów cysterskich filiacji lubiąskiej. Wrocław 1995, S. 119–142; ŚWIECHOWSKI, Z.: Architektura polskich cystersów w kontekście europejskim. In: Cystersi w kulturze średniowiecznej Europy. Hrsg. von J. STRZELCZYK. Poznań 1992, S. 142; STULIN, ST.: Kamieniec Ząbkowicki. In: Architektura gotycka Polski. Hrsg. von: T. MROCZKO und M. ARSZYŃSKI. Warszawa 1995, S. 101f.

10 Dieses Problem interessierte nur: MAGIRIUS, H.: Die Klosterkirche von Marienstern. Ein wiedergewonnener Zisterzienserbau. In: Unum in veritate et laetitia. Bischof Dr. Otto Spülbeck zum Gedächtnis. Leipzig 1970, S. 305; DERS.: Architektur der Zisterzienserklöster in der Lausitz. In: Cîteaux, Comentari Cistercienser 47 (1996), S. 271; KUTHAN, J.: Česká architektura v době posledních Přemyslovců. Praha 1994, S. 481; sowie BENEŠOVSKÁ, K.; H. JEČNÝ; D. VEHLIKOVÁ und M. TRYML: Nové prameny k dějinam klášterního kostela cisterciáků na Zbraslavi. In: Uměni 24 (1984), S. 404; jedoch ausschließlich im Kontext der Entwicklung der jeweils lokalen zisterziensischen Architektur.

11 Zum großen Teil publizierten: PFOTENHAUER, P.: Urkunden des Klosters Kamenz. In: CD Sil X. Breslau 1881; HETTWER, J.: Untersuchungen zu Urkunden des Klosters Kamenz. In: Archiv für schlesische Kirchengeschichte 13 (1955), S. 17–25; 15 (1957), S. 3–17 und 16 (1958), S. 137–157; WATTENBACH, W. Necrologium des Stiftes Kamenz. In: Zeitschrift des Vereins für Geschichte und Alterthum Schlesiens 4 (1862), S. 307–337; DERS.: Eine Kamenzer Aufzeichnung: Annales Camenzenses. In: DERS.: Monumenta Lubensia. Breslau 1861, S. 60–63; weiterhin kritisch bearbeitet von FRÖMLICH, G.: Kurze Geschichte der ehemaligen Cistercienser Abtey Kamenz in Schlesien. Glatz 1817; LENCZOWSKI, FR.: Zarys dziejów klasztoru cystersów w Kamieńcu Ząbkowickim na Śląsku w wiekach średnich. In: Nasza Przeszłość 19 (1964), S. 61–103; GRÜGER 1980 (wie Anm. 6), S. 84–109.

12 Die Formen der Einsetzung der Leubuser Mönche stellen dar: FRÖMLICH 1817 (wie Anm. 11), S. 3ff.; LENCZOWSKI 1964 (wie Anm. 11), S. 62–70; GRÜGER 1980 (wie Anm. 6), S. 84–86 und KUTZNER 1969 (wie Anm. 7) S. 138, Anm. 108.

13 Chronica Principium Poloniae. In: Scriptores rerum Silesiacarum. Bd. 1. Hrsg. von G. A. STENZEL. Breslau 1835, S. 70 und S. 160f.

14 FRÖMLICH 1817 (wie Anm. 11), S. 3.

15 Beschreibungen, wie die Kamenzer Zisterzienser ihren Besitz erweiterten, bieten FRÖMLICH 1817 (wie Anm. 11), S. 36ff. und LENCZOWSKI 1964 (wie Anm. 11), S. 78–101.i

16 CD Sil X, Nr. XXXVIII und Nr. LXVII.

17 CD Sil X, Nr. LXXVIII.

18 CD Sil X, Nr. LXXXVI.

19 WATTENBACH 1862 (wie Anm. 11), S. 332. Die Quelle gibt das Jahr seines Todes nicht an, der aber vor 1407 und vor der Kopie der hochwassergeschädigten Handschrift eingetreten sein muß. Darüberhinaus steht es außer Zweifel, daß er um 1330 gestorben ist, denn der zusammen mit ihm erwähnte „magister Pesco familiares" wird in den Quellen nur bis in diese Zeit angeführt.

20 CD Sil X, Nr. XXX ist zwar eine Fälschung des 15. Jahrhunderts, inhaltliche Bestäigung erfährt das Dokuments von 1340 durch CD Sil X, Nr. CLXXII.

21 CD Sil X, Nr. CXI.

22 Auf diese Weise schildert das Kloster die Schäden in einer Urkunde von 1359. CD Sil X, Nr. CCXLIV.

23 CD Sil X, Nr. C.

24 CD Sil X, Nr. CCXVI.

25 CD Sil X, Nr. LXXXII und Nr. LXXXIII und HETTWER 1958 (wie Anm. 11), S. 137–139.

26 CD Sil X, Nr. CXXXII.

27 CD Sil X, Nr. CCXLIV, auch wenn einzelne Räume später erwähnt werden, wie der Kreuzgang 1359, der Kapitelsaal 1396, das Dormitorium und die Sakristei 1427 sowie die Küche 1402.

28 Im Jahre 1359 bot er 40 „fratris presbiteri" genügend Platz: CD Sil X, Nr. CCXLIV.

29 Von seiner ursprünglichen Form – entgegen der Vermutung von GRÜGER 1970 (wie Anm. 6), S. 253–254 – zeugen die noch erhaltenen gotischen Innenseiten des Ostgiebels und die beiden Giebel des Querschiffs.

30 PATZAK 1918 (wie Anm. 4), S. 165 und SKOBEL 1922 (wie Anm. 3), S. 5ff.

31 FRÖMLICH 1817 (wie Anm 11), S. 195–198; SKOBEL, P.: Der Brand von Camenz und seine Nachfolgen. In: DERS.: Camenz in Vergangenheit und Gegenwart. Bd. 2. Kamenz 1920, S. 1–14.

32 SKOBEL 1922 (wie Anm. 3), S. 18; GRÜGER 1989 (wie Anm. 8); ROMANOW, J.: Kamieniec Ząbkowicki, Plac kościelny, badania archeologiczno – sondażowe. Maschinenschriftliches Manuskript. Wrocław 1990.

33 GRÜGER 1989 (wie Anm. 8), S. 252f. befindet sich im Irrtum, wenn er annimmt, daß es sich dabei um einen Lesegang der Mönche gehandelt hat.

34 Diese Zahlen werden in einem Dokument von 1359 angegeben: CD Sil X, Nr. CCXLIV.
35 CD Sil X, Nr. CCXC.
36 CD Sil. X, Nr. CCXLIV.
37 Obgleich die geräumige Sakristei mit „armarium" und das Fehlen eines Mönchskarzers und eines Parlatoriums darauf hindeuten, daß wir es hier mit einer jüngeren Konzeption der Nutzung von Klosterräumen vom Ende des Mittelalters zu tun haben und nicht der ursprünglichen strengen Observanz der Ordensregel begegnen: AUBERT, M.: L´architecture cistercienne en France. Bd. 2. Paris 1947, S. 6ff.
38 TINTELNOT 1951 (wie Anm. 4), S. 128.
39 Hauptsächlich: GRÜGER 1967 (wie Anm. 6), S. 112–123; DERS.: 1970 (wie Anm. 6), S. 249–255; DERS.: Morimond. Die Mutterabtei der schlesischen Zisterzienserklöster. In: Archiv für schlesische Kirchengeschichte 28 (1970), S. 27; aber auch ŁUŻYNIECKA 1995 (wie Anm. 9), S. 154–161 und ŚWIECHOWSKI 1992 (wie Anm. 9), S. 142.
40 So wird das Modell der Zisterzienserkirche „une église desquartes" von Villard de Honnecourt schon bezeichnet von HAHNLOSER, H. R.: Villard de Honnecourt. Wien 1935, S. 85.
41 Zu diesem Typ unrichtigerweise zugeschrieben von ŁUŻYNIECKA 1995 (wie Anm. 9), S. 149.
42 Zwar waren nicht alle Autoren, z.B. GRÜGER 1967 (wie Anm. 6), S. 120 – 123; ŁUŻYNIECKA 1995 (wie Anm. 9), S. 134; KOZACZEWSKA-GOLASZ/KOZACZEWSKI 1988 (wie Anm. 9) davon überzeugt, daß der ursprüngliche Chor unserer Kirche typische zisterziensische Kapellen neben dem Querschiff und an der Ostseite hatte. Trotzdem wurde immer wieder versucht, diese in den Grundrissen darzustellen und zu beschreiben. Die dortigen Ostkapellen beispielsweise entstand erst gegen Ende des 15. Jahrhunderts und wurde das erste Mal 1623 erwähnt.
43 So zuletzt dargestellt von: GRÜGER 1967 (wie Anm. 6), S. 112–123; DERS. 1970 (wie Anm. 39), S. 1–28 und ŚWIECHOWSKI 1992 (wie Anm. 9), S. 142.
44 CURMANN, S.: Cistercienserordens Byggnadskonst. Bd. 1 – Kyrkoplanen. Stockholm 1912, S. 14ff. und 64–67; AUBERT 1947 (wie Anm. 37).
45 FERGUSSON, P.: Cistercian Abbeys in Twelth–Century England. Princeton 1984; LITTLE, B.: Abbeys and Priories in England and Wales. New York 1970.
46 ZASKE, N.: Gotische Backsteinkirchen Norddeutschlands. Leipzig 1970, S. 65ff.; zu Neuzelle vgl.: MAGIRIUS, H.: Baugeschichte und Baugestalt der Zisterzienser-Klosterkirche Neuzelle im Mittelalter. In: Mélanges a la memoire du père Anselme Dimier. Bd. 3. Arbois 1984, S. 621–623.
47 WAGNER-RIEGER, R.: Bildende Kunst: Architektur. In: Die Zeit der frühen Habsburger. Ausst. Kat. Wiener Neustadt 1979, S. 103–109. DERS.: Die Habsburger und die Zisterzienserarchitektur. In: Die Zisterzienser, Ordensleben zwischen Ideal und Wirklichkeit. Ergänzungsband. Köln 1982, S. 131.
49 BENEŠOVSKA U.A. 1986 (wie Anm. 10), S. 390–393.
50 Emler 1883 (wie Anm. 38), Bd. 4, S. 53.
51 CD Sil X, Nr. LV und LXX.
52 Besonders betont von BENEŠOVSKA U.A. 1986 (wie Anm. 10), S. 404; KUTHAN 1994 (wie Anm. 10), S. 481.
53 Hauptsächlich MAGIRIUS 1970 (wie Anm. 10), S. 305; DERS. 1996 (wie Anm. 10), S. 271.
54 MAGIRIUS 1970 (wie Anm. 10), S. 307.
55 Besonders dargestellt von: DIMIER, P. A.: Architecture et spiritualité cistercienne. In: Revue du moyen-âge latin 3 (1947), S. 255–274; BUCHER, F.: Cistercian architecture purism. In: Comparative studies in Society and History 3 (1960/61), S. 89–105; DUBY, G.: Der heilige Bernhard und die Kunst der Zisterzienser. Stuttgart 1981.
56 BACHMANN, E.: Sudetenländische Kunsträume im 13. Jahrhundert. Brünn, Leipzig 1941, S. 27ff.; DERS.: Architektur bis zu den Hussitenkriegen. In: Gotik in Böhmen. Hrsg. von K. M. SWOBODA. München 1969, S. 36ff.; KUTHAN, J.: Gotická architektura v jižních Čechách, Zakladatelské dilo Přemysla Otakara II. Praha 1975; DERS.: Přemysl Otakar II. Král Železný a zlotý, král zakladatel a mecenáš. Praha 1993; SCHWARZ, M.: Die Baukunst in Österreich zur Regierungszeit Ottokars II. Přemysl. In: Jahrbuch für Landeskunde von Niederösterreich. N. F. 44/45 (1978/79), S. 453–469.
57 BOGYAY, T. VON: Normannische Invasion – Wiener Bauhütte – ungarische Romanik. In: Forschungen zur Kunstgeschichte und christlichen Archäologie 2 (1953), S. 273ff.; SCHWARZ, M.: Die Architektur der Spätzeit: 1200–1246. In: 1000 Jahre Babenberger in Österreich. Ausst.kat. Wien 1976, S. 517ff.; DERS.: Studien zur Klosterbaukunst in Österreich unter den letzten Babenbergern. Wien 1981; KUTHAN 1994 (wie Anm. 10), S. 15f., 20–22, 390–393 und 410–421; MERHAUTOVA, A. und D. TŘEŠTNIK: Románské uměni v Čechách a na Moravě. Praha 1983, S. 244–252.
58 MERHAUTOVA, A. und D. TŘEŠTNIK 1983 (wie Anm. 57), S. 244f.; KUTHAN 1994 (wie Anm. 10), S. 390–393.
59 Bisher wurde diese Stilistik in der tschechischen Fachliteratur nur unzureichend behandelt. Die besten einschlägigen Untersuchungen stammen von MENCL, V.: Česká architektura doby Lucemburské. Praha 1948, S. 37–39 und 44f.; DERS.: Podunajská reforma gotické katedrály. In: Uměni. 17 (1969), S. 301–334; LIBAL, D.: Die schöpferischen Initiativen der mitteleuropäischen gotischen Architektur um 1300. In: Akten des XXV. Internationalen Kongresses für Kunstgeschichte. Bd. 6: Europäische Kunst um 1300. Wien 1986, S. 19–21.
60 In letzter Zeit wurde dieser Kirche eine neue gründliche Untersuchung gewidmet: HLOBIL, I.: Peripetie vývoje a poznáni významné středověké architektury kolegiátního kostela Sv. Mořice v Kroměříži. In: Pamatky a příroda 6 (1984), S. 341–345.
61 Neu bearbeitet von: HLOBIL, I.; P. MICHNA und M. TOGNER: Olomouc. Praha 1984, S. 41f.
62 Die Ergbnisse der vor kurzem anläßlich der Renovierung der Kirche durchgeführten Untersuchungen lassen die Entstehung von deren Langhaus auf die Jahre vor 1300 datieren.
63 Neulich wurden in ihr zahlreiche Bruchstücke von Details gefunden, die denen in der Kamenzer Kirche ähnlich sind. Vgl. dazu: BENEŠOVSKÁ u.a. 1986 (wie Anm. 10), S. 401–404.
64 Die Genese dieses Bauwerks wurde bisher völlig falsch beschrieben: TINTELNOT 1951 (wie Anm. 4), S. 128–131; WEISSER, G.: Die Jakobuspfarrkirche in Neisse, der östlichste Vertreter der spätgotischen Hallenkirche mit Chorumgang. In: Deutsche Kunstdenkmäler in Oberschlesien. Bd. 1. Ort 1934, S. 71–89; KĘBŁOWSKI, J.: Nysa. Wrocław 1972, S. 47–56. JARZEWICZ, J.: O artystycznych i funkcjonalnych uwarunkowaniach architektury kościoła Św. Jakuba w Nysie. In: Sztuka około 1400. Bd. 1. Warszawa 1996, S. 149–163.
65 KASTNER, A.: Geschichte und Beschreibung der Pfarrkirche des Hl. Jakobus zu Neisse. Neisse 1848, S. 2–12.
66 Diese Richtung des Entwicklungsweges skizzierten bereits zutreffend: BACHMANN 1969 (wie Anm. 56), S. 36; KUTZNER 1974 (wie Anm. 7), S. 232; KUTHAN 1994 (wie Anm. 10), S. 37.
67 Nach den angeführten Kriterien „harter oder eckiger Stil: GERSTENBERG, K.: Deutsche Sondergotik. München 1913. S. 36ff. und 65ff.; HOELTJE, G.: Zeitliche und begriffliche Abgrenzung der Spätgotik innerhalb der Architektur Deutschlands, Frankreichs und Englands. Weimar 1930, S. 140ff.; PETRASCH, E.: „Weicher" und „Eckiger" Stil in der deutschen spätgotischen Architektur. In: Zeitschrift für Kunstgeschichte 14 (1951), S. 7–32.

Bauvorgänge an mittelalterlichen Zisterzienserklöstern in Schlesien

Ewa Łużyniecka

Die Zisterzienserarchitektur erfreut sich seit längerer Zeit eines außerordentlichen wissenschaftlichen Interesses. Die Attraktivität dieses Themas ist zweifellos in der Fortschrittlichkeit dieses Ordens bei der Einführung von formalen und technischen Lösungen zu suchen, die sich insbesondere bei der Anlage mittelalterlicher Klosterbauten zeigt. Die frühesten Klöster der Zisterzienser in Polen finden sich in folgenden Landesteilen: in den vierziger Jahren des 12. Jahrhunderts wurde in Kleinpolen Jędrzejów gegründet und in Großpolen Łekno, in den siebziger Jahren des 12. Jahrhunderts in Schlesien Leubus/Lubiąż und in Pommern Kolbatz/Kołbacz. Die Konvente dieser Klöster kamen jeweils aus einer anderen Mutterabtei. Nach Kleinpolen kamen die Zisterzienser aus dem burgundischen Morimond, nach Großpolen aus dem rheinischen Altenberg, nach Schlesien aus dem sächsischen Pforte und nach Pommern aus dem dänischen Kloster Esrom. Gegenstand dieser Untersuchung sind die Bauvorgänge in den mittelalterlichen Zisterzienserklöstern von Leubus in Schlesien, 1175 gegründet, und dessen Filiationen Heinrichau/Henryków, 1227, Kamenz/Kamieniec Ząbkowicki sowie das Kloster Mogiła, 1225, in Kleinpolen.

Bauuntersuchungen an diesen Abteien sind in den Jahren 1980 bis 1993 durchgeführt worden, die dabei angewandten archäologischen Methoden ermöglichten die Aufgliederung in Einzelbauphasen und führten teilweise zu einer Korrektur der Datierung. Gleichzeitig ergaben sich aber auch neue, bisher ungeklärte Probleme.

Im letzten Viertel des 12. Jahrhunderts wurde lediglich an der Klosterkirche in Leubus gebaut.

Sie war etwa um die Hälfte kleiner als die im 13. Jahrhundert entstandenen Klosterkirchen der Filiationen. Es handelt sich um eine kreuzförmige Basilika mit einem

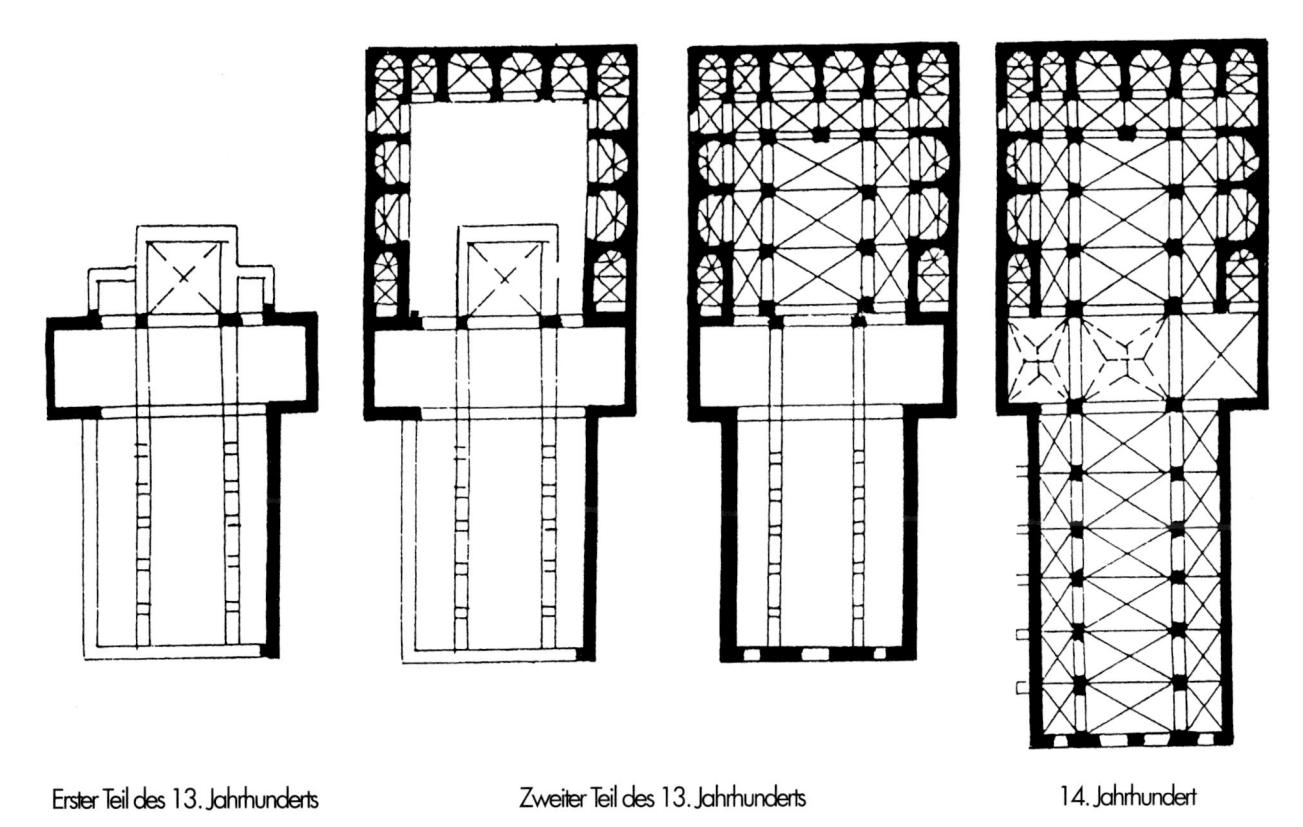

Erster Teil des 13. Jahrhunderts   Zweiter Teil des 13. Jahrhunderts   14. Jahrhundert

1 Leubus/Lubiąż, Klosterkirche. Schematische Grundrisse von der Entwicklung der Klosterkirche vom 12. bis zum 14. Jahrhundert.

2 Leubus/Lubiąż, Klosterkirche. Isometrische Darstellung der baulichen Entwicklung

platt geschlossenem Chor und zwei Nebenkapellen. Schiff und Querhausarme waren flachgedeckt, das Sanktuarium kreuzgratgewölbt. Es handelte sich um einen Ziegelbau und nicht – wie man bisher meinte – einen Bau aus Werksteinen. Mithin ist die Kirche von Leubus als Backsteinbau älter als die bisher als frühester schlesischer Backsteinbau angenommene Zisterzienserinnenkirche in Trebnitz/Trzebnica. Auf die Anwendung diese Baustoffes hat möglicherweise der Stifter von Leubus, Herzog Bolesław Wysoki, der in Sachsen und Brandenburg erzogen worden war, Einfluß genommen.

Bis zur Mitte des 13. Jahrhunderts entstanden nur die Ostteile der frühesten Filiationen von Leubus, nämlich die von Mogiła und Heinrichau. Bisher nahm man an, daß die Kirche in Mogiła vollständig im 13. Jahrhundert erbaut worden sei. Bis zur Mitte des 13. Jahrhunderts entstand aber nur das Sanktuarium bis zu einer Höhe von drei bis vier Metern, wahrscheinlich noch ohne die Kapitellzone. Auch die Ostwand des Sanktuarium scheint eine gotische Veränderung darzustellen. Bis um die Mitte des 13. Jahrhunderts wurde weiterhin die Südwand des Querhauses erbaut, die mit dem gleichzeitigen Bau des Ostflügels verbunden ist. Aus dieser Zeit stammen auch die südlichen, platt geschlossenen Zwillingskapellen. Möglicherweise waren sie schon gewölbt und mit einem Dach versehen. Der Grundriß der Ostteile von Mogiła hingegen folgt noch einem modernisiertem Schema des sogenannten „Bernhardinischen Plans" in einer Zeit als man in Schlesien schon modernere Lösungen anwandte.

Wenig später als die Kirche in Mogiła sind die Ostteile der Klosterkirche in Heinrichau begonnen worden, wahrscheinlich in den Jahren 1227–1241. Während man bisher meinte, daß in dieser Zeit die Ostteile samt Querhaus und östlichem Teil des Langhauses entstanden sind, ergaben die Bauuntersuchungen, daß bis zu diesem Zeitpunkt nur die Südkapellen des rechteckig geführten Umgangschores entstanden sind. Falsch ist auch die Behauptung, daß die Kapellen mit dem Umgang ein Hallensystem bildeten. Die Südkapellen weisen ein Kapitelltyp auf, der dem von Mogiła ähnlich ist. Es wird angenommen, daß mit dem Chor von Heinrichau zum ersten

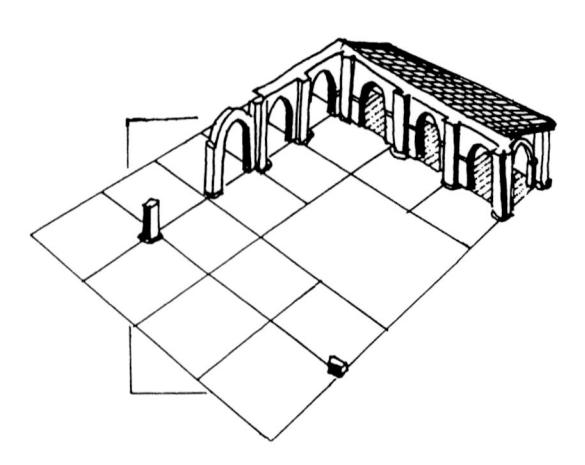

3 Heinrichau/Henryków, Klosterkirche. Grundriß und Isometrische Darstellung der ersten Bauetappe des Sanktuariums

Mal das burgundische Schema eines rechteckig geführten Umgangschors mit Kapellen – ausgehend von den Kirchen Morimond II und Cîteaux III – in Schlesien eingeführt worden sei. Das hieße, daß die Konzeption von Heinrichau dem Chor des Breslauer Domes (1244–1272) vorangeht und das zisterziensische Chorsystem zwanzig Jahre früher in Schlesien eingeführt hat. Um das zu verifizieren, müßten die Stützen zwischen Presbyterium und Chorumgang in Heinrichau genauer untersucht werden. Erst in der zweiten Hälfte des 13. Jahrhunderts hat man sich in Schlesien endgültig den dynamischen Entwicklungen der Gotik geöffnet. Das gilt nicht in demselben Maße von dem weiter entfernt liegenden Mogiła, das noch immer den Formen der Backsteinarchitektur des Zisterzienserklosters in Trebnitz folgt. Am deutlichsten ist die Wendung zur frühen Gotik beim weiteren Bau der Klosterkirche in Heinrichau zu beobachten. Hier wurde das Presbyterium dadurch verlängert, daß man es in rechteckige Joche aufteilte, den möglicherweise geplanten östlichen Umgang aufgab und lediglich die Reihe der Ostkapellen beließ. Man errichtete die Nordwand des Umgangs und erhöhte die bestehende Südwand, was die Proportionen schlanker wirken ließ. Erst in der zweiten Hälfte entstand auch das Querhaus und das erste Joch des Langhauses. Deutlich anders ist die Formensprache der Kapitelle und Basen. Die Maßwerke zeigen eine großer Präzision. Sie sind das Werk eines Steinmetzen, möglicherweise des in den Quellen erwähnten „Lapicida Gerhardus Konversus".

In der zweiten Hälfte des 13. Jahrhunderts sind sicherlich auch die Ostteile der Klosterkirche in Leubus errichtet worden. Bisher meinte man, daß das Schema der Ostteile nur eine Replik des Sanktuariums des Breslauer Domes darstelle. Die Bauuntersuchungen ergaben aber, daß der frühgotische Ostteil der Klosterkirche in Leubus

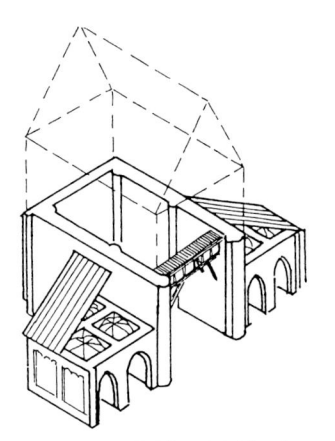

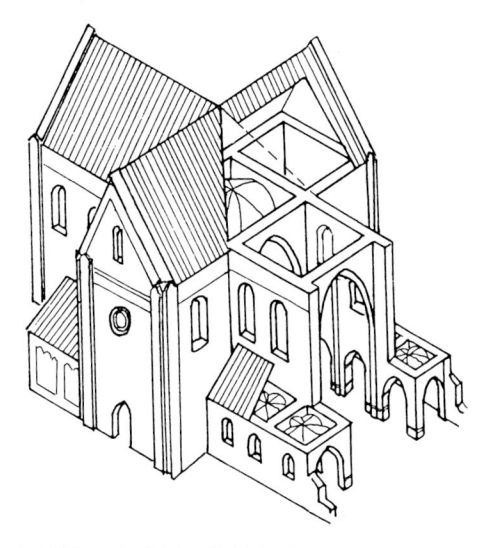

4 Mogiła. Isometrische Darstellung der baulichen Entwicklung der Klosterkircheim 13. Jahrhundert

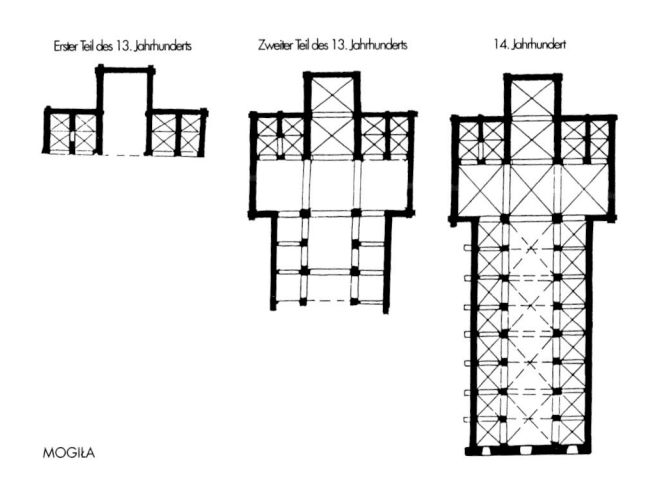

5 Mogila. Schematische Grundrisse von der Entwicklung der Klosterkirche vom 13. bis zum 14. Jahrhundert

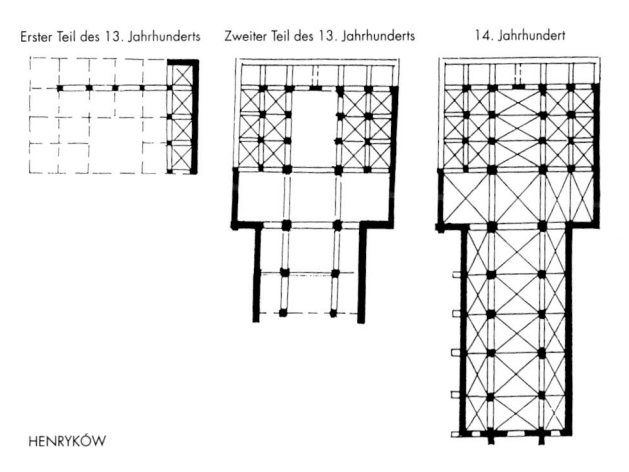

6 Heinrichau/Henryków. Schematische Grundrisse von der Entwicklung der Klosterkirche vom 13. und 14. Jahrhundert

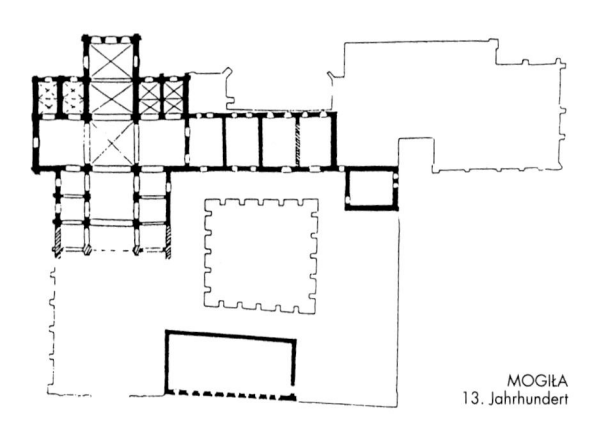

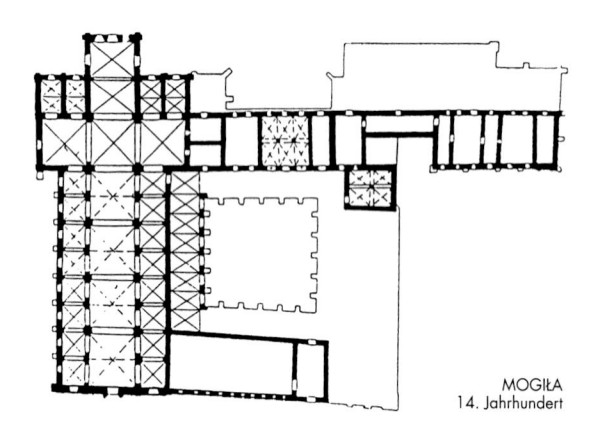

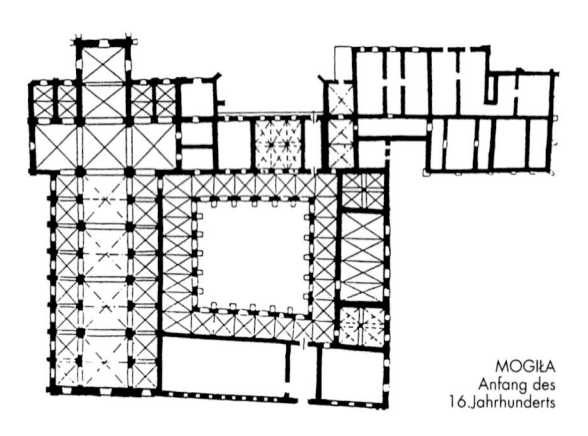

7 Mogiła, Konventbauten und Konversenhaus. Schematischer Grundriß de Bauetappen vom 13. bis zum 16. Jahrhundert.

ein dreijochiges Presbyterium mit einem rechteckig geführtem Umgang aufwies, woran ein Kranz von Kapellen anschloß. Jede dieser Kapellen endete im Inneren dreiseitig, während die Außenwand geradlinig durchlief. Möglicherweise war dafür die Kirche des Zisterzienserklosters Schönau ein Vorbild, wo die Kapellen des rechteckig geführten Umgangschores innen halbrund enden.

An der Stelle eines früheren Augustiner-Chorherrenstifts wurden 1247 in Kamenz Zisterzienser angesiedelt. Bisher meinte man, daß die Klosterkirche in Kamenz eine Wiederholung des Typs von Leubus gewesen sei, aber als Halle ausgeführt wurde. Die Verfasserin konnte nachweisen, daß der in Etappen entstandene Bau aber viel früher begonnen worden ist, nämlich um die Mitte des 13. Jahrhunderts. Damals wurden der Grundriß der Umfassungswände des Sanktuariums, der Ostkapellen des Querschiffes und das erste Joch des Langhauses abgesteckt. Bis zu vier Meter Höhe erbaute man nur die Südkapellen sowie die Wände des südlichen Querschiffarms. Um die Wende vom 13. zum 14. Jahrhundert beschloß man den Fortbau der Klosterkirche mit einem dreischiffigen Hallenchor. Dafür brauchte man stärkere Umfassungsmauern und Strebepfeiler, was den Verzicht auf die Südkapellen zur Folge hatte. Die Form ihres Grundrisses mit polygonalem Abschluß wurde möglicherweise zum Muster der Ostkapellen am nunmehrigen Sanktuarium. Gleichzeitig mit dem Querschiff erbaute man nun auch die Umfassungswände des ersten Jochs des Langhauses und die Pfeiler des Hallenchores.

Erst im 14. Jahrhundert wurde der Bau der Langhäuser der Zisterzienserklosterkirchen in Schlesien weitergeführt und schließlich beendet. Auch die Kirche in Mogiła wurde erst jetzt zu Ende geführt. Hier erhöhte man auch die Umfassungsmauern des Sanktuariums und den Ostgiebel. Die Spitzbogenfenster an der Ostwand stammen aus dieser Zeit. In Leubus verlängerte man das Langhaus des romanischen Baus nach Westen und beendete den gotischen Kirchenbau am Anfang des 15. Jahrhunderts mit der Errichtung einer Reihe von Nordkapellen. In der Durchbildung der Details knüpfte man an früheren architektonischen Lösungen an. Auch in Heinrichau baute man nach den Konstruktionsprinzipien des 13. Jahrhunderts weiter, die einzige Änderung war die Erhöhung der Wände des Presbyteriums und der Querschiffe sowie ihrer Giebel. Die Klosterkirche in Kamenz wurde im 14. Jahrhundert als Hallenkirche weitergeführt. Typisch sind die schlichten konsolenartig abgefangenen Rippenendigungen an den Stützen.

Zusammenfassend kann festgestellt werden, daß die Klosterkirchen der Leubus-Filiation komplizierte Bauvorgänge aufweisen. Die einzige wirklich vollendete romanische Anlage war die Backsteinkirche in Leubus mit einem Plan der Ostteile, der an den „plan bernardin" erinnerte. Noch ein halbes Jahrhundert später folgt der Grundriß der Ostteile von Mogiła diesem Typus. In der ersten Hälfte des 13. Jahrhunderts begann man in Heinrichau eine Choranlage, die dem Muster von Morimond II und Cîteaux III folgte. Von nun an benutzten die schlesischen Zisterzienserbauten dieses Modell in verschiedenen Variationen. Nur in Mogiła ist dieser Chortyp nicht eingeführt worden. Kamenz bildet insofern eine Ausnahme,

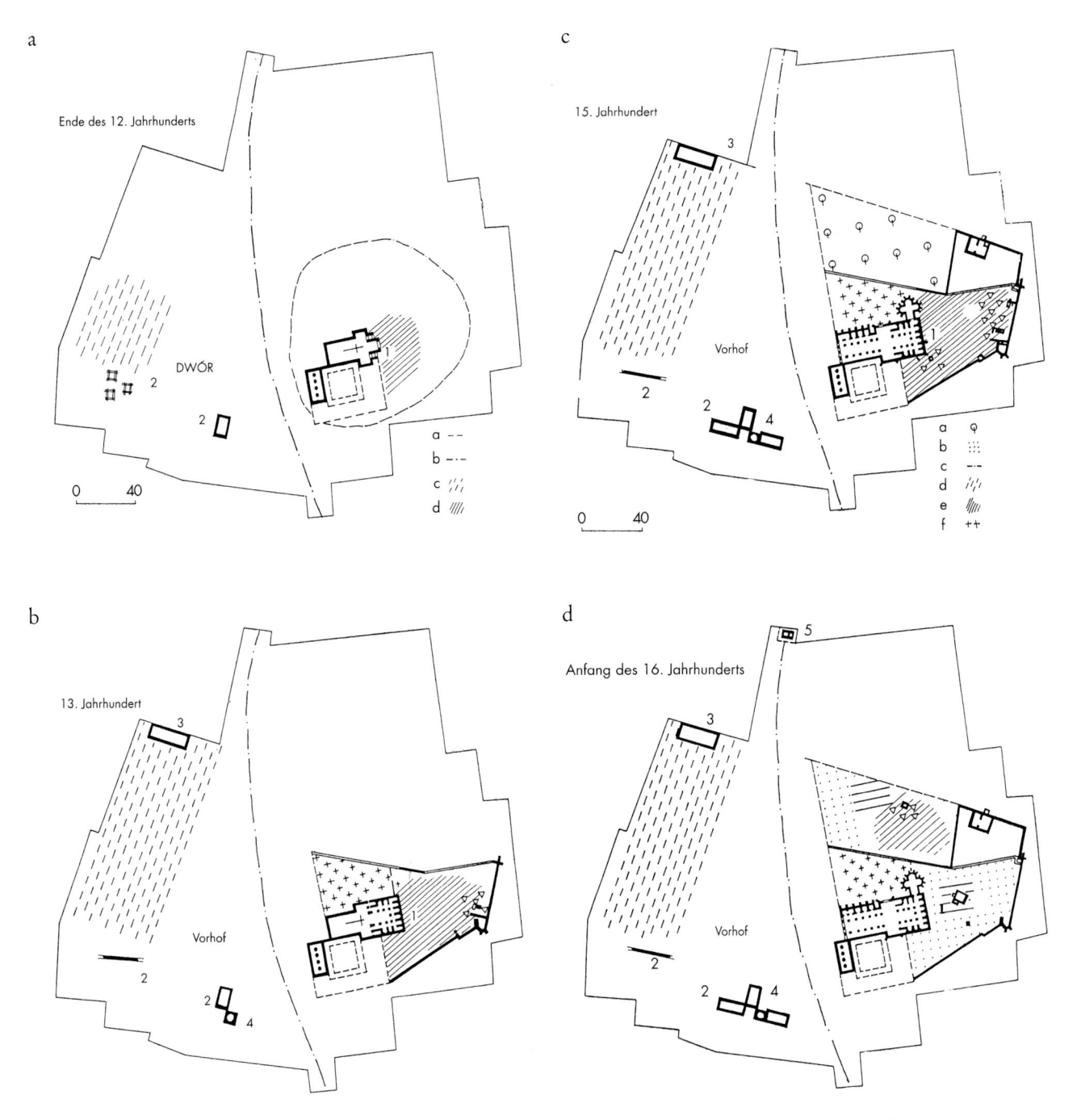

BAUVORGÄNGE AN MITTELALTERLICHEN ZISTERZIENSERKLÖSTERN ...

8 Leubus/Lubiąż, Klosteranlage. Lageplan des Zustandes im 12., 13., 15 und 16. Jahrhundert

Legende zu 8 a und b: (1) Claustrum, (2) Wirtschaftshäuser, (3) Speicher, (4) Bäckerei (?), (A) vermutliche Lage der Burg, (B) Achse der Anlage, (C) Ackerland, (D) Bauplatz mit Brennöfen

Legende zu 8 c und d:(1) Claustrum, (2) Wirtschaftshäuser, (3) Speicher, (4) Bäckerei (5) Pfortenhaus, (A) Obstgärten, (B) Gärten, (C) Achse der Anlage, (D) Ackerland, (E) Bauplatz mit Brennöfen, (F) Friedhof

219

als hier der Bau in Form einer Halle fortgesetzt wurde. Wichtig ist die Verwendung von Backstein an den meisten dieser Kirchen, so in Mogiła und Kamenz.

Neuartig ist die Erkenntnis, daß die Architektur der behandelten Zisterzienserkirchen etappenweise verändert worden sind, was sicher wesentlich durch ökonomische Gründe bedingt war. Im Falle von Leubus wurde die Kirche im 13. Jahrhundert von Grund auf neu gebaut, in den anderen Fällen ging man von einmal gefundenen Grundrißfiguren aus und führte die Bauten nur mit teilweisen Veränderungen fort. Neu ist auch die Erkenntnis, daß die Bauphasen in sich kaum abgeschlossen waren, sondern in verschiedenen Höhen unterbrochen wurden. In einigen Fällen deuten unregelmäßig verlaufende Baunähte darauf hin, daß äußere Bedingungen vorgelegen haben müssen, die es nicht erlaubten, den Bau kontinuierlich weiterzuführen. In anderen Fällen dagegen endet eine Bauphase mit einem stabilen Abschluß, von dem aus der Bau in einer späteren Etappe regelrecht weitergeführt worden ist, so zum Beispiel an den Langhäusern von Heinrichau oder Kamenz.

Weitere Untersuchungen wurden an den Klausuren der Leubus-Filiation angestellt. Beim Bau derselben folgte man nicht immer von Anfang an dem für die Zisterzienserklöster bekannten Schema. Interessant ist die Tatsache, daß die Zisterzienserklöster in Schlesien meist an schon früher besiedelter Stelle angelegt wurden, so an der Stelle einer Burg im Falle Leubus und Grüssau/Krzeszów. Am früheren Ort eines Augustinerklosters in Kamenz oder einer Benediktineransiedlung, so vielleicht im Falle von Grüssau (?) und Kamenz. So kann man vermuten, daß die Zisterzienserkonvente ältere hölzerne oder gemauerte Bauten benutzen konnten. Auch darf man wohl davon ausgehen, daß beim Einzug des Konventes zunächst einmal hölzerne Bauten errichtet wurden. Als erstes baute man immer den Ostteil der Klausur, welche man aus klimatischen Gründen gern auf der Südseite der Kirche anlegte, so in Leubus, Heinrichau, Grüssau und Mogiła. Parallel zum Ostflügel baute man an der Westseite ein Konversenhaus, so in Leubus und Mogiła. Der der Kirche gegenüberliegende Flügel entstand immer zuletzt. Im Ostflügel folgen einander Sakristei, Kapitelsaal und mitunter das Refektorium mit wahrscheinlich freistehender Küche. Im Konversenhaus befand sich das Cellarium oder Refektorium der Laienbrüder, so in Leubus und Mogiła, darüber lag das Dormitorium. Mit dem Weiterbau konnten sich die Funktionen verändern. Nur der Kapitelsaal blieb immer an derselben Stelle. In der Nähe der ersten steinernen Bauten konnten sich Latrinen, Refektorien oder ein Brüdersaal aus Holz befinden. Sie verschwanden, wenn man später auch an ihren Plätzen steinerne Bauten errichtete. Der etappenweise Ausbau der Klausuren der schlesischen Zisterzienserklöster folgte offenbar meist der Beendigung des Kirchenbaus.

Auch die Gesamtanlagen der Klöster mit ihren Wirtschaftsbauten entstanden erst nach und nach. Man kann jedoch vermuten, daß das ummauerte Klostergebiet nach einem bestimmten Grundsatz geplant war. So legte man die Achse des Komplexes in Leubus und Mogiła als Weg von Süden nach Norden oder in Heinrichau, Grüssau und Kamenz als Trasse von Osten nach Westen. An einer Seite dieses Weges lag der Wirtschaftshof, manchmal Curia genannt. Steinern waren die Speicherbauten, so in Leubus aus dem 13. in Heinrichau aus dem 15. Jahrhundert, mitunter auch Verwaltungsgebäude, wo die von Bauern gelieferten Zinsen und Zehnten registriert wurden. Manchmal auch die Grangien, die der Eigenwirtschaft der Zisterzienser dienten. Die übrigen Häuser des Klosterhofes waren bis zum 15. Jahrhundert meist aus Holz, so in Leubus. Dazu gehörten Wohnhäuser der Familiaren, der weltlichen Bevölkerung mit ihren Familien, und der Donatoren, die zugunsten des Klosters auf ihren Besitz verzichtet hatten. Aus Holz waren sicherlich auch die Ställe. Für die Anordnung der Wirtschaftsgebäude lassen sich keine festen Prinzipien angeben. In unmittelbarer Nähe der Anlagen entstanden Ziegelöfen zum Brennen des keramischen Baumaterials – der Backsteine und Fliesen sowie Lager und Trockenanlagen, desgleichen die Kalkbrennöfen. Mit der Zeit änderte sich dieses „Hinterland eines Bauplatzes", so zum Beispiel in Leubus. Die Klosteranlagen in Schlesien waren offenbar gegenüber den Bewohnern der umliegenden Ortschaften nicht hermetisch abgeschlossen, was mit der Pflichterfüllung der untertänigen Bevölkerung bei der Wirtschaft und beim Bau der Klöster zusammenhängt. Seit dem 14. Jahrhundert wurden östlich der Klausur Gärten angelegt, oft für die hier entstehende Abtei. Erst im 15. und am Anfang des 16. Jahrhunderts errichtete man weit entfernt von der eigentlichen Klausur Torbauten, so in Leubus und Heinrichau, manchmal auch Kapellen (Heinrichau). Zu dieser Zeit bestanden in der Nähe des Klosters auch Wassermühlen und Brauereien an den Wassergräben, vermutlich auch Bäckereien.

Eingedenk noch vieler zu erforschender Detailfragen haben die Untersuchungen an den schlesischen Zisterzienserklöstern doch eigene Gesetzlichkeiten bei der Anlage der Klöster und deren baulicher Entwicklung erbracht.

Literatur

AUBERT, MARCEL: L'architecture cistercienne en France. Paris 1947; BIAŁOSKÓRSKA, KRYSTYNA: Polish Cistercians architecture and its contacts with Italy. In: Gesta. International Center of Medieval Art. 2 (1965), Art. 4; BIAŁOSKÓRSKA, KRYSTYNA: Kierunki ewolucji architektury cysterskiej w XIII w. In: Sztuka i ideologia XIII wieku. Wrocław 1974, S. 25–122; Die Cistercienser. Geschichte-Geist-Kunst. Hrsg. von

AMBROSIUS SCHNEIDER, 2. Aufl., Köln 1974; Cystersi w średniowiecznej Polsce. Kultura i sztuka. Katalog wystawy. Warszawa, Poznań 1991. Die Zisterzienser. Ordensleben zwischen Ideal und Wirklichkeit. Eine Ausstellung in Aachen – Krönungssaal des Rathauses 3. Juli – 28. September 1980 (= Schriften des Rheinischen Museumsamtes 10). Köln 1980; Die Zisterzienser. Ordensleben zwischen Ideal und Wirklichkeit. Ergänzungsband (= Schriften des Rheinischen Museumsamtes 18). Köln 1982; DIMIER, ANSELME: Recueil de plan d'églises cisterciennes. Grignan, Paris 1949; DIMIER, ANSELME und JEAN PORCHER: L'art cistercien. Paris 1962; DUBY, GEORGES: Sankt Bernhard. Die Kunst der Zisterzienser. Paris 1977; EYDOUX, HENRI PAUL: L'architecture des églises cisterciennes d'Allemagne. Paris 1952; GRÜGER, HEINRICH: Heinrichau. Geschichte eines schlesischen Zisterzienserklosters 1227-1977. (= Forschungen und Quellen zur Kirchen- und Kulturgeschichte Ostdeutschland 16). Köln, Wien 1978; GRÜGER, HEINRICH: Kamenz, Augustinerpropstei, dann Zisterzienserkloster. In: Jahrbuch der Schlesischen Friedrich-Wilhelms-Universität zu Breslau 22 (1980), S. 84–109; GRÜGER, HEINRICH: Schlesisches Klosterbuch, Zisterzienserabtei Leubus. In: Jahrbuch der Schlesischen Friedrich-Wilhelms-Universität zu Breslau 22 (1980), S.1–25; HAHN, HANNO: Die frühe Kirchenbaukunst der Zisterzienser. Berlin 1957; 900 Jahre Kamenz – Kamieniec Ząbkowicki. Spuren deutscher und polnischer Geschichte. Ausst. Kat. Landesmuseum Schlesien. Görlitz 1996; KUTZNER, MARIAN: Cysterska architektura na Śląsku w latach 1200–1300. Toruń 1969; ŁUŻYNIECKA, EWA und T. KALETYN: Komunikat o ratowniczych badaniach archeologicznych na terenie poklasztornym w Lubiążu, gmina Wołów, przeprowadzonych w 1982 r. In: Śląskie Sprawozdania Archeologiczne 25 (1985), S. 71–74. ŁUŻYNIECKA, EWA: Średniowieczny kościoł i klasztor w Lubiążu. In: Kwartanlnik Architektury i Urbanistyki 33 (1988), S. 83–112; ŁUŻYNIECKA, EWA: Sprawozdanie z badań śrcheologiczno – architektonicznych kościoła poklasztornego w Lubiążu w latach 1982–1984. In: Historia i kultura cystersów, S. 251–261; ŁUŻYNIECKA, EWA: Lubiąż Materiały z badań średniowiecznego klasztoru cysterskiego w Lubiążu w latach 1982–1987. In: Cistercienser-Chronik (1988), S. 68; ŁUŻYNIECKA, EWA: Sklepienie krzyżowe z XIII w. na Śląsku. Analiza na podstawie pomiarów fotogrametrycznych. In: Z badań architektury, urbansityki i sztuki Śląska 19 (1988), S. 277–295; ŁUŻYNIECKA, EWA Średniowieczny klasztor cysterski w Lubiążu. Rozwój architektoniczny i charakterystyka warsztatu budowlanego. In: Cystersi w Polsce. 1990, Heft 1; ŁUŻYNIECKA, EWA: Henryków, klasztor cysterski. Wyniki badań architektoniczno – archeologicznych z lat 1984 – 1985, 1989. In: Cystersi w Polsce. 1990, Heft 3; ŁUŻYNIECKA, EWA: Kamieniec Ząbkowicki, klasztor cysterski. Wyniki badań architektonicznych z 1990 r. In: Cystersi w Polsce. 1990, Heft 6; ŁUŻYNIECKA, EWA: Mogiła, klasztor cysterski. Wyniki badań architektonicznych z lat 1992–1993r. In: Archiwum klasztoru w Mogile. Wrocław 1994; MAGIRIUS, HEINRICH: Die Baugeschichte des Klosters Altzella. Abhandlungen zur Geschichte Berlin 1962; Szlak cystersów w Polsce. In: Materiały na sesję cysterką 27.–30. 9. 1993. Poznań 1993; ŚWIECHOWSKI, ZYGMUND und JAN ZACHWATOWICZ: L'architecture cistercienne en Pologne et ses liens avec La France. In: Biuletyn historii sztuki. 1958, S. 139–173.

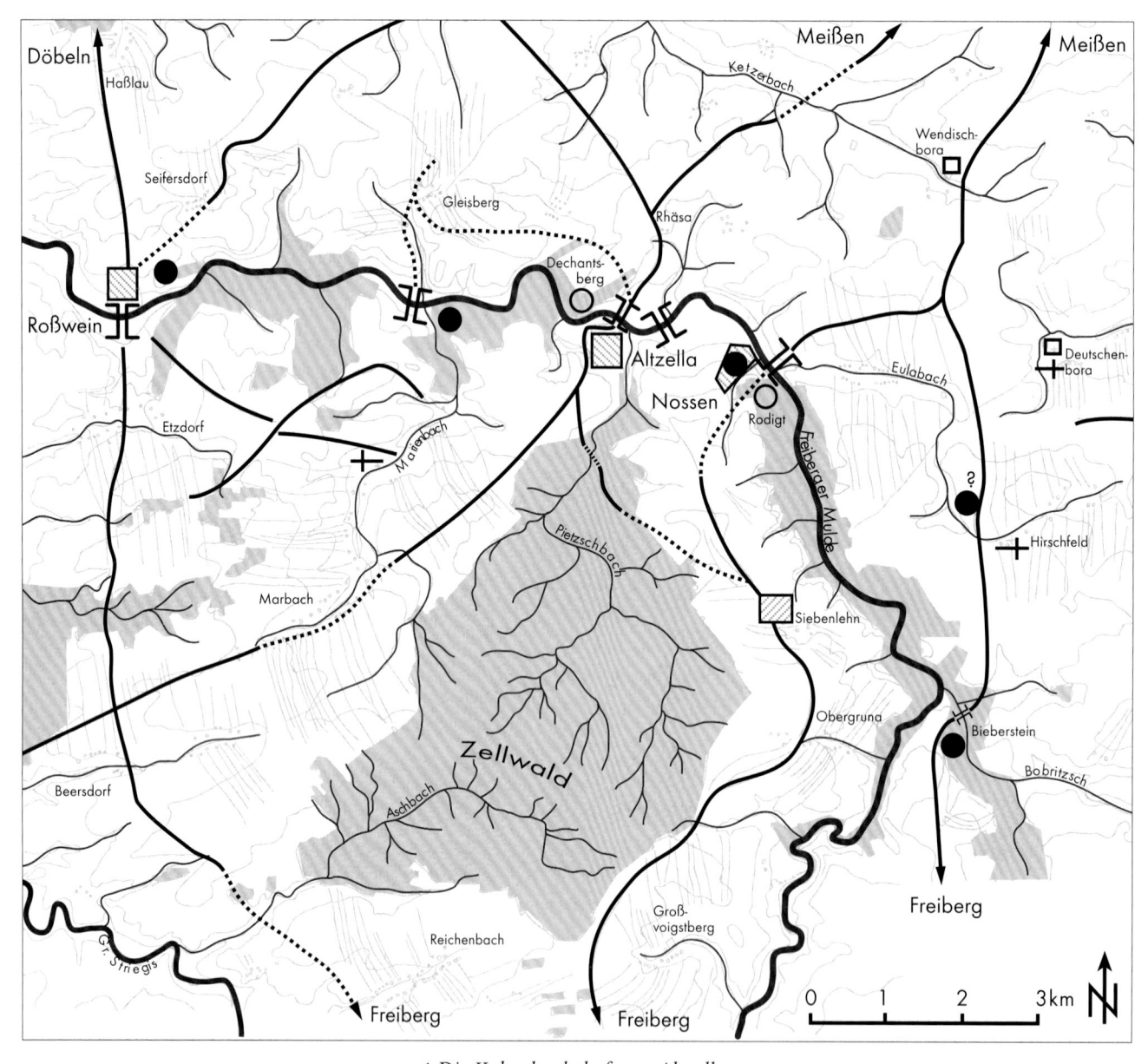

1 Die Kulturlandschaft um Altzella.
(Kartengrundlage Meilenblätter 158, 159, 183, 184 - Berlin; TK 25 Blätter 4945, 5045, 4946; Sektion Roßwein, Tanneberg, Langhennersdorf; Geologische Specialkarte des Königreichs Sachsen Nr. 63 - Section Rosswein - Nossen; Nr. 64 - Section Tanneberg-Deutschenbora)

Forschungen zum Zisterzienserkloster Altzella

Susanne Geck und Thomas Westphalen

Zur Lage des Klosters – Die mittelalterliche Kulturlandschaft um Altzella (Abb. 1)

Das Mulde-Lößhügelland um Nossen gehört zu den Gebieten Sachsens, deren Aufsiedelung gemeinhin mit dem hochmittelalterlichen Landesausbau in Verbindung gebracht wird. Die äußerst ertragreichen Lößböden auf den Hängen der Freiberger Mulde blieben bis in das 9./10. Jahrhundert unberührt.
Die Verteilung der frühmittelalterlichen Fundstellen legt nahe, daß das Tal der Mulde nicht wie andere Flußtäler Sachsens als Erschließungslinie genutzt wurde. Die Besiedlung erfolgte vielmehr von der als Altsiedellandschaft anzusehenden Lommatzscher Pflege, also aus Norden, wahrscheinlich aus dem Ketzerbachtal. Mit der erst 1898 entdeckten, um 1950 bereits durch Steinbruch vollständig zerstörten Wallanlage auf dem direkt gegenüber von Altzella gelegenen Dechantsberg ist ein erster Hinweis auf den auch andernorts faßbaren Landesausbau während des 9./10. Jahrhundert greifbar. Die Höhenburg ist durch Beschreibungen des Entdeckers, des Schuldirektors Döring, und durch eine kleine, unter Leitung von Tackenberg 1937 durchgeführte Untersuchung näher faßbar. Auf dem Gipfel eines über der Mulde gelegenen Felsspornes als für die Zeit typischer kleinflächiger Burgwall errichtet, muß er bereits bald nach Erbauung einem Feuer zum Opfer gefallen sein, denn als Charakteristikum wird in den Beschreibungen ein „Schlackenwall" angeführt. Bei den Schlacken muß es sich um unter Feuereinfluß verschlackte Phyllite der Holz-Erde-Mauer gehandelt haben. Mit Hilfe der Siedlungskeramik läßt sich die Anlage in die mittelslawische Zeit datieren. Hinweise auf eine Erneuerung der niedergebrannten Anlage fehlen. Die für die Wahl des Standortes ausschlaggebenden Gründe sind offensichtlich: Vom Dechantsberg aus ließ sich die Muldentalweitung um Nossen beherrschen und, vielleicht wichtiger, eine als „alte Furt" geläufige Querung des Flusses unterhalb des Einflusses des Pietzschbaches, kontrollieren. Mit der Aufgabe des Burgwalles auf dem Dechantsberg bricht die Besiedlung des Nossener Raumes nicht ab. Es ist jedoch eine Verlagerung der zentralen Befestigung zu beobachten, die in der Errichtung einer neuen Burganlage auf dem ein Stück flußaufwärts gelegenen Rodigt ihren Niederschlag findet. Auch von hier aus ließen sich eine Mul-

denfurt und die siedlungsgünstigen, fruchtbaren Hänge an der Mulde beherrschen. Die wenigen Funde, die vom Rodigt stammen, zeigen eine Belegung vom 10. bis in das 12. Jahrhundert an. Grabungen fanden hier nicht statt, so daß weitere Aussagen zu Nutzungsdauer und Bauweise der Anlage nicht möglich sind.
Beide Burgen belegen eine Einbeziehung in ein früh- und hochmittelalterliches Wirtschafts- und Herrschaftsgefüge, das aus schriftlichen Quellen nicht erschließbar ist. Sie zeigen, daß die Muldentalweitung bei Nossen bereits 200 bis 300 Jahre vor Gründung des Klosters Altzella bebaut und besiedelt gewesen war. Allerdings fassen wir hier den südlichen Rand der Besiedlung, denn in den kleinen Tälern der von Süden in die Mulde mündenden Bäche fehlen Hinweise auf Siedlungen des 9.–12. Jahrhunderts. Die Aufsiedelung dieser Ländereien setzte frühestens im 12./13. Jahrhundert ein. Dies zeigen besonders eindrucksvoll die bis in dieses Jahrhundert hinein erhaltenen Waldhufenfluren längs des Marienbaches und des Eulabaches. Die Inbesitznahme der landwirtschaftlich nutzbaren Flächen durch die Neusiedler war vollständig. Bis in das vergangene Jahrhundert hinein ist der ursprünglich vollständig deckende Wald im Wirtschaftsland bis auf wenige kleine Restwälder in den Wasserscheidenregionen und unzugänglichen Steilufern der Flüsse vollständig verschwunden.
Die überregionale Wegeführung wird wesentlich durch den Verlauf der über weite Strecken tief eingeschnittenen und damit nicht querbaren Mulde bestimmt. Die der Nossener Talweitung nächstgelegenen wichtigen Furten liegen bei Freiberg und bei Roßwein, daneben gab es einige lokale Möglichkeiten der Querung. Die Bedeutung der großen Furten wird durch die zu ihrer Sicherung und Kontrolle errichteten hochmittelalterlichen Burgen unterstrichen. Die heute z.T. vollständig zerstörten Anlagen liegen in sicherer Lage oberhalb der Furten, so die Wunderburg über Roßwein, eine namenlose Burg bei Gleisberg, die Burg von Nossen als Nachfolgerin des Burgwalles vom Rodigt und schließlich die Burg über der Bobritzsch-Furt bei Bieberstein. Die auf die Furten zielenden Wege sind, soweit sie im Gelände und aus älteren Karten noch erkennbar sind, als ausgesprochene Höhenwege, die Talungen meidende Wege angelegt. Besonders eindrucksvoll ist dies an der „Diebssteig" genannten Trasse erkennbar, die heute als Wirtschaftsweg

genutzt wird. Die an der „Alten Furt" die Mulde querende, von Meißen kommende Straße steigt bei Altzella in einem beeindruckenden, heute weitgehend bewaldeten Hohlwegfächer aus der Muldenniederung auf die Höhe und ist als geradlinige kammorientierte, nach Südwesten zielende Trasse bis zum Talschnitt der Großen Striegis zu verfolgen. Von hier aus ist eine Verbindung nach Hainichen und damit ein Anschluß an den böhmischen Steig und weiter nach Chemnitz denkbar. Ein weiterer Höhenweg verläuft auf dem zwischen Pietzschbach und Freiberger Mulde liegenden Rücken. Auch dieser Weg zielt auf die Furten bei Nossen. Unklar ist, seit wann die Wege begangen wurden. So läßt sich für die angeführten Straßen nicht mit Sicherheit sagen, ob sie bereits vor der Gründung des Klosters existierten oder erst im Laufe des 12. Jahrhunderts oder später genutzt wurden. Zumindest für den Diebssteig und den Hohlen oberhalb des Klosters ist ein zeitlicher Zusammenhang zum Kloster wahrscheinlich. Der Hohlwegfächer zielt direkt auf die Ummauerung des Klosters zu und schwenkt am Hangfuß nach Westen, so daß der weitere Verlauf zur Mulde hin direkt an der westlichen Klostermauer vorbei geführt haben dürfte. Damit kommt nur diese Trasse als Weg zum Kloster in Frage.

Die südlich der Mulde gelegenen Klosterfluren zeichnen sich als Blockfluren deutlich von den Waldhufenfluren der Umgebung ab. Infolge der Zusammenlegung der Fluren im Zuge der Bodenreform sind diese Unterschiede heute nicht mehr sichtbar. Sucht man nach Spuren der Klosterwirtschaft in der Landschaft, so stößt man unwillkürlich auf den Zellwald. Die Zugehörigkeit zum Kloster ist in Quellen nachweisbar, auch ist bekannt, daß mitten im Wald bereits 1141 ein angeblich der heiligen Walpurgis geweihtes Benediktinerkloster gegründet wurde, das allerdings bald darauf zugunsten der Neugründung des Zisterzienserklosters durch Otto den Reichen aufgegeben wurde. Die Bezeichnung „Alte Zelle" erinnert an diesen Vorgang. Die Nutzung des Waldes als Holzlieferant und Jagdrevier ist offensichtlich. Seine Grenzen werden eindeutig durch die Einzugsgebiete des Pietzschbaches und des Aschbaches bestimmt. Geologische Besonderheiten oder unfruchtbare Böden, die einer landwirtschaftlichen Nutzung entgegenstehen würden, sind nicht ersichtlich. Damit erscheint der Zellwald als ein Waldgebiet, das bewußt von der Rodungstätigkeit des ausgehenden 12. Jahrhundert ausgenommen wurde. Neben wirtschaftlichen Gründen lassen sich die Jagd und vor allem das Bedürfnis an sauberem Wasser, das über den Pietzschbach zum Kloster abgeleitet wurde, anführen. Reste der Stauungen sind als bis zu fünf Meter hohe quer zur Pietzschbachtalung verlaufende Wälle und in den Fels gearbeitete Abläufe bis heute erhalten.

Als Klosterstandort wurde eine flache, in die Niederung streichende Terrasse gewählt, die zur Gründungszeit um 1170 hochwasserfrei war. Verlauf und Wasserstand der Mulde haben sich infolge der umfangreichen hochmittelalterlichen Rodungen im Oberlauf verändert. Der erhöhte Oberflächenabfluß führte im Oberlauf zur stoßweisen Zunahme der Wassermenge sowie zu verstärkter Erosion und damit zu zunehmender Aufnahme von Abschwemmmaterial. In der mit einem Fangbecken vergleichbaren Talweitung bei Nossen kam es zur Ablagerung, damit zur Aufhöhung des Talbodens und einer zunehmenden, gegen die Klostermauer gerichteten Lateralerosion des Flusses. Die wahrscheinlich ursprünglich symmetrisch angelegte Ummauerung mußte schließlich im Nordosten zurückgenommen werden. Der alte Muldenlauf ist als flache Delle in der Niederung nördlich der heutigen Mulde noch erkennbar.

Vorbericht zu Ausgrabungen im Kloster Altzella im Jahre 1997

Das erste Zisterzienserkloster, das in Sachsen gegründet wurde, war das Kloster Altzella bei Nossen. Markgraf Otto der Reiche bestimmte Mönche aus Pforta für die Errichtung eines Klosters, das er mit 800 Hufen Land ausstattete und für sich und seine Familie als Grablege wählte. Kaiser Friedrich I. bestätigte ihm 1162 diese Stiftung. Die ersten Mönche trafen 1175 in Altzella ein, so daß zu diesem Zeitpunkt bereits die Grundvorraussetzungen für die Ansiedlung der Mönche provisorische Bauten bestanden haben müsen. Erst im November 1198 wurde die große Klosterkirche geweiht. Die übrigen Klausurgebäude waren wohl erst Anfang des 13. Jahrhunderts vollendet. Aufgrund der reichen Ausstattung entwickelte es sich bald zum bedeutensten in der Mark Meißen. Der starke Anstieg der Konventualen bedingte in der Folgezeit noch erhebliche Umbauten und Erweiterungen an den Klausurgebäuden. Im 16. Jahrhundert wurde das Kloster im Zuge der Reformation säkularisiert und die Gebäude abgebrochen; sie dienten fortan als „Steinbruch". Der westliche und südliche Teil des Klosterareals wurde landwirtschaftlich als Kammergut genutzt. Im nordöstlichen Geviert – dem Klausurbereich – wurde um 1800 ein Landschaftspark angelegt.

Das Kloster wurde westlich von Nossen an der Einmündung des Pietzschbaches in die Freiberger Mulde in einer für Zisterzienserklöster typischen Landschaft erbaut. Die Grundvorraussetzungen für die Errichtung eines Klosters nach den strengen Vorgaben der Ordensregeln waren durch eine nur dünn besiedelte und noch wenig kultivierte Landschaft, die Tallage direkt an einem fließenden Gewässer, umschlossen von Hügeln, gegeben. Heute sind noch Reste der ca. 17 ha großen Gesamtanlage sichtbar. Das von einer hohen Bruchsteinmauer umgebene Klosterareal wird im Westen von einem Rundbogenportal erschlossen, dessen Basen ca. 1,5 m unter der heutigen Oberfläche liegen. In einer Achse mit dem Portal liegt in der Osthälfte des Klostergebietes der Eingang zum Klosterpark dahinter ehemals der Westeingang zur Kirche. Das Klostergebiet wird durch die Anlage der Achse und die Lage der Klausur viergeteilt, wobei die Klausur und die Gebäude, von denen Ruhe ausgeht, im Nordostviertel liegen. Die Klausur läßt sich aus dem noch erhaltenen Baubestand, archäologischen Untersuchungen und alten Abbildungen rekonstruieren. Den einzigen noch vollständig erhaltenen Bau aus der Klosterzeit bildet das Konversenhaus als westlicher Flügel des Klostergevierts. Ferner sind außerhalb der Klausur noch die Grundmauern der Andreaskapelle, des Spitals und der Abtei bekannt. Zwei monumetale Schüttgebäude befinden sich im Norden des Areals.[1]

Mit der Errichtung eines neuen Abwasser- und Trinkwassersystems konnten 1997 zum ersten Mal archäologische Beobachtungen westlich und südlich der Klausur archäologisch betreut werden. Die hier gemachten Beobachtungen ergeben neue Aspekte zur Bebauung und Nutzung des Areals und zur Frühgeschichte des Klosters. Da zum Zeitpunkt des Manuskriptschlusses die archäologischen Untersuchungen vor Ort noch nicht abgeschlossen waren, können sich bei der abschließenden Auswertung der Befunde und Funde insbesondere im Hinblick auf Datierungen noch Änderungen ergeben.

Die Rekonstruktion von Gebäudegrundrissen von Steinbauten ist aufgrund der schmalen Ausschnitte schwierig, trotzdem lassen sich von vier Gebäuden ungefähre Vorstellungen ihrer Größe gewinnen. Bei zwei dieser Gebäude handelt es sich wohl aufgrund ihrer reichen Ausstattung und Dimensionen um besonders wichtige.

Gebäude I: Südlich von Wohnhaus 2 wurden die Reste eines in mehreren Phasen errichteten Gebäudes gefunden, von dem Teile durch frühere Baumaßnahmen bereits stark gestört waren. Die Südwand dieses Baus war mindestens 44 m lang. Seine Südostecke ist dem nördlichen Portal des Konversenhauses etwa 5 m vorgelagert. Eventuell besaß dieses mächtige Gebäude Strebepfeiler, denn ohne stratigraphischen Bezug auf die Wand wurde der Rest eines solchen Pfeilers freigelegt, der aufgrund von Keramik in das 13. Jahrhundert datiert wird. Ein Eingang im westlichen Gebäudeteil wurde durch eine schräge verputze Kante im Gebäudeinneren nachgewiesen. Zu einem späteren Zeitpunkt fügte man an dieser Stelle einen Vorbau an, dessen Ostwand zumindest zum Teil diesen Eingang verdeckte. Der Innenraum des unregelmäßig trapezförmigen Vorbaues war nur etwa 1,5–2,0 m x 8,0 m groß und mit einem Fußbodenbelag aus grünglasierten roten und schwarzen Tonfliesen ausgestattet. Bemalte Putz- und Fensterglasreste von Grisaillefenstern aus dem Bauschutt belegen eine reiche Ausstattung. Im Haupthaus wurden zwei Fußböden nachgewiesen,

2 Altzella. Gesamtaufnahme des Kanals [500]

zunächst ein Kopfsteinpflaster, das später durch einen Plattenfußboden aus großen glimmerhaltigen Schieferplatten ersetzt wurde. Gedeckt war das Gebäude mit Schindeln aus Blattschiefer. Bei dem Gebäude könnte es sich um die von Magirius in diesem Bereich angenommene Vogtei handeln.[2]

Gebäude II: Nur wenig südwestlich der Andreaskapelle wurden Mauerreste freigelegt, die vermutlich zum Gästehaus des Klosters gehörten.[3] Teile von Strebepfeilern auf der nördlichen Stirnseite weisen auf ein mächtiges Bauwerk. Aufgrund der dichten Lage und der erheblich von der Andreaskapelle abweichenden Orientierung kann eine frühere Datierung – also deutlich vor 1349, der Weihe der Andreaskapelle – vermutet werden.

Im Laufe seiner Nutzung wurde das Gebäude mehrfach verändert. So wurden alte Eingänge zugemauert und durch neue ersetzt. Ferner erhielt das Gebäude Anbauten, die später abgerissen und durch neue kleinere ersetzt wurden. Funde von Mosaikplattenfliesen im Abbruchschutt des Gebäudes weisen daraufhin, daß dieser Bau zumindest an einigen Stellen mit einem aufwendigen

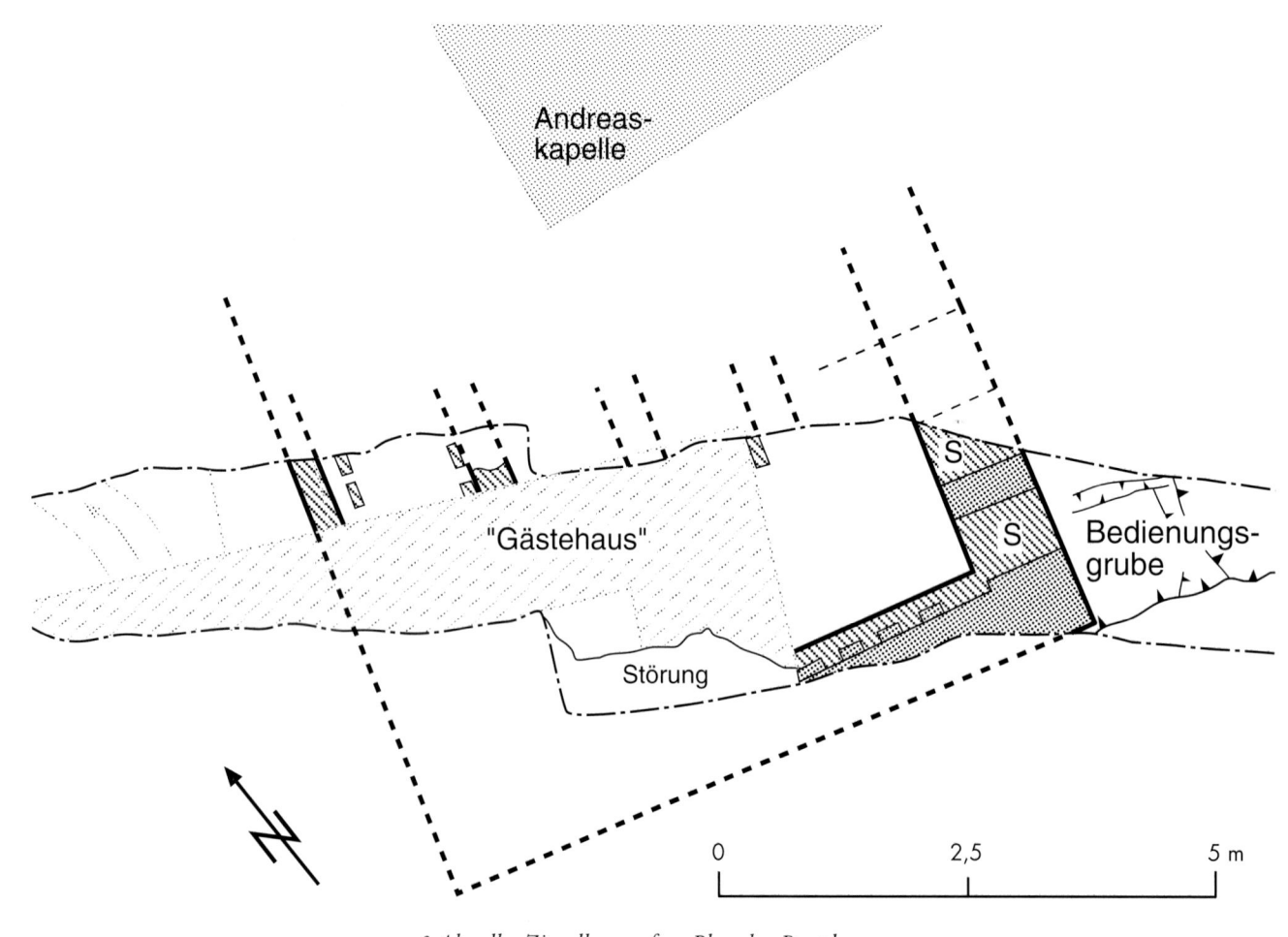

3 Altzella. Ziegelbrennofen, Plan der Bauphasen

Fußbodenbelag ausgestattet war. Das aufgehende Mauerwerk bestand wohl weitgehend aus Backsteinen; diese dominieren jedenfalls im Abbruchschutt. Das Dach war mit Blattschiefer und Dachziegeln sowohl mit Rund- als auch Spitzschnitt eingedeckt. Im Abbruchschutt wurden zudem einzelne Reste von Wandverputz nachgewiesen, der mit einfachen roten Strichzeichnungen bemalt war.

Reste zweier weiterer Gebäude sind jünger:

Gebäude III: Die Baugrube eines zwischen großer Scheune und Fotomuseum gelegenen Gebäudes mit massiven Fundamenten schneidet die Baugrube des Kanals und setzt an einigen Stellen auf dem Gewölbe des Kanals auf oder zerstört es. Es wurde also nach der Aufgabe des Kanals errichtet. Ein großer Findling an der SW-Ecke des Baues und die mit äußerst hartem Kalkmörtel gemauerten Fundamente deuten auf eine große Baulast. Einzelne flach gegründete, teils in Lehm gesetzte, teils gemörtelte Mauern setzen westlich gegen diesen Bau an; sie könnten entweder von kleineren Anbauten oder von Parzellenbegrenzungen herrühren. Aufgrund von entsprechenden Verfärbungen im Untergrund wird es sich bei diesem Gebäude um einen Stall gehandelt haben.

Gebäude IV: Südwestlich der Ziegelscheune wurde ein im 15. Jahrhundert angelegtes Kellergewölbe, bestehend aus zwei Räumen, aufgedeckt. Der westliche größere Raum war durch einen gemauerten Einstiegsschacht besteigbar und mit einem Kreuzgewölbe versehen. Der östliche Raum war erheblich kleiner und tonnengewölbt. Von hier konnte man das Gewölbe noch bis in die 70er/80er Jahre dieses Jahrhunderts besteigen. In den an die Südwand von außen streichenden Schichten wurde Keramik des 15. Jahrhunderts gefunden. Der Fußboden des darüber liegenden Raumes bestand aus hellrot gebrannten quadratischen Ziegeln.

Weitere Mauerreste südlich der Böttcherei, östlich der Alten Schreiberei und südlich des Klosterparkes gehören wohl auch zu Gebäuden, deren genauere Lage sich aber nicht rekonstruieren läßt.

Reste einer älteren Holzbebauung konnten vor allem südlich der Andreaskapelle und des Klosterparkes festgestellt werden. Diese Befunde werden von Gebäude I und dem Friedhof überlagert. Es handelt sich um den Rest eines Baues mit in Lehm gesetztem Fundament und einer Raumunterteilung, außerdem wurden an mehreren Stellen schmale Gräbchen – eventuell Schwellbalkengräbchen –, Pfostenlöcher und Grubenhäuser angeschnitten. Die reinigende Kraft des fließenden Wassers ist für die Zisterzienser von großer Bedeutung. Daher ist es nicht verwunderlich, daß zahlreiche Befunde mit Wasserbau in Verbindung gebracht werden konnten. Zu den aufwendigen Beispielen zisterziensischer Wasserbaukunst zählt ein Befund, der östlich der großen Scheune zu Tage kam. Hier konnte ein trapezförmiger, etwa 3,50 x 3,70 m großer, bis auf den verwitterten anstehenden Fels abgetiefter, in Trockenmauerwerk ausgeführter, ursprünglich vermutlich überwölbter Raum freigelegt werden. Er diente offensichtlich dazu, Wasser (Hang-, Regen- oder

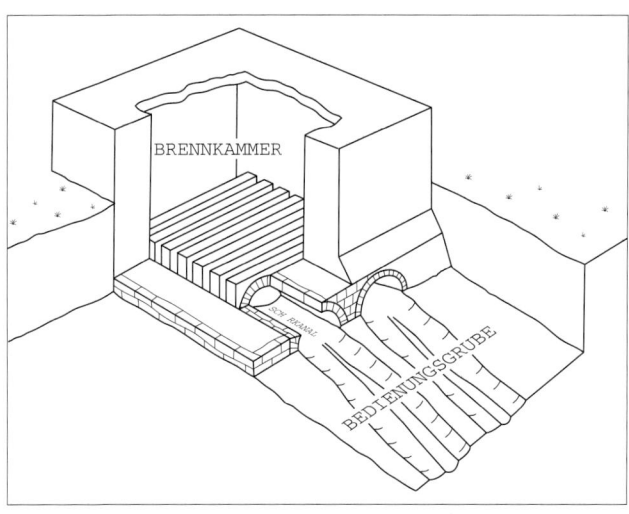

5 Altzella. Rekonstruktion der Ofenbauphase I

Quellwasser) aufzufangen und zu sammeln. (Abb. 2) Über eine einfache Holzkonstruktion als Wehr, Kalksteinplatten und der hier in Zweitnutzung eingebauten Sitzfläche einer Bank wurde Wasser durch einen Kanal hangabwärts geleitet. Dieser Kanal war ursprünglich aus Ziegeln auf einem Bruchsteintrockenfundament aufgemauert und weist mehrere Umbauphasen auf. Keramik aus seiner Verfüllung deuten auf eine Nutzung in der 2. Hälfte des 13. und im 14. Jahrhunderts hin. Abzweigungen von diesem Kanal wurden nicht gefunden. Bereits bei früheren Baumaßnahmen auf dem Hof zwischen Alter Schreiberei und Konversenhaus beobachtete Kanäle könnten durchaus mit diesem in Zusammenhang stehen. Als interessanten Befund sollen die Reste einer mittelalterlichen Ziegelei detaillierter beschrieben werden. Die Herstellung von Ziegeln ist in Altzella von besonderer Bedeutung, da es sich bei der Kirche und den Klausurgebäuden um einen frühen Beleg von Backsteinarchitektur in Mitteldeutschland handelt.

Neben der noch heute erhaltenen neuzeitlichen Ziegelscheune, bei der auch ein Ofen und eine Abwurfhalde lokalisiert wurden, und den im Relief sichtbaren Lehmentnahmegruben[4] im östlichen und südöstlichen Bereich des Klosters können nun mehrere Befunde südlich der Klausur mit der Produktion von Baukeramik verbunden werden. Mehrere Stadien der Ziegelproduktion lassen sich im archäologischen Befund nachweisen. So ist eine Grube nachgewiesen worden, in der der in der Nähe gewonnene Lehm für die Ziegelherstellung aufbereitet wurde. Ansonsten wurden mehrere Ziegelbrennöfen unterschiedlichen Alters angeschnitten. Gut dokumentiert ist ein in zwei Phasen errichteter älterer Brennofen, der von dem Fundament des „Gästehauses" geschnitten wird. (Abb. 3) In einer früheren Phase (Bauphase I) ist der zweikammerige Ofen in die Erde eingetieft. Seine Wände bestehen aus in Lehm gesetzten Ziegeln. Die süd-

4 Altzella. Ziegelbrennofen, Gesamtaufnahme der älteren Ofenphasen mit Holzkohleschichten in den Schürkanälen und Ziegelabdrücken der Innenkonsturktion

liche Außenmauer ist ca. 0,75 m stark, die der östlichen etwa 1,00 m, eine Mittelwand war 0,40 m breit. Die Bedienung erfolgte von Osten durch tonnenartig überwölbte Schürkanäle, deren Höhe sich mit 0,60–0,70 m rekonstruieren lassen. Das Präfurnium befand sich auf gleicher Höhe mit den Schürkanälen und war als vermutlich rechteckiger, dem Ofen im Osten vorgelagerter Raum gestaltet. Obwohl das Ofeninnere durch den späteren Umbau ausgeräumt war, konnten doch einige Beobachtungen zur Innenkonstruktion gemacht werden, so daß sich der Ofen in Kenntnis von vergleichbaren besser erhaltenen Befunden rekonstruieren läßt. (Abb. 5) Nach Entfernung der Ziegel der jüngeren Umbauphase waren auf der Ofensohle entlang der südlichen Innenwand im Abstand von 20–25 cm Abdrücke von als Läufern verlegten Ziegeln feststellbar. Ähnlich war der Befund auf dem Rest der aufgehenden Ofenwandung. Hier war sie im Bereich der Zwischenräume zwischen den Abdrücken durch Ascheanflug verglast. (Abb. 4)

Dieser Ofen wurde umgebaut, indem die alten Schürkanäle zugemauert und eine neue Haut aus in zwei Reihen gesetzten Ziegeln eingebaut wurde. Die Breite des jüngeren Ofens ist mit 7,60 m rekonstruierbar. Er besaß vier Kammern, die durch Mittelwände abgetrennt waren. Entlang der östlichen Außen- und Mittelwand konnte analog zu Ofenphase I Ziegelabdrücke beobachtet werden, in zwei Fällen waren auch noch die Ziegel vorhanden. Ausgehend von diesen Ziegeln war ein Reihe von Ziegeln und durchgeglühten Bruchsteinen offensichtlich verstürzt. Schürkanäle und Bedienungsgrube wurden nicht erfaßt. Sie befanden sich im Norden außerhalb des Trassenverlaufes.

Östlich des Ofens lag ein Grubenhaus, das mit verworfenen fehlgebrannten rottonigen Fußbodenplatten und Tonwülsten – eventuell Brennhilfen – und einer dicken Holzkohleschicht verfüllt war.

Südlich der auf Plänen des 18. Jahrhunderts dargestellten Mauer um die Kirche, die die Ausdehnung des Friedhofes im 16. Jahrhundert wiedergibt und deren Verlauf in etwa der heutigen Parkbegrenzung entspricht, kamen weitere Gräber einer Friedhofsbelegung zum Vorschein. Stellenweise konnte eine Abfolge von drei Grabgenerationen nachgewiesen werden. Der Friedhof war im Osten vermutlich von einen flachen Graben umgrenzt, in dessen Verfüllung sich Keramik des 15. Jahrhunderts fand. Trotz der schmalen Leitungseinschnitte wurde deutlich, daß die Gräber in Reihen angelegt waren. (Abb. 6) Zweiundzwanzig Gräber konnten soweit freigelegt werden, daß sich einige Aussagen zur Bestattungsform, wie Grabgrube, Lage des Bestatteten und Ausstattung treffen lassen. Von weiteren 15 Gräbern wurden Ecken erfaßt oder ihre Lage im Profil angeschnitten. Unterschiedliche Grabgrubenformen sind nachgewiesen. Am häufigsten sind sogenannte Kopfnischengräber;

6. Altzella. Schachtbaugrube S11.3 mit freigelegten Gräbern

diese sind dreizehn mal belegt. Bei denen die in dem standfesten Lößlehm ausgehobene Grabgrube ziemlich exakt in der Kontur des in der Rückenlage liegenden Leichnams modelliert wurde. Einen einfachen geraden bzw. leicht gerundeten Kopfabschluß besitzen nur acht Gräber. Mit Ausnahme einer Doppelbestattung ist jeweils ein Leichnam in einer Grabstätte beigesetzt worden. Zwei ältere Bestattungen werden von Gebäude I überlagert und könnten somit die Lage des älteren Friedhofes bezeichnen. Damit sind sie älter als der Vorbau.

Zusammenfassung

Im 12. und frühen 13. Jahrhundert, also während der Frühphase des Klosters, entstanden südwestlich der Klausur mehrere Grubenhäuser, die wohl als Werkstätten beim Bau der Klausur dienten. Eventuell ist auch ein einfacher Steinbau mit in Lehm gesetztem Fundament in diese frühe Phase zu datieren. Datierende Funde aus dieser Frühzeit liegen nach dem ersten Einblick in das Fundmaterial nicht vor. Aus diesem Zeitraum stammt auch der Ziegelbrennofen, der zum Brand von Fußbodenplatten Verwendung fand. (Abb. 7a) Das lange, westlich des Konversenhauses gelegene Gebäude I läßt sich in die zweite Hälfte des 13. Jahrhunderts datieren. Vermutlich ebenfalls in der zweiten Hälfte des 13. Jahrhunderts wurde das „Gästehaus" (Geb. II) gebaut. Seine Orientierung läßt eine Errichtung zusammen mit der Andreaskapelle oder danach als unwahrscheinlich erscheinen. Auf dem Hang wurde eine Zisterne angelegt, die vermutlich neben Wasser aus einem Bach auch Regenwasser sammelte und über einen Kanal hangabwärts leitete. Der Friedhof erstreckt sich bis weit nach Süden. (Abb. 7b)

Im 14./15. Jahrhundert erfolgten Umbauten am „Gäste-

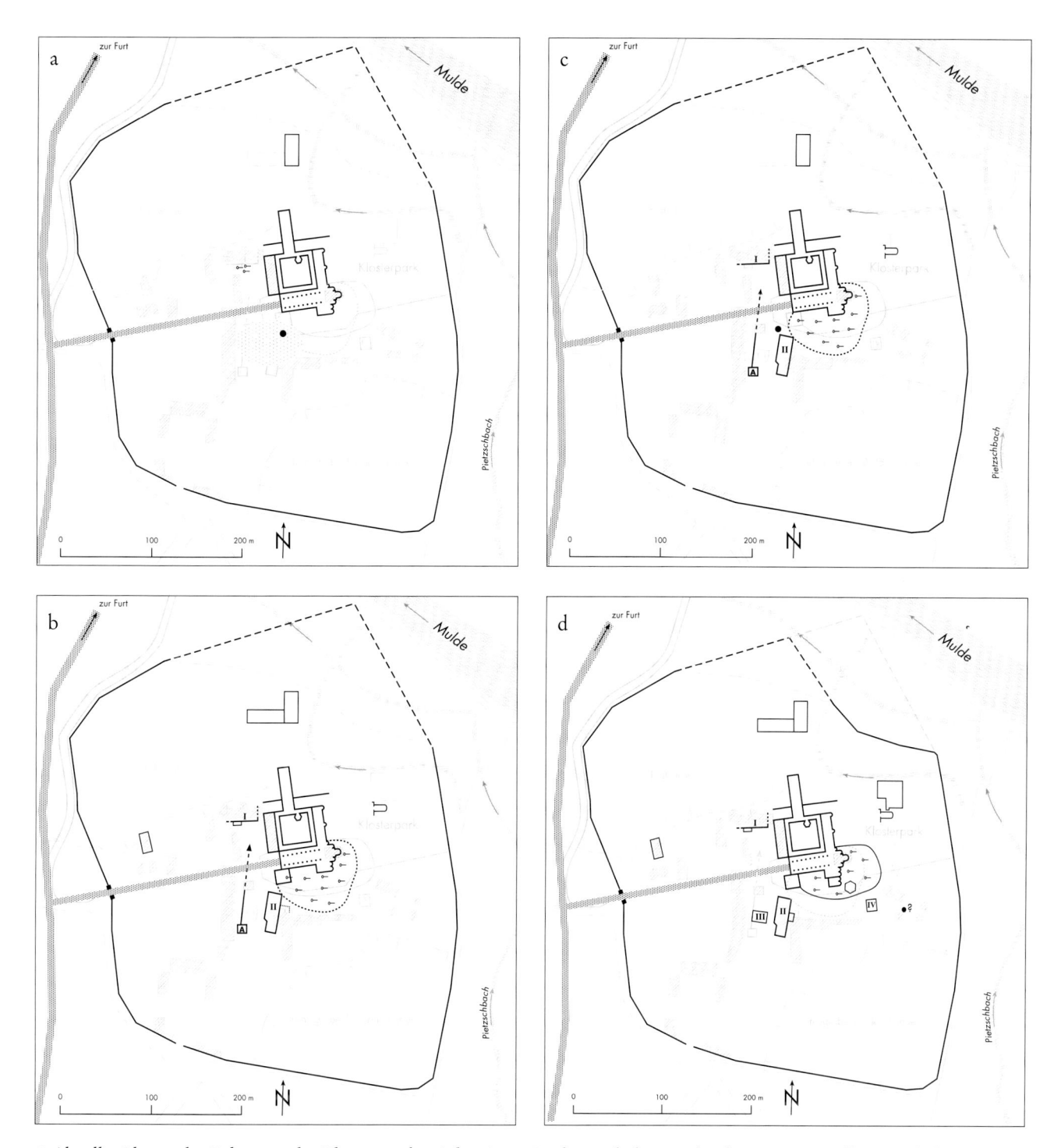

7 Altzella. Phasen der Bebauung des Klosterareals mit heutigem Baubestand als Graudruck. (a) 12./1. Hälfte 13. Jahrhundert, (b) zweite Hälfte 13. Jahrhundert, (c) 14. Jahrhundert, (d) 15./16. Jahrhundert

haus" und an der „Vogtei". Neu errichtet wurde vermutlich bereits im 14. Jahrhundert ein an das Südwestende des Gästehauses grenzendes Gebäude sowie das südlich der Böttcherei gelegene Gebäude. (Abb. 7c) Im 15. Jahrhundert wurde der den Friedhof nach Osten begrenzende Graben aufgegeben und vermutlich die auf dem Plänen des 18. Jahrhunderts erkennbare Friedhofsmauer angelegt und somit das Friedhofsareal verkleinert. Ebenfalls im 15. Jahrhundert wurde das östlich des Friedhofes gelegene Gebäude mit Gewölbekeller und Fußboden aus hellroten Fußbodenfliesen errichtet. (Abb. 7d)

229

Anmerkungen

1 Der bekannte Baubestand wurde ausführlich von Heinrich Magirius beschrieben. Vgl. MAGIRIUS, HEINRICH: Die Baugeschichte des Klosters Altzella. (= Abhandlungen der Sächsischen Akadademie der Wissenschaften Leipzig. Philosophisch-historische Klasse 53. 2). Berlin 1962.
2 MAGIRIUS 1962 (wie Anm. 1), Fig. 20.
3 MAGIRIUS 1962 (wie Anm. 1), Fig. 20.
4 Eine vergleichbare Grube, „fosse 30", die bei Ausgrabungen in der vom 15.–17. Jahrhundert bezeugten Ziegelei von Soirans-Fouffrans aufgedeckt wurde, wurde von F. Charlier ebenfalls als Tonaufbereitungsgrube interpretiert. CHARLIER, F.: Soirans-Fouffrans, la Tuilerie (Côte s´Or): un atelier de terre cuite, XVe–XVIIe siècles. Archéologique Médiévale 24, 1994, 301–366; hier S. 303. 344 fig 2.

Literatur

BEYER, EDUARD: Das Cistercienser – Stift und Kloster Alt-Zelle in dem Bisthum Meißen. Dresden 1855; FIEDLER, A.: Die Entwicklung des Burg-Stadt-Verhältnisses in der Stadt Nossen von seinen Anfängen bis zur Mitte des 14. Jahrhunderts. In: AFD 34 (1991). S. 207-249; GÜHNE, A.: Sondierungen an der Wehranlage auf dem Dechantsberg bei Nossen, Kr. Meißen. In: Arch. Feldforschungen in Sachsen. Berlin 1988, S. 357–359; Das Zisterzienser – Kloster Altenzella in Sachsen. Ergänzungsheft zur Beschreibenden Darstellung der älteren Bau- und Kunstdenkmäler Sachsens. Bearb. von CORNELIUS GURLITT. Dresden 1922; HERRMANN, J. und P. DONAT (Hrsg.): Corpus Archäologischer Quellen zur Frühgeschichte auf dem Gebiet der Deutschen Demokratischen Republik, 4. Lieferung (Berlin 1985); MAGIRIUS, HEINRICH: Die Baugeschichte des Klosters Altzella. Abhandlg. der sächs. Akademie der Wissenschaften zu Leipzig, phil.-hist. Kl., Bd. 53, H.2. Berlin 1962; MEICHE, A.: Der alte Zellwald an der Freiberger Mulde. Ein Beitrag zur Geschichte der ostmitteldeutschen Kolonisation mit einer Nebenuntersuchung über die fränkische Hufe. In: NASG 41 (1920), S. 1–42; MERTENS, K.: Romanische Saalkirchen. (= Studien zur katholischen Bistums- und Klostergeschichte 14); SCHATTKOWSKI, MARTINA: Das Zisterzienserkloster Altzella 1162–1540. (= Studien zur katholischen Bistums- und Klostergeschichte 27). Leipzig 1985; TACKENBERG, K.: Die Ausgrabung auf dem Dechantsberg bei Nossen. In: Sächs. Vorzeit 2, 1938, 169–180.

Vorbericht zu den bauarchäologischen Sondierungen im Kirchenbereich des Zisterzienserklosters in Grünhain

Daniel Jakob, Wilfried Stoye, Wolfgang Nitsche

Das ehemalige Zisterzienserkloster Grünhain, im Bereich der Diözese Naumburg gelegen, beschließt chronologisch die Reihe der im 12. und 13. Jahrhundert begründeten thüringischen und sächsischen Zisterzienser-Mönchsklöster, die sich in ihrer Stammtafel über Walkenried (1129) und Volkenroda (1131) im Harz, Georgenthal (1142) in Thüringen und Kamp (1123) am Niederrhein – zumeist über mehrere Filiationen hinweg – auf Morimond (1115), eine der vier Primarabteien von Cîteaux, zurückführen lassen.[1]

Grünhain bei Schwarzenberg gehört gleichermaßen wie Altzella bei Nossen zu den kultur- und kunstgeschichtlich bedeutendsten Klostergründungen im obersächsischen Raum des Erzgebirges.[2]

Die Fundation des Klosters „Gruninhain"[3] um 1235 fällt mit einem ersten Höhepunkt der seit der Mitte des 12. Jahrhunderts im Auftrag des deutschen Königs unter Leitung edelfreier und reichsministerialischer Geschlechter fortschreitenden Kolonisation im westerzgebirgischen Siedlungsgebiet zusammen und ist sicher auch, über das Expansionsstreben des deutschen Königs hinaus, mit dem seinerzeit prosperierenden Silberbergbau in der Mark Meißen sowie dem gleichfalls aufblühenden Eisen-, Zinn- und Silberbergbau im erzgebirgischen Revier des Pleißenlandes (der terra plisnia) in Verbindung zu bringen.[5]

Die Lage des Klosters an einer der ältesten Handelsstraßen, die als Hohe- oder Salzstraße vom mitteldeutschen Salzgebiet (Halle-Leipzig) ausgeht sowie über Altenburg und Zwickau weiter als „böhmischer Steig" durch das vormals noch urwaldartige Erzgebirge (Miriquidi) nach Böhmen führt,[6] garantiert dem an der ostdeutschen Kolonisation maßgebend beteiligten Reformorden der Zisterzienser reiche Pfründe. Dies dürfte das Generalkapitel des Ordens schließlich veranlaßt haben, im oberwäldischen Teil der Grafschaft Hartenstein (einem Reichslehen der Burggrafen von Meißen),[7] an der Stelle eines bereits vorhandenen Vorwerkes „Grunenhagen"[8] mit Kirche (St. Maria und St. Nikolaus)[9] ein Kloster (1231–1235) zu errichten, in das 1235/36 Mönche aus dem mansfeldischen Zisterzienserkloster Sittichenbach einziehen.[10]

Die Klostergründung Grünhain (1235) von Sittichenbach aus beruht ebenso, wie das durch Markgraf Otto dem Reichen vom Kloster Pforta bei Naumburg aus begründete Zisterzienserkloster Altzella (1162) und das auf Veranlassung des Burggrafen von Leisnig errichtete und gleichfalls von Sittichenbach aus besiedelte Kloster Buch (1192), auf einer Stiftung.[11]

Als Stifter des Zisterzienserklosters Grünhain gilt der Burggraf Meinher II. von Meißen auf Hartenstein, dessen dynastische Grundherrschaft, die Grafschaft Hartenstein, den Kernbesitz des Klosters von zunächst zwölf Bauernhöfen umschließt.[12] Aber auch die vermutlich edelfreien Herren von Meineweh auf Wildenfels, die ihrerseits den noch im 12. Jahrhundert entstandenen Ort Grünhain der Zisterzienserabtei stiften, gehören zum engeren Kreis der Klostergründer.[13]

Es sind überdies die gleichen edelfreien Adelsgeschlechter: die Meineringer und die von Meineweh, die bereits nach der Mitte des 12. Jahrhunderts im südlichsten Randgebiet der Grafschaft Hartenstein zur Gründung des Augustiner-Chorherrenstifts „Zelle" bei Aue, 60 reichslehnbare Rodungshufe (novalia), 1173 durch den Stauferkaiser Friedrich I. bestätigt, zur Verfügung stellen.[14]

Das Wirtschaftssystem des Zisterzienser-Mönchsklosters Grünhain konkurriert höchst erfolgreich mit dem der umliegenden Feudalherren, und bald erstreckt sich der wirtschaftliche und geistige Einfluß der Abtei über das ganze westliche Erzgebirge bis weit nach Böhmen und ins Tiefland nach Altenburg hinein.[15]

Zwei größere Stadt- bzw. Handelshöfe (Zwickau, Schlettau)[16] sowie zwei vorwerkartige Grangien (Gardschütz bei Altenburg, Wistritz in Böhmen)[17] entwickeln sich zu bedeutenden Wirtschafts- und Verwaltungszentren des Klosters und zeugen als florierende Absatz- und Umschlagsplätze der Überproduktion Grünhainer Klosterökonomie von einer erfolgreichen expansiven Wirtschaftspolitik des Zisterzienserordens.

Die Haupterwerbsquellen der Klosterwirtschaft Grünhain sind, neben der Land-, Forst- und Fischereiwirtschaft, vor allem der Eisen-, Zinn- und Kohlebergbau.[18] Inwieweit die Klostergründung Grünhain – ähnlich wie die des Mutterklosters Sittichenbach – gezielt in einer Gegend erfolgt, wo auf natürliche Weise Erzvorkommen aufgeschlossen worden sind, wäre noch urkundlich und archäologisch zu überprüfen.

Durch Schenkung und durch Kauf vergrößert sich somit in den folgenden drei Jahrhunderten nach der Gründung der Grünhainer Klosterbesitz beträchtlich. Gegen Ende des Mittelalters, auf dem Höhepunkt der Macht, verfügt die Abtei über drei Städte: Grünhain, Zwönitz sowie Schlettau und nennt zudem 56 Dörfer und mindestens ebensoviel Dorfanteile ihr eigen, womit Grünhain um 1500 zu den größten und reichsten Klöstern in Kursachsen zählt.[19] Allein die Klosterbibliothek umfaßt zu dieser Zeit etwa 650 Bände.[20]

Das Zisterzienserkloster Grünhain besitzt von Anbeginn die Vogtsfreiheit und die hohe Gerichtsbarkeit und verteidigt erfolgreich über die Jahrhunderte hinweg seine unabhängige Stellung gegenüber dem Landesherrn bis zur Durchführung der Reformation in Grünhain 1529.[21]

Als Mittelpunkt eines weltlichen wie geistlichen Territoriums übt das Kloster Grünhain seit seiner Gründung 1235/36 bis zur Säkularisation 1536 im steten Wettstreit um ideellen Einfluß und weltliche Belange eine Macht aus, die drei Jahrhunderte lang das kulturelle Leben im westlichen Erzgebirgsbereich bestimmen soll und deren Folgen vielfältig bis auf unsere Zeit hin feststellbar sind.

Dieser herausragenden kulturhistorischen Bedeutung des Denkmalobjektes Kloster Grünhain entspricht die derzeitig bauliche sowie landschaftsarchitektonische Situation des Klostergeländes in keiner Weise.

Die Stadtverwaltung Grünhain beabsichtigte deshalb in Zusammenarbeit mit dem Landesamt für Denkmalpflege Sachsen und dem Landesamt für Archäologie Sachsen, eine Neuordnung des Klostergeländes vorzunehmen.

Der Stadtrat von Grünhain richtete 1991 an das vormalige Institut für Denkmalpflege (heute Landesamt für Denkmalpflege) die Bitte, Unterstützung bei der denkmalgerechten Sanierung der überkommenen mittelalterlichen Baustrukturen im Klosterbereich zu leisten.

Erklärtes Ziel des gemeinsamen Vorgehens war die landschaftsgärtnerische Umgestaltung des teilweise zweckentfremdet genutzten Klosterareals, wobei die funktionellen Zusammenhänge der altehrwürdigen Klosteranlage, sowohl landschaftsarchitektonisch als auch bauarchäologisch ablesbar, zur Anschauung zu bringen sind.

Im Jahre 1992 erfolgten daraufhin unter Leitung von Wolfgang Nitsche vom Landesamt für Denkmalpflege Sachsen in enger Zusammenarbeit mit Wilfried Stoye, Kulturamtsleiter der Stadt Zwickau und Daniel Jakob von der kommunalen Bodendenkmalpflege Zwickau, die notwendigen Sondierungen zur Bestimmung der Lage und Ausdehnung der ehemaligen Klosterkirche.

Nach systematischer Prospektion (Geländebegehung, Aufnahme von Bewuchsmerkmalen und obertägigen Denkmalresten, Probebohrungen zur Mauerwerksbeschaffenheit etc.), wurde ersichtlich, daß auf Grund der über mehrere Jahrhunderte hinweg angesammelten Verschüttmassen im Bereich der Klosterruinen, geophysikalische Erkundungsverfahren nur wenig befriedigende Ergebnisse zu erwarten sind.

Folglich galt es, einen Schnitt in Nord-Süd-Richtung, mit relativ geringen Bewuchs- und Bodeneingriffen, durch das Langhaus der ehemaligen Klosterkirche zu legen, um den nötigen Aufschluß über den Schichtenaufbau bauarchäologischer Befunde zu erhalten sowie einen

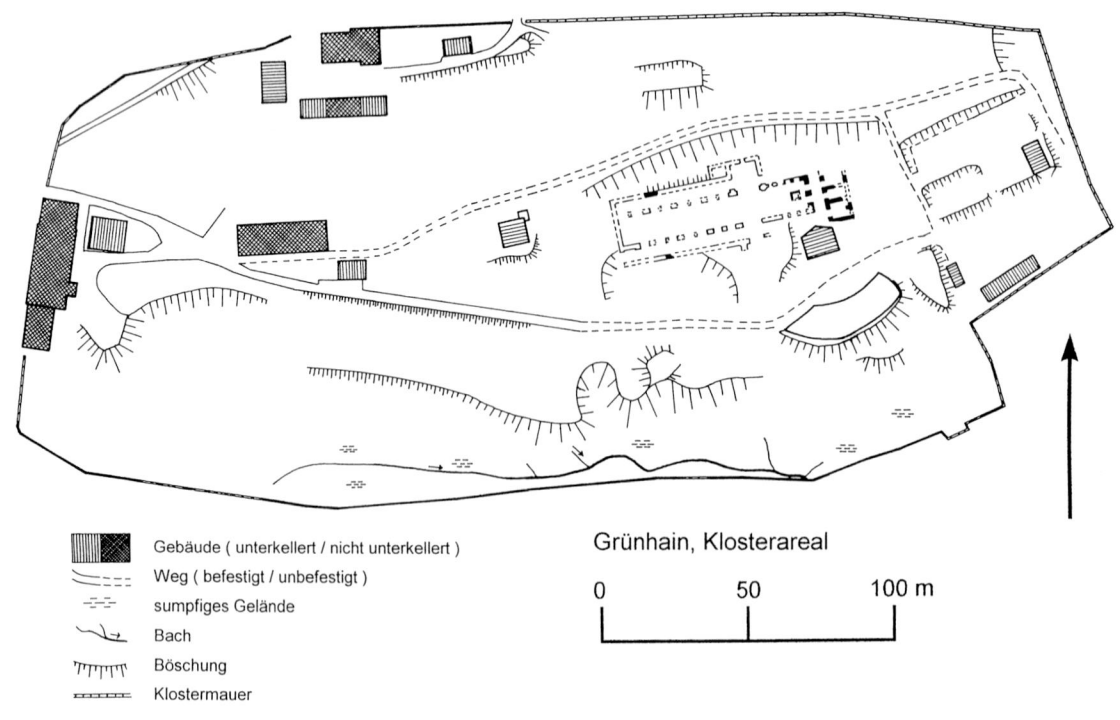

1 Grünhain, ehem. Zisterzienserkloster. Übersichtsplan Klosterareal mit Lage der Kirche

2 Grünhain, ehem. Zisterzienserkloster. Kirchengrundriß mit Schnitt durch das Langhaus (I) und Schnitt durch den Chor (II)

Überblick über die präzise Lage der Kirche im Klosterareal zu gewinnen.

1993 vernichtete ein Unwetter den dichten Baumbestand im Bereich des Chores der Klosterkirche. Nach Beseitigung der Sturmschäden zeigte es sich, daß die untertägige historische Bausubstanz durch das ausgreifende Wurzelwerk der zum Teil 200 Jahre alten Bäume stark in Mitleidenschaft gezogen war. Um die infolge des Windbruchs erforderlichen Notsicherungen am historischen Mauerwerk vornehmen zu können, sah man sich gezwungen, die Sondierungsarbeiten im Chorbereich zu einer großflächigen Grabung auszuweiten.

Die 1992 begonnenen Untersuchungen im Klosterbereich von Grünhain, die die Grundlage für eine denkmalgerechte Sanierungs- und Gestaltungskonzeption des Klostergeländes bilden sollten, verfolgten darüber hinaus das Ziel, die Resultate der bereits 1934 von Prof. Hans Nadler vorgenommenen Sondierungsgrabungen im Bereich des Langhauses der Klosterkirche, neuerlich zu diskutieren sowie die baukünstlerische Strukturen des bislang völlig unbekannten Chorbereiches zu erforschen. Von Hans Nadler sind Teile des Westabschlusses, des nördlichen Querhauses, der nördlichen und südlichen Seitenschiffswände, der nördlichen Kreuzgangmauer, einige Pfeiler der südlichen Arkaden des Langhauses sowie die Vierungspfeiler ergraben worden. Der eigentliche Chorbereich ist nicht untersucht.

Von der Erkundung des Chores, als dem bauarchäologisch differenziertesten Teil des zisterziensischen Klosterkirchenbaues, waren nicht allein nähere Aufschlüsse über die spezifische Baugeschichte der Kirche des Klosters Grünhain zu erwarten, sondern auch wichtige Erkenntnisse zur bauhistorischen Gesamtentwicklung der Zisterzienserabteien in Europa. (vgl. Abb. 1)

In der ersten Phase der Sondierungsarbeiten im Klosterbereich wurde 1992 im Anschluß an die notwendigen Vermessungsarbeiten ein Schnitt (I) von Nord nach Süd durch das Langhaus der ehemaligen Klosterkirche gelegt. (vgl. Abb. 2/I)

3 Grünhain, ehem. Zisterzienserkloster. Aus dem Fels herausgehauener Graben nördlich des Langhauses; Blick nach Westen

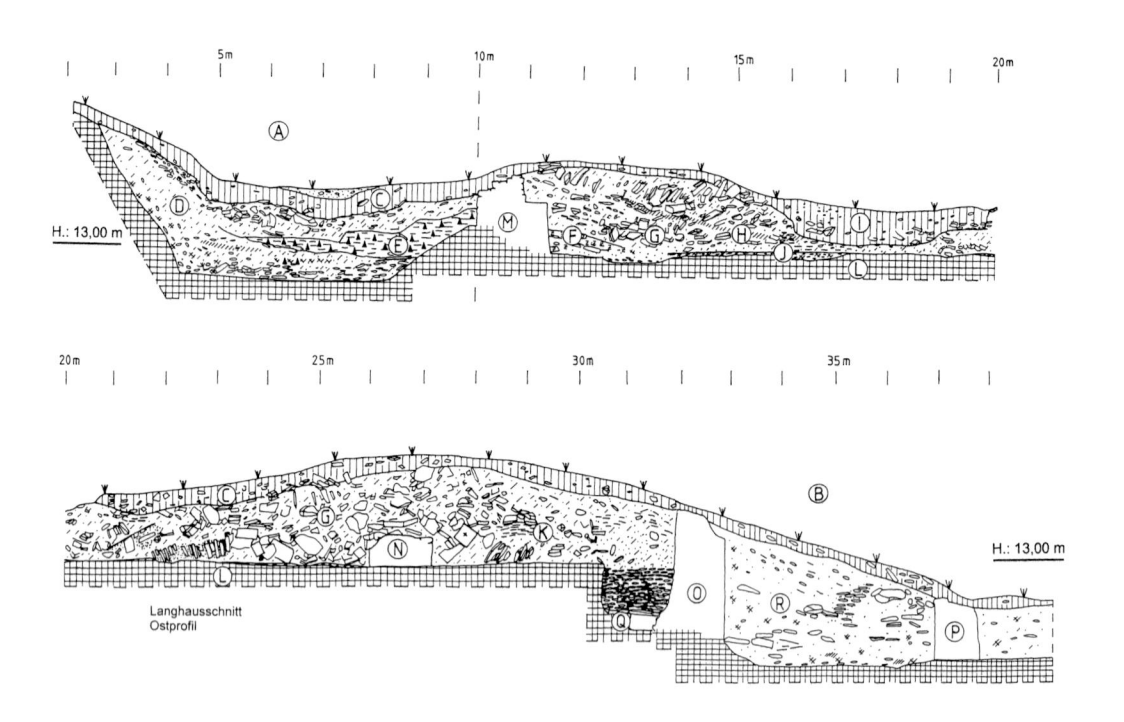

4 Grünhain, ehem. Zisterzienserkloster. Ostprofil des Langhausschnittes
Profilbeschreibung Langhausschnitt

(A) Graben nördlich des Kirchenschiffes. Seitenwände und Boden sind bergmännisch abgearbeitet. Auf Höhe der Grabensohle hat er eine Breite von etwa 4,00 m. Er zieht sich parallel zum Langhaus entlang.
(B) Kreuzgang mit einer Breite von etwa 5,00 m.
(C) Rezenter Humus. Er ist locker und mit kleineren Bruchsteinen versetzt, partiell mit modernen Aufschüttungen.
(D) Braunes, sandig-lehmiges Material. Im Bereich über der Grabensohle mit hohem Lehmanteil und reichlich kleineren Bruchsteinen, im oberen Bereich mit einer Vielzahl kleiner Bruchsteine angereichert. Das Material ist nach Aufgabe der Anlage vom nördlichen Hang eingeschwemmt. Die Steinablagerung auf der Grubensohle kann als Hinweis auf eine zerfallene Sicherungsmauer auf der Oberkante des Nordhang gewertet werden.
(E) Brandschutt. Massive Schicht aus verziegeltem Fachwerklehm, versetzt mit reichlich Holzkohle und großen Mengen Dachschiefer (z.T. mit Nagelloch und Nagel). Eine Interpretation als Reste des abgebrannten Dachstuhls (mit Zwischenwänden aus Fachwerk) liegt nahe.
(F) Ziegelfußboden. Rest des ursprünglichen Fußbodens aus Ziegelplatten. Die Platten sind sehr stark zerfallen und nur noch fragmentarisch vorhanden.
(G) Versturzmaterial. Massive Schicht zusammengestürzter Mauerreste aus flachen grauen Bruchsteinen und aufgelöstem grauem Mörtel. Stellenweise ist die Mauerstruktur noch erkennbar. Zusammenhanglos finden sich eingelagerte Formsteine.
(H) schwarzgraues, humusartiges Material. Beweist den langsamen Zerfall des Gebäudes.
(I) Eingrabung. Eintiefung in die Versturzmasse G bis kurz über den gewachsenen Fels. Die Grube ist mit anstehendem Humus verfüllt. Sie ist als Beleg für die umfangreiche Schatzgrabungen bzw. für die Nutzung der Ruinen zur Baumaterialgewinnung anzusehen.
(J) Brandschicht. Sie besteht aus kleinen Holzkohlestücken mit etwas Lehm. Da die Schicht direkt auf dem abgearbeiteten Fels liegt, ist sie in die Zeit der Erbauung zu rechnen. Sie kann als Hinweis auf eine Bearbeitung des Felsens mittels Erhitzen und plötzlicher Abkühlung gesehen werden.
(K) Dachschiefereinlagerung.
(L) terrassenförmig abgearbeiteter anstehender Fels
(M) Langhaus - Nordwand (498,0/530,0). Sie wurde direkt auf dem Fels errichtet. Die Mauerstärke beträgt 1,40 m, die erhaltene Höhe ca. 1,50 m. Der Mörtel ist graubraun, krümelig und mit Schiefersplitt gemagert. An der Innenseite zeigt die Mauer in etwa 0,85 m über dem anstehenden Fels einen Absatz, der 0,40 m zurückspringt. Der Absatz ist ganzflächig mit einer glatten, etwa 0,02 m starken Mörtellage überzogen. An der Innenseite der Mauer, zwischen Fußbodenniveau und Absatz, finden sich graue Putzreste. Ebenso oberhalb des Maueransatzes.

5 Grünhain, ehem. Zisterzienserkloster. Grabungsübersicht des Chorschnittes; Blick nach Osten

Der starke Baumbewuchs im Klosterareal verhinderte eine Anlage des Schnittes in genauer Nord-Süd-Ausrichtung, so daß der westliche Langhausbereich, unter Beachtung der Auflagen des Naturschutzes, schräg angeschnitten werden mußte.
Bereits vor Beginn der Untersuchungen war eine mehrfache Terrassierung des gesamten Klostergeländes innerhalb der Klostermauern besonders auffällig. Im Ergebnis der Sondierungsarbeiten im Langhaus der Kirche, trat eine außerordentlich exakte und umfangreiche Abarbeitung des anstehenden Schieferfelsens zutage.

Im Inneren des Kirchenschiffes erscheint der Fels sehr akkurat und eben abgetragen. Außerhalb des Baukörpers, entlang der nördlichen Seitenschiffsmauer, zieht sich von West nach Ost ein teilweise mehrere Meter tiefer Graben. (vgl. Abb. 3)
Dieser Graben ist aus dem anstehenden quarzitschieferartigen Felsen, einer nach Süden abfallenden Gesteinsformation, bergmännisch herausgearbeitet.
Quarz- und Albitphyllite bilden zusammen mit Quarzitschiefer den anstehenden Untergrund des Bauwerkes. Es darf vermutet werden, daß ein Teil des Bruchsteinmaterials, das bei der Herstellung eines Planums für den Kirchenbau anfiel, bei der Errichtung der Wände und Pfeiler des mittelalterlichen Sakralbaues Verwendung fand.
Weiteres Steinmaterial dürfte aus lokalen, vermutlich an den Talhängen angelegten Brüchen der unmittelbaren Umgebung stammen.
Die etwa 4,00 m breite Grabensohle liegt ca. 0,60 m unterhalb des Niveaus des Felsplateaus im Kirchenschiff und damit auf einer gemessenen Höhe zwischen 12,20 und 12,30 m über Null.
Der felsige Untergrund des südlich an das Langhaus anschließenden Kreuzganges liegt seinerseits etwa 1,70 m unterhalb des Felsniveaus im Langhaus und damit etwa auf einer Höhe von 12,80 bis 12,90 m über Null. Dies bedeutet, daß der Klausurbereich gegenüber dem Niveau des Langhauses stark abgesenkt erscheint.
Aus dem durch das Langhaus geführten Schnitt (Abb. 4) wurde ersichtlich, daß die Klosterkirche, eine vormals mächtige dreischiffige Pfeilerbasilika (vgl. Abb. 2) darstellt, die ihrerseits auf einem Felsplateau (vgl. Abb. 4/L) errichtet ist.
Der über sämtliche Klausurgebäude hoch aufragende Kirchenbau dürfte – im Zusammenhang mit dem metertiefen Graben im Norden sowie dem abgesenkten Kreuzgangbereich im Süden – einen gleichsam festungsartigen Anblick geboten haben.
Von den wichtigen bauarchäologischen Bodenurkunden sind im Schnitt (I) die nördliche und die südliche Seiten-

(N) *Pfeiler 481,0/537,0*. Rest eines Pfeilers zwischen Hauptschiff und südlichem Seitenschiff. Die Breite beträgt 1,20 m, die erhaltene Höhe 0,60 m. Südlich davon im Verfallsschutt liegende Granitquader könnten zugehörig gewesen sein.
(O) *Langhaus-Südmauer 475,5/538,0*. Sie ist in einer Breite von ca. 1,10 m und einer Höhe von max. 2,40 m erhalten.
(P) *Kreuzgangmauer 471,0/539,0*.
(Q) *Kanalanlage*. Die direkt an der Nordseite der südlichen Schiffsmauer gelegene Anlage besteht aus zwei Teilen, die insgesamt 1,15 m tief in den anstehenden Fels eingearbeitet sind. Im unteren Bereich befindet sich der eigentliche Kanal mit einer Breite von 0,50 m und einer Höhe von ca. 0,30 m. Die Länge ist nicht feststellbar. Der Kanal wird beidseitig von einer Doppellage Bruchstein gebildet, die mit Steinplatten abgedeckt war (bis 0,60 x 0,60 x 0,10 m). Darüber erweitert sich die Anlage auf eine Breite von 1,35 m. Dieser Bereich erstreckt sich bis auf eine Tiefe von 0,85 cm unterhalb des Felsniveaus des Kircheninnenraumes. Dieser Bereich ist verfüllt mit einer kompakten Packung aus kleinen Bruchsteinen (ca. 0,10 x 0,10 x 0,30 m), zwischen denen sich graubraune Lehmreste befinden.
(R) *Verfallsschutt*. Im Bereich des Kreuzganges besteht der Verfallsschutt aus relativ lockerem Material (aufgelöster Mörtel, braungrauer Lehm, etwas Dachschieferbruch, einigen kleinen Formsteinstücken aus Porphyr und relativ wenigen größeren Bruchsteinen.

des wesentlich im unregelmäßigen Bruchsteinverband errichteten Pfeilermauerwerks, das eine im Aufgehenden vorgefundene Höhe von 0,70 m erreicht.

An den beiden Ecken der Süd-Seite des Mittelpfeilers sind die untersten Lagen der Eckquaderung vollständig erhalten. Die in den Eckverbänden verwendeten Werksteine bestehen aus hellem weißlich-gelben Granit der partiell auch rosa gefärbt sein kann. Derartiger Granit (wohl aus der unmittelbaren Umgebung von Schwarzenberg und Aue stammend), findet sich als oberflächlich bearbeiteter, mit Randschlag versehener Werkstein an sämtlichen Ecken der Chorpfeiler sowie auch als Material einzelner ergrabener Profilstücke.

Westlich des oben beschriebenen Pfeilers, mittig im Hauptchor, ist vermutlich das Fundament des Chor- oder Hochaltars (?) von jeweils 2,40 m Seitenlänge freigelegt (vgl. Abb. 2/II). Östlich dieses Altarfundamentes öffnen sich beiderseits des Mittelpfeilers zwei 1,80 m breite Durchgänge (vgl. Abb. 8) in den Chorumgangsbereich hinein.

Der Chorumgang (vgl. Abb. 2) besitzt eine Breite von etwa 3,75 m und ist wahrscheinlich in Weiterführung der Seitenschiffe und in Anbindung an das Querhaus in rechteckiger Form um den geraden Chorschluß geführt.

Reste eines Ziegelplattenfußbodens befinden sich im südöstlichen Teil des Chorumganges. Das Fußbodenniveau desselben mißt 13,20 bzw. 13,30 m über Null und liegt damit etwa 0,40 m unter dem Nivellement eines ersten und sogar 0,70 m unter dem eines zweiten dokumentierten Fußbodens im Hauptchorbereich, wonach der Chorumgang, vom ergrabenen Fußbodenhorizont des Hauptchores aus, über einen Höhensprung von zwei bis vier Stufen zu erreichen ist.

Vom Chorumgang aus gehen in östlicher Richtung mindestens drei Kapellen (vgl. Abb. 2/II) ab, eine vierte läßt sich mit großer Wahrscheinlichkeit ergänzen. Die einzelnen Kapellen sind durch Wände von einander getrennt und vom Umgang aus, weiter abwärts über eine Stufe von 0,30 m, durch separate Eingänge zu erreichen.

Das Fußbodenniveau der drei, an der Ostseite des Chorumganges ergrabenen Kapellen, liegt zwischen 12,80 und 12,90 m und damit etwa auf der gleichen Höhe, wie der Fußbodenhorizont des Kreuzgangbereiches südlich des Langhauses, dessen Fußboden wiederum höhengleich ist mit dem des Umganges.

Die Funde beschränken sich im Wesentlichen auf verschiedene Werk- und Formsteine, die zusammenhanglos in dem Verfüllungs- und Versturzmaterial lagern. Die

8 Grünhain, ehem. Zisterzienserkloster. Umgang mit Durchgängen in das Chorinnere; Blick nach Westen

5 Grünhain, ehem. Zisterzienserkloster. Grabungsübersicht des Chorschnittes; Blick nach Osten

Der starke Baumbewuchs im Klosterareal verhinderte eine Anlage des Schnittes in genauer Nord-Süd-Ausrichtung, so daß der westliche Langhausbereich, unter Beachtung der Auflagen des Naturschutzes, schräg angeschnitten werden mußte.
Bereits vor Beginn der Untersuchungen war eine mehrfache Terrassierung des gesamten Klostergeländes innerhalb der Klostermauern besonders auffällig. Im Ergebnis der Sondierungsarbeiten im Langhaus der Kirche, trat eine außerordentlich exakte und umfangreiche Abarbeitung des anstehenden Schieferfelsens zutage.

Im Inneren des Kirchenschiffes erscheint der Fels sehr akkurat und eben abgetragen. Außerhalb des Baukörpers, entlang der nördlichen Seitenschiffsmauer, zieht sich von West nach Ost ein teilweise mehrere Meter tiefer Graben. (vgl. Abb. 3)
Dieser Graben ist aus dem anstehenden quarzitschieferartigen Felsen, einer nach Süden abfallenden Gesteinsformation, bergmännisch herausgearbeitet.
Quarz- und Albitphyllite bilden zusammen mit Quarzitschiefer den anstehenden Untergrund des Bauwerkes. Es darf vermutet werden, daß ein Teil des Bruchsteinmaterials, das bei der Herstellung eines Planums für den Kirchenbau anfiel, bei der Errichtung der Wände und Pfeiler des mittelalterlichen Sakralbaues Verwendung fand. Weiteres Steinmaterial dürfte aus lokalen, vermutlich an den Talhängen angelegten Brüchen der unmittelbaren Umgebung stammen.
Die etwa 4,00 m breite Grabensohle liegt ca. 0,60 m unterhalb des Niveaus des Felsplateaus im Kirchenschiff und damit auf einer gemessenen Höhe zwischen 12,20 und 12,30 m über Null.
Der felsige Untergrund des südlich an das Langhaus anschließenden Kreuzganges liegt seinerseits etwa 1,70 m unterhalb des Felsniveaus im Langhaus und damit etwa auf einer Höhe von 12,80 bis 12,90 m über Null. Dies bedeutet, daß der Klausurbereich gegenüber dem Niveau des Langhauses stark abgesenkt erscheint.
Aus dem durch das Langhaus geführten Schnitt (Abb. 4) wurde ersichtlich, daß die Klosterkirche, eine vormals mächtige dreischiffige Pfeilerbasilika (vgl. Abb. 2) darstellt, die ihrerseits auf einem Felsplateau (vgl. Abb. 4/L) errichtet ist.
Der über sämtliche Klausurgebäude hoch aufragende Kirchenbau dürfte – im Zusammenhang mit dem metertiefen Graben im Norden sowie dem abgesenkten Kreuzgangbereich im Süden – einen gleichsam festungsartigen Anblick geboten haben.
Von den wichtigen bauarchäologischen Bodenurkunden sind im Schnitt (I) die nördliche und die südliche Seiten-

(N) *Pfeiler 481,0/537,0.* Rest eines Pfeilers zwischen Hauptschiff und südlichem Seitenschiff. Die Breite beträgt 1,20 m, die erhaltene Höhe 0,60 m. Südlich davon im Verfallsschutt liegende Granitquader könnten zugehörig gewesen sein.
(O) *Langhaus-Südmauer 475,5/538,0.* Sie ist in einer Breite von ca. 1,10 m und einer Höhe von max. 2,40 m erhalten.
(P) *Kreuzgangmauer 471,0/539,0.*
(Q) *Kanalanlage.* Die direkt an der Nordseite der südlichen Schiffsmauer gelegene Anlage besteht aus zwei Teilen, die insgesamt 1,15 m tief in den anstehenden Fels eingearbeitet sind. Im unteren Bereich befindet sich der eigentliche Kanal mit einer Breite von 0,50 m und einer Höhe von ca. 0,30 m. Die Länge ist nicht feststellbar. Der Kanal wird beidseitig von einer Doppellage Bruchstein gebildet, die mit Steinplatten abgedeckt war (bis 0,60 x 0,60 x 0,10 m). Darüber erweitert sich die Anlage auf eine Breite von 1,35 m. Dieser Bereich erstreckt sich bis auf eine Tiefe von 0,85 cm unterhalb des Felsniveaus des Kircheninnenraumes. Dieser Bereich ist verfüllt mit einer kompakten Packung aus kleinen Bruchsteinen (ca. 0,10 x 0,10 x 0,30 m), zwischen denen sich graubraune Lehmreste befinden.
(R) *Verfallsschutt.* Im Bereich des Kreuzganges besteht der Verfallsschutt aus relativ lockerem Material (aufgelöster Mörtel, braungrauer Lehm, etwas Dachschieferbruch, einigen kleinen Formsteinstücken aus Porphyr und relativ wenigen größeren Bruchsteinen.

schiffswand des Langhauses (vgl. Abb. 4 M/O), beide Pfeilerreihen (vgl. Abb. 4 N) sowie die nördliche Kreuzgangmauer (vgl. Abb. 4 P) erfaßt.

Die aufgefundenen historischen Mauerreste befinden sich in einem relativ guten Zustand und weisen eine durchschnittliche Stärke von 1,00 bis 1,40 m auf. Sie sind sämtlich in oben beschriebenem Bruchsteinmauerwerk errichtet und in einer Höhe von 1,50 bis 2,00 m im Aufgehenden erhalten.

An den Innenwänden der Seitenschiffsmauern finden sich Verputzreste, deren untere Abbruchkante unter anderem auf das Niveau des vormaligen Fußbodens der Kirche schließen lassen. Der Fußboden selbst läßt sich in diesem Schnittverlauf in einer gemessenen Höhe von 13,20 bis 13,30 m über Null feststellen.

Unmittelbar an der Innenseite der südlichen Seitenschiffsmauer zieht eine in den anstehenden Felsen gehauene Kanalanlage von West nach Ost. (vgl. Abb. 4/Q) Die Anlage besteht aus zwei Teilen, die insgesamt 1,15 m tief in den felsigen Untergrund eingearbeitet sind. Im unteren Bereich der Eintiefung befindet sich der eigentliche Kanal mit einer Breite von 0,50 m und einer Tiefe von ca. 0,30 m. Die Länge des Kanals ist nicht feststellbar; eine Fortführung über eine weitere Strecke entlang der südlichen Seitenschiffsmauer aber anzunehmen. Der Kanal wird beidseitig von einer Doppellage Bruchsteinen gebildet, die mit größeren Steinplatten (0,60 x 0,60 x 0,10 m) abgedeckt sind. Darüber erweitert sich die Anlage auf eine Breite von 1,35 m. Dieser Abschnitt wiederum erstreckt sich bis auf eine Tiefe von 0,85 m unterhalb des Felsniveaus des Kircheninnenraumes. Dieser Kanalbereich ist mit einer kompakten Lage aus kleinen Bruchsteinen verfüllt, zwischen denen sich graubraune Lehmreste befinden. Eine eindeutige Funktionszuweisung des unterirdischen Kanaleinbaues ist vorerst nicht möglich.

Im Rahmen einer zweiten Untersuchungskampagne erfolgte 1993 die Anlage eines weiteren Schnittes (II) im Ostteil der ehemaligen Klosterkirche (vgl. Abb. 2/II) mit dem Ziel der bauarchäologischen Untersuchungen, die zunächst Zug um Zug mit den Sicherungsarbeiten der außerordentlich stark windbruchgeschädigten Teile des Chorbereiches einhergehen, konkrete Aussagen über Ausdehnung und Gestalt des Ostabschlusses der Zisterzienserkirche Grünhain treffen zu können.

Eine Fläche von etwa 200 m² ist zu untersuchen. (vgl. Abb. 5) Hinzu kommt ein Areal von ca. 140 m², das im Verlauf der Prospektion sowie im Hinblick auf die zu erstellende Sanierungs- und Gestaltungskonzeption, aussagekräftige Oberflächenbefunde zeitigt.

In Auswertung des Geländenivellements sind zunächst die Flächen im Osten, außerhalb des vermuteten Chor-

6 Grünhain, ehem. Zisterzienserkloster. Chor-Inneres, nördliche Arkaden, Blick nach Norden

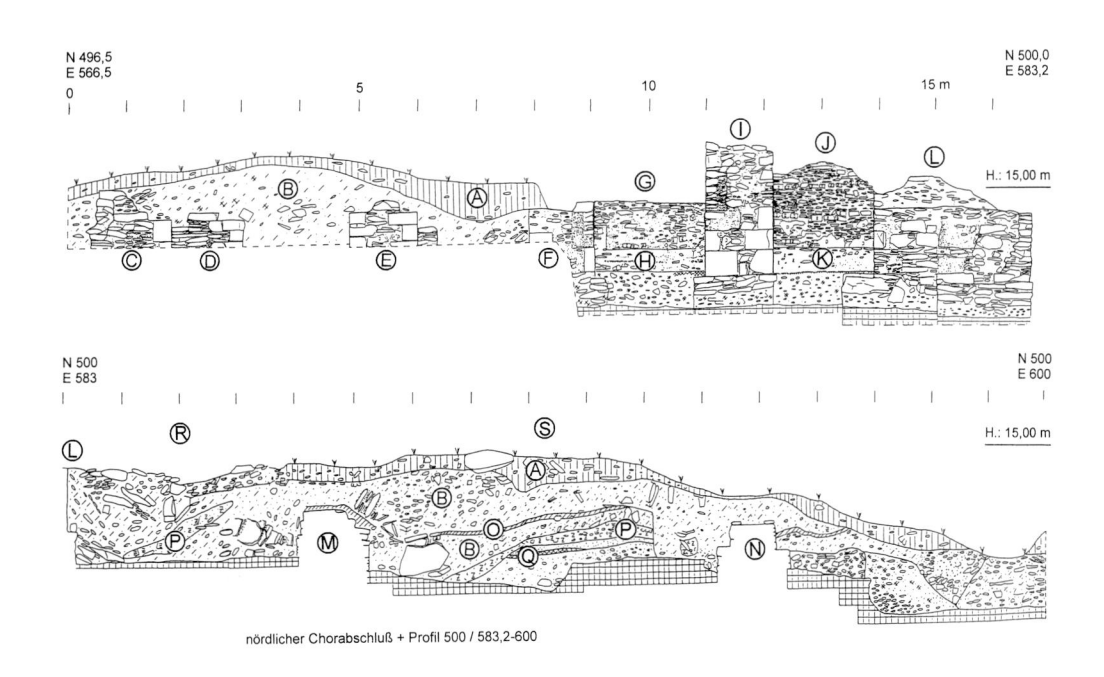

7 Grünhain, ehem. Zisterzienserkloster. Nordprofil durch Chor, Umgang und Kapellenkranz
Nordprofil-Legende

(A) rezenter Humus, (B) Verfallsschutt aus Bruchsteinen und aufgelöstem Mörtel, (C) nördlicher Vierungspfeiler, (D) kleine Mauer, (E) Pfeiler, (F) Pfeiler, (G) Mauer (zweite Bauphase), (H) Einbau (zweite Bauphase), (I) Pfeiler, (J) Mauer (zweite Bauphase), (K) Einbau (zweite Bauphase) mit darunter ziehendem älteren Lehmstrich, (L) nordöstliche Chorecke, (M) östliche Umgangsmauer, (N) Ostabschluß der Kapellen, (O) begrabenes Humusband, (P) zusammengestürztes Ziegelgewölbe, (Q) Lehmstrich des ursprünglichen Fußbodens, (R) Umgang, (S) nördliche Kapelle,

abschlusses, Gegenstand der bauarchäologischen Forschungen. Dabei zeigt es sich, daß bereits dieser äußere Bereich massive großflächige Störungen aufweist.

Die folgenden Plana sind westlich an die Ausgangsfläche, etwa auf Höhe der Chormitte, angeschlossen. Somit entsteht nach und nach ein großer Schnitt (II) in Ost-West-Richtung, der durchgehende Profile vom Inneren des Chores bis in den östlichen Außenbereich des Sakralbaues liefert. (vgl. Abb. 7)

Im Zuge der vollständigen Beseitigung der Windbruchschäden lassen sich die Grabungsflächen, ausgehend vom Hauptschnitt (II), in südliche Richtung erweitern. Nach Abschluß der fotografischen und zeichnerischen Dokumentation der Profile, Plana und Befunde, sind die Profilstege, aus Gründen der Verkehrssicherheit, abzutragen und die entsprechenden Planazeichnungen zu ergänzen. Die im Chorbereich aufgefundenen Bodenurkunden zeigen fast ausnahmslos Relikte des historischen Mauerwerks. Nur vereinzelt sind Reste eines vormaligen Fußbodens feststellbar.

Die Chor-Nordseite ist der vergleichsweise am besten erhaltene historische Bauabschnitt des östlichen Grabungsareals. (vgl. Abb. 6) Hier sind in der Schnittfolge von Ost nach West (vgl. Abb. 7) zunächst die geradwandig abschließende östliche Mauer eines zu vermutenden Kapellenkranzes (vgl. Abb. 7/N) sowie die östlichen, gleichfalls geradlinig verlaufenden Mauerteile eines Chorumganges (vgl. Abb. 7/M) freigelegt; es folgen die massige Nord-West-Ecke des östlichen Hauptchorabschlusses (vgl. Abb. 7/L) sowie zwei weitere Pfeiler (vgl. Abb. 7/I, F) mit sekundären Zwischenvermauerungen (vgl. Abb. 7/J, G); ein dritter Pfeiler (vgl. Abb. 7/E) und schließlich der bereits 1934 ergrabene östliche Vierungspfeiler (vgl. Abb. 7/C, D) sind nur oberflächlich erfaßt.

Von der Chor-Südseite ist lediglich die Süd-Ost-Ecke des Hauptchorabschlusses (vgl. Abb. 8) partiell untersucht. Dagegen ist der mächtige Mittelpfeiler (vgl. Abb. 8) der Ost-Wand des Hauptchorabschlusses vollständig ergraben. Das Pfeilerfundament besitzt eine Größe von 1,97 m (Ost-West-Seite) x 1,48 m (Nord-Süd-Seite) und besteht aus mehreren Lagen ordentlich gesetzter Bruchsteine auf einer Stein-Lehm-Packung, die als Ausgleichsschicht über den abgearbeiteten Felsuntergrund gelegt ist. Etwa 1,30 m über dem Felsplateau beginnt der aufgehende Teil des wesentlich im unregelmäßigen Bruchsteinverband errichteten Pfeilermauerwerks, das eine im Aufgehenden vorgefundene Höhe von 0,70 m erreicht.

An den beiden Ecken der Süd-Seite des Mittelpfeilers sind die untersten Lagen der Eckquaderung vollständig erhalten. Die in den Eckverbänden verwendeten Werksteine bestehen aus hellem weißlich-gelben Granit der partiell auch rosa gefärbt sein kann. Derartiger Granit (wohl aus der unmittelbaren Umgebung von Schwarzenberg und Aue stammend), findet sich als oberflächlich bearbeiteter, mit Randschlag versehener Werkstein an sämtlichen Ecken der Chorpfeiler sowie auch als Material einzelner ergrabener Profilstücke.

Westlich des oben beschriebenen Pfeilers, mittig im Hauptchor, ist vermutlich das Fundament des Chor- oder Hochaltars (?) von jeweils 2,40 m Seitenlänge freigelegt (vgl. Abb. 2/II). Östlich dieses Altarfundamentes öffnen sich beiderseits des Mittelpfeilers zwei 1,80 m breite Durchgänge (vgl. Abb. 8) in den Chorumgangsbereich hinein.

Der Chorumgang (vgl. Abb. 2) besitzt eine Breite von etwa 3,75 m und ist wahrscheinlich in Weiterführung der Seitenschiffe und in Anbindung an das Querhaus in rechteckiger Form um den geraden Chorschluß geführt.

Reste eines Ziegelplattenfußbodens befinden sich im südöstlichen Teil des Chorumganges. Das Fußbodenniveau desselben mißt 13,20 bzw. 13,30 m über Null und liegt damit etwa 0,40 m unter dem Nivellement eines ersten und sogar 0,70 m unter dem eines zweiten dokumentierten Fußbodens im Hauptchorbereich, wonach der Chorumgang, vom ergrabenen Fußbodenhorizont des Hauptchores aus, über einen Höhensprung von zwei bis vier Stufen zu erreichen ist.

Vom Chorumgang aus gehen in östlicher Richtung mindestens drei Kapellen (vgl. Abb. 2/II) ab, eine vierte läßt sich mit großer Wahrscheinlichkeit ergänzen. Die einzelnen Kapellen sind durch Wände von einander getrennt und vom Umgang aus, weiter abwärts über eine Stufe von 0,30 m, durch separate Eingänge zu erreichen.

Das Fußbodenniveau der drei, an der Ostseite des Chorumganges ergrabenen Kapellen, liegt zwischen 12,80 und 12,90 m und damit etwa auf der gleichen Höhe, wie der Fußbodenhorizont des Kreuzgangbereiches südlich des Langhauses, dessen Fußboden wiederum höhengleich ist mit dem des Umganges.

Die Funde beschränken sich im Wesentlichen auf verschiedene Werk- und Formsteine, die zusammenhanglos in dem Verfüllungs- und Versturzmaterial lagern. Die

8 Grünhain, ehem. Zisterzienserkloster. Umgang mit Durchgängen in das Chorinnere; Blick nach Westen

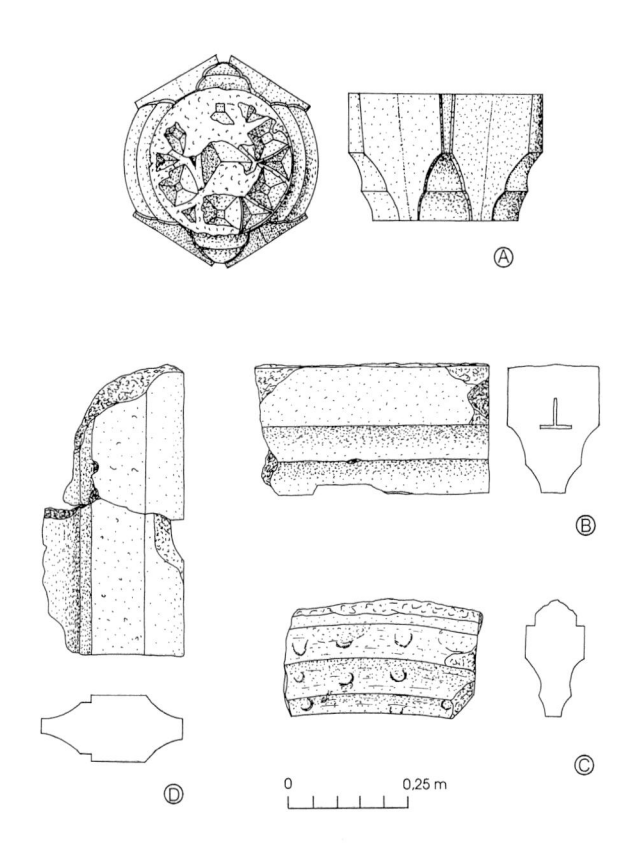

Stein, mit grünen, roten und weißen Farbresten, entstammt vermutlich einem Mittelschiffsjoch. An den kleineren Schlußstein (vgl. Abb. 9/A), der seinerseits aus Bockwaer Molasse-Sandstein gehauen ist, dürften die Gewölberippen eines Seitenschiffjoches angeschlossen haben.

Im Chor-Schnitt (II) fehlen auffälligerweise die Gewölberippenteile fast vollständig. Lediglich ein Lesefund aus dem südlichen Querhausbereich, nahe dem Chor, zeigt ein leicht gekrümmtes Gewölberippenfragment (vgl. Abb. 9/C) mit doppelter Kehlung, das mit geometrischen Motiven (Kreise und Halbkreise) in Englischrot und Schwarz auf weißem Grund bemalt ist.

Im Hauptchor finden sich zumeist Fenstergewände- und Maßwerkteile (vgl. Abb. 9/D), die aus Sandstein bzw. Hilbersdorfer Porphyrtuff gearbeitet sind.

Im Chorumgang ließen sich in einer größeren Ansammlung von Steinen mehrere Fragmente kleinerer Säulen finden. Das in der Fundmasse am besten erhaltene Stück, ist ca. 0,16 m groß und besteht aus einem spiralförmig gedrehtem Säulenschaft mit profilierter Basis (vgl. Abb. 10). Das Säulenfragment ist aus Porphyrtuff gearbeitet und weist Reste einer violetten Farbfassung auf.

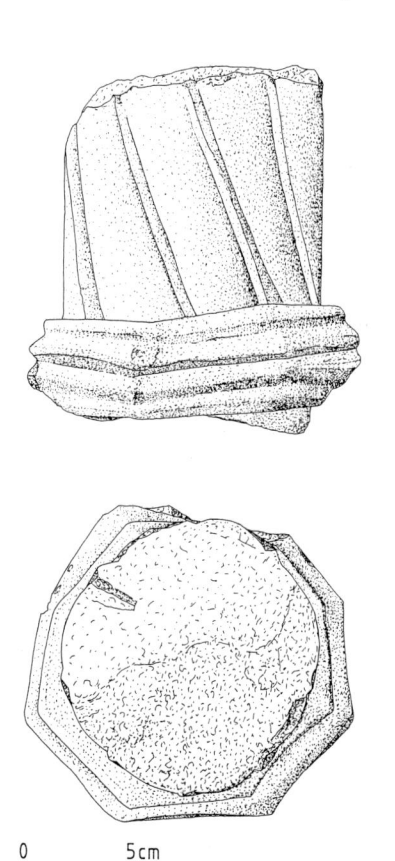

9 Grünhain, ehem. Zisterzienserkloster. Formsteine, Schlußstein, Gewölberippen und Fenstergewände

(A) Schlußstein, Lesefund, (B) Gewölberippe aus dem Langhausbereich, (C) Gewölberippenfragment mit Farbresten aus dem südlichen Chorbereich, (D) Fenstergewändefragment aus dem Langhaus

Ursache hierfür ist vor allem in den vormals betriebenen Raubgrabereien und in der Nutzung des Areals als billiger Steinbruch zu suchen.

Gebrauchsgegenstände sind in einer zisterziensischen Klosterkirche von vornherein nicht zu erwarten.

Der Langhausschnitt fördert zumeist Gewölberippen bzw. -fragmente (vgl. Abb. 9/B) mit doppelter Kehlung und zum Teil rot-weißer Bemalung zutage. Die Gewölberippen sowie die Maßwerkelemente (vgl. Abb. 9/D) bestehen unter anderem aus Sandstein, vorwiegend sind diese jedoch aus Porphyrtuff gearbeitet. Die Sandsteinvarietäten stammen wohl aus Ortslagen der Gegend um Zwickau (Cainsdorf und Bockwa). Den Porphyrtuff dagegen baut man im 13. und 15. Jahrhundert im Chemnitzer Stadtgebiet, in eben den Farbvarietäten (weißlich-gelb und rot-weiß-gefleckt) ab, die auch im Baumaterial der Klosterkirche Grünhain zu beobachten sind.

Unter den zahlreichen Lesefunden im Langhausbereich fallen besonders zwei Schlußsteine auf. Der größere

10 Grünhain, ehem. Zisterzienserkloster. Säulenfragment aus dem Chorumgangsbereich.

Insbesondere sind noch die zahlreich aufgefundenen menschlichen Knochenreste zu erwähnen, die eindeutige Hinweise auf ältere Grabanlagen im Chorraum der Klosterkirche geben. Allerdings ist an keiner Stelle des Schnittverlaufes eine unberührte Grabanlage aus dem Mittelalter erhalten geblieben.

Faßt man die Untersuchungsergebnisse aus den Jahren 1992 bis 1994 auf der Grundlage der Grabungsresultate von 1934 in ihren wesentlichen Teilen zusammen, so ergibt sich für die Ausdehnung und Gestalt der Klosterkirche Grünhain ein zwar aufschlußreiches, leider aber immer noch lückenhaftes Bild.

Das Hauptziel, ein für die Sanierungskonzeption relativ vollständiges Aufmaß des Kirchengrundrisses zu erhalten, ist nicht erreicht. Unerforscht bleiben somit größere Teile des Chorbereiches sowie der gesamte Westabschluß der Kirche.

Die Klosterkirche St. Maria und St. Nikolaus ist im Grundriß eine dreischiffige, kreuzförmige Pfeilerbasilika. Die rekonstruierte Gesamtlänge des bisher erforschten Kirchenbaues, beläuft sich auf ca. 77 m.

Südlich des 40 m langen und 23 m breiten Langhauses schließt sich der Kreuzgangbereich mit den Konventsgebäuden an.

Das nördliche Querhaus ist nachgewiesen. Das Vierungsquadrat besitzt eine Größe von 10 x 10 m. Der Hauptchor ist mit den Maßen 14 x 10 m länger als breit. Die Seitenschiffe sind ca. 4 m breit und laufen über die Querschiffe hinaus um den geraden Chorschluß herum und bilden so den zisterziensischen rechteckigen Umgangschor.

Der Fußboden des Chorumganges befindet sich in gleicher Höhe mit dem der Seitenschiffe, während der Fußbodenhorizont des Hauptchores um zwei bis vier Stufen höher liegt.

Die Breite des Umganges beträgt an der Nord- und Südseite ca. 2 m, an der Ostseite 3,70 m.

Die Chor-Nordseite und schließlich auch die Südseite des Chores sind in ihrer Ausdehnung durch den Vierungspfeiler, den östlichen Eckverband sowie durch drei dazwischen angeordnete Pfeiler bestimmt.

Die Wände des Hauptchores öffnen sich ursprünglich in den seitlichen Umgang. Zwei der ergrabenen Öffnungen besitzen eine Breite von 1,80 m. In Richtung Osten ist dagegen der Chorumgang vom Hauptchor aus mittels zweier Durchgänge zu betreten, die ihrerseits eine lichte Weite von 1,80 m haben.

In einer späteren Umbauphase werden zwischen den Pfeilern des Hauptchores schmale Wände aus Mischmauerwerk eingefügt. Gleichzeitig wird ein neuer Fußboden aufgebracht.

Dieser Umbau ist vermutlich nach einem Brand erfolgt, zumal der ältere Fußbodenestrich Brandspuren aufweist. Im Zuge des oben beschriebenen Umbaues werden auch die Farbfassungen im Kirchenschiff geändert. Ursprünglich ist das Mauerwerk mit einer aufgemalten Quaderung versehen, späterhin wird es weiß übertüncht.

Im Chorumgang, ebenso wie in den östlich anschließenden Kapellen, sind Ziegelgewölbe nachweisbar.

Die Kapellen, von denen drei ergraben sind und eine vierte mit großer Sicherheit ergänzt werden darf, bilden den geraden Ostabschluß der Kirche.

Ein Kapellenkranz um den rechteckigen Chorschluß herum ist zwar nicht eindeutig nachgewiesen, aber durchaus wahrscheinlich.

Eine Chorlösung mit einem rechteckigem Umgang um den Chorschluß und mit Kapellen (etwa vier an der Zahl) nur an der Ostseite des Umganges sowie jeweils zwei Kapellen beiderseits der Querhausarme wäre ebenso denkbar. Dies ergäbe für Grünhain ein Grundrißschema, vergleichbar dem Idealplan einer Zisterzienserkirche aus dem Skizzenbuch des Villard de Honnecourt.[22]

Das in Resten erhaltene Mauerwerk besteht aus lokal anstehendem Schiefergestein, welches in unregelmäßigen Lagen verbaut ist. Stellenweise finden sich auch klosterformatige Ziegel, die in den sekundär eingebauten Mauerteilen verbaut sind. Die Eckverbände der Bruchsteinmauern sind mit sorgfältig beabeiteten Graniten verstärkt. Die Mauern erreichen eine Mächtigkeit von 1,00 bis 1,20 m im Chorumgangs- bzw. Kapellenbereich und sind im Hauptchor und im Langhaus bis zu 1,40 m stark.

Die Fundamente kragen teilweise unter dem aufgehenden Mauerwerk hervor.

Das Fehlen von Gewölberippen im Hauptchor läßt ein Kreuzgratgewölbe aus Bruchsteinmaterial vermuten. Vereinzelt im Umgang aufgefundene Reste von Rippen-Formziegeln erlauben es, auch auf eine Kreuzripppengewölbekonstruktion zu schließen.

Dachschieferreste deuten auf eine Schiefereindeckung des Dachtragwerkes hin.

Die Klosterkirche St. Maria und St. Nikolaus zu Grünhain reicht mit ihrem Gründungsdatum in das erste Drittel des 13. Jahrhunderts. Es ist dies die Zeit der Blüte des Ordenslebens und der Höhepunkt der zisterziensischen Ordensbaukunst in Deutschland.

Mit dem geraden Ostabschluß in Form eines rechteckigen Chorumganges um einen platten Chorschluß herum sowie den geradwandig östlich anschließenden Kapellen (-kranz ?) sichert sich Grünhain einen besonderen Platz in der Geschichte der thüringischen und obersächsischen Mönchsbaukunst.

Hervorgegangen aus dem Grundtypus einer kreuzförmigen dreischiffigen Basilika, ist der mehrschiffige, gerade geschlossene Chor als die konsequente Weiterführung des bernhardinischen Baugedankens anzusehen.[23]

Der in Grünhain vertretene Typus des oben beschriebenen Rechteckchores ist vergleichbar mit dem auf Cîteaux III bzw. Morimond II zurückgehenden, architektonisch strengen Chorlösungen der Klosterkirchen von Riddagshausen (1216–1275) bei Braunschweig sowie Ebrach (1200–1285) bei Bamberg.[24]

Mit der Anlage des rechteckigen Umgangschores bildet Grünhain, zusammen mit der um 1250 erfolgten Chorerweiterung des Klosters Georgenthal II, ein herausragendes Beispiel für die beginnende Blüte der an der französischen Gotik orientierten neuen Bauweise in Thüringen und Obersachsen.

Es ist das Verdienst der Zisterzienser, die neue Formensprache der Gotik von Frankreich aus nach Mittel- und Osteuropa[25] hineingetragen zu haben. Grünhain stellt eine markante Station auf diesem Weg dar.

Anmerkungen

1 Vgl. Die Cistercienser. Geschichte, Geist, Kunst. Hrsg. von AMBROSIUS SCHNEIDER u.a. Köln 1977, S. 639ff; vgl. HOLTMEYER, ALOIS: Die Cisterzienserkirchen Thüringens. Ein Beitrag zur Ordensbauweise. In: Beiträge zur Kunstgeschichte Thüringens Bd. 1, Jena 1906 (Stammtafel); vgl. RAUDA, FRITZ: Die Baukunst der Benediktiner und Zisterzienser im Königreich Sachsen und das Nonnenkloster zum Heiligen Kreuz in Meißen. Meißen 1917, Beilage IIIb.

2 Vgl. MAGIRIUS, HEINRICH: Die Baugeschichte des Klosters Altzella. (= Abhandlung der Sächsischen Akademie der Wissenschaften zu Leipzig, Bd. 53, H. 2). Berlin 1962.

3 Zitiert nach ENDERLEIN, LOTHAR: Kloster Grünhain im Westerzgebirge. Besitz, Herrschaftsbildung und siedlungsgeschichtliche Bedeutung. Schwarzenberg 1934, S. 24 (sog. Stiftungsbrief).

4 Vgl. Hb. histor. Stätten. Bd. 8 Hrsg. von WALTER SCHLESINGER, Sachsen. Stuttgart 1990, S. 283ff.; vgl. BLASCHKE, KARLHEINZ: Geschichte Sachsens im Mittelalter. Berlin 1991, S. 138ff.

5 MÄRKER, MARTIN: Das Zisterzienserkloster Grünhain im Erzgebirge. Frankfurt a. M. 1968, S. 63–79; vgl. ENDERLEIN 1934 (wie Anm. 3), S. 124ff.; vgl. FRÖBE, WALTER: Herrschaft und Stadt Schwarzenberg bis zum 16. Jahrhundert (1150–1586). Schwarzenberg 1930, S 278ff.

6 Vgl. SCHLESINGER 1990 (wie Anm. 4), S. 140.

7 Vgl. BÖHNHOFF, GEORG: Der ursprüngliche Umfang der Grafschaft Hartenstein. In: NASG 27 (1906).

8 Zitiert nach ENDERLEIN 1934 (wie Anm. 3), S. 20.

9 Vgl. ENDERLEIN 1934 (wie Anm. 3), S. 24.

10 Vgl. ENDERLEIN 1934 (wie Anm. 3), S. 32–34; vgl. MÄRKER 1968 (wie Anm. 5), S. 14f.

11 Vgl. ENDERLEIN 1934 (wie Anm. 3), S. 26–30; vgl. MÄRKER 1968 (wie Anm. 5), S. 14f.

12 Vgl. ENDERLEIN 1934 (wie Anm. 3), S. 32f.

13 Vgl. MÄRKER 1968 (wie Anm. 5), S. 90.

14 Vgl. ENDERLEIN 1934 (wie Anm. 3), S. 21ff.

15 Vgl. MÄRKER 1968 (wie Anm. 5), S. 56–79.

16 Vgl. MÄRKER 1968 (wie Anm. 5), S. 56–66 u. S. 62f.

17 Vgl. MÄRKER 1968 (wie Anm. 5), S. 61f.

18 Vgl. MÄRKER 1968 (wie Anm. 5), S. 56–79; vgl. ENDERLEIN 1934 (wie Anmerkung 3), S. 124–132.

19 Vgl. ENDERLEIN 1934 (wie Anmerkung 3), S. 73–116; vgl. MÄRKER 1968 (wie Anm. 5), S. 15–48.

20 Vgl. MÄRKER 1968 (wie Anm. 5), S. 85

21 Vgl. MÄRKER 1968 (wie Anm. 5), S. 49–55; vgl. ENDERLEIN 1934 (wie Anm. 3), S. 72–166.

22 BADSTÜBNER, ERNST: Kirchen der Mönche. Die Baukunst der Reformorden im Mittelalter. Leipzig 1992, S. 209.

23 Vgl. SCHNEIDER 1977 (wie Anm. 1), S. 214–230; vgl. BRAUNFELS, WOLFGANG: Abendländische Klosterbaukunst. Köln 1978, S. 111ff.

24 Vgl. SCHNEIDER (wie Anm. 1), S. 222–226; vgl. NICOLAI, BERND: Libido Aedificandi. Walkenried und die monumentale Kirchenbaukunst der Zisterzienser um 1200. In: Quellen und Forschungen zur Braunschweiger Geschichte. Bd. 28, Braunschweig 1990, S. 104–129.

25 KUTHAN, JIŘÍ: Die mittelalterliche Baukunst der Zisterzienser in Böhmen und in Mähren. Berlin, München 1982, S. 9ff.

1 Kloster St. Marienstern. Kapitelsaal nach Nordosten

Das „opus sumptuosum" des Bernhard III. von Kamenz
Zur mittelalterlichen Baugeschichte der Klosteranlage von St. Marienstern

Marius Winzeler

Die Forschungslage

Zisterzienserinnenklöster sind, was ihre Konventbauten anbelangt, ein Stiefkind der Bauforschung und Architekturgeschichtsschreibung. Im Gegensatz zu den Männerklöstern des Ordens fristen sie auch heute noch ein Schattendasein. Seit den ersten Untersuchungen im 19. Jahrhundert ist zwar die Anzahl von historischen Darstellungen und Quellensammlungen, die als Monographien einzelnen Frauenklöstern gewidmet sind, stetig gewachsen. Zudem liegt seit 1954 eine Gesamtschau der mittelalterlichen Verhältnisse in den Zisterzienserinnenklöstern vor.[1] Eingehende baugeschichtliche Forschungen zu Klosteranlagen der Zisterzienserinnen erfolgten jedoch bislang kaum.[2] Nur die Kirchen sind besser bekannt, wobei sich aber hier die Forschung vor allem mit typologisch-stilistischen Vergleichen befaßt hat.[3] Fragen nach der baulichen Genese der Konventsbauten von Frauenklöstern und dem Zusammenhang von Gestalt und Funktion innerhalb der gesamten Klosteranlage sind bisher weitgehend vernachlässigt worden.[4]

Dies gilt auch für St. Marienstern. Dieses Kloster wird zwar in einschlägigen Handbüchern als ein von Größe und Anspruch, von Grundriß und Baukörper her außergewöhnliches Beispiel für eine Zisterzienserinnenanlage aufgeführt,[5] umfassende Bauuntersuchungen und systematische Grabungen konnten jedoch bisher kaum durchgeführt werden. Grundlage jeder Beschäftigung ist – abgesehen von den bekannten historischen Darstellungen[6] – immer noch die ausführliche Darstellung, welche Cornelius Gurlitt 1912 dem Kloster gewidmet hat.[7] Dank Einführung durch die Schwester des damaligen sächsischen Königs, Prinzessin Mathilde von Sachsen, die dem Kloster eng verbunden war, fand Gurlitt Zutritt in den Klausurbereich.[8] Seine Beschreibung von Kreuzgang und Nebenräumen sowie seine baugeschichtlichen Beobachtungen und Einordnungen blieben bis heute die einzige Dokumentation der Konventgebäude. Fritz Rauda, 1912 Assistent Gurlitts, übernahm sie 1917;[9] darauf wiederum basiert die das Kloster betreffende Passage bei Martin Jäkel 1925.[10] Seither beschränkte sich die architekturhistorische Auseinandersetzung mit St. Marienstern weitgehend auf die Kirche. Erich Bachmann nahm 1940 erstmals eine kunstgeographisch orientierte Einordnung ihrer Bauformen und des Hallentypus vor und stellte die Klosterkirche in den Zusammenhang einer „spätstaufischen Baugruppe im mittelböhmischen Raum".[11]

Die jüngere Forschung ist geprägt von den Arbeiten Heinrich Magirius'.[12] Während der von Elisabeth Hütter betreuten Restaurierung der Kirche 1966–1967 gelang es ihm, durch archäologische Sondierungen und Beobachtungen wesentliche Neuerkenntnisse zur Baugeschichte der Kirche zu gewinnen, die 1970 publiziert wurden.[13] Zur historischen und stilistischen Einordnung – auch des Ostflügels der Konventbauten – lieferten Edgar Lehmann und Ernst Schubert einen Beitrag in Zusammenhang mit ihrer Analyse der Baugeschichte und Baugestalt des Meißner Domes bis zum Ende des 13. Jahrhunderts.[14] Dank dem großzügigen Entgegenkommen der jetzigen Äbtissin von St. Marienstern, der hochwürdigen Frau Benedicta Waurick, und des Konventes, mit Unterstützung insbesondere von Sr. M. Bernarda Helm, war es in den letzten Monaten möglich, die bisherigen Darstellungen von St. Marienstern durch Beobachtungen am Bau selbst zu ergänzen und in Zusammenarbeit mit Markus Bauer durch erneutes Quellenstudium im Archiv zu vertiefen und teilweise zu korrigieren.[15]

Einschränkend muß jedoch gesagt werden, daß es während der in den letzten Jahren intensiv betriebenen Baumaßnahmen, die nahezu sämtliche Klostergebäude berührten, versäumt wurde, die Arbeiten kontinuierlich und systematisch archäologisch zu begleiten. Von den vielen kurzzeitig freigelegten Situationen, die ein Licht auf die Baugeschichte der Anlage hätten werfen können, wurde nur ein geringer Teil meist zufällig und unzureichend dokumentiert.[16] Ein Grundproblem, das zudem bei jeder Beschäftigung mit dem Kloster ins Gewicht fällt, ist die Tatsache, daß ein genaues Aufmaß der Gesamtanlage nicht vorliegt. Die zur Verfügung stehenden Pläne aus dem Archiv und dem Rentamt des Klosters, dem Landesamt für Denkmalpflege Sachsen und der zur Zeit tätigen Planer und Architekten sind ausnahmslos von unzureichender Genauigkeit und geben nur eine schematische Darstellung des Baubestandes wieder. Verformungsgerechte Dokumentationen liegen nicht einmal für Teilbereiche vor, wesentliche Planaufnahmen (Grundrisse von Kellern und Dachgeschossen, Aufrisse und Schnitte) fehlen völlig.[17]

Der vorliegende Beitrag kann deshalb nur vorläufigen Charakter haben, zumal weder die Bauarbeiten in St. Marienstern noch die Archiv- und Bauforschungen abgeschlossen sind.

Die schriftlichen Quellen zum Bau

Da Markus Bauer in diesem Band ausführlich auf die Gründungs- und Frühgeschichte des Klosters eingeht, wird hier nur eine Zusammenfassung seiner Erkenntnisse gegeben, soweit diese für die Baugeschichte unmittelbar von belang sind.

Seit Hermann Knothe gilt die Urkunde vom 13. Oktober 1248, in welcher die Gebrüder Witego I., Bernhard III. und Bernhard IV. zusammen mit ihren Schwestern und ihrer Mutter Mabilia die Stiftung eines Zisterzienserinnenklosters beschlossen, als Gründungsurkunde von St. Marienstern und das damit verbundene Datum als Zeitpunkt des Beginns von Bauarbeiten.[18] Wie Markus Bauer jetzt aber nachweisen kann, ist diese Urkunde vor allem ein Zeugnis für den Stifterwillen, die Festlegung einer Absicht. Der Ort, wo das Kloster erbaut werden sollte, war damals und bei der bischöflichen Bestätigung dieser Gründungsabsicht im Juli 1249 noch ungewiß.[19] Hingegen bestand in dieser Zeit eine frauenklösterliche Gemeinschaft im Spital von Kamenz – Spittel –, aus welcher später der Konvent von St. Marienstern hervorging.[20] Erst in den späten 1250er Jahren wurde die Idee einer Neugründung wieder aufgegriffen – diesmal von Bernhard III., dem eigentlichen Fundator, der schon in zeitgenössischen Urkunden als Erbauer von St. Marienstern bezeichnet wurde. Die bisher mit der Vollendung einer ersten Bauetappe des Klosters in Zusammenhang gesehene Urkunde von 1259, in der erstmals der Name Marienstern erscheint, kann allerdings nicht so interpretiert werden. Hingegen scheint es plausibel, daß kurz vor oder in diesem Jahr das neue Kloster gegründet und mit einem ersten Bau begonnen wurde. Jedenfalls müssen 1264 zumindest provisorische Gebäu-

2 Kloster St. Marienstern. Luftbild der Gesamtanlage von Osten

Das Jungfr. Closter St. Marienstern Cistercienser Ordens. d. 27. Sept. 1787.

3 Kloster St. Marienstern von Südosten. Federzeichnung von Johann Georg Schultz, 17. September 1787 (Görlitz, Städtische Kunstsammlungen, Graphisches Kabinett). Links im Bild der Neue Konvent von 1729–1731, daran rechts anschließend das „Alte Schlafhaus". Dessen sichtbares Obergeschoß zeigt sich hier in dem seit 1694–1695 bestehenden Bauzustand, der 1803–1804 geringfügig verändert wurde. Rechts zwischen „Altem Schlafhaus" und der Ostfront der Klosterkirche die Sakristei von 1677.

de bestanden haben, bedingte doch die 1263 beantragte und 1264 erfolgte Aufnahme von St. Marienstern in den Zisterzienserorden[21] gemäß den Bestimmungen der „Exordii Cistercii et Capitula" zu diesem Zeitpunkt das Vorhandensein von Oratorium, Refektorium, Dormitorium, einer Cella Hospitum und eines Tores.[22]

Ein dauerhafter Bezug dieser Baulichkeiten durch die bisher in Kamenz ansässigen Schwestern folgte diesem Akt allerdings offenbar nicht – als Gründe zieht Markus Bauer kriegerische Auseinandersetzungen und Streitigkeiten in der Stifterfamilie in Erwägung; entscheidend mögen auch wirtschaftliche Schwierigkeiten gewesen sein, dürfte doch die zunächst bescheidene, erst 1280 stark erweiterte Güterausstattung des Klosters für den Weiterbau und den Lebensunterhalt der Nonnen noch nicht ausgereicht haben. 1267 wurden zwar zwei Ablässe für die „ecclesia" in St. Marienstern ausgestellt, ein weiterer 1274. Der Fluß der zur Weiterführung des aufwendig begonnenen Baus – novum opus sumptuosum inchoatum[23] – benötigten finanziellen Mittel scheint jedoch unterbrochen gewesen zu sein.

„ ... monasterium ... laudabiliter inchoatum nec ad consumationem ipsius proprie suppetant facultates", heißt es in einem Ablaß, der 1278 von Bischof Gundisalvus von Burgos in Rom für den Klosterbau ausgestellt wurde.

Eine stattliche Reihe von elf weiteren Ablässen mit ähnlichen Formulierungen entstammt demselben Jahr, 17 weitere folgten bis 1296. Bischöfe und Kardinäle aus ganz Europa, von Portugal bis Posen, riefen – von Bernhard III. von Kamenz darum gebeten[24] – zur Unterstützung des Baus von „claustrum" und „monasterium" auf – „ad opus"[25], „ad consumationem ... ipsius cenobii"[26]. Allerdings sind die Formulierungen zu wenig differenziert, als daß sie unmittelbar über den Baufortgang Auskunft geben können; auch wird zwischen Kloster und Kirche nicht unterschieden. Aus der erstaunlichen Anzahl der Ablässe kann man jedoch ableiten, daß in der Zeit zwischen 1278 und 1296 ein besonders hoher Finanzbedarf bestand, die Bauarbeiten also mit einer besonderen Intensität vorangetrieben wurden.

Als Voraussetzung für die Gewinnung eines Ablasses werden Almosen und Spenden und der Besuch von St. Marienstern an bestimmten Tagen, den Marienfesten, der Kirchweihe an Johannis, und an den Festtagen verschiedener Heiliger angeführt. Es bestand demnach ein Gotteshaus, eine Kirche, in der diese Feierlichkeiten auch mit der Anwesenheit von Laien begangen werden konnten; möglicherweise stehen die aufgezählten Heiligenfeste auch mit bereits vorhandenen Reliquien in Zusammenhang.[27]

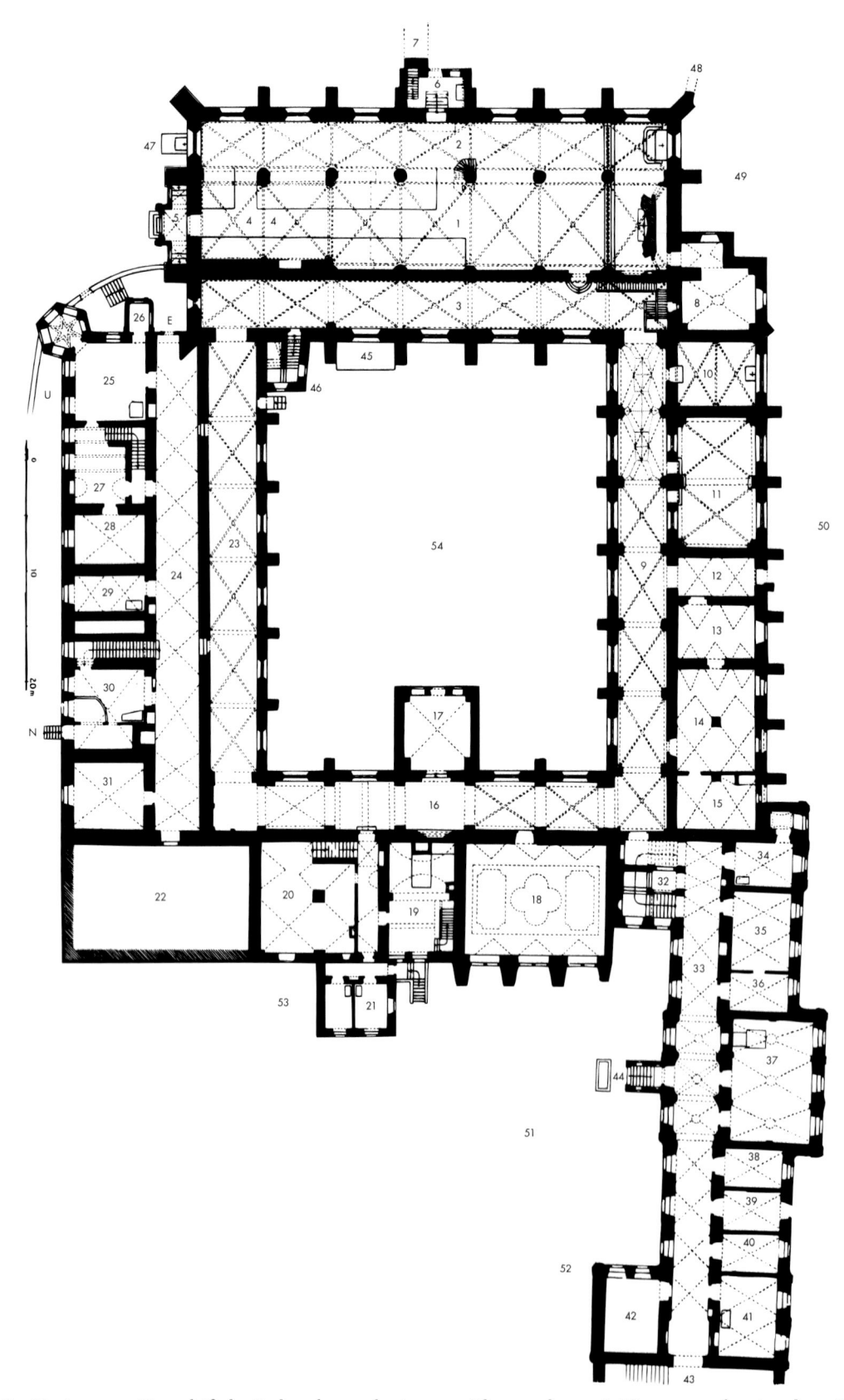

4. Kloster St. Marienstern. Grundriß des Erdgeschosses der inneren Klosteranlage mit Eintragung der einzelnen Bauteile und Räume. Grundlage dieses, dem tatsächlichen Baubestand angepaßten Planes ist der Grundriß bei Gurlitt 1912.

Nach chronikalischen Notizen aus der frühen Neuzeit, die ihren Formulierungen nach zu schließen auf mittelalterliche Vorlagen zurückgehen dürften, zogen 1284 die Nonnen aus Kamenz im neuen Kloster ein.[28] In Verbindung mit dieser Überlieferung ist die Rede davon, daß das Kloster nach 20 Jahren Bauzeit nun bezugsfertig war.[29] Ebenfalls ins Jahr 1284 datiert eine Urkunde, in welcher die Brüder Bernhard V. und Otto von Kamenz, die Neffen Bernhards III., das Kloster zum Ort ihrer Grablege bestimmten, wo auch schon ihre Vorfahren bzw. Eltern beigesetzt wurden. Im Text wird diese Grablage lokalisiert „apud ecclesiam stelle sancte Marie", also bei und nicht in der Klosterkirche.[30] Welcher genaue Ort damit gemeint ist – der heutige Kreuzgangbereich oder die Kreuzkapelle? – bleibt vorläufig ungewiß.

Nach einem kurzen Intervall setzte 1288 eine weitere Folge von Ablaßverkündigungen ein, die bis zum Jahr 1295 andauerte; damit einher ging eine umfangreiche Erweiterung des Klosterbesitzes an Grund und Boden. 1288 werden erstmals Altäre in der Kirche erwähnt („festis dedicationum ipsius ecclesiae sive altarium in eadem existentium"[31]), ihre Patrozinien sind allerdings nicht genannt.

1290 wurde noch einmal explizit zur Unterstützung des Baues aufgerufen: „ad fabricam seu reparationem ornamenta luminaria dicti monasterii".[32] Der Bau war also noch nicht vollendet, man bemühte sich aber bereits auch um seine Ausstattung. Abgeschlossen wird diese Gruppe von Ablässen mit einer Bestätigung der bisher ausgestellten Urkunden durch Bernhard III. am 11. September 1295 in St. Marienstern sowie durch einen letzten, ebenfalls von ihm dort am 14. September desselben Jahres ausgestellten Ablaß von 40 Tagen. Darin ist nicht mehr von „fabrica" oder „opus" die Rede, sondern allgemein von Gaben und Geschenken „ad Monasterium".[33]

Noch zuvor, am 26. September 1294, hatte Bernhard III. den Altar der Kreuzkapelle am Kreuzgang geweiht: „in honorem Sanctae Crucis, Praesepii Domini, sepulchri et testium domini; Necum Beatae Virginis Mariae Sanctorum Petri et Pauli, Bartholomaei, Mathei, Simonis et Judae, Andreae Jacobique Donati martyris, Nicolai confessoris Christinae, Margarethae, Walpurgis, Catharinae beatarum virginum."[34]

Am 11. Oktober 1296 starb Bernhard III. und wurde der Klosterüberlieferung nach in St. Marienstern bestattet. Nachrichten über den genauen Ort seiner Bestattung fehlen. Sein ursprüngliches Grab wurde 1628 geöffnet und die sterblichen Überreste im folgenden Jahr in eine neue Gruft vor dem Hochaltar übertragen.[35]

1309 weihte der brandenburgische Bischof Friedrich von Lebus einen Altar in der Klosterkirche „ad honorem sancte cruce et Bernhardi et Benedicti confessori"[36] und gewährte einen entsprechenden Ablaß – zweifellos handelte es sich dabei um den Kreuzaltar. Dieser war in der Regel vor dem Presbyterium angeordnet; sein genauer Standort konnte aber bisher in St. Marienstern nicht nachgewiesen werden.

Für die folgenden Jahrzehnte sind weder Bau- noch Weihenachrichten überliefert. Einen indirekten Hinweis, daß das Kloster offenbar weitgehend vollendet war, liefert erst eine Urkunde von 1364. Damals gewährten zwei Erzbischöfe und zwölf Bischöfe einen 40tägigen Ablaß für den Besuch des Klosters an bestimmten Feiertagen bei Teilnahme an den verschiedenen Stundengebeten und Gottesdiensten, dem Gebet beim Aveläuten sowie für Beiträge zur Herstellung von Leuchtern und Ausstattungsstücken.[37] Ebenfalls dort aufgeführt sind Prozessionen im Kreuzgang (ambitus), für deren Teilnahme der Ablaß gültig ist. Demnach war dieser innerklösterliche Bereich entgegen den Klausurbestimmungen des Ordens[38] zu bestimmten Festtagen auch den Laien zugänglich, wie es auch für andere Klöster nachgewiesen werden kann[39] und in St. Marienstern an Karfreitag heute noch üblich ist.

(Legende zur Abbildung links) (1) *Kirche, Mittelschiff,* (2) *Kirche, nördliches Seitenschiff,* (3) *Kreuzgang, Nordflügel, darüber Chorgasse,* (4) *Kirche, im Obergeschoß Schwesternchor (Nonnenempore),* (5) *Kirche, Vorhalle,* (6) *Kirche, Nordportal mit Antoniuskapelle, darüber Propstempore (heute Orgelempore),* (7) *Verbindungsgang zur Propstei,* (8) *Sakristei,* (9) *Kreuzgang, Ostflügel,* (10) *Ostflügel, Kreuzkapelle,* (11) *Ostflügel, Kapitelsaal,* (12) *Ostflügel, Durchgang zum Konventsfriedhof,* (13) *Ostflügel, Besenraum,* (14) *Ostflügel, Mangelraum,* (15) *Ostflügel, Alte Küche,* (16) *Kreuzgang, Südflügel,* (17) *Südflügel, Brunnenhaus,* (18) *Südflügel, Refektorium,* (19) *Südflügel, Küche,* (20) *Südflügel, Vorratsgewölbe,* (21) *Südflügel, Gesindezimmer (abgebrochen),* (22) *Südflügel, St. Josephs-Institut (heute Maria-Martha-Heim),* (23) *Kreuzgang, Westflügel,* (24) *Abtei, Flurgang,* (25) *Abtei, Empfangszimmer der Äbtissin,* (26) *Abtei, Sprechhäusel,* (27) *Abtei, Vorzimmer,* (28) *Abtei, Archiv,* (29) *Abtei, Mädchenzimmer (heute Pfortenküche),* (30) *Abtei, Parlatorium,* (31) *Abtei, Mangelraum (heute Aktenarchiv),* (32) *Treppenhaus des Neuen Konvents,* (33) *Neuer Konvent, Flurgang,* (34) *Neuer Konvent, Laienschwesterstübchen (heute Kaffeestube),* (35, 36) *Neuer Konvent, Vorratskammern (heute Arbeitsräume),* (37) *Neuer Konvent, Kaffestube (heute Winterkapelle),* (38) *Neuer Konvent, Blumenstube (heute Arbeitsraum),* (39) *Neuer Konvent, Durchgang zum Garten,* (40) *Neuer Konvent, Obststube (heute Arbeitsraum),* (41) *Neuer Konvent, Waschraum,* (42) *Neuer Konvent, Aborte,* (43) *Neuer Konvent, Treppenhaus des Noviziats,* (44) *Neuer Konvent, Vorhalle,* (45) *Ehemaliges Gehäuse der Uhr,* (46) *Lange Stiege,* (47) *Kruzifixus,* (48) *Tor zum Holzhof,* (49) *Friedhof der Klostergeistlichen (Herrenfriedhof),* (50) *Friedhof der Klosterjungfrauen (Konventsfriedhof),* (51) *Wirtschafts- oder Küchenhof,* (52) *Anbau (ehemalige Schwarzküche),* (53) *Brauereihof,* (54) *Kreuzgarten*

Für 1369 ist ein Altar der Muttergottes auf dem Chor belegt, da damals der Prager Erzbischof Johannes Očko von Vlašim den Mariensterner Nonnen einen Ablaß gewährte, wenn sie im Kreuzgang oder vor dem genannten Altar knieend ein Ave Maria beteten.[40] Der reichen Reliquienausstattung des Klosters gelten weitere Ablässe 1374 und 1457, wobei jeweils die Reliquien der hl. Ursula und der 11.000 Jungfrauen hervorgehoben sind. Da sich diese Ablaßverkündigungen an die Gläubigen des Bistums Meißen richteten, steht fest, daß damals zumindest an bestimmten Tagen – sicher dem Ursulatag am 21. Oktober – die Reliquien öffentlich zur Verehrung ausgestellt wurden.[41]

In der ersten Hälfte des 15. Jahrhunderts sind für St. Marienstern erste innere und äußere Schwächungen und Bedrohungen belegt, wie es die Akten des Generalkapitels von 1410 und 1411 überliefern;[42] Baunachrichten fehlen. Ebenso haben wir keine Quellen, die eine Vorstellung vom Ausmaß der chronikalisch nur ganz allgemein mitgeteilten Plünderung und Brandstiftung des Klosters durch die Hussiten im Sommer 1429 vermitteln können.[43] Schriftliche Belege für die bauliche Wiederherstellung des Klosters sind nicht bekannt – im Gegensatz zum anspruchsvollsten Neubau dieser Zeit im Gebiet der Mariensterner Klosterherrschaft, der Pfarrkirche in Wittichenau, die 1440–1446 wohl weitgehend auf Kosten des Klosters neu errichtet wurde.[44] Ein Um- oder Neubau der Magdalenenkapelle zu Spittel bei Kamenz ist für 1471–1475 überliefert.[45]

Die einzige direkte Baunachricht zu St. Marienstern aus dem ausgehenden 15. Jahrhundert verdanken wir dem Kamenzer Stadtschreiber Caspar Haberkorn: „Diß Jahr [1485], den sontag nach Martini, in vigila S. Elisabeth [am Abend des 18. November] ist zu Marienstern im closter ein steinerner giebel, so erst dasselbe jahr gemacht worden, vom großen winde eingeworfen, und hat den clostervoigt Ambrosium von Hermßdorff, den landreuter und einen paur, die ein fuder fische wollen abladen, sampt dem einen pferde am wagen erschlagen, auch den wagen zu trümmern zuschmettert und sonst ihr zwene sehr beschediget."[46] Da man aus der Angabe über die Abladung von Fischen schließen kann, daß dies nicht vor der Kirche erfolgte, sondern im Wirtschaftshof, wird wahrscheinlich, daß es sich dabei entweder um den Südgiebel des Ostflügels, einen Giebel des Südflügels oder eines Wirtschaftsgebäudes gehandelt hatte.

Für die Folgezeit seit dem 16. Jahrhundert besitzen wir mit den Belegen, Notizen, Rechnungen, Quittungen und Urkunden im Klosterarchiv eine fast lückenlose Sammlung der den Bau betreffenden Quellen, so daß die neuzeitliche Baugeschichte und der klösterliche Baubetrieb weitestgehend rekonstruiert werden können. Darauf wird hier aber nicht näher eingegangen.

Der bauliche Bestand

Topographie

Das Kloster St. Marienstern liegt in einer Niederung des seit unbestimmter Zeit Klosterwasser[47] genannten Flüßchens, das in den Hügelzügen südlich und westlich von Burkau entspringt und bei Kotten südlich von Wittichenau in die Schwarze Elster mündet. Das fruchtbare Gebiet mit seinen schweren Böden ist altes Siedelland; älteste sichtbare Zeugnisse sind die bronzezeitlichen Schanzenanlagen von Ostro und Kuckau. Zwischen den beiden Schanzen liegen auf kleinen Anhöhen seitlich des Klosterwassers die schon vor der Klostergründung bestehenden Siedlungen Panschwitz (westlich) und Kuckau (östlich). Hier führte die Hohe Straße von Kamenz kommend über das Flüßchen nach Crostwitz und Bautzen.

Das Klosterareal erstreckt sich auf sumpfigem Boden südlich dieser Straße und wird westlich von einem Bogen des Klosterwassers umflossen. Verschiedene Kanäle wurden südöstlich vom Hauptbett des Wassers zur Speisung von außerhalb der Klostermauern angelegten Fischteichen und eines heute zugeschütteten Teiches im westlichen Bereich des Klosterhofes sowie für den Mühlgraben und die Kanalisation abgezweigt. Gegen Osten steigt das Gelände leicht an, die nördliche Kante bildet ein Felsriegel. Den höchsten Punkt innerhalb der Klostergebäude nimmt die Ostpartie der Kirche ein; nach Westen und Süden verringert sich das Bodenniveau. Die bauliche Anlage der Konventflügel ist diesen Voraussetzungen angepaßt, wobei aber dennoch zur Gewinnung eines einigermaßen einheitlichen Bodenniveaus beträchtliche Erdmassen verschoben werden mußten. Es ist deutlich erkennbar, daß in den nicht unterkellerten Bereichen an Ost- und Nordseite der Kirche und am Ostflügel das Gelände abgesenkt wurde. Nachdrängendem Erdreich und damit verbundenem Eindringen von Feuchtigkeit muß bis heute immer wieder Einhalt geboten werden. Demgegenüber konnten die tiefer liegenden Süd- und Westflügel unterkellert werden; im Kreuzhof wurde das Gelände in der Südwesthälfte aufgeschüttet.

Die Kirche ist ziemlich genau geostet und bildet den Nordflügel des in einem Rechteck angelegten Quadrums. Vor dem Ostflügel liegt der Konventfriedhof, östlich davon erstreckt sich am leicht ansteigenden Hang ein weiter Garten, der von der Klostermauer begrenzt wird, die das gesamte Gelände einfaßt. An der Südseite des Quadrums befindet sich der Wirtschaftshof, östlich begrenzt vom Neuen Konvent, südlich vom Waschhaus. Daran schließen sich westlich weitere Wirtschaftsbauten an, die den weiten Klosterhof bilden. An seiner Nordseite, leicht erhöht, grenzen Tor- und Gästehaus, Propstei und Kaplanei das Areal zur Straße hin ab.

Das Baumaterial des Klosters stammt zum größten Teil aus der näheren Umgebung von klostereigenem Grund und Boden: Granit und sonstiger Bruchstein aus den Steinbrüchen bei Demitz und Kamenz, Lehm aus den Gruben bei Wiesa und Wetro, Sand aus der Nähe von Deutschbaselitz; Backsteine und Ziegel wurden in den klösterlichen Ziegeleien gebrannt, an welche heute noch die Ortsnamen „Alte Ziegelscheune" (sorb. Stara Cyhelnica) zwischen Kuckau und Crostwitz und „Neue Ziegelscheune" (sorb. Nowa Cyhelnica) nördlich von Jauer erinnern;[48] das Bauholz lieferten die Klosterwälder (Lugawald, Großer und Kleiner Nonnenwald u.a.). Es ist anzunehmen, daß im Mittelalter auch der Kalk vor Ort gebrannt wurde; im 17. und 18. Jahrhundert hingegen wurde er ebenso wie Sandstein über Pirna angekauft.[49]

Die ältesten erhaltenen Bauteile der Klosteranlage – Die erste Bauphase

Obwohl das großzügige, recht regelmäßig angelegte Quadrum mit den Konventbauten im Grundriß und in den Grundzügen der sichtbaren mittelalterlichen Bereiche den Eindruck von planmäßiger Einheitlichkeit erweckt, zeigen sich bei näherer Betrachtung Unregelmäßigkeiten, aus welchen eine Abfolge verschiedener Bauphasen abgeleitet werden kann.
Für die Kirche konnte Heinrich Magirius drei mittelalterliche Bauphasen unterscheiden. Demnach ist der breitere westliche Teil der Südwand unter der Nonnenempore ältester Teil des heutigen Bestandes. Hier ließ sich das abgeschlagene Gewölbe eines früheren Bauzustandes fassen. Am vorhandenen Mauerwerk nachweisbar waren fünf schmale, in der Achsbreite unregelmäßig zwischen 2 m und 2,80 m differierende Gewölbejoche. Das dazugehörige Bodenniveau lag 74 cm unter dem heutigen. Im östlichen Teil der Wand sind drei türhohe und rund 90 cm tiefe, spitzbogige Nischen eingelassen, deren Anordnung keinen Bezug zur Raumgliederung durch das Gewölbe nimmt. Über Breite und Länge dieses Baues können allerdings ohne Grabungen nur vage Vermutungen angestellt werden. So könnte man sich aufgrund der geringen Jochbreiten der Gewölbe eine zwei- oder dreischiffige Halle vorstellen, die angesichts der Raumhöhe wohl als Unterbau einer Empore interpretiert werden darf. Ob die jüngst wiedergefundene Treppe in der Südwand, die in ihrer heutigen Erscheinung und Erschließung der zweiten Bauphase angehört und als direkte Verbindung zwischen Kreuzgang und Nonnenchor diente, bereits in der ersten Bauphase angelegt worden war, kann erst geklärt werden, wenn ein genaues Aufmaß vorliegt und die Abfolge der hier aufeinandertreffenden unterschiedlichen Wandpartien analysiert ist.
Mit Einbeziehung der besagten Teile des älteren Baus und einer entsprechenden Übernahme seiner Längsausrichtung erfolgte dann in zwei Bauabschnitten, die eine Planänderung einschließen, die Errichtung der heutigen Hallenkirche.[50]
Älter als dieser zweite Kirchenbau ist der Ostflügel, im folgenden nach dem Sprachgebrauch des Klosters „Kleines" oder „Altes Schlafhaus" genannt. Zumindest der östliche Teil seiner Nordwand – in der Tiefe der Raumfolge von Kapelle und Kapitelsaal – bestand bereits, als der Ostteil der Hallenkirche aufgeführt wurde. Ein Beleg dafür ist die deutliche Verringerung der lichten Breite, wie sie in dem in die Kirche integrierten Nordflügel des Kreuzganges und der darüberliegenden Chorgasse ostwärts festzustellen ist – offenbar wurde die heutige Hallenkirche an ihrer Südseite von Westen nach Osten errichtet und mußte dabei auf den dort bereits bestehenden Bau Rücksicht nehmen. Auffällig ist zudem, daß an der Kirchensüdwand zwischen dem ersten und zweiten östlichen Joch, also im Anschlußbereich des Ostflügels, im Gegensatz zum Anschluß des nachträglich angefügten Westflügels kein Strebepfeiler vorhanden ist.
Der ursprüngliche Kern dieses Schlafhauses ist im heutigen Grundriß erhalten. Insgesamt handelt es sich um einen langgezogenen, proportional ausgewogenen, großzügigen Baukörper von rund 15,5 m Breite und etwa 46 m Länge. Nur an der Südseite weicht die sonst regelmäßig rechteckige Grundrißform schräg nach Südosten aus, was heute durch die Umklammerung des 1729–1731 angefügten Neuen Konventes kaum mehr auffällt. Die rund 1,20 m starken Außenmauern des Traktes, die soweit erkennbar alle im Verband stehen,[51] bestehen aus einem kräftigen zweischaligen Bruchsteinmauerwerk mit hohem Anteil von Granit. Die Ecken sowie die originalen Einfassungen des heutigen Durchganges zum Friedhof sind sauber behauen. Die eigentlichen Türöffnungen hingegen sind wie die Fenster mit Backsteingewänden eingefaßt. Wie im Kapitelsaal und in den südseitigen Räumen festgestellt werden konnte, lag dort das ursprüngliche Bodenniveau mindestens 30 cm unter dem heutigen.
Auch die Raumaufteilung stammt weitenteils aus der ersten Bauzeit. Der Kreuzgang bestand in seiner aktuellen Breite. Allerdings wies er zunächst nicht die heutige Höhe auf. Wie bei der letzten Erneuerung der Fassade zum Kreuzhof 1990/91 deutlich wurde, stehen die Strebepfeiler bis etwa zur Höhe des Bogenansatzes der Fenster nicht mit dem Mauerwerk in Verband. Zudem war auf entsprechender Höhe eine horizontale Baunaht erahnbar.[52] Demnach würden auch die mit Ziegeln eingefaßten heutigen Fensteröffnungen einer zweiten Phase entstammen.
Zum ursprünglichen Bestand gehören weiter die Binnenmauern, welche die heutigen Räume der Kreuzkapelle, des Kapitelsaales und des Friedhofdurchgangs voneinander abgrenzen. Ursprüngliche Türdurchbrüche konn-

ten in diesen Quermauern nicht festgestellt werden, die heutigen Durchgänge stammen von 1929[53] bzw. dem ausgehenden 19. Jahrhundert[54]. Der Bereich südlich des heutigen Friedhofsdurchganges war möglicherweise in der Hälfte unterteilt, worauf Unregelmäßigkeiten im Mauerwerk der Südwand hindeuten. Daß hier ein kleiner östlicher Anbau, wovon ein Bogenansatz an der Ostfassade sichtbar ist, zum ursprünglichen Zustand gehörte, ist denkbar, jedoch nicht eindeutig nachzuweisen. Dasselbe gilt für behauene Granitblöcke, die ein heute vermauertes Portal in der ehemaligen südlichen Abschlußwand einfassen, das in den Wirtschaftshof oder ebenfalls in einen Anbau führte.

Der gesamte Bau war zunächst zweigeschossig geplant bzw. angelegt. In der Südhälfte entspricht die heutige Geschoßunterteilung diesem Zustand, obgleich das heutige Gewölbe von 1694–1695 stammt.[55] Dort liegt im Obergeschoß das sogenannte Kirchengewölbe, dessen heute teilweise vermauerte schmale Spitzbogenfenster nach Osten und Westen an der ursprünglichen Funktion als Dormitorium keinen Zweifel lassen. Daß auch der Nordteil des Alten Schlafhauses ursprünglich zweigeschossig war und somit das Dormitorium und allfällige Nebenräume sich über den ganzen Flügel erstreckten, machen Befunde in der Kreuzkapelle wahrscheinlich. Hier konnte bei Putzarbeiten 1976/77 im östlichen Teil der Nordwand über der Sakristeitüre von 1929 eine 1,87 m breite und 2,65 m hohe Türnische nachgewiesen werden, deren leicht stichbogig abgeschlossene Nische das heutige Gewölbe hinterschneidet.[56] Demselben Niveau zugehörig ist das noch heute in der Westwand sichtbare schmale Fenster in einer gleichfalls leicht stichbogigen Nische, dessen Scheitelhöhe den südlichen Dormitoriumsfenstern entspricht. Zudem wurde 1977 ungefähr auf halber Raumhöhe in der Südwand ein liegender Balken gefunden. Kann dieser als Rest einer ehemaligen Deckenbalkenlage interpretiert werden, so müssen die nördliche Türe und das westliche Fenster zu einem Obergeschoß gehört haben, das ebenfalls nicht gewölbt war. Daß die heutige Kapelle einer zweiten Bauphase oder Ausbaustufe angehört, zeigte sich auch an der Ostwand: das heutige Fenster wurde nachträglich in das Bruchsteinmauerwerk eingebrochen.[57]

Im Kapitelsaal fehlen bisher entsprechende Befunde, die übereinstimmenden Formen von Gewölbe, Schlußsteinen und Maßwerkfenstern lassen jedoch annehmen, daß sein Ausbau gleichzeitig mit jenem der Kapelle erfolgte, also in der zweiten Bauphase. Vermutlich sind auch die Strebepfeiler an der Ostfassade diesem Ausbau zuzuweisen. An der südlichen Fassadenhälfte nehmen die Strebepfeiler nur zum Teil Rücksicht auf die regelmäßige Folge der Dormitoriumsfenster und verdecken diese zum Teil, weshalb es unwahrscheinlich ist, daß sie aus der ersten Bauphase stammen. Dem Nachweis von spätmittelalterlichem Putz und der 1993 rekonstruierten Ockerfassung auch auf den Pfeilern nach zu schließen, bestanden sie aber bereits vor der barocken Einwölbung von 1694–1695.[58]

Über die damalige Dachform läßt sich keine Aussage machen, denkbar ist ein relativ steiles Satteldach über den Osträumen; an seiner Westseite schloß sich wohl unterhalb der zunächst ins Freie geöffneten Dormitoriumsfenster ein flaches Pultdach über dem noch nicht gewölbten Kreuzgang an.

Steht die ursprüngliche Funktion des Obergeschosses als Dormitorium der Schwestern und der Äbtissin außer Frage, so können für das Erdgeschoß nur Vermutungen angestellt bzw. aus Analogie zu anderen Zisterzienserbauten Schlüsse gezogen werden. Die im nördlichen Teil in der zweiten Bauphase beibehaltene Raumunterteilung könnte auf eine Bewahrung der Funktionen hindeuten – wie Untersuchungen der letzten Jahre gezeigt hatten, wurde der Ostflügel in vielen Zisterzienserklöstern zwar in mehreren Etappen erweitert und verändert, seine räumlichen Bestimmungen blieben jedoch weitgehend dieselben.[59] Es ist denkbar, daß am Ort der Kreuzkapelle von Anfang an ein Oratorium bestand. Die mindestens bis ins 17. Jahrhundert zurückzuverfolgende Gründungslegende ist mit diesem Raum verbunden; hier – die genaue Stelle bezeichnet ein schlichter Stein mit eingehauenem Kreuz neben dem Altar – soll dem im Sumpf eingesunkenen Bernhard III. von Kamenz der Morgenstern den rettenden Weg gewiesen haben. Für den Konvent war und ist die Kapelle deswegen von besonderer Sakralität, was durch den Umstand unterstrichen wird, daß hier zumindest zeitweise den Schwestern die Kommunion ausgeteilt bzw. das Allerheiligste ausgestellt wurde und wird. Daß der Raum zunächst profanen Zwecken gedient haben mag, ist kaum vorstellbar. Allenfalls denkbar wäre eine erste Bestimmung als eine Art Sakristei für die Vasa sacra und liturgische Bücher.[60]

Der im Erdgeschoß südlich an die Kapelle anschließende größere und vielleicht zunächst mit einer oder mehreren Holzstützen unterteilte Raum dürfte bereits als Kapitelsaal gedient haben, dem für die monastische Gemeinschaft nach der Kirche wichtigsten Ort des Klosters.[61] Der heutige Durchgang zum Friedhof öffnete sich schon in der ersten Bauphase in einem breiten Bogen zum Kreuzgang hin. Es ist denkbar, daß er schon immer als Verbindungsgang zum Garten gedient hat – das heutige Ostportal stammt zwar frühestens aus dem 16. Jahrhundert, könnte aber ein älteres ersetzt haben. Zudem könnte der Raum als Parlatorium der Nonnen gedient haben, war dieses doch auch in anderen Klöstern in einem Gang angeordnet.[62]

Im südlichen Bereich des Traktes sind das erste Refektorium und eine Küche zu vermuten, wie auch die mündliche Überlieferung des Klosters besagt, wird der Südraum doch „Alte Küche" genannt.⁶³ Der heute noch vorhandene Teil eines aus Backsteinen errichteten Herdes mit Kaminabzug in der Ostfassade stammt zwar vermutlich nicht aus der ersten Bauphase, gewiß aber aus der Zeit vor der barocken Binnenunterteilung und Einwölbung. Wo der ursprüngliche Treppenaufgang lag – vielleicht im Durchgang zum Garten oder im Kreuzgang? –, ist nicht überliefert. Zumindest seit dem Spätmittelalter scheint er sich außen an der Südfront des Schlafhauses befunden zu haben – etwas nördlich des heutigen barocken Konventstreppenhauses von 1729–1731. Am im Dachbereich erhaltenen spätgotischen Südgiebel des Traktes befindet sich auf der Höhe des ersten Dachgeschosses ein Portalbogen; ferner zeichnet sich dort ein ehemals südlich anschließendes Satteldach ab, was wohl beides am ehesten zu einem Treppenhausvorbau gehört haben dürfte. Möglicherweise steht auch die genannte vermauerte Türe auf Erdgeschoßhöhe der ehemaligen Südfassade damit in Zusammenhang. Von diesem südlichen Anbau aus waren wohl auch anschließende Latrinen zugänglich, wozu ein teilweise umgenutzter und abgebrochener, vermutlich spätmittelalterlicher gemauerter Abwasserkanal gehörte, der unter dem Südflügel quer unter dem Klosterhof hindurch in den ehemaligen Mühlgraben führt.⁶⁴

Daß sich in diesem Bereich südlich der Küche auch das mittelalterliche Bad befunden hatte, kann nur vermutet werden.⁶⁵ Für 1704 ist jedenfalls eine Erneuerung der Badestube „im Konvent" überliefert.⁶⁶

Die zweite Bauphase – Bau von Hallenkirche, Kreuzgang und Konventräumen

Bei den Untersuchungen 1966/67 konnte Heinrich Magirius die heutige Baugestalt der Kirche eindeutig einer zweiten Bauepoche, unterteilt in zwei Phasen, zuordnen. Zunächst entstanden die Umfassungsmauern der heutigen Halle bis auf die Höhe von etwa 7 m. Dazu gehören tiefer ansetzende und etwas schmalere, von Ziegeln eingefaßte Fenster in der heutigen Achsenordnung sowie rechteckige Pfeilervorlagen an der Ost- und Westwand. Da die Umfassungsmauern dieser Halle bis auf den Anschluß der älteren Südwand im westlichen Mittelschiff in Verband stehen, kann ausgeschlossen werden, daß dieser Plan ein bis auf die Flucht des Ostflügels verlängertes Presbyterium vorsah.

Spätestens jetzt wurde die Westempore zum Ort des Nonnenchores bestimmt und entsprechende Verbindungen eingerichtet. Allerdings behielt man den bisherigen Einbau nicht bei – vielleicht aus formalen Gründen, waren doch dessen kleinteiligen Gewölbe unregelmäßig ausgeführt –, sondern brach ihn ab, um Platz für einen etwas höheren, auf weit gespannten Gewölben aufruhenden Neubau zu schaffen, der in der zweiten Bauphase der Hallenkirche ausgeführt wurde. Einen direkten Zugang vom Kreuzgang her ermöglichte die bereits erwähnte Treppe in den beiden westlichen Jochen des Kreuzgang-Nordflügels. Sie erhielt eine der Kirche entsprechende Wandgestaltung mit roten Ziegeln und weißen Wulstfugen; in der Wand gegen Süden dienten drei Nischen mit spitzen Giebeln der Aufstellung von Lichtern.⁶⁷ Als Hauptverbindung zwischen Chor und Altem Schlafhaus fungierte jedoch nun die Chorgasse im Obergeschoß des südlichen Hallenschiffes, dessen Erdgeschoß als Kreuzgangflügel ausgebildet wurde. Daß diese Einbeziehung des Kreuzganges von Anfang an Teil dieses Plans war und nicht Ausdruck einer nachträglichen Sparlösung sein kann, ist durch die erkennbare Bauabfolge gesichert.

Einheitlich mit dem Bau des in die Kirche integrierten Flügels wurde im Ostflügel der Kreuzgang ausgebaut, auf die Höhe der bisherigen zwei Geschosse des Traktes gebracht, eingewölbt und mit großen Maßwerkfenstern versehen. Die Unmöglichkeit eines direkten Anschlusses vom Dormitorium zum Chor aufgrund der neuen Planung und Niveauverschiebung erlaubte die Aufgabe der bisherigen Zweigeschossigkeit im nördlichen Teil des Schlafhauses. Stattdessen entstanden hier hohe, von eleganten Kreuzrippen überspannte Gewölberäume mit großen Maßwerkfenstern.

Gleichzeitig muß der Ostflügel zudem aufgestockt worden sein: die Chorgasse hatte ja nur einen Sinn, wenn sie das Dormitorium der Nonnen mit dem Chor verband. Beim bisherigen zweigeschossigen Schlafhaus wäre dies nur möglich gewesen, wenn eine Treppe vom Dormitorium auf das Gewölbe von Kapitelsaal und Kreuzkapelle geleitet und im Dachboden ein Gang entlang geführt hätte. Wahrscheinlicher ist, daß mit der zweiten Bauphase der Flügel ein weiteres Obergeschoß erhielt. Diese Annahme unterstützt der Eckstrebepfeiler an der Nordostecke des Flügels (heute teilweise von der Sakristei von 1677 verdeckt), der in der heutigen Höhe bis zum Dachgeschoß einheitlich aufgeführt ist.⁶⁸ Ferner ist im Dachbereich des Nordflügels ersichtlich, daß die Nordwand gleichzeitig mit dem Bau der Hallenkirche bis auf das Niveau des ersten Dachgeschosses hochgeführt wurde.

Die dritte Bauphase – Der Bau von West- und Südflügel

Nachdem der Umbau des Schlafhauses und der Weiterbau an der Hallenkirche soweit gediehen waren, daß die wichtigsten funktionalen Räumlichkeiten für das Klosterleben zur Verfügung standen, wurde das Quadrum um die bisher fehlenden West- und Südflügel ergänzt. Daß diese Ausbaustufe nicht nahtlos an die zweite Bauphase anschloß, belegen mehrere Hinweise am Baubestand. So konnte in Süd- und Westflügel der für die übrigen Trakte charakteristische erste, gelbliche Lehmputz nicht nachgewiesen werden, zudem zeigten sich hier im Kreuzgang in der nachgewiesenen ersten Polychromie farbliche Nuancen gegenüber der Erstfassung in Ost- und Nordflügel, auch wenn das Gestaltungssystem mit weißen Flächen und roter Rippenbemalung einheitlich ist.[69]

Zumindest was die Fundierung von West- und Südflügel anbelangt, kann eine Gleichzeitigkeit angenommen werden: Der Kreuzgang ist hier – im Gegensatz zu den ebenerdigen Ost- und Westflügeln – einheitlich unterkellert. Dabei handelt es sich um langgezogene Kellerräume mit kleinen Fensternischen zum Hof und jeweils zwei schmalen Zugängen von Westen bzw. Süden. Der Fußboden ist in der Mitte mit großen Granitplatten belegt, die eine Rinne bilden, worin sich eindringendes Grundwasser sammelte. Zumindest in jüngerer Zeit waren seitlich dieser Rinne die Bierfässer aufgebockt.

Der Westflügel – durch den wirtschafts- und sozialgeschichtlich bedingten Wechsel der Nutzung bei vielen Zisterzen den stärksten baulichen Veränderungen ausgesetzt[70] – wurde an die bestehende Südseite der Kirche angefügt. Der Kreuzgang schließt hier an die Strebepfeiler der Kirche an; das Maßwerk der Fenster ist einheitlich mit einem nach oben spitzen Dreipaß ausgebildet. Sein nördlichstes Joch ist turmartig erhöht. Im ersten Obergeschoß befindet sich die sogenannte Alte Sakristei, ein ungefähr quadratischer Gewölberaum, der ursprünglich nur vom Nonnenchor bzw. der Chorgasse aus zugänglich war. Daß hier die Kirchenfront geraume Zeit frei gestanden hatte, belegt die 1966/67 festgestellte Baunaht mit Brandspuren an den Wasserschlaggesimsen der Strebepfeiler.[71] Das nachträglich erneuerte Kreuzgratgewölbe der Alten Sakristei, das auf Granitkonsolen aufruht wie in Kreuzgang und Kreuzkapelle, schließt an die Strebepfeiler an. Der Zwischenraum zwischen diesen ist mit einer Vierteltonne ausgefüllt, die an die Kirchenwand angestellt ist. Über der Alten Sakristei liegt ein weiterer Raum, der ehemals mit einer Balkendecke versehen war und vollständig verputzt ist. Gegen Osten und Westen öffneten sich kleine Fensterscharten, die mit Läden geschlossen werden konnten. Zugänglich ist der Raum über den Wendelstein, der sich in den südlichen Winkel des Strebepfeilers an der Südwestecke schmiegt und vom Niveau der Chorgasse ins Kirchendach führt. Dieser wurde gleichzeitig mit der Westfassade erbaut. Von Anfang an war dort ein Durchgang ins Obergeschoß des besagten Anbaues angelegt, wie die im Verband stehende Decke des Zugangs zeigt. Diese Decke besteht aus Granitstufen des Wendelsteines, die offenbar bei seinem Bau keine Verwendung gefunden haben.

Was die Funktion dieser Räume anbelangt, so kann der untere Raum zweifellos als ursprünglicher Aufbewahrungsort der liturgischen Bücher, Paramente und Vasa sacra gelten, wie schon der Name „Alte Sakristei" sagt.

Bis zur Einrichtung der Bibliothek im Noviziats- und Krankentrakt von 1877/78 war hier die Bibliothek untergebracht.[72] Sein diagonal verlegter Fußboden aus weiß-schwarzen quadratischen Fliesen, seine kleinen lanzettförmigen Fensterchen mit eisernen Läden und die gegen Süden eingelassenen Wandnischen weisen ihn als eigentlichen Tresor aus. Unklar ist hingegen die Bestimmung des oberen Raumes.

Wie der erhaltene Dachansatz an der Südwand des Sakristeiturmes zeigt, war der Kreuzgang im Anschluß daran ursprünglich mit einem eigenen schmalen Satteldach überdacht. Daß der Westflügel der Klausur jedoch nicht nur aus dem Kreuzgang bestand, belegen die nachweisbaren ursprünglichen Türdurchbrüche in der Westwand – im von Norden zweiten und sechsten Joch – sowie Fenster im Obergeschoßbereich des dritten und sechsten Joches. Als merkwürdig zu konstatieren ist die Lage der beiden Portale, die keinen Bezug zur Jochgliederung des Kreuzganges nehmen, sondern ganz an den Rand der Joche gedrängt sind; eine Begründung dafür kann nur in der dahinterliegenden Raumaufteilung gelegen haben.

5 Kloster St. Marienstern. Klosterkirche und Übergang zur Abtei, Blick von Nordwesten um 1650. Ausschnitt aus einem anonymen Leinwandgemälde „Hl. Anna Selbdritt"

Leider gibt die jetzige Kellersituation, die bis auf die Unterkellerung des Kreuzganges wohl aus dem 17. Jahrhundert stammt, keinen Aufschluß über das Volumen des hier ansetzenden Baues. Es liegt nahe zu vermuten, daß es sich um einen zweigeschossigen Trakt gehandelt hatte, der sich vom ersten nördlichen Joch bis zur Südbegrenzung des Kreuzganges erstreckte und entweder ein vom Kreuzgang unabhängiges Sattel- bzw. Walmdach hatte oder mit einem Pultdach an die Kreuzgangwand anschloß. Denkbar ist, daß eine der im Kreuzgang sichtbaren Türen zum „Ern" führte, dem Durchgangsraum zur Klosterpforte.[73] Außer der Pforte waren hier wohl das Cellarium sowie vielleicht die Räume der Laienschwestern und Konversen angeordnet, wie es an dieser Stelle auch für andere Frauenklöster des Ordens nachgewiesen ist.[74] Über die innere Raumgliederung des Traktes kann vorläufig nichts gesagt werden – es ist jedoch nicht auszuschließen, daß die heutige Grundrißstruktur mit dem an die sogenannten Kloster- oder Konversengassen erinnernden Gang parallel zum Kreuzgang einer älteren Anordnung folgt. Für St. Marienstern sind (männliche) Konversen im 13. und 14. Jahrhundert mehrfach urkundlich überliefert,[75] gegen Ende des 14. Jahrhunderts dürfte sich aber auch hier diese Institution aufgelöst haben.[76] Danach – spätestens seit der ersten Hälfte des 17. Jahrhunderts – diente der Westflügel als Abtei.

Den Bauzustand vor dem weitgehenden Neubau des Traktes unter Äbtissin Catharina Benada von 1688–1691 überliefert die älteste bekannte Ansicht des Klosters seitlich einer Darstellung der hl. Anna aus der Mitte des 17. Jahrhunderts. Sie zeigt das Gebäude von Nordwesten her; deutlich erkennbar ist, daß ein hölzerner Verbindungsgang von der Abtei als gedeckte Brücke in das südliche oder mittlere Westfenster der Kirche führte.

Wie auch für andere Klosterbauten belegt,[77] wurde die Südseite des Quadrums zuletzt geschlossen – die Außenmauern dieses Traktes stoßen an jene von Ost- und Westflügel an. In seinem heutigen Zustand ist der mittelalterliche Bestand des Südflügels durch spätere Veränderungen stark verunklart, in den Umrissen jedoch noch erkennbar. So gehört die Ostwand gegen das große Treppenhaus zum ursprünglichen Bestand, ebenso Teile der Südwand. Westlich schloß der Trakt vor dem Eckjoch des Kreuzganges, weist dieses doch gegen Osten ein heute vermauertes großes Spitzbogenfenster auf. Der Kreuzgang entspricht in seinen Formen dem Westflügel weitgehend – im Unterschied zu jenem ist hier allerdings das Maßwerk der Fenster mit zwei auf dem Kopf stehenden Herzformen und einem abschließenden, oben spitzen Dreipaß gestaltet. Das mittlere Joch öffnet sich in einem Bogen, der ursprünglich eine größere Breite aufwies als heute, zum Brunnenhaus. Dieses ist als quadratischer, etwas vertiefter Raum vorgelagert. Die im Verband mit den Außenmauern stehenden Eckstrebepfeiler[78] weisen daraufhin, daß ein Gewölbe zumindest vorgesehen war. Das aktuelle schlichte Kreuzgratgewölbe stammt ebenso wie die inneren Eckvorlagen von 1677.

Zum mittelalterlichen Bestand gehört auch das gegenüberliegende, heute zugemauerte hohe Spitzbogenportal mit seiner ohne jegliche Unterbrechung zum Scheitel geführten, vierfach abgetreppten Einfassung aus Ziegeln. Der zugehörige Raum – das Refektorium – ist jedoch in seiner ursprünglichen Erscheinung nicht mehr zu fassen. Die Höhe des Portals läßt darauf schließen, daß es sich um einen Saal gehandelt hatte, der so hoch war wie der Kreuzgang und wohl auch ein Gewölbe aufwies, scheinen doch zumindest die vorhandenen Strebepfeiler westlich an der Südfassade mittelalterlichen Ursprungs zu sein. Wie weit sich das Refektorium nach Westen erstreckt hatte, ist unklar. Sollte die Alte Küche im Ostflügel bis zum Umbau des Südflügels 1716 in Funktion gestanden haben – und daraufhin weist der erhaltene Herdeinbau –, so könnte das Portal tatsächlich die Mittelachse des einstigen Saales bezeichnen. Möglich ist jedoch auch, daß die Trennwand zwischen der barocken Küche und dem Vorratsgewölbe mittelalterlichen Ursprungs ist und demnach das Refektorium westlich begrenzt hatte. Zu denken ist zudem an eine Unterteilung in ein Winter- und ein Sommerrefektorium. Auf jeden Fall aber zeigt das monumentale Portal, daß die Nonnen von St. Marienstern einen Speisesaal von erstaunlicher Größe besaßen, der den Herrenrefektorien bedeutender Männerabteien nicht nachstand und für ein Frauenkloster ungewöhnlich war.

Für das Vorhandensein eines mittelalterlichen Geschosses über diesem Refektorium gibt es im heutigen Baubestand keine Anhaltspunkte.

Die Nebengebäude

Die Gebäude, welche den Klausurbezirk im Westen umgeben und einen großen Hof bilden, konnten bisher nicht näher untersucht werden. Unzweifelhaft mittelalterliche Bauteile haben sich im Torhaus mit seiner hohen, kreuzgratüberwölbten Durchfahrt und in der südwestlich davon gelegenen Scheune erhalten. Ob diese Bauten allerdings noch aus der Gründungszeit stammen oder erst ins 15. Jahrhundert zu datieren sind, kann ohne archäologische Sondierungen nicht gesagt werden. Anzunehmen ist ferner, daß die aus Granit gefügte Klostermauer, welche den gesamten Bezirk in weitem Bogen einfaßt, ebenfalls mittelalterliche Substanz aufweist. Dasselbe gilt für den großen Keller im Gästehaus. Im übrigen wurde dieses ebenso wie Propstei, Kaplanei und ehemaliger Eiskeller (Konradhaus) im 17. und 18. Jahrhundert weitgehend neu aufgeführt.

Aus dem ausgehenden Mittelalter dürfte ferner das heutige Waschhaus stammen, ein zweigeschossiges steinernes Gebäude mit steilem Satteldach, welches den Wirtschaftshof am Neuen Konvent südlich begrenzt. In seinem Inneren haben sich Reste einer schwarzen Küche oder Räucherkammer erhalten; im Erdgeschoß befindet sich zudem ein steinerner Fischhalter für die Küche. Dennoch scheint der Bau nicht nur eine wirtschaftliche Funktion gehabt zu haben – in seinem Obergeschoß befindet sich an der Ostseite eine große Stube mit einer profilierten Balkendecke und einem spätbarocken Kachelofen.

Für die übrigen Ökonomiegebäude – Bäckerei (19. und 20. Jahrhundert), Brauerei (1857), Schneidemühle (18./19. Jahrhundert), Gesindehaus (18./19. Jahrhundert), Schweine- und Schafställe (1819), Beamtenhaus (1889), Stockhaus (1794) – ist kein mittelalterlicher Bestand mehr nachweisbar. Es ist aus topographischen Gründen – der Lage am Klosterwasser – jedoch anzunehmen, daß an ihrer Stelle seit Anbeginn der Klostergeschichte Bauten mit entsprechender Funktion bestanden und hier auch die urkundlich belegten Werkstätten der Konversen – bekannt sind Schuhmacher, Weber, Bäcker[79] – angeordnet waren. Wie eine Ansicht des Klosters auf einem Gemälde mit der Darstellung der hl. Ottilie von 1707 zeigt, bestanden damals die Wirtschaftsgebäude an der Südseite des Hofes aus Holz.

Die mittelalterliche Baugeschichte von St. Marienstern – Erkenntnisse und Fragen

Versucht man die Befunde am Bau mit den überlieferten schriftlichen Nachrichten in Zusammenhang zu bringen, so ergibt sich für die Baugeschichte von St. Marienstern in den Grundzügen ein recht klares Bild, in den Einzelheiten bleiben allerdings noch viele Fragen unbeantwortet. Ein entscheidendes Datum ist die für 1294 überlieferte Weihe der Kreuzkapelle. Es ergibt einen terminus ante quem für den als zweite Bauphase festgestellten Ausbau des Ostflügels und die damit in Zusammenhang stehenden Bauteile der Hallenkirche. Die erste Bauphase, die noch mit einer gegen Osten längeren Kirche rechnete, muß dieser Planung einige Jahre zuvor stattgefunden haben – eine Planänderung unmittelbar während des Bauprozesses ist angesichts der tiefgreifenden funktionalen Veränderungen im Bereich der heutigen Kreuzkapelle und des Dormitoriums unwahrscheinlich. Es liegt deshalb die Vermutung nahe, daß es sich bei dem Kernbau des Alten Schlafhauses um den Gründungsbau des Klosters handelte. Entsprechend kann er in die Zeit um 1259–1264 datiert werden. In seiner Funktionalität – der Aufnahme aller für den klösterlichen Tagesablauf wichtigen Räume – erweist sich der langgestreckte zweigeschossige, massiv aufgeführte Bau als typisches Beispiel eines „Nonnenhauses"[80], dessen Äquivalent für Männerklöster, das „Mönchshaus" eine ins 8. Jahrhundert zurückreichende Tradition hat.

Fragt man nach der Stellung dieses Nonnenhauses zur ersten Kirche, so ergibt der heutige Baubestand nur teilweise eine Antwort. Einen wichtigen Anhaltspunkt liefert der festgestellte Türdurchgang im Obergeschoß der Nordwand in der Kreuzkapelle. Sie macht nur Sinn als Verbindung zur Kirche, woraus gefolgert werden kann, daß sich diese in der ersten Planung längenmäßig mindestens bis auf die Ostflucht des Ostflügels erstrecken sollte – soweit wurde auch die Baugrube ausgehoben.[81] Interpretiert man die 1966/67 im Westen der Kirche nachgewiesenen Gewölbereste als einen mit dem Nonnenhaus gleichzeitigen Vorgängerbau des heutigen Nonnenchores – diese Gleichzeitigkeit kann allerdings bisher nicht bewiesen werden –, so bedeutete dies, daß mit der Gründung von Bernhard III. bereits eine Anlage ungefähr in den heutigen Ausmaßen geplant war, wären doch damit Nord- und Südseite des Quadrums festgelegt gewesen. Zudem müßte man dann annehmen, daß eine Verbindung von der Tür des Dormitoriums dorthin vorgesehen war – denkbar wäre ein innerer oder äußerer Laufgang als Vorgänger der heutigen Chorgasse. Dabei erstaunt allerdings die große räumliche Distanz zwischen Schlafsaal und Chor in einer Anlage, die von Anbeginn an als Frauenkloster bestimmt war. Zwar wurden bei den Frauenklöstern der Zisterzienser die Schlafhäuser häufig wie bei den Männerklöstern im Osten der Anlage angeordnet; daß das Dormitorium auch im Westen bestehen konnte, zeigt das Beispiel St. Marienthal.[82] Das Nonnenchor der deutschen Klöster wurde dann aber in keinem anderen bekannten Beispiel soweit entfernt errichtet – entweder wurde die Kirche zu diesem Zweck weiter nach Osten geschoben (z.B. in den mainfränkischen Klöstern oder in Nimbschen) oder das Chor im Querhaus bzw. in einer Seitenempore des Presbyteriums eingerichtet (so möglicherweise zunächst in Güldenstern, vielleicht auch in Heilig Kreuz bei Meißen).[83]

Es sei deshalb hier die Überlegung erlaubt, ob nicht auch in St. Marienstern zunächst eine Lösung wie die letztgenannte vorgesehen war und die nachgewiesene Westempore einem anderen Zweck dienen sollte.[84] Zu denken ist dabei an eine repräsentative Funktion, an eine Art Herrscherempore. Obwohl die Einfügung eines solchen Bauteils in eine Zisterzienserkirche außergewöhnlich ist, gibt es Vergleichsbeispiele – zumal in den Klöstern östlich der Elbe, wo die auf dem Eigenkirchenrecht basierende Klostervogtei des Gründers, wie sie auch Bernhard III. von Kamenz offenbar innehatte, beibehalten wurde.[85] So sind entsprechende Herrscheremporen ein Charakteristikum der askanischen Zisterziensergründungen in Brandenburg, allerdings nur der Männerklöster.[86] Angesichts der großen Bedeutung, welche dieses Herrschergeschlecht auch für die Frühzeit für St. Marienstern hatte, ist eine vergleichbare Lösung an diesem Ort zumindest in Erwägung zu ziehen, solange weitere archäologische Befunde ausstehen.

Die geplante Form dieser ersten Kirche kann aus solchen Hypothesen allerdings nicht abgeleitet werden; denkbar sind sowohl eine einschiffige wie eine dreischiffige Anlage. Offen bleibt auch die Frage, ob in der ersten Planung ein Kreuzgangflügel entlang der Kirchensüdseite als eigener Bauteil vorgesehen war. Ungewiß ist vorläufig zudem, wie weit der erste Kirchenbau ausgeführt war. Daß er zumindest eine Weile benutzbar war, als die Hallenkirche in der zweiten Bauphase um ihn herum wuchs, ist aus den Ablaßaufrufen zu folgern.

Die um 1278 einsetzende Ablaßflut legt nahe, die nächste Bauphase in die folgenden Jahre zu datieren. Über die Beweggründe des inzwischen erfolgten Planwechsels, der zum Bau der Hallenkirche führte und damit für die Funktionalität des Klosters von einschneidender Bedeutung war, kann vorläufig nur spekuliert werden. Einen Anlaß dazu könnte das Baugelände gegeben haben: Möglicherweise hatten der bis heute problematische sumpfige Grund und der von Nordosten drückende Hang mit ständig eindringendem Grundwasser bereits bestehende Ostteile gefährdet oder sogar zum Einsturz gebracht. Jedenfalls wurde die Kirche nun leicht zurückversetzt und als gerade geschlossene dreischiffige Halle angelegt. Diese in der zeitgenössischen Zisterziensersarchitektur ungewöhnliche, sowohl für eine Zisterzienserinnenkirche wie auch innerhalb des kunstlandschaftlichen Rahmens der Zeit singuläre Bauform erfuhr von Heinrich Magirius ihre kunsthistorische Würdigung.[87] St. Marienstern darf als eine der architektonisch herausragenden Zisterzienserinnenkirchen gelten. Als Halle, die mit der Integrierung der Chorgasse den funktionalen Anforderungen der mehrheitlich als Saal konzipierten Kirchen des Ordens angepaßt wurde, ist sie einzigartig. In ihrem baulichen Anspruch kann sie am ehesten mit der im ersten Drittel des 13. Jahrhunderts erbauten Zisterzienserinnenkirche von Trebnitz/Trzebnica in Schlesien verglichen werden. Magirius verwies auf den Zusammenhang mit der süddeutsch-österreichisch-böhmischen, zisterziensisch bestimmten Hallentradition, die in der Zisterzienserkirche Walderbach im letzten Viertel des 12. Jahrhunderts ihren Ausgang nahm und in Lilienfeld (Weihe 1230), der Prämonstratenserkirche Tepl (angebliche Weihe 1233), in der Zisterzienserkirche Hradiště im letzten Viertel des 13. Jahrhunderts, der zisterziensisch geprägten Altnai-Synagoge in Prag (um 1270–1280) sowie dem Hallenchor von Heiligenkreuz (Weihe 1295) ihre Fortsetzung fand. Wichtig ist auch der Vergleich mit den großen Hallenrefektorien der französischen Zisterzen Cîteaux, Clairvaux und Vaucelles, deren Raumcharakter ebenso wie Baulösungen der Bettelorden mit der Mariensterner Hallenkirche verwandt scheinen. Für die umgangslose Form des gerade geschlossenen Presbyteriums nannte Magirius die dreischiffigen Ostteile der Zisterzienserkirchen Ossegg, Mariensee, Hude und Franzburg als Vorgänger. Der Hinweis auf das 1258–1266 im Bau befindliche und dann unvollendet verlassene Mariensee verdient besondere Aufmerksamkeit, handelt es sich doch dabei um das 1273 nach Chorin verlegte Hauskloster der Askanier Johann I. und Otto III., Markgrafen von Brandenburg, welche 1264 die Bestätigungsurkunde für St. Marienstern ausgestellt hatten. Der Bezug zu Mariensee könnte ein Argument dafür sein, daß die Brandenburger tatsächlich nicht nur für die politisch-rechtlichen Umstände der Klostergründung St. Mariensterns bedeutsam gewesen sein, sondern auch für die Wahl der Bauformen des Klosters. Es stellt sich dann aber sogleich die vorläufig nicht zu beantwortende Frage, wieso statt der bereits ab 1266 nicht mehr weitergeführten Kirche von Mariensee nicht die zeitlich näher stehende, ab 1273 errichtete, architektonisch vollständig anders konzipierte Klosterkirche von Chorin als Vorbild eingesetzt wurde.

Bei der historischen Herleitung und Einordnung der Mariensterner Baukonzeption ist jedoch auch der Einfluß des Stifters, Bernhard III. von Kamenz, nicht zu unterschätzen. Die historische Überlieferung seines Wirkens und seiner Persönlichkeit[87] zeigt, daß er – als Bauherr in der hochmittelalterlichen Tradition des „sapiens architectus" – persönlich großen Anteil am Bau seiner Stiftung nahm. Als maßgeblicher Förderer bestimmte er zweifellos auch die Baugestalt und die Bauausführung. Ist letztere in ihren Einzelformen – etwa dem als Gestaltungsmittel eingesetzten Wechsel von Back- und Haustein – obersächsischen Traditionen verpflichtet, so dürften auf die formale Lösung der Baugestalt nebst bereits genannten zisterziensischen Vorbildern auch seine eigenen Eindrücke eingewirkt haben. Dabei ist insbesondere an Bauwerke zu denken, die im Umkreis der Piasten und Přemysliden entstanden sind, also in historischer Beziehung zu den zwei Höfen stehen, an welchen Bernhard III. eine wichtige Rolle gespielt hatte. Genannt seien hier die Hallenkirche von Goldberg/Złotoryja (vollendet 1293), die ebenfalls als Halle mit achteckigen Pfeilern ausgebildeten Ostteile der Kollegiatskirche (Dom) von Glogau/Głogów (2. Hälfte 13. Jahrhundert) und die Unterkirche der Kreuzkirche in Breslau (begonnen 1288).[89] In Böhmen ist es insbesondere der Wenzelsdom von Olmütz/Olomouc (1266–1290), der nicht nur in der architektonischen Anlage als dreischiffige Hallenkirche mit queroblongen Seitenjochen und einem gerade geschlossenen, allerdings einschiffigen Presbyterium auffallende Parallelen zur Mariensterner Klosterkirche aufweist, sondern auch in Details wie dem Maßwerk.[90] Bauherr dieser Kirche war Bruno von Schauenburg, Bischof von Olmütz und als Kanzler am Přemyslidenhof Vorgänger Bernhards III. von Kamenz.[91]

Daß die Mariensterner Klosterkirche schon von den Zeitgenossen als außergewöhnlich, ja vorbildlich angesehen wurde, macht ihre Rezeption deutlich. Die Konzeption von Grundriß und Raumproportionen sowie Details wurden wenig später, wohl in den letzten Jahren des 13. Jahrhunderts für den Bau von zwei Kirchen bedeutender Männerzisterzen übernommen: für Neuzelle in der Niederlausitz, gegründet 1268 vom Markgrafen Heinrich dem Erlauchten von Meißen,[92] und für Kamenz /Kamieniec Ząbkowicki, gegründet 1246/48 aus einem Augustinerstift.[93] Zudem muß auf den dreischiffigen, gerade geschlossenen Hallenchor der Zisterzienserkirche Königsaal/Zbraslav bei Prag hingewiesen werden, welcher der Mariensterner Halle typologisch gleichfalls nahe steht und ab 1297 entstanden ist.[94] Die Beziehung zu St. Marienstern läßt sich hier historisch fassen, indem chronikalisch überliefert ist, daß Bernhard III. an der Gründung jenes königlichen Klosters 1291 mitbeteiligt war.[95]

Die zweite Bauphase von St. Marienstern muß bis zum Einzug der Schwestern 1284 zumindest so weit abgeschlossen gewesen sein, daß der Konvent seine klösterlichen Verpflichtungen erfüllen konnte. Dies heißt, daß der Ostflügel bezugsfertig war und der Nordflügel des Kreuzganges sowie weitere Teile des ersten Bauabschnittes der Hallenkirche zumindest angefangen waren. Dieser Datierung entsprechen stilistisch die Detailformen. Schon Gurlitt hat auf die Ähnlichkeit der Maßwerkfenster von Kreuzgang und Kapitelsaal mit den Scheitelfenstern des Hochchors vom Dom zu Meißen hingewiesen.[96] Tatsächlich entsprechen sie sich motivisch mit den nach unten offenen Dreipässen vollkommen, wenn auch in St. Marienstern die Pfostenkapitellchen fehlen. Diese Reduzierung kann mit dem zisterzienischen Streben nach Einfachheit begründet werden, widerspiegelt aber auch eine stilistische Weiterentwicklung vom Domchor, der 1268 vollendet war, zu den in die 1280er Jahre zu datierenden Marienster Bauteilen. Auf eine Anregung aus Meißen kann auch das zweite Maßwerkmotiv der ersten Bauphase zurückgeführt werden. Der größere geschlossene Vierpaß des Kreuzkapellenfensters und der inneren Kapitelsaalfenster hat seine Parallele in den Kreuzgangarkaden am Meißner Chorumgang, der um 1270 entstanden war – möglicherweise war diese Form über die Zisterzienser von Pforta vermittelt worden. Zudem haben auch die Schlußsteine in der Kreuzkapelle und im Kapitelsaal dort ihre Parallelen, in Bauteilen, die um 1280 bis 1290 errichtet wurden.[97] Zweifellos ist es dieser Bau, der neben schlesischen und böhmischen Bauten zu St. Marienstern besonders enge Beziehungen aufweist. Man kann sogar annehmen, daß zumal während Bernhard III. von Kamenz Bischof in Meißen war (1293–1296) Bauleute von dort in St. Marienstern tätig waren. Diese Vermutung liegt umso näher, als in Meißen zwischen 1291 und 1298 eine Baupause konstatiert wurde.[98]

Die dritte Bauphase der Marienster Konventbauten setzte ein, nachdem die Hallenkirche in ihrer zweiten Planungsphase bereits ein Stück fortgeschritten war. Zeitlich käme man damit etwa in die Zeit um 1290–1300 – wofür auch die Maßwerkformen der Kirchenfenster mit ihren charakteristischen Drei- und Fünfpaßmotiven in den Courennements sprechen. Für die Kirche steht mit der Weihe des Kreuzaltares von 1309 ein wichtiges Datum fest: Zu diesem Zeitpunkt müssen Gottesdienste im Hauptschiff vor dem Presbyterium möglich gewesen sein. Der Bau war also wenn nicht ganz, so doch nahezu fertiggestellt. Wenig später dürfte auch der Bau der Konventsbauten abgeschlossen gewesen sein, wofür die Einheitlichkeit der Bauformen unzweifelhaft Zeugnis ist. Zusammengefaßt ergibt dies eine erstaunlich kurze und kontinuierliche Bauzeit. Dies war zweifellos dem großen finanziellen Engagement Bernhards III. von Kamenz und seinen Bemühungen zu verdanken, aus der ganzen Christenheit Unterstützung für seine Stiftung zu erhalten. Trotz großer Schwierigkeiten am Anfang, Verzögerungen und Unterbrüchen, gelang es ihm – begünstigt durch seine Beziehungen zu den schlesischen und böhmischen Höfen, zum Klerus dieser Länder und ganz Europas, zum Reich und die in seiner Familie lange zurückreichenden Verbindungen zum Zisterzienserorden – ein „opus sumptuosum" zu errichten, auch wenn er selbst dessen Vollendung nicht mehr erlebt hatte: ein Zisterzienserinnenkloster, das in seinem architektonischen Anspruch, seiner in Resten bewahrten künstlerischen Ausstattung und seinem Heiltum seinesgleichen kaum hatte. Durch Kriege, funktional bedingte Umbauten und verschiedene Erneuerungsmaßnahmen wurden in den folgenden Jahrhunderten einzelne Teile des Klausurgevierts verändert, die ursprüngliche Anlage blieb jedoch bis heute in den Grundzügen bewahrt.

Die ersten Schäden entstanden im Zusammenhang mit dem Durchzug der Hussiten 1429. Offenbar ist damals das Kirchendach abgebrannt und dabei auch der Ostgiebel der Kirche eingestürzt, worauf die Konstruktion des Ostwalmes schließen läßt. Das heutige Dachwerk – eine dreifache Konstruktion mit Firstsäulen – kann jedenfalls typologisch in die Mitte des 15. Jahrhunderts datiert werden.[99] Auch an anderen Trakten dürften insbesondere die Dächer in Mitleidenschaft gezogen worden sein. Für den Ostflügel liegt es nahe zu vermuten, daß das vielleicht nur in Holz ausgeführte zweite Obergeschoß zerstört war, konnten doch in der Kreuzkapelle auf der ersten Farbfassung Brandspuren festgestellt werden.[100] Möglicherweise sind die zur statischen Verstärkung eingefügten polygonalen Vormauerungen der Gewölbevorlagen und die Schildbögen im Kapitelsaal auf entsprechende Schäden zurückzuführen. Auch das Zellengewölbe in

6 Kloster St. Marienstern. Schlußstein aus dem Kapitelsaal um 1280/90

den beiden nördlichen Jochen des Kreuzgang-Ostflügels dürfte in dieser Zeit entstanden sein.
Mit diesen Baumaßnahmen im Alten Schlafhaus hing wahrscheinlich auch die Errichtung des dortigen Südgiebels zusammen, der beim Bau des Neuen Konvents 1729–1731 in das Dach integriert wurde. Die etwas derben Formen seiner Maßwerkfenster, die Parallelen in Wittichenau, Pulsnitz, Cottbus, Spremberg und Sagan haben,[101] könnten diese Einordnung stützen; denkbar ist allerdings hier auch ein Zusammenhang mit der Nachricht vom Einsturz eines Giebels 1485. Der heute an der Nordseite des Ostflügels im Dach erhaltene Giebel mit Blendbögen und einer Farbfassung in Ocker mit weißen Fugenstrichen kann wahrscheinlich mit der inschriftlichen Datierung 1625 über dem Durchgang vom Schlafhaus zur Chorgasse in Zusammenhang gebracht werden. Jedenfalls würde dies den erstaunlich guten Erhaltungszustand der Polychromie erklären – wurde doch der Giebel bereits 1677 durch den Anbau der Sakristei von deren Dach umschlossen.
Abgesehen von Veränderungen im Innern – insbesondere der umfassenden Neuausmalung von Kreuzgang, Kreuzkapelle und Kapitelsaal im mittleren 16. Jahrhundert – griffen danach erst die großen Umbauten unter Catharina Benada und Cordula Sommer in den mittelalterlichen Bestand ein; – dazu sei hier auf den Aufsatz von Heinrich Magirius verwiesen.

Anmerkungen

1 KRENIG, ERNST GÜNTHER: Mittelalterliche Frauenklöster nach den Konstitutionen von Cîteaux unter besonderer Berücksichtigung fränkischer Nonnenkonvente. In: Annalecta Sacri Ordinis Cisterciensis 10 (1954), S. 1–105; Zusammenfassung des jüngeren Forschungsstandes bei DEGLER-SPENGLER, BRIGITTE: Die Zisterzienserinnen in der Schweiz. In: Helvetia Sacra III/3,2, Bern 1982, S. 507–574.
2 Erste Ansätze dazu bei AUBERT, MARCEL: L' architecture cistercienne en France. 2 Bände, Paris 1943. Wegweisend ist insbesondere: SENNHAUSER, HANS RUDOLF (Hrsg.): Zisterzienserbauten in der Schweiz. Neue Forschungen zur Archäologie und Kunstgeschichte. Band 1, Frauenklöster. Zürich 1990.
3 COESTER, ERNST: Die einschiffigen Cistercienserinnenkirchen West- und Süddeutschlands von 1200 bis 1350. (= Quellen und Abhandlungen zur mittelrheinischen Kunstgeschichte 46). Mainz 1984; DERS.: Die Cistercienserinnenkirchen des 12. bis 14. Jahrhunderts. In: Die Cistercienser. Geschichte, Geist, Kunst. Hrsg. von AMBROSIUS SCHNEIDER. 3. Aufl. Köln 1986, S. 339–394.
4 Eine übergreifende Untersuchung zu Zisterzienserinnenklöstern, die bau- und funktionsgeschichtliche Fragestellungen zu verknüpfen versucht, unternimmt zur Zeit Claudia Mohn in ihrer in Arbeit befindlichen Dissertation zu Zisterzienserinnenklöstern in Mitteldeutschland.
5 Zum Beispiel bei COESTER 1986 (wie Anm. 2), S. 388f.; BINDING, GÜNTHER und MATTHIAS UNTERMANN: Kleine Kunstgeschichte der mittelalterlichen Ordensbaukunst in Deutschland. 2. Aufl. Darmstadt 1993, S. 272.
6 KNOTHE, HERMANN: Urkundliche Geschichte des Jungfrauenklosters Marienstern. Dresden 1871; [HITSCHFEL, ALEXANDER:] Chronik des Cisterzienserinnenklosters Marienstern in der königlich sächsischen Lausitz. Warnsdorf 1894; HUTH, JOACHIM: St. Marienstern in der Oberlausitz. 700 Jahre im Orden von Zisterz 1264–1964. In: Unum in Veritate et Laetitia. Bischof Dr. Otto Spülbeck zum Gedächtnis. Leipzig 1970, S. 170–204.
7 Beschreibende Darstellung der älteren Bau- und Kunstdenkmäler des Königreichs Sachsen. 35. Heft: Amtshauptmannschaft Kamenz (Land). Bearb. von CORNELIUS GURLITT. Dresden 1912, S. 142–220, 346–362.
8 GURLITT 1912 (wie Anm. 7), Vorwort.
9 RAUDA, FRITZ: Die Baukunst der Benediktiner und Zisterzienser im Königreich Sachsen. Meißen 1917, S. 193–209.
10 JÄKEL, MARTIN: Lausitzer gotische Baukunst und ihre Steinmetzzeichen (= Oberlausitzer Heimatstudien 5). Reichenau i. Sa. 1925, S. 17–21.
11 BACHMANN, ERICH: Eine spätstaufische Baugruppe im mittelböhmischen Raum. (= Beiträge zur Geschichte der Kunst im Sudeten- und Karpathenraum 3). Brünn 1940, S. 36, 46, 83, 105, 108. Allerdings ging der Autor in Unkenntnis des Baues von einer zweischiffigen Halle aus.
12 MAGIRIUS, HEINRICH: Zisterzienserarchitektur im Bistum Meißen. In: Aspekte zur Kunstgeschichte von Mittelalter und Neuzeit. Karl Heinz Clasen zum 75. Geburtstag. Hrsg. von HANS MÜLLER und GUDRUN HAHN. Weimar 1971, S. 115–165; DERS.: Das Kloster Sankt Marienstern (= Das Christliche Denkmal 116), 2. Aufl. Berlin 1986; DERS.: Architektur der Zisterzienserklöster in der Lausitz. In: Cîteaux, fasc. 1–4, 1996, S. 253–283. DERS. und SIEGFRIED SEIFERT: Kloster St. Marienstern, Leipzig 1974.
13 MAGIRIUS, HEINRICH: Die Klosterkirche von St. Marienstern, ein wiedergewonnener Zisterzienserbau. In: Unum in Veritate et Laetitia. Bischof Dr. Otto Spülbeck zum Gedächtnis. Leipzig 1970, S. 170–204.

14 LEHMANN, EDGAR und ERNST SCHUBERT: Der Meißner Dom. Beiträge zur Baugeschichte und Baugestalt bis zum Ende des 13. Jahrhunderts. (= Schriften zur Kunstgeschichte 14). Berlin 1968, insbesondere S. 41f., 62f., 72f., 76f.

15 Für zahlreiche Hinweise und Anregungen danke ich Frau Dr. Elisabeth Hütter und Frau Claudia Mohn M.A. sowie den Herren Tobias Gockel, Hans Herzig, Johannes Lukasch, Prof. Dr. Heinrich Magirius, Dipl.-Rest. Markus Schulz, Dipl.-Rest. Günther Schreiber und Andreas Teuchner.

16 Von den zahlreichen Grabungen und Wandöffnungen für Elektroleitungen, Wasser- und Heizkanälen wurde nur 1996 ein, zur Klärung der Baugeschichte unergiebiger Schnitt im südwestlichen Bereich des Klosterhofes dokumentiert. Selbst die in Zusammenhang mit der Verlegung von Heizungsrohren im Frühjahr 1997 vorgenommene Teilgrabung im von Osten zweiten Joch der Klosterkirche blieb ohne archäologische Begleitung.

17 Genaue Pläne existieren nur von der Kirche (Landesamt für Denkmalpflege Sachsen, Plankammer).

18 KlAM, Urkunde Nr. 1.

19 KlAM, Urkunde Nr. 3.

20 Die Baugeschichte der dort heute noch vorhandenen Gebäulichkeiten ist bisher nicht untersucht worden; Situation und Anlage weisen aber heute noch Anzeichen klösterlicher und mittelalterlicher Vergangenheit auf. Hier kann darauf nicht näher eingegangen werden.

21 Statuta Capitulorum Generalium Ordinis Cisterciensis, ab anno 1116 ad annum 1786. Hrsg. von JOSEPH MARIA CANIVEZ. 8 Bde. Louvain 1933–1941, Bd. 3, S. 16f.

22 Instituta Generalis Capitula, nach: RUETTIMANN, H.: Der Bau- und Kunstbetrieb der Cistercienser unter dem Einfluß der Ordensgesetzgebung im 12. und 13. Jahrhundert. Bregenz 1911, S. 18; SCHNEIDER 1986 (wie Anm. 3, S. 28–29.

23 Nach Formulierungen in Ablässen des Bischofs Heinrich von Havelberg und des Bischofs Heinrich von Basel, beide 1278 zu datieren; KlAM, Kiste 29.

24 Dies geht aus dem Wortlaut von Ablässen aus dem Jahr 1287 hervor; KlAM, Kiste 29.

25 KlAM, Ablaß Nr. 44 vom 26. November 1281.

26 KlAM, Ablaß Nr. 11 von 1282.

27 1283 werden abgesehen von Herren-, Marien- und Kirchweihfesten folgende Heiligenfeste aufgezählt: Michael, Petrus und Paulus, Philippus und Jacobus, Bartholomäus, Simon und Juda, Johannes Evangelista, Laurentius, Martin, Nikolaus und Donatus, die 11.000 Jungfrauen, Katharina, Margaretha, Maria Magdalena, Elisabeth und Hedwig. KlAM, unsignierter Ablaß Kiste 29.

28 „Das Kloster Marienstern ist aufferbauhet" mit lateinischem Text (17. Jahrhundert). KlAM, Fach 270, Nr. 1, 6.

29 Die Haberkornsche Stadtchronik. Hrsg. von GERHARD STEPHAN. Kamenz 1934, S. 14.

30 KlAM, Urkunde Nr. 14.

31 KlAM, Ablaß Nr. 13.

32 KlAM, Ablaß Nr. 14.

33 KlAM, Ablaß Nr. 10.

34 Abschrift eines Weihedokuments aus dem 17. Jahrhundert; KlAM, Fach 270, Nr. 1, 6.

35 [HITSCHFEL] 1894 (wie Anm. 6), S. 159.

36 KlAM, unsignierter Ablaß in Kiste 29.

37 „ ... seu qui missis, matutinis, vesperis, predicationibus aut aliis divinis officiis ibidem interfuerint aut qui ambitum dicti monasterii currerint aut qui in serotina pulsatione campane flexis genibus ter Ave Marie dixerint nec non ad fabricam illuminaria ornamenta seu quivis alia ad dicti monasterii necessaria manus prrexerint adiutrices vel qui in eorum testamentis vel ecclesiae aurum vel argentum vestimenta libros calices curem ..."; KlAM, Ablaß Nr. 53.

38 KRENIG 1954 (wie Anm. 1), S. 81–89.

39 ABEGG, REGINE: Funktionen des Kreuzganges im Mittelalter – Liturgie und Alltag. In: Kunst + Architektur in der Schweiz 48 (1997), Heft 2, S. 14–20.

40 KlAM, Ablaß Nr. 55.

41 KlAM, unsignierte Ablässe in Kiste 29 (Ablaß von 1374 ausgestellt von Bischof Konrad von Meißen, von seinen Nachfolgern 1489 und 1507 bestätigt; Ablaß von 1457 ausgestellt von Bischof Caspar von Meißen). – Erst im 20. Jahrhundert verzichtete der Konvent auf eine öffentliche Ausstellung der Reliquiare in der Kirche.

42 CANIVEZ 1933 (wie Anm. 21), Band 4, S. 121, 150.

43 Haberkornsche Stadtchronik 1934 (wie Anm. 29), S. 20f.

44 [HITSCHFEL] 1894 (wie Anm. 6), S. 107.

45 KlAM, Ablässe Nr. 16, 54.

46 Haberkornsche Stadtchronik 1934 (wie Anm. 29), S. 48.

47 Noch 1304 ist nur von „Wasser" die Rede; KlAM, Urkunde Nr. 52.

48 EICHLER, ERNST und WALTHER, HANS: Ortsnamenbuch der Oberlausitz (Deutsch-slawische Forschungen zu Namenskunde und Siedlungsgeschichte 28), Band I, Berlin 1975, S. 380f.

49 KlAM, Fach 270, Kiste 27, diverse Passiergenehmigungen und Zollquittungen.

50 MAGIRIUS 1970 (wie Anm. 13), S. 292–294.

51 Nachgewiesen an der Nord- und der Südseite 1996–1997, ob die westliche Kreuzgangmauern mit den Schmalseiten in Verband stehen, konnte nicht eindeutig festgestellt werden.

52 Leider wurde dies nur unzureichend dokumentiert; ein Aufmaß bzw. systematische Untersuchungen erfolgten nicht. Für diesbezügliche Hinweise und einzelne Fotos danke ich Herrn Johannes Lukasch.

53 Verbindungen zwischen Sakristei, Kreuzkapelle und Kapitelsaal.

54 Türe vom Friedhofsdurchgang zum südlich anschließenden Raum (bei GURLITT 1912: Besenraum).

55 KlAM, Buch 42.

56 Landesamt für Denkmalpflege Sachsen, Dresden; Dokumentationen, Befundskizzen H. Magirius 1977.

57 Landesamt für Denkmalpflege Sachsen, Dresden; Dokumentationen, Befundskizzen H. Magirius 1977.

58 Kurzdokumentation Untersuchung zur originalen Farbigkeit des Ostflügels vom Kreuzgang des Klosters St. Marienstern. Schreiber & Teuchner, Juni 1993.

59 HASSLER, UTA und FRITZ WENZEL: Hilft Forschung den Denkmalen? Untersuchungen am Dormentbau des Klosters Maulbronn. In: Maulbronn. Zur 850jährigen Geschichte des Zisterzienserklosters. Hrsg. vom Landesdenkmalamt Baden-Württemberg (= Forschungen und Berichte der Bau- und Kunstdenkmalpflege in Baden-Württemberg 7), Stuttgart 1997, S. 328–332.

60 Eine eigentliche Sakristei gehörte in einem mittelalterlichen Frauenkloster nicht unbedingt zum Bestandteil der Klausur; vgl. UNTERMANN, MATTHIAS: Das „Mönchshaus" in der früh- und hochmittelalterlichen Klosteranlage. Beobachtungen zu Lage und Raumaufteilung des Klausur-Ostflügels. In: Wohn- und Wirtschaftsbauten frühmittelalterlicher Klöster. Internationales Symposium 1995. Hrsg. von Hans Rudolf Sennhauser. (= Veröffentlichungen des Instituts für Denkmalpflege an der ETH Zürich 17). Zürich 1996, S. 251.

61 STEIN-KECKS, HEIDRUN: Quellen zum „capitulum". In: SENNHAUSER 1996 (wie Anm. 60), S. 226f.

62 SENNHAUSER 1990 (wie Anm. 2), S. 37.

63 Als „Alte Küche" ist der südliche Eckraum auch auf dem Grundrißplan von Gurlitt 1912 (wie Anm. 7) bezeichnet.

64 Hinweis von Herrn Johannes Lukasch.

65 Die ältesten Belege für ein Bad in St. Marienstern liefern zwei Nennungen eines „Badmeister Frenczil" im November und Dezember 1386 in den Kurrentschriftennachträgen des Mariensterner Zinsre-

gisters; HAUPT, WALTER und JOACHIM HUTH: Das Zinsregister des Klosters Marienstern. Bautzen 1957, S. 105.
66 KlAM, Buch Nr. 43.
67 Offenbar wurde diese Treppe bereits im mittleren 16. Jahrhundert anläßlich der Erneuerung des Kreuzganges geschlossen und durch einen bequemeren hölzernen Aufgang an der Hofseite ersetzt. Diesen wiederum löste 1665 die sogenannte Lange Stiege ab, die seither als Wendeltreppe in der Nordwestecke des Kreuzhofes auf die Chorgasse führt. KlAM, Buch Nr. 40a.
68 Dies konnte aus den vorhandenen Putzen und der Ziegelabdeckung geschlossen werden; freundlicher Hinweis von Herrn Andreas Teuchner.
69 Auskünfte von Herrn Dipl.-Rest. Markus Schulz.
70 SENNHAUSER 1990 (wie Anm. 2), S. 42–44.
71 MAGIRIUS 1970 (wie Anm. 13), S. 294.
72 [HITSCHFEL] 1894 (wie Anm. 6), S. 332; vgl. den Beitrag von Sr. Bernarda Helm und Marius Winzeler in diesem Band.
73 Vgl. MAGIRIUS, HEINRICH: Die Baugeschichte des Klosters Altzella. (= Abhandlungen der sächsischen Akademie der Wissenschaften zu Leipzig, phil.-hist. Klasse, Band 53, Heft 2), Berlin 1962, S. 130–132.
74 SENNHAUSER 1990 (wie Anm. 2), S. 38–40.
75 KNOTHE, HERMANN: Die Laienbrüder oder Conversen der beiden sächsischen Cisterzienserinnen-Klöster Marienstern und Marienthal. In: Neues Archiv für Sächsische Geschichte und Altertumskunde IX (1888), S. 29–37.
76 KRENIG 1954 (wie Anm. 1), S. 54f. TÖPFER, MICHAEL: Die Konversen der Zisterzienser. Untersuchungen über ihren Beitrag zur mittelalterlichen Blüte des Ordens (= Berliner historische Studien 10/Ordensstudien IV). Berlin 1983, S. 180–184.
77 KUTHAN, JIŘÍ: Die mittelalterliche Baukunst der Zisterzienser in Böhmen und Mähren, München, Berlin 1982, S. 120.
78 Auf dem Plan bei GURLITT 1912 (wie Anm. 7) wurden sie versehentlich nicht eingezeichnet.
79 KNOTHE 1888 (wie Anm. 75), S. 33f.
80 SENNHAUSER 1990 (wie Anm. 2), 36–40; UNTERMANN 1996 (wie Anm. 60), S. 248–250.
81 Noch um 1920 wurde dies ausgenutzt, um vor der Ostfront der Kirche im Erdgeschoß ein Heizhaus anzulegen.
82 Vgl. Heinrich Magirius in diesem Band.
83 Vgl. Heinrich Magirius in diesem Band.
84 Hierzu neuerdings LEHMANN, EDGAR: Die Westbauten der Stiftskirchen im deutschen Sprachgebiet zwischen 1150 und 1350. In: Sachsen und Anhalt 19 (1997), S. 19–71, Besprechung von Roermaond S. 84, auch S. 29 Zisterzienserinnenkirchen mit „Westwerk".
85 ESCHER, FELIX und BRYGIDA KÜRBIS: Zisterzienser und Landesherren östlich von Elbe und Saale. In: Die Zisterzienser. Ordensleben zwischen Ideal und Wirklichkeit. Ausst. Kat. Brauweiler (= Schriften des Rheinischen Museumsamtes 10), Köln 1981, S. 108f.
86 BADSTÜBNER, ERNST: Klosterbaukunst und Landesherrschaft. Zur Interpretation der Baugestalt märkischer Klosterkirchen. In: MÖBIUS, FRIEDRICH und ERNST SCHUBERT (Hrsg.): Architektur des Mittelalters. Funktion und Gestalt. Weimar 1984, S. 205–226.
87 MAGIRIUS 1971 (wie Anm. 12), S. 144–153; MAGIRIUS 1996 (wie Anm. 12), S. 268–271.
88 KNOTHE, HERMANN: Bernhard von Kamenz, der Stifter des Klosters Marienstern. In: ASG 4 (1866), S. 82–114.
89 KARŁOWSKA-KAMZOWA, ALICJA: Sztuka Piastów śląskich v średniowieczu. Znaczenie fundacji książęcych w dziejach sztuki gotyckiej na Śląsku. Warszawa, Wrocław 1991, S. 22–34 und passim.
90 KUTHAN, JIŘÍ: Česká architektura v době posledních Přemyslovců. Města, hrady, kláštery, kostely. Vimperk 1994, S. 251–255.
91 KUTHAN, JIŘÍ: Přemysl Ottokar II. König, Bauherr und Mäzen. Höfische Kunst im 13. Jahrhundert. Wien, Köln, Weimar 1996, S. 298–314.
92 MAGIRIUS, HEINRICH: Baugeschichte und Baugestalt der Zisterzienser-Klosterkirche Neuzelle im Mittelalter. In: Mélanges Anselme Dimier, tome III, vol. 6. Arbois 1983, S. 609–628.
93 Vgl. den Beitrag von Ewa Łużyniecka in diesem Band.
94 KUTHAN, JIŘÍ: Die mitteleuropäischen Abwandlungen der Klosterkirche mit geradem Chorschluß. In: Arte medievale, II. Serie, 8, 1994, S. 45–56.
95 Fontes Rerum Austriacarum (Die Königsaaler Geschichtsquellen ...). Erste Abteilung, VIII. Wien 1875, S. 104–106.
96 GURLITT 1912 (wie Anm. 7), S. 167.
97 LEHMANN/SCHUBERT 1968 (wie Anm. 14), S. 40–41. Mit der späteren Datierung der entsprechenden Ausbaustufe in St. Marienstern entfallen die dort geäußerten Zweifel an der Ursprünglichkeit dieser Schmuckelemente.
98 LEHMANN/SCHUBERT 1968 (wie Anm. 14), S. 52.
99 LUKASCH, JOHANNES: Die Sanierung der hölzernen Dachkonstruktion auf der dreischiffigen Hallenkirche der Zisterzienserinnenabtei St. Marienstern Panschwitz-Kuckau. Abschlußarbeit im Postgradualstudium Denkmalpflege. Technische Universität Dresden, Sekt. Architektur, Bereich Theorie und Geschichte der Architektur. Ms. 1990, S. 13–19.
100 Hinweis von Herrn Dipl.-Rest. Markus Schulz.
101 LUTSCH, HANS: Die Kunstdenkmäler des Reg.-Bezirkes Liegnitz, Markgrafschaft Oberlausitz (= Verzeichnis der Kunstdenkmäler der Provinz Schlesien III). Breslau 1891, S. 790.

1 Kloster St. Marienstern. Der erste der „sieben Fälle Christi", Wandmalerei im Kreuzgang, um 1550, s. auch S. 20

Die „sieben Fälle Christi"
Eine seltene Darstellung im Kreuzgang des Klosters St. Marienstern

Angelica Dülberg

Im nördlichen Kreuzgangflügel des Klosters St. Marienstern sind links und rechts neben dem Eingang zur Klosterkirche seit Mitte 1994 von den Restauratoren Günter Schreiber und Andreas Teuchner mehrere ikonographisch unterschiedliche Wandmalereien aus dem 16. und beginnenden 17. Jahrhundert freigelegt worden.[1]
Hier soll lediglich auf ein ikonographisch besonders interessantes Wandgemälde eingegangen werden.[2] Es befindet sich rechts neben der Tür zur Klosterkirche am Aufgang der am 27. Juli 1718 erbauten ersten hölzernen Heiligen Stiege, die 1892 durch eine steinerne ersetzt wurde[3]. In drei, nur durch schmale graue Rahmen getrennten, aufeinander folgenden Szenen ist jeweils der fallende Christus in verschiedenen Situationen, begleitet von gewalttätigen Soldaten dargestellt. Unter jeder Szene befindet sich, ebenfalls gerahmt, eine vierzeilige Inschrift, die offensichtlich Bezug auf die Darstellungen nimmt. Bis auf wenige Worte, wie im ersten Feld „des Jemmerlichen", kann sie aufgrund des schlechten Erhaltungszustandes heute nicht mehr entziffert werden.[4]
Der die drei Szenen und Inschriften einfassende ebenfalls schmale graue Rahmen ist im unteren Bereich und rechts mit volutenartigen Blattmotiven verziert. In der Mitte der beiden unteren Blattornamente befindet sich jeweils ein kleiner Wappenschild. Während das Wappensymbol im linken nicht mehr erkennbar ist, zeigt der mittlere das Motiv einer Henkelkanne, das möglicherweise einen Hinweis auf die unbekannte Auftraggeberin beinhalten könnte. Das dritte Ornament mit einem anzunehmenden mittleren Wappen ist äußerst schlecht erhalten und durch den Einbau der Heiligen Stiege gestört. Malereireste sowie die Weiterführung des schmalen grauen Rahmens nach rechts lassen vermuten, daß womöglich ursprünglich den drei Szenen weitere folgten. Die den Rahmen der heute letzten Szene abschließenden Blattvoluten müssen demzufolge später – nach dem Einbau der ersten Heiligen Stiege – im Stil angeglichen hinzugefügt worden sein.
Wie sich bei näherer Untersuchung der drei erhaltenen Szenen herausstellte, handelt es sich hier nicht um den in den Evangelien überlieferten Kreuzweg Christi. Sie entstammen nicht der wissenschaftlichen Theologie, sondern gehen offensichtlich auf spezielle meditative Frömmigkeitsübungen zurück, die sich am Ende des 15. Jahrhunderts insbesondere der Passion Christi und ihrer Nachfolge zuwenden. Wahrscheinlich haben die mittelalterlichen Passionsspiele derartig rohe Szenen der Mißhandlung des mehrmals fallenden Christus vorgeprägt.[5] Sie entsprechen dem veränderten Frömmigkeitserlebnis, mit dem eine Steigerung des Einfühlens und Miterlebens der Leiden Christi vollzogen werden sollte. Insbesondere mit den Darstellungen des siebenmal fallenden oder am Boden zusammenbrechenden, der rohen Gewalt seiner Peiniger ausgesetzten Christus erfand man am Ende des 15. Jahrhunderts eine Bildfolge, die sich zur Kontemplation in das unermeßliche Leiden Christi besonders eignete.
Die erhaltenen Szenen der Wandmalerei am Aufgang der Heiligen Stiege stellen die drei ersten der „sieben Fälle Christi"[6] dar. Rudolf Berliner hat anläßlich seiner Untersuchung eines südostbayerischen Gemäldes mit verschiedenen Passionsdarstellungen zum ersten Mal die Aufmerksamkeit auf eine im Hintergrund stattfindende Szene, den „Fall Christi in den Cedron", gerichtet und sie mit schriftlichen und bildlichen Quellen belegt und diskutiert.[7]
Berliner zufolge gehen die überlieferten bildlichen Darstellungen den ersten schriftlichen Quellen zeitlich voran. So berichtet ein Jerusalempilger, der Minorit Anselm, von seiner Pilgerreise im Jahre 1508 zum ersten Mal von der Brücke über den Cedron (Kidron), von der Christus in das Wasser herabgestoßen worden sein soll.[8] Die Legende muß folglich schon früher bekannt gewesen sein. Wie Marrow herausgestellt hat, fußt sie auf der Auslegung des Alten Testaments, Psalm 109,7, die bereits Hieronymus, Augustin und Cassiodorus vorgeprägt haben. Sie wurde dann von dem 1377 gestorbenen Kartäuser Ludolph von Sachsen in seiner weitverbreiteten „Vita Jesu Christi" eindeutig mit dem Ereignis an der Cedronbrücke in Verbindung gebracht.[9] Ihre früheste überlieferte bildliche Ausformung zeigt ein um 1480 entstandener Holzschnitt, in dem sie von sechs weiteren „Fällen Christi" sowie abschließend von der Gregoriusmesse ergänzt wird.[10] Als Titel trägt der wohl in Nürnberg geschaffene, heute in der Wiener Albertina aufbewahrte Holzschnitt „O mensch betracht dy siben vell Christi und dy siben hertzenlayd marie". Jede Szene, bis auf die Gregoriusmesse, wird von einer zweizeiligen Inschrift begleitet, die den Inhalt der Darstellung kurz erläutert. Hervorgehoben wird jeweils, daß Christus in

den sieben gezeigten Situationen wirklich „zu Fall" kam: So an der Cedronbrücke, auf dem Weg von Herodes zu Pilatus, bei der Vorführung vor Pilatus auf der Treppe, bei der Geißelung, während der Kreuztragung, bei der Annagelung an das Kreuz sowie bei der Aufrichtung desselben in das Loch. Dem Titel entsprechend werden die „sieben Fälle Christi" mit den „sieben Schmerzen Mariens" gleichgesetzt. Im Hintergrund erscheint stets Maria mit dem Schwert in der Brust in Begleitung von Johannes dem Evangelisten.[11] Ein Medium, mit dem der Betrachter sich gleichsetzen und intensiv wie Maria und Johannes das schmachvolle Leiden Christi nachempfinden kann.

Der Nürnberger Holzschnitt scheint weitere Verbreitung gefunden zu haben, denn die meisten der bekannten folgenden graphischen wie auch malerischen Darstellungen der „sieben Fälle Christi" beziehen sich teils unmittelbar oder in den wesentlichen erzählerischen Details auf ihn. So stellt die in der Stockholmer Nationalgalerie aufbewahrte Szenenfolge[12] vom Ende des 15. Jahrhunderts, abgesehen von geringfügigen Veränderungen – vor allem in den letzten drei Szenen – und einem differenzierteren graphischen Stil, fast eine wörtliche Kopie des Nürnberger Blattes dar.[13]

Etwa gleichzeitig mit der von Berliner erwähnten, ersten schriftlichen Quelle zum „Fall Christi in den Cedron" sind die Holzschnitte Hans Baldung Griens, die er für den 1507 von Ulrich Pinder herausgegebenen „Speculum passionis" schuf.[14] Sie sind jedoch ohne direkten Bezug zum zugehörigen Text in das Werk aufgenommen. Dem Künstler waren offensichtlich die Holzschnitte des ausgehenden 15. Jahrhunderts bekannt, denn auch er lehnt sich im wesentlichen an die vorgegebenen Kompositionen an, gestaltet sie jedoch viel freier und kühner. Nicht nur der zu Boden gestürzte Christus bietet einen überzeugenden erbarmungswerten Anblick, auch die in ihrer Zahl reduzierten Peiniger agieren mit gesteigerter roher Gewalt. Merkwürdigerweise fehlt in der Szenenfolge Baldung Griens der „erste Fall Christi von der Cedronbrücke". Um auf die Siebenzahl zu kommen, wird der „dritte Fall auf der Treppe vor Pilatur" wiederholt.

2 Süddeutscher Meister. Die „sieben Fälle Christi", Holzschnitt, um 1480, Wien, Albertina

Dem Maler der Mariensterner Wandgemälde standen unzweifelhaft bei der Ausführung der erhaltenen ersten „drei Fälle Christi" Holzschnitte mit dem speziellen Thema vor Augen, doch am ehesten scheint er auf die fortschrittlicheren Baldung Griens im „Speculum passionis" zurückgegriffen zu haben. Er wandelt die „Vorbilder" jedoch frei um. Grundlegend verändert sind die gewalttätigen Soldaten, die hier in zeitgenössischen Kostümen um die Mitte des 16. Jahrhunderts dargestellt sind. Auffallend ist, daß sie alle durch lange herabfallende Schnauzbärte gekennzeichnet sind, die ihnen ein fremdländisches, gar asiatisches Aussehen verleihen. Zum einen werden sie auf diese Weise als Heiden ausgewiesen, zum anderen soll damit wohl ihr besonders grobes, rohes und gewalttätiges Wesen zum Ausdruck gebracht werden. Ähnliche Physiognomien zeigen auch die Schächer in einigen Bildern der „Dominikanischen Meditationen"[15]. Seit der Belagerung von Wien im Jahre 1529 scheinen äußere physiognomische Merkmale der die westliche Zivilisation bedrohenden Türken hier die sonst variierenden grobschlächtigen Gesichter der Schächer und Soldaten zu ersetzen.

Der Kopf des unter seinen Peinigern zusammenbrechenden Christus, der leider nur noch in der ersten Szene erhalten ist, erinnert in seiner Feinmalerei mit dem gescheitelten Haar, das durch die physische wie psychische Erschöpfung wie naß in einzelnen Korkenzieherlöckchen herabfällt, an den Christuskopf Baldung Griens. Aufgrund der außerordentlich diffizilen Malweise der einzelnen Löckchen und der feinen vom Schmerz gekennzeichneten Physiognomie Christi können die ursprünglichen malerischen Werte des Wandgemäldes vor Augen geführt werden, die sich gleichwohl auch noch in der weit in die Tiefe fluchtenden Flußlandschaft erahnen lassen. Hier wird auch die Vorliebe des Malers für erzählerische Bereicherungen offensichtlich. Hinter der zweiten Brücke über dem Cedron belebt ein kleines Ruderboot den bizarr sich in die Tiefe schlängelnden Fluß, der übrigens in Wirklichkeit ein die meiste Zeit ausgetrockneter Bach ist[16]. In der Ferne steigt an seinem linken Ufer eine befestigte Stadtsilhouette mit gewaltigem hohem Kirchturm auf. Mit derartigen malerisch ergänzenden Detaildarstellungen geht der Mariensterner Künstler weit über die vorgegebenen Holzschnitte hinaus. Vergleichbar ist der „Fall Christi in den Cedron" jedoch in dieser Hinsicht mit derselben auf Pergament gemalten Szene der Krakauer „Dominikanischen Meditationen", wo ebenfalls im Hintergrund eine befestigte Stadt erscheint.[17] Die Buchmalereien wurden unabhängig von den bekannten Holzschnitten geschaffen. Neben den vor allem wohl mit dem Pinderschen „Speculum passionis" verbreiteten Holzschnittvorlagen mögen die gedanklichen Vorstellung der Dominikaner um das extreme Leiden Christi, wie sie in den „Meditationen" in großer Variationsbreite mit 122 Malereien durchgespielt werden, einen Einfluß auf die Wahl des speziellen Themas an der Kreuzgangwand des Zisterzienserinnenklosters Marienstern gehabt haben.

Weil die erste Szene der „sieben Fälle Christi" von der Hand Baldung Griens nicht überliefert ist, kann lediglich ein Vergleich mit den beiden folgenden angestellte werden. Der Mariensterner Maler folgt im „Fall Christi auf dem Weg von Herodes zu Pilatus" Baldung und zeigt die Szene – nicht wie sie die Holzschnitte des 15. Jahrhunderts in einer von Mauern umgebenen Stadt wiedergeben – in freier Landschaft, die er allerdings malerisch variiert und im linken Hintergrund mit einer auf hohen Felsen gelegenen Stadt mit spitzen Türmen bereichert. Maria und Johannes erscheinen hinter einem Hügel nur in Halbfigur. Doch die Reduzierung auf zwei Christus peinigende Gestalten, die an den Stricken der auf seinen Rücken gebundenen Hände zerren, ist ähnlich. Während die beiden rechten Soldaten sich weitgehend entsprechen, ist der linke von dem unbekannten Maler neu konzipiert, er droht zusätzlich mit einer gefährlichen Schlagwaffe. Auch in der dritten Szene gibt es Übereinstimmungen in den beiden Christus malträtierenden Gestalten, die linke erscheint in beiden Bildern als geharnischter Soldat, während der zweite Christus mit Gewalt an der Kette die Treppe hochziehende Mann barhäuptig ist. Der Hintergrund ist in Marienstern jedoch verändert und zeigt eine gemauerte Wand, durch deren Eingang (heute?) nur Johannes dem schrecklichen Geschehen zuschaut. Wenngleich sich der Mariensterner Künstler durch eine eigenständige malerische Gestaltung ausweist, ist er nicht imstande, die freie und bewegte Komposition Hans Baldung Griens nachzuvollziehen. Seine Gestalten bleiben steif in ihren Handlungen. Er erreicht bei weitem nicht die durch alle Körperglieder nachzuvollziehende Vehemenz des Zerrens und Zurrens an den Stricken und Ketten der Gestalten in den beiden Holzschnitten.

Es ist überaus schwierig, einen Künstler für die Wandgemälde namhaft zu machen. Am ehesten käme der Kamenzer Maler und Bildschnitzer Andreas Dreßler (1530–1604) in Betracht, der in der zweiten Hälfte des 16. Jahrhunderts der herausragende Künstler in der Oberlausitz war.[18] Bekannt und überliefert sind von ihm jedoch keine Wandmalereien, sondern nur Tafelgemälde sowie Schnitzereien und Bemalungen an der Kanzeltreppe, am Kanzelkorb und im Innern des Schalldeckels der Kanzel in der Hauptkirche zu Kamenz.[19] Erschwert wird der Vergleich durch die unterschiedliche Malweise der Öl- oder Öltemperagemälde und der „leichteren", schneller durchführbaren Wandmalerei, die außerdem an vielen Stellen die feinmalerischen Details nur noch erahnen läßt.

Während die Wandmalereien als ein Werk der Renaissance angesehen werden können – ein gewisser Einfluß

3–5 Deutscher Meister. Die ersten drei der „sieben Fälle Christi", Holzschnitte, Ende des 15. Jahrhunderts, Stockholm, Nationalgalerie

6, 7 (rechte Seite) Hans Baldung Grien. Der zweite und dritte der „sieben Fälle Christi", Holzschnitte für das von Ulrich Pinder 1507 herausgegebene „Speculum passionis"

der Cranach-Schule ist vor allem hinsichtlich der Kostüme der Soldaten nicht leugbar – gehören die Tafelgemälde im Kolorit und Figurenstil dem Manierismus an. Auch die Werke aus den sechziger Jahren zeigen bereits die typischen überlängten Figuren mit übersteigerten Bewegungsmotiven. Vor allem unterscheiden sich die Kopftypen wesentlich. Ganz anders präsentieren sich jedoch die Grisaillemalereien mit der Geschichte Daniels in der Löwengrube auf der Unteransicht der Treppe. An dieser nicht direkt sichtbaren Stelle konnte der Maler im Gegensatz zu den repräsentativen Bildern, in denen er augenscheinlich den „modernen Stil" anstrebte, noch seinem zur graphischen Feinmalerei neigendem älteren Stil nachgehen. Die wie Karikaturen erscheinenden Löwenköpfe zeigen zum Beispiel ganz fein, Haar für Haar gemalte Mähnen, die an die Korkenzieherlöckchen Christi erinnern. Der Kopf Daniels könnte mit dem des Schächers, der Christus gewaltsam die Treppe hochzuziehen versucht, verglichen werden.

Auffallend ist die Vorliebe Dreßlers, seine Hauptszenen mit weit in die Tiefe fluchtenden Flußlandschaften zu hinterfangen, an deren Ufer bizarre Felsen teils mit Gebäudekomplexen emporwachsen oder sich Stadtsilhouetten abzeichnen. Schollenartig sich im Himmel oder vor Bäumen entlangziehende Wolken scheinen ebenfalls eine Eigenart des Künstlers zu sein, die sich gleichermaßen in den Ölgemälden wie auch in der Wandmalerei finden lassen. Trotz einiger vergleichbarer Details bleibt es fraglich, ob wir hier denselben Maler erkennen können, der Ende der fünfziger Jahre seinen Stil grundlegend geändert hätte.

Daß Andreas Dreßler offensichtlich gute Beziehungen zum Kloster Marienstern hatte, zeigt der große Auftrag des 1597 geschaffenen Hauptaltars für die Klosterkirche.[20] Frühere Aufträge liegen gerade aufgrund dieser Tatsache auf der Hand. Sollte er die Wandmalereien im Kreuzgang geschaffen haben, dann käme er auch für die heute nicht mehr sichtbaren Wandmalereien hinter dem Klostergestühl auf der Nonnenempore, die sich ebenfalls teilweise an Vorbildern der Cranach-Schule orientieren[21], als Autor in Frage, doch solange keine eindeutigen Quellen gefunden werden, bleiben die Vermutungen hypothetisch.

Obwohl das Thema der „sieben Fälle Christi" im Vergleich zu anderen Passionsszenen äußerst selten vorkommt, sind in Sachsen noch zwei weitere Beispiele erhalten. Das erste auf dem linken Flügel eines Altares aus der ehemaligen Franziskanerklosterkirche in Zittau, das heute in den Städtischen Museen Zittau aufbewahrt wird, zeigt den „zweiten Fall Christi auf dem Wege von

Herodes zu Pilatus".[22] Wenigstens ein weiterer „Fall Christi" wird auf dem verschollenen rechten Altarflügel dargestellt gewesen sein. Das erhaltene, etwa um 1510/20 zu datierende Gemälde geht wie die Wandmalerei eindeutig auf Hans Baldung Griens Holzschnitt im „Speculum passionis" zurück und ist somit ein frühes Beispiel der Rezeption dieser graphischen Vorlagen.[23]

Aufgrund der gewonnenen Erkenntnisse kann ich ein zweites Wandgemälde in Sachsen dem speziellen Themenkreis zuordnen. Die äußerst schlecht und nur fragmentarisch erhaltenen Wandmalereien in der Südvorhalle der Ev. Pfarrkirche, ehemals St. Marien (am Kirchberg) in Dresden-Briesnitz, scheinen das gesamte Programm des Nürnberger Holzschnittes widerzuspiegeln. Sie wurden bereits allgemein als „vermutlich ein Passionszyklus" erkannt.[24] Im Zusammenhang eines durchgreifenden Umbaus der Kirche im Jahre 1474 erfolgte auch der Anbau der Südvorhalle[25], der somit einen „terminus post quem" für die Wandmalereien liefert. Sie werden wohl noch im 15. Jahrhundert geschaffen worden sein. Mit der im Obergeschoß der Vorhalle um die Mitte des 16. Jahrhunderts eingebauten sogenannten Gorbitzer Halle, der Betstube des Kammergutsverwalters[26], war offensichtlich auch der Einzug eines Kreuzgratgewölbes[27] im unteren Raum verbunden, der die Malereien des oberen Wandbereiches empfindlich beschneidet.

Während der gesamte Malereizyklus aufgrund des bereits erwähnten schlechten Erhaltungszustandes nicht mehr rekonstruiert werden kann, sind drei der insgesamt acht Szenen noch entschlüsselbar: So die erste mit dem „Fall Christi in den Cedron", die den gestürzten Christus unter der Holzbrücke zeigt, auf der lediglich die unteren Beine des rechten Schächers zu sehen sind. Der Wandbereich darüber ist gestört und insgesamt von dem eingezogenen Kreuzgratgewölbe erheblich beschnitten. Die mittlere Fläche der Westwand wird von einem später angebrachten Bronzeepitaph verdeckt. Rechts davon sind in der oberen Zone lediglich untere Gewandteile des gefallenen Christus zu erkennen, die hier merkwürdigerweise der graphischen Vorlage widersprechend nach links weisen. Durch einen schmalen grauen Streifen getrennt, befindet sich darunter – auch nur schemenhaft erhalten – der an das Kreuz aufgenagelte Christus, der bereits die letzte Szene der „sieben Fälle Christi" darstellt. Die Aufteilung der sieben Szenen auf der Westwand kann – auch aufgrund der grauen Trennungsstreifen – wie folgt rekonstruiert werden: In der oberen Zone befinden sich in drei größeren Feldern die ersten drei der „sieben Fälle Christi", darunter in vier schmaleren die folgenden Szenen. Auf der gegenüberliegenden Ostwand, deren Wandmalereien durch den Einbau eines historistischen Fensters gestört sind, ist in der rechten oberen Hälfte, ebenfalls überschnitten durch das Kreuzgratgewölbe, der Oberkörper eines von mehreren Leidenswerkzeugen umgebenen Kardinals sichtbar. Ohne Zweifel handelt es sich hier um das Fragment der die „sieben Fälle Christi" abschließenden Gregoriusmesse, die wesentlich größer als die gegenüberliegenden Szenen war und wahrscheinlich alleine gestanden hat.

Mit den Wandmalereien in der Vorhalle der Briesnitzer Kirche ist das bisher früheste Beispiel der Umsetzung des am Ende des 15. Jahrhunderts in der Graphik entwickelten ikonographischen Programms erhalten. Gleichzeitig weisen die neu aufgefundenen und gedeuteten Beispiele in Sachsen darauf hin, daß die spezielle Thematik vielleicht häufiger als bisher angenommen, auch Aufnahme in die Malerei, speziell die Wandmalerei gefunden hat.

8 *Unbekannter Maler. Der „zweite Fall Christi", Zittau, Städtische Museen*

Anmerkungen

1 Es handelt sich um Secco-Malereien. Wohl bereits Ende der fünziger Jahren wurden größerflächige Teile einzelner Bildmotive von dem Kirchenmaler Wolfgang Pilz freigelegt. Heinz Rentsch führte 1992 sondierende kleinflächige Schichtenaufdeckungen durch. Vgl. die Dokumentation von SCHREIBER, GÜNTER und ANDREAS TEUCHNER: Kloster St. Marienstern. Kreuzgang – Nordflügel. Untersuchungen zur Fassungsfolge der Wandmalerei und Erarbei-

tung einer Restaurierungskonzeption. Zeitraum der Untersuchung: 17. 2.–27. 4. 1993; LfD, Dokumentations- und Konzeptionssammlung.
Quellenmäßig nachzuweisen sind größere Baumaßnahmen und damit eine Übertünchung der Wandmalereien im nördlichen Kreuzgang 1694 (Einweihung am 20. August 1694). Vgl. die handschriftlichen Aufzeichnungen des Propstes CLEMENS ZAHRADKA (Abschrift des 19. Jahrhunderts). KlAM, Fach 270, Nr. 12 (frdl. Hinweis von Marius Winzeler).

2 Die anderen Wandmalereien werden im Ausst. Kat. Zeit und Ewigkeit – 128 Tage in St. Marienstern. Halle 1998, behandelt.

3 Vgl. ZAHRADKA, KlAM (wie Anm. 1); SCHREIBER/TEUCHNER 1993 (wie Anm. 1), S. 5.

4 Auch mit Hilfe von UV-Strahlung konnte die Inschrift nicht deutlicher gelesen werden; freundliche Mitteilung von Günter Schreiber. Zu Dank verpflichtet bin ich auch den Mitarbeitern der Inschriftenkommission an der Sächsischen Akademie der Wissenschaften in Halle, Franz Jäger, Hans Fuhrmann und Marion Gronemann, die sich hilfsbereit vor Ort und mit Unterstützung spezieller fotografischer Aufnahmen der Entschlüsselung der Inschriften widmeten. Der Erhaltungszustand ist jedoch so schlecht, daß die Untersuchungen zu keinem Ergebnis führten.

5 Vgl. MAGNUS, R.: Die Christusgestalt im Passionsspiel des deutschen Mittelalters. Phil. Diss. Frankfurt/M. 1965, S. 211.

6 Vgl. KNELLER, KARL ALOIS: Geschichte der Kreuzwegandacht von den Anfängen bis zur völligen Ausbildung. Freiburg i. Br. 1908, S. 71, 95; BERLINER, RUDOLF: Die Cedronbrücke als Station des Passionsweges Christi. In: Festschrift für Marie Andree-Eysn. Beiträge zur Volks- und Völkerkunde. München 1928, S. 73–82; ZAJADACZ-HASTENRATH, SALOME: Fälle Christi, sieben. In: RDK VI, 1973, Sp. 1366–1374; MARROW, JAMES H.: Passion Iconographie in Northern European Art of the Late Middle Ages und Early Renaissance. A Study of the Transformation of Sacred Methaphor into Descriptive Narrative. Courtai 1979, S. 82, 89, 104–109, 126–132, Pl. VIII, Fig. 67f., 73–75, 80f.; The illustrated Bartsch (Supplement). German Single Leaf Woodcuts before 1500. Bd. 162. Anonymous Artists. Ed. by Richard S. Field. New York 1989, Abb. 641-1–647.

7 BERLINER 1928 (wie Anm. 6). Er (S. 6) hebt hervor, daß die Bezeichnung „Fälle" wörtlich verstanden werden muß, das Wort nicht gleichzusetzen ist mit den „Stationen" des Passionswegs. MARROW 1979 (wie Anm. 6), S. 104, Anm. 434f., ergänzt die Berliner nicht bekannten Quellen seit dem 17. Jahrhundert, in denen die Legende bereits auf ihre prophetischen Quellen in Psalm 109,7 zurückgeführt wird.

8 BERLINER 1928 (wie Anm. 6), S. 74.

9 Vgl. MARROW 1979 (wie Anm. 6), S. 104–107 sowie auch BERLINER 1928 (wie Anm. 6), S. 75–78.

10 Vgl. ZAJADACZ-HASTENRATH 1973 (wie Anm. 6), Abb. 1; MARROW 1979 (wie Anm. 6), Pl. VIII; BARTSCH 1989 (wie Anm. 6), Abb. 641-1; Die Karlsruher Passion. Ein Hauptwerk Straßburger Malerei der Spätgotik. Ausst. Kat. Karlsruhe. Stuttgart 1996, S. 241f., Kat. Nr. 74, Abb. 211.

11 Vgl. hierzu BERLINER 1928 (wie Anm. 6), S. 79f., Anm. 24.

12 MARROW 1979 (wie Anm. 6), S. 187, Anm. 375, kannte nur sechs Szenen. Vgl. BARTSCH 1989 (wie Anm. 6), Abb. 642, 644, 646, 652, 654, 659, 685.

13 BERLINER 1928 (wie Anm. 6), S. 80; ZAJADACZ-HASTENRATH 1973 (wie Anm. 6), Sp. 1368f. und MARROW 1979 (wie Anm. 6), S. 287, Anm. 376f. nennen weitere graphische Beispiele; vgl. auch die Abb. 645, 645-1. 647 in BARTSCH 1989 (wie Anm. 6).

14 PINDER, ULRICH: Speculum passionis domini nostri Ihesu christi. Nürnberg 1507. Neudruck der Übersetzung von 1663: SPECVLVM PASSIONIS Das ist: SPIEGEL deß bitteren Leydens und Sterbens JESU CHRISTI. Leipzig 1986, Abb. 40–43, 50f. Vgl. auch BERLINER 1928 (Anm. 6), S. 80f.; ZAJADACZ-HASTENRATH 1973 (wie Anm. 6), Sp. 1369; MARROW 1979 (wie Anm. 6), S. 287, Anm. 376; OETTINGER, KARL und KARL-ADOLF KNAPPE: Hans Baldung Grien und Albrecht Dürer in Nürnberg. Nürnberg 1963, S. 19, 23, Abb. 114a–c, 115a–c.

15 GÓRSKI, KAROL und WŁADYSŁAW KURASZKIEWICZ: Rozmyślana Dominikańskie. Tom 1. Wrocław, Warszawa, Kraków 1965, u.a. Abb. S. 83, 97, 99, 101. Die „Dominikanischen Meditationen" sind mit 122 auf Pergament gemalten Bildern ausgestattet. Sie wurden „1532 geschrieben und gezeichnet im Dominikanerkloster Kraków von X. Wiktoryn, ein Dominikaner, der in Bochnia gestorben ist"; so lautet die auf der Umschlagseite am Beginn der Handschrift im 19. oder 20. Jahrhundert mit Bleistift eingetragene Inschrift. (Ich danke Bernd Schöne für die Übersetzung.)

16 Vgl. BERLINER 1928 (wie Anm. 6), S. 74, Anm. 6.

17 GÓRSKI/KURASZKIEWICZ 1965 (wie Anm. 15), Abb. 83.

18 Zu Andreas Dreßler vgl. u.a.: GRÄVE, G.: Über ein Paar unbekannte Künstler zu Kamenz. In: NLM 13 (1835), S. 337–340; Das Denkmal des Valentin Hohenborn in der Kirche zu Neschwitz und sein Meister. In: Bautzener Geschichtsblätter 1 (1909), H. 1/3, S. 11; Thieme-Becker, Bd. 9, Leipzig 1913, S. 556; Katalog der Ausstellung Alt-Lausitzer Kunst im Stadtmuseum Bautzen. Bautzen 1935, S. 35, Kat. Nr. 116f.; DEGEN, KURT: Andreas Dreßler, ein Kamenzer Maler der Renaissance. In: Kamenzer Geschichtshefte 7 (1935), H. 4, S. 59–63; Die katholische Pfarrkirche in Wittichenau. Hrsg. Katholischer Kirchenvorstand. Wittichenau 1935, S. 36f.; MAI, HARTMUT: Die Kanzel in der Hauptkirche zu Kamenz. Ein Denkmal Oberlausitzer Reformationsgeschichte. In: Sächsische Heimatblätter 18 (1972), H. 1, S. 14–20.

19 Vgl. MAI 1972 (wie Anm. 18).

20 Vgl. MAI 1972 (wie Anm. 18), S. 16. Der Altar befindet sich im Besitz der katholischen Kirche in Wittichenau.

21 Die Malereien sind heute hinter dem Chorgestühl, das in der zweiten Hälfte des 17. Jahrhunderts eingebaut wurde, verborgen. Es existieren lediglich Schwarzweißfotos aus dem Jahre 1967, als die Malereien gereinigt wurden. Die Zuschreibung an denselben Maler halte ich für sehr wahrscheinlich. Dargestellt sind der Sündenfall, die Marienkrönung, die Gregoriusmesse, die Einhornjagd, die Enthauptung des Johannes, die Ermordung der hl. Ursula und ihrer Jungfrauen. Ich beabsichtige, die sechs Wandgemälde nach weiterer eingehender Untersuchung zu publizieren.

22 Vgl. HEYDENREICH, GUNNAR: Ein spätgotisches Altarflügelgemälde in Zittau. Ikonographie, Maltechnik, Restaurierung. In: Restauro 100 (1994), H. 1, S. 32–39. Auf das Gemälde machte mich Marius Winzeler aufmerksam.

23 Die „sieben Fälle Christi" auf den Rückseiten des Christgartner Altars von Hans Schäufelein, um 1520, lehnen sich nicht an die Holzschnitte Hans Baldung Griens an, sie sind freie Kompositionen Schäufeleins. Vgl. GOLDBERG, GISELA: Altdeutsche Gemälde. Ausst. Kat. Staatsgalerie Augsburg, Städtische Kunstsammlungen, Bd. 1. München 1978, S. 100–103; LÖCHER, KURT: Die Gemälde des 16. Jahrhunderts. Germanisches Nationalmuseum Nürnberg. Stuttgart 1997, S. 430–434.

24 DEHIO, GEORG: Handbuch der Deutschen Kunstdenkmäler. Sachsen I, Regierungsbezirk Dresden. Bearb. von Barbara Bechter, Wiebke Fastenrath und anderen. München 1996, S. 253f.

25 DEHIO 1996 (wie Anm. 24), S. 253.

26 DEHIO 1996 (wie Anm. 24), S. 254. Vermutlich erfolgte der Umbau nachdem Ernst von Miltitz 1543 das Vorwerk Gorbitz von Herzog Moritz erworben hatte. Vgl. LESSKE, FRIEDRICH AUGUST: Beiträge zur Geschichte und Beschreibung der Dörfer Ober- und Niedergorbitz, Wölfnitz, Pennrich, Naußlitz und Neunimptsch. Deuben 1896, S. 52f.

27 Rankenmalereien am Kreuzgratgewölbe können ebenfalls um die Mitte des 16. Jahrhunderts datiert werden.
28 Zu weiteren Gemälden vgl. BERLINER 1928 (wie Anm. 6), S. 81; ZAJADACZ-HASTENRATH 1973 (wie Anm. 6), Sp. 1369f.; MARROW 1979 (wie Anm 6), S. 106, 296f., Anm. 445, 447f., 450. Vgl. auch Rom in Bayern. Kunst und Spiritualität der ersten Jesuiten. Hrsg. von REINHOLD BAUMSTARK. Ausst. Kat. München 1997, S. 437–444, Kat. Nr. 129: Passionsaltar der Herzogin Renata von Bayern, Kupferstichfolge von Johannes Sadeler I nach Christoph Schwarz, 1589.

9 Dresden-Briesnitz, Ev. Pfarrkirche, ehem. St. Marien. Der „erste Fall Christi". Wandmalerei in der Südvorhalle

10 Dresden-Briesnitz, Ev. Pfarrkirche, ehem. St. Marien. Die Gregoriusmesse. Wandmalerei in der Südvorhalle

1 Kloster St. Marienstern. Standbild der Maria Immaculata, 1718

KLÖSTER UND STIFTE IN DER LAUSITZ IM BAROCK

Siegfried Seifert

Vorbemerkung

Ein altes lateinisches Sprichwort lautet: „Habent sua fata libelli" – „Schriften haben ihre eigene Geschichte". Diese Feststellung trifft in besonderer Weise auf die Entwicklungsgeschichte der vorliegenden Aufsätze von Ernst Badstübner, Heinrich Magirius, Ute Schwarzzenberger und Siegfried Seifert sowie den dazugehörigen Bildbeilagen von Joachim Fritz zu dem Thema „Klöster und Stifte in der Lausitz im Barock" zu. Im Jahre 1984 plante der St. Benno Verlag in Leipzig eine Neuauflage der 1968 erschienenen Veröffentlichung „Neuzelle – Festschrift zum Jubiläum der Klostergründung vor 700 Jahren 1268 bis 1968" herausgegeben von Joachim Fait und Joachim Fritz mit Beiträgen von Joachim Fait, Eva Mühlbächer, Ute Schwarzzenberger, Heinrich Theissing und dem Bildteil von Joachim Fritz. Im Zusammenhang mit den Vorüberlegungen dazu entstand im Lektorat des St. Benno Verlages der Gedanke, eine Publikation über die Klöster und Stifte der Lausitz im Barock herauszugeben, die außer Neuzelle auch die beiden Zisterzienserinnenklöster St. Marienstern und St. Marienthal und das Domstift St. Petri in Bautzen in Wort und Bild vorstellt. Für die Mitarbeit zu diesem Projekt gewann der Verlag die Autoren der vorliegenden Beiträge und als Fotografen den leider in der Zwischenzeit verstorbenen Joachim Fritz. Abgabetermin für das Manuskript beim Verlag war Dezember 1987. Der Titel wurde in den Veröffentlichungsplan des Verlages für 1989 aufgenommen. Nach 1989 standen finanzielle Schwierigkeiten einer Veröffentlichung entgegen, die man durch Kürzungen der Texte und Reduzierung der Anzahl der Bilder zu überwinden suchte. Die dem alten St. Benno Verlag nachfolgende Verlagsvereinigung Benno-Bernward-Morus gab nach nochmaliger Kostenberechnung das Projekt auf. Sollte anfangs an die Stelle einer Wiederauflage der Festschrift zum 700jährigen Gründungsgedächtnis von Kloster Neuzelle die Publikation „Klöster und Stifte der Lausitz im Barock" treten, so erscheint sie nunmehr in der Festschrift zur 750 Jahrfeier des Klosters St. Marienstern.

Welche Klöster und Stifte dargestellt werden

In dieser Arbeit werden vier Klöster und Stifte der Lausitz in der Zeit des Barock in Wort und Bild beschrieben und vorgestellt:
1. Das Domstift und Kollegiatkapitel St. Petri in Bautzen, eine Gründung aus der Zeit um 1213/21. Der Stifter war der Meißner Bischof Bruno II. (gest. 1228).
2. Das Klosterstift, die Zisterzienserinnenabtei St. Marienthal, an der Neiße bei Görlitz, Landkreis Löbau-Zittau, Freistaat Sachsen, eine Gründung von 1234. Die Stifterin war die Königin Kunigunde (gest. 1256), eine Tochter des Königs Philipp IV. von Schwaben

2 Das Gnadenbild von Rosenthal „Unsere Liebe Frau von der Linde", mit St. Johannes dem Täufer und der hl. Ursula und einer Abbildung des Klosters St. Marienstern, Kupferstich aus der Geschichte des Wallfahrtsortes Rosenthal von P. Jakob Ticin, Prag 1692

(gest. 1208) und Gemahlin des Königs Wenzel I. von Böhmen (gest. 1253).
3. Das Klosterstift, die Zisterzienserinnenabtei St. Marienstern, in Panschwitz-Kuckau, Landkreis Kamenz, eine Gründung von 1248. Die Stifter waren Bernhard von Kamenz, der spätere Bischof von Meißen (gest. 1296) und mehrere Mitglieder seiner Familie.
4. Das Klosterstift, die Zisterzienserabtei Neuzelle, bei Frankfurt/Oder, Landkreis Oder-Spree, Land Brandenburg, eine Gründung von 1268. Der Stifter war der Meißner Markgraf Heinrich der Erlauchte (gest. 1288). Nach der Eingliederung der Niederlausitz und Teilen der Oberlausitz in den preußischen Staatsverband infolge der Neuordnung Europas auf dem Wiener Kongreß nach der Besiegung Napoleons wurde Neuzelle 1817 aufgehoben und säkularisiert.

Nicht aufgenommen wurde das Kloster zur Heiligen Maria Magdalena von der Buße zu Lauban/Luban in der Oberlausitz, eine Gründung von 1320 durch Herzog Heinrich von Jauer und Fürstenberg (gest. 1346). Zusammen mit dem östlichen Teil der Lausitz kam das Magdalenerinnenkloster in Lauban 1815 an Preußen. Am Ende des zweiten Weltkrieges wurde es 1945 zerstört. Die Schwestern gingen 1951 nach Seyboldsdorf/Diözese Regensburg. Nicht aufgenommen wurde auch das evangelische Damenstift Joachimstein bei Radmeritz/Radomierzyce, das der kurfürstlich sächsische und königlich polnische Kammerherr Joachim Siegmund von Ziegler und Klipphausen (gest. 1734) im Jahre 1722 stiftete und sechs Jahre später, 1728, einweihte. Das Stift wurde 1945 aufgelöst. Joachimstein ist in dem gleichen Jahr gestiftet worden, in dem Nikolaus Graf Zinzendorf mährische Brüder auf seiner Oberlausitzer Besitzung Berthelsdorf aufnahm und den Grund für Herrnhut legte.

Kirchliche Zugehörigkeit

Kirchlich gehörten die Ober- und Niederlausitz zu dem 968 gegründeten Bistum Meißen. Nur Zittau und Umgebung, in der auch das Klosterstift St. Marienthal liegt, gehörten zur Erzdiözese Prag. Erst 1783 delegierte der Prager Erzbischof die geistliche Leitung der katholischen Marienthaler Patronatspfarreien Ostritz, Grunau, Königshain und Seitendorf an den Domdekan des Domstiftes St. Petri und Apostolischen Administrator der Lausitz. Das Klosterstift Neuzelle und die dem Klosterstift St. Marienstern gehörende Stadt und Pfarrei Wittichenau kamen kirchlich 1821 durch die Circumskriptionsbulle „De salute animarum" von der Apostolischen Administratur Bautzen an das Fürstbistum Breslau.

Geistliches Amt und weltliche Herrschaft

Die hier beschriebenen vier Klöster und Stifte der Lausitz haben seit ihrer Gründung einen Doppelcharakter. Sie sind einmal kirchliche, religiöse Gemeinschaften, mit besonderen kirchlichen und geistlichen Aufgaben bedacht und nach einer geistlichen, von den kirchlichen Autoritäten approbierten Regel bzw. Lebensordnung lebend. Zum anderen waren diese Einrichtungen als „Stifte" entsprechend der Struktur und Verfaßtheit des alten Heiligen Römischen Reiches Deutscher Nation weltliche Herrschaften, die über ein bestimmtes Gebiet, das „Stiftsland", als weltliche Herrschaft gesetzt und Mitglieder der Vertretung der Stände eines Landes waren. Die Äbtissin von St. Marienstern ist ebenso wie jene von St. Marienthal aufgrund des Doppelcharakters der Einrichtung, der sie vorsteht, einmal die geistliche Leiterin des Schwesternkonventes, zum anderen war sie aber die „Domina", die Herrin und Regentin eines Herrschaftsgebietes. Der Abt von Neuzelle und der Dekan des Domstiftes St. Petri in Bautzen waren auf der einen Seite die Vorsteher der jeweiligen geistlichen Gemeinschaft: des Zisterzienserkonventes Neuzelle bzw. des Stiftskapitels St. Petri, der Kanonikergemeinschaft, zum anderen aber waren sie der „Herr Prälat", Regenten eines weltlichen Herrschaftsgebietes, Mitglieder der ständischen Vertretung des Landes. Die Äbtissinnen der beiden Lausitzer Abteien ließen sich auf den Landtagen durch ihre Klostervögte vertreten, die seit dem 14. Jahrhundert in beiden Klöstern nachweisbar sind. Die Klostervögte waren Angehörige des Lausitzer Adels.

Dieser Doppelcharakter der Klöster und Stifte gab ihnen auch in ihrer äußeren Gestalt den Charakter einer geistlich-weltlichen Residenz des Abtes und Prälaten – der Äbtissin und Domina. Diese Doppelstellung der Vorsteher der Klöster und Stifte – des Domdekans in Bautzen, des Abtes in Neuzelle, der Äbtissinnen in Marienstern und Marienthal – führte diese immer wieder in weltliche Rollen. Sie gehörten nach ihrer Erwählung und Amtsübernahme zu der Führungsschicht des Landes. Im barocken Welttheater war ihnen die Rolle von geistlichen Großen zugewiesen, die nicht nur die Sorge und Verantwortung für das innere geistliche Leben ihres Hauses hatten, sondern Verpflichtungen zur Repräsentation nach außen. Sie zählten zur Aristokratie. Gegründet war keines der Klöster und Stifte als ein „institutum nobile", d.h. als eine kirchliche Einrichtung, die nur dem Adel vorbehalten war und von ihren Mitgliedern Adelszugehörigkeit forderte. Wenn sich das Domstift St. Petri in Bautzen bis 1921 als „Venerabile Capitulum Budissinense" als „Altehrwürdiges Kapitel zu Bautzen" – „VCB" – bezeichnete, so steht dieses „venerabile" als Gegensatz zu „nobile" und sagt aus, daß es eine kirchliche Stiftung war, die von Anbeginn auch Söhnen von Bürgern und

Bauern offenstand. So hatte auch in nachreformatorischer Zeit das Domstift St. Petri in Bautzen niemals einen Dekan und Prälaten, der zum Adel gehört hätte. Das Klosterstift Neuzelle zählt in dem uns interessierenden Zeitraum einen adligen Abt, Bernhard von Schrattenbach, der von 1641 bis 1660 das Kloster leitete. Bei seinem Nachfolger Albert von Burghoff handelte es sich um einen Vertreter des bürgerlichen Patriziates. Das Klosterstift St. Marienstern hatte in der Reihe der Äbtissinnen der Zeit des Barock keine Angehörige des Adels. Das Klosterstift St. Marienthal hatte im 17. und 18. Jahrhundert zwei Adlige unter seinen Äbtissinnen: Agnes IV. von Hayn (1709–1720) und Maria Theresia Gräfin von Hrzan und Harras (1784–1799). Die Prälaten der Lausitzer Stifte wurden durch Titel und Hofämter gleichzeitig stark an die Habsburger gebunden. So führten die Äbte von Neuzelle den Titel „Geheimer oder Kaiserlicher Rat", und der Prälat und Domdekan von Bautzen war „Kaiserlicher Generalkommissar in Religionssachen". Belohnt wurde diese Bindung an das Kaiserhaus der Habsburger, das seinerseits den Bestand der wenigen katholischen Einrichtungen garantierte, durch Standeserhöhungen. Die 14 Domdekane des Domstiftes St. Petri in Bautzen, die seit Beginn des 17. bis Ende des 18. Jahrhunderts als Apostolische Administratoren der Lausitz und Prälaten der Oberlausitz wirkten, stammten aus Bürger- und Handwerkerfamilien Bautzens, Ostritz', Prags und aus sorbischen Bauernfamilien. Von ihnen wurden zwölf nobilitiert und erhielten den persönlichen Adel. Daß zwei von ihnen keine Standeserhöhung erlangten, liegt nur daran, daß sie zu kurze Zeit ihr Amt innehatten. War bei dem Abt von Neuzelle und den Äbtissinnen von St. Marienstern und St. Marienthal aufgrund ihrer Ordensregel und des monastischen Lebens-

3 Kloster St. Marienthal und seine Besitzungen, Ölgemälde 1753

4 Domdekan Johann Leisentrit (1559–1586), Ölgemälde 1574

ideals eine Nobilitierung weniger angebracht, so wurden diese durch besondere kirchliche Privilegien auf Antrag des Kaisers ausgezeichnet. Die Äbte von Neuzelle erhielten das Pontifikalienrecht, d.h. sie konnten sich bei den Gottesdiensten der bischöflichen Insignien bedienen, während die Äbtissinnen der beiden Klöster 1737 vom Generalkapitel des Ordens in Cîteaux die Auszeichnung erhielten, ein goldenes Brustkreuz samt Kette tragen zu dürfen.

Wie Standesherren begegneten Prälaten und Äbtissinnen den Mitgliedern der Konvente und Untertanen. Sie bezeugten auch durch die Anbringung von Wappen und Initialen an Bauten und Gegenständen ihre Stellung. Solche Hinweise finden wir an den Stiften der Lausitz in Fülle, sei es das große Portal des Domdekanates, der Prälatur, des Domstiftes St. Petri in Bautzen, die Eingangstür zur Kreuzkapelle in St. Marienthal, die Abteipforte in St. Marienstern oder das Kirchenportal in Neuzelle. Sie verstanden sich auch selbst als Stifter.

Die Bewirtschaftung der Stiftsgüter

Die von den Stiften der Lausitz für Bauten aufgewendeten Vermögen waren gigantisch, man war sich auch der durch solche Investitionen erfolgten Ankurbelung der Wirtschaft durchaus bewußt. Diese Klöster und Stifte stellten seit ihrer Gründung bereits einen wichtigen Faktor für die Wirtschaft und den Aufstieg des Gebietes dar. Das Vermögen der Klöster und Stifte bestand in der Hauptsache in Grundbesitz. Dieser war ihnen einmal von ihren Stiftern als Dotationsgut gegeben, damit die Gründungen eine Existenzgrundlage hatten. Hinzu kamen Schenkungen an Grund und Boden und Geldstiftungen, die es den Stiften ermöglichten, weiteren Landbesitz zu erwerben und ihren Besitz abzurunden. Kapitalbesitz wurde in Darlehen und Hypotheken angelegt und verzinst.

Durch diesen Grundbesitz, ausgestattet mit vielen Rechten und Pflichten einer Grundherrschaft, bildete sich um die Klöster und Stifte ganz von selber eine „familia", die angefangen bei den Syndici – den Rechtsberatern –, den Sekretären, Rentmeistern und Haushandwerkern hinabging bis zum letzten Zehntbauern und Tagelöhner. Es bestehen Grundzüge einer Arbeitnehmergesellschaft und die Ausbildung eines Lohnsystems mit einer hohen sozialen Sicherheit.

Reformation und Glaubensspaltung

Die hier beschriebenen Klöster und Stifte sind nur diejenigen, die in der großen Zäsur abendländischer Geschichte, der Reformation und Glaubensspaltung, erhalten geblieben sind. Zu Beginn des 16. Jahrhunderts war der Ruf nach Reform in den Klöstern besonders stark. Eine der schlimmsten Miseren der Zeit war die scheinbare Unfähigkeit der Kirche, sich aus eigener Kraft zu erneuern. Die religiöse Kraft der Klöster war durch die Fehlleitung des spätmittelalterlichen Ordenslebens weithin verlorengegangen. Die Klöster waren zu einem großen Teile von Menschen bewohnt, die für ein geistliches und geistiges Leben ungeeignet waren. Die Stifte wurden als Versorgungsanstalten des Adels, des städtischen Patriziates, später auch kleinbürgerlicher Gruppen angesehen und verwendet. Bei der Nähe Wittenbergs und Böhmens fanden die Gedanken Martin Luthers und der Reformation bald den Weg in die Lausitz. Dennoch ist die Reformation in der Lausitz nicht rasch und gleichmäßig zum Sieg gelangt. Am alten Glauben hielten fest die böhmischen Landesherren, die Nachbarn im Norden der Niederlausitz, Kurfürst Joachim I. von Brandenburg, im Westen Herzog Georg der Bärtige von Sachsen. Beide waren bis zu ihrem Tode 1535 bzw. 1539 erbitterte Feinde der reformatorischen Bewegung. Günstig für die

Reformation wirkte es sich aus, daß die Landesherren der Lausitz, die Habsburger, fern saßen. Das gleiche gilt vom Bischof von Meißen als kirchlichem Oberhirten, und es kommt hinzu, daß der Prager Bischofsstuhl infolge der hussitischen Wirren von 1421 bis 1561 unbesetzt war. Die Reformation hatte auch eine gesellschaftspolitische Komponente. Nicht nur die Landesherren strebten nach der Oberhoheit über die Kirche ihres Gebietes, sondern auch die Magistrate der Städte, die Vertreter der Bürgerschaft. So fand die reformatorische Bewegung bereits in den zwanziger Jahren des 16. Jahrhunderts Eingang in den Städten. Langsamer und teils unter Schwierigkeiten setzte sie sich in den Dörfern durch, die in beiden Lausitzen zu einem guten Teil sorbisch waren.

5 Bautzen, Dom St. Petri. Grabmal des Domdekans Gregor Kattmann von Maurugk (1620–1644)

Hilfe für die Klöster und Stifte

Den bei der katholischen Kirche Verharrenden boten der Landesherr und die Landesbehörden einen gewissen Rückhalt. Die Verbote des Meißner Bischofs gegen alle Neuerungen in Religionssachen halfen nicht viel. Im Jahre 1524 wandte sich König Ludwig von Böhmen und 1528 König Ferdinand in einer Verordnung an die Stände Schlesiens und der Lausitz gegen die neue Lehre. Außerdem gebot Ferdinand 1531 den Landvögten, gegen die neue Lehre vorzugehen, 1539 wurden sie angewiesen, die katholischen Predigten nicht abzuschaffen. Aber in den vierziger Jahren des 16. Jahrhunderts wurde die Zahl der Katholiken in den beiden Lausitzen immer geringer. Für den Fortbestand des katholischen Glaubens setzte sich besonders ein der Dekan des Domstiftes St. Petri in Bautzen, Johann Leisentrit (1527–1586), ein Deutschmähre aus Olmütz/Olomouc, Vertreter des Humanismus und der Kirchenreform. Im Jahre 1559 wurde er Domdekan des Kollegiatkapitels St. Petri, 1560 Generalkommissar des Bischofs von Meißen für die unter böhmischer Landeshoheit stehenden beiden Lausitzen und im gleichen Jahr vom Nuntius zum Apostolischen Administrator des Bistums Meißen in den Lausitzen ernannt. Mit der Errichtung der Administratur 1560 wurde für die beiden Lausitzen eine neue kirchliche Verfassungsordnung geschaffen, ganz und gar selbständig und unabhängig vom Bistum Meißen. Den Bemühungen Leisentrits gelang es, daß Rom 1570 die Administratur des Bistums Meißen in den beiden Lausitzen dem gesamten Kapitel an der Kollegiatkirche St. Petri in Bautzen einverleibte. Dadurch wurde die verfassungsrechtliche Grundlage für die katholische Kirche in der Lausitz geschaffen, die sich über drei Jahrhunderte auch in schweren kirchlichen Notzeiten bewährt hat. Der letzte Bischof von Meißen, Johann IX. von Haugwitz machte nach 1570 keinerlei bischöfliche Rechte mehr auf das Bistumsgebiet in der Lausitz geltend. Anders verhielt sich der sächsische Kurfürst August, der die neue Rechtslage nicht anerkennen wollte. Seine Visitatoren versuchten, Oberlausitzer Pfarreien zu reformieren. Im Hause der Bautzner Dompropstei wollte Kurfürst August ein lutherisches Konsistorium einrichten. Nach der Resignation Haugwitz' auf das Bistum Meißen 1581 – er bekannte sich später offiziell zur lutherischen Lehre – beabsichtigte Kurfürst Christian I. von Sachsen, die Administratur über die beiden Lausitzen dem Meißner Domkapitel, das bereits lutherisch geworden war, zu übertragen. Leisentrit suchte Schutz bei Kaiser Rudolf II. Dieser bestätigte ihn als Administrator der Ober- und Niederlausitz, ernannte ihn zum kaiserlichen Generalkommissar in Religionssachen und befahl, nur ihm in geistlichen Sachen Gehorsam zu leisten.

Bemühungen der lutherischen Stände um einen Majestätsbrief – ausweglose Lage der Klöster und Stifte

Die Anhänger der lutherischen Lehre in Böhmen und Schlesien erreichten 1609 von Kaiser Rudolf II. einen Majestätsbrief, ein Toleranzpatent, eine Duldung ihres Glaubensbekenntnisses. Auch die Ober- und Niederlausitzer Stände bemühten sich um ein solches Patent. Eine Zusage erreichten sie von König Matthias 1611. Diese verwirkten sich aber die Lausitzer Stände, als sie sich 1619 den rebellierenden Böhmen anschlossen und Friedrich V. von der Pfalz den böhmischen Gegenkönig, als König anerkannten. Der Kalvinist Friedrich von der Pfalz als König von Böhmen war für die noch bestehenden katholischen Einrichtungen eine große Bedrohung. 1619 mußte das Bautzner Domkapitel den Bautzner Dom verlassen und sich mit den katholischen Gottesdiensten und dem Chorgebet in die Nikolaikirche zurückziehen. Im gleichen Jahr kam es zu dem berüchtigten „Kapitelssturm": Bautzner Bürger zogen bewaffnet vor die Häuser des Domkapitels, um die letzten „Papisten" aus Bautzen zu vertreiben. Auch die Marienthaler Äbtissin Ursula Queitsch (1600–1623) glaubte das Ende gekommen. Um den Untergang des Klosters zu verhindern, überlegte sie die Umwandlung des Zisterzienserinnenklosters in ein adliges Damenstift, die einzige Form, in der Frauenklöster weiter existieren konnten. Die Mariensterner Äbtissin Ursula Weishaupt (1619–1623) meinte ebenfalls, nachgeben zu müssen, bestätigte evangelische Pfarrer in ihrem Amt und gestattete in der dem Kloster gehörenden Stadt Wittichenau lutherischen Gottesdienst. Alles stand für die Klöster und Stifte der Lausitz auf Messers Schneide. Die Wende brachte die Schlacht am Weißen Berge am 8. November 1620. Ferdinand von Habsburg siegte, setzte sich als König von Böhmen durch und begann das Werk der katholischen Reform und Gegenreformation in Böhmen und Schlesien. An diesem Reformwerk beteiligten sich auch die Bautzner Domdekane in den böhmischen Gebieten, die unter ihrer kirchlichen Aufsicht als Apostolische Administratoren des Bistums Meißen standen. So waren die Domdekane Wiederin von Ottersbach (1609–1620) und Kattmann von Maurugk (1620–1644) an der katholischen Reform im böhmischen Niederland maßgebend beteiligt.

Übergang der Ober- und Niederlausitz an Sachsen

Die politische Situation, besonders die kaiserliche Bündnispolitik, bedeutete eine erneute Gefährdung der noch bestehenden katholischen Klöster und Stifte. Der lutherische Kurfürst von Sachsen Johann Georg I. (1611 bis 1656) leistete dem Kaiser gegen die rebellierenden Böhmen und deren Verbündete Waffenhilfe. Er besetzte die Ober- und Niederlausitz. Der Kaiser mußte die kurfürstlich sächsische Waffenhilfe teuer honorieren. Da er die zur Bezahlung der Waffenhilfe erforderlichen Gelder nicht aufbringen konnte, verpfändete er 1623 die beiden Lausitzen an den sächsischen Kurfürsten, freilich in der Hoffnung, sie wieder einlösen zu können. Da der Kaiser aber die auf 72 Tonnen Gold angewachsene Kriegsschuld nicht bezahlen konnte, wurde dem zwischen Kaiser und Kurfürst 1635 geschlossenen Prager Separatfrieden der sogenannte Traditionsrezeß beigefügt, durch welchen die Ober- und Niederlausitz dem Kurfürsten an Zahlungsstatt mit allen landesfürstlichen Rechten, erblich, eigentümlich und unwiderruflich, jedoch lehensweise als ein Lehen der böhmischen Krone, aber unter Verzicht der Kirchenhoheit durch den sächsischen Kurfürsten übergeben wurden. Die kirchlichen Hoheitsrechte des Kaisers wurden ausführlich geregelt. Auf dieser Rechtsgrundlage beruhte bis in das 19. Jahrhundert nicht nur die Sonderstellung der Lausitz in staats- und kirchenrechtlicher Hinsicht, sondern das Weiterbestehen der der katholischen Kirche noch verbliebenen Stifte, Klöster und Pfarreien. Der Kaiser hatte sich das „ius protectionis", das oberste Schutzrecht über Stifte, Klöster, Pfarreien und Geistliche beider Lausitzen vorbehalten und die Einführung jeder Neuerung, die Veränderung des im Jahre der Übergabe an Sachsen 1635 bestehenden status quo verboten und dem Kurfürsten die Erhaltung der Klöster und Stifte als Verpflichtung auferlegt. Dennoch bestand bei den Katholiken die Furcht vor einer Protestantisierung durch die Kirchenpolitik der lutherischen Kurfürsten von Sachsen fort. Erst 1697, nach der Konversion Friedrich Augusts I. (1694–1733) zur katholischen Kirche, wich diese Besorgnis und es trat eine Beruhigung ein. Die Bestimmungen des Traditionsrezesses hatten einen Doppelcharakter: sie halfen einerseits bei der Erhaltung des Bestehenden, andererseits wirkten sie bei einer Weiterentwicklung in der Zukunft hemmend.

Ober- und Niederlausitz im Dreißigjährigen Krieg

Vom Jahre 1631 an bekamen die Ober- und die Niederlausitz die Leiden und Schrecken des Dreißigjährigen Krieges stärker und anhaltender zu spüren. 1631 bis 1634 waren die Jahre, in denen Kursachsen vorübergehend seine Politik änderte, sein Bündnis mit dem Kaiser aufgab und mit den Schweden paktierte. 1633/34 erfolgten die Einfälle der Kroatentruppen in die Lausitz und verheerten das Land. Dann wechselte Sachsen wieder auf die Seite des Kaisers über. Hatten vorher die kaiserlichen Truppen das Land heimgesucht, so wurde es jetzt durch die schwedischen Heere ausgepreßt. Land und Bevölkerung wurden dem Untergang nahegebracht. Dann kamen Pest und Hungersnot. 1632 flüchtete Abt Hugo von Neuzelle (1626–1632) vor der Gefangennahme durch die Schweden nach St. Marienstern, wo er starb. 1639 zerstörten die Schweden das Kloster Neuzelle. 1634 sank Bautzen durch Brand in Schutt und Asche. Der Dom, die Kapitelshäuser und die Kapitelsbesitzungen um Bautzen wurden verwüstet und zerstört. Die Schwestern von Marienstern flohen 1639 aus ihrem Kloster nach Polen in das Zisterzienserinnenkloster Blesen, von wo sie 1640 in das zerstörte St. Marienstern wieder zurückkehrten. Im Jahre 1640 erfolgte unter dem General Torstenson ein erneuter Einfall der Schweden in die Lausitzen. 1645 wurde endlich zwischen Sachsen und Schweden der Waffenstillstand in Kötzschenbroda bei Dresden geschlossen, so daß von da an die Feindlichkeiten in der Hauptsache aufhörten. Seit 1631 hatte es in diesem entsetzlichen Kriege nur noch kurze Atempausen gegeben. In manchen Jahren – 1631, 1633/34, 1642 und 1644 – drohte das Land in Jammer und Not zu versinken. Schwer lasteten außerdem die dauernden Kontributionen an Geld und Verpflegungsmitteln für Freund und Feind auf dem Land. Außer den kaiserlichen und schwedischen Heeren mußten die Soldaten des Landesherrn, des Kurfürsten von Sachsen, versorgt werden. Diese lagen länger im Lande und mußten noch verpflegt werden, als die kriegerischen Auseinandersetzungen längst vorüber waren. Am schlimmsten stand es um die Landwirtschaft und damit auch um die Existenzgrundlage der Klöster und Stifte.

Wiederaufbau und Neubeginn

Der Friedensschluß von Münster und Osnabrück 1648 beendete diese schrecklichen drei Jahrzehnte des Krieges. In den Friedensbestimmungen wurde der territoriale Besitzstand der Konfessionen in den Grenzen des Jahres 1624 festgelegt. Dadurch erhielten die zwischen dem Kaiser und dem sächsischen Kurfürsten im Traditionsrezeß 1635 getroffenen Regelungen noch eine reichsrechtliche Erhärtung. Gleichzeitig brachte der Westfälische Frieden mit der Anerkennung der konfessionellen Spaltung das Eingeständnis, daß sich durch Anwendung äußerer Gewalt und Macht die kirchliche Einheit nicht wieder herstellen ließ.
Nach dem Westfälischen Frieden bewegte sich die Geschichte der Ober- und Niederlausitz in der zweiten Hälfte des 17. Jahrhunderts in ruhigeren Bahnen. Es begann der Wiederaufbau des verwüsteten Landes. Zunächst ging es um die Beseitigung der Kriegsschäden, die Wiedererschließung der wüst gewordenen Besitzungen.

Barock in der Ober- und Niederlausitz

In den letzten Jahrzehnten des 17. Jahrhunderts kündigte sich eine wirtschaftliche Aufwärtsbewegung an. Gelder sammelten sich und bald war es möglich, nicht nur Instandsetzungsarbeiten an den durch den Krieg zerstörten Gebäuden vorzunehmen, sondern mit Um- und Neubauten zu beginnen. Damit kam der Barockstil in den Klöstern und Stiften der Ober- und Niederlausitz zur Verwirklichung; er kann sich präsentieren und repräsentiert werden. Die Haupttätigkeit im Bauen der Klöster und Stifte der Lausitzen erfolgt allerdings im 18. Jahrhundert.
Bei der Präsentation des Barock durch die Klöster und Stifte der Lausitzen, ausgeführt von einheimischen, böhmischen und sächsischen Künstlern, geht es aber nicht nur um ein Bauen in historisch neuen Formen, sondern um die Darstellung einer neuen Wirklichkeit, die alle Bereiche des Lebens erfaßt. Im Falle der Klöster und Stifte geht es um einen bestimmten, zeitbezogenen Frömmigkeitstypus, der in dem festumrissenen Raum der Lausitzen Sprache und Gestalt gewinnt, es geht um das Einbrechen eines Neuen, sein Sichentfalten nach Jahren schwerster äußerer und innerer Bedrängnis.
Für die Stifte und Klöster der Lausitzen ging es in den schweren Auseinandersetzungen des 16. und beginnenden 17. Jahrhunderts zunächst um ein bloßes Überleben, später auch um den Versuch einer teilweisen Rückgewinnung des verlorenen Gebietes für die katholische Kirche. So bemühen sich die Äbtissinnen von Marienstern um die Rekatholisierung von Wittichenau und die Äbtissinnen von Marienthal um die Rekatholisierung von Ostritz. Von den Bemühungen der Bautzner Domdekane bei der Rekatholisierung des böhmischen Niederlandes war bereits die Rede.
Es sind fast ausschließlich Kräfte des nichtdeutschen Katholizismus Europas, die die Erneuerung der katholischen Kirche bewirken. Aus dem Mittelmeerraum strömen die Kräfte in das Land und führen in den Menschenaltern nach dem großen Kriege zu einer erstaunlichen Entfaltung. Weil der vorwiegend katholische Süden des Reiches viel mehr als der protestantische Norden zum Mittelmeerraum geöffnet blieb, strömen in ihn mit voller Stärke die Elemente dieses letzten großen europäischen Kunststils des Barocks ein. Daß die Klöster und Stifte der Lausitzen sich dieser Weltkirche zugehörig wußten, bewahrte sie vor einem Ghettodasein und einem Herabsinken in einen kleinlichen Provinzialismus, dem sie sonst in ihrer Restsituation allzuleicht ausgesetzt sein mußten.
Die erneuerten und neuen Kirchen und Stiftsgebäude geben dafür Zeugnis, desgleichen die in dieser Zeit geschaffenen liturgischen Geräte und Gewänder für die festliche Feier der Liturgie, die in ihrer Darstellung stark

geprägt ist von dem Gedanken der Audienz vor der göttlichen Majestät. Zahlreiche Prozessionen finden statt, Wallfahrten werden neu belebt. Der dem Kloster St. Marienstern gehörende Wallfahrtsort Rosenthal mit seinem Gnadenbild Unserer Lieben Frau von der Linde erlebt in dieser Zeit seine eigentliche Blüte.

All diese Formen sind auf der einen Seite ein Bekenntnis zur vorreformatorischen Tradition, nehmen Vorhandenes auf und bauen es ein, andererseits soll es neu dargestellt und von den neugewonnenen Frömmigkeitsformen geprägt werden. Das alte Prinzip kirchlicher Reform: zurück zu den Quellen, Bewahrung der überkommenen Frömmigkeitsinhalte, Tradition und Kontinuität sind viel stärker, als es der Bruch in der formalen Darstellung und neuen künstlerischen Ausformung durch den Barock vermuten lassen. In der Klosterkirche St. Marienstern erhält z.B. die aus der mittelalterlichen Passionsmystik des Bernhard von Clairvaux heraus geschaffene Pietà 1698 ein barockes Gehäuse in Form eines Baldachins, der 1719 mit einer Krone geschmückt wird. Im Kloster Marienthal wird ein seit dem Spätmittelalter hochverehrtes Kruzifix zum Mittelpunkt der barocken Kreuzkapelle, dasselbe geschieht mit der gotischen Schmerzensmutter in einem Altar der Neuzeller Klosterkirche.

Was sind die Quellen, aus denen die Gestaltungskraft in den Stiften und Klöstern der Lausitz gespeist wird?

Die ignatianische Frömmigkeit

Ignatius von Loyola (1491–1556) wird mit der von ihm gegründeten „societas Jesu", dem Jesuitenorden, der Wegbereiter der sogenannten „Gegenreformation". Im deutschen Raum wird Petrus Canisius (1511–1597) der Bahnbrecher für den Jesuitenorden und gleichzeitig ein großer Brückenbauer vom Gestern zum Heute, er gibt die mittelalterliche Form der Herz-Jesu-Verehrung weiter, bewahrt mystische Andachten des Mittelalters für seine Zeit, wie die zu den Heiligen Fünf Wunden oder zu den sieben Worten des Herrn am Kreuz, Themen, die in Wort und Bild ihre barocke Ausprägung erfahren und lutherische Frömmigkeit des Barocks beeinflussen, es sei auf die Lieder von Paul Gerhardt verwiesen. Petrus Canisius weilte auch in der Lausitz. Es bestand der Plan, das Cölestinerkloster auf dem Oybin für eine Jesuitengründung zu nutzen. Die Abgelegenheit der Gegend ließ das Vorhaben nicht zustandekommen. Aber die Besitzungen des Cölestinerklosters und dessen Einkünfte wurden für die Gründung und Dotierung des Kollegs in Prag genutzt. Die böhmischen Niederlassungen der Jesuiten in Komotau/Chomutov, Mariaschein/Krupka-Bohosudov und Prag, die dortige Jesuitenuniversität – das Clementinum – werden die Ausbildungsstätten für den katholischen Klerus der Lausitz, dort erhalten sie ihre Prägung und Formung, leben sich angehende Zisterzienser, Weltpriester und künftige Bautzner Kanoniker in die ignatianische Mentalität. Die Heiligen des Ordens, sein Gründer Ignatius und sein großer Missionar Franz Xaver, werden bereits 1622 heiliggesprochen; sie werden auch in den Klöstern der Lausitz und im Bautzner Domstift St. Petri hoch verehrt.

Die franziskanische Frömmigkeit

Neben den ignatianischen strömen die seraphischen Frömmigkeitsformen der Franziskaner und Kapuziner in die Lausitzer Klöster und Stifte. Die große Ordensfa-

6 Kloster St. Marienthal. Der hl. Franz Xaver, Meißner Porzellan milie der Franziskaner stellt noch einmal das Leiden Christi in den Mittelpunkt aller barocken Anmutung, die das sühnende Mitleid erwecken wollen. Diese Frömmigkeit formt das an die Grabesruhe des Herrn erinnernde „Vierzigstündige Gebet", die „Ölbergandacht" aus und gibt den Impuls zur Gründung der Bruderschaft von der Todesangst Christi „Agonia Christi". Der Heiland in seiner Marter, gebunden an eine Geißelsäule, „Dominus in carcere flevit" – der Herr weint im Kerker, in den er in der Nacht nach seinem Verhör im Hause des Kaiphas gebracht wurde – und der Heiland hält Rast auf seinem Kreuzweg, das alles sind Themen, die Franziskaner und Kapuziner in ihren Predigten und Andachten dem Volk vorstellen, und die ihre Ausformung in Werken barocker Kunst in den Klöstern und Stiften der Lausitz finden. Dabei sind die Inhalte dieser Andachtsformen aus der Passions- und Christusmystik des Mittelalters geboren und von der devotio moderna am Ausgang des Mittelalters gespeist.

Die Welt des Karmel

Auch der Karmel hat nach seiner Erneuerung im Zeitalter der Glaubensspaltung mit seiner Spiritualität die Lausitzer Klöster und Stifte geprägt. Der Karmel ist nach barocker Geschichtsauffassung eng mit dem Schicksal Böhmens und der Lausitz im Dreißigjährigen Kriege, mit der entscheidenden Schlacht am Weißen Berge bei Prag 1620 verbunden. Da ist der Karmeliterpater Dominikus a Jesu Maria, der 1620 mit dem Bayernherzog Maximilian nach Böhmen gekommen ist. Der Karmeliter sagt den für die kaiserlichen Truppen sieghaften Ausgang des Kampfes voraus, er weiht die Fahne mit dem Muttergottesbild. Am Weißen Berg reißt er den zaudernden Kriegsrat in den Angriff und stürmt dem Heer der Kaiserlichen und der Liga mit dem Kreuz voraus. Die Kaiserlichen siegen, das Bild Mariens wird zum Gnadenbild „Maria de Victoria" – Maria vom Siege – die ursprünglich von den Lutheranern Prags genutzte Kreuzkirche auf der Kleinseite in Prag erhält als Karmeliterkirche den Titel „Maria Victoria". Die Schlacht am Weißen Berge entschied auch über das Fortbestehen der katholischen Kirche in der Lausitz. Inmitten einer evangelischen Umgebung, für die die Schlacht am Weißen Berge ein Unglück war, jubelte man hinter den Mauern der katholischen Klöster und Stifte zu Ehren der Maria de Victoria. Die Fassade der ihr in Prag auf der Kleinseite geweihten Kirche wurde zum Vorbild für die der gotischen Klosterkirche St. Marienstern vorgeblendete Barockfassade.
Höchste Verehrung erreichte als Gegenstand der Andacht und Frömmigkeit das „Skapulier Unserer Lieben Frau vom Berge Karmel". Marienthal errichtet in der Kirche in Ostritz einen Skapulieraltar und eine Skapulierbruderschaft. Der Altar zeigt im Mittelfeld die Skapulierlegende, wie Maria dem heiligen Simon Stock das Skapulier überreicht und große Gnaden allen verheißt, die dieses Skapulier tragen. Die Konvente von Marienstern, Marienthal und Neuzelle und die Kanoniker von Bautzen werden eifrige Verehrer des Skapuliers.

Die breiteste Volkstümlichkeit erreichte der Orden aber mit dem „Prager Jesulein", kurz „Prager Kindl" genannt. Eine typische Geschichte barocker Frömmigkeit: 1628 schenkt die Fürstin Polyxene von Lobkowitz den Karmelitern in Prag eine etwa 60 cm große, aus Holz geschnitzte, mit Wachs überzogene und in letzte Details ausmodellierte Statue des Jesuskindes. Es war ein Familienerbstück von ihrer Mutter und stammte aus Spanien und präsentierte sich als ein künstlerisch bedeutsames Werk des spanischen Verismus. Seine Verehrung förderte vor allem der Prager Karmeliterpater Cyrill a Matre Dei. Bereits 1655 wurde das Bild gekrönt und ein sich weit ausbreitender Kult setzte ein. Die Zisterzienser von Neuzelle nahmen sich seiner Verehrung an und errichteten einen Altar für das Prager Jesulein. Im Bautzner Dom wurde eine Kopie dieses Gnadenbildes 1684 auf dem damals errichteten Passionsaltar angebracht. Zahlreiche Nachbildungen finden sich in Marienstern und Marienthal.

Weitere Motive barocker Frömmigkeit

Zum eigentlichen Heiligen barocker Frömmigkeit der Habsburger Länder und der an sie angrenzenden Gebiete wird der heilige Johann Nepomuk. 1719 wurde dieser Prager Priester und Generalvikar der Prager Diözese beatifiziert und 1729 kanonisiert. Er war 1393 wegen seines Eintreten für die Freiheit der Kirche in Böhmen über die Karlsbrücke in Prag in die Moldau gestürzt und ertränkt worden. Er galt aber auch als Märtyrer des Beichtgeheimnisses, weil er dem König den Inhalt der Beichte von dessen Gemahlin nicht preisgeben wollte. Sein Kult erlebte eine ungeheure Ausbreitung. Als Märtyrer des Beichtgeheimnisses wurde er von den Jesuiten, die selbst eifrige Beichtiger waren, stark herausgestellt. Das Haus Habsburg sah in ihm einen Sohn seiner Länder und ein Gegengewicht zu den böhmischen Ressentiments von 1620, dem Jahr der Schlacht am Weißen Berge. Bald findet man in katholischer Umgebung keine Brücke ohne sein Standbild, keine Kirche ohne einen ihm geweihten Altar oder ohne eine Statue des Heiligen. Die Stifte der Lausitz nehmen diese Verehrung auf. Für die Zisterzienserklöster der Lausitz war er ein Heiliger, der nach der Überlieferung in einem ihrer Klöster in Böhmen erzogen worden war. Zahlreiche Abbildungen des Heiligen finden sich in den Lausitzer Stiften.

Ein Motiv der Marienverehrung wird ebenfalls im Barock ausgeformt und erreicht eine große Ausbreitung: Die Maria-Immaculata-Verehrung – Maria die Unbefleckte Empfängnis, die Makellose. Von Spanien geht die Verehrung aus, gelangt nach Wien, von dort nach Prag und kommt von Böhmen in die Lausitz. Ein bestimmter Typus der Mariendarstellung entsteht: Maria, die Schlange zu ihren Füßen und zwölf Sterne um ihr Haupt, die gesamte Darstellung in ekstatischer Devotionsgebärde. So sehen wir dieses Bild auf den Altären, an den Gebäuden oder auf einer Säule stehend: am Kirchenportal in Neuzelle, am Portal des Bautzner Domstiftes und die Immaculatasäule im Klosterhof in Marienstern.

Über dem Einbruch der neuen barocken Devotionsformen haben weder die Zisterzienserstifte der Lausitz noch das Bautzner Domkapitel St. Petri ihre alten gewachsenen Traditionen vergessen.

Neben den im Barock so volkstümlich gewordenen Andachtsthemen wie Prager Jesuskind, Maria Immaculata, Franz Xaver, Johann von Nepomuk haben die Zisterzienser immer den eigenen Haus- und Ordensheiligen den Raum offengelassen. Benedikt, Bernhard und Scholastika erscheinen in zahlreichen Darstellungen. Im Barock erlebte die Verehrung der heiligen Ursula und des heiligen Mauritius, der Hausheiligen von St. Marienstern, einen neuen Höhepunkt. Das Bautzner Domkapitel hält die Verehrung der alten Meißner Bistumheiligen Johannes des Evangelisten und Donatus aufrecht und müht sich um eine Verbreitung der Bennoverehrung. Neuzelle hält das Gedächtnis an die Märtyrer von Neuzelle in der Hussitenzeit in Erinnerung.

Reform als eine Rückbesinnung auf die eigentlichen geistlichen Quellen und Fundamente der Kirche und der einzelnen Orden und Einrichtungen der Kirche umfaßt auch die Rückbesinnung auf die Geschichte des einzelnen Hauses einer geistlichen Gemeinschaft. So beschäftigen sich die Mönche und Nonnen von Neuzelle, Marienstern und Marienthal mit der Gründung und Entstehung ihrer Häuser, aber auch das Bautzner Domkapitel erinnert sich seiner Anfänge. Archive werden geordnet, wahrscheinlich zunächst aus dem Grunde, die entsprechenden Dokumente, Freiheiten und Privilegien als Beweisstücke in harten Auseinandersetzungen mit den evangelischen Landständen zur Hand zu haben, dann aber auch aus einem geschichtlichen Interesse. Bibliotheken werden gesammelt, katalogisiert und damit als ein geistiges und geistliches armarium – eine Rüstkammer – erschlossen. Im Jahre 1744 wird im Bautzner Domstift eine eigene Bibliothek geschaffen und 1752 in Marienthal eine Klosterbibliothek erbaut. Bilder werden in Auftrag gegeben, die die Gründung des einzelnen Stiftes und die Gestalten der Stifter zeigen, so in Marienthal. Hat man die Gräber der Stifter in der eigenen Kirche, so werden diese in besonderer Weise hervorgehoben, so in Marienstern. Diese starke Beschäftigung mit der Geschichte des eigenen Ordens, des eigenen Institutes und der eigenen Häuser war auch deshalb geboten, weil es darum ging, in einer neuen Zeit und unter einer neuen Theologie und Frömmigkeit seine Eigenart und seine Eigenständigkeit zu wahren.

Die Lausitzer Stifte und Klöster fanden die Synthese zwischen dem ihnen eingestifteten Charakter und den neuen, aus der katholischen Reform geborenen Frömmigkeitsrichtungen. An ihren Kirchen und Gebäuden ist diese Verschmelzung ablesbar.

Die Umwelt der Klöster und Stifte

Die aufgezeigte Synthese durchdringt aber nicht nur einen geistig-geistlichen Raum, sondern genau wie in der Zeit des Mittelalters, als diese Stifte ins Dasein traten, einen wirtschaftlich-sozialen. In ihrer äußeren Gestalt treten uns die Klöster und Stifte als Sitz einer Herrschaft entgegen, als eine geistlich-weltliche Residenz. Daß sich aber die Konvente der Stifte und Klöster selber weitgehend aus dem Gebiet der Klosterherrschaft rekrutierten,

7 Prag, Wendisches Seminar St. Petri auf der Kleinseite. Der hl. Petrus, Altarbild in der Kapelle Ölgemälde

ist eine Legende, die der Überprüfung nicht standhält. Selbst in dem kleinen katholischen Restgebiet kamen die Insassen von Neuzelle aus der Oberlausitz, Böhmen und Schlesien. Aus dem sorbischen Gebiet der Oberlausitz kam der größte Teil der Weltpriester, die die Anwärter für Domherrenstellen in Bautzen darstellten.

Für die Apostolische Administratur des Bistums Meißen in der Lausitz war es ein großer geistig-geistlicher Gewinn, als das Bautzner Domstift St. Petri dank der Munifizenz zweier sorbischer Priesterbrüder Martin und Joseph Schimon 1725 auf der Kleinseite in Prag das „Wendische Seminar St. Petri" einrichten konnte, wodurch die bereits bestehenden engen Beziehungen zwischen Böhmen und der Lausitz noch vertieft wurden.

Literatur

CARPZOV, J. B.: Neueröffneter Ehrentempel merckwürdiger Antiquitaeten des Margraffthums Ober-Lausitz. Leipzig und Budissin 1719; CORETH, A.: Pietas Austriaca. Ursprung und Entwicklung barocker Frömmigkeit in Österreich. München 1959; GERBLICH, W.: Johann Leisentritt und die Administratur des Bistums Meissen in den Lausitzen. Phil. Diss. Leipzig 1930, Neuauflage Leipzig 1959; HUBENSTEINER, B.: Vom Geist des Barock. Kultur und Frömmigkeit im alten Bayern. München 1967; KATZER, E.: Das evangelisch-lutherische Kirchenwesen der Oberlausitz. Leipzig 1896; KNAUTHE, CHR.: Derer Oberlausitzer Sorbenwenden umständliche Kirchengeschichte. Görlitz 1767; KNOTHE, H.: Der Anteil der Oberlausitz an den Anfängen des 30jährigen Krieges 1618–1623. In: NLM 56 (1880), S. 1 ff.; KNOTHE, H.: Die Bemühungen der Oberlausitz um einen Majestätsbrief 1609–1611. In: NLM 56 (1880), S. 96ff.; KNOTHE, H.: Die Oberlausitz während der Jahre 1623–1631 von der Pfandübergabe an Kursachsen bis zum Beginn des Krieges mit dem Kaiser. In: NLM 65 (1889), 191ff.; KNOTHE, H.: Die geistlichen Güter in der Oberlausitz. In: NLM 56 (1880), 157ff.; KÖHLER, J. A. E.: Die Geschichte der Oberlausitz von den ältesten Zeiten bis zum Jahre 1815. Görlitz 1879; LEHMANN, R.: Geschichte des Markgraftums Niederlausitz. Dresden 1937; LEHMANN, R.: Die Niederlausitz in den Tagen des Klassizismus, der Romantik und des Biedermeier. Köln, Graz 1958; LÜDINGHAUSEN, R. V.: Die Sächsische Oberlausitz. Berlin 1922; MÖBIUS, O.: Die kirchenrechtliche Sonderstellung der Lausitz. Dresden 1916; MÜLLER, H.: Versuch einer oberlausitzischen Reformationsgeschichte. Görlitz 1801; SCHMIDT, E.: Mittelalterliche und barocke Plastik der Oberlausitz. Bautzen 1984; SCHNÜRER, G.: Katholische Kirche und Kultur in der Barockzeit. Paderborn 1937; SCHREIBER, G.: Das Barock und das Tridentinum. In: Das Weltkonzil von Trient. Sein Werden und Wirken. 2 Bände. Freiburg i. B. 1951, S. 381–425; SEIFERT, S.: Niedergang und Wiederaufstieg der katholischen Kirche in Sachsen 1517–1773. Leipzig 1964; VEIT, L. A. und L. LENHART: Kirche und Volksfrömmigkeit im Zeitalter des Barock. Freiburg i. B. 1956.

1 Bautzen, Dom St. Petri. St. Benno, Ölgemälde von Stefano Torelli (?) (1712–1780), um 1750

Das Domstift St. Petri in Bautzen

Siegfried Seifert

Unter Bischof Bruno II. von Meißen (1208–1228) begann für die Stadt Bautzen mit der Errichtung eines Kollegiatsstiftes eine neue Periode in der Entwicklung des Kirchenwesens.
Die Lausitz war 1158 als Lehen an die böhmische Krone gekommen. Die Böhmenkönige aus dem Hause der Přemysliden und später der Luxemburger und Habsburger sahen in der Kirche, ihren Stiftern und Klöstern, eine besondere Stütze für den Ausbau und die Einführung einer einheitlichen Landesverwaltung zur Stärkung der Kroninteressen. Dem Böhmenkönig Přemysl Ottokar I. (1192–1230) lag besonders daran, eine völlige Eingliederung des Landes Bautzen in das böhmische Stammland zu erreichen. Durch eine Erhebung der Bautzner Pfarrkirche zur Stiftskirche und durch die Errichtung eines Kollegiatkapitels an dieser Kirche glaubte er, dieses angestrebte Ziel besser verwirklichen zu können. Noch in einer Urkunde vom Jahre 1427 spricht Kaiser Sigismund davon, daß die Bautzner Kollegiatkirche von seinen Vorfahren gegründet und aus deren Gütern dotiert worden sei. Der damalige Bischof von Meißen Bruno II. nahm das Anliegen des Böhmenkönigs auf.
Eine eigentliche Errichtungsurkunde des Kollegiatkapitels fehlt, ebenso die Nachricht über die erste Ernennung von Stiftsherren. Zum ersten Male werden solche in einer Urkunde von 1218 genannt; eine andere Quelle besagt, daß Bischof Bruno II. im Jahre 1213 die Errichtung vorgenommen habe. Urkundlich belegt ist die Einweihung des neuerrichteten Chores der Kirche am 24. Juni 1221. Es ist deshalb das Jahr 1213 als Beginn des Chorbaues gut denkbar. Chroniken des 17. Jahrhunderts berichten, daß bei diesem Chorbau die um 1000 erbaute alte Pfarrkirche abgerissen worden sei. Zunächst behielt die zur Kollegiatkirche umgewandelte Pfarrkirche den Titel Johannes' des Täufers bei, an dessen Gedenktag die Weihe des neuen Chorraumes erfolgte. Aber bald darauf trat ein Wechsel des Patroziniums ein. In einer Urkunde von 1237 wird zum ersten Male der Apostel Petrus neben Johannes dem Täufer als Schutzheiliger der Kirche genannt. Noch heute heißt die Bautzner Domkirche die „Petrikirche" und das an ihr errichtete Domkapitel „Domkapitel St. Petri". Der Wechsel des Titelheiligen ist durch die Übertragung einer Petrusreliquie an die Bautzner Kirche veranlaßt worden. Zahlreiche Ablaßurkunden für die Bautzner Domkirche und das Vorhandensein eines Petrusreliquiars aus dem Beginn des 16. Jahrhunderts geben Zeugnis für die große Verehrung des Apostels.
Innerhalb von 780 Jahren hat das Bautzner Domstift St. Petri eine interessante kirchenverfassungsgeschichtliche Entwicklung durchgemacht. Während es von der Gründung bis zur Reformationszeit im kirchlichen Verfassungsorganismus dieselbe Stellung wie andere Kollegiatkapitel einnahm, erhielt es in der Zeit der Glaubensspaltung im Bistum Meißen eine besondere kirchenrechtliche Bedeutung. Der letzte Meißner Bischof Johann IX. von Haugwitz (1555–1581), der sich später der lutherischen Lehre anschloß, übertrug 1560 dem Dekan des Bautzner Kollegiatkapitels Johann Leisentrit (1527–1586) das Amt eines bischöflichen Generalkommissars. Da in den folgenden Jahren Johann von Haugwitz immer mehr seine bischöflichen Rechte an Kurfürst August von Sachsen abtrat, erklärte und befahl der Apostolische Nuntius am kaiserlichen Hofe Melchior Biglia 1567, daß Johann Leisentrit als Apostolischer Administrator des Bistums Meißen in der Ober- und Niederlausitz die katholische Kirche in diesem Gebiet verwalten solle. Um auch nach dem Tode des Dekans Leisentrit den Fortbestand in den beiden Lausitzen zu sichern, inkorporierte derselbe Nuntius 1570 die Apostolische Administratur des Bistums Meißen in der Ober- und Niederlausitz dem Bautzner Stiftskapitel. Das Bistum Meißen war seit 1399 exemt und so ging auch die Exemtion auf die dem Bautzner Kollegiatkapitel übertragene Administratur über. So hatte das Kapitel keinen Bischof über sich und war keinem Metropolitanverband eingegliedert, war also tatsächlich exemt. Das Bautzner Kapitel darf für sich in Anspruch nehmen, jahrhundertelang das einzige exemte Kollegiatstift Deutschlands gewesen zu sein.
Während das Bautzner Domstift St. Petri in dieser Zeit der Ausbreitung der lutherischen Lehre eine einzigartige kirchenrechtliche Stellung erhielt, geriet es andererseits in der gleichen Zeit in die größte Bedrohung seines Fortbestehens. Denn in der Reformationszeit übernahm der größte Teil der Einwohner Bautzens das lutherische Bekenntnis. Nur das Kapitel und wenige Laien, die im Dienste des Kapitels standen, blieben katholisch. Dennoch gelang es dem Domdekan Johann Leisentrit, den Dom dem Kapitel zu erhalten. Seine Verhandlungen mit den Vertretern der lutherischen Bürgerschaft der Stadt

2 Urkunde Bischofs Bruno II. von Meißen (1209–1228) vom 24. Juni 1221 über die Weihe des Chorraumes des Bautzner Domes

sicherten einerseits den katholischen Gottesdienst im Dom und räumten andererseits der lutherischen Bürgerschaft Benutzungsrechte am Dom ein. Seit dieser Zeit besteht das Bautzner Simultaneum. Das bereits im damaligen Dom vorhandene Lettnergitter, das den Chorraum vom Raum der Gläubigen trennte, wurde zum Trenngitter zwischen dem Teil des Gotteshauses, der dem evangelischen Gottesdienst diente, und dem Teil, der den Katholiken für ihre liturgischen Dienste verblieb. Dabei blieb die Mitteltür des ehemaligen Lettnergitters geöffnet. Die Kanoniker des Domstiftes und die katholischen Gläubigen betraten den Dom in dem Teil, der den evangelischen Christen diente. Ursprünglich hatten die Reformatoren keineswegs an eine Neugründung, sondern an eine Erneuerung der Gesamtkirche gedacht, und auch die Vertreter der katholischen Kirche hatten

geglaubt, daß diese „Streitigkeiten" wieder beigelegt würden. Aus dieser Hoffnung heraus gestaltete sich die gemeinsame Benutzung der Domkirche als abwartende Lösung.

Aber in der Folgezeit verhärteten sich die Fronten. Die ganze Zeit von den letzten Jahrzehnten des 16. bis herauf in das 19. Jahrhundert ist gekennzeichnet durch die fortlaufenden harten Kämpfe, die das Domkapitel zu führen hatte. Der lutherische Stadtrat stellte sich nämlich auf den Standpunkt, daß die Stiftskirche St. Petri nunmehr, nachdem die Mehrzahl der Bewohner Bautzens lutherisch geworden war, nicht mehr dem Domkapitel, sondern den Lutheranern gehöre. Das Domkapitel hatte zwar das Recht auf seiner Seite und auch die Unterstützung des Kaisers, aber Bautzen lag am Rande des Habsburgerreiches und der Kaiser war weit, während es von allen Seiten vom Einflußgebiet der Stadt Bautzen umgeben war, deren Stadtrat nach dem Kirchenregiment trachtete und die Anwesenheit des katholischen Domkapitels in der lutherisch gewordenen Stadt Bautzen als eine Belastung empfand.

Besonders kritisch wurde die Lage des Domkapitels zu Beginn des Dreißigjährigen Krieges. Im Jahre 1619 schloß sich die Lausitz den rebellierenden Böhmen an und anerkannte den Kalvinisten Friedrich V. von der Pfalz als König von Böhmen. Jetzt sah der Bautzner Stadtrat die Stunde gekommen, das Domkapitel aus Bautzen zu verdrängen. Im gleichen Jahre verjagte die Bürgerschaft das Domkapitel aus dem Dom und veranstaltete den sogenannten Kapitelssturm: die Bürgerschaft zog bewaffnet vor das Haus des Domdekans, um diesen mit dem Domkapitel aus Bautzen zu vertreiben. Letzteres konnte mit Hilfe des Landvogtes verhindert werden. Aber der katholische Gottesdienst konnte im Dom nicht mehr stattfinden. Das Domkapitel zog sich mit seinen Gottesdiensten in die Nicolaikirche zurück. Erst nach dem Zusammenbruch des böhmischen Aufstandes 1620 konnte das Domkapitel in die Domkirche zurückkehren. Zu diesen politischen Bedrängnissen kamen die Schäden und Zerstörungen des Dreißigjährigen Krieges. 1618 war die dem Domkapitel noch verbliebene, vor den Toren der Stadt gelegene Kirche Unserer Lieben Frau auf dem Salzmarkt – Beatae Mariae Virginis in foro salis – abgebrannt. Als im Herbst des Jahres 1620 die Besatzung von Bautzen, die dem Winterkönig noch ergeben war, sich gegen die Kursachsen, die Bautzen dem Kaiser zurückeroberten, verteidigen mußte, wurde die an der Stadtmauer gelegene Nicolaikirche als Festungsbollwerk benützt, um sich besser gegen die Kaiserlichen wehren zu können. Ein in demselben Jahre wütender Brand vernichtete die Nicolaikirche völlig und zerstörte einen großen Teil der Kapitelshäuser. Außerdem waren die domstiftlichen Besitzungen durch die Truppenmärsche geplündert und verarmt. Hinzu kamen erhebliche Kriegskontributionen, so daß das Domkapitel St. Petri vor dem wirtschaftlichen Ruin stand. Die Domdekane Martin Kattmann von Maurugk (1620–1644) und Johann Hasius von Lichtenfeld (1644–1650) mußten alle Kräfte aufwenden, um das Stift in seinem Fortbestand zu retten und es vor dem wirtschaftlichen Untergang zu bewahren. Gerade hatte man nach Rückkehr in den Dom begonnen, die Schäden des Brandes von 1620 zu beheben, da vernichtete der große Stadtbrand vom Jahre 1634 die gesamte Inneneinrichtung des Domes, zerstörte die Dächer und beschädigte Gewölbe und Mauerwerk schwer. Nur mühsam ging der Wiederaufbau nach dem Zerstörungswerk des Krieges voran.

Die ersten steinernen Zeugen für das Eindringen des Barocks sind einige Grabmäler, zu denen auch die Monumente der beiden Dekane Kattmann von Maurugk (1644) und Hasius von Lichtenfeld (1650) gehören. Dagegen wurde die im östlichen Teil der Südseite des Domes gelegene Vorhalle 1650 in einer Art „barocker Gotik", wie sie uns vor allem in Böhmen begegnet, erneuert. Die zum Sängerchor von der Vorhalle führende gotisierende Treppe ist bezeichnet: „P. K. 1650".

Der über reichere Finanzmittel als das Domstift St. Petri verfügende Rat der Stadt errichtete im Südschiff 1644 den „Abendmahlsaltar", den ersten Barockaltar im Bautzner Dom. Das Retabel besteht aus einem dreigeschossigen Aufbau aus Holz mit reicher Schnitzerei und ist die Arbeit eines Zittauer Bildhauers, vermutlich des Hans Bubenik, den später auch das Domkapitel mit Arbeiten beauftragte. Dargestellt sind auf diesem Altar in geschnitzten Reliefs: In der Predella Christus mit seinen Jüngern im Abendmahl, links davon Christus als Gärtner in einer bukolischen Darstellungsweise mit Hut und Spaten, rechts Maria Magdalena mit dem Salbgefäß – das Abendmahlsgeschehen im Lichte des Ostermorgens, als Maria Magdalena Christus begegnet und meint, den Gärtner vor sich zu haben. Das Mittelgeschoß zeigt als Hauptbild des Altars eine figurenreiche Kreuzigung, im

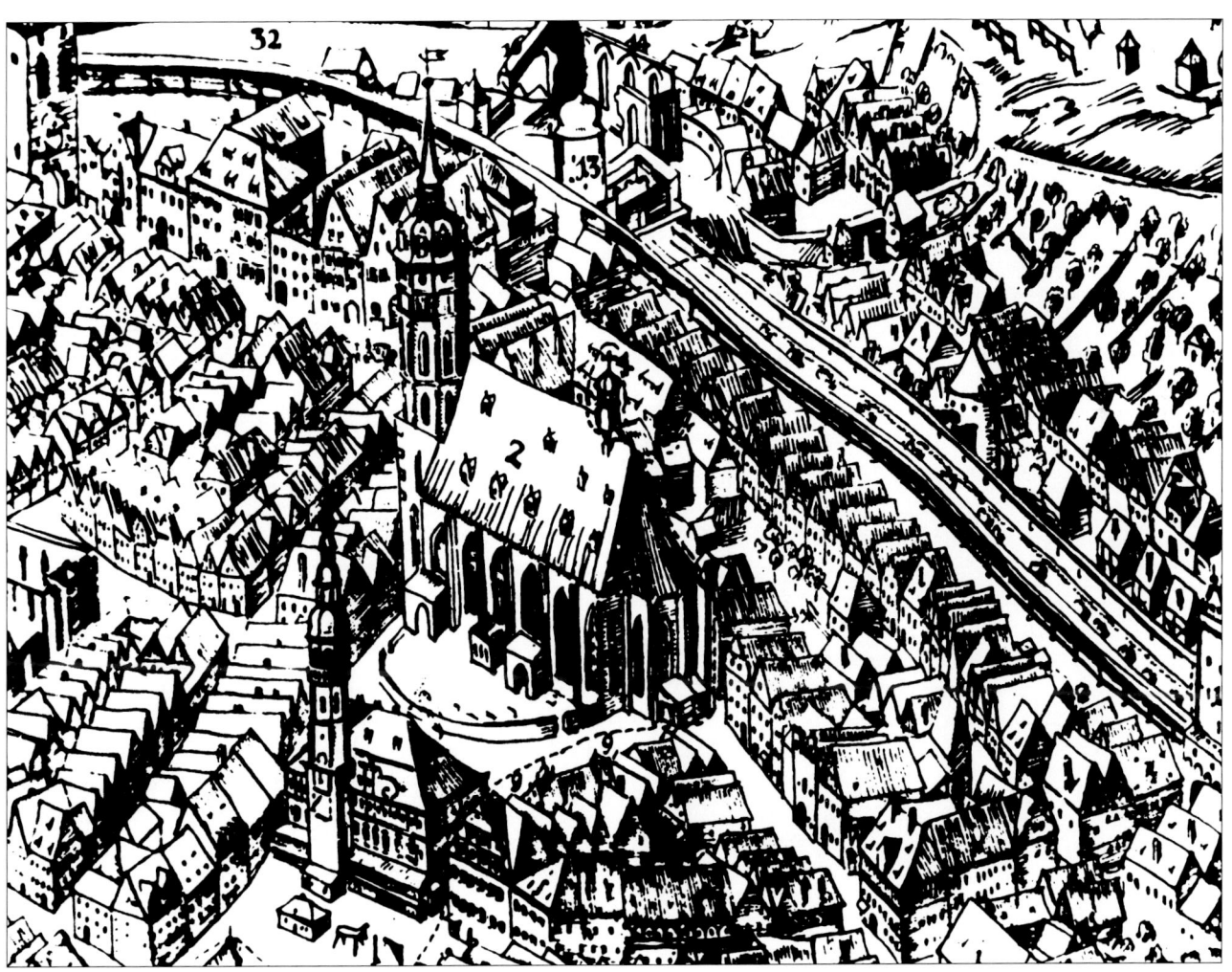

3 Ausschnitt aus dem Stadtplan von Bautzen von Johann George Schreiber, 1700

Hintergrund eine Ansicht der Stadt Bautzen, in den an das Hauptbild stoßenden Flügeln links Christus im Garten Gethsemane, rechts die Grablegung Jesu, auf jeder Seite des Mittelbildes zwei Evangelisten mit ihren Attributen. Im dritten Geschoß ist die Auferstehung Jesu dargestellt, links ein Engel mit einer Säule, rechts ein Engel mit einer Leiter, Symbole des Alten Testamentes für die Auferstehung Jesu. Die Bekrönung des Altares bildet eine Darstellung Christi auf dem Regenbogen als Weltenrichter und Weltenherrscher. Die einzelnen Darstellungen sind in Themenwahl und -gestaltung mit den jeweiligen entsprechenden Texten aus der Heiligen Schrift ein bewußtes Zeugnis des Selbstverständnisses lutherischer Frömmigkeit und Glaubenslehre in den Formen des Barocks.

Vier große repräsentative Hängeleuchter, in Messing gearbeitet, stiftete 1650 der bekannte Bautzner Arzt Gregor Mättig für den evangelischen Domteil.

Erst 1671 war das Domkapitel in der Lage, mit einer Neuausstattung seines Domteiles zu beginnen. Domdekan Longinus von Kieferberg (1665–1675) schließt 1671 mit dem Bildhauser Hans Bubenik aus Zittau einen Vertrag über die Errichtung eines Altares zu Ehren des Leidens Christi, den Passionsaltar. Bei einem in den Akten nicht genannten Maler wurde das Altarbild in Auftrag gegeben, das als einziges Stück dieses Altares erhalten geblieben ist. In Öl gemalt, zeigt dieses Bild Christus kniend im Garten Gethsemane, über ihm erscheint in einer Lichtgloriole ein Engel mit einem Kelch, um den um sein Leiden und Sterben wissenden Christus zu stärken. Rechts im Bild sieht man die schlafenden Jünger, im Hintergrund nahen sich Krieger, um Jesus zu verhaften. Dekan Martin Ferdinand Brückner von Brückenstein (1676–1700) schließt 1679 mit dem Bildhauer Johann Valentin Quitteiner aus Friedland in Böhmen einen Vertrag über die Errichtung eines Altares zu Ehren Unserer Lieben Frau ab. Die Zeichnung für diesen Altar von Quitteiner ist noch erhalten. Der Altar war zweigeschossig, mit reichem Schnitzwerk geziert. Im unteren Geschoß stand rechts die Figur des hl. Joachim, im oberen Geschoß links die Figur der heiligen Anna, als Bekrönung eine Figur Johannes des Täufers mit der Kreuzesfahne in der linken Hand und mit der rechten Hand auf das Gotteslamm zu seinen Füßen weisend. Die Bilder für diesen Altar arbeitete der Maler Christian Wenzel Kohlweiss aus Reichenberg/Liberec in Böhmen. Das untere Bild zeigte die Taufe Jesu im Jordan und das obere Bild Maria mit zwölf Sternen über ihrem Haupte. Der Altar ist nicht mehr erhalten.

Im Jahre 1682 wird der Bildhauer Quitteiner mit Arbeiten für den zu errichtenden Kreuzaltar beauftragt. Die Bautzner Tischler Christian Neumann und Matthias Junge fertigen und staffieren den Altar, der Bildhauer Quitteiner arbeitet die Figuren der Maria Magdalena und Veronika, die als Begleitfiguren für ein gotisches Kruzifix gedacht sind, das in der Mitte des Altares angebracht war. Dieser Altar und seine Bildwerke sind nicht mehr vorhanden.

Dekan Brückner von Brückenstein schließt 1686 mit dem Bautzner Kunstmaler Franz Nikolaus Hersch einen Vertrag, um den Dreifaltigkeitsaltar der Domkirche „auf die neueste Arth und Manier ausstaffieren und ausmahlen zu lassen". Näheres ist über diesen Altar nicht bekannt. Dekan Brückner von Brückenstein hatte bereits eine ansehnliche Geldsumme zur Errichtung eines neuen Hochaltares in der Domkirche zusammengebracht, aber die Ausführung unterblieb.

Seit Ende des 17. Jahrhunderts besserte sich die wirtschaftliche Lage des Domstiftes. 1702 schloß Domdekan Matthäus Joseph Ignaz Vitzki (1700–1713) mit dem in Dresden ansässigen Italiener Giovanni Maria Fossati einen Vertrag über die Neugestaltung des Presbyteriums mit einem schwarz-weißen Marmorbelag in der Art eines verschobenen Schachbrettmusters und einer Kommunionbank in schwarzem Marmor. Zur gleichen Zeit

4 Bautzen, Dom St. Petri. Abendmahlsaltar im Südschiff, 1644

5 Bautzen, Dom St. Petri. Inneres, Ölgemälde von Mattheus Crocinus (1583–1653), um 1640

wurde bei einem unbekannten Meister das Chorgestühl an der Nord- und Südseite des Presbyteriums in Auftrag gegeben. Es ist aus Eichenholz geschnitzt. Die Rückwand des Gestühles ist in drei Felder aufgeteilt und mit prachtvollen Blumengehängen versehen, auf dem Gesims üppiges Blatt- und Rankenwerk. Auf der Nordseite ist das letzte Feld des Gestühles zur Aufnahme des bischöflichen Thrones bestimmt, während die beiden übrigen Felder auf jeder Seite die Sitze der Domherren und Domvikare aufweisen.

1714 läßt Domdekan Martin Bernhard Just von Friedenfeld (1714–1721) den Kreuzaltar in der Domkirche errichten. Über dem Altar war der von Balthasar Permoser 1713/14 geschaffene Kruzifix, ein überlebensgroßes Corpus aus Lindenholz farbig gefaßt. Dieser Kruzifix wurde von Permoser der Bautzner Domkirche geschenkt, ein einmaliges Kunstwerk von größter Ausdruckskraft, ranghöher als jenes von Permoser in Santa Maria della converte in Florenz. Der Bildhauer Peter Paul Taline aus Bautzen wurde mit der Fertigung der Begleitfiguren von Maria und Johannes beauftragt, die der Bautzner Maler Christoph Gottlieb Gliemann farbig faßte. Heute hat der Kreuzaltar seinen Platz an der Südseite des Chores und ist allein mit dem Kruzifix von Permoser geschmückt.

Domdekan Johann Joseph Ignaz Freyschlag von Schmidenthal (1721–1743) konnte endlich das schon lange geplante Vorhaben, einen neuen Hochaltar im Bautzner Dom zu errichten, verwirklichen. 1722 wurden die Verträge mit Giovanni Maria Fossati und Benjamin Thomae geschlossen.

Der Hochaltar aus sächsischem Marmor aus den Maxener Brüchen bei Dresden ist in seinem Aufbau das Werk von Fossati. Die Sandsteinplastiken stammen von dem Permoserschüler Thomae (1682–1751) und die beiden Altarbilder von dem aus Venedig gebürtigen Dresdner Hofmaler Giovanni Antonio Pellegrini (1675–1741). „Nachdem also diese Verträge abgeschlossen, der Marmor hierhergebracht und die Fundamente gewissenhaft gelegt wurden, wurde im August 1723 mit der Arbeit der Errichtung begonnen und sie mit solchem Glücke ohne Unterbrechung zu Ende geführt, daß, obwohl Steinblöcke von so großem Gewicht in die Höhe zu befördern waren, doch mit Gottes Hilfe alles ohne irgend einen Schaden vollführt und in demselben Jahre an der Vigil St. Thomas (20. Dezember) zu Gottes Ruhm und Ehre vollendet worden ist, und in der Heiligen Nacht des Geburtstages des Herrn an diesem Altar mit dem Hochamt begonnen worden ist", wie Dekan von Schmidenthal es dankbar notiert hat.

Über einem geschweiften Unterbau erhebt sich eine Architektur mit zwei Säulenpaaren. Diese flankieren das Altarbild mit der Schlüsselübergabe durch Christus an Petrus. Über dem Gebälk leiten Giebelformen zu dem Obergeschoß über, in dessen Mittelfeld das Bild der Darstellung Gottvaters erscheint, der die Weltkugel an sein Herz drückt, als Abschluß die Figur des Erzengels Michael in römischer Rüstung mit Helm, flammendem Schwert und Schild mit dem Namen in hebräischen Buchstaben, seinen rechten Fuß setzt Michael auf den niedergeworfenen Drachen. Über dem Untergeschoß rechts und links stehen die lebensgroßen Figuren Johannes des Täufers und Johannes des Evangelisten. Der Täufer ist mit einem fellartigen Schurz, der über der rechten Schulter hochgebunden ist, bekleidet, in seiner linken Hand trägt er ein Kreuz mit einem Band, auf dem die Inschrift steht: Ecce Agnus Dei, ecce qui tollit peccata mundi – seht das Lamm Gottes, das hinwegnimmt die Sünde der Welt – das Gotteslamm liegt ihm zu Füßen. Der Evangelist trägt ein reich drapiertes Übergewand, in seiner Rechten hält er einen Kelch, aus dem sich eine Schlange emporwindet, zu seinen Füßen liegt die Heilige Schrift, auf der ein Adler mit ausgebreiteten Schwingen sitzt. Auf dem oberen Gesims des Untergeschosses stehen die Figuren des Bischofs Donatus von Arezzo und Bischofs Benno von Meißen: Benno im Bischofsornat mit Stab und Mitra, in seiner Rechten die Heilige Schrift und Fisch und Schlüssel, Bischof Donatus ebenfalls im Bischofsornat mit Stab und Mitra, in seiner Linken die Heilige Schrift. Auf den inneren geschwungenen Gesimsstücken wie auch im abschließenden Giebelfeld sitzen Engel mit Schriftbändern. Die Texte der einzelnen

6 Bautzen, Dom St. Petri. Kruzifix von Balthasar Permoser (1651–1732) von 1714

Bänder zusammengenommen ergeben einen Text aus dem Römerbrief: „Denn von ihm und durch ihn und zu ihm sind alle Dinge. Ihm sei Ehre in Ewigkeit! Amen" (11,36). Ikonographisch zeigt diese Bilderzusammenstellung: Michael als Patron der Stadt Bautzen, der nach der Überlieferung die Stadt vor der Eroberung durch die Hussiten bewahrte, weshalb ihm zu Ehren auch vor den Toren der Stadt die Michaeliskirche errichtet wurde; Bischof Benno, Bischof Donatus und Johannes Evangelist stehen als die Patrone des alten Bistums Meißen hier, zu dem das Bautzner Kapitel immer gehörte und dessen Rechtsnachfolger in der Lausitz es war. In Johannes dem Täufer sehen wir den alten Patron der Dom- und Pfarrkirche und in Petrus den gegenwärtigen Schutzheiligen des Domes. So dokumentiert dieser Hochaltar heils- und kirchengeschichtliche Aussagen, aber auch die Rechtsauffassung des Kapitels zu Bautzen. Der sarkophagartige Altartisch wurde ursprünglich über dem alten gemauerten gotischen Stipes erbaut. Seine Gestaltung von 1723 befriedigte offenbar nicht, denn der noch heute in Gebrauch stehende, seit 1972 nach vorn gezogene Altartisch wurde, wie ein lateinisches Chronostichon auf der Stirnseite des Altares angibt, im Jahre 1772 errichtet: In honorI trIVnIVs DeI et sanCtI PetrI aLtare saCratVM est. In der Mitte der Vorderseite befindet sich eine Kartusche mit einer symbolischen Darstellung der Dreifaltigkeit und dem Wappen des Bautzner Domdekans Johann Jakob Joseph Wosky von Bärenstamm (1743 bis 1771).

Langsam wurde so der katholische Teil des Domes ein Raum barocker Liturgieentfaltung. Das Domkapitel war auch auf die Anschaffung neuer Meßornate bedacht und um neues liturgisches Gerät besorgt. Als 1719 der 1712 katholisch gewordene Kurzprinz Friedrich August von Sachsen, der spätere König August III., die österreichische Erzherzogin Maria Josepha (1699–1757) heiratete, wurde dieses Herrscherpaar auch zu großen Förderern des Bautzner Domes und seiner liturgischen Ausstattung. Noch im Jahre ihrer Eheschließung 1719 schenkte Maria Josepha aus ihren Brautkleidern gearbeitete Meßgewänder dem Bautzner Dom. Im Jahre 1737 ließ Dekan Wosky von Bärenstamm die Orgel des Domes erneuern und beauftragte den Bautzner domstiftlichen Bildhauer Jakob Delenka mit der Schaffung des Orgelprospektes. Von diesem 1883 abgebauten Prospekt ist noch ein fagottblasender Engel erhalten. Das Verzeichnis der Instrumente, die zahlreichen kirchenmusikalischen Noten, die sich erhalten haben, geben Zeugnis für eine reiche Pflege der Kirchenmusik.

Dekan Wosky erhielt 1746 für sich und seine Nachfolger das Pontifikalienrecht von Papst Benedikt XIV. verliehen, d.h. er konnte sich beim Gottesdienst der bischöflichen Insignien bedienen und bischöfliche Liturgien zelebrieren. Dekan Wosky wurde 1753 zum Titularbischof ernannt und in Prag konsekriert. Seitdem waren die meisten Domdekane, bis auf wenige Ausnahmen, Titularbischöfe.

Die Zahl der Altäre im katholischen Domteil wurde noch vermehrt. Im Jahre 1741 stiftete Carolus Sigismund von Pentzig einen Altar zu Ehren der Schmerzhaften Mutter. Er ist nicht mehr erhalten.

Dekan Wosky ließ 1746 einen neuen Bennoaltar errichten; aus welcher Zeit der bis dahin vorhandene Bennoaltar stammte, ist nicht mehr auszumachen. Der alte Bennoaltar war wohl nur als Interim gedacht, denn er war aus Pappmaché und nach den Aussagen der Zeitgenossen ein „sehr schlechter Altar". Das Altarbild des neuen Bennoaltares stammt von Stefano Torelli und befindet sich heute in der Domschatzkammer. Auf Öl gemalt, zeigt das Bild Bischof Benno in halber Figur, bekleidet mit Albe, Stola und Vespermantel, die Rechte hält er im belehrenden Gestus erhoben, den Mund zum Sprechen geöffnet, neben ihm ein Knabe mit dem Fisch, dem Attribut des Heiligen.

Im Jahre 1751 wurde der große Dresdner Altar auf der Rückseite des Hochaltares errichtet. Als 1751 die Dresdner Hofkirche eingeweiht wurde, hat der König die Altäre der ersten Hofkirche verschenkt. P. Payerau SJ aus Dresden, einer der Hofkapläne, riet dem Dekan Wosky, sich um den Hochaltar der alten Hofkapelle zu bewerben. Demzufolge bat Dekan Wosky den Premierminister Heinrich Graf Brühl, dieser möge dem König die Bitte des Dekans vortragen. Der König war einverstanden, nur wollte er das Altarbild, eine Darstellung der Dreifaltigkeit von Antonio Pelegrini behalten. Aber Graf Brühl argumentierte: „Wo das Altar wäre, müßte auch das Bild sein." Schließlich willigte der König ein, daß der gesamte Altar mit dem Bilde und den beiden Figuren der Kirchenväter Ambrosius und Augustinus von Balthasar Permoser nach Bautzen in die Domkirche gegebe werde. Das Domkapitel schickte zwei Tischler von Schirgiswalde nach Dresden, um den Altar abzubauen, nach Bautzen zu transportieren und in der Domkirche wieder aufzubauen. Er konnte nach den Akten in der Bautzner Domkirche des Platzes wegen nicht in der gleichen Weise wie in der Dresdner Hofkapelle errichtet werden, die Tischler mußten Veränderungen vornehmen. Aber nach dem Urteil des Domkapitels „stehet es zu einer besonderen Zierde der ganzen Kirche". Bei dieser Gelegenheit erhielt der Bautzner Dom von der Königin Maria Josepha noch einen Ornat geschenkt.

Domdekan Joseph Schüller von Ehrenthal (1780–1794) gab 1783 bei dem Bildhauer Johannes Hajek aus Münchengrätz einen Sakramentsaltar in Auftrag. Der ursprüngliche Standort dieses heute auf der Nordseite des Chorumganges stehenden Sakramentsaltars war die Domsakristei, auf deren östliches Mittelfenster die Konzeption des Altaraufbaues Rücksicht nimmt. In den Jah-

7 Bautzen, Dom St. Petri. Chorgestühl, unbekannter böhmischer Meister, Anfang 18. Jahrhundert

ren 1969/70 wurde der Altar in den Dom an seinen heutigen Standort versetzt. Der Aufbau des Altares ist hellgrau und hellblau gefaßt, die Statuen elfenbeinfarben und golden. Hajek hatte den Auftrag, einen Altar für zwei liturgische Funktionen zu schaffen: für den Empfang des Bußsakramentes und für die Aufbewahrung der Eucharistie. So ist der Altar von zwei Beichtstühlen flankiert, deren Wände durch kartuschengeschmückte Bögen mit den Pilastern des Altares verbunden sind. Rechts befindet sich der Beichtstuhl für die Männer, als solcher gekennzeichnet durch die Gestalt des Petrus, seitlich von Petrus der krähende Hahn. Links findet sich der Beichtstuhl für die Frauen, gekennzeichnet durch die Gestalt der Maria Magdalena, seitlich von ihr das Salbgefäß. Auf dem sarkophagartigen Altartisch, der mit Girlanden geschmückt ist, steht das Tabernakel, darauf die Darstellung des Lammes mit der Siegesfahne auf dem Buch mit den sieben Siegeln, ein Christussymbol aus der Geheimen Offenbarung des Johannes. Rechts und links vom Tabernakel befinden sich Behälter mit Reliquien. Sie sind als reich ornamentierte Kartuschen gearbeitet. Diese Mittelgruppe wird von Pilastern flankiert, vor denen auf Konsolen Engelsgestalten knien, die rechte mit dem Kreuz versinnbildlicht den Glauben, die linke mit dem Anker die Hoffnung. Die dritte Gestalt, die Liebe, ist bereits im Tabernakel versinnbildlicht. Die offene Altarrückwand, ursprünglich auf den Lichteinfall durch das Fenster komponiert, wird von einem Bogen überwölbt, worauf Engel eine Gloriole mit dem Namenszug Jesu umgeben. Die Ikonologie dieses Beicht- und Abendmahlsaltares ist, was an den Bildern ablesbar wird, theologisch von seltenem Einfallsreichtum.

Erneuerungsarbeiten am Bautzner Dom nach den Unbilden der Freiheitskriege 1814 und die neugotische Gestaltung des Domes durch den Zittauer Architekten Knothe-Seeck in den Jahren 1883 bis 1887 haben nur noch einen Teil der barocken Ausstattung des Domes belassen. Der Wunsch nach einem einheitlichen Raumeindruck war so stark, daß sämtliche barocken Seitenaltäre, Beichtstühle und der Orgelprospekt entfernt wurden. Es bestand sogar der Plan, den barocken Hochaltar und Altarraum durch neugotische Gestaltung zu ersetzen. Letzteres konnte durch das energische Eintreten von August Reichensperger (1808–1895) verhindert werden.

8 Bautzen, Dom St. Petri. Hochaltar

9 Bautzen, Dom St. Petri. Sakramentsaltar von Johann Hajek

10 Bautzen, Dom St. Petri. Dreifaltigkeit, Ölgemälde von Antonio Pellegrini (1675–1741)

Aber auch noch der „Rest" der einst reichen barocken Ausstattung macht heute deutlich, daß die kleine katholische Welt im damaligen Bautzen an dem Hochgefühl des europäischen Barocks Anteil hatte. Das Domkapitel hatte die Angst vor dem Untergang überwunden, das Empfinden, auf verlorenem Posten in Bautzen zu stehen, war gewichen. An die Stelle der Verunsicherung trat die Freude, zur katholischen Kirche zu gehören und in ihrer Hierarchie eine bestimmte Position einzunehmen. Das alles sollte in der barockgestalteten Domkirche, der Entfaltung barocker Liturgie in reichen Gewändern und mit kostbaren Gefäßen, begleitet von festlicher Musik repräsentiert werden.

Das Domstift St. Petri – eine Prälatenresidenz

Präsentierte sich in der Liturgie der Domkirche der Dekan des Kapitels als Dignität, ausgestattet mit dem Recht der Pontifikalien und bekleidet mit der bischöflichen Würde, so mußte es nun auch darum gehen, dem Prälaten des Domstiftes und Mitglied der Stände des Landes eine Residenz zu schaffen, die nach der Auffassung der Zeit der geistlichen Stellung und weltlichen Position des Domdekans des Bautzner Domstiftes St. Petri entsprach.

Noch zu Beginn des 20. Jahrhunderts setzte das Domstift St. Petri bei seinen Briefen als Orts- und Zeitangabe an deren Kopf: „Bautzen, auf dem Dekanate am ...". Bis in das 16. Jahrhundert läßt sich diese Wendung „uf dem Dekanate", „uffm Dekanate", im 18. Jahrhundert meist „aufm Dekanate" verfolgen. Unter dem Dekanate versteht man das Gebäudegeviert, das die Hausnummer „An der Petrikirche 6" trägt. Seit der Errichtung des Domstiftes St. Petri im Mittelalter wohnte hier der Dekan. Sehr früh schon scheinen die ranghöheren Domherren: Senior, Kantor und Scholastikus eigene Häuser, sogenannte Kurien, gehabt zu haben. Der Senior wohnte im Seniorat, Domgasse 1, 1945 zerstört; der Scholastikus sinngemäß in der Domschule (An der Petrikirche 7), der Kantor in einem der Häuser An der Petrikirche 8 oder 9. Der Domherr, der an St. Petri im Namen des Domkapitels das Pfarramt ausübte, besaß als Pfarre das große Eckhaus, dem Domdekanat gegenüber (An der Petrikirche 4), das auch als „das alte Seminar" oder „das Klosterhaus" bezeichnet wird.

Beide Bezeichnungen treffen zu. Als 1620 schwere Brandschäden die Stadt trafen, brannte auch die Pfarre mit ab. Das Domkapitel setzte die Pfarre nicht wieder in Stand, sondern verkaufte sie an das Kloster St. Marienstern. Die Äbtissinnen des 17. und 18. Jahrhunderts der Klöster St. Marienstern und St. Marienthal lebten nicht unter einer solchen strengen Klausur wie später. Sie reisten oft und gern. Deshalb war ein Haus in Bautzen, in dem man absteigen konnte, durchaus eine notwendige Sache. Noch heute trägt der Hauseingang das Klosterwappen von Marienstern und die Buchstaben C.S.A.M. mit Bezug auf Cordula Sommer, Äbtissin von Marienstern (1710–1746). Als um die Wende vom 18. zum 19. Jahrhundert den Klosterfrauen strengere Klausur auferlegt wurde, verlor das Grundstück für das Kloster seinen Wert, und so kaufte es das Domstift 1802 zurück, um 1851 in diesem Gebäude das erste katholische Lehrerseminar des Landes einzurichten. Diesem Zweck diente das Haus bis 1903, heute ist es in privatem Besitz. Ein domstiftliches Gebäude verschwand spurlos: die Propstei. Auch sie brannte 1620 ab. Da aber seit dem Übertritt des Propstes Hieronymus von Komerstadt zur lutherischen Lehre 1555 der Propst stets ein vom Kurfürsten bzw. König ernannter Lutheraner war, lag dem Domstift wenig an seiner Anwesenheit in Bautzen. Die lutherischen „Titular-Pröpste" verstanden auch gar bald das Seltsame ihrer Lage innerhalb des Bautzner Kapitels. Sie begnügten sich damit, daß das Domstift St. Petri ihnen termingerecht ihre Pfründeneinkünfte zahlte, die

Pachtsummen für die Propsteifelder und -wiesen. Im 18. Jahrhundert bürgerte sich der Brauch ein, daß ein neuernannter Propst, wenn er sich im Dekanate „präsentierte", anschließend dem Domkapitel „ein solennes diner" gab. Von dem Aufbau der 1620 abgebrannten Propstei wurde noch lange geredet und geschrieben, aber alles mehr „pro forma". An dem Gebäude selbst lag niemandem mehr.

Das eigentliche Dekanat, d.h. der Gebäudekomplex An der Petrikirche 6, erhielt seine heutige Gestalt unter den beiden, bereits mehrfach erwähnten Domdekanen Martin Ferdinand Brückner von Brückenstein und Jakob Johann Joseph Wosky von Bärenstamm.

Vorher war das Dekanat 1620 und 1634 nach den Aussagen der zeitgenössischen Akten „abgebrannt". Diese Angaben halten einer Überprüfung nicht stand. Bis heute hat das Dekanat in seinen Keller- bzw. Erdgeschoßräumen, aber auch in seinem ersten Stockwerk gotische Bauteile aus der Zeit des Domdekans Caspar Emmerich, der 1507 das neue Domdekanat erbaute. Auch sei eine Eigenart des Häusergeviert erwähnt. Das Dekanat steht auf dem Nordabhang des Berges, auf dem Bautzens Stadtkern erbaut wurde. Da dieser schroffer gegen das Spreetal abfällt, als die drei übrigen Hänge – nur ein Teil des Westabhanges ist noch steiler gewesen –, waren die Baumeister gezwungen, die Gebäude so anzulegen, daß aus

12 Bautzen, Domstift St. Petri. Essenskopf auf dem Westflügel. In Erinnerung an den Kapitelssturm 1619, 1694

dem Erdgeschoß der Schauseite das erste Stockwerk der Flügel und des „corps de logis" – des Hauptbaues wurde. Vermutlich brannte 1620 und 1634 dieses Erdgeschoß bzw. erste Stockwerk nicht ab. Dieses Schicksal traf die mächtigen zweigeschossigen Schüttböden. Dafür sprechen auch verschiedene andere Umstände. Im Gegensatz zu dem ausgebrannten Stadtarchiv ist das Domstiftsarchiv bis zur Urkunde von 1221 tadellos erhalten. Auch die Bücherei, deren Bestände bis in das 15. Jahrhundert hinabreichen, weist keine brandgeschädigten Bände auf. Die gotischen Stücke des Domschatzes St. Petri sind ebenso erhalten. Selbst wenn man annehmen wollte, es sei dem Domstift 1620 und 1634 gelungen, Archiv, Bücherei und Domschatz rechtzeitig in die Keller zu retten, so bleibt doch die Tatsache bestehen, daß 1634 der Dekan Kattmann von Maurugk laut einer Briefeintragung im Juni „uffm Dekanate" wohnte, das am 2. Mai des gleichen Jahres „abgebrannt" war.

Die Verluste des Domstiftes lagen auf ganz anderen Gebieten: die Nicolaikirche wurde bei der Stadtverteidigung erst halb, dann völlig ruiniert. Die Kirche Unserer Lieben Frau auf dem Salzmarkt vor dem Reichentore brannte nieder, samt Pfarrei und den anliegenden „Pfarrhäusern", von St. Petri brannte der Dachstuhl weg und die Kirche innen aus. Die Güter des Domstiftes wurden mehrfach ausgeplündert und verheert, auch das domstiftliche Vorwerk auf der Töpfergasse. Die Hypotheken auf den Rittergütern brachten keine Zinsen, weil der Adel selbst verarmte und meist nicht zahlen konnte. Wie sollten die Untertanen den Zehnten zahlen und Getreide, Hühner und Eier bringen, wo die durchziehenden Trup-

11 Bautzen, Domstift St. Petri. Portal

pen alles mitnahmen, sogar die Fische aus den Teichen? In dieser Notlage begann man, im Dekanate selbst Vieh zu halten, wie etwa in einer Landpfarrei. Um 1680 klagt Dekan Brückner von Brückenstein, das Dekanat sähe aus „wie ein schlechter Bauernhof". So wird das Vorwerk auf der Töpfergasse wieder instandgesetzt und die Landwirtschaft dort angesiedelt.

Das Dekanat präsentierte sich als eine U-förmige Anlage um einen großen Hof, an der Südseite zur Straße gegenüber dem Dom geöffnet. Der an der Nordseite gelegene Mittelflügel war eingeschossig und stellte das eigentliche Wohngebäude dar. Der östliche Seitenflügel war erdgeschossig, in ihm waren die Pferdeställe und Wagenschuppen untergebracht. Erdgeschossig war auch der westliche Seitenflügel. Nach einem Chronostichon auf einer lorbeerumrahmten Platte auf der Brüstung des zweiten Obergeschosses am Westflügel nach dem Hofe zu begann Dekan Brückner von Brückenstein 1683 die Wiederherstellung und Erneuerung des Dekanates. Der Westflügel wurde zweigeschossig aufgeführt, der Mittelflügel erhielt ebenfalls ein zweites Obergeschoß und der Ostflügel wurde eingeschossig aufgebaut. Für die Arbeiten verpflichtete Dekan Brückner einen „Baumeister aus dem Meyländischen", Antonio Caldire, der später auch in Muskau am Schloßbau tätig war. Bemerkenswert ist die Gestaltung des südlichen Essenkopfes über dem Westflügel. Der Essenkopf schließt mit vier halbkreisförmigen Öffnungen, die von einem Pinienzapfen bekrönt sind. Aus einer der Straße zugekehrten Öffnung beugt sich der Oberkörper eines Mannes heraus, der seine rechte Hand, die eine Schriftrolle hält, auf den Sims stützt. Der Dekan ließ hier ein Erinnerungsmonument an den Kapitelssturm des Jahres 1619 errichten. Als damals die Bautzner Bürgerschaft vor das Domdekanat zog, um das Kapitel aus Bautzen zu vertreiben, stieg der damalige Dekan Widerin von Ottersbach (1609–1620) in den Kamin, um die Hilfe des Landvogtes herbeizurufen. Die Art der Darstellung will wohl besagen, das Domkapitel sitzt in Bautzen mit wohlverbrieften Rechten und wird immer hier an seinem Platze bleiben. Der Westtrakt läßt noch heute am besten die Gestaltung unter Dekan Brückner von Brückenstein erkennen. Die Diele des ersten Obergeschosses ist mit einer Balkendecke versehen, auf den Blendböden zwischen den Balken, auf Holzbrettern gemalt, Szenen aus der Geschichte des Bistums Meißen und der Lausitz: Bischof Benno am Ufer der Elbe, der heilige Johannes Capistrano predigend – erinnernd an seinen Bautzenaufenthalt, die Wallfahrtskapelle in Rosenthal mit dem Gnadenbild über der Fassade u.a. Von dieser Diele führt eine hölzerne Wendeltreppe in das zweite Obergeschoß. Die Spille ist aus einem mächtigen Stamme geschnitten und endet unten in einem geschnitzten Löwenkopf. Nach außen wird die Treppe abgeschlossen durch eine Brüstung aus gedrehten Docken. In der Diele des zweiten Obergeschosses wiederholt sich die Balkendecke, hier sind die hölzernen Blendböden mit einem Rankenmuster bemalt. Im ersten Obergeschoß ließ Dekan Brückner von Brückenstein südlich der Diele den Konsistoriensaal anlegen und mit einer prachtvollen Stuckdecke, Pflanzen- und Früchtestücke zeigend, versehen. In nördliche Richtung gelangt man in den heutigen Bildersaal, der aber im Laufe der Zeit seine ursprüngliche Gestalt verändert hat. Die Räume des ersten und zweiten Obergeschosses im Mittelflügel und die Räume im ersten Obergeschoß des Ostflügels erhielten erst im 18. Jahrhundert ihre heutige Gestalt. Die Räume im ersten Obergeschoß des Mittelflügels, die heute die Domschatzkammer St. Petri bilden, waren die Wohnung des Dekans. Im zweiten Stockwerk des Mittelflügels befanden sich die Gastzimmer. Auffällig ist im Grundriß der breite Gang hinter den Zimmern nach Norden zu, der ungemein viel – scheinbar überflüssigen – Raum wegnahm, heute ist das zweite Obergeschoß baulich verändert. In diesem breiten Gang vor den Gastzimmern schliefen die Kammerdiener, Pagen, Heiducken und all die zahllosen „Leibdiener", ohne die damals hohe Herren undenkbar waren. Oft reichte der Raum im Dekanat nicht aus, die zahlreichen Gäste mit Gefolge aufzunehmen, weshalb das Domkapitel im 18. Jahrhundert den großen Gasthof „zum goldenen Lamm" in der Heringsgasse erwarb. Was das Domstift solch ein Besuch kostete, kann man leicht ermessen,

13 Bautzen, Domstift St. Petri. Bilder- bzw. Kapitelsaal im Westflügel

wollten doch auch diese Menschen gespeist werden. Aber das kam dem Domstift nicht allzu hoch. Man besaß die eigene Brauerei in Mönchswalde bei Bautzen, das nötige Fleisch lieferten die Güter oder die Vorwerke, Hühner und Eier die Zehntzahler, Fische die domstiftlichen Teiche bei Sdier. Auch bessere Dinge: Konfekt, Delikatessen und Gewürze, Südweine und Liköre lieferten die „domstiftlichen Italiener" zu „convenablen Preisen" an „Se. Hochwürden und Gnaden den Herrn Prälaten". Bei den „domstiftlichen Italienern" handelte es sich um Südtiroler Familien, die in domstiftseigenen Häusern in der Stadt Bautzen wohnten und Handel trieben.

Die Domdekane der ersten Jahrzehnte des 18. Jahrhunderts sorgten für eine reichere Ausstattung der von Dekan Brückner geschaffenen Räumlichkeiten durch Anbringung von Stuckdecken.

Seine barocke Glanzzeit erlebte das Bautzner Domstift unter Domdekan Wosky von Bärenstamm. 1743 zum Domdekan gewählt, 1744 von Kaiser Karl VII. unter dem Prädikat „von Bärenstamm" nobilitiert und 1745 mit dem Pontifikalienrecht ausgezeichnet, bemühte er sich, das Domdekanat zu einer weltlich-geistlichen Residenz zu gestalten. Dekan Wosky von Bärenstamm war von beachtlicher Bildung. Er beherrschte nicht nur die lateinische, deutsche und sorbische Sprache, sondern sprach auch französisch und italienisch. Er hatte ein ausgesprochenes historisches Interesse und schrieb mehrere Abhandlungen über die Geschichte des Bautzner Domstiftes St. Petri und war ein hervorragender Temporalienverwalter.

Im Ostflügel des Hauses, im ersten Obergeschoß richtete er das Archiv und die Bibliothek des Domstiftes ein. Im großen Bibliotheksraum an der Südseite des Ostflügels ließ er eine Stuckdecke mit seinem Namenszug und der Jahresangabe 1754 anbringen. Auch ließ er sich einen eigenen kunstvollen Schlüssel zum Archiv arbeiten, damit er jederzeit von den Wohnräumen des Dekans aus in das Archiv und die Bibliothek gelangen konnte.

Schon sein Vorgänger im Amte des Domdekans, Freyschlag von Schmidenthal, hatte sich mit dem Gedanken getragen, die dreiflügelige Anlage des Dekanates durch die Erbauung eines vierten Südflügels zu einem Geviert zusammenzuschließen, dabei sollte dieser der Straße zugekehrte Südflügel eine besonders repräsentative Ausgestaltung erfahren. In einem Konvolut der Plankammer des Domstiftsarchives St. Petri in Bautzen „Ansichten

14 Bautzen, Dom St. Petri. Blick in die Domschatzkammer

der geplanten neuen Schauseite des Dekanates" ist eine von Dekan Freyschlag von Schmidenthal in Auftrag gegebene und von M. Christian Jehnel ausgeführte Zeichnung für einen neuen Südflügel erhalten. Der Südflügel präsentiert sich als dreigeschossiger Bau mit einer durch Pilaster reich gegliederten Fassade mit zwei repräsentativen Portalen und einem Dachreiter auf der Mitte des Daches. Dekan Wosky von Bärenstamm griff dieses Vorhaben wieder auf und ließ durch den genannten Mauermeister Jehnel weitere Entwürfe fertigen. Die Vorstellungen überstiegen wohl die vorhandenen Mittel, von den in der Zeichnung vorhandenen Entwürfen ist keiner ausgeführt worden. Etwas resigniert hat Dekan Wosky auf die Rückseite der Entwürfe 1753 den Vermerk angebracht „Concipiertes Frontispicium des Dekanatsgebäudes, M. Jehnel, ist aber nicht also bewerkstelligt worden". Dennoch gab Wosky sein Vorhaben nicht auf, wenn auch große Abstriche gemacht wurden. So plante er u.a. die Anlage einer großen Freitreppe, die vom Hofe des Dekanates aus in das erste Obergeschoß des Mittelflügels führen sollte. Die zur Straße hin offene Südseite des Dekanates ließ Wosky durch die Erbauung zweier Seitenflügel und die Schaffung eines Hauptportales

15 Bautzen, Domstift St. Petri.
Adelsbrief für Domdekan J. J. J. Wosky von Bärenstamm
(1743–1771) von Kaiser Karl VII. (1742–1745)

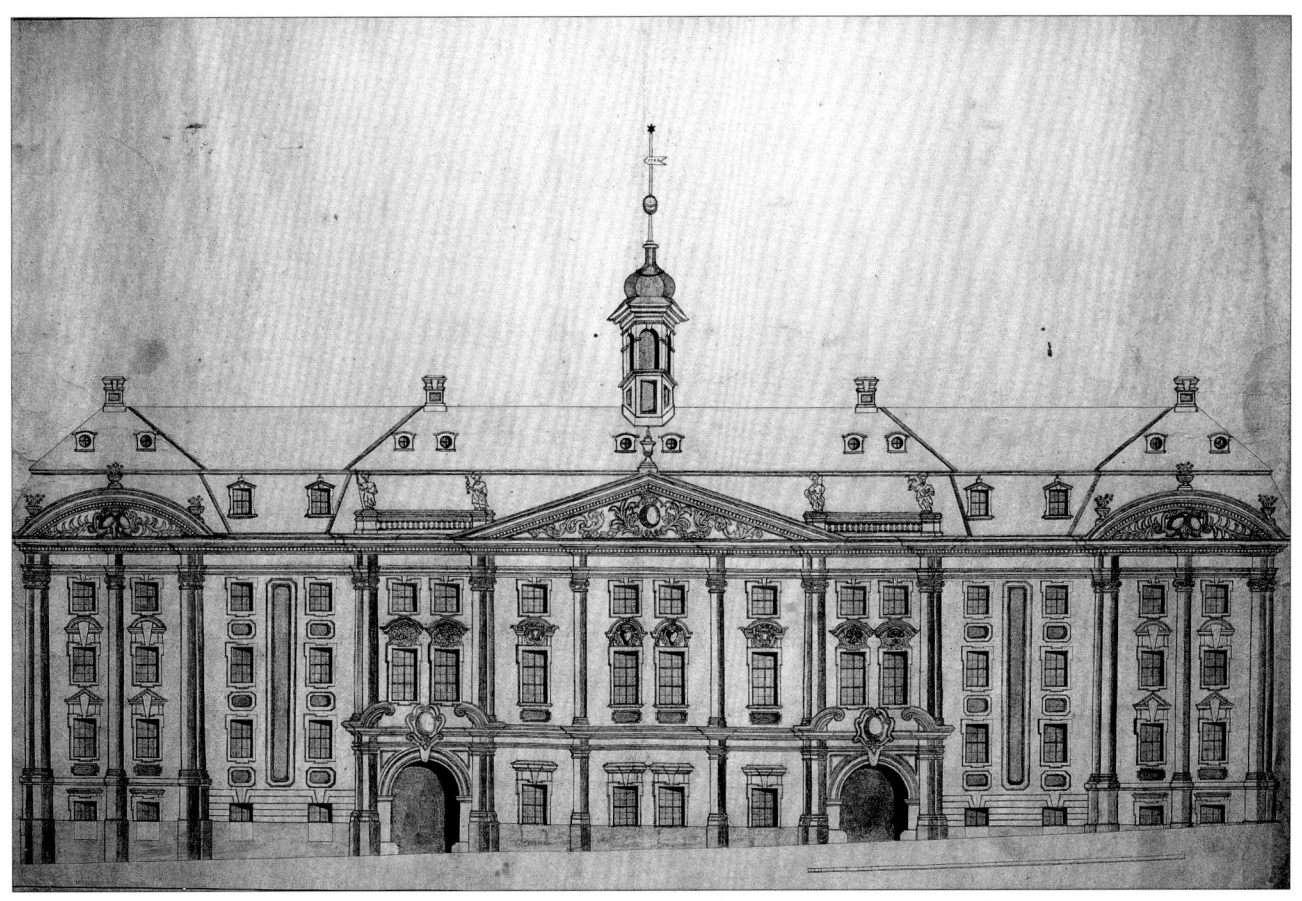

16 Bautzen, Domstift St. Petri. Plan für die Umgestaltung des Bautzner Domdekanates, 1750

schließen. Die Arbeiten begannen 1753 und dauerten bis 1755, ihren letzten Abschluß fanden sie 1768. Über einem einfachen Sockelgeschoß zeigen die Schauseiten der beiden Seitenflügel eine reiche ionische Pilasterarchitektur. Bemerkenswert scheint, daß Architrav und Fries nicht auf der Wand durchgeführt sind. Auf den Friesstücken Lambrequins, der über den Fenstern Engelköpfe und Blattgehänge. Über dem Hauptgesims des Daches wurde das dritte Geschoß in einfacher Form errichtet. Die dem Hof zugekehrte Seite der Seitenflügel und des Portales ist einfach. Die schmiedeeisernen Gitter, die die Fenster des ersten Obergeschosses der Seitenflügel zieren, stammen noch aus der Bautätigkeit vom Ausgang des 17. Jahrhunderts und wurden in die Fassadengestaltung des 18. Jahrhunderts einbezogen.

Das Hauptportal zeigt eine toskanische Pilasterarchitektur: in der Mitte ein großes Rundbogentor, auf der rechten Seite des großen Tores eine kleine Pforte für die Passanten, auf der linken Seite eine vorgeblendete Öffnung.

Auf den Abschlußgesimsen der Seitenpfeiler stehen Figuren, die der domstiftliche Bildhauer Delenka gearbeitet hat: rechts der Apostel Petrus, Patron des Hauses, links der Apostel Paulus, daneben Vasen, aus denen goldene Flammen emporschlagen. Zwischen den Ansätzen des Rundgiebels, auf dem Engel stehen, das Wappen des Domstiftes St. Petri, darunter in einem kleinen Kreisfeld das Wappen des Dekans Wosky von Bärenstamm, die Wappen in den heraldischen Farben. Zu beiden Seiten des Wappens eine Kartusche mit der Inschrift: Deo PatrI et FILIO et SpIrItVI SanCto seMpIterna LaVs Honor et gLorIa – Ein Chronogramm auf das Jahr 1768, in dem der plastische Schmuck des Portales aufgestellt wurde. Dagegen bezeichnet das Chronogramm auf dem Schlußstein des Portals: MoDo hoC CoeLo faVente sto das Jahr 1755, in dem die Schauseite baulich vollendet wurde. Das Portal ist bekrönt mit einer Darstellung der Dreifaltigkeit zur Straßenseite und einer Darstellung der Maria Immaculata zur Hofseite. Auf der Rückseite des Haupt-

17 Bautzen, Dom St. Petri. Bischöfliche Hauskapelle

portals führt ein überdachter Übergang von einem Seitenflügel in den anderen. Dieser Übergang war gleichzeitig bei Festen in den Sommermonaten der Ort der Musikanten, die von dort aus spielten, wenn im Dekanatshofe die Tafeln gedeckt waren.

Zu einer geistlich-weltlichen Residenz gehörte eine dementsprechende Innenausstattung. Aus Bautzen und Dresden bezogen die Dekane Möbel für die Ausstattung der Räume, von denen sich einige Stücke erhalten haben. Auch zeigten sich fürstliche Gäste für die Aufnahme im Domstift gern erkenntlich. Sie beschenkten den Dekan oder das Domstift. Die Wahl des Geschenkes mag dabei „den hohen Herren" nicht immer leicht gefallen sein. Das Geschenk mußte wertvoll, aber doch nicht so sein, daß es einer „Bezahlung" glich. Es mußte so sein, daß der Beschenkte sich täglich daran freuen konnte und an den Spender erinnert wurde. Das 18. Jahrhundert liebte außer dem „porcelaine" auch das schöne Glas. Man trank nicht mehr aus „Kannen" im Domstift, auch zog man Wein dem Biere vor. Also schenkte man schöne Gläser, von denen einige erhalten geblieben sind. Aber auch prächtige Silberbecher, so ein Becher auf drei Kugelfüßen, ein Geschenk des Erzbischofs und geistlichen Kurfürsten von Trier, Freiherr von Orsbeck, an den Dekan Brückner von Brückenstein. Im ersten Obergeschoß des Mittelflügels, im Wohntrakt des Domdekans, wurde für den Dekan eine Hauskapelle eingerichtet. Ihre Ausstattung, die zum Teil noch erhalten ist, veranlaßte Domdekan Johann Joseph Schüller von Ehrenthal (1780–1784). Er beauftragte 1782 Jan Hajek aus Münchengrätz mit der Ausstattung der Kapelle, die dem heiligen Joseph geweiht war. Hajek schuf einen Altar aus Holz, marmorfarben gefaßt, in Sarkophagform, darüber in einem reich geschnitzten und vergoldeten Rahmen das Altarbild. Es zeigt Joseph, vor ihm das auf der Hobelbank sitzende Jesuskind, seitlich Zimmermannswerkzeuge. Das Bild ist eine Arbeit des Reichenberger Malers Ignaz Leuber von 1782. Rechts und links vom Altar zwei von Hajek gearbeitete Gueridons, auf einem reich geschnitzten Dreifuß steht ein Putto, mit Girlanden geschmückt, der über seinem Kopf eine Schale hält.

Über den Wohngeschossen liegt das mächtige Dach des Domstiftes, es birgt zwei Stockwerke „Schüttböden", die einst unentbehrlich waren. In ihnen speicherte man bis in das 19. Jahrhundert hinein das „Decem-Getreide" auf.

Die folgenden Jahrhunderte haben manche Veränderungen im Dekanatsgebäude vorgenommen. Aber auch in seiner heutigen Gestalt stellt sich das Bautzner Domdekanat – das Domstift St. Petri – als eine kleine geistlich-weltliche Residenz eines Barockprälaten dar.

Mehr als einmal schienen die Strudel der Zeit das Domstift St. Petri mitreißen zu wollen. Die Apostasie des letzten Meißner Bischofs Johann von Haugwitz parierte die diplomatische Kunst des Dekans Johann Leisentrit. 1619 schien das gestürmte und teilweise geplünderte Domstift endgültig verloren, die zähe Tatkraft des Dekans Kattmann von Maurugk rettete es dennoch durch die Kriegsstürme. Dekan Brückner von Brückenstein begann mit der Aufbauarbeit und beseitigte nicht nur die Schäden des Krieges am Dekanat, sondern legte durch seine Neubauten am Dekanat den Grund für die später durch seine Nachfolger, vor allem Dekan Wosky von Bärenstamm geschaffene geistlich-weltliche Residenz als Rahmen eines kleinen geistlichen Fürstenhofes, wie es den Auffassungen jener Zeit entsprach. Nachdem Dekan Joseph Ignaz Vitzki (1700–1713) im Jahre 1703 von den Fürsten Liechtenstein deren böhmische Herrschaft Schirgiswalde erworben hatte, wurde der dortige „Oberhof" zum domstiftlichen „Schloß" gestaltet und war fortan der Sommersitz des Domdekans und der Domherren, aber auch eine Zuflucht in kriegerischen Zeitläufen. So zog sich Dekan Wosky von Bärenstamm im Siebenjährigen Kriege mehrmals nach Schirgiswalde zurück.

Das Domstift St. Petri, das eine geistliche Einrichtung und gleichzeitig eine weltliche Institution war, präsentierte in der Barockzeit die Kirche in einer Weise, wie sie für spätere Generationen vielleicht schwer verständlich ist, aber die Dekane des Domstiftes haben sich als geistliche Amtsträger, als Apostolische Administratoren des Bistums Meißen in der Ober- und Niederlausitz zusammen mit den Domherren und Domvikaren gemüht, die wenigen Gemeinden geistlich zu führen, ihnen Kirchen und Schulen einzurichten. Möglich war dies durch die Treue der katholischen Sorben. In der zweiten Hälfte des 17. Jahrhunderts und im 18. Jahrhundert überwiegen unter den Dekanen, Domherren und Domvikaren die Sorben.

Literaturverzeichnis

GERBLICH, W.: Johann Leistentrit und die Administratur des Bistums Meißen in den Lausitzen. Phil. Diss. Leipzig 1930, Neuauflage Leipzig 1959; Beschreibende Darstellung der älteren Bau- und Kunstdenkmäler des Königreiches Sachsen. 33. Heft: Bautzen (Stadt). Bearb. von CORNELIUS GURLITT. Dresden 1909, S. 1ff. und S. 192ff.; PESCHEK, CHR. A.: Von den Dompröbsten der Stiftskirche St. Petri zu Budissin. Nebst einem Verzeichnis der Domspröbste aus der ältern und neuern Zeit. In: Beytrag zur Geschichte der Ober- und Niederlausitz. Zittau 1792, S. 193–200 und S. 268–278; SCHWARZBACH, F.: Geschichte der Kollegiatkirche und des Kollegiatstiftes St. Petri zu Bautzen im Mittelalter. Phil. Diss. Freiburg i. B., Görlitz 1929; SEIFERT, S.: Johann Leisentritt 1527–1586. Leipzig 1987; SEIFERT, S.: Der Dom St. Petri zu Bautzen. In: Das Christliche Denkmal. Heft 1, 2. Aufl. der Neubearbeitung, Berlin 1988; SEIFERT, S.: Domschatzkammer St. Petri in Bautzen. München, Zürich 1992; SEIFERT, S.: 775 Jahre Domkapitel St. Petri. Ausst. Kat. Sonderausstellung in der Domschatzkammer Bautzen. Bautzen 1997.

1 Kloster St. Marienthal. Engelstiege in der Abtei und Engel von der Engelstiege

Sankt Marienthal

Heinrich Magirius

Der stattliche Gebäudekomplex der tief im Tal der Lausitzer Neiße versteckten Zisterzienserinnenabtei St. Marienthal – halbwegs zwischen Zittau und Görlitz – zeigt keine auf den ersten Blick erkennbare bauliche Spuren seiner mittelalterlichen Herkunft. Durch zwei weiträumige Wirtschaftshöfe im Westen nähert man sich einer schloßartigen Anlage unterschiedlicher, aber eindeutig barocker Prägung. Im Hintergrund von Äbtissinnenhaus und Propstei hält sich die relativ kleine Kirche versteckt, zwar auch barockisiert, aber doch dem kundigen Auge kenntlich als das mittelalterliche Herzstück des vielteiligen und großen Bauorganismus, dessen Ehrenhof sich nach Westen zu öffnet. Die Inschrift an der Stirnseite seines turmartigen Mittelrisalits beweist, wie stolz das Kloster stets darauf war, eine königliche Gründung zu sein:

A. D.
MCCXXXIV
KVNIGVNDIS REGINA
ANNVENTE WENCESLAO I
BOEMORUM REGE IV
CVM CONSENSV
LIBERORVM SVORVM
PLANTAVIT LIBERALITAS
BENEFACTORVM RIGAVIT
DEVS AVTEM
INCREMENTVM DEDIT.

Königin Kunigunde von Böhmen stiftete 1234 ein Kloster, das – da bereits 1235 der Abt von Altzella als Visitator genannt ist – von vornherein dem Zisterzienserorden inkorporiert war. Marienthal hat sich immer als Sühnestiftung verstanden. Kunigunde war die Tochter König Philipps IV. von Schwaben, der eine seiner Töchter an Pfalzgraf Otto von Wittelbach versprochen hatte, später aber an den Sohn Ottokars I. von Böhmen, Wenzel, verheiratete. Aus Rache ermordete der Wittelsbacher 1208 den König, verfiel der Reichsacht und wurde auf der Flucht erschlagen. Im Jahre 1244 weihte Bischof Nikolaus von Prag die Klosterkirche. Sie ist wahrscheinlich im Westteil der heutigen Klosterkirche erhalten. Im Dachraum kann man nämlich oberhalb des barocken Gewölbes am Westgiebel zwei mittelalterliche Bauzustände ablesen. Hier befindet sich ein nicht genau in der Mittelachse liegendes, sondern ein wenig nach Norden verschobenes, bis in den Dachraum hinein reichendes spitzbogiges Westfenster, was darauf hindeutet, daß es im Mittelalter einen Bauzustand mit einer Holztonne im Raum gegeben haben muß. Zieht man das Maß des in der Barockzeit angefügten Presbyteriums ab, kommt man für den mittelalterlichen Kirchenraum, der noch auf zwei Ansichten des Klosters aus der Zeit um 1700 als platt geschlossen dargestellt wird, auf einen Saal von ca. 12,60 x 30 m im äußeren Maß. Nach den Zerstörungen durch die Hussiten wurden die Gebäude bis 1452 wieder aufgebaut. Im Jahre 1515 wurde das Kloster durch einen Brand in Asche gelegt. Unter den Folgen der Reformation hatte Marienthal in viel höherem Maße zu leiden als Kloster Marienstern, da auch der größte Teil der Klosterdörfer den Glaubenswechsel mit vollzog. Auch im Konvent sympathisierte man zeitweise mit dem Luthertum. Äbtissin Ursula II. von Queitsch (1600–1623) war sogar bestrebt, das Kloster in ein weltliches Fräuleinstift umzuwandeln. Den Ordensvisitatoren, die nach der Säkularisation von Altzella aus Königsaal/Zbraslav, Ossegg/Osek, Plaß/Plasy, zeitweise sogar aus Welehrad kamen, gelang es aber immer wieder, den monastischen Geist aufzurichten. Seitdem 1635 Marienthal mit der Oberlausitz an Sachsen gekommen und durch den Traditionsrezeß der Status quo in den Glaubensfragen besiegelt worden war, setzte eine Konsolidierung ein. Aber nicht nur die Spuren der Nöte des Dreißigjährigen Krieges blieben in Marienthal lange bewußt, auch in den gegenreformatorischen Aktivitäten der Äbtissinnen der zweiten Hälfte des 17. Jahrhunderts in der Klosterstadt Ostritz und in den Klosterdörfern zitterte etwas von der tiefen Irritation der Glaubensspaltung, die Marienthal besonders betroffen hatte, nach.

Der Wiederaufbau des Klosters nach dem Brand 1683 und die bauliche Selbstdarstellung des Klosters unter der Äbtissin Anna Friedrich (1650–1690)

Durch einen Brand von 1683 wurden Kirche, Propstei, Äbtissinnenhaus und wohl auch Teile des Konventbaues vernichtet. Wenn es der Äbtissin gelang, die Baulichkeiten bis 1685 wieder herzurichten, so zeugt das von der wirtschaftlichen Kraft des Klosters und der Energie und Umsicht der Domina. Sicher konnten aber auch Umfassungs-

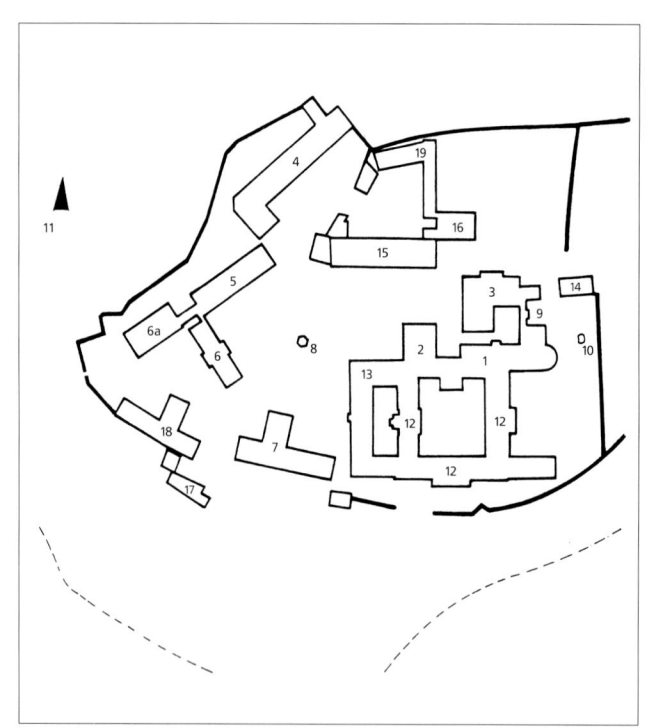

2 Kloster St. Marienthal. Lageplan der Klosteranlage mit Legende der Baulichkeiten und deren überlieferten Baudaten (1) Kirche, mittelalterlich, Wiederaufbau nach Brand 1683, Verlängerung geweiht 1736, (2) Äbtissinnenhaus 1683–1685, (3) Propstei, nördlicher Teil 1683–1685, westlicher Teil zwischen 1715 und 1736, spätere Veränderungen, (4) Beamtenhaus, um 1720/30, verändert um 1770, (5) Pferdestall, um 1720/30, (6) Wagenremise I, um 1720/30, (6a) Wagenremise II, um 1850, (7) Brauerei, östlicher Teil 1721 (ein am östlichen Ende ehemals nördlich anschließender Flügel um 1750 abgerissen, ein am ehemals westlichen Ende anschließender, später veränderter teilweise erhalten, westlicher Kopfbau um 1750/60, (8) Dreifaltigkeitssäule, 1704, (9) Klosterfriedhof, um 1730, (10) Gartenpavillon, um 1730, (11) Stationsberg 1728, (12) Konventbauten mit Kapitelsaal, Refektorium, Bibliothek und Krankenhausflügel, 1743–1756, (13) Kreuzkapelle, 1756 geweiht, (14) Gartenhaus, um 1740/50, (15) Kuhstall, östlich anschließend Gesindehaus, 1769/70, (16) Gästehaus, 1771 oder 1776/78, (17) Sägewerk, um 1850, (18) Mühle, unter Verwendung älterer Teile, 1906, (19) Ställe und Wirtschaftsgebäude, 20. Jahrhundert

3 Kloster St. Marienthal. Ansicht der Klosteranlage von Kalvarienberg aus, Lithographie um 1840

4 Kloster St. Marienthal. Ansicht der Klosteranlage von Westen. „Le Convent de Marienthal chez Zittau en Haute-Lausniz", „des. d'apres Nature et gr. par C. Täubert. Chez Charles Täubert á Dresde, hors la porte Wilsdruff, Faubourg See No. 49". Kolorierter Kupferstich, Ende 18. Jh.

5 Kloster St. Marienthal. Kirche, Abtei und Konventbau mit Kreuzkapelle von Nordwesten

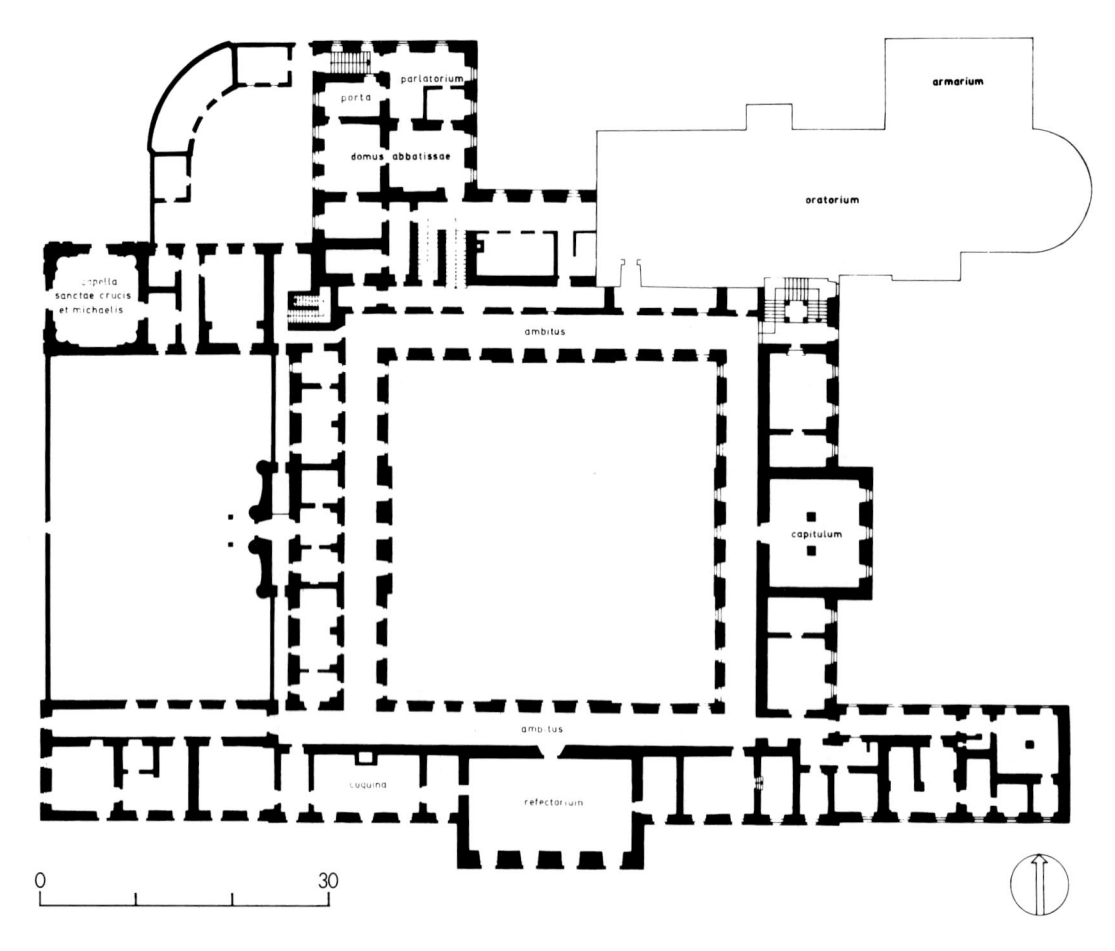

6 Kloster St. Marienthal. Grundriß des Konventhaus, Erdgeschoß, nach Elisabeth Hütter, 1970

mauern wiederverwendet werden. Nichtsdestoweniger ist es dem namentlich unbekannten Architekten gelungen, dem Kloster nach außen – besonders nach Westen hin – ein würdevoll-repräsentatives Gesicht zu verleihen. Dagegen zeigen zwei andere Bilder, die das Kloster im Jahre 1719 und bald nach 1720 darstellen, daß die Konventbauten um diese Zeit im wesentlichen noch ihren mittelalterlichen Charakter aufwiesen. Auf dem zweiten, aus der Zeit der Äbtissin Clara Mühlwenzel stammenden Bild einer Prozession sind zwar bauliche Änderungen zu beobachten, deren topographische Treue man aber nicht überbewerten sollte. Barocke Neubauten waren offensichtlich zunächst nur die Abtei und die Propstei.

Auf hohem Sockel erhebt sich das zweigeschossige, von einem hohen Walmdach abgeschlossene Äbtissinnenhaus, die Westfassade der Kirche verdeckend. Als die Baumasse des Neuen Konvents südlich davon noch nicht dominierte, muß die Abtei mit ihrer symmetrischen Fensteranordnung und der Bildung eines Mittelrisalits, der von einem Dreiecksgiebel abgeschlossen wird, das Bild der Klosteranlage beherrscht haben. Wie eine Darstellung des Klosters im Zustand der Zeit um 1740 zeigt, ist der Giebel allerdings eine spätere Zutat. An der Westseite ähnelt das Äbtissinnenhaus den Herrensitzen des 17. Jahrhunderts in der Lausitz. Die Pilaster an der Nordseite gliedern die Fassade nicht wirklich, sondern sind der Wand nur flach aufgelegt. Die Engelsköpfchen in den Pilasterkapitellen erinnern daran, daß hier eine geistliche Herrschaft ausgeübt wird. Am Nordende der Westseite liegen der Eingang und die Treppe zum Parlatorium und zum Empfangszimmer der Äbtissin. Von besonderem Reiz ist die hölzerne „Engelsstiege", die von der Abtei zum Chor der Kirche führt. Auf den Postamenten der Dockenbrüstung stehen Engelkinder mit den Leidenswerkzeugen Christi. Der Mittelgang des Obergeschosses ist gleichzeitig die gemalte Ahnengalerie der Äbtissinnen, die in der Atmosphäre dieses Hauses besonders eindringlich wirkt.

Gegenüber der Abtei deutlich zurückgesetzt, in der Flucht mit der Westfront der Kirche erhebt sich die Propstei, in der Architektursprache der Abtei eng verwandt, jedoch bedeutend niedriger und mit ihrem Mittelrisalit von sechs Achsen und den zwei vorgelagerten Altanen mit Austritt und Balustrade im Obergeschoß palaisartiger. Der Westflügel entstand zwischen 1715 und 1736. Älter,

SANKT MARIENTHAL

7 Kloster St. Marienthal. Historische Ansicht von Westen. Ausschnitt aus einem Ölgemälde von 1753, das den Zustand des Klosters um 1740 dokumentiert

8 Kloster St. Marienthal. Propstei und Kirche von Nordwesten um 1930

offenbar 1683–1685 errichtet, ist nur der an der Nordseite im rechten Winkel anschließende Flügel. Er zeigt eine symmetrisch ausgebildete Fassade nach Norden hin. Hier ist ein Mittelrisalit stark vorgezogen. Erd- und Obergeschoß des Westflügels sind geprägt von breiten, in die Tiefe führenden Fluren, an deren Ende die Treppenanlage angeordnet ist.

Was bei dem Wiederaufbau an der ausgebrannten Kirche geschehen ist, kann man heute nur schwer genauer ausmachen. Das nicht in der Mittelachse sitzende, sondern nach Norden zu verschobene Westportal mit seiner geraden Verdachung stammt wohl aus dieser Zeit, auch die beiden halbrund geschlossenen Fenster an der Nordseite und der steinerne Schaft des Turmes, wenn dieser nicht doch vielleicht noch spätmittelalterlich sein sollte.

Ausgestaltung des Klosters unter den Äbtissinnen Martha Tanner (1693 bis 1709), Agnes von Hoym (1709–1720) und Clara Mühlwenzel (1720–1736)

Die Chroniken melden, daß unter der besonders mütterlich-fürsorgenden Regentschaft der Äbtissin Martha Tanner eine Trinkwasserleitung von Oberblumberg in das Kloster geführt und daß zahlreiche Ökonomiegebäude errichtet worden seien. Auf sie und ihre Nachfolgerinnen gehen die langgestreckten Wirtschaftsgebäude und Ställe des Ökonomiehofes mit ihren abgewalmten Satteldächern, die die Wirtschaftshöfe begrenzen, weitgehend zurück. An den Wappen der Äbtissinnen, die mit ihren Initialen gezeichnet sind, läßt sich ablesen, welche Bauten unter der oder jener Regentschaft entstanden sind. Im Norden der von einer Mauer umgebenen Klosteranlage liegt das äußere Tor, vor dem ein Bildstock zum Ausdruck bringt, daß der Eintritt auch in den von landwirtschaftlicher Arbeit gekennzeichneten Bereich des Klosters Eintritt in einen geweihten Raum bedeutet. Das „Beamtenhaus" im Nordwesten – in der heutigen Form von 1770 – hat einschließlich seines kurzen Querflügels im Süden einen Vorgänger gehabt. Durch ein zweites barockes Tor kommt man dann in den zweiten Wirtschaftshof, der im Nordwesten vom Pferdestall, im Südwesten von einem reizvoll gestalteten Remisengebäude, weiter im Süden von der Brauerei, im Osten von dem Bau der Abtei und des Neuen Konvents begrenzt wird. Dieser repräsentative, nach 1743 errichtete Bau hat Vorgänger gehabt. Die beiden historischen Ansichten von Süden, die den baulichen Zustand im Jahre 1719 darstellen, zeigen ihn noch nicht in der ausgeprägten Form wie die Ansicht von Westen, die aus den ersten Regierungsjahren der Äbtissin Theresia Senftleben um 1740 stammt. Wiedergegeben ist hier ein an die Südwestecke der Abtei nach Süden hin anschließender großer rechteckiger zweigeschossiger Gebäudekomplex,

der mit drei parallel zueinander liegenden, nach Westen zu abgewalmten Satteldächern abgeschlossen ist. Innerhalb der Walme sitzen drei giebelartige Dachausbauten. Eine solche Reihung von schmalen Giebelhäusern war in kleineren Städten Böhmens und Niederschlesiens, zum Teil auch der Lausitz verbreitet. Es ist anzunehmen, daß Teile dieses Baues schon im 17. Jahrhundert entstanden sind, die barocke Regularisierung der Westfassade aber erst zur Zeit der Clara Mühlwenzel erfolgte. Dagegen wurde der Brunnen mit der Dreifaltigkeitssäule in der Mitte des Hofes in der Zeit der Martha Tanner errichtet. Ihr Wappen wird am Postament von zwei Engeln gehalten. Eine Inschrift mit dem Chronogramm auf das Jahr 1704 sagt: „aD honoreM saCrosanCtae trInI tatIs posuIt – Gelobt sey die Aller Heyligste Dreifaltigkeit." Inmitten eines achteckigen Beckens erhebt sich über einem Postament eine aus Wolken und Engelköpfen gebildete Säule von sechs Metern Höhe. An ihrer Spitze thront die Dreifaltigkeit. Auch das Relief mit der Darstellung der heiligen Familie – später eingemauert in die Mauer, die den kleinen Garten vor der Abtei abschließt – muß in den Jahren nach 1700 entstanden sein. Auf die Zeit Martha Tanners geht auch die Kreuzigungsgruppe zurück, die auf der Mauer zwischen Kirche und Propstei aufgestellt ist, der Kruzifix aus Blech

9 Kloster St. Marienthal. Dreifaltigkeitssäule, 1704

10 Kloster St. Marienthal. Inneres der Klosterkirche mit dem Altar von 1771, Aufnahme um 1890

11 Schluckenau/Sluknov. Dekanalkirche St. Wenzel, 1711–1714, vielleicht von Zacharias Hoffmann

ausgeschnitten und gemalt, vollplastisch aus Stein dagegen die Assistenzfiguren. Angeblich entstand zur Zeit der Äbtissin Martha auch ein Gartenhaus. Tatsächlich ist ein solches mit geschweifter Dachhaube auf der Klosteransicht von Süden aus der Zeit um 1700 auch zu sehen, aber es handelt sich nicht um das gewiß erst aus der Zeit um 1730 stammende, das sich erhalten hat, sondern wohl um einen Vorgänger. Standen die Bauarbeiten unter Martha Tanner vor allem im Zeichen der Neu- und Ausgestaltung des Hofes vor dem Kloster – vielleicht hat daran ihre als Bauherrin in den Chroniken nicht weiter erwähnte Nachfolgerin Agnes von Hoym (1709–1720) Anteil –, wandte sich Clara Mühlwenzel in den zwanziger und dreißiger Jahren energisch der Erweiterung und Neugestaltung der Kirche, der Sakristei, des Friedhofs und der Gartenanlagen östlich davon zu. Auf sie geht zunächst die 1721 errichtete Brauerei zurück, die allerdings in den vierziger und siebziger Jahren noch einmal stark umgeändert wurde. Ihre ältere Gestalt gibt die Ansicht von 1753 wieder. Mit dem Kalvarienberg von 1728 wurde auch die umgebende Landschaft in die barocke Gestaltung religiösen Lebens einbezogen. In dieser Zeit wirkte Joseph Maletz aus dem Kloster Plaß als Propst in Marienthal (1714–1740). Die Kontakte zum Visitator, dem Abt von Ossegg, waren in dieser Zeit besonders eng. Mehrfach war aber auch der Abt des Klosters Saar/Zďár nad Sázava in Marienthal anwesend. Sicher ist es kein Zufall, wenn nun auch stilistisch die Kontakte zum böhmischen Barock in Marienthal immer deutlicher in Erscheinung treten.

12 Kloster St. Marienthal. Inneres der Klosterkirche nach Osten

Der anspruchslose, platt geschlossene mittelalterliche Saal konnte den Anspruch des Barocks an einen Kirchenraum nicht mehr erfüllen. Bei der Umgestaltung ging es nicht nur um den Anbau eines Presbyteriums, das 1736 geweiht wurde, sondern um grundlegende Veränderung der gesamten Innenarchitektur. Erst jetzt wurde sie zu einer Wandpfeilerkirche von vier kreuzgratgewölbten Jochen umgewandelt. In den beiden westlichen Jochen ist der Nonnenchor als Empore eingebaut. Durch die eingezogenen Pfeiler ist verschleiert, daß der Turm von Norden her in das Langhaus der Kirche einspringt. Im Bereich des dritten Joches endete der mittelalterliche Saal, auf den sich die barocke Achsteilung nun nicht mehr bezieht. Der Typus der böhmischen „Wandpfeilerhalle" geht auf eine Tradition zurück, die in die dreißiger Jahre des 17. Jahrhunderts zurückreicht. Für die Herkunft des Baugedankens muß aber auch auf die Tradition der obersächsischen Hallenkirchen verwiesen werden. Der Raumcharakter einer Hallenkirche wie jener der Stadtkirche von Elstra, erbaut 1726, ist der Marienthaler Lösung ähnlicher als die Prager Beispiele. Auch gab es ja in unmittelbarer Nachbarschaft seit dem Bau der Kirche in Bertsdorf 1673–1679 eine Reihe von kreuzgratgewölbten Wandpfeilerkirchen, die gewiß auf den Kirchenbau des katholischen Oberlausitzer Niederlandes eingewirkt haben, wie die Dekanalkirche St. Wenzel in Schluckenau/Sluknov, erbaut 1711–1714 von Zacharias Hoffmann, zeigt. In der Raumstruktur ist diese Kirche der 1705–1711 errichteten Kirche im nahen Hainewalde aufs engste verwandt, was kaum auf den ersten Blick bewußt wird, weil die Kirche zu Schluckenau eine viel größere Weiträumigkeit aufweist. Gerade diese „katholische" Eigenart verbindet den Schluckenauer Kirchenraum mit Marienthal. Die Vergleichbarkeit wäre sogar noch viel auffälliger, wenn die Pfeiler und Gurten noch barocke Dekoration trügen und die Fenster stichbogig statt rundbogig geschlossen wären. Die „romanisierenden" Veränderungen sind ja zweifellos ein Ergebnis der Restaurierung der Kirche von 1856, als man den Raum auf

13 Kloster St. Marienthal. Konventsfriedhof mit Äbtissinnengrabsteinen

14 Kloster St. Marienthal. Kreuzigungsgruppe an der Spitze des Kalvarienberges, 1728

ein Ordensideal des 13. Jahrhunderts hin stilisierte. Auch muß man bedenken, daß in Marienthal die Umfassungsmauern vorgegeben waren, in die man die Wandpfeiler einstellte. Das Ergebnis konnte kein genuin barocker Raum sein. Trotz dieser einschränkenden Gesichtspunkte darf man festhalten, daß die Raumgestaltung in einer für die Lausitz typischen lutherischen Tradition steht, die in der Barockzeit auch für den katholischen Kirchenbau erneuert werden konnte, weil – wie wir an den böhmischen Beispielen sahen – die räumliche Weite der „Wandpfeilerhalle" der Entfaltung der Liturgie sehr entgegenkam und dem Ideal von einem „flutenden" Raum entsprach. Wenn die Wenzelskirche in Schluckenau für Marienthal speziell das Vorbild gewesen ist, liegt es sehr nahe, daß der Baumeister der Kirche auch Zacharias Hoffmann war. Die Räume sind sich sehr ähnlich. Der Unterschied besteht lediglich darin, daß die Gewölbeform ein wenig anders ist, in Schluckenau eine Tonne mit Stichkappen, deren Scheitel sich fast berühren, in Marienthal sehr flache Kreuzgratgewölbe. Die in Schluckenau in die „Abseiten" eingefügten hölzernen Emporen, die den genannten lutherischen Kirchen entsprechen, konnten in Marienthal entfallen. Auch den halbrunden Abschluß des Chores hat Marienthal mit Schluckenau gemein. Am Außenbau wurde der Westgiebel mit seitlichen Voluten und flachen Dreiecksgiebel neugestaltet. Die angeblich 1734 vollendete neue Bekrönung des Kirchturmes mit Haube und zwei Laternen zeigt eine für die Oberlausitz charakteristische Silhouette. Sie ist auch überliefert für den 1830 veränderten Turm der Kirche in Nebelschütz/Kr. Kamenz, die angeblich nach einem Entwurf von Gaetano Chiaveri 1740–1743 von Zacharias Hoffmann gebaut wurde. Der als gestrecktes Oval gebildete Grundriß könnte wirklich von Chiaveris Hofkirche angeregt worden sein, während die Detaildurchbildung der Architektur Verwandtschaft zur Pfarrkirche in Schirgiswalde aufweist, die Zacharias Hoffmann 1736–1741 baute. Für diesen Bau könnten Pläne des böhmischen Architekten František Maximilian Kaňka zugrunde gelegen haben, dessen Pfarrkirche in Donaueschingen, geweiht 1747, der Schirgiswalder Kirche auffällig ähnelt. An den zweigeschossigen Aufbau der Wandarchitektur schließt die Pfarrkirche in Nixdorf/Mikulášovice an, die Hoffmann – vielleicht mit seinem Sohn – 1750/51 baute. Der basilikale Querschnitt dieser Kirche – wenn er nicht durch Vorgängerbauten bedingt ist – wirkt gegenüber den früheren Bauten altertümlich. Bereits die Quantität der mit dem Namen von Zacharias Hoffmann in Verbindung zu bringenden Bauten zeigt, daß der Meister – selbst wenn er mehrfach nach Plänen berühmterer Architekten gebaut hat – doch einen beachtlichen Ruf in dem zu Böhmen gehörenden Oberlausitzer „Niederland" und in der katholischen Oberlausitz selbst genoß.

An die Nordseite des neuen Presbyteriums der Marienthaler Klosterkirche schließt die geräumige Sakristei an. Zur Zeit des Umbaues der Kirche wurde auch der Klosterfriedhof neu geordnet. Bis dahin befand sich der Friedhof östlich von Kirche und Konventbau. Nun wurde eine regelmäßige barocke Friedhofsanlage nördlich der Kirche

15 Kloster St. Marienthal. Gartenpavillon im Konventgarten

geschaffen. Sie bildet einen Hof mit Mittelgang, von dem rechts und links die Gräber der Schwestern wie im Chor der Kirche einander zugewandt liegen. Ringsum sind an den Wänden die Grabsteine der Äbtissinnen von 1524 bis 1810 angebracht. Die Grabsteine der bis zur Anlage des Friedhofes verstorbenen Äbtissinnen waren bis dahin gewiß im Fußboden der Kirche eingelassen. Nun repräsentieren sie in eindrucksvoller Folge die historische Kontinuität monastischen Lebens in Marienthal, Zeugnis für das Geschichtsbewußtsein schon in der Barockzeit. Der Mittelgang führt auf eine von einem Dreipaß abgeschlossene Nische zu, auf deren Grund ein Kruzifix angebracht ist, während auf der Spitze des geschwungenen Giebels des kleinen Baues eine Figur des Auferstandenen steht. So bescheiden dieses kleine Gebäude ist, so eigenartig und unverwechselbar ist seine ans Mittelalter anknüpfende, aber doch auch wieder typisch barocke Struktur. Sie erinnert unmittelbar an die Architekturen Giovanni Santinis, deutsch Santin Aichls, so an den Fenstern im Konventbau von Königsaal, an den Eckkapellen der Wallfahrtskirche in Kiriten/Křtiny oder der Dreipaßnische im Westgiebel der Klosterkirche in Kladrau/Kladruby.

Noch ein anderer kleiner Bau trägt die Handschrift dieses großen böhmischen Architekten, ein kleiner Gartenpavillon im Park östlich der Propstei. Es ist ein rechteckiger Bau mit geschrägten Ecken. Einer der breiten Seiten in der Gartenachse ist eine Art Portikus vorgelegt. Auch hier ragt eine rundbogige Öffnung in den Giebel hinein, der von der Figur des Erzengels Michael bekrönt ist. Die Schmalseiten weisen Feldergliederungen mit halbrunden oberen und unteren Abschlüssen auf. Auch das sind Santinische Leitmotive, die sich am Pferdestall des Zisterzienserklosters Saar oder an der Wallfahrtskirche auf dem Grünen Berg etwa nachweisen lassen. Damit soll nicht gesagt sein, daß der bereits 1723 verstorbene Aichl selbst in Marienthal war. Aber es könnten durch die Äbte von Saar oder Plaß Zeichnungen vermittelt worden sein, nach denen man sich in dem Oberlausitzer Nonnenkloster richtete. In der Achse des Gartenpavillons trifft man auf ein zweigeschossiges Gartenhaus, im Erdgeschoß auch als Orangerie genutzt; es soll um die Jahrhundertwende entstanden sein.

Böhmischen Vorbildern folgte die Äbtissin Klara Mühlwenzel im Jahr 1728 auch mit der Anlage eines Kalvarienberges unmittelbar nordwestlich des Klosters. Diese Anhöhe am Ende des engen felsigen Durchbruchstales der Neiße gewährt einen Überblick über die in der Talweitung sich ausbreitende Klosteranlage. 13 stelenartige „Stationen" des Kreuzweges sind rechts und links schräg zu einer den Berg hinaufführenden Allee aufgestellt. Am Sockel der Stelen ist die Zahl jeder „Station" in römischen Ziffern eingehauen, in Nischen darüber ist die entsprechende Szene des Kreuzweges farbig gemalt. An der Spitze des Berges erhebt sich auf niedrigem Sockel eine in Sandstein gearbeitete Kreuzigungsgruppe von dramatischem barocken Ausdruck. In einem lateinischen Chronostichon ist gesagt, daß die Äbtissin Klara Mühlwenzel diese Statuen aufstellen ließ, Propst Joseph Maletz, Profess vom Kloster Plaß, sie weihte und zwar mit der Assistenz der Zisterzienserpatres Adalbert aus Neuzelle und Alexander aus Plaß. Mit der Anlage des „Stations- oder Schutzberges" von Marienthal wurde die seit dem Mittelalter bei den Zisterziensern besonders innige Verehrung des heiligen Kreuzes in barocker Weise bezeugt.

Der barocke Neubau der Konventgebäude und der Kreuzkapelle unter den Äbtissinnen Theresia Senftleben (1737–1753) und Scholastika Walde (1754–1764)

Das besondere historische Interesse, das die Zisterzienserkonvente von Königsaal, Plaß und Sedletz in der zweiten Hälfte des 17. und am Anfang des 18. Jahrhunderts

16 Oberseifersdorf. evangelische Dorfkirche mit Altar, 1747–1751, von Daniel Martin unter Verwendung von Figuren eines spätgotischen Altars errichtet

entwickelt hatten, regte die neue Äbtissin Theresia zur Beschäftigung mit der eigenen Klostergeschichte an. Visitator war zu ihrer Zeit der Abt von Sedletz. Noch im Jahre 1737 wurden zwei „historische" Gemälde vollendet und zu Seiten des Altars aufgestellt. Das eine stellt die Übergabe der Stiftungsurkunde von Königin Kunigunde an die erste Äbtissin Adelheid dar, das andere ist dem Andenken an die „Kleinen Stifter", an Heinrichs und Wilhelm von Donyn, gewidmet. Es handelt sich um Gemälde beachtlicher künstlerischer Qualität, deren Urheber aber noch nicht ermittelt ist.

In den ersten Jahren ihrer Amtszeit scheint die Domina sich die Ausschmückung der Klosterkirche zur besonderen Aufgabe gemacht zu haben. In den Jahren 1747–1751 ließ sie durch den Tischler Daniel Martin für die ihrem Patronat unterstehende lutherische Kirche in Oberseifersdorf einen Barockaltar mit dem Relief der Himmelfahrt Christi im Zentrum, flankiert von je zwei Säulen, bauen. Dabei wurden zwei Flügel eines Altars von 1498 mit Bildwerken der 12 Apostel wiederverwendet. Sie sind zwischen den mittleren Säulen im Winkel gegeneinander gestellt. Aus dem Mittelschrein stammen die Figuren zweier Bischöfe, des heiligen Gallus und des heiligen Martin, die zwischen den Säulen ihren Platz fanden. Mit diesen Gestalten – die Figur der Muttergottes, die einst die Mitte gebildet hatte, wurde weggelassen – wurde die lutherische Gemeinde auf gemeinsame Tradition aufmerksam gemacht.

In scheinbarem Widerspruch zu solchem von Äbtissin Theresia gepflegten Traditionalismus steht der Entschluß, den Konventbau von Marienthal wesentlich zu vergrößern, völlig neu aufzuführen, womit 1743 der Anfang gemacht wurde. Auf dem 1750 gemalten Bild der Äbtissin findet sich eine Darstellung der neuen Westfassade und die Inschrift „Reaedificatum ex Fundamento Mariae Vallense Asceterium" und der Vermerk, daß Propst Bonifacius neben der Äbtissin als „Stifter" der neuen Anlage zu gelten habe. Bonifaz Prohazka war ein Zisterzienserpater aus dem Kloster Saar in Mähren, wo seit 1703 Hauptwerke des genialsten Architekten des böhmischen Barocks, nämlich Johann Santin Aichls (1667–1723), entstanden waren. Das Gemälde der Äbtissin verdeutlicht den hohen Anspruch, den man mit diesem neuen „Palast des Glaubens" verband. Es stellt weder das alte Äbtissinnenhaus noch die Kirche dar, sondern lediglich den neuen dreigeschossigen Westflügel mit zwei, einen Ehrenhof flankierenden, Seitenflügeln mit kuppelgekrönten Kopfbauten. Der Hof wird durch eine Mauer mit einem Portal in der Mittelachse abgeschlossen. Im wesentlichen entspricht der dargestellte Zustand dem tatsächlich ausgeführten Bau. Nur der Mittelrisalit ist auf dem Gemälde von großartiger Wirkung. Er ist wie eine Kirchenfassade mit Kolossalsäulen gegliedert. Darüber erhebt sich ein Giebel mit seitlichen Voluten und einem ovalen Mittelfenster. Er wird durch einen Aufbau mit den Insignien des Klosters, VM, in dem man aber auch ein Kreuz „lesen" kann, und der böhmischen Krone an der Spitze abgeschlossen. Damit wird zum Ausdruck gebracht, daß der Konvent sich als königliche Stiftung versteht. Das Gemälde belegt aber auch, daß im Jahre 1750 der Neubau noch nicht abgeschlossen war. Er fand wahrscheinlich erst mit der Weihe der Kreuzkapelle unter der Kuppel des linken Flügels 1756 seinen Abschluß. Mit diesen Beobachtungen wird schon deutlich, daß der Neubau des Klosters zwar einer einmal gefaßten Konzeption folgt, daß aber im Detail im Bauverlauf manche Änderung, ja Vereinfachung, eingetreten ist. Der Baugedanke der Gesamtkonzeption war ursprünglich ein außerordentlich kühner und ein von der Typologie der meisten barocken Klosterbauten in Süddeutschland, Österreich und Böhmen abweichender: Nicht die Kirche wird in die Mitte symmetrisch sich entwickelnder Baumassen genommen, am Neuen Konvent selbst ist ein

17 Kloster St. Marienthal. Bildnis der Äbtissin Theresia Senftleben, 1750

18 Saar/Žďár nad Sázava. Prälatur des Zisterzienserklosters, um 1720 von Giovanni Santini

19 Kloster St. Marienthal. Darstellung des geplanten Konventbaues, Detail aus dem Bildnis der Äbtissin Theresia Senftleben, 1750

Ordnungssystem entwickelt, in das sich die Kirche als Anhängsel einordnet. In dieser Hinsicht ist gewiß das Zisterzienserkloster Plaß als Vorbild zu nennen, wo nach Giovanni Santinis Plänen Matthias Andreas Kondel eine gewaltige Vierflügelanlage baute. Die Gesamtkonzeption ist insofern mit Marienthal zu vergleichen, als ein von der alten Klosterkirche unabhängiger Mittelrisalit vor die langgestreckten Fronten vorgezogen ist. Auch hier liegen dahinter ein Refektorium und eine Bibliothek. Ähnlich ist auch die Andeutung eines Ehrenhofes im Westen mit dem hier vorspringenden, geschwungenen und überkuppelten Baukörper der Bernhardskapelle in der Mitte. Den Kern der neuen Anlage von St. Marienthal bildet ein dreigeschossiges Geviert mit Kreuzgängen gegen den Hof hin. Als Mittelrisalit hervorgehoben sind im Osten der dreiachsige Kapitelsaal und im Süden die vier Achsen des Refektoriums. Der an Abtei und Kirche angelehnte Nordflügel besitzt einen hervorgehobenen Mittelteil von drei Achsen, der nur vom Kreuzhof her wirksam ist. Hier befindet sich im ersten und zweiten Obergeschoß die Bibliothek. Der im Westen eine Kirchenfassade vertretende konkav-konvex geschwungene Mittelrisalit hingegen ist reiner Repräsentationsaufwand ohne eigentliche Funktion, denn unmittelbar dahinter laufen in den Obergeschossen Flure durch. Eine einhüftige kleine Treppe bildet den Aufgang zu den Obergeschossen. Der eigentliche Sinn ist in dem Altan vor der Mittelachse zu suchen, zu dem ehemals zwei geschwungene Treppenläufe hinaufführten. Ein direkter Zugang von diesem Altan zur Abtei durch den westlichen entlangführenden Flur ist möglich. Wahrscheinlich war der „Ehrenhof" westlich des Konventbaus als Ort für feierliche Huldigungen der Klosterherrschaft gedacht. Dabei „erschien" die Domina Abbatissa als obere Rechtsvertreterin des Konvents und als Herrin der Klosteruntertanen. Der klösterlichen Stille wegen mußte dieser Ehrenhof aber für den Alltag durch eine Mauer von Westen her abgeschirmt werden. Entsprechend zu dem Ehrenhof im Westen ist auch im Osten der Anlage ein Hof gebildet, der nördlich durch des Presbyterium der Kirche, südlich durch den Krankenhaustrakt begrenzt ist. Die Kopfbauten an der Südost-, Südwest- und Nordwestecke sind durch Kuppeln bekrönt, die Nordostachse durch den halbrunden Chor der Kirche betont. Trotz des dreigeschossigen Gevierts als Kern der Anlage ist also eine Öffnung nach Osten und Westen auf dem Grundriß eines H angedeutet. Die Eckbetonungen mit Kuppeln sind in der Klosterbaukunst des Barocks auch in Böhmen und Mähren nicht selten. Erinnert sei zum Beispiel an die grandiose Anlage des Prämonstratenserstifts Hradisko bei Olmütz/Olomouc oder die durch Kuppeln hervorgehobenen Eckrisalite der nur teilweise ausgeführten Stiftsgebäude in Klosterbruck. Auch die durch Kuppeln hervorgehobenen Ecken von Wallfahrtsanlagen könnten vorbildhaft gewesen sein. Aber das Abdrängen der Kirche in die hintere „Ecke" der Anlage und die Bildung eines Ehrenhofes vor dem Konvent dürfte einmalig sein, allerdings selbstverständlich nicht unabhängig von den historischen Vorgegebenheiten der Klosteranlage von Marienthal entwickelt. Aber doch ist in der Disposition der barocken Gesamtanlage von Marienthal ein großer gestalterischer Zug am Werke, der auf einen bedeutenden Architekten als Urheber verweist. Um so bedauerlicher, daß wir seinen Namen aus der historischen Überlieferung nicht kennen und aus Stilvergleichen nicht ermitteln können, weil die architektonische Durchbildung im Detail offenbar wieder mehr einheimischen Kräften überlassen wurde. Ehe wir auf diese Provinzialismen der Formensprache im einzelnen zu sprechen kommen, muß auf weitere wesentliche konzeptionelle Züge verwiesen werden, die den Marienthaler Konventbau zu den wichtigsten Klosterbauten des böhmischen Barocks zählen lassen: In der geplanten Anlage ist es großartig gelungen, herrschaftliche Repräsentanz mit dem Eindruck zu verbinden, daß hier wie bei einer Wallfahrtsstätte „heiliges Land" betreten wird. Wahrscheinlich waren doch beide

20 Kloster St. Marienthal. Ehrenhof mit Mittelrisalit des Westflügels des Konventbaus, hinter der Abschlußmauer ist das Behindertenheim eingebaut

21 Kloster St. Marienthal. Ansicht von Süden. „Nach der Natur gez. und gest. von G. Müller. Im Verlag der Schöpsischen Buchhandlung Zittau". Kolorierter Kupferstich, um 1800

22 Kloster St. Marienthal. Ostflügel des Konventsbaues

23 Plaß/Plasy. Neuer Konvent von Matthias Andreas Kondel

überkuppelte Kopfbauten der Seitenflügel als Kapellen gedacht gewesen. Deren flache, tempelartige, mit Kolossalordnungen gegliederte und Dreiecksgiebeln abgeschlossene Fassaden sind auf das Mittelrisalit des Hauptbaues hingeordnet. Dieses ist gewiß von Anfang an in der Tradition der Dientzenhofer seitlich konkav einsinkend und in der Mittelachse konvex vorschwingend und mit Kolossalsäulen gegliedert gedacht. Statt des ausgeführten, etwas schmächtigen Türmchens mit Kuppel und Laterne – die wenig überzeugende Abbreviatur einer barocken Kirchenfassade – hätte sich aber ein breit ausladender giebelgekrönter Mittelrisalit der Palastfront besser eingeordnet. Im Verein mit den durch Mansardwalm geschlossenen, leicht vortretenden Seitenrisaliten wäre ein vornehm-hochstiftlicher Ausdruck erzielt worden, wie er unter böhmischem Einfluß als Entwurf für die fürstbischöfliche Residenz in Würzburg überliefert ist oder im Dalberger Hof in Mainz verwirklicht wurde. Im Unterschied zu einem Schloßbau des Barocks besitzt das zweite Obergeschoß die gleiche Höhe wie das erste. Durch lisenenartige Putzbänder sind an den Längsfronten die Obergeschosse zusammengezogen. Die simple Biederkeit des ausgeführten westlichen Mittelrisalits zielte vielleicht auf eine „kirchlichere" Wirkung, die von der katholischen Hofkirche in Dresden angeregt worden sein könnte. Dafür sprechen die Fassadengliederung mit Rund- und Ovalfenstern, die die Giebelanschwünge begleitenden überlebensgroßen Plastiken der Heiligen Benedikt und Scholastika, weiterhin der zwiebelartige Turmabschluß. Eigenartig wirkt die harte Form der Laterne auf quadratischem Grundriß, deren Gliederung wohl auf die Initialen des Klosters verweisen sollen und der Abschluß in der Art der Wenzelskrone. Die Beeinträchtigung des Fassadenbildes durch den erdgeschossig vorgelegten, mit Pultdach abgedeckten „Gang" erfolgte ebenfalls „ursprünglich". Noch schlimmer haben sich das Fehlen der Treppenläufe, die Aufstockung des südlichen Seitenflügels und die Errichtung von Bauten innerhalb des Ehrenhofes für die architektonische Wirkung der Westansicht ausgewirkt.

Einen größeren architektonischen Anspruch als die westliche Ehrenhofseite weist die östliche und südliche Fassade des Konventbaues und die nördliche Fassade des Kreuzhofes auf. Vielleicht ist daraus zu folgern, daß der Bau im Osten begann und unter Berücksichtigung anderer Bauideen im Westen beendet wurde. Die Ostfassade und Südfassade weisen manche Verwandtschaft zum Neuen Konvent von Marienstern auf: Hier wie da das kräftig vorgezogene, körperhaft wirkende Mittelrisalit mit der toskanischen Kolossal-Pilasterordnung. Durch den Dreiecksgiebel und die vertikalen Putzbänder an den Rücklagen wirkt der Bau von Marienthal strenger und klassischer in der architektonischen Durchbildung als Marienstern. Besonders diese Fassaden lassen den Konventbau von Plaß als unmittelbares Vorbild denken. Bis in bestimmte Details hinein läßt sich an Santini denken: Die Ecken der Risalite sind abgerundet und genutet. Ähnlich verfährt Santini in Plaß und an der Prälatur in Saar. Damit soll freilich nicht mehr gesagt sein, als daß dem Baumeister von Marienthal nicht nur die großen Konzeptionen, sondern auch bestimmte architektonische Wirkungen vertraut waren, die er allerdings bei seinem Bau abwandelte. Die Ähnlichkeiten in den Fensterformen und die Betonung der Fensterachsen durch aufgesetzte Putzspiegel zeigen, daß der Neue Konvent in Marienstern und der Konventbau in Marienthal sehr wahrscheinlich von ein und demselben Architekten entworfen wurden. Vielleicht war – wie die neuere tschechische Forschung vermutet – der in Leitmeritz tätige Octavian Broggio (1670–1743) der Vermittler der Bauformen Santinis in die Lausitz, wo sie von den Bauleuten des Bauunternehmers Zacharias Hoffmann noch weiter vereinfacht wurden.

Besonders architektonischer Wert wurde auf die Ausbildung der nördlichen Front des Kreuzhofes gelegt. Der mittlere Baukörper, der in den Obergeschossen die Bibliothek einnimmt, ist oberhalb des zweiten Geschosses gegenüber den flach abgedeckten Seitenteilen hervorgehoben. Während unten die Öffnungen durchziehen, ist die Fassade der Bibliothek durch gekoppelte Rechteck- und Rundfenster betont. Die Lösung erinnert auffällig an Giovanni Santinis Kreuzgangfassade des Klosters Königsaal, ohne daß die dortigen Detailformen wiederkehren. Wie wesentlich dem Architekten der gleichförmige „Fond" von Dachflächen oberhalb der flach abgedeckten seitlichen Terrassen war, erhellt daran, daß hier die unterschiedlichen Dächer von Abtei und Kirche mittels eines „vorgehängten" Mansarddaches kaschiert wurden. Weniger ungewöhnlich wirken die an der Süd- und Ostseite vortretenden Mittelrisalite, im Osten mit Pilastergliederung und Dreiecksgiebel.

Wie schon angedeutet, läßt die Durchbildung der Fassaden vor allem an der Westfassade im Detail die Meisterschaft vermissen. Der Stuck am westlichen Mittelrisalit und im Giebel der Kreuzkapelle wirkt wie „aufgesetzt". Selbst in der Farbe wich man in der Ausführung von den auf dem Äbtissinnenbild dargestellten Absichten ab. Statt des vornehmen Gelbgrau der Fassaden wählte man offenbar eine Dreifarbigkeit, für die Wandflächen Weiß, für die Fenstergewände Rot, die weiteren Gliederungen Ocker. Auch die Innenarchitektur wirkt außerordentlich schlicht, ja altertümlich. Der weiträumige Kreuzgang ist von flachen Pilastern gegliedert und kreuzgratgewölbt. An den Wänden nach den Konventräumen zu treten die bei Santini beliebten Öffnungen, die oben und unten eingezogen und halbrund geschlossen sind, auf. Auf zwei untersetzten Kreuzpfeilern ruht das Kreuzgewölbe im Kapitelsaal. Das Gewölbe des Refektoriums ist ähnlich wie dreißig Jahre früher in Marienstern tonnengewölbt und mit Stichkappen versehen. Auch hier ruhen Gurte auf flachen Pilastern; beide sind mit leichtem Bandelwerk geschmückt. In den Obergeschossen werden die tonnengewölbten, endlos erscheinenden Gänge durch die Fensternischen auf der einen, die naturholzfarbenen Zellentüren auf der anderen Seite gegliedert. Während die Gänge an der Ost- und Südseite des Obergeschosses wie im Erdgeschoß zum Kreuzhof hin liegen und die Zellen außen, befindet sich im Westflügel außen der Gang, zum Kreuzhof zu liegen die Zellen. Im „Galarefektorium" im zweiten Obergeschoß über

24 Kloster St. Marienthal. Kreuzhof mit Blick auf den Bibliotheksflügel

25 Königsaal/Zbraslav. Konventbau des Zisterzienserklosters, 1716 von Giovanni Santini

dem Refektorium ist in etwa die Architektur des Refektoriums wiederholt.

Bestimmte Eigenheiten der Formensprache des Klosters Marienthal finden wir an Bauten wieder, die unter der Regie des Baumeisters Zacharias Hoffmann aus Hainspach entstanden sind. Die Formen der Fenstern an der Kreuzkapelle und am Mittelrisalit des Ostflügels sind zum Beispiel denen am Neuen Konvent in Marienstern (1731/32) und an der Kirche zu Nebelschütz (1740–1744) sehr ähnlich; die Refektorien von Marienstern und Marienthal lassen sich vergleichen. So ist es nicht ausgeschlossen, daß Zacharias Hoffmann mit seinem Sohn auch das Kloster Marienthal gebaut hat, wobei – wenn die Vermutung überhaupt richtig ist – sein Einfluß auf die Durchbildung der Einzelheiten beschränkt blieb.

Aus dem altertümelnden Mittelmaß ragen zwei innenarchitektonische Kostbarkeiten heraus, der Bibliothekssaal im Nordflügel und die Kreuzkapelle. Die Bibliothek wurde nach 1752 unter Theresia Senftleben vollendet, die Kreuzkapelle ist gewiß unter ihrem Regiment begonnen, aber erst unter ihrer Nachfolgerin Scholastika Walde 1756 fertiggestellt worden. Einer der ganz wenigen im Original erhaltenen Stiftsbibliotheken des Barocks, der des Klosters Marienthal, ist besonders zu gedenken. Die Einrichtung einer Saalbibliothek in einem Frauenkloster ist einmalig und zeugt von dem hohen Stand geistiger Beschäftigung der Nonnen im 18. Jahrhundert. Der Raum reicht durch zwei Geschosse und besitzt in Höhe des dritten Obergeschosses an den Schmalseiten und an der der Fensterwand gegenüber liegenden Langseite eine Galerie mit einer kunstvoll durchbrochenen Holzgalerie. Türen befinden sich an den Schmalseiten und – von spiralig gedrehten Säulen flankiert – in der Mittelachse der Längsseite. Die Wandarchitektur wird durch Bücherregale gebildet. Unterhalb der Empore sind die äußeren Ecken schräg gestellt.

Die einzelnen Abteilungen der Bücherbestände werden durch Inschriften in Rokokokartuschen namhaft gemacht. An der Fensterseite sind mittelalterliche Urkunden hinter Glas zu sehen. An dem Tonnengewölbe mit Stichkappen ist eine Bildfläche geschaffen, die mit einem hervorragend erhaltenen Fresko versehen ist. Dargestellt ist ein „historisches" Motiv aus der Geschichte des Klosters Marienthal. Die das Kloster verheerenden Hussiten wurden 1427 durch die Geisterfülltheit der Äbtissin Agnes von Gersdorf bezwungen. Beschwörend reckt die vor einem Obelisk kniende Äbtissin gegen die Rotte der Hussiten die Hand aus. Diese haben das Kloster im Hintergrunde bereits in Brand gesetzt und dringen von rechts mit der Fahne der Taboriten gegen die Äbtissin vor; eine dunkle Rückenfigur mit seiner Hellebarde kommt ihr schon nahe. Sie wird durch die Gottesmutter, die in den Wolken erscheint, und Sankt Michael mit Flammenschwert geschützt. Ein Engel mit Schwert und Waage versinnbildlicht die Gerechtigkeit, einer mit Zepter und dem Symbol der Dreieinigkeit den Glauben, ein weiterer mit einer Säule die Stärke. Diesen drei Tugenden, in denen sich die Äbtissin bewährte, gelten die drei Kränze. Die Aufschrift auf dem Obelisk „Deo Religioni Regique Semper

26 Kloster St. Marienthal. Südflügel des Kreuzganges nach Westen

Fidelis" („Gott, der Religion und dem König allezeit treu") ist ein Motto, das mit dem Bilde auch die Bibliotheksbenutzer „ansprechen" will. Das in unversehrter Originalität erhaltene Fresko ist souverän in Komposition und in seinem kühlen, hellen Kolorit. Es sollte der Klostertradition zufolge von Giovanni Batista Casanova stammen, was aber aus kunsthistorischen Gründen gewiß nicht zutrifft. Die künstlerische Formensprache deutet auf Franz Karl Palko als Autor des Bildes.

Die Ausstattung der Kreuzkapelle wurde erst unter der Äbtissin Scholastika Walde vollendet; die Weihe erfolgte 1756. Aber bereits mit der Konzeption des Neuen Konventbaues in den vierziger Jahren muß ihr Standort bestimmt worden sein. Wie die Darstellung des Klosters aus der Zeit um 1740 zeigt, hatte die Kapelle an der heutigen Stelle keinen Vorgänger. Aber sehr wahrscheinlich hat es im Kloster Kapellen mit diesem Patrozinum schon früher gegeben. Dem Seelengeleiter St. Michael pflegen die Kapellen auf den Friedhöfen der Zisterzienser geweiht zu sein. Sollte es dort auch in Marienthal eine Kapelle zu seinen Ehren gegeben haben? Die Figur auf dem Giebel des Gartenhäuschens, das auf dem Gelände des alten Klosterfriedhofs steht, erinnert vielleicht an diese ältere Kapelle. Dem heiligen Kreuz sind oft Pfortenkapellen, „Leutkirchen", geweiht. Vielleicht wurden die Patronate zweier verschwundener Kapellen in der neuen Kapelle vereinigt. Aber auch die Baugestalt selbst gibt Rätsel auf. Außen- und Innenarchitektur entsprechen einander nicht. Weder die Zweigeschossigkeit noch die drei Achsen des äußeren Bildes finden sich durch die Binnenarchitektur, ein griechisches Kreuz mit abgeschrägten Ecken, begründet. Man gewinnt den Eindruck, daß die Innenarchitektur dem festgelegten Konzept des Äußeren eingefügt wurde; die äußeren Fensterachsen sind nun „blind", desgleichen die Tür an der Westseite, denn dahinter ist der Standort des Hauptaltars zum heiligen Kreuz. Im südlichen Kreuzarm steht der Michaelisaltar. An der Nordseite ist der Zugang für die Laien; an der Ostseite der vom Kloster her. Ein verglastes Oratorium im Bogen ermöglicht die Andacht der Nonnen von der Klausur her. Das Interieur ist auf Wohl-

27 Kloster St. Marienthal. Refektorium

räumigkeit und Festlichkeit abgestimmt. Dem altertümlichen Ernst der Klosterräume wurde nun ein Raum in Formen und Farben des Rokoko zugesellt. Mit weißem Stuckmarmor sind die Wände ausgekleidet. In die schrägen Wände sind schwarz gerahmten Nischen eingelassen. Vor deren in grüngrau und rot changierenden Marmorfond stehen Figuren in weißem Hartstuck. Die in den westlichen Nischen, die trauernden Maria und Johannes, sind auf den Kreuzaltar bezogen. Er bildet mit dem kräftigen farbigen Stipes und der vergoldeten Tabernakeltür und dem Lamm auf dem Buch mit den sieben Siegeln den farbigen Mittelpunkt des Raumes. Über diesem Sockel erhebt sich ein mittelalterliches Kruzifix. Es ist von einer Strahlenglorie umgeben. Mit diesem Stück wird nochmals auf eine mittelalterliche Tradition der Verehrung Bezug genommen. In den Nischen an der Ostseite stehen Maria Magdalena mit der Salbbüchse und der Petrus, vom Passionsgeschehen Christi reuig bewegt. In heiteren Farben und Formen ist der Michaelisaltar gehalten. Im Mittelbild fliegt der Erzengel durch den Himmel, im gesprengten Giebel besiegt er – plastisch dargestellt – den Satan. Über den abgeschrägten Wänden leiten Pendentifs zum Rund der bemalten Kuppel über. Sie sind mit den schwarz gerahmten Bildern der vier sitzenden Evangelisten dargestellt, die auf ein Schriftband die Worte aus dem Credo „Passus – Crucifixus – Mortuus – Et Sepultus" aufgeschrieben haben. Die Kuppel, die durch ein mittleres Loch den Blick in eine höhere Region mit dem hebräischen Gottesnamen freigibt, ist durch gemalte Gurte in vier Felder aufgeteilt, von denen zwei einander gegenüberliegende je einen architektonischen Aufsatz zeigen, der von einer Blumenvase bekrönt ist, die vor einer gemalten ovalen Lichtöffnung erscheint. Vor grünem Fond sind grisailleartig Stuckornamente gemalt. Die zwei anderen Abschnitte sind zur Darstellung zweier auf das heilige Kreuz bezogene Szenen bezogen. Alttestamentlich ist die Geschichte der Erhöhung einer Ehernen Schlange durch Moses. Im Blick auf dieses Mal werden die von Schlangen angefallenen Juden gerettet. Gegenüber ist eine wunderbare Begebenheit aus frühchristlicher Zeit erzählt. Im Jahre 320 wurde das wahre Kreuz durch die Kaiserin Helena aufgefunden, was zu dem Fest von Christi Kreuzerhöhung am 14. September führte. Auf dem Bilde erscheint das Kreuz von rückwärts umstrahlt. Von rechts nähern sich Kleriker, angeführt von Bischof Makarios, der das Kreuz mit einem Rauchfaß verehrt, während neben ihm die Kaiserin Helena kniend ihre Devotion erweist. Im Gegenlicht links sind Gestalten; der eine auf eine Bahre liegende Kranke wird angesichts des Kreuzes gesund. Bei aller Luftigkeit der Rokoko-Malerei sind die Gestalten klar und lebendig gezeichnet. Die Farbnuancierung – hauptsächlich in Blau und Grün – besitzt eine weite Skala. Das Bild weist auf einen ausgezeichneten Freskanten als Urheber hin. Wie im Falle des Deckenbildes in der Bibliothek auch ist der Name Giovanni Batista Casanova überliefert. Von Elisabeth Hütter wurde das angezweifelt, da Casanova zwischen 1752 und 1764 mit Anton Raffael Mengs in Rom weilte. Aus stilistischen Gründen wurde von ihr der Prager Maler Johann Lukas Kracker ins Spiel gebracht. Offensichtlich handelt es sich aber um den gleichen Freskanten, der die Bibliothek ausmalte, also wahrscheinlich Franz Karl Palko.

Nicht nur der Stuckmarmor der Kreuzkapelle, auch die Gestühle sind mit ihren Intarsienarbeiten von erlesener Feinheit und bezeugen den hohen kulturellen Anspruch des Klosters Marienthal in der Mitte des 18. Jahrhunderts. Im Zuge der Errichtung des westlichen Ehrenhofes des Klosters war der östliche Flügel des Brauereigebäudes störend im Wege, wurde abgebrochen und die Brauerei an der Westseite erweitert.

Im Jahre 1755 ließ Äbtissin Scholastika auf die Neißebrücke ein Standbild des heiligen Johann Nepomuk setzen. Diese Statue, die den Hüter des Beichtgeheimnisses in seiner Verherrlichung mit verzückt emporgehobenem Kruzifix zeigt, steht – nachdem sie beim Hochwasser der Neiße 1897 in den Fluß gestürzt war – heute im Kloster.

Ausklang des Barocks unter den Äbtissinnen Anastasia Roesler (1764–1784) und Maria Theresia, Gräfin von Hřzan und Harras (1784–1799)

Die Ideen der Aufklärung finden in der Rückwendung der Anastasia Roesler zu ökonomischen und pastoralen Aufgaben ihre Widerspiegelung. Unter ihr entstand das langgestreckte zweistöckige Beamtenhaus rechts vom ersten Klostertor (1770) wohl als Umbau eines älteren Gebäudes, die Schafställe am „Schutzberg" – das Kloster beteiligte sich nach dem Siebenjährigen Kriege an der in Sachsen zur Gesundung der Wirtschaft betriebenen Schafzucht –, der Umbau und die Verlängerung des Kuhstalls um ein „Gesindehaus" (1769/70) und das versetzt nordöstlich anschließende Gästehaus (1771), nach anderen Angaben 1776/78. Während im Original am Kuhstall die Putzflächen weiß und die Gliederungen in Ocker gestrichen waren, besaßen die Fenstergewände einen roten Anstrich. Bei einem Neuanstrich 1997 wurde fälschlich an die Rot-Weiß-Fassung der übrigen Klostergebäude aus den siebziger Jahren unseres Jahrhunderts angeknüpft, jedoch konnte wenigstens der einzigartige Befund der Außenfarbigkeit am Gästehaus gerettet und konserviert werden. Er ist ein schönes Zeugnis für die Könnerschaft dekorativer Malerei des Rokoko. Westlich der Abtei wurde das schon früher vorhandene „Abteihöfel" durch eine halbrund geführte Mauer abgegrenzt (1770); die Tür ist mit schönen Rokokoschnitzereien geschmückt. Noch immer herrschte in der entlegenen Lausitz der Stil des Rokoko. Im Jahre 1771 wurde in diesem Stil die Klosterkirche neu ausgestattet. Der nach dem Hochwasser von 1897 leider entfernte und angeblich nach München verkaufte Hochaltar folgte dem Typ des in Prag seit 1700 üblichen Tabernakelaltars. Über dem sarkophagartigen Stipes erhebt sich das von Engelfiguren verehrte Tabernakel. Seitlich stehen die Figuren der Ordensheiligen Benedikt und Bernhard; diese Figuren allein haben sich im Kloster erhalten. Sie stehen heute im Kapitelsaal. Das von dem Tabernakelaufbau getrennte Hochaltarbild mit reich geschnitztem und vergoldetem Rahmen wird durch Engel emporgetragen. Nach dem Usus der Zisterzienser war hier die Himmelfahrt der Gottesmutter dargestellt. Das Bild malte angeblich der Jesuit P. Ignaz Viktorin Raab. Der Bildhauer, der die Schnitzereien am Hochaltar schuf, war wahrscheinlich Johann Hajek aus Münchengrätz, der auch die Hochaltäre der Kreuzkirche in Reichenberg (1760) und der Pfarrkirche in Grottau (1776) schuf. Sehr verwandt sind die Altäre der Kirchen in Ostritz und Königshain (1786). In der Klosterstadt Ostritz wurde das Altarbild 1773 von Philipp Leubner gemalt, der Altar selbst aber wohl erst 1786 fertiggestellt. In den Kirchen der Klosterdörfer Königshain und Seitendorf wurde je ein solcher Tabernakelaltar im Auftrag des Klosters Marienthal hergestellt. Auch das Altarbild von Königshain malte Philipp Leubner 1780; die Staffierung erfolgte erst 1786. Der Altar von Seitendorf entstand erst 1799. Das Bild mit Maria Magdalena unter dem Kreuz malte der aus Ostritz stammende Maler Franz Gareis, auf den auch das eindrucksvolle Bild der Gekreuzigten in der Klosterkirche zurückgeht. Der vom Kloster Marienthal unterstützte Neubau der Kirche von Königshain 1765–1770 geht auf den Plan von Johann Joseph Kuntz in Reichenberg/Liberec zurück. Von der Äbtissin Maria Theresia weiß man, daß sie auf Vermittlung ihres Bruders, des Kurienkardinals Franz von Hřzan, dem Kloster einen reichen Schatz an Reliquien zuwenden konnte. Die gelehrte Äbtissin vermehrte auch die Bibliothek und stiftete die Bilder der Ordensväter, die im Refektorium angebracht sind. Mit ihrem Tod 1799 endet der Nachklang des Barockzeitalters auch in dem altehrwürdigen Kloster Marienthal, das sich bereits im 19. Und erst recht im 20. Jahrhundert völlig neuen wirtschaftlichen, religiösen und kulturellen Aufgaben gegenübergestellt sah.

Die Schicksale der Klosterbaulichkeiten im 19. und 20. Jahrhundert

Wie im Kloster Marienstern auch, sahen sich die Zisterzienserinnen von Marienthal im 19. Jahrhundert zur Volksbildung an den Kindern der katholischen Bevölkerung verpflichtet. 1838 wurde ein Waisenhaus und eine Schule im Kloster gegründet. Sie fand im Verlauf der nächsten Jahrzehnte in einem doppelgeschossigen Bau ihren Platz, der an die den „Ehrenhof" des Barocks abschließende Mauer angelehnt und sogar zweigeschossig ausgebaut war. Er führte zur Entwertung, ja zur Entstellung des Bildes vom barocken Klosterbau. Um 1900 erhöhte man zudem den südlichen Seitenflügel um ein Geschoß. Dabei wurde die Kuppel des Kopfbaus ebenfalls um ein Geschoß angehoben. Um diese Zeit scheint auch die zweiläufige Freitreppe zum Austritt vor dem Mittelrisalit des Westflügels abgebrochen worden zu sein.

Tiefgreifender noch als die Veränderungen an der Außenarchitektur waren die Um- und Ausgestaltungen in der Klosterkirche. Zur 600-Jahrfeier 1834 war sie noch einmal ausgekalkt worden. Auf Anregung des Propstes Konrad Preiß schritt man 1858 zu einer grundlegenden Neuausstattung, die der Breslauer Architekt Alexis Lang beriet. Vor dem Hintergrund der gleichzeitigen Bemühungen um die Reformierung des Zisterzienserordens – 1859 fand eine Kapitelversammlung des Ordens statt, auf der sich die österreichische Ordensprovinz zusammenschloß – ist auch das neue Bildprogramm der Marienthaler Kloster-

28 Ostritz, Stadtkirche „Mariae Himmelfahrt". Hochaltar, 1773

kirche zu sehen. Denn die Hauptaufgabe war dem spätnazarenischen Maler Karl Schall aus Breslau gestellt: „Wie das Kloster im 13. Jahrhundert gegründet war, sollte auch die Kirche im romanischen Stil jener Zeit behandelt werden, näher bedeutete das, „eine Cistercienserkirche" herzustellen und die Heiligkeit der katholischen Kirche durch Heilige unseres Ordens zur Anschauung zu bringen." Nach Schalls Tod vollendete Theodor Hamacher den Zyklus. 1891 erneuerte man die Malereien, die samt der teilweise noch barocken Ausstattung durch das Neiße-Hochwasser 1897 schweren Schaden genommen hatten. In dessen Folge beseitigte man den barocken Hochaltar, verkleidete die Wände mit Holzpaneelen und ließ in der Firma des Münchner Architekten eine neuromanische Ausstattung herstellen, die nach und nach von 1898 bis zum Jahre 1921 ausgeführt wurde.

Das monastische Bildprogramm des Historismus in der Klosterkirche war aber nicht Proklamation allein. Wie intensiv das geistliche Leben um die Jahrhundertwende war, zeigt sich etwa auch darin, daß es der Äbtissin Michaela Waurich gelang, das aufgelassene Kloster Tischnowitz /Tišnov in Mähren für den Orden wieder zu erwerben und 1901 mit 18 Marienthaler Schwestern wieder zu besiedeln.

Nach dem ersten Weltkrieg in seiner wirtschaftlichen Existenz schwer bedroht, entging das Kloster noch in den letzten Tagen des zweiten Weltkrieges durch glückliche Fügungen der Zerstörung. Obwohl ein Großteil des Klosterbesitzes durch die Festlegung der Oder-Neiße-Grenze an Polen gefallen war, gelang dem Kloster die Behauptung seiner Existenz. 1955 eröffnete das Kloster in den erdgeschossigen Bauten im Ehrenhof das Caritas-Pflegeheim St. Josef für behinderte Mädchen. In den nicht mehr genutzten Wirtschaftsgebäuden ist seit 1992 ein Internationales Begegnungszentrum eingerichtet worden. Unter großen Anstrengungen und nicht zuletzt durch die Mithilfe der Dresdner Denkmalpflege ist es im letzten halben Jahrhundert gelungen, das repräsentative Bild einer Klosterherrschaft als Gehäuse einer Kommunität zu erhalten, die mehr als 750 Jahre lang ohne Unterbrechung Marienthal in Händen hat. Die Barockzeit ist für die Klosterherrschaft die Epoche höchster kultureller Blüte gewesen.

Literaturverzeichnis

Liber Scriptus Memorabillium Monasterii Vallis Scte. Mariae quae contigerunt ab anno 1683; SCHÖNFELDER, JOSEPH BERNHARD: Urkundliche Geschichte des kgl. Jungfraun-Gestiftes St. Marienthal. Zittau 1834; BRENDLER, A.: Cistercienserinnen-Abtei Marienthal in der k. saechsischen Lausitz, Wien o. J. (um 1890); DOEHLER, P. RICHARD: Die Urkunden des kgl. Jungfrauenstiftes und Kloster Cistercienser-Ordens zu St. Marienthal. Görlitz 1902; DOEHLER, P. RICHARD: Diplomatarium Vallis St. Mariae. In: NLM 78 (1902); Beschreibende Darstellung der älteren Bau- und Kunstdenkmäler des Königreiches Sachsen. Amthauptmannschaft Zittau H. 29. Bearb. von CORNELIUS GURLITT. Dresden 1906, S. 109–126; ZIESCHANK, G.: Geschichte des kgl. Jungfrauenstiftes und Klosters St. Marienthal. Bautzen 1920; Ausst. Kat. Altlausitzer Kunst. Bautzen 1935; MENNE, A.: Im Bannkreis Bernhards von Clairvaux. Salzburg 1963; KOBUCH, MANFRED: Die gegenwärtige Überlieferung der Urkunden des Klosters St. Marienthal. In: Folia Diplomatica 12 (1963/64), S. 1–14; HÜTTER, ELISABETH: Die denkmalpflegerische Instandsetzung des Zisterzienserinnenklosters St. Marienthal. In: Unum in Veritate et Laetitia, Bischof Dr. Otto Spülbeck zum Gedächtnis. Leipzig 1970, S. 308–322; Zisterzienserinnenabtei St. Marienthal. Ein Führer durch das Kloster. Leipzig 1982; KLOSE, DIETRICH UND BRIGITTE: Studie zur Analyse von Umweltschäden und Erstellung einer Sanierungs- und Nutzungskonzeption über das Kloster Marienthal Sachsen, Manuskript Landesamt für Denkmalpflege Sachsen 1996; LEHMANN, EDGAR: Die Bibliotheksräume der deutschen Klöster in der Zeit des Barock. Berlin 1996, Marienthal S. 144, 146, 221, 274, 473; Abb. 135–137, 226, 345.

Benutzt wurden ferner Archivalien des Klosters St. Marienthal.

Literatur zum böhmischen Barock, soweit Bezüge zu den Lausitzer Klöstern vorhanden sind: Topographie der Historischen und Kunst-Denkmale im Königreich Böhmen. Der Politische Bezirk Kralonitz, H. 37. Vorgelegt von ANTON PODLAHA. Prag 1916, Kloster Plaß S. 163–213; TURSCH, E.: Der Leitmeritzer Baumeister Ottaviano Broggio, Diss. der Dt. Universität Prag 1928–1929; Topographie der historischen und kunstgeschichtlichen Denkmale in der Tschechoslowakischen Republik, Bezirk Reichenberg; verfaßt von KÜHN, KARL F. Brünn, Prag, Leipzig, Wien 1934; BLAŽÍČEK, OLDŘICH J.: Matěj Václav Jäckel. In: Pamatky archaeologické XLI (1940); FRANZ, HEINRICH GERHARD: Studien zur Barockarchitektur in Böhmen und Mähren, Brünn, München, Wien 1943; ŠTORM, BŘETISLAV: Santineho Stavby ve Žaře nad Sázavou. Praha 1956; BLAŽÍČEK, OLDŘICH J.: Sochařstvi baroku v Čechach. Praha 1958; FRANZ, HEINRICH GERHARD: Bauten und Baumeister der Barockzeit in Böhmen. Leipzig 1962; SWOBODA, KARL MARIA: Barock in Böhmen. München 1964; BLAŽÍČEK, OLDŘICH J.: Barockkunst in Böhmen. Prag 1967; SEIFERT, SIEGFRIED: Die Erneuerung der katholischen Pfarrkirche „Mariä Himmelfahrt" zu Schirgiswalde. In: Kirchenbau heute. Leipzig 1969, S. 184–189; SPERLING, IVAN: Die Prager Altararchitektur. In: Studia Minora Facultatis Philosophicae Universitatis Brunenia F 14–15, 1971; NAŇKOVA, VĚRA: Nová Zjištěni k Barokinmu Uměni v Čechách, In: Uměni. Ročnik XIX Praha 1971, S. 83–96; KOTRBA, VIKTOR: Česka Barokni Gotika. Dilo Jana Santineho – Aichla. Praha 1976; Průvodce Expozici Jan Santini/Život a Dilo. Statui Zabb Zámek Žaře nad Sázavou. 1977; NAŇKOVA, VĚRA: Kostel ve Vilémově. In: Z Mínulosti Děčinska a Českolipska. 3 (1977), S. 217–223; Umělecki Památky Čech. 4 Bde. Hrsg. von der Československá akademie véd. Praha 1980; KRAUS, KAREL und JAN ŠTIER: Kulturni Pamatka Osek. Usti nad Labem 1981; Kunstdenkmäler in der Tschechoslowakei, Böhmen und Mähren. Einleitung, Erläuterungen und Bildauswahl von Emanuel Poche. Leipzig 1986; SACHA, ROSTISLAV: Kostel ve Slapech a Dilo Jana Santineho. In: Uměni XXXV (1987), S. 322–348; SEKLÁK, JAN: Jan Blažej Santini. Setkáni Baroku s Gotikou. Vyšehrad 1987; VANČURA, VÁCLAV: Přispévek k Pražskému Dilu M. B. V. Jäckela. In: Uměni XXXV (1987), S. 356–361; MACEK, JAROSLAV; PETR MACEK; MAJMIR HORYNA und PAVEL PREISS: Oktavian Broggio 1670–1742. Galerie výtvarného Uměni v Litoměřicich pod Záštitou Ministerstva Kultury ČR. Litoměřice 1992; MACEK, PETR: Giulio und Octavian Broggio, italienische Baumeister in Nordböhmen. Sborkonference Italové a středni Europa. Wien 1990; MACEK, PETR; PAVEL VLČEK und PAVEL ZAHRADNIK: Franišek Maximilian Kaňka. In: Uměni 40 (1992), S. 3; NAŇKOVA, VĚRA: Stichwort „Broggio" In: Saur, Allgemeines Künstlerlexikon. Die Bildenden Künstler aller Zeiten und Volker Bd. 14. München, Leipzig 1996, S. 336–337.

1 Kloster St. Marienstern. Vesperbild, 1360/70 mit Kronenbaldachin von 1698

Sankt Marienstern

Heinrich Magirius

Die Baugeschichte in der Zeit der Reformation

In der heutigen architektonischen Erscheinung des Zisterzienserinnenklosters Marienstern – zwischen Kamenz und Bautzen gelegen – halten sich Mittelalter und Barock die Waage. Die Anordnung des ausgedehnten Gebäudekomplexes mit der sie noch heute überragenden Klosterkirche in der Mitte vermittelt den Eindruck einer mittelalterlichen „Klosterstadt", auch wenn die Bauten im einzelnen teils die heiteren und behäbigen Formen des Barock, teils die nüchternen Züge des frühen 19. Jahrhunderts aufweisen. Eine ununterbrochene Geschichte von annähernd 750 Jahren klösterlichen Lebens mit kulturellen Schwerpunkten in der zweiten Hälfte des 13. und in der ersten Hälfte des 18. Jahrhunderts ist erkennbar.
Einen tiefen Einschnitt in das klösterliche Leben von Marienstern brachten die Hussitenkriege mit sich. Nachdem die Hussiten die Stadt Kamenz erobert hatten, kamen sie in den ersten Oktobertagen des Jahres 1429 nach Marienstern. „Um eben diese Zeit wurde das Kloster Marienstern geplündert und angezündet." Mit diesen Worten melden die Chroniken das schwere Unglück. Erst nach und nach konnten im Verlauf des 15. Jahrhunderts die vernichteten Dächer und die erhaltenen massiven Gebäude wieder instandgesetzt werden.
Durch die Glaubensspaltung im Zeitalter der lutherischen Reformation wurde der Bestand des Klosters in Frage gestellt. Nachdem Luther seit 1521 das Ordensleben grundsätzlich als der evangelischen Auffassung der Glaubenslehre zuwider abgelehnt hatte, entstand ein Druck der protestantischen Umgebung auf die Konvente, auch in der Lausitz, wo die böhmische Landesherrschaft vorerst beim alten Glauben verblieb. Dem energischen Wirken einiger Äbtissinnen – zum Beispiel der Äbtissin Margaretha von Metzrad (1524–1554) und Katharina Kodizin (1607 bis 1619) – ist die Erhaltung des Klosters beim alten Glauben zu danken. Im Jahre 1551 entstanden mit der zweiten, kürzlich wiederholten Farbfassung in den Kreuzgängen und im Kapitelsaal Wandmalereien, die an anderer Stelle dieser Festschrift behandelt werden. Nachdem in der Reformationszeit auch das Kloster Altzella, seit alters für die Visitation des Nonnenklosters zuständig, säkularisiert worden war, ging das Visitationsrecht an die böhmische Kongregation des Ordens über, die in der Folge in stetem Wechsel den Abt eines angehörigen Männerklosters zum Abt bestimmte. Das zog eine sich schon vorher andeutende kulturelle Umorientierung des Klosters von der Mark und dem Bistum Meißen auf Böhmen nach sich. Unter der Äbtissin Margaretha von Metzrad oder Anna von Budisin (1554–1558) sind wohl die Wandmalereien aus dem Marienleben und ein Apostelzyklus hinter dem Chorgestühl entstanden, denn vor der Gestalt einer Anna Selbdritt ist eine Äbtissin kniend dargestellt. Im Jahre 1585 wurde die Kirche in bescheidener Weise neu ausgemalt. Erst unter der Äbtissin Katharina Kodizin (1607–1619) wird das gegenreformatorische Bestreben des Klosters deutlich, den alten Glauben in den „abgefallenen" Orten seiner Herrschaft wieder durchzusetzen. Im Jahre 1635 fiel die Lausitz an Kursachsen, wobei im Traditionsrezeß festgelegt wurde, daß der bisherige „Status religionis" beizubehalten sei. Zunächst bedeutete das für die Lausitz aber keineswegs eine Befriedung. Vor den Schweden unter General Torstenson flüchtete im Jahre 1639 Äbtissin Dorothea Schubert (1623–1639) mit ihrem Konvent nach Polen. Bei ihrer Rückkehr fanden die Schwestern das Kloster in Trümmern. Die Konventbauten und die Abtei waren stark beschädigt.

Wiederaufbau des Klosters unter den Äbtissinnen Margaretha Dorn (1640–1664), Katharina Benada (1664–1697) und Ottilie Hentschel (1697–1710)

Wie ein Zeichen für einen jungen Sproß aus alter Wurzel wirkt es, wenn die Äbtissin Dorothea Schubert die Stifter, Bernhard III. und dessen Neffen Heinrich I., 1629 vor dem Hochaltar feierlich neu bestatten und dieses Grab durch repräsentative Platten mit ihren Bildnissen auszeichnen ließ. Diese Grabsteine, welche den Klosterstifter mit Kirchenmodell als Bischof und seinen Neffen in Ritterrüstung des 17. Jahrhunderts zeigen, stammen wohl aus der Werkstatt des Dresdner Bildhauers Sebastian Walther. Bei der Umbettung der Gebeine der Stifter sollen sich Wunder ereignet haben. In dieser Zeit entstand wohl auch das noch heute benutzte Chorgestühl.
Mit dem Wiederaufbau des im Dreißigjährigen Kriege ruinierten Klosters in den fünfziger und sechziger Jahren des 17. Jahrhunderts haben die Äbtissinnen Margaretha Dorn und Katharina Benada zunächst keine besonders künstlerischen Absichten verfolgt. Am Eingang zum Kloster im

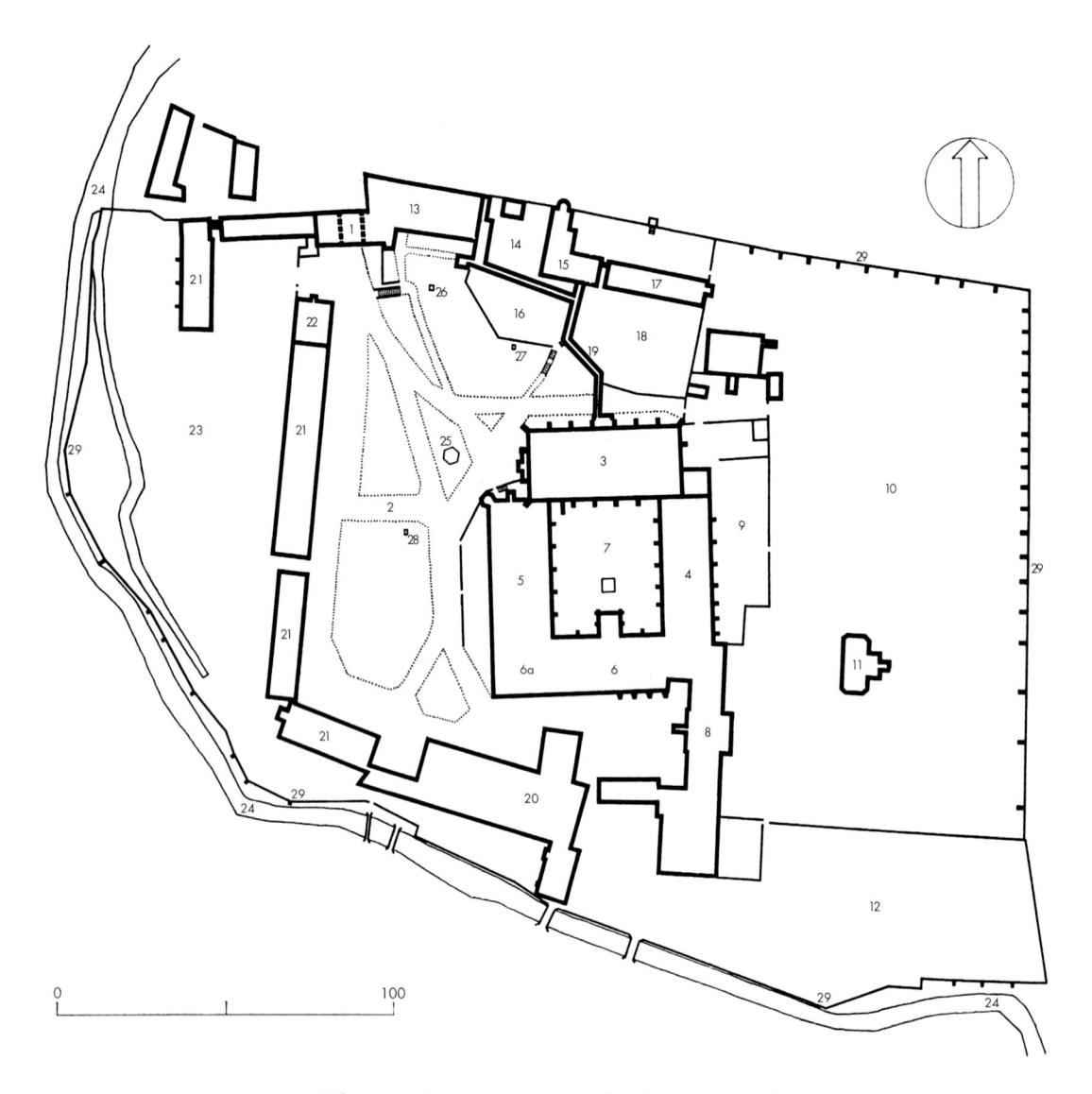

2 Kloster St. Marienstern. Lageplan der Gesamtanlage

(1) Torhaus, (2) Klosterhof, (3) Kirche, (4) Ostflügel der Klausur, (5) Abtei, (6) Südflügel der Klausur, (6a) Maria-Martha-Heim, (7) Klosterhof mit Brunnen, (8) Neuer Konvent, (9) Konventfriedhof, (10) Konventgarten, (11) Gartenhaus, (12) Gärtnerei, (13) Gästehaus, (14) Kanzleigarten, (15) Propstei, (16) Propsteigarten, (17) Kaplanei, (18) Kaplaneigarten, (19) Übergang von Gästehaus und zur Kirche, (20) Ehemalige Brauerei, (21) Ställe und Scheunen, (22) Beamtenhaus, (23) Gutshof, (24) Klosterwasser, (25) Löwenbrunne, (26) Dreifaltigkeitssäule, (27) Nepomuksäule, (28) Mariensäule, (29) Klostermauer

Norden wurden Gästehaus, Propstei und Kaplanei als einfach zweigeschossige Baukörper, die in ihren Umfassungsmauern wahrscheinlich teilweise noch mittelalterlich sind, mit Reihen einfacher Rechteckfenster versehen. Das Portal eines Zimmers im Gästehaus trägt die Jahreszahl 1667. Hohe ziegelgedeckte Walmdächer wirken fast noch mittelalterlich. An der Klosterkirche waren die Giebel, die die westliche und östliche Schmalseite im Mittelalter gewiß ausgezeichnet hatten, durch den Brand so baufällig geworden, daß man sie abbrach und das neue Satteldach an der Ostseite und wohl auch an der Westseite abwalmte. Davon zeugen Darstellungen aus dem 17. Jahrhundert. Wenn 1659 von einer Uhrschelle auf der Kirche die Rede ist, wäre zu vermuten, daß zu diesem Zeitpunkt das Dach fertig und vielleicht schon ein Dachreiter aufgesetzt war. Auch die Konventbauten waren um diese Zeit wiederaufgebaut. So konnte man im Jahre 1665 – schon unter der Äbtissin Katharina Benada (1664–1697) – daran gehen, in der Nordwestachse des Kreuzganges ein bequemeres Stiegenhaus zum Nonnenchor zu errichten.

3 Kloster St. Marienstern. Klosterkirche, Innenraum nach Osten, um 1930

Die Bemühungen des Klosters waren nur darauf gerichtet, die katholisch gebliebenen Ortschaften seiner Herrschaft in ihrem Glauben zu stärken und den protestantischen Einfluß vor allem in der Stadt Wittichenau zurückzudrängen. Dabei spielt die Förderung einer seit dem 15. Jahrhundert geübten Wallfahrt zur „Lieben Frau von der Linde" in Rosenthal eine große Rolle. Nachdem das Gnadenbild, die nur 30 cm hohe Figur einer Muttergottes aus der Zeit um 1460/80, von den Schweden 1639 geraubt, aber auf wunderbare Weise nach Rosenthal zurückgekehrt war, entzündete sich an ihr die besondere Liebe und Verehrung der katholischen Bevölkerung, ja der Funke sprang auf die lutherische Umgebung über. Die um 1600 errichtete Kirche wurde 1683 bedeutend erweitert. Im Jahre 1677 war der Dachreiter auf der Klosterkirche vollendet und beherrscht seitdem mit der ausdrucksvollen Silhouette seiner zwei Laternen und zwiebelartigen Hauben das klösterliche Bauensemble. Es ist der erste Bauteil, der über das Maß bloßer Zweckmäßigkeit hinaus sich bis weit hinein in das Hügelland mitteilt. Gleichzeitig wurde auch die Sakristei umgebaut und der Verbindungsbau zur Kirche geschaffen. Offenbar ist der gesamte doppelgeschossige Anbau mit seinen romanisierenden Dreipaßfenstern und Gewölben weitgehend ein Neubau von 1677. Im Anschluß daran ist offenbar auch der Innenraum der Kirche in barocker Weise ausgemalt worden. Bei der letzten Restaurierung aufgefundene Reste lassen Schlüsse auf die stark farbige Ausgestaltung des Raumes zu. Die weißen Wände waren teilweise mit farbigen Tapisserien bemalt, die Pfeiler waren rot und gelb marmoriert. Gelb und blaue Rippen hoben sich vor den verschieden blauen Fonds der Gewölbekappen ab. In der „Leibung" der Scheidebogen waren wohl die Apostel dargestellt, denn es heißt in einer Beschreibung von 1847, daß roh gemalte Apostelbilder „als Fresken an den Verbindungen der Säulenschäfte angebracht sind". Damals sah man auch „an den Wänden und Säulen herum einige interessante Gemälde, z.B. einen heiligen Benedikt mit dem Giftbecher". Erhalten hat sich von dieser Ausmalung an der wieder freigelegten Stirnwand der Nonnenempore eine kraftvolle Blumen- und Rankenmalerei auf weißem und hellblauem Grund. Dagegen ist die Untersicht des Übergangs vom Chor zur Chorgasse mit ruinösem, bräunlichem Gemäuer bemalt, worüber Wolken sichtbar werden, anklingend an die Grotten- und Ruinenmotive der barocken Malerschulen.

Schon im Mittelalter war dem westlichen Kreuzgangflügel wahrscheinlich ein Abteigebäude westlich vorgelagert. In dieser Lage kommt baulich zum Ausdruck, daß die vom Konvent gewählte Äbtissin das Kloster vor der „Welt" rechtlich vertritt, daß sie den Konvent repräsentiert. Ein eigener Bautypus wurde jedoch im Mittelalter aus dieser Aufgabe nicht entwickelt. Mit dem Eintritt in das Zeitalter des Barock in der zweiten Hälfte des 17. Jahrhunderts hingegen wuchs analog zu den absolutistischen Bestrebungen weltlicher Fürsten auch den geistlichen Würdenträgern gerade dort, wo sie auch Standes- oder Landesherrschaft repräsentierten, die Pflicht zur architektonischen Selbstdarstellung zu. Die an den westlichen Kreuzgangflügel angelehnte Abtei wurde 1688–1691 neu gebaut. Wahrscheinlich handelt es sich doch aber – wie die unregelmäßige Anordnung der westlich an einem langen Gang anschließenden Räume und die unregelmäßigen Fensteranordnungen vermuten lassen – nur um einen durchgreifenden Umbau. Den Architekten kennen wir nicht. Was die äußere Gestalt anbelangt, orientierte er sich an einem Schloßbautyp der Renaissance, eigentlich quadratischen Anlagen, gekennzeichnet durch langgestreckte Fronten mit oktogonalen oder runden Ecktürmen. Im schlesischen und polnischen Raum erlebte unter niederländischem Einfluß dieser Bautypus eine späte Nachblüte im 17. Jahrhundert. In den gleichen Jahren wie in Marienstern wurde der allerdings dreigeschossige Westflügel des Klosters Heinrichau/Henryków in Niederschlesien mit Ecktürmen neu errichtet. Symmetrie wurde

4 Kloster St. Marienstern. Klosterkirche, Innenraum nach Osten, Aufnahme um 1880

5 Kloster St. Marienstern. Das Chorgestühl auf dem Nonnenchor, erste Hälfte 17. Jahrhundert

auch bei dem Abteineubau in Marienstern angestrebt, denn die Mitte des Baues wurde durch ein Giebel mit segmentbogenförmigem Abschluß ausgezeichnet; ein südlicher Eckturm als Pendant zum nördlichen fehlt aber. Hier ist 1823 das große nüchterne Gebäude des „Instituts", des heutigen Behindertenheimes, angebaut. Eine Überlieferung, daß es bis dahin einen Eckturm gegeben hat, existiert aber nicht. Es wäre auch denkbar, daß ein solcher Eckturm zwar geplant, aber nie ausgeführt war, weil sich an dieser Ecke noch mittelalterliche Bauten – vielleicht die bei einem Brand 1822 beschädigte Bernhardkapelle – erhoben. Auch wirkt die Abtei nicht auftrumpfend und anspruchsvoll wie ein Schloß, sondern unter ihrem hohen Walmdach eher matriarchalisch-behäbig. Die weißen Fassaden mit den rot gefärbten Putzbändern und geohrten Fenstergewänden erwecken einen festlichen und heiteren Eindruck. Phantasievoll ist die Pforte zur Klausur gestaltet. Die gedrungene Öffnung – ebenfalls mit geohrtem Gewände – ist von einem reich mit Akanthusranken umspielten Oberlicht überfangen. Rechts neben der Pforte ist der Abtei ein kleiner Vorbau vorgelagert, der erlaubte, Gespräche zu führen, ohne die Klausur zu betreten. Das Empfangszimmer der Äbtissin – mit dem Raum im Turm an der Nordweststrecke verbunden – strahlt mit seiner Ausstat-

tung, mit seinen Möbeln, Gemälden und Plastiken aus verschiedenen Jahrhunderten, eine selbstverständliche Würde aus. In seinem originalen Zustand war der Raum mit einer unbemalten Holzdecke versehen. Nach Süden zu schließen sich Archivräume und ein wohl erst später hier eingerichtetes Parlatorium, ein Sprechzimmer der Nonnen, an. Katharina Benada soll sich auch um die Verbesserung des Konventbaus verdient gemacht haben. Ihre Nachfolgerin Ottilie Hentschel (1697–1710) scheint sich weniger neuen Bauten als vielmehr der inneren Ausstattung der Klosterkirche angenommen zu haben. 1698 wurde das Vesperbild des 14. Jahrhunderts neu gefaßt und umgeben von einem prunkvollen Kronenbaldachin auf vier gewundenen, von Weinlaub umrankten Säulen. Im Jahre 1699 folgte der Bau einer Orgel. Interessant ist, daß die Äbtissin Ottilie ihren Schwager, Ferdinand Siegfried Philippi, einen Kunstmaler, nach Marienstern holte. Er hat in ihrem sowie im Auftrag ihrer Nachfolgerin zahlreiche Gemälde geschaffen, so auch das Deckenbild im Refektorium.

Der Hervorhebung der Würde der Äbtissinnen in der Barockzeit dienen auch ihre in der Kirche aufgestellten Grabplatten. Jene der Margaretha Dorn zeigt die Äbtissin mit den Insignien ihrer Würde, von einer Umschrift umgeben. Ausdrücklich als Standfigur vor einem Giebel mit bekrönendem Totenkopf ist die Äbtissin Katharina Benada wiedergegeben. Persönliche Hingabe veranschaulicht der Grabstein der Ottilie Hentschel. Sie kniet neben einem Sockel, auf dem das segnende Christuskind mit einem Kreuz im Arm steht. Den geschwungenen Giebel, in dem das Wappen der Äbtissin dargestellt ist, bekrönt wieder Totengebein. Die beigegebenen Inschriften erläutern, daß im barocken Grabmal barocke Sterbens- und Todestheologie zum Ausdruck kommt: „Sterbensbitterkeit und höchste Glückserfüllung, Brautmystik, Todesüberwindung und geistliche Liebesfeier fließen ineinander über."

Blüte der Barockkultur unter der Äbtissin Cordula Sommer (1710–1746)

In der langjährigen Regierungszeit einer kunstsinnigen Äbtissin ist es gelungen, das Gesicht eines altehrwürdigen Klosters zu verjüngen, anziehend zu gestalten, ohne die Spuren der vielhundertjährigen Geschichte zu verwischen. Nicht, daß die Klosterregentin zu den Sternen dieser Blütezeit des Barocks in Sachsen und Böhmen gegriffen hätte. Marienstern unterhielt lebhafte Beziehung zur Residenz in Dresden, wurden doch alle Katholiken am Dresdner Hofe hier begraben, ehe 1724 ein eigener katholischer Friedhof in Dresden in Benutzung genommen wurde – unter vielen anderen August des Starken „Statthalter", der Fürst Anton Egon von Fürstenberg, 1716. Aber das „augusteische" Barock Dresdens fand in Marienstern keine Heimstatt. Beherrscht vom Oberbauamt, war es wahrscheinlich zu höfisch und „profan", hatte noch keinen spezifisch „kirchlichen" Stil entwickelt, der für ein Kloster annehmbar gewesen wäre. So lagen die Vorbilder in den katholischen Ländern des Habsburgerreiches, in Böhmen insbesondere, dem Kloster Marienstern für Ausbildung von Typologie und Stil eines Barockklosters näher. Ziel der bedeutendsten Abteien war es hier, drei Funktionsbereiche in einer möglichst symmetrischen Gesamtanlage zur architektonischen Geltung zu verhelfen, dem Konventbau mit der Kirche, der Prälatur – der ehemaligen Abtei – und dem Wirtschaftshof. Im Idealfall rückte die Klosterkirche in die Mitte der Anlage und da nach alter Ordensgewohnheit die Konventbauten seitlich angeordnet waren, rückte oft die Prälatur auf die Gegenseite zum Konvent. Im allgemeinen blieb der Wirtschaftshof der Anlage vorgelagert. Je nach den örtlichen und auch finanziellen Möglichkeiten konnte dieses barocke „Idealprogramm" eines Klosters auch variiert werden. Zum Beispiel konnte die Kirche seitlich liegen bleiben und mit dem Neubau von Konventbau und Prälatur wurde ein neuer architektonischer Schwerpunkt geschaffen. Oft bildete die Prälatur allein die eigentliche Schaufront, hinter der das Kloster zurücktrat, manchmal schuf man ausgedehnte Schaufassaden für den Konventbau. Nicht selten blieben die riesigen Projekte, die mehr der Repräsentation als dem klösterlichen Leben dienten – die Anzahl der Mönche und Nonnen nahm im Verlauf des 18. Jahrhunderts überall ab –, nach teilweiser Ausführung stecken. Selten haben Nonnenkonvente sich solch umfassende barocke Bauaufgaben stellen können. Die beiden Lausitzer Zisterzienserinnenklöster bilden eher eine Ausnahme, insofern sie sich – besonders Marienthal – ungewöhnlich baufreudig erwiesen. Was die Rezeption des Stils in Marienstern anlangt, so ist festzustellen, daß hier der sich im zweiten Jahrzehnt des 18. Jahrhunderts in Böhmen überall durchsetzende plastisch bewegte Barock Johann Christoph Dientzenhofers, wie er in dieser Zeit auch von dem in Leitmeritz tätigen Italiener Oktavian Broggio nach Nordböhmen vermittelt wurde, nicht heimisch geworden ist. Aber Broggio ist offensichtlich ein Architekt gewesen, der unterschiedliche Stilströmungen – etwa die Giovanni Santinis (Santin Aichls) – zu verarbeiten verstand. Dabei spielten die Beziehungen zu den böhmischen Zisterzienserklöstern eine entscheidende Rolle. Der Abt von Ossegg wirkte von 1700 bis 1726 als Visitator in Marienstern, gefolgt vom Abt von Plaß (1726–1736). Sicher wußte man in Marienstern, daß Octavian Broggio in Ossegg/Osek seit 1711 die Kirche des 13. Jahrhunderts in einem beschwingten, kurvierten Stil barockisierte. In den Jahren 1714–1718 entstand die elegant geschwungene Fassade der Wenzelkapelle in Leitmeritz/Litoměřice nach Plänen Broggios. In Marienstern hat man darin kein Vorbild gesehen.

6 Kloster St. Marienstern. Grabmal der Äbtissin Anna Margaretha Dorn, gest. 1664

Die Mariensterner Äbtissin Cordula Sommer und ihr Beichtvater Pater Karl Breunel aus dem Kloster Ossegg, der möglicherweise auch auf das Bauwesen in Marienstern Einfluß genommen hat, dachten auf Ernsteres. Ihre Vorstellung von Stil war offenbar bestimmt von der strengen Gravität der Bauten der böhmischen Gegenreformation im 17. Jahrhundert. Denn es ist kaum möglich, daß es der in Diensten des Grafen Salm in Hainspach/Lipová im böhmischen Niederland stehende Baumeister und Architekt Zacharias Hoffmann allein war, der durch die Qualität seiner Projekte und Entwürfe überzeugen konnte. Véra Naňkova hat gezeigt, daß Hoffmann mehrfach nur ausführender Baumeister nach den Plänen anderer, häufig italienischer, gewesen ist. In Marienstern ist sein Name für die Ausführung zweier Bauteile überliefert, den Neubau des Refektoriums im Südflügel 1716/17 und die Umgestaltung der Westfassade der Kirche 1720/21.

Die ersten Baumaßnahmen unter der Äbtissin Cordula Sommer waren die Einrichtung einer Kapelle in der Propstei und einer weiteren neben der Krankenstube im Jahre 1715 gewesen. Der Umbau des Gästehauses mit dem „Roten Saal" ist inschriftlich 1715 erfolgt. Im zweiten Jahrzehnt begannen auch die Umbauarbeiten am Konvent. Bei dem Neubau des Refektoriums 1716/17 handelt des sich um einen tonnengewölbten Raum von drei Achsen. Er liegt nicht mehr wie in mittelalterlicher Zeit in der Mittelachse des südlichen Kreuzgangflügels gegenüber der quadratischen Brunnenkapelle, die im 17. Jahrhundert neu geschaffen worden war, sondern mehr nach Osten verschoben. Es ist ein hoher tonnengewölbter Raum mit Stichkappen, stuckierten Füllungsmotiven und einem Bild von Ferdinand Siegfried Philippi in der Mitte. Auch die westlich anschließenden Küchenräume müssen damals umgestaltet worden sein.

Architektonisch bedeutsam ist die Umgestaltung der Klosterkirche. Der bis dahin sicher ganz schlicht gehaltenen Westseite der Kirche sollte ein Gesicht, eine Fassade gegeben werden, die würdevoll imponiert, aber auch einlädt, ins Innere zu treten. Der Architekt griff dabei auf eine damals schon ganz unmoderne architektonische „Pathosformel" der Gegenreformation, die dreiteilige Giebelfassade des römischen Frühbarock zurück. In Prag wurde sie mit der Fassade von St.-Maria-de-Victoria auf der Kleinseite, um 1640 erbaut, und an den Jesuitenkirchen St. Salvator in der Altstadt, um 1640/50, und St. Ignaz in der Neustadt, nach Entwurf von Paul Ignaz Beyer 1671 fertiggestellt, also ausdrücklich der Glaubenspropaganda dienenden Bauten, heimisch. An dem für Nordböhmen wichtigen Dom St. Stephan wurde sie um 1670 angewandt: Im Erdgeschoß ist sie dreiteilig. Die Mittelachse wird in einem Obergeschoß weitergeführt, seitlich flan-

7 Kloster St. Marienstern. Grabmal der Äbtissin Katharina Benada, gest. 1697

8 Kloster St. Marienstern. Grabmal der Äbtissin Ottilie Hentzschel, gest. 1710

kiert von zur Mitte überleitenden Voluten. Mit einem antikisierenden Dreiecksgiebel ist die Fassade abgeschlossen. In Marienstern wurde das antikische Schema, das eigentlich mehr gelagerte Proportionen im Erdgeschoß voraussetzt, bedenkenlos auf die mittelalterlich steile Hallenkirche übertragen. Die Strebepfeiler wurden zu Pilastern, die von Heiligenfiguren, Bernhard und Benedikt außen und Joseph und Johannes der Täufer innen, bekrönt sind, umgedeutet. Zwischen die beiden Mittelpfeiler ist eine kleine Vorhalle eingefügt. Um den steilen Giebel zu verdecken, wurde eine Attikazone eingeschoben. In einer Aedikula im Mittelfeld des Obergeschosses erscheint die bewegte Figur eines Salvator mundi, des Weltheilands. Es ist ein Werk des Bautzner Bildhauers Georg Vater. Ein Chronogramm „GLoria LaVs et honor IbI sIT Christe, reDeMptor" verweist auf das Jahr der Entstehung 1720. An das Marienpatronat erinnert der Stern im Giebel, unter Bezug auf das Beiwort „Morgenstern", das dem Kloster seinen Namen gab: „Stella Sanctae Mariae". Diesen Stern vergoldete der „geachtete Kunstmahler" Ferdinand Siegfried Philippi.

9 Kloster St. Marienstern. Westfassade der Klosterkirche und Abtei von Südwesten

Der Architekt hat die genannten Prager Kirchenfassaden genau gekannt. Von St.-Maria-de-Victoria übernahm er die Idee für den Einschub der Attikazone. Auch der Stern im Giebel kommt hier vor. Die Vorhalle sowie die bekrönenden Obelisken und Kugeln sind der Fassade von St. Ignaz entnommen; auch am Dom zu Leitmeritz sind sie verwendet. Die Aedikula mit der Figur des Weltheilands ist Bestandteil der Fassade von St. Salvator, wo auch die die Pilaster bekrönenden Figuren vorkommen.

Wenn trotz dieser Übernahmen die Mariensterner Fassade nichts von dem bedrohlichen Ernst der böhmischen Bauten aufweist, so ist das teilweise auf die mittelalterlichen Proportionen, teilweise aber auch auf die geringe Plastizität aller Gliederungen zurückzuführen. Die festlich-heitere Farbgestaltung – Rot für die Gliederungen auf dem Weiß der Wandflächen, Grün die Heiligenfiguren, dagegen Weiß vor Rot die Salvatorfiguren, Gold die Kugeln, der Stern und das bekrönende Kreuz – trägt dazu bei, daß man die römische Rhetorik des zugrundeliegenden Architekturmusters kaum mehr wahrnimmt.

Die Mariensterner Fassade ist eine „glückliche Fügung". Sie könnte sich aus der Anwendung von Stilmustern auf die vorgegebene Gestalt gleichsam wie von selbst ergeben haben. So erscheint es kaum nötig, hinter der für die Ausführung überlieferten Gestalt des Zacharias Hoffmann die Idee einer eigentlich schöpferisch tätigen Persönlichkeit zu suchen. Vielmehr könnte der Anstoß, die längst veralteten Formeln zu zitieren, vom Auftraggeber diktiert sein. Neuerdings wird die Fassade und insbesondere die kleine Vorhalle vor derselben Oktavian Broggio zugeschrieben und ihr Entwurf in die Zeit nach 1707, also noch in die Amtszeit der Ottilie Hentschel, datiert. Zweimal hat übrigens Zacharias Hoffman auf den Mariensterner Fassadentyp zurückgegriffen, an der Wallfahrtskirche zu Wölmsdorf/Vilémov 1728/29 und an der stattlichen Kirche zu Nixdorf/Mikulášovice, 1750/51, beide im benachbarten Nordböhmen. In Wölmsdorf erinnert die Proportionierung an Marienstern, die Figurennische im Giebel und die seitlich an den Giebelanschwingen stehenden Obelisken. Aufgrund des andersartigen Querschnitts der Kirche von Nixdorf sind die Proportionen des Giebels zwar anders, die Versatzstücke und ihr Arrangement sind aber vergleichbar.

Entsprechend zur Westfassade der Kirche zu Marienstern wurde ihre Nordseite gestaltet, die Pfeiler sind hier mit Kugeln gekrönt, die Ost- und Südfront blieben unverändert. Zur selben Zeit wurde die Kirche auch mit der Propstei und dem Gästehaus durch gedeckte Übergänge verbunden. Im Jahre 1725 erweiterte man die Propstei um ihre „hinteren" Flügel.

Gleichzeitig mit der Barockisierung des Äußeren der Klosterkirche wurde der Innenraum umgestaltet und erneuert. Wenn es heißt, daß der Chor 1720 „verengert" wurde, bedeutet das wohl, daß er nur im Mittelschiff bestehen blieb, während er sich bis dahin auch in das nördliche Seitenschiff hinein erstreckte. Auch scheint schon damals eine hölzerne Auskragung nach Osten, also eine „Verlängerung" des Chores vorgenommen worden zu sein. Sie verdeckte nunmehr den seitlichen Übergang zur Chorgasse und die Bemalung aus dem 17. Jahrhundert. Vielleicht steht damit die für 1719 bezeugte „Restaurierung" der schmerzhaften Muttergottes, wohl eines Vesperbild aus dem 14. Jahrhundert, in Zusammenhang, die der Kunstmaler Ferdinand Siegfried Philippi ausführte. Es liegt sehr nahe anzunehmen, daß dieses ergreifende Bildwerk unter seinem Kronenbaldachin von 1698 als „Choraltar" des Nonnenchores gedient hat. 1719 wurde auch ein Altar der heiligen Bernhard und Donatus geweiht; seine Gestalt kennen wir nicht mehr. Dagegen erhielten sich zwölf lebensgroße, aus Holz geschnitzte und in Weiß und Gold gefaßte Figuren, die die Äbtissin auf der Mauer der „Chorgasse", des Raumes, der im Obergeschoß das südliche Seitenschiff der Kirche bildet, aufstellen ließ. Sie sollen von der Hand eines Wittichenauer Künstlers stammen, und man ist versucht, dabei an den dort gebürtigen, in Prag tätigen Wenzel Jäckel als Urheber zu denken. Die mehr dekorativen Ansprüchen genügende Plastik könnte in seiner Werkstatt entstanden sein oder auf Georg Vater zurückgehen, der auch aus Wittichenau stammte. Das ikonographische Programm für die zwölf Figuren zeugt von der spezifisch barocken Prägung der Frömmigkeit der Äbtissin. In jedem Joch sind je drei Figuren aufeinander bezogen. In der Nähe des Hochaltars stehen der Salvator mundi, begleitet von Petrus und Paulus als Grundpfeiler der Kirche. Im nächsten Joch repräsentieren die heilige Ursula, Cordula und Agnes das Vorbild der Jungfräulichkeit, wobei die heilige Cordula, eine Gefährtin der heiligen Ursula, auch Namenspatronin der Äbtissin ist. Es folgen als männliche Vertreter des gleichen Ideals der heilige Benedikt, der heilige Joseph und der Zisterzienserheilige Bernhard. Die folgenden drei Heiligen sind Schutzpatrone des Klosters, der heilige Mauritius, Johannes der Täufer und der böhmisch-barocke Modeheilige Johannes von Nepomuk, der erst 1729 heiliggesprochen, aber im

10 Wölmsdorf/Vilémov, Wallfahrtskirche. Fassade, 1728/29 von Zacharias Hoffmann

11 Nixdorf/Mikulásovice, Nikolauskirche. Fassade, 1750/51 von Zacharias Hoffmann

12 Kloster St. Marienstern. Schmerzensmutter, 1720, vielleicht von Wenzel Jäckel, und Epitaph der Maria Anna Franziska von Sulkowsky, gest. 1741, wohl von Gottfried Knöffler

böhmischen Raum schon mit dem 17. Jahrhundert verehrt wurde. Die lebhaft bewegten Figuren sind in Polierweiß gefaßt und besitzen vergoldete Säume und Attribute.

Am Ausgang von der Kirche zum Kreuzgang sind die in Sandstein gearbeiteten Sitzfiguren der Schmerzensmutter und des Schmerzensmannes aufgestellt. Es sind in ihrem seelischen Ausdruck ergreifende Werke. Die Inschriften am Sockel verkünden, daß die Figur des Schmerzensmannes 1718 von D. Ferdinand Siegfried Philippi gestiftet wurde, die der schmerzensreichen Muttergottes von Elias Hentschel, Amtmann in Bernstadt, dem Bruder der verstorbenen Äbtissin im Jahre 1720. Diese qualitätvollen Figuren gelten als Werke Mathias Wenzel Jäckels. Von Bedeutung sind auch die drei großen, mit Sockel fast sechs Meter hohen Sandsteinskulpturen, die Dreifaltigkeitssäule in der Nähe des Gästehauses, dem heiligen Johannes von Nepomuk an der Propstei und die Maria Immaculata vor der Abtei. Der Sockel der Dreifaltigkeitssäule, ein Werk von Georg Vater, ist altarartig ausgebildet. Darüber erhebt sich ein Postament mit einer Kartusche, die mit einem Chronogramm auf das Jahr 1723 beschriftet ist. Über einem weiteren, mit Voluten gezierten Postament erscheint in einer Wolkenglorie Christus mit der Erdkugel und dem Kreuz als Erlöser der Welt, gesegnet von Gottvater, über ihm, der als Weltregent ein Zepter trägt und die Rechte segnend ausgestreckt hat. Über ihm schwebt in einer Strahlenglorie die Taube des heiligen Geistes. In einander ähnlicher Weise sind die Sockel des Johannes Nepomuk und der Maria gestaltet, über einem Altarsockel steile Postamente, daran Kartuschen mit den Chronogrammen auf die Jahre 1720 und 1718. Die Figur der Maria Immaculata ist mit betend erhobenen Händen auf dem Halbmond stehend dargestellt; zu ihren Füßen windet sich auf der Erdkugel die Schlange. Die Figur des Nepomuk folgt dem Typus auf der Prager Karlsbrücke von 1683, ist aber dramatisch-bewegter.

Weniger qualitätvoll wirkt das Kruzifix mit Maria als Schmerzensmutter an der Westwand der Kirche von 1725, ebenfalls von Georg Vater. Vor der Kirche wurde der „neue Röhrkasten", ein sechseckiges Brunnenbecken, bezeichnet 1739 aufgestellt. Als Brunnenfigur erhebt sich darin ein aufrecht sitzender gekrönter Löwe, der ein Wappen der Äbtissin Cordula Sommer mit der Jahreszahl in den Tatzen hält. Mit diesem humorvollen Wappentier bekennt sich die Äbtissin zur alten Schutzherrschaft des Königreiches Böhmen über das Lausitzer Kloster.

Interessant ist in der Klosterkirche zu Marienstern zu sehen, wie neben der von der Äbtissin geförderten, pragerisch bestimmten Bildhauerkunst auch Werke dresdnerischer Provenienz auftreten und zwar an Grabmälern für katholische Persönlichkeiten am sächsischen Hof. Aus dem Umkreis Balthasar Permosers stammen der Entwurf des Marmor-Epitaphs von Anton Egon Fürst von Fürstenberg, gestorben 1716, das Giovanni Maria Fossati lieferte. Der Stilcharakter des Grabmals für Maria Anna Franziska Fürstin Sulkowski, gestorben 1741, ähnelt Werken des Dresdner Hofbildhauers Gottfried Knöffler. Hatten die Bemühungen der Äbtissin in den zwanziger Jahren vorrangig der Ausschmückung der Kirche und des Hofes vor der Kirche gegolten, wendete sie sich in den dreißiger Jahren erneut dem Konvent zu. Die Zellen für die Schwestern sollten verbessert und dem Lebensstil begüterter Schichten angeglichen werden. Mit der damals zweifellos in Marienstern herrschenden Klosterzucht war ein gewisser Lebensgenuß offenbar ohne weiteres vereinbar. So verzeichnen die Chroniken ausdrücklich, daß die Äbtissin im Jahre 1717 erstmals mit zwei Schwestern und dem Propst eine Badereise nach Teplitz unternommen habe. Selbstverständlich gehört in den parkartigen Konventgarten ein Gartenhaus. Mit dem 1731/32 errichteten neuen Konventbau sollten nun auch wohnlichere Räume für die Schwestern geschaffen werden. Mit Genugtuung berichten die Chroniken, daß die Zellen Ofenheizung erhielten, die vom Gang aus zu betätigen war, so daß in den

Räumen selbst kein Schmutz mehr entstand. Die Situierung des Neuen Konvents ist eigenartig: Er schließt sich leicht abgewinkelt an den alten Ostflügel an, ist aber ein wenig nach Osten herausgerückt und bildet im Grundriß eine Dreiflügelanlage mit kurzen Seitenflügeln an der Westseite. Damit ist also ein barocker „Ehrenhof" angedeutet, der aber baulich kaum in Erscheinung tritt, da der im Mittelalter zurückreichende Südflügel der Klausur breiter ist als der Nordflügel des Neuen Konvents. Diese ungleichliche architektonische Lösung war gewiß nicht das, was der barocke Architekt anstrebte. Im Blick auf andere Klosteranlagen des Barocks könnte man sich denken, daß der alte Südflügel durch einen schmaleren neuen ersetzt werden sollte, daß man vielleicht sogar im Blick hatte, ein zweites Klostergeviert mit einem Anschlußbau an die Abtei und einem neuen Südflügel zu bauen. Es zeugt aber vom Realitätssinn der Äbtissin, wenn sie es bei der Ausführung des Benötigten bewenden ließ.

Die innere Organisation ist zweckentsprechend einfach: Im Nordwestflügel ist das um einen quadratischen Mittelschacht dreiläufig entwickelte Treppenhaus angeordnet. Es kann also von den Schwestern, die durch den östlichen Kreuzgangflügel vom Chor kommen, unmittelbar erreicht werden. An der Westseite des dreigeschossigen Baues ziehen sich Gänge hin, an der Ostseite liegen die Zellen. Hier sind drei Achsen als Mittelrisalit kräftig hervorgehoben, während die Seitenrisalite von je zwei Achsen nur wenig heraustreten. Auch der von einem Dreieckgiebel abgeschlossene Mittelrisalit an der Westseite tritt nur schwach vor. Das Erdgeschoß ist durchgehend kreuzgratig gewölbt und in der Fassadenarchitektur als Sockelgeschoß gekennzeichnet. Im Mittelrisalit liegt hier die dreiachsige „Kaffeestube". Die Obergeschosse sind an den Risaliten durch kolossale Pilaster toskanischer Ordnung und durch Fensterverdachungen ausgezeichnet. An den Seitenrisaliten sind es Giebeldreiecke, am Mittelrisalit folgen die Verdachungen der geschwungenen Form der Fensterabschlüsse. Im Unterschied zur Schloßarchitektur des Barock sind die Fensterformate im zweiten Obergeschoß die gleichen wie im ersten. Die Umrißlinien der ziegelgedeckten Walme der Dächer lassen – vor allem von Osten her gesehen – den langgestreckten Bau kräftig belebt erscheinen. Im Dach des Mittelrisalits sitzt an der Ostseite eine wirkungsvolle Lukarne mit einem Ovalfen-

13 Kloster St. Marienstern. Neuer Konvent von Osten

ster, die Westseite ist durch einen Dreiecksgiebel hervorgehoben. Dieser Eindruck wird allerdings durch einen Anbau von 1878 an der Südseite stark beeinträchtigt.

Bei aller Schlichtheit beweist die Außenarchitektur des Neuen Konvents große Haltung, einen architektonischen Geist, der über den archaisierenden Provinzialismus des Barocks der Umgestaltung der Kirche von 1720/21 hinausführt. Angesichts der Verdichtung des architektonischen Ausdrucks an den Risaliten, aber auch im Hinblick auf Baudetails wie der abgerundeten Ecken des Mittelrisalits oder der Bildung der Fenster im Mittelrisalit mit ihren geschwungenen Abschlüssen, den Schlußsteinen, die in Kontakt mit den entsprechend gebildeten Verdachungen stehen, wird man an den Bau der Bischofsresidenz von Leitmeritz 1689–1694 von Giulio Broggio oder den Konvent und Prälaturbau des Zisterzienserklosters Ossegg (geplant seit 1704, ausgeführt bis 1725) erinnert. Petr Macek vermutet, daß auch der Neue Konvent von Marienstern von dem jüngeren Broggio um 1707 entworfen worden sei. Bestimmte Eigenheiten wie die abgerundeten Ecken am Mittelrisalit und die eigenartigen Fensterverdachungen gemahnen auch an Bauten Giovanni Santini Aichls, dessen Bauten in Plaß/Plasy und Maria Teynitz – auf Aquarellen festgehalten – noch heute in Marienstern in lebendiger Erinnerung sind.

1737 wurde der Äbtissin Cordula Sommer erlaubt, ein goldenes Brustkreuz zu tragen, was als ein besonderes Privileg dem Lausitzer Kloster gegenüber aufzufassen ist. In den vierziger Jahren wandte die Äbtissin sich Aufgaben außerhalb des Klosters zu. Ihr Wappen im Gewölbe der 1740–1744 erbauten Kirche in Nebelschütz belegt, daß das Kloster an der Errichtung des schönen barocken Baues beteiligt war. Vielleicht ist es nicht aus der Luft gegriffen, wenn die chronikalische Überlieferung besagt, daß der Grundriß – ein gelängtes Oval – vom Architekten der Katholischen Hofkirche in Dresden, Gaetano Chiaveri, angeregt worden sei. In der Einzeldurchbildung – z.B. den Fenstern – lassen sich Übereinstimmungen mit dem Konventbau in Marienstern und dem gleichzeitigen Neubau des Kloster Marienthal feststellen. Auch hier kommt aber auch Broggio als entwerfender Architekt in Frage. Vor allem sein Frühwerk in Maria Schein (1701–1708) könnte anregend gewesen sein. Die Baudurchführung soll wieder bei Zacharias Hoffman gelegen haben.

In den gleichen Jahren bemühte sich Cordula Sommer darum, die Administratur über die Wallfahrtskirche Rosenthal fest in die Hand zu bekommen. Die Errichtung eines Berhardsaltares 1743 in der Klosterkirche steht am Ende der Amtstätigkeit der Äbtissin Cordula Sommer, der es in 36 Jahren gelungen ist, das mittelalterliche Kloster den Strömungen barocker Kultur anzuschließen, ja Marienstern zu einer Heimstatt barocken Lebens- und Baustils werden zu lassen.

Ausklang des Barocks unter den Äbtissinnen Josepha Elger (1746–1762) und Klara Trautmann (1762–1782)

Was der Anlaß für die Errichtung eines neuen Hochaltars 1751 in der Klosterkirche gewesen ist, wissen wir nicht. Wahrscheinlich war der bisherige nicht glanzvoll genug. 1751 wurde die Mensa geweiht; 1756 lieferte der Steinmetzmeister Franz Lauermann aus Prag den Marmoraufbau für 3.500 Reichstaler. Das Tabernakel arbeitete der Goldschmied Kasper Geschwandter aus vergoldetem Kupfer. Die in Holz geschnitzten und vergoldeten Figuren fertigte der Prager Bildhauer Ignaz Platzer (1717–1787). Er ist der Meister einiger der glanzvollsten Altäre in Böhmen, so in der Klosterkirche zu Tepl, in der Zisterzienserkirche zu Königsaal/Zbraslav, in der Prämonstratenserkirche auf dem Strahov in Prag und in der Nicolauskirche der Jesuiten auf der Kleinseite von Prag.

14 Nebelschütz. Inneres der Kirche, 1740–1744

Auch für das große Hochaltarbild gewann die Mariensterner Äbtissin den wohl besten Maler in der Mitte des 18. Jahrhunderts, Franz Karl Palko (1724–1767). Er arbeitete in Böhmen für die Nepomukkirche in Kuttenberg, für das Refektorium des Prämonstratenserinnenkloster Doxan und für die Zisterzienserkirche in Königsaal. 1754 gestaltete er die Johann-Nepomuk-Kapelle der Katholischen Hofkirche in Dresden aus.

Für das Hochaltarbild wurde die Aufnahme Mariens in den Himmel gewählt. Maria als die Patronin aller Zisterzienserklöster genoß auch in Marienstern stets besondere Verehrung. In dramatischem Hell-Dunkel-Kontrast sind die Apostel um den leeren Sarkophag versammelt, während die Muttergottes von Engeln emporgetragen wird. Die heftig bewegten Figuren der Mönchsväter Benedikt und Bernhard flankieren das Bild, hinterfangen von einem Paar gewundener und glatter Schäfte korinthischer Säulen. Die seitlichen Durchgänge sind von den Figuren der Katharina und Margaretha bekrönt. Leider sind die Figuren im Giebel, die die allerheiligste Dreifaltigkeit, verehrt von Engeln, dargestellt haben müssen, nicht mehr erhalten. Das seitliche Engelpaar stammt von der Hand Wenzel Hegenbarths, der alle Figuren des Altars 1893 durch spätnazarenische ersetzte. Erst bei der letzten Erneuerung 1996 konnten die vier Figuren von Ignaz Platzer wieder aufgestellt werden. Die neugotische Dreifaltigkeitsgruppe wurde durch eine barocke Figur Gottvaters ersetzt. So ist im Zusammenwirken von Gemälde, Plastik und Marmorarchitektur einer der kostbarsten Altäre Prager Barocks annähernd wieder hergestellt worden. Von der barocken Gesamtwirkung des Interieurs gibt allerdings nur ein Foto, das vor der Erneuerung 1891/92 entstanden ist, eine blasse Ahnung. Danach erhob sich an der Südwand westlich der Pforte zum Kreuzgang ein hoher barocker Altar mit Säulen und zahlreichen Figuren. Ein besonders reiches Werk des Rokoko muß die Kanzel am dritten Pfeiler von Osten gewesen sein. Zu dieser Ausgestaltung gehörte auch eine farbarchäologisch festgestellte weiße Ausmalung des Innenraumes.

Die Sorge der Äbtissin Josepha Elger und ihrer Nachfolgerin Klara Trautmann galt aber in noch stärkerem Maße der Wallfahrtskirche Rosenthal und den Pfarrkirchen der Umgebung. 1754 war es soweit, daß die Zisterzienser die Administratur von Rosenthal übernehmen konnten. Für die Geistlichen wurde 1755 die stattliche zweigeschossige Administratur, ein zweistöckiger Bau mit vorgezogenem Mittelrisalit und Dreiecksgiebel, errichtet. Schon unter der Äbtissin Klara Trautmann baute man über der heilkräftig wirkenden „Marienquelle" eine Kapelle. Der Andrang der Wallfahrer machte dann 1776–1778 den Bau einer großen dreischiffigen Hallenkirche nötig. Es ist eine Anlage mit kräftigen Gurten und Kreuzgratgewölben über kreuzförmigen Pfeilern. Mit diesem Bau griff man am Ende der Barockzeit noch einmal auf alte obersächsische Traditionen des Hallenkirchenbaus, der hier auch in der Barockzeit nicht abgewiesen war, zurück.

Nach langen Verhandlungen gelang es auch, 1752 einen Kirchenbau in Ralbitz als Tochterkirche von Crostwitz zu errichten. Auch beim Neubau der Pfarrkirche in Crostwitz 1769–1772 war das Kloster in Gestalt des Klostervogts Heinrich Loeb beteiligt. An dem großen Bau über rechteckigem Grundriß und Treppenhäusern für die zwei seitlichen Emporen in den vier Ecken macht sich der Einfluß des für die Lausitz charakteristischen lutherischen Emporensaals bemerkbar. Das verstärkte Interesse des Klosters für die Seelsorge an den Klosteruntertanen ist für die von der Aufklärung berührte Situation auch der Lausitz nach dem Siebenjährigen Kriege ebenso symptomatisch wie das Zurücklenken auf die heimischen sächsischen Traditionen in den Bauformen.

15 Rosenthal, Wallfahrtskirche. erbaut 1776–1778, 1945 zerstört, wiedererrichtet 1946–1952

16 Kloster St. Marienstern, Klosterkirche. Hochaltar, 1751–1756

Weitere Schicksale der Klosterbauten von Marienstern

Unter der Äbtissin Vinzentia Marschner erhielten 1819 die Wirtschaftsgebäude als langgestreckte zweigeschossige Trakte eine neue Gestalt. Der Kopfbau am nördlichen Ende – 1889 umgebaut – dient der Verwaltung der Ökonomie. Damit ist westlich der Abtei ein Hof mit einheitlichem architektonischen Gesicht geschaffen, der ab 1877 gärtnerisch gestaltet wurde. Ein Brand im Bereich des Südflügels löste eine Bautätigkeit an der Südwestecke der Klausur aus. Angesichts der Auflösung der Klöster im Habsburgerreich unter Kaiser Joseph II. stellte sich auch für die in Sachsen erhaltenen Zisterzienserklöster die Frag, ob die alten Ordensideale allein noch zeitgemäß seien. Schon seit 1800 hatte sich insbesondere die Äbtissin Vinzentia Marschner (1799–1828) des Schulwesens angenommen. Nun kam es 1824 besonders auf Betreiben des Propstes zum Bau eines nüchternen dreigeschossigen Zweckbaus als Pensionat. Dieses St. Joseph-Institut läßt in fast erschreckender Weise die Abwendung von der Repräsentationsfreude des Barocks erkennen. Auch der weitere Ausbau der Wirtschaftsgebäude, zum Beispiel der Brauerei von 1837 und des Eiskellers entbehren architektonischer Qualitäten. Besonders entstellend wirkte sich die Erweiterung des Neuen Konvents um ein Krankenhaus 1878 aus.

Das Innere der Klosterkirche betrafen zwei Wellen von Regotisierungen. In einer ersten von 1860/61 wurde der Raum von Prager Künstlern farbig und mit einem nazarenischen Figurenprogramm ausgemalt. Dabei erhielten auch die Fenster in der Westfassade ihr spitzbogiges Aussehen zurück. Aus dieser Zeit erhielt sich die schöne Figur eines heiligen Sebastian von Emanuel Max aus Prag in der Klosterkirche. In einer zweiten Etappe von 1888/92 wurde die barocke Ausstattung weitgehend durch eine neugotische ersetzt, wobei Grödener und böhmische Künstler führend waren. Eine Neuausmalung der Kirche von 1932/33 und die teilweise Neuverglasung der Fenster änderte wenig an dem Raumbild. Es war der Dresdner Denkmalpflege vorbehalten, unter der Äbtissin Anna Meier (1954–1987) die Erscheinung des Klosters wesentlich zu verändern. Beim Innenraum der Klosterkirche war sie 1965–1986 darauf bedacht, die Architektursprache des 13. Jahrhunderts wieder zur Geltung zu bringen. Diesem Ziel wurde die neugotische Ausstattung in ihrem wesentlichen Bestandteil geopfert, während die Barockausstattung restauriert und vervollständigt wurde und spätgotische Altäre erneut zur Aufstellung gelangten.

Mit dem Wiederaufbau der im zweiten Weltkrieg beschädigten Schule und ihrem Ausbau zum Behindertenheim 1968–1972 stellte sich für das Kloster eine geistige, geistliche und bauliche Umorientierung ein. Eine Ausweitung des Heimes zeigt sich bei den südlichen Wirtschaftsgebäuden, dem Umbau der stillgelegten Brauerei seit 1985 und dem Ausbau des ehemaligen Eiskellers, dem der Um- und Ausbau der Stall- und Scheunengebäude an der Westseite des Klosterhofes 1995 bis 1998 folgte. Mit der Abfärbung der Abtei 1973 in den Farben Weiß und Rot wurde an die Erscheinung des Klosters in der Barockzeit angeknüpft. Seither erstrahlen – inzwischen mehrfach erneuert – alle Konvent- und Wirtschaftsbauten in diesen Farben und zeigen schon in der äußeren Erscheinung an, daß das Kloster im Zeitalter des Barocks seine kulturelle, seine bis heute prägende Blütezeit erlebt hat.

Literaturverzeichnis

KNOTHE, HERMANN: Urkundliche Geschichte des Jungfrauenklosters Marienstern Cisterzienserordens in der Kgl. Sächs. Oberlausitz. Dresden 1871; [HISCHFEL, ALEXANDER]: Chronik des Cisterzienserinnenklosters Marienstern in der königl. Sächs. Oberlausitz. Warnsdorf 1894; Beschreibende Darstellung der älteren Bau- und Kunstdenkmäler des Königreichs Sachsen. Amthauptmanschaft Kamenz. H: 35 Bearb. v. CORNELIUS GURLITT. Dresden 1912, S. 142–260; Ausst. Kat. Alt-Lausitzer. Bautzen 1935; HENTSCHEL, WALTER: Die Wiederherstellung des Vesperbildes von St. Marienstern. In: Deutsche Kunst und Denkmalpflege 1935, S. 73–80; DEGEN, KURT: Zwei Meisterwerke barocker Goldschmiedekunst. In: Sächsische Miniaturen 1936, S. 1–3; SCHMIDT, EVA: Die Zisterzienserinnenabtei St. Marienstern und die Wallfahrtskirche Rosenthal. Leipzig 1959; HUTH, JOACHIM: St. Marienstern in der Oberlausitz. 700 Jahre im Orden von Zisterz 1264–1964. In: Unum in Veritate et Laetitia. Bischof Dr. Otto Spülbeck zum Gedächtnis. Leipzig 1970, S. 170–204; MAGIRIUS, HEINRICH: Die Klosterkirche von St. Marienstern, ein wiedergewonnener Zisterzienserbau. In: Unum in Veritate et Laetitia. Bischof Dr. Otto Spülbeck zum Gedächtnis. Leipzig 1970, S. 287–307; MAGIRIUS, HEINRICH: Zisterzienserarchitektur im Bistum Meißen. In: Aspekte zur Kunstgeschichte von Mittelalter und Neuzeit. Karl Heinz Clasen zum 75. Geburtstag. Weimar 1971, S. 115–165; MAGIRIUS, HEINRICH und SIEGFRIED SEIFERT: Kloster St. Marienstern. Leipzig 1974; MAGIRIUS, HEINRICH: Das Kloster St. Marienstern. Das Christliche Denkmal H. 116. Berlin 1981. 2. Aufl. Berlin 1986; MIRTSCHIN, MARIA: Die Zisterzienserinnen-Abtei St. Marienstern. Panschwitz-Kuckau im Landkreis Kamenz/Sachsen. Dresden 1995; DEHIO, GEORG: Handbuch der Deutschen Kunstdenkmäler. Sachsen I. Regierungsbezirk Dresden. Bearb. von: BARBARA BECHTER und WIEBKE FASTENRATH. München 1996. S. 682–688.

Benutzt wurden ferner Archivalien des Klosters St. Marienstern.

1 Neuzelle, ehem. Zisterzienserklosterkirche. Stuckierter Pfeiler im Langhaus

NEUZELLE

Ernst Badstübner

Geschichte und Gestalt

Neuzelle liegt am südöstlichen Rand des ostbrandenburgischen Heide- und Seengebietes, das sich als eiszeitlich abwechslungsreich geformte Hochfläche zwischen dem Baruther Urstromtal im Süden und dem Berlin-Warschauer Urstromtal im Norden erstreckt.
Die Begrenzung dieser – geographisch gesprochen – „Gruppe naturräumlicher Haupteinheiten" wird im Westen durch die Dahme und im Osten durch die Oder gebildet. Die Höhenschichten dieses Gebietes steigen von West nach Ost bis auf 150 Meter und mehr über NN an (bei Fünfeichen), um dann rasch stufenförmig zur Oderniederung abzufallen. Dort, wo die unterste Terrasse südlich von Eisenhüttenstadt in einem Halbbogen die Flußaue umschließt, fand das im Jahre 1268 gegründete Zisterzienserkloster seinen Platz. Es bildete schon im Mittelalter eine bedeutsame Baugruppe, bekam aber im 17. und 18. Jahrhundert, in der Blütezeit des Barocks, unter einer Reihe namhafter Äbte durch Veränderungs-, Erneuerungs- und Neubauten den Charakter einer kirchenfürstlichen Residenz. 1928 ist die Klostersiedlung mit den Dörfern Schlaben und Kummerow im Dorchetal zusammengeschlossen worden. Seitdem führen sie gemeinsam den Namen Neuzelle.
In der Zeit vor 1250 stritten landnehmende Mächte, die Markgrafen von Meißen aus dem Hause Wettin und die Markgrafen von Brandenburg aus dem Hause Askanien, um das Gebiet an der mittleren Oder, das sich bis dahin in der Hand der piastischen Herzöge von Schlesien befunden hatte. Als weiterer Konkurrent trat das Erzbistum Magdeburg hervor. Nach der Mitte des 13. Jahrhunderts scheint es zu einer Art von zeitweiligem territorialen Ausgleich gekommen zu sein. Als Grenze zwischen den Interessensphären Meißens einerseits und Brandenburgs mit Magdeburg andererseits bildete sich eine Linie südlich von Fürstenwalde – Müllrose – Brieskow heraus. Die Askanier – es waren die gemeinschaftlich regierenden Markgrafen von Brandenburg Johann I. und Otto III. – nahmen 1253 eine städtische Neugründung für die schon durch Herzog Heinrich I. von Schlesien mit marktrechtlichen Privilegien ausgestattete Siedlung Frankfurt an der Oder vor, um damit die erfolgreiche Landnahme zu besiegeln. Markgraf Heinrich der Erlauchte von Meißen gründete mit gleicher Intention die Stadt Fürstenberg an der Oder (die heute in Eisenhüttenstadt aufgegangen ist) als nordöstlichen Eckposten des niederlausitzischen Besitzes der Wettiner, nachdem er schon 1235 dem Flecken Guben das Magdeburger Stadtrecht verliehen hatte. Zwischen Guben und Fürstenberg sollte dann als Nova Cella auch die neue Niederlassung der aus dem wettinischen Hauskloster Zella bei Nossen dorthin befohlenen Mönche des Zisterzienserordens liegen. Ihre Gründung gehört zu den strategischen und territorialpolitischen Maßnahmen der Markgrafen von Meißen, die diese in der zweiten Hälfte des 13. Jahrhunderts zur Ausdehnung und Festigung ihrer Landesherrschaft trafen.
Der zur Beruhigung gekommene Konflikt mit den Askaniern flammte wieder auf, als nach dem Tode Heinrichs des Erlauchten 1288 die Brandenburger Ansprüche auf die Niederlausitz erhoben und damit schließlich auch Erfolg hatten (1304). Nach dem Aussterben der brandenburgischen Askanier verblieb sie unter den Wittelsbachern bei der Mark Brandenburg, bis Otto der Faule sie 1368 an Karl IV. verlor. Dieser machte sie 1370, drei Jahre bevor er die gesamte Mark Brandenburg übernahm, zum Eigentum der böhmischen Krone. Zu Böhmen gehörte die Niederlausitz bis 1635, als beide Lausitzen durch den Frieden von Prag an Kursachsen fielen und nun wieder (als böhmisches Lehen) wettinisches Land waren.
Der Wechsel in der Zugehörigkeit zu den verschiedenen Herrschaftssphären hat sich in der Bau-, Kunst- und Kulturgeschichte des Klosters Neuzelle bleibend niedergeschlagen. Nur der Übergang an das 1635 bereits fast hundert Jahre lang protestantische Kurfürstenhaus Wettin der albertinischen Linie mit der nunmehrigen Residenz in Dresden blieb ohne große Wirkungen. Unter böhmischer Herrschaft hatten die Stifte und Klöster der Lausitz während der Reformation überlebt, und Kurfürst Johann Georg I. mußte ihnen im Prager Traditionsrezeß den Fortbestand garantieren. Einer 1616 neu geschaffenen Ordensprovinz „Böhmen, Mähren, Schlesien und beide Lausitzen" angehörend, war Neuzelle in der Erneuerungsphase nach dem Dreißigjährigen Krieg und auch während des ganzen 18. Jahrhunderts dem böhmischen Kulturkreis verbunden. So überrascht den Besucher, der aus der kargen und zu zweckdienlicher Sachlichkeit neigenden Landschaft des norddeutschen

Binnenlandes kommt, die heitere und bewegte Formenfülle, mit der ihm das Kloster Neuzelle auf dem Vorsprung der Hügelterrasse entgegentritt. Zwar ist von der einstigen Pracht des Erscheinungsbildes vieles verloren gegangen, doch gilt Neuzelle noch immer als ein bedeutendes Baudenkmal des Barocks.

Der Anblick, der sich von den Wiesenauen oder von der von Norden den Hügelhang hinaufkommenden Straße darbietet, ist bis heute recht eindrucksvoll. Wirtschafts- und Klausurgebäude gruppieren sich um die zentral stehende Klosterkirche, deren mächtiges Dach und schlanker Turm mit geschwungener Haube das Ganze überragen. Auf der Anhöhe kreuzt die Dorfstraße eine Allee. Sie führt westlich auf den Priorsberg, einen einstigen Weinberg, und östlich, von Kastanien eingefaßt, am nördlichen Ufer des künstlich angelegten und von der Dorche gespeisten Klosterteichs entlang, zum Klostertor. Der Stiftshof öffnet sich weit nach Süden und wird von schlichten zweigeschossigen Gebäuden eingefaßt. Die Nordseite wird von Abtei, „Amtshaus" und „Fürstenflügel" eingenommen. Das langgestreckte Wirtschaftsgebäude an der Südseite des Hofes verdeckt die „Scheibe", eine flache kegelförmige Hügelaufschüttung, die heute als Kalvarienberg den Wallfahrtsprozessionen dient. An der Ostseite des Platzes steht die „Sommerabtei", das heutige katholische Pfarramt, und am Wege zum südlichen Klosterausgang die jetzt evangelische Pfarrkirche „Zum Heiligen Kreuz", deren Westtürme aus der Mitte des 19. Jahrhunderts stammen. Sie stellen zwar eine interessante Adaption ihrer barocken Vorgänger dar, können aber die mehr preußisch-klassizistische Formensprache ihrer Entstehungszeit nicht verleugnen und sind ein fremder Klang in der böhmisch-barocken Formenwelt. Als Folge des Wiener Kongresses war 1815 die Niederlausitz an Preußen gefallen, und König Friedrich Wilhelm III. verfügte im Februar 1817 die Aufhebung des Klosters. Ein Jahr später fand die Einweihung eines evangelischen Lehrerseminars statt, das in den ehemaligen Klostergebäuden eingerichtet worden war. Die große Klosterkirche blieb Pfarrkirche für die katholische Gemeinde. Die ehemalige Leutekirche wurde damals evangelisch.

Im Jahre 1892 suchte ein Brand das Kloster heim, dem vor allem die barocken Erweiterungen der mittelalterlichen Klausur zum Opfer fielen. Der Wiederaufbau in den Jahren 1894 – 1897 geriet zu einem anspruchslosen wilhelminischen Schulbau im Stile der nüchternen Zweckarchitektur Preußens. Die Aufstockung der Klausurgebäude um ein drittes Geschoß stört die Proportionen der Gesamtsilhouette empfindlich und verblockt durch flache Dachneigungen die Bauteile, wo früher Mansard- und Walmdächer malerische Übergänge geschaffen haben. Die Klosterkirche selbst blieb vom Brand verschont. Die darum betenden Gläubigen sahen darin ein Wunder und stifteten aus Dankbarkeit für das Bauwerk.

Das mittelalterliche Kloster

Am 12. Oktober des Jahres 1268 stellte Heinrich der Erlauchte (1221–1288) jenes Diplom aus, das als Gründungsurkunde für Neuzelle gilt. Es ist im Original nicht erhalten, aber im Text der Confirmationsurkunde Karls IV. vom 30. November 1370 angeblich vollständig überliefert (P. Urbanczyk).

Markgraf Heinrich wünschte, zu Ehren der Jungfrau Maria ein Kloster für Mönche vom Zisterzienserorden zu gründen und zu errichten. Zum Seelenheil seiner zweiten Gemahlin Agnes, einer Tochter des Böhmenkönigs Ottokars II., hat er der Niederlassung, als einer im Kolonisationsgebiet üblichen Ausstattung von Fundationen, alle seine Besitzungen vermacht, die in einer Meile Entfernung um den Ort liegen, bei welchem das Kloster gebaut werden soll. Dieser Ort werde volkstümlich Starzedel genannt, aber so solle das Kloster nicht genannt werden, sondern, wie es ausdrücklich heißt, Nova Cella nach dem Willen des Markgrafen, denn offensichtlich wünschten dieser und seine territorialpolitischen Ratgeber eine Besiedlung durch Cella bei Nossen, das bislang einzige Hauskloster der Wettiner und ihre Grablege seit der Gründung im 12. Jahrhundert. Als Filiationslinie ergibt sich dadurch für Neuzelle die Reihe der Zisterzienserklöster Morimond – Camp – Walkenried – Pforta – Altzella. Nach der Reformation und der Aufhebung des Klosters Altzella im Jahre 1540 war Neuzelle zunächst „vaterlos", bis es 1580 bzw. 1616 durch kaiserlichen Einfluß seine geistliche Heimat in Böhmen fand.

Das im September 1281 tagende Generalkapitel des Ordens in Cîteaux gab dem Abt von Altzella auf, den Konvent und den Abt in Neuzelle einzuführen. Es wird für sicher gehalten, daß die Neuankömmlinge ihre Wohnung noch nicht dort fanden, wo heute das Kloster steht, sondern etwa zwei Kilometer weiter südöstlich in einer slawischen Wallanlage, der „Wenzelsburg", ebenfalls am Höhenrand über der Oderaue gelegen. Die dort vorbereiteten Baulichkeiten müssen provisorisch gewesen sein, und der Stifter Markgraf Heinrich, der 20 Jahre nach der Klostergründung starb, konnte hier nicht zur letzten Ruhe gebettet werden, sondern wurde wie seine Vorfahren in Altzella beigesetzt.

Die Errichtung des Klosters am heutigen Ort machte Schwierigkeiten. Ein Sandhügel mußte um 17 Meter auf das heutige Niveau abgetragen werden, um ebenen und befestigten Baugrund zu gewinnen. Inschriften am Turm geben Kunde von dieser umfangreichen Erdbewegung, bei der der Scheibenberg aufgeschüttet, Teile der vorgelagerten Niederung aufgefüllt und wohl auch der Klosterteich angelegt worden sind, so daß der Klosterbau in weit vorgeschobener Lage am Talrand möglich war; die direkte Tallage verbot der sumpfige Charakter der Oderaue. Diese Bauvorbereitungen begannen nach der Errichtung des Konvents 1281/82; wann der Konvent in die neuerrichteten Klostergebäude einzog, bleibt unsicher. Die Klosterüberlieferung läßt sie erst 1331 unter dem dritten Abt Johannes geschehen. Demnach müßte um 1330 mit einer vollen Benutzbarkeit des Klosters zu rechnen sein. Damals war eine dreischiffige Hallenkirche auf langgestrecktem rechteckigem Grundriß errichtet worden. In sieben Jochen, queroblong im Mittelschiff und annähernd quadratisch in den Seitenschiffen, war sie von Kreuzrippengewölben mit gleicher Scheitelhöhe gedeckt, getragen von schlanken Achteckpfeilern und spitzen, reich profilierten Arkaden. In regelmäßiger Reihung war das Gebäude außen von Strebepfeilern umstellt. Ein mächtiges Dach zwischen Blendgiebeln an den Schmalseiten im Osten und Westen gab dem Baukörper beeindruckende und auch überraschende Geschlossenheit, denn von der differenzierten Gliederung in Chor, Querhaus und Langhaus, wie sie an einer herkömmlichen Klosterkirche zu erwarten gewesen wäre, ist nichts zu spüren. Nur ein schmaler Turm an der Westseite, offensichtlich aber erst am Ende der Baumaß-

nahmen um 1400 hinzugekommen, schränkte diesen Charakter eines bloßen Hauses etwas ein.

Es war ein neuartiger Bautyp, der von den Zisterziensern in Neuzelle zur Anwendung gebracht worden ist. Mit dem rechteckigen Grundriß und mit der Überschaubarkeit seiner Bau- und Raumkomposition stand er zwar in der Tradition der Ordensbauweise, auch der Hallengedanke war in der Zisterzienserbaukunst nicht neu, aber diese Form einer querschifflosen, zu vereinheitlichender Weiträumigkeit neigenden Halle antizipiert architekturgeschichtlich Zukünftiges ebenso wie die gleichzeitigen frühen städtischen Kirchen oder die der Bettelorden. Hier erscheint ein neues Raumgefühl, das zur Spätgotik, ja zur Neuzeit schlechthin führt. Aller Wahrscheinlichkeit nach ist die zwischen 1260 und 1290 erbaute Kirche des Zisterziensernonnenklosters in Marienstern das unmittelbare Vorbild für die Kirche in Neuzelle gewesen. Auffallend ist die beträchtliche Verschiebung der Klosterkirche gegen die Klausurgebäude. Sie suggeriert eine nicht vollendete, mindestens aber um drei Joche nach Westen länger geplante Anlage. Mit der Klosterkirche gleichzeitig scheint nur der östliche Klausurflügel errichtet worden zu sein. Die Verbindung vom Kreuzgang zur Kirche bildet das hoheitsvoll proportionierte Mönchsportal mit reich profiliertem Gewände und stumpfspitzbogigen Bogenlauf. Es führt in das fünfte Joch der Halle, von Osten gezählt. Die Laienbrüder betraten die Kirche wahrscheinlich durch ein weitaus bescheideneres Portal in der Nordwand des sechsten Joches. Dieses blieb vorschriftsmäßig außerhalb der Klausur, als der südliche Kreuzgang, abgerückt von der Kirche, gebaut wurde.

Das Ende des 14. Jahrhunderts hat das Kloster gewiß vollendet gesehen. Es fiel aber schon wenige Jahrzehnte später der Verwüstung durch die Hussiten anheim. Die „zischkischen Gegener" kamen im September 1429 nach Neuzelle, töteten die Klosterinsassen und zerstörten die Gebäude. Sie rächten sich für die Verurteilung des Jan Hus, an der der seinerzeit regierende Abt Petrus in Konstanz mitgewirkt hatte. Die Klostertradition machte den Abt und seine Brüder zu Märtyrern, durch deren Blut Neuzelle fortan ausgezeichnet war. Ihnen zu Ehren errichtete Abt Martin im 18. Jahrhundert die Christussäule am Klosterteich.

Der Wiederaufbau der zerstörten Klostergebäude zog sich sehr in die Länge. Erst am Anfang des 16. Jahrhunderts hatte das Kloster zu der Form gefunden, in der es in der Deckenmalerei des Johannes Vanet aus den Jahren 1654 bis 1658 auf dem Bild der Grablegung Christi dargestellt ist. Der Maler wählte den Blick von Nordwesten auf die Gebäudegruppe. Oberhalb des Dorchebaches, an dem die Klostermühle steht, zieht sich die Klostermauer hin. Dahinter erscheint die Klausur, der mehrgeschossige Laienflügel oder das Konversenhaus mit nach Norden sich erstreckenden Anbauten, die den Nordflügel des

2 Neuzelle, ehem. Zisterzienserkloster. Klosterkirche von Südwesten

Gevierts mit den Refektorien verdecken. Dafür tritt der Nordgiebel des Ostflügels, der im Untergeschoß vermutlich den Kapitelsaal und andere Räumlichkeiten, im Obergeschoß das Dormitorium der Mönche enthielt, um so deutlicher ins Bild. Das mächtige Dach der Klosterkirche überragt die Gebäudegruppe. Der das Ganze bekrönende Turm, schlank und hoch an der zurückgesetzten Westseite, schließt mit Zinnenkranz und Dachpyramide nach dem Muster niederlausitzischer Kirchtürme des späten 14. und 15. Jahrhunderts.

Um die Erneuerung nach dem Hussiteneinfall zu finanzieren, mußte das Kloster einiges von seinem Besitz veräußern. Im übrigen hat es aber sein Land gut über die Zeitläufe gebracht, und es überdauerte auch die Reformation.

Nikolaus Hoffmann, ein „in der Prüfung bewährter" Abt dieser kritischen Zeit, war 1558 auch Ordenskommissar für die Zisterzienserinnenklöster Marienthal und Marienstern. Im Jahre 1585 wählte der Neuzeller Konvent Andreas Wiedemann aus dem Zisterzienserkloster Königsaal/Zbraslav bei Prag zum Abt. Diese Personalunion bereitete jene Verbindung mit den Klöstern Böhmens vor, die für die Kunstgeschichte von Neuzelle bestimmend wurde. Daran änderte sich auch nichts, als nach 1623 beide Lausitzen an Kursachsen fielen. Der Dreißigjährige Krieg machte Sachsen und Brandenburg zu Feinden Schwedens, und so hatte auch Neuzelle zu leiden. Abt Bernhard von Schrattenbach, 1641 gewählt, konnte erst 1647 endgültig seine Tätigkeit aufnehmen. Das Kloster war am Ende des Krieges wirtschaftlich ruiniert. Von den Gebäuden heißt es, sie seien verwüstet und die Kirche dem Verfall preisgegeben gewesen. Letzteres ist sicher übertrieben, aber es war die Rechtfertigung für die Neugestaltung des Kircheninneren, die Abt Bernhard in den fünfziger Jahren des 17. Jahrhunderts ins Werk setzte, weniger als ein Zeichen der Überwindung von Zerstörung und erlittener Drangsal, sondern vielmehr als Zeichen des Sieges in diesem Glaubenskampf.

Die barocke Klosterresidenz

Die eineinhalb Jahrhunderte nach dem Dreißigjährigen Krieg bildeten die Blütezeit des Klosters Neuzelle. Im 17. und 18. Jahrhundert verwandelten sich die desolat gewordenen Baulichkeiten des Mittelalters, deren äußere Erscheinung vom Rot des Backsteins und den aufragenden Giebeln bestimmt war, in eine durch klassische Formen monumentalisierte Architektur, die zugleich durch die schwingende Bewegung ihrer Gliederungen und eine strahlende Farbigkeit zu festlicher Wirkung gebracht ist. Nachdem zunächst Abt Bernhard von Schrattenbach die spätgotische Halle durch italienische Stukkateure und Maler zu einer mit Fresken und plastischen Dekorationen reich geschmückten Barockkirche hatte machen lassen, bauten seine Nachfolger im 18. Jahrhundert, Conradus Proche (1703–1727), Martinus Graff (1727–1741) und Gabriel Dubau (1742–1775), das gesamte Kloster um und fügten neue Gebäude hinzu. Die Kirche erhielt eine neue Vorhalle, eine neue Sakristei und schließlich eine Apsis für den neuen Hochaltar. An die Südseite wurde der sechseitige Kuppelbau der Josephskapelle angefügt und damit der Kirchenfassade zum Stiftshof hin ein mittlerer Akzent gegeben. Der Turm bekam eine geschwungene, die „welsche" Haube. Nicht nur die Kirche, die seitdem von gebälktragenden Pilastern umstellt ist, erhielt ein neues Gesicht, auch die mittelalterliche Klausur verschwand unter Aufstockungen und krönenden Mansarddächern. Bogengalerien verbanden die nun den großen Stiftshof im Nordwesten umgebenden Gebäude. Das Klostertor wurde in der Achse des Kirchenschiffes neu gebaut, von ihm aus ging die Allee auf den Priorsberg, die, ganz im Sinne barocken Raumverständnisses,

3 Neuzelle, ehem. Zisterzienserklosterkirche. Portal zur Josephskapelle

die Landschaft mit dem Architekturwerk verbindet. Auf einer Insel im von Baumreihen eingefaßten Klosterteich stand das Lusthäuschen, und unterhalb des terrassierten Hügelhanges, der das Klosterplateau nach Osten abschließt, lag das ausgedehnte Gartenparterre mit Fontänen, Pavillons und Orangerie. Es mag sein, daß die Federzeichnungen „Prospecte des Stifts- und Closters Neu Zelle aus allen Himmelsrichtungen" im Neuzeller Stiftsatlas von 1758, der in der Deutschen Staatsbibliothek aufbewahrt wird, übertreiben und mehr bieten, als tatsächlich vorhanden war, doch bestand auf jeden Fall das Bestreben, der Klosteranlage die prächtige Gestalt einer kirchenfürstlichen Residenz zu geben. Nach dem südlichen Ausgang des Klostergeländes zu wurde an der Stelle einer mittelalterlichen Kapelle eine neue Kirche gebaut, die kleine Leutekirche, die aber durch ihre Kuppel und die zwei Türme an der Westseite von der Bedeutung dieser Architektur her die große alte Klosterkirche übertraf: Sie stellt den Höhepunkt der Bauabsicht dar, nämlich mit baukünstlerischen Zeichen des gegenreformatorischen Triumphes das Architekturbild des Klosters zu vollenden.

Die erste Erneuerung unter Abt Bernhard von Schrattenbach

Das erste Jahrzehnt nach dem Dreißigjährigen Krieg war gewiß eine schwere Zeit, die wirtschaftliche Lage des Stifts muß mit entvölkerten Dörfern und verwüsteten Fluren nahezu aussichtslos gewesen sein, und es bleibt unfaßlich, wie Abt und Konvent die Mittel aufbrachten, um damit zu beginnen, dem Kloster eine Gestalt zu geben, die von der ungebrochenen Kraft der römischen Kirche Zeugnis ablegte. Man wird wohl mit materieller Hilfe aus Prag (und Wien?) gerechnet haben, woher auch die künstlerischen Kräfte kamen, denen man die Neugestaltung übertrug.

In Prag hatte sich schon Anfang des Krieges die politische und damit auch die kunstgeschichtliche Situation entscheidend geändert. Mit dem Sieg der katholischen Liga über die protestantischen Stände Böhmens in der Schlacht am Weißen Berg 1620 wurde die erst 1609 zugestandene Religionsfreiheit wieder aufgehoben, der protestantische Adel liquidiert und seine Besitztümer fremden kaiserlichen Adligen übereignet. Seitdem traten ausschließlich katholische Auftraggeber an die Stelle von Protestanten, wenn es um die Schaffung neuer Werke der Architektur oder der bildenden Kunst ging.

Die Zeit Rudolfs II. (1576–1612) hielt sich im Stil ihrer Architektur an einen etwas akademisch-kühlen Klassizismus der Spätrenaissance. Das änderte sich nach 1620. Zwar blieb eine „klassizisierende" Architektur zunächst auch das Ideal des katholischen Adels, aber sie wurde im Plastischen zu monumentaler Wirkung gesteigert und in ihrer Gliederung bei fortschreitender Entwicklung zu mitreißender Bewegung gebracht. Im Inneren blühte die Kunst der oberitalienischen Stukkateure, die wie auch die meisten Architekten aus der Gegend von Como stammten. Sie überhäuften die Gewölbe und Decken mit einer Fülle von Kartuschen, Früchten, Tüchern und Engelsköpfchen, zwischen denen im regelmäßigen Muster der Rahmungen die dunklen Spiegel der Malerei zum Vorschein kommen (Blažíček). Ein Blick in die Gewölbe der Klosterkirche von Neuzelle lehrt die Verwandtschaft mit der Dekorationskunst dieser gegenreformatorischen Ära in Prag.

Die bauliche Erneuerung, die Bernhard von Schrattenbach begann, erstreckte sich nur auf das Innere der Klosterkirche. An der baulichen Hülle änderte sich vorerst nichts. Das Äußere behielt seine backsteinsichtige Oberfläche und zeigte weiterhin seine hohen Giebel, vielleicht bekam der Turm schon eine welsche Haube (die heutige stammt von 1805). Geändert aber wurden die Fenster. An die Stelle vorauszusetzender hoher Spitzbogenöffnungen traten breitere rundbogige in einer oberen höheren und einer unteren niedrigeren Reihe. Sie tragen nicht wenig zum zeitgenössischen Architekturcharakter vor allem des Innenraums bei, in dem nun die Stützen und Gewölbe des mittelalterlichen Baues hinter einer Stuckverkleidung verschwanden. Die schlanken Achteckpfeiler sind durch große Kapitelle mit weitausladenden Eckvoluten zu mächtigen Säulen geworden, ebenso die gotischen Wandvorlagen zu monumentalen („Kolossal"-) Pilastern. Frucht- und Blütengehänge beleben die glatten verputzten Pfeilerflächen und die Leibungen der Arkaden. Zum Mittelschiff hin tragen die Kapitelle Figuren der zwölf Apostel, Christus und Maria am Eingang des Altarraumes sind erst im 18. Jahrhundert hinzugefügt worden. Über den Kapitellen steigen die Kappen der Gewölbe auf. Die Stuckverkleidung erscheint als längsgerichtete Tonne mit Stichkappen, die von den spitzbogig belassenen Scheid- und Schildbögen ausgehen. Die entstehenden Grate sind mit Profilleisten belegt, die über die Schiffe hinweg Gurte in der Achse der Arkadenscheitel andeuten. Sie schaffen eine Jochfolge, die mit der Reihung von queroblongen flachkuppeligen Feldern im Mittelschiff und längsoblongen in den Seitenschiffen die Wiederholung der mittelalterlichen Raumgliederung suggeriert, tatsächlich aber darauf keinen Bezug nimmt, sondern allein barocker Raumbewegung dient.

Die Stuckdekoration nimmt mit linear wirkenden Ornamentleisten eine strenge Felderteilung vor, die noch an die Kassettengliederung von Renaissancedecken erinnert. Dagegen ist der vegetabilische Schmuck bewegt und kraftvoll, bisweilen wirken noch Elemente des Rollwerks und der Knorpelmanier nach. Daß Prager Stuckarbeiten aus dem zweiten Jahrhundertviertel Pate gestanden

4 Neuzelle, ehem. Zisterzienserklosterkirche. Deckenbilder im Mittelschiff: Geburt und Taufe Jesu

5 Neuzelle, ehem. Zisterzienserklosterkirche. Deckenbilder im südlichen Seitenschiff: Beschneidung im Alten Bund und der Traum Nebukadnezars

haben, ist schon erkannt worden (P. Hirschberg). Die charakteristischen Blumen- und Fruchtgehänge zwischen schwingenden Tuchgirlanden und geflügelte Engelsköpfchen und -karyatiden finden sich im Waldstein- und im Michnapalais, besonders aber in der Salvatorkirche der Jesuiten, deren Pfeiler nach dem gleichen Muster wie die in Neuzelle dekoriert sind. Die Stuckrahmen von Wand- und Deckenfeldern sind im Großen Saal des Michnapalastes aus ähnlichen Formelementen gebildet wie in Neuzelle. Sie fassen dort nur leere Spiegel ein, waren aber sicher für Malereien gedacht. Francesco Caratti als Architekt und Domenico Galli als Stukkateur waren die Meister des Michnapalastes. Wenn der gleichfalls als Mitarbeiter Carattis bekannte Giambartolomeo Cometa schließlich als Stukkateur in Neuzelle erwähnt wird, dürfte der Zusammenhang mit den genannten Bauten in Prag und ihren italienischen Künstlern unzweifelhaft sein.

Wie in Prag sollten auch in Neuzelle die Stuckdekorationen nur die schmückende Einfassung bilden für Fresken, die in ausgedehnten Zyklen Decken und Wände überziehen. Eigentlich ist der Luxus einer Verkleidung der ja noch vorhandenen spätgotischen Decke nur erklärlich aus der Absicht, geeignete Flächen für ein geplantes Bildprogramm zu gewinnen. Die Ausführung, die zwischen 1655 und 1658 erfolgte, stellt in der Tat eine bahnbrechende Neuerung in der böhmischen Kunst des Frühbarock dar (P. Hirschberg). Sie erfüllt künstlerische und kunsthistorische Kriterien, die volle Gültigkeit erst am Ende des Jahrhunderts erlangen, nämlich die Schaffung einer dekorativen Einheit der Innenraumgestalt im Zusammenwirken von plastischem Schmuck und Malerei nach einem auf Gesamtwirkung zielenden ikonologischen Programm. Stilistisch bleibt Neuzelle dabei charakteristisch für die Entstehungszeit frühbarocker

Gegenreformationskunst. Dazu gehören die weiß getünchten Wände und Decken mit ihrem Kontrast, in dem sie zu stark farbigen Ausstattungsstücken, Altären und einzelnen Gemälden stehen; ein Charakter, den Neuzelle behielt, als im 18. Jahrhundert die Ausstattung erneuert wurde und Steigerungen in Farbe und Form durchaus denkbar gewesen wären.

Der Maler des 17. Jahrhunderts war ein Italiener. Sein Name findet sich auf dem Deckenbild im Mittelschiff mit der Darstellung von Christi Auferstehung. Ein noch nicht erwachter Kriegsknecht rechts im Vordergrund stützt sich auf eine Kartusche mit der Inschrift JOES VANET ITALUS FECIT (gemacht von dem Italiener Johannes Vanet), und auf der Stirnseite des Sarkophages steht zu lesen (mit den entsprechenden Kürzeln): „Inceptum Anno M.D.C.L.V – Perfectum Anno M.D.C.LVIII." Schließlich ist, um das gleich anzuschließen, denn es handelt sich hier offenbar um ein Schlüsselbild in personeller Hinsicht, am rechten Bildrand ein Offizier dargestellt, dessen Schild mit dem Wappen des Abtes Bernhard von Schrattenbach geschmückt ist. Es trägt die Initialen F.B.A.N.; die gleichen Buchstaben stehen auf dem Halsband des ihn begleitenden Hundes. Kein Zweifel, hier ist der Bauherr Frater Berhardus Abt von Neuzelle porträtiert. Angesichts der hochgeschlagenen Hutkrempe und der zeitgenössischen Haar- und Barttracht assoziiert man Wallensteins Porträt (als Mars) im Deckenbild des Rittersaales seines Palastes von Baccio del Bianco aus dem Jahre 1627. Hinter dem Abt will man in den zwei Disputierenden den Maler und den Architekten erkennen (P. Hirschberg). Vanet (oder Vanetti?) ist in Prag nicht nachweisbar, soll aber in Böhmen mit Stukkateuren unter seiner Leitung tätig gewesen sein, bevor er nach Neuzelle kam (E. Mühlbächer); über seine spätere Tätigkeit ist nichts bekannt. Sein Stil weist zurück und hat noch mehr etwas von einem hölzernen Manierismus als von einer schwungvollen barocken Kraft. Seine Gemälde bilden eine Folge von Einzelillustrationen mit eigenem kompositorischen Aufbau und Rahmen, sie schaffen noch nicht die illusionistischen Übergänge von der gebauten Architektur in den gemalten Himmel. Die Farbgebung ist bemerkenswert kühl, metallische Blautöne herrschen vor und stehen gut abgestimmt im strahlenden Weiß der Stukkaturen. Der bildnerische Vortrag erscheint etwas schematisch und läßt auf die Verwendung von Vorlagen schließen. Die Haltung der überaus schlanken Figuren, oft von theatralischer Gestik, ist gespreizt und verdreht. Die landschaftlichen Hintergünde haben räumliche Tiefe, bisweilen aber ist die szenische Aktion vor einen flächig wirkenden Felsen, wie im Grablegungsbild, oder vor eine Architekturfolie, wie im Abendmahlsbild, gestellt, die nur seitlich den Blick in die Landschaft freigeben. Rechts neben dem Felsen auf der Grablegung zeigt sich das Kloster Neuzelle in dem mittelalterlichen Bauzustand, den es ja zur Zeit des Abtes Bernhard im Äußeren noch besaß. Die künstlerische Handschrift ist auf allen Gemälden an der Decke und in der oberen Bildreihe an den Wänden so gleich, daß man die wesentliche Arbeit einem Meister zuschreiben muß. Johannes Vanet hätte dafür die vier Jahre von 1655 bis 1658 benötigt.

Die Ikonographie von Vanets Deckenbildern ist denkbar einfach und überrascht geradezu in dieser volkstümlichen Simplizität. Ein Programm liegt dennoch spürbar zugrunde und läßt in der bedachten Totalität des Gebäudes keinen Spielraum für spontane Schöpfungen, handelt es sich doch um nichts geringeres als um die Darstellung des Lebens Jesu. Vierundzwanzig Begebenheiten sind auf Wand- und Deckenfeldern wiedergegeben, die mehr erzählerischen und lehrhaften auf den Wänden zwischen den beiden Fensterreihen, die dem liturgischen Festkreis angehörenden dagegen in den queroblongen Spiegeln der Mittelschiffsgewölbe; sie werden durch die typologische

6 Neuzelle, ehem. Zisterzienserklosterkirche. Gestühl im nördlichen Seitenschiff unter den Wandbildern der Litanei vom Namen Jesu

Zuordnung von je zwei Szenen aus dem Alten Testament in den Seitenschiffsgewölben in ihrer Bedeutung herausgehoben. Von der Verkündigung an Maria bis zur Himmelfahrt sind acht Geschehnisse der Heilsgeschichte mit ihren Präfigurationen ins Bild gebracht nach der schon im frühen Christentum lebendigen, sich auf des Kirchenvaters Augustinus Exegese stützenden Lehre, daß das Neue Testament im Alten verborgen liege und sich das Alte erst im Neuen erschließe. Im Mittelalter, vor allem im Zeitalter der Scholastik des 12. und 13. Jahrhunderts, entstand daraus ein nachgerade wissenschaftliches Programm für Bildausstattungen von Kirchenbauten, und es fällt auf, daß der Zisterzienserorden, der sich ja Bildern gegenüber zurückhaltend verhielt, mit Hilfe dieser Typologie wieder zu reicherem Bildschmuck in seinen Kirchen fand. Ob es auch in Neuzelle entsprechende Werke gab wie etwa in Doberan? Auf jeden Fall standen die Schöpfer des ikonographischen Programms der Neuzeller Ausmalung im 17. Jahrhundert in einer weit zurückreichenden Ordenstradition.

Die Auswahl der Deckenbilder aus dem Festkreiszyklus scheint sich nach der liturgischen Einrichtung der Kirche gerichtet zu haben, denn die Kreuzigung kommt genau über dem fünften Joch von Osten zur Darstellung, dort, wo im Mittelalter und wohl auch noch im 17. Jahrhundert der Kreuzaltar vermutet wird. So umfaßt das Gewölbe über dem Mönchschor die Bilder der Verkündigung an Maria – dieses Gemälde ging beim Anbau des Altarraumes im 18. Jahrhundert verloren –, die Geburt, die Taufe und das Abendmahl, während über dem Konversenteil die Grablegung, die Auferstehung und die Himmelfahrt dargestellt sind. Von den typologischen Zuordnungen seien nur die für die Kreuzigung und für die Auferstehung herausgegriffen. So stehen neben der Kreuzigung auf der Südseite die durch das Eingreifen eines Engels verhinderte Opferung Isaaks, die sein Vater Abraham auf göttlichen Befehl vornehmen wollte, und auf der Nordseite die Anbetung der Ehernen Schlange durch die von einer Schlangenplage befallenen Israeliten. Die biblische Grundlage für die Zuordnung des alttestamentlichen Typs zum Antityp des Neuen Testaments ist hier das Evangelium des Johannes, Kapitel 4, Vers 14, nach dem Jesus sagte: „Und wie Mose die Schlange in der Wüste erhöht hat, so muß der Menschensohn erhöht werden." Und zum Auferstehungsbild wie auch zum vorangehenden Grablegungsbild gehört die Textstelle aus dem Evangelium des Matthäus, Kapitel 12, Vers 40. Dort heißt es: „Denn wie Jona drei Tage und drei Nächte im Bauch des Fisches war, wird auch der Menschensohn drei Tage und drei Nächte im Inneren der Erde sein." Wir finden neben dem am dritten Tage Wiederauferstandenen im südlichen Seitenschiff dargestellt, wie

7 Neuzelle, ehem. Zisterzienserklosterkirche. Jesu Du Zuflucht der Sünder

Jona vom Walfisch ans Land gespien wird, dazu auf der Nordseite die Rettung des Mose aus dem Nil.

So geordnet wie die Deckenbilder erscheinen die narrativen Wandbilder nicht. Ihre Reihung läßt auch keine historische Folge erkennen, und ihre Auswahl hat nur zum Teil Parallelen in den üblichen Leben-Jesu-Zyklen, wohl aber sind es beliebte Barockthemen. Bemerkenswert ist schließlich noch das Bild an der Westwand der Kirche, das heute über der Bekrönung des Orgelprospektes nur schwer zu sehen ist. Es zeigt den betenden Bernhard von Clairvaux vor dem Gekreuzigten, der ihn umarmt. Abt Bernhard assistiert seinem Namenspatron, dem Ordensgründer der Zisterzienser, zusammen mit dem Konvent von Neuzelle. Die Urheber der Kirchenerneuerung, die in einer schweren Zeit erfolgreich zu Ende geführt werden konnte, haben sich hier noch einmal ein Denkmal gesetzt.

Die Vollendung der Erneuerung im 18. Jahrhundert

Die äußere Umgestaltung von Kloster und Kirche

Was Abt Bernhard von Schrattenbach hinterlassen hatte, konnte nur ein Anfang sein. Noch zeigte das Kloster seine mittelalterliche Gestalt. Der innere Gestaltwandel der Kirche hatte sich auf deren äußeres Erscheinungsbild nicht ausgewirkt. Sie bot noch immer das rote Backsteinmauerwerk dar und die Reihen der Strebepfeiler, die unterhalb des Dachgesimses vor einem wohl verputzten umlaufenden Friesband – ein in der spätmittelalterlichen Kirchenbaukunst der Niederlausitz verbreitetes Motiv – mit zwei ziegelgedeckten Abtreppungen enden. Nur die Fenster waren schon barock geweitet und zu zwei Geschossen geordnet, und der Turm hatte eine welsche Haube bekommen. Unsere Beschreibung gibt das Bild der Kirche wieder, wie es auf dem Widmungsbild in der neuen Vorhalle gegenüber dem Eingang zu finden ist, das um 1730 der Maler Neunherz gemalt hat. Damals führte bereits Martinus Graff (1727–1741) den Abtsstab. Auf genanntem Wandbild hat er sich selbst abbilden lassen, wie er im Verein mit den Fundatoren und dem ganzen Erdkreis dem Allerhöchsten huldigt.

Zunächst hatte Martins Vorgänger Conrad Proche (1703–1727) die Bauarbeiten wieder aufgenommen. Am Anfang stand die Aufstockung und eine nicht unwesentliche Erweiterung des Ostflügels der Klausur (1711). In den zwanziger Jahren folgten die Bogengalerie an der Westseite des Stiftshofes und die Stiftskanzlei (1723). Die Errichtung des Fürstenflügels an der Nordseite des Stiftshofes hatte zum Ziel, Räume für fürstliche Gäste wie etwa den als König von Polen inzwischen wieder katholischen Landesherrn, den Kurfürsten von Sachsen, zu gewinnen. An der Kirche wurde mit dem Bau einer neuen Vorhalle begonnen; es ist anzunehmen, daß sie eine mittelalterliche ersetzen sollte. Sie faßt wie ein westliches Joch der Kirche den rechteckigen Turm vor dem Mittelschiff ein und ermöglicht den Zugang nur in die Seitenschiffe. Ebenfalls müßte unter Abt Conrad mit der neuen Sakristei begonnen worden sein (1725), die den erweiterten Ostflügel der Klausur mit dem nach 1730 (1736?) der Kirche angefügten neuen Altarraum verbindet. Da die angegebenen Baudaten unsicher sind, muß dahingestellt bleiben, ob nicht doch erst unter Abt Martin die entscheidenden Impulse für die endgültige Barockisierung gegeben worden sind. Angeblich war ein Böhme namens Jakob Mladek Conrad Proches Architekt. Nachweisbar ist er als Bildhauer der Pater-Noster-Engel, der sechs Sandsteinfiguren vor dem Westportal mit den Inschriftkartuschen des Vaterunser, die er 1737, also in der Regierungszeit des Abtes Martin, signierte.

8 Neuzelle, ehem. Zisterzienserklosterkirche. Hauptportal

Auf jeden Fall war auch Abt Martins Architekt ein Böhme, und wenn er gleichzeitig Bildhauer war, dann hat er wahrscheinlich für einen großen Teil der sich nun in den dreißiger Jahren vollendenden Apotheose die künstlerische Konzeption geliefert. Die Fassade der begonnenen Vorhalle ließ er bis zur Höhe des Kirchenschiffes aufführen. Der geschwungene Grundriß, die Gliederung durch doppelte Pilaster mit kurvig verkröpftem Gebälk und gesprengtem Giebel, das Uhrengeschoß vor dem mittelalterlichem Turm sind Elemente böhmischer Barockarchitektur reinster Art. Es werden Prager Barockfassaden zum Vergleich genannt, auch Werke des Kilian Ignaz Dientzenhofer (P. Hirschberg und J. Fait). Nun hatte die Westfassade der Kirche ein völlig neues Gesicht bekommen, keine Frage, daß sich auch das übrige Äußere ändern mußte. Jetzt wurden die Mauern verputzt und die gotischen Strebepfeiler in antikische Kolossalpilaster mit Kapitellen und verkröpftem Gebälk verwandelt. Ausgenommen blieb die den Blicken weitgehend entzogene Nordseite, die nur dekorative Bemalung erhielt; ihre restauratorische Entdeckung gab Aufschluß über die originale Farbigkeit des Gesamtbaus im 18. Jahrhundert. Wenn man den „Prospekten" im Stiftsatlas von 1758 trauen dürfte, verlief über dem umlaufenden Gebälk eine figurenbekrönte Balustrade.

Wahrscheinlich erfolgte diese Verwandlungsaktion im Zusammenhang mit dem Bau eines neuen Altarraumes in der Verlängerung des Mittelschiffes. Seinen halbkreisförmigen Schluß umstehen wie die gesamte Kirche Strebepfeiler. Sie werden in Sohlbankhöhe der unteren Fenster von einem Laufgang über einer Bogengalerie durchbrochen, der die Höhe des Sockels vom Hauptbau aufnimmt. Als Dachbekrönung dient die zierliche Laterne eines Dachreiters.

Das barocke Architekturbild der Kirche erhielt eine Komplettierung durch die Josephskapelle, einen sechseckigen Zentralbau mit zinkbeschlagenem Kuppeldach und hoher Laterne vor der mittleren Südachse; er sollte als Begräbnisstätte der Neuzeller Äbte dienen, ihr Erbauer Abt Martinus fand hier seine letzte Ruhestätte. Für die Josephskapelle fehlen Daten, die Entstehung im vierten Jahrzehnt des 18. Jahrhunderts steht außer Frage. Bemerkenswert ist die späte Datierung der Pater-Noster-Engel vor dem Westportal auf 1737. Man möchte meinen, der gleiche Bildhauer, also Jakob Mladek, habe auch das säulenflankierte Portal mit den Figuren der drei Glaubenstugenden auf dem „gesprengten" Giebel geschaffen, ebenso das auf das Jahr 1736 datierte neue Klostertor, das in auffallender gestalterischer Korrespondenz mit dem Kirchenportal steht: dieses wiederholt dessen Erscheinung in der Perspektive der auf das Klostertor zuführenden Allee, eine charakteristische Barockkomposition von höchstem Reiz. Auch auf den flankierenden Säulen des Klostertores stehen Figuren, die Apostelfürsten Petrus und Paulus. In der Giebelkartusche über der Durchfahrt ist als Relief die Begegnung Christi mit den Jüngern in Emmaus dargestellt. Die Jünger bitten den Gast, den sie noch nicht erkannt haben, zum Mahl. Sie erkennen ihn erst beim Brechen des Brotes am Altar. Hier ist eine thematische Brücke geschlagen vom Klostertor zum Hochaltar, die baulich ihren Ausdruck findet in der Sichtbeziehung zwischen Klostertor und Kirchenportal, die aber gleichzeitig auch der landschaftseinbindenden Allee ein inhaltliches Ziel gibt. Die weiträumig ausgreifende Konzeption des Klosters Neuzelle ist ein großartiges Zeugnis barocker Ikonologie: In der Totalität des Gesamtwerkes erschließt sich der theologische Sinn dieser Architektur. Wie inhaltlich, so ist auch zeitlich ein Zusammenrücken der Entstehung von Klostertor, Kirchenportal an der Westfassade und Hochaltarraum anzunehmen, so daß sich die zweite Hälfte des vierten Jahrzehnts als die Zeit des Höhepunkts künstlerischen Schaffens in Neuzelle ergibt.

Die Vollendung der inneren Gestalt der Kirche

Die Malerei

Von allen Baumaßnahmen, mit denen Abt Martinus das Werk vollendete, war die Anfügung eines eigenen Raumteiles für einen neuen Hochaltar der wichtigste Vorgang. Der an sich richtungsindifferente Raum der rechteckigen Halle erhielt durch die Verlängerung des Mittelschiffes eine eindeutige Längenausrichtung, wurde zum Wegraum mit definitivem Ziel, von einer Bestimmtheit, die an frühchristliche Basiliken erinnert, von deren Raum gesagt wird, daß er das Symbol des Weges sei. Ob solche Interpretation zu Recht besteht oder nicht – raumästhetisch kommt der frühchristlichen Basilika sicher der Wegecharakter zu – und die Barockzeit kultivierte den Weg im Raum; es bleibt die Frage nach einer möglichen Rezeption.

Der Choranbau umfaßt eine Art Vorjoch und die Apsis, einen Raumteil, der durch ein niedriges geschwungenes Gitter zwischen marmorierten Pfosten vom Langhausmittelschiff getrennt ist. Er ist ausgefüllt mit der grandiosen raumfüllenden Architektur des Hochaltars. Dessen Aufbau aus rotem und blaugrauem Stuckmarmor verkleidet mit gewundenen Säulen auf hohen Postamenten und mit geschwungenen Gesimsen und Gebälken die Wände bis zum Gewölbe und bildet zugleich den Rahmen für eine Vielzahl lebhaft bewegter Figuren. Die für den Altarraum notwendige Herausnahme der Ostwand des Mittelschiffes bewirkte die Verlängerung von dessen Deckenbildkette. Jetzt mußte das zur älteren Ausmalung gehörige Verkündigungsbild an dieser Stelle neuen Fresken weichen. Den Deckenstukkaturen des Altarraumes

9 Neuzelle, ehem. Zisterzienserklosterkirche. Deckenbilder über dem Hochaltar: Te Deum laudamus

ist allerdings ein Unterschied zu denen der Halle kaum anzumerken. Die Stukkateure des 18. Jahrhunderts – Angehörige der aus Süddeutschland stammenden Schule von Wessobrunn – haben nicht nur die vorgegebene Felderteilung, sondern auch die Muster des Dekors weitergeführt.

Zwei neue Deckenfelder waren so entstanden und wurden von dem zur Martinszeit in Neuzelle führenden, an schlesischen und böhmischen Meistern geschulten Maler Georg Wilhelm Neunherz mit dem Lobpreis Gottes und dem Ratschluß der Erlösung bemalt. Neunherz war Enkel des Michael Willmann und Sohn des Christian Neunherz in Breslau. Seit 1724 ist er in Prag ansässig gewesen. Seine Bilder setzen sich durch die Bewegtheit der Komposition, durch illusionistische Raumtiefe und durch wärmeres und lichtreicheres Kolorit bei einer großzügig lockeren, bisweilen geradezu impressionistischen Malweise deutlich von den strengeren und kühleren Fresken Vanets ab. Man findet Neunherz' und seiner Gehilfen Werke außer am Gewölbe im Altarraum noch in der Bilderfolge unter der unteren Fensterreihe im Langhaus, in der Sakristei und der Kirchenvorhalle sowie in der Leutekirche. Hat man sich einmal eingesehen, dann erkennt man Neunherz' Stil, die lichtüberfluteten Räume und Landschaften, die schwungvollen Draperien, die leidenschaftliche Gestik seiner Figuren, schließlich die leuchtenden, kontrastreichen, aber im Hell-Dunkel dramatisch gebrochenen Farben und den unbekümmerten, beinahe skizzenhaften Auftrag. Signaturen gibt es bis auf die amüsanten des Meisters, eine Herz-Neun-Karte und eine Neun, die einem Herz einbeschrieben ist, nicht. Als frühe Werke gelten die Fresken in der Vorhalle, als späte die im Altarraum und in der Leutekirche, verteilt über das Jahrzehnt zwischen 1730 und 1740. Auf die Qualität hin befragt, ragen die Wandbilder des Namen-Jesu-Zyklus heraus, die übrigens von zeitgenössischen Stuckrahmen mit naturalistischen Blumengirlanden umgeben sind. Auf sie trifft die gegebene Charakteristik der Handschrift des Malers vor allem zu, sonst sind durchaus Unterschiede vorhanden, und es muß mit Gehilfen- und Schülerarbeit gerechnet werden.

Es war bereits vermerkt worden, daß der stilistische Charakter des Innenraumes bei der zweiten Erneuerungsphase bewahrt bleiben würde. Die Malereien des 18. Jahrhunderts fügen sich dem Raum des 17. Jahrhunderts als von weißem Stuck umgebene Bildfelder scheinbar nahtlos ein. Ganz anders verhält es sich in den neuen Anbauten, in denen Malerei und Stuckierung zu räumlicher Gesamtgestalt finden, die Grenzen zwischen Plastischem und Gemaltem sich illusionistisch verwischen, Räume sich öffnen und szenisch beleben. So erblickt man aus der Vorhalle durch die von rot marmorierten Pfeilern getragenen Bögen und hinter samtenen gerafften Portieren die Kuppelarchitektur einer Synagoge oder eines Tempels. Im südlichen Teil der sich so weitenden Halle vertreibt Jesus die Händler und lehrt als Zwölfjähriger die Pharisäer, im nördlichen Teil empfängt der Vater den heimkehrenden verlorenen Sohn und beten die Büßer des Alten und Neuen Testament vor dem Altar mit den Tafeln des Gesetzes und dem siebenarmigen Leuchter. Die Vorhalle scheint sich nach allen Seiten hin in weiträumige Architekturen mit Durchblicken in die Landschaft zu öffnen, während der tatsächliche Raum nur ein Vorhof bleibt, gedeckt mit drei reich stuckierten Kreuzgratgewölben, an denen das zeitgenössische Bandelwerk der Wessobrunner Meister als Dekorationselement vorherrscht und lediglich kleinere emblematische Bilder rahmt.

Die Voraussetzung für solche raumillusionistische Einheit von Plastik und Malerei ist die gemeinsame Führung von Stukkateuren und Malern. Neben Neunherz als Maler werden als Stukkateure und Bildhauer zur Amtszeit des Martinus Graff Angehörige einer Familie Hennevogel aus der Schule von Wessobrunn genannt, Vater Caspar und die Söhne Johann Wilhelm und Johann Michael, die, vermutlich in Leitmeritz in Nordböhmen ansässig, mit zu den führenden Meistern in Neuzelle gehört haben dürften. Sie hatten ihre Werkstatt im „Marmorir-Haus", das auf dem Klosterplan im Stiftsatlas als neben der Leutekirche gelegen verzeichnet ist. Caspar Hennevogel (1674–1754) war als ausgezeichneter Altarbauer bekannt. Er arbeitete seine Plastiken in Gips und beherrschte die Kunst des Stukkolustro, also der Nachahmung von Marmor in Stuck, wie man es ja in Neuzelle in höchster Vollendung vorfindet. In Prag hat er im Umkreis der Dientzenhofer, Christoph und Kilian Ignaz, gearbeitet, in Neuzelle soll er von 1732 bis 1744 tätig gewesen sein (P. Hirschberg). Gleichzeitig war auf jeden Fall noch Jakob Mladek als Steinbildhauer zuggen. Ein Wenzel Löw aus Teplitz hat sich am Taufaltar schon 1730 verewigt.

Es ist also auch im 18. Jahrhundert die enge Verbindung mit der böhmisch-Prager Kunst erhalten geblieben. Durch die Wessobrunner kam ein süddeutscher Einfluß hinzu, auf den möglicherweise das Rokokohafte in den Stuckdekorationen zurückzuführen ist. Solche begegnen uns auch in der Josephskapelle, die eigentlich den Höhe-

10 Neuzelle, ehem. Zisterzienserklosterkirche. Emmausgruppe vom Hochaltar

punkt der raumillusionistischen Barockkunst in Neuzelle darstellt: Die plastisch geformte und mit farbigem Stuckmarmor bekleidete Innenarchitektur des Zentralbaus setzt sich in der Kuppel als gemalter Baldachinaufbau fort, der durch Bogenöffnungen den Blick freigibt auf die Geschehnisse der Josephslegenden. Der Stil der Deckenmalerei ist, auch hier leicht erkennbar, jener der Neunherzwerkstatt. Etwas einfacher, aber mit gleicher Intention tritt uns die illusionistische Architekturmalerei in der neuen Sakristei entgegen. Hier ist auch das, was in der Vorhalle und Josephskapelle plastisch stuckiert wurde, gequaderte Pfeilerarchitektur, Gewölberippen, Spiegelrahmen und Bandelwerk, gemalt. Die Bildfelder an Wand und Decke zeigen biblische Opferszenen und szenisch allegorisierte Hinweise auf die Eucharistie. Deutlich waren geringere Kräfte der Neunherzwerkstatt hier tätig. Selbst hatte sich der Meister offenbar die untere Bilderreihe an den Wänden der großen Kirche vorbehalten, dort finden sich auch seine Signaturen. Diese Darstellungen werden wohl auch, was die inhaltliche Vollendung des Ausstattungsprogramms anbetrifft, die wichtigsten gewesen sein. Die zwölf Szenen folgen der Namen-Jesu-Litanei nach einem von Papst Clemens VII. 1646 approbierten Text (E. Mühlbächer). Die Anrufungen finden sich auf jedem Bild in einer Schriftkartusche. Allegorisiert werden sie durch Darstellungen aus dem Leben Jesu, so stehen etwa die Bergpredigt für „Jesus, Meister der Apostel" oder die Salbung Jesu durch Maria Magdalena für „Jesus, unsere Liebe". Der neue Zyklus ergänzt den älteren, höher an der Wand angebrachten und die Deckenbilder Vanets. Das einmal angeschlagene Thema vom Leben des Mensch gewordenen Gottessohnes blieb in den Malereien des Langhauses bestimmend. Im neuen Chorgewölbe dagegen traten nun der Lobpreis Gottvaters, das von Engeln musizierte Te deum laudamus, und der Ratschluß der Erlösung, der Triumph von Christi Passion am Ende der Zeiten, hinzu, eine Majestas eigentlich wie in den Apsiden frühchristlicher Basiliken, an deren Langwänden ja nicht selten auch erzählende Bilder aus dem Leben Christi gemalt oder mosaiziert waren. Ist hier auch inhaltlich eine mögliche Rezeption zu erkennen? Die Apostelreihen auf den Pfeilerkapitellen, die um Christus und Maria am Choreingang ergänzt wurden, erscheinen nunmehr dem himmlischen als dem irdischen Geschehen zugeordnet. Zugleich begleiten sie aber den Gläubigen auf seinem Weg durchs Heiligtum zu seinem Gott.

Die Altäre

Dieser Weg zum Hochaltar wird seit dem zweiten Viertel des 18. Jahrhunderts von den Altären eingefaßt, die in zwei Reihen an den Pfeilern der Halle aufgestellt sind. Sie führen mit der bewegten Formenfülle ihrer Architektur, ihrer Figuren und Bilder, den hintereinander gestaffelten Kulissenwänden eines Barocktheaters gleich, den Blick zum Hochaltar-„Prospekt" als dem Ziel des Weges, wobei die Perspektive durch einen illusionistischen Trick verstärkt ist: Die Höhen der Retabel steigen bis etwas über die Mitte des Raumes, bis zur Kanzel und zum Taufaltar hin an und fallen dann wieder ab. Im Zielpunkt aller Linien dieser Perspektive, am Tabernakel über der Altarmensa, sitzen die Jünger aus Emmaus mit jenem Gast am Tisch, den sie am Klostertor nicht erkannt hatten. Jetzt sehen sie, wie er dankt und das Brot bricht, und jetzt wissen sie, es ist der auferstandene Herr. Die Emmausgruppe am Hochaltar ist als Hinweis auf die Eucharistie auch inhaltlich des Weges Ziel: Am Tisch des Herrn, in der Feier des heiligen Mahles ist der Gläubige mit seinem Gott vereint.

An sich muß die vollplastische Bildfassung dieses Vorgangs für Zisterziensermönche eine Ungeheuerlichkeit gewesen sein, aber die mittelalterliche Bildabstinenz des Ordens hatte in der apologetischen Triumphalkunst der Gegenreformation keinen Platz. Andererseits steht die Emmausgruppe im Altaraufbau dort, nämlich im Sockel- oder Predellenbereich, wo gerade nach der Reformation

11 Neuzelle, ehem. Zisterzienserklosterkirche. Papst Clemens vom Hochaltar

12 Neuzelle, ehem. Zisterzienserklosterkirche. Bekrönung des Hochaltars

13 Neuzelle, ehem. Zisterzienserklosterkirche. Bekrönung des Bernhardusaltars

in der protestantischen Altarkunst das letzte Abendmahl zur Darstellung gekommen ist, nicht weniger ein bildlicher Hinweis auf die Spendung des Sakraments.

Christus in Emmaus ist ein äußerst beliebtes Barockthema, aber als plastisches Werk wird nur eine Tabernakelplastik in der Kirche des oberbayerischen Augustinerchorherrenstiftes Polling, unweit von Wessobrunn, von Johann Baptist Straub (1704–1784) eine offenbar jüngere Arbeit, erwähnt (A. Pigler). Wie es scheint, ist die Szene als vollplastische und nahezu lebensgroße Gruppe auf dem Altar eine recht unkonventionelle Darstellung. Erst oberhalb der Emmausgruppe, über den hohen Postamenten der Säulenstellungen, beginnt die Hauptzone des Altaraufbaus. Ein sehr nachgedunkeltes Gemälde der Himmelfahrt Mariens bildet das Altarblatt. Die Heiligen seitlich zwischen den Säulen assistieren nicht dem eucharistischen Mahl unter ihnen, sie sind dem marianischen Thema zugeordnet, und dies nun ganz im Sinne der Konvention und der Tradition als Huldigung an die Patronin der Zisterzienser und ihrer Klöster, überlebensgroße Figuren der Apostel Petrus und Paulus, die Päpste Clemens und Gregor und die Krieger Georg und Florian, gleichsam die Zeugen der missionierenden, lehrenden und den Glauben siegreich verteidigenden Kirche; der heilige Florian wird bisweilen als Konstantin der Große, neuerlich auch als heiliger Floridus angesprochen, „dessen Reliquien in der Barockzeit aus den römischen Katakomben nach Neuzelle überführt und auf dem Christkind-Altar in einem prächtigen Schrein aufbewahrt wurden" (E. Mühlbächer).

Im Aufsatz über dem vielteilig profilierten und geschwungenen Gebälk erscheint in jubelndem Engelschor und von Strahlenkränzen umgeben die Heilige Dreifaltigkeit, in leuchtender Sonne (ein gelbes Fenster in der Außenwand) die Taube des heiligen Geistes, darüber Gottvater und Christus mit Weltkugel und Kreuz als den Insignien ihrer Herrschaft; zu den Anbetenden gehören die Märtyrer Laurentius (mit dem Rost) und Ignatius, die gleichsam als Fortsetzung der Apostelreihe im Kirchenschiff, von Engeln umringt, auf den Volutenbekrönungen des Gebälks über den äußeren Säulen der Altararchitektur stehen. Die Glorie erreicht ihren abschließenden Höhepunkt auf den Deckenbildern, im Te Deum laudamus und im Heilsratschluß am Gewölbebaldachin des Altarraumes.

14 Neuzelle, ehem. Zisterzienserklosterkirche. Kanzel und nördliche Altarreihe

15 Neuzelle, ehem. Zisterzienserklosterkirche. Pietà

Die ersten Nebenaltäre stehen an der Ostwand der Seitenschiffe und sind den Ordensgründern gewidmet, der nördliche dem heiligen Benedikt von Nursia und der südliche dem heiligen Bernhard von Clairvaux. Beide Altäre repräsentieren mit ihren ikonographischen Programmen monastische Geschichte. Ihr Aufbau gleicht mit dem Wechsel von gewundenen und glatten Säulen und den geradezu zersprengten Teilen eines phantastisch verkröpften und geschwungenen Gebälks dem des Hochaltars. Ähnlich ist auch die Figurenverteilung über diese bizarre Architektur. Benediktus, der Vater des abendländischen Mönchtums, ist in dem Retabel auf dem Altarblatt als Einsiedler dargestellt, ihm zur Seite als plastische Figuren, zwei Mönche mit Abtsstäben, seine Schüler Maurus und Placidus, und die Bischöfe Martin von Tours und Benno von Meißen. Der heilige Martin gründete um 370 das erste Kloster, eine Zelle, an der Loire, aus dem eine Wallfahrtsstätte und ein Pilgerzentrum, eine Art Nationalheiligtum der Franken und ihres Reiches wurde. Der heilige Benno hat hier seinen Platz als Patron des

16 Neuzelle, ehem. Zisterzienserklosterkirche. Evangelist Lukas und Johannes von der Kanzel

Bistums Meißen, zu dem Neuzelle bis zur Reformation gehörte, und ist vielleicht auch eine Huldigung an den seinerzeitigen Landesherrn. In der Gebälkbekrönung des Benediktusaltares spielt sich eine Legendenszene ab, die Übergabe der Abtsinsignien an Benedikt durch Maria, seitlich begleitet von zwei Ordensreformatoren, dem heiligen Odilo, der von 994 bis 1048 als fünfter Abt des burgundischen Reformklosters Cluny regierte, und dem heiligen Robert, der 1098 in einem burgundischen Sumpfgebiet das Stammkloster des Zisterzienserordens Cîteaux gründete.

Dem eigentlichen Begründer des Zisterzienserordens nach den unsicheren Anfängen, Bernhard von Clairvaux (1090–1153), ist der Bernhardusaltar geweiht. Das Altarblatt zeigt ihn in jener legendären Szene, in der er den leidenden, sich vom Kreuz herabneigenden Christus in seinen Armen empfängt, Ausdruck von Bernhards mystischer Gottesliebe. Von den Assistenzfiguren stehen wieder zwei heilige Äbte neben dem Altarblatt, gedeutet als Aberich, einem Gehilfen des Robert von Molesme und später Abt in Cîteaux, und als der Engländer Stephan Harding, der neben Bernhard bedeutendsten Persönlichkeit in der Gründerzeit des Ordens; er war von 1109 bis 1134 der dritte Abt des Klosters Cîteaux und der Verfasser der Charta Caritatis, der Klosterordnung der Zisterzienser. Die beiden äußeren Figuren im Bischofsornat meinen die Kirchenlehrer Augustinus und Dionysius Areopagita, deren Schriften Scholastik und Mystik des 12. Jahrhunderts entscheidend beeinflußt haben. Im Altaraufsatz verehrt Bernhard die ihm erschienene Madonna, zwei Ordensfrauen, die als Mystikerinnen des 13. Jahrhunderts bekannten Luitgard von Tongeren (1182–1246) und Juliana von Lüttich (1193–1258), sehen der Szene zu.

So tritt neben der Geschichte des Mönchtums die im Orden der Zisterzienser immer lebendige Marienverehrung als bestimmend in der Ikonographie der Nebenaltäre hervor. Stilistisch und kompositorisch bilden sie mit dem Hochaltar eine Einheit. Man spürt den gemeinsamen Entwurf und, mehr im handwerklich-technischen als im künstlerischen Sinne, die Handschrift derselben Meister. Es dürften Caspar Hennevogel und seine Söhne gewesen sein. Unter den Künstlern, Malern und Bildhauern, sind unterschiedliche Kräfte zu erkennen. Als bedeutendsten Meister wird man den der Emmausgruppe ansprechen können. Seine Fähigkeit zur Gestaltung des

17 Neuzelle, ehem. Zisterzienserklosterkirche. Abtsstuhl

Theatralisch-Szenischen mit vollplastischen Figuren möchte man auch in den Bekrönungsgruppen der Nebenaltäre wiederfinden. Die Maler der Altarblätter stehen interessanterweise weniger dem Georg Wilhelm Neunherz als vielmehr dessen Lehrern nahe, also der älteren Schule des Michael Willmann, der, obwohl in Schlesien ansässig, viel in böhmischem Auftrag gearbeitet und dort eine breite Nachfolge hinterlassen hatte. Sie war in Prag mit ihrer Orientierung an niederländischer Barockmalerei des 17. Jahrhunderts ein Gegenpol zu der Schule des Karel Skreta, die eher italienische Vorbilder bevorzugte (Blazicek), was nicht bedeutet, daß die Willmann-Schule die Emphase hochbarocker Bildgestaltungen gemieden hätte; im Gegenteil, Willmann selbst „richtete sein Bestreben darauf, Handlungen in Zustand, Erschütterndes in Ergreifendes zu verwandeln" und „die Bezirke des Empfindsamen Leidvollen, Mystischen" anzustreben (Hubala), Kennzeichnungen, die auf die Neuzeller Altarblätter durchaus zutreffen.

Als Entstehungsdatum für die Nebenaltäre wird das Jahr 1735 genannt. Die Deckengemälde über dem Hochaltar wurden 1740 vollendet. Es kann also ein relativ langer Zeitraum für die Ausführung der Altargruppe am Ostende der Kirche erschlossen werden. In der Zwischenzeit und schon zuvor ist an der übrigen Altarausstattung gearbeitet worden, denn auch sie bildet durch die kompositorische Bezugnahme auf den Hochaltar mit diesem eine künstlerische Gesamtheit.

Die folgenden Nebenaltäre vor den Pfeilern der Halle sind zwar inhaltlich jeder für sich ein geschlossenes Ganzes, stehen aber auch untereinander in einem Zusammenhang. Der Altar des Göttlichen Kindes und der Marienaltar (die Maria ist eine spätgotische Schnitzfigur) am ersten Pfeilerpaar werden gefolgt von zwei der Passion gewidmeten Altären, dem Kreuzigungsaltar und dem Beweinungsaltar mit der ausdrucksvollen Pietà. Die Hauptfiguren der beiden erstgenannten Altäre werden zu kirchlichen Hochfesten je nach Anlaß unterschiedlich bekleidet. So ergibt sich auf der Nordseite eine Christusreihe und auf der Südseite eine Marienseite.

Von den Pfeilern des dritten Paares, immer von Osten gezählt, ist der auf der Nordseite mit der Kanzel (von 1728) und der auf der Südseite mit dem Taufaltar bestellt, zwei aus Holz geschnitzte Werke von höchstem Formen- und Figurenreichtum, die über und über vergoldet sind. Als vollplastische Figuren sitzen am Kanzelkorb die vier Evangelisten, Reliefs hinter ihnen setzen sie in Beziehung zu den vier Kardinaltugenden. Die drei Glaubenstugenden umgeben Christus als Guten Hirten auf dem Schalldeckel. Im Taufaltar assistieren die vier Kirchenväter der Taufe Christi durch Johannes, im Aufsatz finden sich alle sieben Tugendallegorien unter Gottvater mit den vier Erzengeln.

Nach dem Gitter im vierten Joch haben die Altäre an den Pfeilern eine auf die „Frauenseite" (links vom Eingang) und die „Männerseite" (rechts) bezogene Thematik. So ist in der Nordreihe der Verkündigungsaltar (1733) den Jungfrauen und der Annenaltar (1748) den Müttern gewidmet. In der Südreihe gilt der Altar des Johannes von Nepomuk dem Stand der Priester und der des Antonius von Padua dem Stand der Mönche. Die jeweilige Bedeutung der Altäre wird durch die Begleitfiguren und gemalte Szenen aus der Legende der Heiligen unterstrichen.

Das westliche Pfeilerpaar trägt die Musikempore und die Orgel, die mit ihren Zopf- und Empireformen (die musizierenden Putti auf der Brüstung sind älter) in heftigem Kontrast zum Stil der barocken Raumausstattung stehen. Den Prospekt hat Andreas Hesse 1806 geschnitzt. Von seiner Hand stammen auch die Beichtstühle an der Nordwand der Kirche. Die Wandgestühle unter der Orgelempore und in den Seitenschiffen sind Arbeiten des 17. Jahrhunderts, die Bänke im Mittelschiff gehören dem 18. Jahrhundert an. Prächtige Barockmöbel, die Betstühle im Schiff, der Abtstuhl und die Kredenztische im Altarraum, machen das festlich-fürstliche Raumbild der großen Klosterkirche vollständig, und es braucht nicht

18 Neuzelle, ehem. Zisterzienserklosterkirche. Inneres der neuen Sakristei

19 Neuzelle, ehem. Zisterzienserklosterkirche. Altar des Göttlichen Kindes

viel Phantasie, um sich das barocke Gepränge geistlicher Aktion vorzustellen, bei der die liturgischen Gewänder und Geräte, die emaillierten Kelche, Sonnenmonstranzen, Vortragekreuze, Abtsstäbe, golden und silbern gebundene Bücher, Leuchter und vieles andere mehr die Pracht des Gottesdienstes ausmachten.

Die Josephskapelle

Den Ausgang zur Vorhalle bilden an der Westwand der Seitenschiffe zwei Portale, deren architektonische Rahmung mit gewundenen Säulen und gesprengten Gesimsen stuckmarmorverkleidet den Altararchitekturen ähnelt, einschließlich der die Gebälkstücken und giebelartigen Aufsätze schmückenden Figuren. Noch reicher gestaltet treten die zwei Prunkpforten, die sich im mittleren Joch der Halle an den Außenwänden gegenüberstehen, in Erscheinung. Die nördliche führt in den Ostflügel der Klausur, die südliche in die Josephskapelle. Die baukünstlerischen Funktionen des an sich recht kleinen Sexagons sind vielfältig. Am Außenbau macht die Josephskapelle die Südseite der Kirche erst eigentlich zur Fassade, die nun über einen Mittelakzent verfügt. Im Inneren bringt sie in die Raummitte eine Querachse zur sonst dominierenden Längsrichtung der Pfeilerhalle; der Zentralraum bietet einen Ruhe- und Sammlungsort gegen die flutende Bewegung in den Kirchenschiffen. Aber auch die Raumausstattung der Josephskapelle schafft einen Gegensatz zu der des Kirchenraumes. Die Wandgliederungen, Fenstergewände, Pilaster und Ecksäulen, verkröpfte Gebälke und Gesimse sind hier in der vom Hochaltar her bekannten Weise mit rotem und grauem, bisweilen auch schwarzem Stuckmarmor verkleidet und die Ornamente, die Kapitelle vor allem, vergoldet. Die Gesimsvorsprünge über den Ecksäulen sind mit Figurengruppen bevölkert, Vorfahren Jesu und Propheten, Abraham, Moses, David und Jesaias. Darüber setzt sich die Architektur fort, aber illusionistisch gemalt. Der Blick in die Kuppel zeigt einen von Pfeilern getragenen Baldachin, in dessen offenen Bögen Szenen aus den Geschichten des alttestamentlichen Joseph von Ägypten und des heiligen Joseph, des Nährvaters Jesu, typologisch gegenübergestellt sichtbar werden: rechts vom Altar der Traum des jungen Joseph von der Verneigung der Garben der Brüder vor der seinigen und der Verkauf Josephs an die Ismaeliter, links vom Altar der Traum des heiligen Joseph, in dem ihn ein Engel vor der Gefahr warnt, die dem Kinde durch König Herodes droht, sowie die Flucht nach Ägypten. Im Baldachinbogen über dem Eingang gibt sich der ägyptische Joseph seinen Brüdern zu erkennen, im Bogenfeld über dem Altar nimmt der heilige Joseph die Huldigung weltlicher und geistlicher Personen entgegen, darunter am rechten Bildrand ein herrschaftliches Paar in zeitgenössischer Kleidung, vermutlich doch wohl Förderer und Mitglieder der von Abt Albericus von Burghoff 1663 ins Leben gerufenen St. Josephs-Bruderschaft.

Das Bildprogramm des Altars der Josephskapelle schließlich ist ganz der Heiligen Familie gewidmet. Das Altarblatt zeigt die Geburt und Anbetung des Kindes, die seitlichen Figuren stellen die Eltern der Maria, Anna und Joachim, und die Eltern Johannes des Täufers, Elisabeth und Zacharias (als Hoherpriester), dar. Kein Zweifel, daß auch in der Josephskapelle die gleichen Meister wie am Hochaltar und sonst in der Kirche tätig waren, die Malereien der Kuppel erinnern stark an die Darstellungsart auf dem Huldigungsbild in der Vorhalle. Das schon rokokohafte Bandelswerk ist die Leitform des Stuckornaments in beiden Bauteilen. Was in der Vorhalle fehlt, sind die naturalistischen Blumengirlanden, für die der Maler des Kuppelgemäldes in der Josephskapelle eine ausgeprägte Vorliebe hatte.

Die evangelische Pfarrkirche

Nach einem inschriftlichen Zeugnis an der Apsis hatte die kleine Kirche einen 1354 erbauten Vorgänger, der dem heiligen Ägidius geweiht war. Im Generalplan wird die neue Kirche noch als „St. Aegidii Kirche" geführt, aber allmählich setzte sich im 18. Jahrhundert die Benennung „Zum Heiligen Kreuz" durch. Im Volk hieß sie immer „Leutekirche", auch, nachdem sie evangelische Pfarrkirche geworden war.

Als Baudatum werden die Jahre von 1728 bis 1734 in besagter Inschrift genannt. Abt Martinus hätte demzufolge unmittelbar nach seinem Amtsantritt den Neubau, eine dreischiffige Halle mit gratigen Stichkappengewölben auf quadratischen Pfeilern und einem kreuzförmig zentralgestaltigen Ostteil, über dem sich ein Kuppeltambour erhebt, beginnen lassen. Abgesehen von den Freipfeilern im Schiff folgt dieser Bautyp keinem geringeren Vorbild als dem Urbild gegenreformatorischer Kirchenbaukunst, der 1568 begonnenen Jesuitenkirche Il Gesu in Rom von Giovanni Vignola. Mit der nunmehrigen Kreuzkirche – nicht ausgeschlossen, daß die neue Benennung die Bauform reflektiert (J. Fait, E. Mühlbächer) – erhielt das Kloster Neuzelle das „römische" Motiv, das seiner Architektur bislang fehlte, die Kuppel. Sie bildet, durch flache Giebelrisalite herausgehoben, den zentralen Akzent der äußeren Baugestalt, im Inneren beherrscht sie die gesamte Raumkomposition.

Das dreijochige Langhaus mit schlichtem Gestühl und einer Orgelempore an der Westseite ist an sich hallenartig weiträumig und durch die Pfeiler mit kräftig ausladenden Gebälkköpfen durchaus von monumentaler Wirkung, es schrumpft aber beim Blick auf den Altar in der Apsis unter der Kuppel zum bloßen Vorraum zusammen. Der plastische Dekor, weißes Bandelwerk auf rotem Grund, und profilierte Bildfelderrahmungen sowie die Malerei sind auf die Deckenzonen beschränkt. Die Wände waren lediglich marmorierend gestrichen. Die kleinen Deckenbilder illustrieren, besser allegorieren die Seligpreisungen der Bergpredigt durch biblische Szenen. Man erkennt auch wieder die Malweise der Neunherzwerkstatt, aber die Qualität reicht nicht an die Fresken in der großen Kirche heran. Noch am ehesten spürt man diese im Kuppelfresko.

Zunächst aber sind die Wände des kreuzförmigen Raumes unter der Kuppel, die rechteckigen Querarme und die halbkreisförmige Apsis, nicht nur marmorierend bemalt, sondern mit farbigem Stuckmarmor verkleidet, Gebälke, Bögen und Gesimse bis zum Ringprofil über den Pendantifs. Die darüber aufsteigende Architektur allerdings ist wieder gemalt, illusionistisch riesige, mit Blumengirlanden behängte Marmorvoluten vortäuschend, die ein großes Rund für den Blick in den offenen Himmel freigeben. Dort sind die Apostel, die Propheten und Könige des Alten Testaments, die Märtyrer und Heiligen, die Engel und ihre Heerscharen zum Lobpreis Gottes vereint, dessen Name in der von einem Blumenkranz umgebenen Öffnung zur Laterne erscheint. Getragen wird das ganze Himmelsgewölbe von den vier Evangelisten auf den Pendantifs zusammen mit den ihnen auf vergoldeten Kartuschen zugeordneten Kardinalstugenden.

Der Altar in der Apsis steht vorteilhaft im Licht der seitlichen Fenster, ein Effekt, den die Barockmeister herzustellen und auszunutzen verstanden. Es ist vom Thema her ein „Kreuzaltar". Das schmale Mittelfeld des Altars enthält über dem Tabernakel die Figuren des Gekreuzigten und der am Kreuzesfuß knienden Maria Magdalena. Die hochgereckte Gruppe durchbricht das bewegt verkröpfte Gebälk über den gewundenen Säulen, die das Gerüst des architektonischen Aufbaus bilden. Zwischen ihnen machen die ausdrucksvoll gearbeiteten Figuren der Maria und des Johannes die Gruppe zur Kreuzigung vollständig. Seitlich stehen mit verehrenden Gesten links der heilige Bernhard im Mönchshabit mit Lanze und Schwammstab als den vornehmsten der Arma Christi und rechts ein heiliger Bischof. Im Altaraufsatz unter der Halbkuppel der Apsis ergänzen die Taube im Strahlenkranz und die schwebende Figur Gottvaters das Programm zur Verbildlichung der Trinität im Sinne eines

20 Neuzelle, Kreuzkirche

21 Neuzelle, Kreuzkirche. Blick nach Osten

Gnadenstuhls, umgeben von Engeln mit den Leidenswerkzeugen als den Zeichen des Triumphes Christi. Die kombinatorische Ikonographie und die phantasiereich plastische Formulierung, auch die Qualität der Ausführung im einzelnen, lassen einen ausgezeichneten Meister am Werk erkennen. Genannt wird Johann Wilhelm Hennevogel, der vielleicht bedeutendere Sohn des Hauptes der Bildhauer- und Stukkateurstruppe Wessobrunner Schule in Neuzelle, Caspar Hennevogel; dieser soll zusammen mit dem anderen Sohn Johann Michael die Stuckarbeiten ausgeführt haben.

Die Brüstungsreliefs der hölzernen Emporen in den Querarmen stehen mit dem Kreuzaltar in inhaltlichem Zusammenhang. An der Nordseite beginnen die Darstellungen mit dem Abendmahl, gefolgt von der Vorführung Jesu vor Kaiphas und der Geißelung, an der Südseite kommen die Vorgänge nach der Kreuzigung ins Bild, die Auferstehung und die Himmelfahrt Christi, das Pfingstwunder beendet diesen, die untere Zone des Kuppelraumes umlaufenden Bildzyklus.

Zwei apsidiale Sediliennischen aus Stuckmarmor nennen das Jahr 1734 als Entstehungsdatum. Die Stuckmarmorarbeiten gehörten demnach zu den letzten in der im gleichen Jahr als vollendet angezeigten Kirche. In Relation zu anderen Daten, die aus dem Erneuerungszeitraum unter Abt Martinus bekannt sind, müßte die Errichtung der Kreuzkirche am Anfang der Unternehmungen gestanden haben. Gleichzeitig begonnen worden ist wohl lediglich mit den Ausstattungsstücken aus Holz in der großen Kirche, mit der Kanzel 1728 und dem Taufaltar 1730. Gefaßte und vergoldete Schnitzarbeiten verschwinden später aus der Kunstproduktion in Neuzelle. Das originellste Werk dieser Art ist ohne Zweifel die fahrbare Kanzel der Kreuzkirche. An ihrem Korb sind der heilige Ägidius und die vier Kirchenväter als vergoldete Relieffiguren zu sehen.

Die Westseite der Kreuzkirche zeigt sich mit einer doppeltürmigen Fassade. Sie tat das von Anfang an, auf Ansichten des 18. Jahrhunderts sind die Zwiebelhauben der Türme deutlich zu erkennen. Ihre heutige Erscheinung haben die Türme aber aus der Mitte des vorigen Jahrhunderts. Man wird ein Einfühlungsvermögen des Architekten in die Gesamtgestalt nicht abstreiten wollen und trotz der etwas nüchternen zeitgenössischen Formgebung die Adaption des ursprünglichen Baumotivs als gelungen bezeichnen.

Literatur

GAST, A.: Nomina Abbatum a fundatione Monasterii Novaecellensis. Frankfurt an der Oder 1629; MAUERMANN, L.: Das fürstliche Stift und Kloster Cistercienserordens Neuzell bei Guben in der Niederlausitz. Regensburg 1840; RUETE, H. und W. BOLLERT: Das Cistercienserkloster Neuzelle in der Niederlausitz. In: Zeitschrift für Bauwesen 51 (1901), 205–224; SPRENGER B.: Führer durch das ehemalige Zisterzienserkloster Neuzelle. o. O. 1929; URBANTZYK, P.: Die Baugeschichte des Zisterzienserklosters Neuzelle. Diss. Berlin 1936; PRIEMER, P.: Die Stiftskirche in Neuzelle. Leipzig 1961; Neuzelle. Festschrift zum Jubiläum der Klostergründung 1268–1968. Hrsg. von FAIT, J. und J. FRITZ. Leipzig 1968; HIRSCHBERG, P.: Vom Entstehen des Neuzeller Barock. Anteil des Kilian Ignaz Dientzenhofer. In: Das Münster 23 (1970), S. 198–202; MAGIRIUS, H.: Baugeschichte und Baugestalt der Zisterzienser-Klosterkirche Neuzelle im Mittelalter. In: Mélanges Anselme Dinier 1983. Tom. III. Vol.6, S. 609–628; BADSTÜBNER, E. UND H. MAGIRIUS: Das Kloster Neuzelle. 2. Aufl. Berlin 1990 (= Das Christliche Denkmal 125); TÖPLER, WINFRIED: Zisterzienserabtei Neuzelle in der Niederlausitz. (Die Blauen Bücher) Königstein im Taunus 1996.

22 Neuzelle, Kreuzkirche. Blick nach Westen

23 Neuzelle, Kreuzkirche. Kuppel

1 Neuzelle, ehem. Zisterzienserkloster. Kasel des Martinusornates

Liturgische Ausstattung der Stifte und Klöster in der Lausitz

Ute Schwarzzenberger

Einleitung

Die liturgische Ausstattung der Klöster in der Lausitz stammt vorwiegend aus dem 17. und 18. Jahrhundert. Durch die Beschlüsse des Tridentinischen Konzils war auch die katholische Liturgie erneuert worden. Diese Stärkung der Liturgie sowie der Reliquienverehrung verlangte nicht nur neue Kelche, Ziborien, Monstranzen, sondern auch Bischofsstäbe, Kreuze, Altarleuchter, Weihrauchgefäße, Kännchen und Reliquiare. Es war von jeher Brauch, zur Hebung der Feierlichkeit des Gottesdienstes besondere Gewänder zu tragen und wohlgeformte Gegenstände aus edlem Material zu benutzen. Nach den Schrecken des Dreißigjährigen Krieges wurden entsprechend der Lebensbejahung und der repräsentativen Gesinnung, die sich in den kirchlichen Räumen widerspiegeln, auch die einzelnen kirchlichen Geräte prunkvoll gestaltet. So entfaltete die katholische Kirche im Zeichen der Gegenreformation ihre ganze Ausstrahlungskraft.

Liturgische Ausstattung – Bautzen

Für eine maßgebliche Erweiterung des Domschatzes sowie eine umfangreiche Instandsetzung bereits vorhandener Stücke setzte sich der Domdekan Johann Leisentrit (1559–1586) ein. Sicher hängt sein Bestreben, den Bestand an Kultgeräten zu vergrößern, auch mit der Übernahme der Apostolischen Administratur des Bistums Meißen in der Lausitz 1560 zusammen, denn damit war gleichzeitig ein größerer Repräsentationsanspruch verbunden. So angespannt die religiösen und wirtschaftlichen Verhältnisse auch waren, fand Leisentrit Möglichkeiten, kostbare Stücke zu beschaffen, wie z.B. das gotische Reliquienkreuz. Er erwarb es 1560 von den letzten Nonnen des Klosters „Heiliges Kreuz" bei Meißen, denen er in Bautzner Kapitelhäusern Zuflucht gewährte, als sie nach der Reformation Meißen verlassen mußten. Häufig ist sein Name und Wappen auf älteren Stücke zu finden, die er restaurieren ließ; so am frühgotischen Tragaltar, an einem der spätgotischen Kelche oder einer Burse, die um 1500 entstand.

Im 17. und 18. Jahrhundert erfährt die Sammlung an liturgischem Gerät eine weitere Aufstockung; zahlreiche Kelche, Monstranzen, Reliquiare und Pontifikalien kamen hinzu und sind Zeugnis dafür, daß auch diese kleine Kirchenprovinz mit dem Domkapitel St. Petri den Anschluß an die Spitze der künstlerischen Hochblüte des Barocks erreichen wollte. So befinden sich in der Domschatzkammer einige Stücke von hoher künstlerischer Qualität.

Aus der Fülle der barocken Kelche soll hier einer vorgestellt werden.

Es ist eine silber-vergoldete Arbeit um 1760. Fuß, Knauf und Kuppa sind mit Rokokokartuschen verziert, doch ist es nicht mehr die so reiche Treibarbeit wie bei den beiden früheren, man spürt bereits die Zurücknahme der überquellenden barocken Form. Am Fuß befindet sich das Wappen des Domdekans Jacob Wosky von Bärenstamm, 1749 zum Titularbischof ernannt, darüber der Bischofshut. Ein Meistermonogramm ist nicht vorhanden.

Zu den bedeutenden Silberarbeiten der Schatzkammer aus dem 18. Jahrhundert gehört eine silber-vergoldete Strahlenmonstranz, um 1780. Der ovale vierpaßförmige Fuß hat kräftig herausgearbeitetes Barockornament, um die herzförmige Monstranzöffnung ist reiches Bandel- und Rankenwerk gelegt, darin sind zu beiden Seiten die Darstellung der Maria mit über der Brust gekreuzten Händen und des Engel Gabriel mit einem Palmenzweig (Verkündigungsszene) eingefügt, darüber thront Gottvater, am unteren Ende der Öffnung befindet sich ein Engel. Der Strahlenkranz bildet die äußere Umrahmung und wird gekrönt von einem Kreuz, in dessen Mittelteil sich eine Taube befindet. Nach dem Beschauzeichen am Fuß ist es eine Bautzner Arbeit.

Reich ist der Schatz an Reliquiaren; wenn auch sehr unterschiedlich in Form und Größe sind sie Beispiele für die außerordentliche Qualität der Goldschmiedekunst. Besonders kostbar erscheint das Reliquiar des hl. Benno, er ist Patron des Bistums Meißen und wird auch als Apostel der Sorben verehrt.

Da die Dekane des Kapitels das Recht der Pontifikalien hatten, gibt es in der Schatzkammer eine Reihe hervorragender Bischofsstäbe und Pektoralien. Von den drei Bischofsstäben ist der älteste für den Dekan Augustin Widerin von Ottersbach (1609–1620) gearbeitet worden. Für die Krümme wurde eine ältere aus dem 14. Jahrhundert verwendet. Die silber-vergoldete Arbeit entspricht gotischem Stilgefühl, sie ist mit stilisiertem

Blattwerk und großen Steinen verziert. Das 1614 zugefügte Mittelstück zeigt Ornamentschmuck der Renaissance und trägt folgende Inschrift: Avgvstinvs ab Ottersbach administrator episcopatvs m(isnen)sis, per vtramqve Lvsatiam confirmatvs et a sede apostolica specialiter priviligi(atvs) anno 1614 (Augustinus von Ottersbach, Administrator des Bistums Meißen und der beiden Lausitzen werden besondere Privilegien vom Apostolischen Stuhl bestätigt im Jahre 1614).

Prunkvoll ist dagegen der Bischofsstab von 1746, er wurde für den Dekan Jacob Josef Wosky von Bärenstamm (1743–1771) gearbeitet. Im Jahr 1746 bekam der Dekan das Pontifikalrecht und durfte die Bischofsinsignien gebrauchen. 1753 wurde er zum Titularbischof ernannt. Dies war der Anlaß, diesen repräsentativen Bischofsstab anzuschaffen. Die silber-vergoldete Krümme ist mit reichem Blattwerk bedeckt, dazwischen eingebettet Glasflüsse und Edelsteine. Die Krümme endet in einer 10 cm großen Darstellung der Dreieinigkeit: Gottvater auf der Weltkugel, zur Seite Christus, auf das Brustmal zeigend, darüber die Taube. Am unteren Ende der Krümme befindet sich in einer Rokokokartusche das

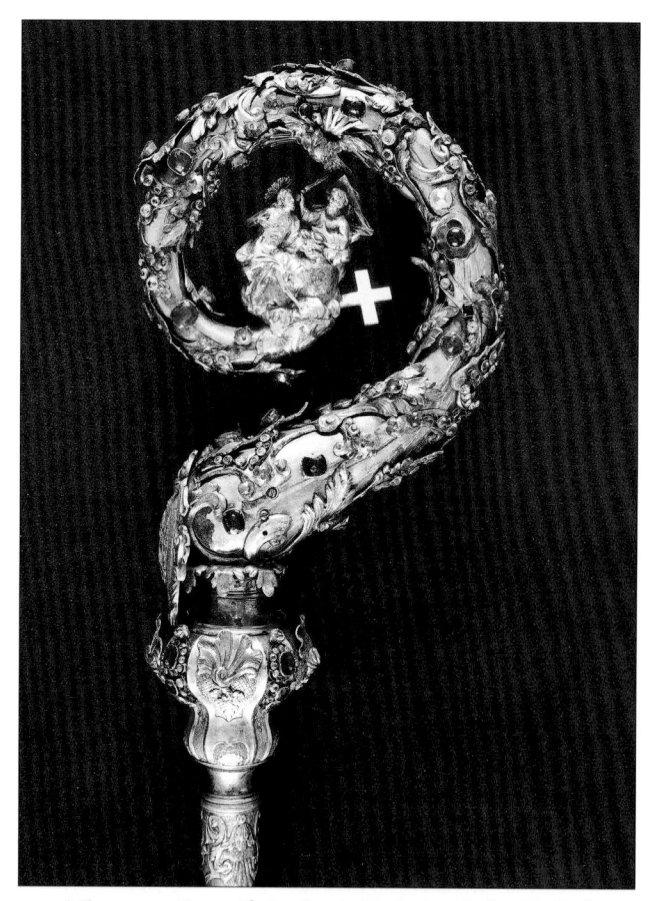

3 Bautzen, Domstift St. Petri. Pontifikalkreuz und Ring des Bischofs Jacob J. J. Wosky von Bärenstamm

2 Bautzen, Domstift St. Petri. Bischofsstab des Bischofs Jacob J. J. Wosky von Bärenstamm

Wappen des Wosky von Bärenstamm und eine lateinische Inschrift: Anno 1744 Sacra apostolica sedes decoravit exemptam Ecclesiam St. Petri Budissae perpetuo. usu. pontificalium (Im Jahre 1744 verlieh der Heilige Apostolische Stuhl der exemten Kirche St. Petri zu Bautzen den immerwährenden Gebrauch der Pontifikalien). Tatsächlich wurden die bischöflichen Insignien erst 1746 verliehen. Der Stab ist eine Prager Arbeit, wie aus den Rechnungsbüchern hervorgeht, Beschau- und Meisterzeichen sind nicht vorhanden, sie können bei einer Restaurierung im 19. Jahrhundert verloren gegangen sein.

Zu den bischöflichen Insignien gehören auch ein kostbares Pontifikalkreuz und ein entsprechender Ring. Es sind Geschenke des sächsischen Königs August III., die er anläßlich der Einweihung der Dresdner Hofkirche 1751 dem Bischof Wosky von Bärenstamm überreichte. Diese hervorragenden Kleinodien aus rotem Turmalin und Brillanten entsprechen in der Qualität den Arbeiten Johann Friedrich Dinglingers im Grünen Gewölbe. Sehr ähnlich gestaltet sind ein Brustkreuz und Ring aus dem Jahre 1768. Die mit Topasen und Brillanten besetzten Stücke sind ein Geschenk des sächsischen Kurfürsten Friedrich Christian an Wosky von Bärenstamm.

Zu nennen wäre noch ein Bischofsstab aus der zweiten Hälfte des 18. Jahrhunderts. Er ist ganz im Geiste des Rokoko gestaltet. Zwei Engelsköpfchen leiten zum Knauf über. Unter einem Akanthusblatt, das als Baldachin dient, sitzt ein kleiner Jesusknabe mit der Weltkugel, die Arme ausgestreckt, in der linken Hand ein Kreuz wie ein Zepter haltend. Der Stab ist durchweg mit Bandelwerk umschlungen. Er hat weder Beschau- noch Meistermarke, aus den Akten geht aber hervor, daß es sich um eine Dresdner Arbeit handelt.

Die hier aufgeführten Gegenstände bilden nur eine Auswahl aus dem reichen Bestand kirchlicher Geräte, die die Schatzkammer birgt. Sie sollen Einblick gewähren, daß auch die katholische Welt der Lausitz an Spitzenleistungen europäischer Goldschmiedekunst Anteil hatte.

Paramente – Bautzen

Die Textilien des Barock in ihren leuchtenden Farben und reichem Dekor können sicherlich nicht anders betrachtet werden als die anderen Kunstgattungen jenes Stils, der bei seiner Universalität sowohl in der damaligen Architektur, Malerei und Plastik wie auch im Kunsthandwerk zur Geltung gelangte. Die Stoffe der Paramente sind von den profanen nicht mehr zu unterscheiden. Die Beschaffung im einzelnen läßt sich mitunter schwer nachweisen; möglich, daß es der direkte Auftrag durch den Abt des Klosters war oder Schenkungen von Stiftern, wie es in Bautzen und im Kloster Marienthal der Fall war.

Sehr häufig verwendete man Material, das bereits vorher profanen Zwecken gedient hatte. Bei der schnell wechselnden Mode des Dessins wurden vom Adel die Gewänder oft nach kurzfristigem Tragen wieder abgelegt. Seit dem Beginn des 18. Jahrhunderts wurden zweimal im Jahr von den französischen Webern in Zusammenarbeit mit den Dessinzeichnern, unter denen das Primat zweifelsohne den Künstlern aus Lyon zustand, eine Textilkollektion auf den Markt gebracht. Dieser schnelle Wechsel der Muster veranlaßte die Schichten der hohen Gesellschaft zu einem ebenso schnellen Wechsel ihrer oft kostspieligen Garderobe, um nicht altmodisch zu erscheinen. Bei der Beschaffung von Paramenten wurde nicht der strenge Maßstab für den jeweiligen Modecharakter angelegt, zumal Zahl und Form der Gewänder bereits seit dem Mittelalter festlagen. Es blieben nur in der Beschaffenheit des Stoffes und dem dekorativen Schmuck eine gewisse Gestaltungsfreiheit, die das Gewand dem damaligen Stilwandel entsprechend veränderte. So übernahmen kirchliche Würdenträger oft durch Zwischenhändler die abgelegten Gewänder des Adels. Da die Formen der Kasel, Pluviale und Dalmatika festlagen, wurden sie häufig in den Werkstätten der Klöster angefertigt. Es gab aber auch Laienschneider, die in eigenen Werkstätten Paramente nähten, dies ist aus den Zunftordnungen der Schneider zu ersehen.

Die kostbaren wie auch kostspieligen Stoffe waren Importe. Das erste europäische Land, das Seidenstoffe herstellte, war Italien, vornehmlich in den Zentren Lucca und Venedig. Im Mittelalter, von der Mitte des 14. Jahrhunderts an, wurde es der Hauptlieferant für ganz Europa und konkurrierte sehr erfolgreich gegen die älteren byzantinischen und arabischen Seidenzentren. Im Laufe des 17. Jahrhunderts bemühte sich Frankreich mit Erfolg, das Produktionsniveau zu erreichen, und übernahm die Führung in der Herstellung wertvoller Gewebe. Die französische Seidenherstellung, vor allem in Lyon, beherrschte im 18. Jahrhundert den europäischen Markt, obwohl auch andere europäische Länder am Ende des 17. und zu Beginn des 18. Jahrhunderts Seidenmanufakturen gründeten. In Deutschland lagen diese Zentren im Rheinland und in Sachsen. So wurde 1720 unter dem Kurfürsten Friedrich August I. das Innungsstatut der Seidenweber in Sachsen festgelegt.

Die Bautzner Schatzkammer beherbergt neben den Kleinodien auch einen reichen Bestand barocker Textilien. Ornate, Mitren, ja selbst die zum Gewand gehörenden Brokatschuhe sind vorhanden. Aus der Fülle der erlesenen Brokatgewänder soll eines besonders herausgestellt werden. Es ist der Ornat, der aus dem Brautkleid der Erzherzogin Maria Josepha 1719 in Dresden gefertigt wurde. Der mit stilisierten Blüten gemusterte Seidenstoff (broschierter Damast) kam aus Lyon. Zu diesem Ornat gehören Vespermantel, Kasel, Stola, Manipel und Kelchtuch. Das Gewebe wird als „Gros de Tours, Lame" bezeichnet und ist um 1700 entstanden. Dieser Silberbrokat ist mit broschierten stilisierten Blüten und Blättern in verschiedenen Grün-, Violett-, Rot-, Gelb-, Blau- und Schwarzschattierungen versehen und mit Klöppelspitze aus verschiedenen Goldfäden reich besetzt. Die Erzherzogin schenkte ihn nach ihrer Vermählung mit dem sächsischen Kurprinzen Friedrich August der Bautzner Domkirche. Später hat sie noch mehrere ihrer Staatsroben zu Meßgewändern umarbeiten lassen. Maria Josepha hatte damit eine Tradition eröffnet, die von den sächsischen Fürstinnen noch bis in das 19. Jahrhundert hinein fortgesetzt wurde.

Die Schatzkammer birgt noch einige andere sehr kostbare Paramente. Da wären ein Vespermantel und eine Kasel zu nennen. Der Vespermantel, eine Arbeit um 1700, zeigt farbige Gobelinstickerei auf Silbergrund mit Blumen und Ranken und vier Medaillons mit den Evangelisten, auf der Kapuze ist die Himmelfahrt Christi dargestellt. Der Mantel ist mit rotem Seidenfutter versehen und hat eine messing-vergoldete Schließe. Die Kasel zeigt die gleiche Gobelinstickerei: Blumen und Ranken auf Silbergrund und auf dem Rücken ein Medaillon mit der Darstellung der hl. Jungfrau. Diese Paramente müssen, wie aus den christlichen Darstellungen zu ersehen ist, gleich für ihren eigentlichen kirchlichen Gebrauch angefertigt worden sein.

Bischof Wosky von Bärenstamm, erster Titularbischof in Bautzen, sorgte nicht nur für repräsentative und kostbare Insignien seiner Würde, sondern auch für wertvolle Paramente. So erwarb er 1750 aus Dresden eine sehr schönen tabakfarbenen Seidendamast mit Silberfäden. Eine daraus gearbeitete Dalmatika zeigt auf tabakbraunem und hellblauen Grund Früchte, Blumen, Tempelchen und Springbrunnen, abgefüttert ist sie mit grünem Satinfutter. Das Muster des Stoffes läßt darauf schließen, daß er ursprünglich profanen Zwecken gedient haben muß. Wie aus Unterlagen hervorgeht, soll Bischof Wosky von Bärenstamm Gewänder von einer Dienerin erworben haben, die diese von ihrer adligen Herrin geerbt hatte, sie aber nach der damaligen Kleiderordnung nicht selber tragen durfte. Diese Kleidung wurde dann für den liturgischen Gebrauch umgearbeitet.

Besonders prunkvoll ist die Mitra des Bischofs, eine Bautzner Arbeit um 1745. Sie ist aus rotem Samt, auf der Vorderseite ist in goldener Applikationsstickerei das Wappen des alten Bistums Meißen, Lamm mit Fahne, angebracht. Die Rückseite schmückt das verschlungene Monogramm AM (Ave Maria), eingefaßt mit goldener Borte. Die Mitra ist mit rosa Seide gefüttert und hat mit breiter Goldborte besetzte Ränder, die in goldenen Fransen enden.

Liturgische Ausstattung – Marienthal

Was das Kloster Marienthal an liturgischem Gerät aus der Zeit des Barock besitzt, zeigt den gleichen künstlerischen Anspruch, wie ihn die Neuzeller Stücke vertreten. Auch hier ist in vielen Fällen die enge Bindung an Prag und damit an die böhmische Goldschmiedekunst nachzuweisen, erklärlich, da auch Marienthal zur böhmischen Ordensprovinz gehörte.

Aus der Zeit vor dem Brand von 1683 ist nur wenig erhalten geblieben, dazu zählen das Pontifikallavabo und zwei Meßkännchen mit Schale für den täglichen Gebrauch. Die Datierung auf 1662 läßt die Annahme zu, daß sie durch die Äbtissin Anna Friedrich angeschafft wurden. Das Pontifikallavabo, das nur vom Bischof oder einem Prälaten bei Besuchen im Kloster während der Messe benutzt werden durfte, besteht aus einer ovalen 48,5 cm großen silber-vergoldeten Schale und einer 32,5 cm hohen Kanne. Der gezwickte Rand der Schale ist mit großen Silberblüten, die plastisch herausgearbeitet sind, geschmückt. Der Spiegel der Schale ist leicht nach oben gewölbt, so daß der Fuß der dazugehörigen Kanne genau hineinpaßt. Auf dieser Erhöhung befinden sich in zarter Gravur eine Darstellung des zwölfjährigen Jesus im Tempel mit Maria und Joseph, darunter die Jahreszahl 1662. Die Kanne trägt den gleichen silbernen Blütenschmuck wie die Schale. Der ovale Fuß zeigt getriebene Ranken, der Balusterschaft drei Engelfigürchen aus gegossenem Silber. Die Tülle ist als Maske und der Henkel aus weibliche Figur ausgebildet; sie sind noch stark von Stilelementen der Renaissance geprägt. Der profilierte Deckel ist mit einem Engel bekrönt. Die Kanne in geschweifter Form mit getriebenem Blumenornament zeigt zwei gravierte Darstellungen: die Heilige Familie und Maria als Himmelskönigin, darunter das Konventswappen. Die für den täglichen Gebrauch bestimmte Meßkännchengarnitur ist wesentlich kleiner, sie besteht aus der ovalen Schale (38 cm Länge) und zwei kleinen Kännchen für Wasser und Wein. Wenn auch nicht datiert, müssen sie, wie aus dem Dekor zu ersehen ist, aus der selben Zeit stammen. Sie haben das gleiche Blütenornament, Silber auf vergoldetem Grund, wenn auch nicht so plastisch herausgearbeitet wie beim Pontifikallavabo. Die Kännchen wirken sehr schlicht, auf jeden zusätzlichen

4 Bautzen, Domstift St. Petri. Vespermantel aus dem Brautkleid der Erzherzogin Maria Josepha

Liturgische Ausstattung

5 Kloster St. Marienthal. Pontifikallavabo

Schmuck ist verzichtet worden. Auf ihren Henkeln ist jeweils ein A (aqua) und V (vinum) angebracht, um ihre Bestimmung zu kennzeichnen.

Die Stücke tragen das Beschauzeichen G 12 und das Meisterzeichen ALR, nur die Kanne des Pontifikallavabo hat GM. Das Beschauzeichen weist auf Arbeiten aus Görlitz hin, die Meister sind nicht zu identifizieren. Während sich die Äbtissin Anna Friedrich mit dem Auftrag für diese Goldschmiedearbeiten an eine Werkstatt in der Nähe des Klosters wandte, wurden die Aufträge nach 1700 bereits nach Prag gegeben.

Von den drei Kelchen, die sich im Kloster befinden, stammt der älteste aus dem Jahre 1701. Wie aus der Inschrift unter dem Fuß hervorgeht, ist er eine Stiftung des Bautzner und Prager Domherrn Ch. A. Pfaltz : Christianus Aug. Pfaltz ab Ostritz, SS-Theol: Doktor Archidiacon. ad Vitum Praga Budißina Senior dono obtulit Vallis Mariae Anno 1701. Christian Aug. Pfaltz stammte aus Ostritz, dieser Ort gehörte von 1626–1720 dem Kloster St. Marienthal. Er war Kanonikus von St. Veit in Prag, ein bedeutender theologischer Schriftsteller und beliebter Kanzelredner seiner Zeit.

Der silber-vergoldete Kelch ist nach dem eingravierten Monogramm I. D. auf dem Fußrand eine Arbeit von Johann Diesbach aus Prag. Kuppa, Schaft und Fuß sind mit zarten Blüten- und Blattornamenten aus Silberfiligran überzogen. Kuppa und Fuß haben je drei getriebene Medaillons, die von Granaten eingerahmt sind. Jan Diesbach kam 1686 von Augsburg nach Prag und ließ sich dort auf der Kleinseite nieder. Mit dem Zuzug fremder Goldschmiede wurden neue Techniken in Prag heimisch. In den spezifischen böhmischen Stil der Goldschmiedearbeiten gelangte am Ende des 17. Jahrhunderts die Augsburger Technik des Filigran. Es überzieht wie ein feines Netz die Gegenstände, umgibt die mit Heiligendarstellungen geschmückten Medaillons, eingerahmt von böhmischen Granaten. Der Kelch ist ein ausgezeichnetes Beispiel für diese in Prag neue Art der Goldschmiedekunst.

Ein zweiter Kelch wurde von der Äbtissin Clara Mühlwenzel (1720–1736) in Auftrag gegeben. Wie aus dem Meisterzeichen zu ersehen ist, hat Michael Josef Coèsel diese Arbeit ausgeführt. Er ist uns auch durch Arbeiten, die er für Neuzelle herstellte, bekannt. Der Kelch ist

27 cm hoch und silber-vergoldet. Plastisch herausgearbeitete barocke Ornamente, Engelsköpfchen und Emaillemedaillons schmücken Kuppa und Fuß. Der Knauf ist mit Putten und Blüten besetzt. Auf den Medaillons der Kuppa befinden sich folgende Darstellungen: Maria als Himmelskönigin, hl. Juliane von Lüttich; auf dem Fuß: Josef, hl. Bernhard, hl. Benedikt. Zwischen den Medaillons sind Engelkopfpaare angebracht, am Fuß das Wappen der Äbtissin Clara Mühlwenzel. Der Kelch ist zwischen 1720 und 1730 zu datieren. Zu den Zeichen Ihrer Würde gehörte auch der Äbtissinnenstab, eine hervorragende Goldschmiedearbeit. Der äußere Rand der silber-vergoldeten Krümme ist mit Silberperlen besetzt, die sich zur Krümmung hin verjüngen. Das Innere der Krümme ist durch Silberarabesken ausgefüllt, die mit Edelsteinen und Glasflüssen besetzt sind. In den Arabesken befindet sich in einem zarten Filigranrahmen ein goldenes doppelseitiges Medaillon mit den Darstellungen des hl. Bernhard und des hl. Mauritius. Leider ist weder ein Beschauzeichen noch ein Meisterzeichen zu finden, am Schaft des Stabes ist lediglich das Wappen der Äbtissin eingraviert.

Im Laufe des 18. Jahrhunderts traten in Marienthal eine Reihe von Äbtissinnen als große Persönlichkeiten hervor. Nicht zuletzt sorgten sie für eine prächtige Ausgestaltung der Liturgie. So legte die Äbtissin Martha Tanner (1693–1709) einen Schatz wertvoller Paramente an. Die Äbtissin Agnes von Hayn (1709–1720) stiftete ein silbernes Andachtskreuz. Es ist reich mit Rokokoornamenten, zum Teil als Auflegearbeit, verziert und mit Glasflüssen besetzt. Christus ist als vergoldete Plastik aufgesetzt. In die Rückseite sind Bandornamente und Blüten ziseliert. Der Fuß läuft in drei geschwungene Voluten aus, die auf halbrunden Kugeln ruhen. Das Kreuz trägt das Wappen der Äbtissin, besitzt aber kein Beschauzeichen.

Eine umfangreiche Erweiterung erfuhr der Kirchenschatz durch die Äbtissin Theresia Senftleben.
Diese Insignien der Äbtissinnenwürde wurden auch von den Nachfolgerinnen der Äbtissin Theresia Senftleben bei den Weihen getragen und werden heute noch zu hohen Feierlichkeiten benutzt.

6 Kloster St. Marienthal. Kelch, gestiftet von der Äbtissin Theresia Senftleben

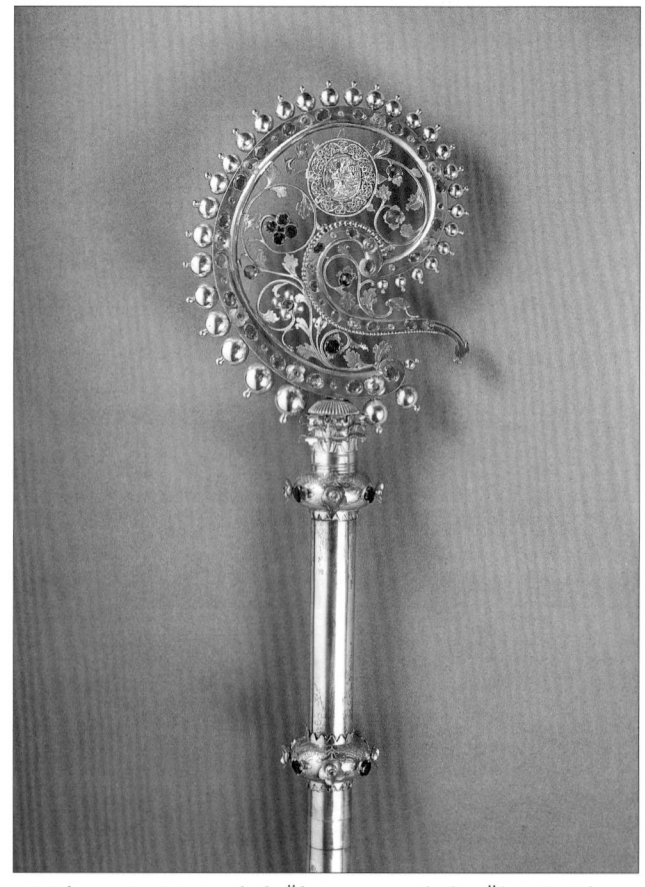

7 Kloster St. Marienthal. Äbtissinnenstab der Äbtissin Clara Mühlwenzel

Theresia Senftleben ergänzte die liturgischen Geräte noch um zwei weitere Stücke. Sehr prachtvoll ist die große Sonnenmonstranz von 80 cm Höhe. Den Schaft bildet eine Plastik, die den Hohenpriester Melchisedek darstellt, seine Arme sind erhoben und auf dem Kopf trägt er die Monstranz. Ein dreifacher Rahmen umgibt die Scheibe, die äußere Rahmung besteht aus silbervergoldeten Strahlen, davor liegt ein in Rokokoornamenten aufgelöster Kranz, in den sich emaillierte Trauben und Ährenbündel sowie Engelsköpfchen einfügen, geschmückt mit Edelsteinen und Perlen. Dieser Kranz gipfelt in einem auf einem Baldachin stehenden Kreuz, das mit kleinen flachen Granaten besetzt ist, in die die Leidenswerkzeuge farbig eingelassen sind; unter dem Baldachin thront Gottvater. Der dritte vergoldete Rahmen, der sich eng um die Scheibe legt, besteht aus zarten farbigen Emaille-Blütchen, gekrönt wird er durch den hl. Geist. Den Fuß bedeckt reiches, reliefartiges Rocailleornament. Auf dem Rand des Fußes steht folgende Inschrift: sUb ThersIa AbbatIssa et BonIfaCIo praeposIto thronUs Deo Vero s MarIae Valle deCoratVs (unter Äbtissin Theresia und Propst Bonifatius ist dieser Thron dem wahren Gott in Marienthal schmuckvoll errichtet worden). Aus der Inschrift mit dem Chronostichon läßt sich das Entstehungsjahr 1743 ablesen. Propst Bonifaz Prohaska war Mitglied des Zisterzienser-Klosters Saar/Žďár nad Sázavou Südmähren und zur Zeit der Äbtissin zuständiger Propst des Klosters. Die Monstranz ist eine Arbeit des Prager Goldschmiedes Martin Ketzner, auch er war bereits für Neuzelle tätig gewesen, ein Leuchterpaar dort trägt das gleiche Meisterzeichen.

Während der Regierungszeit der Äbtissin Theresia Senftleben kam ein von Caspar Gschwandtner gearbeiteter Kelch nach Marienthal, er ist der prunkvollste der vorhandenen Kelche, ganz im Sinne des Prager Rokoko gestaltet. Auch dieser Meister gehört zu den Goldschmieden, die mit besonders prächtigen Arbeiten in Neuzelle vertreten sind. Seine Werkstatt in der Prager Altstadt gehörte zu den führenden des Prager Hochbarock. Die Marienthaler Äbtissinnen wandten sich mit ihren Aufträgen also ebenfalls an renommierte Werkstätten. Der silber-vergoldete, 27 cm hohe Kelch hat reichen

8 Kloster St. Marienthal. Sonnenmonstranz mit dem Hohenpriester Melchisedek als Schaft

9 Kloster St. Marienthal. Monstranz, gestiftet von der Äbtissin Maria-Theresia Gräfin von Hrzan und Harras

Rocailleornament, das besonders am Fuß plastisch herausgearbeitet ist. Kuppa und Fuß sind mit vielen Edelsteinen besetzt, auf ihnen befinden sich außerdem je drei silberne, reliefartig gestaltete Medaillons mit folgenden Darstellungen, an der Kuppa: Gottvater, Jesus und Maria; zwischen Knauf und Fuß: ein kleines Emaillewappen mit der Jahreszahl 1743.

Als letzte der bedeutenden Äbtissinnen des Barockzeitalters ist Maria Theresia Gräfin von Hrzan und Harras (1784–1799) zu nennen. Sie lebte schon über Jahrzehnte im Kloster Marienthal und war vor ihrer Wahl zur Äbtissin als Priorin tätig. Sie verband echte Ordenstradition mit einer weltzugewandten Offenheit und wirkte in diesem Sinne bereits schon vor ihrer Wahl. Die Äbtissin hatte viele Beziehungen, wovon zahlreiche Bände in der Bibliothek Zeugnis ablegen. Durch ihre enge Verbindung zu ihrem Bruder Graf Franz von Hrzan und Harras, Kurienkardinal in Prag, kam ein reicher Reliquienschatz nach Marienthal. Sie fügte aber auch dem liturgischem Gerät eine sehr kostbare Monstranz hinzu. Es ist eine 48 cm hohe Sonnenmonstranz, deren Strahlen reich mit Edelsteinen besetzt sind, bekrönt ist sie durch ein goldenes Kreuz, dessen Enden in Dreipässen auslaufen. Sie sind mit Brillanten in kleeblattförmiger Fassung besetzt. In der Mitte des Kreuzes leuchtet ein Rubin. In der Monstranz sind als besonderer Schmuck zwei Ringfassungen Saphire mit Brillanten und Goldtopas mit Brillanten eingearbeitet, es sind sicher Stiftungen der Äbtissin Maria Theresia aus ihrem persönlichen Besitz. Die Scheibe ist von reichem Rokokoornament eingerahmt, in das sich Ähren und Trauben als Sinnbild der Eucharistie einfügen. Der profilierte Fuß zeigt ebenfalls Rocaillereliefs mit Ähren und Trauben sowie mit aufgesetzten Rosetten aus Goldblättchen und Filigranarbeit. Diese prächtige Goldschmiedearbeit wird ergänzt durch kostbaren Edelsteinbesatz und eine Kartusche mit dem Wappen der Äbtissin. Auf dem Rand des Fußes befindet sich folgende Inschrift: Maria Theresia Com. de Hrzan Abatissa Vallis Mariae Fieri Fecit Procurante Godefrido Praeposito. Der Stiftungspropst Gottfried Wimmer war in Budweis geboren und Mönch des Zisterzienserklosters Goldenkron in Südböhmen.

Als Beschauzeichen trägt die Monstranz einen gekrönten Löwen und als Meisterzeichen IR, dies deutet auf eine Arbeit von Josef Raspel hin. Die Monstranz muß nach der künstlerischen Gestaltung mit dem ausgeprägten Rokokodekor bereits um die Mitte des 18. Jahrhunderts entstanden sein und wurde von Maria Theresia vor ihrer Wahl zur Äbtissin in Auftrag gegeben; die Inschrift nennt sie als Stifterin, nicht aber als Äbtissin. Da Josef Raspel schon 1753 mit 41 Jahren starb, kann diese Monstranz als Schenkung nach ihrem Eintritt ins Kloster 1751 gearbeitet worden sein. Nach 1775 setzte sich schon der neue Stil des Empire durch, der bereits während der Regierungszeit der Äbtissin Maria Theresia voll zur Geltung kam und in einem so führendem Goldschmiedezentrum wie Prag sich durchgesetzt haben mußte. Zum Vergleich könnte man die letzte von Abt Gabriel in Neuzelle bestellte Monstranz von 1775 heranziehen, sie weist alle Stilelemente des Empire auf.

Von den vielen Reliquien in ihren oft reichen barocken Behältern und Rahmen, die durch die Schenkung des Kardinals Franz von Hrzan nach Marienthal kamen, soll hier nur eine besonders schöne Arbeit vorgestellt werden. Es ist ein 17 cm langes Holzkreuz mit reicher Bemalung. Die Enden des Kreuzes sind von schmalen Messingbändern eingefaßt. Der Querbalken läßt sich aufschieben, darin sind die in Seide eingeschlossenen Reliquien verwahrt. Auf dem Kreuz ist in pastoser Malerei Maria, umgeben von Engelsköpfchen und dem Hl. Geist, dargestellt. Die Rückseite zeigt den gekreuzigten Christus.

Zu den Ausstattungsstücken gehört ein wertvolles ca. 35 cm hohes Elfenbeinkruzifix. Es befindet sich in einem Ebenholzschrein, der mit feuervergoldeten Bronzeornamenten geschmückt ist. Das schwarze Kreuz ist in eine dünne Marmorplatte eingelassen. Der Körper ist feinste Elfenbeinschnitzerei. Das ausdrucksvolle Gesicht wird bekrönt von einer Dornenkrone und einem Heiligenschein. Die Füße ruhen auf einem Totenkopf.

Zum Marienthaler Klosterschatz gehören auch einige Meißner Porzellanplastiken von Johann Joachim Kaendler. Sehr ausdrucksvoll ist der segnende Christus. Die 45 cm hohe Figur steht vor einem Strahlenkranz aus vergoldetem Holz auf einem 12 cm hohen Porzellansockel. Christus in einem fließenden weißen Gewand weist mit der rechten Hand nach oben. Um die Ausdrucksmöglichkeit zu steigern, wird die Figur durch einen vergoldeten Holzsockel erhöht.

Eine zweite Plastik stellt den hl. Nepomuk dar. Diese 39 hohe ungefaßte Figur trägt im linken Arm ein Kruzifix, Gewand und Sockel zeigen Spuren einer ehemaligen Vergoldung.

Zu der Gruppe gehören noch zwei Engelputten. Die Figürchen stehen auf vergoldeten Holzsockeln. Die Gesichter zeigen Reste von Inkarnat, ihre Gewänder sind farbig gefaßt, zu ihren Füßen liegen zarte farbige Blüten und Blättchen.

Paramente – Marienthal

Wie die anderen Klöster, hat auch Marienthal einen wertvollen Paramentenschatz. Die Stücke entstammen im wesentlichen dem 17. und 18. Jahrhundert. Der Bestand muß dann durch Ankäufe aus zweiter Hand oder auch durch Schenkungen erneuert worden sein. Ein besonders schöner und prächtiger Ornat ist aus einem Verlobungskleid einer Prinzessin von Sachsen-Weißenfels entstanden. Sie hatte ihr Gewand, wie so häufig in dieser Zeit, einem Kloster gestiftet. Die hier vorgestellte Kasel ist aus reichem Goldbrokat mit bunten Blumen, Grotten und Tempelchen, also ein Stoff mit ganz weltlichem Dessin. Auf dem Rücken der Kasel ist in plastischer Gold- und Silberstickerei das sächsisch-weißenfelsische Wappen und die Jahreszahl 1744 eingestickt. Silberborten und ein hellgelbes Seidenfutter ergänzen das Gewand.

Aus gleicher Zeit, um 1750, ist auch eine andere Kasel, aus Silberbrokat mit bunter Seidenstickerei, die Blumen und Ranken darstellt. Die Kasel ist mit einer Goldborte eingefaßt und hat ebenfalls ein gelbes Seidenfutter.

Neben prächtigen Brokatgewändern besitzt das Kloster sehr kostbare Weißstickereien, so ein Altartuch aus weißem Leinen mit roter Kreuzstickerei, es ist 1653 datiert. Auch eine Alba aus weißem Leinen muß genannt werden. Sie ist reich bestickt mit Blumenranken, springenden Hirschen und dem Wappen Böhmens, diese Weißstickerei ist um 1700 entstanden.

Im Marienthaler Paramentschatz sind auch die Prunk-Handschuhe der Äbtissin Maria Theresia Gräfin von Hrzan und Harras erhalten geblieben. Es sind gestickte Handschuhe, mit farbigen Gold- und Silberfäden bestickt und mit goldener Klöppelspitze verziert, eine Arbeit aus dem Ende des 18. Jahrhunderts.

Liturgische Ausstattung und Paramente – Marienstern

Wenn das Kloster Marienstern im Dreißigjährigen Krieg auch nicht so große Verluste an Reliquiaren und kirchlichem Gerät erlitten hat wie Neuzelle und Marienthal, so stammt der Hauptanteil des Kirchenschatzes dennoch auch hier aus der Barockzeit.

Das Kloster besitzt neben seinen sehr kostbaren mittelalterlichen Reliquiaren wohl auch die ältesten Paramente. Zu den hervorragenden Paramenten gehört zum Beispiel eine Kasel aus rosa Silberbrokat. Der Spiegel der Rückseite ist in Kreuzform aus roter Seide, darauf in vollplastischer Stickerei sind folgende Darstellungen: Christus am Kreuz, darunter Maria und Johannes, über dem Gekreuzigten Gottvater in Wolken thronend. Auch hier sind die Stickerei und der Stoff des Gewandes aus verschiedenen Zeiten, die Stickerei ist um 1500, während der Brokat eine Lyoner Arbeit Ende des 17. Jahrhunderts ist. Die liturgischen Gefäße und Geräte, Paramente und Textilien, Arbeiten aus Glas und Porzellan aus dem Besitz des Klosters St. Marienstern werden auf der 1. Landesausstellung des Freistaates Sachsen 1998 im Kloster St. Marienstern gezeigt und im Katalog zur Ausstellung einzeln in Wort und Bild vorgestellt, so daß sich an dieser Stelle eine Beschreibung der einzelnen Stücke erübrigt.

Liturgische Ausstattung – Neuzelle

Während die Klöster Marienthal und Marienstern sowie das Domstift Bautzen durchgehend ihre geistliche Funktion beibehielten und daher der Bestand ihrer kirchlichen Geräte nicht angetastet wurde, erlitt Neuzelle durch die Säkularisation 1817 einen tiefen Einbruch. Mit der Aufhebung des Klosters sind zahlreiche Geräte und Paramente fortgeschafft und zum Teil anderen Bistümern übereignet worden. So kam der große, reich mit Steinen besetzte Abtstab, 1727 Abt Martin vom Konvent zum Amtsantritt überreicht, in den Dom von Pelin, Bistum Kulm. Von den 39 Kelchen, die 1818 vorhanden waren, sind heute nur noch acht in Neuzelle vorhanden.

Der Wiederaufbau des Klosters nach dem Dreißigjährigen Krieg begann unter dem Abt Bernhard von Schrattenbach (1641–1660). Aus dieser Zeit sind auch die ersten barocken Ausstattungsstücke erhalten. Als wertvollste Arbeit ist der Abtstab zu nennen. Nach der Säkularisati-

10 Neuzelle, ehem. Zisterzienserkloster. Abtstab des Abtes Bernhard von Schrattenbach

on 1817 wurde er der Hedwigskirche in Berlin übereignet, seit 1959 dient er als Bischofsstab dem Bischof von Görlitz. Wenn er sich auch nicht mehr in Neuzelle befindet, so zählt er doch zu den kostbarsten frühbarocken Ausstattungsstücken des ehemaligen Klosters.
Die silber-vergoldete Krümme ist mit Akanthusblättern belegt, sie endet in einer Dreiviertelfigur der Maria mit dem Christuskind im Strahlenkranz. Der Knauf ist mit zwei Engelsköpfen, einem Medaillon mit Christuskopf und dem Wappen des Abtes Bernhard besetzt. Der Abtstab scheint eine Augsburger Silberarbeit zu sein.
Ein Krummstab aus dem Kirchenschatz des Klosters Melk von auffallender Ähnlichkeit und von gleicher Qualität wird als Augsburger Arbeit aus dem Jahre 1641 genannt, die Verwandtschaft beider Stücke ist unverkennbar. Da Abt Bernhard aus dem Kloster Salmansweiler in Schwaben stammt und seine Verbindung nach Süddeutschland nie ganz abgerissen sein dürfte, wird er sich mit dem Auftrag für diese Arbeit an eines der damaligen Zentren deutscher Goldschmiedekunst, Augsburg, gewandt haben.

Von der sonstigen Ausstattung der Kirche aus der Zeit von 1650 bis 1660 sind die beiden sogenannten Sanktusleuchter erhalten geblieben. Die 1,79 m hohen Bronzeleuchter sind noch vom Stilgefühl der Renaissance bestimmt. Sie haben einen profilierten balusterförmigen Schaft mit reicher Akanthusziselierung. Die Tropfschale ist in stilisierter Blütenform gebildet. Der Fuß besteht aus drei gekrönten Adlern, auf deren Brust sich je eine mit Voluten gerahmte Kartusche befindet; eine trägt den Namenszug Marias, eine zweite den Namenszug Christi und die Dritte das Wappen Bernhards. In die Zeit des Abtes Bernhard gehört noch ein paar Leuchterengel aus dem letzten Viertel des 17. Jahrhunderts. Diese 20 cm hohen silber-vergoldeten Leuchter haben Renaissanceornamentik, die sich in den vier Grotesken auf dem Sockel zeigt. Der Schaft besteht aus einem Engel in langem Gewand mit ausgebreiteten Flügeln, der den Kerzenhalter in der Hand trägt. Nach dem Meisterzeichen ist es eine Breslauer Silberarbeit von Christian Menzel.
Unter den Äbten Konrad Proche, Martin Graff und Gabriel Dubau hat sich der eigentliche große Um- und

11 Neuzelle, ehem. Zisterzienserkloster. Weihrauchgefäß und Weihrauchschiffchen

Ausbau des Klosters im Sinne des Barocks vollzogen. Sie führten das Kloster zu seiner eigentlichen Blüte und sorgten für eine reiche Ausstattung, die wir heute noch in vielen Spuren bewundern können.

Abt Konrad (1703–1728) kam aus Böhmisch-Leipa /Česká Lípa, es ist bekannt, daß er seine Mutter von dort nach Neuzelle kommen ließ, wo sie 1713 starb. Seine Bindung an Böhmen muß stets eine sehr enge gewesen sein, so daß sein künstlerisches Verständnis von daher Anregungen bekommen hat. Hinzu kommt, daß Neuzelle zur Ordensprovinz Böhmen zählte und sich auch aus diesem Grunde enge künstlerische Beziehungen ergaben. So ist es nicht verwunderlich, daß Abt Konrad alle Silberarbeiten, die er für die Ausstattung der Kirche anschaffte, in Prag in Auftrag gab, wie es aus den Beschau- und Meisterzeichen ersichtlich ist. Abt Konrad vergab einen Auftrag für eine Reihe von Silberarbeiten an den Goldschmiedemeister Johann Georg Brullus, der seine Werkstatt in der Prager Altstadt hatte. Aus seiner Hand entstand ein großes Weihrauchfaß und ein dazugehöriges Weihrauchschiffchen im Jahre 1704. Das 30 cm hohe Weihrauchgefäß ist nach unten etwas eingeschnürt und mit barockem Akanthusornament verziert. Zu diesem Auftrag gehört auch das Vortragekreuz. Das silbervergoldete Kreuz endet in Dreipaßformen und ist reich mit plastischem Schmuck und Glasfluß besetzt. Der Korpus ist in Silber getrieben. Der Knauf zeigt zwischen Engelsköpfen und Steinen vier Medaillons: thronende Maria, Ölbergszene, Kreuztragung und Wappen des Abtes. Die Dreipässe sind ebenfalls mit Engelsköpfchen und Steinen geschmückt, in der Mitte befindet sich das Monogramm Jesu.

Von den fünf reich gestalteten barocken Kelchen, die in Neuzelle erhalten geblieben sind, kommen vier aus dieser Werkstatt. Drei Kelche sind vom gleichen Typus: sie sind silber-vergoldet und Kuppa, Fuß und Nodus sind mit reichem Bandel- und Muschelwerk verziert und mit Steinen besetzt. Der Nodus ist mit Putten und Blüten sowie mit Silberfiligran und Granaten geschmückt. Auf Fuß und Kuppa sind Emaillemedaillons aufgesetzt, die ebenfalls von einem Granatkranz umrahmt sind. Die Darstellungen auf den Medaillons geben den Kelchen

12 Neuzelle, ehem. Zisterzienserkloster. Marien-, Engel- und Märtyrerkelch

ihre besondere Bedeutung. Beim Madonnenkelch beziehen sie sich auf das Leben der Maria. Die Kuppa zeigt eine Darstellung im Tempel, die Begegnung Marias mit Elisabeth und die Aufnahme Marias in den Himmel. Auf dem Fuß sind die Verkündigung, die Darstellung der Apokalypse und das Wappen des Abtes Konrad mit der Jahreszahl 1717 dargestellt. Die Medaillons des Engelskelches zeigen an der Kuppa die Erzengel Michael, Raffael und Gabriel, auf dem Fuß sind Darstellungen aus der Apokalypse und ebenfalls das Wappen des Abtes mit der gleichen Jahreszahl zu sehen. Beim Märtyrerkelch befinden sich auf der Kuppa folgende Medaillons: Johannes der Täufer, Stephanus, Laurentius und auf dem Fuß Sebastian, Thomas Becket und das Wappen Conrads mit der Jahreszahl 1719. Obwohl alle drei Kelche zum verwechseln ähnlich sind, der Märtyrerkelch lediglich um 2 cm höher ist, sind die zwei ersten von Brullus gearbeitet, während der letzte eine Arbeit seines Nachfolgers Michael Josef Coèsel ist.

13 Neuzelle, ehem. Zisterzienserkloster. Sonnenmonstranz, gestiftet von Abt Martinus Graff

Als Johann G. Brullus 1716 mit 38 Jahren starb, heiratete seine Witwe 1717 den aus Wien stammenden M. J. Coèsel, der die Werkstatt übernahm und sie bald zu einer der führendsten Werkstätten der Prager Altstadt machte. Er mußte auch die Aufträge, die Brullus bekam, weitergeführt haben, daher haben die Kelche das gleiche Aussehen. Er arbeitete für Neuzelle noch einen vierten Kelch, auch aus dem Jahre 1719, der sich von den anderen stark absetzte. Er wirkt schlichter, auf Stein- und Emaillebesatz ist verzichtet worden. Kuppa und Fuß sind mit Hochreliefs aus Silber geschmückt. Dargestellt sind an der Kuppa: hl. Barbara, hl. Apollonia, hl. Dorothea; am Fuß: hl. Florian, hl. Nepomuk und hl. Wenzel. Die schönste und wertvollste Arbeit, die er für Neuzelle schuf, ist die Kreuzigungsgruppe, die 1718 am alten Hochaltar ihre Aufstellung fand, welcher aber 1740 abgebrochen wurde. Bei dieser Arbeit zeigt sich das hohe künstlerische Können des Meisters. Die Gruppe besteht aus einem 1,60 m hohen Standkreuz und den 65 cm hohen Figuren der Maria und des Johannes, die auf 43 cm hohen Sockeln stehen. Diese Sockel dienen zugleich als Behältnis für die Reliquien des hl. Märtyrers Floridus. Eine in Neuzelle befindliche Urkunde, die am 18. August 1714 vom Erzbischöflichen Konsistorium in Prag ausgestellt wurde, besagt, daß auf Anordnung des Papstes 1699 der Gräfin Maria Josefa Martinitz, geb. Gräfin Sternberg, die Gebeine des hl. Floridus geschenkt wurden, nachdem sie durch den Kardinal Caspar Bischof von Sabina aus der Cyriacus-Katakombe erhoben worden waren. 1714 wurden diese Gebeine des heiligen Floridus als echt befunden und durften in den Kirchen ausgestellt werden. Innerhalb der Jahre 1714–1718 müssen diese Reliquien nach Neuzelle gebracht und dafür diese kostbaren Behältnisse geschaffen worden sein.

Die mit Silberblech beschlagenen Sockel bilden in ihrer Grundfläche Dreiecke mit konkaven Seiten und ruhen auf abgeflachten Kugeln. Alle Flächen sind durch Treibarbeiten und Gravuren in reichem Barockornament gestaltet. An besonderen Stellen sind Vergoldungen angebracht. Die Schauseite enthält ein Fenstern, hinter dem eine Floridus-Reliquie sichtbar ist. Darunter befindet sich eine Kartusche mit der Jahreszahl 1718. Beim Kreuz trägt die Kartusche das Wappen des Abtes Konrad, darüber eine Mitra und die Insignien CANC (Konrad Abbas Novae Cellensis). Die Schauseite ist zu beiden Seiten von einem Engelsputto flankiert, dessen Flügel bis an die Scheiben des Reliquiars reichen.

Die in Silber getriebenen Figuren der Maria und des Johannes sind sehr qualitätvolle Plastiken mit großer Ausdrucksstärke. Während bei Maria das Leid verhalten sichtbar wird, wirkt Johannes in seinem Schmerz ekstatischer. Beide tragen Gewänder mit reichem Faltenwurf, die Untergewänder sind durch zarte Akanthus- und Blütenornamente verziert. Das Kreuz ist mit vergoldetem

Silberblech beschlagen, der Korpus ebenfalls eine hervorragend gearbeitete Plastik.

Als letzte nachweisbare Arbeit für Neuzelle fertigte M. J. Coèsel um 1727 das Lavabo, ein Gefäß für die Handwaschung des Priesters in der Messe. Es muß wohl noch zum Auftrag des Abtes Konrad gehören, ist aber erst nach seinem Tode geliefert worden, denn es trägt bereits das Wappen seines Nachfolgers Martin. Es ist das einzige nachweisbare Stück, das Abt Martin aus Prag bezogen hat, sonst wandte er sich mit eigenen Aufträgen nach Augsburg. Das Lavabo ist eine silber-vergoldete Arbeit. Die ovale Schale hat einen breiten Rand mit Bandelwerkziselierung, die Kante leicht volutenförmig eingerollt. In der nur leicht vertieften Mitte der Schale, mit den gleichen ziselierten Schmuckelementen wie am Rand, erhebt sich das Wappen des Abtes. Dieser Wappenschild bildet gleichzeitig die Standfläche für die Kanne. Diese ist stark geriffelt und mit dem gleichen Bandelwerk verziert, als einziger plastischer Schmuck ist eine Kartusche mit dem Kopf unter der Tülle angebracht.

14 Neuzelle, ehem. Zisterzienserkloster. Strahlenmonstranz, gestiftet von Abt Gabriel Dubau

Nur bei den Zinnarbeiten hat sich Konrad nicht an eine Prager Werkstatt gewandt. Solche Aufträge vergab er an den Zinngießer Anton Brandl in Böhmisch-Leipa, seiner Heimatstadt, dies geht aus den Zinnmarken eindeutig hervor. Die Zinnleuchter sind, obwohl von verschiedener Höhe und einigen Abweichungen im Ornament, einander sehr ähnlich. Die Füße bilden eine Dreiecksform, die auf Kugeln von Adlerklauen gehalten ruht. Die Wangen sind reich mit Bandel- und Gitterwerk sowie mit Voluten und Akanthus geschmückt. Die profilierten Schäfte zeigen zum Teil Engelsköpfchen und Glasfluß.

Martin Graff (1727–1741) ist wohl der bekannteste der Neuzeller Äbte der Barockzeit. Als Nachfolger des Abtes Konrad wollte er dessen begonnenes Werk, den Umbau des Klosters zu einer barocken Abtei, nicht nur vollenden, sondern es in seiner Bedeutung heben und prachtvoller gestalten, um es so zu einem Mittelpunkt katholischen Lebens werden zu lassen. Sein Gestaltungswille tritt uns in der Kirche überall entgegen, immer wieder finden wir sein Wappen an vielen Ausstattungsstücken. Sicher hat er auch viel für die Vergrößerung des Bestandes an kirchlichen Geräten getan, erhalten geblieben sind im wesentlichen nur vier Stücke: das bereits erwähnte Lavabo, eine Monstranz, ein Kelch und die „Ewige Lampe", sie alle vier tragen sein Wappen.

Die sehr prachtvolle Sonnenmonstranz hat eine Höhe von 70 cm, der Fuß ist stark profiliert, mit vier Kleinen Kartuschen, vier Masken und mit Steinen besetzt. Der Strahlenkranz ist reich mit Steinen und Glasfuß geschmückt, bekrönt wird die Monstranz durch Gottvater in der Mandorla, darunter der Heilige Geist in kleinem Strahlenkranz. Auch die Rückseite ist durchgestaltet. Diese um 1730 entstandene Arbeit wirkt im Vergleich zu den Prager Goldschmiedearbeiten im Aufbau und Umriß strenger und geschlossener. Es liegt die Vermutung nahe, daß sich Martin mit seinen Aufträgen nach Augsburg gewandt hat, denn der Kelch, den er ebenfalls für Neuzelle erwarb, läßt sich als Augsburger Arbeit nachweisen. Er wirkt bei allem barocken Formgefühl ebenfalls zurückhaltender als die Prager Kelche. In der Wahl und Anordnung der Steine zeigen sich Parallelen zur Sonnenmonstranz. Dieser um 1730 entstandene Kelch weist an Kuppa, Nodus und Fuß reiches Bandelwerk auf, alle Teile sind mit Steinen und Glasfluß besetzt. Der Kelch wurde von dem Augsburger Gold- und Silberschmied Johann Martin Maurer hergestellt. Von ihm ist auch noch ein Leuchterpaar, datiert 1730, im Domschatz zu Erfurt und ein Kelch, datiert 1731, im Domschatz zu Bamberg nachzuweisen.

Als drittes wichtiges Ausstattungsstück ist die „Ewige Lampe" zu nennen. Es ist eine in Silber gearbeitete Ampel um 1730. Sie hat eine flachrunde Form, die zur Spitze hin schmaler wird und leicht eingezogen ist. Geschmückt ist sie mit drei vergoldeten Medaillons: mit der Maria auf der Mondsichel, dem hl. Bernhard und dem Abtswappen.

Nach dem Tode des Abtes Martin tritt Gabriel Dubau (1742–1775) die Nachfolge an. Als Sohn eines Amtmannes in Neuzelle erlebte er den Ausbau des Klosters zu einem barocken Kleinod mit. Ganz in der Tradition verwurzelt, setzt er die Aufgabe seiner Vorgänger fort und führt Neuzelle seinem eigentlichen Höhepunkt zu, so daß es während seiner Abtzeit als „Musterkloster" gilt. Er sorgt für die Vollendung des Innenraumes der Konventskirche, der Erweiterung der Bibliothek sowie die geschmackvolle Einrichtung der dafür benötigten Räume.

In seine Zeit fällt auch die weitere Ausstattung mit kostbarem und künstlerisch wertvollem liturgischem Gerät. Mit seinen Aufträgen wandte er sich wieder nach Prag. Als Ergänzung für die Kreuzigungsgruppe des Hochaltares beschaffte er sechs Silberkandelaber. Die Paare sind bis auf geringfügig unterschiedliche Höhe von fast gleichem Aussehen. Zu ihnen gehören noch vier wesentlich kleinere Leuchter gleicher Art. Sie haben einen dreiseitigen Fuß, dessen Kanten geschwungen und zu kleinen angedeuteten Voluten gerollt sind, an den Seiten ist Muschelwerk angebracht. Der schlanke, sehr reich profilierte Schaft endet in einer blütenförmigen Tropfschale. Wie aus dem Beschauzeichen zu ersehen ist, wurden sie von Caspar Gschwandter hergestellt. Der aus Bayern stammende Goldschmied kam über Wien nach Prag und heiratete die Witwe des Gold- und Silberschmiedemeisters Gottfried Lambrecht, der in der Prager Altstadt seine Werkstatt besaß, welche Gschwandter übernahm. Er gehörte zu den beachtenswertesten Goldschmieden des Prager Hochbarocks und war Mitarbeiter von Kilian Ignaz Dientzenhofer. 1749 schuf er im Auftrage des Abtes Gabriel für Neuzelle eine Monstranz. Die 90 cm hohe Monstranz ist ein prachtvolles Beispiel des Prager Rokoko. Der Fuß zeigt reiches Rocaille und ist mit Halbedelsteinen besetzt, der schlanke Schaft hat die gleiche Ornamentik. Zwischen Schaft und Oberteil befindet sich eine Abendmahldarstellung in Emaille. Die Scheibe ist mit einem reichen Blütenkranz umrahmt, an den sich ein Engelskreis schließt. Den Strahlenkranz schmücken ebenfalls Halbedelsteine und Glasflüsse, die Bekrönung bildet Gottvater mit der Weltenkugel, darüber ein Baldachin mit einem von Bergkristallen besetzten Kreuz und zwei Engeln.

Aus der Hand von Gschwandter kommen auch die vier Reliquienbehälter. Es sind zwei Paare von unterschiedlicher Höhe, aber sonst in Form und Gestalt gleich. Eine Verwandtschaft zur Monstranz ist unverkennbar, wenn sie auch etwas einfacher in der Ausführung sind. Sehr viel bescheidener dagegen wirkt die Monstranz mit den Leidenswerkzeugen Christi. Hier steht die getriebene Silberarbeit im Vordergrund, auf Steinbesatz ist verzichtet worden. Form und Dekor tragen bereits die Stilmerkmale des Empire. Es muß einer der letzten von Gabriel bestellten Arbeiten gewesen sein, datiert ist sie 1775, ein Meisterzeichen hat sie nicht.

Als Ergänzung zur Ausstattung des Hochaltares wurden durch Abt Gabriel drei Kanontafeln bestellt. Diese kostbaren aus Silber getriebenen Rahmen zeigen reiches geschwungenes Muschelwerk mit Palmen und Ölzweigen. Die Haupttafel trägt als Bekrönung ein Engelsköpfchen. eine ebenso hervorragende Arbeit ist der Rahmen für das Schweißtuch der hl. Veronika. Diese Rahmen wurden 1751 von Josef Raspel angefertigt, ein aus Freising stammender Goldschmied, der 1742 nach Prag kam. Für die Josefbruderschaft wurde 1749 ein Leuchterpaar gestiftet. Es ist eine reich profilierte Silberarbeit ohne Ornamentik. Auch diese Leuchter kommen aus einer Prager Werkstatt, der des Meisters Martin Ketzner, der seit 1726 dort ansässig war.

Zum Neuzeller Kirchenschatz gehören noch eine Reihe sehr wertvoller Bucheinbände von Ritualen und Missalen, auch sie zeugen von guter Silberarbeit, wenn auch ihre Herkunft nicht nachgewiesen werden kann.

15 Neuzelle, ehem. Zisterzienserkloster. Einband des Rituale seu agenda

Ein in Neuzelle befindliches „Rituale Vratislaviense" aus dem Jahre 1709 hat einen punzierten Ledereinband mit Silberbeschlag. Die Ecken und das Schluß zeigen Pflanzenornamente und Engel. Auf der Rückseite sind Silberkartuschen aus Minuskeln, Grotesken und Engeln angebracht. Ein zweites Rituale aus der Zeit um 1700 ist das „Rituale seu agenda", es bekam, veranlaßt durch Abt Gabriel, 1744 einen neuen in Silber bearbeiteten Einband. Reiches Rocaille mit Vasen, Akanthus und silbervergoldeten Borten schmücken den Deckel.

Als letzteres ist noch das Missale zu nennen. Der Ledereinband ist im 19. Jahrhundert erneuert worden, aber die reichen Rokokobeschläge aus dieser Zeit um 1730 wurden wiederverwandt. Auf der Vorderseite ist Maria auf der Weltenkugel dargestellt, umgeben von Bandelwerk, Festons und Blattschwüngen. Auf der Rückseite befindet sich die gleiche Ornamentik und das Wappen des Abtes Martin.

Neben Gold- und Silberarbeiten gibt es auch Andachtsgegenstände aus anderem Material, die nicht weniger kostbar sind, wie eine Kreuzigungsgruppe aus Meißner Porzellan. Gestaltet wurde diese Gruppe durch Johann Kändler, dem großen Porzellanmodelleur des Barock und dem Schöpfer der Porzellanplastik in der Meißner Manufaktur.

Paramente – Neuzelle

Neuzelle besitzt heute noch eine reiche Ausstattung liturgischer Gewänder aus dem 18. Jahrhundert. Es ist die bedeutendste Sammlung barocker Paramente in Nordostdeutschland. Sicher ist durch die Auflösung des Klosters, ähnlich wie bei den Monstranzen, Kelchen und anderen Stücken der Ausstattung, auch ein großer Teil verloren gegangen, viel ist aber auch durch die ständige Benutzung bis in unsere Zeit abgetragen worden. Es lassen sich noch 28 Kapellen, bei einigen allerdings nur einzelne Stücke, nachweisen; fünf Kapellen sind noch vollständig erhalten. Diese liturgischen Gewänder sind, wie auch die übrigen kostbaren Ausstattungsstücke, von den drei bedeutenden Äbten der Barockzeit angeschafft worden. Von wem sie im einzelnen beschafft und aus welchen Orten sie bezogen wurden, läßt sich bis auf die datierte Kapelle des Abtes Martin nicht nachweisen.

Eine große Zahl der Paramente aus Seidendamast und Brokaten in leuchtenden Farben mit eleganten Blumen und Rankenmustern, ganz im Sinne des Rokoko, kommen aus Lyon, wie z.B. die Pluviale mit dem „Türkenzelt". Das blaugrundige broschierte Seidengewebe ist geschmückt mit silbernen Blattbouquets, in deren Mitte eine rote Blüte sitzt. Der Schild der Pluviale zeigt in blauem Fond eine kleine Insel mit zwei Bäumen und einem Busch, darüber erhebt sich ein goldener Baldachin in Form eines Türkenzeltes. Den Rahmen bilden vielfach geschweifte Bänder mit Blumen und Blättern bedeckt, große goldene Köcher mit Pfeilen ragen daraus hervor. Die metallene Schließe ist reich verziert und mit Bergkristallen und anderen Steinen geschmückt.

Besonderes Augenmerk verdienen eine Reihe von Gewändern mit reicher Seidenstickerei, sie zählen zu den bedeutendsten Arbeiten mitteldeutscher Seidenstickerei, die vorwiegend in Sachsen hergestellt wurden. Ein Beispiel hierfür ist der „Nelkenornat". Er besteht aus dreizehn einzelnen Stücken (Pluviale, Kasel, zwei Dalmatiken, vier Stolen, drei Manipel, Burse und Palla). Das reiche Blumenornament, vorwiegend Nelken aber auch andere Blüten, ist im Flachstich ausgeführt und bildet, in allen Farben des Regenbogens mit etwa dreißig Schattierungen dazu Gold- und Silberfäden, ein Wunderwerk der Nadelmalerei.

Sehr prunkvoll ist der „Dresdner Ornat"; mit seinen siebzig Einzelstücken ist er der umfangreichste der Neuzeller Ornate. Er umfaßt zehn Garnituren, bestehend aus Kasel, Stola, manipel, Velum Bursa und Palla. Es gehören aber nur zwei Dalmatiken dazu. Die Pluviale wurde nach der Säkularisation 1817 auf königliche Weisung an die St. Hedwigskathedrale nach Berlin gegeben. Zu den Paramenten gehören aber auch die Gewänder der Madonna vom Marienaltar und des „Prager Jesuleins" sowie ein Antipendium, ein Bezug für den Abtstuhl, eine Pultdecke, Kissen und Behang. Das Gewebe der Para-

16 Neuzelle, ehem. Zisterzienserkloster. Velum aus dem Dresdner Ornat

mente besteht aus rotem Seidensamt, die Randeinfassungen und die Feldunterteilung der Gewänder sind mit breiten Streifen aus Goldreliefstickerei verziert. Die Goldstickerei zeigt breite wellenförmige Bänder, in die Sternblüten, Palmetten und Blätter eingefügt sind. Diese Arbeiten entstanden in der Zeit des sächsischen Hochbarocks und bilden neben den Prunkgewändern in Dresden die größte geschlossene Sammlung sächsischer Seidenstickerei.

Besonders kostbare Stickerei besitzt der „Weiheornat" des Abtes Martin aus dem Jahre 1739. Der Ornat besteht aus Pluviale, Kasel, Dalmatiken, Stolen, Manipel und Kelchburse. Auf silbernem Grund sind in aufwendiger Plattstich- und Reliefstickerei Blüten und Ranken aufgetragen. Gold- und Silberfäden durchziehen die Seidenstickerei und unterstreichen deren Üppigkeit. Auf dem Schild der Pluviale sind das Wappen des Abtes und die Jahreszahl eingestickt.

Neben der Pracht prunkvoller Gewänder gibt es eine Reihe sehr qualitätvoller Leinendamaste, die als Altartücher gebraucht wurden. Diese größtenteils weißen Damastwebereien haben eingewebte Motive, z.B. Apostelsymbole, Abendmahldarstellungen sowie Tiere und andere figürliche Muster. Die Webereien kommen ebenfalls aus der Lausitz, vornehmlich aus Großschönau bei Zittau, das als Zentrum der Leinendamastweberei galt. Ein Teil der Tücher ist mit prächtigen Spitzen eingefaßt, sie scheinen vorwiegend im Erzgebirge entstanden zu sein.

Literaturverzeichnis

GROSSE, GERHARD: Bautzener Goldschmiede des 17. und 18. Jahrhunderts und ihre Arbeiten. Bautzener Geschichtshefte. 8 (1930) Heft 1–3; NEUHARDT, JOHANNES: Die neueröffnete Domschatzkammer von Bautzen, Sonderdruck des Münster. 39 (1986) Heft 2; Ausst. Kat. Alt-Lausitzer-Kunst. Bautzen 1935; SELING, HELMUT: Die Kunst der Augsburger Goldschmiede 1529–1868; URESOVÁ, LIBUŠE: Katalog Barokni Zlatnictvi, Praha 1974; ZEMINOVA, MILENA: Katalog Barokni Textilie, Praha 1974; MARKOWSKY, BARBARA: Europäische Seidengewebe des 13.–18. Jahrhunderts. Ausst. Kat. Kunstgewerbemuseum Köln Bd. VIII, Köln 1976; SEELIG, LORENZ: Kirchliche Schätze aus bayerischen Schlössern, Liturgische Gewänder und Geräte des 16.–19. Jahrhunderts. München 1984; SCHWARZZENBERGER, UTE: Paramente und kirchliches Gerät. In: Festschrift zum Jubiläum der Klostergründung Neuzelle vor 700 Jahren. Leipzig 1968; MAGIRIUS, HEINRICH und SIEGFRIED SEIFERT: Kloster St. Marienstern. Leipzig 1974; Führer durch das Kloster. Hrsg. von der Zisterzienserinnenabtei St. Marienthal. Leipzig 1982.

Kloster St. Marienstern. Büstenreliquiar des hl. Donatus, Patron des Bistums Meißen

1 Radmeritz/Radomierzyce, Schloß Joachimstein. Blick über den Schloßhof auf das Corps de logis, um 1925

2 Radmeritz/Radomierzyce, Schloß Joachimstein. Ehrenhof vom Balkon des Weißen Saales aus gesehen, 1925

DAS FRÄULEINSTIFT JOACHIMSTEIN, EINE ERINNERUNG

Heinrich Douffet

In einer Publikation, die im Zusammenhang mit dem 750jährigen Bestehen von Kloster St. Marienstern auch die früheren staatsrechtlichen Besonderheiten der Lausitzen darstellt, soll auch einer Institution gedacht werden, die in dieser Form im damaligen Kurfürstentum Sachsen nur hier entstehen konnte, dem 1722 gegründeten „freien evangelischen, weltadligen Fräuleinstift Joachimstein".

Joachimstein liegt unweit des östlichen Neißeufers im Bereich eines von der Wittig durchflossenen ehemaligen Grundherrenbesitzes Radmeritz, gegenüber dem 1997 geschlossenen Großkraftwerk Hagenwerder. Seit Mai 1945 gehört der einstige Stiftskomplex im heutigen Radomierzyce zur Republik Polen.

Mit dem Stift Joachimstein war eine der bedeutendsten ländlichen barocken Schloßanlagen der sächsischen Kunstgeschichte verbunden. Deren Großartigkeit stellt ein Aufsatz von Otto Heynitz von 1929[1] in Verbindung mit den Ausführungen von Otto Eduard Schmidt anschaulich dar. Ein von alten Linden gesäumter breiter Wassergraben umgab einen geradlinig begrenzten, 100 x 175 Meter großen Inselbereich, der nur über eine dreibogige Brücke und einen pavillonartigen Portalbau zugänglich war. Durch einen Wirtschaftshof mit vier rechtwinklig zueinander angeordneten Gebäuden gelangte man zu einem als Ehrenhof bezeichneten Rasenparterre mit von Puttengruppen bekrönten Balustraden, welche sich nach Süden zum schloßartigen, dreigeschossigen Stiftshaus mit seinen vorgezogenen Seitenflügeln öffneten. Flankiert wurde das Schloß durch zwei Kavalierhäuser, zu denen beidseitig des „Ehrenhofes" vier Baumreihen führten. Insgesamt zeichnete Joachimstein eine Verdichtung barocker Gestaltungselemente aus, wie sie in Sachsen bei kaum einer anderen Schloßanlage ausgebildet war.

Kommt man heute nach Joachimstein, so sieht man, was 50 Jahre der Nichtnutzung bewirken können. Ausgelöst wurde die Verwahrlosung durch die Lage an einer Staatsgrenze in einer durch Vertreibung und Enteignung als Folge des Zweiten Weltkrieges gekennzeichneten Region. Nur noch der Wassergraben mit seinen Alleen ist wohlerhalten. Den Zugang zur Schloßinsel verschließt ein Blechtor. Das einstige Rasenparterre jenseits der verfallenen Wirtschaftsgebäude finden wir völlig zugewachsen, aus den früheren Hecken sind Bäume geworden. Die Balustraden mit ihren Plastiken sind entfernt. Einen jämmerlichen Zustand weist das Schloß auf, sein Dach ist desolat und weitgehend offen. Gesträuch und kleine Bäume entwachsen dem Mauerwerk. Alle Fenster und Türen sind zerstört. In dem völlig ausgeraubten Inneren bestimmen herabgestürzte Balken das Bild, Deckenstukkaturen und –malereien sind vollständig vernichtet. Die einstige architektonische Kostbarkeit Joachimstein existiert gegenwärtig nur noch in der Erinnerung. Diese sollte zumindest in unserem Bewußtsein bewahrt bleiben, nach Möglichkeit aber wieder Realität werden. Einem solchen Anliegen gelten diese Zeilen.

Joachimstein war das Ergebnis von den stark persönlich geprägten Bemühungen seines Bauherren Joachim Siegismund von Ziegler und Klipphausen, des standesbewußten Angehörigen eines alten sächsischen Adelsgeschlechtes. Geboren am 13. Oktober 1660 in Radmeritz, erwarb er in frühen Jahren die für seinen Stand typische, durch Reisen gekennzeichnete Bildung; 1690 wurde er Kammerjunker bei dem späteren Kurfürsten Johann Georg IV., dann Kammerherr bei August dem Starken. Nur zwei Jahre, bis 1692, war von Ziegler in ständiger Aufwartung in Dresden. Später wurde er nur zu besonderen Anlässen nach Dresden gebeten. Sein Wirken war in der Folge nur noch an Radmeritz gebunden, wo er, im Gegensatz zu mancher Überlieferung, ein repräsentatives, aber doch nicht verschwenderisches und lockeres Leben eines wirtschaftlich orientierten Landedelmannes führte.[2] Seine Bemühungen galten dem Ausbau des Grundherrensitzes und, da er ehelos und ohne Nachkommenschaft war, dessen Umwandlung in ein der evanglisch-lutherischen Kirche verbundenes adeliges Damenstift. Die von ihm verfaßten, 1722 verabschiedeten und vom Landesherrn bestätigten Statuten sahen die Aufnahme von zwölf Fräuleins und einer Hofmeisterin vor, die ohne eigenes Verschulden in Armut geraten waren und deren Adel mit sechzehn Vorfahren nachgewiesen werden mußte.[3] Beim Ausbau dieser Institution konnte von Ziegler seiner für die Zeit typischen Bauleidenschaft frönen. Die Auswahl der bei der Errichtung der Schloßanlage beteiligten Architekten und Künstler lag in seiner Hand. Das Zusammenführen der einzelnen künstlerischen Bemühungen zu einem Gesamtkunstwerk war, wie belegt werden kann, stark von seinem Wollen geprägt.[4]

Noch bis vor wenigen Jahren galten die am Bau beteiligten Künstler als unbekannt.[5] Durch Auswertung der vorhandenen Literatur sowie einer vor dem Zweiten Weltkrieg angelegten Materialsammlung für eine Dissertation[6] konnte Klaus Mertens 1989 den Bauablauf mit den daran beteiligten Personen darstellen. Nachfolgende Feststellungen basieren auf diesen Ausführungen.

Nachdem von Ziegler 1685 mit Radmeritz belehnt worden war, ließ er ab 1692 neue Wirtschaftsgebäude rechts der Wittig, also außerhalb des späteren Stiftsbereiches errichten. Im Jahre 1697 entstanden links des Flusses als Teil des späteren Bauensembles ein Haus für Bedienstete, der spätere Marstall, und ein Herrenhaus, das später zur Forstmeisterei umgewandelt wurde. Die Orientierung der errichteten Bauten läßt auf eine damals bereits vorhandene Gesamtvorstellung schließen, obzwar die heutigen Schloßinsel noch nicht belegt werden kann. Nach Fertigstellung der genannten Gebäude konnte der alte Herrensitz abgebrochen werden, der sich vielleicht im Bereich des späteren Stiftsschlosses befand. Im Jahre 1700 vorgenommene Tagebucheintragungen von Zieglers beziehen sich auf Fragen an den damaligen Oberlandbaumeister Beyer und betreffen den Graben, die Brücke, den Torbau sowie daneben befindliche Gebäude, d.h. den späteren Eingangsbereich.

Spätestens gegen 1708 müssen bei dem Bauherren die Vorstellungen zur Gründung eines weltadligen Damenstifts gereift sein.

Ein erster Entwurf zum Stiftsschloß von Matthäus Daniel Pöppelmann, wohl von 1708, lag bis zur Vernichtung des Stiftsarchives nach dem Zweiten Weltkrieg vor. Dieser zeigt, vollständig abweichend vom verwirklichten Bau, eine klare Dreiflügelanlage und ein vorgelagertes, wenig repräsentatives Treppenhaus. Ein auf das Jahr 1711 zu datierender Grundrißentwurf, wahrscheinlich von Christoph Beyer, gab die Umrisse des späteren Bauwerkes wieder, aber noch ohne das zentrale repräsentative Treppenhaus. Von Ziegler ließ 1713 Modelle des Haupthauses und eines Pavillons herstellen. Die in diesem Zusammenhang vorgenommenen Änderungen führten zu den um 1714 zu datierenden Ausführungszeichnungen.[7] An ihnen war wohl der damalige Oberlandbaumeister Johann Friedrich Karcher beteiligt, obgleich, wie bereits hervorgehoben, aber das Mitwirken des Bauherren dabei nicht vernachlässigt werden darf. Auffällig ist die Ähnlichkeit des Baukörpers von Joachimstein mit dem des 1711 begonnenen, wesentlich größeren des Schlosses Pommersfelden bei Bamberg. Irgendwelche konkreten gegenseitigen Bezüge ließen sich aber bisher nicht belegen.

Als Baubeginn für das Stiftshaus muß das Jahr 1714 angenommen werden. Schon vorher, 1708, entstanden Modelle zu den Gartenanlagen und Balustraden im Gartenbereich. Die Detailgestaltung der Gartenflächen wurde 1719 vorgenommen. Unter den mitwirkenden Bildhauern, die auch für das Schloß gearbeitet haben, muß hier Christian Kirchner erwähnt werden. Die Dachdeckung des Hauptgebäudes erfolgte im Jahre 1721, dessen Äußeres war in den Jahren vorher wiederholt Veränderungen unterzogen worden. Gleichzeitig wurden bereits Vergoldungen des Stucks im Inneren ausgeführt. Hier hatten an der Gestaltung des großartigen Festsaales wohl auch die Architekten Georg Bähr und Johann Christoph Knöffel Anteil. Am 17. November 1728 konnte man endlich die festliche Weihe und Inauguration durch Gottlob Christian Vitzthum von Eckstädt als kurfürstlichen Kommissar und Oberamtshauptmann von Bautzen vornehmen.[8]

Sechs Jahre durfte von Ziegler sich noch seines Werkes erfreuen. Am 30. Juni 1734 verstarb er und wurde am 4. Juli in aller Stille in der Kirche zu Radmeritz beigesetzt. Unter den mit dem Stift verbundenen Ereignissen soll nur auf wenige hingewiesen werden. Am 26. November

3 Radmeritz/Radomierzyce, Schloß Joachimstein. Weißer Saal, heutiger Zustand

1745 bezog in Joachimstein Friedrich der Große Quartier. Am 26. November 1813 erließ von hier aus Theodor Körner mit der Lützowschen Freischar den „Aufruf an die Sachsen". Vom 8. November 1813 an schlug im Schloß General Blücher sein Hauptquartier auf. Bedrohlich für das Stift war die Teilung Sachsens durch den Wiener Kongreß im Mai 1815, durch den der Stiftsbereich bei Sachsen verblieb, Radmeritz mit dem Gut aber zu Preußen gelangte. Erst durch langwierige Verhandlungen zwischen Sachsen und Preußen konnte das Weiterbeste-

4 Radmeritz/Radomierzyce, Schloß Joachimstein. Weißer Saal mit Bildnis des Stifters Joachim Siegismund von Ziegler und Klipphausen.

5 Radmeritz/Radomierzyce, Schloß Joachimstein. Mittelrisalit, heutiger Zustand

hen der Einrichtung in alter Form gesichert werden. Besonders hebt Otto Heynitz 1929 die Anwesenheit des „größten Deutschen der Gegenwart", des damaligen Reichspräsidenten von Hindenburg anläßlich der Herbstmanöver 1928 hervor. Daß damals schon nach bereits 200jährigem Bestehen des Stiftes ein Prozeß lief, der über die Berufung Hitlers zum Reichskanzler durch Hindenburg und den Zweiten Weltkrieg zum Untergang Joachimsteins führen sollte, ahnte damals wohl noch keiner. Auf Antrag des Landesdenkmalpflegers wurde am 26. November 1941 Joachimstein mit seinen Nebengebäuden und dem Park sowie Teilen der Ausstattung in die Landesdenkmalliste A eingetragen.[9]

Bereits 1944 wurde der größte Teil des Stiftes durch den „Reichskommissar für die Festigung des deutschen Volkstums" belegt, ein wesentlicher Teil aber noch dem Fräuleinstift belassen. Nachdem die Rote Armee sich Joachimstein genähert hatte, wurde das Stift Mitte Februar 1945 von allen Stiftsdamen verlassen. Die Beschlagnahme des gesamten Stiftsbereiches durch die Kreisleitung Zittau der NSDAP für „Zwecke der Umsiedlungsaktion" am 16. März 1945 bedeutete praktisch das Ende des Stifts Joachimstein.[10] Auch die Bemühungen des letzten Stiftsverwalters von Wiedebach um die Bewahrung des noch in der damaligen sowjetischen Besatzungszone gelegenen Stiftsgrundbesitzes im September 1945 wurden angesichts der sich abzeichnenden Bodenreform abschlägig beschieden, er selbst wurde am 23. Oktober 1945 verhaftet und nach Rügen transportiert.[11]

Über den nach 1945 einsetzenden Verfallsprozeß von Joachimstein ist nur wenig bekannt. Der Brief eines Dresdner Bürgers 1973 an das Ministerium für Kultur der DDR war Anlaß zur Kontaktaufnahme mit polnischen Denkmalpflegern, blieb aber ohne Ergebnis. Im Januar 1984 wies die Arbeitsstelle Dresden des Institutes für Denkmalpflege auf die Bedeutung von Joachimstein hin. Bei der daraufhin im Mai 1984 gemeinsam mit Angehörigen der polnischen Denkmalpflege vorgenommen zweitägigen Begehung der Stiftsinsel wurde der weitere Verfall der Anlage konstatiert, gleichzeitig aber Maßnahmen zur gemeinsamen Sicherung vorgeschlagen und deren Kosten eingeschätzt. Die angefertigten Berichte lösten jedoch keine weiteren Schritte aus.

Auch die Jahre nach dem politischen Umbruch in den Ländern des ehemaligen Ostblocks brachten für Joachimstein keine Änderung der Situation. Die im Jahre 1984 im Festsaal noch vorhanden gewesenen Deckenmalereien sind inzwischen herabgebrochen; alle Gartenarchitektur und Plastiken, auch die des Schlosses, wurden verschleppt. Erwartete Bemühungen der Dresdner Denkmalpflege, jetzt unter Einbeziehung der Deutschen Stiftung Denkmalschutz, blieben bisher ohne sichtbare Reaktion. Die im April 1993 vollzogene Privatisierung der Stiftsinsel hat bisher für die Bewahrung von Joachimstein keine Wende eingeleitet. Trotzdem sollte die Hoffnung auf eine wiederhergestellte barocke Schloßanlage Joachimstein an der Grenze von Polen zu Sachsen in einem vereinigten Europa nicht aufgegeben werden.

Anmerkungen

1   Die Fotos wurden für die Sonderschau „Die historischen Gärten Sachsens" des Landesvereins Sächsischer Heimatschutz im Rahmen der „Jubiläums-Gartenbau-Ausstellung 1926" in Dresden angefertigt. Die Negative verwahrt die Deutsche Fotothek der Sächsischen Landesbibliothek, Staats- und Universitätsbibliothek Dresden.

2   Zur Person Joachim Siegesmund von Ziegler und Klipphausen vgl. die Ausführungen von JECHT, R.: Joachim Siegesmund von Ziegler und Klipphausen. Festrede, gehalten am 17. Juni 1922 in Joachimstein. In: NLM 97 (1921), S. 64–97.

3   vgl. HEYNITZ, OTTO: Joachimstein „200 Jahre freies, evangelisches weltadliges Fräuleinstift". In: Mitteilungen Landesverein Sächsischer Heimatschutz 18 (1929), S. 393–414.

4 Schlüsse auf das persönliche Wirken von Zieglers lassen dessen Tagebucheintragungen zu. Zitiert in MARTENS, KLAUS: Die Baulichkeiten des Stiftes Joachimstein. In: Beiheft zum Görlitzer Magazin 3 (1989), S. 26–40.
5 Vgl. Beschreibende Darstellung der älteren Bau- und Kunstdenkmäler des Königreiches Sachsen. 29. Heft. Amtshauptmannschaft Zittau. Bearb. von CORNELIUS GURLITT. Dresden 1907, I. Teil, S. 63–85 und SCHMIDT, OTTO EDUARD: Kursächsische Streifzüge. 2. Band: Wanderungen in der Ober- und Niederlausitz. 3. Aufl. 1926, S. 97–111.
6 Klaus Martens stand für seine Ausführungen insbesondere der vom Landesamt für Denkmalpflege verwahrte Nachlaß von cand. hist. art. Obendorfer zur Verfügung, eine vor dem Zweiten Weltkrieg für eine Dissertation über das Werk Matthäus Daniel Pöppelmanns vorgenommene Zusammenstellung der damals erreichbaren, den Bauvorgang von Joachimstein betreffenden Akten sowie eine Fotodokumentation der Pläne, teilweise auch der Baulichkeiten und der Gartenanlage.
7 Die von den Städtischen Kunstsammlungen Görlitz verwahrten Zeichnungen können als Ausführungsplanungen bewertet werden.
8 Vgl. HEYNITZ 1929 (wie Anm. 3).
9 Vgl. Schreiben des Regierungspräsidenten zu Dresden-Bautzen vom 28. November 1941 in den Akten der königl. sächs. Kom. z. Erh. d. Kunstdenkmäler, Stift Joachimstein, J4, Ministerium des Innern 1900.
10 Vgl. Schreiben in der Akte (wie Anm. 9).
11 Vgl. VON WIEDEBACH und NOSTITZ-JÄNKENDORF-WIESA, HANS CASPAR: Stift Joachimstein. In: Deutsches Adelsblatt 20 (1981), S. 150–152.

1 Hainewalde, Dorfkirche. Kruzifix von Johann Michael Hoppenhaupt

Aspekte zur Barockplastik in der Oberlausitz

Hartmut Ritschel

Überblickt man den Stand zur Forschung der Barockskulptur in Sachsen, ist festzustellen, daß einige Landschaften bzw. Werkstätten schon seit längerem eine verhältnismäßig gründliche Bearbeitung erfahren haben. Dabei ist vorrangig an die Studien Sigfried Asches zu den Schneeberger und Leipziger Werkstätten der Zeit vor Permoser zu denken,[1] an seine grundlegenden Arbeiten zu Balthasar Permoser und seinem Kreis,[2] aber auch an Charlotte Wotrubas Untersuchung der Leipziger Plastik der ersten Hälfte des 18. Jahrhunderts.[3]
Demgegenüber ist die von ihrem Bestand reiche Oberlausitz allenfalls in Beiträgen zu einzelnen Bildhauern oder im Rahmen der vorgenannten Studien berücksichtigt worden.[4] Bis heute steht ein auf gründlichem Quellenstudium fußender Gesamtüberblick aus, was nicht zuletzt dadurch verursacht sein mag, daß hier Künstler tätig und dabei nicht immer ansässig waren, die aus dem sächsischen Westen, aus Dresden, aus Böhmen, aber auch aus Dänemark und wohl auch aus Schlesien in diese Landschaft kamen.
Dennoch erlaubt der gegenwärtige Wissensstand, mit der Beschränkung auf die künstlerisch bedeutendsten Werke ein insgesamt zwar lückenhaftes, aber in den Konturen doch einigermaßen klares Bild zu zeichnen. Das Gründungsjubiläum des Klosters Marienstern rechtfertigt diesen Versuch, auch wenn das Ergebnis eingestandenermaßen fragmentarisch bleiben muß.
Im Jahre 1691 hatte ein verheerender Brand die Görlitzer Peterskirche schwer beschädigt: Nicht nur das Dach, auch die gesamte Ausstattung war ihm zum Opfer gefallen. Sofort begannen die Arbeiten zum Wiederaufbau. Die neu zu schaffenden Ausstattungsstücke wurden von Privatpersonen gestiftet. So hat der aus Görlitz stammende Leipziger Kaufmann Augustin Kober die jetzt wieder in Weiß und Gold strahlende Kanzel von 1693 bezahlt. Während der mit üppig wucherndem Akanthuslaub und Evangelistenfiguren versehene Kanzelkorb und der ihn tragende Engel aus Sandstein bestehen, wurde der Kanzeldeckel, auf dem mehrere Gestalten des Alten und Neuen Testaments dargestellt sind (Petrus, Paulus, Johannes der Täufer, Moses, Jesaja, Jeremias, Joel), aus Holz geschnitzt. Bis heute ist nicht bekannt, wer dieses prächtige Werk schuf. Die beiderseits des Altars aufgestellten Beichtstühle von 1694 haben zwar unterschiedliche Stifter, entstammen aber derselben Bildhauerwerkstatt, vermutlich der von Johann Conrad Buchau.[5] Nur mäßig bewegte, insgesamt etwas trocken gearbeitete Figuren stützen die Deckel; sie stellen einerseits König David und Manasse, andererseits den armen Zöllner und den verlorenen Sohn dar. Mit dem dritten, 1717 entstandenen Beichtstuhl ist die Peterskirche heute in Sachsen das evangelische Gotteshaus mit dem größten Bestand dieses Ausstattungsstücks, bei dem allzu leicht vergessen wird, daß bis zu seinem allmählichen Verschwinden im 19. Jahrhundert in der Regel in jeder Kirche für jeden Geistlichen einer vorhanden war.[6]
Für den neuen Hauptaltar hatte die Witwe des Bürgermeisters Summer den Dresdner Bildhauer und Architekten George Heermann gewonnen,[7] der wenige Jahre zuvor mit der Treppe von Schloß Troja bei Prag ein Meisterwerk der Barockskulptur geschaffen hatte. In Görlitz war er kein Unbekannter, da von ihm 1686 der Prospekt der 1691 verbrannten Orgel geliefert worden war; hier heiratete er 1693 auch eine Görlitzerin. Nach dem Vertrag von 1692 sollte der Altar aus Mauerwerk und Stuck gearbeitet werden, selbst die Farben wurden festgelegt. 1695 war das Werk vollendet.
Seine großartige Wirkung verdankt der Altar vor allem dem gegensätzlichen Schwingen der architektonischen Glieder. Auf dem Gesims des Untergeschosses stehen zwei Engel, das Hauptgesims trägt die vier Evangelisten, bekrönt wird der Altaraufbau von einer Dreiergruppe der Tugenden Glaube, Liebe und Hoffnung. Im Vergleich mit der dominierenden Wirkung der Architektur nehmen sich die aus Stuck modellierten Statuen zurückhaltender aus. Der tiefe Ausdruck, den Heermann ihnen verlieh, hebt sie jedoch in ihrer Bedeutung heraus. Wenn heute der Altar als bedeutsamer Auftakt der Barockplastik in Görlitz geachtet ist, dann sollte nicht vergessen werden, daß er zu anderen Zeiten völlig anders beurteilt wurde.[8]
In Zittau war im ersten Jahrzehnt des 18. Jahrhunderts Johann Michael Hoppenhaupt (I) tätig, der 1685 in Merseburg geboren worden war. Sein aus Dänemark zugewanderter Vater, der Bildhauer Michael Hoppenhaupt, hatte sich wenige Jahre zuvor dort niedergelassen.[9] Es liegt nahe, daß Johann Michael seine erste Ausbildung in der väterlichen Werkstatt erhielt. Weitere Stationen sind jedoch ebenso unbekannt wie der Anlaß, der ihn schließlich in die Lausitz führte. Von 1708 stammt das früheste

gesicherte Werk seiner Hand, der aus Sandstein gearbeitete Herkulesbrunnen auf der Zittauer Neustadt (Abb. 2). Wohl zuvor (und noch in seiner Geburtsstadt) hatte Hoppenhaupt eine Merseburgerin geheiratet.[10] Selbstbewußt bezeichnete der Dreiundzwanzigjährige den Brunnen auf einer Platte mit „J. M. Hoppenhaupt, Archit. & Stat. fecit."[11] Unweit der die Neustadt querenden Frauenstraße bildet der Brunnen auf der von Wohnhäusern und dem Nordgiebel des Marstalls dreiseitig begrenzten Platzhälfte einen bedeutenden städtebaulichen Akzent. Die reich gegliederte und verzierte Brunnensäule, die sich aus der Mitte des achteckigen Wasserbeckens erhebt, wird von einer Statue des Herkules bekrönt, wie er unter Anspannung aller Kräfte in raumgreifender energischer Körperbewegung den vielköpfigen Cerberus mit der Keule erschlägt. Auf den Ecken des in mittlerer Höhe angebrachten Gesimses sitzen vier Putti mit Schlangen und spielen auf Kindheitstaten des Herkules an. In der lateinischen Inschrift widmen der Bürgermeister Johann Jacob Hartig, der Stadtrichter Carl Philipp Stoll und der Senator Johann Eberhard Schindler den Brunnen sowohl dem König und Kurfürsten August (dem Starken) als auch der Stadt Zittau.[12] Welchen Umfang die 1838 vorgenommenen Erneuerungsarbeiten hatten,[13] ist nicht überliefert; eine weitere Instandsetzung erfolgte um 1935,[14] von der zweifellos die heute noch sichtbaren Kunststeinergänzungen herrühren.

Zwar läßt sich die thematische Verwandtschaft mit den Herkulesstatuen, die in den späten 90er Jahren des 17. Jahrhunderts in der Werkstatt Balthasar Permosers in Dresden entstanden,[15] nicht übersehen, darüber hinausgehende Beziehungen sind jedoch nicht auszumachen. Allenfalls kann man fragen, ob der Figurenaufbau nicht durch die Kenntnis von Permosers „Jupiter" für Apels Garten in Leipzig[16] beeinflußt wurde.

Der in der Brunneninschrift genannte Carl Philipp Stoll übte seit 1704 auch die Aufsicht über die Zittauer Ratsbibliothek aus und spielte die entscheidende Rolle bei der Einrichtung ihres neuen Standortes im Hefftbau, wo sie 1709 feierlich eingeweiht wurde.[17] Es liegt durchaus

2 Zittau, Herkulesbrunnen. Von Johann Michael Hoppenhaupt

3 Hainewalde, Dorfkirche. Innenansicht

nahe, Hoppenhaupts Mitwirkung an der reichen Ausgestaltung des im zweiten Obergeschoß gelegenen Bibliothekssaales anzunehmen.[18] Hierfür sprechen nicht nur die durch Abbildungen nachzuempfindende Qualität, sondern auch, daß er von einer der zur Saalausstattung gehörenden Büsten eine Nachbildung an der Fassade seines 1744 errichteten Merseburger Wohnhauses anbrachte.[19] Daß Johann Michael Hoppenhaupt auch als Stukkateur tätig war, belegt u.a. der Zittauer Eintrag über die Taufe seines Sohnes, der die gleichen Vornamen erhielt.[20] Mit großer Wahrscheinlichkeit lassen sich bei einer genaueren Untersuchung noch weitere Werke seiner Hand in Zittau feststellen; namentlich nach Abschluß der gegenwärtig laufenden Instandsetzungsarbeiten an der Kreuzkirche sollte den dortigen Epitaphien entsprechendes Interesse entgegengebracht werden.[21]

Wenn der Hainewalder Patronatsherr Otto Ludwig von Kanitz die Patenschaft bei Hoppenhaupts Sohn übernahm, ist zwangsläufig eine engere Beziehung beider vorauszusetzen. Sie weist den Weg zum umfangreichsten Werk Hoppenhaupts in der Lausitz, der Ausstattung der Hainewalder Dorfkirche. Der Bauherr und seine Frau Viktoria Tugendreich hatten den von 1705 bis 1711 währenden Neubau veranlaßt und zum größten Teil auch finanziert.

Gerade weil Hoppenhaupts Name seit langem in diesem Zusammenhang genannt wird, überrascht es doch einigermaßen, daß sich die Quellenbasis als sehr schmal erweist.[22] Gründe zu Zweifeln gibt es dennoch nicht, weil neben der angeführten traditionellen Überlieferung zwei Quittungen von 1709 seine Beteiligung an den Stukkaturen der Emporenbrüstungen belegen.[23]

Wenn die Hainewalder Kirche zu Recht zu den schönsten sächsischen Dorfkirchen der Barockzeit gerechnet wird, dann mag das eigenartige Raumgefühl, das der zum Teil von gotisierenden Formen geprägte Bau vermittelt, zu dieser Einschätzung mit beigetragen haben, hauptsächlich kommt jedoch der Gesamteindruck der in sich geschlossenen künstlerischen Ausstattung zur Geltung, den nicht einmal die zwischenzeitlich eingetretenen Veränderungen zu schmälern vermögen.[24]

Raumbeherrschend ist der prächtige, aus Holz errichtete Altar (Abb. 3). Über dem stark verkröpften Gesims erhebt sich in der Mitte eine aus Wolken und Strahlen gebildete Gloriole, über der Gottvater die Hand segnend erhoben hat, auf dem Gesims liegen zwei allegorische Frauengestalten, nördlich der Gehorsam des Gesetzes (in den Händen einen Zirkel und ein Herz mit der Zahl 10 haltend), südlich der Glaube.[25] Den Altar prägt jedoch hauptsächlich die in der Mitte angeordnete, im Rundbogen geschlossene Nische, die von einer doppelten Säulenstellung flankiert wird und lediglich ein Kruzifix eingestellt bekam (Abb. 1).[26] Das feine Ornament, das der roten Bespannung der Nische aufgelegt wurde, zeigt Hoppenhaupts besondere Fähigkeiten auf diesem Gebiet. Neben den Säulen sieht man Mose mit den Gesetzestafeln und Johannes den Täufer.[27]

Die an der Nordwand befindliche Herrschaftsloge trägt an ihrer Vorderseite die gemalten Bildnisse des Bauherrn und seiner Frau. Auf dem Bogen darüber liegen wiederum zwei Allegorien, die Liebe gegen Gott (westlich, mit einer Flamme auf dem Kopf) und die Liebe gegen den Nächsten (östlich, daneben ein Pelikan) personifizierend. Vermutlich wären Johann Michael Hoppenhaupt weitere Aufträge von Otto Ludwig von Kanitz zugefallen, wenn nicht der Tod seines Vaters 1710 die Rückkehr nach Merseburg veranlaßt hätte, wo er 1711 Bürgerrecht erwarb und die väterliche Werkstatt übernahm. So ist sein Aufenthalt in der Lausitz nur eine Episode geblieben.

Ähnlich verhält es sich mit dem aus Böhmen stammenden Franz Biener. Nachdem er in den Jahren 1706/07 gemeinsam mit dem Bildhauer Gottfried Jäch im Langen Saal des Kopenhagener Schlosses Rosenborg tätig gewesen war,[28] hielt er sich anschließend bis etwa 1715 im

4 Hainewalde. Kanitz-Kyausches Grufthaus

nordböhmisch-lausitzischen Grenzgebiet auf und begab sich anschließend nach Wien, wo er 1742 starb. Auf seine in der Lausitz und Nordböhmen entstandenen Werke braucht hier nur knapp eingegangen zu werden, da ihre Veröffentlichung an anderer Stelle erfolgen soll.[29]
In den Jahren 1707/09 war er im Auftrag des Fürsten Anton Florian von Liechtenstein tätig und schuf die Sandsteinfiguren an der Loretokapelle im unweit Zittaus gelegenen Rumburg/Rumburk, anschließend entstanden bis 1711 die Fassadenskulpturen der Dominikanerkirche St. Laurentius in Gabel/Jablonné v Podještědí. Für den zweiten von Otto Ludwig von Kanitz veranlaßten Kirchenneubau, Spitzkunnersdorf (1712–1716), lieferte er 1714/15 den Altar, wie der Aufstellung der beteiligten Künstler und Handwerker in der dortigen Kirchenchronik zu entnehmen ist: „6. Der Bildhauer. Den Altar hat verfertiget Franciscus Bühner von Gabel. Die Cantzel, den Tauff Engel, die Adliche Emporkirche und anderes Schnitzwerck Hr. Gottfried Jeche aus Zittau."[30]
Das 1715 östlich der Hainewalder Kirche errichtete Grufthaus für Otto Ludwig von Kanitz und seine Frau ist das bedeutendste und zugleich merkwürdigste barocke Beispiel dieses Bautyps in Sachsen (Abb. 4). Das ikonographische Konzept, dem die 16 allegorischen Skulpturen an seinen Außenseiten folgen, wird durch die Gegenüberstellung acht antithetischer Figurenpaare vermittelt. Der Hainewalder Ortspfarrer Urban Gottlieb Haußdorff beschrieb es in der Beisetzungsrede, die er 1717 für Viktoria Tugendreich von Kanitz hielt, folgendermaßen: „So fassen wir gleich die gantze Verbindung aller dieser Statuen und Devisen, daß sie nichts anders fürstellen als die seelige Verwechslung der irrdischen Trübsaal mit denen Himmlischen Glückseeligkeiten."[31] So verkörpern „Unruhe" und „himmlische Wollust", „Verfolgung" und „himmlische Ehre", „Beschwerung" und „himmlische Sicherheit", „Sorge" und „himmlischer Friede", „Traurigkeit" und „Freude", „Furcht" und „Ewigkeit", „Krankheit" und „ewige Gesundheit" und nicht zuletzt „Tod" und „Unsterblichkeit" Gedanken christlicher Auferstehungshoffnung. Dabei sind insbesondere die Darstellungen der irdischen Trübsale von ergreifender, sich in spannungsgeladener Gestik und Mimik artikulierender Dramatik.
Die schlechte Quellenlage führte zunächst zu der Vermutung, als Schöpfer der Skulpturen Balthasar Permoser oder seine ihm künstlerisch kaum nachstehenden Mitarbeiter, die Dresdner Hofbildhauer Johann Benjamin Thomae und Christian Kirchner, in Anspruch nehmen zu können.[32] Mit zunehmendem Wissen über deren Werk erwies sich das jedoch als ein Weg mit wenig Aussicht auf Erfolg, was Sigfried Asche am deutlichsten dargelegt hat.[33] Demgegenüber habe ich nun versucht, die bisher eher vage vermuteten Verbindungen zwischen den Hainewalder Gruftfiguren und dem Spitzkunnersdorfer Altar einerseits und den Skulpturen von Rumburg und Gabel andererseits auf Grund stilistischer Verwandtschaft deutlicher zu benennen. So erscheint es berechtigt, die Hainewalder Figuren Biener zuzuweisen.
Kehren wir noch einmal zurück und wenden uns kurz dem bereits in Spitzkunnersdorf erwähnten Gottfried Jäch zu: Nachdem er in Kopenhagen mit Biener gemeinsam gearbeitet hatte, erhielten beide im Frühjahr 1707 Reisepässe nach Böhmen. Während Biener nach Rumburg ging, kam Jäch nach Zittau. Hier war er zweimal verheiratet und starb 1739 kinderlos.[34] Es fällt schwer, sich von seinem Schaffen eine Vorstellung zu machen, da viele Werke verloren sind.[35] Neben dem Zittauer Schwanenbrunnen, bei dem jedoch die Anteile Jächs und seines Schülers Johann Gottlob Anders nicht zu trennen sind, muß vor allem das 1717 entstandene Löwenrelief vom ehemaligen Zittauer Webertor genannt werden,[36] das sich heute am Wasserhochbehälter in der Zittauer Bahnhofstraße befindet und Jächs Geschick in der Bewältigung großer Formen belegt. Bemerkenswert ist, daß er nach der Zusammenarbeit von Kopenhagen in Spitzkunnersdorf erneut mit Biener zusammentraf. Offen bleibt allerdings, ob beide wirklich gleichzeitig tätig waren oder Jäch nicht doch als eine Art Ersatzmann zur Ausführung jener Arbeiten einspringen mußte, die Biener wegen seines Weggangs nicht mehr erledigen konnte.
Generell harren noch etliche Zittauer Werke der genaueren Untersuchung. So ist das weite Feld der Friedhofsplastik, namentlich an den Grufthäuschen des Kloster- und des Kreuzkirchhofes, eigentlich kaum bearbeitet und weist doch manches qualitätvolle Werk auf. Auch verdienen die zahlreichen Grufthäuschen für sich selbst genommen mehr Beachtung, da die aus der Lausitz und aus Niederschlesien bekannten Beispiele schon allein zahlenmäßig eine bemerkenswerte Werkgruppe bilden, deren sich verschlechternder Erhaltungszustand Anlaß zur Sorge gibt.[37]
Aber auch Fragen, die schon beantwortet zu sein scheinen, dürfen neu gestellt werden, so beispielsweise jene nach dem Schöpfer der beiden allegorischen Frauenfiguren auf dem Segmentbogen der 1696 an der Südseite der Zittauer Klosterkirche erbauten Noackschen Betstube (Abb. 5).[38] Denn so überzeugend ist die Zuschreibung an Balthasar Permoser keineswegs: Selbst wenn man berücksichtigt, daß auch Werke „großer" Künstler nicht alle die selbe hohe Qualität aufweisen und gerade Permoser den Gesichtern seiner Frauengestalten meist idealisierende Züge verlieh, wirken diese hier doch ausgesprochen leer und ausdrucksschwach, wie es auf diese Weise seinem Werk fremd ist. Die hier unübersehbaren Schwächen auf die Mitwirkung eines Gehilfen zurückzuführen, erscheint etwas konstruiert.[39]
Unter heute nicht mehr nachvollziehbaren Umständen gelangte spätestens 1713 ein überlebensgroßes geschnitz-

tes Kruzifix Balthasar Permosers an das Bautzener Domkapitel, um es in einen neu zu schaffenden Kreuzaltar einzubeziehen. Diesen Altar und die Assistenzfiguren Maria und Johannes den Evangelisten schuf der bisher nicht weiter bekannte Bildhauer „Peter Pauol Taline" (oder „Taling"); 1714 waren die Arbeiten abgeschlossen.[40] Auf das Jahr 1717 ist der Vertrag über die Staffierung datiert.[41] Während die Assistenzfiguren heute im Bautzener Stadtmuseum aufbewahrt werden, ist das Kruzifix, neu gefaßt, an der Südwand des Chores im Dom angebracht. Eigenartig nimmt sich die in Permosers Werk eher seltene Dornenkrone aus.[42]

In unmittelbarer Nähe des Permoserschen Kruzifixes befindet sich der Hochaltar des Domes, der die Überleitung zu den in der Lausitz existierenden Werken derjenigen Dresdner Hofbildhauer herstellt, die landläufig als Permosers Schüler angesehen werden, bei aller notwendigen Anpassung an seinen Stil aber doch viel Eigenständiges schufen: Johann Benjamin Thomae und Johann Christian Kirchner.

Zur Errichtung eines neuen Hochaltars für den katholischen Teil hatte das Domkapitel im wesentlichen drei Vertragspartner gewonnen: für das Modell und den aus Marmor zu errichtenden Aufbau Johann Maria Fossati, für die Ölgemälde Giovanni Antonio Pellegrini und ausschließlich für Kapitele und die Sandsteinfiguren Johann Benjamin Thomae.[43] Von den gesicherten und erhalten gebliebenen figürlichen Werken Thomaes, der 1682 als Sohn eines Pfarrers in Pesterwitz bei Dresden geboren worden war, sind diese zwischen 1722 und 1724 entstandenen überlebensgroßen Figuren die frühesten.[44] Auf hohen Sockeln stehen Johannes der Evangelist und Johannes der Täufer (Abb. 6 und 7), auf dem Hauptgesims werden die Bischöfe Benno und Donatus dargestellt, ganz oben in der Mitte sieht man den Erzengel Michael. Auf den Segmentbögen sitzen in Höhe der Bischöfe zwei Engel, auf den Voluten neben Michael zwei Putten. Während Pellegrinis Gemälde und die verschiedenfarbigen Marmorsorten der Altararchitektur dem Ganzen eine mehr malerische Gesamtwirkung verleihen, bilden Thomaes sorgfältig modellierte Skulpturen mit ihrem beruhigten Aufbau und einem Hauch klassizistischer Kühle einen subtilen, von der Klarheit der Linie beherrschten Kontrast dazu.

5 Zittau, Peter- und Pauls-Kirche. Noacksche Betstube: bekrönende Allegorien

Im Jahre 1751 gelangten Teile aus der ersten katholischen Hofkapelle im Dresdner Komödienhaus nach Bautzen, darunter die von Permoser geschaffenen Kirchenväter Ambrosius und Augustinus sowie zwei Engel, die Johann Benjamin Thomae überzeugend zugeschrieben werden. Während die Kirchenväterstatuen seit 1982 in der Katholischen Hofkirche Dresden stehen, blieben die Engel in der Bautzener Domschatzkammer.[45]

Thomae können auch etliche Werke der Gartenplastik in der Oberlausitz zugewiesen werden. Die etwa gleichzeitig mit den Bautzener Altarfiguren entstandenen Skulpturen für Schloß und Park Neschwitz[46] sind davon die bedeutendsten. In den seitlichen Nischen des Alten Schlosses stehen zwei Sandsteinstatuen, einerseits Venus mit Amor, die männliche Figur in der anderen Nische wird zumeist als Adonis gedeutet. Darüber hinaus gehören am Zugang zur Parkanlage zwei auf hohen Sockeln stehende Figurengruppen zum Bestand. Auf der einen Seite sieht man Atalante mit dem Kopf des Kalydonischen Ebers, einem Knaben und Jagdhunden, ihr gegenüber steht Meleager mit einem Knaben, einem Jagdhund und dem Kalydonischen Eber (Abb. 8). Besonders deutlich wird der Zusammenhang mit Thomaes Werk, wenn man die Köpfe von Adonis und Johannes dem Evangelisten vom Bautzener Altar vergleicht.

Neschwitz liegt etwa auf halbem Wege zwischen Luga und Königswartha. In Luga befanden sich acht Sandsteinskulpturen, deren Standort Ende der 1930er Jahre wechselte: Zwei wurden nach Kalbsrieth bei Sangerhausen verbracht, die übrigen gelangten nach Königswartha und wurden vor der Hofseite des Schlosses aufgestellt.[47] Es sind Bacchus mit Kelch, Ceres, Flora, Apollo, Bacchus mit Traube, Vulcanus (Abb. 9). In welchem Zusammenhang sie ursprünglich standen, ist unklar, deutlich ist jedoch – und das zeigt der anders gestaltete Sockel mit der etwas kleiner bemessenen Statue des Bacchus mit Traube -, daß sie keine geschlossene Gruppe bildeten. Man geht sicher nicht fehl in der Annahme,

6 Bautzen, Dom St. Petri. Figur Johannes des Evangelisten vom Hochaltar von Johann Benjamin Thomae

7 Bautzen, Dom St. Petri. Figur Johannes des Täufers vom Hochaltar von Johann Benjamin Thomae

daß Flora, Ceres, Bacchus mit Kelch und Vulcanus als Allegorien der vier Jahreszeiten anzusehen sind. Trotz der unübersehbaren Unterschiede ihrer Qualität (besonders derb: Ceres) ist angesichts der unterschiedlichen Arbeitsteilung in den Werkstätten der Versuch einer Händescheidung (Werkstatt Permoser?, Werkstatt Thomae?, Valentin Schwarzenberger?) wenig sinnvoll.[48] Die Figuren sind jedoch ein instruktives Beispiel dafür, wie sich Permosersche Motive und Formen (man denke nur an seine verschiedenen Folgen der in Elfenbein geschnittenen Jahreszeiten) in zeitgenössischen Nachbildungen niederschlagen.

Bei einer Betrachtung der Barockskulptur in der Oberlausitz darf eine Werkgruppe nicht vergessen werden, die heute auf polnischem Gebiet anzutreffen ist: die Skulpturen des nur wenige Kilometer südlich von Görlitz gelegenen Stiftes Joachimstein in Radmeritz/Radomierzyce.[49]

Wer heute dorthin kommt, trifft die ehemaligen Stiftsgebäude in einem trostlosen Zustand an. Als ob nicht schon die zu sozialistischen Zeiten eingetretene Verwahrlosung schlimm genug wäre, hat die nach der Wende vorgenommene Privatisierung noch kein positives Ergebnis erbracht, weil die Eigentümer von den Dimensionen der Aufgabe offensichtlich überfordert sind. Im Inneren sind so gut wie alle Decken durchgebrochen, die ehemaligen Treppen gleichen einer geneigten Ebene, geformt aus dem Schutt abgängiger Bauteile. Aus dem Dachstuhl wachsen große Bäume.

Wenn man sich in Erinnerung ruft, wie es nach 1945 auch vielen Schlössern in Sachsen erging,[50] ist beinahe schon Freude allein über den Umstand angebracht, daß Joachimstein überhaupt noch steht. Den polnischen Denkmalpflegern ist zu wünschen, daß ihre Bemühungen um den Erhalt eines in seiner Bedeutung weit über den Raum der Lausitz hinausragenden Bauwerks von Erfolg gekrönt sein mögen.

Noch während der Bauzeit der Radmeritzer Kirche, die wohl 1714 endgültig geweiht wurde, hatte sich der Besit-

8 Neschwitz, Schloßpark.
Atalante von Johann Benjamin Thomae

9 Königswartha, Schloß. ehem. Luga. Vulcanus/Winter,
Werkstatt Balthasar Permosers

391

zer des Gutes, Joachim Siegismund von Ziegler und Klipphausen, mit der Planung für die Gebäude auseinandergesetzt und während des zweiten Jahrzehnts den Bau so weit gebracht, daß er 1722 im wesentlichen fertig war; bis zur feierlichen Einweihung als weltadeliges Fräuleinstift vergingen dann noch sechs Jahre.[51] Sicher stellt diese protestantische Stiftung in gewisser Weise ein Gegenstück zum wenige Kilometer südlich „über die Neiße" gelegenen Zisterzienserinnenkloster Marienthal dar;[52] ob bzw. in welchem Maße jedoch mit der Gründung konfessionelle Ziele verfolgt wurden, bleibt unsicher, zumal die Aussagen zu Zieglers Glaubenswelt das eher nicht vermuten lassen.[53] Als Junggeselle ohne Erben legte er wohl in erster Linie Wert darauf, sein Vermögen, daß er – im Rahmen der gegebenen Verhältnisse – durch Geschick und Sparsamkeit aufgebaut hatte, sinnvoll einzusetzen.

Zum traurigen Eindruck, den Joachimstein heute hinterläßt, gehört auch, daß sämtliche Skulpturen des einst umfangreichen Bestandes entfernt wurden, so auch die vier großartigen Allegorien, die der Dresdner Hofbildhauer Johann Christian Kirchner 1722 für das Vestibül geschaffen hatte. Dem zwischen Ziegler und Kirchner[54] abgeschlossenen Vertrag ist zu entnehmen, daß vier überlebensgroße Personifikationen der „vier Haupttugenden als Friede, Einigkeit, Modestie und die Beständigkeit" aus „guttem Pirnischen Steine" nach den bestätigten Modellen zu fertigen waren.[55]

Im Gegensatz zu vielem, was verloren ist oder zu sein scheint, existieren sie noch, wenn auch zum Teil stark beschädigt. Während die Personifikationen von Beständigkeit und Einigkeit im Vorhof der Burg Tzschocha/Czocha aufgestellt sind (Abb. 10 und 11),[56] gelangten Bescheidenheit und Friede in den Hof des Schlößchens im nur wenige Kilometer östlich von Görlitz gelegenen Leopoldshain/Łagów (Abb. 12 und 13). Allerdings ist zu fragen, ob die jetzige Aufstellung im Freien konservato-

10 Tzschocha/Czocha, ehem. Joachimstein, Vestibül des Stiftes. Personifikation der Beständigkeit, von Joh. Chr. Kirchner

11 Tzschocha/Czocha, ehem. Joachimstein, Vestibül des Stiftes. Personifikation der Einigkeit, von Joh. Chr. Kirchner

risch wirklich vertretbar ist, nachdem sie mehr als 200 Jahre geschützt im Innenraum gestanden haben.

Trotz aller Schäden, die die Skulpturen heute aufweisen, ist unübersehbar, daß sie zum Besten gehören, was sächsische Barockbildhauer hervorgebracht haben. Zum Teil wie plissiert wirkende Gewänder umspielen die wohlgeformten und sicher stehenden Frauenkörper, verschiedene Acessoires tragen dazu bei, einen auffallend sinnlichen Eindruck zu hinterlassen. Die Modellierung der Gesichter ist von ausgesuchter Feinheit. Zwar ist es nicht ungewöhnlich, zu Füßen solcher Allegorien Putten anzuordnen, wenn man sich jedoch das Treiben der hier vorhandenen anschaut, werden die Dresdner Wurzeln solcher Motive sichtbar.

Während der Verbleib der zahlreichen Kinder-Allegorien unbekannt ist, die Kirchner für den Garten geschaffen hatte,[57] stellte man die von ihm um 1726 geschaffenen Sphingen am Zugang zu einem Park mit öffentlichem Freibad in Reichenau/Bogatynia auf (Abb. 14).

Von 1706 bis zu seinem Tod 1721 ist Caspar Gottlob von Rodewitz in Görlitz ansässig und tätig gewesen.[58] Sein Lebensweg wirft noch manche Frage auf. Der Nachricht von seinem Tod im Jahre 1721 ist zu entnehmen, daß er im September 1679 geboren wurde. Über seine Ausbildung ist nichts bekannt; ob sein Stil wirklich nur mit einer Schulung durch Balthasar Permoser oder ihm nahestehende Dresdner Meister zu erklären ist, bleibt fraglich, zumal aus der betreffenden Zeit von jenen nicht allzuviel überliefert ist. Zwei seiner Hauptwerke, der Altar der Görlitzer Dreifaltigkeitskirche (Abb. 15) und die Ausstattung der Dorfkirche in Deutsch-Ossig, zeigen, daß er einen bedeutenden Platz innerhalb der Barockplastik der Oberlausitz einnimmt.

Der laut chronikalischer Überlieferung im September 1713 von Rodewitz vollendete hölzerne Altar der Dreifaltigkeitskirche stellt mit der Hauptszene des Gebets Christi am Ölberg wahrlich ein „Theatrum Sacrum" dar. Geschickt setzte Rodewitz die Führung des seitlich ein-

12 Leopoldshain/Łagów, ehem. Joachimstein, Vestibül des Stiftes. Personifikation der Bescheidenheit von Joh. Chr. Kirchner

13 Leopoldshain/Łagów, ehem. Joachimstein, Vestibül des Stiftes. Personifikation des Friedens von Joh. Chr. Kirchner

fallenden Lichts ein, um das in eine Art Bühnenraum verlagerte Geschehen zu betonen. Die rahmende Säulenarchitektur trägt mit ihren Verkröpfungen und Durchbrechungen dazu bei, den Blick auf das Zentrum des Altars zu lenken und seine Wirkung zu steigern. Neben den Säulen stehen die stark bewegten Figuren Mose und Johannes der Evangelist. Aus heute nicht mehr feststellbaren Gründen wurde der Altar jedoch nicht farbig gefaßt. Dies geschah erst 1810 oder/und 1841; die heutige Fassung stammt von 1910.[59]

Als 1715 bis 1718 die Dorfkirche in Deutsch-Ossig umgebaut wurde und eine neue Ausstattung erhielt, schuf Rodewitz als Bildhauer 1716/18 nicht nur den Kanzelaltar, den Taufengel und den Beichtstuhl, ihm wird auch die architektonische Gesamtleitung zugeschrieben, die einen der schönsten barocken Kirchenräume auf dem sächsischen Lande hervorbrachte (Abb. 16).

Als Ende der 1980er Jahre wegen des an Deutsch-Ossig heranrückenden Braunkohlentagebaus die Devastierung des Ortes beschlossen wurde, entstand der Gedanke, die wertvolle Ausstattung zu bergen und in Görlitz-Königshufen in einen Kopiebau des Kirchengebäudes zu translozieren. Nach Abschluß der Arbeiten, wenn nicht nur – wie schon jetzt – der Beichtstuhl und der Orgelprospekt, sondern auch Kanzelaltar und Taufengel restauriert sein werden[60] und die Raumschale ihre gestalterische Geschlossenheit wiedererlangt haben wird, wird sich – allen damit verbundenen Fragen zum Trotz – die Richtigkeit dieser Entscheidung bestätigen.

Am fast bis zum Gewölbe reichenden Kanzelaltar ist der Kanzelkorb weit aus der vielfältig gegliederten Architektur hervorgeschoben, seitlich neben den gestaffelten Säulen stehen die Apostel Petrus (Abb. 17) und Paulus. Hinter dem Kanzelkorb ist eine gemalte Ansicht des Golgatha-Hügels zu sehen, vor der sich ein geschnitztes Kruzifix abhebt. Auf dem Gesims liegen Allegorien des Glaubens und der Liebe, den oberen Abschluß bildet eine aus Gruppe der Dreifaltigkeit. Von besonderem Reiz ist der Taufengel, der mit Lilienzepter und Krone in den Kirchenraum schwebt (Abb. 18).

14 Reichenau/Bogatynia, ehem. Joachimstein. Sphinx, von Joh. Chr. Kirchner

Caspar Gottlob von Rodewitz werden in Görlitz und Umgebung weitere Werke zugeschrieben, von denen wenigstens zwei erwähnt seien: Neben den beiden Allegorien auf der Portalbekrönung der ehemaligen Börse am Untermarkt aus dem Jahre 1714 ist vornehmlich an den dritten Beichtstuhl von 1717 im nördlichen Seitenschiff der Görlitzer Peterskirche zu denken. Hier gelang es Rodewitz, den reuigen Petrus und die Büßerin Magdalena in besonders ergreifender Weise darzustellen.

Ohne weitere Grundlagenforschung wird die Beurteilung jener Bildhauer letztlich schwierig bleiben, die sich in der Lausitz nur kurze Zeit aufhielten oder zu denen bisher nur Mutmaßungen über einzelne Werke geäußert wurden. Matthäus Wenzel Jäckel[61] wurde zwar 1655 in Wittichenau geboren, verbrachte jedoch den größten Teil seines Lebens in Prag, wo er 1738 starb. Die Zuschreibung einiger Werke im Kloster Marienstern wirft Fragen auf, die nur bei einer genaueren Prüfung und bei entsprechenden Quellenfunden beantwortet werden können. Gleiches gilt für das Schaffen der bisher meist mit nur ein oder zwei Werken genannten Meister, von deren Leben und Werk aber sonst keine rechte Vorstellung herrscht; stellvertretetend sind Georg Vater, Theodor Pausewein, Daniel Richter, Paul Taline und Jacob Delenka zu nennen. Bis zum Weggang um 1708 nach Breslau weilte Johann Georg Urbansky mehrere Jahre in Bautzen. Dieser Aufenthalt ist weniger wegen Urbanskys Schaffen in Bautzen interessant (darüber ist bisher noch nichts bekannt), sondern er wirft ein bemerkenswertes Licht auf die Zeitverhältnisse. 1697 war er seinem Prager Lehrmeister Johann Brokoff „entwichen" und hatte in Bautzen Unterschlupf gefunden, was in der Folgezeit zu zahlreichen Verwicklungen zwischen Urbansky, Pausewein, Brokoff und Georg Vater führte.[62]

Was die Tätigkeit böhmischer Bildhauer in der Lausitz betrifft, ist gleichfalls der Forschungsbedarf groß; immerhin ist es schon bemerkenswert, daß für den Hochaltar der Klosterkirche Marienstern der Vertrag mit dem Bildhauer Ignaz Franz Platzer bereits veröffentlicht ist.[63]

15 Görlitz, Dreifaltigkeitskirche. Altar, Gesamtansicht

16 Deutsch-Ossig. Innenansicht

Bei allen Lücken, die bei dieser Betrachtung bleiben mußten, läßt sich doch feststellen, daß in der Lausitz verhältnismäßig viele Werke von weit über dem Durchschnitt liegender Qualität entstanden sind, deren Bedeutung über den lokalen Rahmen deutlich hinausgeht. Dabei scheint sich die auch andernorts gemachte Beobachtung zu bestätigen, daß die bedeutendsten Schöpfungen im ersten Drittel des 18. Jahrhunderts entstanden. Offenbar waren während der Regierungszeit Augusts des Starken auch in der Lausitz nicht nur auf der Seite der Auftraggeber die wirtschaftlichen Voraussetzungen für eine Blüte der Skulptur gegeben, sondern auf der Seite der Bildhauer auch die künstlerischen. Namentlich die am Dresdner Hof um Balthasar Permoser gruppierten Meister verkörperten ein entsprechendes Potential. Wenn schon die in der Lausitz ansässigen Kräfte wohl nicht allzu zahlreich waren, so war die Residenz doch nah genug, um Dresdner Künstler beauftragen und auf diese Weise am dortigen Niveau teilhaben zu können. Daneben gibt es einzelne Meister, die sich hier nur kurz aufhielten und so verhältnismäßig isoliert gebliebene Werke hinterließen. So ist Barockplastik in der Oberlausitz durch ein vielfaches Nebeneinander von Strömungen und die Überlagerung verschiedener Stile geprägt. Es gelingt nicht, einen Regionalstil „Oberlausitzer Barockplastik" zu definieren; in der Vielfalt liegt ihre Besonderheit, die es weiter zu erkennen gilt.

Anmerkungen

1 ASCHE, SIGFRIED: Sächsische Barockplastik von 1630 bis zur Zeit Permosers. Phil. Diss. Leipzig 1934; ASCHE, SIGFRIED: Drei Bildhauerfamilien an der Elbe. Wien, Wiesbaden 1961.
2 ASCHE, SIGFRIED: Balthasar Permoser und die Barockskulptur des Dresdner Zwingers. Frankfurt am Main 1966; ASCHE, SIGFRIED: Balthasar Permoser, Leben und Werk. Berlin 1978.
3 WOTRUBA, CHARLOTTE: Die Plastik Leipzigs und seiner Umgebung in der ersten Hälfte des 18. Jahrhunderts. Phil. Diss. Leipzig 1934.
4 DEGEN, KURT: Werke des Barockbildhauers Paul Heermann in der Oberlausitz. In: NASG 57 (1936), S. 65–70; SCHMIDT, EVA: Mittelalterliche und barocke Plastik der Oberlausitz. Bautzen 1984.
5 ASCHE 1961 (wie Anm. 1), S. 119, 168.
6 So verfügte beispielsweise die Dresdner Kreuzkirche 1792 über sechs Beichtstühle, vgl. Merkwürdigkeiten der alten und neuen Kreuzkirche zu Dresden. Dresden 1792, S. 31.
7 Zum Görlitzer Altar allgemein: ASCHE 1961 (wie Anm. 1), S. 83, 88ff., 160 (D 4), 195 (Dok.V g).
8 1844 hatte der preußische Konservator Quast die Kirche besichtigt und die Entfernung des „überaus häßlichen" Altars gewünscht, da er die gotischen Fenster in ihrer Wirkung beeinträchtige, vgl. HAUPT, LEOPOLD: Geschichte der evangelischen Haupt- und Pfarrkirche zu St. Peter und Paul in Görlitz. Görlitz 1857, S. 21 (Anm.).
9 Zu den Hoppenhaupts allgemein: PRETZIEN, GUSTAV: Die Hoppenhaupts und ihre Kunst. Merseburg 1934; GROTE, LUDWIG: Johann Michael Hoppenhaupt, der Schöpfer des Porzellankabinetts im Deutschen Museum. In: Jahrbuch der Preußischen Kunstsammlungen 59 (1938), S. 250–257; RAMM, PETER: Barock in Merseburg, Johann Michael Hoppenhaupt (1685–1751) und seine Zeit. Merseburg o. J. [1987/88] (= Merseburger Land, Sonderheft 22); HECKMANN, HERMANN: Baumeister des Barock und Rokoko in Sachsen. Berlin 1996, S. 82f. (Michael Hoppenhaupt), S. 223–230 (Johann Michael Hoppenhaupt I.).
In Michael Hoppenhaupts Merseburger Werkstatt entstanden beispielsweise der Altar, die Kanzel sowie die den Giebel der Vorhalle bekrönenden Figuren der ehemaligen Leipziger Barfüßerkirche, die 1699 als „Neue Kirche" (später, bis zur Zerstörung 1943: Matthäikirche) wieder für den gottesdienstlichen Gebrauch hergerichtet wurde, vgl. ASCHE 1934 (wie Anm. 1), S. 151; RITSCHEL, HARTMUT: Katalog zur Plastik im Stadtkreis Leipzig 1650–1750. Jahresarbeit an der Universität Leipzig (masch.) 1985 (vorhanden im kunsthistorischen Institut der Universität Leipzig sowie in der Bibliothek des LfD), Kat.-Nr. 37; Die Bau- und Kunstdenkmäler von Sachsen – Stadt Leipzig: Die Sakralbauten. Bearbeitet von HEINRICH MAGIRIUS und anderen. München 1995, Bd. 1, S. 679–696.
10 Im Zittauer Kirchenbuch (Zittau, ev.-luth. Pfarramt, Archiv, Trauregister 1693–1730) ist die Trauung nicht vermerkt.
11 CARPZOV, JOHANN BENEDICT: ANALECTA Fastorum Zittaviensium oder Historischer Schauplatz der löblichen alten Sechs-Stadt ... Zittau. Zittau und Leipzig 1716, Teil 1, S. 35; 1849 war die Platte noch vorhanden, 1907 nicht mehr, vgl. GABRIEL, MORITZ und CARL GOTTLOB MORÁWEK: Zittavia oder Zittau in seiner Vergangenheit und Gegenwart, in Bildern dargestellt. 2 Teile Zittau 1848 und 1849, hier Teil 2, S. 102, und Beschreibende Darstellung der älteren Bau- und Kunstdenkmäler des Königreichs Sachsen, H. 30 (Zittau-Stadt). Bearb. von CORNELIUS GURLITT, Dresden 1907, S. 205.
12 Zu den Inschriften vgl. CARPZOV (wie Anm. 11), S. 35, ihm folgt GURLITT (wie Anm. 11), H. 30, S. 204f.
13 GABRIEL/MORÁWEK (wie Anm. 11), Teil 2, S. 102.
14 LfD, Bildsammlung, Fotografie „um 1935, nach der Wiederherstellung".
15 Schloßpark Schwerin (Leihgabe in den Staatlichen Museen Berlin) und Großer Garten Dresden, vgl. ASCHE 1978 (wie Anm. 2), Abb. 117, 119, 120.
16 Leipzig, Durchgang zum Museum des Kunsthandwerks. Zu dieser Skulptur vgl. ASCHE 1978 (wie Anm. 2), S. 64f., 161 (W. 44), Abb. 144; RITSCHEL 1985 (wie Anm. 9), Kat.-Nr. 94 b; STUHR, MICHAEL: Bildwerke Balthasar Permosers in Leipziger Kunstammlungen. In: „... die ganze Welt im kleinen ...", Kunst und Kunst und Kunstgeschichte in Leipzig. Hrsg. v. ERNST ULLMANN, Leipzig 1989, S. 117–129, hier S. 121–124.
17 KNESCHKE, JOHANN GOTTFRIED: Geschichte und Merkwürdigkeiten der Rathsbibliothek in Zittau. Zittau, Leipzig 1811.
18 GROTE 1938 (wie Anm. 9), S. 254, erweckt den Eindruck, als ob sie quellenmäßig belegt sei.
19 RAMM (wie Anm. 9), S. 8, Abb.: II. Umschlagseite, 15–17. 1988 wurde das Haus abgebrochen.
20 Der von PRETZIEN (wie Anm. 9), S. 23, und RAMM (wie Anm. 9), S. 82, auszugsweise zitierte Eintrag lautet vollständig: „1709, 8. October. Der Vater H. Johann Michaël Hoppenhaupt, Stuckatur und Bildhauer auf dem Angel, die Mutter Dorothea Catharina Hepnerin. Das Kind Johann Michael. Die Pathen: Salv: Tit. Herr Otto Ludwig von Kanitz, Herr auff Heÿnewalda etc. Obrister zu Roß. H. Heinrich Johannes Leupoldt Scabiny und Proto Notarius. Frau Margaretha Dorothea v. Hartig gebohrne Butschky Frau auff Alt Hörnitz." (Zittau, ev.-luth. Pfarramt, Archiv, Taufregister 1696–1711).
21 Vgl. z.B. GURLITT (wie Anm. 11), H. 30, Fig. 113, 117.

22 Erstmalig hatte TAUBERTH, HUGO: Die Parochie Hainewalde. In: Neue Sächsische Kirchengalerie – Die Diöcese Zittau. Leipzig o. J. [um 1904], Sp. 201–222, hier Sp. 204, festgehalten, „Michael Hoppenhaupt aus Zittau" habe für die Hainewalder Kirche sämtliche Bildhauerarbeiten ausgeführt; diese Angabe übernahm 1906 GURLITT (wie Anm. 11), H. 29 (Zittau-Land), S. 27. Tauberths Quelle konnte nicht ermittelt werden, möglicherweise wäre sie in den am Ende seines Beitrages erwähnten handschriftlichen Notizen des ehemaligen Kirchschullehrers Schuster zur Geschichte der Hainewalder Kirche zu finden; diese sind aber verschollen. Auch das im Hainewalder Pfarrarchiv erhalten gebliebene Manuskript Tauberths schweigt hierzu. Die auf den Blättern 259–311 des ältesten Hainewalder Kirchenbuchs (1652–1714) enthaltenen chronikalischen Notizen führen ebensowenig weiter wie die Hainewalder Kirchenrechnungen der Jahre 1705–1711, in denen zwar beispielsweise die Handlanger und anderen Hilfskräfte meist namentlich erfaßt sind, die Ausstattungsstücke dagegen überwiegend nur summarisch mit ihren nach Gewerken getrennten Kosten (Tischler-, Bildhauer- und Malerarbeiten) erwähnt werden. Eine entsprechende Zusammenstellung veröffentlichte nach meinen Hinweisen RAMM (wie Anm. 9), S. 83.

23 „Daß von dem Hochwohlgebohrnen Herrn, Herrn Obristen von Caniz wegen verdungener gips Arbeit, so in Verzierung der Steinern Emporkirchen in der neuen Kirche bestanden, die letzten Vier und dreißig Rthlr. sage 34 Rthlr. mir Endts benambten paar aus gezahlet worden

quittire hirmit

Henewalda d 21 Sept 1709
Johann Michael Hoppenhaupt"

Am 29. November 1709 bestätigte er den Empfang von 14 Talern 16 Groschen 6 Pfennigen für von ihm geliefertes Material, u.a. „Bleÿweiß", „Ocker Gelbe", „Lein Öhl", „Gelbe Erde" (Sächsisches Hauptstaatsarchiv, Außenstelle Bautzen: Gutsarchiv Hainewalde, 5689, Quittungen 1708/09).

24 Bereits 1917 kam der Taufengel ins LfD und befindet sich seit 1921 in der Dorfkirche Deutschneudorf im Erzgebirge, wo er in die Gestaltung einer Kriegergedächtnisstätte einbezogen wurde, seine Fassung später mehrfach verändert. Der thronartige Beichtstuhl gehört eigentlich in den südöstlich vom Altar gelegenen Raum unter der Empore, er wurde (wohl nach dem zweiten Weltkrieg) an der Ostwand des Südzugangs mehr schlecht als recht abgestellt. Auch der Orgelprospekt ist nach 1945 verändert worden. Nicht zuletzt wirken Altar und Erdgeschoß der Herrschaftsloge durch den nach 1945 aufgebrachten blaugrauen Ölfarbanstrich der rahmenden Architektur einigermaßen befremdlich.

25 Sofern die Figuren nicht als allgemein bekannt vorausgesetzt werden dürfen, wurde auf die Beschreibung zurückgegriffen, die Urban Gottlieb Haußdorff in der von ihm zur Kirchenweihe 1711 herausgegebenen Schrift „Haynewaldes GOtt-geheiligtes Vale und Salve: das ist: die mit Gebeth / Predigten und Glück-Wünschungen Anno 1711 den 4. und 7. Octobr. feyerlichst begangene Verlassung des alten / und Begrüssung des neuen GOttes–Hauses daselbst. Görlitz o. J. (1711)" gegeben hat (ohne Seitenzählung).

26 Vorher taucht dieses Gestaltungsmotiv beim 1706 errichteten Altar in Dölzig bei Leipzig auf, für dessen Gestaltung der Altar Michael Hoppenhaupts in der Leipziger „Neuen Kirche" als Vorbild dienen sollte, vgl. dazu ASCHE 1934 (wie Anm. 1), S. 120f., 151. (Asches Zuschreibung des Dölziger Altars an Johann Jacob Löbelt bedarf der Überprüfung.) Nicht von Säulen, sondern von Pilastern flankiert war die Nische des 1721 errichteten Altars der Leipziger Thomaskirche, vgl. dazu Sakralbauten Leipzig 1995 (wie Anm. 9), Bd. 1, S. 256f.

27 Beim Modell des Altars, das seit 1935 als Leihgabe im Zittauer Stadtmuseum aufbewahrt wird, sind diese seitlichen Figuren noch nicht vorgesehen, möglicherweise wurde ihre Anordnung erst während der Ausführung festgelegt.

28 BERING LIISBERG, H. C.: Rosenborg og Lysthusene i Kongens Have. København 1914, S. 186f., 259f. (Anm. 52).

29 Ein sich auf Bieners Werke in der Lausitz und Nordböhmen beschränkender Auszug meiner Dissertationsschrift „Franz Biener, ein Bildhauer des 18. Jahrhunderts, sein Leben und Werk. Phil. Diss. Leipzig 1990" (masch.) soll im Teil 2 von „Denkmalpflege in Sachsen 1894–1994" erscheinen; während Teil 1 im Dezember 1997 erschien, hat sich der Druck von Teil 2 verzögert.

30 Spitzkunnersdorf, ev.-luth. Pfarramt, Archiv, Kirchenbuch 1653–1797, fol. 17 r (Eintrag in der 1726 von Christoph Gottlieb Elger, dem Sohn des während des Kirchenneubaus amtierenden Pfarrers, verfaßten „Kurtze(n) Nachricht von Erbauung des neuen Gottes-Hauses zu Spitz-Kunnersdorff")

31 HAUSSDORFF, URBAN GOTTLIEB: Das letzte und beste Wort einer gläubigen Seele .../ mit welchem Die weyl. Hoch-Wohlgebohrne Frau/ Fr. VICTORIA Tugendreich von Kanitz/ gebohrne von Kyau/ ... In Dero neuerbautes Begräbniß zu Haynewalde gebührend beygesetzet wurde/ ... Beysetzungs-Rede ..., Zittau o. J. [1717] (Görlitz, Oberlausitzische Bibliothek der Wissenschaften: Th. XVI 144), S. 9

32 BIEHL, WALTHER: Das Mausoleum der Kanitz-Kyaw auf dem Friedhof in Hainewalde. In: Grenzland Oberlausitz–Oberlausitzer Heimatzeitung 17 (1936), S. 193–199; ERMISCH, HUBERT GEORG: Das Grabmal von Hainewalde. In: Landesverein Sächsischer Heimatschutz–Mitteilungen 28 (1939), S. 1–29.

33 ASCHE 1966 (wie Anm. 2), S. 303, 324, 335 und 369f. (Anm. 60)

34 Vgl. Druck der von Benjamin Gottlieb Gerlach anläßlich der Beisetzung Jächs gehaltenen Rede (Christian-Weise-Bibliothek Zittau, Zit. 71 Nr. 12).

35 So erwähnt MORÁWEK, CARL GOTTLOB: Geschichte der Lustgärten in Zittau. Zittau 1880, S. 11–13, beispielsweise mehrere Skulpturen aus dem Roscherschen Garten, die Jäch inschriftlich bezeichnet hatte, die aber schon 1880 zerstört oder verschollen waren.

36 PESCHECK, CHRISTIAN ADOLPH: Handbuch der Geschichte von Zittau, 2 Teile Zittau 1834–1837, hier Teil 1, S. 41, und Teil 2, S. 340

37 Neben Zittau sind die Kirchhöfe von Görlitz, St. Nikolai, Hirschberg/Jelenia Góra und Schmiedeberg/Kowary zu nennen; in Landeshut/Kamienna Góra habe ich 1996 nur noch ein stark verändertes Beispiel angetroffen. Den Bestand im ersten Drittel unseres Jahrhunderts findet man am besten wiedergegeben bei GRUNDMANN, GÜNTHER: Gruftkapellen des achtzehnten Jahrhunderts in Niederschlesien und der Oberlausitz. Strassburg 1916 (= Studien zur deutschen Kunstgeschichte, H. 193); MÜLLER, REINHARD: Der alte Klosterfriedhof zwischen ehemaligem Franziskanerkloster und Hefftebau in Zittau. Zittau 1930; MÜLLER, REINHARD: Der alte Kreuzkirchhof in Zittau und seine Erbbegräbnisse, ein Beitrag zur älteren Zittauer Familiengeschichte. Zittau 1937.

38 Die genaue Bezeichnung der Skulpturen ist vor allem deshalb erschwert, weil sie keinerlei Attribute mehr haben. GURLITT (wie Anm. 11), H. 30 (Zittau-Stadt), S. 37, sah in ihnen zwei Engel; wie Fig. 43 zeigt, hatte bereits damals die westliche Figur kein Attribut mehr, die östliche Figur hielt ein Zepter in der linken Hand (heutzutage fehlt der linke Unterarm völlig). CARPZOV 1716 (wie Anm. 11), beschreibt die Figuren ebensowenig wie MORÁWEK, CARL GOTTLOB: Die Kirche zu St. Petri und Pauli in Zittau, nebst Nachrichten über das sonst dabei befindliche Franziskanerkloster. Zittau 1882. ASCHE 1966 (wie Anm. 2), S. 53, sah in ihnen Personifikationen des irdischen und des himmlischen Regiments; LEMPER, ERNST-HEINZ: Das Umfeld Christian Weises in Architektur und bildender Kunst. In: CHRISTIAN WEISE: Dichter, Gelehrter, Pädagoge. Beiträge zum ersten Christian-Weise-Symposium. Hrsg.

v. Peter Behnke u. Hans-Gert Roloff, Bern 1994 (= Jahrbuch für internationale Germanistik, Reihe A: Kongreßberichte; 37), S. 231–244, hier S. 238, erkannte in ihnen Allegorien von Erkenntnis und Weisheit.

39 BOECKELMANN, WALTER: Balthasar Permoser, Studien zu seiner Frühzeit von 1651 bis 1700. Traunstein 1951, S. 36–40, hatte, einem Hinweis Walter Hentschels folgend, die Figuren erstmalig Permoser zugewiesen. ASCHE 1966 (wie Anm. 2), S. 53, 118, 290, und ASCHE 1978 (wie Anm. 2), S. 62f., 159, hielt, eine Entstehungszeit bis 1705 für möglich haltend, an dieser Zuschreibung fest und schränkte sie allenfalls dadurch ein, daß er eine Mitwirkung des 1677 in Zittau geborenen Bildhauers Johann Joachim Kretzschmar annahm. Dies ist heute nicht mehr zu überprüfen, weil dessen einziges beglaubigtes figürliches Werk, der 1716 entstandene Engel unter der Kanzel der Schneeberger Wolfgangskirche, bei der Zerstörung der Kirche 1945 vernichtet wurde. Bereits 1967 hatte Wilhelm Boeck in der Rezension zu Asche 1966 festgestellt: „Bei den Giebelfiguren der 'Noackschen Betstube', deren Attribution Boeckelmann vertrat, ist sich Asche mit Recht seiner Sache nicht sicher." (Zeitschrift für Kunstgeschichte, 30 [1967], S. 263–267, hier S. 265)

40 Vgl. ROCH, WOLFGANG: Die Bautzener Werke Balthasar Permosers. In: Monatshefte für Kunstwissenschaft 7 (1914), S. 251–257, hier S. 255f. Die Quellen, die Roch zu den aus Dresden nach Bautzen gebrachten Werken benutzte, datieren wesentlich später (nach 1751) als die Werke. Ihre 1988 beabsichtigte Überprüfung im Archiv des Domstifts gelang nicht, da sie wegen einer zwischenzeitlich vorgenommenen Neuregistrierung nicht auffindbar seien (freundliche Auskunft von Siegfried Seifert).

41 BIEHL, WALTHER: Bautzner Barockaltäre aus der Zeit Augusts des Starken. In: Das schöne Sachsen 3 (1933), S. 208–210, hier S. 208.

42 BIEHL, WALTHER: Der Dom St. Peter zu Bautzen. Berlin 1953 (= Das christliche Denkmal, H. 1), S. 17, 22, bildet das Kruzifix ohne Dornenkrone ab; ASCHE 1966 (wie Anm. 2), S. 55, 293, und ASCHE 1978 (wie Anm. 2), S. 86, 169, sieht sie als falsche Zutat der Restaurierung von 1960 an. Allerdings läßt sich bei GURLITT (wie Anm. 11), H. 33 (Bautzen-Stadt), Dresden 1909, Fig. 351, bereits eine ähnlich große Dornenkrone erkennen. Geht sie möglicherweise auf die Restaurierung von 1883/84 zurück?

43 Vgl. dazu allgemein: BIEHL, WALTHER: Ein verkanntes Hauptwerk sächsischer Barockplastik in Bautzen. In: Bautzener Geschichtshefte 12 (1934), Ergänzungsheft 1, S. 1–14; ASCHE, SIGFRIED: Über Benjamin Thomae. In: Wissenschaftliche Zeitschrift der Technischen Hochschule Dresden 6 (1956/57), S. 425–441, hier S. 432–434; ASCHE 1966 (wie Anm. 2), S. 143f., 318f; Krügel, Katharina: Der sächsische Barockbildhauer Johann Benjamin Thomae (1682–1751). Phil. Diss. (masch.) Dresden 1990, S. 43–48 und Urkunde XXII, u.a. mit Wiedergabe des mit Thomae geschlossenen Vertrages sowie mit Korrekturen zu Biehl und Asche bezüglich Fossatis Anteil am Gesamtwerk.

44 Der Tatsache, daß der Lutheraner Thomae die Skulpturen des katholischen Hochaltars schuf, darf nicht mehr Bedeutung beigemessen werden, als sie verdient. Für Thomae, der nicht nur einmal im Auftrag der katholischen Kirche tätig war, stellte das offensichtlich ebensowenig ein Problem dar wie für den Katholiken Biener, als er den evangelischen Altar der Kirche in Spitzkunnersdorf schuf.
Aus der Sicht des Domkapitels wäre es angesichts der vielfältigen Verbindungen zu Böhmen ein leichtes gewesen, einen Katholiken zu beauftragen, wenn dies denn wichtig gewesen wäre. Vgl. auch MENZHAUSEN, JOACHIM: Christliche Kunst am Hofe der sächsischen Könige von Polen. In: Ecclesia Triumphans Dresdensis. Ausst. Kat. Wien 1988, S. 1–7, hier S. 4.

Nicht zuletzt kommt diese Toleranz auch in den Feststellungen des evangelischen Pfarrers Christian Gerber aus Lockwitz bei Dresden zum Ausdruck, der in seinem 1720 in Dresden und Leipzig erschienenen Buch „Die unerkannten Wohlthaten Gottes in denen beyden Marggraffthümern Ober- und Niederlausitz" die Bautzener Verhältnisse so beschrieb: „So leidet die Kirche oder Evangelische Gemeine im Budißin im Geistlichen keinen Schaden (…), und lebet die Stadt Budißin dißfalls wegen des Pabstthums in keiner grössern Gefahr als andere Städte in Lausitz, ja in gantz Sachsen. (…), zumal der ietzige Herr Decanus gar ein friedliebender Mann, und kein Feind der Evangelischen ist." (S. 443f.) An anderer Stelle findet er anerkennende Worte für die Äbtißin von Marienthal, die das Patronatsrecht auch über einige evangelische Kirchen ausübte: Ein Damastweber aus Reichenau rühmte, „daß ihre beyde Prediger, der Herr Pastor Marcke, und der Herr Diaconus Müller, sehr scharffe Disciplin unter ihren Zuhörern hielten, und von der Frau Abbatißin kräfftig secondiret würden, als welche ihnen in allen Stücken, was zur Erbauung, zur Ehre GOttes, zu guter Kirchen-Zucht etc. etc. gereichen könte, getreulich beystünde, und sonderlich über der Sabbaths-Feyer eifrig und ernstlich hielte: Daher dürffte sich niemand am Sonntage in dem Kretzschen finden lassen, nicht spielen, weder mit Karten, noch Kegeln, und er wollte nicht zehen Thaler nehmen, und jauchzen oder schreyen, wie es an denen Orten ohne Scheu geschähe. Es ist gewißlich viel, daß eine Römisch-Catholische Aebtißin einem Evangelischen Ministerio also beystehet, über der Sabbaths-Feyer, Zucht und Erbarkeit ernstlich hält, womit sie viel Lutherische Collatores und Kirchen-Patronos beschämet, die über keiner Kirchen-Disciplin, am allerwenigsten über der Sabbaths-Feyer halten, sondern Sauffen, Spielen, Tantzen, daraus doch Hurerey, Schlägerey und andere Sünden mehr folgen, auch am Sonntage verstatten und frey passiren lassen: Unter dem Vorwand, das gemeine Volck müste doch auch eine Ergötzlichkeit bey seiner mühseeligen Arbeit haben, und es wisse sonst keine bessere Vergnügung sich zu machen." (S. 362f.)

45 Vgl. ROCH (wie Anm. 40); ASCHE 1966 (wie Anm. 2), S. 299 (Kirchenväter), 319 (Engel: Thomae); ASCHE 1978 (wie Anm. 2), S. 113, 179f., 184 (Engel: Thomae); KRÜGEL (wie Anm. 43), S. 52f. (Engel). Der verbreiteten Ansicht, Permosers Kirchenväter seien Bestandteile des Hochaltars der Kapelle gewesen, widersprach GÜNTHER MEINERT: Die erste katholische Hofkirche in Dresden, Entstehung und kunstgeschichtliche Würdigung. In: Unum in Veritate et Laetitia. Bischof Dr. Otto Spülbeck zum Gedächtnis. Leipzig 1970, S. 322–344, hier S. 340. Seine Auswertung verschiedener Bildquellen (Planzeichnungen und Kupferstiche) führten ihn zur Vermutung eines vom Altar unabhängigen Standortes; die von Roch benutzten Quellen ließ er unberücksichtigt. Diese stammen zwar aus dem 18. Jahrhundert, greifen aber zum Teil auf Erinnerungen zurück, sind also nicht vollkommen authentisch (vgl. dazu auch Anm. 40).

46 Vgl. ASCHE 1966 (wie Anm. 2), S. 318; KRÜGEL (wie Anm. 43), S. 84f.

47 Vgl. ERMISCH, HUBERT GEORG: Die Figuren am Schloß Luga bei Bautzen. In: Landesverein Sächsischer Heimatschutz–Mitteilungen 39 (1940), S. 17–39; ASCHE 1966 (wie Anm. 2), S. 304, 373f. (Anm. 78); ASCHE 1978 (wie Anm. 2), S. 158 (WV 38 a).
In Kalbsrieth befinden sich die beiden Skulpturen (Quelle und Nymphe) noch in der kleinen Parkanlage vor dem als Pflegeheim genutzten Herrenhaus, allerdings weisen sie erhebliche Verwitterungsschäden auf.
Die an der Gartenseite des Königswarthaer Schlosses stehenden vier Skulpturen (Kronos, Aphrodite, Hera, Zeus) fallen in ihrer Qualität weit aus dem Rahmen, der hier gesteckt werden mußte.

48 ASCHE 1966 (wie Anm. 2), S. 304f., 325 (Werkstatt Thomae?, Schwarzenberger?); ASCHE 1978 (wie Anm. 2), S. 158 (W. 38 a). Zur durchaus unterschiedlichen Praxis in den barocken Bildhauer-

18 Deutsch-Ossig, Kirche. Taufengel

werkstätten: Entwurf und Ausführung in der europäischen Barockplastik, Beiträge zum internationalen Kolloquium des Bayerischen Nationalmuseums und des Zentralinstituts für Kunstgeschichte. Hrsg. v. PETER VOLK. München 1986; Studien zur Werkstattpraxis der Barockskulptur im 17. und 18. Jahrhundert. Hrsg. v. KONSTANTY KALINOWSKI. Poznań 1992 (= Uniwersytet im. Adama Mickiewicza w Poznaniu, Seria historia sztuki; 18)

49 Zu ihnen allgmein: ASCHE 1966 (wie Anm. 2), S. 186–188. Die Einheit von Dorf Radmeritz und den Stiftsgebäuden wurde durch den Wiener Kongreß aufgehoben: Während das Stift bei Sachsen verblieb, kam Radmeritz zu Preußen. Dieser Zustand blieb bis zur neuen Grenzziehung nach 1945.

50 Vgl. MAGIRIUS, HEINRICH: Verluste an Schlössern und Herrenhäusern in Sachsen seit 1945. In: Mitteilungen des Landesvereins Sächsischer Heimatschutz 1993, H. 2, S. 32–45; FINDEISEN, PETER: Notizen zum Schloß in Rötha. In: Denkmalkunde und Denkmalpflege – Wissen und Wirken, Festschrift für Heinrich Magirius zum 60. Geburtstag am 1. Februar 1994. Dresden 1995, S. 341–360; Angenehmes Wiederau ... Hrsg. vom Christlichen Umweltseminar Rötha e. V. 1997 (= Südraumjournal, H. 4)

51 Zum Stift und seinem Bauherrn allgemein: DOEHLER, RICHARD: Diplomatarium Joachimsteinense. In: NLM 81 (1905), S. 1–192. GURLITT (wie Anm. 11), H. 29 (Zittau-Land), S. 63–85; JECHT, RICHARD: Joachim Siegismund von Ziegler und Klipphausen. In: NLM 98 (1922), S. 64–97; HEYNITZ, OTTO: Joachminstein, 200 Jahre freies, evangelisches, weltadeliges Fräuleinstift. In: Landesverein Sächsischer Heimatschutz – Mitteilungen 18 (1929), S. 393–414; RAUDA, WOLFGANG: Stift Joachimstein, ein Grenzlandschloß im Lausitzer Kulturkreis. In: Die Heimat. Beilage des Neuen Görlitzer Anzeigers vom 30. 06. 1937, S. 101f., und 07. 07. 1937, S. 105f.; SCHOLZE, HANS-EBERHARD: Oberlandbaumeister Christoph Beyer, ein Beitrag zur Geschichte des kurfürstlich-sächsischen Oberbauamtes. In: Wissenschaftliche Zeitschrift der Technischen Hochschule Dresden 6 (1956/57), H. 1, S. 55–65; DZIURLA, HENRYK: Zespół pałacowy w Radomierzycach, z materiałów do badań warsztatu artystycznego doby baroku. In: Biuletyn historii sztuki 27 (1965), S. 284–288; MERTENS, KLAUS: Die Baulichkeiten des Stiftes Joachimstein. In: Festschrift für Ernst-Heinz Lemper. Görlitz 1989 (= Görlitzer Magazin 3 (1989), Beiheft, S. 25–40.

52 GURLITT (wie Anm. 11), H. 29 (Zittau-Land), S. 65, 70.

53 Vgl. JECHT (wie Anm. 51), S. 67. Es darf auch nicht übersehen werden, daß ein großer Teil der Gebäude, die heute Marienthal prägen, später als Joachimstein entstand. Zu Marienthal im allgemeinen: HÜTTER, ELISABETH: Denkmalpflegerische Instandsetzung des Zisterzienserinnenklosters St. Marienthal. In: Unum in Veritate et Laetitia. Bischof Dr. Otto Spülbeck zum Gedächtnis. Leipzig 1970, S. 308–321.

54 Johann Christian Kirchner kam aus Merseburg nach Dresden. Allerdings hüllt sich um sein Geburtsdatum ein merkwürdiger Nebel. Nur MÜLLER, GUSTAV OTTO: Vergessene und halbvergessene Künstler des vorigen Jahrhunderts. Dresden 1895, S. 41, Anm. 1, nennt den 17. August 1691 als Geburtstag. Da Kirchner beim Bürgerrechtserwerb in Dresden als „von Merseburg" bezeichnet wird (ASCHE 1966 (wie Anm. 2), S. 347f., Dok. XXIII), hatte Asche daraus gefolgert, daß er auch dort geboren sei. Das läßt sich jedoch nicht bestätigen. Der früheste Taufeintrag in Merseburg betrifft am 6. August 1699 den Bruder Gottfried, die Eltern sind „Hanß Kirchner, Büchsenschäffter" und „Catharina Sophia, Biesenrothin" (Merseburg, Kirchspielverwaltung, Archiv, Taufregister St. Maximi 1690–1716), vgl. auch ASCHE 1966 (wie Anm. 2), S. 348, Dok. XXV e) mit der Wiedergabe des Taufeintrags für den Bruder Gottlieb vom 25. November 1706.
Am 2. April 1698 erhielt „Hannß Kirchner von Knapendorff bürtig" Bürgerrecht in Merseburg. (Merseburg, Stadtarchiv, Bürgerbuch der Stadt Merseburg, 1652–1712, S. 281). Im Knapendorfer Kirchenbuch (Bad Lauchstädt, ev.-luth. Pfarramt, Archiv, Kirchenbuch Bündorf/Knapendorf ..., Bd. 1, 1678–1738, sind nur die Taufen zweier Schwestern am 26. Februar 1693 und am 14. September 1695 belegt, wobei die Mutter genannt wird: „Hans Kirchners Eheweib Catharina Sophia" bzw. „Catharina Sophia Hansen Kirchners in Knapendorff Eheweib".
Sofern sich nicht durch andere Quellen Johann Christian Kirchners Geburtstag und -ort sicher erschließen lassen, werden sie wohl unbekannt bleiben.

55 Zum Schicksal des Joachimsteiner Stiftsarchivs nach 1945 liegen noch keine gesicherten Erkenntnisse vor. Hier kann demzufolge nur auf die bereits von JECHT (wie Anm. 51) und ASCHE 1966 (wie Anm. 2), S. 353–355, veröffentlichten Quellen zurückgegriffen werden. Hinzu kommt der schon von Asche ausgewertete und in der Bibliothek des LfD aufbewahrte Nachlaß von Heinz-Günther Obendorfer, der um 1940 Material für eine Dissertation zu Joachimstein zusammengestellt hatte, im Krieg jedoch ums Leben kam. Darin sind vor allem die Exzerpte der Notizen Zieglers von Interesse, die dieser in mehreren Kalendern des Zeitraums 1700–1732 festhielt.
ASCHE, SIGFRIED: Johann Christian Kirchners Grabmal. In: Pantheon 21 (1963), S. 231–238, hier S. 232 und Abb. 7, 8, verteilte zwei Bezeichnungen anscheinend verhältnismäßig frei; 1966 verzichtete er auf eine vollständige Bezeichnung der einzelnen Figuren, die Unterschriften seiner den Zustand um 1930 wiedergebenden Abbildungen 198–201 folgen der von 1963.
Während Kirchners Motivbildung für die Personifikationen der Beständigkeit und der Bescheidenheit offensichtlich den Vorschlägen in dem damals gebräuchlichsten Werk ikonographischer Ratgeberliteratur, Cesare Ripas „Iconologia", nahekommt (Zitat hier am Ende der Anmerkung), sind die Attribute von Einigkeit und Friede nicht genügend spezifisch; jedoch legen die von Ziegler angefertigte (und von Obendorfer Bl. 52, übernommene) Skizze sowie Gurlitts (wie Anm. 11, H. 29, S. 72) Beschreibung (wenn auch nicht seine Bezeichnungen!) nahe, daß die Figur mit den beiden schnäbelnden Tauben die Einigkeit, jene mit dem erhobenem Gefäß, aus dem Flammen schlagen (Gurlitt sah es als brennendes Herz an), und den Putto, der die sich zum Ring schließende Schlange hält, den Frieden verkörpern soll.
RIPA, CESARE: Der Kunst-Göttin MINERVA Liebreiche Entdekung/ ... Augspurg 1704:
„Bescheidenheit: Ist eine Jungfrau in Weiß gekleidt/ zum Zeichen der Unschuld. Sie hat das Haupt mit einer schlechten Haube bedeckt/ und umb den Leib eine guldene Gürtel; womit sie andeutet/ daß sie alle unordentliche Regungen gefesselt habe. Sie schlägt die Augen untersich/ und hält in der rechten Hand eine Scepter/ auf dessen Spitze ein Aug zu sehen." (S. 118, Nr. 12)
„Beständigkeit: Was fest/ kräfftig und beständig ist/ das wird durch dises Weib vorgebildet; Sie hält mit der einen Hand eine Säule/ und scheinet/ ob wolle sie ihr die andere Hand/ womit sie ein bloses Schwerdt fasset/ über einem mit Feur gefüllten Geschirr verbrennen; ..." (S. 33, Nr. 8)

56 Für den Hinweis auf Tzschocha danke ich Udo Frenschkowski; Andeutungen des Hirschberger Wojewodschaftskonservators Wojciech Kapałczyński ließen mich in Leopoldshain fündig werden.

57 Vgl. ASCHE 1966 (wie Anm. 2), Abb. 202–213.
Zwei Schreiben vom November 1996 und April 1997, mit denen ich beim Wojewodschaftskonservator von Hirschberg/Jelenia Góra um Auskunft nachgesucht hatte, blieben unbeantwortet.
In einer Scheune des Leopoldshainer Hofes sah ich im Sommer 1997 einzelne Teile (Köpfe, Arme usw.), die zu vermutlich acht bis zehn Figuren gehören. Bei ihnen wäre zunächst zu prüfen, ob sie überhaupt aus Joachimstein stammen.

58 ASCHE, SIGFRIED: Caspar Gottlob von Rodewitz, ein Beitrag zur Barockplastik in der Oberlausitz. In: Die Hohe Straße, Schlesische Jahrbücher für deutsche Art und Kunst im Ostraum. Bd. 1 (1938), S. 142–152, 346–353; JANNASCH, OPHELIA: Der Bildhauer Caspar Gottlob von Rodewitz, ein Beitrag zur Barockplastik der Oberlausitz. Diplomarbeit Universität Leipzig 1990; auszugsweise veröffentlicht in: Görlitzer Magazin 6 (1992), S. 79–101.

59 PILTZ, CHRISTOPH GOTTLOB [= Knauthe, Christian]: Bey dem GOtt gebe! glücklich-erscheinenden Neuen Jahre 1766. (...), mit einer Beschreibung derer Altare in der Heil. Dreyfaltigkeitskirche, (...) o. O. [Görlitz] 1766, stellt auf der vierten und letzten Seite seiner unpaginierten Schrift über den Hauptaltar fest: „Das ganze Werk giebet denen, die in die Kirche, sonderlich durch die Thüre vom Abend, eintreten, einen vortrefflichen Prospect, welcher aber um ein großes verherrlicht werden würde, wenn sich wohlthätige Patronen und Kirchenliebhaber fänden, welche durch ihre Gütigkeit, dieses sehr kunstreich-inventirte Altar, mahlen und staffiren liessen."
Auf der Rückseite trägt der Altar seit der letzten Erneuerung folgende Inschrift: „Diesen Altar fertigte der Bildhauer Rodewitz im Jahre 1713. 1841 wurde er vom Meister A. Wagner weiss lackiert. 1910 wurde Altar, Kanzel u. Denkmäler v. Maler u. Konservator Hermann Vogel in Ital. Policrom gemalt."
Dagegen gibt ZOBEL, ALFRED: Die Kirche zur heiligen Dreifaltigkeit in Görlitz. Festschrift zur Wiedereinweihung am 27. Juni 1910. Görlitz 1910, S. 25, an, daß die erste Fassung 1810 entstanden sei; auf Grund einer testamentarischen Verordnung des Schöppen Petri habe Meister Johann Christian Wagner für den weißen Lacküberzug 120 Taler erhalten.

60 Die letzte größere Renovierung der Deutsch-Ossiger Kirche erfolgte 1891 unter Leitung des Breslauer Maler-Architekten Emil Nöllner. Neben partiellen Retuschen an der Gewölbeausmalung und einer Neufassung der Wände wurden die Ausstattungsstücke mit einem Lack überfaßt, der im Laufe der Zeit vergilbte und nun den Farbeindruck der darunterliegenden originalen Fassung verfälscht. Sowohl Beichtstuhl als auch der Orgelprospekt von 1774 sind bereits davon befreit und lassen die künftige Wirkung der übrigen Ausstattung erahnen.

61 Zu Jäckel allgemein: BLAŽÍČEK, OLDŘICH J.: Matěj Václav Jäckel. In: Památky archelogické (skup. historická), 41 (1936/38), S. 81–152; BLAŽÍČEK, OLDŘICH J.: Sochařství baroku v Čechách, plastika 17. a 18. věku. Praha 1958 (= České dějiny: sv. 26), passim; MATSCHIE, JÜRGEN: Mathias Wenzel Jäckel – ein sorbischer Bildhauer des Barock. In: Lětopis. Jahresschrift des Instituts für sorbische Volksforschung, Reihe C: Volkskunde, 24 (1981), S. 64–74; BOGUSZ, CHRISTINA: Mathias Wenzel Jäckel, ein Bildhauer des Barock. Diplomarbeit Universität Leipzig 1988 (masch).

62 Zu Delenka: SWOBODA, CARL: Jacob Delenka, ein sorbischer kunsterfahrener Bildhauer. In: Heimatkundliche Blätter des Bezirkes Dresden, 1955, H. 2/3, S. 73–78; Zu Urbansky: WIECEK, ADAM: Jan Jerzy Urbańsky, studium o rzeźbie wrocławskiej pierwszej połowy XVIII stulecia. Wrocław 1963, S. 25–31, 165–181 (Abdruck der Quellen zu den Auseinandersetzungen zwischen Urbansky und Brokoff); KALINOWSKI, KONSTANTY: Rzeźba barokowa na Śląsku. Warszawa 1986, S. 126.

63 PREISS, PAVEL: Souborné dílo umělců pražského rokoka v Horní Lužici, hlavní oltář v Mariensternu od F. Lauermanna, I. F. Platzera a F. K. Palka. In: Sborník prací filozofické fakulty Brněnské university, F 26/27 (1982/83), S. 35–39.

1 Kloster St. Marienstern. Hochaltarbild von Franz Karl Palko in St. Marienstern

Die böhmische Barockmalerei in der Lausitz

Pavel Preiss

Nach der Übergabe der beiden bisher zur böhmischen Wenzelskrone gehörigen Lausitzen an den Kurfürsten von Sachsen im Jahre 1635 erhielten sich – wie allgemein bekannt ist – die engen Verbindungen der verbliebenen katholischen Reste in der Lausitz mit Böhmen. Das traf für die mit den Tschechen sprachlich eng verwandten Sorben, aus derem reichen Bauernmilieu sich eine beträchtliche Zahl der katholischen priesterlichen Intelligenz rekrutierte, ganz besonders zu. Aber auch die deutschsprachigen, bei der alten Kirche verbliebenen Lausitzer, die im böhmischen Grenzland ihre Landsleute besaßen, fühlten sich lange Zeit noch dem Königreich Böhmen verbunden. Für die Erhaltung des sorbischen Volkstums war die Verbindung mit Prag entscheidend, da dort den slawischen Priestern die Gelegenheit geboten war, an der Karls-Universität Philosophie und Theologie zu studieren und dies sogar in dem prächtigen Bau des Kleinseitner Lausitzer Seminars fortzusetzen, das durch Kilian Ignaz Dientzenhofer errichtet worden war.[1]

Die Innigkeit, mit der die Lausitzer Katholiken den ihnen am nächsten stehenden Böhmen die Treue hielten, hätte manchmal fast als provokativ gelten können: So speit der lustig grinsende, doppelschwänzige und gekrönte böhmische Wappenlöwe vor der Klosterkirche in St. Marienstern Wasser ins Becken des Brunnens mit dem Datum 1739.

Nach der Rückkehr der Nonnen von St. Marienstern aus ihrem Zufluchtsort in das verwüstete Kloster im Jahre 1639 brauchte es lange Zeit, bis die schweren wirtschaftlichen Übel, die der Krieg verursacht hatte, überwunden waren. Noch unter dem Abtsstab der Anna Maria Dorn (1640–1664) hatte sich die Klostergemeinde aber so weit erholt, daß Bestellungen von Malereien getätigt werden konnten. In der zweiten Hälfte des 17. Jahrhunderts kam es zu einer ziemlich starken, wenn auch qualitätsmäßig keineswegs hervorragenden Kunsttätigkeit in den beiden Lausitzer Schwesterklöstern St. Marienstern und St. Marienthal. Besondere Aufmerksamkeit wurde der Bildhauerkunst geschenkt. In ihrem Schatten sollte die Malerei noch einige Jahrzehnte verbleiben. Das gängige Niveau für die Skulpturenkunst in der Lausitz vertritt etwa das Werk von Hans Bubenick. Sein tschechischer Name – Trommler auf deutsch – läßt auf seine Herkunft aus Böhmen schließen. Als Beispiel sei der 1666 für die evangelische Kirche zu Weißenberg geschaffene Altar und seine 1668–69 gemeinsam mit Georg Bahns geschaffene Kanzel genannt, die allerdings noch gotisierende Reminiszenzen aufweist.

Die Kontinuität der beiden Lausitzer Zisterzienserinnenklöster kann man aus der Sicht der Länder der Habsburger Monarchie mit einem gewissen Neid betrachten. In den böhmischen Ländern überdauerten von den zahlreichen Klöstern nur zwei die josephinische Aufhebungswelle. Das Überleben der Lausitzer Klöster trug natürlich überwiegend positive kulturelle Früchte: In der Verborgenheit der Klausur erhielten sich Schätze, die anderswo der aufklärerischen Überheblichkeit, antibarockem Hohn und antimonastischem Haß zum Opfer fielen, wie es der Fall in jenen böhmischen Zisterzienserabteien war, die die Visitation der Lausitzer Klöster vorgenommen hatten, so Königsaal/Zbraslav bei Prag und Plaß/Plasy, Sedletz/Sedlec bei Kuttenberg oder Saar/Žďár an der Sázava.

Einige Schwierigkeiten bereitet es allerdings, daß die in Klöstern überlieferten Bilder oft allzuviel „Pflege" erfuhren, das heißt im 19. Jahrhundert übermalt wurden. Oft erkennt man nur aus den darauf angebrachten Äbtissinnenwappen, aus welcher Zeit sie stammen; ihr Eindruck ist im wesentlichen nazarenisch. Auch diese Übermalungen verschiedener Qualität gehen meist auf böhmische Künstler zurück, unter anderem auf den durch seine Altargemälde bekannten Josef Hellich. Seinem Werk soll gelegentlich eine eigen Studie gewidmet werden.

Ein weiteres Problem ergibt sich daraus, daß besonders im Kloster St. Marienthal auf Grund der herrschenden Klausur nicht alle Bilder zugänglich sind. Aus den genannten Gründen sind die folgenden Ausführungen eher als eine „Bosse", eine grobe Andeutung der Probleme zu verstehen. Trotzdem hofft der Autor, wenigstens im Hinblick auf die Bildkunst des Spätbarock und des Rokoko in der Lausitz etwas Positives beitragen zu können.

Unwahrscheinlich viele Bilder verschiedensten Formates und unterschiedlicher Thematik sind seit der Mitte des 17. Jahrhunderts entstanden. Nur einige erscheinen erwähnenswert. Zu ihnen gehört das ikonographisch interessante großformatige Gemälde einer mystisch gedeuteten Kreuzigung mit Maria, Johannes und drei Engeln. Während einer von ihnen das Blut Christi aus der durch den Centurion Longinus geöffneten Seitenwunde mit einem Kelch auffängt, erscheinen die anderen den Schächern. Das Bild (212 x 155 cm) trägt das Wappen der Äbtissin Dorn mit ihren Initialen.

Der durch das Sterben Christi bekehrte Centurion Longinus scheint im Kloster unter dieser Äbtissin besonders verehrt worden zu sein. Eine andere Kreuzigungsdarstellung (127 x 98 cm) zeigt die das Kreuz umarmende Äbtissin A. M. Dorn neben dem Longinus (Abb. 2). Beigefügt ist die Angabe, daß das Bild in dem 53. Lebensjahr der Äbtissin – 1661 – entstanden ist. (AMDAZSMS = Anna Maria Dorn Äbtissin zu Sanct Maria Stern AETATIS SUAE 53 JAHR AD 1661.)[2]

Wappen und Initialen dieser energischen Äbtissin erscheinen weiterhin an einer archaisch anmutenden Kreuzabnahme mit der Jahreszahl 1656 und einem Bild mit Christus am Ölberg aus dem Jahre 1657. Der Maler dieser Bilder von geringer Qualität läßt sich nicht ausmachen; seine Verbindungen zu Böhmen sind allgemeiner Art. Überraschend ist, daß das aufblühende künstlerische Leben in Schlesien, das sich besonders in den Zisterzienserklöstern Leubus und Grüssau zeigt, in der Lausitz keinen Niederschlag gefunden hat. In Grüssau wirkte in dieser Zeit der Leubuser Klosterfamiliare Michael Willmann (1630–1706). Sein Einfluß und der seines Stiefsohnes Johann Christoph Lischka hat die barocke Malerei in Böhmen geformt. Als einziger Reflex des Wirkens Willmanns in Marienstern ist die Kopie seines einflußreichsten Werkes, des „Josephskusses" (120 x 96 cm), zu nennen. Was in den böhmischen Zisterzienserklöstern als verbindlicher Ordensstil galt, hat keinen Weg in die Lausitz gefunden. Überraschend ist die Mannigfaltigkeit der dargestellten Heiligen in den Zisterzienserinnenklöstern der Lausitz. Außer Ordensheiligen – voran der heilige Bernhard und seine Schwester Humbelina – werden auch Heilige dargestellt, deren Verehrung an eine bestimmte Kultstätte gebunden ist. Als Beispiel sei die dem dritten Dominikanerorden angehörende Zdislava aus dem Geschlecht der Berka von der Duba, Gründerin des Klosters und der Kirche St. Laurentius in Deutsch-Gabel/Jabloné v Podještědi, genannt. Sie wurde erst im 20. Jahrhundert beatifiziert und 1995 kanonisiert.

Erst am Anfang des Jahrhunderts trat aus der bisherigen Anonymität ein namentlich bekannter Maler in St. Marienstern hervor. Es war Ferdinand Siegfried Philipp, der für die Äbtissin Cordula Sommer (1710–1746), die aus Reichenberg in Böhmen stammte, einige größere Bilder schuf. Mit ihren Initialen und dem Datum 1715 ist ein Christus-Salvator Bild (202 x 110 cm) versehen. Weiterhin sind zwei leider durch Übermalungen veränderte Fassungen der Maria Immacualta (250 x 150 cm) mit beschädigtem Chronogramm und ein im Kloster verehrter Mauritius mit den Initialen CSAMM und dem Datum 1721 (220 x 110 cm) zu erwähnen (Abb. 3). Sein Kult ist mit einem legendären Ereignis der Rettung dieses Klosters in der Hussitenzeit verbunden. Auf den Maler Philipp gehen noch weitere Werke zurück, u.a. ein Bild der heiligen Ursula.

„Die kulturelle Blüte des katholischen Barocks in Böhmen erfaßte auch Marienstern im 18. Jahrhundert", charakterisierte Heinrich Magirius die kulturelle Situation.[3] Man kann nur beifügen, das geschah nur mittels einiger Maler und zwar ziemlich spät. So erscheint hier ein Maler namens Anton Franz Hampisch, der in Prag in den Jahren zwischen 1732 und 1768 nachgewiesen ist, über dessen Tätigkeit fast nichts bekannt ist. Aus einem Gutachten über die Kollowratsche Bildersammlung, die sich derzeit im Schloß Reichenau/Rychnov nad Kněžou befindet, läßt sich schließen, daß er sich überwiegend mit Expertisen wohl als Kunsthändler beschäftigte. Das bisher einzige bekannte Gemälde von ihm stünde damit in Einklang. Es stellt eine gemalte Bildergalerie mit Besuchern dar. Sie enthält verschiedene teilweise identifizierbare Bilder aus der erwähnten Kollowratschen Sammlung. Es ist anzunehmen, daß Bilder dieser Art nach dem Muster der berühmten „Galerieportaits" – wie sie David Teniers bekannte Abbildungen der Galerie des Erzherzogs Leopold Wilhelm in Brüssel zeigen – nicht vereinzelt waren.[4] In St. Marienstern befinden sich von Hampisch mindestens zwei Bilder, eine „sacra conversazione", ein Bild der Muttergottes mit Heiligen, das 1747 datiert ist, und das Bildnis der Äbtissin Cordula Sommer. Dessen Signatur lautet „Antonius Hampisch pinxit humilissimus 1753". Das

2 Kloster St. Marienstern. Gemälde Kreuzigung mit der Äbtissin Anna Margaretha Dorn, 1661

Auftauchen dieser Bilder in St. Marienstern könnte auf breitere Aktivitäten dieses Malers in der Lausitz hindeuten. Man könnte ihm auch das unbezeichnete Porträt der Äbtissin Josepha Elger von 1762 zuschreiben.

Zum Höhepunkt der Lausitzer spätbarocken Malerei in engem Kontakt mit Böhmen wie auch mit Sachsen kam es wohl kurz nach der Mitte des 18. Jahrhunderts in Marienthal, als der seit 1749 in Dresden tätige und seit 1751 von hier nach Prag berufene Schlesier, der seine akademische Ausbildung in Wien erhalten hatte, Franz Karl Palko (1724–1767) nämlich, wohl im Jahre 1752 wieder nach Sachsen zurückkehrte, um einige wahrscheinlich schon früher bestellte Malereien auszuführen. Palko trat in Sachsen zuerst in den Dienst des damals allmächtigen polnisch-sächsischen Premierminister Heinrich Graf Brühl (1700–1763), der seit 1730 Inspektor „über sämtliche Schlösser, Palais, Meubles etc." war, seit 1733 auch „über sämtliche Cassen" wachte und über ein ungeheures Vermögen verfügte. Außer seinen persönlichen Interessen an der Ausstattung seiner Schlösser nahm seine Gemahlin Marianna, die aus dem böhmischen Geschlecht der Kollowrat stammte, lebhaften Anteil an künstlerischen Fragen. Die Wahl der Künstler bestimmte jedoch offenbar Brühls Sekretär und Vertrauensmann Carl Heinrich von Heinecken (1706–1791), der den Grafen in der Rolle des Verwalters der königlichen Sammlungen vertrat. Heinecken ist besonders als Kunstschriftsteller bekannt, der im Zusammenhang seines Planes eines Künstlerlexikons mit den damals größten Kennern seiner Zeit korrespondierte, so zum Beispiel mit dem berühmten Pariser Zeichnungssammler Pierre-Jean Mariette. Aus Heineckens Briefwechsel mit Brühl, in dem es vor allem um die Fortschritte bei der künstlerischen Ausstattung seiner Schlösser in Pförten und Nischwitz geht, stammen auch Nachrichten über Palkos Tätigkeit in Brühlschen Diensten, die leider oft unklar bleiben. Die frühesten Nachrichten über Palko zeigen ihn oft im Zusammenhang mit einem anderen königlich-kurfürstlichen Hofmaler namens Stefano Torelli (1712–1784), der 1740 aus Bologna nach Dresden kam. In Brühlschen Diensten war er offenbar überwiegend als Freskenmaler tätig. Er siedelte später nach Lübeck um und war seit 1762 in St. Petersburg tätig, wo er sich angeblich der Gunst der Kaiserin Katharina II. erfreute. Sein Ruhm hat in Sachsen den Palkos überschattet. Aus den Quellen könnte man schließen, daß Torelli und Palko zusammengearbeitet haben; aber in welcher Weise das geschah, bleibt unklar. Alles, was sie für den Grafen Brühl gemeinsam schufen, ist wahrscheinlich verschollen. Was jedoch Heinecken selber nie erwähnte, ist die Tatsache, daß Palko auch für ihn selber, nämlich in seinem 1746 erworbenem Schloß Altdöbern tätig war. Daß dort nach dem 1749/50 ausgeführten Schloßumbau Torelli arbeitete, ist überliefert. Er soll dort Plafonds in zwei gegenüberliegenden Kabinetten in Gartenbauten ausgeführt haben, die 1786 noch vorhanden waren und später verschwunden sind. Deshalb wurde mit Torellis Namen auch eine Allegorie der Nacht verknüpft, personifiziert nach einer alten, bis in die Antike zurückgreifenden Tradition durch eine junge Frau mit zwei Kindern, einem schlafenden und einem bereits von der Aurora geweckten. Nach dem jetzigen grauenhaften Zustand der Malerei läßt sich freilich kein Urteil über die Urheberschaft fällen. Bereits vor 1918 ist durch Wasserschaden der Kopf und der Oberkörper zerstört worden. Die nach 1930 erfolgte „Restaurierung" hat auf Grund der völligen Unkenntnis des ursprünglichen Zustands aus der jungen Frau einen jungen Mann gemacht.[5] Glücklicherweise hat sich eine für Palkos Autorschaft ganz eindeutig zeugende Unterlage erhalten, eine feine und in ihrer kristallisch klaren Ausführung höchst kultivierte Zeichnung, die früher als ein Werk Paul Trogers galt (Abb.5).[6] Das konzentrisch komponierte

3 Kloster St. Marienstern. Gemälde Hl. Mauritius von Ferdinand Siegfried Philippi

Gemälde ist jedoch nicht zentral in dem ausgedehnten Deckenspiegel angebracht, sondern etwas zur Seite geschoben, was nicht besonders glücklich wirkt. Dies kam wahrscheinlich durch eine erst nachträglich beigefügte dekorative Malerei zustande, die ein gewisser, auch anderswo in den Brühlschen Schlössern auftretender Dekorateur namens Joseph Grinner ausführte, der seine Signatur mit dem Datum 1750 beifügte. Sie ist aber wohl zeitlich auch auf das Werk Palkos zu beziehen, dessen Hand man auch in den monochrom weich gemalten Puttiamoretten erkennen kann, die statuenhaft in die engen Wandabschnitte des Eingangs aus dem Treppenhaus in das obere Vestibül einkomponiert sind. Das gilt besonders für den rechten Putto, bei dem die Formen mit zusammenfließenden Pinselstrichen modelliert sind: Das ist Palkos Stilauffassung.[7] Von den Aufträgen des Grafen Brühl erhielten sich nur Spuren, weil der Preußenkönig eine planmäßig rachsüchtige Vernichtung der Brühlschen Bauten veranlaßte. Neben den Aufträgen für Brühl führte Palko aber auch einen besonders ehrenden Auftrag durch, ein Gewölbefresko und das Altarblatt in der Kapelle des heiligen Johannes Nepomuk in der Katholischen Hofkirche in Dresden.[8]

Auch die Nachrichten über die Tätigkeit Palkos in Böhmen fließen nicht reichlich. Hier führte er sein größtes und anspruchsvollstes Werk, die Fresken in der Kirche des heiligen Nikolaus auf der Kleinseite, aus.[9] Um die Fresken in der Johann-Nepomuk Kirche zu Kuttenberg ausführen zu können, unterbrach Palko mit der Zustimmung der Jesuiten die Arbeiten in Prag. Noch liegt Palkos privates wie künstlerisches Leben weitgehend im Dunkeln.

Dies gilt leider auch von den Fresken, die Palko für das Zisterzienserinnenkloster in St. Marienthal ausführte. Unter der Äbtissin Theresia Senftleben (1737–1753) erhob sich in der günstigen Atmosphäre ökonomischer Stabilisie-

4 Kloster St. Marienstern. Gemälde Sacra Conversazione von Anton Hampisch

DIE BÖHMISCHE BAROCKMALEREI IN DER LAUSITZ

5 Altdöbern, Schloß. Entwurfszeichnung für das Deckenbild von Franz Karl Palko

6 Kloster St. Marienthal. Gemälde hl. Johannes Nepomuk von Ignaz Raab

rung des Klosters eine Welle eines bisher nicht allzu stark hervortretenden Historismus, der für die alten Klostergemeinden mit den Benediktinern und Zisterziensern an der Spitze charakteristisch war und sich mehr oder weniger stark in allen böhmischen Klöstern durchsetzte. Zu den besonders bevorzugten Themen gehörten Reminiszenzen an die Mönche in der Hussitenzeit; sie wurden von den Zisterziensern ganz außerordentlich gepflegt. Zur idealen Struktur ihrer Auffassung von Kirche gehörten die historisch begründeten, aber meist legendär gesteigerten Ereignisse aus der Zeit, in der „alles Böse von Böhmen" kam, wie es in Schlesien zum Sprichwort geworden ist. Zu den bevorzugten Themen gehörten aber auch die Apostelmartyrien. Wie märchenhaft die oft ziemlich jungen Legenden von massenhafter Ermordung von Zisterziensern gewesen sind, zeigt zum Beispiel die Sage von den 74 getöteten Mönchen in Grüssau.[10] Auch die Abtei St. Marienthal hatte ihre hussitische, wenn auch diesmal nicht blutig ausklingende Legende. Es war die Erzählung der Äbtissin Agnes von Gersdorf (1426–32), die, nachdem sie das Kloster nach der Flucht ihrer Mitschwestern als letzte verließ, im Wald auf eine Schar von Hussiten traf. Diese blieben – von ihrer Majestät beeindruckt – wie gelähmt stehen. So gelang es ihr, dem Tod zu entgehen. Das Sujet von der opferwilligen und tapferen Domina als Thema eines Gewölbefreskos in einer neugebauten Bibliothek – inschriftlich 1752 zu Ende geführt – ist ziemlich atypisch, da historische Ereignisse in Programmen von Klosterbibliotheken gegenüber allegorischen weit zurücktreten. Auch dieses Gemälde zeigt allerdings Züge von Allegorisierungen, da die junge Äbtissin – anstatt sich vor den Hussiten, die das Kloster bereits in Flammen gesteckt hatten, im tiefen Walde zu verbergen – zu einem Säulendenkmal Zuflucht nimmt, um das sich die Devise DEO RELIGIONI REGIQUE SEMPER FIDELIS windet. Bei der komplizierten Lage der Klöster und des Lausitzer Katholizismus überhaupt ist nicht deutlich auszumachen, wem dieses Treuebekenntnis gilt: Dem katholischen König von Polen

7 Kloster St. Marienthal. Gemälde Kleine Stifter

und Kurfürst zu Sachsen oder dem böhmischen König und deutschen Kaiser, dem das ius protectionis in religiösen Angelegenheiten oblag. Das Fresko wurde unlängst in der Literatur mit einem großem Fragezeichen und ganz klar ausgesprochenem Zweifel dem Hofmaler Giovanni Battista Casanova zugeschrieben,[11] wahrscheinlich unter dem Eindruck der Initialen CV, die auf dem Siegel der unter der auf der Säulenstufe liegenden Urkunde angebracht sind. Erst unlängst erklang im Zusammenhang mit der Malerei der Name Franz Karl Palko, dem sie tatsächlich ohne Zweifel zugehört. Völlig übereinstimmend mit seinen gesicherten Werken ist der Typus des etwas dicklichen Antlitzes der jungen Domina. Auch der Gesichtstyp der ziemlich passiv auf einer Wolke sitzenden Maria entspricht anderen Werken des Meisters. Sie wird von drei zum militanten Eingriff herabfliegenden Engeln mit einem atypisch aufgefaßten „marianischen Michael" umgeben. Auffällig ist besonders eine typen- und farbenreiche Gruppe von hussitischen Kriegern unter einer Fahne, auf der sich paradoxerweise Motive aus dem Klosterwappen, aber auch der Kelch als Symbol der von den Hussiten geforderten Kommunion „sub utraque specie" dargestellt sind. Für fast alle Einzelheiten kann man im Œvre Palkos überzeugende Analogien aufzeigen, konkret in den zwar nicht eindeutig datierten, jedoch sicherlich späteren Fresken und in einer Zeichnung zu ihnen in der Zisterzienserabtei Königsaal. Dorthin wie auch zu weiteren Abteien der Zisterzienser in Böhmen und Mähren bestanden von St. Marienstern und St. Marienthal enge Kontakte. Die völlig unrestaurierte Farbgebung des Marienthaler Bibliotheksfreskos zeigt eine farbensatte Malerei im Unterschied zu den Deckengemälden im Refektorium zu Königsaal, die dagegen farbkarg wirken. Lediglich die vorhandene hervorragende Zeichnung zu dem teils vernichteten, teils völlig übermalten Fresko in der ehemaligen Bibliothek, belegt die ursprüngliche Absicht des Künstlers.[12]

Durch diesen lebendigen und kontrastreichen Kolorismus unterscheidet sich Palkos Bibliotheksfresko von ei-

8 Kloster St. Marienthal. Gemälde Große Stifter

nem weiteren, später entstandenen Fresko in Marienthal, nämlich der Auffindung des heiligen Kreuzes mit der von der heiligen Kaiserin Helena angeregten Überprüfung seiner Echtheit, dargestellt als christliche Analogie zum alttestamentlichen Prototypus des Kreuzigungsopfers Christi, der Erhöhung der ehernen Schlange durch Moses in der Wüste zur Errettung der Israeliten vor dem tötenden Biß giftiger Schlangen. Die einander gegenüberliegenden Bildfelder bedecken – mit zwei dazwischenliegenden üppigen Blumenvasen – das Gewölbe der Kreuzkapelle, die erst unter der Regierung der Äbtissin Scholastika Walde (1754–1764) baulich und in ihrer Ausstattung zu Ende geführt wurde (Abb. 9). Die dekorativen Partien gehen auf einen auf derartige Aufgaben spezialisierten Mitarbeiter Palkos, Joseph Redlmayer aus Prag, zurück, der ihn wie auch der Architekturmaler Joseph Hager ständig begleitete.

Vermutlich ist das große Altarblatt in der Klosterkirche von St. Marienstern zwischen diese beiden Freskoleistungen in St. Marienthal zu datieren. Auftraggeberin war die Äbtissin Josephine Elger (1746–1762), die den gesamten Altar einschließlich seiner Marmorarchitektur und seinen vergoldeten Schnitzwerken direkt aus Prag bezog. Die farbigen Marmorteile wurden nach dem vorgelegten und approbierten Modell dem Vertrag vom 26. April 1754 entsprechend vom Kleinseitner Marmorarbeiter Franz Lauermann (1714–1778), dem damals bedeutendsten Prager Spezialisten, auf dem Wasserweg von Prag bis Pirna und von dort nach St. Marienstern gebracht. Die großen Altarfiguren schuf der mit Lauermann oft zusammenarbeitende Bildhauer Franz Ignaz Platzer (1707–1787). Ihm wurden auf Grund des gleichzeitig unterschrieben Kontrakts am 5. August 1755 die zugesagten 1.200 Gulden ausgezahlt. Aus dem Vertrag erfährt man, daß anstatt der ursprünglich vorgesehen Figur des heiligen Edmund zuletzt doch der heilige Benedikt dargestellt wurde, so daß die in den Zisterzienserkirchen fast obligatorische Gegenüberstellung der Ordensgründer, Benedikt und Bernhard, eingehalten wurde. Im Laufe der Verhandlungen kam man auch zu dem Entschluß, nicht die zuerst geplante heilige Ursula, deren Reliquien im Kloster verehrt wurden, sondern die heilige Margaretha wiederzugeben. Die nach Platzers üblicher Auffassung voluminösen Statuen sind schräg zwischen die glatten Außenpilaster und die torsierenden, das Gemäldefeld flankierenden Säulen gestellt. Die voll vergoldeten Figuren akzentuieren das formal und koloristisch ausgewogene Ganze des Altars, in das sich Palkos Himmelfahrt organisch einfügt. Der Vertrag mit ihm ist nicht erhalten, wohl aber eine Quittung über 1.000 Gulden vom 15. September 1755, die Palko in St. Marienstern unterschrieben hat, wohin er wahrscheinlich das von Prag her angelieferte Gemälde begleitete.

Das Gemälde ist in einer für die reife Zeit der Ölbilder Palkos farbkargen Skala gestimmt. Im Vergleich mit dem etwa gleichzeitigen, in seiner Entstehungszeit hochgelobten Altarblatt mit der Bergung des heiligen Johannes von Nepomuk, das er für die Kapelle des Wasserheiligen in der Katholische Hofkirche in Dresden malte, weist sie ein höheres Maß von koloristischen Qualitäten auf. Besonders auffällig ist eine Steigerung des Lichts in der Komposition, deren Zentrum das weiße, aus einem einfachen hellvioletten Sarkophag hängende Tuch bildet, vor dem sich kontrastierend eine stehende Jüngerfigur abhebt.

Da sich Palkos Tätigkeit ungefähr gleichmäßig in Sachsen und Böhmen abspielte, pendelte der Künstler zwischen zwei spezifisch ausgeprägten Kulturlandschaften hin und her, was ihn zu tiefgreifendem Wechsel von modi und Stilauffassung veranlaßte: in Böhmen hat er sich mit Ausnahme seinem letzten, bereits rokokohaft-klassizisierenden, besonders in Tafelbildern zutage tretenden Stil, „barocker" gezeigt, in Sachsen hat er dagegen eher dem klassizisierenden Piazzettismus gehuldigt. Er paßte sich der jeweiligen Stilauffassung an.

Wie so vieles in der Barockmalerei der Lausitz ist auch der Beitrag des Malers Ignaz Viktorin Raab (1715–1787) im Dienst des Zisterzienserklosters St. Marienthal bisher unbeachtet geblieben. Er war Schüler von Johann Georg Major in Jitschin/Jičin. Nach einem kurzem Aufenthalt in Prag zog er zu einem beträchtlich längeren nach Mähren, wo er am 3. November 1744 in Brünn als Novize bei den Jesuiten eintrat. Im Auftrag der Gesellschaft Jesu war er sodann in mehreren mährischen Jesuitenkollegien tätig. In den Jahren 1754–1756 trat er in Kuttenberg in der Funktion des Bauleiters und 1756 als Maler auf. Als solcher schuf er in kurzer Zeit eine Reihe von Werken in der ostböhmischen Stadt Königgrätz/Hradec Králové und zwar 1757. In den Jahren 1758–1769 hielt er sich im Clementinum in Prag auf, von wo er zur Arbeit in verschiedene Städte Böhmens reiste, so nach Iglau/Jihlava und Böhmisch Leipa/Česka Lipa (1766) und Leitomischel/Litomyše (1767). Aus dieser Zeit stammt außer einer Reihe von Gemälden ein rokokohaft luftiger Zyklus aus der Vita des heiligen Klemens, der später in die Nikolauskirche in Beneschau/Benešov übertragen wurde. Refektoriumsbilder, die Raab 1770–1771 für das Jesuitenkolleg der Prager Neustadt ausführte, befinden sich in dem Klosterspital der Neustädter Elisabethinerinnen und in der südböhmische Residenz der Englischen Fräulein im Schloß Štěkeň, die sie nach der Aufhebung des Ordens 1773 käuflich erworben haben. In ihnen spiegelt sich die Wende von der koloristischen Üppigkeit des Rokoko, dessen spezifisch böhmische Fassung Raabs Werk repräsentiert, zur Farbkargheit und einer gewissen Steifheit, Zeichen seiner Reaktion auf die zeitgenössischen klassizistischen Tendenzen. Nach der Aufhebung des Jesuitenordens verbrachte er sein Leben überwiegend in Mähren, seit 1774 im Zisterzienserstift Welehrad. Von hier schickte er Bilder in andere Zisterzienserklöster Böhmens und Mährens, vorwiegen nach Ossegg/Osek, das zu den zwei,

9 Kloster St. Marienthal. Deckenfresko von Franz Karl Palko in der Kreuzkapelle

die josephinische Reform überlebenden Zisterzienserklöstern gehörte. Die Massenproduktion in Raabs Klosterwerkstatt führte freilich zu einer gewissen Verflachung und Manieriertheit seines leicht erkennbaren Stils. Raabs Bilder, oft von großem Format, sind offenbar in Zusammenarbeit mit mehreren Werkstattgehilfen entstanden, die sich völlig den charakteristischen Eigenheiten Raabs einfügten. Origineller wirken Gemälde, in denen Raab landschaftliche und vegetative Elemente sich entfalten und frei erklingen ließ.

Die für das Kloster St. Marienthal geschaffenen Bilder weisen eher noch einen spätbarock-rokokohaften Einschlag auf. So würde man geneigt sein, sie früher als erst nach dem Jahre 1773 entstanden, zu halten, besonders das Altarbild in der von Palko mit Fresken ausgestatteten Kapelle des heiligen Kreuzes und des heiligen Michael. Der Erzengel tritt hier als Seelengeleiter auf. Weiterhin ist hier die heidnisch klingende Legende von seiner Erscheinung in Gestalt eines Stieres in Monte Galgano dargestellt. Angeblich war Raab auch der Maler des Hochaltarbildes von 1771.

Auch das breitformatige Bild mit einem almosenspendenen, von einer Schar von Bettlern und Pilgern umgebenen Johannes von Nepomuk, das sich in der Propstei von St. Marienthal befindet, weist keinerlei klassizisierende Züge auf. Es zeigt alle Vor- und Nachteile des produktiven Malers Raab, die unbändige Leichtigkeit seiner Erfindungen von schematischen Typen und Gebärden, die er in den Szenen der erwähnten Zyklen von den späten fünfziger bis in die späten siebziger Jahre einübte.

Dem am 30. Juli 1897 in St. Marienthal eingetretenem Hochwasser „… sind alle barocken Altäre mit ihren Bildwerken, man kann sagen, die gesamte Inneneinrichtung der Kirche, zum Opfer gefallen, so daß man gezwungen war, die ganze Innenausstattung von Grund auf zu erneuern".[13] Wäre man allerdings damals willens gewesen, die barocke Ausstattung zu retten, hätten sich sicherlich Möglichkeiten dazu gefunden. Immerhin blieben die Seitenfiguren des Altars – sie befinden sich heute im Kapitelsaal des Klosters – erhalten. Sie, auch hier den heiligen Benedikt und den heiligen Bernhard darstellend, standen ursprünglich viel niedriger als die zwei auffallend schlanken, das Hochaltarblatt tragenden Engelfiguren, die samt dem Bild verschwunden sind. Eher war hier also eine Barockfeindschaft im Spiel. Man weiß nicht einmal, wann der Altar entstanden ist und von wem er stammt.

Der feindseligen Einstellung gegenüber dem Barock entgingen zwei große breitformatige Bilder mit historischen Ereignissen der Klostergeschichte. Sie haben angeblich seitlich des Hochaltars gehangen. Mit einem gewissen Vorbehalt kann die Vermutung ausgesprochen werden, daß sie am ehesten aus den siebziger Jahren des 18. Jahrhunderts stammen und daß ihr Autor möglicherweise der in Reichenberg/Liberec geborene und in dieser Stadt lebende Philipp Leubner (1733–1803) sein könnte. Das Œvre Leubners, dessen Werke nicht nur in nordböhmischen, sondern auch in mittelböhmischen Kirchen zu finden sind, ist bislang kunsthistorisch unbearbeitet. Er wurde angeblich auch als Bildnismaler geschätzt. Ein Selbstporträt als Gegenstück zu dem seiner Frau findet sich im Nordböhmischen Museum zu Reichenberg. Die St. Marienthaler Bilder stellen Sternstunden der Klostergeschichte dar. Das eine gibt die Übergabe der Gründungsurkunde durch die Königin Kunigunde wieder. (Abb. 7) Sie war die Gemahlin des böhmischen Königs Wenzels I. und Tochter des von Pfalzgraf Otto von Wittelsbach ermordeten Philipp IV. von Schwaben. Die Urkunde wurde am 14. Oktober 1234 in Prag ausgestellt. Die Inschrift auf dem von einem Putto gehaltenem Schild lautet: CUNIGUNDIS/ REGINA BOHEMIAE/ FUNDATRIX/ VALLIS MARI/ 1234. Auf dem Bilde wird sie der ersten Äbtissin von St. Marienthal, Adelheid von Donyn (1234–1267), feierlich übergeben. Das zweite Bild erinnert an die Rolle der Brüder Heinrich und Wilhelm von Donyn, der sogenannten „Kleinen Stifter" aus der Familie der ersten Äbtissin (Abb. 8). Es stellt die „secunda fundatio" – eine Zustiftung noch in der Entstehungszeit – des Klosters mit der Inschrift HENRICUS ET GUILLELMUS/ DOMINI DE DONNA/ BENEFACTORES/ HUJUS LOCI dar. Beide Bilder stellen feierliche Sitzungen dar. Auf dem einen sitzt die Königin unter einem üppig drapierten Baldachin mit dem böhmischen Löwen an der Thronlehne, neben ihr Pagen und Hofknaben sowie Kriegsvolk. Es ist eine rokohaften Inszenierung mit der knieenden, die Urkunde empfangenden Äbtissin, die von einer Schar von Zisterziensernonnen begleitet wird. Auf dem anderen Bild sind die Klosterfrauen nicht anwesend. Das Verhandlungsgespräch zwischen einem gepanzertem Ritter und einem Adligen in einem archaisierenden Renaissancekostüm mit breitem Federhut spielt sich im Freien ab. Den Hintergrund bildet ein bühnenhaft offener Portikus mit einer Statue, charakteristisch sind die ziemlich schlanken Figuren mit auffallend langen spitzen Nasen und hohen gewölbten Stirnen.

Die vorliegenden Ausführungen können auf Grund des lückenhaften Forschungsstandes nicht mehr als andeutungsweise Hypothesen und Zuschreibungen anbieten. Sie möchten die Aufmerksamkeit von Kunsthistorikern und Kunstfreunden auf die Jahrhunderte während Verbindung zwischen Böhmen und den Lausitzen aufmerksam machen, die noch dann andauerte, als die Lausitzen von der böhmischen Krone abgetrennt und bereits Kursachsen angegliedert worden waren.

Anmerkungen

1 WUSCHANSKI, GEORG: Das Wendische Seminar St. Peter auf der Kleinseite in Prag. Wien – Leipzig 1893; LÍBALOVÁ, JARMILA und MILADA VILÍMKOVÁ: Budova lužického semináře na Malé Straně. In: Památková péče, 27 (1967), S. 132–138; SEIFERT, SIEGFRIED: Die Verehrung des hl. Johannes von Nepomuk im Bistum Meißen; NEUHARDT, JOHANNES: Johannes von Nepomuk. Ein Text - Bild -Band. Graz, Wien, Köln 1975, S. 115.
2 Vgl. Ausst. Kat. Zeit und Ewigkeit – 128 Tage in St. Marienstern. Halle 1998.
3 MAGIRIUS, HEINRICH: St. Marienstern. (= Das christliche Denkmal Heft 116). 2. Aufl. Berlin 1986.
4 HAMPISCH, ANTON FRANZ: Gemalte Galerie. Leinwand 80 x 101 cm. Národní galerie v Praze (Nationalgalerie in Prag), Inv. Nr. O 17724; erworben 1989. Lit.: SLAVÍČEK, LUBOMÍR in: Artis pictoriae amatores. Evropa v zrcadle pražského barokního sběratelství. Národní galerie v Praze. Praha 1993, S.128–129, Kat.Nr. III/3-4. Hier ist das Manuskript von JOSEF WEISS: Obrazárna státního zámku v Rychnově nad Kněžnou (1953–1955) zitiert, wo angeführt wird, daß Hampisch 1727 zusammen mit zwei weiteren Malern, Krtička und Tollenstein, die Schätzung der Kollowratschen Bildersammlung durchgeführt hat. L. Slavíček weißt darauf hin, daß sich eine weitere gemalte Galerie in der einstigen Sammlung des Arztes Dr. A. Engelbrecht befand; sie gilt derzeit als verschollen. Vgl. auch ŠEVČÍK, ANJA in: Kabinettmalerei, Braunschweig.
5 SCHMITT, OTTO EDUARD: Schloß Altdöbern. Dresden 1930 „Von Stefano Torelli berichtet Heinecken selbst, er habe ihm die Plafonds in zwei Kabinetten des Gartens in Altdöbern gemalt. Diese Kabinette befanden sich am südwestlichen und südöstlichen Ende des Bogengangs, der die halbkreisförmige Ausbuchtung des Kanals hinter dem Schlosse umfaßte." (S. 90) „Die schönste Zierde des Treppenhauses seit 1750 ist ein fein gestimmtes Deckengemälde von der Hand Stefano Torellis oder Josef Krinner" (S. 163–164).
6 Franz Karl Palko, Allegorie der Nacht. Federzeichnung in braunen Ton auf leicht vergilbten Papier, 148 x 154 mm. Auf der Rückseite nachträgliche Bezeichnung mit Bleistift „Daniel Gran". Budapest, Szépművészéti Múzeum, Inv. Nr. 909. Im Inventar eingetragen als Paul Troger. Erworben mit der Sammlung István Delhaes im Jahre. Lit.: JACOBS, ROMAN: Paul Troger. Wien 1930, S. 151, Nr. 42; ASCHENBRENNER, WANDA und GREGOR SCHWEIGHOFER: Paul Troger, Leben und Werk. Salzburg 1965, S. 133, Nr. 65. (Troger – zugeschrieben – „Allegorie der Nacht und Tag"); PREISS, PAVEL: Franz Karl Palko (1724–1767). Ölskizzen, Zeichnungen und Druckgraphik. (= Schriften des Salzburger Barockmuseum Nr. 15). Salzburg 1989, S. 72–73, Nr. 19 mit Abbildung (F. K. Palko, zu einem unbekannten Gemälde in Sachsen). Auf den Zusammenhang mit dem vernichteten Gemälde in Altdöbern hat mich Herr Nicola Riedl M.A., der sich im kunstgeschichtlichen Seminar unter Leitung des Professors Dr. Hellmut Lorenz mit dem Schloß Altdöbern beschäftigte, aufmerksam gemacht.
7 SCHMITT, OTTO EDUARD: Minister Graf Brühl und Carl Heinrich von Heinecken. Briefe und Akten, Charakteristiken und Darstellungen usw. Schriften der Sächsischen Kommission für Geschichte. Leipzig – Berlin 1921, S. 106, 6; 124, 1. zitiert das Schreiben der Gräfin Brühl vom 25. Juli 1750 über Tapeten, deren Entwürfe er für Palkos Arbeiten hält, die von ihm in SCHMITT 1930 (wie Anm. 5), Tafeln 21 und 22, reproduzierten Tapeten mit einem Chinesen und Affen zeigen aber, daß sie mit Palkos Auffassung nicht das mindeste zu tun haben.
8 PREISS, PAVEL: Franz Karl Palko als Hofmaler in Dresden – Pictor regis Poloniae. Čechy a Sasko v proměnách dějin. – Böhmen und Sachsen im Wandel der Geschichte. Sborník příspěvků, která se konala 10.–11. 11. 1992 (durch Druckfehler: 1993) v Ústí nad Labem. Acta Universitatis Purkynianae. Philosphica et historica I. 1993; – Slavogermanica II. Ústí nad Labem 1993, S. 408–440.
9 PREISS, PAVEL: Der Wandel des ikonographischen Programms der Jesuitenkirche St. Niklas auf der Prager Kleinseite. In: Wiener Jahrbuch für Kunstgeschichte 11 (1987), S. 269–287 und 399–402, Abb. 1–7.
10 ŻERELIK, ROCISŁAW: Problem wiarogodności przekazu o śmierci 70 mnichów krzeszowskich w czasie wojen husyckich (Die Frage der Glaubwürdigkeit der Überlieferung vom Tode von 70 Grüssauer Mönchen in der Zeit der Hussitenkriege). In: Krzeszów uświecony laska. Hrsg. von HENRYKA DZIURLA und KAZIMIERZE BOBOWSKI. Wrocław 1997, S. 90–103.
11 Beschreibende Darstellung der älteren Bau- und Kunstdenkmäler des Königreich Sachsen. Bearb. von CORNELIUS GURLITT. Bd. 29, Zittau – Land. Dresden 1906; HÜTTER, ELISABETH: Die denkmalpflegerische Instandsetzung des Zisterzienserinnenklosters St. Marienstern. In: Unum in Veritate et Laetitia. Gedächtnisband für Bischof Otto Spülbeck. Leipzig 1970, S. 308–321. Sie verweist auf den in dieser Zeit liegenden Romaufenthalt des Dresdner Hofmalers Giovanni Battista Casanova, dem das Gemälde in der Kapelle zugewiesen wurde und forderte, daß man den Maler in dem Umkreis der in Böhmen tätigen Maler suchen sollte, wobei ihr am ehesten Johann Lukas Kracker vorschwebte, „denn offensichtlich besteht eine künstlerische Ähnlichkeit zwischen dessen Langhausfresken von St. Nikolaus auf der Kleinseite in Prag, die 1760 geschaffen worden sind, und der Marienthaler Kreuzkapelle, die 1756 entstanden ist. Bei der Frage der Kuppelmalerei muß auch die enge Ordensverbindung des Klosters Marienthal zu Böhmen in Betracht gezogen werden, die von jeher bestanden hat". Vgl. dazu auch: ZELETZKI, SR. M. HILDEGARD: Zisterzienserabtei St. Marienthal. Ein Führer durch das Kloster. Leipzig 1992, S. 66. (Kapelle, mit Zitation der Meinung von E. Hütter), S. 37, 67 (Bibliothek, ohne Zuschreibungsversuch); DEHIO, GEORG: Handbuch der deutschen Kunstdenkmäler. Sachsen I Regierungsbezirk Dresden. Bearb. v. Barbara Bechter, Wiebke Fastenrath u.a. Berlin 1996, S. 672 „vermutlich von Franz Karl Palko"; MAGIRIUS, HEINRICH in diesem Band „vermutlich Franz Karl Palko".
12 Franz Karl Palko, die heiligen Benedikt und Bernhard adorieren die Mutter Gottes mit Jesuskind und Leidenswerkzeuge tragende Engel. Federzeichnung, mit Tusche, laviert, weißliches Papier, 247 x 236 mm. Brünn, Moravská galwrie (Mährische Galerie), Inv. Nr. B 10119. – Lit.: PREISS, PAVEL 1989 (wie Anm. 5), S.102–103; DERS.: Ke kresbám F. K.Palka. Bulletin Moravské galerie Nr. 48 (1992), S. 75–78.
13 ZELETZKI 1992 (wie Anm.11), S. 62

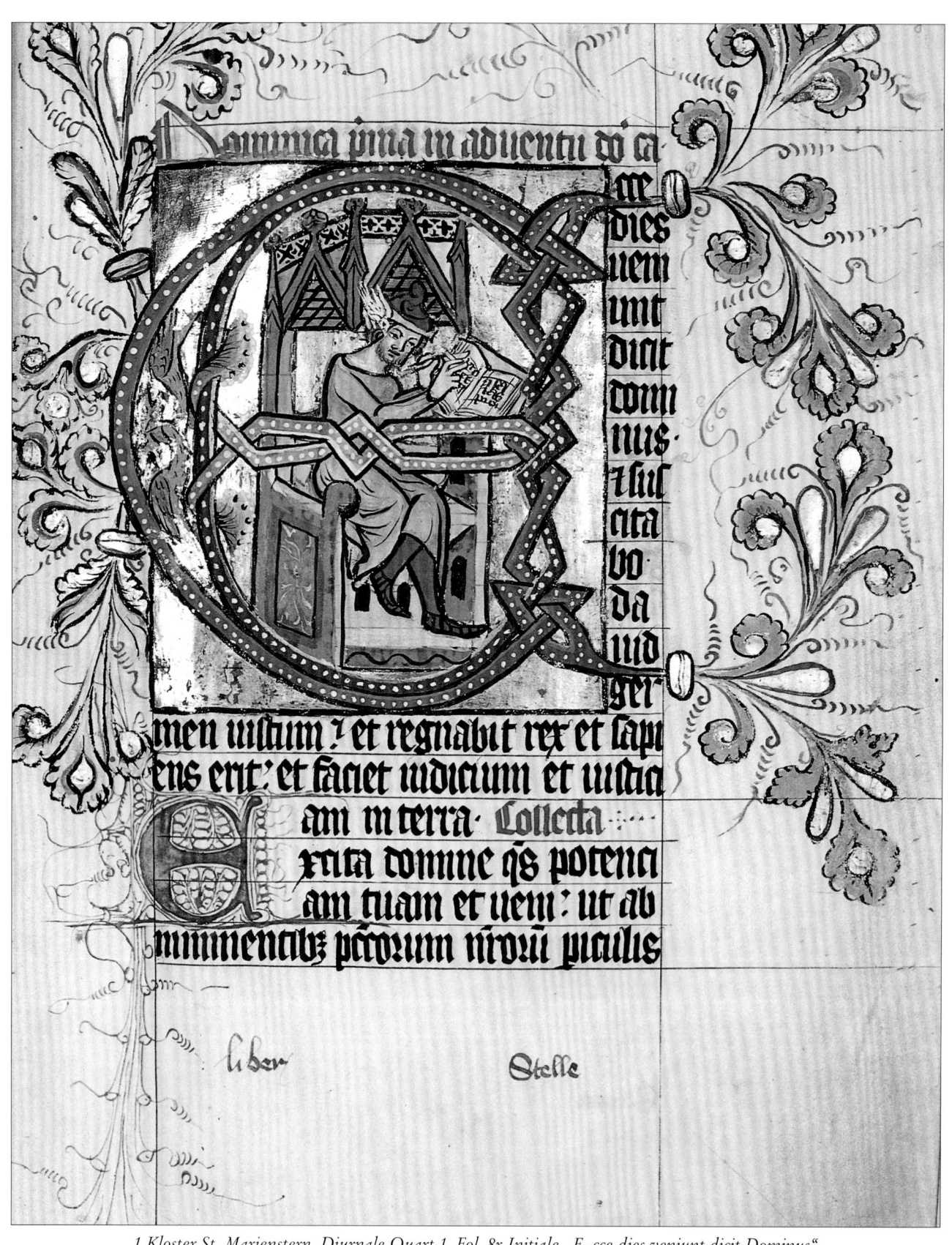

1 Kloster St. Marienstern. Diurnale Quart 1, Fol. 8r Initiale „E–cce dies veniunt dicit Dominus"
mit Darstellung eines Schreibers, um 1350–1360

„Zum Trost der Seelen"[1] – Die Bibliothek des Zisterzienserinnenklosters St. Marienstern

Sr. M. Bernarda Helm OCist./Marius Winzeler

Die Bibliothek des Klosters St. Marienstern ist eine der wenigen Büchersammlungen einer Frauenzisterze, die sich in ihrem Kern am ursprünglichen Ort erhalten haben. Trotz allen Anfechtungen des Klosterlebens in den vergangenen 750 Jahren, trotz Kriegen, Bränden, innerer und äußerer Gefährdung des Konvents und den damit verbundenen geistigen und materiellen Einbußen, blieb hier ein kleiner, in seiner Geschlossenheit jedoch einzigartiger Bücherschatz bewahrt: eine typisch frauenklösterliche Bibliothek, die Aufschluß gibt über Leben und Glauben, Kunstfertigkeit, Wissen und Herzensbildung von vielen Generationen von Schwestern.

Den Blicken und Zugriffen der Öffentlichkeit stets entzogen, wurde die Mariensterner Bibliothek innerhalb der Klausur umsichtig gehütet und im Verborgenen geschützt. Bisher waren nur einzelne wenige der Handschriften durch ihre Präsentation in Ausstellungen[2] und einzelnen Publikationen[3] bekannt, kaum jemand hatte bisher die Möglichkeit, ihre Bestände einzusehen.[4]

So blieb die Bibliothek weithin unbekannt und ist wissenschaftlich noch weitgehend unbearbeitet.

Als Privatbibliothek des Klosters wird die Mariensterner Büchersammlung auch in Zukunft der Öffentlichkeit nicht zugänglich sein, ihre Geschichte und ihr Bestand sollen aber hier erstmals kurz vorgestellt werden.

Bücher nehmen im Klosterleben seit jeher einen wichtigen Platz ein. Sie begleiten den Tagesablauf, aus ihnen wird in den Messen und Stundengebeten gesungen und gelesen, ebenso in den Kapitelzusammenkünften und beim gemeinsamen Mahl; zudem gehört die Lektüre zur privaten Andacht, zum persönlichen Gebet jeder einzelnen Klosterangehörigen. Bücher mit den Texten aus der Heiligen Schrift, mit der Liturgie und der Regel des hl. Benedikt sind die Grundlage der klösterlichen Gemeinschaft. Dabei legten die Zisterzienser von Anbeginn besonderen Wert darauf, daß in allen Klöstern des Ordens dieselben Bücher verwendet werden – „ut idem libri ecclesiastici et consuetudines sint omnibus" (die liturgischen Bücher und Gebräuche sollen für alle gleich seien) lautet der Titel des dritten Abschnittes der Charta Caritatis, der auf Stephan Harding zurückgehenden Verfassungsurkunde des Ordens.[5] Vom Mutterkloster Cîteaux aus verbreiteten sich der dort geübte Ritus und die dort verwendeten Bücher über ganz Europa, „so daß in unserem Tun keine Uneinigkeit herrsche, sondern wir in einer Liebe, nach einer Regel und gleichen Gebräuchen leben".[6] Bereits 1123/24 legte das Generalkapitel des Ordens fest, daß zur Gewährleistung dieser Einheit bei der Gründung eines Klosters ein Grundstock an liturgischen Büchern dem Neuen Konvent mitzugeben sind: Psalterium, Hymnarium, Kollektaneum, Antiphonar, Graduale, Regel und Missale.[7] Untersuchungen von überlieferten Handschriften aus der Gründungszeit anderer Klöster haben gezeigt, daß diese Bestimmungen nicht nur ein Ideal darstellten, sondern auch eingehalten wurden.[8]

Sicherlich brachte auch der zuerst in Kamenz ansässige Konvent von St. Marienstern diese vorgeschriebene Gründungsausstattung mit – vielleicht von St. Marienthron bei Torgau, dem Ursprungskloster von Nimbschen, aus dem die ersten Nonnen gemäß der Überlieferung nach Kamenz gekommen sind. Mindestens zwei Handschriften der Bibliothek stammen noch aus dieser Zeit: Das Brevier Quart 11 und das Antiphonale Folio 20 können in die Jahrzehnte vor der Mitte des 13. Jahrhunderts datiert werden.[9] Daß sich zumindest Folio 20 schon früh in St. Marienstern befunden hat und nicht erst nach der Reformation aus einer aufgelösten Klosterbibliothek hierher gekommen ist, zeigt die aus dem 14. Jahrhundert stammende Bezeichnung „Liber stelle – Stelle Marie" (fol. 2v–3r).

Zur ersten Ausstattung nach 1259 – unter maßgeblicher Förderung von Bernhard III. von Kamenz – am heutigen Ort angelegten Klosters gehörte mit hoher Wahrscheinlichkeit ein zweibändiges Lektionar, eine Zusammenfassung von Epistolar und Evangeliar mit den Perikopen in der Abfolge des Kirchenjahres. Dieses überaus anspruchsvolle Werk der Buchkunst wurde laut Kolophon von einem bisher nicht weiter bekannten Arnold von Meißen – vielleicht einem Zisterzienser aus Altzella – geschrieben und war für Marienstern bestimmt. Daraufhin weisen nicht nur die entsprechenden Einträge „Liber Stelle Sancte Marie" vorne und hinten, sondern auch zahlreiche Bezüge in den bildlichen Darstellungen, die wohl in Prag geschaffen wurden und zum Besten zählen, was die böhmische Buchmalerei des 13. Jahrhunderts hervorgebracht hatte.[10] Da in einer Initiale eine Nonne mit Namen Agnes im Gebet zu ihrer Namenspatronin wiedergegeben ist, kann angenommen werden, daß die Handschrift zur Zeit der Mariensterner Äbtissin Agnes (gestorben kurz vor 1264), einer Schwester Bernhards III., um 1260 in Auftrag gegeben wurde. Der Sommerteil des Lektionars befand sich seit dem 19. Jahrhundert in Ossegg/Osek und ist heute verschollen,[11] der Winterteil wird jetzt in der Nationalbibliothek in Prag aufbewahrt.[12] Ebenfalls noch zu Lebzeiten Bernhards III. von Kamenz entstanden zwei weitere liturgische Bücher, ein Antiphonar, das bezeichnet war „Explicit Antiphonarium Domini Bernhard de Camenz"[13] – seit der kurzzeitigen Auslagerung in Ossegg im Mai 1945 verschollen – sowie ein Evangeliar von 1289 mit der Stifternotiz: „Incipit dominica prima in adventu domini. In librum evangeliorum: ordinis Cisterciensis. Domus. Stelle sancte Marie dyocesis: Misnensis. Compilatus per dominum Bernardum de Camentz. Praepositum Misnensem. nec non et cancellanum incliti ducis Zilesie: Henrici IIII. Anno domini. millesimo cc.lxxx.nono."[14] Von dieser Handschrift war bis 1945 allerdings nur noch eine Seite in einem jüngeren Evangeliar aus der Zeit um 1500 erhalten; der heutige Aufbewahrungsort ist unbekannt.

Aus dem späten 13. Jahrhundert sind heute in der Klosterbibliothek noch drei kleine, kostbar ausgestattete Breviere mit vorgestellten Kalendarien vorhanden. Sie weisen allerdings keine direkten Bezüge zu Bernhard III. und seiner Familie auf. Als private Gebetbücher mit prächtigem Bilderschmuck wurden sie in Flandern oder Nordfrankreich geschaffen und kamen wohl schon früh als Stiftungen hierher.[15]

Bemerkenswert und bisher mit historischen Überlieferungen nicht zu erklären ist der Umstand, daß nach der reichen Erstausstattung bereits in der Mitte des 14. Jahrhunderts eine weitere Gruppe aufwendiger liturgischer Handschriften für das Kloster geschaffen wurde. Es handelt sich dabei um ein ehemals wohl zweibändiges Missale, von dem nur der Winterteil erhalten ist (Folio 2), ein Diurnale mit dem Auszug aus dem Brevier für Laudes und Matutin (Quart 1) sowie um ein Graduale (Quart 27).[16] Auch hier sind wie beim Lektionar des Arnold von Meißen durch schriftliche Bezeichnungen und in der außergewöhnlichen Ikonographie des hervorragenden und ausgezeichnet erhaltenen Bilderschmucks sowie zusätzlich im Festkalender zahlreiche Bezüge zu St. Marienstern nachweisbar. Wo die drei stilistisch eng verwandten und ungefähr gleichzeitig um 1350–1360 entstandenen Handschriften geschaffen wurden, bleibt noch unklar. Bezüge zu Böhmen können festgestellt werden, unmittelbar vergleichbare Werke sind jedoch nicht bekannt. Das Wappen der Herren von Kamenz auf einer Darstellung der Auferstehung Christi (Quart 1, fol. 41r) läßt darauf schließen, daß zumindest die betreffende Handschrift eine Gabe der Stifterfamilie gewesen sein könnte.

Ältester Aufbewahrungsort der Bücher in St. Marienstern war die Alte Sakristei, die diesem Zweck bis 1878 diente.[17] Im Gegensatz zu den Männerklöstern des Ordens, wo die Bücher jeweils im Armarium, einem kleinen Raum am Kreuzgang, nahe des Eingangs in die Klosterkirche untergebracht wurden, war dieser Ort für ein Frauenkloster, in welchem das Chorgebet auf einer Empore stattfand, nicht praktikabel. In St. Marienstern wurde deshalb mit dem Bau der großen Hallenkirche und des Kreuzgang-Westflügels am Ende des 13. oder frühen 14. Jahrhunderts ein turmartiger Bau für die Aufbewahrung der Bücher errichtet. Über dem Kreuzgang gelegen und direkt vom Schwesternchor aus zugänglich – ursprünglich nur von dort – ermöglichte dieses feuersichere Gewölbe einen leichten Zugriff auf die schweren Folianten. An ähnlicher Stelle befanden sich auch in anderen mittelalterlichen Zisterzienserinnenklöstern Räume mit entsprechender Funktion, beispielsweise in Wöltingerode im Harz.[18] Wie die kleinen Fensterchen gegen den Kreuzhof und ehemals auch zum äußeren Klosterhof zeigen, war diese erste Bücherei in St. Marienstern keine Studienbibliothek, wie sie in späterer Zeit üblich wurde, sondern nur ein sicherer Tresor. Wahrscheinlich wurden dort ursprünglich außer den Büchern auch die kostbaren Vasa sacra, der reiche Reliquienschatz des Klosters, aufbewahrt, da zunächst kein Sakristeiraum im Kloster vorhanden war. Es handelte sich demnach um eine typische „Schatzkammerbibliothek" in romanischer Tradition, wie sie für Klöster vom 8. bis 13. Jahrhundert üblich war.[19] Die mittelalterlichen Handschriften, die größtenteils ihre originalen Einbände mit lederbezogenen Holzdeckeln, Schließen und teilweise mit Inschriften geschmückten Messingbuckeln bewahrt haben, waren dort liegend in Regalfächern und Schranknischen untergebracht. Da alte Signaturen der Bücher zumeist fehlen und auch keinerlei mittelalterlichen oder frühneuzeitlichen Bibliothekskataloge des Klosters erhalten sind, ist die Ordnung nicht bekannt.

Zuständig für die Bücher waren wohl die Kantorin und die Küsterin. Das Amt der Bibliothekarin – Armaria –, wie es in den Männerklöstern des Ordens üblich war,[20] ist für das mittelalterliche St. Marienstern nicht überliefert. Dies erstaunt angesichts des Handschriftenbestandes nicht, umfaßt dieser doch nahezu ausschließlich liturgische Werke. Im Unterschied zu den größeren, dank alter Verzeichnisse recht gut bekannten Bibliotheken von Männerklöstern in Sachsen – z.B. Pegau, Altzella, Grünhain – mit ihren reichen theologischen, juristischen und naturwissenschaftlichen Abteilungen[21] war die Mariensterner Büchersammlung weitgehend auf die Nutzung im Gottesdienst ausgerichtet, was zweifellos bedingt war durch den Ausschluß der Frauen vom Priesteramt und von wissenschaftlichen Studien im weiteren Sinne.

In der Regel des hl. Benedikt heißt es im Kapitel 48, daß der Mönch (bzw. die Nonne) nichts persönlich besitzen dürfe, „durchaus nichts, weder ein Buch noch eine

Schreibtafel noch einen Griffel, ganz und gar nichts".[22] Da aber in derselben Regel nicht nur die gemeinsamen Lesungen und Gesänge vorgeschrieben wurden, die im Tagesablauf der Zisterzienserinnen im Mittelalter etwa fünf Stunden beanspruchten, sondern auch die private Lectio vorgeschrieben ist, verfügte jeder Konvent über Bücher für die individuelle Andacht und das persönliche Gebet. Nach der Benediktsregel wurden diese Bücher jeweils für die Dauer der Fastenzeit ausgeteilt (Kap. 48) – wie es heute noch in St. Marienstern üblich ist. Darüber hinaus sammelten sich aber schon früh Bücher an, welche die einzelnen Schwestern als Stiftungen oder Geschenke erhalten hatten, in ihren Zellen aufbewahrten und jeweils einer Schwester weitergaben. Zahlreiche Einträge seit dem 15. Jahrhundert belegen auch in der Mariensterner Bibliothek diese Gepflogenheit.

Unter den spätmittelalterlichen Mariensterner Privatgebetbüchern haben sich zahlreiche bemerkenswerte Stücke erhalten. Dazu gehört beispielsweise ein kleinformatiges Prozessionale von 1519 (Oct. 1), das die Besitzerin mit sich im Habit tragen konnte. Namentlich ist diese darin nicht ausgewiesen, sie hat sich aber mit ihrem Familienwappen und in wichtigen Stationen aus ihrer Nonnenbiographie darstellen lassen – etwa in einer Darstellung der Einkleidung. Drei Bilder aus dem Leben Christi sind zudem Zeugnisse ihrer persönlichen Verehrung: Christus auf dem Palmesel, das Christuskind und der Auferstandene, der seine Wundmale zeigt und von einer Zisterzienserin, der Besitzerin des Buches, angebetet wird.[23]

Dem privaten Gebrauch dienten außer den Prozessionalen vor allem Psalterien, Breviere und Auszüge davon sowie kleine Antiphonare. Daß die Schwestern in St. Marienstern zur Betrachtung der lateinischen Bibeltexte auch Gebete, die in ihrer Muttersprache formuliert waren, lesend meditiert haben, belegen die zahlreichen deutschen Privatgebetbücher aus dem 14. bis 16. Jahrhundert.[24] Zudem war mancher Schwester das lateinische Officium divinum offenbar nicht mehr vollumfänglich verständlich, wie das beispielsweise die deutschen Überschriften in einem Psalter aus dem 14. Jahrhundert zeigen (Octav 15). Bei den deutschen Gebetbücher handelt es sich um Sammelhandschriften mit Meditationen über das Leiden Christi, Sermones über die Zehn Gebote, die Sieben Werke der Barmherzigkeit, das Buch der Weisheit, ferner finden sich deutsche Psalmenübersetzungen sowie ein Auszug aus dem Marienleben des Kartäusers Philipp von Seitz.[25]

Wie Einträge und Glossen wahrscheinlich machen, sind einige dieser Gebetbücher von einzelnen Schwestern selbst geschrieben und bisweilen verziert worden. Direkt als Schreiberin ausgewiesen hat sich eine Othilia Sürgenfrey: sie kopierte 1527 ein Psalterium „manus proprias" (Oct. 55, fol. 97v). Eine Schwester dieses Namens ist jedoch im Totenbuch des Klosters nicht überliefert. Im 17. bis 19. Jahrhundert haben sich vermehrt Schwestern und Äbtissinnen als Schreiberinnen ausgewiesen – eine klösterliche Tätigkeit war dann auch die Herstellung von Andachtsbildchen, in welcher etliche Schwestern eine hohe Kunstfertigkeit bewiesen.[26] Ob die Schreibtätigkeit und Malerei einzelner Schwestern auf der Tradition eines mittelalterlichen Skriptoriums fußte, in welchem anspruchsvolle Bilderhandschriften geschaffen wurden – wie es für Zisterzienserinnenklöstern im Harz, in Niedersachsen und in Westfalen bekannt ist – kann beim derzeitigen Wissensstand nicht gesagt werden.

Die bisher angenommene Herkunft der meisten Mariensterner Handschriften aus Altzella, der bedeutendsten spätmittelalterlichen Buchwerkstatt im Gebiet des heutigen Sachsen, ist erst für Werke aus der ersten Hälfte des 16. Jahrhunderts eindeutig gesichert.[27] Daß Schreiber, die ältere Handschriften bezeichnet haben – Wilhelm Grilbei (Grillenburg?) 1372 (Quart 6), Nicolaus Walczk de Frawenhayn 1428 (Octav 119), Nicolaus de Reychinbach 1458 (Octav 16) und Johannes Beyer von Bischofswerda 1519 (Oct. 1) –, ebenfalls dort tätig waren, bleibt vorläufig eine Vermutung.[28]

2 Kloster St. Marienstern. Prozessionale Octav 1, fol. 67r, mit Darstellung der Auftraggeberin, 1519

Zwischen 1513 und 1529 wurden neun Handschriften von den drei damals amtierenden Mariensterner Äbtissinnen in Altzella in Auftrag gegeben. Das älteste dieser Bücher ist ein Teil des Breviers ohne Psalmen, geschrieben für die Äbtissin Elisabeth von Haugwitz (bezeugt 1491–1515) von P. Antonius Huth, der in Altzella das Amt des Cantors innehatte, 1517 sein Studium in Leipzig abschloß und nach der Auflösung des Klosters als lutherischer Pastor waltete.[29] Einem P. Andreas verdanken wir das älteste Verzeichnis der Schwesternnamen von 1525, wie sie in dem damals noch vorhandenen mittelalterlichen Totenbuch überliefert waren.[30] An allen acht weiteren Handschriften war P. Johannes Helbig aus Freiberg maßgeblich beteiligt. Zeitweise war er als Spiritual dem Kloster Marienstern besonders eng verbunden,[31] 1540 ist er als Bursarius von Altzella genannt.[32] Zusammen mit dem Schreiber P. Johannes de Fribergk (Freiberg) schrieb er zunächst 1515–1516 im Auftrag der Äbtissin Elisabeth von Temritz (urkundlich bezeugt 1515–mindestens 6. Februar 1523) ein großes zweibändiges Antiphonale (Folio 3 und Folio 6), das der Maler P. Andreas Roswinus mit ausgezeichneten bildlichen Initialen und reichem Rankenwerk schmückte. Dieser P. Andreas Roswinus, Andreas Schmiedewald aus Roßwein, war um 1501 in Altzella eingetreten und stand 1538 bis zu seinem Tod 1545 dem Kloster als Abt vor.[33] Im letzten Lebensjahr der Äbtissin Elisabeth von Temritz wurde das Antiphonale durch einen ersten Band eines ähnlich ausgestatten Graduales von Johannes Helbig ergänzt (Folio 4). In schwarzen Initialen sind darin die Namen der damals 39 Konventualinnen verzeichnet. Ein zweiter Band vervollständigte das Werk 1529; seine Entstehung hatte die nächste Äbtissin, Margaretha von Metzrad (urkundlich bezeugt 1524 – mindestens 24. Oktober 1543) veranlaßt. Zusätzlich zu diesen liturgischen Prachthandschriften schuf Johannes Helbig für St. Marienstern 1523 ein Brevier (Octav 53), 1524 ein Prozessionale für die damalige Priorin und spätere Äbtissin Elisabeth von Schreibersdorf sowie im folgenden Jahr ein weiteres Processionale (Octav 7). Offenbar hatte Johannes Helbig hauptsächlich für St. Marienstern gewirkt – weitere Werke seiner Hand sind bisher nicht bekannt.

Aufschluß über die Provenienzen der Bücher geben auch die Einbände. Zahlreiche Stempelmotive auf den Ledereinbänden sowie die Formen der Messingschließen wiederholen sich.[34] Zeitweise bestand in St. Marienstern offenbar eine eigene Buchbinderwerkstatt. Daraufhin weisen nicht nur zwei nahezu identische Einbände mit reichen Bordüren und einer zentralen Kreuzigungsdarstellung, wovon der eine zu einem Psalter von 1485 gehört mit dem Eintrag: „finitum per me Thomam fabri In marienstern". Deutlich wird dies auch im Stempel mit der Darstellung des hl. Christophorus, der den nachträglichen Einband des Psalteriums Octav 3 schmückt und als Abdruck auf Papier in einem Psalterium des 14. Jahrhunderts (Octav 87) klebt. Andere Einbände können vielleicht aufgrund ihrer Stempel der Werkstatt in Altzella zugewiesen werden[35] – eingehende diesbezügliche Untersuchungen wurden bisher jedoch nicht vorgenommen.

Nach der Reformation erhielt der mittelalterliche Handschriftenbestand in St. Marienstern Zuwachs durch Werke aus aufgehobenen Klöstern. So gelangten aus Altzella – wohl vor der Überführung der Bibliothek nach Leipzig 1543 – ein inhaltlich für die Klostergeschichte sehr bedeutsamer Liber usuum aus dem frühen 15. Jahrhundert (Oct. 123) sowie eine Varia-Handschrift juristischen Inhalts aus dem 15. Jahrhundert hierher, bezeichnet „liber Veteris Celle Sancti Marie" (Octav 99). Aus Altzella stammte möglicherweise auch die 1396 datierte Abschrift des berühmten Ruralium vom Dominikaners Petrus de Crescenciis aus Bologna (Quart 18).[36] Aus

3 Kloster St. Marienstern. Quart 13, fol. 4r, Äbtissin und Propst steuern den Konvent durch die Fluten der Zeit, 1631

Neuzelle kam ein im 14. Jahrhundert geschriebenes Buch der Hl. Regel hierher (Oct. 100), aus Heilig Kreuz bei Meißen ein Kapitelbuch mit Martyrologium und Benediktsregel (Quart 26). Letzteres ist laut Eintrag ein Werk des Johannes de Lypzk (Leipzig), eines „monachus scriptoris" aus Altzella.[37] Gemäß handschriftlicher Notiz auf der ersten Seite wurde es von einer Cristina Luttich, vielleicht einer Konventualin in Heilig Kreuz, der Schwester Margaretha Stangin geschickt, die Mitte des 16. Jahrhunderts Subpriorin in St. Marienstern war.

Im Laufe des 17. bis 19. Jahrhunderts erweiterte sich die Anzahl der Handschriften auf rund 250; es waren vielfach Geschenke von Pröpsten und Geistlichen der Umgebung sowie weiterhin Auftragswerke einzelner Äbtissinnen. Dazu gehören auch Musikalien, die von Zisterzierkonventualen aus Neuzelle, Plaß/Plasy und Rauden/Rudy Wielkie geschrieben wurden.[38] Obwohl überliefert ist, daß die Schwestern im 18. Jahrhundert ein reges Musikleben gepflegt haben – mehrfach erscheinen in den Rechnungsbüchern Oboenrohre und Geigensaiten, sogar Saiten für ein Clavecordium[39] –, haben sich keine Notenhandschriften zu Orchester- und Kammermusik oder Instrumente erhalten.[40]

Für die Klostergeschichte von großer Bedeutung ist ein Kettenbuch von 1631 (Quart 13). Es handelt sich dabei um eine Sammelhandschrift mit einem Psalter, chronikalischen Einträgen und Gedichten sowie lateinischen Übungen aus dem Noviziat. Geschrieben und mit zierlichen Federzeichnungen geschmückt wurde das Buch von der Äbtissin Dorothea Schubert (reg. 1623–1639) und ihrem Spiritual P. Martin Buschmann aus Blesen/Bledzev. Ein Bild darin zeigt ein Schiff mit dem Konvent und den beiden Autoren – dies ist ein eindrückliches Dokument für die Flucht des Konventes im Dreißigjährigen Krieg, wobei das Motiv des Schiffes an die hl. Ursula erinnert und wohl als Ausdruck jener Überzeugung verstanden werden kann, daß sie als Patronin St. Mariensterns ihren Konvent sicher durch die Fluten dieser unruhigen Zeit gelenkt hat.

Seit 1470 wurden zunehmend gedruckte Bücher erworben; nach der Reformation werden auch in diesem Teil des Bücherbestandes einzelne Werke aus den aufgelassenen Klöstern hinzugekommen sein. Unter den rund 70 Inkunabeln und Frühdrucken befinden sich wie bei den Handschriften vor allem Werke für den gottesdienstlichen Gebrauch und die Liturgie: Missalien (Misnenses, Cisterciense, Romanum und Pragense), Breviere, Psalterien, lateinische und deutsche Bibelausgaben, Werke der Patristik und Exegese sowie kirchenrechtliche Schriften. Bezeichnend für die frauenklösterliche Nutzung sind der „Epistel oder Sendbrieff Sand Jeronimi zu der Heiligen Jungfrau Eustochium…", ein Traktat des hl. Hieronymus über die Jungfräulichkeit (S 80) – in St. Marienstern laut handschriftlichem Eintrag aus dem 16. Jahrhundert auf den Chor gehörig – und mehrere zwischen 1503 und 1508 erschienene Ausgaben der mystischen Schriften der großen Zisterzienserinnen Mechthild von Hackeborn und Gertrud von Helfta (B 53). Ungefähr aus dieser Zeit stammen auch die beiden ältesten Andachtsbildchen, die in St. Marienstern bewahrt geblieben und mit ihren Darstellungen der Kreuzigung und des Herz Jesu Zeugnisse der Frömmigkeit jener Schwestern sind, die sie geschaffen hatten.

Zisterziensischer Herkunft sind mehrere gedruckte Predigtsammlungen sowie das wichtige, auf den hl. Bernhard von Clairvaux bezogene musiktheoretische Werk des P. Michael SChmelzer, Prior in Altzella, von 1517 (C 97).[41] Ein lateinisch-deutsches Wörterbuch, erschienen in Eltville 1467–1477 (W 45), eine lateinische Grammatik, Leipzig 1512 (G 11), sowie die Enzyklopädie „De propietatibus rerum" von Bartholomäus Anglicus, Straßburg 1491 (P 330) lassen auf Bemühungen schließen, die Lateinkenntnis und den Bildungsstand innerhalb des Konventes zu fördern.

In Entsprechung zu den mittelalterlichen Handschriften und Drucken machen auch im jüngeren Bestand profane Schriften nur einen geringen Anteil aus. Als Beispiel dafür sei das ökonomische Buch „Der kluge Landmann", anonym, Frankfurt,Leipzig 1713, angeführt (L 370). Es wurde laut Eintrag in der Abtei aufbewahrt. Starke Gebrauchsspuren und handschriftliche Notizen über das Düngen sowie Mittel gegen Raupen- und Rattenplagen von 1723 zeigen, daß es offenbar von der damaligen Cellerarin intensiv studiert und angewendet wurde. Im übrigen vervollständigten im 17. und 18. Jahrhundert aber vornehmlich Gebetbücher und Literatur zu Betrachtung, Andacht und Buße die Büchersammlung. Sie sind Ausdruck der barocken Geistigkeit der Mariensterner Nonnen.

Große Buchankäufe wurden unter der Äbtissin Anna Margaretha Dorn (reg. 1649–1664) getätigt und – wohl im Kloster – einheitlich in weißes Schweinsleder gebunden und mit dunkler Prägung ihrer Initialen versehen. Catharina Benada (reg. 1664–1697), Ottilie Hentschel (reg. 1697–1710) und Cordula Sommer (reg. 1710–1746) führten die begonnene Ankaufspolitik fort: Die ganze Fülle katholischer Meditations-, Erbauungs- und Gebetsliteratur der Barockzeit ist seither hier in sorgfältig bewahrten Exemplaren greifbar. Nebst den Werken von vielen heute weitgehend vergessenen Autoren gehören dazu die oft in mehreren Exemplaren vorhandenen Schriften von Abraham a Sancta Clara, Paulus de Barry, Jeremias Drexel, Thomas von Kempen, Ignatius von Loyola, Bernardus Rosa von Grüßau, Franz von Sales, Angelus Silesius, Friedrich von Spee und Prokop von Templin. Eine vielfältige und bunte, ebenso triumphale wie innig verinnerlichte Welt des Glaubens und der Frömmigkeit eröffnet sich in diesen Büchern, ähnlich wie sie uns bildlich in den zahlreichen, ehemals in den Büchern aufbewahrten Andachtsbildchen gegenübertritt.[42] Für ihr persönliches Gebet erhielten die Äbtissinnen des 17. und 18. Jahrhunderts mitunter auch Andachtsbücher mit kostbaren Beschlägen, Schließen und Flachreliefs aus Silber geschenkt oder ließen sie selbst prächtig binden.[43] Das private Buch ist damit nicht nur durch seinen Inhalt, sondern auch die äußere Ausgestaltung zu einem Schmuck- und Prestigeobjekt geworden – auch in einem Kloster, das ansonsten seine zisterziensischen Ideale nie aufgegeben hat.

In der Barockzeit war es üblich, daß die Äbtissin dem Konvent jeweils zu Neujahr größere geistliche Werke widmete, wie entsprechende Einträge belegen: „Zum Trost der Seelen"[44] und mit der Bitte „Meiner in gedenk zu sein in allen geistl: Übung:".[45] Unter den Neujahrsgeschenken befindet sich auch das in Rindsleder mit reicher Goldprägung eingebundene achtbändige Werk zur Geschichte der Kloster- und Ritterorden von Helyot Hippolyt, Leipzig 1753–1756, das die Äbtissin Clara Trautmann 1780, ihren „lieben geistl: Kindten zu Ihren Seelen Nutzen" überreichte (G 101). Dieses Geschenk ist ein spätes Beispiel für das historiographische Interesse, das im 17. und 18. Jahrhundert die Zisterzienser erfaßt hatte und in mehreren Büchern seinen Niederschlag fand.

In St. Marienstern läßt sich dieses Interesse seit der Mitte des 17. Jahrhunderts fassen. 1661 wurde die Geschichte des Klosters erstmals kurz referiert, in einem Buch, das der Äbtissin Anna Margaretha Dorn gewidmet ist (und dessen Auftraggeberin sie wohl war)[46]: im Trostbüchlein „Todes=Seufftzer / sampt Christlicher Zubereitung zu einem seligen Hinscheiden…" von Christian Augustin Pfaltz aus Ostritz 1661, damals Dechant im böhmischen Friedland. 1692 folgte mit Widmung an Catharina Benada ein nächstes historisches Werk zum Kloster und insbesondere zur Wallfahrt nach Rosenthal, verfaßt vom Jesuitenpater Jacob Ticin.[47] Auf diesen beiden Darstellungen fußten alle Mitteilungen zur Klostergeschichte bis ins 19. Jahrhundert. Auch die gelehrten Mönche von Ossegg griffen für ihre verbreiteten Übersichten zur Ordens- und Wallfahrtsgeschichte darauf zurück. Zu nennen ist dabei insbesondere P. Augustinus Sartorius (1663–1723), dessen Hauptwerk „Cistertium bis tertium" sowohl in der lateinischen Ausgabe von 1698 als auch mehrfach in der deutschen Ausgabe von 1708 Eingang in die Mariensterner Bibliothek fand. Wie den Einträgen in diesen Büchern zu entnehmen ist, wurden sie in Ossegg erworben und von Pröpsten und Spiritualen dem Kloster geschenkt.[48]

Im 17. und 18. Jahrhundert hatte sich der Bestand der Bibliothek vervielfacht. Dennoch wurde beim Bau des Neuen Konventes 1729–1732 nicht daran gedacht, einen eigenen Bibliotheksraum zu schaffen. Eine Zusammenfassung des Bücherbestandes fand hier, im Gegensatz zu St. Marienthal, noch nicht statt. Dort ließ die historisch interessierte, hochgebildete Äbtissin Theresia II. Senftleben (reg. 1737–1753) im Zuge des Konventneubaus 1752 eine Saalbibliothek einrichten, deren Ordnung und Ikonographie universal und mit Bezug zur Klostergeschichte ausgerichtet ist. Vorbild für diesen Bibliotheksraum, der als bestausgestatteter eines deutschen Nonnenklosters gilt,[49] war die Bibliothek in Ossegg von 1725. Obwohl auch der Bauherrin des Neuen Konvents von St. Marienstern, Cordula Sommer, ein reges geistiges Interesse eignete, galt ihre Sorge doch stärker einer Verbesserung der unmittelbar lebenspraktischen Bedürfnisse des Klosterlebens – Küche, Wasserleitungen, Heizungen in den Zellen – als einer neuen Bibliothek.[50] So blieben die Bücher weiterhin verteilt auf die Alte Sakristei, auf Bücherschränke in der Abtei, auf die Zellen sowie die Kanzlei und das Bibliothekszimmer im Ostteil des Erdgeschosses der Propstei.[51]

Erst im späten 19. Jahrhundert änderte sich dies. Mit dem Bau des Noviziat- und Krankentraktes 1876–1878 durch den Architekten Paulik aus Tschaschwitz und den Maurermeister Bulang aus Kuckau konnte im ersten Obergeschoß ein geräumiges Bibliothekszimmer eingerichtet werden, in das die Handschriften aus der Alten Sakristei sowie Bücher aus der Abtei und den Zellen überführt wurden. Zur Betreuung der Bibliothek ernannten Äbtissin und Konvent die Schwester Philomena Theresia Rösler aus dem böhmischen Wiesenthal (1829–1894) zur Bibliothekarin.[52] Sie legte in der Folge das große Eingangsbuch an, in das auch alle alten Bestände eingetragen wurden und das noch heute fortgeführt wird.[53] Unter Einflußnahme durch die Klosterschule, das St. Josephs-Institut, und die dort als Lehrerinnen tätigen Schwestern – Studienrätinnen – gesellten sich bis zur Schließung des Instituts 1940 zahlreiche Neuerwerbungen aus allen Wissensgebieten hinzu, darunter Werke der profanen Geschichte, Literatur, Pädagogik und der Naturwissenschaften.

Die beiden umsichtigen Bibliothekarinnen, Sr. Mechthild Hose (1897–1983) und Sr. Elisabeth Gimmler (1894 bis 1969) sorgten in den schweren Jahren der Weltwirtschaftskrise, des Zweiten Weltkrieges und der Nachkriegszeit dafür, daß die Bibliothek bewahrt blieb. Verluste sind dennoch zu beklagen: Mit der Flucht eines Teils des Konvents im Mai 1945 nach Ossegg kamen auch mehrere Kisten mit wertvollen Kunstwerken und Büchern dorthin, welche beschlagnahmt wurden und später nur zu einem kleinen Teil wieder zurückkehrten. Wie bereits erwähnt, befinden sich unter den seither verschollenen Werken bedauerlicherweise insbesondere Handschriften aus der Gründungszeit des Klosters. Spätere Abgänge waren zudem zu verzeichnen durch den Verkauf wesentlicher Teile der Propsteibibliothek nach

4 Kloster St. Marienstern. Psalterium Octav 4, Fol. 135r, Initiale „C–antate Domino canticum novum", Ende 13. Jahrhundert

dem Tod des Propstes P. Ewald Fuchs (1906–1985) an die Sächsische Landesbibliothek in Dresden. Derselben Institution wurden damals auch die Restbestände der ehemaligen Institutsbibliothek überlassen.

Waren bisher die Bestände der Mariensterner Büchersammlung nur in unzureichenden Verzeichnissen erfaßt und weder systematisch katalogisiert noch signiert und gestempelt, so änderte sich dies in den 1970er Jahren. Nun erhielt die Bibliothek erstmals eine klare Ordnung, zudem erfolgte eine vollständige Erfassung und Bezeichnung des gesamten Bestandes, wobei zahlreiche vergessene Bücher neu entdeckt werden konnten. Im Zuge dieser Neuaufstellung wurden im bisherigen Bücherzimmer die Handschriften und gedruckten Werke bis etwa 1945 als geschlossene Sammlung zusammengestellt. Neuerwerbungen kamen in einen Nachbarraum, die sogenannte „Neue Bibliothek".

Seither bestehen „Alte" und „Neue" Bibliothek nebeneinander und ergänzen sich. Zusätzlich befindet sich im Klosterarchiv die juristische Bibliothek aus der Kanzlei – eine umfassende Kollektion von Rechtsbüchern aus dem 16. bis 19. Jahrhundert, wie sie eine Grundherrschaft mit der hohen und niederen Gerichtsbarkeit besitzen mußte. Insgesamt ist damit im Kloster St. Marienstern eine Büchersammlung vereinigt, welche auf mannigfaltige Weise die ungebrochene Kontinuität der Zisterzienserinnenabtei und ihres Konvents vom 13. Jahrhundert bis zur Gegenwart widerspiegelt.

Der Aufsatz entstand auf der Grundlage der verschiedenen Verzeichnisse und Ausarbeitungen, die Sr. M. Bernarda Helm O. Cist. in langer Arbeit von Archiv und Bibliothek des Klosters St. Marienstern erstellt hat. Seit 1962 hatte sie das Amt der Archivarin inne, 1973 wurde ihr zusätzlich jenes der Bibliothekarin übertragen. Im Selbststudium erarbeitete sie sich das nötige bibliothekarische Wissen und ordnete die ihrer Obhut anheimgestellten Schätze. In der Bibliothek entwickelte sie eine nach Sachgebieten gegliederte Aufstellung und ein entsprechendes Signaturensystem. Gleichzeitig legte sie einen ersten vollständigen Katalog des gesamten Bestandes an. Daß heute Umfang und Bedeutung der Mariensterner Bibliothek erstmals zumindest erahnbar geworden sind, ist ihr Verdienst.

Ermöglicht wurde dieser Beitrag zudem durch zahlreiche Mitteilungen von Sr. M. Bernarda Helm und Gespräche, welche einzelne Aspekte der Bibliotheksgeschichte beleuchteten und vertieften. (M.W.)

Anmerkungen

1 Aus einer Widmung der Äbtissin Cordula Sommer, die zu Neujahr 1713 ihrem Konvent das Buch „Dreyfaches Ordens=Band", Köln 1710, verfaßt vom Ossegger Konventualen P. Fridericus Mibes, geschenkt hatte. Das Zitat bezieht sich auf die im Barock beliebte Metapher der Bibliothek als Apotheke für die Seele.

2 Ausstellung Alt-Lausitzer Kunst, Stadtmuseum Bautzen 1935, Nr. 549, 550, 561, 562, 566, 567; Ausstellung Buchmalerei der Dürerzeit, Universitätsbibliothek Leipzig 1971, ohne Katalog.

3 ROTHE, EDITH: Buchmalerei aus zwölf Jahrhunderten. Die schönsten illuminierten Handschriften in den Bibliotheken und Archiven der Deutschen Demokratischen Republik. Berlin 1966, Taf. 40 (Oct. 6), 46 (Oct. 3), 48 (Fol. 2), 49 (Quart 1), 130 (Fol. 3), 135 (Fol. 6), 140 (Fol. 5), 146 (Fol. 4), S. 247, 249, 270, 272f., 275, 282f.; LIBOR, REINHARD MARIA: Ars Cisterciensis. Buchmalereien aus mittel- und ostdeutschen Klosterbibliotheken. Würzburg 1967, S. 28–30 (Oct. 6).

4 Zu diesen wenigen zählte neben Joachim Huth und Heinrich Meier vor allem Edith Rothe (vgl. Anm. 3), die dem Kloster von den wichtigsten illuminierten Handschriften knappe Inhaltszusammenfassungen hinterließ.

5 BOUTON, JEAN DE LA CROIX und JEAN BAPTISTE VAN DAMME: Les plus anciens textes de Cîteaux. Sources, notes et textes historiques. (Cîteaux – Commentarii Cistercienses. Studia et Documenta, 2). Achel 1974, S. 14–17.

6 BOUTON/VAN DAMME 1974 (wie Anm. 5), S. 92; Übersetzung nach HEINZER, FELIX : „Ut idem libri ecclesiastici et consuetudines sint omnibus" – Bücher aus Lichtenthals Gründungszeit. In: SIEBENMORGEN, HARALD (Hrsg.): 750 Jahre Zisterzienserinnen-Abtei Lichtenthal. Faszination eines Klosters (Ausst. Kat. Karlsruhe, Badisches Landesmuseum), Sigmaringen 1995, S. 43.

7 Capitula der Summa Chartae Caritatis, 8. Abschnitt; BOUTON/VAN DAMME 1974 (wie Anm. 5), S. 18f.

8 Vgl. HEINZER 1995 (wie Anm. 6), S. 43–47.

9 Vgl. den Beitrag zu den Musikhandschriften von HANS GRÜSS in diesem Band sowie die Texte desselben Autors im Ausst. Kat. Zeit und Ewigkeit. 128 Tage in St. Marienstern. Halle 1998.

10 KRÁSA, JOSEF: Nástěnná a knižní malba 13. století v českých zemích. In: KUTHAN, JIRÍ (Hrsg.): Umění doby posledních Přemyslovců. Roztoky u Prahy 1982, S. 58–60. Vgl. den Beitrag von Hana Hlaváčková in Ausst. Kat. Zeit und Ewigkeit. 1998 (wie Anm. 9), dort weitere Literatur.

11 Erstmals publiziert von WOHLMANN, P. BERNHARD: Verzeichnis der Handschriften in der Bibliothek des Stiftes Ossegg. In: Xenia Bernardina II, 2. Wien 1891, Nr. 76; monographisch bearbeitet von FRIEDL, ANTONÍN: Lekcionář Arnolda Míšeňského. Jeho vztah k malířské škole řecko-italské. Praha 1928.

12 Nationalbibliothek Prag, Osek 76/Cim A 7.

13 KlAM, Verzeichnis der alten Bücher von Sr. Mechthild Hose [um 1930], Nr. 126.

14 KlAM, Verzeichnis der alten Bücher von Sr. Mechthild Hose [um 1930], Nr. 136; vgl. Ausst. Kat. Alt-Lausitzer Kunst. Bautzen 1935, Nr. 562. Fotografie der Seite von 1289 in der Deutschen Fotothek Dresden, Neg. Nr. 53085.

15 Vgl. die Texte von SUSAN MARTI SUTER im Ausst. Kat. Zeit und Ewigkeit (wie Anm. 9).

16 Vgl. die Texte von SUSAN MARTI SUTER im Ausst. Kat. Zeit und Ewigkeit (wie Anm. 9).

17 [HITSCHFEL, ALEXANDER:] Chronik des Cisterzienserinnenklosters Marienstern in der königlich sächsischen Lausitz, Warnsdorf 1894, S. 332.

18 Dort waren die Bücher ebenfalls in einem „Gewelbe uff dem Chor" untergebracht; RÜTHING, HEINRICH: Die mittelalterliche Bibliothek des Zisterzienserinnenklosters Wöltingerode. In: KAS-

per OCist., Clemens und Klaus Schreiner (Bearb.): Zisterziensische Spiritualität. Theologische Grundlagen, funktionale Voraussetzungen und bildhafte Ausprägungen im Mittelalter. (Studien und Mitteilungen zur Geschichte des Benediktinerordens und seiner Zweige. 34. Ergänzungsband). St. Ottilien 1994, S. 195, Anm. 37.
19 Lehmann, Edgar: Die Bibliotheksräume der deutschen Klöster im Mittelalter. Berlin 1957, S. 2–7.
20 So beispielsweise in Altzella, wo das Amt jedoch auch häufig mit jenem des Kantors oder Küsters verbunden wurde; Beyer, Eduard: Das Cisterzienser-Stift und Kloster Alt-Zelle in dem Bisthum Meißen. Dresden 1855, S. 110.
21 Schmidt, Ludwig: Beiträge zur Geschichte der wissenschaftlichen Studien in sächsischen Klöstern. 1. Altzelle. In: NASG 18 (1897), S. 201–272.
22 Balthasar, Hans Urs von (Hrsg.): Die großen Ordensregeln. Leipzig 1976, S. 285.
23 Vgl. Ausst. Kat. Zeit und Ewigkeit. (wie Anm. 9)
24 Vgl. Ochsenbein, Peter: Deutschsprachige Privatgebetbücher vor 1400. In: Honemann, Volker und Nigel F. Palmer (Hrsg.): Deutsche Handschriften 1100–1400. Oxforder Kolloquium 1985, Tübingen 1988, S. 379–398.
25 Oct. 11; publiziert von J. Sieber, Leitmeritz 1883.
26 Vgl. Seifert, Siegfried: „Christliches Vergißmeinnicht". Andachtsbildchen und Gratulationen aus Lausitzer Klöstern und Stiften vom 17. bis zum 18. Jahrhundert (Ausst. Kat. Domschatzkammer St. Petri. Bautzen 1997.
27 Für diesbezügliche Hinweise und Beobachtungen danken die Autoren Herrn Tobias Gockel.
28 Für die Konventualen von Altzella sind bisher vielfach nur die Vornamen bekannt; vgl. Beyer 1855 (wie Anm. 20), Register S. 740–743 und passim.
29 Schmidt 1897 (wie Anm. 21), S. 220.
30 KlAM, ohne Signatur; dazu unpublizierte Typoskripte von Paul Skobel 1948 und Joachim Huth 1959/60.
31 Entsprechender Eintrag in Folio 5, fol. 1v: „scriptus per fratrem Johannem Helbigum Cellensem olim Confessorem monialium Monasterii…"
32 Beyer 1855 (wie Anm. 20), S. 95.
33 Beyer 1855 (wie Anm. 20), S. 85–87.
34 Für diesbezügliche Hinweise und Beobachtungen danken die Autoren Herrn Tobias Gockel.
35 Vgl. Schunke, Ilse und Konrad von Rabenau: Die Schwenke-Sammlung gotischer Stempel- und Einbanddurchreibungen (Beiträge zur Inkunabelkunde 3. Folge, 7). Berlin 1979.
36 Im Einband dieser Handschrift befindet sich eine deutsche Notiz über das Wetter und den Getreideertrag im Jahre 1443.
37 Johannes von Leipzig ist auch 1355 als Schreiber belegt; Beyer 1855 (wie Anm. 20), S. 120.

38 Vgl. den Beitrag von Hans Grüss in diesem Band.
39 KlAM, Bücher 40a (1711), 46 (1707), 48 (1708).
40 In der Folge des Zweiten Vatikanischen Konzils wurde bedauerlicherweise ein ganzer Schrank voll alter Notenhandschriften und -drucke vernichtet; die in jüngerer Zeit auf dem Dachboden der Klosterbäckerei gefundenen barocken Pauken konnten aufgrund ihres schlechten Zustandes nicht weiter aufbewahrt werden. Nur noch mündlich überliefert ist auch die Existenz von Trumscheiten (sogenannten Nonnegeigen), wie sie in mehrfachen Exemplaren heute noch in der Zisterzienserinnenabtei St. Marienthal bzw. im Musikinstrumentenmuseum der Universität Leipzig vorhanden sind.
41 „Contentorum in hoc volumine index. Isagoge in Musicam melliflui doctoris sancti Bernardi. Opus musicam divi ac dulcissime patris Bernardi". Leipzig (Melchior Lotter) 1517; vgl. Schmidt 1897 (wie Anm. 21), S. 223–225 und Clemen, Otto: Michael Muris, Cistercienser in Altzella. In: Beiträge zur Sächsischen Kirchengeschichte 41–42 (1933).
42 Vgl. Seifert 1997 (wie Anm. 26).
43 z.B. „Schild der Andacht", gewidmet der Äbtissin Catharina Benada von Johann Franz Sebastian Trippenbach, kaiserlicher Appellations-Registrator in Prag, 1692 (S 393). Ottilie Hentschel ließ 1707 in Bautzen ein Buch mit Silber beschlagen; KlAM, Buch Nr. 46.
44 Widmung von Cordula Sommer 1713 im Buch „Dreyfaches Ordens=Band von P. Fridericus Mibes aus Ossegg, Köln 1710 (O 6).
45 Widmung von Josepha Elger 1754 in einer Auslegung der Benediktsregel, Augsburg 1753 (A 1).
46 Das Buch ist in St. Marienstern fünffach vorhanden (T 22).
47 „Epitome Historiae Rosenthalensis sive Compendaria Narratio De Origine, ac Cultu pervetustae B. V. Mariae Statuae, In Pago Rosenthal, Lusatiae Superioris", Prag 1692.
48 Einträge in den Exemplaren C 70 c, d, e, f.
49 Lehmannn 1996 (wie Anm. 19), S. 146f., 221.
50 Vgl. den Beitrag von Sr. M. Gabriela Hesse in diesem Band.
51 [Hitschfel] 1894 (wie Anm. 17), S. 222.
52 [Hitschfel] 1894 (wie Anm. 17), S. 332.
53 Allerdings sind die Angaben Sr. Philomenas zu den Handschriften rudimentär, so daß diese vielfach nicht eindeutig identifiziert werden können.

1 Kloster St. Marienstern, Folio 3, Bl. 77v. Initiale S(i) bona. Mit einer Darstellung Hiobs, wie er von seiner Frau bedroht wird

Vorläufige Nachrichten über einige Musikhandschriften und -drucke aus der Bibliothek des Klosters Marienstern

Hans Grüß

Die Bibliothek des Klosters Marienstern besteht aus zwei Teilen: der „Alten Bibliothek" und der „Neuen Bibliothek". Sie liegen als große Räume einander gegenüber im südlichen Anbau an den Neuen Konvent. Die Alte Bibliothek ist auf der Westseite untergebracht. In ihr stehen an den Wänden elf hohe Wandregale, die bis an die Decke reichen, in einer Hälfte des Raumes befindet sich außerdem ein freistehendes doppelseitiges Regal. Die Regale an der Wand haben die Nummern von 1 bis 11, das Regal in der Mitte hat die von 12 bis 14. Von den Regalnummern und den von oben nach unten gezählten Fächern leitet sich ein Signaturprinzip ab; so heißt 7/8 das 8. Fach im 7. Regal. Dies ist ein altes bibliothekarisches Prinzip, das am Aufstellungsort der Bücher orientiert ist. Die Bücher sind weiterhin durch ihr Format charakterisiert: die Gruppen Folio, Quart und Oktav haben je eine durchlaufende Numerierung. Schließlich leitet sich vom Inhalt eine weitere Signierung ab: M sind Missalien, N sind Noten, C ist Canon Missae, G sind Gradualien oder Gebetbücher, P sind Psalterien, B sind Breviere. Dieses System wird ein wenig zersplittert, wenn B auch Biblia heißen kann, P auch Passion. Die liturgischen Bücher tragen außerdem die Markierung Li. In allen diesen Verfahrensweisen ist die liebevolle Aufmerksamkeit spürbar, mit der das aufbewahrt wird, was man einmal gebraucht hat und vielleicht wieder brauchen wird.

Hier fangen wir einen zweiten Gedankengang an. Die Alte Bibliothek umfaßt einen langen Zeitraum. Die ältesten Bücher dürften aus der Zeit der Gründung des Klosters stammen. Es sind drei Handschriften, die eine erste Gruppe des höchst Bemerkenswerten bilden, nicht wegen ihres Alters allein, sondern weil sie beweisen, wie konstant die Überlieferung und der ständige Gebrauch des Überlieferten im Kloster sind. Zwischen diesen ältesten Zeugnissen und der Gruppe der Handschriften des 15. und 16. Jahrhunderts, den Orgelfassungen des 18. Jahrhunderts und den Orgelbegleitsätzen unseres Jahrhunderts besteht ein inniger Überlieferungszusammenhang, der auch durch das zweite Vatikanische Konzil nicht unterbrochen worden ist. Latein ist nach wie vor eine Gebetssprache der strengen Orden. Einzelne Gruppen der Überlieferung haben ihre besondere Charakteristik. Das gilt für die mehrfach vorhandenen Prozessionalien, kleine, handliche Büchlein, die bequem bei der Prozession getragen werden konnten und häufig Gebrauchsspuren in der Form von Regiebemerkungen tragen; dazu weiter unten einige Bemerkungen.

Im Unterschied zu den Prozessionalien waren die großen Folianten zum Gebrauch im Chorraum gedacht und mußten dort auf einem hohen Pult aufgestellt werden. Die Sängerinnen stellten sich um das Pult und konnten dann auch aus der Entfernung gemeinsam die groß geschriebenen Choralnoten singen. Die sechs mächtigen Prachthandschriften sind nicht selten mit feinen Malereien in den Initialbuchstaben versehen, dabei ist vom anschaulich gemachten Glauben, wie in einem Bild der Trinität, bis zu drastischer Komik gelegentlich nur ein kleiner Schritt gewesen: Hiobs Weib macht ihrem Manne wegen seines unbeirrbaren Glaubens mit drohend geschwungenem Kochlöffel Vorwürfe (Hiob 2,9 und 10). (Abb. 1)

Die Praxis des gemeinsamen Singens aus einem solchen Chorbuch ist noch bis in die Mitte unseres Jahrhunderts im Kloster Marienstern geübt worden. Seit den fünfziger Jahren sind gedruckte Ausgaben in normalem Buchformat in Gebrauch, die jede Schwester selbst während des Singens in der Hand hält.

Zwei lateinische Choralpassionen, nach Matthäus und nach Johannes, wiederum groß geschrieben im Chorbuchformat, waren ebenfalls für die Gemeinschaft der singenden Ordensfrauen bestimmt. Es sind Stücke des 17. Jahrhunderts, und spätestens an dieser Stelle wird dem Betrachter bewußt, daß die Ordnung der Zisterzienser von Armut und Askese geprägt war: alle „Welt" sang damals schon die Passionen mehrstimmig oder, wie Heinrich Schütz im nicht weit entfernten Dresden, mit bedeutendem Anteil an motettisch komponierten Turbae. Dies blieb, nach dem Bestand zu urteilen, dem Orden versagt. Das wird besonders deutlich, wenn man die auf 1715 datierten deutschen Passionen nach Matthäus und Johannes zum Vergleich heranzieht. Hier werden die Turbae zwar vierstimmig gesungen, aber in einem Satz, der an Schlichtheit nicht unterboten werden kann: Es ist chorische Rezitation auf einigen wenigen Akkorden.

Musikalische Kunst kommt auf Umwegen in den Gebrauch. Auf das Jahr 1705 ist ein Buch „Meßen von / denen Heyligen auf / die große Orgel" datiert. Über die hier niedergeschriebene Praxis wird weiter unten Näheres mitgeteilt. Sie änderte nichts daran, daß der unbeglei-

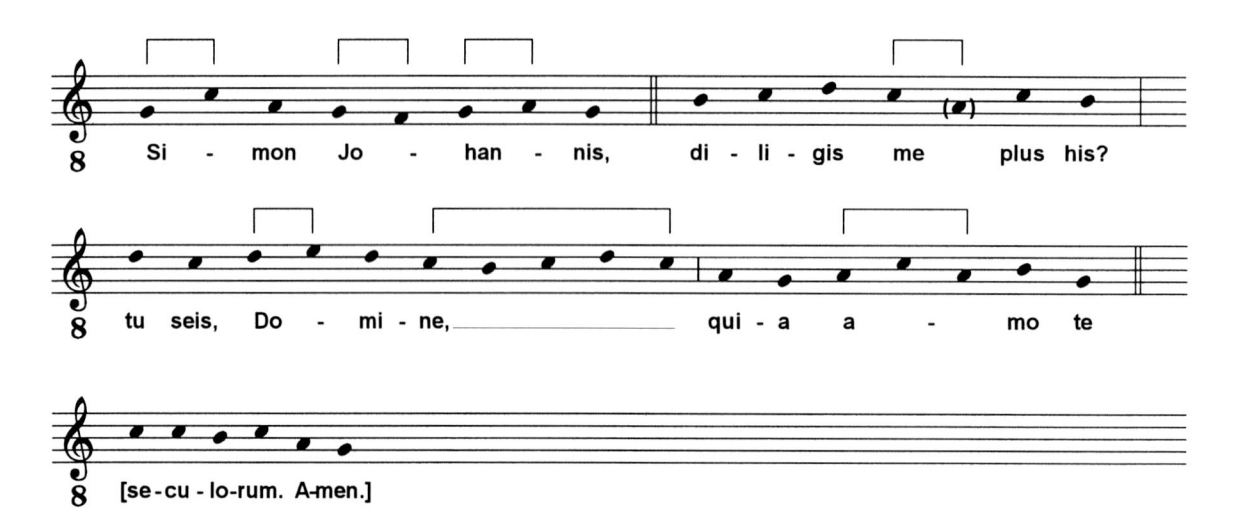

Notenbeispiel 1 Antiphon „Simon iohannis" in der heute gebräuchlichen Form des Antiphonarii Cisterciensis. Pars Prima, S. 310, vgl. Abbildung 2 (Die eckigen Klammern über den Noten zeigen die Verwendung von Ligaturen (mehrtönigen Notenverbindungen) im Original an, die eingeklammerten Noten bezeichnen die nicht sicher übertragbaren Zwischennoten plica und quilisma.)

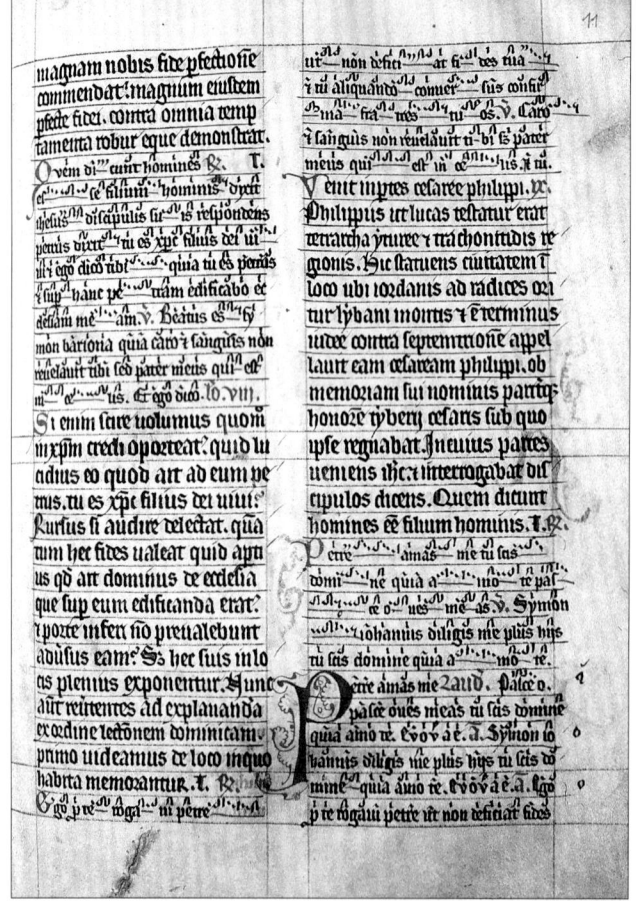

2 Kloster St. Marienstern, Quart 11, fol. 11r. Textschrift, teilweise mit Neumen überschrieben. Die geschilderte Partie beginnt unten links mit der Frage „Petre, amas me?", vgl. Notenbeispiel 1

tete gregorianische Gesang die dominierende Praxis des Klosters bis in die Gegenwart ist. Die liturgischen Handschriften des Klosters sind in einem aufmerksam geführten Zettelkatalog erfaßt, darüber hinaus aber ist ein Katalog bisher nicht erarbeitet worden, und auch das einzelne Gut der Überlieferung ist nicht katalogmäßig erfaßt. Das kann hier nicht nachgeholt werden und bleibt eine zu bedenkende Aufgabe. Es soll lediglich auf einige Einzelbeobachtungen hingewiesen werden, die das hier versuchte Bild ergänzen.

Liturgische Handschriften und Drucke

Die liturgische Grundausstattung des monastischen Lebens besteht außer in der Messe in den täglich zu vollziehenden Horen, dem Stundengebet, dessen Repertoire das Kirchenjahr über durch die Beziehung auf eben die Kirchenjahreszeit (de tempore) und auf das Gedenken an Heilige (de sanctis) bestimmt ist. Die dafür vorgesehenen Gesänge sind in verschiedenen Büchern zusammengestellt, im Graduale, im Antiphonale, im Hymnale, der Sammlung von Hymnen, im Prozessionale, enthaltend die bei der Prozession zu singenden Stücke, etc. Das Kloster Marienstern besitzt eine stattliche Sammlung solcher liturgischer Gebrauchsbücher. Die beiden ältesten könnten noch aus der Zeit vor der Klostergründung 1248 stammen und wären dann vielleicht als Gründungsgut nach Marienstern gekommen. Das gilt für die einzige Handschrift mit linienlosen Neumen, ein Brevier, das ungewöhnlich viele Stücke mit Melodien enthält. Der Band hat die Signatur Quart 11; eine genauere Beschreibung findet sich im Katalog zur Ersten Sächsischen Landesausstellung. Gleiche Herkunft mag auch die aus vier Teilen zusammengestellte Handschrift Fol. 20 haben, sie ist ebenfalls in dem oben genannten Katalog beschrieben. In den Kreis der ältesten Überlieferung sollte schließlich die wohl etwas jüngere Pergamenthandschrift Quart 28 einbezogen werden. Sie beginnt mit einer durch alphabetische Klassifikation geordneten Sammlung von Sanctus- und Agnus dei-Teilen, deren beginnende Seiten fehlen; die Ordnung fängt mit dem Buchstaben C und dem Textfragment „...na in excelsis" an. Dennoch ist am unteren Rand von Bl. 1r der Besitzvermerk begonnen worden „liber stelle", der auf dem folgenden Blatt mit den Worten „Sancte marie misn[ensi]s (?) Dioc[esis]" in abgekürzter Schreibweise fortfährt. Wahrscheinlich war zum Zeitpunkt der Eintragung der Band noch vollständig. Am Schluß fehlt mindestens ein Blatt, das herausgeschnitten wurde. Bemerkenswert an dieser Handschrift ist außer ihrer großen Schönheit, daß sich in den Innenseiten des Einbandes Reste früher, mehrstimmiger Kompositionen als Reparaturmaterial eingeklebt finden, die freilich kaum aus dem im Kloster gebrauchten Repertoire stammen dürften. Alles dies deutet darauf hin, daß die Handschrift vielleicht in schon fragmentarischem Zustand, jedoch eingebunden und zugeklebt nach Marienstern gelangt ist.

Leider gibt es für diese frühen Handschriften vorläufig keinen Herkunftsnachweis; er könnte am ehesten durch die chronologische und geographische Feststellung von Schreibern und Schreibweisen, Choraldialekten bzw. Abweichungen von solchen, Repertoireanordnungen und dergleichen geschehen. Dazu mangelt es gegenwärtig noch an flächendeckenden Untersuchungen.

Nun zu den einzelnen Handschriften. Das bereits erwähnte Brevier mit linienlosen Neumen (Quart 11) enthält für die zu singenden Textteile Zeichen über den Textworten, die den Melodieverlauf andeuten und als Gedächtnishilfe für das dienen, was der in der Tradition geschulte Sänger schon kennen muß. Das Blatt 11r bringt das Responsorium „Petre, amas me?", den Versus „Symon iohannis", sodann unter „Laud.(es)" die Wiederholung der Frage „Petre, amas me?" und schließlich die Antiphon „Symon iohannis" aus den Vigilien am Hochfest Peter und Paul (29. Juni). (Abb. 2, NB 1)

Die Beschreibung der Handschrift Fol. 20 ist im Ausstellungskatalog enthalten und soll hier nur angedeutet werden: Zwei sehr alte von zwei verschiedenen Schreibern wohl des 13. Jahrhunderts stammende Konvolute bilden den ersten und dritten Teil, zwei jüngere, wieder von verschiedenen Schreibern stammende, den zweiten und vierten Teil des Bandes. Aus diesem Sachverhalt wird deutlich, daß dieser Band nachträglich aus Teilen zusammengestellt wurde, die vermutlich vorher schon einzeln benutzt worden waren. Bemerkenswert ist die Konstanz der Tradition, die sich auch hier wieder findet.

Die Antiphon „Maria stabat ad monumentum plorans et vidit angelos in albis sedentes ..." (Maria stand weinend am Grabe und sah Engel in weißen Kleidern sitzen ...) aus den Benedictus- und Magnificat-Antiphonen der Osteroktav steht im ersten Teil von Fol. 20 auf Blatt 5r mit dem Titel „In evangelio / Feria quinta". (Abb. 3, NB 2)

Unter der Überschrift „Sanctarum undecim milium virginum ad vesperas super psalmos Antiphone" beginnt die erste Antiphon „Gloriosus deus in sanctis suis mirabilis in maiestate sua.euouae" (Gott ist erhaben in seinen Heiligtümern, wunderbar in seiner Majestät; hier folgt die überaus häufig benutzte Abkürzungsformel für das abschließende „Gloria patri", das aus den Vokalen der beiden letzten Worte des Gloria: seculorum. Amen besteht) im zweiten Teil von Fol. 20. (Abb. 4; NB 3)

Der dritte Teil der Handschrift beginnt mit dem Introitus des 1. Adventssonntags: „Ad te levavi animam meam". (Abb. 5; NB 4)

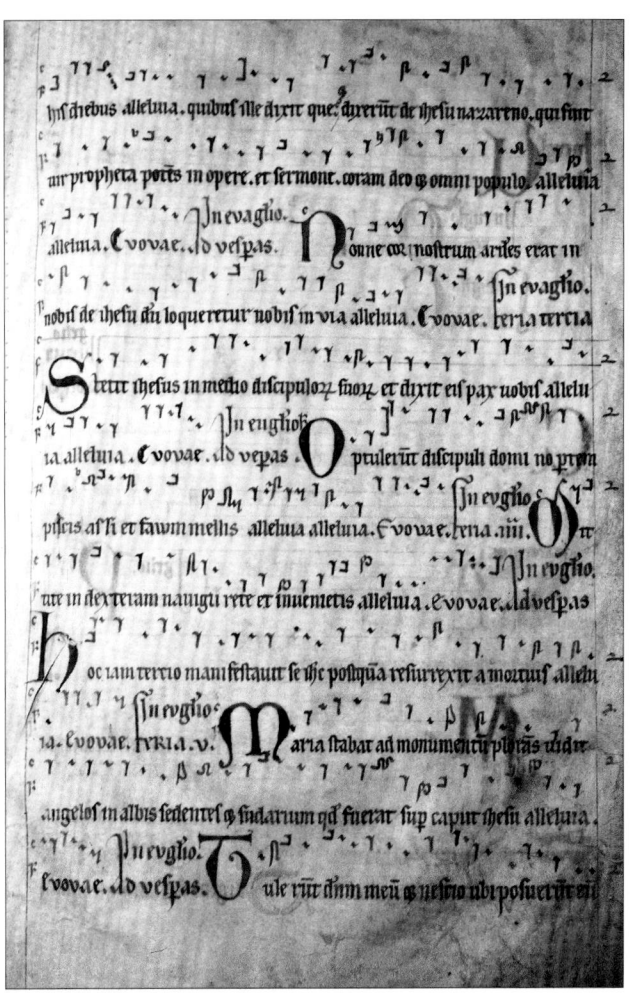

3 Kloster St. Marienstern, Folio 20, erster Teil, fol. 5r. Antiphon „Maria stabat", vgl. Notenbeispiel 2

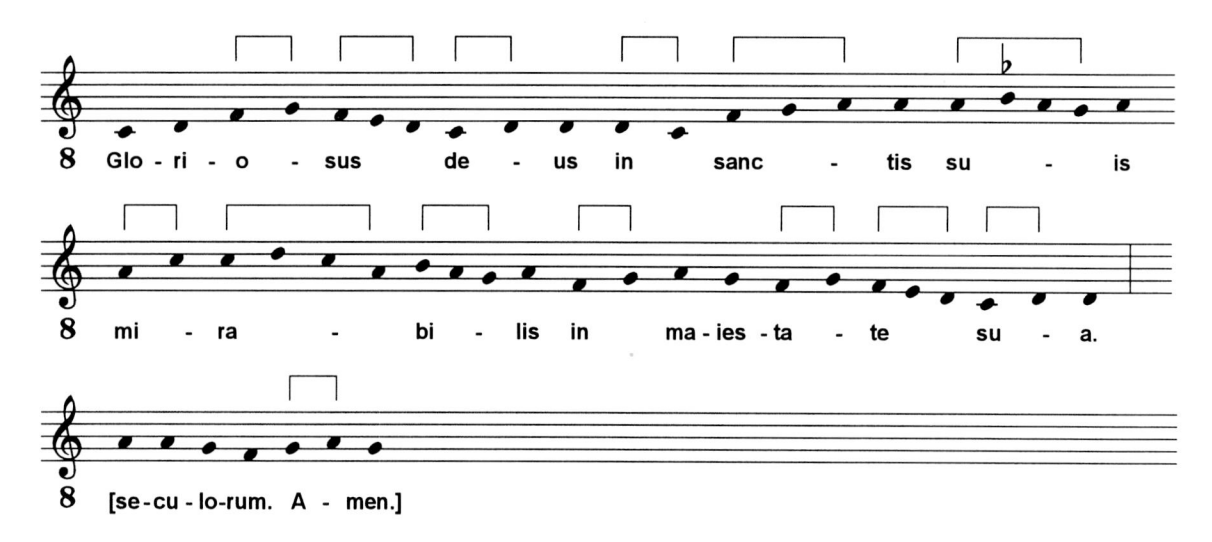

Notenbeispiel 3 Antiphon „Gloriosus deus" aus der Quelle übertragen, vgl. Abbildung 4

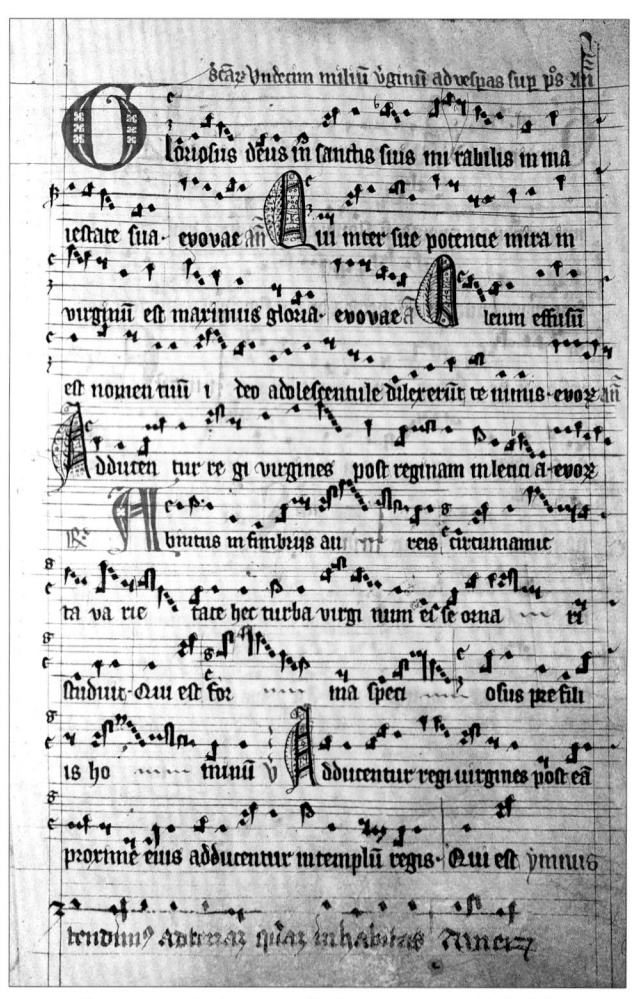

4 Kloster St. Marienstern, Folio 20, zweiter Teil, fol. 1r.
Antiphon „Gloriosus deus", vgl. Notenbeispiel 3

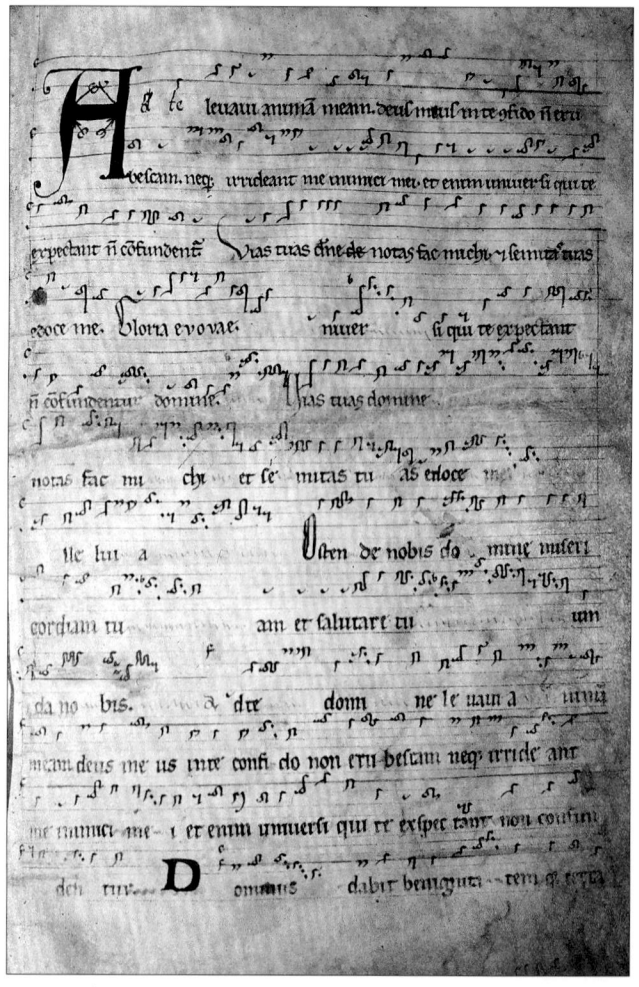

5 Kloster St. Marienstern, Folio 20, dritter Teil, fol. 1r.
Introitus „Ad te levavi"

Notenbeispiel 2 Antiphon „Maria stabat" in der heute gebräuchlichen Form des Antiphonarii Cisterciensis. Pars Altera, S. 194, vgl. Abbildung 3

Der Hymnus „Pange lingua gloriosi corporis mysterium" (Preise das Geheimnis des erhabenen Leibes) von Bl. 13r des vierten Teils wird zum Fronleichnamsfest gesungen und erscheint hier innerhalb der Vigilien der Passionszeit. (Abb. 6; NB 5)

Zu allen Stücken finden sich die kaum abweichenden Formen, die gegenwärtig im Gebrauch der Zisterzienser sind.[1] Jedoch sollte man sich den Prozeß der Tradition des liturgischen Gutes nicht zu unproblematisch vorstellen. Einen kritischen Punkt bezeichnet offenkundig ein Text, der 1413 in den General-Statuten des Zisterzienser Ordens enthalten ist, wo es heißt: „... quatenus generale capitulum praelibatis Abbatissae et monialibus in pluribus solennitatis anni Pulchra saecularia, Kyrie eleison, Gloria, Benedicamus, Sequentias et alia plurima in ordine inaudita decantandi indulgeret."[2] Nach gegenwärtiger Kenntnis kann das nur heißen: inwieweit das General-Kapitel der vorgenannten Äbtissin und ihren Nonnen gestatten kann, an mehreren Hochfesten des Jahres schöne weltliche (oder volkssprachliche?) Gesänge, Kyrie eleison, Gloria, Benedicamus, Sequentias und andere normalerweise bisher ungehörte (Gesänge) zu singen. Dies wird bei Strafe der Exkommunikation verboten. Fraglich bleibt: Was wurde verboten? Ging es um volkssprachliches Liedgut in Form von Liedern bzw. Hymnen? Könnte böhmischer Einfluß aus der Richtung des Jan Hus (1415 auf dem Scheiterhaufen hingerichtet) hier im Spiele gewesen sein? Ging es um volkssprachliche Tropierungen der Ordinariumsteile oder gar um volkssprachliche Fassungen dieser Teile selbst? Diese Fragen sind vorerst nicht zu beantworten, müssen jedoch bei der Darstellung der zisterziensischen Tradition ins Blickfeld gerückt werden. Abgesehen von dem geschilderten Vorgang, bei dem man freilich nicht weiß, ob es nur diesen allein gegeben hat, ließe sich eine eindrucksvolle Reihe von Überlieferungsstationen herstellen, die zeigt, wie immer wieder das benutzte Text- und Melodiengut durch Abschreiben neu verfügbar gemacht wurde. Da das Repertoire der Horen konstant blieb, konnte man sich auch durch Incipit-Verzeichnisse die Struktur des jeweiligen Offiziums, der einzelnen Hore, vergegenwärtigen, deren jeweilige Stücke hernach aus verschiedenen anderen Büchern gesungen wurden. Ein typisches Beispiel eines solchen Registers ist die Handschrift Oct. 50, die mit dem Invitatorium „Venite exultemus domino" (Ps. 94), dem Beginn eines jeden Offiziums, einsetzt, von Bl. 43r ab einen langen Incipit-Katalog mit Text- und Melodiezitaten anschließt, eine ausgeschriebene Liturgie „Ad mandatum monachorum" mit der noch heute regeläßig vollzogenen rituellen Fußwaschung sowie ab Bl. 161 eine Prozessionsordnung folgen läßt.

Prozessionsordnungen werden oftmals in den schon erwähnten Prozessionalien niedergeschrieben. In ihnen finden sich nicht ganz selten die unmittelbaren Spuren der praktischen Nutzung. So in dem Prozessionale Oct. 2, wo auf Bl. 3v am Rande „stehe", auf Bl. 4r „gehe" ein-

Notenbeispiel 4 Introitus „Ad te levavi" aus der Quelle übertragen. Dieser Introitus weicht von der heute gebräuchlichen Form erheblich ab, vgl. Abbildung 5

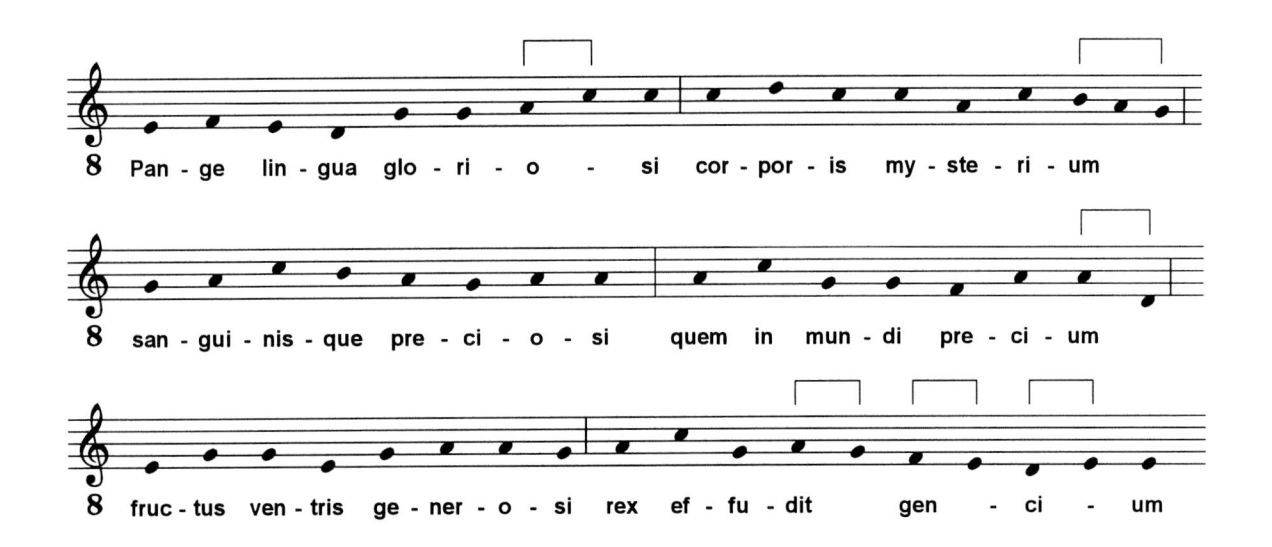

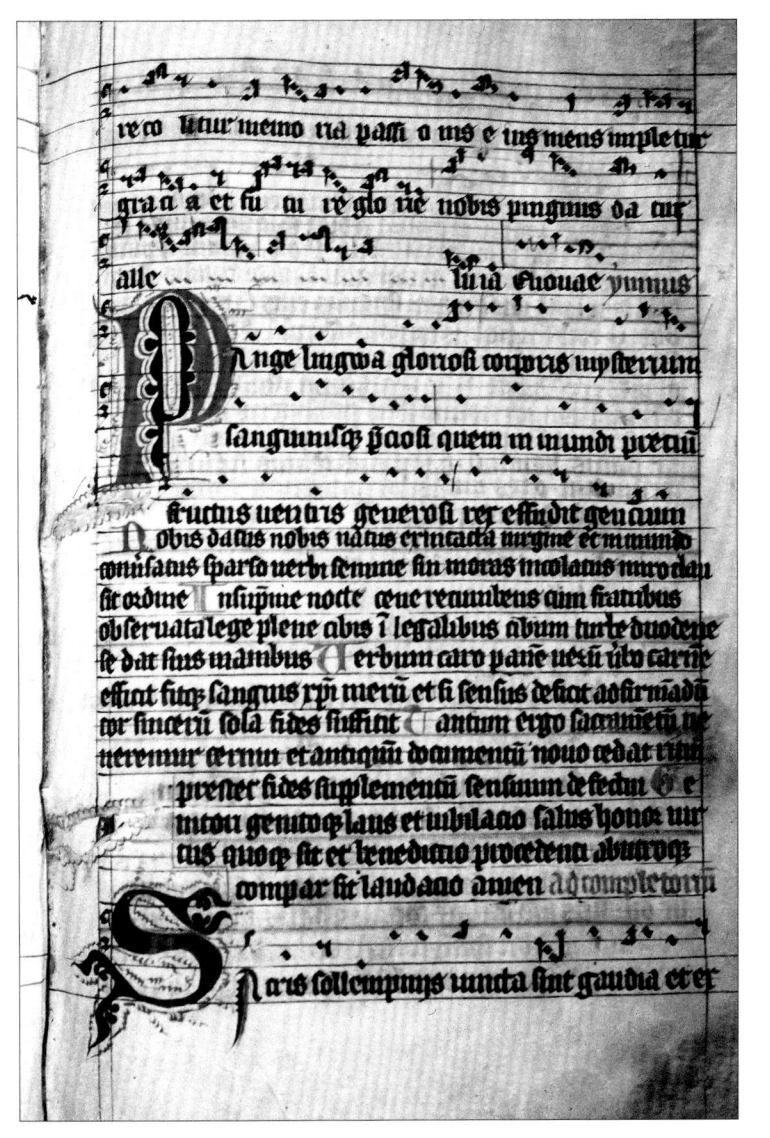

Liturgische Handschriften und klösterliche Musikpflege

Pan-ge lin-gua glo-ri-o-si cor-por-is my-ste-ri-um

san-gui-nis-que pre-ci-o-si quem in mun-di pre-ci-um

fruc-tus ven-tris ge-ner-o-si rex ef-fu-dit gen-ci-um

oben:
Notenbeispiel 5 Hymnus „Pange lingua", 1. Strophe aus der Quelle übertragen mit teilweise vom heutigen Gebrauch abweichender Melodie. Die annähernd wörtliche Übersetzung der Strophe lautet: „Preise, Zunge, das Geheimnis dieses herrlichen Leibes und des kostbaren Blutes, das als Preis der Welt der König der Völker, die Frucht des spendenden Leibes (gemeint ist: Mutter Maria) aufgewandt hat.", vgl. Abb. 6

links:
6 Kloster St. Marienstern, Folio 20, vierter Teil, Bl. 13r. Hymnus „Pange lingua", vgl. Notenbeispiel 5

geschrieben ist, offenkundig von der Nutzerin, nicht etwa vom Schreiber des Büchleins. Auf Bl. 7r steht am oberen Rand „dises sang man wen man rüm komp bei der Kirch tirre". (Abb. 7)

Auf den Seiten 126v bis 128r hat ein Besitzer, der Organist Nicolaus Schalciades, eine dreistrophige Sequenz: „O Jesu pie" aufgeschrieben und eine recht bemerkenswerte Beschreibung ihrer Ausführung gegeben: „Antiphona Melchisedek in organis luditur usque ad Sequentia, quae presbiter venerabile Sacramentum portans ter incipiendo et chorus virginum respondendo complebunt." (Die Antiphon „Melchisedek" wird auf der Orgel gespielt bis zu der Sequenz, die der Priester, der das zu verehrende Sakrament trägt, dreimal beginnt und der Chor der Jungfrauen antwortend beendet). Dies kann ein bemerkenswertes Zeugnis dafür sein, daß um 1550 gregorianische Stücke auch von der Orgel allein gespielt werden konnten, wenn man nicht unterstellen will, daß es hier schon um orgelbegleitete Gregorianik gegangen ist.

Das Prozessionale Oct. 7 enthält auf den Bll. 110v/111r die für den Prozessionsweg aufschlußreiche Anweisung: „Zum Tage Purificationis singt Man die Antifuona Auf dem Coro nach der Prozesion odie maria virgo puerum". In gänzlich anderer Funktion stehen die großen Folianten. Die vier von einem Mönch aus Altzella, Johannes Helbig, geschriebenen Bände werden weiter unten genauer benannt, desgleichen die Art ihrer Nutzung. Jedoch wurden diese kostbaren Folianten offenbar schon frühzeitig aus dem täglichen Verkehr gezogen; dafür könnte ihr guter Erhaltungszustand sprechen. Die tägliche Nutzung des liturgischen Gutes brachte es mit sich, daß die liturgischen Hauptbücher bis ins 19. Jahrhundert ständig aufs neue abgeschrieben wurden. Noch 1809 entsteht so ein zweibändiges Hymnale (H 199 a und b, Fol. 9 und Fol. 10) in der traditionellen „gotischen" Hufnagelschrift. Jedoch hat zumindest schon 1668 in Paris der Druck zisterziensischer Gradualien eingesetzt, nunmehr in eckiger römischer Quadratnotation. Unter der Signatur G 1 ist ein „Graduale iuxta Missalis Cisterziensis. Paris 1668" aufbewahrt. In diesen Drucken, die immer wieder aufgelegt oder neu gemacht werden, geschieht der Übergang zu der römischen Choralnotation, die auch die gegenwärtig im Gebrauch befindlichen Ausgaben der Zisterzienserliturgie bestimmt. (Abb. 8)

Der Notenschreiber Johannes Helbig

Ein Notenschreiber von hoher Qualität ist uns namentlich bekannt: Johannes Helbig aus dem Zisterzienserkloster Altzella bei Nossen ist mit mindestens sieben Handschriften im Bestand von Marienstern nachweisbar, da er diese offenkundig selbst durch Eintragung seines Namens gekennzeichnet hat.

Hier sind zunächst die vier großen Choral-Handschriften zu nennen: Fol. 3, ein erster Band eines Antiphonale (Sommerteil) im Format von 55,5 x 36,5 cm. Der in Schweinsleder gebundene Foliant enthält 121 Blätter Pergament und ist wie üblich mit Metallknöpfen und -leisten geschützt. Auf Blatt 112 v ist am unteren Rand eingetragen: „Scriptus est iste liber per fratrem Johannem Helwigium anno ... MDXV" (Geschrieben ist dieses Buch von Bruder Johannes Helbig im Jahr ... 1515).

Fol. 6 (gemeinsame Signatur mit Fol. 3), der zweite Band des Antiphonale (Winterteil), wie Fol. 3 ein gleicherweise ausgestatteter Band aus 162 Pergamentblättern in Lagen. In einem den Band einleitenden Gedicht wird nicht nur unser Schreiber Johannes Helbig und ein nur hier erscheinender weiterer Schreiber Johannes de Fribergk (das ist vermutlich Freiberg in Sachsen, nicht weit von Nossen) genannt, sondern außerdem das Jahr 1516; also ist dieser Band erst nach Fol. 3 geschrieben worden und man kann mit aller Vorsicht auf etwa ein Jahr Arbeitszeit für die Erstellung eines solchen Bandes rechnen, was wiederum bedeuten würde, daß pro Tag eine Doppelseite, ein Blatt, beschrieben wurde. Da die Initialen von einem anderen Künstler stammen (s.u.), ist dieser Zeitplan eine brauchbare Arbeitshypothese. Fol. 4 ist ein erster Band eines Graduale mit der gleichen äußeren Ausstattung wie die beiden schon genannten Folianten. Auf Bl. 8r ist in einer Initiale wieder unser Schreiber genannt: Auf Blatt 8r „iohannes helbigis monachus celle", die Initiale auf Blatt 1v enthält die Jahreszahl 1522, ein Schlußvermerk auf Bl. 26r nennt das Jahr 1523. Der Band vom Format 60 x 38,5 besteht aus 126 Blättern Pergament. Fol. 5 ist der zugehörige zweite Band des Graduale, vom Format 60 x 40cm. Er besteht aus 159 Blättern Pergament und ist ebenso ausgestattet, wie die bisher genannten Folianten. Auf Bl. 1v findet sich die Eintragung „Liber stelle sancte Marie scriptus per fratrem Johannem Helbigum cellensem ..." mit der Jahresangabe 1529 und der Nennung des Abtes von Altzella Paul Bachmann und der Äbtissin von Marienstern Margarethe von Metzrad. Bisher ist eine später zu datierende Arbeit von Helbig mir nicht bekannt geworden, dennoch ist kaum anzunehmen, daß er weiter nichts geschrieben hat, da er noch 1540 bei der Auflösung des Klosters in gehobener Stellung (Bursarius, d.h. Geldverwalter) dort tätig war. Bei dieser Gelegenheit wird angegeben, daß Helbig 32 Jahre in Altzella gewesen ist, d.h. also 1508 eingetreten ist. Das könnte den Beginn seiner Lehre als Notenschreiber bedeuten.[3]

Allen vier Bänden ist gemeinsam, daß sie für den gemeinschaftlichen Gesang bestimmt waren; zu diesem Zweck muß man sie sich auf einem hohen großen steilen Notenpult aufgestellt denken. Die durchschnittliche Größe der Notenköpfe der wegen ihrer charakteristischen Form Hufnagel-Notation genannten Notenschrift (ca. 0,5 bis

7 Kloster St. Marienstern, Octav 2. Bl. 7r. mit einer Eintragung am oberen Rand

8 Kloster St. Marienstern, Graduale G1-c. Erste Seite des Graduale iuxta Missale Citercinse, gedruckt 1668 in Paris

0,7 cm) erlaubte den im Halbkreis vor dem Pult stehenden Nonnen, aus dem Buch zu singen. Dabei mögen die zahlreichen farbig und mit hoher künstlerischer Qualität eingebrachten Bilder der Initialen, der Anfangsbuchstaben, gelegentlich außer Andacht auch Heiterkeit erregt haben, da sie oftmals groteske oder auch komische Momente enthalten. Diese Bilder stammen jedoch vermutlich nicht von Helbig; in Fol. 6 ist ein „Roswinus Andreas" aus Altzella (Andreas Roßwein aus Schmiedewald) als Autor der Bilder genannt.

Auch in dem Bestand an Prozessionalien ist der Schreiber Johannes Helbig mit zwei solcher Bändchen vertreten:

Oct. 2 ist eine Pergamenthandschrift mit der Einbandgröße 13 x 11,3 cm. Auf Blatt 126 r sind Schreiber und Erstbesitzerin genannt: „Liber stelle sancte Marie scriptus pro usu religiose virginis Elisabet de Schreyburßdorff: Per fratrem Johannem Helbig Anno MDXXIIII" (Ein Buch des Mariensterns, geschrieben für den Gebrauch der frommen Jungfrau Elisabeth von Schreibersdorf durch den Bruder Johannes Helbig im Jahre 1524; die originale Schreibweise, die an anderer Stelle auch „Schreybirrsdorf" lautet, macht die lausitzische Herkunft der Schwester Elisabeth oder des Schreibers wahrscheinlich).

Oct. 7 ist eine Pergamenthandschrift mit der Einbandgröße 10,1 x 8,5 cm, die 118 Blätter und einige Papierlagen enthält. Der Schreiber des Hauptteils ist wieder Helbig, der auf Bl. 111 r seine Arbeit mit der Unterschrift „Johannes/1522" beendet.

Exkurs zur Notation

Helbigs Notenschrift zeigt auf hohem Niveau handwerklicher Beherrschung und zugleich schöner, eleganter Schreibweise das Schriftbild der sogenannten Hufnagelnotation, die auch als gotische Notation bezeichnet wird. Charakteristisch ist die Form der Noten, die einen nach unten gerichteten Hals haben: er läuft wie ein handgeschmiedeter Hufnagel in eine Spitze aus. Diese und alle anderen Formen der Hufnagelnotation entstehen durch schrägen Ansatz des Federkiels, im Gegensatz zur römischen Choralnotation, die durch den waagrechten Ansatz geformt wird. Merkwürdig ist, daß es für den einzelnen Ton zwei Schreibformen gibt, das punctum in der Form eines auf der Spitze stehenden kleinen Quadrats und die virga (die Rute, das Reis) in der Form des beschriebenen Hufnagels. Beide Formen haben keinen Unterschied in bezug auf die Länge des Tons, den sie bedeuten; diese hängt ohnedies vom zugehörigen Text ab. Jedoch kann man häufig beobachten, daß die virga für einen höheren Ton, das punctum für einen tieferen und für gleichbleibende Töne innerhalb einer Melodie benutzt wird, ohne daß daraus feste Regeln abzuleiten wären. Zu diesen beiden Grundformen treten zwei- und dreitönige, selten mehrtönige Kombinationen der beiden Grundzeichen, die Ligaturen. Sie geben den Melodieverlauf an und bedeuten zumeist, daß sie auf eine Silbe zu singen sind. Die Orientierung im Tonbereich wird durch die Notenlinien im Terzabstand gegeben, sie sind bei Helbig rot, gelb, auch grün und in den Zwischenlinien

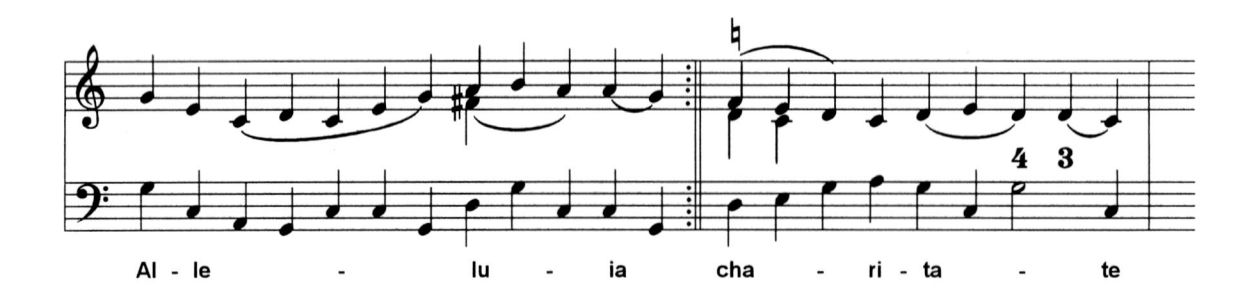

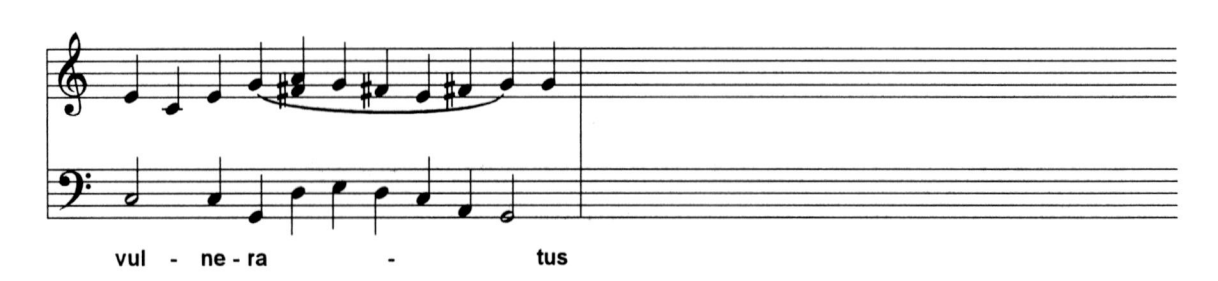

Notenbeispiel 6. Die erste Zeile aus Abbildung 9 ergibt diesen Begleitsatz

schwarz. Am Beginn eines Systems, das meist aus drei oder vier, selten aus fünf Linien besteht, wird durch einen Buchstaben c bzw. f, beide in oft eigenwillig stilisierten Formen, angegeben, ob die betreffende Linie den Ton c' oder (klein) f trägt. Nicht selten wird eine ebenfalls farbige, meist rote Hilfslinie eingetragen, die dann die Oktav von f, d.h. f' bedeutet. Diese hier kurz beschriebene gotische Notation ist in Deutschland und den östlich und südöstlich angrenzenden Ländern seit dem 15. und noch bis ins 18. Jahrhundert in Gebrauch und wird erst allmählich durch die Schriftformen der römischen Quadratnotation verdrängt.

Schließlich muß ergänzt werden, daß Helbig auch ein Brevier, das normalerweise keine Noten enthält, geschrieben hat. Es ist die Pergamenthandschrift Oct. 53 mit 122 Blättern, das Format des Einbandes ist 17 x 12,5 cm. Auf Blatt 122r findet sich der Eintrag: „Scriptum est iste libellum per fratrem Joannem Helbigk. Anno post reconativitatem divinitatem:M.d.xxiii". (Geschrieben wurde dieses Büchlein von Bruder Johannes Helbigk. Im Jahre 1523 nach der Wiedergeburt Gottes). Das Brevier beginnt mit teilweise vergoldeter Initiale den Text: „In Vigilia Corporis Christi Ad vespera Antiphone / Sacerdos in eternum christus dominus secundum ordinem melchisedech panem et vinum obtulit."

Genauere Auskunft über Johannes Helbig aus Altzella wird bei weiteren Untersuchungen vielleicht noch zu erhalten sein. In jedem Falle ist es bemerkenswert, daß wir in ihm einen namentlich bekannten und in seiner Wirkungszeit als Schreiber zumindest 1515 bis 1529 und seinem Wirkungsort, dem Zisterzienserkloster Altzella nachweisbaren bedeutenden Schreiber von gotischer Choralnotation vor uns haben.

Die Orgel als Begleitinstrument der gregorianischen Gesänge

Ein durchaus bemerkenswertes Kapitel der klösterlichen Musikgeschichte in Marienstern stellt die Benutzung der Orgel zur Begleitung des gregorianischen Chorals dar. Das früheste Zeugnis in der Bibliothek – sieht man von der Eintragung in dem Prozessionale Oct. 2 ab – ist ein stattlicher Band mit originalem Einband aus geleimtem Buchbinderpapier, dessen mit roter Tinte geschriebene Titelseite wie folgt lautet: „JHs./ Meßen / von / Denen Heyligen / für / Das Fürstlich- und Jungfräuliche / Heyl: Cistercienser Ord: / Stifft und Closter / Marienstern / auf die Orgel übersetzet / und beschrieben / von / F.P.Iosepho Iahn von Plaß./ Anno 1705". Die Signatur des Bandes ist: Quart 43. Die Handschrift enthält in zwei Teilen die gregorianischen Melodien des „Proprium Mißarum de Sanctis" auf den Seiten 1 – 80 und das „Commune Sanctorum" auf den anschließenden Seiten I bis LIX, d.h. die im Jahresablauf im Bezug auf den jeweils zu feiernden Heiligen wechselnden Teile der Messe. Der Band beginnt auf S. 1 mit „Die 30 Novembris. In festo S.Andreae Apostoli.MM.maj:" Die gregorianischen Melodien werden reguliert in Viertel- und halben Noten, die Taktstriche teilen aber nicht regelmäßige Takte, sondern sind an den Textabteilungen der Vorlage orientiert. Neu ist, daß zu den Melodien eine Generalbaßstimme komponiert worden ist, die unter Zuhilfenahme einiger wenigen Bezifferungen und gelegentlicher Hilfsstimmen im Alt einen einfachen harmonischen Satz herstellen. Sicher sind gelegentlich auch Sextakkorde benutzt worden, ohne daß sie in der Bezifferung angegeben worden sind. (Abb. 9 NB 6)

9 Kloster St. Marienstern Quart 43, S. XXXVIII. Orgelbegleitsatz von Iahn von Plaß (1705) aus dem Beginn der „Missa Von Heyligen Bernardo an denen dienstagen alle Monat", vgl. Notenbeispiel 6

Ein weiterer Band mit analogen Orgelbegleitsätzen hat die Signatur: Quart 46. Auf dem braunen Ledereinband ist eingraviert: „C.T.A.M. 1768" mit Äbtissinnenstab; dies bedeutet: „Clara Trautmann Äbtissin Marienstern". Die mit starken Gebrauchsspuren behaftete Handschrift enthält nach dem gleichen Verfahren erstellte Orgelsätze. Die Bezifferung ist hier reichhaltiger als in dem ersten Orgelbuch, bemerkenswert ist wohl, daß Versteilungen durch doppelte Taktstriche sehr deutlich markiert werden. Das Notenbeispiel 7 bringt aus dem „Proprium de Tempore", also aus dem nach der Kirchenjahreszeit geordneten Teil den zum Kirchenjahresende gehörigen Hymnus „Conditor alme syderum, aeterna lux credentium, Christe redemtor omnium, exaudi preces supplicum" (Gott, heiliger Schöpfer aller Sterne / erleucht uns, die wir sind so fern, / daß wir erkennen Jesus Christ, / der für uns Mensch geworden ist).

Merkwürdige Gestalt haben die „Versus aus den großen Responsorien zu allen Sermonfesten bei der ersten Vesper. Responsoria bei Aussetzung der h: Reliquien der h. Ursula et Sociae: Responsorium sint lumbi bei der Visitation.etc: Zur Orgel verfaßet Anno 1705. neu abgeschrieben 1838." Hier kann es sich keinesfalls um eine getreue Abschrift handeln, vielmehr ist anzunehmen, daß beim Abschreiben ein ursprünglich notierter Generalbaßsatz in einen vollgriffig ausgeschriebenen Orgelsatz übertragen wurde. So zeigt sich die in Leder mit Goldschnitt gebundene Handschrift mit der Prägung „B.G.A.M.1839" mit Äbtissinnenstab (Signatur Quart 50). Noch 1805 aber wurde „Ad Missas./ Kyrie, Gloria,/ Credo, Sanctus./ Cisterziense. Conscriptum./ Pro Choro Mariae Stell./..." als durchaus fachmännisch bezifferter Generalbaßsatz aufgeschrieben (Sign. O 54). Einen neuen Typus mit etwas gelichtet ausgeschriebenem Orgelsatz enthält das Heft „Benedictus und Magnificat" mit der Signatur Quart 52. Diese Sätze wurden nach Aussage von Schwester Hildegard Rudolph noch bis in die sechziger Jahre unseres Jahrhunderts benutzt. Sie war es, die, geboren am 23. 4. 1929, nach gründlicher Ausbildung durch ihre Musiklehrerin Brigitte Lupke und die

Notenbeispiel 7 St. Marienstern, Quart 46. Orgelbegleitsatz aus dem Hymnus „Contitor alme syderum" im 4. Ton aus dem Proprium vor dem 1. Adventssonntag

Bautzener Domorganistin Hedwig Franke in jahrelanger Bemühung neue Orgelbegleitsätze für die gregorianischen Melodien der Sonn- und Festtage schuf, die seither im Kloster Marienstern in Gebrauch sind (Abb. 10).

Diese durchaus vorläufige Beschreibung war nur durch freundliche Unterstützung von mehreren Seiten möglich. Zunächst danke ich der Frau Äbtissin für die Erlaubnis, in der Bibliothek zu arbeiten, sowie Sr. M. Elisabeth Gäbler für zahlreiche Informationen über die liturgischen Ordnungen der Zisterzienser. Herrn Dr. Andreas Haug, Universität Erlangen und Frau Dr. Anette Löffler, Handschriften-Abteilung der Universitätsbibliothek zu Leipzig, danke ich für briefliche Beratung und klärendes Gespräch, meinem Kollegen Winfried Schrammek für eine Durchsicht des Manuskripts. (H.G.)

Anmerkungen

1   1. Antiphonarii Cisterciensis PARS PRIMA Vigilias Nocturnas pro toto anni tempore complectens AUCTORITATE Reverendissimi DD. Sighardus Kleiner ABBATIS GENERALIS SACRI ORDINIS CISTERCIENSIS EDITI. WESTMALLE, TYPIS ORDINIS 1955.
2. Antiphonarii Cisterciensis Pars Altera Horas Diurnas etc. WESTMALLE, 1954.
3. Processionale Cisterciense AUCTORITATE Reverendissimi Domini Edmundi Bernardini, ABBATIS GENERALIS S.ORDINIS CISTERCIENSIS EDITUM.SALVIS IURIBUS ORDINIS CISTERCIENSIUM REFORMATORUM QUOAD USUM CANTUS GREGORIANI PROPRII ET CUM BENEPLACITO EIUSDEM CAPITULI GENERALIS. TYPIS CISTERCIENSIBUS APUD WESTMALLE BELGII MCMXLVI.
4. Breviarium Cisterciense REFORMATUM IUXTA DECRETUM SACR.RITUUM CONGREGATIONIS DIEI 3 JULII 1869 CONFIRMATUM A PIO IX. PONT.MAX. AUCTORITATE Rev.mi D. Matthaei Quatember ABBATIS GENERALIS SACRI ORDINIS CISTERCIENSIS EDITUM PARS AESTIVALIS.TYPIS CISTERCIENSIBUS APUD WESTMALLE BELGII MCMLI.

2   BEYER, EDUARD: Das Cistercienser-Stift und Kloster Alt-Zelle in dem Bisthum Meißen. Dresden 1855, S.170, Anm. 34 c.

3   Johannes Helbig – die Schreibweise beider Namen wechselt häufig – ist in der Geschichte des Klosters Altzella mehrfach nachzuweisen. Vgl. hierzu: Archivum Cellense et Rosvinense; oder: Alt=Zellischer Chroniken Achter und Letzter Theil, Dresden und Leipzig 1722 S. 311ff. und ZEHMEN, FERDINAND VON: Die Reihenfolge der Aebte des ehemaligen Cistercienser=Klosters Alten=Zelle bei Nossen an der Mulde. Dresden 1845, S. 50, wo es in einem Bericht über die Visitation des Klosters am 18. Februar 1540 heißt: „Johannes Helbigk von Freybergk, Bursarius ist 32 Jar im Closter gewest wil sein kleyd willigk ablegenn."

10 Kloster St. Marienstern. Handschrift der S. Elisabeth Rudolph mit einem Orgelbegleitsatz zur Antiphon „Hodie Christus natus est", nach 1960

1 Osterreiter zwischen Wittichenau und Ralbitz

Sorbische Volksfrömmigkeit im Umfeld des Klosters St. Marienstern

Rudolf Kilank

Inmitten des Oberlausitzer sorbischen Kernsiedlungsgebietes gegründet, setzte das Kloster St. Marienstern Maßstäbe für die christliche Arbeits- und Lebensweise der Nonnen, Patres und Bediensteten einerseits sowie der Klosteruntertanen andererseits. Die weitläufige Klosterherrschaft wurde über Jahrhunderte vom Zentrum nachhaltig geprägt, wenngleich das Domstift St. Petri in Bautzen, seit der Auflösung des Bistums Meißen mit der kirchlichen Administratur der Lausitzen betraut, im Laufe der Zeit gleichfalls auf das christlich-katholische Denken und Handeln der damals noch zahlreichen wendisch-sorbischen Diözesanen Einfluß nahm. Schließlich standen auch einige Dekane sorbischer Nationalität als Oberhirten Deutschen wie Sorben gegenüber in der Pflicht. Christliche Lebensweise und traditionell geformte Volksfrömmigkeit sind bewährte Eckpfeiler des sorbischen Volkes in beiden Konfessionen gewesen und – trotz unvermeidlicher Verluste infolge des gegenwärtigen Wandels – im wesentlichen noch intakt geblieben.

Marianische Frömmigkeitsformen im Mittelalter

Die Verehrung der Gottesmutter wurde in mehrfacher Weise institutionalisiert, z.T. noch bevor die Jungfrauenklöster St. Marienthal und St. Marienstern gegründet wurden. So weihte man in Bischofswerda die Pfarrkirche, etwa 1230 die in Wittichenau sowie gegen 1293 die Vorstadtkirche „Unserer Lieben Frau" in Bautzen der heiligen Maria, der zu dieser Zeit ein Hospital angegliedert war. Bischof Witego I von Meißen förderte 1327 die Marienverehrung in Guben durch Gewährung von 40 Tagen Ablaß oder Fastenerleichterung für die regelmäßige Teilnahme an Samstaggottesdiensten zu Ehren der Gottesmutter. Ein Dekret von 1511 gewährte hier Sterbenden ebenfalls 40 Tage Ablaß, wenn sie u.a. drei Ave-Maria beteten. Glocken der erwähnten Kirchen wurden auf Marias Namen getauft. Marienaltäre wurden errichtet: 1410 im Bautzener Dom, 1482 in Crostwitz und 1439 in der Pfarrkirche Luckau, dieser wurde durch den Offizial des Bautzener Kollegiatskapitels gestiftet und mit Seelenmessenkapital ausgestattet. Äbtissin Barbara von Nostitz als Initiatorin verstand es, Bäuerinnen der Parochie an der Finanzierung des Crostwitzer Marienaltars und seines Altaristen zu interessieren. Dort zelebrierte an zwei Wochentagen ein Bautzener Hilfsgeistlicher eine stille Messe. Statuen der Gottesmutter wurden im 14. Jahrhundert aufgestellt in der Pfarrkirche Neschwitz, im 15. Jahrhundert in Groß-Postwitz. Die Legende berichtet von einer Muttergottesfigur in einer Linde bei Rosenthal. Groß-Postwitz und Rosenthal waren Wallfahrtsorte, ebenso Eulowitz (bei Großpostwitz), Uhyst a. T., Lübben, die „Wendische Marie" von Alt-Forst und Papstdorf (Sächsische Schweiz). Mittelalterliche kirchliche Bruderschaften im sorbischen ländlichen Raum hatten sich die Muttergottes (1446 Wittichenau) zur Patronin oder St. Sebastianus als Pestheiligen zum Patron erkoren. Das Ave-Maria beteten regelmäßig die Mitglieder der marianischen kirchlichen Bruder- und Schwesternschaften, die es in allen städtischen Kommunen gab, sowie die Lateinschüler. Als Vorname taucht Maria im 15. Jahrhundert in Gubener Kirchenmatrikeln auf.

Das Zinsregister des Klosters Marienstern, etwa 1374 abgefaßt, enthält einen aufschlußreichen Beleg zum angehenden einheimischen Weihnachtsbrauchtum. Der Dorfschulze von Wetro war angehalten, der Äbtissin einen „Kolatsch", einen Mohnstriezel, zum Fest zu verehren. Dies ist ein frühes und leider kaum beachtetes Zeugnis für die weihnachtliche Stollentradition unserer Tage.

Osterreiterprozessionen

Nachdem Martin Luthers Reformation eine neue Kirche hervorgebracht und die katholische Kirche in Sachsen weitgehend ins Abseits gedrängt hatte, setzten sich die Meißner Bischöfe für die Beibehaltung der kirchlichen Prozessionen in den verbliebenen katholischen Gemeinden ein. Dagegen erledigten sich in den protestantisch gewordenen Gebieten derartige Veranstaltungen infolge des neuen Glaubensverständisses, zunächst ohne Zwangsmaßnahmen, später unter Zuhilfenahme von Verboten und Geldstrafen. Innerhalb der Oberlausitz ist dies am Beispiel des Kreuz- oder Osterreitens, der wichtigsten kirchlichen Prozession des Kirchenjahres, eindeutig zu belegen.

Soweit bisher bekannt, hatten die Stadtgemeinden Hoyerswerda und Wittichenau etwa ein halbes Jahrhundert hindurch bereits eine österliche Partnerschaft unterhalten und einander durch Reiterprozessionen die Frohbotschaft vom Auferstandenen überbracht. Als Hoyerswerda jedoch protestantisch wurde, erledigten sich diese Bande der Partnerschaft sogleich. Die Männer der Pfarrgemeinde Wittichenau suchten, getreu der bischöflichen Weisung, einen neuen Anlaufort und Partner zu finden. Es war der Filialkirchort Ralbitz, ehemals Pfarrort und seit der Brandschatzung durch die Hussiten nach Crostwitz eingepfarrt. Diese Partnerschaft ist inzwischen über 450 Jahre von Bestand, und nichts deutet darauf hin, daß sie von irgendeiner Seite in Frage gestellt werden könnte.

Osterreiterprozessionen wurden in Neschwitz, Neukirch/OL und Radibor von protestantischer Seite untersagt. In Radibor erhob sich Widerstand, doch letztendlich blieb der kirchliche Brauch auf der Strecke und wurde erst später reaktiviert. Die katholischen Kirchenoberen der Oberlausitz – Domdekan und Administrator sowie beispielsweise die Äbtissin von St. Marienstern – gehörten zum Teil den Reformkräften der katholischen Aufklärung an. Sie waren bestrebt, traditionalistische Zöpfe der Volksfrömmigkeit abzuschneiden, wozu sie offensichtlich auch das Osterreiten zählten. Auf Weisung der Äbtissin Bernharda Keller verkündete Pfarrer Ziesch als Kollator 1780 in Crostwitz von der Kanzel, das Osterreiten werde eingestellt. Vermutlich erfolgte in Bautzen auf Anregung des Dekans dasselbe. Während sich die Bautzener Gemeinde damit abfand, ließen sich die Crostwitzer Osterreiter nicht davon abhalten und konnten sich durchsetzen.

Noch ein knappes Jahrhundert später veranlaßte Äbtissin Cordula Karolina Ulbrich möglicherweise aus ähnlichen Erwägungen heraus, daß weder Pferde noch Kutscher in klösterlichen Diensten am Osterreiten in Crostwitz teilnehmen durften. Als aber anläßlich des großen Wettinerfestes 1889 in Dresden um Entsendung sorbischer Osterreiter für die Teilnahme am historischen Festumzug von offizieller Seite ersucht wurde, änderte die neue Äbtissin Bernharda Karolina Kasper ihre ablehnende Haltung. Die Mitwirkung von Osterreitern aus dem unmittelbaren Umfeld des Klosters an den Feierlichkeiten 1889 und nochmals anläßlich des Festumzuges der Ausstellung des Sächsischen Handwerks und Kunsthandwerks 1896 in Dresden verhalf den sorbischen Katholiken sowohl am Königshofe als auch in der deutschen Öffentlichkeit zu Ansehen und Anerkennung. Seither wurde es üblich, daß das Osterreiten vor allem im Kloster St. Marienstern von deutschen und vor allem Dresdener Osterreitertouristen bestaunt wurde. Enormen Zulauf erhielt das hiesige Osterreiten durch die mehrmalige Anwesenheit des sächsischen Königs oder von Mitgliedern des Königshauses. Etwa um die Mitte der neunziger Jahre des 19. Jahrhunderts verselbständigten sich die Reiter der unmittelbaren Umgebung des Klosters zur eigenen Osterreiterprozession als Partner der Crostwitzer Prozession.

Das Osterreiten als einst kirchliche, mittlerweile religiöse Laientradition von annähernd 1.500 Teilnehmern im Jahre 1997 beweist die Lebendigkeit der hiesigen Volksfrömmigkeit. Es gibt die Partnerschaften zwischen Wittichenau und Ralbitz, Crostwitz und St. Marienstern, Nebelschütz und Ostro, Radibor und Storcha sowie eine 1993 wiederbelebte Bautzener Prozession nach Radibor. Einheimische wie zu Besuch weilende Bischöfe haben immer wieder durch ihr Erscheinen auf den hohen Stellenwert der Osterreiterprozession hingewiesen, 1997 sogar Nuntius Erzbischof Lajola.

Während es in den Jahren der DDR mitunter schwer fiel, Pferde zu beschaffen, sich auszurüsten, behördliche Schikanen hinzunehmen und sich als Christ in der Öffentlichkeit zu bekennen, hat auch die politische Wende 1989/90 keinesfalls zu einem Abwärtstrend an Mitreitern geführt – im Gegenteil. Die Anzahl von jugendlichen Interessenten ist trotz finanzieller Opfer größer, als es die Platzverhältnisse an Kirchen und Friedhöfen gestatten.

Muttergottes von Rosenthal

Der Wallfahrtsort Rosenthal (7 km nördlich von St. Marienstern) ist für die katholischen Sorben ein Zentrum der Marienverehrung.

Der Ort wird in einem Schreiben Kaiser Karls IV. 1350 und im Zinsregister des Klosters erwähnt. Um 1600 werden 15 Bauern genannt, 1777 zählt der Ort nur noch Häusler und Gartennahrungsbesitzer. Diese lebten unter der feudaler Klosterherrschaft relativ gut. In der zweiten Hälfte des 19. Jahrhunderts besaß Rosenthal wieder 15 Bauerngehöfte und einige Häusler. Die Volkszählungen 1834 und 1900 nennen unverändert 142 sorbische Einwohner.

Zunächst war Rosenthal nach Ralbitz eingepfarrt. Doch die Hussiten vernichteten Kirche und Pfarrgut in Ralbitz. Das Kloster übergab die Pfarrgemeinde Ralbitz samt Rosenthal dem Crostwitzer Kirchspiel. Mit dem privilegierten Altar von 1516 gewann der Ort in seelsorglicher Beziehung. Ein Crostwitzer Kaplan mußte die Gottesdienste feiern, bis 1720 ein eigener Geistlicher (expositus) angestellt wurde. Schließlich wurde die Kirche 1739 von Crostwitz getrennt und vom Kloster Marienstern übernommen. Sie wurde Filiale des Klosters, das eine Administratur erbauen ließ und einen eigenen Klostergeistlichen für die Seelsorge anstellte.

Historisch verläßlich nachzuweisen sind in der ersten Hälfte des zweiten Jahrtausends weder Marienverehrung noch Wallfahrten. Vielleicht ist bereits 1264 in der Nähe eines Baumes die erste Kapelle zur Verehrung Marias errichtet worden. Jedenfalls entstand 1516 eine Holzkapelle, in der von 1628 an auf einem Nebenaltar ein Marienbild verehrt wurde. Der Bau einer massiven Kirche neben der alten Kapelle ist erst 1537 begonnen worden, diesen umgibt seit 1552 eine Schutzmauer. Nachdem man die

Kirche 1683 wegen zunehmender Wallfahrtsprozessionen erweiterte, erhielt sie 1688 einen neuen Hauptaltar mit einer Muttergottesstatue von menschlicher Größe. Die heutige Wallfahrtskirche wurde 1778 fertiggestellt.

Am 1. Mai 1945 brannte die Kirche nach Granatbeschuß ab. Pater Konrad Mauder rettete aus der brennenden Kirche das Allerheiligste und die etwa 50 cm große Gnadenstatue. Später organisierte er den Wiederaufbau. Mit dem Fahrrad fuhr er von Dorf zu Dorf und bat um Spenden. Das Gotteshaus war innerhalb von zwei Jahren wieder hergestellt. Seit geraumer Zeit ist Rosenthal nicht nur Wallfahrtsort der Sorben, sondern auch für das Bistum Meißen bzw. Dresden-Meißen, wie seine Bezeichnung seit 1980 lautet.

Papst Clemens XIV. verlieh 1773 der Wallfahrtskirche einen zeitlich begrenzten Ablaß, Papst Pius VI. aber 1785/86 drei vollkommene Ablässe. Diese konnten besonders an Hoch- und Marienfesten gewonnen werden. Bisheriger kirchlicher Höhepunkt der Marienverehrung war der 2. Juli 1928. Bischof Dr. Schreiber verlas vor 4.000 sorbischen Pilgern ein Dekret Papst Pius XI. und krönte die Marienstatue mit einer goldenen Krone, indem er ihr den Titel „Maria de tilia" – Maria von der Linde – verlieh. Beinahe hätten zwei Brüdern namens Šimon aus Temritz bei Bautzen eine weitere geistliche Institution in Rosenthal beheimatet. Beide waren Geistliche und hatten zwischen 1680–1684 die Absicht, mit ihrem Erbe ein Haus für pensionierte Priester erbauen zu lassen. Alle Instanzen mit Ausnahme der Äbtissin von Marienstern bewilligten den Plan. Deshalb entschlossen sie sich, ihr Geld zum Kauf eines Grundstückes für das „Wendische Seminar" in Prag einzusetzen. Diese Bildungsstätte konnten von 1728 bis 1923 insgesamt 428 Studenten besuchen. Die meisten von ihnen wurden Priester.

In der zweiten Hälfte des 17. Jahrhunderts wurde Rosenthal der bedeutendste Wallfahrtsort der Sorben. Dazu führten besonders vier wichtige Ereignisse. Erstens blieb nach der Reformation nur ein verhältnismäßig kleiner Teil der Sorben katholisch, so daß einige Wallfahrtsorte verschwanden: Neschwitz, Uhyst a. T., Göda, Eulowitz bei Großpostwitz. Zweitens waren die Wittichenauer stets große Verehrer ihrer „heimatlichen" Gottesmutter und riefen zu ihr in Notzeiten. Ihr Pfarrer Jan Serbin organisierte aber 1680 die erste große Gemeindewallfahrt nach Rosenthal mit annähernd 1.000 Gläubigen. Sie baten um Schutz gegen eine neue Welle der Pest. Drittens unternahm Domdekan Brückner aus Bautzen 1683 eine besondere Wallfahrt der Bautzener Katholiken, unter ihnen überwiegend Sorben, nach Rosenthal. Sie baten um Abwehr der türkisch-islamischen Bedrohung des christlichen Europas. Viertens empfahl derselbe Domdekan 1686 allen „Nachbarn", d.h. allen katholischen sorbischen Gemeinden, dem Beispiel der Bautzener zu folgen. So entfaltete sich eine neue Wallfahrtstradition mit drei jährlichen Prozessionen: Osterdienstag, Mariae Heimsuchung (2. Juli) und Maria Geburt (8. September). Schließlich kam als vierter Termin Pfingstdienstag hinzu. Im Laufe der Zeit entstanden manche Hindernisse und Probleme zum Schaden der Gemeindewallfahrten. In den Napoleonischen Wirren 1813/14 setzte die Bautzener Prozession einige Jahre aus. Der deutsche „Wandervogel" versuchte 1926, sorbischen Jugendlichen aus Bautzen klarzumachen, daß man im Blick auf die eigene Gesundheit das Wandern dem Wallfahren vorziehen solle. Die DDR-Zeit erzwang Korrekturen. Zunächst verlegte man die Wallfahrten zu Ostern und Pfingsten vom Dienstag auf den Montag. Dann wurde der Ostermontag als staatlicher Feiertag abgeschafft. Außerdem nutzten die Osterreiter diesen Tag, um ihre geborgten Pferde wieder zurückzubringen. Deshalb empfahlen Pfarrgemeinderäte und Osterreiter der Sorbischen Pastoralen Arbeitsgemeinschaft einen Dankgottesdienst aller Osterreiter am Osterdienstagabend in Rosenthal. Diese Praxis bewährt sich seit 1983.

Zeitweise wurde auch aus anderen Gründen eine Schwächung der Prozessionen beobachtet. Im „Serbosław" in Crostwitz beklagte man 1910, daß die Leute lieber „ausländische" Wallfahrtsorte besuchen. Damit waren besonders Philipsdorf/Filipov und Mariaschein/Krupka-Bohosudov in Böhmen gemeint. Doch die leibliche und seelische Not des 1. Weltkrieges änderte die Lage. Im Jahre 1917 berichtet „Katolski Posoł" von so vielen Wallfahrern, wie sie in Rosenthal noch nicht gesehen wurden. Am 1. Mai 1919 beteiligten sich an einer Dankeswallfahrt 2.000 ehemalige Soldaten mit Bischof Franz Löbmann. Nach der Zerstörung der Wallfahrtskirche am 1. Mai 1945 versammelten sich die Wallfahrer auf einer nahegelegenen Wiese.

Außer den traditionellen Prozessionen, zu denen sorbische Kinder, Jugendliche und Familien jedes Jahr gemeinsam nach Rosenthal gehen, sind auch Bistumswallfahrten z.B. für Kinder, Jugendliche und das Kolpingswerk traditionell verankert. Zu einer besonderen Dank- und Bittwallfahrt lud Bischof Joachim Reinelt in der Zeit der „friedlichen Revolution" am 12. November 1989 nach Rosenthal ein.

Jede Wallfahrt der sorbischen Gemeinde hat ihren festen Bestand im gemeinsamen Rosenkranzgebet und Gesang. Fahnen, Kreuz und besonders die Statue der Gottesmutter, getragen von Druschken in ihrer Festtracht, geben der Prozession einen würdigen Rahmen. Die Wallfahrtskirche kann nicht alle Pilger aufnehmen. Deshalb wird immer mehr auf die Wallfahrtswiese mit ihrer Altarinsel ausgewichen. Am Pfingstmontag 1997 waren unter den 6.000 Gläubigen die Wettiner-Nachfolger des sächsischen Königshauses und Gläubige und Priester aus Tschechien, Polen und Bosnien.

Bruderschaften

Marianische Bruderschaften vermehrten die Verehrung der Gottesmutter in Städten und Ratsdörfern. Mit dem Errichten von Nebenaltären verpflichteten diese Bruderschaften den von ihnen bezahlten Vikar zu bestimmten Gottesdiensten und weiteren priesterlichen Handlungen. Durch Stiftungen wurde das Vermögen vergrößert, so daß man teure Neuanschaffungen wie Orgeln oder sogar einen Teil des Lehrergehalts bezahlen konnte. Dem Gebot der Nächstenliebe folgend, wurden karitative Einrichtungen, Arme, Alte und Kranke unterstützt. Die Feste der Marienbruderschaften feierte man besonders im Advent, zu Weihnachten, am Karfreitag, Pfingstsonntag, Maria Heimsuchung, Maria Himmelfahrt (15. August) und Maria Geburt (8. September), außerdem zu Walpurgis (30. April), Michael (29. September) und Lucia (13. Dezember).

Die Marianische Bruderschaft in Wittichenau war sorbisch geprägt, sie bestand seit 1446. Ihr Altarist wurde vom Vermögen der frommen Stiftung bezahlt und verrichtete zugleich die Dienste eines Stadtkaplans.

Crostwitz, neben Göda und Wittichenau die größte Pfarrgemeinde, hatte 1482 seinen ersten Marienaltar. Dessen finanzielle Ausstattung besorgte die Äbtissin des Klosters St. Marienstern, indem sie Geldspenden in den Klosterdörfern sammelte. Ein eigener Altarist wurde nicht angestellt, sondern ein sorbischer Vikar aus Bautzen feierte an drei Wochentagen am Marienaltar die heilige Messe. Es ist nicht bekannt, ob er zu Fuß kam oder beritten war. Das Stiftungsgeld reichte für die dauerhafte Anstellung eines Kaplan offensichtlich nicht aus. Erst 1583 wurde ein Kaplan angestellt, zu dessen Pflichten die Verehrung Mariens gehörte.

Außer den Marienbruderschaften bekamen die Sebastians-Bruderschaften in der sorbischen Volksfrömmigkeit große Bedeutung. Sowohl in Wittichenau als auch in Crostwitz wurden sie 1491 gegründet. In Wittichenau drohte dieser frommen Einrichtung in den Wirren der Reformation wie im Dreißigjährigen Krieg ein plötzliches Ende. Zur weiteren Entfaltung kam diese Frömmigkeitsform erst wieder nach dem Jahre 1700. Pětr Dubjenka, ein Wittichenauer Kaplan, brachte aus Rom Ablaßdokumente mit und verhalf so zu der weiteren Verbreitung in Wittichenau und Crostwitz. Die Wittichenauer Sebastians-Bruderschaft war nicht nur eine fromme und mildtätige Gemeinschaft, sondern organisierte sich zugleich als St. Sebastians-Schützengilde. Im Mittelalter war sie eine Stadt- und Bürgerwehr. Bis ins 20. Jahrhundert präsentierte sie besonders zu Fronleichnam als Begleiter des Allerheiligsten das Gewehr und untermauerte den sakramentalen Segen mit Böllerschüssen.

Die Crostwitzer Sebastians-Bruderschaft wurde nach italienischem Vorbild als Vereinigung gegen ansteckende Krankheiten gegründet. Gebet und gute Werke standen im Vordergrund. Zur Zeit von Pfarrer Zynda († 1706) wurde auf dem Kirchberg eingangs des Friedhofs eine große Figur des Heiligen aufgestellt, die 1735 durch eine schöne Steinplastik ersetzt wurde. Im gleichen Jahr wurden in Schweinerden und später dann im Kloster ähnliche Sandsteinplastiken errichtet. Vom Kloster bis nach Wittichenau und Radibor finden sich ähnliche Darstellungen an Feldwegen und öffentlichen Straßen. Sie sind bis zur Gegenwart Zeugen des gelebten Glaubens und der Volksfrömmigkeit. Papst Benedikt XIII. schenkte der Bruderschaft 1726 einen Ablaßbrief. Ein Duplikat wird seit 1782 jedem Mitglied überreicht und bestimmt in sorbischer Sprache alle Verpflichtungen. Auf der vierten Seite stehen die Personalien des Mitglieds und die zu verrichtenden Gebete nach dem Ableben eines Bruders oder einer Schwester der Gemeinschaft. Wer im 18. Jahrhundert aufgenommen wurde, mußte nach dem Empfang des Bußsakramentes und der heiligen Kommunion vom Pfarrer eingetragen werden. Jedes Glied hatte die Bruderschaft durch Gebet und karitative Werke zu unterstützen. In der Vergangenheit war ein Teil des Friedhofs für die Mitglieder der Bruderschaft reserviert. In einem Todesfall mußte das jüngste Mitglied alle anderen zur Beerdigung einladen. Vor der Skulptur des hl. Sebastian wurde zum ersten Mal für den Verstorbenen gebetet. Die Stiftung erhielt recht ansehnliche Spenden, so daß sie z.B. 1769 zum Bau der neuen Pfarrkirche reichlich beitragen konnte. In Crostwitz wird der Tag vor Sebastian in vielen Familien bis heute als gelobter Fasttag gehalten. Der Tag als solcher (20. Januar) ist für die gesamte Gemeinde Feiertag. Die Gläubigen versammeln sich am Vormittag zur Festmesse mit Gastprediger und am Nachmittag zu Prozession und Andacht. Neue Mitglieder werden aufgenommen, und alle Schwestern und Brüder bringen ihr versprochenes finanzielles Opfer. In jüngeren Pfarrgemeinden wie Ralbitz (1754), Ostro (1772), Storcha (1893) und Sdier (1923) wurde keine eigenen Sebastians-Bruderschaft gegründet; dafür sind einige der Gläubigen Mitglied der Crostwitzer Sebastians-Bruderschaft.

In der Wittichenauer Kirche steht einer der schönsten Seitenaltäre: der Rosenkranzaltar. Im Jahre 1672 gründeten Pfarrer Njekela und Kaplan Serbin die Rosenkranzbruderschaft, die nach dem Dreißigjährigen Krieg das Glaubensleben der Gemeinde festigte. In den Matrikeln des „Wendischen Seminars" in Prag (Stiftung 1706, gegründet 1728, verkauft 1923) ist eine unverhältnismäßig große Zahl von Zöglingen aus Wittichenau eingeschrieben. Zum Rosenkranzfest im Oktober (7. Oktober) kommt nach alter Sitte eine Prozession aus Ralbitz (mit Druschken) und seit zwei Jahrzehnten eine Prozession der Jugend von Crostwitz. Sie setzen eine alte Tradition fort, denn bis Ende des vorigen Jahrhunderts pilgerten alle katholischen Gemeinden an diesem Tag nach Wittichenau. Das Altarbild des Rosenkranzaltars ist das Werk eines italienischen Malers. Es stellt die Muttergottes dar, wie sie dem heiligen Dominikus und der heiligen Brigitta einen Rosenkranz reicht. Umrahmt wird die Gruppe von der Darstellung der fünfzehn Geheimnisse des Rosenkranzes.

Fromme Volksweisen und private Volksfrömmigkeit

Marien- und Heiligenverehrung offenbaren sich bei katholischen Sorben besonders in alten frommen Volksweisen mit biblischem Hintergrund. Auch im zur Zeit gebräuchlichen „Wosadnik", dem sorbischen Gebets- und Gesangsbuch, finden sich viele Versionen frommer Volkslieder, besonders in Marien- und Weihnachtsgesängen. Bevor unsere Vorfahren lesen und schreiben konnten, erlernten sie die Lieder und Texte in der Familie, in der Spinnstube, in privaten und öffentlichen Gruppen, bei der Arbeit oder während der Sonntagspredigt. Die religiöse Bildung der Kinder oblag länger als anderswo den Eltern, Paten oder Großeltern. Wetter- und Bauernregeln prägten sich durch Sprichworte ein, biblische Geschichten aber besonders durch religiöse Volksweisen. Niemand weiß, wer sie vervollständigt oder geändert hat. Das Kirchenlied ist offizielles Gesangsgut im Gottesdienst, die Volksweise ist im privaten Lebensbereich verankert. Domkapitular Michał Hórnik († 1894), Mitbegründer des „Cyrill-Methodius-Vereins" der katholischen Sorben, hat viele religiöse Volkslieder vor dem Vergessen bewahrt. Er spürte, wie aus ihnen der gute christliche Geist alter Zeiten, die schlichte Meditation von Grundwerten des Glaubens und das vertrauende und liebende Verhältnis zur Gottesmutter erwächst. Gerade die Mutter Jesu ist dem Sorben bis in die Gegenwart lieb und teuer. Auch der in schwere Schuld verstrickte Sünder darf hoffen, daß er im Vertrauen auf die Mutter des Herrn das himmlische Reich geschenkt bekommt.

Jedes katholisch-sorbische Haus schmücken seit alters her ein Kruzifix und eine Statue oder ein Bildnis der Gottesmutter mit dem Jesuskind. In alten Bauernhäusern ist eine Ecke der Wohnstube, das Schlafzimmer, eine Nische im Wohnhaus oder Stallgebäude für diese Gegenstände reserviert. Meßbesucher sammelten Marienbildchen in ihrem „Wosadnik" und schickten solche bei Wallfahrten im Ausland nach Hause. Die ältesten Lithographien der Muttergottes von Rosenthal wurden in Jakob Ticins († 1693) „Epitome historiae Rosenthalensis" (Prag 1692) gedruckt, die ältesten Marienbildchen mit sorbischem Text verfaßte ein Bautzener Geistlicher 1877.

Bis in die Gegenwart werden Kapellen gebaut, in denen sich Gläubige zum Rosenkranzgebet oder in der Fastenzeit zur Kreuzwegbetrachtung versammeln. In den meisten Kapellen wird regelmäßig die heilige Messe gefeiert. Früher wurden Kruzifixe, Marien- und Heiligenfiguren besonders an Feld- und Fußwegen aufgestellt. Infolge der zwangsweisen Kollektivierung der Landwirtschaft und der damit verbundenen großflächigen Feldstrukturen, die sich nach 1960 entwickelten, standen und stehen manche von ihnen bis heute im Abseits. Seit der politischen Wende 1989/90 versucht man, für sie neue Standorte zu finden. Jedes Jahr werden restaurierte oder gänzlich neue Kreuze in der Öffentlichkeit oder im privaten Hausbesitz aufgestellt und eingeweiht. Der Diözesankodex von Bischof Lock (1802) bestimmt, daß vor der Aufstellung sakraler Objekte die Erlaubnis des Bautzener Domkapitols einzuholen ist. Bischof Lock wollte eine Übersicht haben und zugleich festschreiben, daß die kultischen Gegenstände auch gepflegt werden. Auf den Dörfern wissen die Leute heutzutage, zu welchem Gehöft oder zu welcher Familie ein solches Kreuz gehört. Damit ist allermeist die Pflege und die Restaurierung garantiert. Leider werden in neuester Zeit immer mehr Beschädigungen oder Schändungen der Kruzifixe auf Friedhöfen und an Wegen bzw. Straßen verübt. Die Täter können jedoch in vielen Fällen nicht zur Rechenschaft gezogen werden.

Eine alte, auch heute praktizierte Sitte ist es, daß jeder Gläubige seinen Rosenkranz besitzt. Im Normalfall erhält das Erstkommunionkind den Rosenkranz als Patengeschenk. Kinder- und Jugendwallfahrten sowie die jährlichen Gemeindewallfahrten (Pfingstmontag, 1. Juli, 8. September) üben das Rosenkranzgebet bereits in jungen Jahren ein. Die Wallfahrer der Ostroer Pfarrgemeinde haben einen Fußweg von etwa 20 km Länge. Nach Rosenthal werden drei und auf dem Rückweg, der wegen einiger Hügel etwas mühsamer ist, zwei Rosenkränze gebetet. Früher kauften Sorben ihre Devotionalien in Mariaschein, Philipsdorf oder eventuell auch in Tschenstochau/Częstochowa. Im heimatlichen Rosenthal war der Vertrieb im 19. Jahrhundert durch den Diözesankodex von 1802 verboten.

Bereits zu Beginn des 20. Jahrhunderts wird über den Brauch des Tragens der Muttergottes ins Haus berichtet. Heute nennt man diesen Brauch „Swjata Marka a swjaty Józef pytataj hospodu" (Herbergsuche). Die Figuren der Muttergottes und des hl. Josef werden von einer Familie in die nächste getragen. Dort verbleiben sie bis zum nächsten Advent. Dann werden sie weiter gegeben oder kehren zurück. Dazu werden festgelegte Gebete verrichtet. In Zerna bei Rosenthal existieren zwei Gruppen. Eine von ihnen hat neun Mitglieder. Diese Frauen versammeln sich jeweils am 15. Dezember abends 19.00 Uhr. Durch Losentscheid wird festgelegt, in welcher Reihenfolge die Muttergottes und der heilige Josef die Familien besuchen. Nach ihrer Einkehr betet man gemeinsam den freudenreichen Rosenkranz und Gebete aus dem „Wosadnik". Beide Figuren stehen auf einem würdigen Platz. Die Hausfrau zündet frühmorgens zwei Kerzen an und betet zwei vorgeschriebene Texte und ihr Morgengebet. Wenn sie nicht zur Arbeit geht oder Rentnerin ist, brennen beide Kerzen den ganzen Tag. Auch abends werden festgelegte Gebete verrichtet und zum Angelusläuten (sorb.: klakanje – man betete früher kniend) geht sie mit den Figuren zur nächsten ausgelosten Familie. Dort betet sie: „Empfange die Jungfrau Maria mit ihrer sündenlosen Mutterschaft auf ihrer beschwerlichen winterlichen Wanderung. Verehre sie aber nicht nur heute und morgen! Bemühe dich, daß sie immer und überall verehrt wird." Die Nachbarin empfängt Maria und sagt: „Sei gegrüßt, du reine Jungfrau. Freudig begrüße ich dich in meiner Wohnung. Ich will dich aus ganzem Herzen verehren. Verlaß mich nicht in meiner Todesstunde!" In der anderen Gruppe in Zerna wird der Brauch ähnlich gepflegt. In der nächsten Umgebung des Klosters Marienstern werden sogar drei Marienfiguren getragen.

Maiandachten und Rosenkranzgebet

Die Schwestern im Kloster Marienstern feierten im Jahre 1858 zum ersten Mal eine Maiandacht; im benachbarten Ostro geschah dies am 3. Mai 1860 abends 19.00 Uhr. Im „Katolski Posoł" wird 1863 berichtet, daß in Crostwitz die Maiandachten sehr gut besucht werden. Zugleich wird gefragt, wie das in weiteren Gemeinden gehandhabt wird. In Wittichenau wurden die Maiandachten 1866 eingeführt, und 1907 wird berichtet, daß die Gläubigen sehr gern zur Maiandacht gehen. Sie hätten ein inniges Verhältnis zu Maria, besonders zur Rosenthaler Muttergottes. Vielleicht war das ein charakteristisches Zeichen dafür, daß inzwischen der Wallfahrtsort Wittichenau zugunsten von Rosenthal verblaßt war. Auch in der Kirche zu „Unserer lieben Frau" auf dem Salzmarkt in Bautzen, der Sorbischen Kirche, ist 1870 als Beginn täglicher Maiandachten aufgezeichnet. Sie fanden abwechselnd deutsch und sorbisch statt.

Die erste gedruckte Vorlage zu Maiandachten „Mejska pobožnosć", Bautzen 1864, stammte von einem Schuster namens Mikławš Wojnar, der anonym bleiben wollte. Mit der Einführung der Maiandachten entstanden anfangs auch soziale Spannungen. Gutsbesitzer beschwerten sich über ihr Gesinde, das allzu oft diese Andachten besuchte. Sie täten dies nicht nur aus Frömmigkeit, sondern um sich vor Arbeit zu drücken. Die Priester hatten es deshalb schwer. Einerseits warben sie für das entfaltete Andachtswesen, andererseits sollten natürlich den Bauern keine materiellen Schäden entstehen. Offensichtlich wurden die Schwierigkeiten nach und nach beseitigt, denn späterhin verstummen kritische Stimmen.

Das Rosenkranzgebet ist bis heute eine der beliebtesten Formen der Volksfrömmigkeit bei den katholischen Sorben. Die 15 Geheimnisse des freudenreichen, schmerzhaften und glorreichen Rosenkranz sind in der heiligen Schrift verankert. Dieses Gebet schöpft aus der frohen Botschaft und führt den Beter wiederum zum Evangelium. Im Sorbischen hat sich ein bemerkenswertes Eigengut beim „heiligen Rosenkranz" entfaltet. Vor dem freudenreichen Rosenkranz stehen ebenfalls die drei Bitten an Jesus: daß er Glaube, Hoffnung und Liebe vermehre, stärke und entzünde. Allerdings wird hier von „wahrem Glauben, starker Hoffnung und vollkommener Liebe" gesprochen. Beim schmerzhaften Rosenkranz werden drei eigene Bitten genannt: Jesus soll „unseren Verstand erleuchten, unseren Willen rechtschaffen und unser Gedächtnis stärken". Der glorreiche Rosenkranz bittet Jesus, daß er „unsere Gedanken leite, unsere Worte führe und unsere Taten beherrsche". In einigen Gemeinden gibt es noch spezielle Formen des Rosenkranzgebetes, z.B. beim Gebet vor dem Sarg eines Verstorbenen oder am Herz-Jesu-Freitag. Der Rosenkranz bleibt im Volk lebendig, weil er bei vielfältigen Prozessionen im Kirchenjahr, besonders zu den Fußwallfahrten nach Rosenthal und auch noch im Oktober in vielen Familien gebetet wird. Traditionell wird dieses Gebet auch am Herz-Jesu-Freitag, drei Tage lang am Sarg eines Verstorbenen und bei allen Osterreiterprozessionen gepflegt. Deshalb fällt es Kindern oder Jugendlichen nicht schwer, bei Wanderungen den Rosenkranz zu beten. In Dörfern mit Kapellen finden sich besonders ältere Leute regelmäßig zu diesem Gebet ein. Rosenkranz-Bruderschaften sind in Wittichenau und Radibor bekannt. In der Vergangenheit wurde in der Fastenzeit in Spinnstuben der Rosenkranz gebetet. Die 1896 neuerbaute Pfarrkirche in Radibor wurde der „Mutter des heiligen Rosenkranzes" geweiht. Nach einem Krankenbesuch versprechen Gläubige oft dem Priester, daß sie in einer besonderen Angelegenheit täglich den Rosenkranz beten wollen.

In Miltitz wird aus den letzten Kriegstagen im April 1945 berichtet: Gefangene durften nicht mehr gemacht werden. Deutsche Soldaten erschossen sieben polnische Gefangene. Der letzte von ihnen betete laut den Rosenkranz und bat den deutschen Befehlshaber, den Rosenkranz zu Ende beten zu dürfen. Der Deutsche zündete sich derweil eine Zigarette an. Als der polnische Soldat sein Gebet beendet hatte, übergab er den Rosenkranz dem deutschen Soldaten und sagte, daß er auf den Tod vorbereitet sei. Daraufhin wurde er erschossen.

Fronleichnamsfest und Verehrung des heiligen Benno

Liturgische Reformen nach dem II. Vatikanischen Konzil (1962–1965) brachten auch für die katholischen Sorben manche, zum Teil notwendige Änderungen. Das Fronleichnamsfest wird aber nach wie vor ausführlicher gefeiert, als es streng liturgische Gesetze erwarten. Bis zum Konzil wurde in allen Pfarrgemeinden und im Kloster St.

Marienstern die Oktav des Festes mit täglichen sakramentalen Prozessionen begangen. Auch danach beschränkt sich die Feier nicht auf einen Tag mit einer Prozession, sondern auf den eigentlichen Fronleichnamstag (Donnerstag) und den folgenden Sonntag. Feierliche sakramentale Prozessionen sind an beiden Tagen jeweils nach dem Hochamt vormittags und nach der Andacht am nachmittag. In Bautzen ist eine bewährte Sonderregelung geblieben: am Donnerstag entfaltet sich die Prozession am Kloster der Klarissen (Schwestern von der Ewigen Anbetung) und am Sonntag mit dem Bischof auf dem Fleischmarkt (Domplatz). Zwar ist die Anzahl der Altäre zurückgegangen, aber die festliche Pracht – besonders mit den Druschken – ist geblieben. Die allermeisten sorbischen Katholiken haben dem Druck der DDR-Machthaber widerstanden und am Donnerstag einen Urlaubstag gefeiert. Es gab auch seitens der Schulbehörden – im Gegensatz zu Ostermontag, Christi Himmelfahrt und Aller-

2 Betsäule zwischen Lehndorf und Crostwitz

heiligen – kaum Widerstand. Auf den Dörfern rings um das Kloster war, wie zu alten Zeiten, festliche Ruhe. Für den Fremden ist unübersehbar, wie sich gerade in diesem Fest Elemente der sorbischen Kultur mit dem Glaubenszeugnis verbinden. Diese Verbindung gilt es, auf breitester Ebene weiter zu entfalten. Die deutsche Einheit hat zwar für das sorbische Volk manche Schwierigkeiten, wie die Strukturschwäche der Region, die sich im Fehlen von Industrie zeigt und der daraus resultierenden Abwanderung junger Menschen, mit sich gebracht. Sie birgt aber auch die Chance, viele Möglichkeiten des kulturellen, typisch slawischen Lebens in das Leben der Kirche vor Ort einzubringen. Die vom II. Vaticanum geforderte Inkulturation hat hier eine echte Chance. Das sollte auch eine über 750 Jahre deutsch geprägte Ordensgemeinschaft der Zisterzienserinnen nicht vergessen.

Im Jahre 1993 verfaßte Msgr. Salowski, Pfarrer der größten sorbischen Pfarrgemeinde, zu der auch St. Marienstern gehört, einen Bildband: „Auf den Spuren des heiligen Benno". Der Weg des Apostels der Sorben, des heiligen Bischofs Benno (1066–1106) wird nachgezeichnet. Bischof Benno von Meißen, der offensichtlich bis nach Göda gekommen war, wird als der umsichtige und demütige Mann des Glaubens geschildert. Das Erlernen der sorbischen Sprache scheint für ihn ein Grundpfeiler erfolgreicher Missionstätigkeit gewesen zu sein. Auch in den Zeiten der Reformation ließen sich die verbleibenden katholischen sorbischen Gemeinden nicht erschüttern. Obwohl die Bewahrung des „alten Glaubens" besonders durch das Bautzener Domstift und die beiden Zisterzienserinnenklöster St. Marienstern und St. Marienthal abgesichert wurde, hat die breite Masse der vorangegangenen Generationen entscheidend an der Bewahrung der katholischen sorbischen Substanz mitgewirkt. So haben sie sich immer wieder von der Treue des Bischofs Benno leiten lassen und ihm auch späterhin Grundsteine (St. Benno-Pfarreien in Ostro 1772 und Bischofswerda 1924) gelegt. Das einzige St. Benno-Lied (Wosadnik Nr. 628), das sich durchgesetzt hat, ist bei den katholischen Sorben Volksgesang geworden.

Literatur

[HITSCHFEL, ALEXANDER]: Chronik des Zisterzienserinnenklosters St. Marienstern in der königlich-sächsischen Lausitz. Warnsdorf 1894; MUSIAT, SIEGMUND: Serie über die Marienverehrung der katholischen Sorben. In: „Gottesdienste/Bože słužby" der Dompfarrgemeinde St. Petri in Bautzen, 1990/91; SALOWSKI, MARTIN: Wosady našeje domizny, Krajan 1 a 2, čitanke za křesćanski dom. (Unsere Pfarrgemeinden, sorbisches Hausbuch 1 und 2), Leipzig 1982, 1984; Katolski Posoł. Časopis katolskich Serbow (Zeitschrift der katholischen Sorben); SALOWSKI, MARTIN, RUDOLF KILANK und PETER SCHMIDT: Katholische sorbische Lausitz, Leipzig 1976; FRENCL, ALFONS: Podłu Klóšterskeje wody. Beiderseits des Klosterwassers. Bautzen 1981; SALOWSKI, MARTIN und GERALD GROSSE: Na slědach biskopa Bena. Wobrazy z katolskich Serbow. Auf den Spuren des heiligen Bischofs Benno. Bilder aus der katholischen sorbischen Lausitz. Bautzen 1993.

ABKÜRZUNGEN

AFG	Arbeits- und Forschungsberichte zur Sächsichen Bodendenkmalpflege
Anm.	Anmerkung
ASG	Archiv für Sächsische Geschichte
ASOC	Analecta Sacri Ordinis Cisterciensis
Ausst. Kat.	Ausstellungskatalog
Bd.	Band
CDB	Codex Diplomaticus Bohemiae
CDSR	Codex Diplomaticus Saxoniae Regiae
CD Lus.	Codex Diplomaticus Lusatiae Superioris
CD Sil.	Codex Diplomaticus Silesiae
Hb. histor. Stätten	Handbuch der historischen Stätten Deutschlands.
Hrsg.	Herausgeber, Herausgegeben
Jb.	Jahrbuch
Jg.	Jahrgang
KLAM	Archiv des Klosters St. Marienstern
NASG	Neues Archiv für Sächsische Geschichte und Altertumskunde
NLM	Neues Lausitzisches Magazin
RBM	Regesta diplomatica nec non epistolaria Boehmia et Moravia. (Hrsg. von J. Emler)
SächsHStAD	Sächsisches Hauptstaatsarchiv Dresden
ThHStAW	Thüringisches Hauptstaatsarchiv Weimar

Abbildungsnachweis

Archiv Preiss 407 (o.); Bergner 169 (o.), 170; Bischöfliches Ordinariat Bautzen (Nitschke) 274; Breitfeld/Blaschke 30, 32, 38, 47, 48, 49, 133; Brüx 157, 159 (l.), 161 (o.), 164 (o.), 172 (o. l.), 173 (o.), 177 (o.); Brüx/Bergner 169 (u.); Brüx/Holtmeyer 162 (2); Brüx/Kavacs 161 (u.), 177 (u.); Brüx/Magirius 172 (o. r.); Brüx/Ronneberger 163 (u.); Brüx/Ziessler 178 (o.); Domschatzkammer Bautzen Repro 271, 364; Douffet 380, 382; Dvoracek 285, 292 (o.), 294; Findeisen/Magirius 179; Fritz 24, 25, 26, 27, 28, 56, 270, 273, 275, 280, 282, 288, 289, 290 (2), 292 (u.), 293, 295 (2), 296, 298, 303 (o.), 304, 306, 307 (o.), 308, 311, 315 (u.), 318, 320, 325, 326, 327 (2), 328, 330, 332, 333, 334, 336, 339, 340, 342 (2), 343, 344, 345, 347, 348, 349, 350 (2), 351, 352, 353 (2), 354, 355, 357 (2), 358, 359, 360, 362 (2), 365, 366 (2), 367 (2), 369, 370, 371, 372, 373, 374, 375, 411; Godycki 204, 207, 209, 210 (2), 212; Grosse 29, 438, 445, 447; Gurlitt 180; Hempel 404; Holtmeyer 163 (o.); Jacob 232, 233 (o.), 234, 237, 239 (2); Kellner 418, 424, 426, 427, 428 (2), 431, 433 (2), 435; Kuthan 187, 188, 190, 191 (2), 192, 193, 194 (3), 195, 197; Kutzner 206; LfA 225, 227 (u.), 228; LfA (Braasch) Umschlagseite innen, 244; LfA (Kellner/Geck) 222, 226, 227 (o.), 229; LfA (Kellner/Knobloch) 101, 108; LfA (Kellner/Winzeler) 246; LfD 167 (u.), Repro 262, Repro 264 (3), 323, Repro 324; LfD (Groß) 316; LfD (Hütter) 302; LfD (Jentsch) 312 (u.); LfD (Kavacs) 173 (u.), 174 (2), 175 (2), 178 (u.); LfD (Plansammlung) 300 (o.), 322; LfD (Rabich) 20, 66, 114, Repro 124, 160 (3), Repro 171 (o. l.), 172 (u.), 181, 182 (2), 183 (2), 233 (u.), 235, 236, 238, 260, Repro 265 (2), 266, 268, 269, 278, 286, Repro 300 (u.), 301 (2), Repro 305 (o. l.), 307 (u.), 309, 310 (u.), Repro 312 (o.), 314, 407 (u.), 408, 409; LfD (Seidel) 331; LfD (Wachs) 176; Łużyniecka 215, 216 (2), 217 (4), 218, 219; Magirius, D. 329 (2); Magirius, H. 164 (u.), 168, 310 (o.), 313, 315 (o.); Magirius, M. 171 (o. r., u.); Matschie 284, 287; Pospulova 189; Posselt 196; Rauda 165, 166 (2), 167 (o.); Ritschel 384, 386 (2), 387, 389, 390 (2), 391 (2), 392 (2), 393 (2), 394, 395 (2), 399; Sächsische Landesbibliothek, Staats- und Universitätsbibliothek, Dezernat Deutsche Fotothek 378 (2); Sächsische Landesbibliothek, Staats- und Universitätsbibliothek, Dezernat Deutsche Fotothek (Mattuschek) 381; Sächsische Landesbibliothek, Staats- und Universitätsbibliothek, Dezernat Deutsche Fotothek (Möbius) 303 (u.), 305 (u.); Šila 186, 199, 201; Städtische Kunstsammlungen Görlitz Repro 245; Stekovics, J. Umschlagfoto, 2, 15, 16, 17, 18, 19, 21, 22, 23, 59, 60, 61, 62, 69, 112, 113, 115, 117, 121, 156, 242, 252, 257, 377, 402, 405, 406, 414, 417, 421, 437; Straumer/Oelsner, Kavacs 159 (r.); unbekannt 305 (o. r.); Vater 291; von der Mülbe 146, 150